西山尚志　王震　主編

子海珍本編

海外卷（日本）

國立國會圖書館

①

鳳凰出版社

圖書在版編目（C I P）數據

子海珍本編．海外卷．日本．國立國會圖書館 / 劉心明主編 ；（日）西山尚志，王震分册主編．-- 南京 ：鳳凰出版社，2016.7
ISBN 978-7-5506-2398-9

Ⅰ．①子… Ⅱ．①劉… ②西… ③王… Ⅲ．①古籍－善本－彙編－中國 Ⅳ．①Z422

中國版本圖書館CIP數據核字(2016)第149827號

ISBN 978-7-5506-2398-9

9 787550 623989 >

子海珍本編（海外卷・日本・國立國會圖書館）

主　　編　劉心明
分册主編　(日)西山尚志　王　震
責任編輯　吴　瓊
美術編輯　姜　嵩
出版發行　鳳凰出版傳媒股份有限公司
　　　　　鳳凰出版社(原江蘇古籍出版社)
　　　　　發行部電話 025-83223462
出版社地址　南京市中央路165號，郵編：210009
出版社網址　http://www.fhcbs.com
經　　銷　鳳凰出版傳媒股份有限公司
印刷裝訂　金壇古籍印刷廠有限公司
開　　本　十六開
出版日期　二〇一六年七月第一版
　　　　　二〇一六年七月第一次印刷
書　　號　ISBN 978-7-5506-2398-9
定　　價　壹仟肆佰陸拾圓整(全2册)

國家社科基金重大委托項目『《子海》整理與研究』成果之一

《子海珍本編·海外卷》工作委員會

主　任

張榮　孫偉

副主任

李建軍　韓聖浩　胡金焱　陳海燕　周斌

委　員（按姓氏筆畫排列）

王飛　王君松　王學典　方輝　巴金文　邢占軍　李平生

李劍峰　佘江濤　宋春玲　鄒難　劉兵　劉丕平

工作顧問

林書香　謝玉堂

《子海珍本編·海外卷》（日本）編纂委員會

學術顧問

安平秋　周勛初　池田知久　林慶彰　安樂哲

總　編　纂

鄭傑文（首席專家）　王培源

副總編纂

劉心明　王承略

委　　員（按姓氏筆畫排列）

王　劍　杜澤遜　姜小青　高海安　深澤良章　張曉生

畢雪飛　劉　寧

執行主編

西山尚志　王　震

執行編纂（按姓氏筆畫排列）

王軍傑　李　莉　李軼群　周東娜　韋　希　晏　青　陳肖杉

張　偉　張　雲　劉　薇　潘肖薔　潘雲俠　蘇金俠　蘇蒙蒙

編　務

張　櫻　鄭珺霞　劉　端　孫紅苑

前言

根據文獻記載，自公元四世紀開始，中國的古籍就由各種渠道流傳到了海外。最初主要傳往朝鮮半島和日本列島，後來逐漸擴展到其他亞洲諸國。大約從十九世紀上半葉開始，中國的古籍开始流傳到歐美諸國。因爲這些古籍中絕大多數都是用漢字書寫刊刻的，所以被海外人士稱作『漢籍』。

由於各種主客觀原因，中國的古籍歷代都有亡佚。而中國本土已經亡佚的古籍品種或版本，有些可以在海外找到。所以説，海外所藏漢籍對於中國本土古籍的缺藏具有很大的彌補作用。《子海珍本編·海外卷》的編纂目的，就是要把存藏在海外的這些可彌補中國本土缺藏的漢籍珍本複製回來，影印出版，以滿足國人閲讀和學界研究之需。

千餘年來，流傳到海外的漢籍不可勝計。日本收藏漢籍多而且精，唐寫本、宋元刻本、明清善本甚多，其中中國本土缺藏者數量不少。《子海珍本編·海外卷》先由日本專輯開始，原因即在此。

《子海珍本編·海外卷（日本）》專輯收録日本内閣文庫、蓬左文庫、宫内廳書陵部、静嘉堂文庫、國立國會圖書館、東京大學東洋文化研究所及綜合圖書館、早稻田大學圖書館等八個著名藏書機構所藏一百五十種子部珍稀漢籍，内容包括儒家、兵家、農家、醫家、曆算、術數、藝術、雜家、小説家、譜録、道家等十一類，含有宋寫本一種、宋刊本三種、元刊本八種、舊鈔本一種、明鈔本九種、明活字本四種、明鈐拓本二種以及明刊本一百二十餘種。

這些書中有一半是《中國古籍善本書目》未著録之書，其中不乏孤本秘笈，如内閣文庫藏明顧錫疇編《鼎鍥二翰林校正句解評釋孔子家語正印》明天啓三年（一六二三）刊本、明謝九成撰《東山語録》明刊本等等，都極爲稀見。

特别值得一提的是，本輯中收録了静嘉堂文庫的藏書。衆所周知，静嘉堂文庫的所有者岩崎氏於清末收購了四大藏書家之一浙江歸安陸心源「皕宋樓」、「十萬卷樓」、「守先閣」的全部秘藏四千餘部，設静嘉堂文庫以藏之，成爲日本最大的私人漢籍文庫。雖然該文庫編製了《静嘉堂秘籍志》等書目，使我們可以大致了解其基本典藏情况，但國内學者終以無緣見到原書爲憾。山東大學與静嘉堂文庫經過多次磋商，終於在用書、影印方面達成協議。此次影印的十三部静嘉堂文庫所藏漢籍，計有影宋鈔本一種、影宋刊本一種、舊寫本一種、明鈔本二種、清文瀾閣傳寫本一種、明刊本七種，絶大多數爲陸心源十萬卷樓舊藏，其中明章懋《楓山語録》明萬曆年間刊本、明鄭瑗《蜩笑外稿》明嘉靖年間刊本，都是十分稀見的版本。

《子海珍本編·海外卷（日本）》專輯的順利出版，既要感謝日本内閣文庫、蓬左文庫、宫内廳書陵部、静嘉堂文庫、國立國會圖書館、東京大學東洋文化研究所及綜合圖書館、早稻田大學圖書館等藏書機構的大力幫助，還要感謝鳳凰出版社王劍編審和吴瓊編輯的辛勤編校。我們衷心希望在以後的工作中，繼續携手合作，爲承揚人類文化遺産，促進中日文化交流，造福全球人民而共同努力。

山東大學子海編纂中心

二〇一六年六月

總目録

内閣文庫

蓬左文庫

宮內廳書陵部

第一册

纂圖互注揚子法言

南華真經注疏解經

練兵實紀　雜集　類抄

新編潔古老人注王叔和脉訣

第二册

千金翼方

傷寒百問經絡圖

類證普濟本事方前集　後集

第三册

大德重校聖濟總録

第四册

嚴氏濟生方

新刊續添是齋百一選方

重訂丹溪心法

新刊子午流注鍼經

立齋外科發揮

第五册

古今言

新刊類編禽遁易見大全　禽遁補全

新編日用涓吉奇門五總龜

天象玄機

測圓海鏡

古今印則

第六册

天機會元

國立國會圖書館

第一册

江南經略

備書

是路録

第二册

古史海樓

新刊地理五經圖解

寶顔堂訂正丙丁龜鑒

天文略

學曆小辯

石品

静嘉堂文庫

楓山語録

神機制敵太白陰經

医經正本書

化書

元城先生語録解　元城行録解

東軒筆録

蜩笑外稿

清秘藏

焦氏易林

三辰通載

大衍索隐

曆體略

集異記

東京大學圖書館

關尹子

新鐫赤心子彙編四民利觀翰府錦囊

文苑豹斑

周易古占法

琴適

諸皋記

新刻增補出像夢解

早稻田大學圖書館

錢子測語

甲乙剩言

續耳譚

目録

江南經略

（明）鄭若曾 撰

《江南經略》八卷，（明）鄭若曾撰。據國立國會圖書館藏明隆慶二年（一五六八）刊本影印。

江南經畧

一之二

六冊　共六本

江南經略　序　凡例
目録　　巻一

江南經畧序

古稱立言不朽比之太上功德然乎否耶昔臧孫言立無
論劉累醱明發辭賢賓降階士懷志當世發憤時艱一摘
些英奇以紓患難宣國謨即不必薦達甲科褒然列三事
秩六序而始敷施利用當於世矣故揚子伏下僚而草玄
覆醯人爭傳習徐幹一縫掖也中論發行公卿倒蹝孤憤
五蠹申鑒昌言大率皆處士之寤言非吁俞於廊廟也而
至於今人誦法焉豈亦其鑄辭足經匡議在時匪比候蟲
吟蟀自鳴自止乎崑山鄭子若曾六館文學也少講道魏
莊渠司成先生之門遂於賢聖之學顧藝文弗揚弗足以
竟其志慨然有塵世絕俗之思適壬子時艱夷寇蔑其門
庭至大爲當事者惴莫可誰何鄭子遽出譚言借箸設籌
一紓其棘而匡襄其艱已復退而著論審裔夷之出沒極
滄茫之延止北起登萊究於瓊廣圖繪權說咸極理要復
又得總制司馬胡公延館以畢所業成籌海圖編見經世
之大畧犖犖矣邇益顧慮桑梓親以其所受於剝膚者經
紀川陸相視要害亦復圖繪權說極於理要以就是編名
曰江南經畧蓋事止蘇松四郡地在大江之南爲
留都近輔夷寇航海尤直指郊墟易於虔蚤稱賦要衝之
區乃鄭子又復生斯履斯備嘗艱難險阻於斯益熟其思
慮而深其謨畫比之前編若加詳焉余一過讀則見其檃
籌防海而大勢昭分該郡邑而機要悉外舉江防而
織輔翼中制湖變而瓜潰包細紀寇蹟而警戒肅終列機
宜而接應審四五年來已底承平即使不幸而前鯨復沸

當事之主開編鑒往封狼勒然之氣唾手有餘而東遣西調策應具在卽刻舟按圖劍驥不遠而通變設權茲寶其筌蹄焉屹然長城壯我江南百倍厥有經略詎容其肆翔門庭耶夫袞繡無經議故禍父發憤權位怯蟲變故匹士操謨士讀書論學志道師聖舉世故民理何非吾身姑出吾胷中所有因時攄發以裨補當世卽不位不謀誠鄙夫之末志矣然則鄭子固白衣而袞思藿食而肉圖以斯所留眞足以邁世德而成不朽雖字匪雄奇文罔漢工而言立事經希之龍門擬經西蜀準易又何讓焉顧鄭子言傳而身欲隱道裕而志思晦予竊嘆夫賢士無肖巖之遇高材終泌水之洋吾復無氣力爲推挽之以大其用于不窮而鄭子之不朽止於斯也讀其言可以想見其人矣

嘉靖四十五年陽月既望

賜進士出身嘉議大夫南京工部右侍郎前國子監祭酒

左春坊

太子左諭德管理

誥勑校錄大典四明汪鏜撰

江南經畧序

予督臨江南爲

今上皇帝嗣服之元年不穀懼無以紓

主上東顧之憂至則引維綱盡思慮日欲起三吳之家傑與議戎機於是有司以太學生鄭若曾所撰江南經畧進經畧者圖江海之形勢列水陸之官兵上之樹

留都之防下之謀生民之藪堂堂乎東南一雄籍也予讀而異之乃疑東吳古稱勇敢激亢地當其倭亂之時猛士如雲謀臣如雨詎能得乎籍而嘗之直可以弃走驍雄鞭笞沙漠竟悠然不振則承平日久勇闘怯戰之士不能爲弱主當鋒也維時老師費財歲以數百萬計瘡痍不起之民卽今望三汎風高樓船飛度尚遑遑然不自帖也迺既濟而謹衣袽未雨而徹桑土不出自有位而出自書生則豈不爲於邑予撫經易歲驗渠言輙中時艱古稱立言不朽使迺言遂行立功寔在是矣胡可以白面而廢之第中有繁而不理畧而未周予畏此

簡書日欲舒

主上之東顧也不自量評次附益且命之梓俾撫膺時事者知所嚮方云

隆慶二年仲冬望日

欽差總理糧儲提督軍務兼巡撫應天等府地方都察院右僉都御史莆中林潤譔

江南經略序

吾吳督撫中丞林公刻江南經略成乃其藁創自大學鄭君若曾而中丞評次刪益出獨見而成編俟來哲而共濟者也其三吳江海之險要水陸之屯守奠豐鎬於泰山紓宵旰之東顧靡不圖載其間中丞且序之篇端壽之木以行江南矣一日鄭君寄我京師曰此亦子大夫之所覩聞而推轂中丞公者也可無一言以畢君貺乎仁不佞讀之卒業乃慨然嘆曰達哉鄭君乎此賈生表餌所未備充國方略所莫能圖也於從政乎何有已又有味其言望風下拜曰大哉中丞乎此舜禹之樂取姬旦之吐握繹灌丙魏之未能而中丞將優天下也況於江南乎

初鄭君有四方之志嗜賈董之學乃不能應詔陳言親策大對留落數奇漸以衰老至嘉靖癸甲島夷搆亂犯我東鄙君以門庭之寇大國之仇也嘗應聘轅門指掌關險為集圖上聞用其策困之小康然其平生經國大猷師門之學殊未盡其蓄積也乃退而書之於冊曰如有用我執此以往藏之十年矣乃隆慶戊辰為今上嗣服之初年中丞分陝東郊銳志保釐折衝樽俎且欲進三吳之賢豪贊維新之盛治訪得是編讀而嘉之曰異哉斯人殆國家實才也然恐難於呈覽乃攜至海上歷險要訪羣策悉不出殻中遂毅然為之增定以傳其一時明良交泰之隆折節受言之盛寧非千載美談哉雖然賈生弱冠願試屬國充國既耄自請伐羌當其時絳魏諸臣假令取善推賢如中丞其倫即其治安之長策便宜之上計必能興禮樂於姬代舞干羽於虞庭西京漢業奚啻文宣已乎矧今山林遺逸之求立賢無方之詔頒布中外異日賢良歲舉明揚王庭大決經綸保固社稷安知不自茲編始云或者乃曰君吾邑子也少竊師承從遊長者徃島擣孔棘吾邑城借一不絕如髮茲編所載頗出六藝之芳潤壯南服之鴻猷痛國仇之戴天誓殄滅而朝食無亦散金博浪之謀借箸帷幄之意乎而澤國之柔脆或不當虵豕之長驅一時之經略或未足將來之蒭菲奈何嗚呼亦存其人而已昔夫差春秋耀甲士而爭盟於雄晉項籍率子弟以三千而渡江滅强秦非皆三吳之人乎卽云受書圯上稱傑漢庭固未可知萬一國家詔令議下召對宣室羌零議擊無踰老臣於是隨宜制勝不襲表餌之偏書賊戰貴謀稍倣屯田之久計俾簪筆坐論之臣曰賈生通達國體雖古伊管未過也或又曰臣愚不習兵事將軍數畫分明其言常是嗚呼此又不在吳公魏相耶而非君之所敢知也敬書末簡以復

賜進士第亞中大夫太僕寺卿前大理寺少卿禮科給事中郡人顧存仁撰

凡例

一倭奴航海而來自東而西其犯直隸也南自錢塘北抵大江衝突焚刼千里相共航嘉蘇松本當合爲一書但

今制杭嘉二郡事屬浙江兵備道浙江撫按主之蘇松常鎮事屬蘇松兵備道直隸撫按主之曾所目擊者蘇松兵備衙門推行撫按經畧於吾桑梓之地者也曾經是得叅所聞發明宣述爲圖爲論俾後之司兵於吳者考而行之雖不免與時推移而宏綱要目似有不能捨者此曾作是編之本義也然杭嘉湖等府事宜之詳曾已別載籌海圖編同志者合而觀之當互見矣

一禦寇之法海戰爲上故先之以海防圖海防失守而後滋蔓及江故江防圖次之

一倭船自東南而來華亭首當其衝次嘉定次太倉次常熟故序海防以松江居前蘇州次之其入江也常熟首當其衝次靖江次江陰武進次丹陽丹徒故序江防以蘇州居前常鎮次之

一太湖在蘇松西南倭寇之來不由乎此本不當與江海例論但雖跨數郡鹽盜出沒逋亡伏匿險莫甚焉大非澱陳淛練之比萬一世變巨寇從溧陽宜興下太湖直搗姑蘇或南衝吳興北衝毘陵可不慮哉故作湖防圖與海防江防並列而三

一自軍門以至州縣佐貳雖均有江防之寄然體統者所以正撫巡兵憲總兵之職掌也各府圖論者所以正郡守之職掌也各州縣圖論者所以正州縣長吏之職掌也各境險要圖論者所以正偏裨圖長之職掌也愈尊則愈握其總而要愈卑則愈任其勞而詳綱舉目張兵務庶不紊矣

一倭奴入我內地便於長驅出叛者獻圖擄者嚮導故也向來當道非不遣人啗探召匠繪圖而苟且塞責多爲所悞曾深惜之故凡水陸道路多方考正一旹明而於其中所當設險之處又爲圖爲說罔敢缺畧庶後之經畧者可考而知焉

一蘇松聯壤休戚相關賊若登突非地界所能限本當合二郡之寇迹而書之但各州縣兵糧該府自主兵

官信地亦有定界故蘇自蘇松自松不敢混編以眩觀者之目常鎮序寇亦然

一各境土賊淵藪與慣聚刼之處商民荼毒無異遇寇故

國家設民壯弓兵以戢之巡捕官以領之兵憲以督率之巡江御史以察之但非攻城掠地之比不必建圖故附見於各郡縣之末

一自有倭患以來當道設施不同雖曰各有意見隨事損益然未有如今日之著爲定規者也故作見行經畧

一曾惆亂激衷一時纂集自知聞見有限掛漏甚多凡此東南之人均受倭患之慘尚其念此而相與救正

之輔益之務期可行毋徒誇曰此當道之責也

江南經畧引

壬戌之春

兵憲太原王公顧曾於金閶逆旅而詰之曰子之作籌海圖編志則勤矣然江防重務也而畧之何與曾對曰天下四大水曰江淮河濟咸由中國放諸海玆志江防則河淮濟似不可遺古今沿革蔣於蒐羅且曾聞之善設險者必於上源江險在荆襄而此偲偲然末流之論無益也公曰否否三吳者

朝廷之重地也

留都門戶在焉

國家財賦先焉矧潤州密邇江介雄據天塹非他可比宜加撰述以附於籌海之編俾江南四郡十有八邑水陸要害之處設險防禦之宜展卷在目較若指掌庶江海巨防相爲表裏吾子其勗諸曾曰唯唯公乃頒示諸郡圖志命官設局凡薪粟之資書繪之役靡不周悉曾竊自念耕之問奴織之問婢職固有宜然遡委窮源必躬履其地非閉戶造車可求其合轍也又非歲月可限乃並辭之遂携二子應龍一鸞分方祗役更互往復各操小舟遨遊於三江五湖間所至辨其道里通塞錄而識之形勢險阻斥堠要津令工圖之相度於居民爰諮於父老集一方之識即爲一方之計務求切實可行不必奇詭迂誕也雖僻遠未經移書徃逋亦得其槩凡二越歲而畧者始詳訛者始信爲書五百[redacted]十翻爲圖一百七十有八論議考說記辨二百二十有奇而舉要之

類不與焉共計十餘萬言稿成公擢秦關西不獲就正
矣繼焉
兵憲魏郡耿公頗有取於是書檄常熟縣梓行未果
廣平蔡公蒞郡文教誕敷武威復振曾叨樂育以書質
之誤蒙啓迪茲我
督撫林公以名世之才
天子簡用造我東南憲節甫臨首以求人才恤民隱爲務
有司謬進是書公覽而愛之凡所以擬議夫江洋規畫
乎內地者印正而區別之孰爲所急孰爲所緩孰爲可
久孰爲可暫評隲攷竄不憚其煩手自敘論卷爲條列
嗚呼曾書生也口耳之學揣摸之見方以明哲匡救爲
望而乃得公綜之於上信今傳後詎非東南之大幸是

書之榮遇哉公莆人也莆嘗被陷倭去而巨室歸集倭
至則復棄去公適過家乃乘便宜率土人禦之神謨秘
策斬獲無筭自是倭不敢近盖其拯溺亨屯之心素篤
於中而體權濟變之術卒臻實效非託之空言而已公
昔在留臺不畏強禦剗除元兇以爲紊亂典章之戒忠
垂不朽每公進曾面述所欲建明者罔非
國家至計如邊患漕患之類將來匡翊
社稷是編所采特其小試於一方者耳公檄吳郡梓行
曾不佞敬爲之引
隆慶戊辰冬十有一月朔崑山後學鄭若曾謹識

江南經畧目錄

崑山後學鄭若曾輯

卷之一

卷之二

卷之三

卷之四

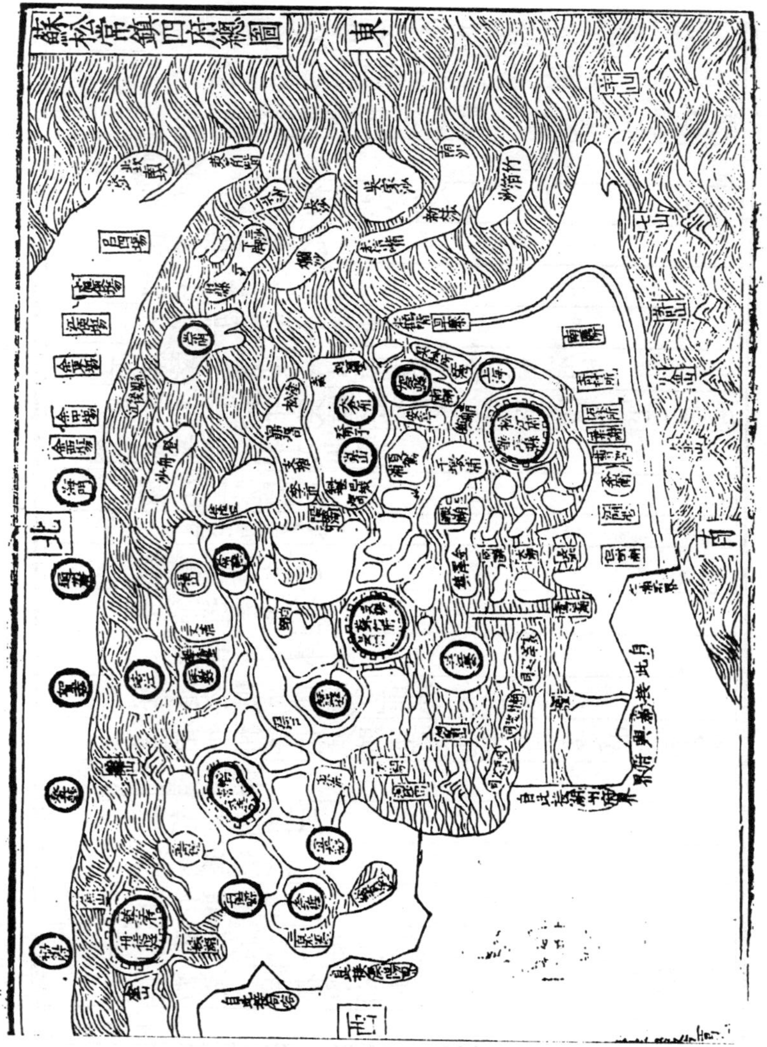

江南經略卷之一　目錄

江南經畧卷之一

舉要

兵務有綱有目有急有緩有輕有重宋仁山金氏作通鑑前編而先之以舉要一卷挈其大綱揭其急務重務而剖明之俾人先醒諸心然後追閱全帙釐然燦然至棼而不可亂至繁而不可遺至微而不可忽曾自知寡昧言無倫次謹倣其體裁以作舉要非敢泰然杜撰也或曰書之大旨具見於凡例矣茲不亦贅乎曰凡例者作書之義例也所以敘吾一時纂輯之意見舉要者蒞兵之綱要也所以備夫千百年統馭安攘者採而擇焉亦無惡其贅矣

海防

蘇松海洋乃倭奴內犯之上游也哨捕於海中勿使近岸是為上策拒守於海塘海港勿容登泊是為中策若縱之深入殘害地方首當坐罪

此總兵與叅遊把總任也

兵備道督責之

提督軍門主之

江防

江防以拱護　留都為重長江下流乃　留都之門戶也遏寇於江海之交勿容入江是為上策截殺於江中關隘當前沙狼山靖江之類使賊不得遡流而西是為中策若縱之過金焦警山震驚　陵寢罪坐不原

此叅遊把總之任也

兵備道督責之

操江巡江二院與江南北二

按院及江南北二

提督軍門主之

太湖之防

具區西近　留都東南北跨蘇湖常三郡寇易縱橫須各郡湖船會勦協逐勿容流注地方

此各郡守事也

兵備道總之

提督軍門主之

蘇松常鎮四郡

脣齒相維利害相共賊至境也則當禦之賊過境也則當追之賊犯隣境也則當援之

此各郡守事也

兵備道督責之

提督軍門主之

操江二院同之

太倉長吳等一十八州縣

地雖各有封守民雖各有統屬賊至而捍禦之賊過而尾擊之賊攻隣邑而翼擊之義與府同

此州縣守令事也

郡守倡帥之

兵備道督責之

提督軍門激勸而責成之

各沙要害

此當責之沙者民與沙船者也太倉州崇明縣太鎮二衛各巡捕官帥之以哨捕

兵備道授之以命令齊之以賞罰有所廢置申請

各院而行之
腹内地方要害
此當責之團長鄉兵者也其間有當用民壯弓兵者
州縣巡捕官與巡檢師領之
此州縣守令事也申呈
院道郡守而行之
御將
一今人但講練兵不講練將將者三軍之司命也將不得人則不能料敵不能任人不能馭卒安望其能成大功也向來狃於沿習賞用見成將官故兵驕將懦難於節制為今之計練將第一練兵次之練者作興而駕馭之激厲而責成之非徒任使已也

一軍旅之事固當責諸武弁尤宜揀取文官而甄陶之若成就得真才幾人則拯溺亨屯他日有賴昔陽明先生克建武功大抵多文臣力也如擒逆濠一事伍松月首任其勞文武具備何代無之甄録而使之有成在乎上之所用也
一軍門當崇將官之權隊長乃一隊之將千總乃百人之將把總乃千人之將其權皆要重若有营私自利者寧可詳詢審察以正其罪不可輕准部士告訐恐墮其計乃激勸將官之一端也
攬權
向來承平日久各處官士養成驕傲卒難約束愚請

一言以蔽之曰節制節字卽竹節之節節節而制之可使千萬人為一人皆能致其死命得其死力如身使臂如臂使指豈有尾大不掉之患乎明於節制之義可以御衆可以定亂
選兵
一選兵之法市井游猾之人不可用花鎗花刀之藝不可用年踰四十者不可用偏見執拗者不可用好為高論者不可用面白膽小者不可用衙門積年放刁玩法之人不可用當取膂力強壯肉實筋粗目有精神貌類朴實身體便捷手足舒長知畏官府稍有膽氣而年又在三十上下者方可用也至於武藝則可學而成之臨選之時不可以此為主

養兵
一養兵有三曰養之地曰養之法曰養之之數糊塗苟且而行不可也向來區畫靡定民苦於煩瑣寇至曾不得夫兵之捍庇何貴乎養兵耶今後必須分別黑白如何為一時之權宜如何為千百年之久計規模定而次第得然後為善
一兵以食為先向來百姓苦於出兵銀者為兵無實用也若果可以禦寇而銀數不足孰不願加添乎此在大家所損不多小民亦無大害也此見一定則平日捍禦之方臨事征調之策無往不利矣欲兵堪用須重練兵者之責而後可此不過就目前

權宜言之募兵加賦原非久計也

一欲爲千百年之久計須奏復

祖宗之兵額欲復

祖宗之兵額須奏復

祖宗之糧額

何謂兵額每衛設千戶所五每所設軍一千一百二十名每縣設巡司弓兵又設民壯是也今以蘇州一郡言之蘇州太倉鎮海三衛該軍一萬六千八百名巡檢司三十一共設弓兵一千一百八十名八州縣共設民壯一千九百三十名通計一萬九千九百人內除弓兵之扣解操江衙門者三十六名民壯之扣解操江衙門者一百二十三名又除巡鹽民壯一百七十四名俱當扣聽外其餘一萬九千五百六十七名兵額不可謂不多矣向因承平日久干戈不用借軍以運糧逃亡役占缺伍又多今當有事之秋可不亟行奏留與處補乎因弓兵民壯不堪上陣將弓兵裁省一百五十四人差操民壯裁省七十二人共扣充募兵銀二千三百六兩豈非亟當復舊者乎夫以一萬九千五百餘人分爲水陸二支每支編作二班或四班按季輪番至府城與水寨精練務期轉弱爲強人人可以殺賊名名得其實用何患於防汛之人乎此之謂不必募兵而兵自足也何謂糧額我

祖宗之制每軍歲給月糧臨戰又給行糧向因缺伍戶部以存糧作羨餘別用一旦有事軍門又題請別項錢糧用之今欲必還軍額可不奏討原糧以還諸軍乎與其裁減弓兵民壯以充募兵之用何如不減其額見成各有身銀不必別養募兵之爲愈乎此之謂不必加賦而食自充也自今募兵費銀無算寇至之時既不得其實用寇退之時又反受其憑陵而軍丁之月糧弓兵民壯之身銀未聞因其不堪上陣而不之給也哀哉斯民何辜而出此二倍賫兵之費乎如若復

祖宗之舊規幹今日之實事只是費得一倍

或問如何奏留曰沿江沿海衛所官軍仍留以備倭查無倭患去處之軍另撥上運

或問如何處補曰兵備道督責府縣正官通行查選汰其老弱與市井捏徒補以精悍餘丁及貧民之願應例告充者

或問如何輪番赴練曰常以一半屬之本處衛所州縣就便訓練防守一半屬之巡捕官領赴該府團操水兵則領赴海口水寨團操更番代換軍門坐委知兵武職一員假以把總名色萬

之紀律府守禦之臣督公同訓練兵道以時閱視若人人善戰在在皆精各官乃爲稱職否則他事雖賢亦論怠曠一州七縣各可得兵一千餘人分守地方江邊海邊水陸兵又可得一萬餘人分守塘港小警則各自爲戰大警則互相應援行之三四年兵日益精一可當十十可當百倭寇安敢犯境乎

軍門林云舊制較郡邑設兵因兵治食未聞練兵而加賦也兵賦之加其起於官兵不足用乎故能稽兵額復兵糧督總滙宮江海合操上之壯金陵百二之勢下之綏環島夷側之謀計斯得矣議者猶或外之則國朝損兵之罰太嚴也虜既橫矣長驅直擣雖師尚父不能必其萬全也喪數兵而輒戮一將官兵不盜肆乎故非馳域外之思負胸中之甲兵者落落文法不繩未足與議也

練兵

一兵士宜令屢經戰陣屢立戰功將官親自選用就令訓練督戰則情義孚而恩威積若募兵者一人練兵者一人領戰者又一人則選練必不用心而兵將亦不相識斷斷乎取敗此向來之宿痼也非軍門救正之不可

一練兵之法有五一曰練膽二曰練藝三曰練陣四曰練地五曰練時今惟日期赴武場操演非也

何謂練膽有所畏有所恃是也蓋軍士畏賊則不畏我平日武場中信賞必罰常如在陣時使兵知我之威必不可犯厭其退走之心遇敵而忘之是之謂有所畏也聯屬隊伍有法譬如敵擊吾左恃右必救敵擊吾右恃左必救敵擊前後首尾互救氣勢常壯敢於攻戰是之謂有所恃也

有謂練藝軍中賞技惜楊家長鎗乃實短鎗與習
之牌鈀處之筅五兵相衛可以必勝鳥銃乃今
日利器自非有衆能短兵接戰則亦有時而窮刀
鎗藤牌最利禦長副總等官宜督同教師勤兵分
習務期精熟比試之日管操官分辨生熟開揭軍
門閱比賞罰其習花鎗花刀無益實用者一槩勿
取
何謂練陣今之兵知合而不知分不論衆寡俱團
作一堆前者遇敵後不能應至爲可惡法云陣欲
疎戰欲密行陣間須縱横皆有逵巷可以馳馬整
齊行伍前視心後視背左右視兩肩如孫子教吳
婦人秘法而又習疊陣法番休迭上否則密陣而
戰反疎矣又今之兵知進而不知退退非大班散
回之謂乃逐隊抽代之謂也若收兵無法則爲敵
所乘我兵見敵追來紛亂而不能整此二者歷年
之大弊也不可以不戒其他金鼓練耳旌旗練目
坐則擊刺練手足之類乃常法也亦須慣習則進
退有度可雜而不可亂乃善
何謂練地古之陣法有方有圓有鋭有横有直皆
因地而異用也若但於武場中操演而已則遇敵
交戰之地安得廣平方正亦如武場者乎善將兵
者過山即習登躡之法過水即習涉行之法過街
衢即習巷戰之法過林麓即習設伏搜伏之法過
田塍即習分行合捕之法地之近者今軍士分投

識認地之遠者置鄉導畫圖哨探務使水陸險要
人人不迷
何謂練時時有寒暑晝夜雨暘風霾須令兵士平
日曾慣任重遠行之態常常各帶雨傘一把青布
傘袋一條筯一雙㳅碗一隻備渴鹽梅茶或酒一
小竹筒每隊共置銅鍋或鐵磨鍋一口不論操演
調發行止宿食兵不得離隊隊不得離哨哨不得
離營每哨日設一兵巡風百總輪督無容擅離隊
伍在外散行飲酒生事違者軍法重治則是無時
而不練習習慣於平時則臨陣饑寒勞苦皆能耐
之矣此法不但可以耐時亦定心
志壯筋骨長氣力大有益於軍士

一八陣圖六花陣之類乃營法也分派隊伍之死規
模也古人之糟粕也臨敵致勝不在於此何也營
自營陣自陣戰自戰營也者止之陣也陣也者行
之營也臨敵時須以營陣中人逐隊調發交戰運
用變化全在此心若依古圖不可行也今之將官
非脫陣法而自作聰明則泥古陣法而以之敵
愾安在其能利勝也爲將者宜知此哉

一我兵向來取敗端由不知地利與不習熟埋伏進
攻之法今日練兵須重乎此

一倭寇不利水戰其所利在於田塍窄狹之處乃其
所素習耳古所謂一曰得地利是也我兵向來只
在武場中訓練武場何曾有田塍乎今須於秋收
之後春耕未動之時引兵就田野中演習狹塍遇
敵分艅衝擊之法如何下水如何赴淖泥中行如
何約會如何合圍縱横曲折無不便利斯可與敵
相角

一將官平日訓練軍士號令營藝須照臨陣一般其
臨陣也即以平日所習者用之則操一日有一日

之效熟一件得一件之利若武場中所演者適是
虛套而臨陣之真法真令真營真藝無一相合則
耳目生踈雖操千百年何用哉

一凡至武場閲兵數萬不用按籍可以一覽而知其
數一卒不遺者有隊法也隊法即陣法韓信多多
益辦在此

軍門林　云練兵之法詳矣先時倭奴深入衆不知
兵於是北召青淄之戎南檄荆麻之戍衆以寇
令不至矣至且臧此而後朝食不知環江沿島
之險我人識之彼不識也故費餉數歲亦卒罔
功夫倭夷浮海而來踈食頳瞀幸一登跳亦甚
憊矣我人知夷知險知彼知己一得善師者節

之則曷我敢承彼客兵則鮮此者矣故謀練兵者莫若練土著

設險

一險要有二曰境外曰腹裏在境外者須設兵爲長久之計在腹内者不必長設但當臨時以素練之兵相機撥守盖設兵太濫則力不能及也

一腹内險要須以巡司爲重增益其弓兵之額而精練之不但大寇竊發可調之以協勦而鹽徒土盜彼亦能巡捕矣其次則須用本地大戸免其差役責之以出壯丁團練守禦舍此之外更無良法

一險要中有原無地形險阻而實不可不設備者如太倉崑山之剎子崑山長洲之陸市是也地當交界兩處皆當團兵協守然須分辯賊來處當迎而拒之賊去處當尾而追之不可但顧其界内無事而已握兵者宜申嚴此令

軍門林　云按法家論兵以得地形爲首此謂境外腹裏當預長久之計及無形之險如太倉崑長諸鎮皆宜設備深有味乎其言之也若云内險更責大戸則近累矣惟以常川操練守城之兵有事則諳分險地無事則充役巡司一以靖江海之宄一以銷門庭之寇此說之可行也

分合

一春汛之期不過三月將終四月將半小陽汛之期不過九月將終十月將半過此則非風汛所利而倭警不必防矣宜於每年三月九月初各官與兵信地領船出海防禦春汛至五月終小陽汛至十月終撤歸

此每年防汛之分合也

一海濱地里廣遠欲一一屯兵分守雖竭蘇松之力不能也惟擇要害爲倭所必登必經之處設備則可耳若軍令素行凡倭寇登岸衆軍爭相救援擒賊與逐賊亦何難哉江濱亦然

此海邊派兵之分合也

一祖宗設衛所民壯弓兵四散分列有事則差都御史撫敕提督之正欲其聯屬調度互相維持而應援也往年倭攻郡城州縣不救攻州縣城郡不救攻衛所亦如之一處兵力幾何而可以獨禦哉必也處處以一半兵守土一半兵聽調或受圍之處而留其聽調之兵俱作守土或賊所必不到之處而守土之兵俱調征伐則兵常不患其寡勢常不患其孤而祖宗命官之初意得矣

此内地派兵之分合也

一兵之勝負不在衆寡而惟係於精練與節制分合何如且如領兵三千分爲三支每支九百人張犄角之勢常以一支當敵二支治力更番而進當敵者爲正專司截殺治力者爲奇專司接援另以三百人行哨設伏寇雖億萬吾以寡而擊之有不勝

哉縱遇強敵難勝吾亦豈至於敗哉向來戰將常
有合而無分以至敗衂不可以不戒
此臨陣進兵之分合也
一古人收兵不苟其行陣中常有達巷戰酣欲罷則
逐隊相間而抽常存一半與賊對立一半逐漸縮
退若干步而止俟對立者抽回乃又退縮若一齊
回身轉步背賊而走豈不招敵追襲乎
此在陣退兵之分合也
軍門林　云按此五分合出奇制勝之大端備矣兵
法有分則條理有合則聯絡然分常患其疎而
合常防其混故合而不分分而不合非善也合
而有分分而有合非善之善也即分為合即合
為分善之善也因地制用臨陣察幾妙存於一心耳

全浙兵制考卷一　十一

賞罰
一捧
敕命旗牌大臣一入武場便當以軍法行事不可姑息務
使威令得行於司府司府之令得行於副總副總
之令得行於千總千總之令得行於百總百總之
令得行於隊長隊長之令得行於兵乃是軍法若
太阿之柄不肯素持直至臨陣方驟然行之豈能
有濟賞罰須不踰時使利害近在目前則人思奮
而功易成今有經數年不與褒覆者雖終不免然
豈足為勸懲乎願深惟之
一海中擊來船比擊去船難於十倍蓋去船戀財已
滿賊氣已惰擊之甚易殺一賊止是一賊而已若
殺來賊一人不知全却好人性命若干其功不可
同日語也須分別明白輕重其賞則賊來人自爭
先奮擊間有登岸者寡矣其說詳見荊川續稿字
字當玩味
荊川云再三沉思制賊小船衝突之說灘淺處多
釘暗樁薄皮船遇之必破此一說也先發制人一
着惟有望斗上做工夫然必須以利使人惜不得
銀子每夜各水軍編定福船十隻每一隻望斗人
一夜給與銀一兩使一夜常有人坐在斗上者看
賊動靜雖月黑之夜若撞船撐船未必無一把兩
把火光我船便可做手脚不患于大船赶賊不上
也月明之夜則斗上纖悉必見正與彼四層望樓

全浙兵制考卷一　十二

是對手至如小船叭喇唬八槳船宜多置銃手既
不戰亦宜量與給賞多布之八槳叭喇唬中火器
既多賊來便死打又有望斗內人先報動靜不患
于小船制賊不下也一隻船望斗人每夜與銀一
兩毫釐不可少就是一月浪費銀三百兩亦說不
得文得一月賊必擒矣恐惜費誤了大事望斗人
若報賊的當水軍因以成功則望斗人即當給與
衝鋒重賞若有誤事定以軍法斬首蓋賞重則罰
亦重也每夜與銀一兩分毫不可與頭目人剋落
必使望斗人一一得實惠
一勝敗之迹有關於人事者有關於天意者關於人

事者須表章之以爲後人之法關於天意者特倖
倖耳其所關係至大賞功者不可混施
軍門林　云信賞必罰行兵者講之素矣其不公不
明不足爲勸懲者無論也即公且明者未必能
斷或濫且吝文法橫於胷中耳故能文法不紲
賞罰不踰時將道得矣禦海不泥功級尤是東
南要圖也

兵刑

一賊計有五其初至也必據海濱地方以結巢其深
入也必擒我民以爲嚮導其合戰也必先設伏以
誘我兵其野掠也必僞攻城以杜出援其戰敗也
必撒金帛於道遺貨物於巢誘人爭取而乘襲而
脫走或棄旗鎗我兵手執之自相疑惑向來賊之
得利與我兵之致敗首在於此兵法曰知彼知己
須知而預備之勿蹈前轍
一賊出洋而官兵所獲乃賊之詭計也其船皆空船
故留遺物在內耳其人皆擄去良民賊綜前去姑
以此而餌我耳諸將欲報功不計其虛實也在上
者不可不知
一向來兵家之敗多由割取首級一人得功陣上數
人奪之不暇再追又因爭縛生擒及檢取賊所遺
財物婦女最爲悞事今後兵士有此須軍門查究
將官不能節制之罪斬將官之首以狥庶前弊可
革也

一我兵向來與倭戰多無老營取敗常在於此營也
者三軍之家也安營有法則兵無衆寡俱可臧納
食息備禦如處城堡與敵相持進退皆無患若不
結營則收兵無歸宿之地萬一不利何所恃以退
保乎此須軍門着實計較將官而後可
一自古善陣之將未有不藉應援以成功者向來秦
越相視孤軍禦敵端由限時與限程之法不明故
耳若畫圖填定某處爲某將官信地其左爲某處
某官相去若干里限幾時刻可到右前後亦如之
處處皆以專駐之官爲主四近爲援賊至一處則
四援不救賊者星火提兵從間道救之不救者以
失機論仍嚴查兵至遲速若到久而援兵方至者
亦以失機論如此則哨報者不敢慢躲閃者無所
容而當敵者常有所恃而易於取勝矣
一軍中弊最多惟重大捷論功而勿重零斬則弊自
少矣何也今人不務合陣若論零斬則多刈民頭
以飾功矣所殺非眞賊也
一倭寇若登岸我兵船在海者不宜撤去宜留與賊
擄爲歸計我岸上兵逐之下海然後尾而擊之不
然閉門逐虎獸窮反噬矣
軍門林　云岳武穆臨戎必環坐將卒謀敵所以敗
我者至於六七然後合戰故戰數不敵用兵之
法教誡爲先也生言料敵慮勝謀彼酌已之法
審矣舉而措之孫吳所向何以加爲大捷零斬

二言尤近仁者之勇

附録

按查日本圖纂內一款云倭船之來每人帶水三四百觔約七八百碗每日用水五六碗極其愛惜常防匱乏海水鹹不可食食則令人泄故彼國開洋必于五島取水將近中國過下八山陳錢之類必停泊換水盖水不可以久留故也海洋浩渺風濤叵測程不可計遇山而汲亦其勢耳其遇山而登非獨汲水或覘登泊之遠近或覘我兵之虛實然後下海或拿漁戶或拿樵夫遍問消息使爲嚮導在船亦候潮大水滿之時方敢深入而每月初一二三四五六十五六

七八九二十等日以時定之又在子午此日此時皆潮汛長大之水也灌諸港浦無不深滿塗礁無不平沒水舢無不通流凡水陸官兵當此時汲汲然提備又於每日晨昏升旗放銃于海表之高山先聲振奪望聞畏之使其知我有備不敢登泊也

兵器

一今之器械多無益於實用其故起於侵漁也當未製器之前营求領造一費也委官常例二費也吏書庫子侵尅三費也匠作冒破四費也以故造作不堪用深可痛恨至如鳥銃不惟無用且悞事匪輕今而後制器須知兵主將廉且明者自爲料理無徒付之委官製完送軍門逐一親驗一件不良一兵性命所係其身且不能護况克敵乎故須軍門件件經心件件過目必得實用方可若查驗出仍前作弊重究贓罪責賠無貸

一造船必用使船之人則造必堅固使船就用造船之人則使必愛惜若委一班人造之又委一班人駕使之則侵尅暴殄不堪用不耐久推調影射難詰其罪難責其償或又云官造不如私募若移修造之費顧沙者民大戶自造新船就委之以出洋尤爲易簡而有實用是亦一見也

軍門林　云造器修船此禦海急圖生言備矣當淸沿海軍器無一足用寇至胡能空拳而戰也舟

師一覧防具破也劉晏言利每折錙銖至估船不惜微費意可稽已但官錢本自有限向照尺設兵今限以大尺兵減而費無從助矣故議修船須復原尺復原尺者匪直强舟師亦助修之一策也海防鄭元韶條議三法切中時弊併録于後以備參考

附録

一常年修船每爲捕者耽延虛冒或至臨汛尚未告完萬一不測悞事匪細且凡興工之時寒冱将臨灰油易凍人力難施若非定以程限益滋怠緩須定派各府應出工料銀數即動支解發俱以該府解發到哨之日爲始責限捕者今

日向辦完各料就將各船上塢興工該港把總指揮等官隨具興工日期一呈院道一報海防官各知會仍限如福船拆造者六十日輪三年四年修者四十日一年二年修者三十日蒼沙船拆造限五十日重修三十日重修二十日小哨叭喇唬船拆造限二十五日重修十五日輕修十日各如式堅完捕兵者舵口糧限內准給一半與兵食用一半抵助工料過限不完把總等官通行報將各捕兵口糧俱截日住支候工完另行若曲為隱護開報不實從重參究庶工程易於就緒錢糧不至冒破矣

一舟師一覽本為冒破而設毋修議價似輕及自

登舟驗一板查一根非艕發青苔即木遍白翳非棚多斧痕即灰路多脫何者始修之官尅價專用舊木既修之後護守不思遠圖耳吳下木值本異閩中加以燥濕不常器無蔽覆風稜損竊恬不能防而舟中猶捕頭兵或乘酒而中艕小便者或煮飯而亂潑鹹水者或棚上砍柴者或擲柴而撞起灰路者外既失護內復多戕雖歲費萬金秖日稱朽斃耳竊見吳下人家毋造一船必作一水房居之以故濕滑不侵船身經久閩中海鹽二舡無事時月眠桅閣櫓覆以蓬蓆故臨用有賴今欲船作水房不能也而蓬蓆一端似可倣用除今修造俱一一親驗尺寸外木不用外修造甫成則令捕盜水兵勾出蓬蓆由兩艕以及桅櫓盡行遮蓋汛月方去至汙濕潑水砍柴撞灰等事嚴行查禁海防官每月到船一驗毋失一蓬蓆傷損一板捕盜罰銀五兩聽候修船之用水兵查實責革又照今歲議修之價已出格給發後恐奸頑哨撫援例陳乞不遂則稱船尚不堅自此乞除偷鋒破浪當令海防官驗修外餘船悉依一覽年次給修毋得增減分毫若稱大壞而原給不及即係捕兵護守不周之故責令賠補督修既嚴捕兵復知愛惜港無不固之船而汛無不禦之寇矣

一各港戰船常年定估修造料價不為不厚但恐

捕兵復蹈舊轍希圖侵尅或將舊料改新或仍釘稀板薄以致不堪駕用　部日夜思惟圖革宿弊未得其方合無將粘連式樣翻刊印刷即以海防關防印蓋其方每捕盜一名分給二紙令其備將用過物料細開其處用某尺寸徑某木若干根某處以舊木改用某處用釘若干灰若干其各項根亦照此填註船工完日取將一紙

呈送

本院以一紙存留海防官處聽

本院或親臨或委官抽掣拆驗稽紙驗料則有無冒破是否虛應一覽之餘情偽畢見矣

票式

其港哨官某下
其船捕盜某船樑頭濶　今或以或仍
舊　估給工料銀
一底艕用　徑　木　鋸板
厚　撓用舊木　餘若頭
尾艕水底艕艈艎牽河樑頭桅夾
桅座披柱上下金覆獅艕艙等項
俱照此開其用過人工灰蔴釘油
之類亦俱開數在票在船增置槓
椇若篷桅柁索各件盡數開入以
備查核

重守令

一治道須有根抵擇守令是已守令若賢則凡可以利民者無所不用其極民心愛戴雖從賊者皆歸化而捍賊否則倭未至而民先困倭將至而民益擾良民且懷叛亂之思矣兵食有無何足恃哉

一守令乃親民之官苟不得人則上司雖有好官行好事不得實惠及民所以自古國家慎重此職欲重郡守之職須奏請於
朝揀天下郡守治行高第者徑擢爲都御史則監司不敢窘辱之其職自重

一州縣有濵於江海者有懸於江海之中者有居內地者江海之中如崇明靖江是也四面受敵勢甚孤危　不非愛民如子老成機警之人不足以任此

此令之最難得者也須
奏討其人久其任便宜其權不次其擢遇變則上官多方以協助之其才得以展布則可以遏寇於上游而江于海壖大得其外護之力矣其次爲濵於江海如太倉嘉定常熟江陰之類必資內安外攘之才此亦令之難稱者也不可與內地州縣例視蓋無事與有事不同無事之時凡負一長者不問其地皆可任使一有事焉則才鈍者袖手而張皇矣古者論君道必曰擇相論相必曰擇監司論監司則曰擇守令

今制天下之官皆選於吏部雖與古法一同然地方利害責在撫按豈可照常資格用人而不與
朝廷議
旨乎出格之言恐似近理望採而裁之

軍門林　云江海爲　留都門戶江海安則留都安矣選兵治食責在守令故擇守令重久任斯計之得也方今天下治安已久竊意此法不但可行于東南

守城

一守城必行保甲之法而施固結人心之恩方是守之之本不然計雖詳無益也試觀崑山被圍而搜獲奸細陸成阿范在城内潛居者已三年可見矣故城池之保否惟存乎守令之賢否何如擇守令者乃軍政之第一義

一城池有關於一方之利害者有關於數百里之利害者關於一方之利害者一守令慎之而足矣此守令之事也關於數百里之利害者豈以一守令支之乎此須鎮以重兵援以郡帥其城無恙則敵人不敢越此而他攻即有所攻亦無關係而非敵之所必欲取以爲巢者矣是所守雖一城而所庇吾不知其若干城也若不論城之輕重緩急而漫焉以居之其身之所居則力爲之救而其所不居者雖有關係亦聽賊攻取則所守皆爲無用軍門宜軫念之

一從來城守攻破者十一襲破者十九襲破之說有二一是伏奸細於城中放火守城者奔救則敵乘

間而登約奸細上城照會賺虜用雲梯登至垛口揮刀殺人守者驚散賊從此上故守城之法須設兵一枝專司救火先布號令不許守垛者下城凡賊登城多在下半夜乘人疲倦故也亦多在黎明守者散班故也把守之嚴賊豈能襲我乎所苦者盤詰奸細甚難蓋奸細乃本地之民賊拘其家屬刼其內應爲從而覺之今之詰者多在城門內使賊假裝吾民從此擊殺門豈能遽闔乎又或閉門太早止通一二門出入愈衆則詰愈難不若大開各門門外盤詰而兵衛設於門下方善

軍門林　云生所論守城之法備矣至攻城襲城之辨尤確蓋攻則有形而可備襲則無形而難防也然曰守城則賊已登岸縱能全城已爲中策不若防之於外毋剖藩籬使其內訌之爲善毋徒曰善守者敵不知其所攻也

土寇

一凡海賊一起陸地之賊乘機竊發所謂土倭子是也民家不能抗禦惟行保甲之法可以除之

一海中沙民不三四年輙一嘯聚致動官兵倭患寧息之事即當防範防範之法有四其一是齊民無故首亂必遏絕其萌不可用招安之策萬一不得已而用焉必播告之曰除渠魁某人不赦外其同黨有能自首及縛首來獻者皆宥其罪仍加以賞其一是已招者不可殺其一是再叛者不可招其

一是新起者必撲滅於微然防微杜漸者守令爲其機而招撫殲魁者監司嚴其令豈可今日截殺明日招安反爲敵所侮宜審之

軍門林　云行保甲以禦土寇是矣若沙民嘯聚者不截殺則招安不出二策此亦不可執一當酌時勢量情罪則恩威不測盜可弭矣

蘇松常鎮總論

蘇松四郡輻員千里乃
我
朝廷命脈之地也有識者須申畫封守而慎固之何以故
國家財賦仰給於東南東南財賦莫重於蘇州次松江次
嘉湖杭諺不云乎上說天堂下說蘇杭是也邇年倭犯中
國首至蘇松巢柘林橫行列郡燔劫靡遺然後畧淮揚畧
溫台畧閩粵先後次第咸有成筭四郡爲奸雄之所垂涎
可徵已况京口當江南運道咽喉凡中原之人欲之吳越
之閩粵必由此進萬一天下有事人所必爭豈待智者而
後喻耶此皆第二義也其第一義尤在於 留都蓋
留都乃我
太祖興王之地
陵寢在焉四郡特其裀褥也今之論者孰不曰 留都離
海也遠寇不能犯以曾觀之海寇窺 留都之門戶有四
其從陸也必由蘇常丹陽而進此之謂正道或由宜興溧
水丹徒龍潭而進此之謂間道其從水也必遡長江抵龍
王關此之謂正道或遡吳淞江泛太湖入宜興越新興壩
而進此之謂間道向來正道設備已密勢難猝犯惟間道
未之有講也當事者願究心焉或問 留都守禦與四郡
自相維護之法可得聞歟曰 留都守禦我
太祖原設四十八衛分其半於江北屯衛 京師屹如磐
石萬一可虞愚於海防江防及鎮江諸論中備言之矣四
郡自相維護亦見於蘇州等論有經畧之志者宜合而觀

之

軍門林 云生論四郡而及
留都可謂根本之慮 留之屯衛多矣往歲流倭五十
二人突過西南滿城震動詰旦出兵數千未及交戰而
一望寇鋒自相躪踐是可不爲寒心故聯江海之兵協
力拒守重根本之上務也

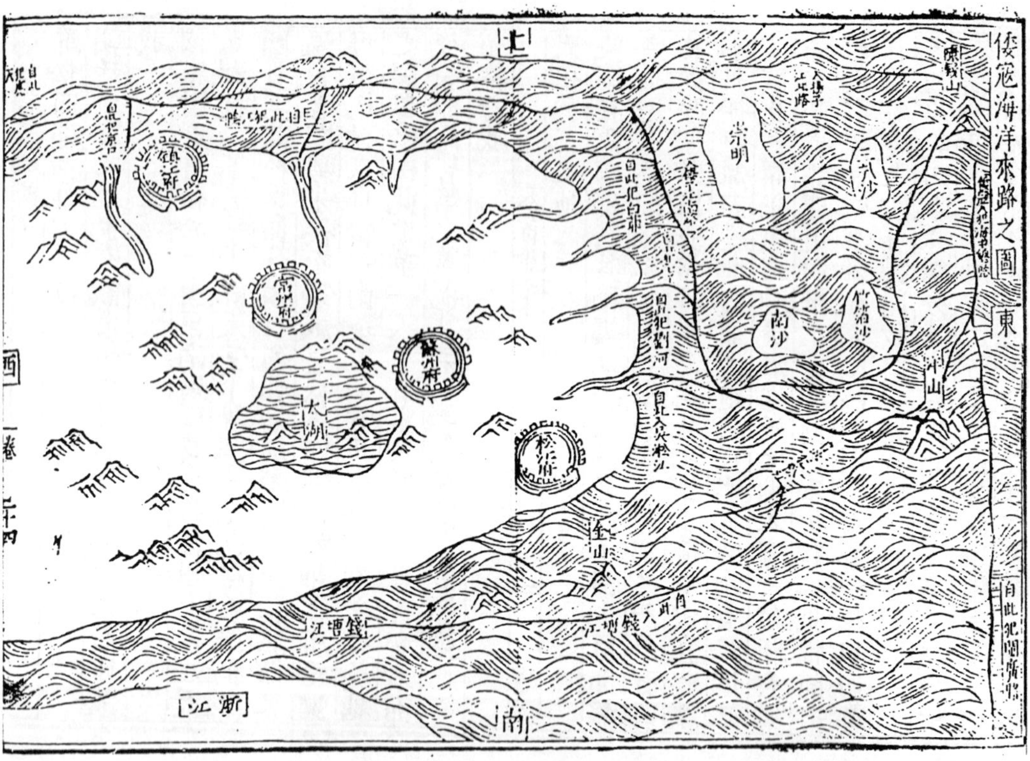
倭寇海洋來路之圖
東
西
南
北
崇明
南沙
竹箔沙
三沙
茶山
金山
太湖
蘇州府
常州府
松江府
鎮江府
浙江
錢塘江
自此入錢塘江
自此犯劉河
自此犯白茆
自此入吳淞江
自此犯閩廣
自此犯江陰

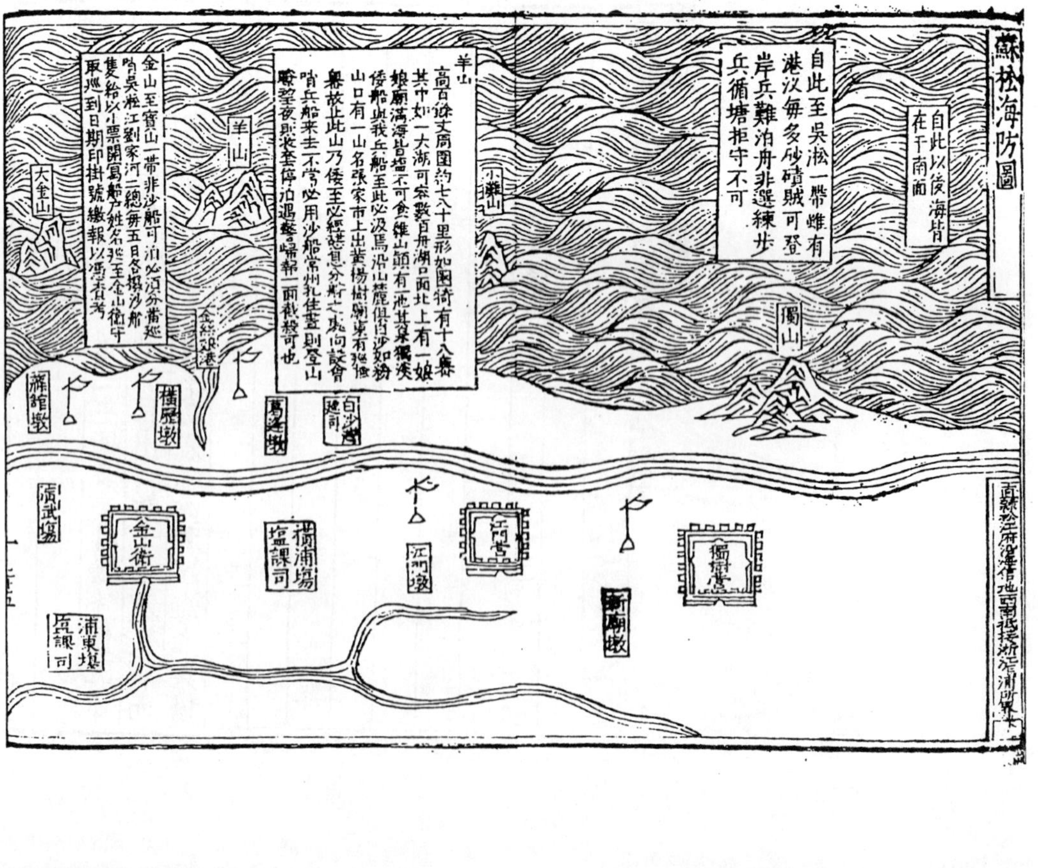
蘇松海防圖
自此以後海皆在于南面
自此至吳淞一帶雖有港汊每多砂磧賊可登岸兵難泊舟非選練步兵循塘拒守不可
羊山
高百餘丈周圍約七八十里形如圈椅有十八嶴其中如一大湖可容數百艘湖口面北上有一娘娘廟滿海皆鹽不可食雖山巔有一池其泉獨淡倭船與我兵船至此必汲焉沿山麓俱白沙如粉山口有一山名張家市上出黃楊樹嶼東有碓嶴故此山乃倭至必經甚息分䑸之處向設會哨兵船来去不常必用沙船常州扎住晝則登山瞭望夜則收至停泊遇警飛報一面截殺可也
金山至寶山一帶非沙船可泊必須分番巡哨吳淞江劉家河二總每五月各撥沙船隻給以小票開寫船戶姓名押至金山衛守取巡到日期印掛號繳報以憑稽考
大金山
小金山
羊山
獨山
金山衛
江門營
獨樹營
横浦場塩課司
浦東塲塩課司
江門墩
新廟墩
白沙灣巡司
橫塘墩
金絲娘港
直隸蘇松二府沿海信地西南抵浙江澉浦所界

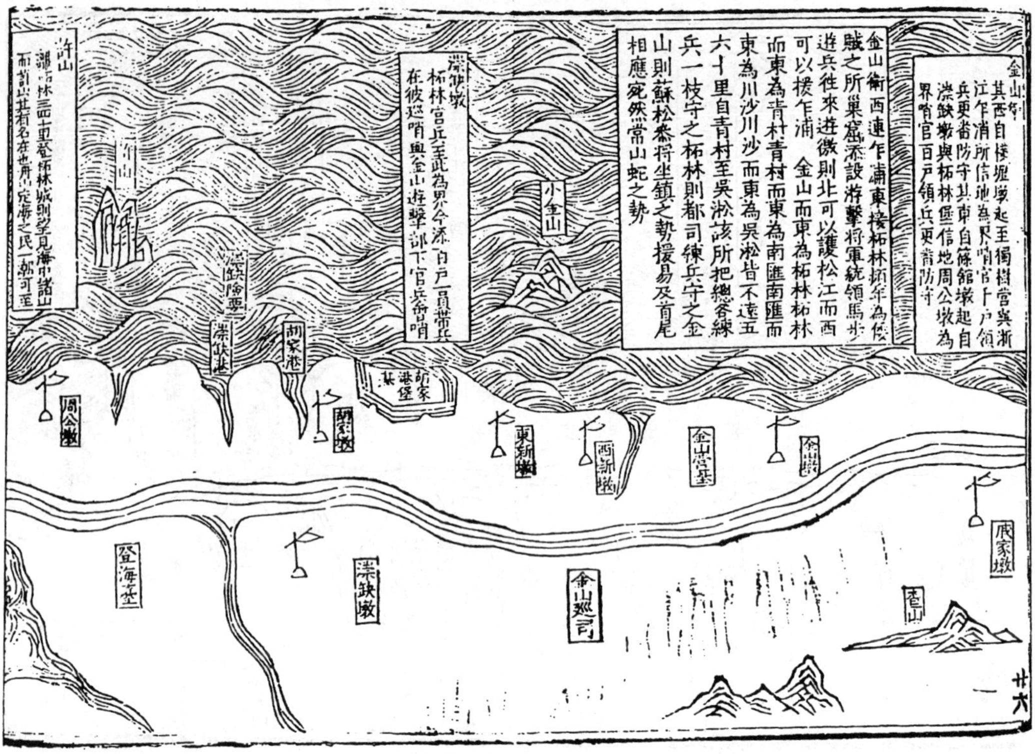
金山營
其西自楼堀墩起至獨樹營與浙江乍浦所信地為界哨官千戶領兵更番防守其東自篠館墩起自崇缺墩與柘林堡信地周公墩為界哨官百戶領兵更番防守
金山衛西連乍浦東接柘林向年為倭賊之所巢窟添設游擊將軍統領馬步遊兵往來遊徼則北可以護松江而西可以援乍浦　金山而東為柘林柘林而東為青村青村而東為南匯南匯而東為川沙川沙而東為吳淞皆不遠五六十里自青村至吳淞該所把總各練兵一枝守之柘林則都司練兵守之金山則蘇松參將坐鎮之勢援易及首尾相應宛然常山蛇之勢
崇缺墩
柘林官兵至此為界今添百戶一員帶兵在彼巡哨與金山遊擊部下官兵會哨
許山
離柘林三四十里登柘林城則望見海中諸山而許山其有名者也舟山定海之民一潮可至
許山
小金山
崇缺險要
崇缺港
胡家港
新家港堡
周公墩
胡家墩
東新墩
西新墩
金山營
戚家墩
崇缺墩
金山巡司
查山
廿六

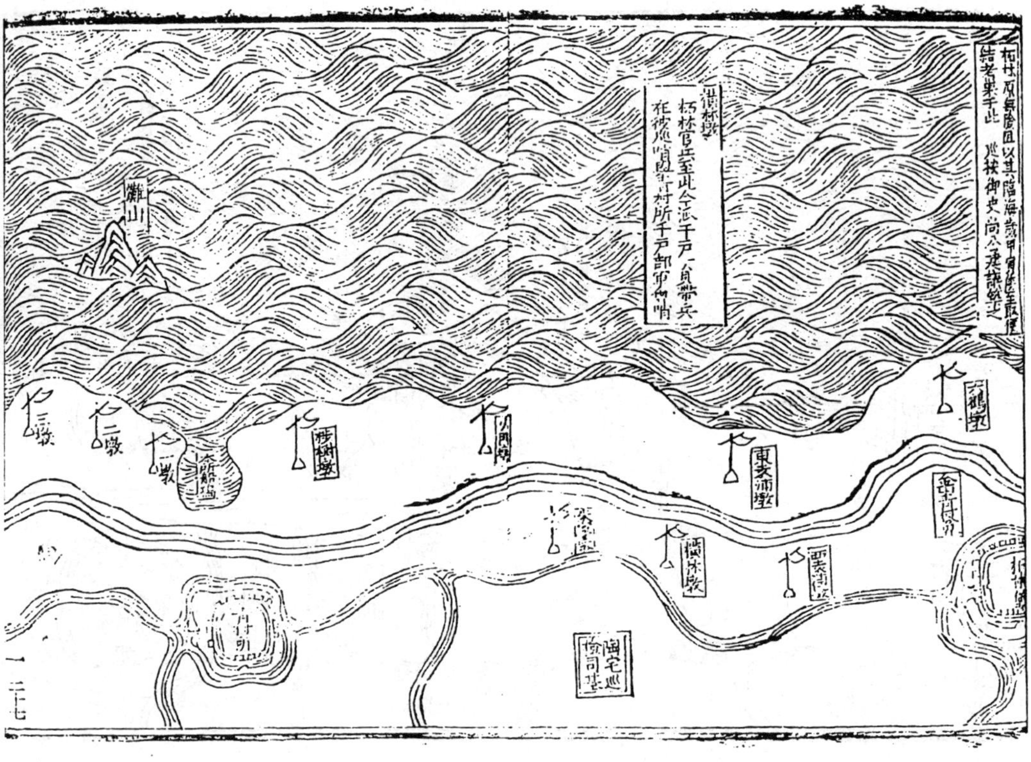
柘林原無險阻以其臨海歲甲寅倭奪取便結老巢于此　巡按御史尚公建議築之
柘林官兵至此今派千戶一員帶兵在彼巡哨與青村所千戶部下會哨
灘山
三墩
二墩
一墩
柳樹墩
橫涇墩
陶宅巡檢司

此洪險要二十四等年青南二所各墩兵二百名委官一員協守三十九年議革今青村千戶一員帶兵巡哨與南匯等官會哨
此洪與竹箔沙相對倭船若乘東南風入內海以犯蘇松必由乎此洪係最大洋說見後
自此以後海皆在於東南
此洪先於三十三四等年倭船停泊險要亦七團此洪向無設兵防守止是南匯所官兵哨守
此洪先于三十三等年值倭船停泊最為險要向來未曾設住札止是南匯所官兵出哨防勒
七山
南匯所
一團
二團
三團
四團
五團
六團
二墩
三墩
四墩
五墩
七墩

此窪先于三十三等年被倭船停泊及登岸搶劫連年為患川沙堡城之建官兵之設為是故也[illegible]防守
此洪係沿海倭船停泊險要之處宜慎防之
徐山
爛泥窪倭船可以收泊應築墩
青水窪倭船可以收泊應築墩
川沙窪
張家窪
爛泥窪
楊家窪
九墩
十墩
十一墩
十二墩
十三墩
十四墩
十五墩
十六墩
川沙堡
七團

此山乃海岸土墩也
國初時爲瞭望海洋而設倭船入内海
先到此地棄舟登岸近年以來江東
屢受其患見今吳淞兵船防守
此嘴潮大若潮退時倭船不能入多附淺
江東地方屢受其患見今吳淞兵船防守
此所建于吳淞江練祁港之間舊年以
來倭船至此不入吳淞則入練祁見今
二港俱有兵船防守
海中諸沙當圖繪于此因沙
形方位參錯不齊而册葉紙
局於篇帙恐列爲一字之形
則失真矣故另作江海諸沙
圖冠於卷端並反究而互載
源今而觀之以意會焉可也
陰沙
寶山
吳淞江
吳淞所
練祁港
練祁河
南翔鎮
嘉定縣
蘇州府

此處乃江海之交
黃窯
此地岍險潮湧不能泊舟倭船至此
潮將半矣上則有吳淞兵船追逐下
則有劉河兵船接應往至以來倭多
棄船登劫乃太倉嘉定陸路之要害
也某人設陸兵見今止有劉河兵船
防守設戍見後
劉河見設把總統率水兵防
守港陸路則有營無兵似爲
缺典宜照福山事例兼倨寨
設陸兵以備倭寇登岍
茜涇在太倉之東離城五
十里賊舟若南風則竹泊沙
而來或東南來信嘴而來
劉河七丫官兵戍礁不能
衛花必捨此處登陸須到
可至城下須設陸兵防守
七丫港
七丫營
茜涇
新塘
丁涇
張浦塘
川沙港
黃窯
顧家墩
張浦墩
川沙北墩
川沙南墩
黃墩

海防論一

海防之策有二曰禦海洋曰固海岸何爲禦海洋會哨陳錢分哨馬蹟大衢羊山遏賊要衝是也何爲固海岸脩復祖宗備倭舊制循塘拒守不容登泊是也之二者或謂禦海洋爲上策若將官不肯會哨會勦而以風潮不便爲辭縱賊登岸不得已而陸戰則在我爲舍易圖難在賊爲護短用長兵家之忌我自犯之矣或爲四山離內地太遠糧餉易匱聲援難及且風潮叵測將官藉以規避何從而稽之萬一失備致寇直擣反誤事矣不如陸戰嚴其節制將士豈能作弊也愚嘗持是二者質於總督胡公虛江俞公皆云前說爲優復質於二華譚公允齋嚴公皆云後說爲善今而後始悟諸公之論但可通之於福浙而蘇松海防

江南經略卷一　三三一

斷斷乎以禦寇羊山爲上策也何也蘇松事體與福浙不侔曾嘗乘海舠凌驚濤覽形勝及訊熟行海島之人而知之夫倭船之來必由下八山分䑸若東南風猛則向馬蹟西南行過韭山以犯閩粵若正東風猛則向大衢西行過烏沙門以犯浙江若東北風猛則向殿前羊山過淡水門以犯蘇松羊山在金山之東大七小七之外吳淞江順帆不過一潮而已其爲賊之要衝雖與馬蹟大衢相若而淡水門捕黃魚一節乃天設此以爲蘇松扞禦豈可謂遠洋備禦之難而以羊山與馬蹟大衢例論哉蓋淡水門者產黃魚之淵藪每歲孟夏潮大勢急則推魚至途漁船於此時出洋寧台溫大小以萬計蘇州沙船以數百計小滿前後凡三度汛旬之間獲利不知幾萬金也海中常防劫奪每漁船必自募慣出海之人格鬬則勇敢也器械則鋒利也風濤則便習也其時適當春汛之時其處則倭犯蘇松必經之處賊至羊山見遍海皆船而其來舟乃星散而行以漸而至勢孤氣奪遠而他之矣敢役近岸乎自倭變以來當道慮倭奸狡僞充漁人攙舟混入禁行採捕不知放船之利有三不募兵而兵强不費糧而糧足不俟查督而自無縱閃之弊惟在軍門與兵備道嚴其約束焉耳此在他處皆無而惟蘇松洋有之豈非天生自然之利也哉嘉靖戊午荊川唐公捧敕至吳與督府胡公兵憲熊公毅然弛禁沿海數百艘民踴躍出海自時厥後海烽久熄未必非由此以收之禦海洋之說有明徵矣或問約束之法柰何曰邇來漁船出

江南經略卷一　三三一

洋輔以兵船相須而行協力而戰取其結給旗票謹盤詰驗出入船回之日當道委官抽稅以助軍餉此法美矣而未善也何也漁船專欲覓利兵船專司擊賊其志不侔其力不協況所稅能幾何而欲分其所有也哉如愚見莫若兵船專于把港勿用出洋但令願捕魚者籍名于官立首領編旗甲保以耆民大戶示以盟約如殺賊而有功也照例陞賞永許採捕若縱賊近岸則一體坐罪永不許其出洋凡漁利與所獲賊貲悉以畀之如此則漁人皆以禦倭爲己責感恩畏罪捨死直前豈不愈于督之以兵船耶噫必如此而後爲經久之計也

軍門林　云漁船之出洋爲捕魚也而因可以擊賊天生自然之利天設自然之守荊川諸公必弛此禁意誠有

在矣故漁船出洋專令截殺兵船把港有事應援行者有專責坐者非株守可稱兩得已

海防論二

蘇州海防與松江不同松江有海塘而無海港其設備也以陸兵爲主蘇州有海港而無海塘其設備也以水兵爲主何謂有海塘而無海港蓋松江之海起於獨山而迄於小湯窪迢迢二百四十八里皆有護塘爲之限隔高厚如城別無港汊可以通海護塘之內外相夾皆水也在內者謂之運鹽河又謂之橫港在外者謂之塹濠又謂之護塘溝昔人所以築此塘者爲捍鹽潮恐其害苗也

國初用爲金湯以備倭患設衛所墩堡於塹濠之外倭至則捍禦於海岸灘塗不容登泊萬一不支則踰塹而守倭進不得攻退無所掠護塘之功用豈小小哉邇年塹濠多湮護塘海岸合爲一片寇至即聚於護塘而運鹽河之內水田狹隘難於屯禦大可慨已爲今之計必須浚治塹塘丕復衛所墩堡之法選陸兵委知兵參將精練於平時遇汛則分布信地協守互援無容一賊登岸則松江海防庶幾其無悮乎何謂有海港而無海塘蓋蘇州之海起於嘉定之實山洋而迄於常熟之白茆港其間水口之大者曰吳淞江曰劉家河曰七鴉浦曰白茆港其次則絲瀏黃窰新塘茜涇之類皆潮汐之所往來沙船之所出入原未嘗築塘以限隔之也故倭舶乘風乘潮可以衝突而我兵船亦可駕風揚帆以哨以禦向來吳淞江口副總兵親提重兵結水寨以控扼之而劉河七鴉白茆亦各有把總兵船分守具備不可謂不密矣但各兵船畏颶風常泊於港內賊至或不知或知而禦之不及又各支自分彼已不肯協力應援俟賊入港然後官兵擊之吁不亦晚乎爲今之計必須軍門立爲限時限程之法信賞必罰詳見舉要兵戒條下如有僨事罪坐水兵官問以故縱則蘇州海防庶幾其無悮乎或者曰松江無海港固不重乎水兵矣海岸之外可不設舟以巡哨乎蘇州無海塘固不重乎陸兵矣海岸隨處可登可不設兵以防守乎曰是不然松江海灘皆淖泥也潮至時舟雖可以逼岸而易於閣淺潮退時舟不能近岸須涉淖泥中行二三里或七八里背舟何處可泊乎向來原設遊兵船巡視於洋中墩堡軍瞭望於岸上所患者上之人不肯嚴夫失報之誅則人莫肯盡其心耳蘇州海濱處處皆有墩堡若勤於瞭哨遇警則各港水兵響應而逐之各巡司弓兵與地方團營兵併力以禦之賊豈能遽犯哉所患者上之人不肯嚴夫坐視之罪則人莫肯盡其力耳

軍門林　云修塹塘復墩堡者固護塘之手足也設遊兵嚴巡哨者廣守港之耳目也防海之計此其知所重歟

海防論三

海防之策禦倭於海洋海岸既已詳言之矣若論今時至計則爲今日之大憂者似不在於海而尤在于　留都留都海防相爲表裏何也我

祖宗根本之地乃邊方所覘以爲向背者也故兵法曰居中以制外向來　留都所設四十八衛養驕氣傲跋扈難制其禍至於殺戶侍而姑息撫安譬之癰腫已成難救藥

矣廟堂遠覽取總兵之有重望者坐府彈壓此見雖善尚
覺不能無遺慮也蓋總兵之所以負重望者由其統大兵
於海上得展方略焉耳非謂孑身亢坐即能懾服乎奸宄
之徒也若但以其官高望重而使之帶千數之苗兵無所
作爲無所誅賞而空臨於京師數萬卒之上吾不知此總
兵者平時雖號勇敢其謀猷學識果太公諸葛之儔而一
言一動盡可以㸃䖍夫桀黠之膽乎設使舉動之間少有
輕率啓釁則素望將損而前車再覆今日駕馭之微機或
爲自伐之拙謀矣不類于樗蒲之孤注耶如愚見須以功
能素著總兵一人如俞大猷戚繼光者置之於吳淞江口
而帶銜于　留都列諸五軍都督其陸兵衆將則專駐金
山精練馬步兵幾千以固守乎松江之海塘水兵衆將則
分駐竹箔營前二沙精練舟師萬餘哨守乎蘇州之海港
春汛將近則總兵親駐吳淞江以爲衆遊之領袖小陽汛
亦如之防汛畢日則總兵歸坐五軍都督府而調水兵一
半至龍王關與南京水軍夾操陸兵一半至大教場與南
京陸軍夾操更番去來蹤跡無定嚴明賞罰權柄不移而
海濱水陸所存之兵則委之衆將督練防守如是則隱然
示在外之兵至强至衆足以防護
皇都而若無藉于四十八衛在外之將愈出愈奇足以定
禍變而不專倚乎五府兵部所以陰折夫羣邪耶視之心
而貽
留都之安者何如也
留都安則海濱塩盜之徒不敢嘯聚而海防之政益易于
修舉矣
京師海防一舉兼得未知
廟堂以吾言爲然乎否耶
軍門林　云此欲潛銷留衛之桀驁也然非將領得人兵
强卒銳適足招侮故江海聯絡將卒一心匪直杜内憂
實禦外患稽兵額復兵粮之策當與此並行
附録
嘗查籌海圖編内會哨論云浙東地形與福建連壤
浙西地形與蘇松連壤利害安危各有輔車相依之
勢故
上命浙江巡撫總督浙直福分哨各官互爲聲援而不許
自分彼巳畫地有限責任相聯此
廟謨之所以爲善而防禦之所以爲固也愚考海中山沙
南起舟山北至崇明或斷或續暗沙連伏易於閣淺
賊舟大者不能東西亂渡如遇東北風也必由下八
陳錢馬蹟等山以犯浙江而流突乎蘇松如遇正東
風也必由茶山西行以犯淮揚而流突乎常鎮如遇
正北風也必由琉球以犯福建而流突乎温台三途
篤遠瞭望難及須總兵官撥遊兵把總領哨千百戶
等船徃來會哨以交信票爲驗其在浙江也南則沈家門兵
船哨至福建之烽火門而與小埕兵船相會北則馬
墓兵船哨至蘇州洋之洋山而與竹箔沙兵船相會
其在蘇松也南則竹箔沙兵船哨至羊山而與浙江
之馬墓兵船相會北則營前沙兵船哨至茶山而與

海防論四

善論海防者不狃一時之見而爲經久之圖要在通變得宜而已蓋法有宜於昔而不宜於今者有宜於暫而不宜於久者有宜於久而不可易者何謂宜於昔而不宜於今夫沿海備倭官軍逃亡原藉清勾舊制也今則隨勾隨逃無補實用此清勾之不必泥也沿海堡寨兵數不足他衛撥軍貼守舊制也今所在多事自救不遑此貼守之法不必泥也片板不許下海舊制也今之沙民採捕爲生禁之太甚別生他慮此下海之禁不必泥也何謂宜於暫而不宜於久夫調募客兵水陸分布今日應變之計也然客兵不可久留餞糧所當節省此調募之不可久也海防告乏加賦帶徵今日權宜之術也加之不已民力何堪此加賦

之不可久也何謂宜於久而不可易夫停止清勾矣則召募土兵養以軍餉伍豈常虛乎免行貼守矣則團練鄉兵充實堡寨奚必軍衛乎調募不可久矣則訓練土兵以漸裁遣何患無兵乎帶徵不可久矣則多置屯田開墾荒蕪何患乎無食乎因

祖宗之舊制而潤澤之寇至則有備無患寇去則不廢恒業雖行之萬世無弊也必欲一歲支却一歲一番殺却一番則□□天下之兵食猶慮弗繼豈蘇松二郡之所能支耶

第三八葉原缺

海防論五

浙西海防蘇松嘉杭四郡雖有浙直之分利害安危實同一體何也壤地相聯唇齒相依故也昔我
太祖畫壤之法犬牙相制義正在此愚嘗循海壖而觀之蘇州有海港而無海塘宜以水兵爲主而岸上哨守之陸兵佐之松嘉二郡至海寧之澉浦皆有海塘而無海港宜以陸兵爲主而海外巡哨之水兵船佐之向來倭寇內侵必由老鸛嘴以南抵於澉浦一帶海岸登泊而把守之官縱而不究良由浙直互相推諉各分彼已總督衙門不行連坐之法故也若一處警報左右互相夾逐賊豈能登犯哉昔者
朝廷建設總督猶若此今革總督而浙直督府衙門位

平勢均豈能賞罰會同而不悖哉伏乞建言於
朝哨守海岸之官比照海中會哨兵船事例立爲稽查策應之法一有登犯兵備衙門查究信地及左右相近哨守姓名參提同罪則浙江海防嚴禁有稗於直隸海防嚴禁有稗於浙輔車之勢成而浙直地方皆可以無虞矣雖然其要尤在浙直督撫衙門各令賢能屬官造圖貼說地形險要如何哨守如何應援水陸兵士如何操練如何分合二軍門准照會議同心協力而行無有乖異夫然後為可久可大之業也

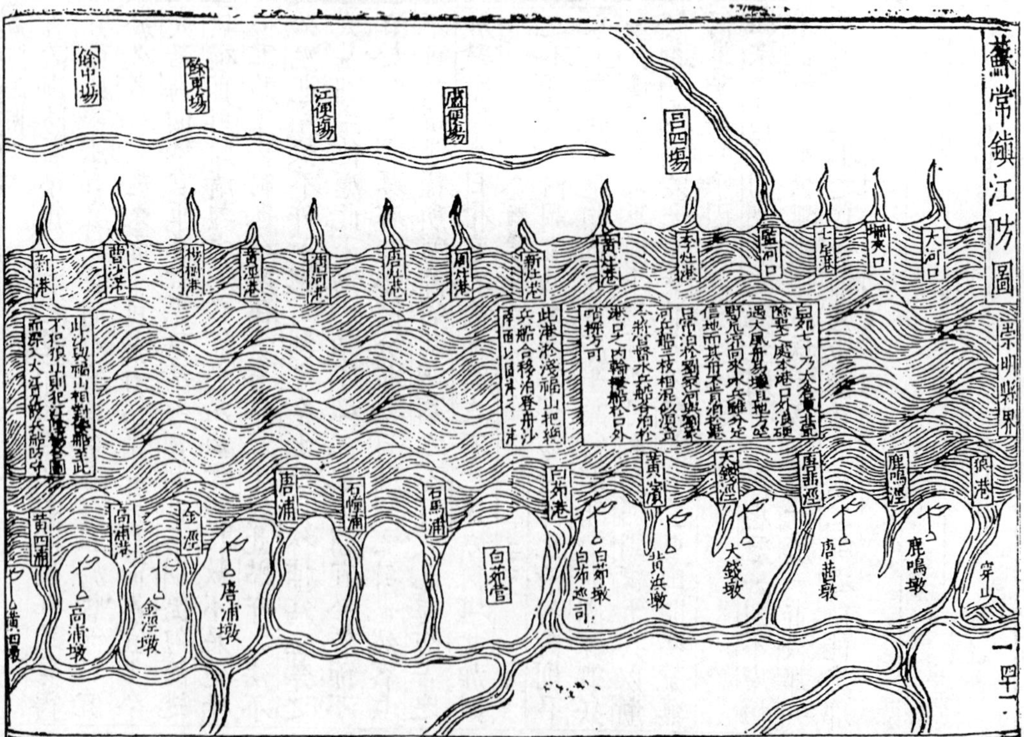

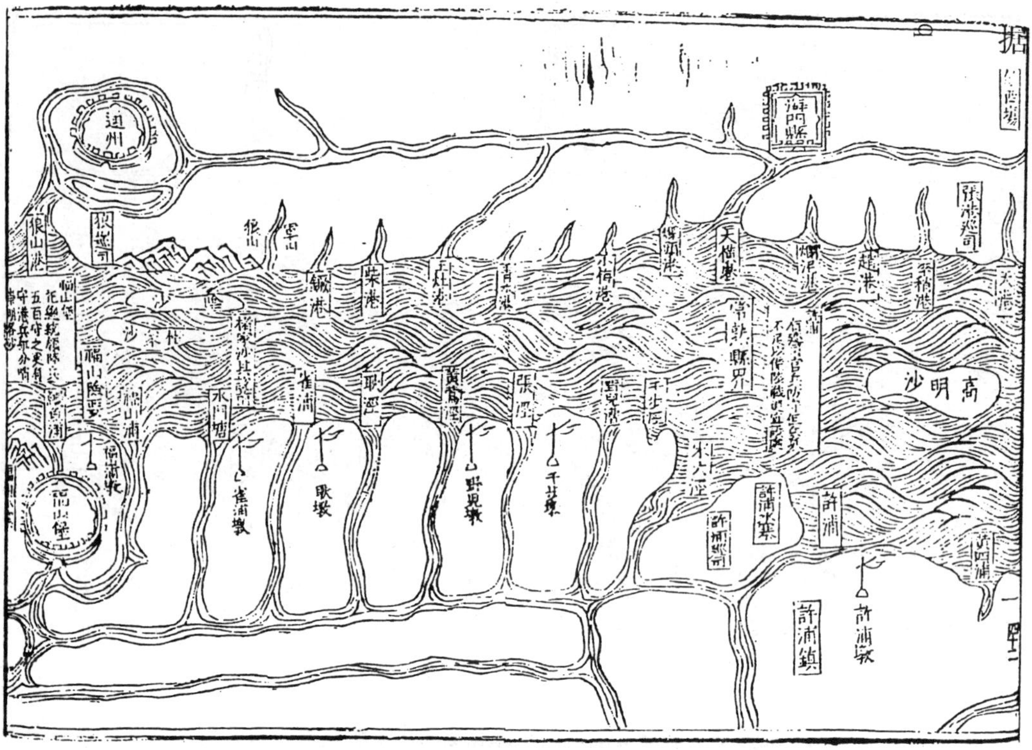

通州
海門縣
狼山港
狼山
高明沙
常熟縣界
福山港
水門塘
崔浦墩
耿墩
野兒墩
千步墩
許浦水寨
許浦
許浦鎮
許浦墩

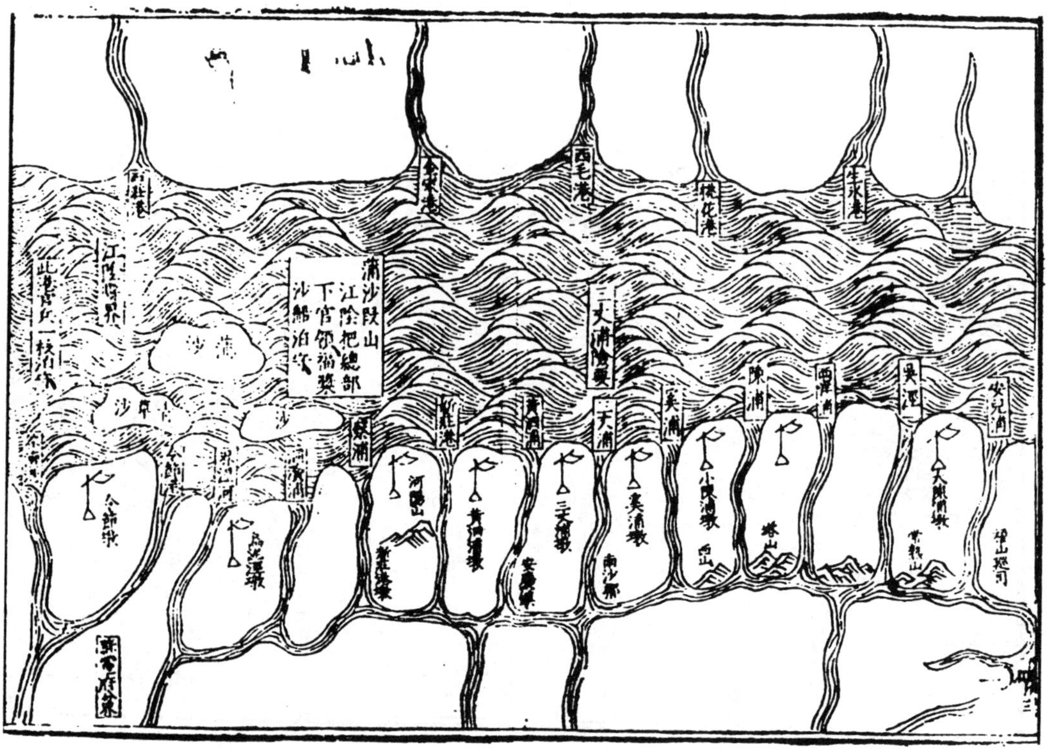

金家港
西毛港
桃花港
牛水港
江陰縣界
滿沙陡山江陰把總部下官領哨船泊守
三丈浦
陳浦
奚浦
吳涇
黃泗浦墩
三丈浦墩
奚浦墩
小陳浦墩
大陳浦墩
河陽山
南沙
望山巡司

此葉原缺，據隆慶版補

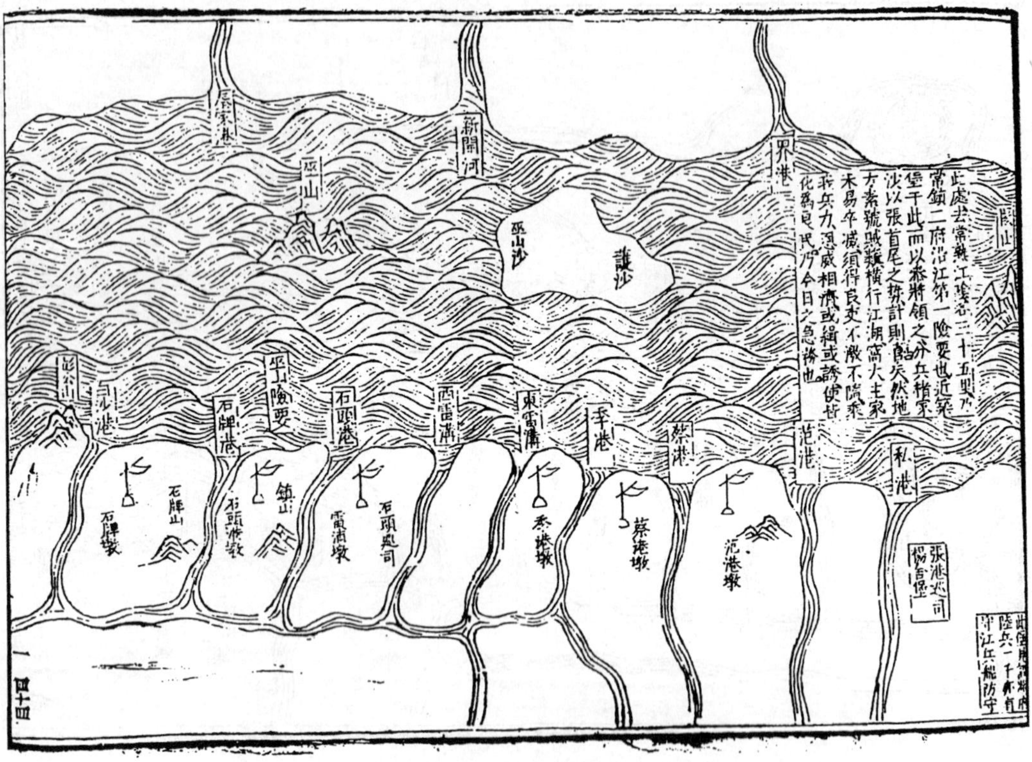
此處去常熟江陰各三十五里乃常鎮二府沿江第一險要也近築堡于此而以參將領之分兵稍案沙以張首尾之勢計則得矣然地方素號賊藪橫行江湖窩大主家未易卒滅須得良吏不激不隨柔我兵力恩威相濟或緝或誘使皆化為良民乃今日之急務也
此係應天府陸兵一千名有守江兵船防守
閶山
私港
范港
界港
新開河
巫山
巫山沙
護沙
蔡港
季港
東雷溝
西雷溝
石頭港
平山險要
石牌港
張港巡司
楊舍堡
范港墩
蔡港墩
泰港墩
石頭巡司
雷溝墩
鎮山
石頭港墩
石牌山
石牌墩
一 四十四

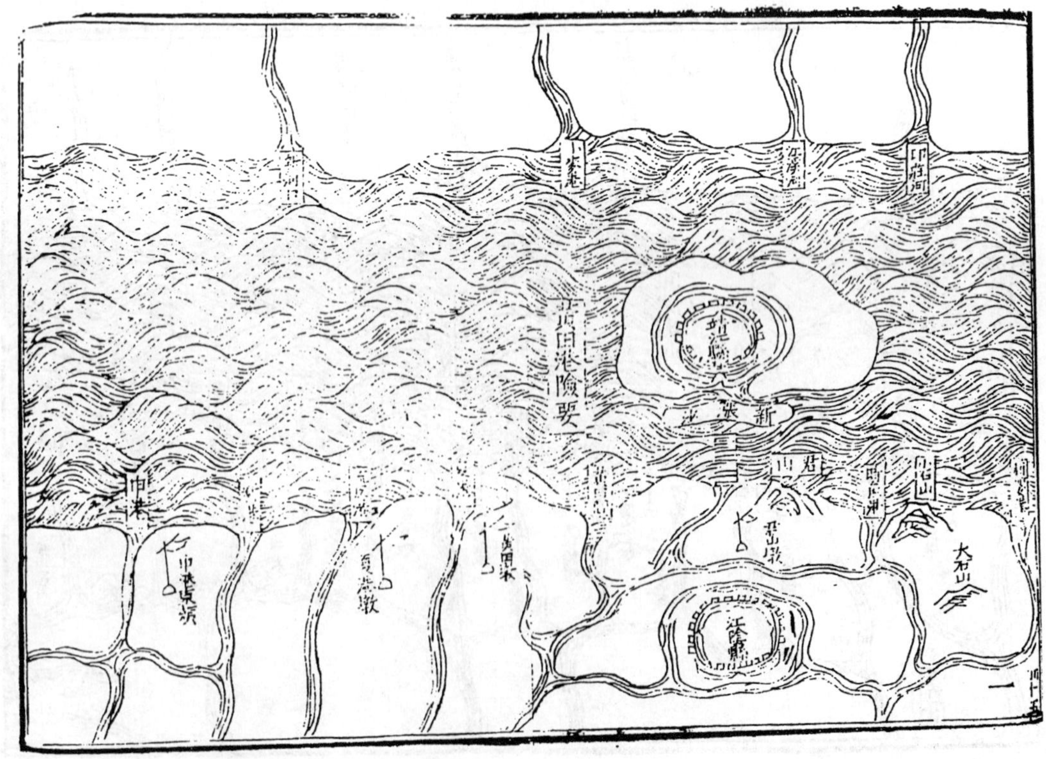
黃田港險要
新沙
江陰縣
君山
大石山
中港
一 四十五

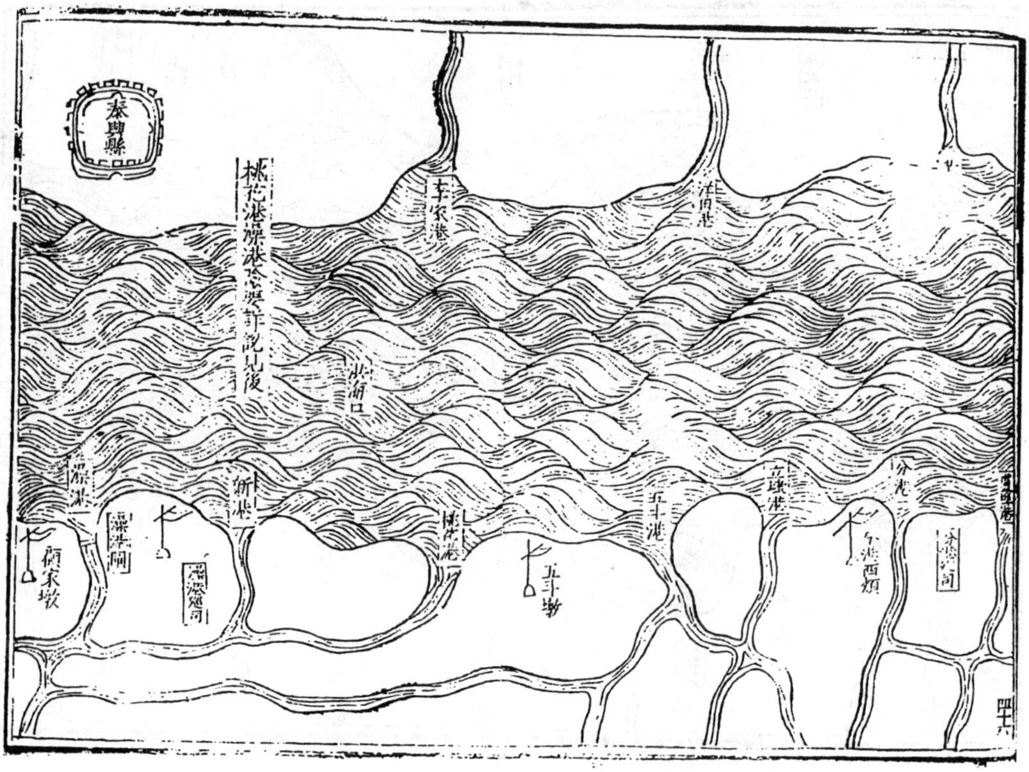
泰興縣
李家港
新港
五斗港
五斗墩
分港
商家墩
四十六

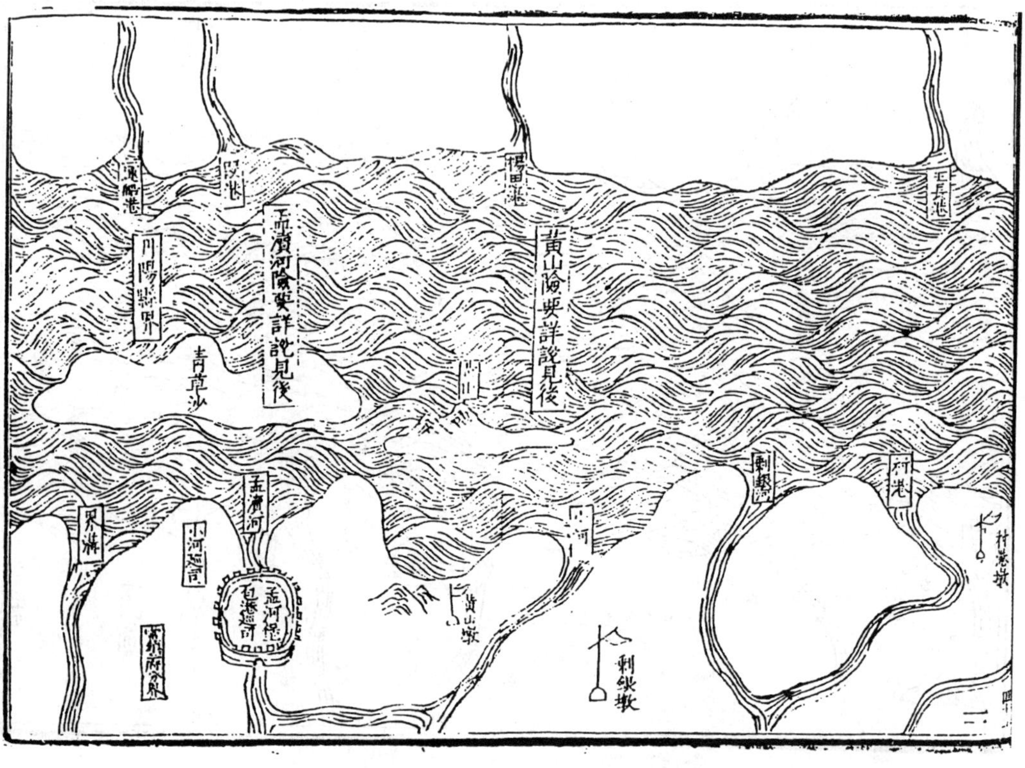
丹陽縣界
黄山險要詳說見後
青草沙
小河巡司
黃山墩
村港
村港墩
三

口岸巡司
包港
耿公廟
祁家沙
馬嘶墩
新河港
新河墩
界港

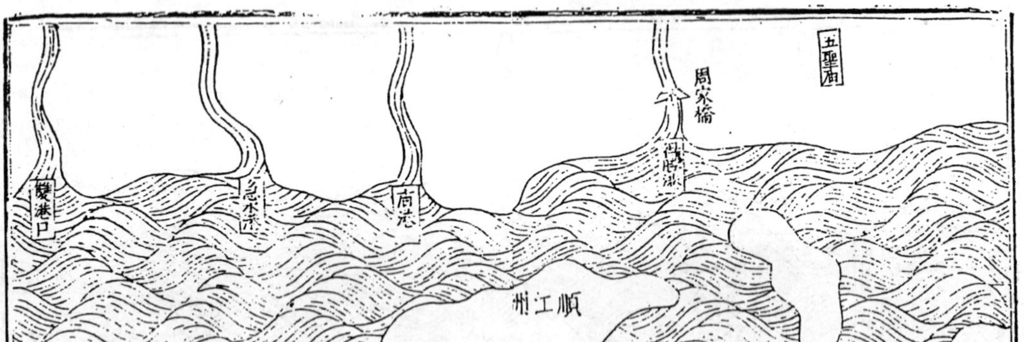
五聖廟
周家橋
急水港
南港
順江洲
顧家沙
黄港
相公墩
成山墩
黄泥港
安港
安港墩
安港巡司

此葉原缺，據隆慶版補

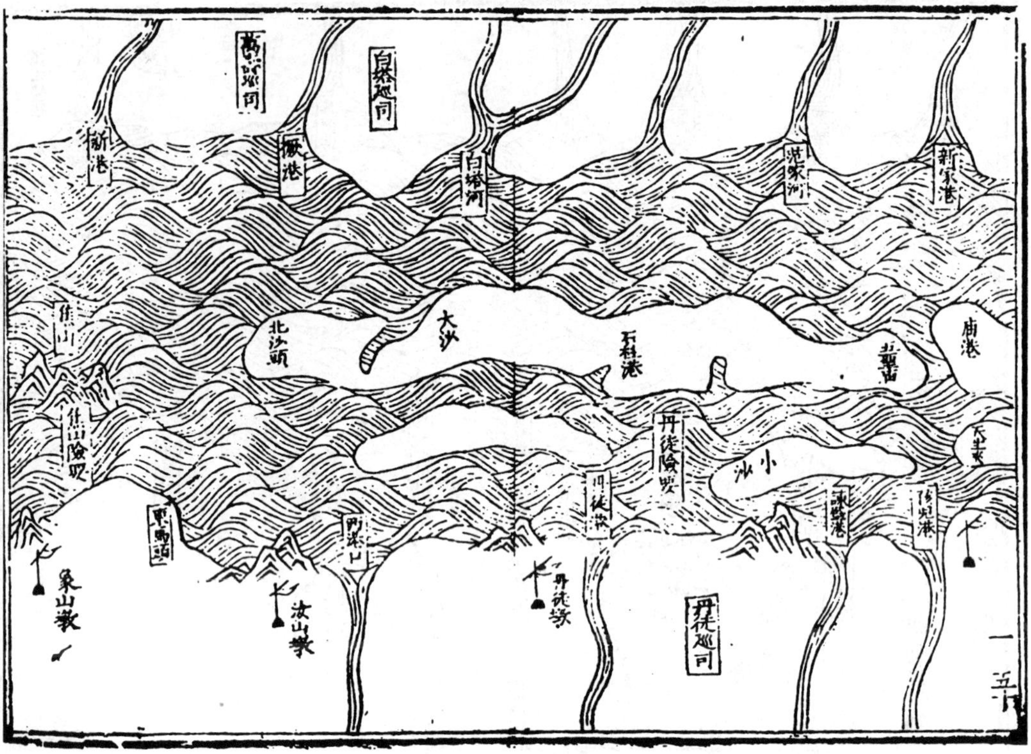

此葉原缺，據隆慶版補

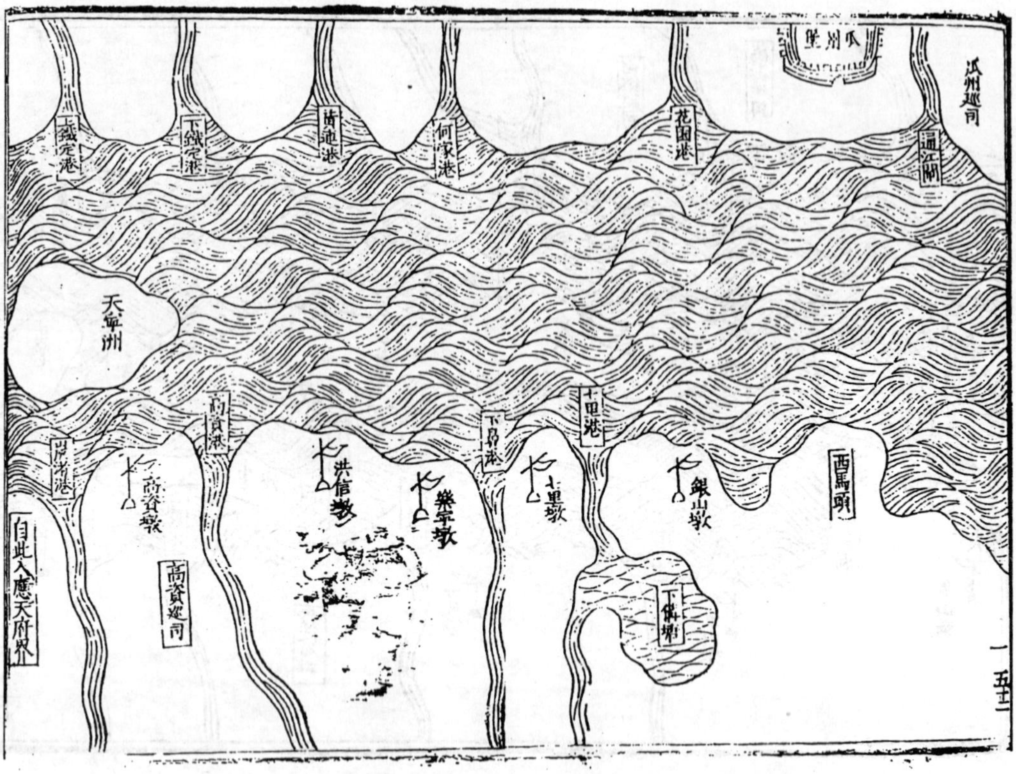

江防論上

謹按長江下流乃海船入寇之門戸也遡江深入則
留都
孝陵爲之震動所係豈小小哉故備禦江之下流乃所以
保
留都護
陵寢至要至切之務也向來夾江南北分兵戍守遊兵船
往來巡哨於其間江防不可謂不密矣然而寇不聞息者
豈無說哉良由撫操巡江官聯之義不明故耳何也我
朝大江南北各設巡撫
留都專設操江巡江所
敕信地雖殊而四院事體則相關而不可分也今操巡專
管江中之寇寇若登陸則讓曰此巡撫之事也巡撫專管
岸上之寇寇若入江則讓曰此操巡之事也一江南北胡
越頓分同握兵符爾我相逐何惑乎江寇之弗除也哉如
愚見莫若先正官聯官聯者聯屬四人爲一利害休戚異
形而同心戰守賞罰會謀而齊舉如江寇而登陸也操巡
督發江船進内港以協捕之陸寇而入江也巡撫督發哨
船出外江以策應之庶乎寇計窮而無所容江中其永清
矣江患息則
留都
陵寢萬億年鞏固而不摇江防之策孰先於此

江防論中

不能飛越而竄
留都以愚觀之殆不然何也京口雖係江南諸郡咽喉然
從古寇犯金陵未有由此而進者以沿江南岸壁嶂如屏
而潤州秣陵之間夾岡險阨無港可達故也若從通泰登
陸循江北內地而行也與六合分師渡蕪湖采石赴太平
而北豈非地勢之至要至要者歟故保
留都須嚴江防嚴江防須重江北賊計狡猾常避實而擊
虛不可但以江中之關鍵爲恃而爲賊所詒也
軍門林　云此欲併防通泰懼賊攻其無備也古有綠林
聚衆而下西蜀則險不在瞿塘矣白衣搖櫓以襲荊襄
則備不在洞庭矣此又策外籌也生亦知務矣
附錄
嘗查㝢中一覽內江淮要害論云天下之水在北莫
大於河在南莫大於江常鎮淮揚當江河入海之際
雖極大艟艦皆可乘潮而入近歲倭寇徉言分刼其
心之狡實欲自長江趨　留都自淮河以窺中原而
終不敢深入者由四府之防禦堅也必水陸常會哨
互援蒼福諸船順流以遏賊鋒或出賊後賊若登岸
則以團練之兵禦之此常勝之形也四郡無患則中
原　留都可以高枕而臥矣

海船入江必由崇明南北二路縣後㨂擒二沙在縣之北
易於膠淺凡舟之輕小者由此而行竹箔宋信嘴在縣之
南其水深窪凡舟之重大者由此而行二路堵截更無入
江之路矣崇明者天生北沙以鎖江之水口江防第一關
鍵實在是也過此以西方論營前靖江金焦此設險之大
旨也向之建議者設將官結水寨分守乎江之兩岸而海
口入江之處止以崇明官兵禦之遊兵都司應援之愚以
爲非計也海口兵力孰與江中諸寨之多分戰江中孰與
幷力禦外之易似宜立爲規制賊尚在海之時江南江北
兵船分番互出常以一半至海口協守崇明南北二路舟
衆力齊則賊必不能入江矣此守江之上也舍此不務容
賊入江江中之師艅散力分欲望其能勝敵得乎雖然擒
江賊亦無難所患者我兵自分彼已不若敵膽之合一耳
若賊過營前沙而營前之江南江北火速出援左右翼擊
不坐視乎營前之兵之受敵也過靖江亦如之過金焦亦
如之賊進不得前退無所遁我兵有增而無限賊舟有限
而無增勝負不亦較然矣乎愚故曰二提督與操巡必四
人同心而後可濟也
軍門林　云置將結寨分守江之南北此俟其深入而擊
之也移舟海口協守崇明使賊不得入江計斯得矣故
正官聯而執樞要是謂善防

江防論下

今之論江防者孰不曰營前沙者大江之第一關鍵也靖
江次之其第二也次則京口其第三也守此三者則海寇

海賊入江由江南岸登陸之路廖角嘴管前沙南北相對海岸約濶一百四五十里爲第一重門戶狼山福山相對江面濶一百二十里爲第二重門戶周家橋與圌山相對周家橋北岸至順江洲與江南分界江面約濶六七里順江洲至新洲夾江面約濶七八里新洲夾至　山南岸江面約濶十四五里爲第三重門戶三處領水兵官須整備船艦晝夜緊守三門勤勤令哨以防春汛門戶既固堂奧自安若三門稍有踈虞至不得巳而守金焦南岸斯爲下策與無策矣

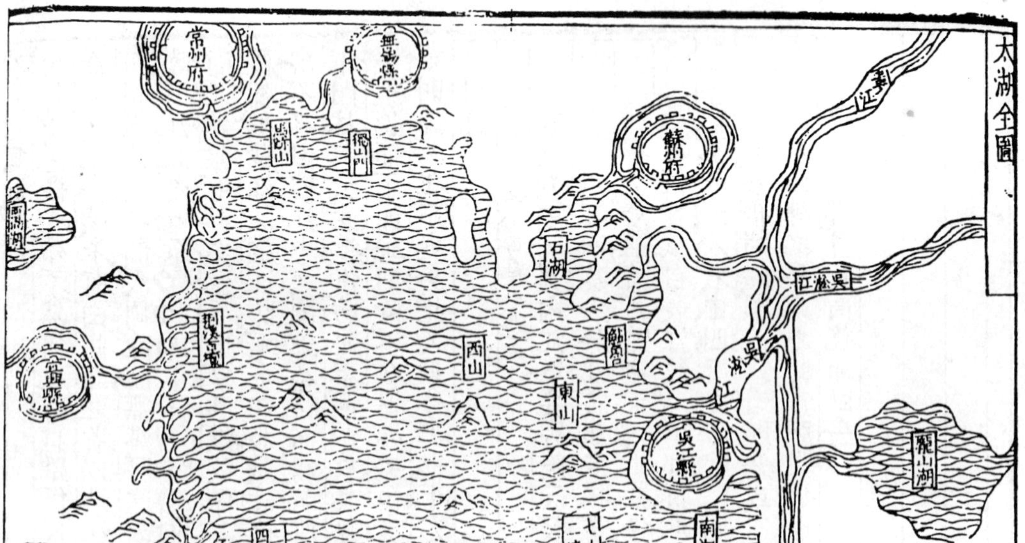

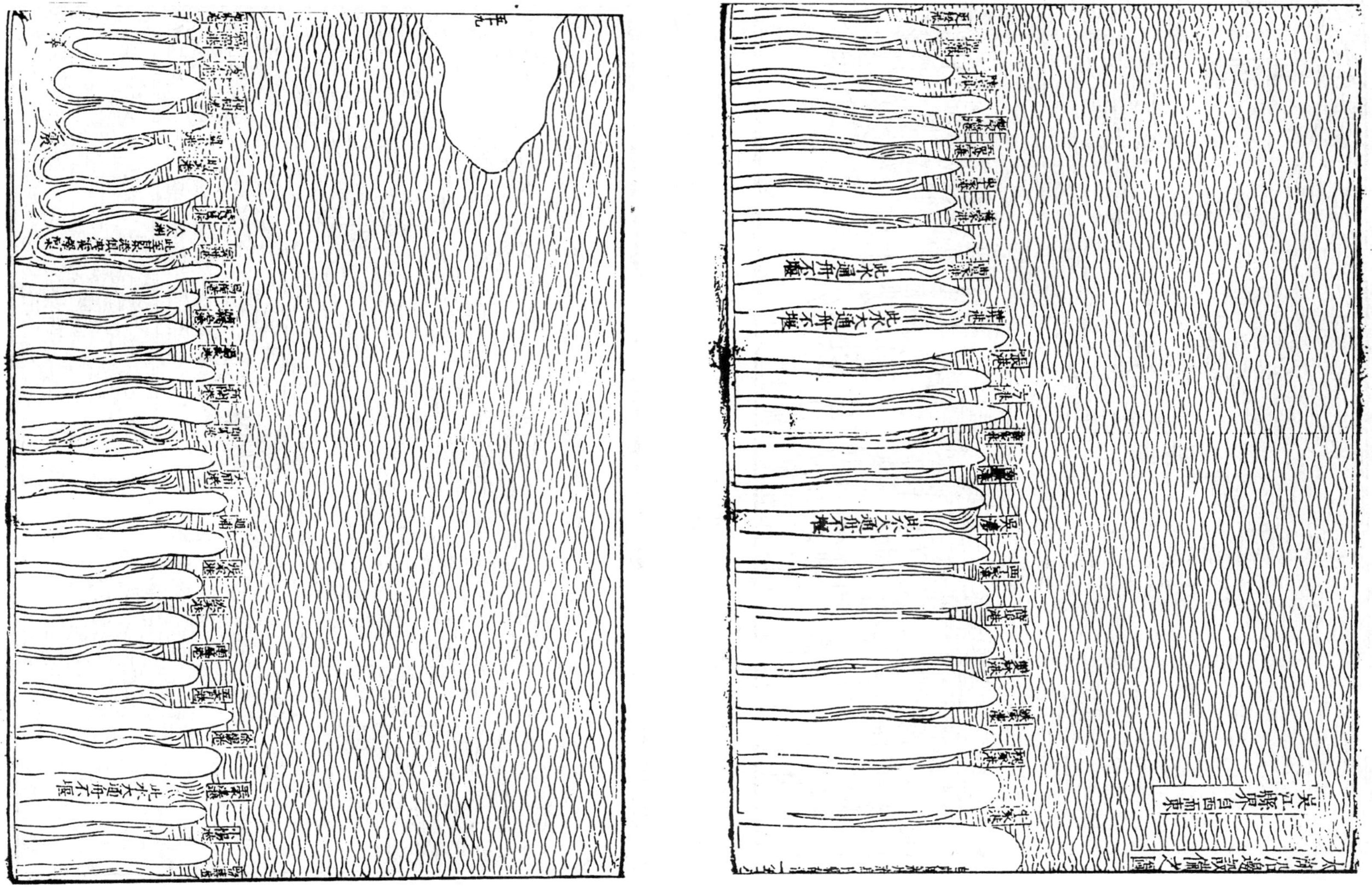
太湖沿邊設備之圖
吳江縣界自西而東
此水大通舟不堰

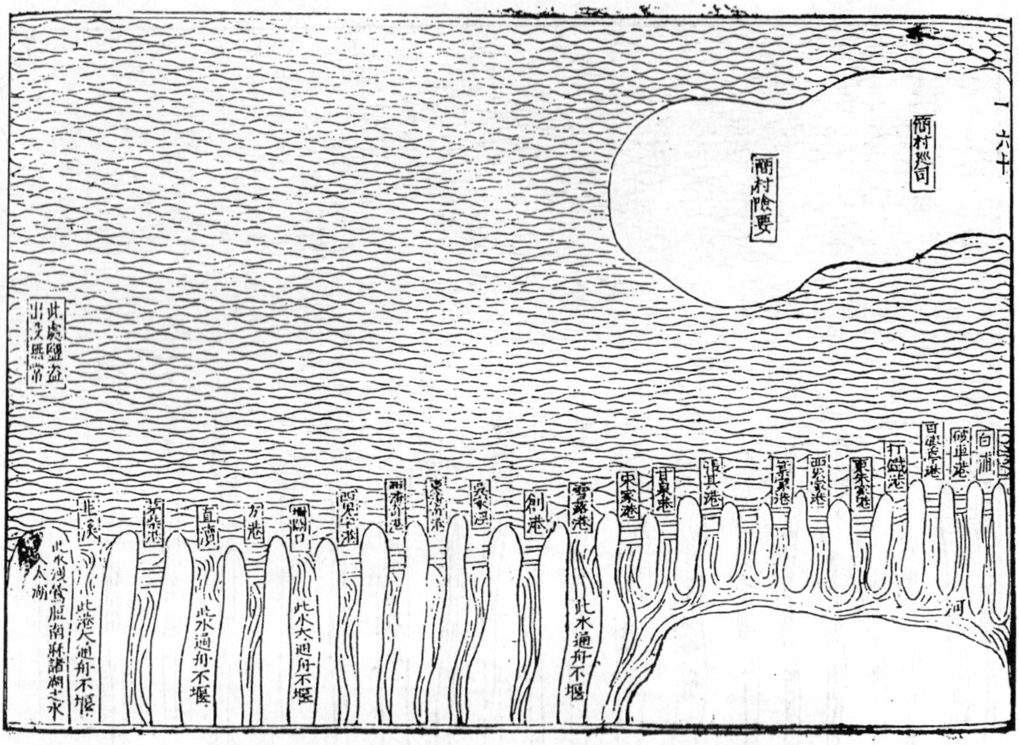
一六十
簡村巡司
簡村險要
此處盜賊出沒無常
白浦
砂車港
打鐵港
創港
直瀆
此水通舟不堰
此水大通舟不堰
此港大通舟不堰
河

循湖塘折而北
循湖塘又折而西
吳淞江口係入湖第一險要
石塘灣係盜賊出沒
長橋爲吳淞江上游
吳江縣
松陵驛
儒學
白龍橋港
此後皆石塘
六十一

自此折而東北
吳江與吳縣分界
自此又折而西
此處險要
此處係入石湖險要
溪橋港
上溪
白沙港
白洋灣
天宫寺山
石湖
大缺口

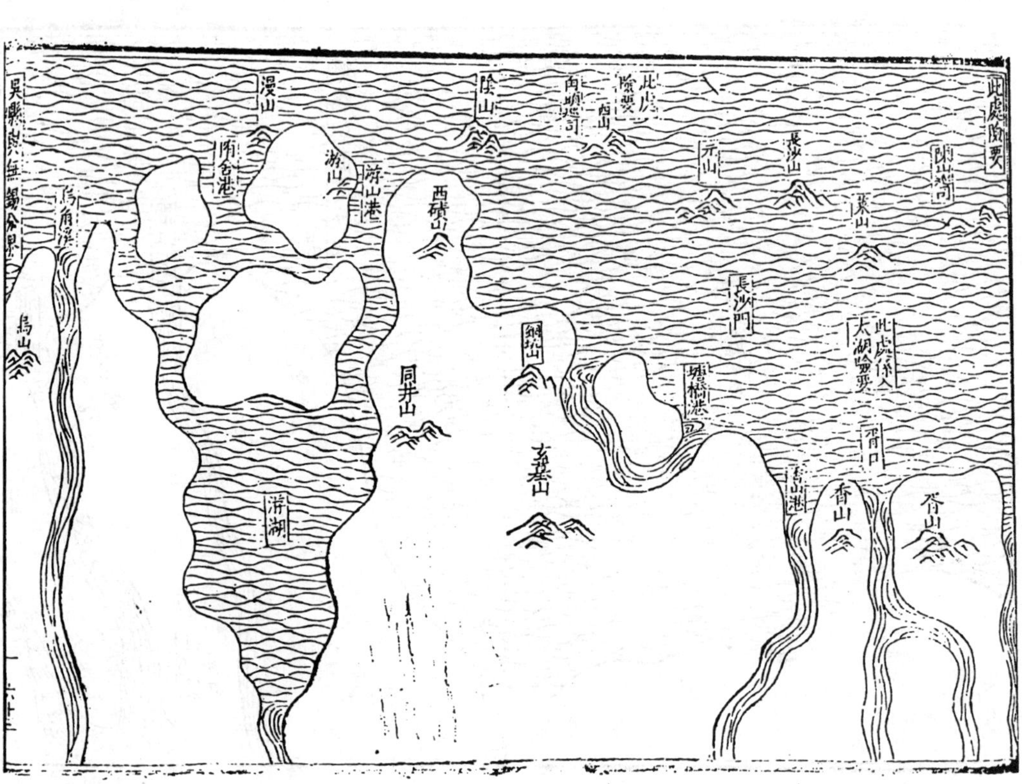
此處險要
長沙山
西山
漫山
游山
游山港
西磧山
長沙門
此處係入太湖險要
胥口
香山
同井山
玄墓山
吳縣與無錫分界

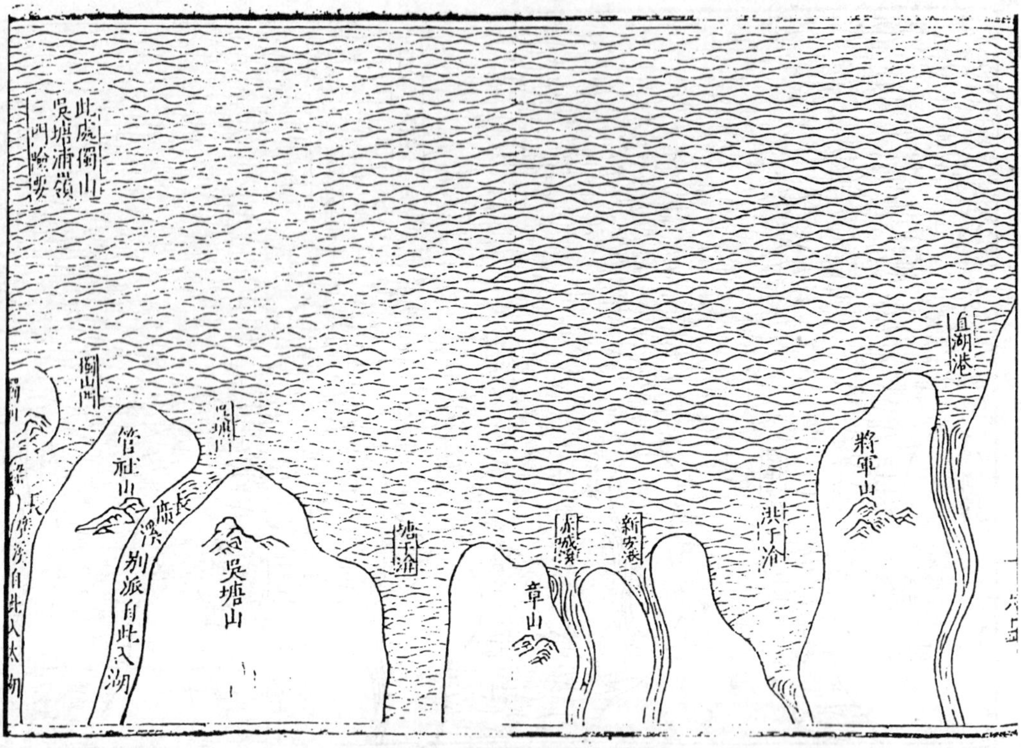
此處獨山
吳塘沛嶺
三門險要
獨山門
管社山
吳塘門
長興溪別派自此入湖
吳塘山
塘子沿
章山
新安港
洪子沿
將軍山
直湖港

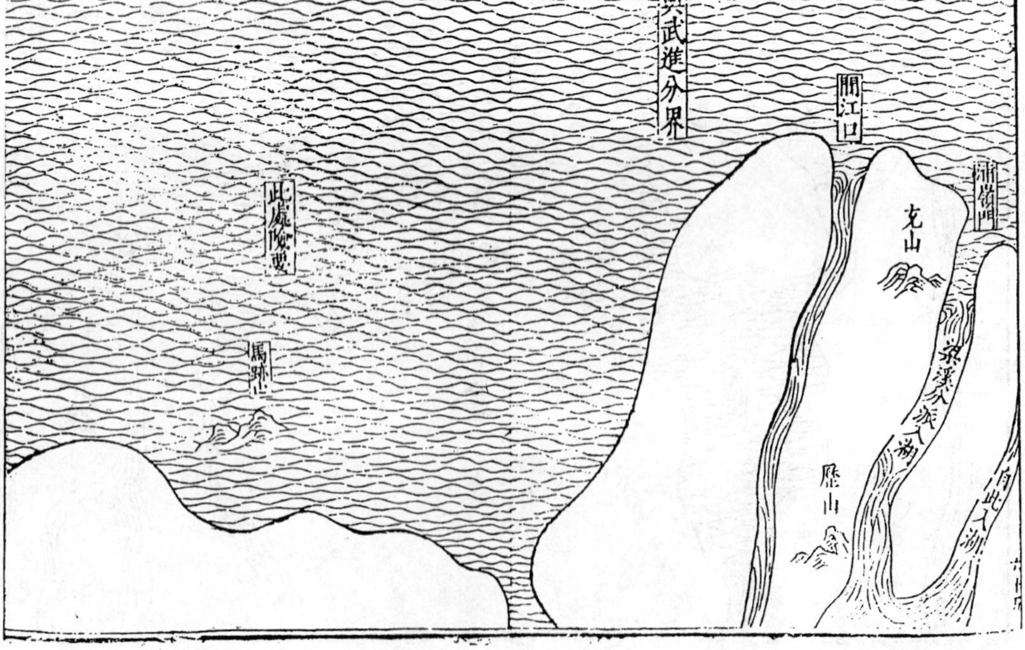
無錫與武進分界
闡江口
此處險要
馬跡山
龙山
歷山
自此入湖

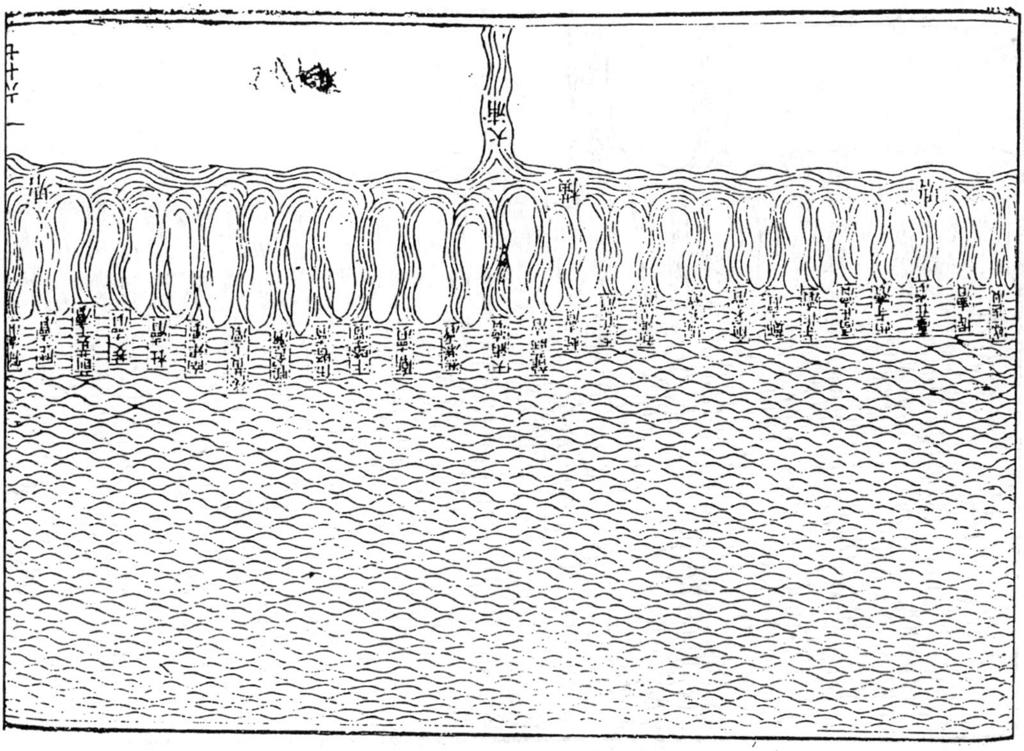

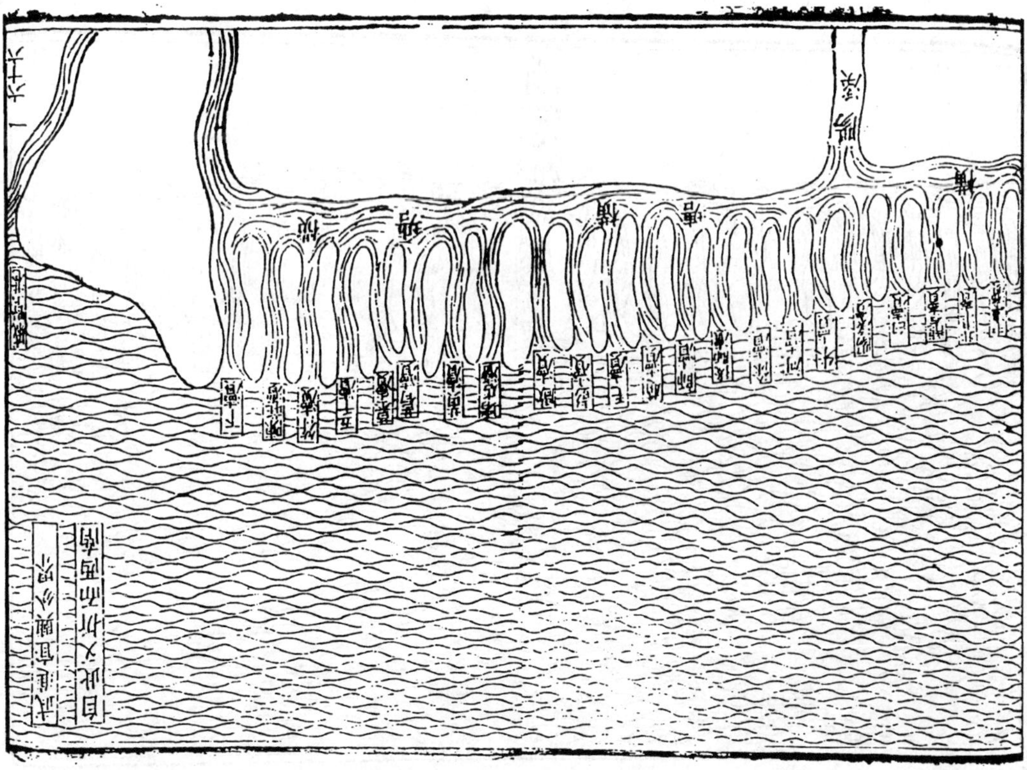

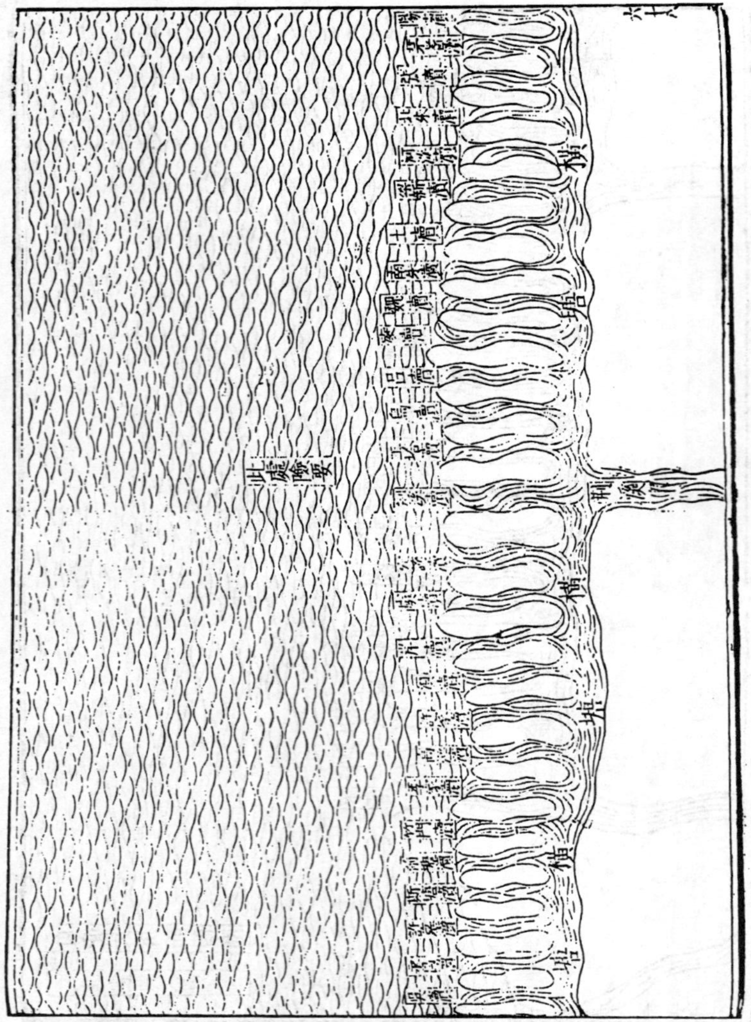
此處險要

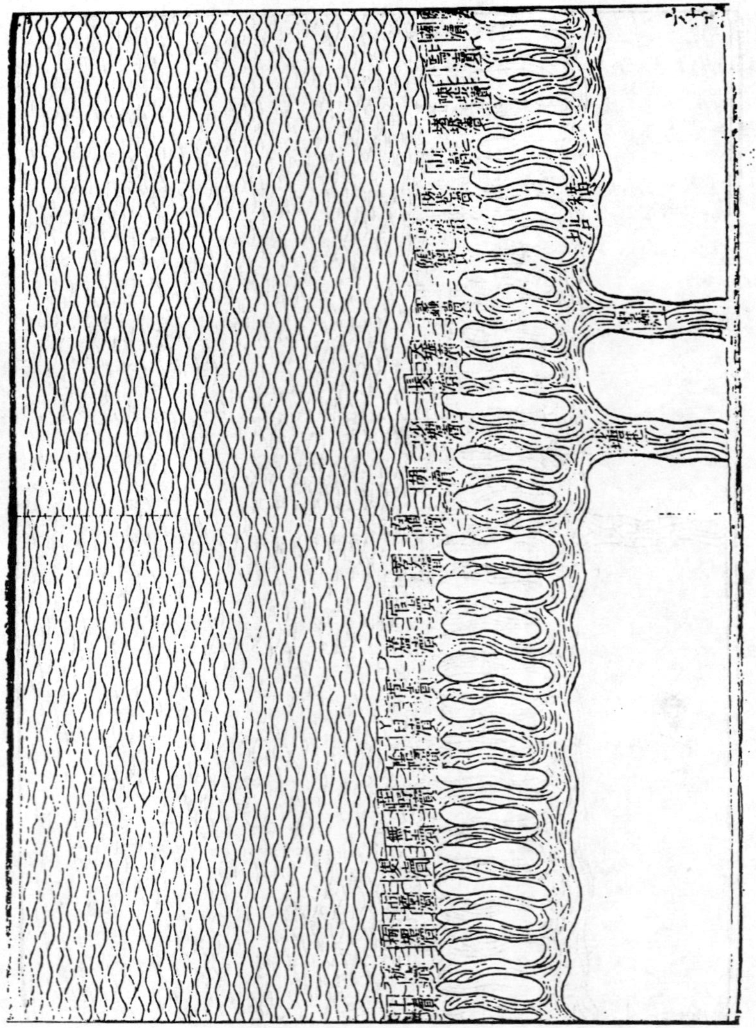

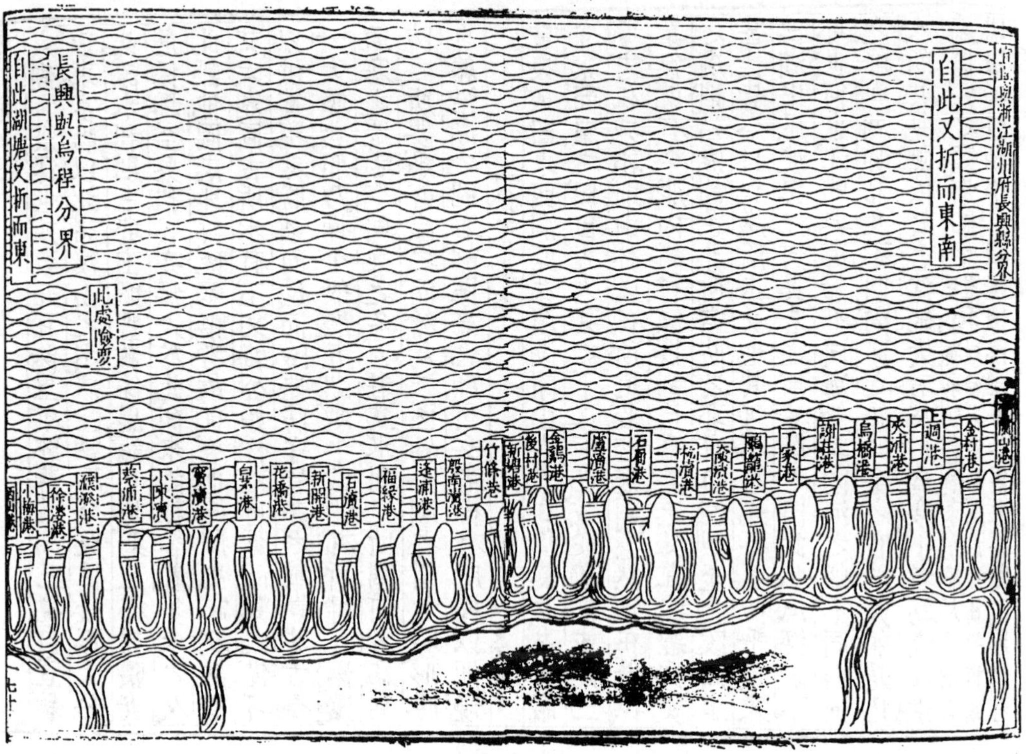
宜興與浙江湖州府長興縣分界
自此又折而東南
長興與烏程分界
自此湖塘又折而東
此處險要
金村港
夾浦港
烏橋港
丁家港
石瀆港
竹條港
新開港
花橋港
寶瀆港
小梅港

此處險要

湖防圖論

太湖古震澤也延袤五百餘里雄跨蘇常湖三境自宣歙
以東富陽以北諸溪山之水咸吐納焉全吳巨浸無大於
此論水利則三郡田賦豐歉係焉論兵防則三郡封疆安
危係焉全吳利害亦無大於此向來論經畧者多未之及
此無他圖志弗詳阨塞無考故也曾也遍閱史志及訪耆
艾太湖圖古所未有王文恪公始作之曾寛而覩之僅可
以供賞鑒考勝槩而已而險要防守皆弗之載豈非古今
一大曠典耶乃操小艇歷五湖越半載始有所得凡港瀆
通塞之迹古今同異之名何者爲水利之所關何者爲兵
防之所要悉詳識之而繪爲二圖繪全湖之圖者昭形勝
也繪沿湖之圖者詳區畫也庶司兵者得有所據以便規

畫矣或曰東西洞庭及濱湖諸山古來兵燹莫及奚必議
守禦而圖之曰自古大兵之下江南也或從京口或從三
壩志在城郭則山林必在所遺若倭寇則不然志在擄掠
棄無就有今腹内諸村鎮搜刮已盡其志必在未經兵燹
之處則沿湖諸邑非所當防者耶況自宜興至金陵爲道
甚捷皆今日兵議所未及也其可不思先事之防乎或又
曰湖中風波與江河異㫖之何其禦之曰此非漁船不
可也何也江船與海船不同海船與内河之船不同内河
之船與湖泖船又不同内河之船卽今之官舫民船是已
人所共見無俟贅言江船大者爲川爲襄小者爲滿江洪
爲擺渡之類海船十餘種（廣東新會船東莞船大福船草撇船海滄船開浪船高把梢船
艚船蒼山船八槳船蜈蚣船廣船漁船）曾各圖形於籌海圖編可

有用矣其次爲邊江船（大者可裝二千石以漸而降至於百石）自五桅以至
二桅亦專使帆無櫓與槳其中號以下者可入港最大者
不可入港若欲出楊子江則由錫山高橋下江水寛處行
然須重載壓船喫水方可過高橋也其次爲廠稍船（大者可裝
六七百石漸降至六七十石）又其次爲小鮮船（卽湖中航船是也大者不滿百石其小可知）
二者皆有帆而有櫓邊江廠稍商賈賃之遠游荆襄近往
江北小鮮船亦爲通販之用皆湖中之漁舟而兼事乾沒
者也又其次爲剪網船（亦合二隻爲一舍）船雖狹小第一迅駛又
其次爲絲網船篤使不過三人而風帆迅駛人亦堪用此
二者各湖所共有也又其最小者爲划船三四人盪槳如
飛疾於剪網但不用風帆不利湖浪用之以探報諸所所
不及其遇賊也以槳艇渾泥淺灘舟船滑難加大爲賊

之所慣此船惟吳江長洲有之他縣皆無而吳江之二十
九都者慣一行刼至爲可惡凡此皆漁船之可用者也其
他湖泖內港漁船尚有輒網一人坐於船首輒魚者是趕網一艣一趕者是逐
網一二口網在於船頭者是罩網秋冬罩魚夏月則敢而捕田雞者是江網立木於吳淞江鮎魚口水
中之類而架相峙其人登架其船下泊是也罾網一隻帶頭一隻安坐漉岸上起網者是六者皆
遲鈍不適于用所適用者惟鸕鷀船一名水老鴉一櫓一槳或二槳出於
吳江長洲二縣其駕使不過二三人其駃埒于剪網害用
之大爲軍旅之助或又曰週湖港口無慮百數焉得港港
而備之曰不然湖口雖多通舟往來者不過如吳江之非
溪葉港雪落洪柵闕鮎魚口吳縣之莫舍漊胥口港無錫
之獨山浦嶺吳塘門武進之馬蹟山宜興之荆溪東蠡河
忻溪直瀆之類可指而數也各練鄉兵守之而以巡哨船

爲之採報帆罟邊江等船常居深水賊豈能入湖也哉然
大小漁船未經刷集一旦用之欲望其出死力不能也須
平時籍之於官蠲其重役專委一廉仁有司點閘之則庶
乎不敢規避耳
軍門林　云圖全湖者其形勝險要詳矣而船之遲速大
　小又備焉胥三吳之寄者勿謂兵夥弗及而忽之也其
　惟籍諸船而編甲在官乎彫直爲臨事禦寇計亦懼此
輩能爲寇也

江南經略

卷二

十六，三　共六本

蘇州府總論

蘇州乃南都之裀褥也人文財賦甲於天下奸雄素欲染指焉一世變計賊入境有三策焉一曰毘陵二曰太湖三曰武林何言乎毘陵也從古論江南咽喉者皆曰京口不知夾崗險隘易於堵截賊豈敢由此而東其勢必據鎮江遣舟師從河庄閘進五十五里至奔牛又三十五里至毘陵頗為便易既至毘陵則丹陽金壇皆可傳檄而定而無錫以東咸入其彀中矣此蘇州北境之患也何言乎太湖也賊由蕪湖溧陽宜興下太湖片帆可至胥口此蘇州西境之患也何言乎武林也賊由采石徽歙富陽鼈食而至武林不覺其進而災害漸逼此蘇州南境之患也北境者頭顱也乃正兵也賊以下駟致吾上駟羈縻歲月相持而無取決而以太湖之兵衝吾右脅武林之兵擊吾後尾此之謂奇兵也苟非識其機而預防之蘇其能保乎此備中原巨寇之大旨也若夫倭寇之來必由吳淞劉河白茆福山諸口而入當嚴江防海防遏之於初至之時勿容登舶策之上也萬一內侵堅壁清野俾進不得攻退無所掠饑疲而去則追而擒之策之中也此寇志在擄掠如虎狼逐食用計穽之而已矣非奪據城邑者之比也論吳防者不可以不辨

軍門林　云姑蘇形勢右太湖左東海武陵維其南毘陵當其北處置不預則四面受敵生言入境三策江海二防盡之矣

本府城池

城周圍四十五里高二丈一尺門六東北曰婁門東南曰葑門西北曰閶門西南曰胥門南曰盤門北曰齊門每門各有月城各建鼓樓各設弔橋惟水關止於五座而胥門不設

池濶丈深丈尺

敵臺七座 窩鋪舊一百九十二座新造跨街者一百六十一座 雉堞一萬八千九百六十六箇今加以新造敵臺其數已及萬餘

按吳城舊矣官兵員額可考而知也近境多盜豈外寧必有內憂耶列城池附軍制使居是邦者各知所稽云

守城官兵

蘇州衛在府治東

指揮使 員 同知 員 僉事 員 鎮撫二員

經歷司經歷一員

領所五左千戶所營在葑門內右千戶所營在閶門內中千戶所營在盤胥二門內前千戶所營在婁齊二門內後千戶所分立為嘉興守禦千戶所

千戶 員 百戶 員

共統軍士五千六百名

守城輿論

本府城池濶大廣遠攻圍固難守禦亦難且居民太繁蓄積在外事體與他郡不同謹採輿人之言條列於後以備緩急採擇

分信地

一六門城樓各派定府佐一員專督該門守城夫役府佐若不足以所屬州縣佐內科目出身謫官之才能者充之

一城中必須本府與吳長二縣掌印官住劄玄妙觀一以居重馭輕一以接應各門事宜一以近憲院諮議一以便士夫參謀用一指揮統軍若干名屯處其中作中軍名色

府主上城縣尹本不宜同事但係一邑之主諸事藉以奉行故須同處

一府有府庫縣有縣庫獄囚皆須防守府中須用首領官一員縣中須用佐貳官一員看守

一各城門須另設府首領或縣佐貳有才官一員典守城上一應器用隨時給發

一宜分屯守城池之官兵於六門附近寺觀無寺觀者近門公廨屯劄

一宜請鄉官分守各城門各就其家近便與情之相合者相量

一設法大戶米穀進城

右一項須吳長二縣掌印官專督之

一設法守城物料進城

稻草 石灰 磚石 鉛鐵 火藥 油燭

右六項須府佐一員專督之

一查修城垣城門閘板置造城垜燈架燈籠燈架燈籠俱照崑山縣式

右一項須府佐一員專督之

一製器械

發䃋 佛郎機 鳥觜銃 鉛錫銃 火毬 火箭 噴筒 煙筒

箭匠　竹匠　木匠造火器架子小爐　鐵匠合火藥人

右火器府佐一員專督之

長鎗　刀　鐵盔　鐵甲　皮挨牌　紙甲

弩　弓箭太倉州取弓匠來造

鐵匠　皮匠　竹匠　木匠　裁縫　弓箭手

右兵器府佐一員專督之

先揀選舊時所蓄可者用之不可者急製之其人其人長於揀選者也其人其人長於置造者也與府佐相協贊庶不為各匠所欺

備儲畜

一區處米穀入城

島夷深入因糧於我無他轉運我能堅壁清野則寇失其望勢難久居乘其敝而擊之易如拉朽矣通計吳長二縣諸大家倉廩與客販囤園棧房陳陳相因不啻百萬以其便於水次俱在城外莫肯內遷懼賊燒燬設牛酒鐃幣開門延待以圖倖免者吳人之恒態也城中人衆食少城外賊反足食豈可哉宜着二縣正官先行嚴訪附郭堆貯實數及鄉鎮大戶積米在家待價者密請憲院差風力進士官與同衛官一面星夜分封撫按封皮各一張一面拘其管米之人到官着落地方刻期催運入城任民堆糶時價高下不許官府參與運米進城者除鄉中自有船外囤園棧房顧船甚難官為拿船斷定每百石船價銀若干各限地方其處米從某城門入六門分入免致擁塞脚夫運者亦定其遠近之價庶米主所費有限不苦轉輸而操舟荷擔之夫亦各得其所矣各鄉糧塘期定幾日開報已經搬運入城者幾家府縣官親行勘驗若恃頑不遷糧塘扶同欺蔽者許諸人舉首首者給米十分之三本主與糧塘俱以軍法處治米沒入官充兵餉之用若官家須撫按大振風裁一體參究雖同年故舊不少假借如是着實舉行則寇進不得攻城退不得野掠終身刱艾不敢深入矣此攘夷安夏之一義也若但張告示不行賞罰或賞罰而不能行於勢家吁城其危乎何守禦之足云

一區處石灰入城

守城之具甚多急用惟灰瓶石塊為便必須預備然灰瓶毒藥修砌等項俱資石灰須仰各窰戶領價依期送運石灰入城封識沿城寺院以須臨時取用

一區處稻草入城

城上燒賊必資稻草須先期派價與各糧塘領買若干萬束不拘蘆柴稻柴茅柴堆貯空閑倉廒以須急用

一區處城外竹木

竹木行俱在附郭若不遷徙皆賊攻城之具也須仰各商將竹木行依期輸運入城開賣其在水各排移去五六十里外隱僻巷中暫置以待賊退復還如不遷徙俱取入官公用

一區處油燭入城

賊臨城下缺乏油燭必無處置須查各城門外一應油行及出販鋪家仰總甲於有警之日押民依期搬運菜油荳油桕油桐油白蠟等項入城聽從開鋪交易如有公用照時價將銀見買如不依期搬入專督官挨查連總甲枷號問罪其油入官

一守城器用

城上燈籠每五垛口止用一盞燈用新紙油者方明亮燈上用一油紙蓋以防雨蓋上仍壓以一小瓦片以防風每燈置燈架索懸城下離地七尺庶使賊抵城下我能照見我睥垜口賊不見我所給之燭五人輪管換燭即輪更之人不許悞事通計城垜一萬零八百該設燈架二千一百六十副每副價銀五分共該銀一百零八兩每架一夜給與一百文燭十枝該蠟燭每夜二萬一千六百枝連六門城樓用共約二萬二千枝以一月計之計燭六十六萬枝該銀九百六十兩此二項須着吳長二縣分備勿累保長等人及支更兵夫自備恐曠日持久所費不給未免悞事夜巡重計不當靳小費可也

鐵鍋四百隻沿坊備之事已給還

行竈四百隻每隻價銀貳分該銀八兩每縣出銀四兩置辦

水缸水桶最宜多備一以供炊爨一以備火攻通計水缸八百隻每隻價銀三分水桶八百隻每隻價□二分共該銀三十六兩以三四徒罪贖銀辦之

酒瓶三萬每十箇價銀一分該銀三十兩

簑衣篛笠一萬一千副每副價銀三分該銀三百三十兩兩縣置辦勿累城夫

草薦二千七百五十條連預備三千條該銀十五兩

大樣蘆蓆一萬一千領每領價銀一分該銀一百一十兩須將贓罰銀給各區糧長辦之

竹木罰臨時不搬竹木行者用之

其餘物料先行預置公廨去處差官封識有事隨令本官給發

慎防禦

一其官見練兵千餘名已有武舉三員統領若賊臨城其官帶兵六百名屯處玄妙觀中護衛以爲中軍復以原統兵武舉一員統兵二百名屯處府前防守庫藏并司獄司獄囚再用武舉二員各統兵一百名屯處長吳二縣前防守二縣庫藏獄囚若賊未臨城之日上司有調遣之事先分若干應命賊入腹裏即收其兵入城原如前法處置名曰聽調之兵

一官生中宜選用六員俟警報到即令會議各人平日所知精兵召募一千二百名團聚北寺中以團練府佐一員專督官生六員恭謀其中合聚訓練務期可戰可守以須實用待賊臨城每門分遣原練兵官生一員各帶兵二百名屯處於府近城門寺觀中一處有變隨以本處兵應之別處不動若賊攻城危急應該用兵攻擊亦待中軍方畧已定有信牌發遣然後

行動名目實用之兵

一城中須先計道里適均定作十二處派定地方某處起某處止分遣省祭雜色等官十二員每一員率領火夫五十名屯處所分地方菴院中給與水桶水斗撓鈎等項以防一方火患假如某方火起止許信地火夫救護撲滅城上人夫不許亂動城中居民亦不許喧嚷奔走擾亂地方就使本家失火亦不許離次仍給虎頭火牌一面上書專委救火與夫禁緝擾亂地方等字樣以專委任亦便夜間救火執照以開巷門其火夫着各該啚舉報極貧人戶每名日給米二升自贍若地方火夫救援不力致有延蔓及不係信地火夫乘機搶火者處以軍法

通計火夫六百名每日該給米十二石通計一月不過用米三百六十石此法一行名雖救火實則處置饑民得所

一警報緊急城中居民近城者不宜堆積稻草蘆葦恐防火箭飛入在內柴堆亦易發火俱宜禁諭少則收藏多則移置遠處爲便

一賊將臨城先集保長給與連坐信牌使之各保自行曉諭各甲自相糾察如有容留奸細者一甲連坐軍法重罪不得與平時止坐直日者輕罪例論其寺觀給與住持使各房互相糾察待賊一退即收信牌不准此例及今暇時着官一員先刻小牌計在城甲數每甲一張印完以便臨時給發

一盤詰奸細須差官帶領知事人役在城門外弔橋邊

陳侍兵衛逐一仔細認辨各色人并撿驗物件用衛官一員有精力教官一員省祭雜色官一員兼領其事城門之下又嚴以待之再行查驗遇警則閉令人聞警即將城門晝閉或止開一門或月開二門而詰奸又在城門之內但恃官聽爲盤詰之所若避難之人一齊擁入又孰從而詰且辨之耶

一城門無先閉塞以示賊怯而使屬邑被殘城門宜去土塞止於門扇中空竇開鑿五孔以五弩手守之賊不敢近矣

一水門乃柴米所入所須甚急但要視勢緩急委官與六門一體嚴加盤詰不致踈虞可矣一槩閉絕適以自困此守城者所深戒也

一城外沿濠攔馬墻不可以不堅築用高六七尺內多留穴空以便窺伺以放鳥銃每城一面另募敢死士百人各執鳥銃利器潛布在內賊夜攻城必渡濠踰墻而入使內有備不必喧嚷俟半渡銃擊之近墻手刃之城上下俱不得傳呼吽噉使賊不知伏兵在內而輕犯馬墻有備城上更無虞矣

一城下濠內週廻空地多有居民占造房屋賊若攻城必先聚濠傾住城足城足有屋賊可隱身城上矢石難施於賊登屋可以發火器矢石攻城前任巡按御史孫見賊焚燬實萬不得已也不二三年愚民貪財又行蓋住若姑息之是將在城數十萬之命而爲佽倖之區也今後賊將入境務要拆卸如不從者臨時

照前院法無悔

一賊將臨城須在城外預結三四壘屯兵把守與城中爲犄角勢至爲上策若敵環而攻我曠日持久計內乏食則必徉退數舍至夜還襲之不可不知

一賊至城邊若向內射箭放銃城上不得喧嚷俟賊近城令慣熟銃手善射者乘便則射務要巧發奇中得斃賊人一二其餘自退更不知我兵伎倆虛實毋得一槩亂發以窮矢藥若矢多射出恐其易盡宜乘賊敗後縋童子下城以一錢易一矢募其拾還復射賊不能困賊若發矢越城樓注城中二三百步此但嚇人不能及物也宜慰諭城上人不必驚惶賊若叢射宜多用臥被縫綴於杖或板如門簾之狀以竿挑之

連比遮城躲彼箭雖着不能透也我能自隙射之

一打牲船上弩矢百發百中此船吳淞江陽城湖陳湖太湖水鄉多有之須着各畨報舉入城不容容隱其人官府照養兵口糧給與工食計名分派城上緊要去處有功仍用重賞

一賊若圍城必須募勇敢夜斫其營或夜舉銃砲使賊驚潰其圍自解若以長木連繩作梯百乘上城不必一疑懼一梯止上一人我以一斧守之賊上輒砍或以巨石墜下雖送與百梯令其上垛亦不敢也若囊土束薪填壍登城者此無別法惟烏銃並發人不敢近

定夫役

一姑蘇城垛九千七百九十新增敵臺大約不過一千每一城垛用一人守之通計城夫一萬一千人派城夫照依先任溫公之法大戶五名中戶不過二名下戶用二人三人朋充一名實爲情法兼盡今吳長二縣除仕宦舉監生員外通將居民合二萬二千人之數分作兩班城夫雖有兩班口糧止用一班上城之日第一班直一晝夜至次早第二班人夫更替及今閑時先就居民近住垛處寫定班名於各城垛上如賊在百里外先用保長甲長到城看守不必預令城夫登埤俾在家生理俟賊近城五十里保長鳴金鼓集夫上城其法宜用五人爲伍每五垛口爲一伍置木牌一面寫趙甲錢乙孫丙李丁周戊每夜一人輪守一更凡城垛口必取大石塊方五尺高稱之每一

更夫各置小旗一面令其自執登而擊柝站立既高得以俯瞰五垛口城下有無奸細其餘四人穩臥遇有賊警喚醒同伍四人執持灰瓶石塊器械攻打則名雖終夜之守實則一更之勞名雖五垛相去不過數步必無悮事也不然天下無終夜不寐之人精神困疲賊至不能禦矣餘垛照此式行

一城垛兵夫勤惰不一同當稽察使人人點名更更喧嚷則守垛者不能睡臥憊其精神非計也宜分信地如自某處起至某處止用巡邏十名每更分二名不許叫喝搖打梆鈴止挑燈巡視若有輪更守垛兵夫睡熟不行瞭望者牆掣更旗明早稟治仍喚醒防守不得警言擾擅自責打賣法併究五垛之內燈火斷滅

卽記輪更之人治之巡邏週而復始

一設巡邏之役又恐踈虞每門用衛官有司官二員各與以馬給以更牌更箭如東門巡至南門時値二更東門無警官將一更箭交付南門城樓上官驗收南門官隨付二更牌與東門官爲號彼此各收次早送總巡官處查考若各官將牌箭私換不親巡更者查出以軍法重治其巡警官先察巡邏十人爲先次查各垜口偶有熟睡失瞭者許卽責治執其更牌次早連巡邏人併送總巡官處究治巡警官止許巡視亦不得呼喝點名搖打梆鈴以警擾守垜之人

一城上各敵樓每處派定舉人一人或監生一人各帶家丁生員二人不拘家丁有無專在上歇宿督視本處垜口城夫晝夜防守若各該地方有賊攀援坐名申呈憲院提問亦不許科擾保甲長人等

一指揮六員每員派定一門白晝各行巡視以整齊保甲長散夫人等站立觀望及防不測之變其官生六人每人派定一門給與巡視虎頭牌面上寫遇夜各行巡視信地站立人等至交界處方回循環不息官生每人給馬一疋

一各城樓及對城外衝要之處各置佛郎機一座隨用裝火器二人帶火藥一桶備急用其城樓下預置合用火器鋒利器械弓矢及堅固防牌使賊臨城隨取隨足官廳庫中置放石灰油燭火藥等項備用若庫中封識不盡更用沿近居民空房一二間封鎖亦可須差官一員當時看取給發

一保長每人青衣裝束各帶腰刀一把號旗一面其散夫各備長柄鎗刀一把又帶鐵錐一箇或斧頭一把任從其便如缺一件卽加重責每五垜備明燈一碗燈架先置城垜外可照城足其燈每一保長給與二三十碗每日着一縣佐次第分派本日一夜之燈與保長派好燭若干枝任其分散城夫以備一夜之用若保長有弊許丁夫口告罰燭一夜其合用煎油煎糞鍋灶等項每保長一名預給鐵鍋二隻行竈二隻水缸四隻酒缻二百箇擂木二根備用如有緊急再行分派物料至於暑雨合備細密堅厚箬笠簑衣每保長一名給與百副分散丁夫穿用遇夜合給草薦等項每保長一名給與草薦二十五條大小竹一百根蘆席一百領以作盖棚歇息城夫之用

一宜先示約凡遇夜間賊集衆攻城方許放火箭三枝再察發銃三箇緊要鳴鑼三通每門各另設遊兵五十人持利器鳥銃一面禦敵總管另帶枝兵應援一門有警各門堅壁固守不得輕動以防聲東擊西之患尤禁垜兵警擾離次至於疾風暴雨半夜黎明人倦易弛賊每乘間登城尤當嚴加申諭可也

軍門林　云此守城之一法也中稱分信地嚴儲蓄愼防禦節更番條分縷析彬彬乎整且詳矣甲寅諸年之變郡治賴以不驚父老類能言之夫前事不忘後事之師也生若輿論抑亦有深見矣

吳城兵辨

吳城兵勢大畧有四

一衛官負其世胄恥視文職武舉爲書生議論仝不入耳實則守城攻敵皆非所長若陳習之能諳武藝然終不脱自用故吳城好漢與武生所領有名之兵不入其募下此項官兵似宜留作上司調征聽用

一武舉與舉監生員習學武藝者自謂文武兼通恥視衛官擅立門戶其部下之兵惟就其素所用熟與衛官所統各不相關此一類似宜分作城中各門屯守之用

一吳城内外好漢有強力能舉幾百觔者有膽氣勇猛赴鬭爭先者有素閑武藝嘗充教師者有當應捕慣緝事者分而言之則四等合而言之則皆上上兵也嘉靖三十三年此輩嘗應募因官府不分皂白雜以無用之民槩給口糧三分統領匪人其心不甘而又日尅其銀三釐該吏給銀者又尅二釐實止得銀二分五釐遂懈弛退避窮民乞丐之徒營求領兵給銀之人分銀頂替其後代役者求換的名兵不堪用實此之由非吳城無足選也愚聞其私語云打行人數雖多好漢無幾我輩若在官使一一能識認之一一能擒拿之何内變之足患又云官府要用我須識三件其一聽吾儕自相推擇稍不濟者不容厠於其閒不煩官府費心人人精當其二每名須日給工食銀四分勿與他兵不堪者例待其三須得有力量好惡與豪俠不羈之人委其統領庶人人樂於効用無不上前若使派屬衛官與武生不願也此一枝似宜用爲府縣護衛親兵

一海沙之徒以千餘計在城内者遠不如在城外之驍勇可用葢城内淘沙不過街市與市河營生而巳城外下塘山塘一帶出没深濠與顧倩毛徐諸大家看護夜警俱是便捷健狠之徒遴其尤者豈止百餘人而巳乎此輩可充偷營劫塞及探兵之用工食與好漢同

軍門林　云按此兵辨詳矣吳人負氣懷俠各以所執相雄勢使然也上之人别其類而用之因才授委因委制食鮮不得其死命矣鄙如淘沙亦可相資制禦守土者亦何貴棄土着也

第十七葉原缺

蘇州府備寇水陸路論

中吳澤國也四通五達賊舟無處不可衝入若自東海而來則嘉定太倉受之從吳淞江劉家河可抵郡城若自揚子江而來則常熟受之從福山港官塘可抵郡城若自松江而來則從長洲之陳湖可抵郡城若自嘉興而來則從吳江之平望可抵郡城或自平望之西而入太湖或自江陰錫山而入太湖則從吳縣之胥口五龍橋石湖可抵郡城崑山居府東腹裏本無江海之險然嘉靖甲寅倭奴犯境崑城獨先受圍以其去郡不遠可作巢穴也崇明孤懸海中四面受敵蘇之屬邑無不當設險者詳著各圖說於後

或問蘇之險要有幾曰倭寇之犯郡城也水港浩繁勝

路交錯不可勝紀而要其總要樞紐所當控扼者不過十四處而已請詳言之賊若自海口而入則嘉定之吳淞江黃窰港太倉之劉家河七丫口四者其險要也若自大江而入則常熟之福山港許浦三丈浦三者其險要也此皆本府險要之在外境者也能守此七處不容賊舟輕入則一州六縣皆晏然無虞況府治乎但濱海不止於嘉太二邑而已在南則嘉興之海鹽平湖在東南則松江之華亭上海皆是也江口亦不止於常熟而已在西北則常州之江陰武進鎮江之丹徒丹陽皆是也鎮江路遠且置勿論嘉松常三郡江海口岸賊一內犯則長驅至蘇蘇之所恃以禦之者不在於交界設險乎此之謂腹內險要也若不能守而縱賊過界則海口

江口所設之險均爲無用與不設同故設險於外境固爲制敵上游策之上也而腹内險要亦不可視爲輕緩在南方則吳江之平望所以禦海鹽平湖之衝長洲之周庄所以禦華亭南路之衝在東南則長洲之陳湖所以禦華亭中路之衝崑山之續浩安亭所以禦華亭上海之衝爲途不同同於備海寇之深入也在北方則長洲之蠡口所以禦無錫閶道之衝長洲之望亭所以禦江陰南來之衝吳縣之太湖洞庭兩山所以禦江陰無錫武進寇舟逸入之衝爲途不同同於備江寇之深入也總而計之外境之險要有七腹内之險要亦有七此十有四者蘇郡之安危所係何者當設水兵何者當設陸兵何者當兼設水兵陸兵擇將選兵勿恤糧賞常以

一支當敵鄰支應援振肅軍令蘇郡豈有不安者乎

或問入寇之路其多若此而往年倭寇出没止由吳江崑山常熟無錫官塘而來餘皆捨而不由何也曰有說也倭奴之所長者揮刀焉耳已陸戰焉耳已舟楫非其利也何也倭至海濱登岸燒劫其舶盡棄於海擄民航以深入雖甚快利不過一二櫓飛盪而已雖善操舟不過役使鄉民而已其篙櫓之多較之兵船不如也水戰之便較之兵船不如也火器之備較之兵船不如也藥箭之利較之兵船不如也人力應援之齊較之兵船不如也若浮湖泖而來我兵合而圍之夾而攻之衝而斷之彼豈能當乎兵法曰以吾所長攻其所短倭至彼惜固默識乎此矣故必由官塘橋梁之處整隊而行相機而進隨處殺人以樹其威分投放火以張其勢此其衆可數而其形盡露矣兵法曰形人而我無形此在倭寇已先犯乎戒矣使當時主兵之人能以吾無形者而制之彼豈能一人逃乎奈何哨探之不聞設伏之無有疑兵援兵皆不之用衝鋒者無賞而退走者無罰分吾兵力虛備於無用之地而與賊戰者反鹵莽焉何怪乎寇之僥倖而去也或曰吳地多田塍甚窄僅可容一二人當前持一二器接戰不能以衆進也如之何曰倭寇之來魚貫而行此在兵法謂之直陣本當爲横陣以應之但岸塍非曠地之比恐有不能拘者吾以一二人進彼亦以一二人進吾以一二器戰彼亦以一二器戰同此窄路彼何所多於吾乎彼若以選鋒當前吾亦以選鋒當

前精選客兵之中豈無以一當百者若十人足充吾先鋒乎彼之人數有限而吾之人數無限以吾無限之人分爲數支孰爲正兵更番抽代孰爲奇兵截賊歸路孰爲左翼孰爲右翼或伏於村林列火攻以待之或隔水而陣設機械以誘之晝則相持而不與戰夜則多方以撓其逸彼前不得進後不得退饑不得食勞不得息不四三日而憔悴必矣吾因而擊之也何有噫此能將與良有司之作用苟無其人功不虛成

軍門林　云按蘇郡襟海帶湖約之爲内外之險者凡十有四内險猶可言也外險亦爲此中患四郡相維之勢知兵者固應夾而預之也險凡十四彼竟舍水而趨吳崑常無直入彼之不利在水也當事者竟不

禦之於海而使四面從橫策於是乎失矣故爲姑蘇
久長之慮者善友邦精水戰

長吳二縣合併圖

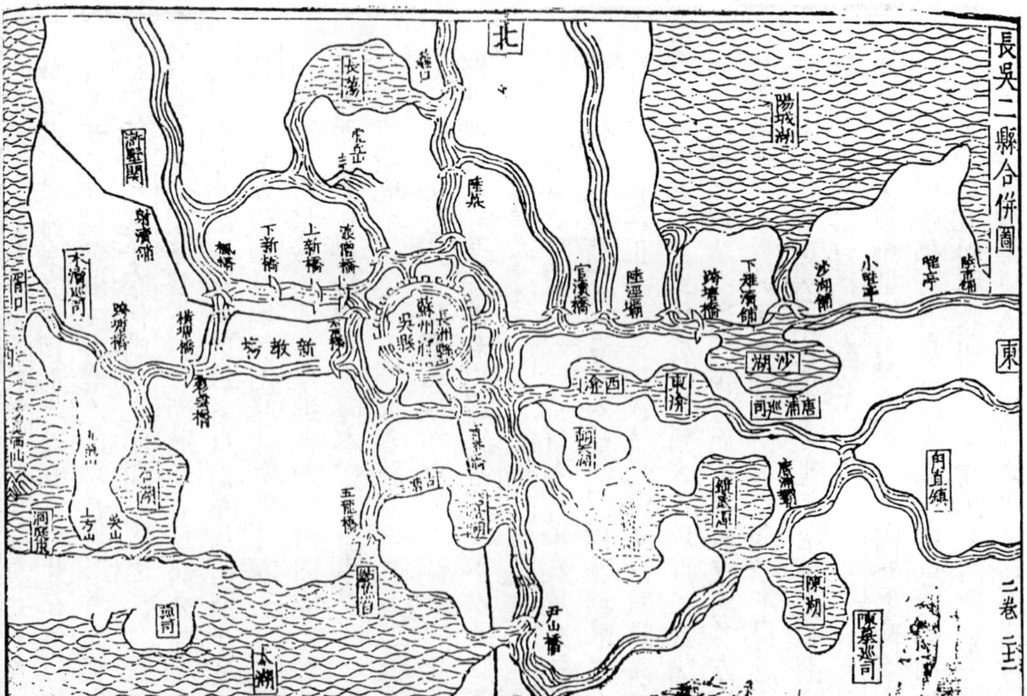

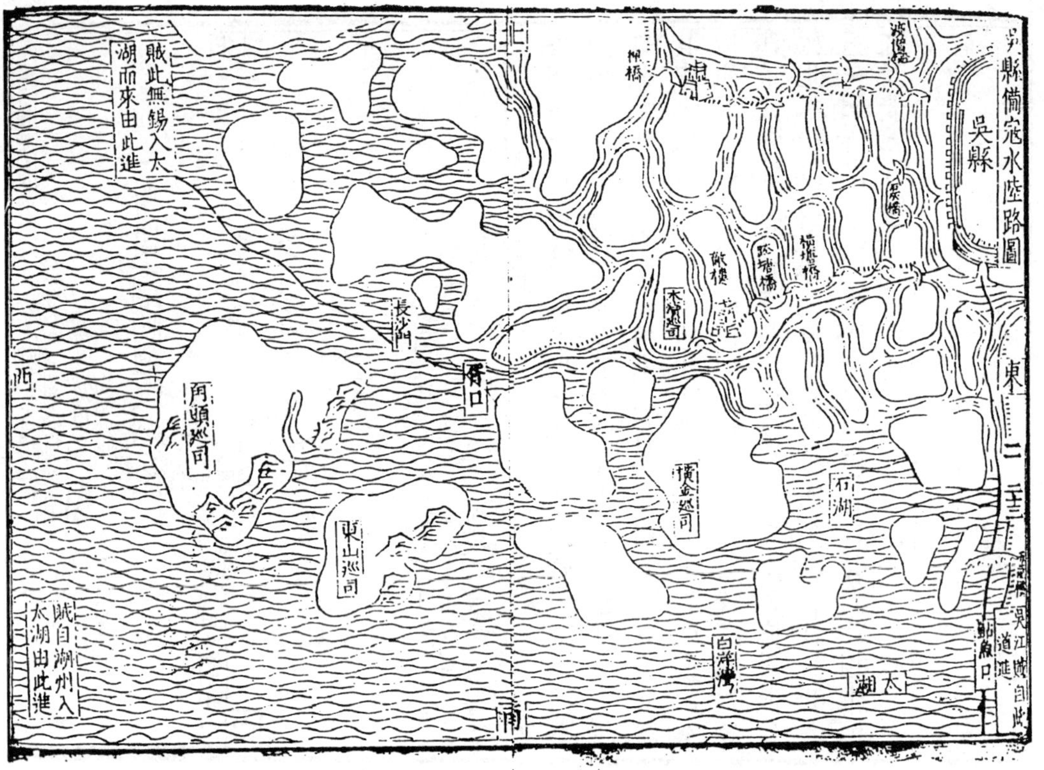

吳縣備寇水陸路考

東並長洲

西瀕太湖其道有三由胥門歷横塘踰塘木瀆而出乎胥口者其西路也由横塘行春橋而出石湖者西南路也寇若自常州浮湖而來則從此二口而入也由盤門五龍橋出鮎魚口者其南路也寇若自湖州吳江浮湖而來則從此入也皆間道也非正也

南抵吳江其道有二由五龍橋迤東古塘而行出吳江之三里橋者東南路也由鮎魚口出太湖收吳江之柳胥者南路也賊若爲尹山官兵所梗方由此二路而來皆間道非正道也

北通無錫其道一由閶門上下新橋而抵楓橋是也楓橋接長洲之滸墅滸墅北行即無錫地方矣此路水陸皆通實西北要衝乃正道非間道也

按吳縣與長洲附郭雖同而形勝迥異吳之所分轄者西南二方也多山少田半爲太湖曾嘗登西山之巔而覽之龍脉自建康而來崇岡大峽不可勝紀絕無谿峒翁箐可以竄賊山險不足患也所患者惟太湖耳西望陽羨北跨毘陵南負烏程茫茫數百里水光接天七十二峯峙於其中若盜若浮盜舟淩風駕濤齊噪競進難於控禦且洞庭兩山富饒之名虛播天下盜素涤指備之不可不豫故吳之所當設險者六曰胥口曰石湖曰五龍橋曰洞庭東山曰洞庭西山其一則內地之楓橋也詳見各圖說于後

江南經畧卷二

胥口險要圖說

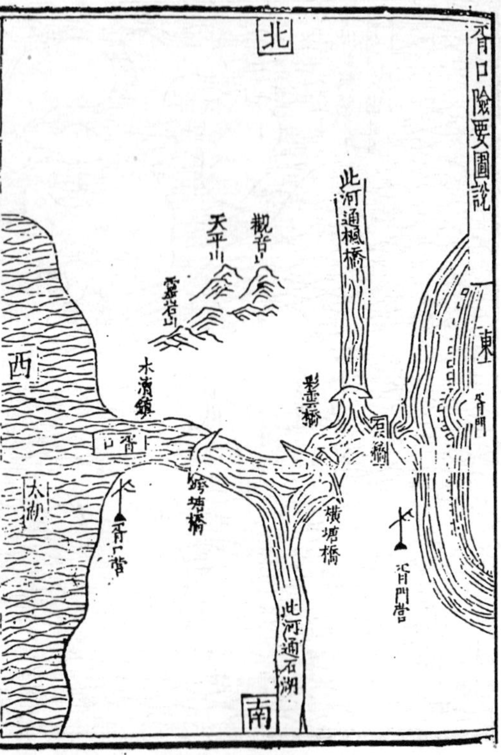

胥門石灰橋西九里爲橫塘又九里爲跨塘又九里爲木瀆鎮又九里爲胥口胥口者胥門往太湖莫釐包山之渡口也太湖東壖兩山對峙南曰胥山北曰香山胥口介於其中湖寇若從此入則或由木瀆東行而犯胥門或由木瀆西北踰靈巖支硎而掠楓橋犯閶門故吳縣之險太湖爲最太湖設險胥口爲最往年倭船之之洞庭往返俱在於此木瀆鎮巡司不能禦也故自胥門迄於胥口設營者三一曰胥門營二曰東跨塘營三曰胥口營內外相維遠近互援三者廢其一不可也

石湖險要圖說

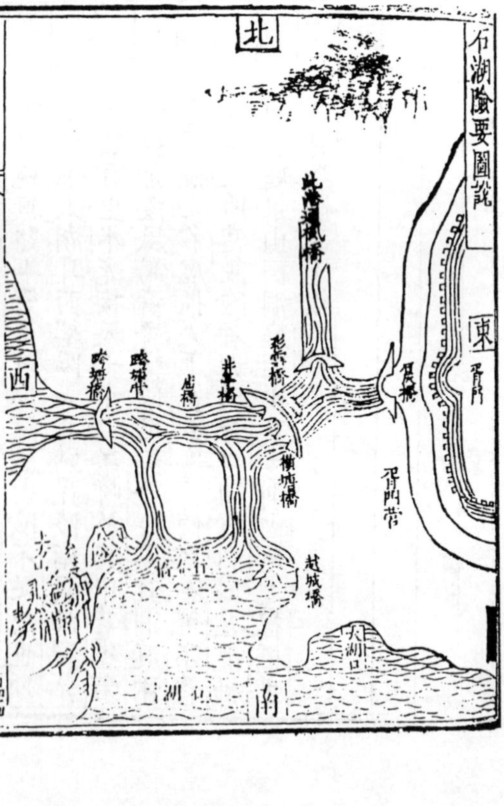

胥門石灰橋西行九里爲橫塘橫塘西南二十四里爲上方山山麓所匯白瀧而達太湖者石湖也乃太湖之委瀦也週圍二十六里行春橋在焉北屬吳縣界南屬吳江縣界民廬四匝雜植花竹而湖居其中寇若進此則或由橫塘而犯胥門或沿上方一帶山外而掠溪上掠橫金掠下保或由橫塘彩雲橋之北而掠楓橋犯閶門故石湖守禦不可以已也

五龍橋險要圖說

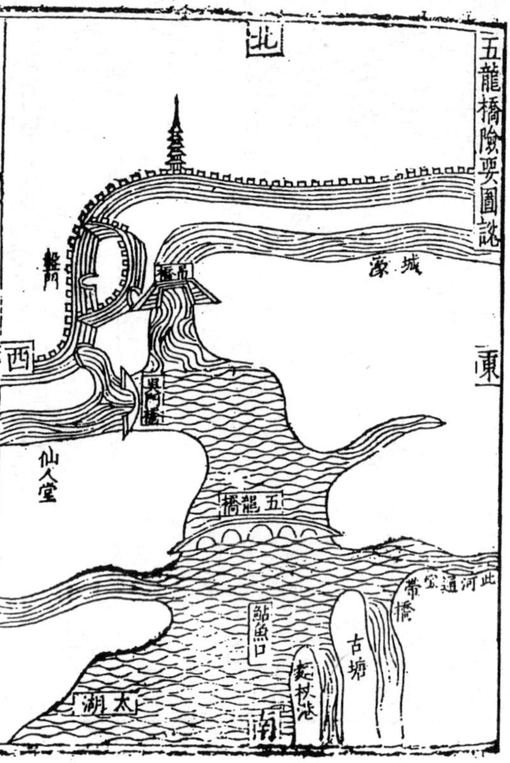

盤門外一水洪闊而南行者謂之鱸塘其長約十里分二水口出太湖在東闊一百三十丈者曰鮎魚口在西闊八丈者曰麵杖港二口之外湖水渺茫直通湖常二郡難於控禦跨鱸塘者有五龍橋焉離盤門五里在塘半途東通寶帶橋西通跨塘乃郡南之關鈕也設險於此則北可以屏翰盤門而新郭仙人堂蠡涇諸近地亦不至罹屠戮之慘矣

楓橋險要圖說

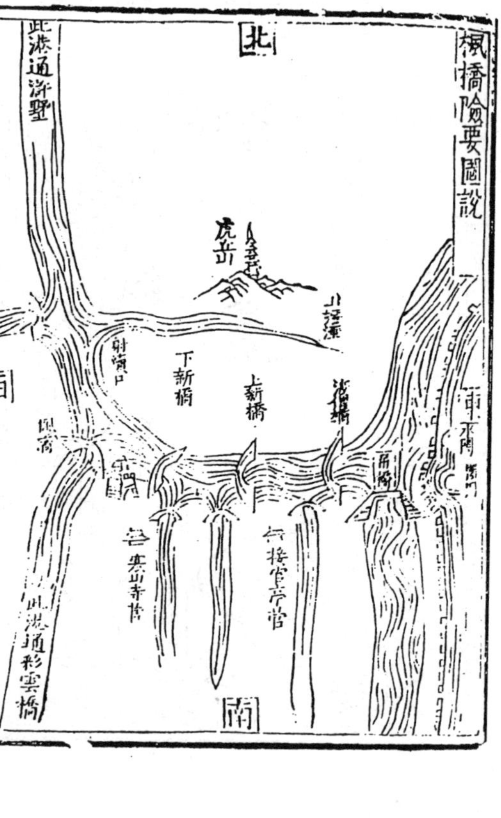

自閶門至楓橋將十里南北二岸居民櫛比而南岸尤盛凡四方難得之貨靡所不有過者爛然奪目楓橋尤為商舶淵藪上江江北菽粟綿花大貿易咸聚焉南北往來停橈解維俱在於此盜賊奸細至難盤詰往年嘗建敵樓設團營於接官亭寒山寺遺址見存不可以不修舉雖然險要有重有輕楓橋雖不當江湖水口之衝而所關係至重似宜設重兵以鎮之不當與婁齊諸附郭例視而已何也天下財貨莫盛於蘇州蘇州財貨莫盛於閶門倭寇垂涎往事可鑒若再犯乎此蘇之元氣竭矣楓橋北近射瀆長蕩南通鱸塘太湖寇之所熱中者城內十一而此地十九其來也必非輕舉我兵豈可草草以應之乎團長之力曾足以禦之乎

或問南北二濠祇於楓橋築一大堡以保障之如揚州新舊二城可乎曰不可郡中諸大家之倉廩與客販囤園棧房陳陳相因以百萬計胥在城外以水次便焉故也若另築堡則莫肯內遷而四十餘里之城人少食乏其誰與守甲寅之議所以尼而不行者此也或又謂堡既不可築也使賊匿於民居若何而殲之曰奚而不可方賊之未至也火攻以逆之設伏以待之或就於楓橋地方而爲之陷穽如無情帳涌澤園六國城之類以掩之或伺其去而要之於要路擊其惰歸皆必勝之道也用其一而賊驚潰用其二而賊半滅用其三而賊無孑遺若三者而皆莫之能焉可耻甚矣雖設險何益哉

洞庭東山險要圖說

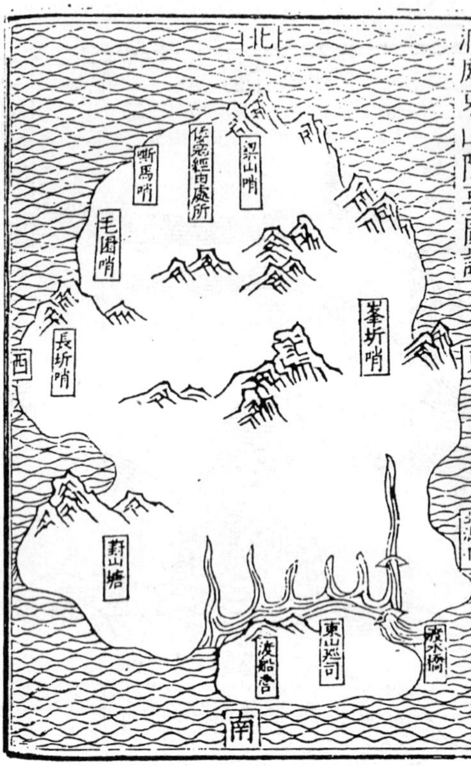

洞庭東山卽莫釐山也太湖浩渺其東爲山者十有七而莫釐最大週圍四十里地占三鄉

國初原屬甪頭巡司因去西山遼絕相顧甚難特創東山巡司以轄之居民稠密商賈爲業重利而輕生一遇寇警合山之人齊奮而出不賴官兵自相抗禦見今設兵哨營寨者八在北曰斲馬哨曰梁山哨在南曰渡船營在東曰北湖口在西曰長圻寨在東北曰烽圻哨在西北曰毛園哨在西南曰莳山營各統之以耆民團長選鄉兵而訓之府縣官間一親閱務期實用但水兵未經酌處似宜報湖船編甲長而以五桅盤舡船領之有事責其在湖與巡司一體巡哨庶幾郡城可以無西顧之憂矣

洞庭西山險要圖說

洞庭西山乃包山之別名也太湖中峙之山在西四十有一而包山最大週圍一百三十里甪頭巡司在焉管三鄉五都廬聚物產大畧與東山同盜素難犯嘉靖甲寅倭寇登刧一踪爲團長徐木等所截自黃麻門從漫山而下向空湖常州境去一艅爲耆民周瓚等所逐至獨山轉戰三四十合往無錫境去蓋山民重於保家而輕於用命治習有如此者其在湖諜利諸船衝冒風濤視險如夷尤堪召用今所設者旱寨有六北曰大勝南曰石公東曰元山西曰甪山東南曰龜山西南曰廟山各領之以團長隊長朝夕訓練而水兵船尚爲缺典似宜通行選練與東山水陸兵相爲聲援湖中有警責令夾擊更與西北馬蹟諸山西南石湖諸山約爲犄角無分秦越則盜必不敢窺太湖矣

吳縣險要總論

吳縣險要與長洲不同長洲乃賊之來路也吳縣乃賊之去路也何也倭船從海而來或自大江而來泖湖淞婁福山之類皆其所從來之路也皆長洲地方也太湖在吳縣之西倭寇來此不便往年出石湖出胥口皆滿載之後因憚東北方官兵阻截欲假太湖走吳江以出海乃去賊也夫其來既皆在於長洲也則長洲設險捍之宜也吳縣爲賊去路則逐之出境已矣兵法曰歸師勿遏險要之設無乃爲贅歟曰否所謂設險者團鄉兵於水口兩岸拒賊之入非拒其出也況賊可以從此而出亦可以復從此而入方其出也謂之去路若回翔反顧即來路也往年倭船一由胥口犯洞庭爲吳江水兵所阻復還胥口從常熟而去一由石湖亦爲吳江水兵所阻跪拜求還水兵貪縱出莫舍渡去可以驗矣方其去也吾兵皆與之戰既犯兵忘勿遏之戒及其復入不敢與戰而直縱之皆由當時主兵者昧於方畧故耳兵法曰擊其惰歸此之謂也設使賊出湖時督水兵者能尾而擊之縱不全勝必求向前腦不敢復回矣水兵船者逐賊之正兵也在岸之兵不過慮賊登岸故設以待之耳豈可不用兵船追擊而但恃夫陸兵乎或引兵法窮寇勿追以辨水兵尾擊之謬噫是不然窮寇者饑餓窮迫以命相搏者也出湖之寇乃飽其所欲舟自爲計勢不相顧者也此在兵法急擊勿失之條何可謂勿追乎要之已上所謂皆就今日倭寇言耳太湖之險萬古不變倭患寧後能保無寇從西來者乎是今日倭賊之去

路乃異時他賊之來路也險要圖說其吳縣千百年兵防之定準乎

軍門林　云按吳之六險詳矣六險惟胥口爲最寇入胥口東可以犯胥門西北可以掠楓橋犯閶門故倭亂時嘗於此設三營楓橋則又爲吳財貨所鍾議者亦欲於此增重兵餘仍舊蹟加修足矣吳與長洲同附廓然俗醇人簡賦稅不及大與長洲殊豈地里人情天若爲之限與

此葉原缺，據隆慶版補

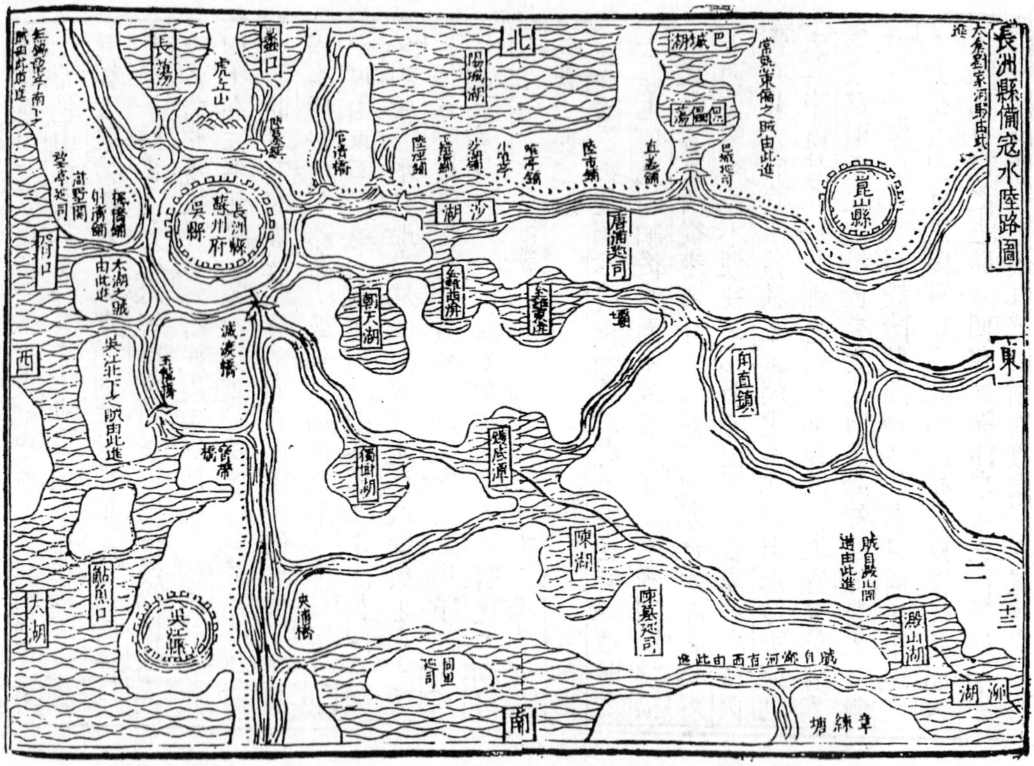

長洲縣備寇水陸路考

東距崑山

其道有三由婁門東行歷陸涇墩唯亭兵義至崑山之西門者其中路也由葑門東行歷黃石橋金鷄涜唐浦吳淞江而收界浦或收小虞浦或收新洋江者其南路也由婁門官瀆橋出陽城湖東行收西湖灘收綽墩收高墟者其北路也中路官路也水陸皆可行乃正道也吳淞陽城皆水路也皆道之間者也

西並吳縣

南抵吳江

其道二由葑門茭渡橋南行歷尹山夾浦至吳松之三里橋者驛路也水陸皆可以行乃正道也由茭渡橋東行歷黃天蕩尹山湖出同里湖之西口者水路也乃間道也

北通常熟

其道有三由齊門北行歷陸墓蠡口吳塔沈涇而至常熟之南門者驛路也水陸皆可行道之正也由閶門山塘橋北行歷同橋長蕩分程或從洛婆橋蕩口或從山楊尖以出華蕩以至常熟之南門者西北

定南經畧卷之二　三四

拗路也由婁門官瀆橋出陽城湖東北行至直塘分程或從支塘或從任陽皆可以至常熟之東門者東北拗路也二者皆水路道之間也

西北與無錫爲界

其道二由許墅北行歷望亭新安至無錫之南門者驛陸也水路皆可行乃正道也自山塘滸北行歷同橋虎丘分程或從長蕩奉倘溧或從荇菜橋直北小港而行以出百瀆以至無錫之南門者皆水路也間道也

東南與華亭爲界

其道有三由葑門尾硝涇東行歷王母湖大姚陳湖殿山湖謝澤圓茆而至華亭之西門者中路也自葑門黃石橋金鷄涜唐浦甪直磧浩唐行而至華亭之北門者其北路也由葑門茭渡橋南行歷尹山同里鄧村周庄楊盾章練塘九墩而至華亭之西門者其南路也三者皆水路中路正道也南路北路間道也

按長洲縣與吳縣雖同附郭而利害難易迥乎不同

蓋長洲分治郡城之東南北三方與崑山吳江常熟

無錫相接壤吳縣之所轄者諸山與太湖而已倭寇自江海而來不當其衝也長洲則吳淞江婁江陳湖陽城湖諸蕩四通五達賊舟無不可至若東從劉家港越崑山則犯婁門北從白茆港福山港越常熟則犯齊門西北從江陰越無錫則犯閶門南從嘉興越吳江則犯葑門東南從七團八團經千墩浦入吳淞江流散角直等鎮高墊等村亦會於葑門在在可以衝入則在在當爲之備但地方廣遠港汊浩繁不能一一設兵惟摘其險要者六詳見各圖說于後

陸涇壩險要圖說

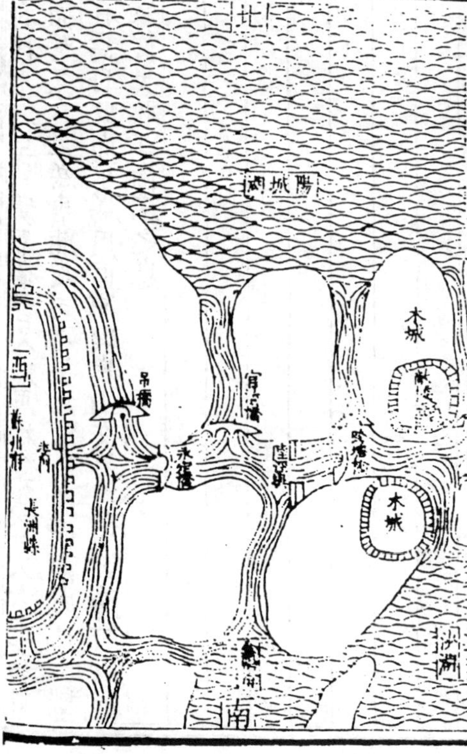

陸涇壩在婁門東六里乃寇從劉家河西來必由之衝也長洲之東境至陸市鋪而交崑山縣界舊之設險者凡三重焉官瀆橋營所以捍衛婁門爲第一重也陸涇橋築土壩建木城敵樓設團營於陽城湖濱所以爲唯亭官瀆二營之策應乃第二重也最東近陸市鋪設小唯亭營所以禦賊之來若外戶然乃第三重也以愚觀之小唯亭者賊西行之正路也其南有沙湖北有陽城湖萬一賊計狡猾不由正路而由南北間道豈不反遶出小唯亭之西乎故東境設險陸涇壩爲最要往年兵備任公與倭鏖戰嘗奏大捷即此地也其北陽城村團營相城團營皆爲湖防而設荻匾團營乃爲彭滸而設然皆羽翼陸涇官瀆不可無也

唐浦險要圖說

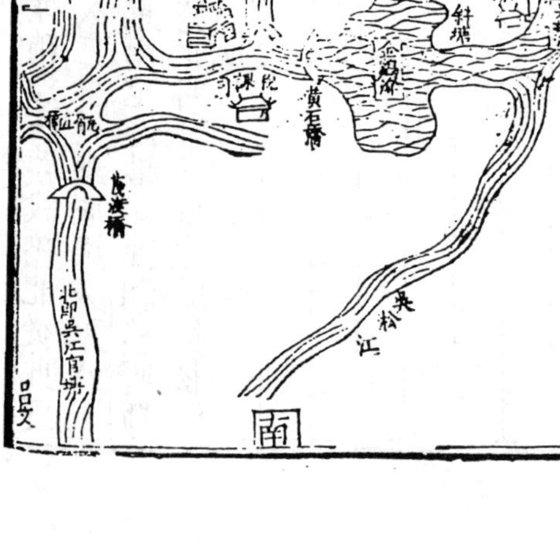

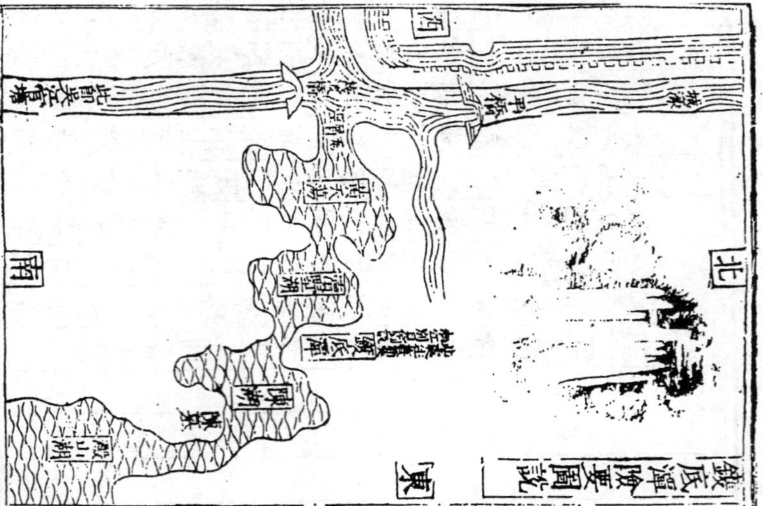

鐵底渾險要圖說

葑門東十八里爲黃石橋營又十八里爲金雞湖又十八里爲斜塘營又十八里爲唐浦巡司乃吳淞江轉浙而南處也土塹在焉自此西而東爲甪直浦與崑山交界唐浦設險所以遏寇從吳淞江衝來之患

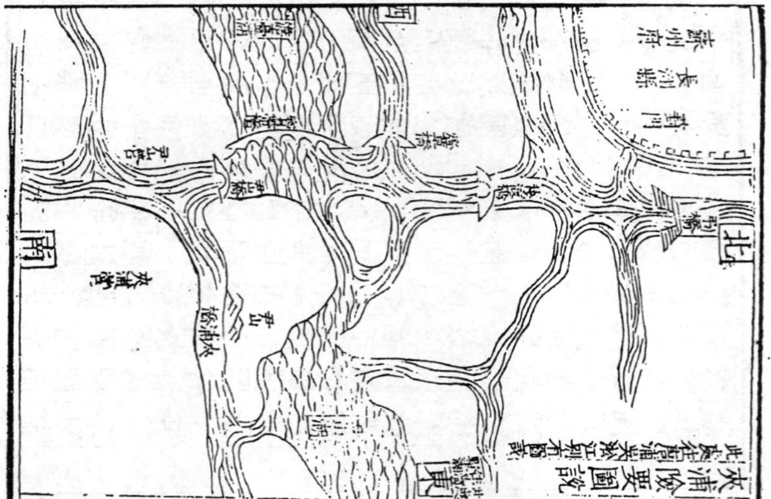

東浦險要圖說

此處在唐浦吳淞江則可不設

鐵底渾葑門之東南二里有花西稍涇在茂渡橋北從此涇入歷莊天蕩十八里至濱墅湖又二里至鐵底渾又東八里至陳湖又東南至澱山湖又東南至泖湖搭湖陳湖曠野難於設備鐵底渾有村落聚丘於此則東可以控賊從松江三泖而來之患

對門直南而行歷茂渡橋營尹山鎮而浮橋鎖於水口
夾浦也乃吳淞江之上流也東通澱湖三泖西對夾涇港連太湖南抵吳江　諸湖北接長洲尹山諸湖賊舟若至夾浦則南犯吳江北犯長洲勢不可遏矣今夾浦設團營官兵而其東吳淞江章練塘又各設兵以為夾浦外障兵營張犄角之形守禦協脣齒之固則長洲之東南庶可以無患矣

蠡口險要圖說

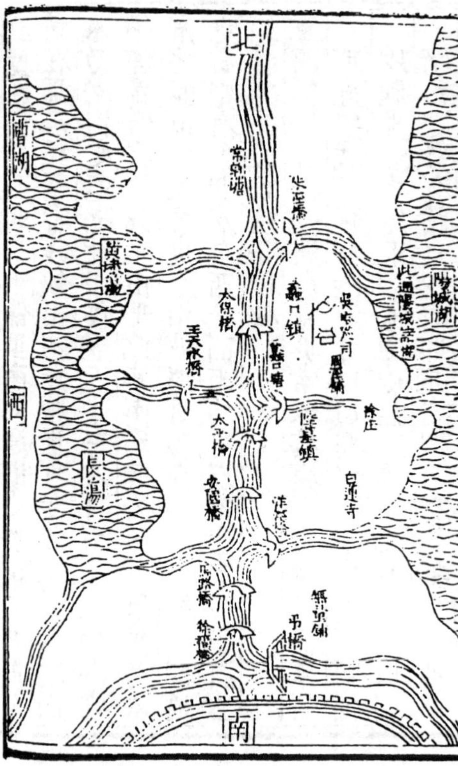

齊門外直北五里為陸墓又五里為周涇鋪又二里為蠡口巡司從此而北至永倉敵樓與常熟接壤所謂常熟官塘是也通計團營之設者七無量營石家浜營夾塘東西而立乃齊門外第一層險也陸墓營南橋鎮營亦東西夾塘而設乃第二層也陸墓為蠡口營蠡口之西北為冶長營冶長之東北為永倉營其形若鼎足者乃第三層也塘之東為彭澱為陽城湖施澤湖直通常熟崑山二縣塘之西為長蕩為曹湖為黃埭蕩直通無錫縣若蠡口者真郡城之北門也能守此可以遏寇之來矣此外又有錢萬里橋團營則緣郡城西北空野其水與長蕩相連而設露城鎮團營則緣郡城東北空野其水與陽城湖相通而設一則為婁齊二門之羽翼一則為閶門之羽翼皆不可無也

滸墅險要圖說

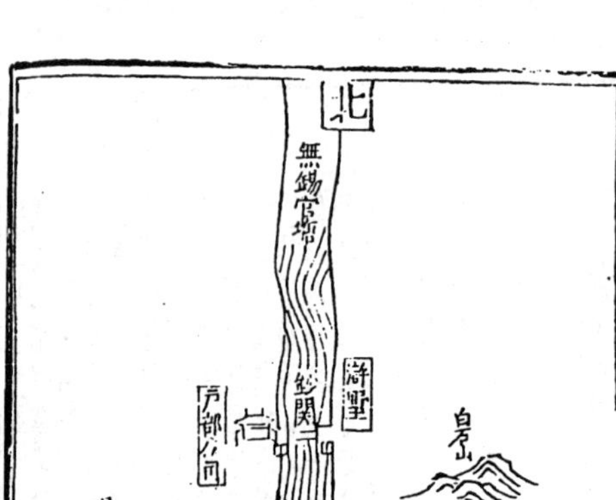

滸墅在閶門西北二十餘里南北運道之要衝也戶部分司在焉居民稠密錢鈔出納無城堡可守若寇從無錫而來乃必由之道也往年倭寇五十三人自南京至吳縣之橫涇爲官兵所截正由乎此其南爲楓橋商賈駢集乃入蘇之正道也又有虎丘山塘涇貨物亦阜乃入蘇之間道也滸墅有備則寇自西北而來均可以無患矣今設滸墅鎮營其北又設望亭團營

軍門林　云按長洲與崑吳常無接壤賊由諸邑而來皆可直突城下舊有陸涇壩以遏劉河西來之衝有唐浦以制吳淞之寇有鏤底潭以控三泖之患有夾浦以張犄角之勢有蠡口以峙郡北之門戶有滸墅以禦西北之戎金城湯池偉乎烈矣識者輒以爲憂長盖四面受敵險不足憑也

長吳二縣倭患事跡

嘉靖三十三年

四月賊犯府城官兵禦却之

是月二十日賊首阿入率衆分䑸而入一由唐浦一由唯亭二十三日衝婁門守者發銃箭傷死三賊賊乃退二十七日復衝葑門青州兵與戰勝之復退次日賊二千餘人燒刼葑婁齊三門官兵擊之退徃徐庄是時也府城之圍雖解崑山太倉常熟嘉定處處受圍在在請援地方之難未有甚焉者也

五月賊犯府城客兵與戰勝之賊奔崑山

初二日賊從崑山陽城湖衝婁門次日攻葑門山陝青州等兵出城接戰賊初意城中兵少見兵衆太盛戰數合我兵皆大勝斬獲傷死者甚多是夜賊不敢綵相背而坐遂退回崑山之新洋江先是備倭梁鳳屯兵真儀爲賊所襲輜重銃砲盡棄而走至是寇藉之以攻城皆鳳遺禍也

六月賊圍府城大肆焚掠各門諸市鎮而去

初二日官兵與賊戰於真儀賊遂進逼唯亭初四日抵婁門都督萬表帥親兵僧兵下入山兵千餘人禦之賊設伏兵擊萬師敗走賊勢益張次日燒刼閶門至楓橋一帶地方初八日賊分三支一由張家橋一由北新橋水陸並進燒刼滸墅一由花園村燒刼橫塘橫山東西諸村落先是吳玾頭蠡九在附郭二三十里內者妄謂寇不深入又惑於入城危急之言莫肯進至是親屬不能相顧倉皇無歸或浮淵中或之山砦寇皆窮其所聚追逐殺擄哭聲徹天城下求入者不可計恐混奸細莫敢許任公獨身任安危日啓一門盤詰嚴肅魚貫而進間有一二奸細公命左右縛之賊以爲神全活十數萬人竟無他虞初九日賊回閶門上新橋兵備任公環總兵解明道帥兵千餘出城擊之傷賊二十餘人生擒一人賊氣少阻退楓橋日暮聞我兵進城復至閶門十一日由石湖入太湖吳江知縣楊芷舉人周大章生員吳詰帥水兵戰於鮎魚口擒斬五六十人賊餌水兵由吳江平望而去

三十四年

三月總督尚書張公經統大兵至郎如松江

時公初統大兵至蘇州欲開府巡按御史周公如斗日方令松江賊勢倡獗公不亟往恐賊謂公怯也張公意伺賊便馳擊之尚駐胥門周公方承監軍之命令諸將日若曹不能禁戢兵士吾先參究矣諸將揄未悛周公乘小艇陰察之諸將覺而大懼請於張公星夜徃松江所過肅然

四月巡撫都御史周公珫巡按御史周公如斗

奏免被倭州縣租稅招撫流民

民自甲寅之變田地拋荒所在騷動二公連章請蠲本年田租上允之巡按周公先得報恐府縣吏胥乘機作弊不俟撫院會議星夜揭榜通衢凡已收在倉糧米盡行給散人心大悅懽聲動地流民皆歸復業小民免於從賊人至於今頌之

五月賊犯府城入太湖由常熟出江

初八日賊突至婁門次日至楓橋分二支一徃滸墅一徃木瀆西山等處燒刼十三日兵備任公環與湯總兵等提兵至木瀆剿賊賊預伏欲起我兵驚潰不能勝追至胥口次日賊入太湖與吳江兵戰於湖中焚刼洞庭兩山一䑸爲圍長徐木等阻截自黃麻門從衝山漫山而下一䑸爲耆民周贇等所追至於獨山從無錫滸去遇官兵不得進還入太湖其在滸墅者惟劉墅亭十九日分䑸犢蕩塘涇長涇黃埭二

十三日太湖賊燒刼洞庭二十六日進泊口次日出閶門齊門常熟官塘而去其舟十四皆蒙竹簟與濕被以防火器矢石云

柘林賊至陸涇壩提督都御史周公琓巡按御史周公如斗親督兵備副使任公環總兵俞大猷等邀戰大破之

賊自柘林分踪出掠至李塔滙歷張庄小崑山趨泖湖而北保靖宣慰彭蓋臣進之抵陸涇壩離城十里而近周公如斗急邀周公琓出婁門禦之而身御城樓令曰如賊不滅敢有渡河者以失機奏請如律兵備任公環帥師爲前驅與總兵俞大猷遊擊鄒繼芳守備王桂合力禦於壩上賊敗走獲其舟三十五賊級二十明日賊復合夥揚帆而前我兵用法頓縱其舟賊登岸任公帥鈎刀手當其衝與賊鏖戰自辰至申凡二十合賊遂大敗斬首八百餘級我兵不損一人蓋二十二日也

六月賊犯府城官兵出城禦之

初五日賊二千餘人自崑山至婁齊葑三門燒刼次日至閶門屯洞涇橋兵備任公環知府林公懋舉總兵解明道分帥徐穎等兵出城剿之傷賊四五十人生擒二人賊奔潰

七月流賊至滸墅提督都御史曹公邦輔帥師剿之賊遁如橫涇公滅之

十三日上江流賊五十三人突至滸墅先是提督都御史曹公邦輔聞賊至太平震動留都驚擾陵寢後賊從宜興無錫而南公聞之星夜馳還賊已渡關矣公召官屬令日所不與賊力滅賊寬縱出境者斬首以狥不宥貸復戒守令賊減而復潰決闗者無不服標是夜官兵射死五賊賊自滸墅歷武進湖南都韓戰三千餘里所向無敵至是知甚人驚覺曹公兵遂北從閒道沿山夜行擒二人欲導出海二人故導之過閶門約會城上日吾往絶地可求擊之遂至寶帶濟橋斷後至郭巷三面阻水官兵圍之三匝賊大怒衝二十六日夜潰闖過五龍橋奔海灣二十日奔靈巖山二十二日官兵搜伏斬首七級賊夜奔風□一十五日奔木瀆復奔前馬橋二十七日提督曹公親督副使王崇古僉事董邦政知府林懋舉參將俞安宇通判余玄知縣康世猷合兵擊之賊奔死戰猪得異常我兵揮公威令莫敢退縮嚴家兵先于五人當其前鋒斬二十七人指揮張大紹崑山主簿祭□□□□□□□□

船陷之奔楊家橋時藏有者僅二十二人後回覓斗宮兵追逼之武生車梁偶以兵張爾翼助敗宗之賊遂露車召官兵還擊之賊遺金帛誘我兵竿陷一絶巷中官兵圍之矢砲叢入湯沃無遺

軍門林　云是役也諸將皆奮力全城各有功次然至今須忠勇者歸之都御史曹公兵憲任君若節制嚴肅則監軍御史周君也一時勲烈俱彬彬可紀矣

石湖之戰議

按石湖之寇擄巨舟十二滿載而出其衆三千餘人如蹈無人之境吳江知縣楊芷舉人周大章以舟師邀而擊之可謂壯矣斯時也湖水乾涸賊艱於行我舟輕捷鑚竿鈎搏斬級十六賊長跽哀籲登岸問路此其勢之窮蹙爲何如乃天亡之時也設有精兵一支劄火燒橋賊無小舟豈能飛渡哉使水兵不貪餌賊棄金帛衣包不之顧而堅志攻賊賊豈能脫哉惜乎官兵觀望而莫敢進獨吳江兵敢進而又縱敵遂使賊得長驅而去吳江平望官倉民舍所過丘墟嗚呼此倭寇深入之始關係蓋不小矣昔晉劉牢之討孫恩恩敗而走懼官兵躡之緣道棄物牢之兵利其有恩得脫走兵家之弊古今不約而同有如此哉或曰兵志曰歸師勿遏石湖之寇歸寇也如之何遏之曰不然所謂勿遏者其義有二一謂遏寇於入境之初則地方不至受害若歸而遏之則荼毒已憚遏無益矣一謂敵有怠懈不可於其去而一槩遏之蓋逃生之寇獸窮反搏須縱其出境而伏兵以待乃圍師必缺之說也若飽欲而去則擊其惰歸豈可坐視其行乎兵法曰因勢破之此之謂也

軍門林　云此論之義精矣賊遺不取取必誅制勝之一策也

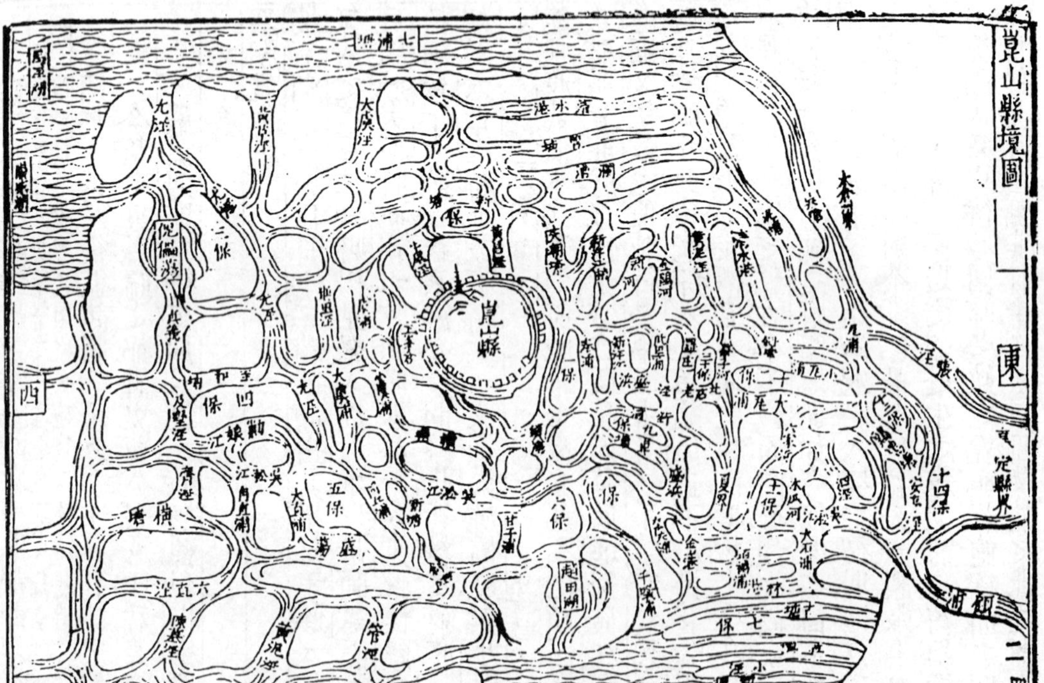

崑山縣總論

崑山在府城東六十里東距大海有太倉爲之藩屏北距大江有常熟爲之限隔儼然中處財賦浩繁號稱樂土往年倭奴入寇首攻圍此四十七日何哉蓋世際久熙武備懈弛所恃者衛所耳矣崑城無衛所襲取甚易賊若據此爲巢則東西路絕邏卒不能哨探而飛報上司不能會議而調兵（兵憲撫按分駐蘇松諸郡兵備道專駐太倉城）奏聞則不及聲援則無有由是可以攻衛府治由是可以往返海洋倭之爲計者誠審矣所幸築城於無事之時又值祝君（名乾壽）之賢與民死守并邑萬姓賴以全活竊攷爾時賊至城下者凡三支一從吳淞江陸家浜而來一從劉家河太倉塘而來一從七丫浦雙鳳陸路而來厥後屢犯郡城皆假道於此曾聞之父老云崑山地僻而小兵燹必無我

太祖立國之初傳檄而定可徵矣以愚測之大不然夫蘇州天下之望郡也崑山蘇州之望邑也假如天下有事孰肯忘蘇州乎蘇州被兵孰肯忘崑山乎但受患不同應敵迥異若寇起中原攻掠城邑則崑山之西境乃賊之來路也設險守禦其重在西若寇起海洋深入內地則崑山之東境乃賊之來路也設險守禦其重在東乖方而應之鮮不僨矣此以地利而言也若以人事言之則崑山乃外縣也較之長吳附郭百凡必咨稟於府於憲院而後行者固有不同而其在外邑之中局面亦異何也太倉濵海常熟濵江各有將官提重兵控其外境外境之安危繫將才之高下州縣勢埒而權分有不能全主者崑山則操縱張弛令得而專之盤一縣之力拯一縣之急不必於申達而隨機決策之際無所掣肘無所牽制故吳與吳江同但吳江當南北要衝春秋吳伐越越吳皆爲用武之地視之崑山惟當嚴備海寇不時偶發而中原之寇地僻罕到者大徑庭也較量七邑崑山在難易之間碩令之才德服衆何如耳或曰崇明同乎曰其邑懸海又當別論也

本縣城池

（舊原無城元時方國珍亂始築土城捍之嘉靖丁酉郡官大學士顧鼎臣主議仍故址甃以磚石樓櫓煥然時值承平民怨其勞後十八年甲寅倭寇突至首犯縣城攻圍四十七日億萬生靈賴以拒守凡在城外者焚掠無遺人始服其遠覽感其洪庇云）

城（周圍一十二里高二丈五尺）池（四週二千三百五十丈九丈深五尺廣六丈）門（旱門六水門五門上有樓有月城）七條樓外（敵樓三座敵臺二十五座窩鋪二十六座雉堞四千五百八十）

軍門林　云崑蘇之望邑虜至所先垂涎者則千墩西背之巡司周市北門之遺戍真義大戶之選練斜堰巡司之添設皆無事之時所宜經畫以爲固險捍衛計也縱有變故亦不如甲寅之倉卒或者又以歲月持久根餉有限難之則惟選練大戶斟酌以爲遠近庶民自爲守可無冗食之患矣

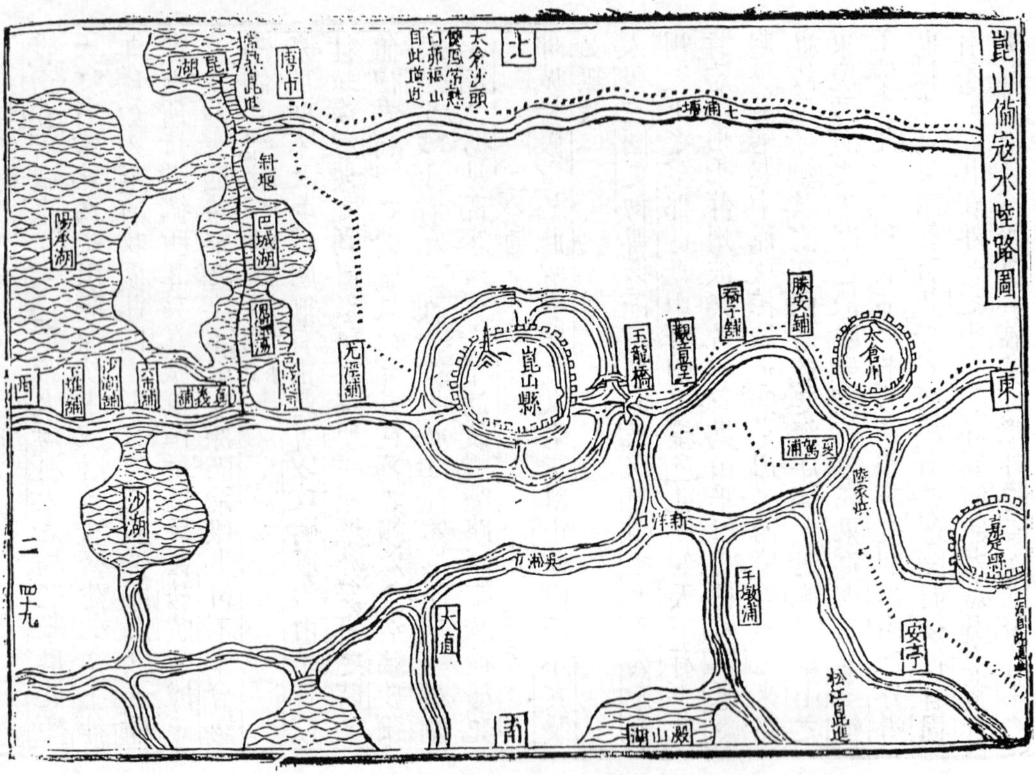

崑山備寇水陸路考

東距太倉

其道有三出玉龍橋歷馬涇命子勝安至太倉之西門者其中路也由小虞浦或新洋江出吳淞江收青魚涇至太倉之南門者其南路也由八字橋歷王昌涇新塘橋周市雙鳳至太倉之北門者其北路也中路正道也南北二路乃間道也

西抵長洲

其道有三見長洲縣水陸路考

南接嘉定

其道一出新洋江歷吳淞江千墩澱山湖而至嘉定之北門者是也

東南與嘉定為界

其道有三見嘉定縣水陸路考

西北與常熟為界

其道有三出至漳橋李家嘴歷巴城斜堰唐市[illegible]至常熟之南門或由李家嘴[illegible]石牌湾唐市五[illegible]至常熟之東南門者中路也或從八字橋雙鳳陸行下七浦塘或從雙鳳歷直塘支塘或從鵝䭾涇唐市任陽皆可以至常熟之東門者其東路也由真義綽墩歷陽城湖或由高墟村下傀儡蕩一水至常熟之南門者其西路也中路正道也其餘皆間道也

右水路可通之路凡十有三雖皆崑山之所當防然不能一一而設險也惟擇其中之尤要者建寨栅棚圍營專駐官兵以為守禦之計其餘則惟以游兵行哨奇兵設伏輕兵出襲焉斯可矣計邑之險要凡五曰命子曰千墩曰周市曰真義曰斜堰詳見各圖說于後

夿子西險要圖說

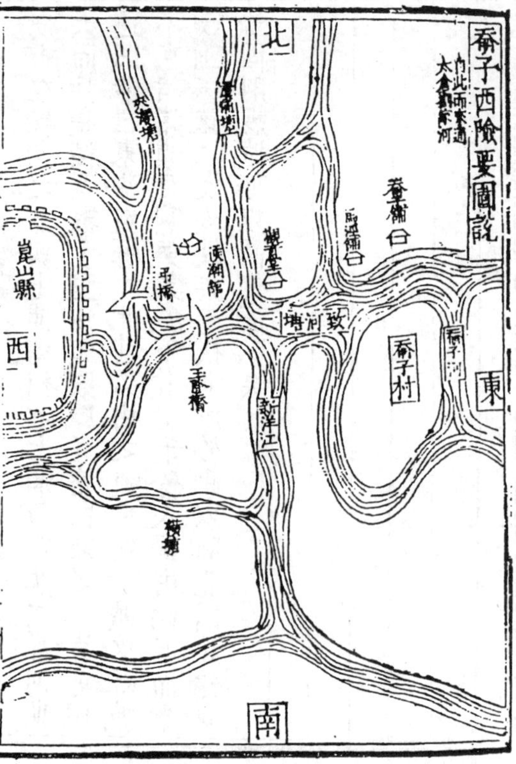

夿子在縣治東二十里賊自劉家河至太倉南關折而西北必由此以犯縣城嘉靖甲寅賊艘東來者無數皆揚帆直入備倭梁鳳督兵于此因非信地故引而北賊遂肆志無忌而崑山之禍慘矣爲今之計惟設重兵屯此與太倉兵船相爲犄角賊來犯水陸夾攻無分彼此賊必不能飛渡而西迴翔出海我兵可乘之追勦矣

千墩鎮險要圖說

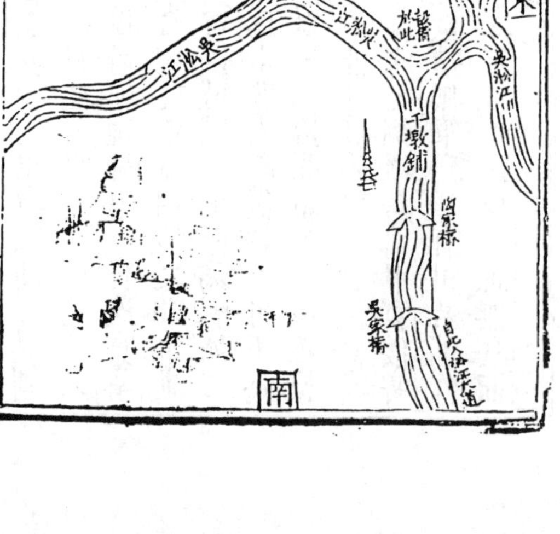

千墩在縣治東南二十六里乃如松江之大道也吳淞江自西南而來新洋江北注之折而東行千墩浦南注之又折而東南行夏界浦東北注之夏界新洋皆鹽盜出沒要區而千墩之南如澱山度城諸湖至爲險要千墩實當三面之衝者也甲寅賊自松江至陸家浜將衝縣城備倭梁鳳率兵屯此賊不敢西行而從夏界浦出丙辰賊自松江循澱湖而北直搗于此使當時有兵禦之賊豈敢輕進哉舊設石浦巡司於西嘴甚爲長策後遷吳家橋則南去數里矣江中鹽盜豈能備乎爲今之計須設兵於此仍復巡司於舊地而備弓兵之名額庶縣城可無南顧之憂

周市險要圖說

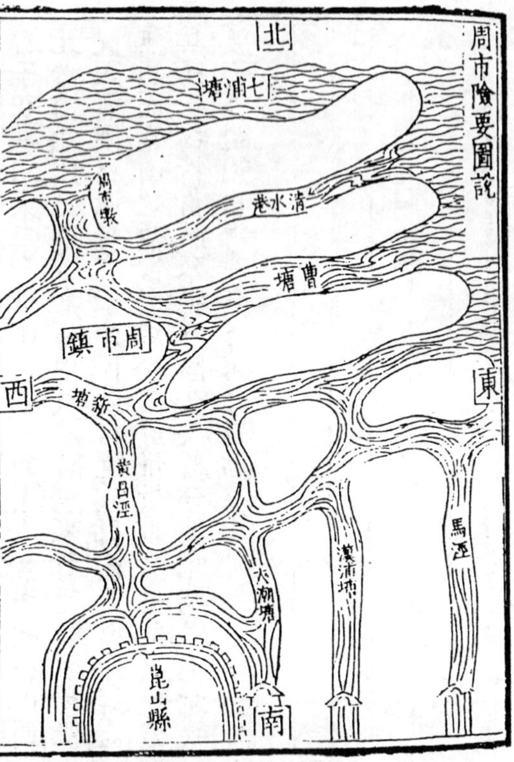

周市在縣治之北與七浦塘相近七浦乃常熟之界河也大而且長橫亘數十里沙頭雙鳳直塘白茆等鎮皆可相通賊若自東流突縣境此其必由之道也往年賊攻縣城不克詰諸鎮召黨與集城下者七千餘人實由此道而來（如所歷殺二大王之類）故必設兵一枝屯戍於此以固北門鎖鑰鎖鑰固則縣城可以高枕而臥矣

眞義險要圖說

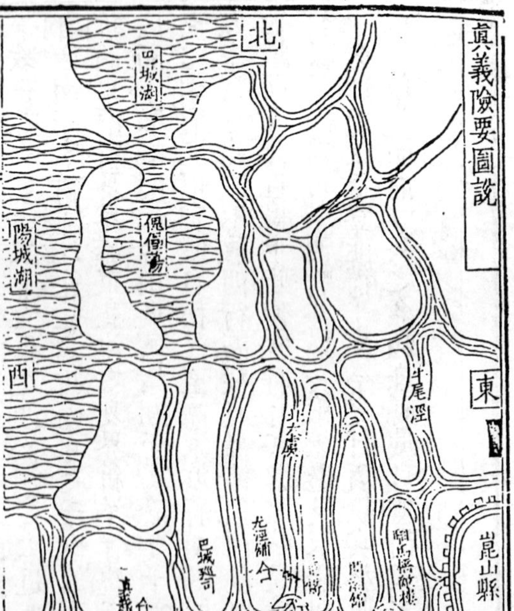

眞義在縣西二十里巡司在焉其西三里與長洲交界謂之界浦西北二三里爲陽城湖東北五里爲傀儡蕩又北數里爲巴城湖水澤環屬舟楫通利鹽盜出沒眞義實當三面之衝賊若由府治而來必經此道蓋西境之咽喉也團結鄉兵與司兵協守一則可以遏賊東下而爲縣城之藩籬一則可以梗賊南衝而爲常熟之隄備誠不可不爲之所也愚按舊志眞義原無巡司弘治間始遷巴城巡檢司於此哨捕盤詰以之禦倭不能也眞義之北二里許有航頭鎮者戶口頗蕃且多巨族爲之綱領嘉靖甲寅倭嘗至鎮無藉本司自敢與之抗敵惜無策應耳有司若能作興禮請大戶選練小民可得數百縣之西境不患無兵而兵自足不憂無食而食自贍矣

斜堰險要圖說

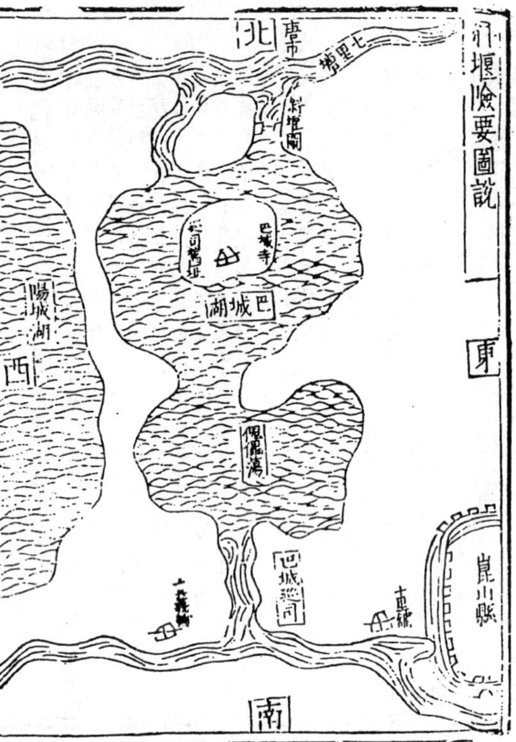

斜堰在縣治西北四十五里臨七浦塘七浦東自白茆西至陽城合昆承諸湖之水泛濫不常故築堰以拒之賊若自常熟南行必由此犯縣境過此則水陸路雜無險可據矣必設兵一枝於此與常熟之兵互爲聲援庶賊可拒也或謂宜設險于巴城夫斜堰譬則門戶也巴城譬則堂室也賊已入門而與之戰於堂室之中使賊得以內攻孰若守門戶使不得入之爲愈耶設兵之法與他地異特宜奏添一巡司於此而以諸湖打牲手隸之有警則召集與弓兵協禦而取餉於官此則水戰之絕技也弓兵之額亦須滿百如寨兵之制而後可

軍門林　云崑山西限常熟東屏太倉若非受寇之區然偪爾小城財賦所萃據此則東西路絕聲援不通故江海彼兵此其首禍所恃周市直其北眞義駐其西霸子倒其東千墩當其南斜堰佐西北之交而爲水陸之會皆天設之險也增官置戍交好友邦郡邑長城無踰乎此矣

崑山縣倭患事蹟

嘉靖三十三年

四月賊至陸家浜縣城戒嚴

時承平日久民不習兵城中火器兵粮百無倣備知縣祝乾壽蒞任甫一月倭寇突至倉皇無措令民繕器械塞城門爲保禦之計延鄉士諸生上城分地而守初七日賊掠松江得志欲歸以吳淞道梗乃歷唐行青浦而北兵備任公帥師擊之弗利賊進逼安亭入縣境與任公鬪吳淞江而壘甚三日西行十一日至陸家浜去縣三十餘里閒都司梁鳳駐軍千墩之北遂從夏界浦走太倉

賊入劉家河逼縣城

十三日賊舟入劉家河者六十餘艘其先鋒百餘人駕三舸揚帆而入時梁都司移軍夯了賊吶歌試之梁兵從鹽鐵塘走常熟賊知我兵怯肆志無忌直抵東郊新洋江泊焉自是來者接踵焚刼屠戮沿城民廬一朝丘墟矣

兵備僉事任公環遣兵來援

任公自太倉遣沙兵二千來援盜賊充斥州縣路絕沙兵從間道紆迴而行不能遽達賊偵知之以數舟張幟使人詐報曰任爺救兵至矣速開門納之城夫見之踴躍欲出識者曰此詭計也安有官軍近賊而賊舟不震動者詭計不行退入艙後二日沙兵始至

賊掠諸村鎮

賊舟屯新洋江分遣其徒諸各村鎮燒刼雖窮鄉僻地士女逃竄之處無弗知而至者由其擒土人爲嚮導故也

知縣祝乾壽大索奸細於城中獲之

賊至三日不犯城郭人皆疑之十六日諸生有夙與詐從見馬駿血蹟自衣人之皆以白扇指揮意其爲

奸細也遣人過索之弗得卒之蘆蕩洞中執而訊之
曰未至府先遣十輩伏城内期十五日放火誘夫下
城乘間而登因雨改約今夕内者吾暗號也祝公亟
下令凡來歷不明之人悉繫獄慮有任也命獄卒善
護之惟慎其防又令城市各甲相覺察城夫不得離
信地頗私室遣者治以軍法是夕奸細放火受縛者
八人始知擒者非盡奸細奸細或伏橋下或棲樹杪
或隱菴刹或潛林墓夜聚曉散其蹤無常西倉鄉夫
五十人自相盟誓分伏要路候賊奇行者擒之得劇
賊一人祝尹百方誘之終不言肢解以狥既而得賊
流矢其綳細書云陸成已殺阿荒仔細乃復大索之
數日得阿荒於濠間蓋即縣傍吊狗者也來已三年
善伏楷梁間人不見飛
簷走脊特其末技云

賊攻縣城

十七日賊負雲梯數十乘攻北東東南三門勢甚危
迫時有登梯者城夫以長脚鑽鑿之貫其顱猶忍痛
而上他賊以燕尾箭截城夫三指城夫亦弗言痛持
鑽如故一時躡梯之賊遂皆奪氣下匿墳菴將復攻
祝公使人奪其梯
火其廬賊乃遁去

巡按御史孫公慎遣都司梁鳳帥師來援復遣縣學生

龔良相督戰無何召相歸鳳遂攘功而還

時賊往來欵忽凡大路皆絕檕援不通士民危懼乾
詢募死士善泅水者持蠟書間道夜行士夫亦附連
名東請兵巡按御史孫公慎遣都司梁鳳提兵而東
鳳逗遛下雉瀆不敢進生員龔良相時寓郡城愬入
察院公盛怒抵叩首泣諫曰蘇州東南之重鎮也崑
山蘇州之重邑也崑山被圍兵餉俱乏數十萬生靈
之存亡懸於救兵之遲速若救不至城必陷矣城陷
則不惟二百年以來數十萬忠孝之民死於無辜而
賊據為巢進攻蘇州蘇州其不危矣乎天下財賦蘇
州第一乃
朝廷命脈之所繫也公縱不為崑山惜獨不為
朝廷計相桑梓之地知救祖宗
墳墓為重冒威犯罪誠甘心焉公大感動撫案而慰
之曰予之言過矣吾兵已發第已濟予未之知耳相
力辨鳳影射不忠乞憲牌督戰公曰適地皆賊孰齎
牌乎相復詳嚬兵潛於近地可及也請以身往公遂
與牌相縋城而出獨行十里竟無人聲推血膏荒野
而已追至鳳所以牌示之鳳大怒令相先行報賊相
恐害已冒死至真義不見一賊也伏叢莽間覘一
鄉人出行試之賊已回新洋江還報鳳鳳大驚即與
東倉憲牌召捉但還二十四日鳳軍九里橋乾壽今
義官張國維邀之不答適有賊卒取民食鳳軍獲之令

第五八葉、五九葉原缺

兵五百餘名本府民兵二百名狼兵若干名捧檄而東正宜與祝知縣乾壽密謀佯言入城協守而不敢戰分兵三支一支駕輕舸三四十隻由界浦吳淞而轉載以蘆葦滲以硝黃尾以死士㗖以重賞月黑潮旺之夕令其上風上流直衝賊舟一支由馬涇舖潛渡江東多持鉛錫銃弓弩金鼓以佐火攻之勢一支用善戰狼兵伏於江右賊所出没之處祝尹選義勇負釘板地爲菱廣布路口以鴿飛鈴爲號火舟齊發金鼓遠應賊於夢中驚起三面阻水火且及身魂飛目眩爭先上岸釘板陷之狼兵砍之自相屠戮自相蹂躪不移時而完生者無幾矣焚其輜重拔其巢穴他賊聞之必不敢更入我兵由此膽氣百倍豈非一大快事哉昔魏將滿寵征南料曰今夕風猛賊必來燒營宜爲之備夜半果然遂襲破之倭奴眇視我崑而不知備梁師可以成功而不知攻是以壯士扼腕嗚呼天也何尤

江南經畧卷之二終

江南經畧 三、四

十六之三 共六本

江南經畧卷之三目錄

七鴉浦險要圖說
奣子東險要圖說
夏駕浦險要圖說
塗松市險要圖說
太倉州倭患事迹
崇明縣境圖
崇明縣總論
崇明縣備寇海洋路圖
崇明縣海洋路辨
三爿沙險要圖說
新竈沙險要圖說
竹箔沙險要圖說
三沙險要圖說
縣後扁擔二沙險要圖說
南沙宋信嘴險要圖說
營前沙險要圖說
爛沙險要圖說
諸沙總論
崇明險要總論
崇明縣倭患事迹
與唐荆川論三沙戰法附錄
蘇州府土賊要害附錄

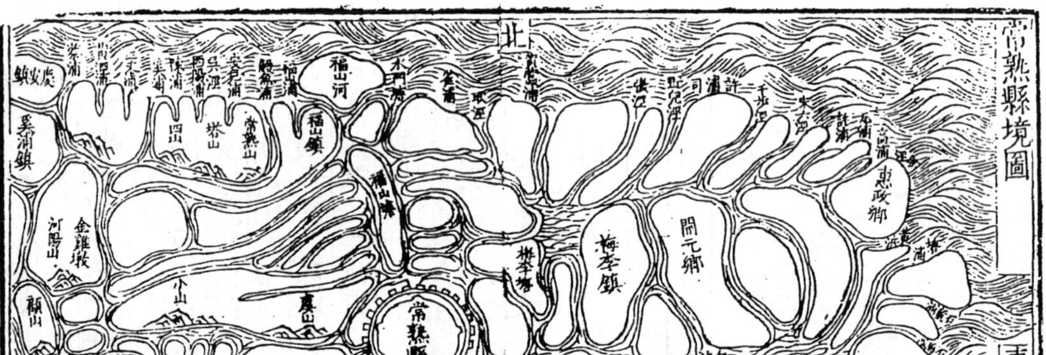

七七

常熟縣總論

常熟在府城北九十里滄海環其東長江亘其北尚湖昆承陽城諸湖匯其西南乃四通八達之區也嘉靖癸丑至乙卯三歲之間倭寇至者殆無寧月犯白茆港千步涇者各一犯三丈浦者二犯許浦福山港及城下者各五其餘往來分合小小紛擾不可勝計常熟之受禍慘矣今之議者孰不曰常熟者蘇州之北門也太倉嘉定者蘇州之東門也門戶固則堂奧自安故設備以吳淞江爲先劉河次之七丫又次之白茆又次之福山又次之愚謂不然嘉太二地蘇州之東門也誠哉是言矣常熟豈特爲蘇州之北門而已哉合四郡之關係莫有先焉何哉蓋長江者 留都之門戶也蘇松有海防之寄常鎮有江防之寄皆止一

面耳常熟枕江帶海獨兼二者之防比他爲難且當長江入海之口海寇若遡江窺 留都犯 陵寢阻運道必先由此則其關係之大又在常鎮濱江諸邑之上備常熟乃所以控江之上游控江之上游乃所以護 陵寢保 留都爲運道計也此豈可與嘉太例論而謂其爲一郡之所係哉如曾之見督軍務者不當以常熟視常熟而以 留都 陵寢運道視常熟不當以瓜儀之第二關爲江防之要而以常熟海門之第一關爲江防之要水兵陸兵之設該縣爲首重焉次嘉定次太倉將秩之尊兵額之衆軍餉之多不敢忽易而反居吳淞江之上夫然後可也

本縣城池

舊原無城嘉靖癸丑倭寇突至居民驚走莫之敢攖主簿李宗閔率家丁捍之賊敗挫而退自是始議建城號頻攻擾且賊且衆越一月而工竣控御經營勞費大倍於常云

城　周迴一千六百三十六丈高　丈　尺闊　丈　尺池城內外皆有外廣於內即有事變未可以易涉也西北枕山而築無所事於池塹門旱門七座水關五座敵臺五十二座虞山門外另築大者一座

雉堞　凡　千　百　十　條

按常熟之城西北枕跨虞山山高城卑殊失地勢雖有敵臺一座在山腰間以護西門而孤懸在外兼不高聳且西偏城垣一帶失之狹隘似宜於敵臺加高丈餘闊闊數丈餘城身再加增益更於城外曠野之處添設敵臺幾座庶我兵便於登守易於策應而寇不敢近城矣

軍門林　云常熟兼江海之防且當長江入海之口備常熟實重 留都也審勢審敵生論盡之矣

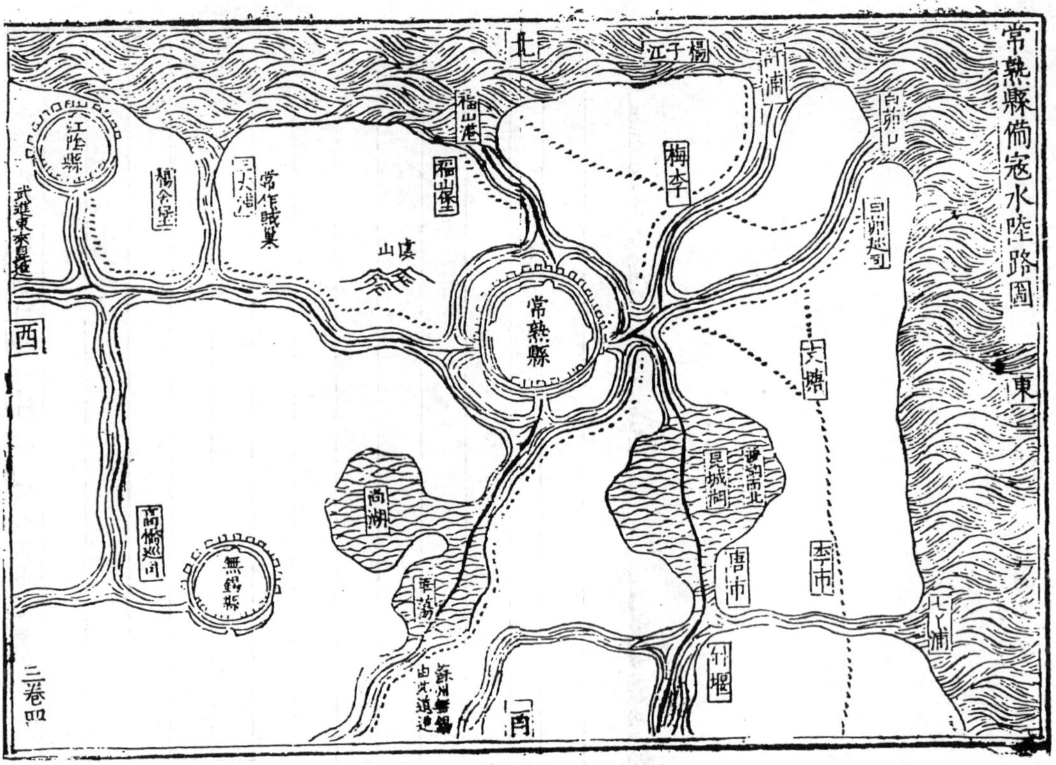

常熟縣備寇水陸路考

東通濵海

其道有二由五儞沈家市東浮白茆以出於海或由沈家市收唐市而至直塘或由支塘而至直塘皆從七浦塘出海者皆東路也白茆出海在本縣地方道之正也七浦塘出海乃假道於太倉之間道也

北瀕大江

其道有三北門直行至福山港而出江者乃中路也東北從許浦等港口以出於江者其東路也西北從三丈浦等港口出江者其西路也三者皆道之正非間也

南距長洲

其道有三見長洲水陸路考

東南抵太倉崑山二境

太倉之道二見太倉水陸路考
崑山之道三見崑山水陸路考

西南與無錫爲界

其道有二由廟橋野菱蕩歷大成橋太平九里華市新塘而至無錫之北門者西南路也由廟橋野菱蕩歷究山蕩口楊樹大橋白瀆以至無錫之南門者其南路也二者皆水道也皆道之正也非間也

西北與江陰爲界

其道有三由山塘涇歷蘇莽長壽橫塘竹塘華市而至江陰之南倉者西南路也由華蕩廟橋野菱蕩大成橋歷太平九里華市新塘從無錫之北門高橋青陽蔡涇閘以至於江陰者其南路也由山塘涇歷六原楊尖出大成橋而僻道無錫以至於江陰者其西路也西南路乃人之所常行者也其路爲近謂之正道南路西路皆迂遠水澁滞人少行之謂之間道

右水陸可通之道九十有入雖皆常熟之所當防然不能一一而設險也惟摘其中之尤要者建寨栅栰團營專駐官兵以爲守禦之計其餘則惟以游兵行哨奇兵設伏輕兵出襲焉斯可矣共計邑之險要有七曰白茆曰許浦曰福山曰三丈浦曰

之輔益之務期可行毋徒誘曰此當道之責也

江南經略卷　之九　三

白茆險要圖說

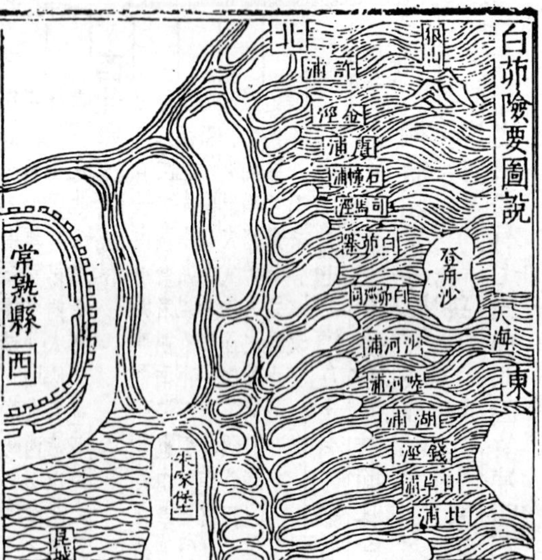

江南經略卷三　七

白茆港口西距縣治九十里東臨大海洪武初本港原設巡檢司天順初因港面水闊倭船乘東風而上輒抵城下添設官兵立教場操演爲防春之計成化中置營寨官廳皷樓軍房七十餘間後又築市屋集商人壯形勢久而瀬湮遡因倭寇復撥衛所官軍及游兵把總廣福蒼沙等船水陸防守且建朱家堡於近地較之

國初聲勢十倍矣然寇所從入之路必自東北洋乘輕舸道三爪高家縣後以至三沙視風汛之順逆以犯福山白茆而犯本港之路則登舟沙其緊要門戶也若遏之於登舟之東北賊不能登犯本港矣此又拒寇於上游之策也或謂白茆已塞寇船難入兵可裁革曰不然吳中北出之水皆由本港入海其通其塞海隅東偏農夫之苦樂係焉

海隅東鄉賦稅之盈縮係焉必當濬而通之俾民樂生乃過盜之本也或又以港通則引寇爲慮曰不然使港而通利也寇可入兵獨不可出乎夫水利修則兵食足兵食足則不必加賦於民而軍需常給此兵農兩利之道也今水陸官兵四千餘人坐食港口宜倣古屯田之制防春之暇就用之以興工有警則爲兵無警則爲工奏請於朝大修水利更召各村貧民給之工食相參而用則在兵也常有王事之勞而無暇爲非在官也常藉諸兵之用不爲徒費豈非一舉兩得之策耶不然吾恐從亂之民樂於倭變勾引接濟豈直徒費而已哉

軍門林　云此言過白茆上游之寇詳矣吳中北出之水皆由此港入海導而濬之不惟利民實可弭盜其策可施也

白茆水兵議

或問水兵利害何如曰諺不云乎聚兵易散兵難出兵易收兵難聚而能散出而能收斯之謂善將今之水兵皆召募無賴之徒烏合之衆何惑乎用之則不得其力散之則轉而爲盜也如愚見似宜就用土著之兵如在白茆也即以白茆近地之民充白茆把港之兵仍以白茆大戶之有才力者領之重其責任優其事權隆其體貌嚴其賞罰照見在水兵之數而給之工食常以一半在田一半在船分番出哨無事則耕作操練遇警則一皷而集合力而戰夫其生長於此則習知地利而無水土不服之患室家在是則有所顧戀而無退縮逃亡之患首領在是則有所制馭而無跋扈劫奪之患田業在是則又以所得之財爲樹藝之本而死守力爭豈肯輕棄於敵乎世亂則爲兵世治則爲農夫是之謂不聚之聚不散之散夫是之謂即以其地之民還救其地之難較之以別處之將領四方不相識之人人情事勢順逆難易何如也其法至簡而至易其理至淺而至顯廟堂曩議恐不出此或曰內地險要此法可以行歟曰奚而不可向來團結鄉兵之難行者籍名於官則如僉一重役聽差調而不得寧其家防點閘而不得佃其田多無名之費而不得樂其生身既團結於官矣官府以其非召募之兵也不給工食而與不團結者例出海防養兵之銀大戶如之何而心服小民如之何而用命乎或又曰小小險要此法固可行矣吳淞江劉家河之類哨船

以百討水兵以萬討本地之民曾足以充之乎曰利害之關於一方者以一方之力禦之關於一邑者以一邑之力禦之關於一郡者以一郡之力禦之吳淞劉河七鴉福山之類乃關係一郡之利害信非可禦以一方之力也然此類有限若以土著之民為主而用沙者民沙船沙兵輔之港口豈有不固而賊舟豈有能入者哉或又曰若而言者民與土著之兵旣給工食又蠲其海防養兵之稅不亦過乎曰不然法欲圓活若拘則方而不行矣且如白茆地方該戶若干田若干海防銀若干養兵銀若干即除其數與該地耆民自討之兵之有田者查其納數與工食相準否乎準則免之無給也亦無徵也否則損之益之兵之無田者見查應出人戶之銀或取而給之或令其對支其有生於本地而不願為兵者但照常出海防養兵之銀交納耆民而止矣耆民任其勞官府執其權專察耆民徇私侵漁之獘夫是之謂以一方之食養一方之兵以一方之兵支一方之患費民而民無不甘勞民而民無不服不此之務而惟憂食之不足嚴刑以徵科未見其可也

軍門林　云練土著議蠲稅足食足兵之法備矣猶有可言者則巡司之兵也東南巡兵不下數千餘彼盡給有工食也舊皆傍司之積棍承當徭戶旣為多科而此輩實不用命孰如徵銀在官擇勇而役按月而給之為愈也或曰產鹽之地例當責補鹽課此似矣之不知徭戶每兵編銀十兩兵自取則多至二十五兩

有零矣今令每一兵止銀十七兩以十兩八錢給兵工食餘六兩四錢充補船鹽之費民稱便而課可充兩利之術也練兵之法當與練土著同月一合操

許浦險要圖說

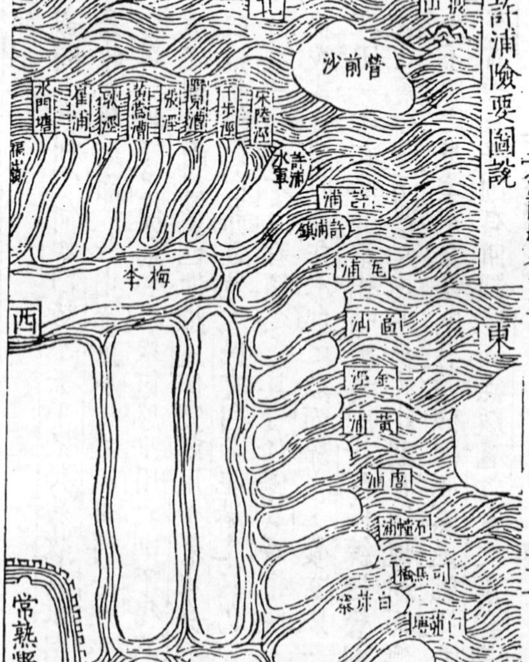

許浦在縣[illegible]一里即宋之水軍寨也　國初改爲巡檢司其地東通大海北枕揚子江要害與白茆等但宋詳於本港而畧於白茆我　朝則反其制何也許浦在宋時爲大道故苗劉之變韓世忠提兵勤王李寶奏膠西之捷皆由此入今其壤半嚙於江存者亦漲而爲田矣近年倭寇屢從此岸陸行至梅李蓋避白茆福山兵船之阻而乘我之無備也本港司兵不足以當之寇遂横行擄掠或直擣城下今宜設兵船於此防禦而團結鄉兵爲扼險之計水陸兩利矣

福山險要圖說

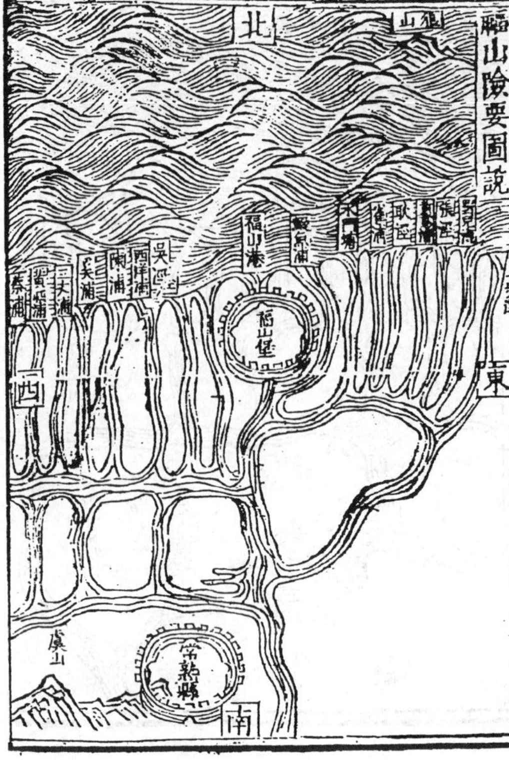

福山堡即宋之水軍寨也東通大海北枕揚子江要害甚於白茆蓋常熟爲蘇之北門福山在縣北四十里與通州狼山相望居民可二千餘家海艘江舸多集焉素稱雄鎮是福山又常熟之北門也邇年倭寇每以此爲捷徑其地舊雖設有巡司勢莫能支嘉靖甲寅臺臣建議築堡設把總指揮統水兵在江巡哨府縣官統陸兵在鎮屯守可謂密矣然寇犯本港須自三丈浦高家縣後以至三沙然後西至本港則三沙之防守尤所當重也此皆目前權宜之術而非經久之規也必須奏分蘇州一所官軍常川住劄如吳淞江事例方爲長策耳又按五代錢氏據江南時創開江營都水使募水卒以通水利號曰撩淺又於港浦要害處置閘啓閉而國賴富强今能修復其制閘可以阻海舶之長驅而所募之卒撩淺之日少團練之日多一有不虞官兵鄉兵互相策應兵農兩利之道莫善於此

三丈浦險要圖說

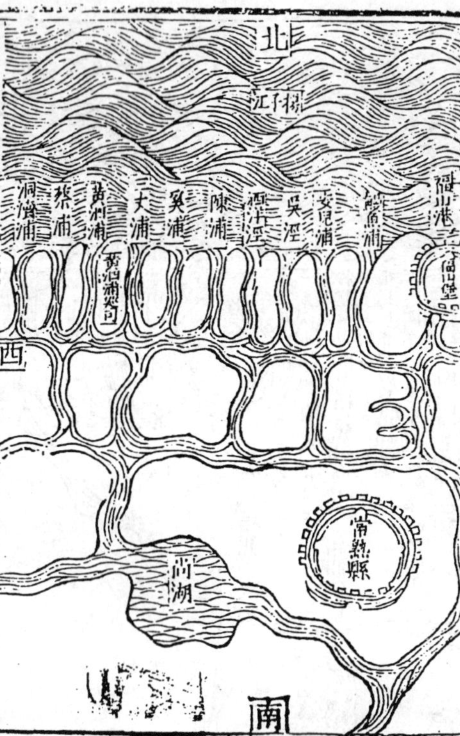

三丈浦在縣西北八十里北通大江迤西二里即黄泗浦也與通州對境販私鹽者絕江流往來舊設巡司在焉黄泗浦土疎善崩屢濬屢塞邇年倭寇俱假三丈浦出没乙卯賊嘗巢之而無錫洞庭之賊皆道此出江參政任環殱賊於此者再賊乃遁去後有司築土壩使不得直擣然而農田病矣萬一賊自通州乘風直擣雖曰伊邇揚舍鄰援可望恐難恃也須詰戎兵以防不軌決壩堰以溉農田兩利之策不可一日不講者也

梅李鎮險要圖說

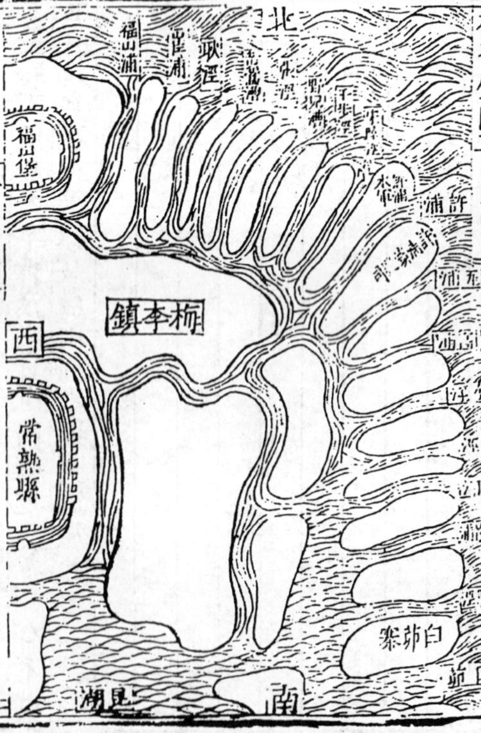

梅李在縣治東北三十六里又東北為許浦東南為白茆西北為福山道里適中之地常熟東北諸水莫大於許浦賊常由此入往年賊首劉鑑自許浦入寇據梅李以為巢進攻縣城而白茆福山諸賊時相約會蓋進易以攻退易以走賊常得勝策而我輒為所懲不能先據地利故耳為今之計莫若屯戍官兵於此有警則分番策應常留一半不動賊若來犯我常得以逸待勞之策必不能直抵城下且斷白茆福山諸賊使不得潛通往來尤可以殺賊合踪之勢也

吳塔巡司險要圖說

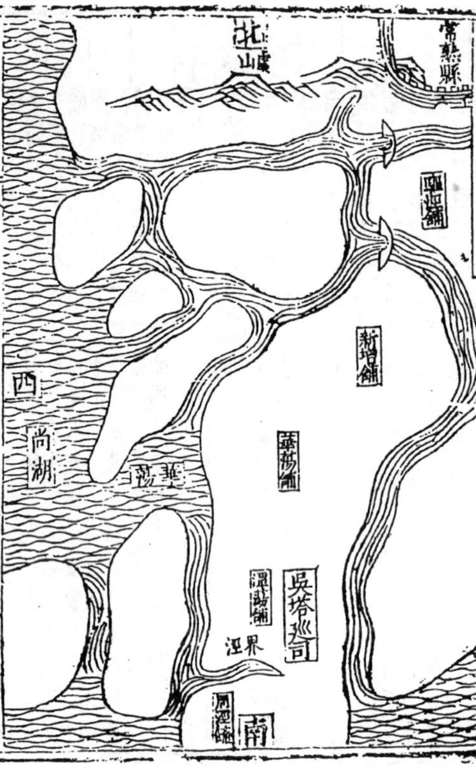

吳塔在縣南盡處與長洲縣分界尚湖華蕩居其西北蠡口居其西南其南則爲入蘇大道華蕩蠡口皆可通無錫而蠡口尤捷往年賊自無錫而來北入三丈浦賊巢當由此道而掠洞庭兩山之賊過齊門去者亦此道也蓋當西南二面之衝非直小小險要而已況平時鹽盜出沒無常徒以一巡司轄之弓兵爲數幾何而可當此大任耶須特設官兵一枝於此屯戍而弓兵之額比舊倍其名數其策可行也

唐市險要圖說

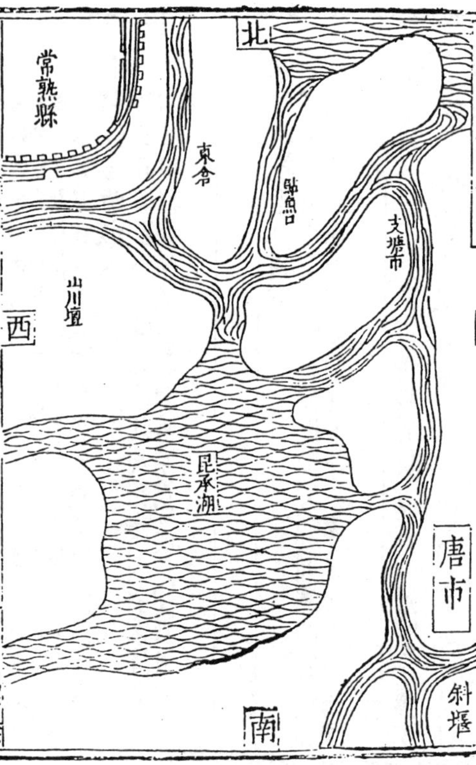

唐市在縣東南　十里南與崑山連壤二縣往來必由之道也賊自南來流突北行此爲要衝不可以不備其北雖有朱家堡然去昆承湖口已遠但可備白茆流突之賊殊非爲縣城藩籬之意必設官兵一枝於此屯戍與崑山斜堰兵船互爲聲援庶可以遏賊之衝而賊不敢北出矣

軍門林　云許浦福山即宋水軍寨設船分所修舊蹟也梅李當許福白茆適中之會賊常據焉戍梅李後可以捍蔽諸賊前可以干城生靈設險而先梅李此其特見乎三丈浦通壩之論可與鑿白茆之說並傳

嘉靖三十二年

正月賊入福山港知縣王鈇帥官兵禦郤之

十六日賊船六隻從東海而來入福山港登岸劫殺
至殺山橋而還十七日復自吳橋至劉菩薩堂焚劫
烟焰不絕十八日鈇先遣耆民徐泰等潛師劫營十
九日親率主簿李宗昭家丁兵勇與賊戰於尚墅賊
大敗走宗昭家丁李安戰歿於陣主簿馬希鸞復邀
賊於中途擊之適長洲縣丞林錡承府檄率兵來援
分道追逐二十一
日賊棄二舟走

三十三年

四月賊酋劉鑑入白茆港據梅李爲巢

先是福山三丈浦許浦金涇唐浦凡沿江港口賊舟
充斥官兵遁於奔牛收聚城下十五日鑑以巨舟七
隻直入白茆十八日進掠
梅李諸村鎮無不遍者

賊攻縣城

鑑欲攻縣城先遣其徒僞充乞丐以覘虛實官兵擒
之因而戒嚴二十二日鑑自梅李進攻大東門值任
兵備在縣與知縣王鈇出兵禦之賊敗而去天晚恐
賊有伏我兵不敢追但屯城麓備不虞夜漏下二十
刻賊果至見官兵大驚而走二十四日鑑復攻大東
門俄而攻小東門復轉而攻北旱門與北水門鈇皆
隨賊所至敵而郤之賊死矢石者甚衆二十六
日鑑復合福山之賊分門攻圍日夜鏖戰不絕

三十四年

四月賊入福山港犯縣城

十二日江北張涇之賊至福山擄耆民船二十餘十
三日賊船至者尤衆官兵不能支皆散走十四日賊
薄縣城流矢蟻集其
尉尚二人遂去

兵備任公環大敗三丈浦之賊

先是賊屯三丈浦勢甚猖獗且易官軍不爲備任公
部署主客官兵以進保靖兵素驍勇爲賊所忌公命
應襲彭守忠爲中哨易衣幟賊不知也太倉耆民爲
右翼知縣王鈇爲左翼翼公弼擐甲冑勞軍軍皆踴躍
進攻賊大敗逐北至奚浦斬首一百三十五級獲其
舟二十有七而我不損一人自用兵以來陸戰全捷
未有若此

五月知縣王鈇致仕參政錢泮禦賊於上塘港口死之

十三日賊首楊二率賊千餘自崑山縣石牌頭入縣
境不焚掠惟擄鄉民以張聲勢歷唐市蘇家尖梅李
福山欲擄船出江不得去屯於本港二十二日陸涇
敗去之賊分爲二支一由崑山一由陽城湖至縣境
賊之在崑山者又分爲三支一由黃倉涇一由新塘
一由平庄田至縣境皆與三丈浦賊合時三丈浦之
賊既敗於任公勢已孤弱得福山等諸賊遂復猖獗
鈇與泮誓欲滅之二十四日統兵船追賊於上塘港
口賊伏不動潛令其徒裝飾避賊鄉民求輔爲援賊
度其已入陣中遂起鬭官軍前後受敵大潰鈇與泮
皆被
殺

六月任公環復大敗三丈浦之賊

賊既殺鈇聲勢愈熾無錫太湖之賊又與之合遂肆
掠無忌初六日任公督同知王如瓚率沙兵民兵攻
之賊復大敗奔潰稱公
爲拚命官人望幟即逃

賊離三丈浦太倉州知州熊桴把總劉堂追擊敗之

時賊爲任公所撓乃謀去二十三日從柴港口出至
登舟沙比桴與把總楊尚英州判張大倫圍而攻之
賊死無算桴斬一百二十有奇把總劉堂又邀擊於
吳淞江口擒其酋急速如郎斬賊首二百六十級

七月江陰流賊入境

初三日金涇港許浦共倭賊八百餘人合掠周家市
初九日江陰賊流至許浦與前賊合綜十四日相繼
遁去

三十五年

四月賊掠沿江村市

初九日賊舟二十一隻自通州入福山港四散流劫
楊巷方橋王巷花庄西至楊舍一帶地方無不被禍
而福山之
賊尤甚

軍門林 云王鈇原不曉兵賊兵方合而潰黨不露襲
我之蹟成矣鈇竟墮之其死可嘉其智不足稱也任
兵憲環三丈浦之捷邑賴以全此其智勇兼之乎

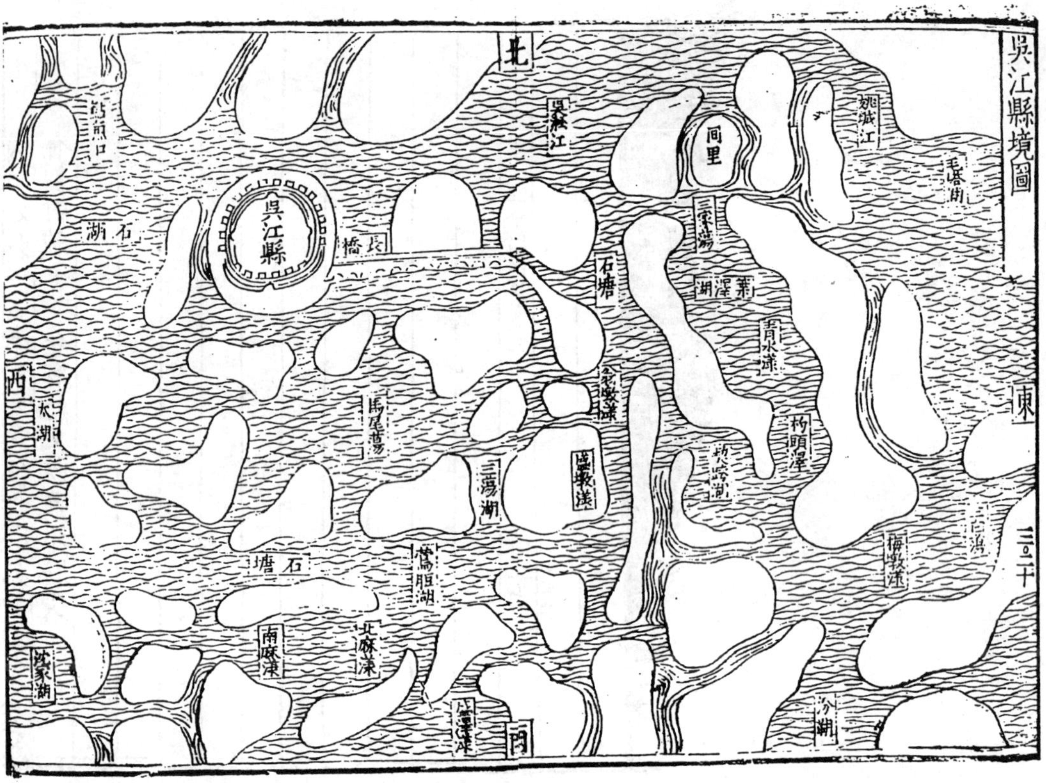

吳江縣總論

吳江界於蘇嘉二郡之間乃運道之要衝吳越之咽喉也天下有變兵自北而南自南而北胥經乎此勢所必爭且其地西枕太湖通吳興宜興東濵同里諸湖通松江吳淞江口四通八達無適而非鹽盜之藪無適而非敵闘之場腹內諸邑兹其最難守禦者故　國初設巡檢司各邑皆不過二三而吳江獨至於八其意可稽巳所轄五百六十二里皆水限隔匪舟弗行民善於水戰村舫漁艇一呼而集動以千計諜進追賊其駛如飛風帆不及也往年倭寇至吳所憚者惟若屬八戰八捷曰青陽港曰錢田曰石湖曰鶯湖曰唐湖曰太湖曰木濱曰汾湖所可憾者貪餌縱賊賊每每以是脫去操捨誅宥之權不在有司而在水兵之掌握策斯下矣

本縣城池

元末張士誠所建雖堅難守嘉靖三十三年倭夷入寇知縣楊芷勸士民捐貲聘寺丞吳洴等重築之視舊高厚各增三尺三十六年知縣曹一麟復陶甓覆其面由是城益固云

城週廻五里二十七步高三丈一尺厚一丈八尺池深數尺濶數尺月城凡四座門旱門六水門三敵樓二座敵臺二十六座舖舍四十座雉堞二千二百二十二垛

羊馬墻一千八十四丈五尺

按吳江之民素尚儲粟家無巨細皆有數月之糧且城中多富貴之家人烟蓊鬱心力齊備設有警急守禦何有但水澤所鍾城小可灌須以水兵船四郊堵截力捍而禦防之勿容寇逼城下可也

軍門林　云吳江土著之兵精于水戰則灌城之說可無虞巳卯有危迫置兵父母妻子於城中一使無

內顧之私一寓牽制之意使盡其死命即所患在
貪餌縱賊也下令有此必誅蔑不勝矣

吳江縣備寇水陸路圖

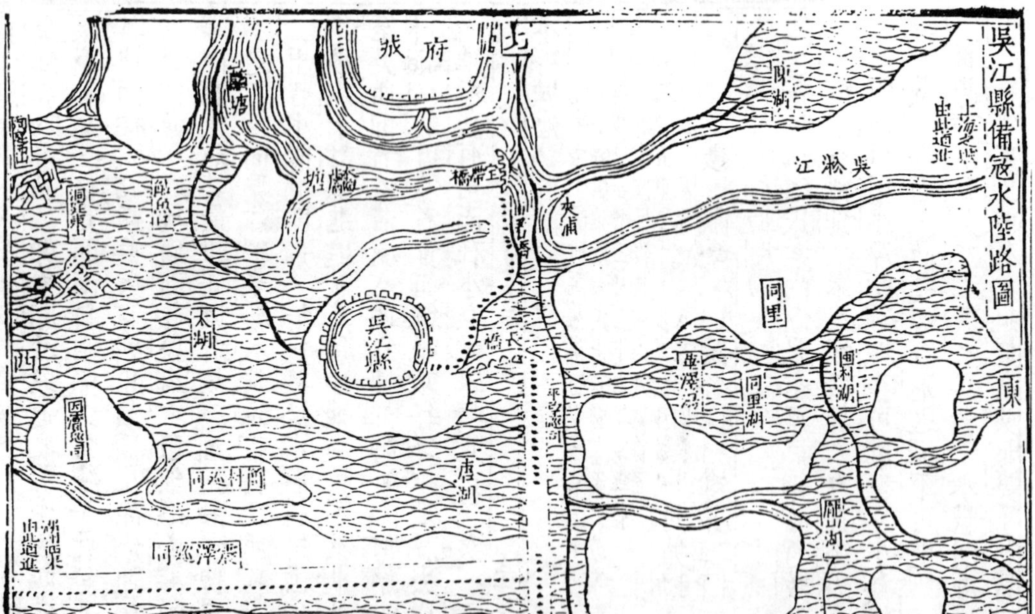

吳江縣備寇水陸路考

東距華亭

其道有二由勝墩黎里周庄金澤而繞出澱湖泖湖之南者其南路也由同里湖或夾浦塘東北行至楊扇入澱湖三泖者其北路也二者皆水路也皆謂之間道也

南抵嘉興

其道有三由舊驛前南行歷平望王江涇而至嘉興之北門者乃驛路也所謂浙河是也萬一道梗則由同里黎里東南行可以繞至嘉興之東門或由爛溪三都西之西南而行可以繞至嘉興之西門二者皆水路也驛路正道也水路乃間道也

西枕太湖

其出湖之口有三西北曰柳胥西南曰簡村其一則西郊也三口相去不遠刁斗相聞烽火相望若設水兵船張犄角協力維護則湖寇自不能犯

北抵吳縣

其道有三見吳縣水陸路考

東北與長洲爲界

其道一見長洲水陸路考

東南與嘉善爲界

其道有二由王江涇之南而東行以抵嘉善縣治者其南路也由同里黎里東南行而繞至於嘉善者其東路也南路正道也東路乃間道也

西南與湖州爲界

其道有二由平望西行歷震澤烏鎮而至湖州之烏程者其南路也乃驛路也道之正者也由太湖西南向一帆至湖州之歸烏長興者其西路也乃水路也道之間者也

右水陸可通之道九十有六雖皆吳江之所當防然不能一一而設險也惟摘其中之尤要者建寨柵立營專駐官兵以爲守禦之計其餘亦惟以游兵行哨奇兵設伏輕兵出襲焉斯可矣計邑之險要有八曰夾浦曰平望曰鮎魚口曰簡村曰同里曰汾湖曰爛溪曰震澤詳見各圖說於後

夾浦險要圖說

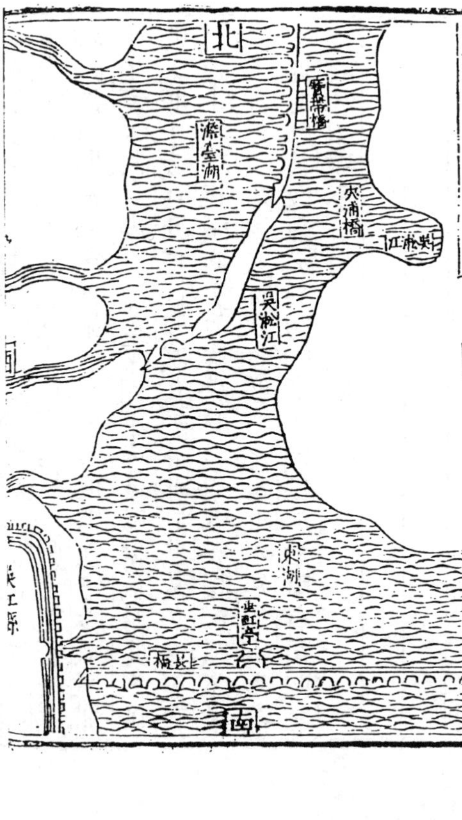

夾浦在縣治北一十里乃吳淞江之上源也太湖之委流也東行二百六十里至吳淞所入海賊若自吳淞江而來南犯吳江北犯長洲此爲分蹤要衝或寇入太湖欲東出海而由鮎魚口瓜涇港以來亦自夾浦橋出乃往來必經之道也況爲運河關隘賊若據此則本縣與郡城聲援不相接矣故必設守於此而後可或曰守夾浦孰與守陳湖曰陳湖遠在東北散漫無統北地湖水東出洶湧深闊賊撈舟横渡水兵夾攻詎能直達乎若夾浦不守則長驅而下難於控制乙卯石湖之患可鑒也

平望險要圖說

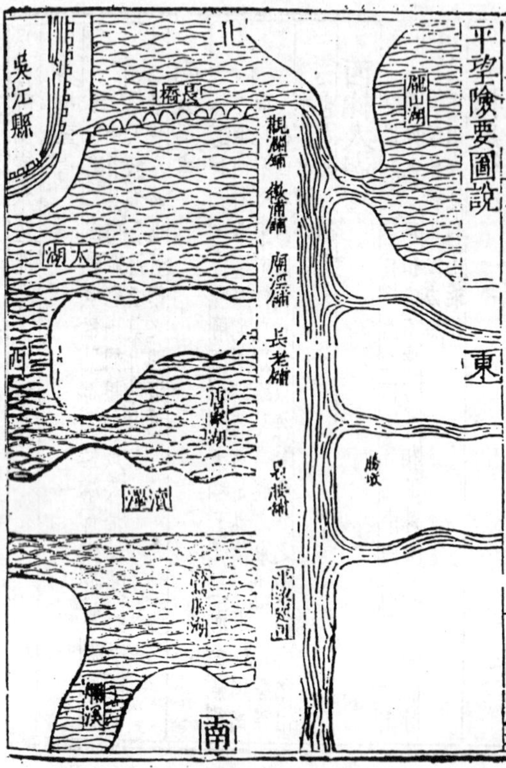

平望在縣治南五十里乃浙直之咽喉也松陵以南險要無踰於此宋元以前或置寨或關紹偽吳張士誠嘗築城於此鞏固縣城極爲有見今之議者但謂宜守勝墩不知平望實控制嘉湖二路若棄而不守使賊得爲駐足之地闌入腹中我兵列屯置守又在於外非計也故必修復舊城屯重兵以扼賊衝更設兵於勝墩以爲聲援庶賊不敢深入耳或引唐湖之捷以證勝墩之當重不知唐湖雖險東西支路甚遝難於隄防向來細民慳於用財有司阻於浮議故謂城不可復非確見也

鮎魚口險要圖說

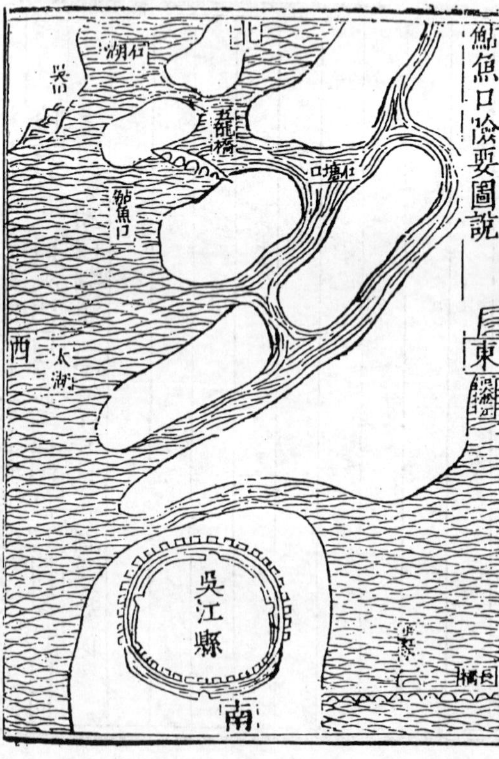

鮎魚口在太湖之北距縣治十八里南受太湖北流匯爲蠡塘又北過五龍橋入吳縣界爲盤門運河爲古塘口入長洲縣界爲澹臺湖與運河合賊若自郡城走吳江必自五龍橋出蠡塘或從太湖或從古塘而鮎魚口乃必由之道也須設水兵於此與吳縣之五龍橋本縣之夾浦橋兵船互爲策應則舟師之長技捷于倭寇百倍賊必不敢入湖而犯縣治矣

簡村險要圖說

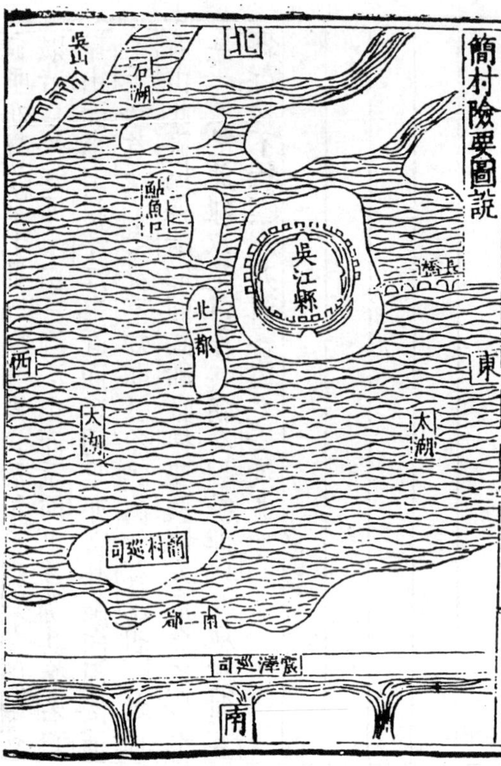

簡村在縣西南數里濱於太湖太湖之南有簡村巡檢司縣之一都二都四都十九都皆隸焉北至鮎魚口南至震澤鎮西郊之外迤北湖面亦其所轄縣本濱湖汪洋三萬六千頃何所抵極萬一倭寇得入其爲縣城之害不淺矣須議設兵於此南與巡司相爲聲援北與柳胥西郊水兵相爲犄角是固保松陵之要策也

同里險要圖說

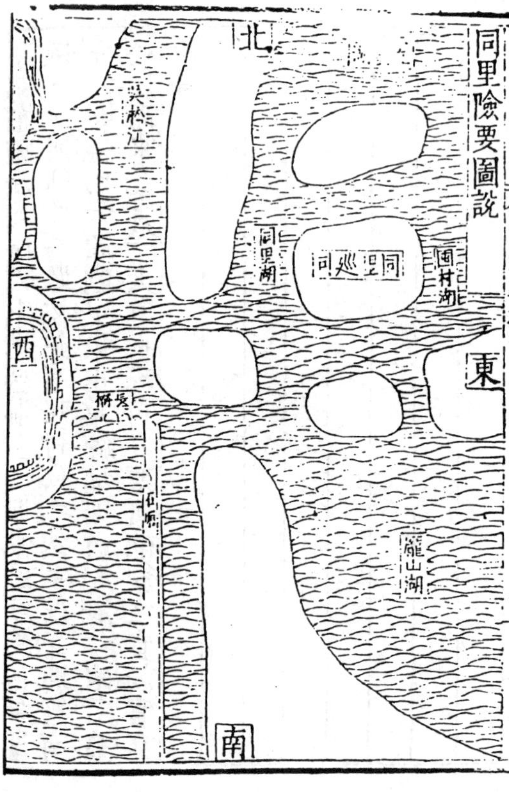

同里在縣治東十里四面皆湖民居稠密縣東之藩籬也賊若自松江而來由三泖澱山而至同里實當其衝若自崑山而來由新洋江角直而來同里亦當其衝向因倭冦不至議者漫不之及不知賊計多譎萬一有爲間道之謀者由此直擣縣治四面兵船救援弗及地方危矣須設水兵一枝於此雜以巡司弓兵朝夕訓練俾與長橋巡司互爲聲援不獨禦冦亦弭鹽盜之一策也

汾湖險要圖說

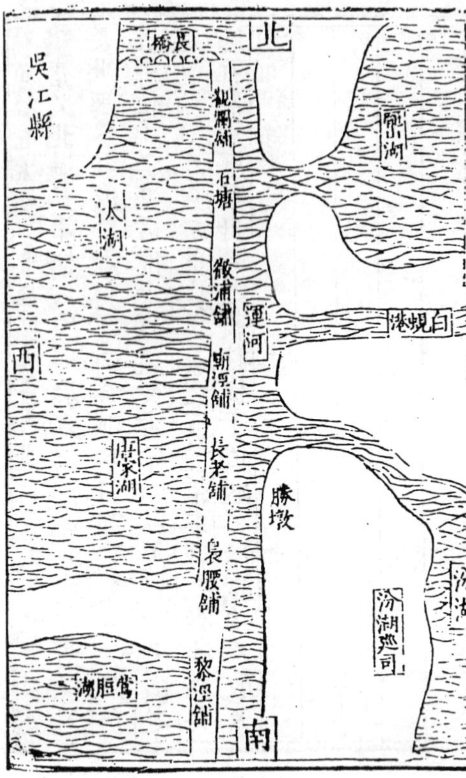

汾湖在縣治東南六十里界浙直之間東通三泖西接滕墩水澤所鍾號爲難控雖有巡司轄之然半屬嘉興禦南方之鹽盜已云煩劇況東出章練塘西通汾湖倭寇若自松江而來此實一大道也巡司力薄何能禦之宜設官兵屯守

爛溪險要圖說

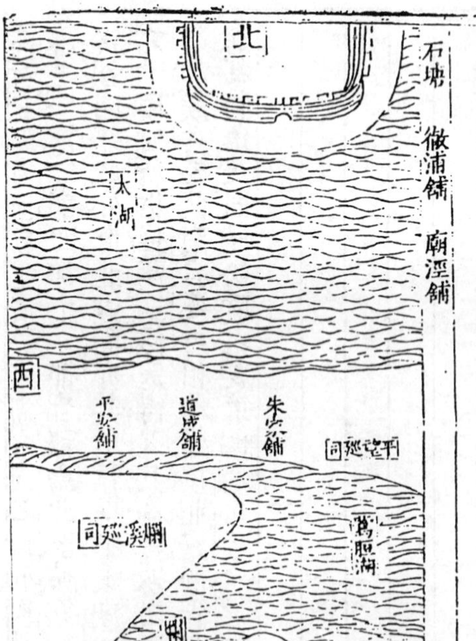

震澤險要圖說

東

爛溪在縣西南十八里北連鶯脰湖爲蘇嘉湖三府之界諸水之所會也其地頗類汾湖而受害過之蓋爲鎮爲湖州望鎮賊所歆慕而爛溪之南實抵鎮之北柵故甲寅之亂倭寇屢進屢退於此苦於無兵任其擄掠舊設巡司於此

國初移置嚴墓村控禦長策失之久矣必須修復而更設官兵以守之可也

第三三葉原缺

七縣水兵惟吳江爲最乃倭奴之所深畏也近年官府不分功能高下混給工食以致吳江者亦不堪用蓋吳江西面阻水西枕太湖使船本其所長嘉靖三十三年初報在官皆精悍捷給之徒大舟用二十五人小舟用三四人篙手與搖櫓盪槳者首尾相應行使如飛遇賊舟之大者則以小船誘渡其人而傾覆之遇賊小舟則以十四五篙手齊鑿而沉之賊人遠來不過奪船深入而已船之輕捷不如也不過驅土民撐駕而已人之齊截不如也其始也水鄉大戶親統率之其後因差人統領尅工食奪功次眞正有名之兵不樂於用所用者皆次身無用之窮民其獘至於行刼而吳江水兵遂爲官府所惡一切裁革矣曾聞吳江人云水兵隊長總出盛二盛六之下其次爲董介淩雲亦合縣水兵之所推服蓋家業既饒武藝又精故也今誠得若而人委以選水兵之寄就令總領則船隻器械俱不必官給之而鄉間上等之兵無不踴躍而出矣攻守何患於無功乎

嘉靖三十三年

四月賊突至夾浦官兵擊走之

先是吳江知縣楊芷遣飛艦遏賊於吳淞江上游是月二十三日賊自崑山沿吳淞江至夾浦兵船逐之戰於陳湖斬首十八級生擒二首賊還走崑山時賊入寇已數月矣莫敢對敵陳湖捷後吳人始有鬬志

五月賊犯平望知縣楊芷率兵却之

賊衆九十二人由烏鎮突入瀾溪至平望欲迫縣城芷令沿塘舉火賊見有備奔錢田本邑兵圍之困賊三日會夜大雨收兵賊乘間奪湖州兵船以遁屠戮甚慘芷射書賊營賊亦欵答有不敢相犯之語夜列熾賊見燒營由黎里走泖湖既而復有賊自松江來至東薰兵浙江禦之弗利遂進掠黎里同里等村芷率兵船躡之與嘉興兵會擊於王江涇擒斬二十八人

六月芷拒賊於石湖勝之

十一日賊掠郡城將歸柘林懼東北兵阻乃出石湖趨吳江芷率輕舸由瓜涇港戰時湖水泛溢賊列伍逆上芷以鉤鑽搏之斬首十六級賊懼登火燒橋四望芷以賊衆我寡恐夜襲城馳入縣明日賊由文河過夾浦進迫縣城會增築城工匠兵船蟻集賊度不能攻乃燒倉廒數處掠民財而去十四日至平望所過焚掠以哨兵躡之斬首六級

十二月賊再掠平望

柘林賊也擄掠而去

三十四年

正月賊復至平望官兵禦之遁歸柘林

是月也賊陷崇德擄五百餘舟歷南潯楊堰至平望六里橋乃十九日也兵備參政任公環伏沙兵將擊之借兵浿其機沙兵被害及溺死者甚衆任公命芷及舉人周大章分督水兵伏於橋之東西蕩中賊至伏起賊捲幟欲遁水兵亟擊之斬首十五級飛砲擊死者二十餘人所掠財貨亡失殆盡會新城告警賊隍廟災恐賊棄舟窺城遂朱家橋據盛墩以阨之又取民間稻草焚於兩岸煙焰蔽天賊遂宵遁

四月柘林賊犯縣境巡按御史周公如斗遣兵禦於勝

九四

墩
二十六日賊復從嘉興至唐家湖湖水淺溺賊不能度荘率兵北岸阻戰賊驚奔平望奪舟橫渡荘令者鑿其舟而自屯兵截盛墩斷其堤并布釘板於水底賊不敢渡會幕府調遣宣慰彭藎臣彭翼南率兵二千來援總兵俞大猷副使孫宏軾以浙江兵至知府林懋舉以狼兵至兵威大振賊退屯王江涇明日復進至平望藎臣爲先鋒與諸兵夾擊之斬首百餘級荘戰至楊家橋斬首三千餘級走近嘶快更盛墩之名曰勝墩蓋紀戰也所在清野賊無所掠餓腹而戰故我兵易於奏捷云

六月賊至平望官兵攻却之

是月初七日賊在杭州擄官航載輜重欲由蘇州出海乃北從烏鎮經羅溪抵平望總督都御史周公玩檄總兵俞大猷擊之戰於烏鎮荘率兵戰於鶯湖皆告捷賊悉衆北向巡按御史周公如斗兵備參政任公環據勝墩以禦之浙江巡按御史胡公宗憲亦提兵來援賊夜從王江涇遁去

三十五年

七月賊掠吳江東南諸鎮

零賊五六十人突至牧犢潭歷汾湖周莊所過焚掠望平湖而去

軍門林云按三年內賊凡八入寇率不得志則清野之效也以飽待飢群策畢舉賊雖橫將焉乘之惟沙兵一躪至今令人於邑爲將者愼毋幾事不密哉

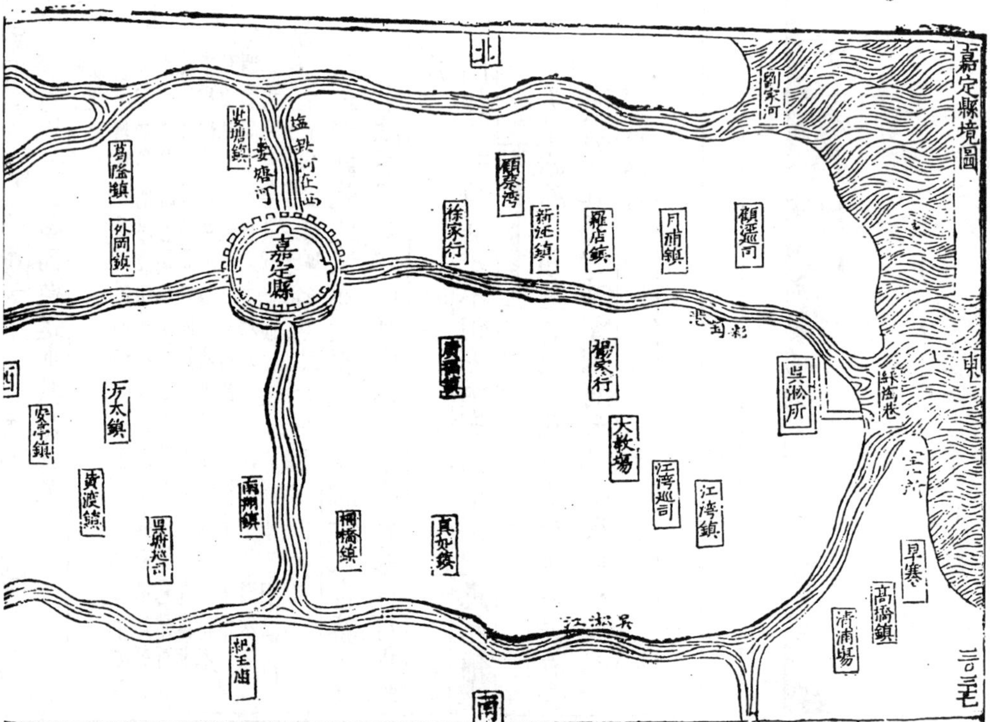

嘉定縣總論

嘉定在府城東南一百四十里東濱於海南據吳淞江北瀕劉家河誠三面受敵之地也倭船之來也大海渺茫難於收泊以寶山爲表識故蘇之寇患惟嘉定受之

國初海防舊規原設吳淞江千戶所與江東旱寨各有城堡官軍相爲犄角邇年倭寇猖獗權以總兵官鎮守所城旱寨則撥軍巡守似爲有備但事寧之日恐不免於裁革非久計也如愚見莫若坐所爲衛添設一衛軍額以一把總指揮有才力者常川領之坐寨爲所添設一所軍額以一千戶有才力者常川領之或就於太鎮二衛中奏遷一衛於吳淞所止留一衛在州實其軍伍足其芻糧時其訓練如李抱眞教澤潞兵稱雄天下豈非東海一長城哉不寧惟是沿海一帶江西自吳淞江抵太倉界三十五里江東自老鸛嘴抵上海界三十五里隨處可登長驅而入知縣楊旦嘗議以每五里立一營寨每寨闢一教場精選土兵百人統以耆民四人訓而練之擾而馴之通計土兵一千三百人遇警則併力夾攻首尾相應實常山長蛇之勢也識者偉之使後之人善守而不變賊豈能登岸哉嘉定無患則不惟遏寇上游腹內諸縣受庇多矣太倉華上海濱設險亦將效之是又爲隣邑師也或曰海壖烽堠密矣奚以寨爲曰守墩兵寡僅可傳報不能戰也設寨兵則二十里常有精兵四百人可以追勦可以應援矣或又曰使賊衆而我寡如之何曰賊衆若至千人則總兵與旱寨將官各提兵攻之矣況江灣羅店皆有團營豈特此寨兵四百而已乎諺云千軍一陣不如百卒三支謂其可以合可以分更番而迭進也其見長矣

本縣城池

舊原無城不過崇岡土垣而已嘉靖三十三年倭夷入寇知縣范思謙始甃之未完而以擢去楊知縣旦繼之次第綜畫踰年而功成方其築時賊意謂可直搗數肆侵擾二載之間犯境凡五十餘度責爾戈矛宵爾楨杵蓋與上海之城並舉而士民協心得不致潰且堅完過之屹然爲諸邑冠君子以爲難

城週圍二千一百六十六丈崇二丈六尺基廣五丈面三丈池深一丈廣門旱門六水門二

敵臺一十六座窩鋪三十四區雉堞二千三百六十九垛

按蘇郡諸邑此城爲最蓋城身寬闊居民自蓋小房於上誠不守之守也且內外金湯摠有品坑可保無虞

軍門林云按嘉定不但密邇寶山常受寇患邑稱虞美逮諸屬村鎮悉皆肥饒爲寇所垂涎舊矣若食蟹者取其足食其螯則將破其殼矣此邑城之所以常被兵也

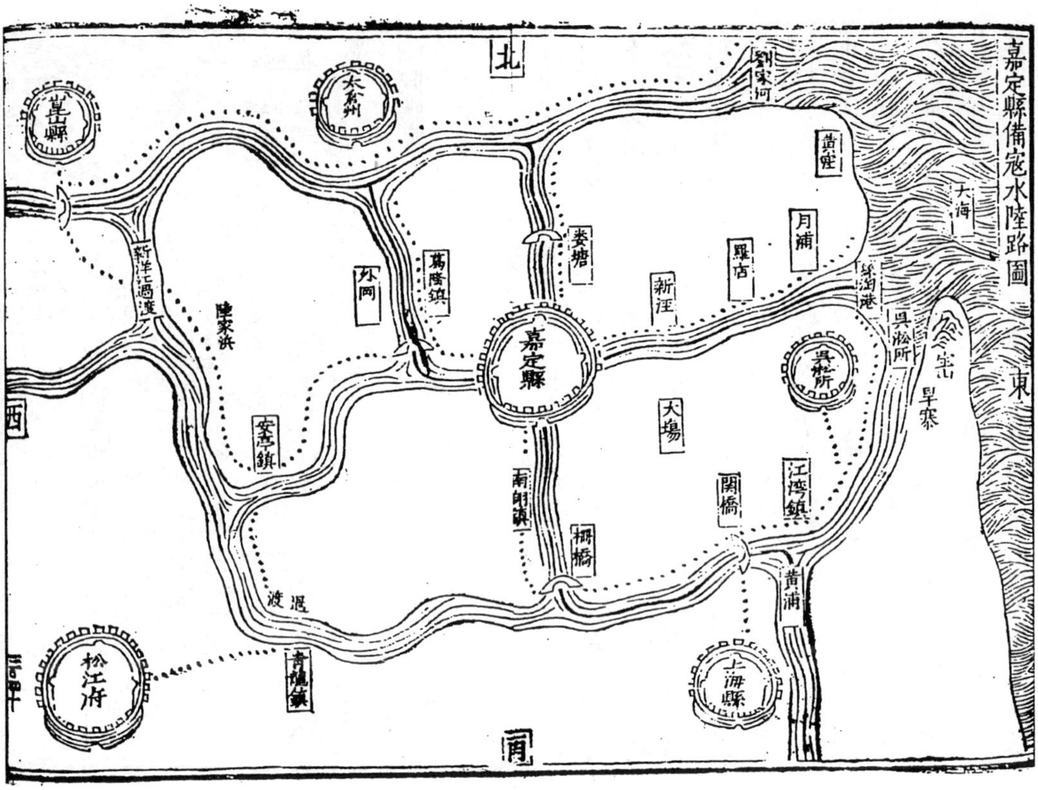

嘉定縣備寇水陸路考

東瀕大海

其道有五由縣東歷羅店月浦吳淞所而至海者其中路也由江東老鸛嘴寶山李家堰一帶皆可以至於海者其南路也由東北境牛角尖太倉界至海者其北路也三者皆陸行之道也由黃浦東出吳淞江口以入於海或由吳淞劉河適均之間東出黃窰塘以入於海二者亦謂之中路皆水行之道也此惟牛角尖爲間道其餘皆正道也

西距崑山

其道有三由外岡葛隆鎮歷太倉而至崑山之東門者其北路也由葛隆鎮蓬廊廟木瀆而北者其中路也由方泰外岡安亭車塘而至崑山之東南門者其南路也北路正道也中路南路皆間道也

南接松江

其道有四由安亭唐行以至華亭之北門或由黃渡盤龍以至上海之西門者皆西南路也由南翔樝橋水陸俱可至上海之北門或由江灣入黃浦而至上海之東門者皆東南路也內惟南翔爲正道其餘皆間道也

北抵太倉

其道有三見太倉險要

右水陸可通之道凡十有五雖皆兵防之所當知然不能一一而設備也惟擇其中之險要者建寨柵紮屯營專駐官兵以爲守禦之計其餘亦惟以游兵行哨奇兵設伏輕兵出襲焉斯可矣共計邑之險要有八曰江東旱寨曰吳淞所曰黃窰曰羅店曰江灣曰婁塘曰外岡鎮曰南翔詳見各圖說于後

江東旱寨險要圖說

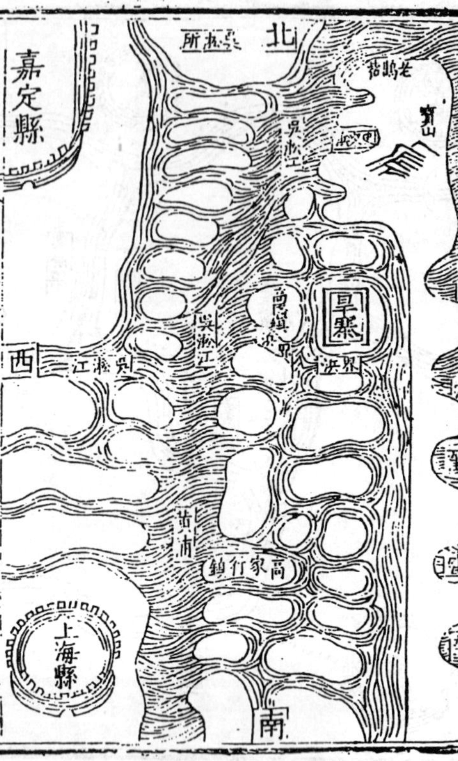

江東旱寨二一在寶山一在高橋鎮皆
國初設兵以備倭者也今廢久矣無人議及此者豈以青
南當其前吳淞擁其後而寨兵單弱不足以當利害故耶
殊不知江東地饒民殷而守江守浦兵船俱在內地青南
川沙柘林諸堡皆可遏賊於南吳淞兵船僅可遏賊於北
若賊至而南北阻截不能登犯其勢必趨於此蟠據爲巢
藉糧於我內地紛擾此其厲階也甲寅乙卯徐海屯柘林
而今葉明屯此與新場陳東合爲二窟勢如長蛇卒難殄
滅由我自失地利故也今二地之中有界浜焉乃嘉上之
鴻溝也宜令蘇松併築一城設兵屯戍一如常鎮孟河事
例有警則二地之民携家以入輜重在是子女在是民將
戮力死守寇自無糧可資益堅壁清野之長策也二寨雖
廢庸何傷乎
軍門林　云按國初備倭之設有深意焉承平廢弛故習
相沿不知此地南通蘇壤北接松江有地利而不守遺
寇窟以與敵非計之得也惜非長吏廉明撫膺時事者
孰與籌之

此葉原缺，據隆慶版補

因港口為巡船所扼舟不可出又望東開二三里直穿海岸舟與海通當小汛水涸則塞港兩頭而蓄水養舟大汛水溢則兩頭盡開而拽舟出海斯時也巡船止宜堵截於內江港口而東海新開之處縱之使出則不俟驅逐而賊自去矣俟賊至海然後以兵擊之賊短於水戰而銃砲之類又我兵所長豈有不勝者乎況賊新擄內河民航輜貨裝滿不勝其重一遇洪濤必至覆没而乃區區阻遏之於內地豈非計之失哉所謂未善有如此者不寧惟是老鸛嘴南有地名李家堰者西抵江東抵海相距僅二里許其咽喉之地一水界斷南北築二堰以通往來宜以土人知地里者深夜潛開此堰使賊不得越水而南更得精兵三千嚴守此地勿容賊得填洪但我兵屯此則上海七團八團之賊恐來應援腹背受敵非計也又須得精兵三千屯於太平寺等處以遏上海之援則李家堰兵可以專力於老鸛嘴而賊據彈丸窄地三面江海不稽收劄已盡財物刼掠已空不十日間將餓而斃矣此誠滅賊之上策也老鸛嘴賊滅則北偏一段稍得寧息用武有地而上海之賊可以迎刃而破矣乃苦於無人失此經畫惜哉

江南經略卷三　四十一

吳淞所險要圖說

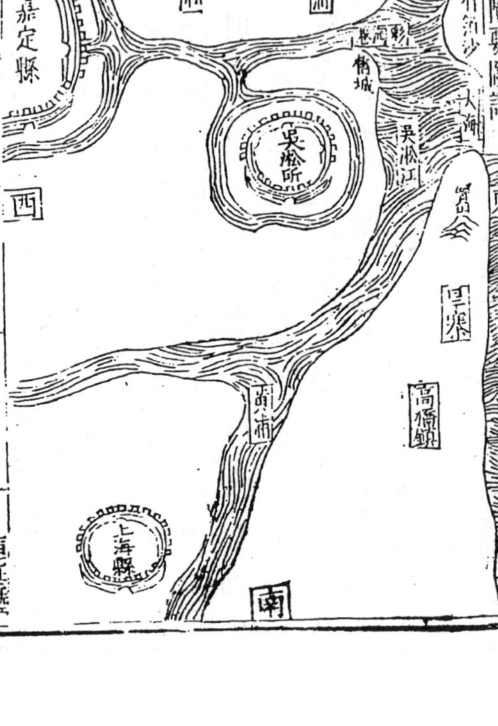

江南經略卷三　四十二

吳淞所距縣東南四十里東濱大海北枕綵淘其南即吳淞江入海之口也吳淞江發源太湖縈紆二百餘里為中吳諸水第一其入海之口為海道咽喉三吳門戶故特置所城於此而以副總兵鎮之比之越之定海焉或曰均之濱海也險要莫如劉家河而以此為第一何也曰海中諸夷狡猾莫如日本入寇亦莫如日本山東浙直與寇為隣然山東之海水勢湍悍山脈聯絡非熟其徑者不可行且勾引接濟之人未嘗有也故倭患獨浙江之海山嶼為多而通番者獨衆故寇船自外海而來以洋山為入犯之的必至此而後分艅若直之崇明則諸沙錯落延袤三百餘里晴塗相貫有若為華夷之限者惟三扎高家一路可以通舟而不可重載惟此一路寬深可行無有壅碍

者避也襟家路而竹箔一沙橫亘其外隱然爲之外護國初海運特築寶山以爲準的蓋爲此也今之守江固云密矣而竹箔沙之守殊爲單弱非扃固外戶之意或曰今之戰艦必以此爲會哨之地乎曰竹箔之南吳淞之要道也竹箔之東劉家河之門戶也若設重兵於此防守賊豈惟不能侵犯內地雖二江之口亦得息肩矣昔人嘗欲徙鎮海衛於寶山豈無意耶所惜舊城正當綵淘港口四東北一隅坍海故徙內地雖去不遠然氣勢自孤乙卯之寇避江口兵船之阻悉自綵淘出入兵船竟莫之誰何益以守江爲要務而不之及也殊不知綵淘一港直貫練川水陸皆通賊舟入犯尤爲便易安得謂其非險要也而忽之

吳淞所城

城週圍四里高二丈四尺濶一丈門四座窩鋪十座雉堞本所與協守所並分守本所管東北二方該五百九十二垛協守所管西南二方該五百三十三垛

吳淞江兵船議

嘉定沿海地方共七十里吳淞江口乃適中之處也由江口延袤而南則自老鸛嘴以至寶山南匯金山出江口迤運而北則自綵淘以至黃窯劉家河由江口而深入則南迤五十里卽爲黃浦直至上海由黃窯而登岸則嘉定太倉崑山蘇常連數百里是吳淞江者南爲上海門戶西爲蘇常藩籬乃東南第一險要備吳淞卽所以備上海備上海卽所以備蘇常也舊制原設吳淞江千戶所守禦於江之西岸嘉靖十九年海水決齧所城僅存西南一隅官軍靡依乃復建新城避水患週圍四里當大江之滂倭患迫

癥所力不能支當道建議令太鎮二卫所與吳淞所並處新城氣勢宏壯兵稱足矣復還嘉定軍儲倉於城內儲蓄有備食亦足矣兵食不乏城守自堅況新設總兵衙門水寨兵船聽調哨守蘇松水陸咽喉何固如之所不能無議者哨守之法似猶未善兵船之數似猶未敷請詳言之夫海洋追勦惟福船最爲得用但海天茫濶瞭望難周地理遼邈防禦難密須多造福船多募福兵爲第一義耳以事理計之福船須得四百隻福兵須得四萬人以吳淞江爲老營分福船爲四班以一百隻泊吳淞江專守老營以一百隻哨至寶山之南直抵高家嘴以一百隻哨至高家嘴之南直抵陳錢馬蹟以一百隻哨至劉家河北直抵福山狼山此往則彼來此來則彼往絡繹於數千百里之間皆

爲有備聯屬於煙波浩渺之地罔所空隙擁衆大舉之寇合力抵禦昏雨零至之賊隨遇成擒此計之得者也若株守吳淞不爲分番出哨之計未免顧此而失彼若直守馬蹟不爲反觀內顧之謀未免慕遠而遺近是在當事者籌之

或問福船捕盜每日口糧六分各兵每日五分當此糧餉不給之秋常恐其不繼也況此輩一得糧賞即萌歸志如之何可用乎曰不然福船蒼船最爲海洋禦寇要具隨船稍手舵工等役非久於從事習練精便者不堪用也若以沙土兵更代福浙舟師恐二兵雖或通水道便撐駕而轉蓬起椗把舵及修做掣纜頁具等類俱非所能設有警急措手何及似宜以沿海衛所正軍盡數查出每福船一隻以正軍撥補二十名令其在船習學起椗轉蓬之類明年又以各軍撥補二三十名一二年後我軍皆能駕使福船則糧餉可省而亦可以無賴於黠強難制之輩矣但今各衛所軍應得正糧每年止得一二月不能謀生去而爲商賈爲技藝爲盜賊營伍空虛遇變無恃今之州縣軍儲倉糧在有司以爲可緩在糧長以爲可負此軍之所以枵腹待哺而無從得實也自今州縣徵糧必先解軍儲後發兌運應時給與庶可責其成功矣

軍門林　云稽軍額足軍糧使習水禦寇爲省費防海第一義即恐教之非其人所稽未必驍健卒也患至無備矣故不如仍福船揀福兵之爲便時平餉或少

懈彼懷歸矣及是[illegible]工者擇選鋒遇缺即以充之兩利之術也

江灣鎮險要圖說

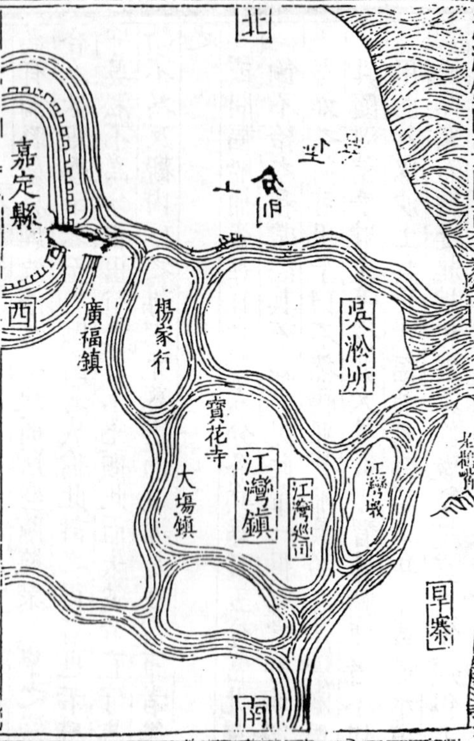

江灣鎮在縣東南七都吳淞江自東北而來至此轉折而西至鎮之南遂爲黃浦入江之口吳淞所爲江海第一關鑰今既稍遷內地第一險要失矣賊舟乘潮突入西南入黃浦以犯上洋必經此地則此地其吳淞江第二義乎今之議者漫不之及[illegible]以守浦守江既有兵船則此地爲贅疣也殊不知上[illegible]縣城逼臨黃浦賊入黃浦事已掣肘東西奔馳兵船[illegible]勢弱合則照顧不及非至計也爲今之計不若築[illegible]戍守此與江東旱寨相爲聲援守浦兵船自內應之[illegible]淞兵船自外襲之賊豈敢長驅出入乎

婁塘鎮險要圖說

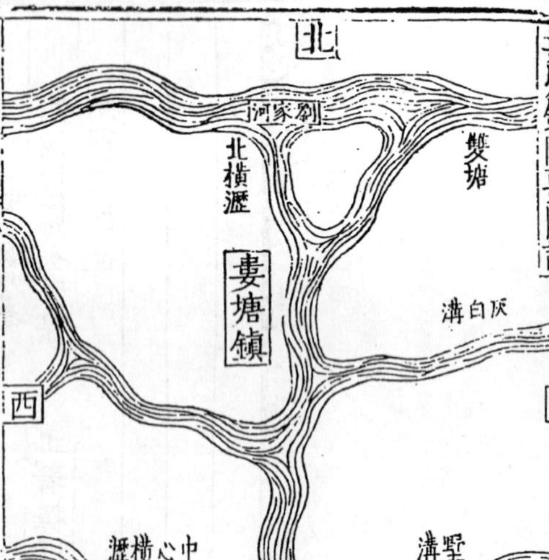

婁塘鎮在縣治北十二里橫瀝塘中貫之北出劉家河入海俗所謂公塘者是也賊自劉家河西來折而南行入橫瀝至縣治不過二十里婁塘實當其衝其地民居稠密田塍平曠可以馳騁可以屯駐若設兵守之賊豈能直搗城下乎自嘉靖癸丑迄丙辰無歲不受其害雖嘗議設鄉兵防禦然無營寨可守惟據西石橋以戰賊自間道出我兵之後即驚潰無策矣婁塘不守縣城復何恃乎且其地多富民而無王濬創鎮之才遠大之智甘爲賊擄而不思善後之圖亦可恠也

外岡鎮險要圖說

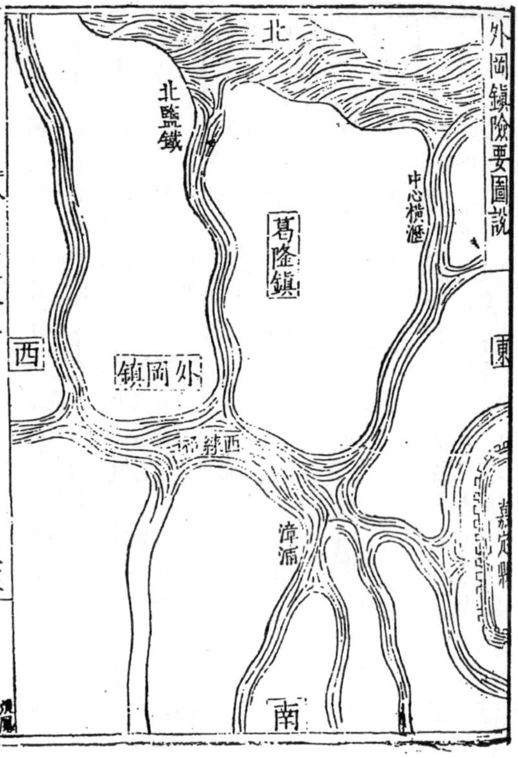

嘉定之水南北莫大於橫瀝東西莫大於練祁而練祁之水自西關出合顧浦以入吳淞江若賊掠松江而歸懼爲吳淞江兵船所截必間道走唐行青浦安亭以趨太倉之南關則練祁爲賊所必由之道也自練祁北折則爲鹽鐵鹽鐵入劉家河則太倉南關矣若賊自南關分踪出掠亦必入鹽鐵以趨嘉定外岡鎮亦當南北交會之衝且密邇縣治可以犄角非設兵守之不可也今之議者咸謂宜守葛隆安亭而棄外岡夫葛隆小鎮安亭僻遠徒分兵力何益事機須於此戍守不惟可以遏賊之衝實與縣城互爲聲援二鎮不必設兵而聲勢自振矣

南翔鎮險要圖說

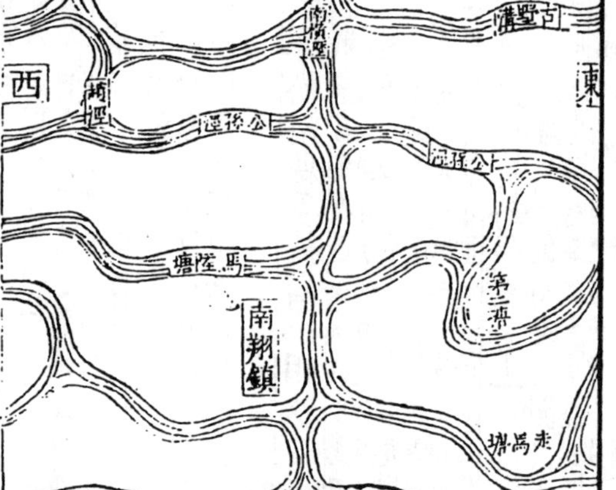

南翔在縣治南二十里又南二十里爲吳淞江南橫瀝之所經也材貨所萃商賈所集盜賊以爲名鎮而必爭者也且當縣治正南賊自吳淞江而來必經于此而後達於縣治蓋南郊之關鍵也嘉靖甲寅倭寇犯之賈人布板於簷端以矢石下擊殺賊頗衆然無堡可守外援不至浹旬而後潰爲今之計莫若募富商築堡以居無事可免擊掠之憂有事則據堡而守兵不必出于官而自足餉不必運于官而自備萬一爲賊所困則命一旅援之而已蓋此鎮爲百貨所居而弓矢又商賈之長技也

嘉定縣倭患事迹

嘉靖三十二年

閏三月倭船至寶山洋都指揮王世科同知任環合

兵剿之百戶張治力戰死之賊夜遁環追擊之弗克前歲倭船之入以爲失風非來寇也稍縱之得志而去至是乃復來金山衛倭都指揮王世科蘇州府同知任環合兵剿賊選士數百分爲五隊郎日渡江命吳淞所百戶張治率甲士五十人爲前鋒治持戈躍馬奮不顧身與賊遇於寶山之麓劇戰賊恐胡藥師最驍勇身被重甲數鎗不能入以鐵戈擊其首乃斃殺賊衆十有三人治力倦下馬搏戰橫刺而死衆見治死遂潰走環獨不走賊奮而前有一敢死士徐珮以身捍環乃得免明日環復出挑戰賊不出相持數日思以計困之賊夜半從海岸遁去環覺之率師追擊不及而還

四月賊陷吳淞所城

初九日倭船數十從大洋中來徑趨黃窑入劉家河登岸殺人進掠婁塘民悉奔竄鹵掠財帛不可數計又進攻太倉州城軍民嬰城固守乃轉掠而東攻吳淞所城城惡不可守遂陷入之西掠月浦及羅店

五月賊犯縣城知縣范思謙禦却之

初三日賊由羅店進薄縣城先是民疑土城易陷望風而走知縣范思謙料賊深入爲城守計至是咸備外則設坑塹布蒺藜內則倩客兵募義勇萬餘人登陴固守賊本謂城非甓石易與耳至見守禦嚴整相顧失色乘東風縱火煙焰蔽空思謙叩頭籲天風反而西應天府檢校張大綸固原人適捧臺檄至善騎射賊有桀黠者奮勇先登大綸發一矢中賊吭賊應弦而倒於是矢石交下賊多被傷而去乃復抄掠海上南攻入上海縣殺一縣丞及太倉衛指揮武尚文掠財帛子女滿載至吳淞所官軍與戰不利殺百戶卜相陶臣從容盡歛登舟而去

三十三年

正月賊犯縣城還屯海上浙江提督都御史王忬遣叅將盧鏜率師來援

先是除夕環以賀聖節還郡官軍守備稍懈賊乘間於歲旦渡海而西泊施家港初五日薄嘉定縣城時知縣范思謙董衆築城南畢工賊至遂不能攻因轉掠南翔廣福屯據海上官軍與戰輒不利賊益猖獗浙江守臣王忬以太倉人也遣兵逐捕叅將盧鏜率師從海道至賊懼以盧鏜善戰出迎近遇之乃官也大驚而退時環以同知陞兵備僉事相議出師盧知湯兵不可用謀之獨將其軍以進賊衝鋒而前堅壁不動明日復如之又明日賊出行劫弱視盧師故也鏜命二舟載薪與賊相近以舉火爲約度賊歸路設伏兵以待之薄暮賊歸官軍迎擊之已而火起伏兵盡合前後夾攻賊大敗所獲過半餘衆南走鏜慮軍士貪戀財帛追之不力命盡焚其舟追之青村所城賊入城官軍圍之會天大雨復乘間潰圍走鏜還至松江搜不用命者斬於軍門

獲賊首陳二

時陳二詐爲奸細在途被邏者執之

三月倭賊入吳淞江總兵官湯克寬率師擊之擒斬無遺

是月十六日復有賊首劉三率其黨二百餘人駕百舟直入吳淞江登岸劫掠適克寬領兵從松江來知官軍且戰且却召把總千戶田某將斬之田曰罪固當斬但兵船統自耆民不聽節制卽召耆民抗令者斬之衆皆股慄遂督兵合戰邵兵有退怯者亦斬以徇由是軍民齊奮殊鬬益力賊不能支奔匿舟中官軍兩岸夾攻砲石交下賊悉就擒斬無一人得脫者

賊掠南境村鎮抵松江

倭船一艘突至黃窑登岸轉掠而南官軍與戰不利遂越南翔由封家浜直抵松江邑之西南二境盡爲騷動

四月賊圍縣城蘇松州縣各被圍不相救

是月十六日賊至嘉定攻圍縣城城中悉力拒守幾爲襲陷者再相持閱月漸解而去初賊之始至也不滿百人與再至也亦不過千人至是則連結諸島萬衆深入州縣各被圍不能相救晝則剽掠四出夜則聚歸城下窮搜僻巷悉被焚劫火焰燎原積尸遍野江南數百里一變而成丘墟矣

六月賊進薄府城大肆燒劫還屯海上

先是賊衆五百人歸未至島遇颶風復飄至海上六月初一日由嘉定縣趨蘇州大肆燒劫又南由吳江抵松江復還海上因巡船邏擊不敢出襲時調來狼兵不滿百人每與賊遇輒[illegible]以[illegible]

十人當賊二百人爲賊所圍力戰得出殺賊五十餘人狼兵死六人其間二人尤驍勇賊至劉家行單騎追之賊知其爲狼兵也匿二賊於厠中從後擊其首遂斃旨是狼兵少怯

八月

上命兵部尚書張經總督軍務率文武六臣提兵南下與賊戰敗績賊屯老鸛嘴

簡初經提督兩廣威名甚盛至是遂膺命以兵部尚書兼提督參將李逢時許國天倫副使周臣兵部郎中盛唐譚綸俱聽節制率青徐兵六千人抵海上賊聞天兵至佯西上逆戰官軍出戰賊退走明日復如之青徐兵俱召募惡少許李二將皆世冑子不諳兵法不識地利各務僥倖成功黎明出師申刻渡河而東其半猶未渡賊匿舟中無一人俏者須臾潮漲賊一人騰躍而上餘衆四起兵遂亂蹂踐没溺刺殺而死者二千餘人資糧器械悉爲賊有所喪多矣二將懼誅遂多殺平民之寡髮者以冒擒獲是時也賊雖倖勝然不敢出海犇舟老鸛嘴據爲巢穴

三十四年

正月老鸛嘴賊遁走與柘林賊合

先是嘉定知縣楊旦募土人敢死者夜爇賊艦火賊舟多方抗亂故不得安鑿渠通海以爲退計正月二日乃乘間遁去官軍追至寶山重霧漫天僅獲賊一舟斬首六十餘級賊遂與柘林諸賊合戮

軍門林　云是時郡邑多被兵設伏焚舟鎧也律矣張治亦得死所乎賊既遁而復以風乘豈被兵亦自有數也王任二子皆能誓死戚止支吾一邑意者張總督之敗亦默有主之者乎

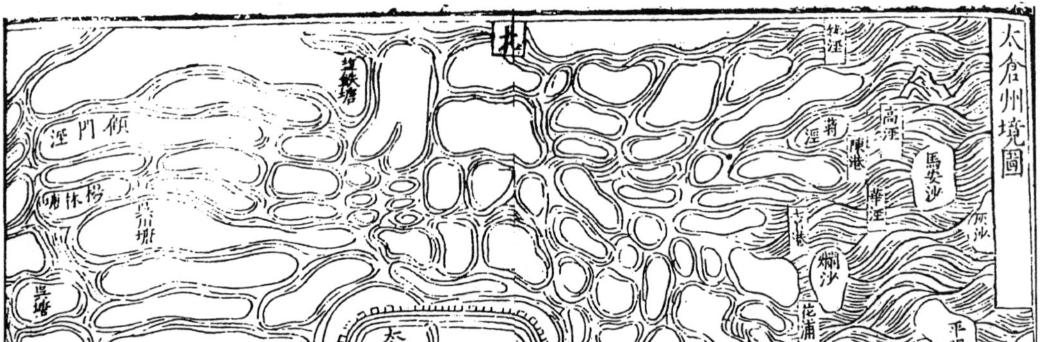

太倉州總論

太倉本崑山縣惠安鄉地也在府城東一百一十里東瀕大海元時海漕畨船咸彙於此嘗立水軍萬戶府以鎮之國初則設太倉鎮海二衛統軍一萬一千二百名名曰備倭弘治間撫臣又　奏割常熟嘉定崑山三縣之地添置州治法制不可謂不密矣然愚不能無議者何哉夫太倉之濱海與嘉定上海一也嘉上二縣皆無衛所而太倉獨設二衛豈非以崑山縣治離海太遠難於防禦之故耶厥後既建州治則事勢迥殊二衛之中宜汰其一而猶並峙如故不幾於冗乎往年倭寇內侵直抵城下兩衛閉門觀望莫之敢攖良由專重城邑而畧於海港猶之外戶不嚴俟賊至堂奧而後逐之吁亦無及矣如鄙見莫若但留太倉衛於州城平時則教塲操練以防海寇不測之變遇警則有司率民登埤以守衛官率軍出城以戰而鎮海一衛則移置於劉家河口統水寨撥巡船專哨海洋與吳淞白茆崇明相爲犄角賊豈能衝突而深入哉萬一賊衆我寡力不能遏亦當挫其銳至邀其惰歸比之聚二衛於一城賊進海口而莫之禦者相去懸絕何如也或問劉河七丫近皆添設把總宿重兵尚不能禦寇之不入也鎮海一衛何足以支之曰不然倭船之來暫時之變也自古豈有越海萬里而能長爲中國患者若自今脩復
祖宗備倭之制申嚴督撫會哨之法入寇者則殺之遁畨者則捕之倭患不久將自息矣患息之後添設之兵不容於不撤海防養兵之銀不容於不除此時行吾之言則兵

第六十葉原缺

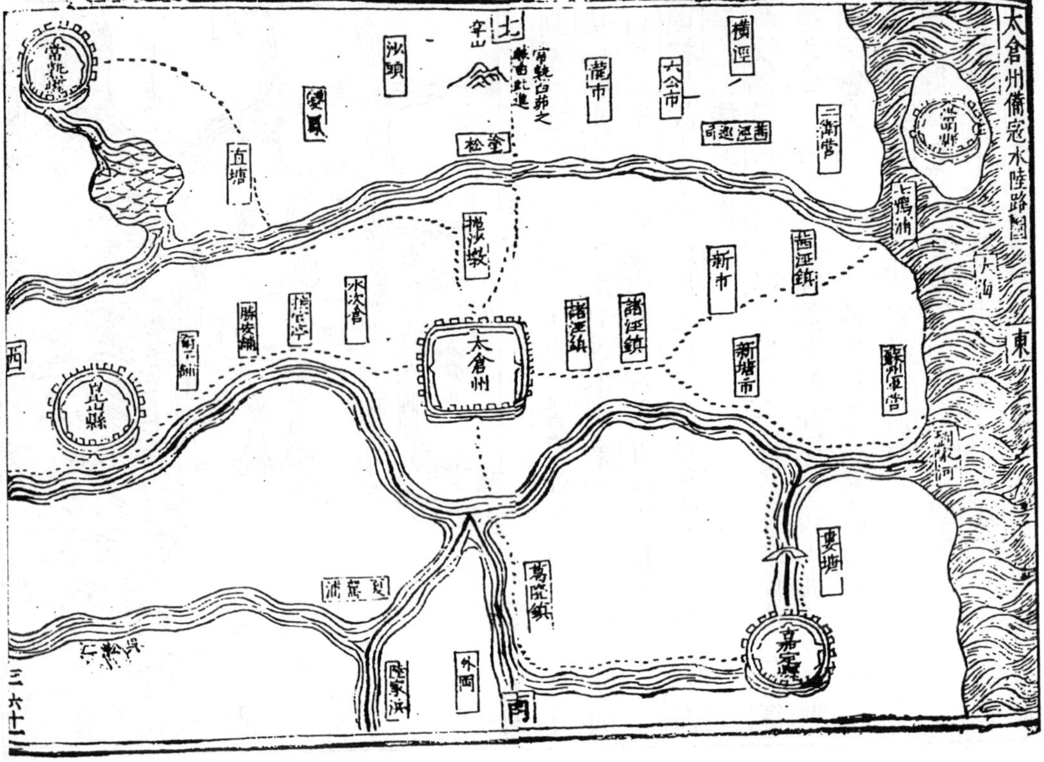

太倉州備寇水陸路考

東濒大海

其道有三，由劉家河至天妃宫出海者，其南路也；由北門至七丫浦出海者，其北路也。二者皆舟行之道，道之正也。由東門東北行至茜涇下海者，其路在劉河、七丫適均之間，乃中路也。水淺不可通舟，但可步行，道之間也。

西距崑山

其道有三，見崑山險要。

南抵嘉定

其道有三，由鹽鐵、葛隆鎮至嘉定之西門者，其中路也；由青魚涇西南折旋方泰至嘉定之南門者，其西路也；由弓塘、婁塘至嘉定之北門者，其東路也。中路、東路皆正道也，西路乃間道也。

北接常熟

其道有二，由五備、唐市、任陽、雙鳳而至州治之北門者，其陸路也；由支塘、直塘、七浦塘、鹽鐵而至於北門者，其水路也。二者皆道之正，非間也。

右水陸可通之道凡十有一，雖皆兵防之所當知，然不能一一而建寨柵、列屯營、專駐官兵以爲守禦之計也。惟當擇其中之險要者而備之，其餘亦惟以游兵行哨、奇兵設伏、輕兵出襲焉，斯可矣。計邑之險要有五：曰劉家河，曰七鴉浦，曰爺子東，曰夏駕浦，曰塗松。

劉家河險要圖說

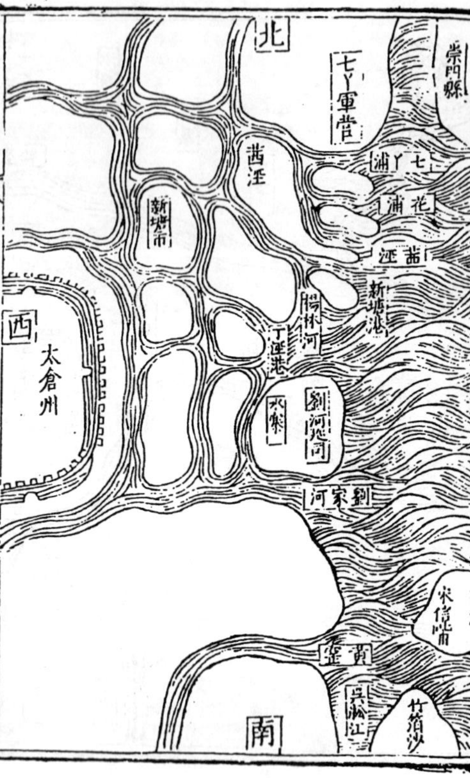

劉家河在州治東南七十里，即古婁江入海之口也。汛月倭船從東南洋來此港口，爲本州第一衝要。若進此港，則西可以至州城而崑山府治，南可以犯嘉定。國初原設水寨於此，成化間增建城堡官房，後以承平而廢。近因倭變，撫按奏設把總兵船，提督都御史趙公忻、兵備副使熊公桴復造木城、官署、軍房，撥福槳等船、福沙等兵往劉港口防禦，固云密矣。然賊犯本港，必從新竈沙、宋信嘴而後可達，須分撥重兵於此防哨，遏賊於上游，策之上也；拒賊於港口，使不得衝入，策之中也；若縱賊深入，則無策矣。且國初鎮海衛之設，原分太倉衛之半屯戍江口，今天妃宮其故址也。後因無城，故併入州城耳。今宜亟復舊制，因水寨而增築城堡，移衛居之，與太倉衛官兵互相首尾，豈非經久之計耶。

軍門林　云：河口今已築堡聚兵，仍結以水寨，而改將蘇松參戎坐鎮其間，防守固已密矣。恐終不若以鎮海全衛調此爲尤愈也。

劉河港寨，即元嘉定州水軍分鎮萬戶府，稱水寨。至正十三年，立統領海道防定海三千戶所。至明改萬戶府，置三巡檢司，設弓兵百名。至蜂娛六亞洪武初金山衛分撥中所百戶，改設水軍寨，分撥衛指揮一員、千戶二員、百戶四員，領軍五伯名，海船八艘，春秋防倭。成化十八年，都指揮郎鉞築城。嘉靖二十八年，巡撫都御史[illegible]概太倉州衛指揮[illegible]於移鎮海衛指揮一人、百戶一人、軍一百名戍之。四十五年，建參將府，督水陸兵，添福沙船，調鎮海衛中千戶所領軍一千防守。千戶趙[illegible]築磚城。萬曆初，改遊擊。堡城周圍三里，高二丈二尺，濶二丈四尺。城門東南西三，水關二。今北通米家鋪十九涇，濶五丈二尺，深五尺。堡外設濠，周塘高一丈二尺，濶四尺，歲撥土填築。劉河口呼張家行旗，東至崇明海程五十里，至三江口五里，至諸涇鋪十里，至州城十里，南至牛角尖二十里，至川沙十里，至黃姚十里，至施家浜二十里，丁家橋十里，至吳淞所十里，北至七丫墩十里，至浪港十里，虎嘯涇十里，塘西涇十里，至錢涇十里，東至三丈浜涇十里，至白茆港汎十里。

劉河新建堡議

築堡之由

一劉河水兵有福兵浙兵土兵之殊福浙兵取其家遠熟知海道常行住劄于舟耳今各捕兵多有室家家潸住州城不免有內顧之念豈肯專心于死戰耶況每歲修艌兵船一次其功約計二月方完兵無所居若築此堡各捕兵室家俱得以安居而兵無虛缺矣此堡之所當設一也

一劉家河直衝太倉崑山蘇州倭船之來多由此入向設把總兵船爲之哨春汛出哨各沙上流止有一哨守港兵勢甚易倭若黑夜乘潮順風而來各哨兵船一時豈能策應乎守港者勢決不支必致登岸額本營原議蘇州衛官兵防守今官兵已革止存空營豈爲善策似宜添設陸兵以備陸戰若設陸兵非堡不能屯劄劉家河要害無異吳淞福山此三港皆蘇松之門戶也今吳淞福山俱有城堡陸兵以備夾攻而劉河獨無城爲缺典此堡之所當設二也

一劉家河若春汛時本港兵船及叅將兵船七八兵船俱泊于此三港水兵各有所統各爲一黨一有嫌隙輒相爭鬭隱禍叵測竊惟叅將乃各港之將領水兵皆其所轄也若設堡遷叅將衙門于其內則各港水兵庶有所畏況

兵備道坐鎮太倉而沿海沿江各沙各港俱聽調度可爲東南之長城總叅等官原設以備水陸之戰今總兵坐鎮吳淞江口當鎮叅將坐鎮楊舍港口而蘇松叅將獨得于春汛畢時長住太倉夫一城之內既有

兵備道與一州二衛矣而又有叅將衙門不亦複乎似宜移劄劉河港口與吳淞楊舍相爲犄角各分信地隨處設備則賊不能乘虛而入矣此堡之所當設三也

一劉家河每歲遇春汛時撫按操巡巡歷港口沿海慌茫無公廨駐劄該州每着糧長結蘆席廠搭應每歲動費銀若干兩此皆出於百姓無辜之費也況遇風雨一應隨侍官軍胥立於野中寢食無依須築此堡比照吳淞楊舍事例建造上司衙門及海防官廳而後可此堡之所當設四也

一劉家河之北通茜涇陸公新塘諸鎮而太倉州民之富者多居於此往年倭寇登岸民之富者盡遷入城民之貧者皆爲倭奴刼殺若築此堡則附近之民無分貧富無問遠近俱得以全生矣此堡之所當設五也

一劉家河濱海一帶離城甚遠近年以來七浦楊林諸河日漸淤塞舟不能行民間糧米欲輸入城者必假海盤旋而入若遇風潮多致飄沒夫民之所重者食也太倉民[illegible]之米三分在城七分在野倭寇至此往往擄民負載[illegible]食此正所謂借寇兵而

資盜糧也若築此堡民便遷徙不惟可以積糧而
又可以全命實爲堅壁清野之計此堡之所當設
六也
一劉家河離城七十里本港官兵有三千餘員名倘
倭寇深入道路不通糧餉一時何能接濟且沙船
春汛畢時更番防守其落班之船恐在海販鹽爲
盜軍火器械追貯州庫遇警不便給發若築此堡
每歲春汛海防官於正月間將應給口糧盡數徵貯
汛畢落班則追軍火器械亦盡數查貯不惟可免疎
失之虞而官兵亦無缺食之患此堡之所當設七也
一劉家河口之南逼近牛角尖地乃從古出盜之所
也邇者雖蒙臺下殲厥渠魁而徒黨尚存遇當訪

之近所擒者乃羣盜之所倚庇而畏懼者也渠魁
亡雖失其所存而亦去其所憚得以各自肆恣矣
合行區處以杜大患切照黃窯在港口南三十五
里乃嘉定東最險要之地相應設兵與劉河水陸
官兵相夾防禦則外可以禦倭內可以彌盜若劉
河無堡則兵不能與窯聲應而牛角尖終於無制
矣此堡之所當設八也

築堡之讁

一照得崑山縣城先於嘉靖十四年
巡按衙門設法甃築係各縣犯罪大戶長洲沈寧等
量准罰贖應死罪者認築若干丈應充軍爲民者
認築若干丈通計十三餘里未嘗

煩請官銀刻期築完不必請
旨之明徵也況今倭亂已久嘗經題准鄉村險要俱許民
得自築堡防禦載諸會議平倭事例而劉河關係
全吳財賦重地又值春汛時月若俟請
旨不無遲悞似宜
臺下與撫按作主或一面題知一面興役未知然否

築堡之費

一照得柘林堡週圍四里劉河堡制似宜倣此以福
山堡大二里半週圍五百五十一丈計之則四里
之數該八百九十六丈昔崑山縣築城每丈費銀
二十五兩以其高二丈五尺故也切據鎮江府城
其高不過二丈則今堡當亦如之每丈該銀二十

兩通計該銀一萬七千九百二十兩思得見今牛
角尖入官田五千畝每畝從輕估之牽銀七八錢
可變賣銀三千餘兩之數又據劉家河兵餉未關
給者尚有七千餘兩若以三千兩給散四千兩改
作築堡屯兵之用二項共該銀七千餘兩可供築
堡將半之費矣撫按衙門若肯准行收贖富戶犯
軍罪者每名築城五十丈即與豁四府十八州縣
豈無應令者乎是所饒止於八九人而大工之集
其所庇者吾不知其若干人也未知然否

築堡之法

一劉家河口闊二里許兩岸隔遠銃矢不能相及潮
長風作船亦難于橫渡如兵船泊于南岸也遇北

七鴉浦西南距州七十里太倉東北港口莫有險於此者與劉河相伯仲也寇若自新竈沙宋信嘴而來不犯劉河必犯此港寇一登犯則州之北境其禍慘矣常熟崑山以次而進皆遡流而上不過一日程耳

國初舊制原設旱寨撥蘇太鎮三衛官各一員督兵守之近因倭變撫按奏設指揮官兵水陸防禦兵備熊公建軍房四十間使軍有所棲止然無城堡可守非久計也況南離劉河北離白茆皆太遠聲援不及寇至孤立株守尤非長策須於南之茜涇北之鹿茜涇甘草三巡司所轄團練鄉兵以爲羽翼庶氣勢聯絡軍民皆有所藉而設立巡司之意爲不孤矣其哨守新竈宋信之說已詳劉家河茲不復贅云

茆子舖東險要圖說

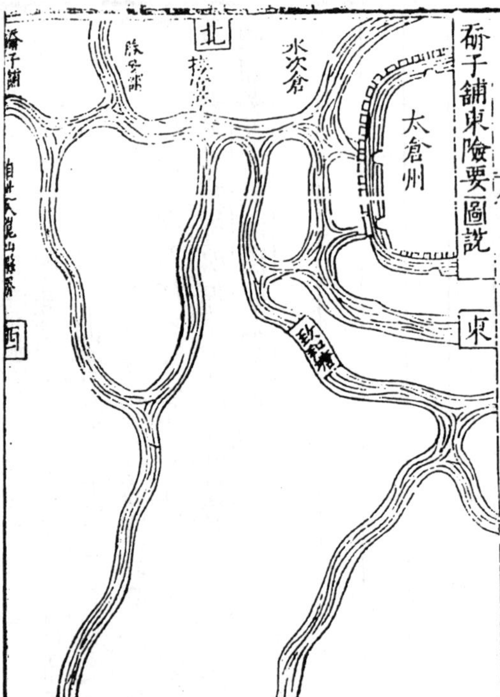

穆子在州治西二十里與崑山分界賊自郡城過崑山而東必由此以犯州城須設水陸兵一枝於此與崑山兵互為聲勢賊至彼此夾攻賊自不敢長驅入境矣或曰崑山已設兵矣此非贅疣乎曰不然賊入而遏之出則驅之境外而已方今之通弊也孰肯躡已去之賊而冒死與戰乎故必設險於此協力而守斯為遠圖

夏駕浦險要圖說

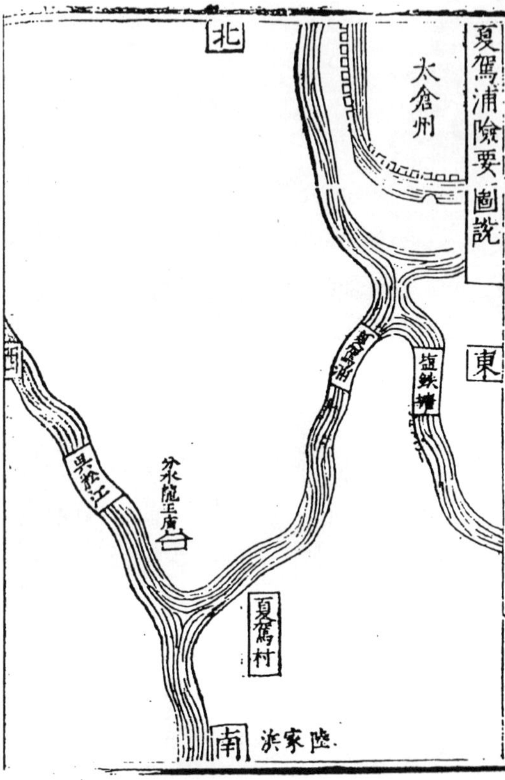

夏駕東北通婁江西南通吳淞江賊自松江沿江而來必由此以犯州治南關嘉靖甲寅松江之賊嘗自此而來燒刼南關東出劉家河口而去蓋避吳淞江口兵船之阻而崑山則反入西北不若此徑之捷也今宜設兵於此戍守然設險須於西盡入江之口如陸家浜龍王廟等處乃是若以其地非州境所轄棄而不守則誤矣蓋此地雖屬崑山而蒙災受禍則獨切太倉故也

塗松險要圖說

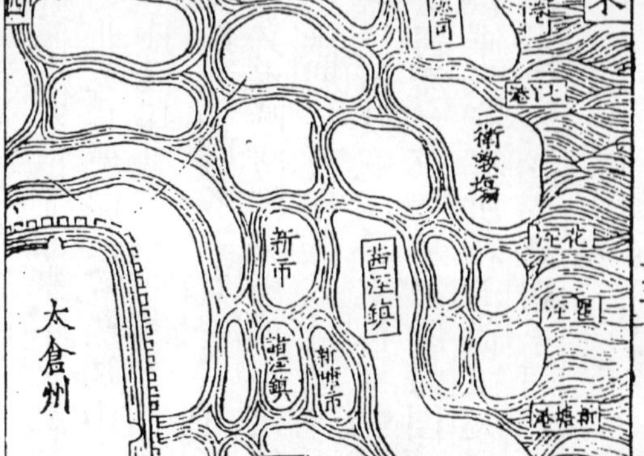

塗松在州治東北三十五里西接沙頭東連龍市東北爲橫涇甘草東南爲七丫茜涇水陸交會之地也僞吳張士誠嘗築城於此以備海寇甚得長策後以其地不當賊衝不復議設殊不知沿海諸鎮雖有巡司寨堡然相去遼絕必設重兵一枝於此屯戍爲諸鎮聲援且當東北白茅等處賊衝然後得禦寇之宜而賊不敢肆志矣

軍門林 云劉河七鴉爲東南洋入寇之口人皆知之爵子夏駕塗松治兵者易而不設也併此爲備州治寧矣

太倉州倭患事迹

嘉靖三十二年

四月倭寇突至城下燒刧操江都御史蔡公克廉親督官軍禦却之以鄞人蔡時宜陳可願爲幕客州人疑之併及公公如蘇城

太倉雖濵海久無兵燹是月初九日兹有賊船十五隻入劉家河兵備副使吳公相遣兵逐之生擒阿智等八人斬首八級賊遁去於是人始知其爲倭寇也操江都御史蔡公克廉駐節蘇城聞報承州城戒備十三日賊二百又突至燒刧自南門至西門民舍官倉俱爲煨燼公發官軍出城皆望敵而走莫敢戰公登城以火器飛礮擊殺三十餘賊賊乃去公見賊勢洶湧恐受圍欲如蘇城官屬皆留之荅曰吾非州守也各郡安危皆我之責若匏繫於此孰與撫巡會議興兵乎遂行時有蔡時宜陳可願者善談兵通叅張公粲托家檢校本立薦於公公與語悅之置諸記室然二人實無奇識惟主堅守之議耳公以爲然而士民疑爲奸細謂鄞人素通番二人皆鄞人也而操院用之殆不可測適王直之黨潛入城爲內應爲有司所執衆益疑三人爲賊黨二人懼隨公出城州人共歐之幾斃拘囚拷鞫坐獄三年然後白可願後歸鄞立功之志愈銳捧監司撽充副使與蔣洲同使日本王直之就擒實其游說之所致云

蔡公遣本府同知任公環帥民兵擊賊

先是操院在太倉城中見賊猖獗不遑[illegible]民兵三百

慮之[illegible]山家屬俱在[illegible]行人皆危之或諷公回郡叙別公弗應惟以書戒其子曰吾仗國威東行討賊賊衆我寡萬一不支臣死忠子死孝妻死節只要各成就一個是而已毋吾憂也公自慮不能生還周身書名以便尋尸見者無不感泣至太倉賊將圍城焰四起操院急召公入公曰兵存與存兵亡與亡將之道也兵在外而吾自入城可乎入則俱入不然與吾援兵吾當自戰耳操院遂蘇行而以殄寇屬公公雖敢任而選帶勇夫罔閑武藝且無援勢孤賊衝至皆不戰而走公鉄衣单騎帶月獨馳賊疑有伏不之犯頃之兵士尋之皆還集公謂之曰吾領

朝廷救命義不與賊俱生不可遇難而避若等不教之民原非軍伍覆沒則可憐逃生則無罪奚以戀我而徒死乎人人拜泣而謝常有數十人跬步不離公草棲露宿夜不解甲兵士愁苦不能寐公與談古今忠孝之事達旦不倦病瘡痍者則調護之慰藉之隨賊向往枵腹而坐分食而嘗濡雨而行徒跣而涉與士卒同茹甘苦遇曠野則教以挑持擊刺之法坐作距躍之方人人感奮時賊橫行莫之敢攖目中常接任兵公懼失士而先登士懼失公而爭進賊深惡欲殺之一日追急兵士踣而家顏賊大呼曰吾所欲殺者任耳可速指任爲誰吾則爾貸庖人徐珮應之曰吾是也欲殺則殺賊遂殺珮而去公收珮尸瘞而奠之

先是珮恐賊覺公以公所乘馬甲胄裝束行野戒左右呼爲任爺身當賊衝置公生路嘗因危迫與公同匿深溝中賊夜過之不知也公嘗被流矢墮馬兵衆舁之而馳又遇賊水濵掖公過橋斷橋木賊不能及因是賊知公德感人之深人皆樂於效死弗忍害且憚之每遇輒大笑曰任拚命又來矣遠而去之民有被擄逃歸者述賊疑公屢殺屢存殆天神非人也不可殺是月積勞公疽發於背掀如盤水粒俱損猶裹瘡纔陣後乃臥太倉西門城堙郡中聞而憂之生員陳恕等呈於各院檄而歸之

十月賊掠浪港

十六日賊三百餘人大船六隻泊浪港登岸焚掠州城震恐

三十三年

四月賊攻南門

十二日松江之賊由夏界浦青魚涇突攻南門分一支西北行沿城焚掠

賊犯州城及掠諸村鎮

十三日賊舟四十餘至劉家河千户張瀚等帥兵[illegible]

賊至崑山□□居□□船偵大至入劉家河泊南關外分
遣其徒往崑山本州鄉鎮掠賊分劫舟有定數地
有定界擄民嚮導之以財劫之以
處故雖窮僻之處無有不知而到者

賊攻東門兵備僉事任公環擊敗之

二十三日毛家寺葛隆鎮及諸村鄉之賊皆會屯於淮雲寺李王廟江家園三處各離城半里伐竹木爲攻城之具二十九日賊列於大東門朝陽門一帶吹螺發火器弓矢與城夫對敵別以百人舁梯渡濠任公督士民發飛礮流矢傷殺甚衆又縋死士出城力戰賊敗而走遺棄兵械我兵悉毀之時賊砲城爲壍手可得及取𡎺攻城之念始弛

五月賊舟出洋官兵追擊之斬獲有差

十二日二大王之黨二千餘人自崑山斜堰至直塘由七丫港出海十八日各縣之賊皆解賊舟悉由劉家河出凡三百餘艘結大䑸而行三日始盡本州同知張兆判官金汝舟千戶田應山楊尚英王應麟等追擊之至寶山下七等港奪其舟四十隻斬馘三百九十二級二十四日賊自七丫港出者一百十舟指揮姜統與金汝舟楊尚英等共追擊之斬首一百五十餘級

六月賊攻西門官兵擊走之

初一日賊四百餘屯陸家橋突至南關焚掠初二日攻西門時府同知李敏德在城遣兵擊之狼兵蕭與之俱戰於水次倉賊敗而走官兵追之賊大敗

八月賊假道太倉如蘇城官兵禦却之

十四日賊千餘人由江東羅店進薄城下欲犯府治兵備任公遣兵拒之賊不得進仍由故道還柘林

三十四年

七月賊舟過劉家河把總劉堂追擊敗之

十五日江北之賊載輜重欲歸日本堂尾而擊之十七日獲其二舟而還

三十五年

四月賊掠茜涇等鎮

十三日倭船突至茜涇團長率鄉兵禦之十八日黃窰新塘之賊合䑸至茜涇與弓兵鄉民合戰不勝走七丫少遲賊復至屯錢思橋分其徒作二支一由七浦塘至官塘路一趨直塘鎮□由十九日至州□□

遭兵禦與戰賊□□□□□□兵官兵
戰各無勝敗二十日賊□擄掠□□勢愈熾

五月賊自茜涇薄州城判官張大倫帥師擊之不克

初三日茜涇之賊掠沙頭鎮而南將至城下大倫督師與戰方酣賊伏兵起我師遂潰賊亦去

六月總兵俞大猷追賊於茶山大敗之

初九日七丫港賊與吳淞之賊相繼遁去大猷督把總劉堂楊尚英等兵船追之移䑸福山把總鄧城鎮撫包守正等兵船從東北應援初十日及於茶山東北深洋四面夾擊賊舟沉者六十餘艘擒斬三百十一名顆其餘殘賊皆宵遁是戰也賊死海者以千計而我兵僅傷三人亦一奇勳也

四十四年

四月賊犯三沙巡按御史溫公如璋兵備副使耿公隨卿督副總兵郭成等討平之

賊自三沙受困之後不敢窺覦蘇松十五年人心懈弛將士玩愒兵備耿公隨卿與太倉州署印同知蕭奇勳相與憂之耿公閱歷沿海申嚴號令稽察將領蕭則潛募壯士鸞火藥廣儲蓄爲戰守計本月十六

日賊舟由大衢南行者甚衆由羊山西行者七十餘艘蓋欲犯蘇松也適捕黃魚船數百在洋協力與戰賊懼而去零賊六舟突犯三沙下腳耿公檄副總兵郭成參將田應山都司郭應奎等往擊之而自與海防同知劉一鯤出劉家河督戰將士不能規避賊見官兵大集遁往江北江北兵拒之不得逞十八日復回縣後沙川心港郭總兵與邵都司江北將大兵三枝困賊於絕地者五日賊勢大促而我兵觀望莫敢擊二十三日颶風大作福蒼樂船久不修船破散飄溺兵得上岸者賊輒殺之莫紀其數舵工捕盜火器貲糧皆爲賊有識者恨之二十四日兵備道新調兵又集賊遁出洋官兵追之莫又是夜三沙又到賊舟二隻與家沙新竈沙嚮沙皆有賊焉先是巡撫都御史周公如斗以迎護景藩喪往安慶飛報不能即至巡按御史溫公如璋在宜興聞星夜驗詣太倉謂諸將曰賊至此狹窘若曹不能立尺寸功而更損舟師罪在閫赦若三日不破賊必以失機奏聞諸將懼請効死戰溫公乃取兵備道兵及蕭同知所募兵往三沙助戰而以指揮朱先武昌祖爲藏陣官耿公又遣田參將等策應之大兵既集火器貲糧皆稱竭乃將士規避故習也蕭同知以其平日所備應之隨取隨足未嘗踰時將士無以藉口溫公遣火將督戰甚峻蕭同知解懸賞銀二千兩亦至人心大悅二十六日諸將奮力與賊鏖戰三沙賊敗走後沙官兵追擊

之海其船一艘登陸爲官兵擒斬十八名艱陷海死者不與焉遺賊一舟遁往高家嘴郭總兵先以陸兵列沙灘左右而以舟師逼賊且火其舟賊不得已登陸則前所遣陸兵與兵備道兵蕭同知兵四面夾擊賊大敗生擒三十七名斬首七十有七餘賊伏叢菼中郭總兵遣通事往諭之賊降者二十人其不肯降者尚伏莽中夜半盜沙船欲遁沙兵覺之殪於海中又二十人是戰也郭總兵田參將邵都司之功固多而臨陣先登則兵備道及蕭同知兵之功尤不可誣因二公威令禁搶首級故苗兵得攘之爲已功云

五月官兵擊賊於三沙外洋破之

提督都御史周公如斗聞海洋有警自安慶馳至太倉適縣後沙先捷巡按御史溫公巡江御史尹公犒將士與教場中偵者報洋山殿前山淡水門賊船一艘且至二公相謂日方今有事正駕馭將官之時雖例有宴可廢也即遣總兵郭成率將士擊賊成遣都司邵應魁等自三丫沙向東南行而親督把總車梁等從高家嘴東行會合截殺及於三沙東南外洋賊大敗生擒六名斬首十六級死洪濤中者不計二舟皆犂沉賊無遺矣先是耆民多操强與舵工相推諉臨陣規避縱賊當道雖素知莫如之何同知蕭公謂此輩宜縛以恩訪耆民中知兵者優禮之有過恕之臨出海厚犒之耆民感激爭盡死力故得以成功云

牢門林　云按太倉之警非一時文武諸臣相與盡力戰守城幾危矣若捐生不顧轉戰數合至使寇徧之爲任捞命者則任兵憲環之樹績尤奇徐珮以一庖人而身代任之死又庶幾與紀信同傳矣

崇明縣總論

崇明新縣乃古之平洋沙也在府城東三百一十餘里孤懸海中乞江口大小諸沙咸屬焉其地雖名爲蘇之屬邑而風氣迥別離府太遠弘治中當道建議領於太倉州錢穀三萬餘石專供本所本縣俸粮軍餉不在綱運之列沙中多豪右一有期會恭順勝於內地但其人性剛而氣猛好勝而輕生平居忻忻頗敦禮義一有所觸即不相忍甚至巨軀破家亦不恤也君子謂其有田横之風故蘇州諸邑惟崇明之地爲最險亦惟崇明之人爲最悍邇來倭寇不靖一或登岸輒流毒內地若沙兵與之水戰或至而擊其饑疲或去而絕其歸路罔不殄滅但緣向來賞罰不明致相解體而貪婪鼠輩因公濟私縱其饑入邀其飽出焉

耳如愚見須委本州縣廉正官爲士民素所欽服者親臨各沙籍其丁壯編爲土兵仍令各兵舉信實能幹者民爲之統領申明進止退死之條嚴立縱饑擊飽之律優其禮遇足其芻粮時其訓練有船者量與顧賃修理之費無者官爲給之使艨艟巨艦千百爲艅縱横海島中則南可以衛嘉松之頭顱北可以引通泰之肘腋西可以護太嘉之腰腹而伸滕東向控制諸島若發蒙振落爾而又內有新十百戶所爲之守城舊十百戶所爲之備倭外有三巡司爲之哨邏海島關隘斯亦備矣大抵崇明乃地自爲險人自爲伍與內地頗不相侔所貴乎駕馭之者寬嚴並施恩威兼濟毋太束縛驟馳使急而至於敗則得矣

本縣城池

原在三沙三沙地形東西將四十里南北十餘里築城設於其中東北二面漸爲海水所齧城去其半嘉靖三十年遷縣於平洋沙建城於西南隅云

城長一千二百九十五丈二尺高一丈八尺闊稱之 池深一丈餘門旱門四水闊十丈餘門闕惟東南一座 窩舖二十八座 雉堞二千六百四十七垛

守城官兵

崇明守禦千戶所

千戶　員　百戶　員　鎮撫　員

按

國初兵制凡守禦千戶所皆設百戶十員每員統兵一百二十名惟崇明千戶所設百戶二十員軍二千四百名何哉蓋

國初原設有備倭風船十隻停舶舊縣東南以爲水寨宣

德間鄉官給事中彭璟因所軍出海守城乏人

題請添十百戶守禦城池厥後世平船廢原設備倭軍亦掣入城協守而其數遂永永加倍矣

軍門林　云崇明雖稱孤縣然有諸沙以爲護衛邑人尤多勇悍且諳海戰即內地郡邑可以得其死力所貴駕馭之有道耳

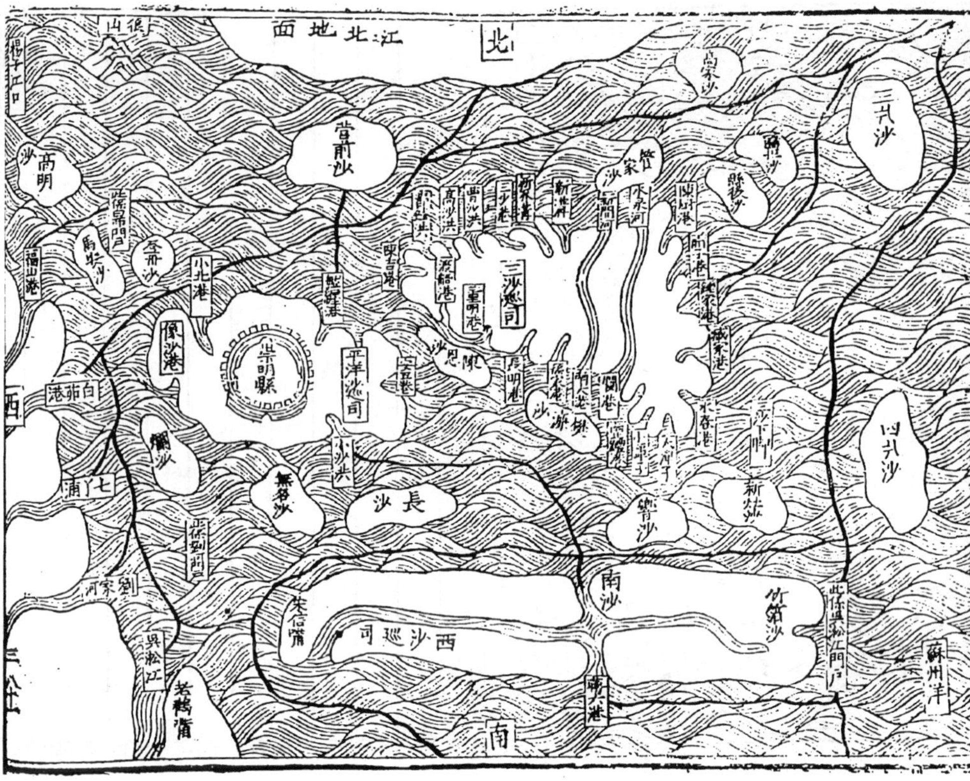

崇明海洋路辨

或問崇明諸沙孤懸海中賊舟無不可至其何路之有曰不然舟在海中横行而無阻者惟外海深洋耳其在内海如山東遼陽廣福浙竹勞劒秀之類山根連絡非得其理不可行也况崇明在淮揚之南嘉杭之北雖無山島而陰沙暗塗往往延可數十里糾纏錯雜舟若觸之則膠淺閣漏之患詎能免乎故倭舶内犯必由洋山分艅坤庚針則經竹箔以入吳淞辛酉針則歷三沙下脚新竈沙宋信嘴北以入劉河七丫或過吳淞江而不能入也則宋信嘴之南亦可以竟達於劉河也竹箔沙之内高家嘴之外沿海而西北者謂之揚家路海舶得此方能展舒自七丫而北則江南之常鎮江北之淮揚無不可之矣或自竹箔而得

東北風則轉而爲坤未針青南金山罹其禍也或乘輕舸由哨馬綉鞋之類而來則自三爿以西或出匾担之南而犯三沙或出匾相之北而犯平洋沙營前沙犯平洋則江南三郡受其害矣犯營前則江北諸郡受其害矣寇艅之歸也亦然若自諸郡戰敗而無所掠則必洩忿於諸沙故寇船之進退也有五路焉三爿者諸沙之關鍵也三爿之北匾担爲重三爿之南縣後爲重新竈沙劉家河之要路也竹箔沙吳淞江之要路也兵船會哨雖各有信地然禦賊於門戶之間孰若禦賊於藩籬之外爲第一義乎若曰海中無路隨處可行此正兵船規避之說也是不可聽軍門林　云大海汪洋無際然其中有必經之道此殆天設之險以俾我兵可守要害也若無分深淺乘潮可至

則禦寇益難矣

三乂沙險要圖說

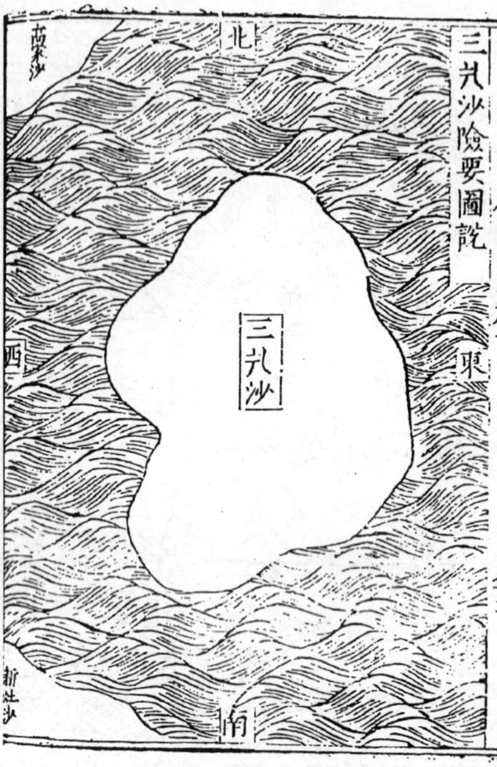

三乂沙在縣治東北孤立海中四望無際倭寇從東北大洋而來必經此沙蓋浙直之咽喉也賊若南行則浙之寧紹台温直之蘇松無所不通矣西行則本縣三沙平洋沙常熟福山許浦江南之常鎮江北之淮揚惟其所之豈直一邑利害之所關哉舊說謂爲各沙之門戶亦見之小矣必設重兵防守而各沙兵船以之爲會哨之地賊至則極力截殺互相策應遏賊上游此其第一關鎖也

新竈險要圖說

竹箔沙險要圖說

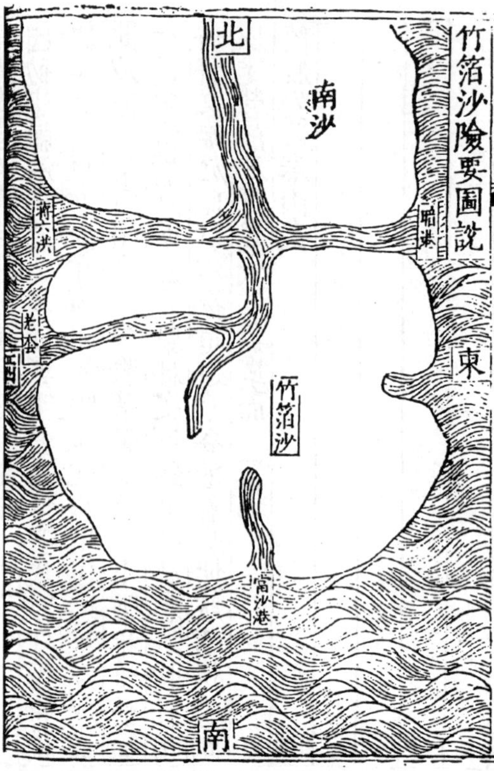

新竈沙在三沙東南竹箔東北其東即無際大洋也三沙下脚爲各沙門戶新竈沙實逼近之自此而西則宋信嘴在焉蓋不由竹箔而徑可達劉河亦一間道也第此處沙塗暗伏非熟知之人不能行故倭寇大䑸不敢直擣然在我不可謂非險要而棄之况逼近三沙此尤當慎

三沙險要圖說

竹箔沙在縣治東南七十餘里乃南沙之前護處也外爲無際大洋南與高家嘴相對爲内海之南門賊自洋山而來欲入吳淞江等處此沙正當轉屈之間賊舟過此然後由楊家路沿海而北吳淞江首受其衝以次而及劉河等處必設重兵於此與三爿沙宋信嘴兵船會哨互爲犄角若賊至此則竹箔兵船爲主而新竈兵船從北應之吳淞江兵船從南應之必使賊不得過此則内地可高枕而臥矣

三沙崇明舊縣治也控諸沙之上游爲一邑之中土國初建縣治於此又設守禦千戶所俾兵民雜守極得備禦長策因東近大洋海水衝齧城北易地遂遷平洋沙而此沙僅一巡司領之吁失險甚矣蓋此沙下脚北通狼福南通米信嘴江南江北數郡之關鎖也須於春汎時月榷將督兵船於此駐泊分遣遊兵各沙會哨使賊不得過此以達營前沙庶幾大江無虞而 留都陵寢安若泰山矣

縣後扁担三沙險要圖說

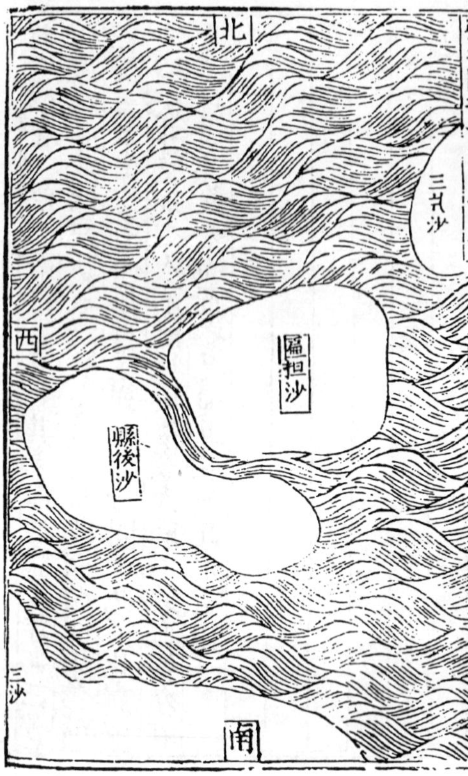

三沙俱在縣後東北三沙之外戶也賊過三沙南行則由縣後以犯三沙吳家等沙北行則由扁担沙以犯營前等沙然後北入通泰南入蘇常必設兵船守之以爲第二重關鎖猶可遏賊深入之勢若棄而不守賊得縱橫豈直一邑殘破而已哉

南沙險要圖說

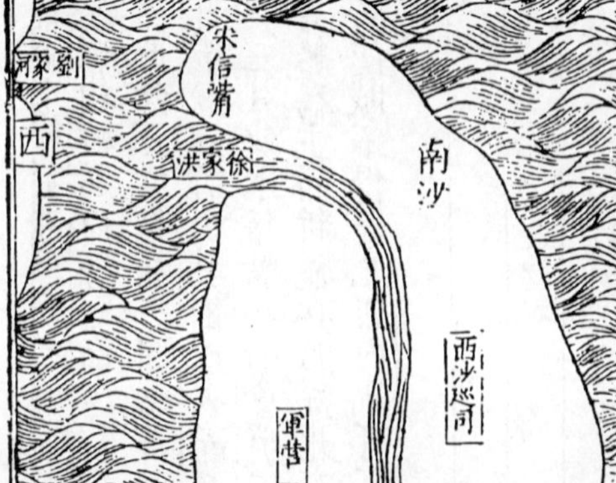

前沙在縣治南七十里與竹箔沙連壤皆西沙也其西北盡處爲宋信嘴與劉河相對倭寇自竹箔而西爲吳淞江兵船所截不得入必自此而北之宋信嘴其南北二洪必由之道也若設重兵於此與吳淞江劉家河之兵相爲犄角吳淞江兵船從南應之劉家河兵船從北應之賊豈能直擣乎不然劉家河受其禍七丫白茆以次而及矣

營前沙險要圖說

營前沙在縣治之東爲長江入海之砥柱賊舟過此而西則江北淮揚江南常鎮仕兵衝突矣必於此多設兵船與狼福互爲聲援賊始不能長驅入江也

斕沙險要圖說

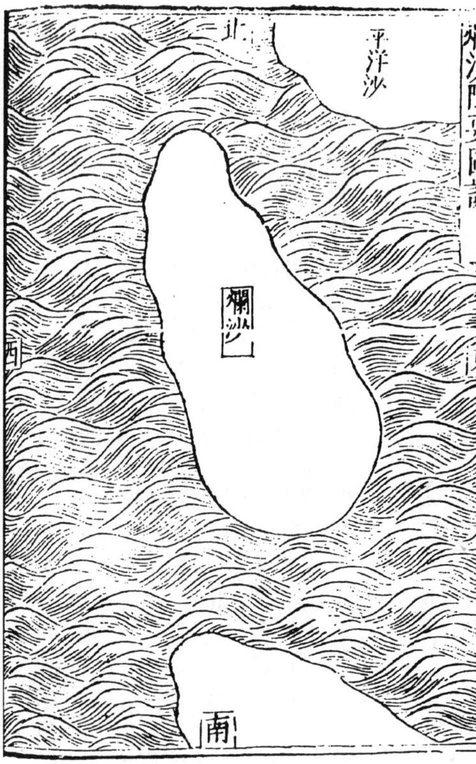

第九一葉原缺

爲縣後三丫二沙賊若乘東風過茶山至此則徑入大江視其舟之所向若向營前沙北行則犯江北若向西南行則犯崇明或犯福山等港其患不在太倉而在常熟江陰丹徒矣此一定不易之勢也大抵諸沙紛列其名甚繁而究其要害當設險者不過已上三四洪而已此外諸洪暗沙伏塗潮壅則有洪之形潮退則閣淺而不能行方其壅也舟亦不能大䑸而過故東南海口以高家竹箔爲要東北海口以新竈爛沙三爿爲要守此四路則豈惟蘇松可保安哉所以固長江之上游而　酉都

陵寢萬億年無疆之休亦在是也

平門林　云按丁巳賊犯諸沙適我兵聯絡賊窘焉相竊嘆曰不意中國嚴備如此則諸沙者誠天設之險也況

沙民諳習夷情可與協守惟主將號令不嚴以故賊能突入若使肅衆志協心膂乘其方敵奮我死力雖傾島而來蔑不勝矣

崇明險要論

崇明孤懸海中四面受敵隨處可登其港口十餘如錢打紙盤船洪之類賊舟無處不可收入而青龍港直通縣城之內尤爲緊要皆險之當設者也但崇明險要與他邑不同他邑或在邊疆或在腹裏江湖山鎮相機憑藉爲寨爲屯一時可以據守崇明則茫茫大洋諸沙環列賊若登據一沙則其衝突之勢縣城爲之岌岌矣況可俟其薄縣治而後制之乎故須以本所官軍本縣民兵二三千人專守城池與本邑港口而各沙則以耆民兵船分屯互哨相爲

聲援賊來則拒之勿容停泊賊去則追之無分彼已則凡環列諸沙賊皆難犯而況於縣治復何虞乎曾聞寇船之來東南必由乎竹箔東北必由乎扁擔正東必由乎三沙下脚之三者皆在諸沙之外乃崇明之外戶也三處哨船往來不絶則賊之踪跡可知而爲備不難矣若捨是而泛備乎諸沙則猶扃鑰不嚴而縱賊內入拒之於堂奥也可乎哉故平洋設備不如諸沙之善諸沙設備不如三者之善或問倭性狡悍豈沙民之所能敵乎曰否海中之洲有山者謂之島無山者謂之沙沙島之名雖殊其爲海處一也深淵巨濤閱歷出沒島人能之沙民亦能之迎潮戧風低昂傾側島人能之沙民亦能之火攻石擊進退衝擊島人能之沙民亦能之危礁暗磯練達趨避島人能之沙民亦能之更船針路候望推測島人能之沙民亦能之風飡露宿服習忍耐島人能之沙民亦能之殺人于貨狡猾狠頑島人能之沙民亦能之弗關原野弗交短兵而但相與角智力决雌雄於湮波浩渺之鄉沙民何歉於島人哉所貴者用之有道馭之有方得其心斯得其方得其力斯得其效矣

崇明縣倭患事迹

洪武二年

秋賊掠縣境

舊縣治也即今之三沙倭奴剽掠民財殆盡

永樂十四年

五月賊陷縣城

十二月賊突犯舊縣治焚陷入之殺擄官民三百餘人

嘉靖三十二年

七月賊據南沙

賊首蕭顯與孫二等既陷上海由吳淞江出洋官軍截之不得歸率五百餘人登南沙據之官軍焚其舟時七月初七日也巡江御史周公承學調儀真守備解明道同知任環率兵船征之方布陣欲戰而新倭大至遂歸守要害南沙積粟素多悉爲賊有官軍不能困矣

十二月副總兵湯克寬討賊於南沙敗績

克寬奉命討賊顯偵知之招集各沙新賊以待克寬帥邵兵渡海時環將耆民於海濱謂克寬爲前總兵慶子家世將兵必善射以所部耆民兵兼屬之克寬藐視顯不足敵猝發兵抵沙岸天未明竟進顯多智預于沙岸設伏俟湯兵半至伏起湯兵大驚前後不相顧潰亂而敗死者千餘人克寬收兵還環大海之自率耆民與賊相持士民心素歸環樂於効死凡賊舉動機智環皆覘知而預備之顯懼甚欲走而不可得

三十三年

正月賊遁走如嘉定

先是除夕環歸鄉朝賀而委耆民督兵守賊兵飲節酒稍懈顯乘間出奔之嘉定施家港登劫

賊復據南沙叅將解明道擊走之

二十一日南沙復到賊船二隻收泊野茅港二十二日明道帥師擊之斬獲過半餘賊遂悉遁而去

四月賊掠諸沙

初十日倭賊數百人登泊舊縣水竇港殺掠甚慘而區袒三弘營崩鄉長南諸沙皆有賊登泊焚掠南沙尤衆

五月賊陷崇明縣知縣唐一岑死之賊尋滅

一岑素忠勇善鬬初三日舊縣水竇港之賊數攻城輒爲所敗初七日城有崩壞者賊乘夜襲之遂陷一岑率衆巷戰手刃數賊賊大敗逃去一岑傷重而死賊尋復入城據之諸耆民相與謀曰唐公

舟死而賊酋城中我輩之羞也相與戮力死鬭賊二百餘人無一生還者

三十四年

四月賊攻縣城

十七日賊登平洋沙二十一日攻東門甚急署印州同張恩千戶陳袍等悉力禦之賊乃退去

五月賊再掠諸沙

初二日江北之賊浮海而歸過山前沙遇新至賊復合綜登岸燒刼初五日賊燒南沙火光熖天初八日三沙營前竹箔三爿雙明俱被賊無何三沙之賊復登平洋諸沙燒刼是時厥後民廬燬燼所存無幾矣

三十六年

賊掠營前沙同知熊公桴禦卻之

時熊公提兵來守縣城聞報亟馳擊賊乘風夜遁

三十八年

四月倭船突至劉家港官兵禦卻之賊屯三沙

江南經略卷三　二十五

先是兵船悍於出洋潛泊內港賊至多不知儆其滿載而去則襲以爲功翰林唐公順之毘陵人也其免官家食洞燭情僞每促𩈪嘆曰痛哉鄉民橫罹塗炭如衛子肉惜無能弔之至是言官交薦爲職方主事奉

璽書視軍情至吳會查歷年飛報凡寇登刼地方月日與官兵邂逅編手鏡買民船微行至海上各官兵見之入驚公詰之曰

朝廷命吾查究功罪爾曹縱賊殘破郡邑死不可逭衆譁然辨公曰某賊於某月日登某岸乃某之信地也不然飛報奚而是汝名乎某嘗戰而不勝限於力可恕也某未嘗戰某未嘗策應也案卷可徵爾何得欺我衆相顧語塞叩首不已公問何以自釋衆乞立功公曰不然吾乃督戰官也爾曹但知畏吾臨陣稽考夫豈畏吾平日之稽考乎須各具死罪招由用印而藏之吾方貸汝衆從之公施不具測之衝或由江陰出江收劉河收吳淞江或由劉河吳淞江出海收許浦收楊舍收鰲子門收定海驚風怒濤隆冬月黑人不敢行而公獨絡繹於溟渤中間擒將官之潛泊者治之或以偶避風對公應之曰吾至不知寇至寧知之乎叱左右縛送[illegible]

[illegible]

挾連於招由自是將官稍稍奮常哨海中遙望風帆輒疑公至整飭齊截四月初九日倭船突至三爿沙總兵盧鏜與把總楊尚英迎擊之沉其三艘俘斬一百五十級既而衝劉家港官兵拒之頗有斬獲賊不得入嘆曰不意中國之嚴備若此來無益矣且苟延以圖歸乎遂如三沙

兵部主事唐公順之與兵備副使熊公桴督總兵盧鏜副總兵劉顯等兵大困賊於三沙

總督大司馬胡公宗憲檄兵備副使熊公桴副總兵劉顯與鏜協剿三沙之賊特淮揚之寇未靖亦唐公督視地方也公與提督都御史李公遂計賊敖聞三沙之報即趨而南白儀部伯倫止之曰士論多疑公避難殆於不可公曰江北賊勢摧敗又已搶船包裹不擒即走矣吾之去江北而走江南乃去易就難非避難也至太倉各官兵猶豫不進公曰我兵若不渡海滅賊賊必渡海衝我內地勢不兩立也乃要提督都御史陳公錠親征之陳曰公請先往留吾治兵餉接濟公乃督鏜等以行密與熊公計造木城每扇高廣七尺四人舁之四人持銃箭二人執刀隨之連比而進遇蘆先從木槅中發銃箭驅走伏賊刀手從城足刈蘆蘆仆踐行而前復發銃箭如初如是者二十餘里我兵得盡

江南經略卷三　二十六

登岸公速命撤舟以防賊擄且示我兵無歸意以兵分爲三枝每枝千人令二總兵及某參將分領各綴木城爲營晝則擡行夜則據守不數日沙地七十餘里悉爲我據賊之所據僅五里而已然賊多智而儇我兵常怯之沙中大家又有爲賊奸細反揚賊勢恐吾軍者公督各官逆戰賊浚壕築土垣貫茅竹潛覘我軍至即從竹筒中發銃箭莫能近公令人舁發碩佛郎機擊賊賊舞刀而出衆弃火器走公怒欲斬諸裨將諸裨將曰兵不敵敵非將之罪也公不信親率發陣兵望敵皆潰弃諸將與公弗顧諸將策公馬夾擁而旋公巡各營諭曰若等不受節制我知之矣誅之不可勝誅逃之不可勝捕也吾欲處汝無難編隊爲冊更番而調敢有棄頭目走者查其該隊行令原籍有司追粮因家屬梟爾之首爾能逃乎三軍痛哭訴曰逃非本願見敵號息耳公問其故曰不閑武藝也公曰奚而爲兵乎曰向來官兵不戰罔罪故應募以規檐石之需今欲實戰不如願巳公曰惡是何言也小民出銀米汝爲捍患耳縱賊殃民屢年吾不爾殺方思爾一戰而猶弗諾乎三軍號泣不已或訴醎潮蒸熱瘴癘傳染公曰從征而殁而之分也而寺茹辛適計不過三千人若縱汝還則賊亦過海海西各郡縣生靈並罹鋒鏑彼何辜乎吾今但用汝國賊[illegible]賊走而另督勁兵於總督胡公兵至

卹撫流亡衆大悅矣

六月提督都御史陳公錠以告病去侯代於丹陽

先是唐公敦陳公錠之相廻海督職兵以郡官月之弗之畏又

教語督視軍情無生殺權陳假以旗牌便宜行事公恃此嚴明號令儼如提督在陣不虞陳之上疏稱疾也一得

俞旨即還蘇州旗牌官皆去巡按御史朱公其方丁憂巡江御史自五月交代未至諸事皆甩解兵餉不給公莫知所措移書與陳公曰東南不可無公況三沙正在緊急用兵之際願少駐以待事寧此不過遲公十數日還山之樂而東南利害關係甚大也陳弗許或諷公曰而非守一方之官也事既掣肘推脫担子何如公曰

朝廷原以我爲視軍情官假如高坐省城今日移文督江北總兵明日移文督江南兵備此等使乖五十歲外人豈智不及此顧江南無一上司賊千二三百人未有所掠皆如餓虎若登老岸禍不可言故與兵備兩舟經月在海嚴督將士困賊於一坵沙上至於搗巢之舉則我兵素怯須別選精兵俟隙圖之耳吾本愚人只幹愚人事惹出議論不敢計也

七月順之如杭州熊公桴督兵困賊賊遁之江北

賊勢窮蹙以沙民屋木造舟爲逃竄計我兵餉亦將匱唐公曰事急矣賊若渡海而西沿海兵船乏人監督賊必登岸如螃蟹散逸不可收拾矣遂以三沙兵屬之熊兵備而自西歸申嚴水陸將士約東馳晤陳公錠議兵食陳曰吾行矣東南事有梅老在君其圖之時天大旱禾苗盡槁公謂陳曰倭寇之患地方猶有限公爲巡撫若不上荒疏而去

朝廷不行捐賦賑貸千里生靈誰與造命請問責安所委陳公然之公乃如杭州胡公宗憲見而詡之曰三沙告急吾方調兵航海策應若朗然來也公曰勁兵不至賊誰與滅糧餉不繼兵胡以生須假我兵食事權方能爲役耳胡公若其言公將出定海關而三沙之飛報欵至是月十六日四更風雨大作賊乘間由北洋遁去次日犯七星巷登岸公聞之一面查論將官縱賊之罪一面赴江北勦賊李公曰君在江南不能滅賊而縱之馳突吾今方略已定早晚滅賊矣君又來撓吾事何耶公曰賊三三月不曾流毒江南地方亦不能掠民財皆吾力也吾乃看人行事之官原無兵柄而焉能罪我哉

朝廷原教我視軍情江南北皆吾責任也而焉能辭其責乃相與僇力無何賊平公歸語人曰使江南有

[illegible]日江南賊雖走然大受挫北在三沙者無一生還島夷聞之必數年不敢近邊蔣唐公力主滅賊一時行役者多憾之或議其輕出或責其武功不成或謗其黷貨後因積勞成疾轉官而卒卒後倭果不至蘇松人始知感其恩德云

軍門林 云詳觀崇明倭患則順之唐公之功亦偉矣至於力贊陳公錠上旱荒疏與千里生靈造命非痌瘝切身者其孰能之

土賊要害附錄

吳縣

出賊處就於本聚刼

五龍橋在盤門外鮎魚口通太湖

長洲縣

出賊處就於本聚刼

沙湖在婁門東二十里官塘湖南有誅斬賊盜四圩素稱出賊淵藪

金雞墩在虎丘山西此處出賊雖不似沙湖之多然爲患久矣

聚刼

射瀆山在滸墅南十里官塘

長船灣在齊門西北通長蕩華蕩諸湖

鹽盜出沒販鹽出賣大幫而行則爲私鹽船謂之鹽徒費盡空回遇舟即刼則爲落鹽船謂之盜賊是賊也惟在大水曠野遠城郭處往來各縣並同

夾浦在盤門外二十五里官塘東連吳淞江

金鷄滃在葑門東六里東通吳淞江

西界浦在縣治東四十里北通陽城湖南接吳淞江

雙廟頭在甪直南近陳湖

陽城湖在縣治東北[illegible]里

蠡口[illegible]湖西通漕湖長蕩

崑山縣

出賊就於本處聚刼

新洋江口在東門外四五里官塘南通吳淞江

聚刼

新岳廟在縣治南三十六里大河交汊五條小河交汊四條通陳湖萬手湖雙洋蕩極為僻野

三汊港在縣東南十里南通吳淞江北接新洋江水大而野

夏界浦

鹽盜出沒

澱山湖在縣東南六十里雄跨三縣東日華亭南日平湖北日崑山

顧浦口在縣東南十里吳淞江上

白蕩如湖之狀有大有小皆以白蕩名之在五保者三在老鴉窠者一在陳墓者四均之為鹽盜出沒者也

常熟縣

出賊

包巷邊大江

西洋港邊大江

已上二處專出大盜外而揚子江內而五湖各處行刼其夥多其根固未易以芟刈也

聚刼

吳塔在縣南與長洲交界之處官塘之上此處鹽盜亦出沒

鹽盜出沒

白茆在縣東北境

華蕩口在縣西南

吳江縣

出賊

太湖之濱如因瀆簡村震澤之類無非出賊淵藪

聚刼

八斥在縣南二十里官塘　大汊港在王江涇官塘

鹽盜出沒

鱸塘頭在太湖東北

汾湖在縣東四十五里東通三泖北通鶯脰湖

嘉定縣

出賊

牛角尖在縣東北近海素出有名大盜未易擒戢與常熟之包巷西洋港同

江東在吳淞江口之南老鸛嘴一帶是也貴鹽之地

安亭在縣西南與崑山交界積年荒旱之地故多盜

聚刼

黃渡

太倉州

出賊

甘草在州治東北　陸河

聚刼

濱海大港民舟乘潮而行百十成羣盜不可刼小港多不通舟賊無所刼故聚刼之處太倉無可指

江南經略

卷四五

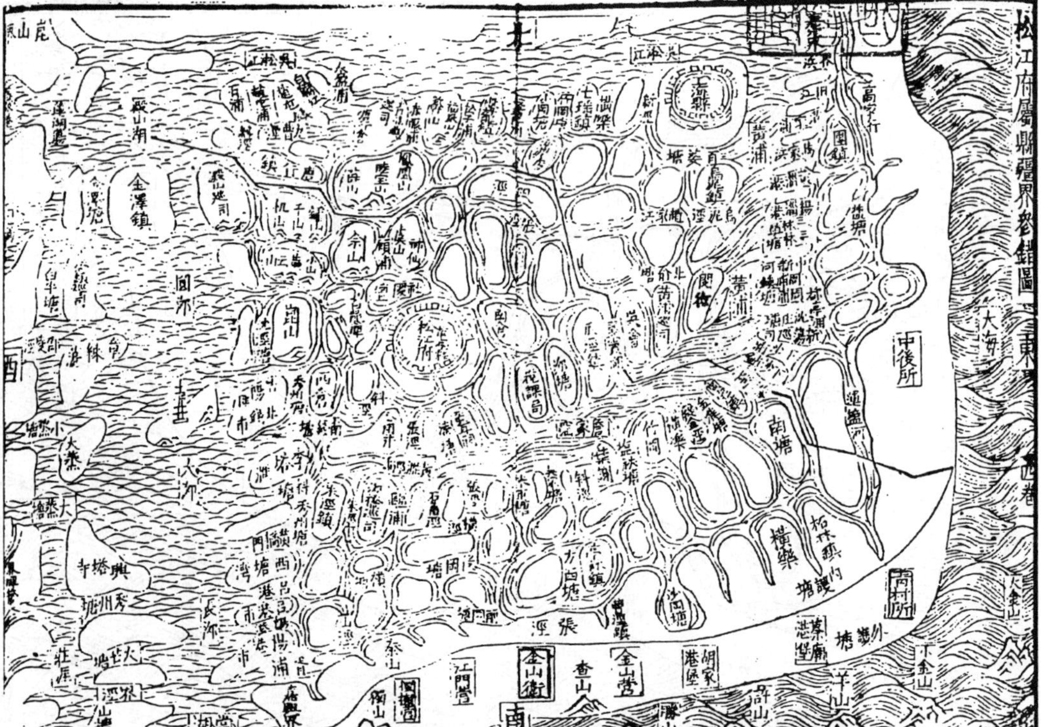

松江府總論

蓋聞爲自古大兵不經之地而惟倭變爲可憂蓋東南二面皆濱於海賊易登犯且居蘇常上游爲浙西外屛是以倭患獨深於他郡也其守禦之法有三重焉守金山衛青南二所獨樹營蔡廟胡家柘林川沙等堡循海塘而東北者陸路也守吳淞江黃浦口自東北而西南者水路也此第一重也守三林周浦曹涇張涇等鎮爲海塘聲援者第二重也守閔行烏泥朱涇等港使賊不得渡浦而西者第三重也之三者吳淞之守爲尤要蓋倭寇之來水陸並進若守浦斷舟海塘之寇豈能飛渡哉其勢必由吳淞江口衝入不問原來倭船與擄吾民船一潮可至耳必以罰郡水兵悉力禦此斯上策矣

按松負海枕江民生其間多秀而敏尚清雅飾玩好境內皆然而畏首事喜隨衆信鬼惑訟家招異徒盜之招也悉力以守浦口者防其潰也一潰則退保郡城難以遏其衝矣慎三重而嚴吳淞其攘外寧內之上務乎

本府城池

城周圍九里一百七十三步 池闊一十丈深七尺餘 門四座 水關四座 敵臺二十處 窩鋪 雉堞三千四十八垛

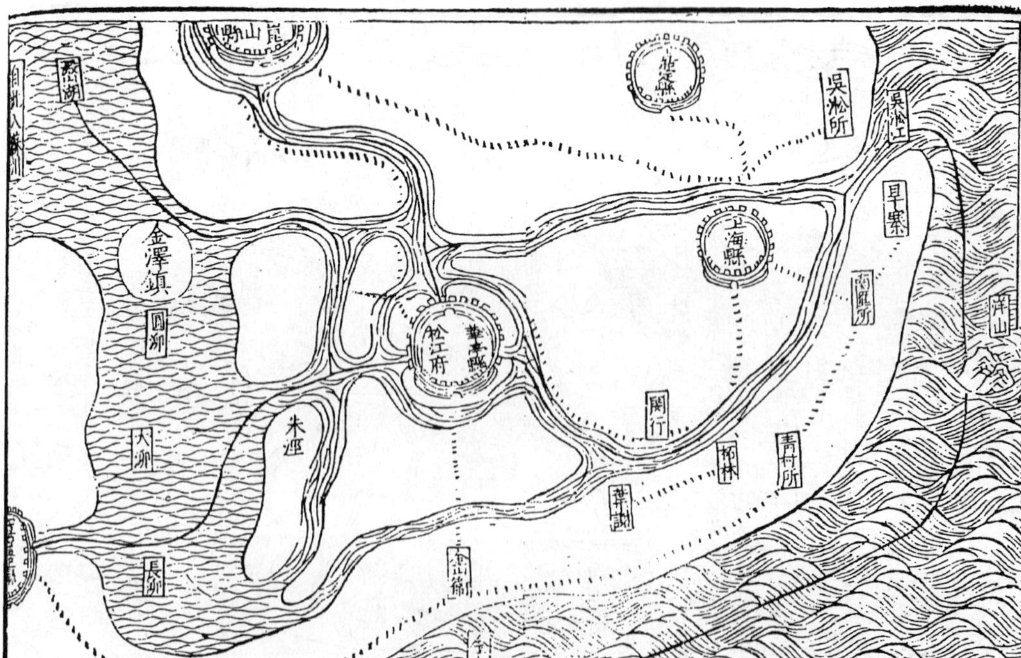

松江府備寇水陸路圖

松江海塘考

海塘之制本爲捍禦醎潮害稼而設自春秋時范蠡築圩田之後東南田利漸興財賦漸盛卽有此其來久矣其長緜亘　里起於嘉定之老鸛嘴以南迄於海寧之澉浦以西高如城垣内外皆有塘溝相夾自設此塘之後而松嘉杭無入海水口禹貢曰三江旣入今三江之中東江獨湮漫無可考職此之由也是塘也本爲田利而設

國初信國公經畧海防借以設險備倭愚於海防論中詳言之矣因塘舊迹有湮有存謹考而表出之以爲直隸軍門之助獨舉松江者杭嘉另屬浙江提督俟他人稽側而自述之曾不敢濫及云

西起金山東並南滙北抵吳淞其間窪口雖多沙塗甚遠倭賊易於登岸我兵難以泊舟

國初原設塘濠因而增築庶易防禦

自一團起至九團止

護塘内外有濠濶四丈深一丈五尺

每一團設弔橋一座聽民出塘生理富軍瞭望如有賊卽以弔橋掣去距塘而守遠可攻以箭砲近可刺以戈矛

護塘之上每一橋造窩鋪三間以便鄉兵止宿

松江府水陸路論

松江一府爲縣者二曰華亭曰上海也然上海當賊之來華亭當賊之去故同一府地也而利害有淺深何言乎賊由大海而來登泊海岸者必零賊也從江口而來逕入者必大艅也零賊登陸以漸而積易於勦除大艅入江其勢必盛揚帆直入城下然後分艅掠華亭諸鎮此必然之勢也故曰上海當賊之來華亭附郭不當賊至之衝其西北澱山三泖可以通蘇州西南呂港獨樹可以通嘉興賊如二府必由此進志在二府則無志於松矣故曰華亭當賊之去

軍門林　云自嘉靖甲寅賊連歲犯上海及松城未嘗有借道松郡而竟往蘇州嘉興者然則上海當賊之來華亭當賊之去似未必然但此中大勢自是如此惟水備吳淞江黃浦口而歸重于吳淞陸備青南川柘蔡廟獨樹營而歸重于金山戰守兩修雲間安堵矣

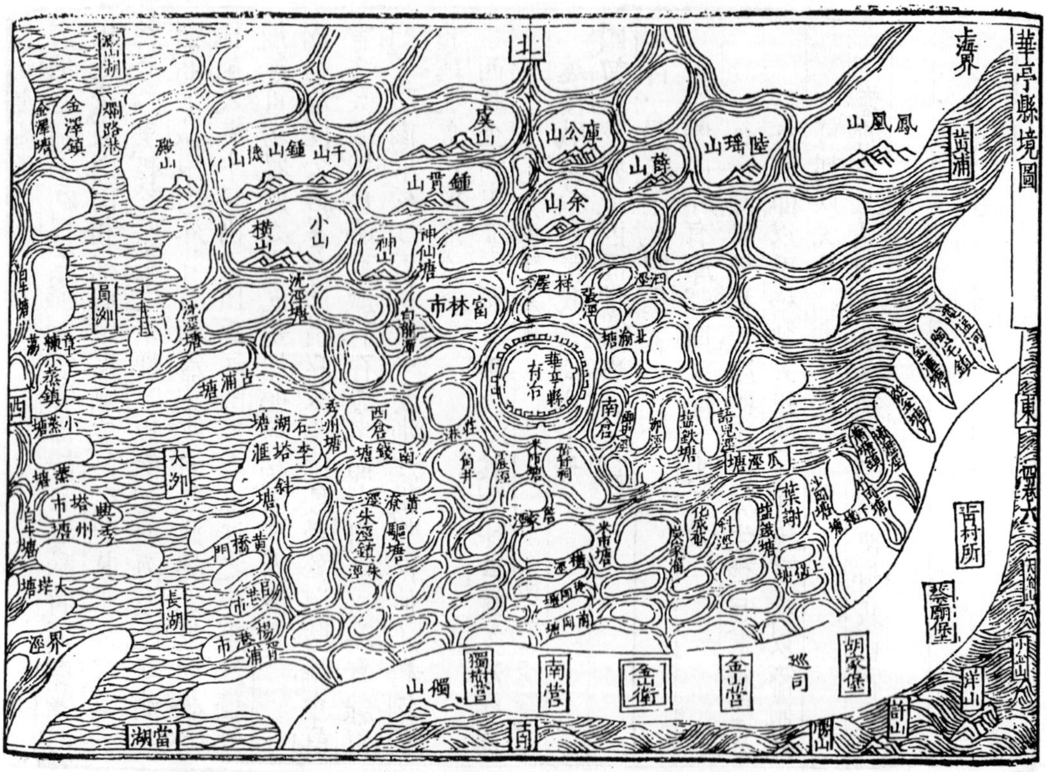

華亭縣總論

華亭乃松之附郭縣也泖湖鍾其西大海枕其南吳淞江遶其北受嘉湖諸水之下流本澤國也故港汊甚多利於舟楫舟師之絶技莫如鹽徒沿海如曹涇青村等地鹽場在焉鹽徒之所聚也若能撫而用之則不必另募兵勇於禦寇也何有但此輩狼子野心惟利是圖用之則公行刼掠急之則嘯聚泖湖已非一日之故矣識者謂宜擇本地大家爲衆所推服者統率之而官收鬻鹽之權或倣荊川唐公江北剩鹽之意或效見泉鄢公浙西小票之法則利溥而民悅得舟師之用而消盜賊之萌且於軍餉有賴也非與海防相表裏者耶

本縣城池

縣附于府其城即府城也

軍門林　云邑附郭俗謹繩墨畏淸議習農織多集異郡流民故奸慝潛滋乃今金淞川柘之間水陸之卒並陳防稱密矣內變卒作將何恃之夫城濠由港賊舟時伏也三泖淛直之寇所萃也不一計維其禍曷已近議濠港置柵以防近盜三泖設舟令遊擊分兵巡緝以禦遠賊誠計之得若取必于鹽徒不靖亂而爲亂末矣

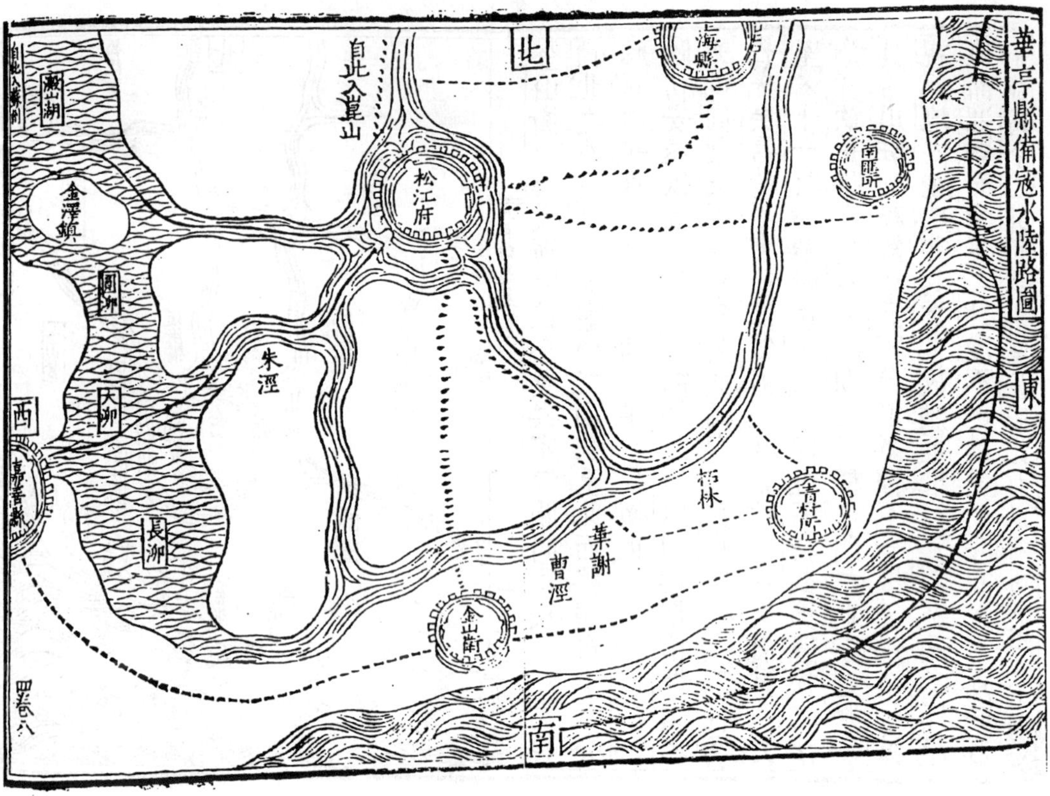

華亭縣備寇水陸路考

東濵大海

由東門得勝港閔行入黄浦東行過鄒家市至南匯由得勝港歷下黄涇胡家橋至柘林由横林大門墩高橋至青村千戶所皆濵海地方

西南與嘉興爲界

由西門歷朱涇泖橋至秀州塘抵嘉善

南抵金山

由西門竹竿匯歷塘口前後二港張堰查山至金山衛北門出南門卽濵海

北通崑山

由北門歷唐行磧浩千墩浦漫水港新洋江抵崑山縣東門或東南門

西北通蘇州

其路有五一由西門歷泖湖謝澤㶚泥浜澱山湖老鸛窠陳墓陳湖大姚王母湖至甪直涇抵葑門謂之中路一由西門歷尤墩章練塘石湖塘楊扇周庄鄧村同里尹山橋箕渡橋謂之奥路一由北門歷唐行磧浩大慈角直合塘唐浦斜塘金雞滸葑門塘謂之北路已上三路皆水道一由北門歷崑山官塘西之行謂之北邊奥路一由西門歷朱涇風涇至嘉善縣嘉興府吳江官塘進者謂之借路已上二路皆水陸俱通不如水路爲捷

東北抵嘉定

其路有二一由唐行青浦安亭外岡至嘉定西門爲陸路一由上海西邊北行歷唐橋陸家角高家行出吳淞江入南横瀝真如南翔至嘉定南門爲水路

右水陸可通之道凡十有三其間港汊浩繁岐路錯襍不能一一而設備也惟當摘其尤要者而備之其餘亦惟以遊兵行哨奇兵設伏輕兵出襲焉可矣共計邑之險要有七曰金山曰柘林曰青村曰曹涇曰葉謝曰張涇曰朱涇詳見各圖説于後

金山衛險要圖說

金山衛南臨大海西控全吳與定海關同爲錢塘江之鈐鎖北之沙塗至此而盡南之山嶼至此而終賊自下八分艅單西鍼可以直搗乃浙直第一要衝也

國初安遠侯經畧海上置衛於此而以備倭都指揮領之誠得備禦長策承平日久武備廢弛兵將玩愒上下視爲贅疣矣嘉靖甲寅徐海欲據此爲巢攻圍甚久自秋八月至冬十一月始解嗣後攻城者四蓋不特欲壞蘇松之藩籬實欲長驅直搗以入嘉湖杭三郡之門戶也今遊擊一員常川駐劄扃鑰亦云密矣但事權不一惟營保全一城視他地之殘虐非其責也故賊至惟冀其空過爲幸而尾追而迎擊而旁援之計漫不之講置衛設官之本意顧若是哉爲今之計宜調副總兵守此而以浙西吳中兵衛悉聽調發一旦有警水陸策應如長蛇陣然賊豈能直入哉或曰吳淞口直隸第一關鍵也胡爲反後之曰賊之犯吳淞也必經竹箔諸沙宋信嘴楊家路而後入兵船縱不能禦之於海賊獨不思防後而敢於長驅耶歷年以來賊嘗巢柘林然後鹵掠嘉湖蘇州多所得志今若堅壁清野而以重兵駐扼金山則賊進退失據枵腹待斃矣豈能馳突哉故吳淞所一參將足以領之而浙直要衝非總兵不可也

本衛城池

在松江府南七十二里西連乍浦東接青村

城周圍一十二里三百步有奇高二丈八尺池闊一十二丈深一丈八尺門四座水關四座門樓四座角樓四座腰樓八座敵臺八座箭樓四十八座窩鋪 雉堞三千六百七十八垛

軍門林 云金山誠重鎭然大洋之寇不能陸登設一遊擊水會浙直陸控青南川柘足矣特以守衛之士糧餉不充近卽近衛六七九保之糧派于該衛民稱便而士不饑此爲計之得也若吳淞則決非總兵不可

以船易馬議

嘗考金山建衛之初原有哨船若干隻倭船畏淺既近岸則我舟輕捷可以計而破之自成化而始以哨船易馬不識其爲何見夫馬所以備追奔逐遠之用也賊既登舟馬將馬用不過備權門之給役而已故自以馬易船以來奸人出沒海上揚帆過衛鼓噪聲鬧不復知其爲誰至有刼掠居民傍舟海嶼我將爲捕彼即開洋皆爲廢船之故兵法貴先人有奪人之志而此則甘心於受敵而忘先事之圖也是故以船易馬舊制不可以不復

柘林險要圖說

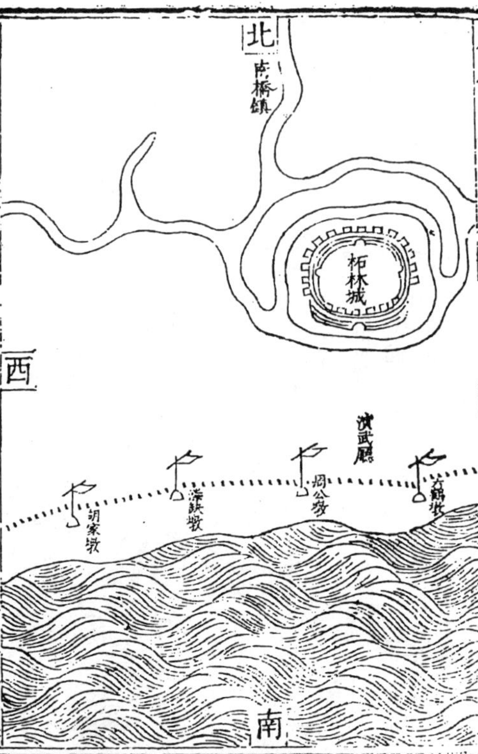

或問柘林有險隘乎曰無有曰然則往年倭寇巢之何也曰其說有五一是各處海壖多灘塗闊淺柘林獨無其來也易登岸其去也易登舶兵法安營最忌無進退之路此地進退皆便一也一是柘林大家多蓄積美田宅春熟已成青苗布野賊至而據之因糧於我兵法安營須有通糧之道此地不患無糧二也一是海濱至內地必由小港出浦非潮至則水澁艱行柘林之西獨有下横涇荒巖河可行深而且闊片帆出浦即是葉謝十八里抵郡城兵法入他境道路有便有不便有寬有窄此地深入便利三也一是柘林枕海賊舟欻至我兵哨望不及阻截不能兵法安營不居江河之岸外無救援此地則賊舟易於接應四也一是金山青南諸堡官兵守禦頗嚴賊若初至而即欲攻

之堡未必下而援兵至矣不如柘林之民棄家而走取之易易兵法敵人遠來營寨未安可擊此時結寨不宜遲五也曰柘林既有此五利則將來備倭必當以此爲要害之首而築堡設兵當與金山青南例論乎曰未也昔倭之初來也柘林甚富一時相其便宜而棲之自罹變後室廬煨矣蓄積亡矣田地荒矣戸口流移矣賊不能一朝居也此時不當築堡既築堡後不當不與屯田之議何也險不在堡而在於守守堡有人則我得恃之以禦敵否則所謂堡者敵反據之以拒我矣曩時當道鑒柘林之患謂賊來必將復據須設險以待之此意未嘗不善也築堡之後苦無居民下令戸口歸守者給賑恤銀五兩此意未嘗不善也一時貧民貪利報官建草房一二間影射復業實姑藉此

以爲聊生之計耳寇至卽奔何所顧戀而固守乎其有恒產者傷弓之鳥遷避城邑亦非召令之所能致是堡也其誰與守愚所謂不當築者此也大兵之後田皆廢棄民無力以耕亦慮變而不敢耕稍與之值卽樂於售矣有乘此時而買之雖甚肥田不過四錢五錢而止募兵勇給工食官與之田人十畝或二十畝兵在於此田亦在於此田與兵相去不遠聽其收穫蠲其租賦無事則出耕有事則入守兵旣視屯田爲己資豈肯捨以資敵必效死以爭之協力以護之以田爲業以堡爲家以所領之工食爲活計必不患其棄城而走也兵有固志則大家亦肯遷歸而此堡爲有用矣失此之圖而望民之居責兵之守也有是哉或曰今猶可及行乎曰柘林之田價未嘗賤也倭患久寧民各自以其業爲業膏腴者孰肯棄而業者孰肯賤乎兵多田少官府措置且難其惟開積荒之田庶爲便易然積荒田離堡多遠屯則妨守守則妨屯求欲彼此兼濟當事者預爲之計可也

柘林堡城池

柘林原無險阻以其臨海嵗甲寅倭至取便結老巢於此巡按御史尚維持因建議築之

城周圍四里門三座水關二座雉堞一千二百三十八垛

江南經畧卷四

青村所險要圖說

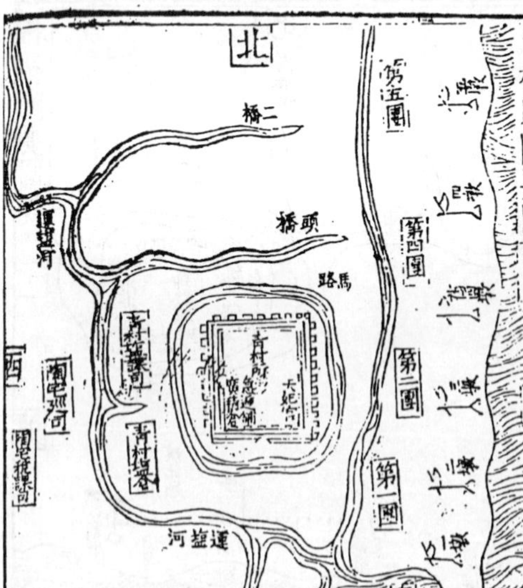

青村所即金山中前所也松江地形三面臨海金山當其南南匯當其東此其東南二面轉屈之會乎故與南匯同隸於金山而此城尤要何也離府太遠一也金南二城有事策應之責本所兼之二也舊以千戶領之勢亦弱矣甲寅季冬爲賊所陷始設把總於此然株守一城不能爲海防輕重蓋設所屯戍一以禦外一以安內賊至不能攻坐視諸鎮殘毀而不能救是與不設同耳欲爲經久之謀必令海防府佐巡行諸堡號召居民實粟城內無事散處田隴盡力農畝有事悉入城堡堅壁清野以待其變兵民雜守而專練精熟若遇寇突擊諸堡互相應援賊進無所掠退無所據我兵乘其憊而擊之蔑不勝矣

本所城池

在金山城東一百里 去縣一百二十里

城周圍六里三百八十步高二丈五尺 池闊二十四丈深十尺 門四座上各有樓外各有月城 角樓四座 敵臺十一座 箭樓二十八座 窩鋪一百三十座 雉堞一千四百九十九垛

曹涇鎮險要圖說

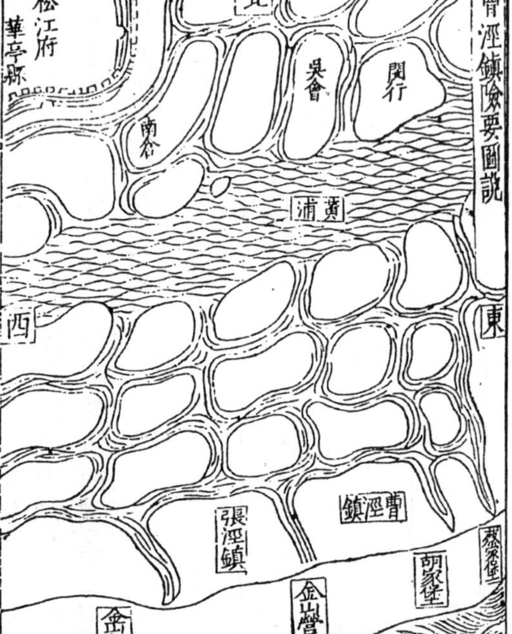

曹涇在府治東南七十里介柘林金山之間賊巢柘林欲南過金山此其必經之地也其地多鹽徒用之得宜儘可禦寇不必設兵而兵莫强焉者也往年賊嘗過之因見家有鹽包不敢焚掠相戒勿犯而去後至者不知也如常擄掠遂爲此輩所逼遁於海中小山鹽艘團之數匝焚其舟絕其粒賊甚窘迫適倭䑸大至遂爾脫去今宜擇本鎮富戶爲衆所服者異其禮貌免其樵徭使得部署竈丁團營本鎮一有賊警分番出哨賊自不敢長驅矣

軍門林 云曹涇爲鹽徒淵藪則區處有方籍以捍患亦良法也第恐鹽法大事使自得部署團營萬一不逞恐蹈前門拒虎後户進狼之戒亦須有以統轄之乃可

張涇鎮險要圖說

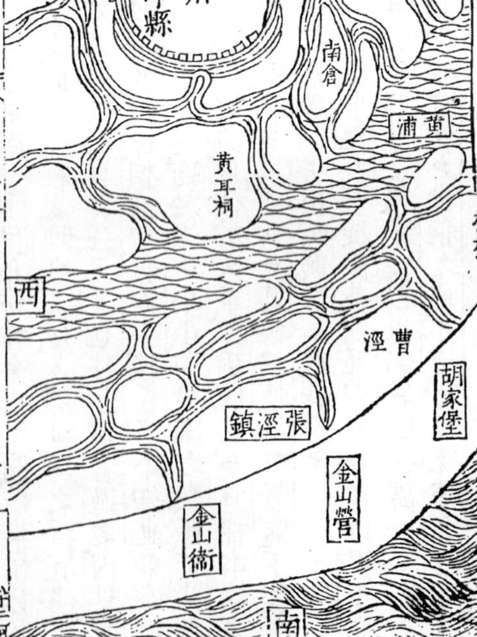

張涇鎮北通府治南控金山金山當沿海極要之地然離府太遠孤立無援非禦寇長策也且寇由此北衝直達府治更無重兵以遏其衝故必設險於張涇南爲金山聲援北爲府城屏障計斯得矣

葉謝險要圖說

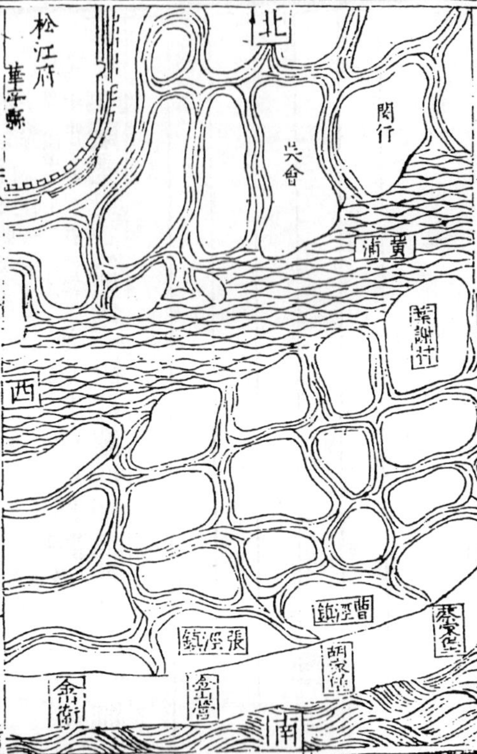

葉謝在府治東南其外爲柘林往年賊巢柘林常自此渡浦至瓜涇而西以犯府城故必屯鄉兵一枝守此以遏賊衝使不得渡浦策之上也議者謂其逼近賊巢非可守之地不若設險閔行遏賊浦西之善不知賊已渡浦勢必散漫閔行特可遏北衝之勢固難阻其西犯也故必屯兵守此北與閔行互相策應西與曹涇互爲首尾遏賊於既渡之後不若遏賊使不得渡之爲善也

朱涇鎮海防圖說

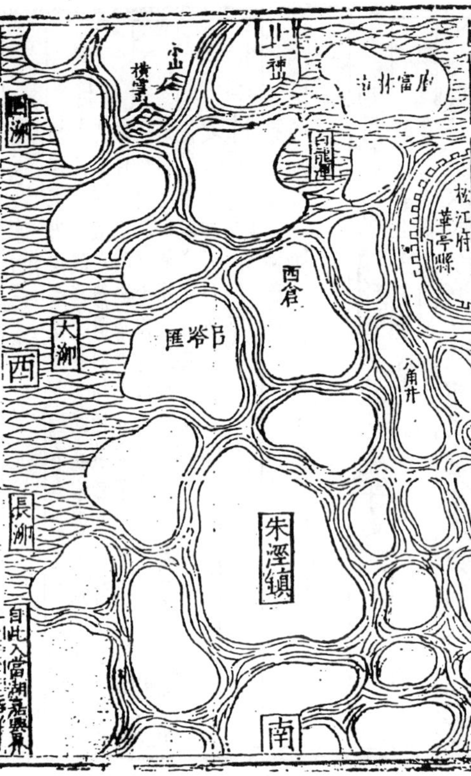

自此入當湖嘉興界

朱涇鎮在府治西南三十里西通三泖南達嘉興往年賊巢呂巷此爲切近之災賊若自浙西而來此又其必由之衝也不可無備

軍門林 云青柘設屯此爲久長之慮但彼民素經戰鬭誠欲得其死命雖損民養兵不爲厲也屯之耕正與汎會一遇有警揮鋤而戰乎抑舍賊而耘也屯取諸募則勢不能置田與耕今查彼業半歸大姓賺之亦無何矣曹涇賊曾避之蓋忌鹽徒之悍也就彼編甲賊至與爭而又設備于葉謝張朱二涇之間寇終不犯矣

華亭縣倭患事迹

永樂戊戌 月倭寇入金山衛指揮同知侯端擊破之

端素剛勇初抵任以金山東南要害修城濠備器械練士卒爲戰守備至是倭寇登岸端與指揮部某分兵出戰卻出南門仝軍皆覆賊由南門入城斷各門橋端孤軍在東門不得入乃引兵至西門橋亦斷仰天嘆曰城亡吾分當死安可偷生遂棄馬一躍過河入西門衆不能繼與賊巷戰數十合身被箭如蝟轉戰至衛門賊驚曰好將軍也乃以所掠染家布擋于街欲生致之端馳至以一劍挑布一劍截而斷之賊仆地而笑端由是得馳出東門次楊家橋鳴鼓招衆卒得匠人今日今潮退舟膠人持草一束與砲俱進至海灘焚賊舟十餘艘賊不得歸遂大敗

嘉靖三十二年

五月賊入縣境

賊船一艘自浙西流來過金山衛而東

七月賊掠諸村鎮

賊過柘林分掠各村其舟半泊曹涇之南半泊川沙洪口

嘉靖三十三年

三月賊攻府城

賊過柘林掠蕭塘至曹涇越三日復還蕭塘官兵與戰巡檢李叢祿死之賊渡浦踰瓜涇抵南倉剿千戶董元等兵禦之元力戰死賊遂攻南門撫按登城捍禦賊乃退屯朱涇須兵官紀邦寧追及之賊戰敗走是日復有賊自上海泗涇來者攻東門官兵敵退之賊屯南倉走花涇聞總兵湯克寬兵備僉事任公環僉事董公邦政提兵將至走南匯所大門墩地方

四月賊臨城下兵備任環總兵湯克寬擊走之

賊自四團象逼城湯任二兵擊走之明日復有自周浦來者焚西門水次倉官兵與之相持累日而長橋民居悉爲煨燼矣未幾復有自閔港來者焚南門民房分一枝掠報國寺爲湯兵所拒

七月賊首徐海巢柘林

海既據柘林未幾蔡[illegible]入圖賊皆來合之此爲一巢勢聚而爲久住之計

三十四年

二月柘林賊出掠官兵敗之

先是官兵出哨者設伏要路俾以弱兵挑賊賊弗顧而東官兵擊之賊驚謂伏起翼兵擊賊遂敗走

三月總督尚書張公經統師來討賊

公督大兵駐府城時廣西等兵初至甚銳請速出戰公以賊勢洶湧我師喘息未定欲伺賊出海擊其惰歸弗許賊糾川沙等巢分沓迭出張聲勢以恐我而實爲且戰且走之計

五月賊臨府城官兵擊走之

賊過南門至西倉欲攻城爲保靖兵所敗而去

七月官兵擊賊於柘林海口敗之

時賊出洋參將盧鏜備倭王沛武生朱先追擊於柘林海口大破之斬擒六十八名顆時柘林賊病疫死傷過半而總督尚書張公經侍郎楊公宜督察侍郎趙公文華浙江提督都御史胡公宗憲調發水陸官兵分布掖伏賊勢窮促乃爲遁歸之計

八月賊改屯陶宅

柘林賊出洋遭颶風飄溺官兵追之且急回柘林者九十八艘其走者又爲嘉定縣丞張潮及上海兵會剿滅之無遺回柘林賊焚舟登陸示無去志僅存十二艘於海口冀我兵不爲備也浙江提督胡公料其必走預遣備倭王沛等設伏伺之賊果乘潮遁走沛等追及於金山海洋盡殲其舟斬溺甚衆得脫者定海兵復遏之於近洋乃改屯陶宅

十月陶宅賊走上海

陶宅之賊過青村所而北遂如上海

三十五年

四月僉事董邦政擊賊於西庵平之

賊自金山流刼至西庵董公大破之斬馘無遺

五月賊攻府城官兵擊却之追戰於泖湖澱山湖皆破之

賊數百突至西南城下緣梯而上我兵失利把總擊殺五六十人賊乃遁去掠福田寺出泖湖把總劉鏜指揮朱嵩等水陸攻之連戰逐北及於章練塘馬家浜皆大捷斬首五十六顆其別枝之在澱山湖朱家角者兵備任公環同知張大顯蘇州府同知熊桴夾擊大破之斬首七十三級晦日賊攻郡城官兵迎擊之賊中砲死者數十人乃退如上海

七月陳東葉明改屯呂巷巡按御史周公如斗督諸軍逐走之

時賊首徐海屯乍浦遣陳東葉明屯呂巷牽制我師督察侍郎趙公文華總督侍郎胡公宗憲部署大兵期必剿滅而從陽爲招撫以款賊巡按周公以賊不歸一卒難就緒萬一有泄其機於賊者蘇松倘不誓矣嚴督海防僉事董邦政參將婁宇把總王應麟等分布要害亟擊之連戰連捷賊敗衂死者甚衆初二日遁往乍浦是役也賊旣畏我兵之逼又利督撫之招撫而遁自是蘇松寧謐胡趙二人更無北顧之慮以迄成功云

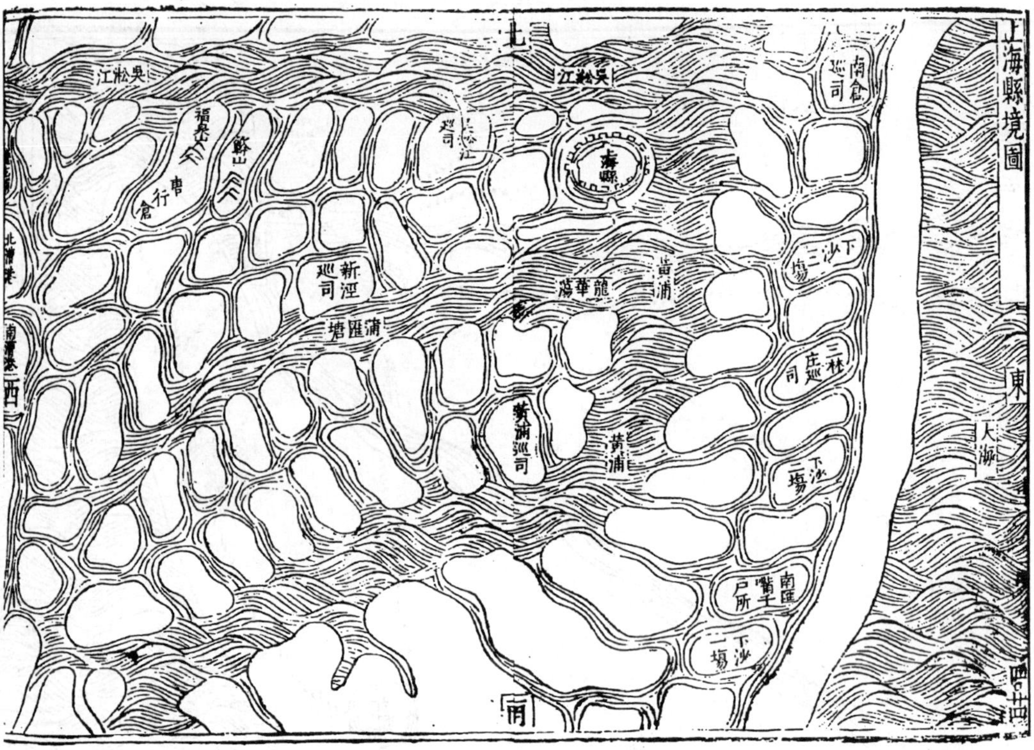

上海縣總論

上海與華亭同爲雲間屬邑而形勝迥異守禦亦殊何哉賊之來也多自吳淞江而西南不五十里爲黃浦黃浦逼縣賊至卽抵城下矣然後分艅循浦而南或由江而西皆可達郡城是一郡之要害在上洋上洋之要害在黃浦黃浦之要害在吳淞守吳淞江口拒賊上游守黃浦遏賊橫渡庶幾免夫

本縣城池

城 舊故無城嘉靖三十三年縣治屢爲倭寇所陷知縣喻顯科始甃築之 周圍 里 步 池 東卽黃浦西南北三方各濶 深 門六座 水關三座 敵臺

窩鋪 雉堞三千一百九十五垛

軍門林 云邑尚意氣喜事功誌稱其流也失之夸

洒東濱大海易于致寇司民牧者其在移風俗嚴輿衛使得道者多助乎甲寅寇至是邑然後侵郡城歷蘇常鎮以及淮揚西則沿海至嘉湖民風之得失關是邑之安危是邑之安危又關諸郡之治亂也

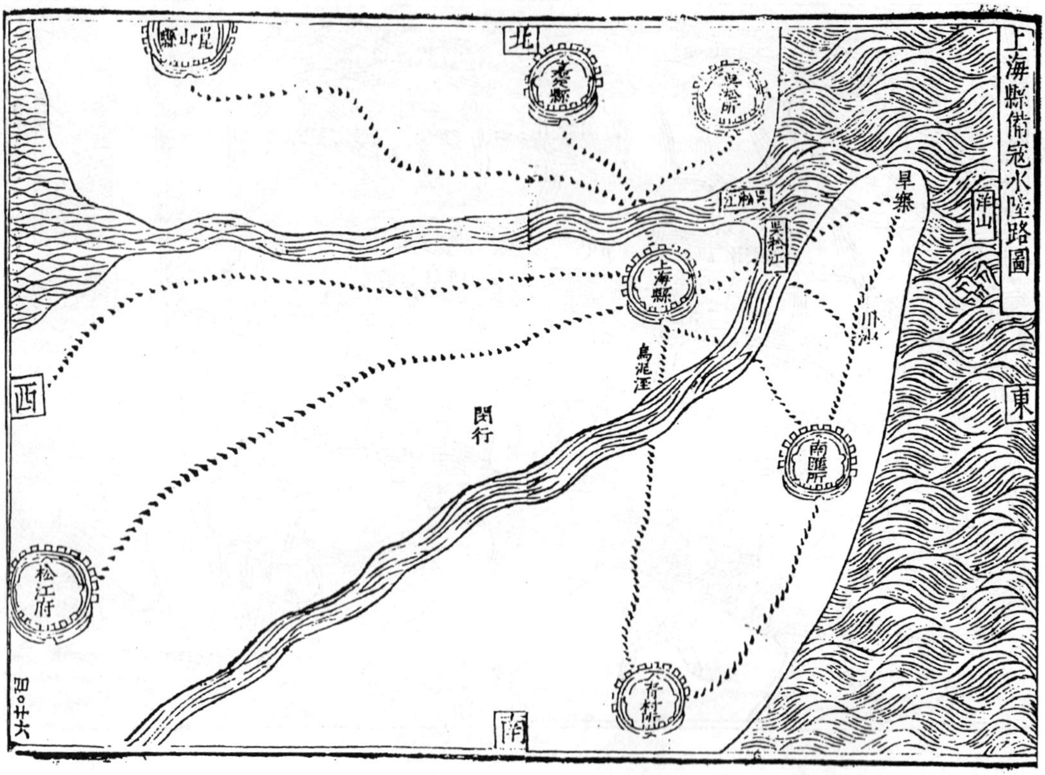

上海縣備寇水陸路考

東濱大海

由東門下黃浦入閘巷五十里至南匯所

西通華亭

其道有二一由龍華太平橋馬巷橋新橋七寶龍曙菴泗涇洞涇至府城北門一由黃浦收閔行入東門

北與嘉定為界

由北門出吳淞江歷栅橋南翔鎮至嘉定縣南門

西北與崑山為界

其道有二出北門由吳淞江栅橋西行至青浦歷安亭港口夏駕浦口于墊澇水港新洋江至崑山東門為水路由栅橋封家浜安亭陸家浜車墩吕巷至東南門為陸路

東北抵吳淞所

由東門下黃浦出吳淞江沿江東北行五十里出江口為大海吳淞所在焉

右水陸可通之道凡有七其實江湖澤國四通八達賊舟無處不可出沒不能一一而設備也惟擇其尤要者建寨栅扨團營專駐官兵以為守禦之計其餘亦惟以遊兵行哨奇兵設伏輕兵出襲斯可矣計邑之險要有五曰南匯曰黃浦曰閔行曰烏泥涇曰唐行

南匯所險要圖說

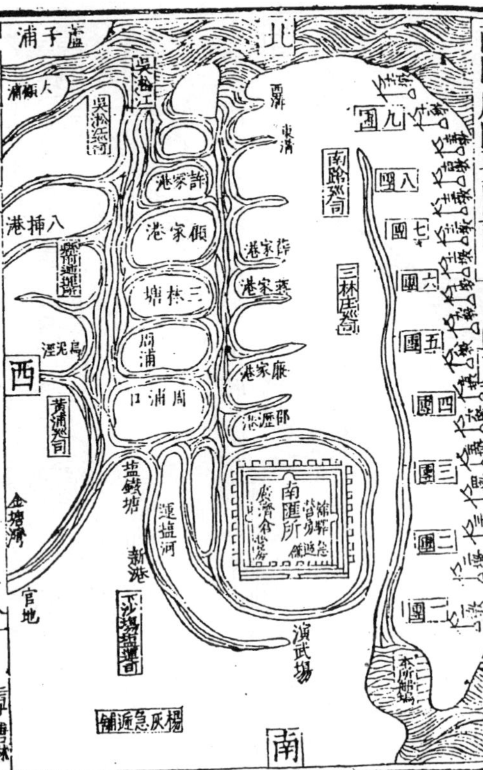

南匯所金山之中後所也下沙新塲周浦八團諸鎮舊號富庶皆本所信地也嘉靖甲寅以來皆爲賊巢而所城孤立處群賊之中勢亦危矣乙卯歲嘗陷於賊今設把總一員常川駐劄爲上洋外護然賊之犯上洋也悉自吳淞江入黃浦逼臨城下南匯反在其外賊之來也惟慮我兵自內迎擊之耳誠練精兵於此俟賊之隙鄧枚襲之賊可破也

本所城池

在青村北五十里

城周圍九里一百三十步高二丈二尺 池濶二十四丈深七尺 門四座上各有樓 水門四座 角樓四座 敵臺四座 箭樓四十座 窩鋪 雉堞二千三百十六垛

川沙堡險要圖說

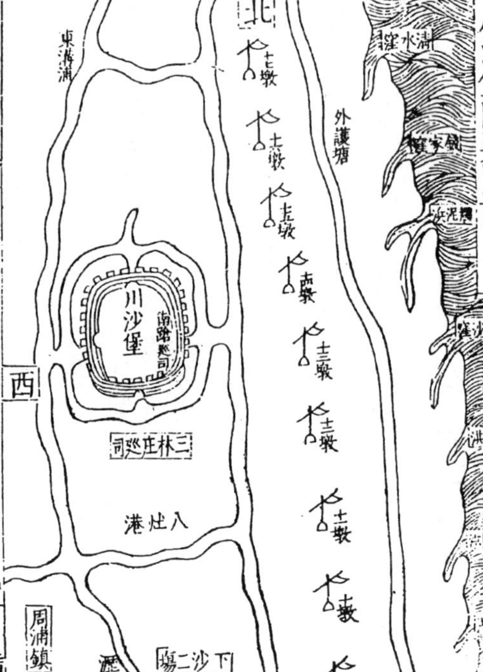

川沙堡在南匯之北旱寨之南舊制南匯與吳淞所互爲應援然相去一百五十餘里又隔吳淞大江兵馬難以急渡賊至飛報且弗能達況提兵策應乎嘉靖甲寅賊據爲巢與老鸛嘴柘林新塲相爲犄角本鎮遂成丘墟歲丙辰巡按御史尚公維持特爲築堡以千戶一員守之而隸於南匯把總深得防禦長策然歷年倭寇之來也多自寶山登陸擄掠而南則旱寨川沙正當敵衝與南匯青村緩急又有賴也軍餘百名弓兵八十名果足備禦乎有事之時把總之兵豈肯棄南匯而守川沙乎今以把總駐劄此堡千卒五百戍守有事宜與旱寨互爲首尾庶氣勢聯絡事權歸一而且無推諉之患矣

川沙堡城池

吳淞所南一百二十餘里北距旱寨

城周圍四里門四座雉堞一千二百九十三垛

黃浦險要圖說

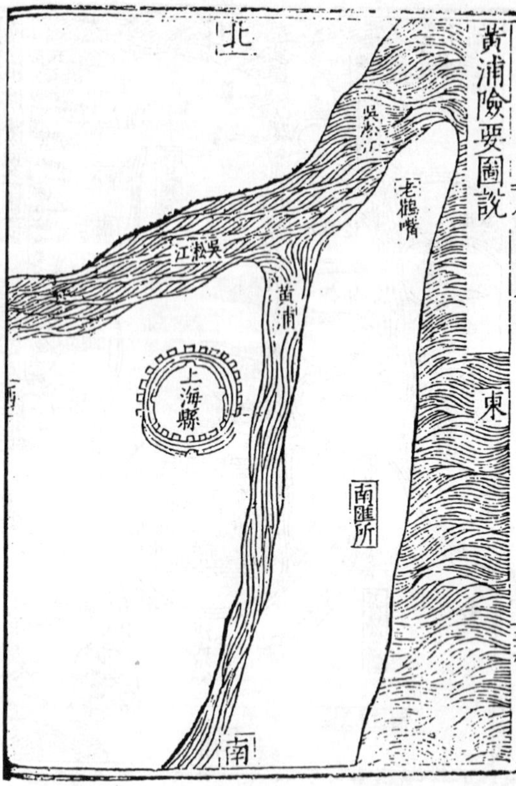

閔行鎮險要圖說

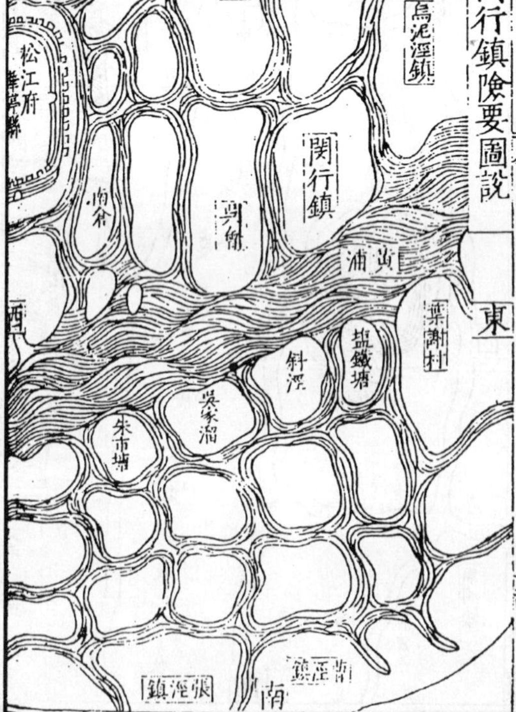

按上洋之大水有二曰吳淞江曰黃浦吳淞江自關橋以西多淤塞而不通凡太湖以南嘉湖杭之水悉入泖湖從黃浦出海其流反疾故賊舟之入也或由綵淘以犯嘉定或由黃浦以犯上洋而吳淞反為不便勢使然也黃浦去縣城不二里賊易登犯萬一得入即橫行無忌矣守松之要莫如黃浦舍此更無港口可收泊者必須大治兵船嚴為守備遏賊上游使不得入浦方為上策然守浦之法不宜株守浦口必令一府兵船分為三哨一守浦口以捍縣城一哨江中以備救援一守吳淞江口使賊不得入江則闔郡寧息矣

閔行鎮在上海縣治西南南匯陶宅入府之通衢也往年倭寇倡獗軍門嘗設兵守之盖其地雖屬上洋而設守實爲府城捍衛計也且其南與葉謝相對屯兵於此可與葉謝互爲應援非特遥張聲勢而已

烏泥涇險要圖說

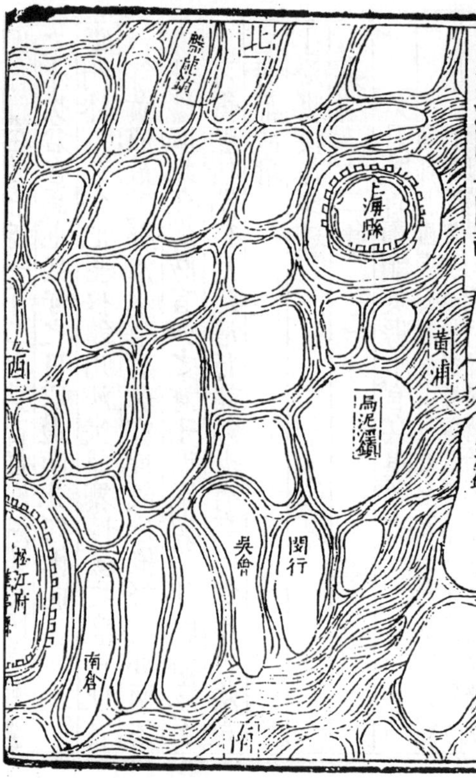

烏泥涇在縣治正南與浦東三林塘周浦鎮相望其地富饒可以屯結賊若自二鎮渡浦而西即爲縣治若入犯府治亦由此道故烏泥閔行均當設險匪直爲縣實遏賊入郡城也

唐行鎮險要圖說

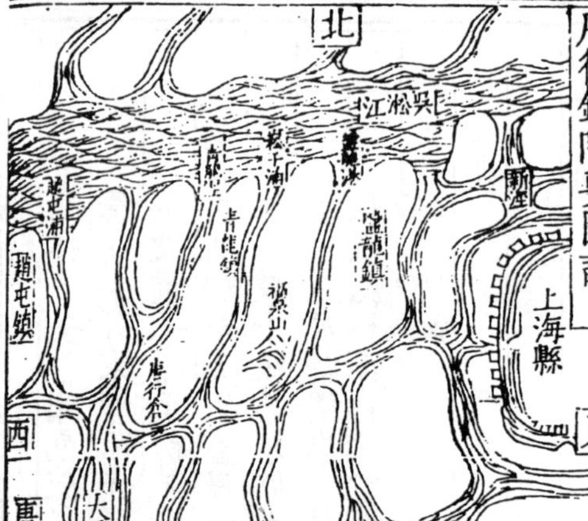

唐行鎮在縣治西一百二十里，西控泖湖，爲吳門要衝。縣之水次倉在焉，屯兵守之，可以遏南北之衝也。

軍門林　云今把總移鎮川沙矣，早寨陸登之寇，可使當鋒。黃浦最邇縣治，水哨有船，亦徒設已，縱督之，亦適恣其鹽販。此在海防官加之意乎？南匯與川沙聯絡，寇至可得聲援，閔行、烏泥、唐行諸鎮非有兵也，保甲之法是可無講耶？

上海縣倭患事迹

嘉靖三十二年

六月，賊首蕭顯焚縣治，官兵追敗之。

顯自浙西流突，過金山而東，至天妃宮，領坑兵指揮黎鵬舉與鎮撫胡賢禦之，鵬舉被鎗傷，重賢力戰死焉。賊乃衝縣，市焚縣治而南。鎮江衛知事吳宗德追之，本縣水兵據浦要，賊驚潰，爭舟溺死者不可數計。守備解明道、蘇州府同知任環伏兵吳淞江口，遣數舟誘敵，賊出海，伏兵翼擊之，追至寶山洋，賊大敗，俘斬九十九顆，死海中者不與焉。

嘉靖三十三年

正月，蕭顯攻縣城，官兵擊敗之。

蕭顯自南沙突出，越嘉定，來攻縣城，甚急。時城初築未固，兵備僉事任公環統民兵三百，偕兵八十來援。賊舟泊黃浦者百餘，而自吳淞江南行者不計焉。任公追擊於五里橋、習家墳，皆大捷，賊乃驚懼。浙江提督都御史王公忬遣都指揮盧鏜兵亦至，賊遂解圍而南。鏜進搗史家浜賊巢，大破之，賊死者無筭，其別䑸之在歸家港者，任公復大破之，賊遁如浙西。

四月，賊攻縣城。

賊自嘉定而來。

七月，賊巢川沙。

賊盤據川沙，與陌林賊互爲首尾，未幾，分屯老鸛嘴，鸛賊出陳兵，海防僉事董[illegible]

賊所入老巢

軍門林　云曾聞邑被兵者數歲，城完，賊攻之甚急。夜半，有乘守懈先登者，一童子覺，呼衆攻擊，賊殺童子而下。初，賊抵城下，潮落濠可涉渡，比去，則潮至矣，衆盡沒濠中。平旦，爲守城者撈斬其首數十級，梟示城上，賊過浦望見之，號泣而去，自是邑解倭患矣。是夜，賊已先登，危哉！一童子繫數十萬生靈之命也，謂非天意乎？童子○○○○祀城隍祠。

江南經畧卷之五目錄

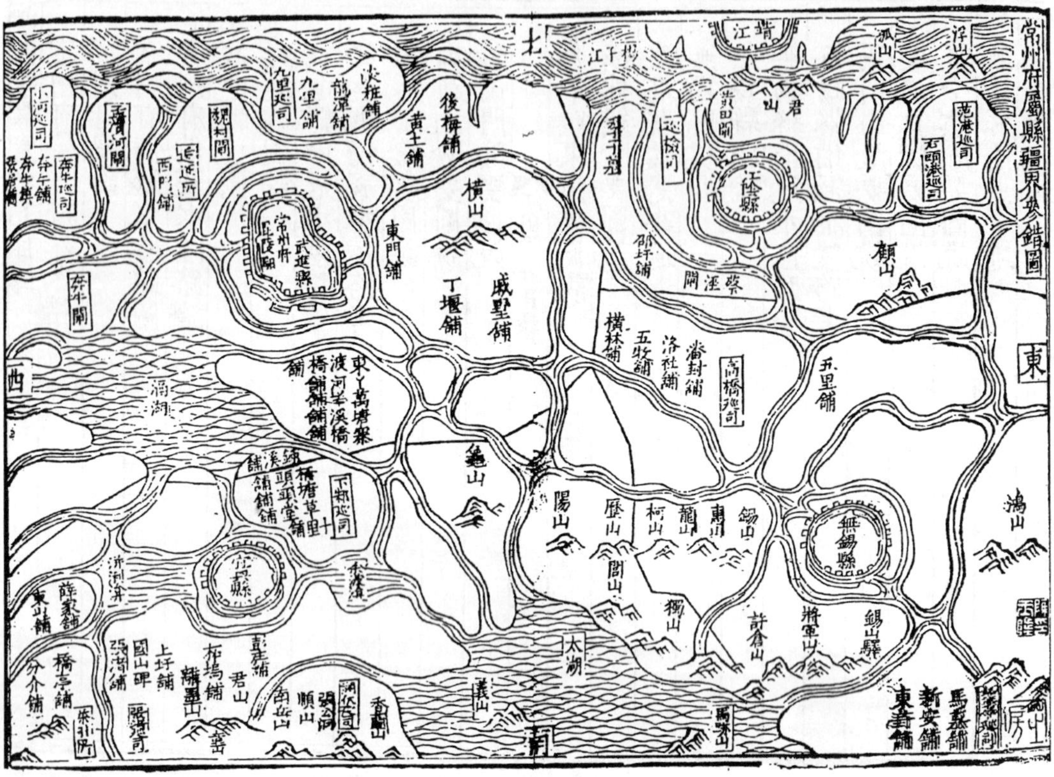

古今論險要者皆曰京口當長江下流乃 留都之門戶也又曰當南北運道之衝乃吳越之咽喉也不知 留都之門戶在於靖江吳越之咽喉在於河庄而凡言京口者皆非也何也靖江横亘大江之中週圍百里港汊浩繁舟師可泊結水寨屯重兵與泰興江陰相爲犄角則海寇不敢越此而窺 留都所謂靖江爲 留都之門戶此也丹徒以東抵於雲陽兩岡相夾可以設伏可以闌截賊必不敢由此而東若收河庄歷奔牛抵於毘陵通計不過七十里甚便且易既至毘陵則金壇丹陽宜興皆可傳檄而定而無錫以東咸入其彀中矣所謂河庄爲吳越之咽喉此也夫是二者皆常州之所轄也向來非不設備但靖江勇夫之力不足以支倭泊之衝河庄堡寨之兵不可以過大江之入必廟堂之上不以靖江視靖江而以 留都視靖江不以河庄視河庄而以吳越視河庄各設叅將各屯重兵務俾其力足以抗禦海寇不得越靖江而西衝江寇不得收孟河東下夫然後爲常州之善計耳

留按重留都而先靖江重吳越而先河庄生言得之矣但靖江单弱河庄堡寨之兵難過大寇爲常謀者治兵議餉不可後也

本府城池

城週圍十里二百八十四步高二丈八尺甃以磚石 池闊廿六丈深二丈 門七座 水關四座

敵臺 窩鋪 雉堞

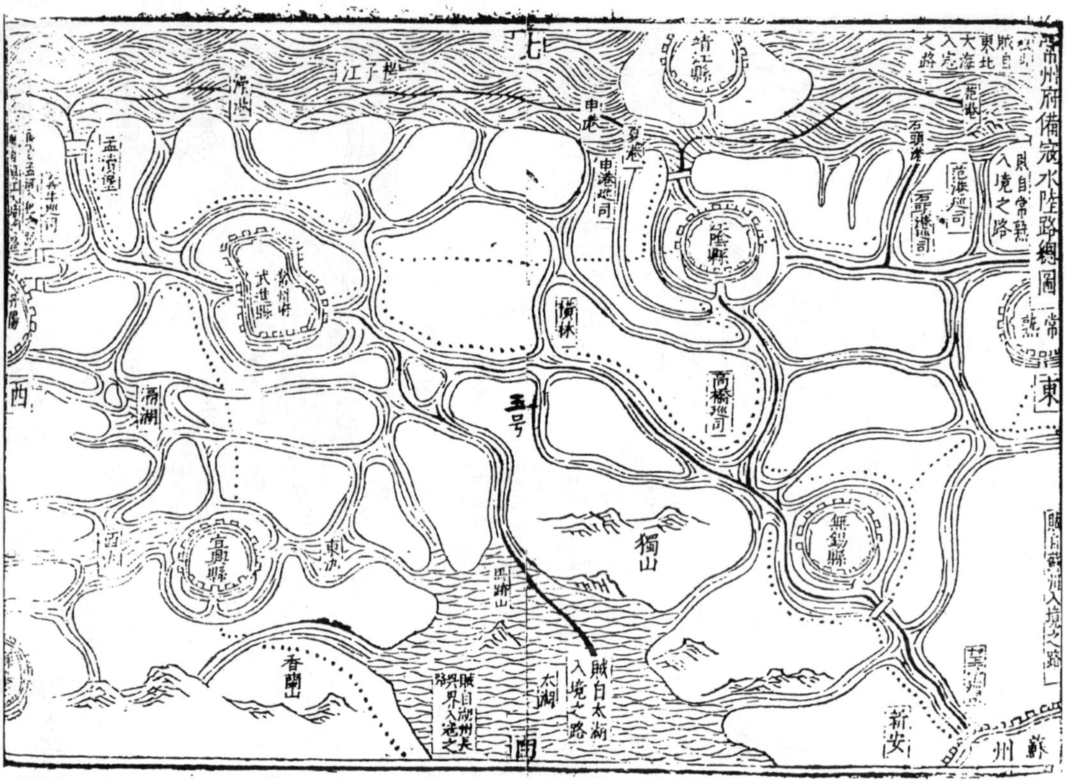

常州府備寇水陸路論

夫寇欲犯常州水陸可通之路不可勝舉其大要不過三者而已第一是由河庄而進歷奔牛東至城下第二是由江陰之桃花港過壩直抵北門第三是由蕪湖溧陽金壇宜興而來斷斷乎不敢從京口閘運河東下何也京口以東夾岡兩岸如山迢迢一水中行非兵行之道也知斯三者則知所以守常州矣

軍門林　云三險誠宜豫之但京口以東雖可恃夾岡以無恐萬一劇賊舍舟登陸斯亦不可不早計也

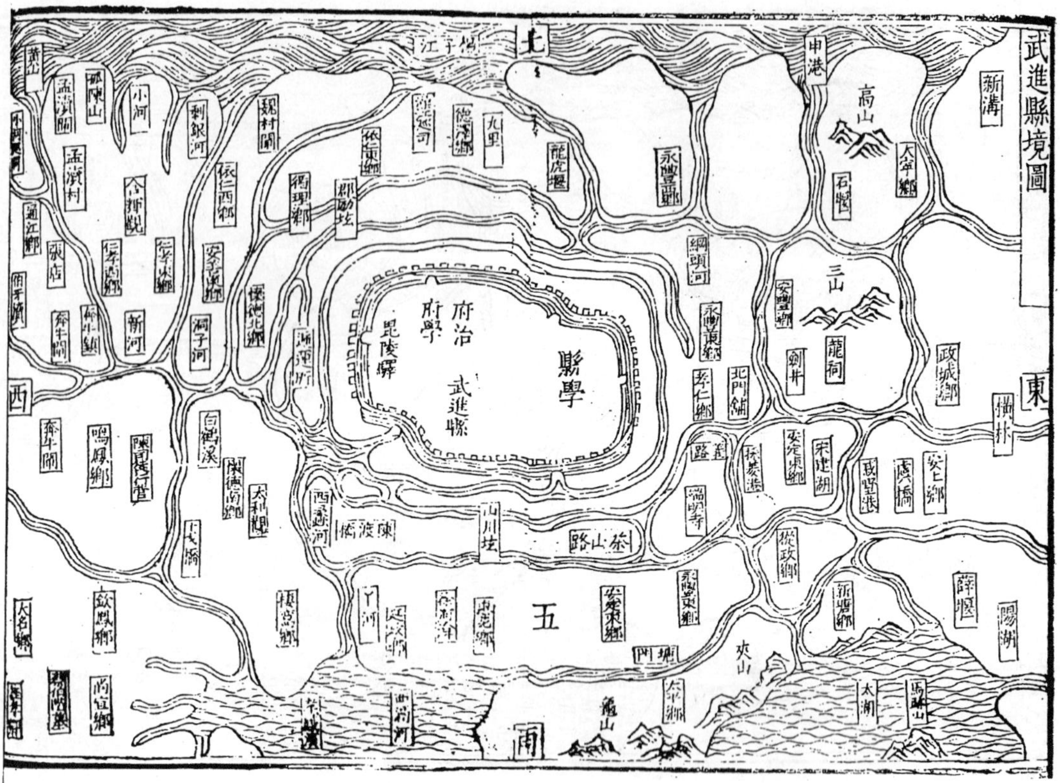

武進縣總論

常州之屬縣五武進其附郭也運河中貫其西則由京口可以出大江其東則由勾吳可以通滨渤利害關係衆人之所共知向來之所預備愚以爲賊計巧猾若窺常州必不由此而入其入也必由夫河庄其詳已見於本府總論矣河庄設備若嚴賊又將捨河庄而趨桃花港何也桃花港離郡城僅二十里東望江陰西望孟瀆皆水陸兵將蜂屯蟻聚未易猝犯此港乃人所共忽賊若棄舟於江干從江口登陸而行不片時可抵常之北門報至賊亦至矣豈不可慮河庄在縣境西北桃花港在縣境東北二者皆武進之所轄也惟斯二者則武進之兵防盡之矣或疑東南有臧墅下濆等港皆濱太湖盜若由此犯城亦易其險恐不在桃花下曰是不然寇若入湖必由蘇常楊羨地方聲勢咼沸矣湖中有七十二山綱哨船巡司兵船追逐哨報賊豈能掩襲而至哉大抵善攻者攻人之所不備善備者備人之所必攻桃花港之攻與不攻存乎我兵之備與不備耳

本縣城池

縣附於府其城即府城也詳見前

軍門林　云賊之至也東西各有險賊攻其東則須備其西既守河庄又守桃花港武進不可以安枕乎生於是乎識勢矣

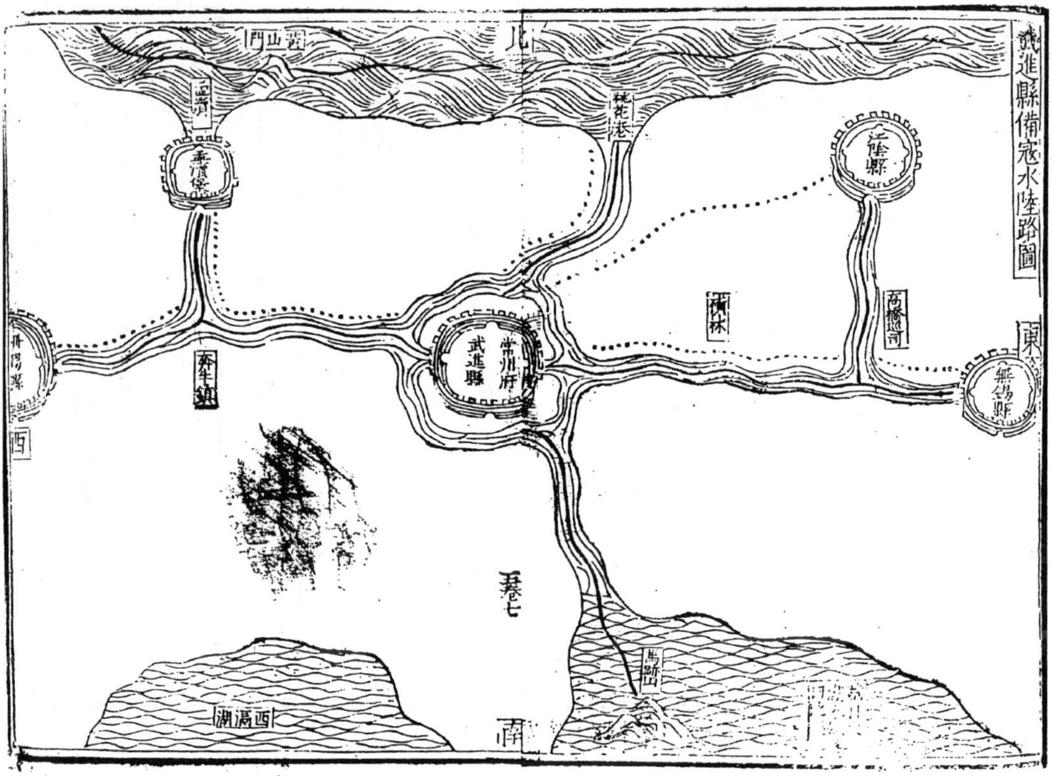

武進縣備寇水陸路考

東通無錫

其道有三由白家橋官塘東行歷横林五牧高橋至無錫之北闕或由白家橋收港歷戴琪楊溪花渡橋至出洛社者其東路也由白家橋南進採菱港歷東崖戴琪馮橋鄭瀆馬家橋楊湖藕蕩錢橋出雙河口者其南路也官塘東行者正道也其餘皆間道也

西距丹陽

其道一見丹陽縣水陸路考

南抵宜興

其道有四由西門陳渡橋歷柵頭寨橋涙將川鍾溪何橋呂亭至宜興之北闕者其南路也由採菱港進歷 由丁堰進歷 由横林雙牌進歷者東南路也南路正道也東南路乃間道也

北至大江

其道有二由北門七十里挑花港出江者其北路也由奔牛鎮入孟河河庄閘出江者西北路也西北路正道也北路乃間道也

東南至太湖

出湖之口有三由白家橋丁堰戚墅堰宋建湖口洛陽塘門旗庄戴溪諸橋天井岸下閘蔣庄龔堰薛堰下埠港入湖或于下埠港之東曰新村曰董庄曰毛湖曰桃花曰蘆荻皆可以入河者其東路也由白家橋採菱港豐處江付馬巷板上周陳虎阱新庄諸橋與中路戴溪橋等合者其中路也由縣治東岸至蔣庄渡支河歷聖力飲馬東板西板諸橋横河分水墩西渡港入湖者西南路也三者皆間道也非正也

東北與江陰爲界

其道有二見江陰縣水陸路考

西南與金壇爲界

其路一由西門小港而行歷三里巷賀家地方出金城港至金壇者是也乃間道也

右水陸可通之道凡十有六其間港汊浩繁岐路錯雜不可勝計不能一一而設備也惟當摘其

要害[illegible]建寨柵以守以禦其餘亦但以遊兵
行哨奇兵設伏輕兵出襲斯可矣謹按武進之險
要有五曰孟瀆堡曰馬跡山曰黄山門曰奔牛鎮
曰横林詳著各圖說于後

孟瀆堡三防

孟瀆堡險要圖說

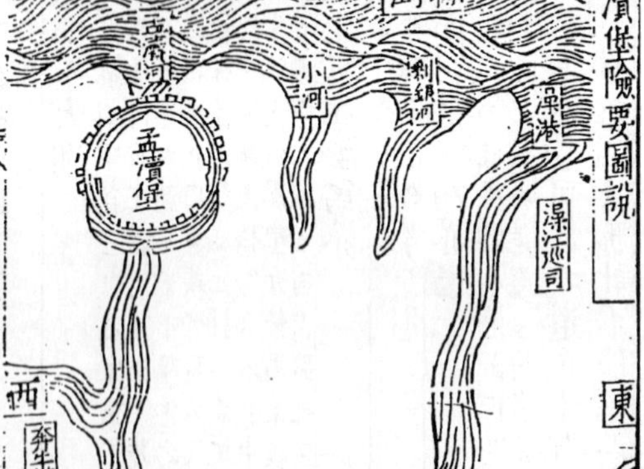

東南海防與西北邊防不同西北之民健鬭而善射每遇
虜騎入寇進堡登埤妻奴老幼悉操矢石以禦之堡內甚
倉虜何所利而必欲攻之乎是故北邊以築堡為利其堡
也非浪築也山隘路口虜所必衝者則築之在東南則不
然海港無處不可衝入海塘無處不可登犯迢迢原野並
無山隘雖欲築堡何所憑乎縱有堡亦誰與守乎蓋一則
膽怯而不敢鬭二則常恐絕粒三則勢孤無援故不如一
走之為愈是堡之無補於江防海防較如也惟河庄一堡
又當別論而不可以不築者此荊川唐公之見所以為不
可及也何也孟瀆乃蘇松諸郡之咽喉大寇若犯江南此
為最要愚於常鎮諸論已發明之矣荊川黙識乎此倡議
興築勞民費財萬姓怨讟而弗顧厥功大矣但惜其即世

辨獲與之回議也何也孟瀆口當江潮洶湧之衝土疎善
崩堡跨瀆口之上凡江行者必由南北水關出入萬一崩
特適值寇警脩葺則不及不脩則致悞豈不殆哉如愚見
似當釐爲二堡兩岸分築先樹木樁以固其基勿惜石灰
以期其乂相峙如門協力守禦策之上也若錢糧不敷難
於輕舉則但建寨柵亦令夾岸而峙脩葺皆便策之次也
或者曰柵寨安能禦大寇乎曰不然寨柵之設不過屯陸
兵而已耳孟瀆口外自有水寨兵船寇至則戰于江中弗
容其入也戰而弗勝賊舟始入陸兵夾而擊之杜其深入
又弗勝也然後直搗奔牛奔牛之師迎而拒之江口之師
尾而追之雲陽毘陵之師又翼而應援之賊將安所逞哉
所患者前後左右之力弗協縱賊剽掠此則有不可料者
孰謂大寇之禦而專恃夫區區寨柵也耶

孟瀆堡考 官軍居民與小河包巷二巡司弓兵協守

城 周圍五百八十丈高二丈二尺厚三丈 門 一座 水關 南北各一座 窩舖 二十座 雉堞 一千九十七座

軍門林　云孟河一堡足矣若欲釐而爲二誠有勞民
傷財之憂生稱土疎善崩則豈無故建堡之初水從
北關經城而南城與水違行故隄不崩嚙年來關之
西北漲一沙牙水爲沙捍不能入關竟繞城衝一小
河而逝夫土本疎也下爲江嚙上爲城壓能保其不
潰乎故欲增設一堡不如鑿此沙牙塞此小河使水
仍由故道乃百年全安之計也

馬跡山險要圖說

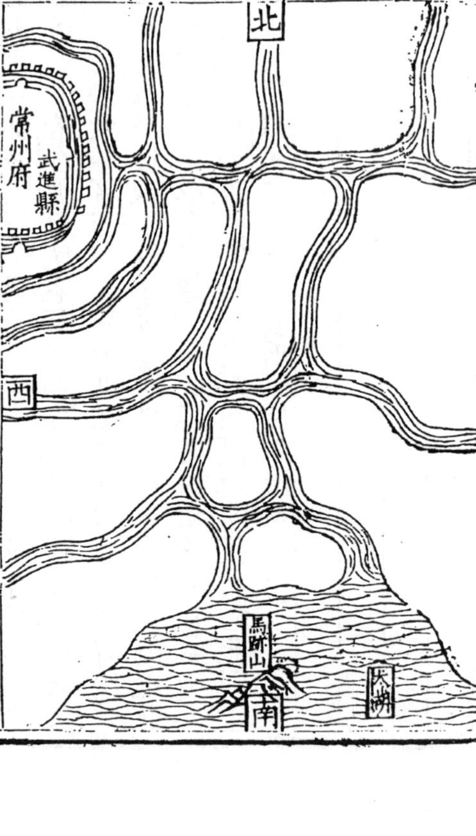

馬跡山在府治東南太湖中二十里太湖之在武進惟東
南一隅爲險馬跡山屹立其中若天設之險也宋置寨兵
於此以備湖寇近年以來議者漫不及之蓋以倭寇侵犯
洞庭其勢必由無錫北行而入揚子江武進道里遼遠故
也殊不知無錫西南漁舟甚大賊所深懼往年賊嘗犯之
輙爲所敗復回蘇州是防禦已寄本縣獨可無備乎今宜
設備於此有警則募漁舟爲夾擊之勢舊寨亦不必脩復
上有祥符寺已可屯戍矣

黃山門險要圖說

黃山門在包港江心水流湍悍盜賊出没之地也况當常鎮二府之交上下瞭望俱可及百里實京口之門戶也長江浩瀾守望俱難黃山門上下多沙塗惟此茫無涯際江中戰埸此其第一也水兵長技倭奴所短盡我之長賊豈得肆志耶保護

留都

陵寢無越於此更得淮揚兵船協力萬全之謀也

奔牛鎮險要圖說

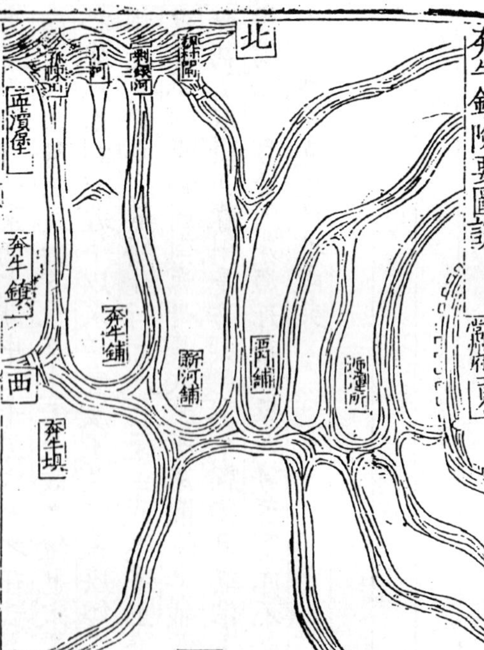

奔牛在郡城西三十里北通孟瀆包港西通丹陽運河要道也賊若自孟瀆包港南下必自此出或自京口丹陽東下必經此鎮實西郊之藩翰也必設兵守此俾與丹陽戍兵互爲聲援賊至彼此夾擊賊豈敢長驅而犯毘陵也此地自來無盜故今之議者僉謂不必設備殊不知孟瀆爲長江南出咽喉與常鎮二府頗相隔絕非設兵於此則堡孤立無援矣故守奔牛實所以援孟瀆也

横林險要圖説

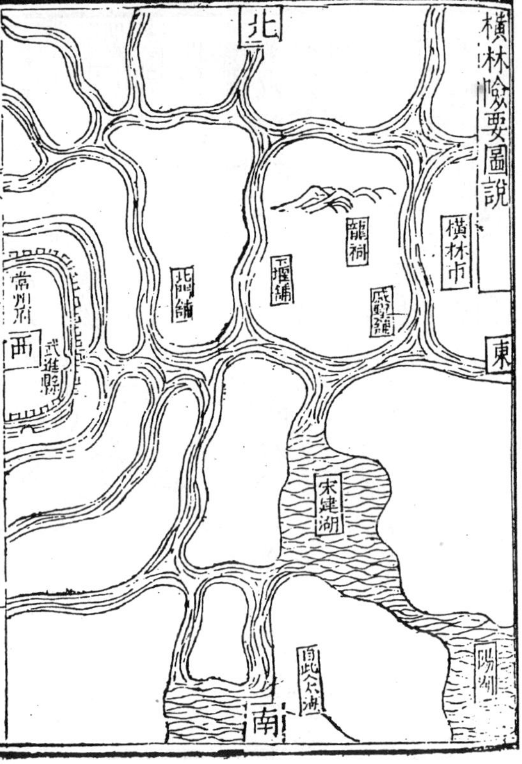

横林在武進東三十里南通宋建湖陽湖太湖北通西堰鎮乃運道要衝也其東爲洛社其西爲戚墅丁堰皆盜賊出没之地賊若東南自蘇州以趨無錫東北自江陰以出高橋皆可以達郡城而此地其必由之道也宜設一兵於此西衞府治南援無錫武進倭獨不多犯然五險實不可不預黄山門孟河其最要也結援淮揚則黄山門多恥守奔牛壩則孟河不孤二者宜併圖之

武進縣倭患事迹

嘉靖三十五年

四月賊圍府城

賊自小河而入

六月賊掠村鎮

江陰之賊志往江北復回登犯包港孟河入寇

村聚守焚掠無遺

軍門林　云倭犯洞庭必由無錫北行入江武進道里遼遠故鮮謀之然防守實不可懈

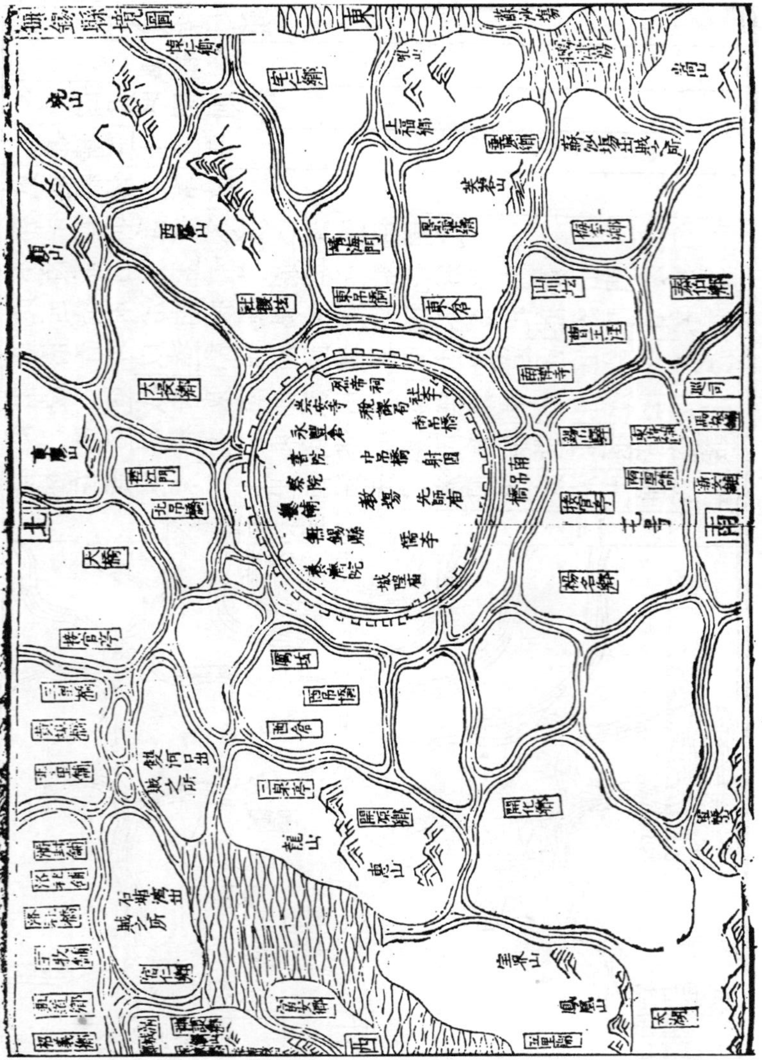

無錫縣總論

無錫在常州之東南據太湖北抵江陰倭寇若自東海而來必由夫長洲自大江而來必由夫江陰若中原之寇自嘉湖而來必由夫太湖嘗相視其邑設備之法有二重焉設於百瀆口小瑄港河高橋九全五丫浜若其內一重也設於四河口五牧斗山宛山蕩口懷仁望亭獨山軍將山閭江山者外一重也團結有法水陸具備則一時攻掠之患庶幾其可免乎

軍門林　云二重之守此不特無錫為然不善守者守一城善守者守千百里之外

本縣城池

縣故有土城元至正十七年偽吳參以磚石國朝洪武初復加修治十後嘉靖三十二年倭寇內侵十八

知縣王因址而重築之

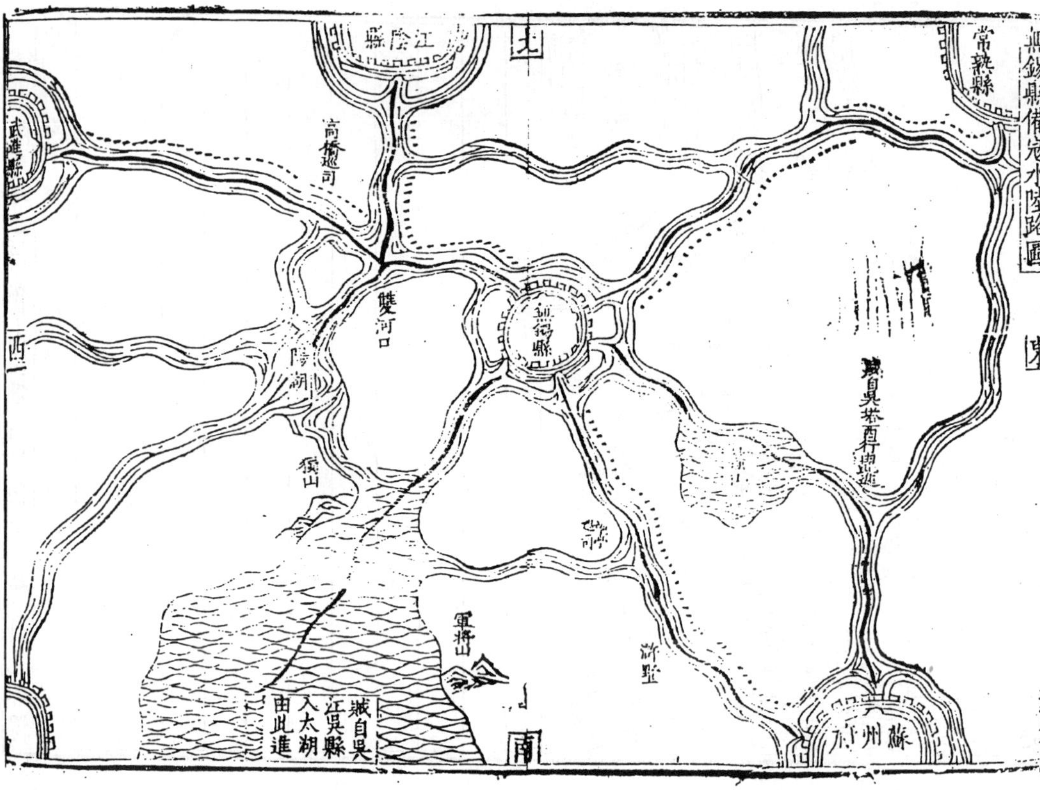

無錫縣備寇水陸路考

東通常熟

其道有六一由北門歷五丫浜三壩陳墅北新下市橋港口湖橋山塘涇此北路也一由五丫浜歷新塘橋太平閘瀆橋宛山蕩陸家蕩柳溪港華蕩一由宛山蕩出界涇羊尖華蕩者皆中路也一由南門進百瀆河歷梅村張塘涇蘇沙蕩鵝肫蕩芙露華蕩一由百瀆出學士橋歷龍亭新塘橋太平以達華蕩皆南路也一由東關尤塗新塘橋祗陀寺潭塘膠山羊尖附馬庄深塘戴渡者東路也惟此為陸路餘皆水路

西通武進

其道有三詳見武進

南通蘇州

其道有三由南關牛埸頭曹橫涇新安望亭滸墅射瀆楓橋一由射瀆進歷金雞墩虎丘山山塘橋或由望亭之東收港歷上下姑嫦橋東西里橋許家灣王御史橋斜路橋長涇廟三白橋虎丘山後出山塘橋或由望亭滸墅之間收吳家店歷白石山至王御史橋以達山塘橋或由滸墅之小菜橋入至王御史橋南路也由南門百瀆河歷馬橋前橋洛社橋同橋出山塘橋者東南路也

北通江陰

其道有六由北關歷高橋四河口青暘鎮越城橋蔡興閘抵江陰南門者官路也由北關三里橋歷石永廟高六堰北諸蘇市橋王塘橋蘇毛橋長壽四河口此西北路也由新塘橋芙蓉山皆東北路也由五丫浜嚴埭新塘陳墅長涇馮塘入字河胡埭楊家橋黃村三河口洛駝橋東望橋東板橋者皆北路也由北門進江陰港歷後圻者陸路也餘皆水路

西南通宜興

其道有三詳見宜興

右水陸可通之路凡二十有一其間港汊浩繁岐路錯雜不可勝紀不能一一而設備也惟當摘其尤要者團兵勇建寨栅以守以禦其兵餘則但以遊兵行哨奇兵設伏輕兵出襲斯可矣○謹按無錫之

獨山險要圖說

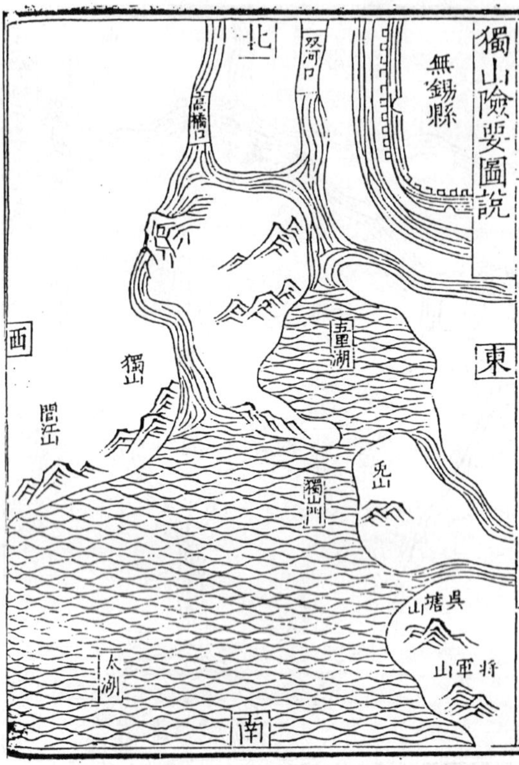

險要有三曰獨山曰雙河口曰望亭鎮詳見各圖說于後

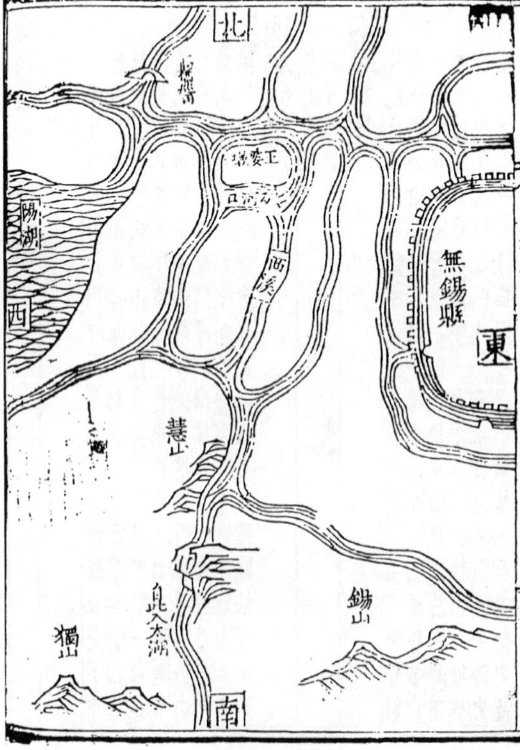

獨山在無錫西南十八里岧嶢山山脉西來至是中斷卅行其中北與管社山相望號沍嶺門南與充山對峙號獨山門梁溪之水自雙河口至此入太湖地方盜艘劫掠必從此走太湖避追捕是故雙河之險不特亂世爲可虞而承平之時亦號賊藪似宜設一巡司二門置柵嚴其緝捕賊方無所容耳賊若自太湖入犯縣境則命將率師於此堵截更募漁舟犂之於湖中賊必不能深入也

雙河口在無錫縣治西北五里南通太湖又北五里爲高橋高橋爲武進江陰要道倭寇若自江陰南來必出高橋過雙河以犯縣治若自太湖北來亦必由西溪過雙河以犯縣治雙河口者眞鹽盜往來之衝而我兵所當固守者也平時客艘過此若履氷霜舊設巡司於高橋雖得控禦之策然弓兵額少巡邏難周必添兵額往來哨守有事則以重兵扼之庶縣城無北顧之憂矣

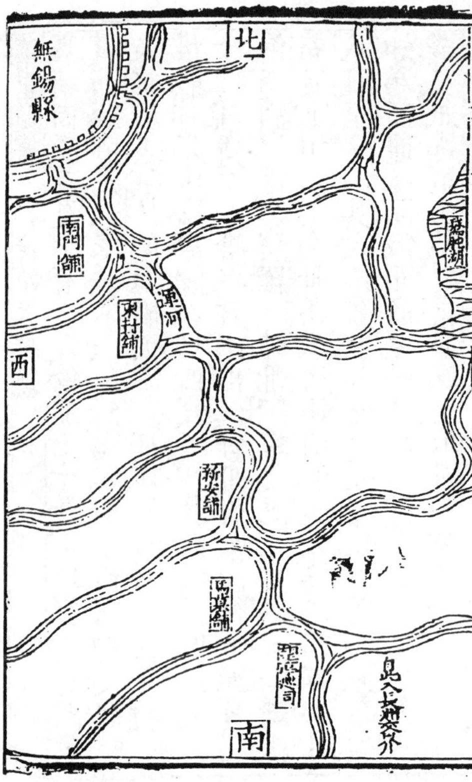

望亭鎮險要圖

望亭在無錫縣南五十里與蘇州之長洲分界其地東通蠡湖西通太湖號爲賊藪甲寅倭寇自滸墅而來過此至新安聞有土兵在南門舖以爲苗兵也復轉而南縣城得無恙今宜設備於此使賊不得北行策之上也若忽而不備賊將長驅而至城下城雖無事四郊之殘破慘矣

軍門林　云按雙河即生云內一重險也獨山望亭即外一重險也此三險獨山爲要議設巡司良是雙河望亭分番防守足矣

無錫縣倭患事迹

嘉靖三十四年

四月賊攻縣城

賊自江陰南來勢甚猖獗知縣王　督士民悉力禦之又一支攻華家壆亦弗克乃焚掠四境

由蠡口出常熟與三丈浦賊合

六月賊至新安縣城戒嚴

先是王知縣募窰夫爲兵結營南關號曰窰兵賊掠蘇州至滸墅欲由高橋出江陰蓋恐蘇州兵船絕其歸路也至新安搏居民問之曰無錫有官兵乎應曰有曰奚兵曰窰兵也賊驚曰窰兵在無錫行幾遇之乃退走取道常熟而去

三十五年

四月賊攻縣城

時兵備副使王公崇古駐箚城中督官兵拒賊賊死於矢石者頗衆乃由高橋北去而沿城民居悉爲煨燼矣

軍門林　云二年內賊凡三犯皆不得志則防守之爲功大也彼窰夫者平時亦宜綏結乎故制寇須練土著

華重慶擄入朝鮮始末附錄

嘉靖丙辰首夏十有八日倭船七十餘至無錫之北門魚貫而艤各舟人衆寡不一每鷄鳴起則分夥出刼夜則歸聚重慶遇賊於孤獨橋被擒至舟其舟四十人皆真倭也惟賊首爲中國寧波人稱四官不知其氏各舟既滿五月十二日齊至江陰之君山出江每舟聯幫而行十五日出海過劉家港叅將羅　帥舟師邀之沉五隻賊大驚斷纜而逝不相顧重慶舟爲風所逐白浪拍天莫辨其方也廿八日至一山其大不盈數畝舟人登之伐木艌舟見草屨知爲高麗地面俄而高麗邊將遣三舟卒百人邏視矢石叢發賊逃匿山林財帛盡爲所取舟亦被焚廿九日又有三十餘舟卒千人搜山勦賊無遺重慶等中國人九名冒

死號泣而訴生擒至邊六月廿九日解至高麗國都其間經歷郡縣凡二千里半途有光州牧者即中國之布政司也先是邊將奏報國王遣通事白元至牧相遇審問間華姓無錫人即問重慶曰昔有天使華學士者無錫人也得非汝宗族耶重慶曰然具悉以對元歸述以告王七月初三日王使吏曹尚書覆訊畢出住天使入宿八月十二日王賜宴陪坐盖重

天朝亦推學士之餘敬也宴罷每人賞圓竹帽一頂白布衣一件裙二條青綿布綃一疋皂靴一雙綿布束腰一幅遣尚書都御史御史各一員太守太醫各二員知縣一十八員伴送還　朝仍遣軍五十人護至遼東九月廿九日過遼東見都司三堂起關馳驛十月十九日過廣寧見都司總兵十一月朔至京住五鑾驛初三日下禮部問初五日兵部問十三日復發刑部問十二月初一日差指揮押回原籍重慶遂得於次年二月之望抵家時年方弱冠也夫倭寇之患各府縣良民擄去者無限若重慶之生還盖絕無而僅有者也學士名察重慶之族祖也自非德學言動有以深服乎夷人之心安能致其君臣去思如此耶其覆被之澤不獨被於重慶而中國八人亦均被焉海外小臣厚遇中國

皇朝一統體面何如其尊耶我

皇上聖德漸被知人善任不於是益顯耶嗚呼後之出使者可以式矣使此九人者無重慶於其間不能述學士之履歷則白元必不信其爲無辜之人而槩目爲賊徒矣安

肯宥其死耶況又送歸又伴之以官屬耶重慶歸高麗之臣以詩送行者二其一曰錫山學士聞天下君是同枝共派人還鄉若問東方事仰戴

皇明億萬春前書筵官吏曹佐郎兼監察御史朴啓賢贈啓賢字君沃寄陽府疑川縣人癸卯進士壬子及第其二曰異國逢秋早金風落井桐鄉關浙江外身世海天東沮折干戈地依稀魂夢中愁多宋玉恨誰慰遠人衷丙辰早秋雙溪書

江陰縣總論

江陰在常州東北濱臨大江東界常熟西接丹徒、延袤三百十餘里通湖港口自界涇至桃花港凡二十有四寇若浮江而來犯毘陵犯無錫或自二邑出江陰其必由之衝乎君山雄峙江口登其巔東北可以望靖江（江面三十里）西北可以望泰興（隔江一百六十里）兵船蛸泊實常州之外戶也縣故無城近築以備倭去江不三里而近沿江包港等鎮號稱賊藪倭患作時以賊禦賊亦可以得其助江陰武衛之奮豈惟可庇常州而已哉提兵出江賊舟不得遡江而西金陵實有賴焉

本縣城池

城（週圍九里三十步高一丈五尺基厚如之女墻高二尺五寸）池（深七尺闊四丈二尺）門（四座上各有樓）水關（東南北各一座）敵臺　窩舖　雉堞（共三千五百零二垛）

軍門林云江陰視諸邑為僻且醇有警必多被兵通寇之港多而沿江諸鎮皆賊藪也近兵船蛸泊防禦已周使衆練得人賊不得遡江而西地方寧矣

創始於梁、繕治于元、國初龍鳳三年、更加修築、甃磚疊石、增女墻、闢四門、歲久而夷、如履平地、正德間、知縣劉紘、王鉷、相繼修築城、還其舊、

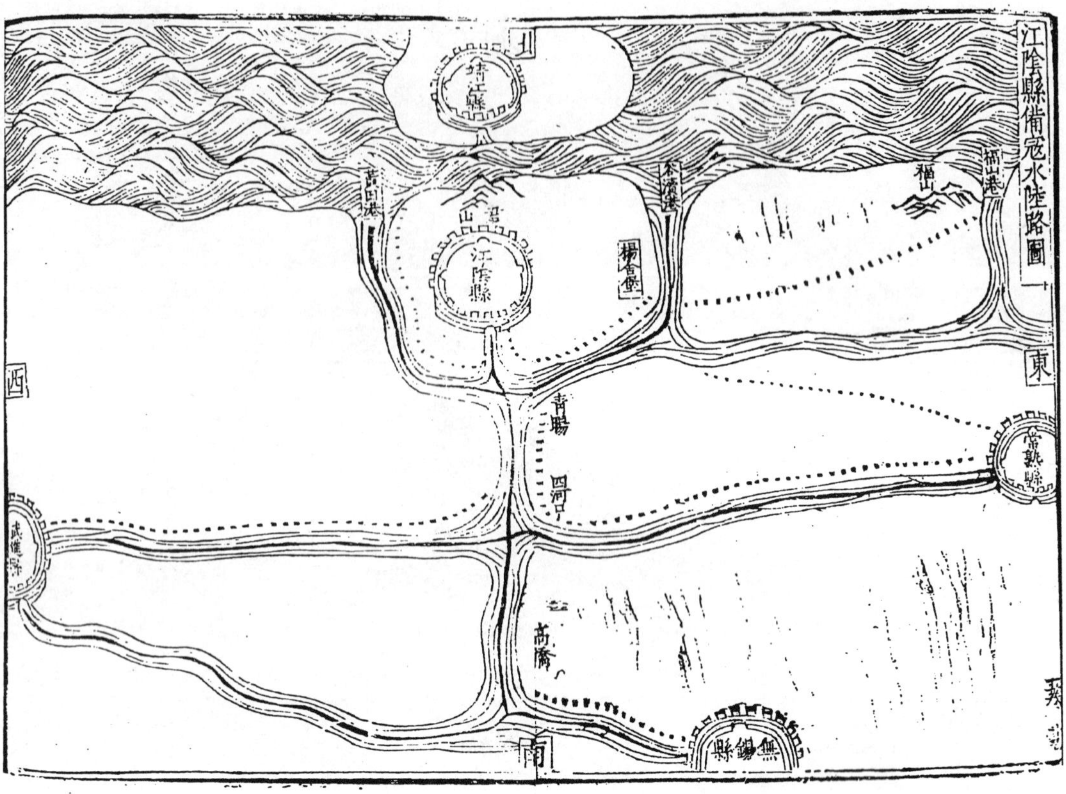

江陰縣備寇水陸路考

東通常熟

其道有三由蔡與閘山塘河口青暘鎮四河口高橋歷無錫之北門而新塘橋華亭太平九里大成橋野菱蕩廟橋華蕩至常熟之南門或於大成橋收港歷陽尖後過湖從六圍東行至山塘涇或由南倉歷竹塘華市橫塘蘇茅長壽至山塘涇皆東北路也由門歷定山石橋長涇陳墅沈店太河張毋橋至山塘涇或由門七十里至暘舍城歷顧山市橋以抵虞山北麓者皆東路也楊舍鎮由旱路也其餘皆水路也旱路與高橋水路爲正道其餘皆間道也

西距武進

其道有二由蔡與閘歷越城橋青暘鎮四河口高橋出官塘而西以抵于白家橋者其南路也由蔡與閘山塘河三山閘堰陳瀆橋鯰頭以抵乎北門者西南路也由陳墅之七里橋費家橋富里沙門村西洋橋北朱石幢白沙圩出橫林亦可以至常州者東南路也南路正道也西南東南皆間道也

北枕大江

出江之口有二由縣北黃田閘或由縣北申港皆可以出江者其北路也由南閘通西外港而出者其南路也三者皆正道非間道也

東南與無錫爲界

其道有六見無錫縣水陸路考

右水陸可通之道凡十有三其間港汊浩繁岐路錯雜不可勝紀不能一一而設備也惟當摘其尤要者團兵勇建寨柵以守以禦其餘則惟以遊兵行哨奇兵設伏輕兵出襲可矣謹按江陰之險要有四曰黃田港曰三沙曰楊舍曰青暘鎮詳著各圖說于後

黃田港險要圖說

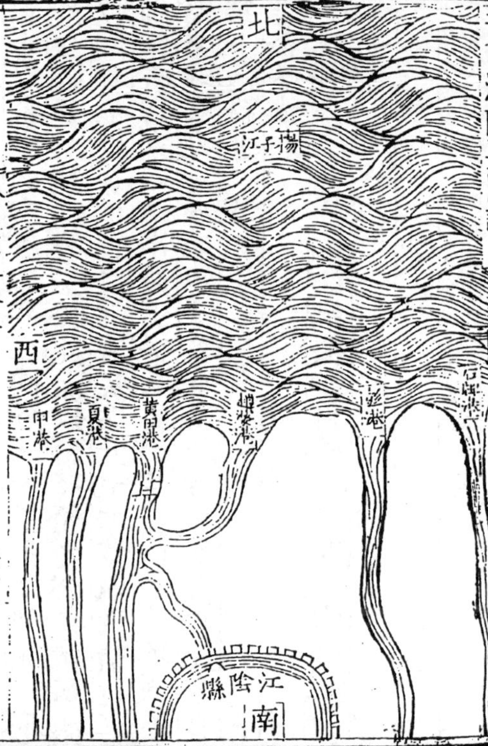

江陰港口雖多然切近縣治者無如黃田港寇一登泊縣治驛動矣必設重兵於此防哨與夏港兵互爲聲援仍於港口設立木寨屯劄陸兵與縣城相爲犄角首尾相應豈惟江陰無虞毘陵亦無北顧之憂矣

全江南經略卷五　三十一

三沙險要圖說

江陰北濱大江港口錯雜難於防禦非兵船遊哨分守上游則無港不可登泊也而所當哨守者有三曰唐沙曰青草沙曰蒲沙唐青二沙則南連福山蒲沙則北通狼山乃天設之險江陰之外護也今設遊兵二支於此會哨計亦善矣然三沙土豪素稱竊盜之渠魁除之則激之使亂縱之則盜日蔓滋爲今之計宜明示甄別使之改過操練鄉兵與官兵互相糾察而以巡司領之其弗率訓典者亟勦絕之數年之後兵船可革盜可化爲良民也

全江南經略卷五　三十二

楊舍險要圖說

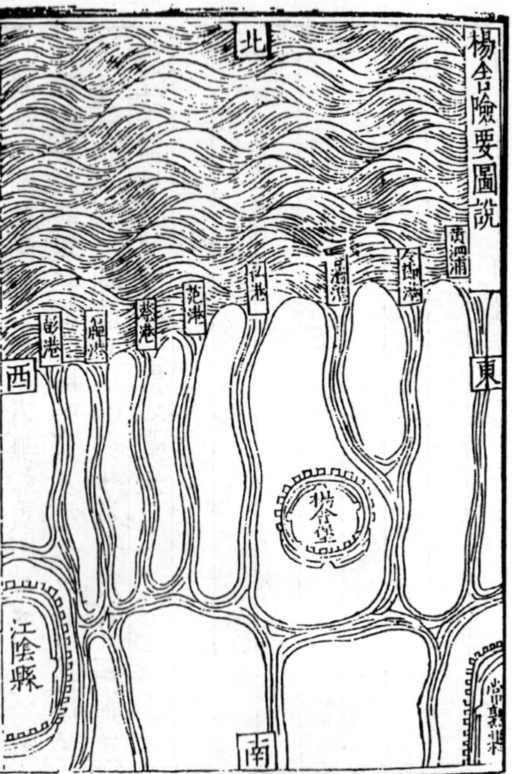

楊舍在蘇常之交去常熟江陰各三十五里爲常鎮二府沿江險要之最近築堡於此而以參將領之分兵諸家沙以爲首尾之勢備禦之計善矣然此地素號賊藪横行江湖窩藏富家未易卒滅誠得良吏一員委以心膂不激不隨秉我兵力恩威兼濟或緝或誘使皆化爲良民此今日第一急務也

楊舍堡城

城週圍五百零一丈 月城四座 城樓四座 角樓四座 水關一座 窩鋪二十座 雉堞一千零三十六箇

青暘鎮險要圖說

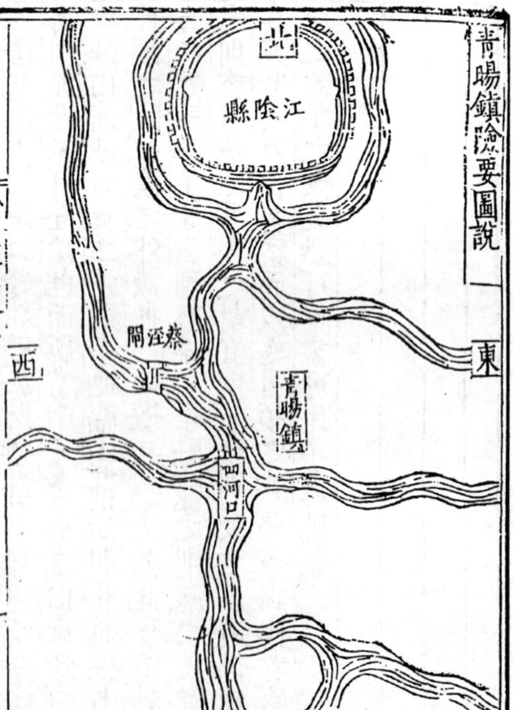

青暘鎮在縣南四十里南通四河口四河口者自運河分枝東通常熟西通武進南北即運河經流直抵無錫焉江陰瀕江不三里而近防江兵戍視他邑爲劇而腹内險要惟一青暘何哉以其南扼高橋爲南地之屛障故也若非設守則賊得以南北縱横矣此鎮地饒民富易以團結惟在上者鼓舞何如耳

軍門林 云三沙楊舍其民多梗生言化賊爲良之策是矣彼地所恃者戰船日半就敝縱歲脩之亦歸彌文非先爲不可勝以待敵之可勝者也故化盗者先自强

江陰縣倭患事跡

嘉靖三十五年

四月賊攻縣城知縣錢錞死之

賊攻縣城甚急諸濠直逼城下錞欲出兵禦之兵備王副使不聽錞獨率民兵出城死鬬殺賊頗衆援兵不至遂死于賊賊亦懼而遁

軍門林　云錞之死無備故也其志可哀矣以臨江重邑而至無備當事者各與有責矣

靖江縣境圖

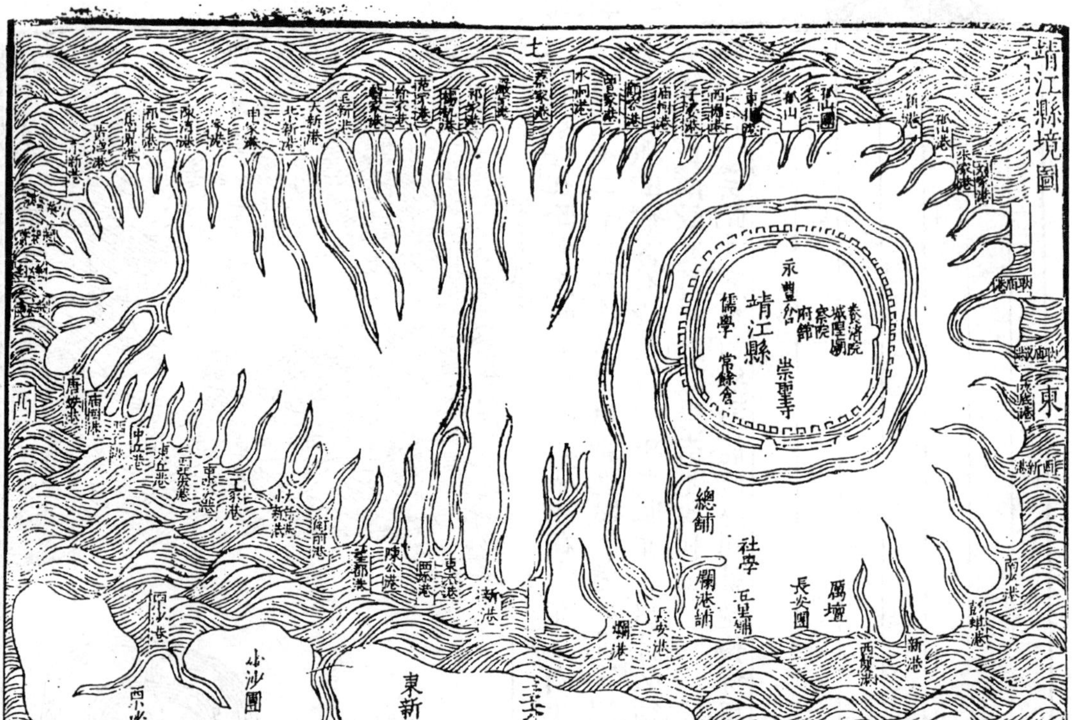

靖江縣總論

靖江乃長江下流即古之馬駝沙也雖爲常郡屬邑而孤懸江心四面受敵獨膺其難海寇若遡江而來東至海口六十里此先受兵遡圌港口凡五十有八若朱家港唐鐵港之類北望泰興南望江陰壤地雖小而所關係至大盖金陵以瓜儀京口爲東海關隘往年倭犯瓜儀圖絕綱運道經靖江僅能自守使有重兵於此控扼邀擊倭豈能飛渡哉近設叅將駐兵營前沙過寇於東洋洪濤中曠野無援迂濶難恃如愚見莫若令遊兵船於營前沙不時巡哨而叅將改泊靖江軍民相倚氣勢孔增設有緩急泰興江陰水兵南北策應賊氣盖懾而不敢西矣

靖江縣北通淮揚南通江陰東通大海西通京口孤懸江心如一沙然且港口甚多無港不可收泊無地不可登犯非有險要可據故不作路途考

本縣城池

城一座長六百四十丈高一丈九尺闊九尺　門四座各有樓　水關一座　月城四座

敵臺十座　水柵一座　窩鋪　雉堞一千三百七十四垛

軍門林　云生言敀駐叅將於此重江防也但恐叅將去他郡邑獨遠即有顧此失彼之憂終不如遴一把總使練縣兵兼攝南港兵船約會周家橋江陰二總協力應援勢强而防寇終不犯矣

江南經畧卷五　三十二

新漲沙險要圖說

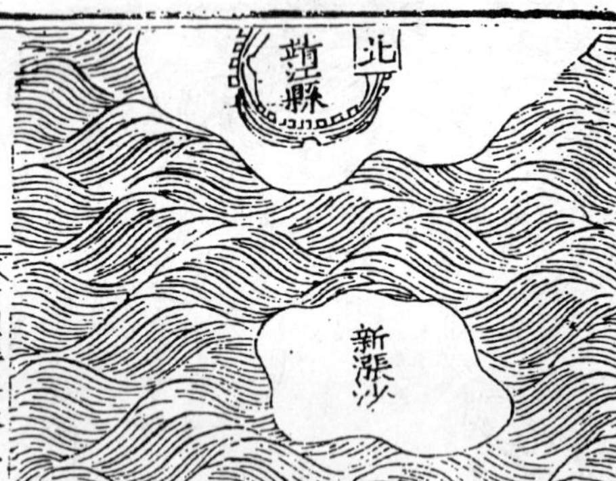

靖江之去江陰也凡四十里而新漲沙在半途焉南北六七里東西二十里乃盗賊之淵藪也賊隱遁於此而以腹內至縣賦民貲富不時入刼江中之賊亦多出此必須嚴加緝捕或備設巡司守之庻得南北通利云

軍門林　云此沙宜蚤預縱不能設巡司就地編保甲足矣

江南經畧卷五　三十八

靖江兵務議

靖江知縣王叔杲申呈云本縣孤懸江心四面受敵必須泰興江陰二縣各發兵船數隻會同靖江南港兵船三各戮力協守中流其周家橋把總兵一支哨至石庄巡司地方江陰把總兵一支哨至巫子門迤西江面南北三支兵船分設已定務期守望相助無事之時三總分艅旌旗相望金鼓相聞在江同習水戰如遇有警賊勢亦犯中沙原屯靖江兵船分爲二層迎敵周家橋江陰二總兵船分爲左右二翼來攻倘賊或犯江陰或犯泰興彼此協力救援所犯之處即以兵分二層迎敵一如前例靖江縣仍相度地理於本沙東南東北要害港汊二處再爲開濬深闊屯泊兵船以避風濤而屯操民壯以一半在城防守一半在外江岸巡緝備冦登岸如此則戰守有合一之策賊冦無飛渡之理靖江之門戶旣固而

留都之根本自安矣

軍門林一云此議不但自私其邑而因可以强彼邦之兵協力不渝兵氣百倍然則茲議也又豈獨可行之靖江耶

宜興縣境圖

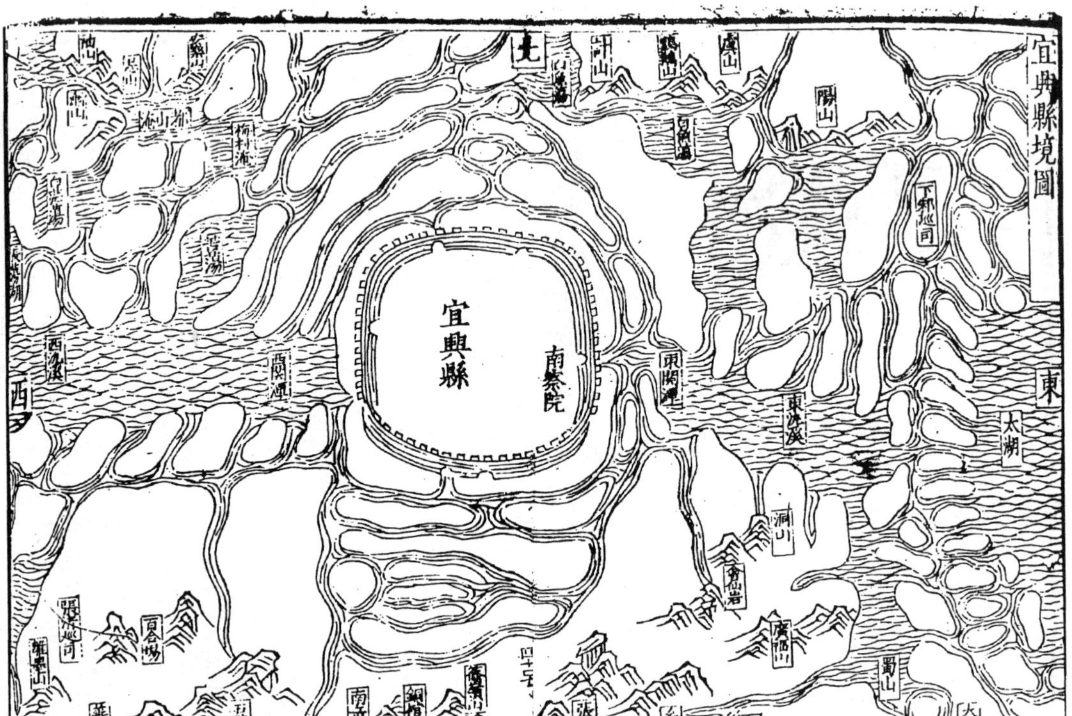

宜興縣總論

毘陵屬邑惟宜興最僻故言兵務者謂海寇所不至棄而弗講是狃目前之見而未諗江南形勝之故也何也天下有事蘇松嘉湖杭爲必爭之地誰不駐兵嚴守欲自長江取京口蠶食而進難矣哉若自采石趨三壩出太湖乘捷擣虛全吳諸郡靡不騷動勢如破竹陽羨非必由之路乎練重兵扼險要諸郡之門戶實在於此

軍門林　云宜興當諸郡邑之中兵燹不及然江海之防旣密有寇勢必内衝生言設兵未雨而徹桑土之意也

本縣城池

吳將權所建修于隋重築于元國朝丙申年復增廣之戊戌年重修

城周圍九里三十步高二丈五尺池濶三丈深一丈五尺門五座各有樓水關南北各一座

敵樓　窩鋪　雉堞

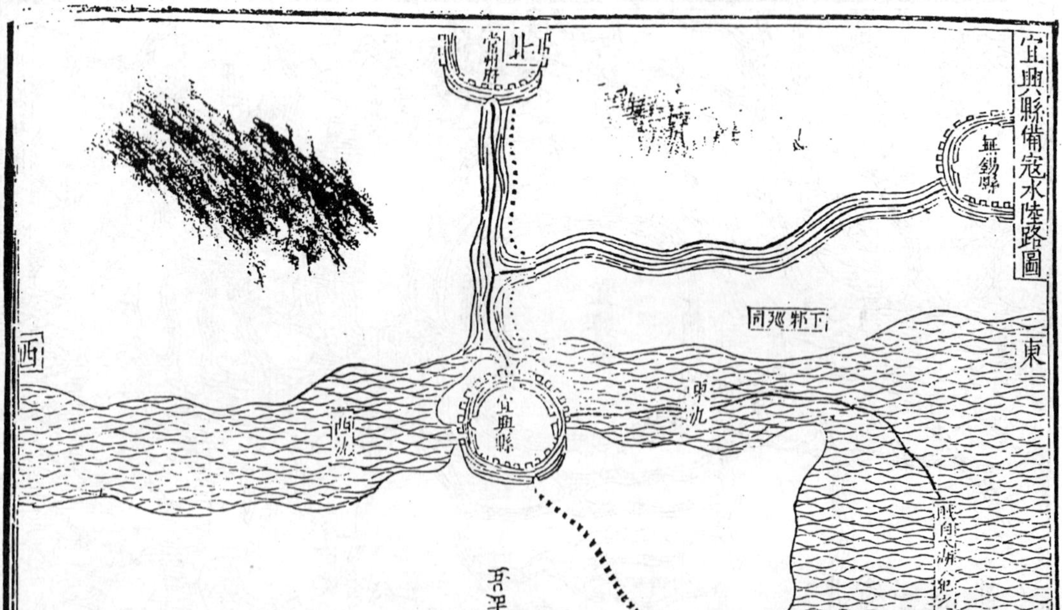

湖㳇險要圖說

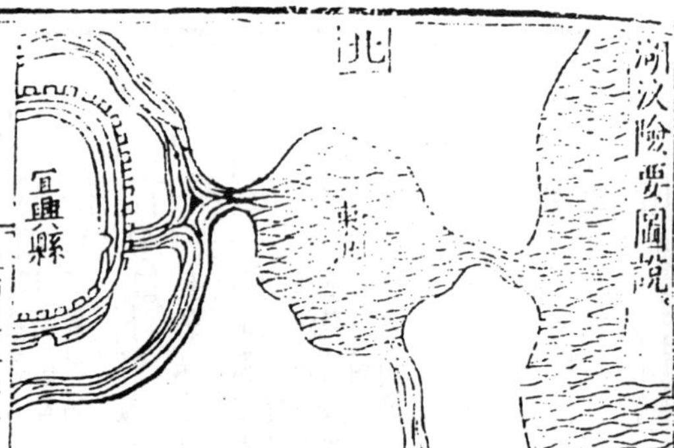

湖㳇巡司在縣東南四十五里又東五里爲香蘭山太湖交濵吉安長興之境也浙直之交山水所會盜緣爲奸況太湖茫茫寇若從此登犯縣境騷動矣宋置香蘭巡司香蘭寨以控扼之今但設一巡司而遠在內地巳失險要多矣况兮兵幾何而可禦之乎故必脩復香蘭舊寨團練水陸兵勇而以本司統之所謂遏賊於上游賊安得入境也

下邾巡司在縣治東北東通太湖鹽盜之所鍾也冦若自洞庭刼掠阻於蘇州之胥口無錫之獨山必自此流突縣境揚帆而來瞬息可至不可不爲之備也或曰宜興自古兵燹莫及且居腹内賊必不至空費兵食曰是不然昔日之冦皆在沿海今頻海州縣備禦巳嚴賊至無所掠必走腹内如福之建寧非耶兵法有之攻其無備出其不意毋謂賊不知勝筭也

軍門林　云脩香蘭巡司香蘭寨故跡增兵戍守誠爲得計下邾仍舊可也

常州府土賊要害附錄

武進縣

聚刼

採菱港在白家橋東

連江橋在新閘之北奔牛之南通江故也

戴琪橋在府城東南武進宜興無錫三合界之處

無錫縣

出賊就於本處聚刼

又新塘橋在縣城東三十里水大而地曠

堠山下與新塘橋相近

石塘灣在縣城西北

五牧在縣城西北　里官塘

曹王涇在縣城南　里官塘

三𡑞在縣城西北二十七里此處江陰常熟俱通水

楊湖在縣城西南宜興道中

聚刼

雙河口在縣城西南　里此處極空野通宜興

洛社在縣城西北三十里官塘

百瀆口在縣城南

新安在縣城南二十四里官塘

五丫浜在縣城東北二十七里四通入達江陰常熟交界之處

華渡在縣西南宜興武進無錫三合界之處

楊溪在縣西南　里宜興道中

鹽盜出沒

高陸堰在縣城西北二十二里江陰交界之處

江陰縣

出賊

竹塘在縣城東　里常熟道中

華市在縣城東　里常熟道中

已上二處無客商往來俱在江中野處行刼

聚刼

四河口在縣城東南四十五里無錫交界之處

青暘鎮

宜興縣

出賊乾于本處飛刼

新瀆橋

浪打川在縣城北五十里官塘

聚刼

邑亭在縣城北十里官塘

東氿在縣城外通太湖東南由黃瀆港出東北由竹山港出

中溪在縣城東北四十里

百瀆在縣城東北四十里

荅權近處在溧陽交界之處

軍門林　云自倭亂以來諸郡皆空虛而常州之帑庫有餘積豈非外寇罕來耶自非聖人外寧必有內憂是故土賊嘗蹤爲之備也

江南經畧　五．六　上

十六/三　共六本

江南經略卷之六目錄

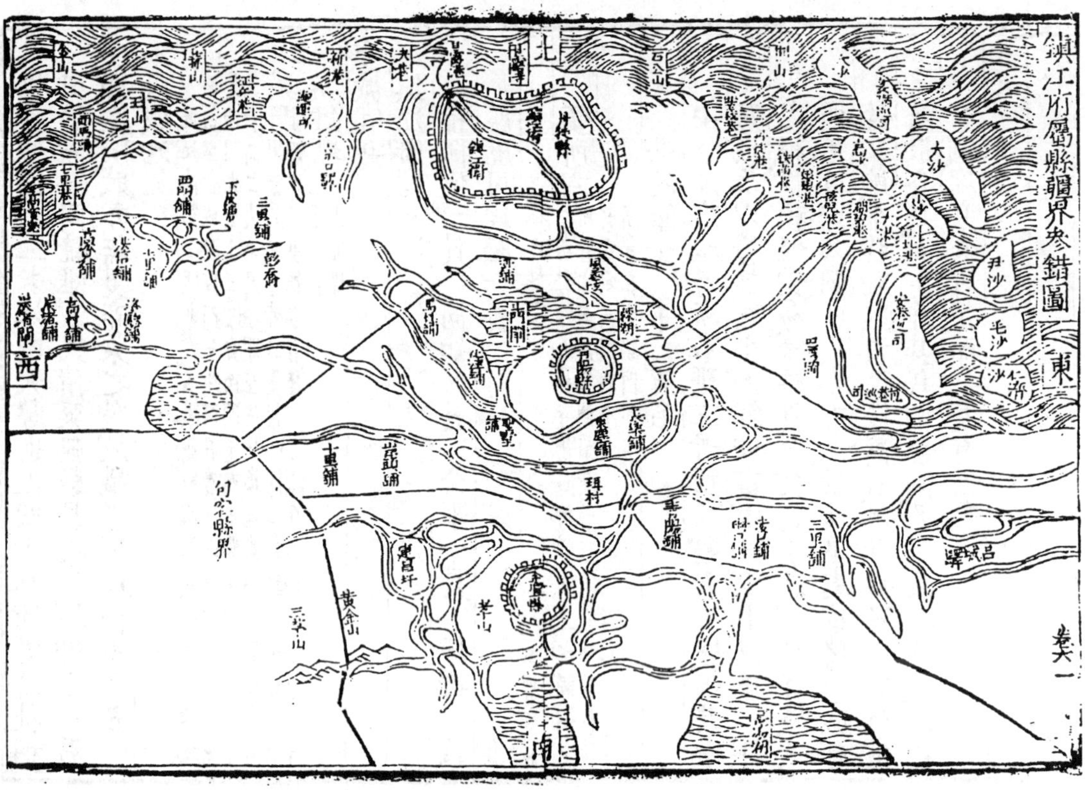

鎮江府屬縣疆界參錯圖

鎮江府總論

或問京口以西抵於石頭迢迢二百里山皆可踰踰則可以窺 留都京口以東抵於孟瀆港口七十餘里賊舟皆可入入則可以犯江南鎮江之江防難矣曾曰不然南京臨江峭壁千仞兩山夾岸如峨眉然其南天開一竇水由中行是爲采石四十里至太平此南北戰爭東南第一關險也賊若進此繞至溧陽則宣歙東吳一帶聲援絶矣故保固 留都之計采石其上也京口石頭之間高峯逼岸宛如長城其内則諸山錯雜無城市可資擄掠其外則江岸峻絶不可登犯古今曾有從此進兵者乎京口孟瀆之間沿江南岸或高峯横亘或江沙泥淖或江中有洲長四五十里者有之一二十里者有之障蔽兩涯直至河庄方可深入所謂二十八港者淺澀短狹寇船難以通行有識者只固守河庄而江防之大綱盡之矣或又曰若而言留都之利害在采石江南之利害在河庄而京口似無關係焉用守乎曰惡是何言也鎮江者上爲 留都輔郡下爲吳越咽喉乃江南第一城也天下有事奸雄之所必爭雖曰得其地未必可以犯 留都但寇方犯江南而吾兵欲保安 留都屏捍江南非此則大掣肘何也采石河庄者 廟堂所深注意戍守必嚴寇計狡猾安知不由京口而入從秣陵夾岡間道而行乎萬一賊據京口則東風上潮片帆可以向采石西風落潮瞬息可以至河庄進退縱衡維其所騁司兵柄者是當加意水陸而堅守鎮江也軍門林 云守采石則賊不得繞溧陽犯 留都守河庄

則江防固斯二者江南大勢也但四十八衛之卒徒稱䌓鶩而一因驍雄官民積粟無數月之支切恐京口石頭之險賊亦無畏而乘之矣故識者深以根本爲憂

本府城池

此江南第一城也古名鐵甕雖臨江滸而堅固難攻國初重立城隍關門甃以甎石巷守之可以捍蔽江南

城週迴九里十三池自西門至南水關通漕河自北水步高二丈六尺池闊至抵板橋通舟楫餘皆畜水耳

城門東南北三方皆二重惟水關二座敵臺六座窩鋪一百西方三重門各有樓

雉堞三千八百二十座五十五垜

守城官兵

鎮江衛

指揮使一員　同知　員　僉事　員　鎮撫　員

經歷司經歷一員

領所六左所營在通林寺後右所營在北水關側中所營在萬壽宮側前所營在表善寺側後所營在定波門内中所營在金銀門内

共統軍士　千　百名

按鎮江府城乃甎石甃三者所甃堅大可守但其中居民多以營趁爲生而鮮儲畜中戶以上家無一月之糧惟積錢買易隨時貴賤食其所息一旦有警城門不可以久閉也須令府縣設法區處或將一歲有餘兵餉乘時賤買積至幾萬石汎畢無警則照時價給散各兵而扣除其兵餉銀兩又令及時糴買定爲常例庶兵食可足而兵荒有備矣

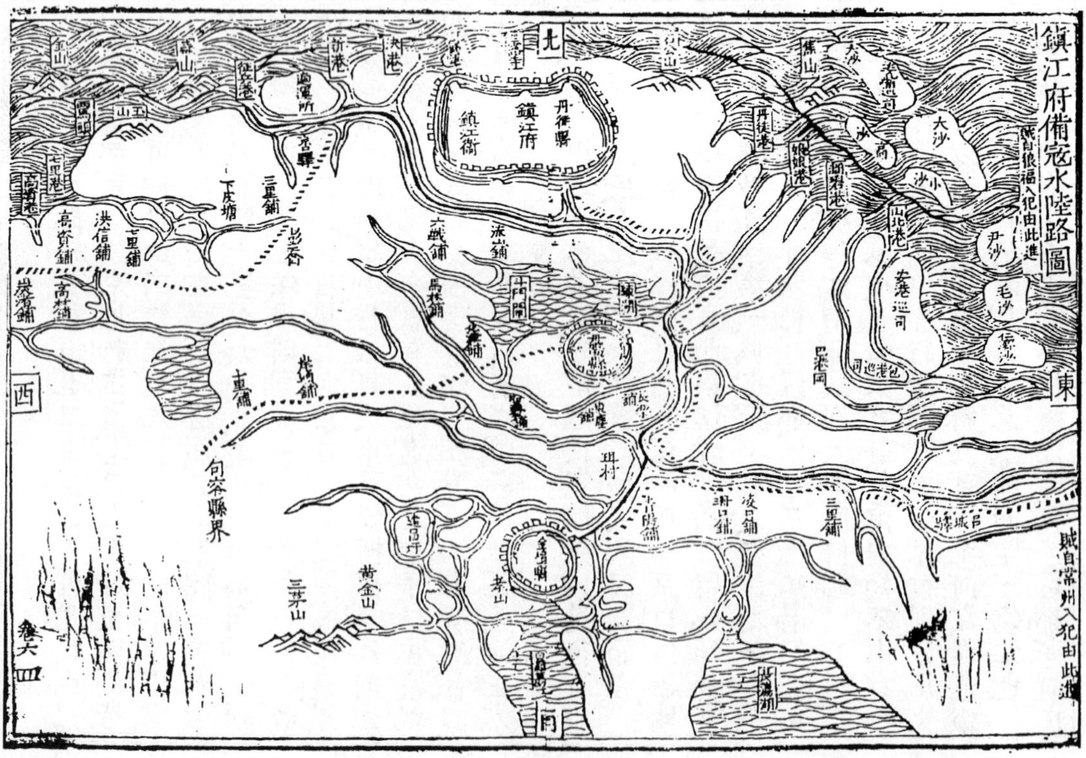

鎮江府備寇水陸路考

今之論京口者孰不曰水陸交會備寇當與蘇松常［同］殊不知三府州縣水路居多陸路每縣不過二三而已水路多則必假舟楫而後濟陸地寡則去來可以踪跡而知故其爲備也易若京口則自包港以西迢迢二百餘里皆平原曠野賊若至此則四散奔突非有關隘可遏道路可稽也故惟奔牛以抵京口運河一帶舟楫爲宜自此之外皆從陸矣守禦之法須於大江阻截之其次則河庄包港圌山寇可登泊處所嚴于堵截若縱令登陸而欲守險以阨之難矣哉

軍門林　云防蘇松則當堵截大海而吳淞崇明福山劉河諸沙併爲之預懼登泊也防鎮江則當堵截大江而河庄包港圌山併爲之預懼登泊也江海之限天實爲之不此之務俟其跳梁四突而後馳擊吁無及矣

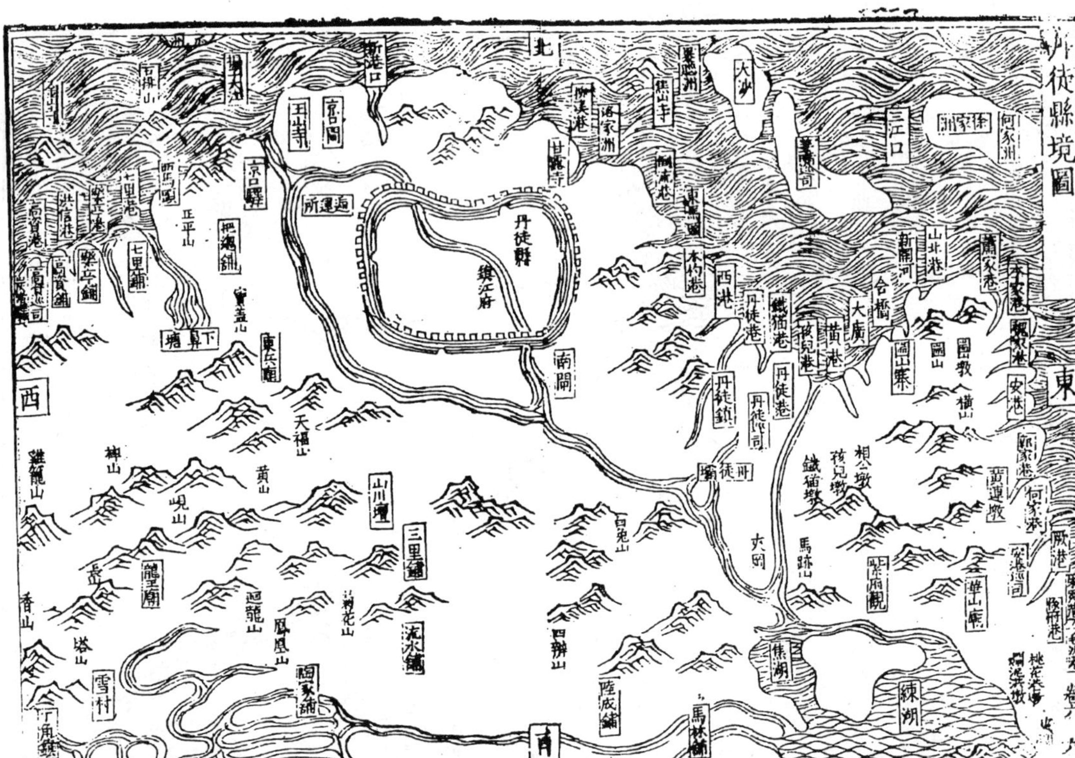

丹徒縣總論

丹徒乃鎮江府附郭縣也嘗昔聞之父老云地當南北往來之衝天下有事必固守乎此而後兵不得進京口犯江南自今觀之大不然夫陸行擄掠者小寇也攻城據邑之寇動以萬計必假舟楫而後行丹徒以東雲陽以西兩岸高聳如山謂之夾岡迢迢數十里隨處可以堵截賊舟豈敢由此東行乎又聞瓜儀京口為　留都之門戶巖扃乎此則海寇不能遡流而窺　留都也亦大不然夫長江之關隘在於京口之東第一層為狼山第二層為靖江賊若過此揚帆而西恐非瓜儀京口之所能限也何也狼山靖江皆枕於大江之中結水寨屯重兵南北兩岸相為應援遏賊甚易鎮江之金山無港收泊不可以避颶風山小如拳不能容衆非用武之地也

本縣城池

縣附於府其城即府城也詳見前

軍門林　云狼山靖江此長江天塹也據此可以雄視江漢然丹徒瓜儀之守可少懈乎各設重兵互為犄角水賊既預而陸寇亦寧矣

丹徒縣備寇水陸路圖

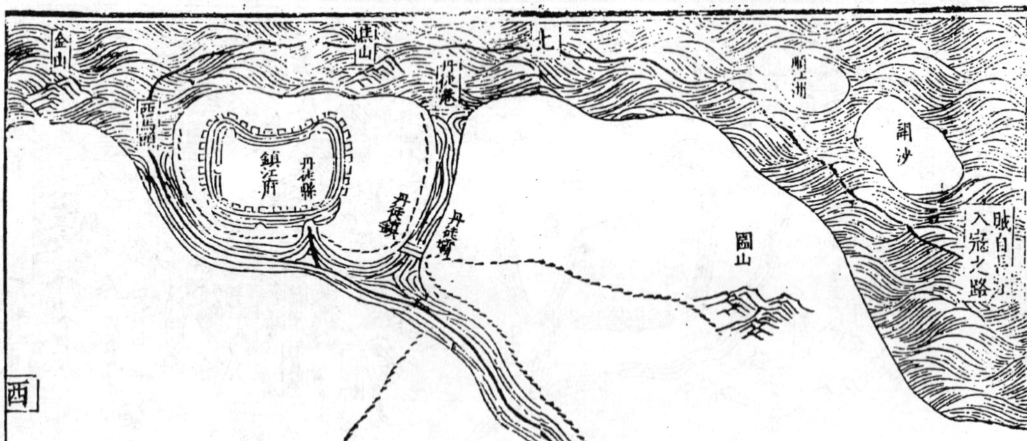

卷六　八

至黃山門團洲江北周家橋一枝住守圌山洪北大洋以防江北之衝哨至安港順江洲等處一枝將靖江耆民與八槳桉船委官統領充作先鋒遠爲哨探直至狼福等處遇警即無分雨夜飛報參總以便聲援及蒙操院分將江操前哨兵船防守圌山險口中哨兵船防守大港後哨兵船防守丹徒港鎮江衛江操指揮統領軍船防守金山該總仍督遊兵領哨官統領兵船上至高資下至圌山北至三江會口常川聯絡哨守此其爲備可謂嚴且密也已及查該總所轄上至高資接句容縣龍潭驛下至安港接武進縣孟瀆河自江上下延亘一百二十餘里皆其信地其間最險要者中則圌山洪東則安港北則順江洲[illegible]

又照丹徒鎮係圌山內地守內地而忘外險非計之得又黃山門去圌山頗遠若以圌山兵與守彼處則江洋迢遞首尾相離未免有顧此失彼之患今須以兵船一枝泊守安港東哨至黃山門西哨至大洋北哨至周家橋等處以一枝泊守圌山但此處山形[illegible]惡水勢奔湍江底俱石不能下椗移泊大港東哨至安港西哨至焦山北哨至順江洲以一枝泊守[illegible]洲南哨至大港北哨至三江會口西哨至姜家嘴等處其巡江指揮統領江操官軍船隻分爲二枝一枝泊守焦山以護東津東哨至大港西哨至金山北哨至瓜洲等處一枝泊守金山以護西津東哨至焦山西哨至高資巡檢司北哨至儀真等處遊兵官統領

金焦二山險要圖

沙船亦分為二枝一枝上至高資下至大港往來巡哨以防江盜一枝東至黃山門南抵孟河北極三江會口西回大港以防倭患該總住守圌山大港從中調度若賊由江北而來則周家橋三江會口為正兵而該總與孟河為奇兵賊由江南而來則該總與孟河為正兵而周家橋三江會口為奇兵各互相應援又查該總汛時則應駐扎圌山公廨曰撥兵船哨守京口汛畢則復還京口城外書院內居住撥船哨守圌山鎮江府務於二處衙門俱修葺堅完俾得安居庶險要有守而緩急無虞矣

丹徒鎮險要圖說

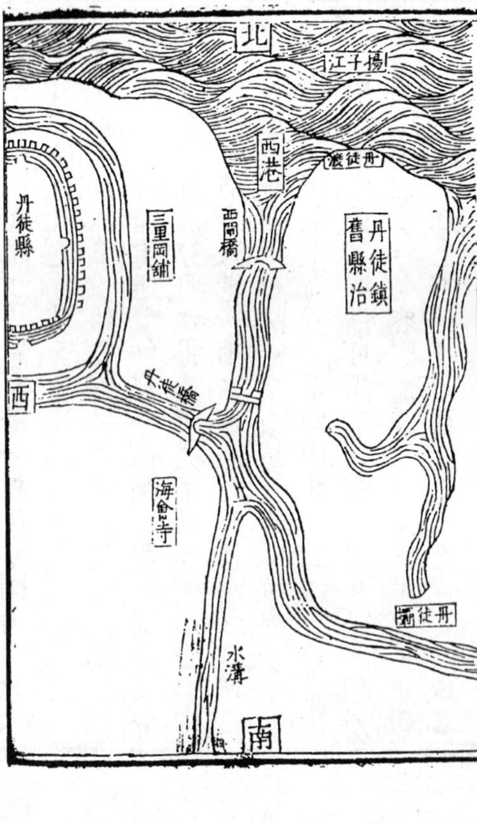

京口為　留都門戶而金焦二山在京口之東西屹立大江有左右護衛之義乃天造之險也賊舟若自東來過圌山而西必經二山自江北而來亦必過二山蓋往來必由之衝也須設兵船二支分守乎此相為策應則豈惟固京口之鎖鑰而南與下鼻浦遥為聲援遏賊西上亦安　留都護
陵寢之一大樞要也

下鼻浦險要圖說

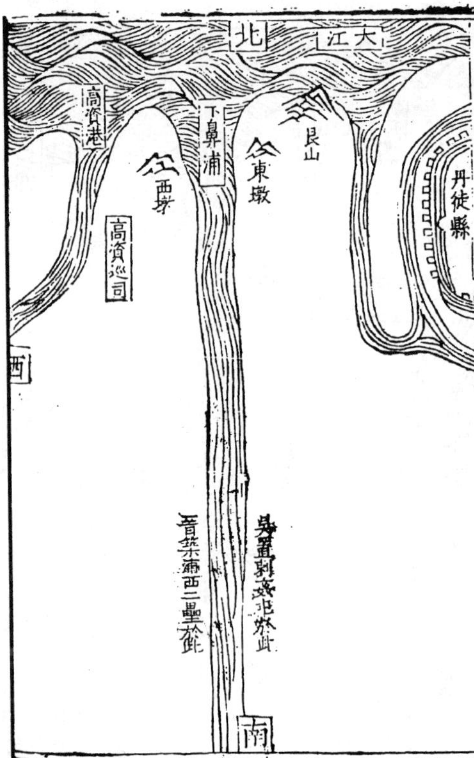

丹徒鎮即舊縣治也西去府城十八里北至大江亦十八里東西二港皆通大江鹽艖盜艘交會之地賊自大江而來乘潮突入甚易其地富饒可以穴處夫鎮江在應天東北二百里江山阻絕聲援難繼金陽二縣亦僻在東南萬一賊據此鎮爲巢東南路絕郡城孤立比之他郡豈不尤爲關要哉所當特設重兵增築營堡者也

下鼻浦在鎮江城西十八里北通大江南通 留都故孫吳時特置刺姦一屯晉郄鑒爲築浦西二壘非直爲京口犄角實通石頭聲援也後人以其地孤倂謂爲古今異宜疑亦有可講者

軍門林 云守金焦京口之鎖鑰固矣增築丹徒堡郡城不孤矣下鼻浦設兵亦可與金焦聲援或以糧餉不足姑將高資巡司加之意乎

丹徒縣倭患事迹

嘉靖三十五年

四月賊犯郡城

賊自下江而來千戶沈宗玉王世臣迎擊之敗績而死賊遂登犯

五月官兵戰卻孟河之賊

賊自孟河深入大肆倡獗總兵徐珏與我大破之把總張成已復大敗之賊遁海去

軍門林 云按是時賊鮮入江故數歲中僅兩犯竟不甚得志有備矣

丹陽縣境圖

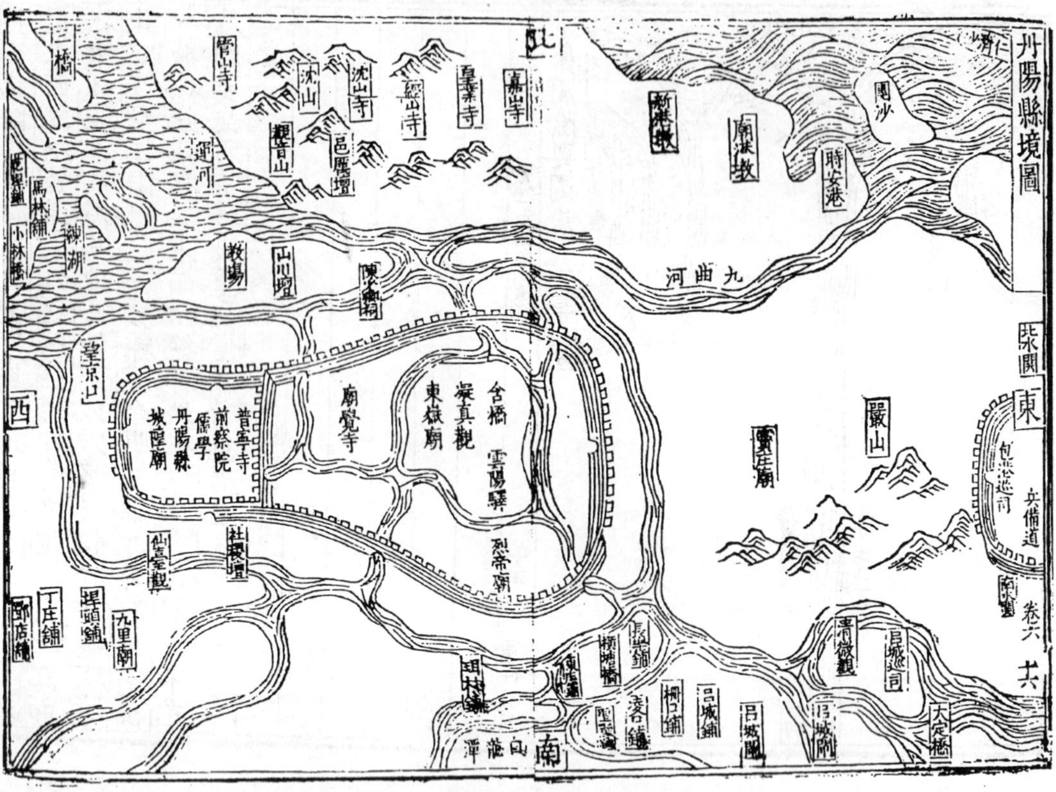

丹陽縣總論

曾聞諸先達云丹陽用武之地也由水可以通吳越由陸可以犯　留都自今觀之殆不然何也巨寇若自中原而趨江南也由河庄易由京口難若自吳越而窺　留都也由長興溧陽易由雲陽句容難蓋大兵之行舟楫爲便舟楫之行大川爲便舍舟楫而從陸舍大川而入港者必其別無他道萬不得已焉耳丹陽雖據水陸之會夫豈巨寇之所必經者乎然當南北往來運道之衝驛傳之迎送夫役之牽輓輿馬之支應其民苦而習勞捍而健闘選而練之優而恤之可得精兵四千人分爲四支天下有事以一支協河庄之守一支據夾岡之險一支調守奔牛一支留駐本境賊若避京口河庄而趨江陰也則移奔牛之師以援常州而江陰常熟靖江相爲守助以張犄角之勢則豈惟江寇不能入内地哉軍門奏調各省客兵過此亦將斂迹而不敢肆矣孰謂丹陽小邑而不足爲吳越之恃耶軍門林　云丹陽古之京兆澠嶠欲圖王敦而謀爲京兆尹即此地也雖犯　留都者未必盡從此入而江南糧餉咽喉可少緩耶練精卒四千分支防守生言得矣

本縣城池

夷考古城過五百六十步高一丈五尺四面無濠東門在斜橋西門在縣前南門在草堰北門在觀音山世平久廢近因倭亂加闢而築之東西二水門跨於運河之上城內外皆可通行即有所警過者可以收

遡

城高　池闊深　門　水關

敵樓　窩鋪　雉堞

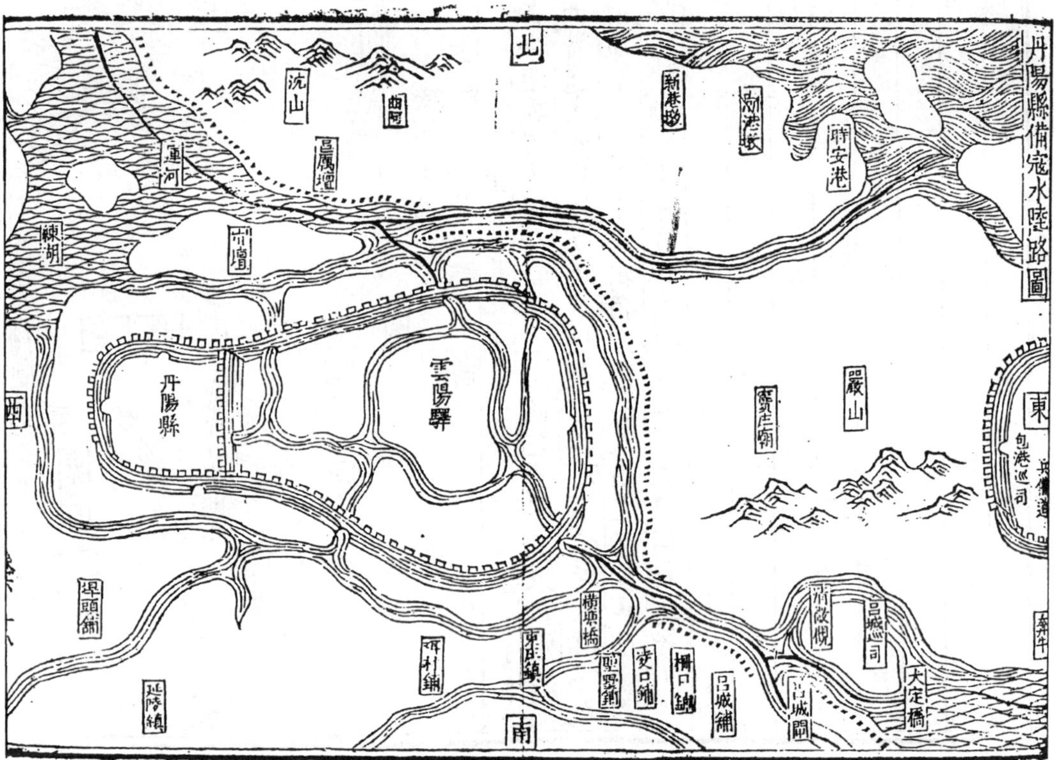

丹陽縣備寇水陸路考

東接武進

其道一由雲陽驛歷陵口栅口呂城奔牛而至常州之西門者是也乃正道也非間也

西距丹徒句容

丹徒之道三由雲陽驛官塘而行至京口閘者其西路也乃水路也由龍潭驛或炭渚驛至於白土或由馬林宮斷沿練湖鋪路而行至於縣治皆西南路也乃陸路也雲陽官塘與練湖鋪路皆正道也龍潭炭渚皆間道也句容之道二由鄧店白土而至句容之東門者其西路也由七里橋巷村而西抵茅山地方者西南路也二者皆陸路也西路正道也西南間道也

南抵金壇

其道有二見金壇縣水陸路考

北至大江

出江之口有三由運河東行歷奔牛鎮孟河出河庄閘者其東路也由運河西行至丹徒出京口閘者其西路也由陵口呂城之閘從陸而行竟至河庄閘者其中路也東西二路水陸皆可行乃正道也中路但可陸行乃間道也

右水陸可通之道凡十有一其間港汊沿縈岐路錯雜不可勝紀不能一一而設備也惟當摘其尤要者團兵勇建寨栅以守以禦其餘亦但以遊兵行哨奇兵設伏輕兵出襲斯可矣謹按丹陽之險要有五曰奔牛曰呂城曰練湖曰曲阿曰延陵詳著各圖說于後

奔牛鎮險要圖説

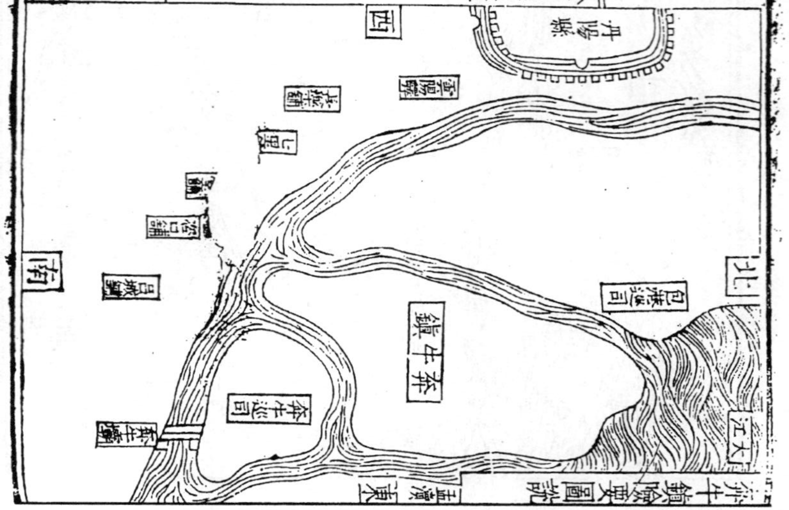

奔牛距縣五十里，乃常鎮之交也。孟瀆經其東，包港經其西，皆通大江，為江防之要地。若江洋有事，當屯大兵守之，與孟瀆、包港相為犄角，以遏賊入衝之路，且為毘陵之喉，賊必不敢長驅内侵。蓋與江防相為表裏者也。

呂城鎮險要圖説

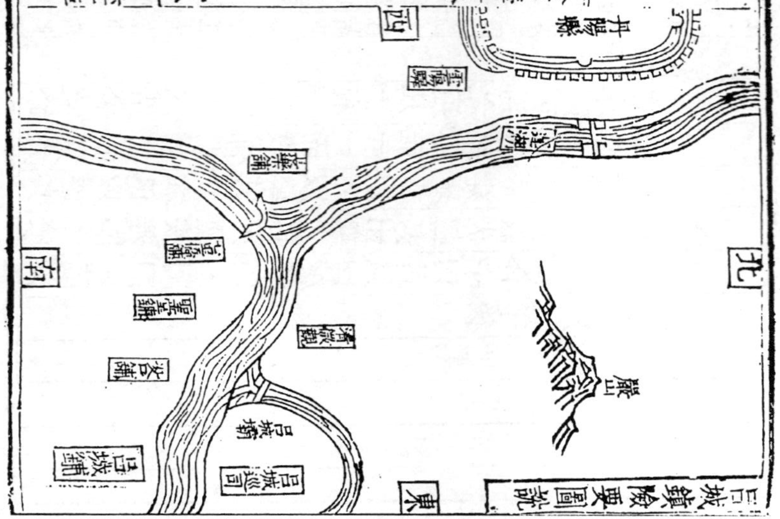

呂城鎮縣東南四十里，乃東郊之屏捍也。三國時呂蒙築城屯戍於此，為雲陽聲援。然為東南一巨鎮，近嘗議設營練兵於此，而迄無實效，豈視為不急之務耶。

練湖險要圖說

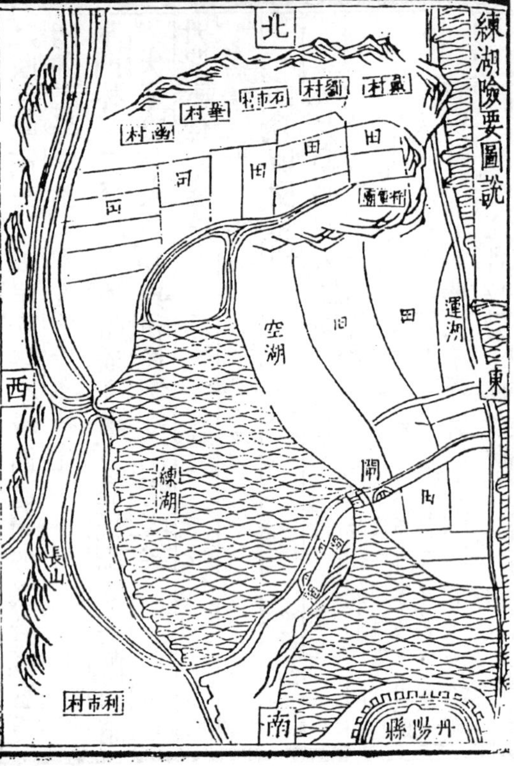

練湖卽諺所謂開家湖也在丹陽縣北百二十步自馬林至縣治沿湖上下週圍約有六十餘里迺丹陽所視以爲安危者也何也丹陽乃運道所經運河之通塞常係于湖水之收放十六水函與七石厘是也運河之水原係江潮從京口丹徒二閘而來若江水涸時則二閘之水不至而運河不通所資者開練湖諸閘之水而已向來豪家多占湖爲田此義不明已久須縣令留心經略或當變故之秋或當旱乾之日禁民開閘常養湖水以備不虞此湖此閘非特爲我之利賊之所利亦在是也噫能使利常在我而不爲賊用則得矣

曲阿險要圖說

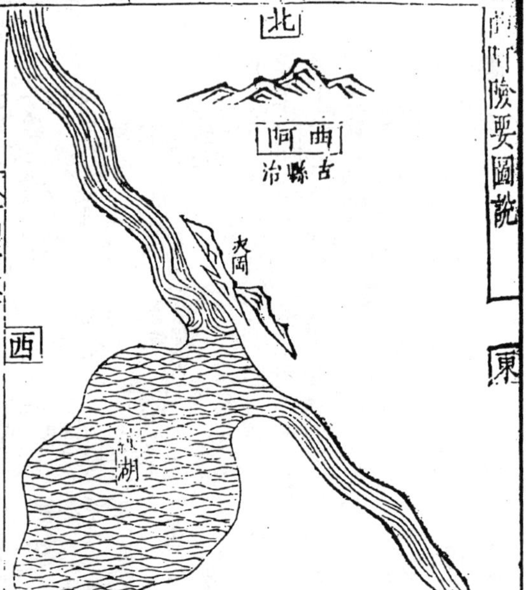

曲阿在丹陽縣北八十里卽古縣治也晉郗鑒築三壘以禦寇此其一也江洋賊自經山等處登陸由此可以直擣雲陽其北郊之最要者乎或問曲阿非山不過丘阜之類星散而列者耳何險之有曰不然所謂險者指大江而言非指曲阿也曲阿非一處凡丹陽北境近江之地地脉隆起均名曲阿惟其無崇岡削壁可以限寇而江寇可以從此而上故險也今人但知孟瀆包港之爲險不知此險乃人人之所當共知知則有備有備則寇必避之而不敢犯犯蓋賊嘗避吾之所備而曲阿之類吾之所不備者正其所乘以入者也於其旣入之後而始悟曲阿之爲險無及矣

延陵鎮險要圖說

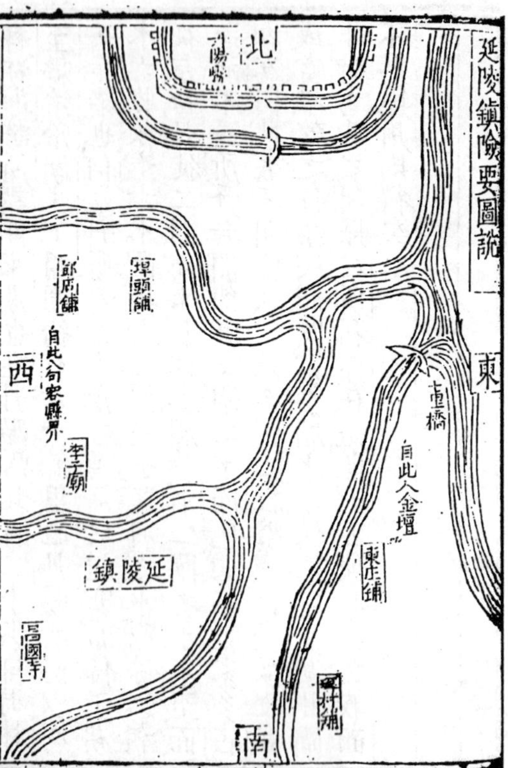

延陵在縣南三十五里，南接金壇，西通句曲，民居稠密，乃南郊之屏捍也。宋嘗置延陵寨於此。

軍門林　云修練湖不惟通運道，且益民田，守曲阿所謂伏至險於大順，非與利民制寇兩得之矣。

丹陽縣倭患事迹

嘉靖三十五年

四月，賊圍縣城。

五月，麻陽兵大敗賊於城下。

賊自圖山而來，將淛城下，適麻陽兵自京口南下，賊未知也。本鎮士民斜銀二千餘兩，賂麻陽之兵，兵潛竄土兵中，改其衣裝，既接戰，麻陽兵突出，賊大敗走，斬首七百餘級。以非軍門之命，故不報功。

軍門林　云麻陽兵未奉節制，而以二千金誘之破賊，賞之可以勸士也，如此夫。

金壇縣境圖

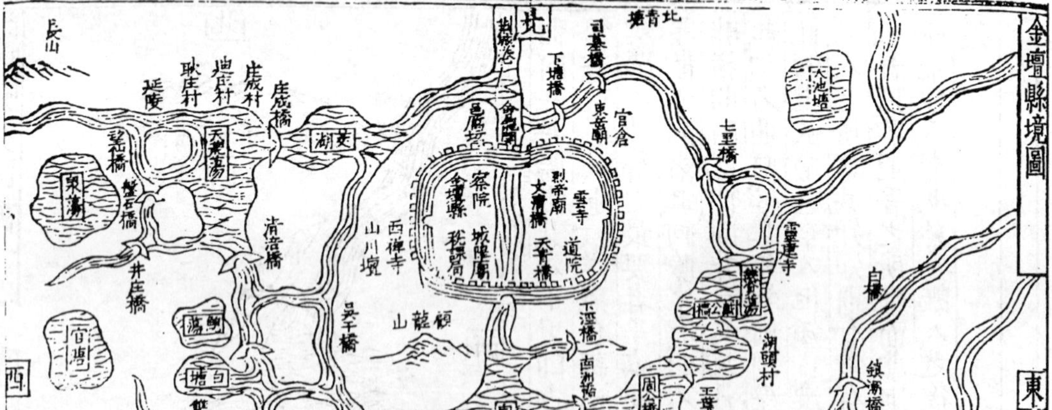

金壇縣總論

金壇在茅山東七十里，南通溧陽，北距丹陽，雖爲鎮江屬邑，地僻而遠，非運道往來之衝，亦無江洋守禦之險。諸邑中茲其最閒者乎。說者謂其介於應天、常、鎮三府之交，萬一世變，賊由蕪湖三壩、溧陽掩襲，過此以入太湖，則蘇、常諸郡靡不受禍，不可以不預備。以愚觀之，似不然。蓋江寇若由蕪湖而入也，必歷太平三壩，以抵溧陽矣，宜與濱湖與溧陽接壤，寇至溧陽，竟從宜興入湖，奚必假道於金壇乎？況三壩原非通道，蕪湖舟至東壩即不行矣。壩東往來之舟甚少，盜至此無舟可擄，豈能飛渡哉？是入湖盜路與金壇無相關也。若慮湖寇西犯，留都則從東壩登陸，不二日可薄都城，或南由長興陸行而從四安、廣德以趨溧水，水行而從太湖、宜興以趨東壩，三者皆間道，初未嘗假道金壇。是入京道路亦與金壇無相關也。況縣小而瘠，民獷而驍，攻城巨寇何所歆戀，而必欲至此乎？所患者長蕩湖與太湖相連，密邇縣治，土寇恃此，有時摽掠耳。其爲備也何有？

入江南經略卷六 十六 四頁十五行

軍門林云：水陸之寇不犯，固然，往者曾有劫庫之變，是土賊之爲祟也，不可無備。

本縣城池

唐長壽間築，甃以甓，後廢爲平地。正德間流賊之變，知縣萬相廣之，修築土城。

城 週一千二百四十二丈，高二丈，東廣二丈，深一丈。西二丈，下濶三丈，上半之。池 廣一丈五尺，深八尺。門 旱門六，內外皆甃以石，上各有樓，外各爲橋一座。水關 架石爲梁，緣以欄檻，左右甃石。周爲女牆，上敵臺 窩鋪 雉柴

金壇縣備寇水陸路考

東通武進 其道有二由北門荆城港七里橋東行至常州之西門或由荆城港歷賀家地方三里菴入小港而行以至於西門者皆北路也由白鶴溪小港而行出奔牛鎮者東北路也北路乃正道也東北間道也

西距句容 其道一由縣西陸行六十里至茅山地方是也

南抵溧陽 其道一由南門歷白龍錢資三蕩五十里至官蕩河又十里而至於溧陽者是也

北至丹陽 其道一由北門荆城港珥村花家渡從七里橋出者是也乃正道也

東南與宜興爲界 其道有二由東門歷湖溪巡司殷橋鎮過溧陽而至於西氿或由東門竟過西滆湖而至西氿皆東路也經溧陽者正道也經西滆湖者乃間道也

右水陸可通之道凡七其間港汊浩繁岐路錯雜不可勝紀不能一一而設備也惟當摘其尤要者團兵勇建寨柵以守以禦其餘亦惟以遊兵行哨奇兵設伏輕兵出襲焉可矣謹按金壇之險要有三曰珥村曰長蕩湖曰白龍蕩詳著各圖說于後

珥村鎮險要圖說

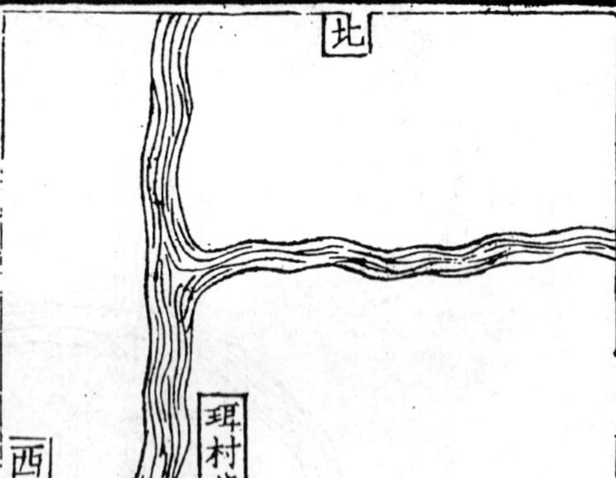

珥村鎮在金壇縣北四十里北通丹陽七里橋東通常州奔牛鎮乃縣北郊之屏捍也前代嘗築荆城於此不爲無見近年倭寇内侵金壇因居腹裏寇所未到説者遂謂水澀難行賊舟必不至愚意不然倭奴之志不過擄掠焉耳江南財賦之地蕃多或不必戀兹邑理亦有之但其邑非窮瘠而與溧陽相接壤密邇留都南通蕪湖出大江承平日久能保無巨寇自常鎮而來以是爲進兵之間道者乎萬一有之珥村爲咽喉之衝胡可無備本鎮居民稠密因之以經營亦且不難當事者請爲之計

長蕩湖險要圖說

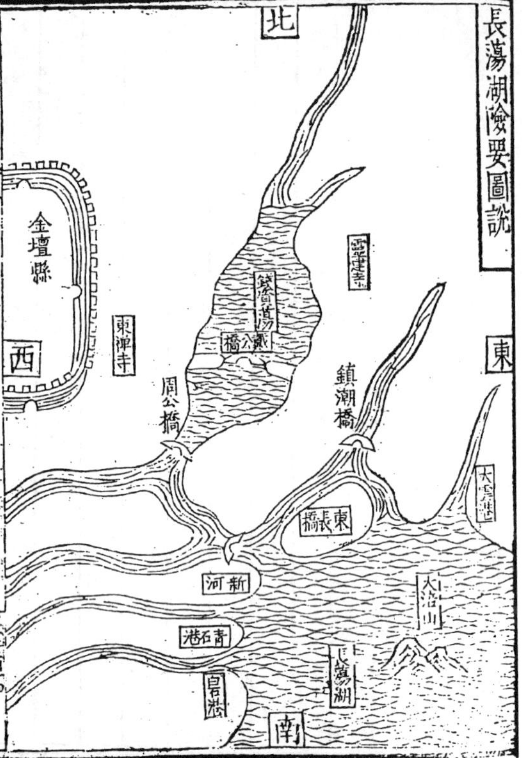

長蕩湖在縣東南三十里與太湖相通週迴一百二十里中有大浯山乃宜興溧陽交界之處也平時則土盜出沒據此竄彼其患猶小遇亂則乘時嘯聚杞邑攻城其患至大宋庚業劉廷熙嘗夾岸築城於湖溪村今所設者惟巡司而已萬一天下有事恐非團練鄉兵建營寨不可

白龍蕩險要圖說

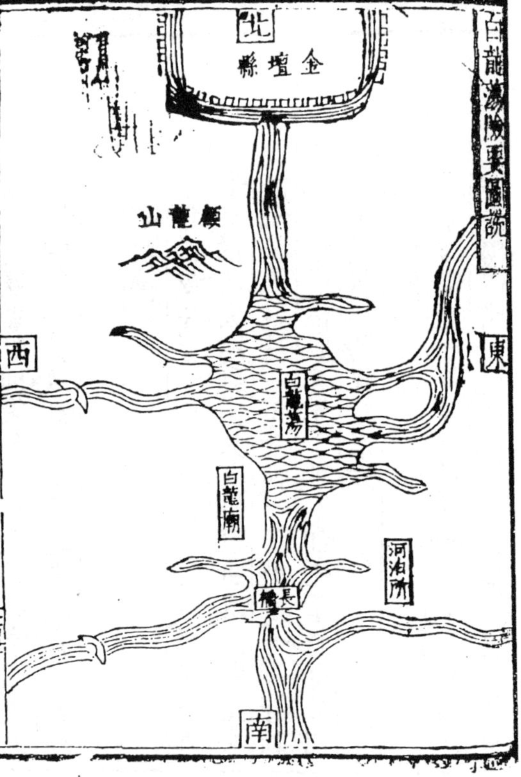

白龍蕩在縣南一十里與錢資蕩相通居民漁採蘆葦叢生僅通舟行無險可畏蕩右有顧龍山我太祖東征駐蹕御碑在焉據此則國初大兵所嘗往來亦一險要也似宜設備

軍門林　云珵村縣後蔽也東南有事誠有間道進襲之變就地建堡團練民兵真北門一鎖鑰耳長蕩白龍二湖當併圖之

鎮江府土賊要害附錄

丹徒縣

聚劫

大江 鹽舟出沒隨寓而劫罔有定方

自京口至丹陽因無支河素無盜劫之患

金壇縣

聚劫

七里珥村之間 在縣城北

湖溪 在縣城西 里

軍門林云大江之劫在鹽徒捕者恐亦藉此為奸防不可懈也珥村湖溪之寇嚴保甲練民兵寇自不犯矣

江南經畧卷之七

見行兵政

督撫軍令

戒諭將吏 條計十

務實心

南北多事正臣子圖報之時將領有一路生靈之計但有寔心何事不濟江南以百萬之衆制一隅之寇一旦有功陞擢贈蔭榮不可當今後務要除去舊時一切套子同心共濟勿懷猜忌畏怯之私且如舊時各官多爭功妬能虛冒掩釋雖與別將並邀幸其無成反相傾陷此等之人滅絕天理今皆何在舊時有功之人一時雖為人所侵奪阻抑後來却做大官身家受用天地鬼神何嘗負汝為將令者聽吾此言宜發深省

明紀律

年年倭奴生發一切防守俱有定議平居愛養士卒惟恐失所到出兵時惟有劍耳陽明王公節制一人退怯一伍皆斬一伍退怯一隊皆斬似過於嚴然與其死于敵不如死于將也故曰士卒畏將者勝畏敵者亡

固城池

城池防守無法臨時失措及將小民疲弱者上城有勢力者優免不恩小民一釋負擔生理已

絕大家僮僕滿前家計重大若勞逸不均必生離叛興化之事可爲全車今後守城官員照依近刻紀効新書斟酌損益料理停當務要文武同心官民一體以保萬全勿容強梁頑梗之人阻撓僨事如有違犯徑以軍法處治

嚴哨報

每常健步哨報止於近地駐足一聞消息不知虛實輒便回身悞事不小今後各領兵官每日發人專報院道亦先發人探聽嗣報不合者重究且瞭望是緊要事沿海六里一墩有在內地去海稍遠者賊已登岸尚未知覺海防官相度地里逐漸更置以爲永圖

察夷情

先年我民被擄得回者傳云倭夷甚少中國人從賊者倭以爲前鋒恐嚇我兵我兵亦利其爲真倭獲功賞重反以張彼虛聲奪我士氣況倭踰海而來勢難久留刀法雖熟安能敵我鎗箭長技惟是以少擊衆以逸待勞或揮扇成風或懸鏡曜日或牛角爲盔或獸皮爲甲恠狀驚人刀光奪目設伏棄包跳踉悶爍其爲伎倆不過如斯爲將者若能知彼知己用我之長攻其所短明諭士卒使之了然無畏則強兵制勝之術在其中矣

收畜聚

賊踰海而來因糧於我若清野以待之自可制其死命故淮揚之捷殺死倭寇剖其腹中盡皆青草今後縣官務要設法收聚富戶有頑梗不從者萬一賊至必以兵預焰之城外運米有失罪縣官以軍法

養威望

今之爲將領者孰不曰我有將而無兵無食不專委任故無功耳殊不自量今有兵有食專於委任未知作何振作也譬如一大家其家人衆多見其主能事便有倚仗若家主無能便只哄他爲將領者果能身先士卒站得脚跟定則三軍自有所恃而不畏敵矣今願各將官先養威望三軍之命在一將一將之妙在一心心能無欲百戰百勝之道也

收羣策

古人用人不避恩怨如盜賊如貪汚如狙詐皆得而用之傳曰四夷不靖授卒爲將若未用而先責其成已成而即忌其功孰肯盡心力以報我哉岳武穆智勇之全者也臨出兵時盡召諸統領環坐飲食之先謀敵之所以敗我者至於六七必無敗也乃行故每戰無敵書曰好問則裕自用則小

精器械

陸兵之命係於一器水兵之命係於一舟將官

若不時時點撿不特忽兵之命是自忽其命也今已議有定制如當給銀修置而有司狃於樽節虛文減估遲給者重究

審機宜

倭賊初至我兵利於速戰蓋彼過洋日久爲風浪掀翻疲勞飢困我以精鋭乘之萬舉萬勝待其深入分散抄掠因糧於我以謀生之人當必死之寇難以得志矣無已則出奇設伏或夜襲其營或晝乘其怠此進彼退出其不意攻其無備及分散之賊回營我則偃旗息鼓斂兵勿戰俟其還退以大營綴之別出練士追之邀之於險選壯衛之分兵疑之可以决勝成功

行軍節制六條

一水陸官兵俱經分有信地然禦之海上乃爲上策如放賊登岸定以軍法嚴治若有能隨賊躧往奮勇截殺者許其立功贖罪

一臨敵去戰期一二日先以探報追隨賊之動靜圖狀之險阻凡賊一舉止一時候皆必有報不實者重究

一官軍臨境各要記帶一應原執器械及烘炒針線之類領兵官逐一點驗勿使缺乏

一沿海護塘可用馬兵如見賊登岸馬兵以鳥銃弓箭盤旋制之不但壯步卒之氣亦全勝之道也今後本地有馬儘數發出自成一隊助戰併出入兵間領隊押隊

一五方旗號以方色爲名出兵難以悟曉惟左右前後屬人之一身以身之向往爲節赤旗屬前黑旗屬後青旗屬左白旗屬右中央屬黃無事當捲有事方開見林木開青旗水澤開黑旗兵馬開白旗山險開黃旗烟火開紅旗前隊遍相傳報掌旗之人失於瞭望者治以軍法

一遇賊各兵務須放膽匝定但有移動一步及回顧者即斬倭性多疑彼見我兵不動必不敢輕易衝來見零落游走之賊亦須持重相機不許輕戰

一經多路岐須分兵數道盡占其地使我兵蹤而不離密而不雜

一兵行卒然遇賊道路窄狹用勇士鼓譟乘之後以短兵接戰再遣兵據險夾攻若閭巷之間衆兵必先升屋從高擊下

一敵人一進一止互換攻我可令兩軍作前後陣一軍作疑兵應急補空使一軍飯一軍進一軍雖遇敵晝夜不退不致疲憊又須料敵衆寡

一營壘已設警備再量分遊兵於營外四面要害去處給與鼓砲隱於幽僻之所如遇賊來犯營前項伏兵即從後砲鼓而出以攻其背

賊必驚疑潰散

一鳥銃最利而捷但苦於不能接濟賊每見銃來伏地而避見銃不應手即便衝來今後分爲數層不許早放仍用短兵衛之

一或四面金鼓不絶以分其勢或各路設伏不測以疑其心或便道置毒以絶其食或揭示賊中有能斬取賊首者重賞官爵以離其黨或於要地設險陷堅以遏其衝或結營放火以奪其氣

一凡當先者一甲被圍二甲不救一隊被圍各隊不救一哨被圍各哨不救致令失利者俱斬其哨隊甲長

一五人爲伍衝鋒對敵一人有功五人同賞一人失陷餘四人皆無功各打八十若四人內斬獲首級一顆除本人給賞外餘三人無賞罰若失陷一人斬獲首級一顆止照功論其

一甲一隊一哨皆以此推之官目首論

一凡斬獲首級不許爭奪違者哨官陣前先行割耳同兵驗斬及有方獲一級輒擅離隊報功者罪同

一陸兵以衝鋒爲上斬獲次之水兵以犁沉賊船爲上歸賊次之陸地能摧鋒陷陣者當時賞銀三百兩海賊初到能犁沉一船者當時賞銀一百兩其餘賞格已有明例

一凡戰時賊遺棄財物首飾但低頭拾取者即斬如全勝之後所得俘擄公同驗犒多士

一賊至不拘地方軍民人等有能人自爲戰出奇制勝者出格陞賞

一行伍不齊行步錯亂擅離隊伍點鼓不行聞金不止按旗不伏舉旗不興開旗不接得令不行傳令不明道路擠塞言語喧嘩者領隊官治以軍法將官記簿聽叅

〇一經過駐劄不許強買貨物搶擄財物需索酒食砍伐樹木踩踐田禾姦宿婦女飲酒喧鬧擾害歇家棄毀器物違者治以軍法將官首坐

一探報不實泄漏軍機逗留觀望臨陣逃回妄言禍福假傳軍令等俱照軍法從事

〇一有知天文地理六壬八門覽視四方洞察三軍深謀遠見者不拘時候進見

一將官呈報賊情文書並須明白簡當止許將倭賊侵犯日期出沒去處及追襲勝負畧節緣由簡明直說不許巧揑繁文矜伐功能如違先將承行識字軍人拏問

一發軍前一日晚領兵官將途程遠近止宿去處稟請遵令而行

一每隊定傳令軍人一名得令遍相傳報餘人不許亂傳

一官軍啓行各須披甲戴盔庶幾臨敵輕便不許用謊甲虛飾若路遠天熱得令方許暫時寬解

一盔不在頭甲不在身器仗不堅刀办不利箭矢無羽弓弩無弦鎗筅無鋒但一事不備者痛杖四十

一領哨官前途凡遇大小事務俱要差人傳報中軍清道旗手仍先期禁斷人畜不許攙入隊伍衝胄旗纛如遇應該迎候禀事人員及各處差來賫送急報公文之人官軍不許遮路問明赴中軍審實差人報知方許進見倘有異言異服可疑之人送中軍研審發落

一軍行在路遺落器械什物見者許即收帶至止宿處送中軍招人認領失物得物之人量加賞罰隱匿不報者治罪

一軍器弓箭什物皆須書名在上或有疎失易爲照檢

一官軍在途遇有疾病領兵官驗實隨即禀請令所在官司撥醫調治痊可即便從行敢有詐病推避者治以軍法

一傍哨後哨見有乏弱人馬不能前進或在路旁潛藏者隨即收送中軍發落

一所到地方每隊軍兵各聚於一處住宿以便查點呼喚

一軍行定委巡哨官一員止宿委巡視官一員但有干犯軍令即便指實呈報隱匿不舉及因而需索詐騙者各依法究治

一每隊官目將本營下兵年貌花名附寫應帶軍火器械什物置簿二扇開寫明白官目各收一扇以備查照

一文武將吏主客兵遇警務要協謀併力互相傳報應援不許自分彼此爭較私忿若應會兵而不會兵應赴援而不赴援趨利避害損人便已致悞事機者雖有奇功亦難掩罪定行糸究黜罰

一出軍以先鋒爲難回軍以殿後爲難故曰旣勝如始戰凡戰勝回軍必選精銳老練官兵爲後哨持重緩行以防不測

一行軍每隊定傍哨四名二名在隊外專瞭聲息道路二名在隊裏一人專管承受號令一人照瞭前後隊伍不許稀疎擠塞遠近不均

一軍臨城境過關山險隘及三岔川口先令遊兵於最高處四面瞭望或路旁有深林幽谷草木蒙密去處須令短兵於內搜索果無姦伏回報主將挨次整隊而行

一軍前有阻澤坑坎我當據平原以待之若賊至陷中速進兵攻之如賊不來我則設伏退軍以誘之

一賊未戰無故而收兵半隱半見佯亂佯退或師挑戰必有姦謀我當堅陣以待不許輕動

一賊若據險我以利餌之或退師以致之入吾計則遣精兵出其背以奪之不入吾計則引而去之

一賊入隘只待十過其四五我從旁邀擊之如賊驚亂即奮兵擊之必勝

一賊若乘風雨飄驟故令偏師來攻待我應之彼必佯爲敗走此欲誘我入伏也我當勒陣緩追潛於軍後多選精兵從賊來路及度其歸路密切覘望如有伏即分軍爲三四潛入伏所互換攻擊若彼伏兵敗走我軍就彼伏

定待彼來誘我即起而攻之

一分兵數道臨發時務要會定記號如於賊界相逢不分晝夜各即駐隊互舉原定記號以辨真僞

一沿海守墩人役失誤瞭望致賊侵入境内因而誤事者打一百管墩官打八十止誤接舉砲火不曾失事者打五十官三十如失事重大者治以軍法

一爪探夜不收爪探不的以無作有以多作少因而失誤事機者打一百若傳報賊情調集兵馬畏避艱險在途遷延以致誤事者罪同

一頭目旗軍官豪子弟倚勢奪人首級報功及管軍將官將所部斬獲首級捏報本家子弟及作人情送與勢要之家者許被害之人指實告發先將所報之人治以軍法仍照見行事例參究

一戰後故殺平人及投降人口報功者先打一百大棍不死仍坐罪抵命

一臨陣奮不顧身三次向前衆所共見雖無首級亦係奇功即時給賞大銀牌一面兵同仍照例論功不許貪顧首級以致反敗違者治以軍法

一把總官通計所部内功次失陷多於功次者臨期計算發落

一軍營夜間有事差人密切禀報主將有令把總官分遣曉事人員逐隊親行告諭俱不許高聲呼喚

一官軍臨陣敢有挾仇乘機故相殘害者許同伍之人指實呈告拿問究治知而容隱坐以同謀之罪

一臨陣拋棄盔甲器械者打五十棄毁神鎗大砲鳥銃者打一百官旗臨戰易換軍士器械者打四十

一水陸各兵貧難者多艱苦萬狀口糧不勾日用有等無知官旗指稱公私使用動輒科歛錢物或將應得銀兩扣尅入己除既往不咎

外今後敢有分文科斂纖毫侵尅體訪得出
或被人告發先以軍法重治仍照律例問發
將官明知故縱者一體㕘究
一有警除戰兵外另選膂力之士或二百人或
一百人攢成大隊名爲掠陣之士凡遇交戰
每隊分派或三人或五人各持長柄鐵骨朶
隨各隊後觀兵入陣如有退縮官軍許令摘
取牌面督併向前前有領隊官旗後有押隊
之人使之畏我侮敵則可以變弱爲強

憲院申飭海防事宜 計十一條

一蘇松常鎮四郡先因寇擾皆由土兵不練内
地空虛以致猖獗深入如蹈無人之境及今

不爲訓練誠恐噬臍無及仰各府州縣掌印
巡捕官將各地方居民乘其農隙之時酌量
多寡定立教演法程親督訓練務要年力壯
健技藝精熟必使城鄉村鎮悉爲干城比閭
族黨皆可禦侮調募既省供餉自輕誠寓兵
於農之良法所練鄉兵不許官司差遣仍禁
糧里吏書毋指閗報爲名以滋騷擾索詐其
各保長亦毋得在鄉把持生事違者一體從
重究遣
一當春汛之期正值草木叢雜之際扼險設伏
最爲要法各官計不出此俟賊分形共險而
後與之角衆寡較強弱以求必勝雖獲有奇
功終非上策今後遇警水陸當事官兵各陳
兵驅剿外其各該緊要隘口如何控扼以制
潰逸如何備禦以防流突又如某地急而兵
反少某地緩而兵反多或移補或協守務須
預爲計料以收萬全
一先年倭寇深入盤據爲患良由港口兵船畏
避風濤結䑸潛泊内地官兵散漫無紀賊一
突至倉皇失措自顧不暇又安有直前以拒
其鋒者乎今後各官務要嚴督各該兵船更
番遠哨如遇有警司水戰者即於海洋戮力
剿截司陸戰者即於海塘揚兵應援必使片
帆不入一寇不登是爲首功如或玩寇殃民

定以軍法從事
一水陸戰兵各有攸宜相機勦截貴乎知要如
一舟之中賊首能戰者不過數人而縱橫曲
折惟恃柁工爲指使耳兩舟衝突要在先擊
柁工柁工一斃則一舟紊亂或用毒灰順風
颺擊以眯其向往之途或用礶泥抛擲彼船
使無站立之處次以神標藥弩火毬火箭刀
牌奮擊自可一鼓成擒至於陸戰之法亦可
依此類推
一一處有警隣境官兵當一面防守信地一面
分兵策應或彼此互相夾攻先年賊船入境
不行併力驅勦只圖出我信地殊不知海洋

上下地皆吳地民皆吳民豈可秦越相視使
各分彼此不行併力追剿則窮寇之勢豈肯
久留海洋東衝西突勢必流刦郡縣今後各
官務要併力齊心彼此聲援毋蹈故轍如或
左次觀望坐以失律

一探兵乃軍中第一要機哨探不實則進止無
據凡探兵船隻必須遠來外洋毋致失悞如
遊兵則從北洋巡至南洋南洋巡至某處某
把總哨船如圖山巡至孟河孟河巡至江陰
之類遇有警急卽先探伊船隻若干賊數多
寡及向往的實以便迎敵一面遍相傳報堵
截若或畏懼偷安不行遠探一見外洋帆影

不辨多寡不分兵船漁船倭船妄行傳報以
致真僞不分有妨戰守今後必須嚴明賞罰
以爲激勸探兵勞苦非衆兵可同如探實倭
船賊數向往的實定行出格犒賞若官兵克
捷海洋探兵亦隨獲功官軍一體紀錄加賞
如哨探不實不明仍前懈悞從重加罰庶幾
賞罰有章三軍思奮而用兵之進止良有所
恃矣

一邀擊之法衝鋒爲上角戰爲次尾擊爲下倭
寇航海初來遠不敢放舟逕入必潛泊海島
邀遮中國之船隻以資聲勢搶擄中國之人
民以爲從衛又憑籍奸人爲之勾引接濟然
後乃敢乘風揚帆深入內境若我兵伺其始
至飢疲蹈躇所向未定卽爲多布戰艦先塞
要害又出勁兵相時邀擊則以逸待勞以飽
制飢可一舉而殲滅若先期不行哨探臨期
不能堵截直待登岸搶掠飽載東歸方圖尾
擊雖獲有功次已不償地方之所損矣各官
身膺武備重寄自當鞠躬盡瘁以靖妖氛一
聞警報隨卽出洋奮勇堵截量度水道乘機
邀擊務使賊船不得收港近岸方爲奇功如
或怠緩悞事者自有軍律

一水陸官兵器械必須鋒利火具必須周悉旗
幟必須鮮明隊伍必須整飭船隻蓬桅什物

缺一不可倘或未盡堅利鮮明何以備緩急
以壯兵威仰各將官卽査前項器械什物如
有損失不堪應修應補者作速施行

一器械不實雖終日操演俱屬虛文器械之中
有長兵有短兵長兵者火器弓弩是也短兵
者鎗刀叉棍是也無長無以衛短無短無以
衛長假如一隊五十人每隊長兵二十五人
短兵二十五人學火器者必須藥線鉛彈火
繩鎚屑流杖具備缺一則火器皆無用之物
也學弓弩者必須撒袋俱全弓備二張弦備
二條箭備百矢仍腰懸短刀以備格鬭缺一
則弓弩手亦虛設之兵也至於鎗刀叉棍是

否鋒利學習是否生熟不然則短兵俱應點之人也今日之謂兵者不惟人無定伍抑且習無專藝蓋緣操練無方且如弓箭手人各九矢雖教演終日往來奔走所射不過九矢是弓矢不可以操而熟也况火器刀鎗之類多置而不校總是校之臨操雜沓跳舞一番何曾別其優劣是亦不可以操而教也今宜遴選各技教師於一月之內分立操程更番教演如某日教火器某日教弓弩某日教刀鎗某日教叉棍某日方合衆技而總試優劣如此不惟各兵得以休息且技藝得以精專然後益以衝鋒設伏進退之法方克有濟

一用兵之法什伍爲先八陣五花載在典籍東南古稱澤國地多沮洳溝塹車不得方軌士不得成列萬一有警必須熟察九地參酌九變或用奇或用正或奇正並用或邀擊或鵰剿或先聲震嚇或彼衆我寡則設疑分勢或我衆彼寡則圍師必缺即今風汛戒嚴各項戰守機宜當預爲經畫毋恃彼之不來惟恃我之有待

一五間之法諸將諒熟聞矣因内反死生臨機一出非可遥度至於因間可試一行蓋倭寇之來必獲我土人以爲鄉導然後流突焚劫恣肆跳梁此正可因者也我則選募死士以行間諜或離其腹心或散其黨與或暗通彼之消息或聲揚我之兵威或引誘入伏或導指陷地必使盡心効死克捷之日録爲首功此間諜之法水陸之不可少者

憲院禁革事宜 計四條

一哨船之設本爲哨報警息協勦倭寇近日地方寧謐不以教演爲急却以送迎爲務然此輩守法者固有影射者亦多差出則過限不回護送則乘間爲非亦有民間三櫓快船假托哨船名色潛行劫掠仰該府衛縣今後差出哨船出給號票明開某府幾號船隻今係某項公差限該某日回銷各巡捕巡司凡見

前船務須盤驗真偽該府衛縣務查回銷限期仍置立公差號簿聽本院不時弔查如有越界過期一體究治如此出入有稽而盜賊自息矣違者定將首領官該吏并哨官哨長一併痛治

一查得太倉衛軍士先年原額五六千名歲該蘇州府派供軍儲三萬餘石向來逃亡奚啻六七會計之數如前派徵逃亡之糧毋被積書貪緣侵冐而見在行伍者掛欠無追軍士失哺奸強得利不但太倉一衛爲然而各衛所亦同此弊仰本官弔取蘇太鎮等伍衛所見在食糧官軍舍餘軍餘并差操各冊及該

府衛原派軍儲屯糧卷簿俱查自嘉靖某年起到今要見某衛某年月日實該官軍餘丁若干某府原派軍儲若干歲該實給若干多餘若干多餘者見貯某處或作別項支銷實領者有無批領或被人掛欠侵尅務要逐一查明回報毋得滋弊遺奸果係民欠亦要查明呈奪毋容詭揑

一各港統領兵船武職哨官以至叅總有志向進者官雖卑不受碌緇庸材自棄者職雖崇難免汚玷如每官一員則管兵船不等有二三十隻者每船有兵夫四五十名者訪得各官每船扣占虛兵五六名或十餘名設遇查

點責令柁工頭目雇倩應點至如實在之兵每兵月索分例使用一二錢又縱無賴棍徒賒棖低下食貨或乘修船扭派不堪油蔴高擡取利名雖月給其餉除去剋削實惠幾何爾爲將官當上體

朝廷豢養之恩下體足兵衛民之意今後給散各兵月糧該總預先具呈兵備道不拘文武定委廉官一員唱名監放使心迹自明兵心悅服如不悛改訪出從重處治仍行陸兵將領一體遵照施行

一照得衙門設役固有定制剏量因革所當隨時查得按屬巡司七十餘處大約弓兵共二千餘名歲編工食銀二萬餘兩專爲捕盜保障而設何近年以來官吏索受常例縱容積棍多包糜費工食兵無實用盜賊生發若罔聞知况倭變以後各屬有額設巡兵添募兵勇村落有團結鄉兵使各兵勤行緝捕則弓兵似若虛設使所司嚴查影射則各役何至包侵相應通行酌處爲此仰司行府即查所屬巡司幾處共兵若干工食若干或抽其半或量革去將州縣兵勇如數發司責令巡檢統率巡邏歲扣弓兵工食置買營田以充兵餉積之數年營田愈多民力輕省否則或移充見年勇兵工食以蘇目前困苦如此庶衙

門之額役不虧民膏不爲積棍侵糜事體可否作速議明轉呈該道通詳裁奪

部按以上見行諸條俱於防禦之計至周至密十餘年來海不揚波未必不由此也禁革事宜鄭生裒集尤詳部畧删去一二初非有所優劣其間特以稍無關於兵務耳

兵備道議行

水兵號令計三十三條

一捕盜乃一船之主舵工而下甲長兵夫皆屬管束通船軍火器械悉宜料理如一兵生事一棍不完一械不精者捕盜罰治甚者革退

一洋中有警外哨官即便差船放銃放噴筒以

報近哨官近哨官放銃放噴筒接遞報知大
䑸兵船與把總官如外哨官不知報近哨官
不接報因而悞事者治以軍法
一洋中報警各哨官捕者聽中軍號令晝則中
軍鳴金鼓三通扯行船旗起椗起篷各船俱
鳴金鼓扯行船旗起椗起篷追趕夜則中軍
放起火三枝鳴金鼓扯行船旗起篷椗各船
不必放起火只鳴金鼓扯行船旗起篷椗追
趕誤者究治
一洋中追賊如衝鋒船未至蒼槳船能遮蔽賊
船上風致賊船不前使衝鋒船得以追及者
計功與衝鋒同賞

一洋中打賊以最先一船衝至賊船爲頭鋒次
一船衝上爲第二鋒如二船既衝一船第三
船復去攻打者捕盜舵工斬首示衆如二船
攻打未勝二船各出招旗者方許後船接連
向前攻打衝鋒船既衝一船賊勢已敗不取
首級仍肯向前衝勝别船計船給賞
一兵船既近賊船不即乘勢衝擊乃敢轉篷放
舵以致各船不前者捕舵斬首
一洋中追賊如賊船尚遠捕盜舵工只管乘風
使船各兵只管整點器械以待賊近攻打不
必空自驚擾及放銃吶喊以致氣衰如賊船
已近方許動鳴金鼓放銃吶喊以張軍威違

者捕盜打一百棍
一船中槓棋器械捕盜務要日逐查理如平日
推委不行整頓臨行船時方告槓棋不齊者
捕盜斬首
一洋中追賊船尚遠後船瞭望未見頭先兵
船如見賊船即放噴筒一箇出招旗以報後
船後船望的連放噴筒一箇出招旗以報最
後之船以應先報之船違者捕盜割耳
一夜間追賊以頭先近賊之船爲準頭先近賊
之船桅懸明燈以示後船後船不必掛燈只
看前船之燈追趕如近賊之船不掛燈或掛
燈而不繼與後船見前船之燈不跟踪追趕

及另掛一燈以亂人目者斬首
一追賊之際賊若故拋貨物水面以誘我兵我
兵不許撈取敢有貪取貨物不行追趕及追
趕不前仍取貨物者捕盜舵工與下手之兵
俱斬
一水戰以衝鋒爲上功斬級爲次功頭鋒之船
固難若賊勢未挫不得二鋒之船以夾之則
頭鋒難保全勝故懸賞格以頭鋒二鋒共爲
上功若賊勢已敗無事於二鋒之船敢有冒
功爭奪者治以軍法其餘計級行賞俱聽紀
功官從公定擬
一洋中行船卒遇陰霧咫尺不辨捕舵度風潮

分數望山岸遠近慢慢信舵行使如前船望
見山岸體認已真即便點鼓以報後船後船
依次接連點鼓相應跟踪收灣抛泊如前船
不報鼓後船不應鼓以致悞事者捕盜細打
一百
一捕盜有能熟識天時驗知風候預曉將風將
雨赴各把總哨官報知略有實驗者即行處
賞如或屢試屢驗即呈
院道以禮優待
一沙船本備哨探如不先時修理及修理不固
一遇差遣便以槓棋損壞為辭希圖為家者
即追修船銀兩入官仍將本着問發各哨官
縱容不先舉呈一例問革

一銃砲起火乃兵家號令如遇朔望日每船只
許放銃一箇以振兵威閒時不許妄放如淨
船打醮先赴把總處禀放如違打五十棍
一凡兵船出洋泊港聽中軍座船吹雙鎖吶號
響各船捕盜舵工俱赴座船聽候主將發放
已畢方回各船
一中軍座船放起火三枝鳴鑼三通各船亦鳴
鑼三通吹大銅角號響各起椗
一中軍船吹雙喇叭響座船起蓬各船亦起蓬
一各船起椗起蓬完備中軍船放起火三枝大
銃三箇吹打金鼓揷行船號帶開行各船一
齊開行在洋行使依次而進不許攙前落後
一每日開船泊港該撥直日哨船先行哨邏遇
有警息哨船日間放銃一箇夜間放起火三
枝亦放銃一箇為號一面馳回報警大艅各
要隄備
一遇前面海洋有賊中軍座船放大銃三箇揷
白旗旗上寫一黑進字為號各船亦各放銃
揷白旗結艅分布一齊進攻敢有攙前落後
揚蓬躲避畏怯不進者各船自相記認聽候
中軍查實處斬
一要團艅結陣中軍船揷皂旗一面旗上寫一
白收字各船亦揷皂旗即收成艅違者治以
軍法

一先鋒破敵船查照賞格即時給賞縱無首級
亦首功論仍將各船斬獲之功分派決不爽
信不許爭取首級致悞事機
一各槳等船雖低小行使快便有能向前纏繞
賊船不放脫遁者亦照先鋒破敵之例同賞
敢有臨敵退縮揚蓬不進者亦斬
一兵船在洋敵賊賊將敗之際各兵不許爭先
搶貨以墮餌兵之計違者即時斬首其有能
遵守號令一心向前殺賊不顧貨物者就將
所獲貨物倍給充賞
一各船遇灣收港先到[redacted]船放起火三枝船梢

後出火一把各船瞭見亦出火一把相應隨䑸收入不許延落在後有違約束者治以軍法

一各船置更籌四根如遇在洋停泊每夜每班輪撥兵哨四名船頭船尾專一敲梆瞭望中軍座船日撥八槳船二隻更更收籌以稽勤惰失更者治以軍法次早捕盜聽候發放畢各領前籌如前遵守

一兵船日間收港中軍船鳴鑼三通各船火兵方許上岸砍柴討水完畢聽中軍船再鳴鑼三通各即回船違者許直日廵哨牢拏送責治

一凡兵船在於海洋行使日間各船桅上插行船號帶一條中軍船插二條夜間各船上挿燈籠一盞中軍船上二盞凡有事稟報中軍船以便識認

一凡出洋兵夫晝夜不許脫衣安枕切恐一時有警收拾不迭未免誤事及遇警急務安靜以待敵毋得驚管囂亂違者斬首

一大小兵船出哨行泊無事不許亂放銃砲有事俱聽中軍放銃然後各船放銃若遇對敵則不拘也違者治以軍法

一各樣兵船篷旗上務要以白色照港照哨照船照號編寫大字如劉左福一號福二號劉左蒼一號蒼二號之類以便進兵查考退縮者斬首

水操號令　計八條

一主帥到官廳坐下放砲三箇擂鼓升將旗各船亦擂鼓挿行船旗

一吹雙號笛各哨官捕甲兵到官廳前發放

一吹喇叭官捕甲兵各回本船

一中軍發號吹大銅角三通各船揚篷起椗

一中軍放起火三枝差八槳船二隻前去打哨遇警放起火一枝大銃一箇中軍放大銃三箇接應

一中軍舉紅旗衝鋒船并奇兵船出敵中軍放

起火三枝吹天鵝三聲鼓譟而進金止誘敵前來中軍舉青旗左右哨三板船出戰中軍放起火三枝天鵝三聲吶嚴三聲鼓譟而進中軍舉白旗兩翼伏兵攻敵擒獲賊船聽候中軍舉黃旗打得勝鼓解送中軍請軍令發落畢吹打各回本哨

一各哨官赴中軍船稟操畢擂鼓落篷下旗

一各船旗號色

總兵中軍旗心用　色邊用　色帶用　色

蘇松叅將旗心用　色邊用　色帶用　色

常鎮叅將旗心用　色邊用　色帶用　色

吳淞把總旗心用　色邊用　色帶用　色

劉家河把總旗心用　色邊用　色帶用
七丫兵船屬劉家河總提調各船旗號色亦同之
福山把總旗心用　色邊用　色帶用　色
白茆兵船屬福山總提調各船旗號色亦同之
江陰把總旗心用　色邊用　色帶用　色
孟河兵船旗心用　色邊用　色帶用　色
鎮江把總旗心用　色邊用　色帶用　色

弭盜事宜十計一條

一嚴城禁照得四府州縣各城内外軍民稠雜商賈輻輳奸盜易生倉卒難禦原設官兵書雖操練夜則空閑所宜分定信地以備緩急合無行仰各掌印官督同練兵官酌量城池内外地方派定官兵信地每夜輪更巡邏分番替換遇警協同各哨地方保甲人等併力擒捕如或失事罪坐該管地方之官再選乖覺兵勇每日於城門水關内外密切緝訪消患未萌夜巡各兵黎明時分赴本官處回風總練官時加嚴禁不許生事害民

一守要害各處港口并村鎮要害處所舊制設有巡司專為緝捕盜賊向因倭患公廨廢毁官吏任傾僦住弓兵散處遠迥不一或在城内聽差有名無實緩急奚賴殊失設官爲民之意合行各屬掌印官通爲修復估計工料多寡議動在官銀兩或將本司弓兵每名量減工食若干以充修理之費着令官吏常川住劄其弓兵務選附近精壯土著之人應役各備鋒利器械分派信地晝夜巡緝仍聽本府巡捕及海防官月終稽查功次量示勸懲

一立保甲城市鄉村不拘官民僧道一體編甲十家爲一甲選有身家一人爲甲長百家爲一保選衆所信服一人爲保長以統攝之遇有畸零併入末甲之内其流來暫住人戶不必編甲止將姓名籍貫生理附入房主戶下每家各置木牌一面上書本家姓名籍貫生理男子幾丁每甲各置當直牌一面日輪一家傳遞直牌者查本日十家之中倘有面生可疑之人踪跡不明之事即時舉報保甲長究問下落送官處治徇情隱蔽事發一體連坐隣近火盜保甲鳴鑼大呼併力救護有功之人重加犒賞坐視失事除問罪外仍量罰銀米給恤被害之家其士夫本當優免但此法原爲弭盜而設與差徭不同若疎漏則不惟事體阻礙而彼此聲勢亦不聯絡矣本道仍將填寫格式通行刊布每保二張内一張填掛本保一張填送有司以便稽查

一設者捕城市鄉村遵照保甲之法加謹隄防

儻可自守但三吳之地四通八達江海湖泖之盜倏忽聚散莫能踪跡須專委耆民分方緝捕乃爲有益各掌印官選擇殷實行止慣經捕盜之人數名互相保結填給文帖充爲耆民分畫信地往來巡緝如遇盜賊生發督同保長甲長人等併力擒拿解問從重犒賞捕獲真正强盜十名以上者給與門匾三十名以上者查照領兵耆民事䂓給與冠帶以示優異若有失事及在各該地方生事騷擾妄拿平人連名保甲之人一體從重問遣先將舉過耆民姓名分過信地呈報查考

一置水柵强寇刼掠財物必須用船裝載人贓易於掩藏而江海湖泖利於脫避如鎮江之丹徒壩丹陽之七里橋金壇之大浦口武進之孟河口無錫之西定橋江陰之黃田夏港宜興之東西二洸靖江之螃蜞港太倉之牛角尖長洲之澱山湖吳縣之太湖吳江之震澤溪崑山之巴城湖常熟之白茆港嘉定之東柵橋華亭之朱涇上海之閘港等處凡港口通於江海湖泖盜可出沒者各於隘處置立木柵有巡司官兵者着令官兵其餘着令附近殷實耆民丟之以時啓閉遇有人船可疑者盤驗明白方許放行夜則鎖閉撥人看守致有跡虞罪坐所由如敢需索留難事發

全江南經畧卷十二　廿八　四百三　璟

究遣此於商販不無稽程之苦然禁彼夜行實所以全其利也果使賊船不得往來地方受益不既多乎

一謹盤詰所屬城鎮鄉村庵院寺觀多有遊食僧道住歇其中各省醫卜星命逐利而來浮處民間潛行不軌者難保必無合行各該掌印巡捕官即查各該寺院但有遊食僧道要見有無度牒醫卜星命有無文引果無詐冒方許留住仍取長老住持各歇家甘結在官以備查考倘後事犯一體連坐其來歷不明或帶有兵刃即時報官拿問

一餝將領近日打刼金壇縣庫强盜內有福浙鄉音此必革退客兵潛住地方者合行各該水陸將官今後革退兵勇務要追收器械差人押發出境其見在營內者取具捕盜哨隊長頭目同隊同船各兵連名保結案候着令哨官不時稽查如有一二日不到即究下落從重問解干係盜情連哨官哨隊長捕盜頭目并保結之兵一體坐罪將領叅究仍通行出示城鎮鄉村及船上敢有存住革兵者以窩主論亦除惡務本之一端也

一弭窩盜近日士民皆稱多盜之由實出本地窩主招納爲奸一有敗露挈家投匿殊難追攝縱獲真盜亦無真贓或巧爲指誣動官

全江南經畧卷十二　廿九　三百九十四　沐

司或誣訴虛憍陷累原捕或分賄糧塘投遞保結如近日沈墨沈堅等一方巨盜屢犯不悛皆向日粮塘保結而出脫者他可知矣合無今後軍民人等有能首出真正窩主窩賊至二十名以上者賞銀五兩三十名以上者一十兩又以上遞加之夥賊出首者除免死罪仍照常人給賞窩主財產沒官其保結之後復犯盜情者粮塘一體坐罪庶是非不致顛倒而窩主亦知歛戢矣各該有司務要嚴行根捕勿事姑息致長厲階

一處娼優各處娼優之家乃盜賊之巢窩本道已將太倉州城內外娼婦盡行驅逐去訖但

四府地方廣遠勢自難行合行各屬掌印巡捕官即將城市鄉村樂戶水戶多者毋十家少者五七家中擇其能事者一人定爲頭領每日稽查其家接留若有踪跡可疑之人許頭領并接留之家報同地方保甲人等拿送到官追究如勢不能擒密報所在官司督發兵快捉拿有功一體重賞若互相容隱事發頭領并接留之家地方保甲一體坐罪每月朔日有司取各樂戶水戶頭領有無容隱盜賊緣由結狀查考

一明賞罰重賞之下必有勇夫成大事者不惜小費合無通行各屬示諭一應軍民人等并者捕快手民壯弓兵等役有能捉獲真正強盜賊首一名者賞銀五兩從賊一名賞銀二兩竊盜一名賞銀一兩就於本道贓罰或府州縣無碍官銀當時給賞登記循環申報查考如捕人先經犯罪不願領賞者斟酌情罪重輕以所獲賊數准贖其罪申詳歸結有功官員另議旌奬若官司玩寇殃民註以下考者捕等役明知強盜竊賊希圖常例容隱不捕者事發不分曾否得財一體坐罪庶賞罰既底於明信人人自厲於事功矣

海防條議計四十九條

一金山地通兩浙勢總三吳大海經其南松江

在其北東爲青浦之上游西爲乍浦之界限誠水陸之要衝也向設遊擊駐劄其處蓋爲陸寇向往捍禦以爲三面保障昨歲遊擊車梁恐各兵歇班以致武藝不精申請願選客土軍兵七百四十名常川操練務令陣熟藝精自恃才勇足當一方恐事久人心稍怠兼以南北聲襲頻至合無於今春汛行令車遊擊於青南處所住人有勇力者再募二百名於三月初一日入哨候汛畢之日聽其放回令自春汛仍令該衛管操掌印官再與衛軍內挑選五百名壯勇之兵常川操練無事則回本衛守城有事則聽本擊調用如調用之

日各兵日照額加支口糧無警不調不許支給共合客土兵一千二百四十餘員名至於寇情叵測或於汛前有警或於汛畢有警其選練之兵自當便宜備禦但本官職專遊擊豈宜株守一隅凡東至寶鎮西至獨山北抵松江迤北所當往來截殺三面應援務期妖氛掃蕩不爲玩寇殃民有功則與各信地官同賞失事則與各信地官同罰其一應墩臺瞭哨探報等項必以賊至不得登岸爲首功其金山衛所幷各堡城把總巡捕等官軍兵餘丁悉聽本擊調度如有應援失期照依軍法從重究治如是則首尾相應身臂相依緩急有所恃矣

一柘林把總兼管青村自漴缺起至翁家港止皆其信地本總部下常川操練官兵五百三員名與原戰馬二十四以千百戶二員領哨訓練仍於金山青村每處撥兵一百名不分晝夜往來巡哨有警飛報總兵遊擊青南等處互爲應援該總爲正兵而左右爲奇兵本堡有百戶一員領軍餘一百七十六員名又有戚木陶宅二巡司弓兵八十名防守青村有本所掌印巡捕巡江等官軍舍餘丁防守或賊勢重大仍聽該總撥兵協守

一青林所城自胡家港起至翁家港止皆其信地本所官旗舍餘一千一百八十九名俱聽掌印官調度守城內有選鋒軍餘土兵共三百名千戶一員訓練以備應援截殺之用其柘林南匯每處每日撥軍五十名不分晝夜往來哨探有警飛報總兵遊擊柘南等處互爲聲援該所爲正兵而左右爲奇兵沿海墩臺掌印官選撥精壯軍餘每墩五名帶馬一匹住守瞭望往來飛報以便策應仍聽柘林總總調

一南匯所城自翁家港起至川沙止皆其信地本所官旗軍舍餘丁一千二百五十一名俱聽掌印官調度守城內有選鋒軍餘土兵共三百名百戶一員訓練以備應援截殺之用青村川沙每處每日撥軍五十名不分晝夜往來哨探有警傳報總兵遊擊并青村川沙互爲應援該所爲正兵而左右爲應兵其沿海墩臺嚴行掌印官每處選撥精壯軍餘五名帶馬一匹住守瞭望往來飛報以便策應仍聽川沙總總調

一川沙把總兼管南匯自翁家港起至寶鎮堡止皆其信地本總部下常川操練土客兵六五百三十員名戰馬二十四匹令議百戶二員專領訓練南匯寶鎮堡等處每處每日撥發軍兵一百名不分晝夜往來哨探有警飛報總

此葉原缺，據隆慶版補

兵遊擊南匯寶鎮堡并上海以為聲援該總為正兵而左右為奇兵本堡有千戶一員帶領軍餘一百戶并南蹌三林二巡司弓兵八十名南匯所有千百戶等官軍共千餘名防守如或賊勢重大仍聽該總撥兵協守

一青村南川以達於寶鎮延袤二百五十里雖皆平陸之地堪以陸戰但夷情難測風汛不常設使陰雨之日烟霧漲天咫尺難辯必致瞭望不真雖海洋之中總兵水總各有探哨兵船但遇有警人各為主豈肯停泊川南傳報聲息而反獨後其主者乎及候總兵飛報前來則賊已臨岸矣今查本地海邊雖各

沙淺賊船難泊亦當慎防其川沙窪水深丈餘翁家港雖淺潮漲即深倘賊乘潮而來二港甚可危急今無汛時於青南二所各選壯兵五十名於二所選委能幹不拘千百戶各一員統領前去川沙窪翁家港住劄哨守有警一面併力堵截一面飛報遊擊把總發兵應援汛畢無警照例歇班

一寶鎮堡北至吳淞所五十里中有大江之隔南至川沙堡亦五十里中有清水窪新洪舊洪錢家窪川沙窪等處皆為險要其間海塘迢遞邈不相聞且川沙諸堡僅可遏賊於南吳淞兵船僅可遏賊於北南北阻絕其勢必趨寶鎮堡往年賊據為巢致難殄滅況此蘇松交會之區尤宜設兵防守以聯聲勢

國初建立城堡調撥太倉衛官軍四百五員名守禦自倭亂城毀官軍俱掣回吳淞協守訖今蒙復建城堡除總兵營數內分撥土兵三百名防守改委指揮一員統領住劄本堡常川防守其數必不可少沿海水路量撥哨船數隻與瞭望墩軍一體哨報遇賊入犯北與吳淞總兵營南與川沙官兵互相策應汛畢照舊掣班

一金山至吳淞一帶陸兵分布已周緩急似為有賴但奇正之法雖詳著條議各哨往往以

秦越相視彼方迫於累卵之危而我不惶於積薪之勢閉關自守並不肯遣一將出一師為之聲援賊得乘勢長驅率多由此今無自今行令水陸諸哨無分浙直凡鄰境有急即彼此兩翼俱務督兵互相張皇果能奮勇爭先則與克敵同功如逗遛觀望當金山而不守金山罪固如律而乍浦柘林亦與同罪庶輔車之義篤而常山之勢成矣

一吳淞所左劉河右寶鎮崇明在其北黃浦經其南乃海道之咽喉三吳之門戶東南險要莫此為甚向設副總兵官督兵鎮守已得居重馭輕之勢無容別議查得本營水哨中軍

蘇州衛原任把總蔣基兵船專聽總兵官統
領仍分作二枝一枝千戶一員領泊老鸛嘴
與千戶一員護守江口一枝千戶一員出拋
竹箔沙下脚以截外洋與百戶一員更番哨
探查照常年事規與各部兵船會合哨至大
小七洋山等處有警互相策應再照上年因
船少不敷調用議將龔家套兵船一枝及劉
河總原派泊竹箔沙兵船一枝又中軍哨下
一枝俱掣回吳淞江口聽總兵府調度哨剿
其與浙西乍浦澉浦海鹽會哨於金山許山
除照上年事規遵行外爲照羊山正浙直交
界之處倭船出沒之衝使浙東與直隸兵船

江南經畧卷七　三六

會哨於斯深爲得策及查馬墓乃浙之要隘
若直隸兵船遠哨到彼則恐羊山有警傳報
不迭首尾失序不可不慮應行浙直總兵衙
門各撥兵船會於羊山交相哨探取各執照
回銷查驗彼此適宜其會哨兵船合於總兵
中軍吳淞崇明總及蘇松叅將部下每處抽
撥沙船四隻更番前去率領官員若拘於各
哨難免顧彼失此之患仍聽總兵府別查慣
熟海道者分領庶無悞事乞爲裁行浙江軍
門轉行彼處將官一體遵照

一總兵營原設陸兵三千名不分汛時汛畢常
川操練防守後 八減去一千存兵二千

名於内又撥三百名防守寶鎮堡郭總兵原
帶苗兵今有將九百五名隨至廣東操用見
今缺兵防守今蒙憲院許令差官前去浙江
召募勇兵八百名在鎮防守以補前領之數
令指揮一員操演其舊兵七百餘名仍聽本
鎮選去老弱以劉河帶去親兵四百一十三
名共足一千名本鎮另選一官訓練通共一
千八百名合營操演其原撥發指揮統領防
守寶鎮堡兵三百名專在本堡哨守仍於沿
海水路量撥哨船數隻與瞭望墩軍一體哨
報遇有警息北與本營南與川沙官兵互相
策應

江南經畧卷七　三七

一吳淞江口水勢奔流淵深無底外控大海爲
蘇松之要衝内接黄浦爲上海之門戶賊船
乘風駕潮瞬息可至把總官倘宜晝夜防範
以備不虞自實鎮堡以至南沙皆其信地部
下兵船分作三枝一枝千戶莊重領泊老鸛
嘴防守江口仍哨至高家嘴羊山一枝百戶
一員領泊寶山澳哨至羊山高家嘴一枝千
戶一員領泊竹箔沙下脚哨至高家嘴三爿
沙該總仍往來督察各照常年事規與各部
兵船互相策應

一查得沿海設立墩臺金山衛夜不收四十名
守墩軍餘一百一十七名青村所守墩軍餘

六十七名哨報馬軍一十三名守翁家港軍餘二十名南匯所守墩軍餘一百六名俱應二月十六日上班正軍日支銀五釐餘丁日支銀一分但照墩臺之設將以申嚴斥堠使聲息相連不特爲觀望之具而已今照各墩軍毋遇上司按臨鳴鑼哨守虛應故事及平居之日各散回家既不能瞭望於外洋抑且因墩以悮事宜行令副總兵官置立紅頂籌十二根遊擊官置立緑頂籌十二根上寫子丑字號按時給發往來傳遞周而復始則海塘之上晝夜有人庶不致悮事矣

一吳淞乃海道總轄之要蓋自此而南則爲寶

鎮爲川沙爲南匯迤西爲青村爲柘林爲金山自此而北則爲劉河爲七丫迤東爲崇明迤西爲白茆爲福山又折而西北爲楊舍爲江陰爲靖江又西爲孟河爲圌山爲京口總兵官開府是地居中調度揮戈而南可以援金山之急揚帆而北可以扼長江之險水陸聯絡首尾相應端有常山之勢但智貴先幾謀宜預定不當恃敵之不來惟恃吾有以待之耳若京口之南金山之北一船登岸責卽難辭縱有擒斬之功難掩失事之咎邇來建議謂防倭之策有三出海會哨毋使入港此爲上策循塘拒守毋使登岸此爲中策出水列陣毋使近城此爲下策若不得已而守城斯無策矣大抵倭奴入犯禦之於海則易禦之於陸則難此嚴束會哨幷設謀堵截之事所以圖難於易而爲總兵官大樞務也宜再行申明以厲職守庶帷幄有折衝之筭而鯨鯢無跋扈之虞矣

一崇明孤懸海外僻處洋中乃倭夷出没之交四面受敵之處也向設叅將一員統領兵船住劄今改鎮劉河已將劉河把總調補其缺海內諸沙皆其信地部下兵船除撥送叅將營福船五隻沙船五隻外其餘各船今當汛期行令把總一員卽將本總部下兵夫分爲

五枝一枝百戸一員領泊三沙下脚哨至新竈沙竹箔沙南沙下脚竇山一枝千戸一員領泊三沙洪哨至縣後沙高家沙三丫沙新竈沙一枝百戸一員領泊南沙哨至灘山許山高家嘴龔家套下脚一枝千戸一員領泊三丫沙哨至蛇山羊山一枝千戸一員領泊高家沙哨至三丫沙蛇山該總督同各部兵船住守三沙洪各照常年事規互相應援及查崇明縣所原議軍民兵勇共七百餘名委官部領平居訓練分班哨守遇警併力截殺勿得怠忽仍置循環文簿二扇稽查各部下會哨兵船每十日一送總兵處查考夫三汛

沙乃倭寇入江北之門戶不停則直達江北而我兵一哨並力為守則江北付之不知合無行令江北把總再撥兵船一枝分守此地彼此交防庶不致於踈虞矣

一照海外崇明所屬諸沙大小三十餘處皆隔絕潮港不相聯屬況新竈沙三爿等沙正當由海入江門戶萬一賊船乘風突犯一沙則諸沙必不能知縱知亦不能救致成巢穴雖鎮兵環繞亦難為力往年南沙三沙之役乃明徵也為此先圖傳報之法預定策應之計宜行令崇明縣專委能幹官一員親歷各沙拘集耆民鄉長諭以禍福使知各保身家近

海擇海潮不浸漫處每築土墩一座約高一二丈許上置烟缸柴樓式如烽堠編立近墩居民免其差役令其晝夜輪流應直如遇賊船進港登沙晝則燒烟夜則舉火俾各沙皆見把總兵船隨即應援而吳淞劉河福山一帶鎮兵亦可先後集擊而寇賊不得肆行矣

一劉家河乃海運過船之所去太倉州止七十里一潮可到河闊水深賊船易於突入向設把總一員今議參將一員調至劉河築城把守以劉河把總移住崇明甚為得計夫參將分管二府水陸官兵沿海一帶吳淞劉河福山及海內諸沙皆其信地今查部下兵船止七十二隻似為單弱夫以參將而代把總之任似宜加兵卒以隆事權合於把總部下撥發福船五隻沙船五隻收哨令當汛期如議招集分為六枝一枝千戶一員領泊黃窰哨至竹箔沙寶山一枝千戶一員領泊竹箔沙下腳哨至三爿沙寶山一枝千戶一員領泊宋信嘴哨至三爿沙新竈沙一枝百戶一員領泊新竈沙哨至三爿沙高家沙一枝千戶一員領泊港口哨至吳淞江一枝百戶一員領泊南沙哨至清水窪高家嘴龔家套下腳該參仍往來督察各照常年事規與各部兵船互相策應其部下陸哨鳥銃等兵四百餘

員名今已帶去吳淞候本參至日再行議處令堡城已完應撥軍丁即日入城防守等印千戶一員用心訓練防守城池以為一方保障及照該港商販私鹽船隻往來甚多尤宜加意盤詰以防奸細但勿令下人乘機生事乃為有益二府各總悉聽本參調度該參仍置立循環文簿二扇稽查各部下會哨兵船每十日一送副總兵官處查考

一七丫港係劉河信地本港之兵指揮一員分守仍聽該參調度部下兵船今當汛期仍舊招集收泊本港哨至宋信嘴新竈沙高家沙三爿沙與各部兵船互相策應

一白茅港係福山信地本港之兵指揮一員分守仍聽該總調度部下兵船令當汛期照舊招集但本港淤淺移泊登舟沙南面以拒寇於上游哨至營前沙山前沙新竈沙與各部兵船互相策應

一沿海沿江俱爲險要已經分定信地水路兵船於二月十六日出洋遠哨陸路官兵於二月十六日在沿海護塘各往來哨探但海洋寥闊賊船趁風乘潮疾于駿馬吳淞江口爲松江之咽喉劉家河口爲蘇常之門戶關係特重防範當嚴合照上年事例另撥遊兵一枝往來巡哨以便策應仍選屢經戰陣海道熟知官一員委用照舊於總兵中軍水哨撥兵二百名并原乘大小沙船崇明把總部下右哨一枝除福船照舊該總留駕外其餘船隻盡行撥發俱令統領南自吳淞江寶山起北至白茆港止晝夜巡哨振揚威武遇警與各哨兵船併力截殺獲功與各信地官同賞怠緩悞事與各信地官同罰汛畢無警各船仍歸各哨本官聽候别用

一福山東通大海北枕揚子江倭賊流突水路則入江陰陸路則由常熟與江北通州狼山相望把總一員督領水陸兵勇住劄其處自白茆港至三丈浦皆其信地部下水兵令當汛期仍舊招集分爲二枝一枝百戶一員領泊登舟沙北面以防本港哨至崇明高家沙三弌沙一枝百戶一員領泊營前沙哨至新鎮沙山前沙下脚三弌沙本總仍照常年事規與各兵船互相策應近議江陰把總兵船汛期移泊褚家沙正與福山相對二總仍行文狼山把總輪撥兵船往來會哨以固江防

一福山把總營原設陸兵一千名後議減留五百名今議常川操練土兵三百一員名哨官千戶一員訓練專備陸路截殺風汛之月仍撥兵一百名委官一員督發白茆港與兵船互相聲援行令常熟縣查將白茆兵營草房量爲修葺以蔽風雨毋令散處民間卒難嘯集福山白茆二處各撥陸兵二十名往來沿海哨探遇警飛報總兵參將及七丫劉河以便策應

一楊舍與狼福二山相爲犄角乃常鎮之藩屏
留都之門戶也常鎮參將一員已駐劄其處沿江一帶皆其信地部下兵船應分四枝內二枝百戶二員領泊褚家沙更番哨至三弌沙登舟沙營前沙劉家河許浦嘴下可以策應崇明上可以回顧楊舍一枝千戶一員領泊三丈浦不惟遏福山之衝亦可爲犄角之勢一枝中哨百戶一員領泊谷瀆港口以備緩急

調遣其褚家沙三丈浦谷瀆港之船仍每半月一次輪番更換哨守如此則聲勢聯絡勞逸適均遇警與蘇松參總兵船互相應援其江陰圌山二總兵船悉聽調度該參仍置立循環文簿稽查各部下會哨兵船每十日送副總兵處查考

一楊舍參將營原設哨官五員統領陸兵一千名無事則合營操練分番哨至福山江陰等處有警隨賊向往截殺但照春汛屆期應將常川操練官兵六百七十六員名分作二枝一枝左哨百戶一員右哨千戶一員統領於谷瀆港口外教場屯劄一枝前哨百戶一員後哨百戶一員統領於楊舍北門裏教場屯

劄以爲犄角之勢仍每半月一次更番在於沿江一帶護塘巡哨振威揚武萬一賊登谷瀆港岸則外教場一枝爲正兵而裏教場一枝爲應兵如賊從常熟江陰而來則裏教場一枝爲正兵外教場一枝爲應兵會合截殺其守城事宜照依上年事體合令中哨百戶胡一陽統兵二百名帶管守禦千戶王舜軍兵一十五名范港石頭港二巡司弓兵一百四十名并將在城居民相兼編派城垜與范港巡檢司官兵協禦毋致疎虞

一江陰把總自谷瀆港以至孟河皆其信地部下兵船今當汛期照舊招集分爲三枝一枝千戶一員領泊褚家沙哨至登舟沙以遏狼山之衝一枝百戶一員領泊青草沙哨至登舟營前沙白茆以遏福山之衝一枝本總督率哨官一員領泊唐沙以控南北兩路分番哨至狼福外洋如唐沙兵船數寡聽其通融調撥該總仍往來督察照依常年事規與各總兵船互相策應汛畢無警仍回江陰防守巡緝鹽盜

一江陰縣北枕長江通潮港口二十有四而黃田港夏港二處尤爲切近縣治設有耆民兵船三十五隻在江哨守一枝百戶一員統領

住守黃田港一枝百戶一員統領住守夏港二港水兵互爲聲援仍哨至楊舍褚家沙與江陰把總兵船聲勢聯絡亦聽參將調度

一江陰練兵指揮一員千戶一員百戶一員統領民壯勇兵家丁共七百二員名無事合營操練分番哨至楊舍福山等處有警聽參將把總調遣截殺該縣預將在城附郭居民編甲分認垜頭約以期會有警呼集城守或賊勢重大該縣原有舊募勇兵五百名如遇有警臨期募足以壯聲勢無警照舊

一靖江縣僻處江心四面受敵週圍港口五十有八而孤山套口螺蛳港爛港口三處尤其

要害該縣原有官民船三十四隻水兵民壯
弓兵共八百七十二名分作三枝一枝該縣
官一員督同哨官一員統領住守孤山蚕口
一枝哨官一員統領住守彭蚌港一枝該縣
官一員統領住守爛港口仍各分番出哨至
唐沙蒲沙等處與江陰縣并該總兵船互相
策應亦聽參總調度
一靖江原有民壯六百名内將二百名駕船出
江巡邏共四百名分布四門與城内居民編
甲防守
一孟瀆河居常州丹陽之中相去各七十里寇
船由大江南下必自此出守禦指揮所領沙

全南經略卷十 巴六 三頁五 瀆閒

槳船二十九隻士兵五百十二名應分二枝
一枝住守孟河一枝往來住守桃花溧港二
處仍各分番出哨至江陰靖江等處與兩縣
及江陰圌山總并江北海防道所轄泰興周
家橋把總互相策應
一孟瀆河原設有戰兵五百名後因議革查得
常州府城係腹裏地方練兵千戶陳嘉謨統
領勇兵三百四十二員名民壯二百名共五
百四十二員名合營操練遇有警報量留三
百九十餘名守城餘俱赴孟河截殺仍聽參
將與江陰把總調度又守堡指揮一員百戶
一員統領操軍三百名小河巡司弓兵七十

名與城内居民并馬同知選籍附近丁相
兼防守倘賊趨常州千戶一員仍督兵内顧
勿致疎虞仍行府縣選練鄉兵入城防守勿
得怠忽
一圌山屼峙江邊係干要地北與周家橋相對
乃鎮江之咽喉
留都之門戶也把總部下兵船今當汛期照舊招
集分爲四枝今該總續報止存三枝議泊圌
山洪北大洋恐汛時巡守不敷合照舊仍分
四枝一枝千戶一員泊守黄山門哨至江靖
二縣一枝百戶一員泊守安港哨至黄山門
團洲江北周家橋一枝千戶一員住守圌山

全南經略卷十一 四十七 三百九十三 顧言

洪北大洋以防江北之衝哨至安港順江洲
等處一枝不拘信地將靖江者民與入槳等
船令千戶劉爵統領充作先鋒遠爲哨探直
至狼福等處有警不分星雨晝夜往來飛報
以便聲援該總仍往來督察各照常年事規
與各部兵船互相策應照得本總汛時則應
督兵船在於圌山公廨駐劄汛畢則復還京
口在於城外書院駐劄務宜修葺二處衙門
照舊往來駐劄在圌山則當撥發兵船哨守
京口在京口則當撥發兵船哨守圌山庶使
鹽艖盜艘不敢肆志而本總亦無顧此失彼
之患仍照信地嚴防不許怠忽責有所歸

一蘇州府東近大海西接太湖水港浩繁易於突入城池廣闊難於距守無分汛時汛畢常川操練水兵一百名土兵一百七十名汛時陸兵應調蘇州衛合操軍餘三百二十四名長吳二縣民壯二百名水兵一百名共八百九十四名俱蘇州衛都指揮一員督同哨官武舉省祭統領訓練防守城池但照本城地多曠野常年失盜皆因官兵防範稀闊調度無方耳今查本城原有四隅合無將各哨選委年力精壯哨長五名分為左右中前後五哨每哨該兵一百三十餘員名各分信地巡守一隅左哨則認東南隅右哨則認西北隅

前哨則認西南隅後哨則認東北隅中哨則認一府兩縣庫藏獄囚吳閶則統水兵分認閶門外一帶地方總練官時加稽察以別勤惰遇有失事即將該哨員役解究庶使責有攸歸不致推諉

一太倉州東臨大海北抵七丫南近吳淞蘇郡之邊方本州今選軍民勇兵七百六員名向與指揮管領今議蘇州衛原任把總統領督同領哨千戶一員及武舉合營訓練遇有警報聽候徵發隨賊向往截殺汛時量撥兵勇於吳淞劉河七丫往來哨探本州城守聽州衛掌印巡捕等官查照節年編甲事宜分布

不許互相推諉

一松江府東有黃浦之衝西當泖湖之險南臨大海地無百里之隔乃三面受敵之所今查練兵鎮撫部下常川操練民壯二百六十名土兵一百七十名水兵二百三員名退回選鋒正軍五十八名選鋒餘丁九十八名共七百八十九名僅足以充府城防守之用但照西倉一堡孤懸中野防守缺官合無於松江所選擇聽差千百戶一員將下班選鋒軍餘九十八名分發本官統領無警則啓閉倉城防守糧食仍聽表世功合營訓練有警則上城固守聽候各處軍兵互相應援則兩城有

備不致臨時誤事也

一上海縣亦係瀕海之地倭亂之先尚無城堡以致僨事今已築城當無患矣查得本縣練兵指揮部下常川操練陸兵三百名巡浦水兵五十二名共水陸兵三百五十二員名郎令風汛合無行令本官督同哨官用心練演防守毋致疎虞

一常州府原有民壯二百名上年選練土兵三百四十二員名共五百四十二員名千戶一員督同操官統領訓練遇警除撥哨官一員督兵一百五十名赴孟河截殺外餘存三百九十餘名在城防守聽該府掌印官臨時酌

照編甲事宜徑自調度
一鎮江府東西二馬頭係[illegible]大江逼近城郭乃
要地也指揮一員領有江操船隻分作二枝
一枝泊守焦山以護東津一枝泊守金山以
護西津仍各分番出哨北至瓜洲儀真以備
江寇南至圌山安港以防海賊仍聽把總調
度
一鎮江府練兵指揮一員常川操練民壯兵勇
共七百九十二員名快手四十九名軍餘八
十二名丹徒等巡司弓兵四十名機兵五十
六名共一千一十九員名指揮督同哨官千
百户統領操練春汛之月分為四枝一枝領

住大港一枝領住埤城一枝領住東津馬頭
一枝領住西津馬頭無事往來巡哨遇警聽
候叅總調度剿殺各軍民快等兵常川操練
其鎮江衛軍舍餘丁聽該府掌印官調度城
守與居民編甲事宜臨時徑自分佈
一官兵獲功賞格奉有題
請明例似無容喙但陸戰以摧鋒陷陣為難斬獲
次之水戰以犁沉來賊之船為難歸賊次之
若不分別行賞孰肯首犯賊鋒以後倭賊初
犯者俶海上能犁沉一船者原格賞銀一百
兩今議再加銀二百兩共三百兩歸賊賞銀
五十兩陸戰能摧鋒陷陣者照舊賞銀三百

兩益獎之於海曲突徙薪之功也不得已戰
之於陸焦頭爛額之功也重水戰之賞則賊
不得登岸而民不知有兵外攘內安斯為上
策
一各哨兵勇見在防守者固有而虛數冒名者
亦多兼以老弱應點實用者十無六七先年
各船置立稍脚通將在船兵夫并各軍火器
械開寫牌面遇有點閘舉目可見何期法久
弊生貪饕官捕遂行隱匿間有存者名是而
人非相應查復將捕兵真正年貌籍貫疤痣
所習武藝在船軍火器械逐一明開于牌如
過查點年貌不同軍器缺少許將官捕治以

軍法仍年終有事故者送海防廳一換庶幾
兵與器俱無虛應緩急得以賴矣
一先年倭奴初犯皆賴沙船建功比因稍寧各
該者民船戶不思豢養恩深惟圖高坐於私
家恣肆偷安每遇防汛止令家人應點萬一
有警不惟不能調度且各兵亦不肯效力但
今汛時尤當戒嚴各該將領務要洗心滌慮
督令耆民船戶正身親自晝夜在船防守今
後敢有次身代替者查出即以軍法處治庶
幾哨守得人可獲實效矣
一沿江沿海一帶城堡積貯已行蘇州府派買
汛米三千石內解吳淞所一千石福山堡一

千石劉家河原無倉厫俯近太倉州一千石松江府米五千石内解吳淞金山柘林川沙各一千石青南二處各五百石常州府米一千五百石内解楊舍一千石孟河五百石委官驗收完足專備防汛支用迄今累催未完除差人守催外如致臨期悞事責有攸歸

一金山至吳淞寶山沿海一帶墩臺最爲緊要除總兵官發兵瞭望外其各衛所撥來軍餘晝夜住守勞苦倍常自二月十六日起至五月十五日止共三箇月應得月糧行令衛所於見貯屯糧内照數支給仍照金山夜不收事例依數動支軍前銀兩每名每日加給五

釐以爲行糧各軍查點不到哨探不明傳報後期者綑打失悞軍機者治以軍法及照沿海協守官軍揭腹待哺情狀可憫各該未支月糧須嚴行各府掌印官追併解給以備風汛

一倭奴踰海而來因糧於我堅壁清野其計自窮有司嚴諭附郭及鄉落積米之家預先搬運入城仍令撞塘照依限期結報有無隱漏恃頑不從者倘遇賊至分遣驍勇官兵盡爲焚之各水次倉運米有失縣官罪以軍法賊無所恃勢難久居乘其敝而擊之蔑不勝矣

一羊山淡水洋乃寇犯蘇松必經之處黃魚之淵藪也採捕之時正汛之日漁船出海順帆不過一潮而已且其人習於風濤而勇於格鬭賊之所畏者也合行蘇州府行令所屬州縣通將各處願捕黃魚船隻盡行查出每十隻編爲一幫逐一刊刻字號每一幫擇一甲長領之責取連名甘結在官各發附近吳淞崇明劉河福山部下造冊二本内一本送道一本送各將官查考該府仍差官查照先年事規每船收稅銀一十兩以充軍餉無事則分給旗票俱從劉河出海聽其採捕遇警則各營收哨食糧合艅剿賊獲有功級照例陞賞足食足兵一舉而兩益也仍令各魚船同

編定青色旗號以防混雜少有疑似即放銃爲號合艅併力擊之如無編刻字號旗號一槩混入者其船入官劉河把守人員一體坐罪仍禁各衙門員役不許取索常例以滋騷擾出洋之日量撥兵船相爲輔翼結艦而行協力而戰而又時其稽察驗其往還以防奸宄倭患何由至哉

一水陸防禁碁列星布首尾絡繹在在有備但期將官攄忠圖報不分爾我不事偷安協力料理可保無虞先正曰以身教者從以言教者訟今江南水陸盡屬於副總兵波濤出沒夷險驅馳親歷督察不可推委然後號令二

參將各照信地督率把總等官入海周廵聽各會哨不許安坐城中其金山遊擊督兵廵塘往來自獨樹營起至寶鎮堡止各把總等官悉聽調度不許抗違如或仍蹈舊轍因循怠緩本道參提懲究

一兵貴神速陸地可以徒行渡海必資舟楫臨時取撥皆稱會哨公差去歲三沙受此稽遲以致誤事相應查照原議行令劉河撥福船二隻沙船四隻七丫沙船二隻白茆沙船二隻福山福船二隻沙船四隻乞再嚴行撥定專候總兵載兵應援一聞報到星火督發稍有誤事定按軍法

一海道沿洋傳遞警息全賴塘報若待信地報聞一來一往而賊已抵岸矣總兵原設塘報兵役二十名在沿海護塘不分晝夜不拘風雨一見有警星馳走報消息以護塘延袤百里地廣人少不能絡繹恐致誤事合於青村南匯寶鎮堡各於兵中選取勇壯善走者十人與總兵營共五十名輪番接續道路相望魚貫傳遞庶不誤事此役干係重大辛苦倍常欲比金山夜不收事例俱以汛期每名日加白米一升少資飲食且償其勞

一各哨官遇警束手無策一得虛聲爭先馳報捕風捉影遂以爲動惑亂耳目搖動地方深爲誤事今後如其處遇警一面速報鄰近參遊把總督兵協力堵截一面止報本道與總兵策應量事緩急待總兵據實轉報上司不許各官擅越如違治以軍法如各哨有聞眞正消息即當星夜分報上司衙門遲悞者重究

一照得水陸兵將各分信地已有專責凡其哨探明速往來策應以濟時艱者惟在各將領同心戮力敢勇當先而已至於料敵設奇攻其無備出其不意用法而不泥於法制人而不制於人則又在隨機應變之妙賢將領當自爲之有非分佈之所能悉也再照用兵之

道智貴先時事嫌掣肘既職專兵務凡將領之賢否兵卒之勤惰地方之利害事機之緩急皆其責任之不容辭者即今副總參遊等官宜與兵道計議行事把總而下雖皆兵道所轄遇有調遣必候呈請定奪然後舉行如此但恐寇情叵測事變不常文移往返不免途路稽遲調遣後時不免寇賊流突此固將來之未便正今日之請明者合無春汛之時一應參遊把總衛所等官悉聽兵道與副總兵隨宜調度有功有罪員役一面先行賞罰一面具由呈詳汛畢無警照常申請定奪庶乎事功允濟而體要亦得其宜矣

謫按海防條議鄭生嘗以前道刊行成書條入集中今部獨入湯公之議蓋以詞意大同小異損益至此方成石畫之規耳又查用兵節制已備載此冊前後諸議中古稱有制之兵不可以敗今之用兵者能詳檢是冊而又參之以險要圖說及諸兵器兵船之論則海上長城萬世無虞矣

江南經畧卷之七　終

江南經略　卷八　終

六三　共六本

江南經畧卷之八目錄

江南經畧目錄終

江南經畧卷之八

兵器總論

倭奴揮刀若神、人望之輒懼而走、以嘗觀之、其所長者刀法而已耳、其鳥嘴銃類猶之我兵也、弓矢之習猶之我兵也、此外殊無足稱矣、惟倭性好殺、無一家一人不蓄刀者、童而習之、壯而精之、而我堂堂

天朝一統之盛、禮陶樂化、偃武已久、民不知兵、欻遇醜夷、遂若強敵、不知中國武藝不可勝紀、古始以來、各有專門秘法、散之四方、若召募得人、以一教十、以十教百、即刀法一藝、倭不足以當我、况其他乎、試舉其畧言之、如使鎗之家十七、曰楊家三十六路花鎗（其分出者曰大門下、曰小門下、曰大六合、曰小六合、曰穿心六合、曰摧紅六合、曰埋伏六合、曰邊攔六合、曰大封臂、曰小封臂）、曰馬家鎗（上十八盤、中十八盤、下十八盤）、曰金家鎗、曰張飛神鎗、曰五顯神鎗（花鎗七十二势）、曰拐突鎗、曰拐刃鎗、曰錐鎗、曰梭鎗、曰槌鎗、曰大寧筆鎗、曰拒馬鎗、曰擒馬突鎗、曰峩嵋鎗、曰沙家十八下倒手干子、曰紫金鏢、曰地舌鎗、使刀之家十五、曰偃月刀（刀法三十六）、曰雙刀、曰鈎刀（陰手、陽手）、曰手刀、曰鍘刀、曰掉刀、曰太平刀、曰定戎刀、曰朝天刀、曰開天刀、曰開陣刀、曰劄陣刀、曰偏刀、曰車刀、曰匕首、使劒之家六、曰馬明王、曰先主、曰卞莊、曰王聚、曰馬超、曰邊製厚脊短身、使弓弩之家十四、曰邊箭、曰兩廣藥箭、曰火箭、曰神機箭、曰楊家箭（上搭、中搭、下搭）、曰馬家箭（分中、磨旗、穿心、推紅、叉有馬上、木秋）、曰袖箭、曰袖彈、曰手弩、曰諸葛弩、機動而弦自張（一發四矢）、曰連環弩、曰雙弓床弩、曰三弓床弩、曰打娃弩、使棍之家三十有七、

曰左少林、曰右少林、曰大巡海夜叉、曰小巡海夜叉（林中前中後三堂之殊、單手夜叉也、中堂陰手夜叉也、類刀法、後堂夾鎗帶棒）、曰大火林、曰小火林、曰通虛孫張家棍、曰觀音大鬧南海神棍、曰稍子棍、曰連環棍、曰雙頭棍、曰陰手短棍（十二路）、曰雪棒搜山棍、曰大八棒風磨、曰小八棒風磨、曰二郎棒、曰五郎棒、曰十八下狼牙棒、曰趙太祖騰蛇棒、曰安猴孫家棒、曰大六棒緊纏身、曰十八面埋伏紫薇山條子、曰左手條子、曰右手條子、曰邊攔條子、曰雪搽梆條子、曰跨虎滚手條子、曰賀唇鈎杆、曰西山等家硬單頭俠、雜器之家十、曰鐵鞭、曰夾棒、曰單手爍鐵鏈子、曰蒺藜算頭、曰金剛圈、曰鏝掌鐵尺、曰呂公拐子、曰剛叉、曰狼筅、曰钂、使鈀之家五、曰雄牛出陣鈀、曰山門七埋伏鈀、曰番王倒角鈀、曰直行虎鈀、曰稍攔跟進鈀、使馬上器械之家十六、曰鞭、曰鍊、曰鐄、曰槌、曰流星、曰鎖虎口、曰馬叉上帶使流星鞭、曰雙舞劍、曰雙刀、曰馬叉、曰天平鏟、曰天方基、曰鎗、曰關刀、曰斬馬刀、曰月鎗、使拳搭兵器之家十一、曰趙家拳（趙太祖神拳三十六勢、蕪湖下西川二十四勢、抹陵關打韓通）、曰南拳（似風似蔽似進似退凡四路）、曰北拳（供看拳凡四路）、曰西家拳、曰鈎掛拳（十二路）、曰孫家披掛拳（四路）、曰張飛神拳（四路）、曰霸王拳（七路）、曰猴拳（三十六路）、曰童子拜觀音神拳（五十三叅）、曰九滚十八跌打過拿、又有眠張短打破法、九內紅八下等破法、三十六拿法、三十六解法、七十二跌法、七十二解法、一百三十教師相傳、各臻妙際、爲將者擇兵士資之所近、心之所好而教之、或專習一藝、或兼習群藝、

藝超於百人者推爲百人之師超千人者推爲千人之
師超萬人者推爲萬人之師有不戰戰必勝矣若以火
器言之我
太祖以神武定天下盡古今火攻之具靡所不有藏之武
庫每歲神機營軍演習奇名異狀人多不識其用不啻
數百種而已也今人皆言佛郎機鳥嘴銃傳自番舶曾
聞之祭將戚繼光云昔署衛印時嘗發山東地窖佛郎
機乃
成祖所蓄年月鑄文可稽又於衛庫中見鳥嘴銃皆倭變
未作中國所故有者又聞胡序班云渠諳火攻法二三
十種偶從南都神機營銃手竊而得之所未得者尚以
三百餘計也又聞正統己巳虜騎薄都門京軍隨駕而

出者過半司馬于謙以軍器局神鎗試之火石所及人
輒成粉一砲而虜死數萬血溴如川遂解圍去可見兵
器莫備於我
朝私習之禁莫嚴於我
朝承平久而民不習兵亦莫如我
朝也如愚見治世右文亂世右武邇來歲受倭患詎可以
平世例論哉凡識火攻者軍門宥私習之罪募而用之
仍嚴焰硝下海之禁區區海寇觸吾者碎犯吾者焦有
不談笑而蕩滅也哉雖然嘗聞之兵法有三曰天戰地
戰人戰兵器有五曰金木水火土五器之中各藏三戰
之妙要之皆不過兵之形耳善戰者形人而我無形明
乎此則兵不血刃而億萬人悉爲吾所降服不明乎此

則荷戈執戟之士棄仗而走反資敵矣是故兵器也者
謂其爲戰具則可恃之以勝敵則不可
軍門林　云虜之器械弗及中國從古以然我兵破夷
火爲長技蓋其一出風濤即利登岸而飲食火藥又
資我所棄者惟乘未登之時得善柁者舟據上風縱
火奮擊虜鮮有不敗受制於我也若馳突原野我械
雖精膽力不齊間有勝者亦什兮二三此又難易之
勢無論也運用之妙存乎其人海防鄭元韶條議一欵似有可採并録于後
附録
鄭元韶防春條議云禦寇莫先於軍火器械今查各
哨戰兵凡鎗刀狼筅竿子弓箭牌鏢等項俱已粗具
人亦習知其法但弓手止知射長箭而不知射邊箭

弩手則全無一人不知長箭去遲而敵人易見故彼
得以閃避且能拾取還射其利在彼邊箭去疾而敵
人難窺非惟彼不能避抑且不能回射況邊箭所到
倍於長箭百倍其利在我宜令弓手各習長邊二箭
倘賊去我尚遠則射邊箭如賊已近則射長箭斯兩
盡矣若弩則箭既可及遠而封藥於末又可立刻殺
人須力重而機巧者習之其矢之長短輕重大小要
與弩弦相比乃能命中而及遠也又查得各戰船原
領發碩等項皆生鐵所鑄遇放每致崩裂不惟不能
擊賊而且悞中船兵佛郎機皆鏽損不堪厚薄不一
袖銃則又短小及無龍頭打放如以各項漸次改造
飛砂銃鳥銃給發各船庶得實用

火器論上

兵家器械甚多有宜於山戰者有宜於陸戰者有宜於水戰者如武經總要所載是也要之利於今日海戰者無幾至於火器其名雖有二三百種而海船得用亦惟噴筒火藥桶二者盖噴筒所及有一百五十步之遠橫占丈餘火藥桶抛入賊舟賊一時不知取而視之內火發矣未發之先水不及沃臨發之際人不能救觸之者碎犯之者死故敵舟離遠則用噴筒敵舟相逼則用火藥桶此二者皆海船利器今日禦寇之切要也

火器論中

海中戰法攻船為上若以我大船犂敵小船觸之無不壞者其次則恃火器火器之中亦惟火毬火藥桶投入賊舟

即時焚燬而至妙也或問我以火攻敵使敵亦以火攻我如之何曰以火攻敵全靠柁工得人持柁得法我常奪據上風則敵之火攻將為風所驅而反攻之矣大抵火攻之法須先自為水備假如一舟五十人但用十人持火器其四十人俱執水斗水桶遇敵火攻舉手傾水滅之烏能焚我耶或又曰設使我用火攻而敵知水備如之何曰敵若知備則雖不能焚敵敵亦必救火而亂矣我乘其亂而擊之豈有不勝也哉

火器論下

短兵相接乃倭奴所長非中國之民所易敵也其所歉者火器耳今鳥嘴銃反為彼之長技而我兵鳥銃手雖多不能取勝何耶倭人忘命我兵望之輒懼而走或鉛子墮地或藥線無法手掉目眩仰天空響議者謂宜禁通番接濟火藥之人甚善甚善愚謂硫黃出産在彼何禁之有所當禁者焰硝耳此吾中國之物若官司設法不容入番則倭奴之火器為無用而我以火器攻之彼之短兵烏能加于我耶

軍門林 云接濟焰硝沿海通弊所謂籍寇以兵兵家大蠹彼硝戶既嗜奸民之厚直而奸民又餌外夷之重利則硝出之民法將焉禁必欲設法其禁私煎窂盆硝與鹽同功異用硝之在軍需者為多民間所用幾何若通行天下收煎戶籍之於官開煎局委以良吏民間所需不過斤以上矣價納官賣積為軍儲則民無私煎典有明禁不尤補於軍政之實用乎此愚

意欲請行而未遑也

附錄

曾查製火毬一法舊制紙糊圓砲不過震响一聲而已何益於事合於糊成紙殼之時中含小鐵刺菱二三十枚地火鼠一二十枚然後入藥於內緊糊其口每砲一枚鑽眼四處各穿藥線使丢落城下不致滅火賊近城或臨敵燃砲而發砲聲一响則其中所藏刺菱自然布散火鼠飛燒賊身必將奔走而刺菱又傷其足我兵乘而擊之是亦一助也茲皆戰守之要擇而行之殆或有濟也

海船論

或問海洋戰艘何者爲善曰各有所宜也曰有說乎曰有北洋利用沙船南洋利用廣福船曰何曰海中使船不畏重而畏輕不畏深而畏淺蘇州近洋多暗沙伏途易於膠淺沙船底平而輕能調戧使鬬風不畏滚塗浪且北洋可拋鐵貓故利用沙船也廣福船至此豈相宜哉閩浙遠洋寥邈空闊風濤常拍天廣福蒼山鐵之類重而底尖可以破浪且南洋可下木碇故利用廣福船也沙船至此豈相宜哉曰然則吳淞白茆福山等港但說沙船可矣奚而設福蒼船也曰賊舟有大有小禦賊小舟以吾沙船足矣若遇小舟而亦以沙船禦之其傍甚卑易躍而登短兵相接勝負叵測夫豈可恃也福船淩風駕濤頃刻千里勢如山

摧賊舟遇之大者即碎小者即犁鬬船力不鬬人力可立而勝也且奪上風施火器賊舟即焚故設之以備風西北則至於揚子江東南則至於大七小七非爲海濱港口之用而設也曰既云易於膠淺又云西北至江東南至大七小七此路非裏海沙船而行者乎曰福船有三種上馬者謂之大福船（其高如城敵難仰攻但非人力可驅全仗風勢吃水一丈一二尺惟利大洋若無風即不可使一入裏海沿淺而行即無用矣）次者謂之海滄（畧小於福船吃水七八尺風小可動但其功力非福船比）又次者謂之草撇（乃福船之小者）皆福船也東洋深淺非沙民不能知福船大小非福人不能駕故以福人操舟而雜用沙民以爲鄉導且學習之所謂設福船者如此非盡用大福船也蒼山鐵不能犁沉賊舟但可以撈首級其傍多

艚籠裏海亦甚便易八槳船惟供哨探之用不能擊賊

也曰廣福一類也廣福何以不設曰此在閩浙已不便矣況蘇松乎故舊嘗議設而復中止曰何曰廣船大於福船且用鐵栗木犁造非若福船用松杉之柔脆也二船在海若相衝擊福船即粉倭夷造船亦用松杉不敢與廣福相衝但廣船難用其故有七蓋廣船非我軍門所轄不似福船之易制禦一也船若毀壞須用鐵栗木修理難乎其繼二也造船大戶倩人駕使任其敝而不惜三也造貨浩煩其敝甚易移文修造理勢難行四也將欲重價以顧之則此船在廣魚鹽之利自多區區價微不樂於顧五也欲許其帶貨則廣貨之來無資於海蓋福建收港溪水甚逆浙直道遠風濤可畏不如一踰梅嶺即浮長江四通八達故雖帶貨亦非其所願六也向來通倭多漳泉無生理之人

廣人自以魚鹽取西南諸番之利不必如福船之當嘗以取中國之利七也知乎此則廣福船之當用與不當用豈不相去徑庭矣乎

福船論

或問福船與沙船海戰孰利曰福船者至利至利之器也何也洋中使船惟畏淺而不畏深洋中擊賊惟鬬船力而不鬬人力倭舟矮小福船乘風下壓如車輾螳螂所謂至利者此也但高大如城非人力可驅全仗順風順潮而回翔有所不便又其喫水一丈一二尺惟利空闊大洋在裏海則易膠淺亦不能逼岸而泊須假哨船接濟故又有海滄船之設其犁賊舟與福船同而喫水僅七八尺雖風小亦可動均之不能撈取首級撈取首級非草撇船與蒼山鐵不可也此皆福船之別名而異用也功力之大莫如福船矣其在今日則福船之於大洋亦爲無用蓋福船之制高大可容百人其底尖其上闊其首昂而張其尾高聳設

柁樓三重於上其傍皆設板裼以茅竹堅立如垣其帆桅二道中爲四層最下一層不可居惟實土石以防輕飄之患第二層乃兵士寢息之所地板隱之須從上躡梯而下第三層左右各設大門中置水櫃乃揚帆炊爨之處也其前後各設木椗繫以綜纜下椗起椗皆於此用力最上一層如露臺須從第三層穴梯而上兩傍板翼如欄人倚之以攻敵矢石火砲皆俯瞰而發敵舟小者相遇即犁沉之而敵又難於仰攻此其制誠盡善而盡美矣舊規每歲修葺給銀三四十兩捕盜領之遞因海患稍寧有司僅肯半給而捕盜又侵剋之惟塗飾以油灰而已器皿損缺莫之補葺火器之類給發年久漸不可用且其數有限不足以支早暮及迎官爆放之用稽查官至則那借支吾或無火藥於內兵數常缺三分之一挽雇泊處居民書其年貌俾之影射故其舟出洋即沉況望有敵愾之績乎此其咎不獨在於捕盜上司所宜嚴究其弊而亟反之毋徒惜費焉可也雖然抑有說焉曾嘗聞總副張公云福船必多人而後可以駕使蓋其在洋常防風潮危急也人數若寡則揚帆弛帆起椗下椗或遇舵壞呼吸之間欲易他舵雖儘在舟之人且不足用其誰與敵爲角乎向來官府但知省費而欲沙汰不知置其舟於無用是不如不設之爲愈也此其可慨一也每一造福船其費甚大暴露於風雨震擊於怒濤其壞甚易向來海氛暫熄官府以其虛設而不葺然又不敢不爲先事之防一舟壞則復造一舟爲費反多其壞也復坐視焉是不如不造之爲愈也此其可慨二也欲

用福船須雇福人駕使其人多與倭通遇賊輒縱而不擊大洋運舵毫釐千里以風不便爲詞乃其故態也議者謂當給以我兵學習使船之法十餘年來未見有能學者官府不究而猶雇福人甘受其悞是不如不雇之爲愈也此其可慨三也張公名情常任福清兵備親歷之言敢述以爲當道告云

沙船

沙民之長技也蓋沙民生長海濱習

知水性出入風浪履險若夷直隸太倉崇明嘉定皆有之但此船惟便於北洋而不便於南洋亦僅可以協守各港出哨小洋而不可以出大洋其說愚已詳載於海防論中矣然沙船雖能接戰而上無壅蔽火器矢石何以禦之不如鷹船兩頭俱尖不辨首尾進退如飛其傍皆猫竹板密釘如福船傍板之狀竹間設窗可以出銃箭窗之內船之外可以隱人盪槳必先用此衝敵入賊隊中賊技不能却而後沙船隨後而進短兵相接戰無不勝鷹船沙船乃相須之器也

沙船論中

或問捕盜者沙船也爲盜者亦沙船也海寇生發之時少平靖之時多沙船可無設歟曰不然海中諸沙地廣而糧

輕太倉嘉定崇明常熟諸大家別業在焉居民室廬在焉其所以往來出入者沙船也何可廢耶曰使其爲盜也奈何曰魚鹽蘆葦乃天生自然之利也利之所在民必趨之方其販載之時未有爲盜者也空船回洋始行刼耳若因其刼併其採捕之業而禁之有是理哉曰然則何策以防閑之曰其策有二辨船隻禁雙桅是也何也昔人嘗立查船之法每沙船大書於其尾云某縣某沙某人船雕刻而粉塗之令人易於辨認其法美矣爲盜者以一蘆蓆遮掩被刼之人仍不能認何如其巧耶如愚見莫若以天雲雷雨日月斗星之類每五舟共占一類每二類分爲五色如畫紅雲者自舟首至舟尾悉爲紅雲青黃赤白亦然如是則盜雖欲遮掩豈能盡掩也哉舊制雙桅船私自下海者

禁世平法弛雙桅習以爲常甚則有五桅者官軍不能制近日當道嘗申明之然沙船入港頭桅多寄海口盤詰者無可指摘何如其巧耶如愚見莫若酌爲定制巡船宜快多用桅櫓沙民止許戶船一隻每船止許帶副帆副桅以防損壞而桅眼不許有二則巡船常速民船常遲此查船之良法也

沙船論下

國朝江海戰船原有成式今以沙船代巡船何歟曰有說焉國初州縣各所各設巡捕官如太倉州巡捕率領民壯衛巡捕率領官軍出海崇明縣巡捕率領民壯所巡捕官率領官軍出海各有哨船各備器械皆官造而給之者也今之巡捕官額設如故而船與器械皆無矣每年出海非

自雇船與備器械奚以哉且如崇明千戶所每一巡哨用船五隻每日出賃價一錢每日即費銀五錢矣其孰能幾何而可以勝此陪貱乎故巡捕官常不出海出海惟有者民沙船而官府巡捕船反無之上司比較寧受其責也舉崇明而太倉鎮江可例推矣雖然不出海之弊猶小也海中慣爲窩主大家懼巡捕官出海私獻賄賂糊之年例巡捕官受之鹽船結幫而無所忌盜舟充斥而莫之戢釀成大患不數年即有海盜生發之患如秦璠王艮之類是也爲今之計莫若議定官銀若造船製器經與巡捕官領之分其信地嚴其稽考交牌爲驗務期海中常有巡船往來哨捕如是而盜有不除者吾未之信也

間內洋擊賊素稱沙船爲最而邇年不得其力何也曰其說有二一是上官處之失宜一是總兵用之無法請言之昔者倭變之作也耆民船戶當道敦請有身家者充之在船俱用正身防汛之日正身以身家爲恤所募皆精悍之兵所帶什物器械火藥之類皆堅好而具備當道破格而體貌之所以致其僇力而得其成功者此也今也有身家者俱不肯出或雇無賴之人或以家丁充代此輩惟以冒餉爲心豈知畏法也哉火械之類亦如福船之弊支吾官府無實用矣然是船也實係大戶所造上馬者費銀三百兩次馬者二百兩最下者亦百兩有奇而向來官給修價不足以抵其半且如今年颶風之變吳淞江壞船十四隻崇明壞船三四隻俱令耆民陪補無所控訴況又有常例書寫之費其苦何如耶使當道優其禮遇僉其正身革其常例書寫之弊重其修理之值如

是而有不效力者吾不信也夫兵船之設本以禦倭邇來總叅衙門以耆民沙船爲承奉人情之用迎送往來絡繹於四郡甚至湖藩江右亦差往焉船戶肯甘心而服役哉使當道禁革以休養之專設以聽調之如是而有不效力者吾亦不之信也

沙船論五

倭船之來有母船有子船母船高大非吾沙船之所能敵須用福船廣船以當之其子船則沙船可以相敵要之母船僅可行於大洋亦不能近岸賊欲登岸必用子船吾以沙船禦其子船而避其母船則母船雖大猶之無也然用福廣大船須以吾沙船水手大半與南人相間而學習之俟其自能行使即革去南人而不用則倭之母船子船沙民皆可以禦之矣

黃魚船議上

或問魚船出洋有裨於禦寇乎曰有曰何居曰在浙江則有浙江之利在蘇州則有蘇州之利何言乎利也每年四月船出洋時寧紹温大小以萬計蘇州沙船以二三百計小蒲前後放船凡三度謂之三水黃魚過夏至即散回矣浹旬之間浙人曝魚成鮝蘇人水魚醃鮮其獲利不啻幾萬金也力田者服賈者曾足以及之乎此利之在民有如此者每歲防春兵船避風泊於內港賊至而多不知竟登岸而已矣魚船出海則遍海皆船人力則整肅也器械則犀利也賊望之而氣消遇之而勢阻矣敢近岸乎蓋其來也星散而行絡繹而至大海渺茫勢則孤也萬里跋涉力則疲也我强彼弱勢之自然自倭變後當道慮倭僞充漁人擄漁舟混入且執縛漁

人爲引導之計執鎖漁船爲幫備之資又有賊因兵船追擊逼入內地者有之有賊船趕漁船乘勢混入內港者有之莫之能辨遂禁止採捕莫敢開端職方唐公順之捧

敕視師獨毅然任曰兵荒之後民鮮生理處置得宜何患之有遂約軍門每府漁船若干輛以兵船若干相須而行協力而戰取甘結給旗票謹盤詰驗出入船回之日該府差官收稅於軍餉大有助焉自時厥後浙直海濱不聞春汛之警非偶然也向來浙直隂受唐公之賜而不知曾每見黃魚輒心動焉此利之在官有如此者或曰利既渥也胡不月月而行之乎曰非也黃魚所出之處惟淡水門而已矣不過海皆有也黃魚所出之時惟

孟奐而已矣不四將皆盛也淡水門在羊山之西兩山相峙如門故曰門羊山在金山東南大七小七之外其至劉家河也順帆不過一潮而已此即黃魚之淵藪也取魚惟在四月亦須候潮潮大勢急則推魚至塗否則雖取無有也每月出潮長月沒潮長月直潮平月斜潮退故每月十三日而潮起小至十五日而大十八日而極二十七日而潮起小至初一日而大初三日而極三水放船者潮大則出捕小水則歸港也此利素爲沙船所占寧台溫莫之敢爭其所以不鬻鮮者冰蔭在蘇寧波黃市洋雖有四五座而舊習相沿除一二進鮮船用冰外餘悉售諸沙船自用拌鹽滷也或又曰浙江之杭嘉直隸之松江獨無漁船者何曰蘇州諸沙如崇明三

沙之類寧紹溫諸山如玉環舟山之類俱在海中其三沙大家各有人船出沒採捕杭嘉松三郡雖邊於海而海中無山沙採捕之舟也羊山淡水洋乃倭奴入寇必經之道黃魚出時乃春汛倭至不先不後之期此殆天意有在假手於山沙精悍之人出捍吾邊鄙柔脆之民焉耳天時也地利也人力也捕魚之禁弛而三者爲兼得也噫此東吳禦寇之要訣也不可以不知也

黃魚船議下

問黃魚船獲利甚多抽稅不過五兩乃人心之所樂從者也近來議者謂當錙之何歟曰黃魚之利多寡不可知其費有一定而不可免者何也每舟賃價銀二十餘兩網業銀十餘兩雇人工值之費食米之費木柴糀酒之費猪羊祭禱之費不可缺若定稅爲五兩恐其間有不堪者故寧錙之也曰工食之數有定乎曰視船大小而已矣大者幾三十人小者幾二十人曰何謂不可知曰同一舟也捕魚有多寡多者或至二三萬尾寡者或千或百以至於無且其所獲之魚亦有大小不同大者每千價銀二十兩次者十四五兩又次者十兩以下況又有三水之分頭水者魚多而味全二水次之三水又次之其價稍有差等曰同一魚味也何以前後不同曰黃魚之生不四時皆有也冬至一陽前動其魚乃生前乎此但有子而已無小魚也時至小滿則半年內所長大者又復生子頭水所捕者其子在腹先天之氣尚固故味全也過二水後子皆噴矣但爲胞所累直俟其冬至乃生耳爾時真氣已散故味薄也諸魚之尾皆與燕同而黃魚尾

獨總稟天地之純陽也烏魚之朝斗者稟天地之純陰也曰今年春頭水出洋諸船皆空返無魚可覓何歟曰此百年所無之變也然亦有說蓋漁船先至蘇之婁葑二門伐冰而後採捕若公私措利伐冰也遲頭水黃魚過矣故不得魚非氣數偶然也曰往昔捕魚皆沙民爲之今內地大家亦有何也曰出海捕魚不如持銀與南洋魚船見買得先還蘇其價倍蓰其利可必故內地富家或賃人舟出洋乃販也非捕也貧民無銀可輸亦有不願買者則空手取利虧本亦甘心也

官兵議

嘗查《寰中一覽》內一款或云今之論兵者有五曰足軍額曰選弓兵民壯曰練鄉民曰募義勇曰調客兵此五者救時之切務也愚謂皆非探本之論

也何也衛所軍與弓兵民壯乃官兵也官兵足何事他求乎惟軍則缺伍弓兵民壯則不堪用故思練鄉民鄉民不能遽練也故思召募召募不得人也故思徵調不知向來兵政之敝其原不在於此乃將官畏死不敢擅動官軍殺賊之故也我朝大明律一款云云夫兵凶戰危勝敗兵家之常也自古名將如太公孫武武侯其人上下數千年落落可計外此雖舍戰者不能爲必勝矣設有所損其數豈可量哉盖我太祖撥亂反正躬親戰伐深知馭將之當嚴而行師之當愼故以是垂訓使爲將者常以失機爲憂全勝爲念則練兵不敢不預臨陣不敢不勇耳此其立法

之至意所以重人之大命也若其用法則又有權衡於其間而未嘗執一如云云蓋人情易怠而難久常恐懼之猶慮其怠若立法不嚴則喪師失律何所不至也自定律後莫敢不遵凡遇用兵言官引之以糾劾法司據之以問擬將官惴惴焉寧殺其身而不敢損軍士非悶奸以規避則顧家兵募義勇以衝鋒若有敗衂軍額不虧則失機之罪免矣古者寓兵於農有事則戰無事則耕後世軍自軍民自民軍常設以衛民民常耕以養兵此國用之所以常乏而民力之所以難堪者端以養兵之費大也既不用軍以戰則軍爲徒設不過聽差點名虛文而已矣練之似爲徒勞不練亦爲無害已矣

班似爲徒養逃亡亦爲不覺衛官初以兵缺爲利而侵月糧法司後查其糧而作羨餘兵日漸寡糧日漸縮若遇寇亂撫按兵備見軍無適於用究之則弊久用之則徒使將官受失機之誅耳不得已權用民壯義勇更廣募調以支之寇平官各以功擢去誰復理前任之事也故雖大亂如倭朝廷新設總督提督重臣添設兵備副使海防僉事一時不能正其弊不容不用夫義勇民壯弓兵見不堪用不容不更召募召募無良不容不更徵調徵調不可常則又議練鄉兵要之鄉兵僅可自守而不可爲隣援不如復祖宗舊設軍額欲復舊額須復舊設糧額此相須之事也

糧額如舊則足軍無難軍額如舊則沿海衛所隨在有備不必募調而常如募調且實省募調之費矣然有軍不練與無軍同練而不戰與不練同如愚見是在科道官以蒸民之生命爲重以一身之利害爲輕協議會奏遠稽太祖云云之言近述聖上屢批戴罪殺賊之例嚴敕兵備海道官專督衛所官練軍限以一年半年務有實用仍敕總督提督今後賞罰務查將官功次若獲級多而損軍少者准其贖罪損獲相半者從輕記令戴罪俟後有功准贖若損軍至幾人而獲級不多則始容緩

免或去其官或行降調俾之戴罪殺賊視後功次大小而量處之若隊伍敗衄全無斬獲者照大明律失機處斬如是則將官莫敢不用軍以戰而戰軍莫敢不用素練者矣豈非善體太祖立法之意通其變與民宜之乎不然軍固命也民壯義勇與募調之兵亦莫非命也軍損三人則以犯律而論失機民壯義勇募調之兵而損三十人三百人亦以律所不載而不論可乎科道官以言爲責且碍律而不敢言總督提督奉律以賞罰人者也顧敢自擅乎夫國家設軍衛民戰死乃其分也今受民之養而不與民捍患民反代之戰焉天下之冤孰甚於此愚謂此

弊若無人敢言則將官終不用軍以戰不用軍以戰則軍伍之缺不必查補而沿海設備非廣募調何人以布列之耶天下之費吾不知其所竆而倭寇之患吾不知其所終也雖然猶未也兵必土著馬牧於官古之良法也欲補軍伍須改遠爲近則服水土便勾攝如是而逃者乞題照職官謫戍但逃殺了之例著爲定法此非變祖宗之制也法久弊生不容不救而通之也

水兵議

或問水兵利害何如曰諺不云乎聚兵易散兵難出兵易收兵難聚而能散出而能收斯之爲善將今之水兵皆召募無賴之徒烏合之衆何惑乎用之則不得其力散之則轉而爲盜也如愚見似宜就用土著之兵如仍白茆也即以白茆近地之民充白茆把港之兵仍以白茆大戶之有才力者領之重其責任優其事權隆其體貌嚴其賞罰照見在水兵之數而給之工食常以一半在田一半在船分番出哨無事則耕作操練遇警則一鼓而集合力而戰夫其生長於此則習知地利而無水土不服之患矣室家在是也則有所顧戀而無退縮逃亡之患矣首領在是也則有所制馭而無跋扈刼奪之患矣田業在是也則又以所得之財爲樹藝之本而死守力爭必不肯輕棄之於敵矣世亂則爲兵世平則爲農夫是之謂不聚之聚不散之散夫是之謂即以其地之民還救其地之難較之以別處之將領四方不相識

之人人情事勢順逆難易何如也或曰內地險要此法可以行歟曰奚而不可向來團結鄉兵之難於行者籍名於官則如僉一重役聽差調而不得寧其家也防點閘而不得佃其田也多無名之費而不得樂其生也身旣團結於官矣官府以其非召募之兵也不給工食又與不團結者同出海防養兵之銀大戶如之何而心服小民如之何而用命乎或又曰小小險要此法固可行矣吳淞江劉家河之類哨船以百計水兵以萬計本地之兵曾足以充之乎曰利害之關於一方者以一方之力禦之關於一邑者以一邑之力禦之關於一郡者以一郡之力禦之吳淞劉河七丫福山之類乃關於一郡之利害信非可禦以一方之力也然此類有限若以土

着之民爲主而用沙着民沙船沙兵輔之賊舟豈有能入者哉或又曰若而言着民與土着之兵旣給工食又蠲其海防養兵之稅不已過乎曰不然法欲圓活若拘則方而不行矣且如白茆地方該戶若干田若干海防銀若干養兵銀若干扣除其數與該地着民自計之兵之有田者查其納數與工食相準否乎準則免之無給也亦無徵也否則損之盈之兵之無田者見查應出人戶之銀或取而給之或令其對支其有生於本地而不願爲兵者但照常出海防養兵之銀交納着民而止矣着民任其勞官府執其權專察着民徇私之弊夫是之謂以一方之食養一方之兵以一方之兵支一方之患費民而民無不甘勞民而民無不服不此之務而惟憂食之不足嚴刑以徵科噫難矣哉

水操法論

或問古今論操法戰法皆詳於陸地而畧於江海今子之作舉要亦然何耶曰有說焉陸地可操江海不可操陸戰可以人謀爲主而江海之戰不可以人謀爲主故不同也曰何曰操法全重分合進退江海中全以風潮爲主風有順逆潮亦有順逆船之行也有風與潮皆順者有風與潮皆逆者有風順而潮逆風逆而潮順者又有橫風與橫潮者順風而往逆風卽不可回矣順潮而往逆潮卽不可回矣若欲隊勢整齊連比爲艅則遇風擊碎船不可泊若欲各自散行各認旗號則參差不齊不成陣勢雖舍使船之人回檣轉舵疏數疾徐亦難責其如願所謂江海不可操者此也其於戰也亦然曰然則江海禦敵豈無取勝之法歟曰有鬬船力不鬬人力此勝之之法也如遇賊舟之小者則以吾大舟犁而沉之遇賊舟之大者則使調戧奪上風用火器以攻之當前衝敵者一舟之人皆賞觀望不應援者一舟之人皆戮其賞其戮尤以督哨之人與舵工爲重每船必設舵二副以備不虞每舵工必設二三人以防損失此戰之之法也其在平日也置船於陸地上集水兵演而教之兵械火器如何而設施金鼓旗幟如何而照會前後左右如何而列哨饑飽勞逸如何而更代晝夜風雨如何而防守山島沙磧如何而收泊號令約束如何而轉報習之於平陸用之於江海此操之之法也曾嘗憶少時

聞鄕老奚秋蟾云吾昔爲醫生隨太倉衛官勦倭東山直追至廣東之東南大洋又去幾千里歷五越凡備知夫海船利弊曾細叩之曰海中有風時多無風時少舟易散而難聚且逐潮勢而行若風猛潮平則以風爲主潮湧風微則以潮爲主風潮皆逆則回船向後而行風潮皆順則一瀉千里每日所行程途之數與東西朔南方向皆不可料敵船亦然故吾行若干里敵亦行若干里愈追愈遠愈求戰而愈不得況兵船分行大海渺茫有與我相望而見者有不可望見者昏黑之夜起火爲號則隱隱見之然亦不能辨其爲賊船與我兵船也有時遇賊欲戰而吾同哨離遠則勢孤而罷有時鄰哨相近敵舟又遠難於攻擊有時我兵偶合敵舟亦近可以

戰矣而風或大作舟在浪漕中低昂起伏方欲仰而攻敵瞬眼之間吾舟忽撞高一二丈敵舟反在下矣船出浪漕之時船首向天落漕時船尾向天兵士跎立且難況戰乎亦有風不甚猛可以戰時而怒濤爲崖兩舟相擊即碎亦不敢戰惟是舵工巧妙能占上風撞碎乎賊舟或乘風火攻或揚灰沙以迷賊目方得勝勢也所患者一舟衝前而餘舟不至或一哨接戰而餘哨不援方其戰時我兵四散遠望麾旗以招之弗顧也張號以喚之弗聽也戰敗則終不集戰勝則聚而分功及責之以言則托諸風帆不便吁可惡哉今人皆傳海戰利用火箭與銃砲弓弩殆非也火箭惟微風可用若無風則帆不可焚風急則火亦反熄皆無益也銃砲弓矢因舟蕩漾發去無準皆虛送於浪中鎗鈀之類亦無所用惟鏢鎗鉤鎌鐃鈎三件舟在上風者以鐃鈎鈎住下風之舟以鈎鎌鈎扯賊人之足以鏢鎗鏢射賊人之身胥爲有用之器也皆吾所目擊非浪談也曾初聞之不知其言是否從出定海關泛海洋適倭初至乃知兵間利弊秋蟾之言毫髮不誣也

水戰陸戰不同論

或問操習水陸戰法何者有實效乎曰今之士夫皆云遏寇海洋使不得登岸策之上也孰謂其不然也但水戰難陸戰易何也大海渺茫一望無際賊之來也必乘風潮之順吾往迎之必逆風逆潮矣不難進乎賊之去也亦必乘風潮之順吾同其順而追之愈追愈遠能必其相及乎即使及矣逆風逆潮不難歸乎況賊見我舟能必其不遠避乎出海太遠孰與接濟乎同隊之舟不相應援而以風潮不便爲托不亦勢孤而難戰乎海中勦賊專以風潮爲主人謀號令進退分合不能作主此在將官之難有如此者將官憚出大洋而躲閃近洋山麓或出大洋而遇賊不戰或戰敗而篤言風潮覆没孰從而查之乎功罪賞罰如何定乎或云兵憲親督出洋可保無弊不知文臣下海嘔逆眩暈水性不諳且體面不亦褻乎此在督撫之難有如此者陸戰則不然瞬息生死勢不兩立非彼即已將士不能作弊況海中殺賊縱能滅其幾舟在賊譬猶失風耳其所全者衆常懷倖免之圖陸地之戰彼將全軍覆敗能無懼心乎爲將者平時若能訓練臨敵若能節制則我軍堅敵而不走出死力以赴鬬何患不能成功耶一則督撫易伸其權一則權有所不易伸故講水戰不如講陸戰之爲善或又問賊若登岸固陸戰矣其來舟在汛焚之歟抑留之歟曰焚舟外圍是閉門逐犬也受其反噬貽害地方如之何而可兵法曰圍師必闕闕者開一角以縱之走也縱之走則彼暇而我堅彼怯而我雄彼勞而我逸故善師者留

其原舟，開其歸路，我兵攻而逐之。或役或去，計之得也。若以全勝立功爲念，則吾之心術先與上帝之好生悖矣，豈能得其默祐而定亂哉？是故水兵官縱賊登岸而後有陸戰，陸戰者亦弗獲已也。

禦海洋論

禦海洋之策，有言其可行者，有言其不可行者，將以何者爲定乎？曾嘗親至海上而知之。向來定海、奉、象一帶貧民以海爲生，盪小舟至陳錢、下八山取殼肉、紫菜者，不啻萬計。每歲倭船入寇，五島開洋，東北風五六晝夜至陳錢、下八分䑸，以犯閩、浙、直隸。此輩恒先遇之，有被殺者，有被擄爲鄉導者。因此諸山曠遠蕭條，無居民守禦，賊得以深入。總督胡公與趙工尚之議所由建也。

國初以來，從來無人發此。自二公上疏之後，罔不羨其卓識。然事理雖長而未經試練，嗣後將官遵而行之，始覺其間有不便者，何也？離內地太遠，聲援不及，接濟不便，風潮有順逆，舩舶有便否，蛟龍之驚，觸礁之險，設伏擊刺之難，將官之命危于纍卵，無惑其爭執爲難行也。然自禦海洋之法立，而倭至必預知，爲備亦甚易。非若乙卯以前，倭船至岸，人猶未覺其爲寇也。苟因將官之不欲而遂已之，是因咽而廢食也，烏可哉？如愚見，哨賊于遠洋而不常厥居，擊賊于近洋而勿使近岸，是之謂善體二公立法之意，而悠久可行矣。

海程論

問海中行舟以望山爲準使黑夜無星可辨及當晝而霧障也不迷失道乎曰慣一通番之艘妙有秘傳何患乎迷也曰指南車與信香之類乎曰否亦存乎針艄更三者而已矣蓋海舟緊要之人有三火掌視針長年還艄夥公計時三者缺其一不可也必須三人專心致志協力而行其舡不常與針相對隨針而轉如風不順則以舵向上風推使方不飄逐故針經有南風猛而針向寅卯方行者乃是諷戧之法非令人横行也更也者一日一夜定爲十更以焚香幾枝爲度船在大洋風潮有順逆行使有遲速水程難辨以木片於船首投海中令人從船首速行至尾視木片至何處以驗風之大小以定此風此潮如何方爲一更

必須木片與人行不差而後所謂一更者方準若人行至船尾矣而木片方至船腰則香雖焚至某處尚是半更或流過船腰則斷其爲大半更或舟行如飛其風或逆亦用此法驗船退程多寡而後復進故行幾更船至某山地界皆可以坐而知但是術也得其傳者或寡矣閩廣通番之人不憚重值訪而僱之豈惟昏霧爲無患哉其於所過懸山孰爲可泊孰爲不可泊孰爲有蛟龍潭不可以發銃砲而戰孰爲可戰孰爲風信將作孰爲潮勢急緩嘗水辨味可知舟至某處有無暗礁伏沙舟人僱之安穩而行今之將官提水兵孟浪出洋覬無覆没之患何患乎其不敢遠涉窮追而極討也噫

洋山記

洋山乃蘇松禦倭海道之上游也舊聞此山塗淺不可以泊舟惟娘娘廟西南畧有泥塗可以暫泊今乃知其不然蓋海舟必得山嶼而後可泊無嶼之山不可以避颶風如之何敢泊也洋山乃兩頭洞西北高百餘丈週圍約七八十里形如圜椅其中有十八嶼如一大湖可藏數百艘湖口面北娘娘廟在焉海水鹹不可食惟山嶺有一池泉淡可汲倭船與我兵船必艤而汲廟東有巡檢嶼故址山口有一山名陸家市山麓俱白沙如粉非泥塗也邇年當道建議浙直哨船期會於此交牌信驗深爲有見何也洋山南去定海北去吳淞皆一潮耑在浙直之交適中之地也曾嘗出定海關浮海躬踏勘海防形勝而深有感於天心

設險以限華夷舟山諸山者兩浙之屏捍也崇明諸沙者三吳之屏捍也定海海外非止一山舟山其魁焉耳舟山之東北有灘門長塗岱山衢山西北有馬墓兩頭洞東南有沈家門烏沙門石牛等山衢山之東北有馬蹟山馬蹟山之東北有陳錢壁下二山陳錢者中國海山之盡處也倭梢擊空明而來萬里風濤茫無際涯望見陳錢則喜中國將近有山可泊既至陳錢然後南北分艅若經馬蹟大衢而西過舟山則兩浙受其患不經大衢舟山而向洋山之西迤北而行則歷淡水門大七小七西衢實山北衢高家竹箔二嘴或東北衝三爪扁担二沙而蘇松江北惟其所騁矣崇明諸沙愚已別立總論又有黄魚船議言之頗詳同志者合而觀之浙直禦寇之方思過半矣

潮候利害論

倭性狡猾最善設伏用術以誘我師若將領得人勿與輕戰先令探兵搜伏而不受其誘賊計窮矣向來我師取敗多在於此然此猶或有知防範者至於潮候一節自非生長海濱之民與賊相角未有不因之以覆敗何也蘇松海灘與溫台閩廣不同溫台閩廣海水深濶直抵海岸蒙艟巨艦可以逼岸而泊蘇松則不然其內洋也則多伏沙暗塗隨潮長落以爲隱見非本洋沙船沙民輙易膠淺一膠淺矣篙櫓帆檣俱無所施船不能動或風猛而爲怒濤衝覆或風恬而俟後潮飄發患莫甚焉其海灘也則塗泥平衍以漸而卑潮至時小舟可以傍岸大舟必須稍遠停泊潮退時灘塗呈現岸與海水相去或二三里或六七里或

十里有奇初泊之舟高閣於乾塗須俟後潮方得浮脫其潮候也每一晝夜去來二度遲早不同其來也瞬目之間乾塗即成巨浸驟於奔馬迅於鞭霆人不及避故蘇松之人雖海稍遠即不能知其候況客兵乎往歲
朝廷命將平倭大參許天倫提兵自河南來憲副周臣提兵自山東來曹許二遊擊提兵自真定來會師海上約戰柘林之南平沙衍塗曠如陸地卒遇潮至倭知預避而四師皆陷僅存將領此固客兵不諳地利之故而亦四將遠來不用土人以爲耳目鄉導我吳守土把港之官坐視而不告之均有罪焉嗚呼此殷鑒不遠者也潮汐者天地之呼吸也萬古有此海則萬古有此潮汐潮汐之候豈特水兵海戰之所當知海岸行師殆有不可忽焉者乎

開互市辨

按今之論禦寇者一則曰市舶當開一則曰市舶不當開愚以爲皆未也何也貢舶與市舶一事也分而言之則非矣市舶與商舶二事也合而言之則非矣商舶與寇舶初本二事中變爲一今復分爲二事混而言之亦非矣何言乎一也凡外夷貢者我
朝皆設市舶司以領之在廣東者專爲占城暹羅諸番而設在福建者專爲琉球而設在浙江者專爲日本而設其來也許帶方物官設牙行與民貿易謂之互市是有貢舶即有互市非入貢即不許其互市明矣西番琉球從來未嘗寇邊其通貢有不待言者日本狡詐叛服不常故獨限其期爲十年人爲二百舟爲二隻後雖寬假其數而十年

之期未始改也今若單言市舶當開而不論其是期非期是貢非貢則釐貢與互市爲二不必俟貢而常可以來互市矣紊
祖宗之典章可乎哉何言乎二也貢舶者
王法之所許市舶之所司乃貿易之公也海商者
王法之所不許市舶之所不經乃貿易之私也日本原無商舶商舶乃西洋原貢諸夷載貨舶廣東之私澳官稅而貿易之既而欲避抽稅省陸運福人導之改泊海滄月港浙人又導之改泊雙嶼每歲夏季而來望冬而去可與貢舶相混乎何言乎二而一一而二也海商常恐遇寇海寇惟恐其不遇商如陰陽晝夜判然相反爲商者曷嘗有爲寇之念哉自甲申歲凶雙嶼貨壅而日本貢使適至海商

遂販貨以隨售倚倭以自防官司禁之弗得西洋船原回私澳東洋船遍布海洋而向之商舶悉變而爲寇舶矣然倭人有貧有富有淑有慝富者與福人潛通吹聚南澳至今未已日本夷商惟以銀置貨非若西番之載貨交易也福人利其値而與綢收買尖底船至外海貼造而往渡之雖驅之寇不欲也此固無待於市舶之開而其互市未嘗不行者也貧者剽掠肆志每歲犯邊雖令其互市彼固無貲也亦不欲也此非開市舶之所能止而亦不當灰錫之名目者也故不知者謂倭寇之患起於市舶不開市舶不開由於入貢不許許其入貢通其市舶中外得利寇志泯矣其知者哂之以爲不然夫貢者夷王之所遣有定期有金葉勘合表文爲驗使其來也以時其驗也無僞我國家未嘗不許也貢未嘗不許則市舶未嘗不通何開之有使其來無定時驗無左証乃假入貢之名爲入寇之計雖欲許得乎貢既不可許市舶獨可開乎或謂日本國王號令不行山口豐後互相雄噬金葉勘合燬於兵久矣如責其期狗其驗則彼終無繇貢而市舶終無繇開矣須弘包荒之量昭無外之仁可也又不然夫貢而無驗招寇之階也貢而無期弛備之階也緩其期稽其驗隄防猶難刻可頫頁而勿驗哉大抵善施恩者施之於威伸之後則人知恩今寇犯順數年雖屢大捷而禍猶未殄倭未知畏也此須肅清之後俟其請罪求貢或如永樂初擒斬對馬臺岐故事夫然後許之則撫下之仁事上之義兩得之矣

守城論上

城一也有關係一方之利害者有關係數十里數百里之利害者關係一方之利害者一守令愼之而足矣此守令之事也關係數十里數百里之利害者豈宜以一守令支之乎爲將帥者須提重兵以鎭之合羣帥以援之其城無恙則敵人不敢越此而他攻即有所攻亦無關係而非敵之所必欲取以爲巢者矣是所守者雖一城而所庇者吾不知其若干城也此將帥之事也若爲將者不論城之輕重緩急而漫焉以居之其身之所居則力爲之救而其所不居者雖有關係亦聽賊攻取萬一失守則樞要爲賊所握而其餘所守皆無用也曾是爲善守城乎譬之海防焉自廣至遼迢迢數千里賊舟無處不可登泊港堡無處不當設備若一一而照拂之則將帥之精神有限分用于無關係之地其有關係者反有遺而不到者矣惟諒倭所從來之道哨之于遠洋勦之于近洋倭船在洋先後而來星散而行風濤警其心踴躇苦其形吾以衆而待其寡以逸而待其勞以飽而待其饑以備而待其所未備至簡至易之道也若其近岸也惟擇總要之處爲水寨陸寨以扼其衝以遏其入其餘港堡地方但堅壁清野使賊進不得攻退無所掠計自窮矣曾聞論守城者多矣率局于區區一方之見故詳之以爲爲將者之助

守城論中

從來城守攻破者十一。襲破者十九。襲破之説有二其一
是伏奸細於城中放火守城者奔救則敵乘間而登其二
是暗約奸細上城照會踈虞處用雲梯登至垜口揮刀殺
人守者驚散賊從此上故守城之法須設兵一枝專司救
火不許守垜者下城守垜者各持一斧分班專視城足凡
賊登城多在下半夜乘人疲倦故也亦多在黎明守者散
班故也把守之嚴賊豈能襲我乎所苦者盤詰奸細甚難
蓋奸細乃本地之民賊拘其家屬刼其內應吾烏從而覺
之今之詰者多在城門內使賊假裝吾民從此擊殺門豈
能遽闔乎又或閉城太早止通一二門出入人愈衆則詰
愈難不若大開各門門外盤詰而兵衛設于門下方善

守城論下

曾按從來論守城者多矣觀其所論不過守城上之雉
堞與填門盤詰焉且未有及於池者夫使池而不必守
也古之人但設城足矣又何用池爲哉設池於外所以
衛城也守池者正所以守城也蓋守城之法當辨內外
善守者守於外不善守者守於內填門守堞皆守於內
守之最下者耳有識者堅壁清野賊深入吾地進不得
攻退無所掠飢則困而擊之逸則撓而疲之去則伏而
襲之陣則奇而衝之開門以延敵而敵不敢犯此守之
上焉者也浚濠深濶置人於羊馬墻下萬弩潛伏火器
間之巡船在濠傍內岸而行日夜周流更修古釣橋之
制移近城門賊來則縋橋起立爲門外障賊退則或布
橋以便我民出入或常時縋起遇出軍則爲將橋布下
我軍衝其不測此之謂守池守之次焉者也皆守之於
外者也若俟賊既渡濠布梯而後擊之攻門而後禦之
吁亦晚矣此之謂守於內者之不足取也雖然此特論
守令者之守城焉耳若在撫巡兵憲則其所守又豈若
是乎必視夫時之緩急勢之利害守一城而可以捍庇
諸城諸城告急以身當之提兵援之或城小之處力微
而不能支者調兵以協守之或兵憲督將官搗賊之巢
衝賊之陣刼賊之營使受困之城其圍自解此皆撫巡
之事權也守令所恃以守城者也若避危而居安與不
能率作將領而惟代守令登陴以守見斯下矣雖然亦
未也寇之來也必從海港而入海岸而登於大江也亦

然副總參遊者江海之長城也總巡嚴督其人察其弊
禦賊於江海初到之時勿容入內使城門不閉市肆不
易豈不盡善哉墩堡者城堞之謂也江海者外濠之謂
也此邊將之所當守邊將不能守邊而後守令方守城
也故撫巡之所當留神者守邊爲上守城爲下

軍門林　云高城深池所以衛民也禦寇至於閉門不亦
危乎然
國家兵防亦既密矣一有妖氛期即殄滅而郡邑設兵恃
其外禦者今徒爲守城計耳焉用兵爲是以牧民禦
侮協守要害俾寇毋近我城者守令責也而移師追
擊設伏出奇使寇不敢攻城者久非監司參遊權乎
噫城陷而援兵未至寇尚遠而城守先危者往往可

鑒難乎其人耳安得文事武備慷慨臨戎者與之議戰守

無城堡而守之之法論

或問守城之法愚固聞之矣無城堡者奈何曰嘗聞之也善守者不在城之有無何也城也者不過用之以設險耳使吾而善守也有城固可無城亦可若守之不善則雖有城亦陷而已矣故守之難易雖在於城之有無而其善守與否則存乎人不存乎城也曰何謂善守曰戰是也曰戰守二道也以戰爲守吾未之前聞也曰不然能戰而後能守未有不能戰而可以言守者也蓋禦敵在戰賊之來也以攻爲其志也吾於四郊度賊來處札野營修野戰以待之器械精明士氣雄猛糧餉充備號令嚴肅賞罰明信賊衝不動賊餌不貪賊走不追賊人遠來欲戰不得欲剽不能吾常用計以撓其逸使饑不得食勞不得息多方以陷穽之張疑以皇惑之設伏以要截之以飽而待饑以逸而待勞以日增有益之兵而待其有限之衆彼將聞之而知懼望之而知退矣更於吾街市而習爲巷戰之計豈有不能自保者哉曰巷戰之法不傳久矣奚從而學之曰是不難或升屋撤瓦或潛伏兩傍門屋中橫而衝之皆是也然須於巷口用力若容賊入巷則賊先升屋或放火難捍禦矣街衢者戰卒不可自塞其路每人執鎗單擺或於街左或於街右魚貫而列俱斜向前立鎗頭皆向外畔常空半邊街道待賊入而攻之將自不敢前進矣曰是法也但宜於陸地也其在水鄉村鎮如之何曰陸地以木城爲野營水鄉以水兵船爲野營其以戰爲守一也曰使賊攻我窘迫不容於不鬬也敵強我弱不勝奈何曰所謂守者非

徒塡門守堞之謂所謂戰者非徒戈矛擊刺之謂也塡門守堞敵易視我我軍之氣先怯乃痴癡之將一籌不轉以賊不攻爲幸攻卽破焉者也戈矛擊刺勇力相格非彼卽己安危不保亦痴癡之將以三軍之命爲僥倖之圖易於取敗者也吾聞古之善戰者不然其戰也以正合以奇勝以分合爲變以有意而制不意以有備而攻無備無形者勝有形者敗其戰也不脫乎金木水火土之五器而五器之中各藏三戰之妙曰何謂三戰曰天戰也地戰也人戰也戈矛擊刺不過人戰中之一端焉耳是故不通天文不知地利不諳人情物理不可以爲將不用通天文知地利諳人情物理之人不可以爲將將也者戰必克守必固者也故曰將者三軍之司命也

營陣論上

曾按古今論兵皆以孔明八陣圖李靖六花陣之類爲稱首不知此特營法而已不可用之以戰何也營自營陣自陣戰自戰將若無營則收兵無歸宿之地萬一敗北何所恃以退保乎故戰必有陣有營行則爲陣止則爲營營也者三軍之家也安營有法則兵無衆寡俱可藏納食息備禦如處城堡善守之則與賊相對進退俱無患矣今人見武侯衛公百戰百勝孰不謂其妙在陣圖不知陣圖所列止是陣伍死規模而已與敵交戰須逐隊逐伍調發譬之劇戲然八陣圖六花陣乃戲具也搬演之時不是一本戲文齊演乃逐出更番上場此便是戰陣也要之亦總是粗迹其勝處全在此心隨機應變神化無形人若不能學其無形之妙而惟執夫陣圖之迹噫謬也孔矣向來將官與倭戰者多無老營取敗實在於此愚故闡而發之

營陣論中

陣欲稀戰欲密何謂稀隊卒相比而立每人占地六尺身之兩傍各留空路可容一人進退所謂陣間容陣隊間容隊是也故善陣者令箭手於空行內發矢若隊伍不直則前隊必受傷矣何謂密前隊接戰第二隊從空處趨進應之無有空隙是也若隊伍不稀則前蔽後擁所戰者止於前列幾人而在後者皆不得戰戰者不及稀乎故必布陣稀而後戰可密陣之密者戰未有不稀者也今人收兵而兵亂者亦坐此病蓋軍士但可向前不可退後苟非逐隊而補常留一半防敵則敵從背進回軍轉鬭勢豈能復整

耶。

營陣論下

問古之陣法其形不同何者爲善曰陣法不必多求但欲識得五人起數之義耳自武侯增益其數至以九人爲隊而其義亦爲精密六花魚麗之類乃隨人而變因時制宜者也要之布隊成陣莫重於節制節制嚴則五人可也九人可也縱橫曲直皆可也故欲廣圍結不必先求陣形惟在於貴節制耳節如竹節之節節節而制之如身使臂如臂使指上統乎下下承乎上脈絡分明而不亂統攝渙散而不遺驅踏水火而不避所謂握奇是也捉零就整最爲兵家要訣曰古之陣圖以四爲正以四爲奇其說不一何謂也曰奇正二字最宜活看不必以四正合以四奇勝何

也曰受敵之方即是正也敵之攻我也無常如敵攻乎前則前哨之兵即爲正矣左哨爲左翼而進以擊其左右哨爲右翼而進以擊其右後哨逸出敵背而攻其後皆謂之奇其攻我左右後也亦然正合者明明白白與敵合戰彼此皆打點防備安能保吾必勝乎若於不與敵相對之處抽分其間幾隊或橫衝或後擊或用游兵張疑設伏出其不意攻其不備智能超拔者勝此必然之理也故曰以正合以奇勝以分合爲變

選將論

向來諸公論選將之法詳矣然似欠明也何也將有不同有大將有偏將偏將亦不同有先鋒有哨援有守營有奇伏必先正將之名色而後論夫選之之法庶言有歸着而法不混施焉耳何謂大將運籌帷幄之中決勝千里之外虛懷而取善不遺用材而器使各當古人所謂善將將者是也何謂偏將恤下而不苟遇敵而不懼奉令而不違沉幾而不露應變而不窮古人所謂善將兵者是也要之上通天文下達地利中諳人事必兼此三者而後可以言將否則不得乎太乙六壬禽遁之傳不知乎駕風鞭霆之術孰爲勝地而宜據宜爭孰爲要路而宜守宜伏敵情有緩急難易如何而攻陣勢有奇正分合如何而用孟浪而戰

是以卒與敵也夫大將以出令爲職者也若識不足以範圍才不足以駕馭諸將其肯奉行乎偏將以受成算而不自用爲職者也若提兵既遠不能隨時出奇而欲一一關白主帥其能以成功乎昔王晉溪在本兵宸濠之亂談笑自如人或訝之晉溪曰茲事吾已料理之矣王伯安有大將才吾置之於贛州是也未幾而全捷疏至人咸稱服愚謂選大將者當以晉溪爲法仇咸寧之大父爲百戶時虜騎數萬突至都御史李忠宣知其能使率兵禦之仇毅然曰兵不必多憑吾自選五十人足矣忠宣從之仇度虜所必駐之處掘地坑令二十人埋伏覆以蘆葦飾以浮土三十人登山瞭望以銃爲號虜至此果扎營夜半銃發坑卒地雷亦起虜疑大軍襲之自相蹂踐過半而走質明五十

人歸報中軍遣人馳割首級遂成奇勳可見勝敵不在多
人命將亦不必循資格惟存乎知人善任耳矣愚謂選偏
將者當以李忠宣爲法

愼募調論上

今之論禦倭者有三曰調客兵曰練鄉兵曰募土著之兵愚以爲募土著之兵可也調客兵與練鄉兵不可也何也客兵性氣驕悍不受吾之約束既不肯受約束豈肯出死力而爲我殺敵乎故客兵有害而無益所謂不可調者此也欲練鄉兵須處錢糧養之今之錢糧甚難區處將欲使民自備與則民因貧而投兵豈能自備乎將欲官給之與則凡民之無依者恐盡起而應募何以支之將欲驗田均派與則田多者恐其始倩勇夫以充役後用家丁之無能者以抽代人且不常安能訓成兵技乎況防春正值農忙廢田事而團結不可也鄉民各保其鄉調用之於他處不樂也故鄉兵保結之法僅可以防夜警自古迄今未聞以之而禦夷狄者所謂不可練者此也夫惟募兵一事執利權以圉民選擇之精訓練之勤賞罰之嚴悉由乎我而大有實益然募遠方之民非智也加賦以養兵非仁也須遵奏行新例令貧民補實衛所軍額査各州縣民壯弓兵之額而三分之留其一與有司自用取其二而團聚於府沿海弓兵亦取而團聚之通計三項每省若干名用其精強易其老弱大約以三千爲率合軍伍民壯弓兵之三者豈不足以供其數乎軍糧每歲九斗六升以一衛計之則五萬石矣民壯弓兵每歲身銀七兩二錢以一府計之則幾千百兩矣此

國朝定額見在所實費者以是實費而行吾實事分而訓之各精一技合而訓之使知分合進退之法平居則團練

於府有警則分調各州縣豈不精壯常在官使不必調兵而兵自足不必擾民而餉自充也哉是之謂土著之兵所當募者此也雖然欲復
祖宗之軍額須復
祖宗之糧額凡衛所缺伍而開作羡餘者不奏查之不可也欲團練民壯弓兵須令各州縣按季徵解民壯弓兵之身銀若聽其自索諸民不可也蠡測之見未知然否

慎募調論下

募兵之法但當於本處報選何也其家在是則所獲工食便於歸寄防春之暇便於歸耕其人善惡便於保結召之則聚散之則歸然須不限名數如收錢之法日積青趺幾文馴至一貫孰有勇力孰長技藝選其精能汰其懦怯夫然後募得其人也若四方泛募則是烏合之衆無賴之徒招之甚易散之甚難今日之兵夫他日之盜賊也蓋離家久遠財不得寄歸淫酗賭博恒心亡矣一旦革之非劫奪何以生乎荆川云遠募不如近募亦此意也

調狼兵記　乙亥

倭奴之變東南之民焚劫殆盡
上命南京大司馬半洲張公提入省之兵剋期勦滅公曰寇强民弱非狼兵不可疏請于
朝遣南京車駕司主事阮文中往調乃甲寅九月十日也十一月朔至梧州軍門調取左江之田州歸順州右江之南丹州那地州東蘭州土官土目各率其旅聽用十二月十九日兵備副使陳詔閱籍與人數不侔覺其虛冒行糧而東性桀黠又難呼開乃以意判減田州官婦瓦氏與其孫官舍岑太壽岑太祿所統頭目鍾南黃仁等領兵四千一百有奇戰馬四百五十匹歸順州土目黃虎仕等領兵八百六十二名南丹州官弟莫昆莫從舜等領兵五百五十名那地州土目羅堂等領兵五百九十名東蘭州土兵岑禍等領兵七百五十名共六千八百七十三員名其間尚有虛數大約不上十之瓦氏帶女從四十餘人不與焉瓦氏爲故岑猛之妾年踰六十子死孫幼素恥其夫受僇職又卑鄰封族人侮之聞調踴躍冀立功自振初以一萬二千人應調兵備不許止准四千有奇嘗對張司馬委官云是行也誓不與賊俱生盖由衷之言也田州之兵與右江三縣素不相睦聚則讐殺軍門請於
上命游擊白泫鄒繼芳分轄之各兵俱以十二月十四日啓行二游擊請先後續發防爭道也陳兵憲恐難防範且欲攝權歸一總彩而行不以分屬二將二將惟罷自

馭其各帶報効百人而已三月初一日兵至蘇州郡守林公（名懋舉）以

祖宗舊制狼兵不許入城造廠楓橋款洽土目凡薪粟魚鹽之類散給兵衆者倍于他郡就廠貯侯張司馬自嘉興至蘇謂郡守曰野人慕蘇松之勝久矣萬里遠來藉以靖難當推誠待之若防閑如寇豈能得其心也遂令入城住劄五日發行張嘗總督兩廣稔知夷情不可以威刼而可以仁感夷亦素懷其德願爲報効故有此處也軍門以白泫專統田州之兵鄒繼芳專統右江三州之兵而歸順一支併於繼芳盖歸順本屬右江宜統于白泫以右江兵少故併之是日陳兵憲以兵交付二將而歸二將至松江適

上命工部趙侍郎（名文華）祭海軍門遂同詣海望祭親以田州兵派住金山歸順兵派住乍浦右江三州兵派住八團九團北方官兵海陸各守要衝以防寇逸時倭奴萬衆亦設地坑之類以自固我軍未敢輕戰者欲少挫倭麻陽兵至僇力也麻陽兵以四月初三日過龍王關初十日至丹陽十六日至松江勇敢與狼兵同而殘忍山野過之其數雖名六千實一萬二千人盖止數六千乃

欽命調來加倍六千則正數之外其將保靖宣慰彭藎臣永順宣慰彭翼南希覬功利私募而來所過郡邑支應工食倣狼兵之例私募者有司不准其數不以給狼兵中亦多不可用者詢其故岑氏家法七人爲伍每伍自相爲命四人專主擊刺三人專主割首與勢所獲首功

七人共分之割首之人雖有照護主擊刺者之責然不必其武藝之精絕也我

朝軍功以首級爲驗要之斬賊者必不暇取首級取首級者必非斬賊之人兵家僨事往往坐此狼兵是法可以爲用兵者之要訣不可謂爲夷見而不之師也二遊擊僅有統領狼兵之名而無生殺狼兵之權盖狼兵所服者其土官土目而已故軍門以簿二扇分給二遊擊令其紀載不用命者以俟歸日聽軍門治之實不得已而存此體式也狼兵寓此不服水土溽暑大衆相聚往往病疫議者欲查泰州王道士拯鹽場疫癘之法以百金購蒼朮行之亦竟不果狼兵凡歷一十八郡每兵遇府給米五升魚鹽各二觔柴十觔准牛肉銀二分准酒銀

二厘其土目每人猪一口准銀七錢岑氏與二孫加銀三錢撫按所犒花紅銀牌之類亦止及於頭目而兵衆不與也兵發梧州至南雄凡十五站有司乃以三板船六百隻送之越贛州復下船亦用三板船六百隻送至南昌易大顮船四百餘隻送至京口京口以東偶緣水涸人懷丹陽休息之願適丹陽開河縣尹避而不出居民又閉門不納兵憤因而搶掠隨步至奔牛鎮常州以民船接之送至嘉興此行各船縣皆會總於府府每船給銀一錢即發故沿途並免留難亦不聞侵奪惟供應魚米酒銀之類頭目或減剋之狼性貪滛徒刼於其主威飲恨從戎識者已逆知其必難成功是役也阮主政大得夷人之心所過之地亦無不感其惠者陳兵憲隨

地頓兵而不輕進、亦或皆之、迄今海濱未得良將、言官交薦貴州總兵沈希夷智勇絕倫、且有家兵二千可恃、又云四川名將何卿、俱未試也。張司馬委蒙主政募兵於濱州、以閑住都司張國威統之、其數雖有千四百人、聞皆流落亡賴之徒、身銀且各費三兩矣、此客兵之最下者、與山東處邳所募相伯仲也。

軍門林　云糜費巨萬、遠事徵兵、豈得已哉、以我兵不足恃故也。然島夷犯順、兵力即不支矣、萬一四方多事、豈盡取必於荊廣狼淄之戍乎、然寇未滅而客兵之憑陵者已數數矣、誠可厭也。若以徵調之費練土著之兵、豈無秦楚勇悍燕趙慷慨、亦奚俟於徵、云是故調兵者權宜也、練兵者久計耳、不可不審。

僧兵首捷記

國家承平日久、民不習兵、東南文物之地、武備尤弛。嘉靖癸丑春、倭奴猾夏、我

祖宗之制、非奏請不得擅動軍旅、有司倉皇不及以聞、權起民兵禦之。蘇松海濱倭寇不盈二百、揮刀迅捷、小民畏怯、遇之輒敗而走、如是者三十七陣矣。操江蔡公克廉募僧兵殄滅之、嗣後我師與倭戰多凱旋、凱旋自天員一陣始、前此五越月所未見也。先是倭寇首陷黃陂、杭郡守孫公[illegible]欲預備而無兵、與都督萬鹿園養僧二百人於昭慶寺、三司戲鹿園曰、僧何能也、而隆重之乎。鹿園述文事武備[illegible]若干人、三司欲賭酒為試、鹿園遂設席於湧金門、三司既集、暗置教師八人、促鹿園召高僧一人敵之。鹿園請孤舟、孤舟不知其何說也、揚揚而來、八教師從傍躍出、各持棍亂擊孤舟、孤舟一無所備、以偏衫袖却棍、一棍為袖所裹、信手奪之、反擊八人、八人應棍而倒、三司擊節歎賞、孤舟直攻上堂、排仆燕席、大呼曰、公等何讐、令人計殺我耶、鹿園語之故、孤舟乃已、自為客僧大為三司所欽。倭寇犯杭城、杭城閉、倭屯觧山、三司領僧兵四十人禦之、其將為天真、天池二人、天池乃少林僧、爾時天員尚未出也、天真等交兵、大破倭奴、倭奴走襲上海、太倉蔡公駐節吾蘇、聞僧兵名、遣千戶王某、生員盛之化持金幣往聘之、杭城方戒嚴、莫肯與、鹿園在西山中、得蔡公書、無以為謝、使人請月空等十八僧出城、三司以此十八僧者原非禦寇四十

人之列也、遂縱之。鹿園與月空曰、爾之之都院也、宜述僧兵衆寡不敵之故、繳其禮幣而善辭之、脫有不允、即薦少林僧天員為將、天員見講楞嚴經於天池山中、乃將材也、爾等礪之、可以當倭。月空至吳、蔡公見而拜之、月空辭不獲、遂薦天員、天員以是就聘出山、乃五月十日也。蔡公館之於瑞光寺、與月空同處、天員招選四方僧八十四人、擬立將領、杭僧以其原在吳地、有子民之義、月空自杭來、乃客也、宜讓為將。天員曰、吾乃真少林也、爾有何所長而欲出吾上乎、十八僧自推八人、願與天員較技、八人驀以拳拳天員、天員時立露臺、八僧自墀下歷堦而上、天員見之、即以拳揮却、不得上、八僧走避殿後、持刀從殿門出斫天員、天員急取殿門長門横

擊之衆力不得近反爲天員所擊月空降氣求免十八
僧遂伏地彌服焉左右馳報蔡公至寺謂天員曰聞汝
驍勇果能以滅倭自任乎應曰諾已令競試武藝天員
復以寡勝衆蔡大奇之遂批牌語云月空領杭州僧兵
一十八名天員領蘇州僧兵八十四名協力征勦盡重
鹿園而存體面又牛息其爭也天員遂於五月二十一
日從蘇州起兵二十六日至松江又選蛇山兵十八人名
與月空合爲一支共一百二十人劄營於普照寺客雇
造釭叉二十四把鈎鎗二十四把鐵棍一十二條客與
皮工造皮盔竹工造毛竹甲皮甲在內竹甲在外鐵工
松江府取靛青佩諸身畔封閉刹門分爲十營定派兵
器而演習之六月四日發兵至閔行蔡公牌仰僧兵爲

前哨初八日至新涇鎮次日至南匯嘴中後所劄營初
十日遣騎往六團巡哨聞有賊百餘人在焉奮力追擊
賊懼而逸止存母子船五隻鑽木取火燒去其三以絕
巢穴餘二隻亦爲風浪所粉十一日黎明天員與指揮
朱某方議往八團迎賊留提管僧無極等於六團下營
會韓都司委朱指揮八團巡哨朱遂先往八團被賊傷
殺部兵二十九人時六合董知縣兵先被賊殺者亦四
十人矣是晚僧兵至八團爲監生庄有楊指揮樊指揮
者先在庄前劄營天員令其入內自以兵捍賊於外賊
使人覘僧多寡庄人謂之曰其數吾不能知但知其炊
粥米一石每人分啜二碗而已賊聞之即走次日哨探
賊在二團三團天員乃引兵南還至一團之翁家浜遇

敵已申時矣天員曰天未晚猶可戰也率僧兵二十五
騎前哨衆兵繼之倭賊登屋瞭望者二天員率諸哨騎
爲先鋒察機宜以遣騎兵傳令而已月空等排陣於後
見賊下屋天員心覺其設伏矣即衝前堵定不容埋伏
賊忙迫換計褁衣包爲八扛餌我兵天員下令曰如有
搶倭財物妨悞大事者斬衆騎不敢有所取月空無極
横列陣爲長蛇之形韓都司王守備等繼其後相離約
百餘步陣法兩人持長鎗夾一鈎鎗手於其內稍退一
步鈎鎗之傍長鎗之後鐵棍砍刀相間而列弓弩火器
左右森錯陣形既定各啣靛花一丸於口倭賊見兵列
陣度不能伏其頭目趙大王即舉扇招賊歸戰諸賊扯
去衣袖及内外襟令人舁一板門西向植地以鎗支定

二弩弩者夾門隱身而立二小倭遍箭於傍賊酋四十
人俱衣綠排爲一字形當其先餘六十人俱衣緋列於
左右各持兵籠仰天而揮揮畢令刀手驅所擄民擡前
所褁衣包八扛撒地而走僧兵知其爲無用之人不之
迎也亦莫敢越壘而趨利焉天員引騎兵左右閃開誘
賊前進賊先發矢僧兵亦發矢天員傳令停射交鋒無
極摧陣呼伽藍三聲大喊殺殺長鎗手奮勇前戮賊舞
刀亂砍鈎鎗手隨長鎗而進從隙鈎賊之足箭手發射
鐵棍隨鈎鎗而進擊死鈎倒之賊刀手繼之賊一眼欲
支長鎗又欲卻箭不虞鈎蛇循地而至不能更顧其足
也僧兵臨戰暗約以靛青塗面賊見靑臉紅布蒙頭疑
爲神兵膽已褫落戰時左右引弩火器齊發天員引騎

兵進出賊後韓都司家兵與銃箭手三四十人隨之圍賊於中賊大敗斬首四十餘級賊捨死潰圍騎兵開一角縱之走匿一王氏屋中僧兵圍之以火攻賊賊穿壁而逸半陷入靛坑中長鎗手刺殺之僅存二十餘人逃入老营合守营者共五十餘人僧兵攻之急一倭婦出時乃趙大王妻也僧有名共者驍勇絕倫持鐵棍踰塹滿擊殺之時已昏黑不能戰遂收兵而還行若干里至中前所劄营賊藏夜奔柘林殺一巡檢二弓兵即如金山十四日天員等堅壁不出調養方箭所傷更選壯僧七十餘人合韓都司家兵張忠等三十餘人更爲征勦之計是日也韓都司等官悉至营來謝而以銀牌稱賀焉十五日天員復引兵至金山賊逃往嘉興之白沙灘

潛王家庄十六日僧兵追及之適湯總兵兵亦至相合火攻賊死二十餘人出亡被殺者復二十餘人凡翁家港逃賊與老营之賊至是勦滅無遺矣二十一日天員復率衆在入團等處搜擺一日而還初蔡都憲牌云僧兵驍勇不以首級論功天員據此節制其衆不許違犯憲語韓都司見僧數寡常恐恐然在陣後半里大呼衆兵接援故一時被害不過了心徹堂一峯真元四僧而已僧兵之成韓公協相之力蓋不可誣也夫今之武藝天下莫不讓少林焉其次爲伏牛要之伏牛諸僧亦因欲禦鑛徒而學於少林者耳其次爲五臺五臺之傳本之楊氏世所傳楊家鎗是也之三者刹數百其僧億萬內而盜賊外而夷戎　朝廷下一之命度不勝[illegible]然

翹於翁家港之捷天員智謀紀律有古名將之風不特技藝之絕人而已愚嘗聞而謁之天員適與高僧覦閣藏經三千而遍其書有經有論有律三才之理靡所不載用兵之訣間見而雜出非心閑氣定不能從容紬繹天員學有淵源宜其用武臨戎而變化不窮大與少林增光未必少林之武僧一一如天員之胸襟也吾儒講法聖言精忠爲國猶不鄙夷其技而兼通之師尚父孔明有不能跂也乎

霍門林　云僧有古名將風僧果可用耳若倣其成法不猶愈於操演虛文乎

調湖兵議

湖廣土兵永順爲上彭翼南保靖次之彭蓋臣其兵天下莫強焉近嘗調三千人後調六千此在官之數也實私加一倍共一

萬二千人其陣法每司立二十四旗頭每旗一人居前其次三人橫列爲第二重又其次五人橫列爲三重又其次七人橫列爲第四重又其次七人橫列爲第五重其餘皆置後勸呼助陣若在前者敗績則第二重居中者進補兩翼亦然勝負以五重爲限若五重而皆敗則餘無望矣每旗一十六人二十四旗共三百八十四人皆精選之兵也其調法初檄所屬照丁揀選宣慰親祭天祭以白牛牛首置几上銀副之下令曰多士中有敢死衝鋒者收此銀啖此牛首勇者報名彙而收之更盟誓而食之即各旗頭標下十六人是也其節制甚嚴止許擊刺不許割首違者與退縮者皆斬故所戰必捷人莫敢攖但沿途剽掠脅謂其不可用不知剽掠之故一是因調來者非止一枝有過得相推委二是

小頭目愚弄宣慰謂人不可擅殺則言官論之
朝廷罪之彼然而聽之也若以保永分爲二班輪歲更調毎調定以一萬二千人毎人月給工食銀一兩毎歲十四萬四千兩先以四萬兩與調官領給土兵途費不必騷動有司及稽途程其來也以一憲副督之宣慰專主禁令調官專主聚泊毎晚不許舟師亂泊須視調官搴旗然後魚貫而泊次早即行勿容登岸既至軍門以二千人派之溫台二千人派之寧紹二千人派之杭嘉二千人派之蘇松二千人派之淮揚各以一頭目將官領之宣慰自領以聽軍門調發隨處策應有功者照常毎級賞銀三十兩給與本兵無使土官侵匿宣慰土官大加陞賞其歸也憲副與調官仍照前法送之則兵將感

激聞風知勵何剽掠之有所患者土兵無鳥嘴銃須軍門以素演熟者三千人分撥助用其技爲十全矣或謂夷性難馴萬一生變何以制之是殆不然嘗聞二宣慰之言曰吾祖宗相傳土地官職遠自隋唐未嘗易姓以奕世謹守忠義故也若恃兵勇諜爲不軌
朝廷下片紙令鄰夷分取吾土朝令而夕亡矣得如今日之富貴乎又嘗聞其門帖云心戀九重跬步敢忘燕闕非手提三尺英風長鎮楚天南又一帖云節慾可以延生何必遂天尋洞府守分便是[redacted]却來平地作神仙此其心之明達益可占矣夫豈不守分量而率意妄爲者哉若二司更調各遷賢能各圖報効各希爵賞較之並調爲益不既多乎

公賞罰論

曾按向來諸公所論皆賞罰之常格未盡其妙也何也今之衛所官乃紈綺子弟而已矣武藝且多不諳況肯捐軀建功業乎衛所軍餘世平日久不經訓練一旦臨敵無技能可恃膽寒氣怯非敗即走以是常格賞罰待之豈能煅煉淬勵而得良將勁兵乎夫賞罰者榮辱之謂也大而官爵之命小而言語之褒皆謂之榮重而斬馘之刑輕而斥詈之及皆謂之辱施恩而可測者非榮也惟施不測之恩人方以爲恩而知所勸耳施威而可測者非辱也惟施不測之辱人方以爲威而知所懲耳故有今日爲行伍而明日拔之爲將領者有侵晨在人上而薄暮降之爲役卒者褒貶予奪大公無我顛倒豪傑莫知端倪則人孰肯甘處

其辱而不思所以自奮哉周禮爵以馭其貴祿以馭其富正此意也在上者能測乎此則激惰爲勤轉弱爲強不必用衛所之官而民間自有良將可選不必調湖粤之兵而鄉閭自有勇夫可練矣

勒功三誓

自倭患之作也吳人論力有三屈焉曾辯而伸之有三誓焉何言乎三也[illegible]之秋海賊五十三人自浙東而杭嚴而南都而毘陵以至于蘇爲提督曹公所滅或論之曰賊數不多未足爲大捷也愚謂不然蓋此五十三人者使其皆常賊也則所計止於五十三級其捷誠小矣以曾觀之猾而有謀猛而善鬭殆賊中之精選非常賊也其所經歷八郡轉戰三千餘里凡人材物力地形靡不了然於胷中不殺人不[illegible]財不姦婦女周流深入此其志詎可測耶夫曹公不過一提督耳其所提之兵孰與南都四十八衛之多所運之謀孰與南都府部操巡之衆賊過南都兵敗城闔莫之能格自非曹公忠義感人紀律嚴肅刻期勦除則

江南經略卷八　三五　勒功三誓　四百九十五　乙

將歸於海滸老巢矣當是時徐海擁衆十萬若以歸賊分爲頭目分統賊徒五十三支分道而進蘇松常鎮杭嘉湖七郡一十八州縣無處不放火刼殺則將各救城池不暇各七司兵隔絶而不相援鄉村之民無可逃生非死則脅從矣七郡地方豈不岌岌乎其危哉七郡危則南都亦大震撼今皆無之實由曹公殲此五十三人之力也殲此五十三人而後賊不敢耿覦內地輕率而入是捷也不惟小民造福而於

朝廷兵馬錢穀所省鉅萬哉今制斬首級者計功陞賞斬真賊首者別論曹公所斬似當以賊首律之而不當視爲常賊曹公所斬之數似當以千萬人擬之而不當拘其爲五十三人也昔吳民感恩之深嘗欲刱生祠以報之後乃爲督察趙所忌不惟不紀其功而且以他事劾之而去豈非天地間一大屈哉使操觚者而含糊焉則爲欺

朝廷欺　上帝矣曾之所以誓而欲辯者此其一也己未之夏唐公順之捧　勑至吳經歷海上倭至不得登刼屯兵於三沙公帥兵圍之賊走江北爲李中丞所滅或論之曰六月興師勞民費財不能搗巢而縱之走未見唐公之能也愚謂不然夫倭船之來非一歲矣卽至卽登洋未有不滿載而去者若非唐公與熊兵憲親出海洋嚴督將士孰肯僇力驅賊於沙上哉當是時撫按巡江皆缺唐公原無提督之權又無可戰之兵可調之狼使他人處此必坐省城移檄將官閉城塞責而將官又襲故套止擊去賊不擊來賊數郡生民廢耕耘填溝壑如甲寅乙卯歲矣安得

江南經略卷八　三六　勒功三誓　五百三

賊千三四百人歷三越月而但[illegible]于一沙不渡海不流突內地不殺人燒刼搒腹而鼠竄哉自此失志島夷聞之至今不敢寇吳唐公保障之功誠不小矣新例禦賊於海洋不使登岸者雖無斬獲猶敘超格唐公積勞成疾轉官而歿吳民陰受其賜反訾咲之豈非天地間一大屈哉使操觚者而含糊焉則爲欺

朝廷欺

上帝矣曾之所以誓而欲辯者此其二也癸丑之春倭奴初至世際久熙無兵可禦撫江蔡公命少林僧天貞領僧兵滅之或論之曰僧異教也一戰何足道哉愚謂不然夫國家素養武臣在東南者不少矣倭變暴作連戰敗三十七陣若非天貞游寓天池蔡公聘而用之則倭賊耿中國

爲無人我兵視倭如雷電鬼神而不敢犯長驅深入焚戮
之慘恐不俟次年而遍及於内地矣天真一戰於八團再
戰於[redacted]賊二百五十餘人斬刈無遺自時厥後我民方知
倭爲可敵而兵氣漸奮捷音漸多實天真一戰有以倡之
也其安中國之神氣功豈小哉班師後當道莫與奏功而
僅賞銀牌退歸山剎吳人亦無有知感者豈非天地間一
大屈哉使操觚者而含糊焉則爲欺
朝廷欺
上帝矣曾之所以誓而欲辯者此其三也夫曹公去任之
官也荊川已故之人也天真遠方之僧也曾也豈有所爲
而故譽之耶天理人心喚[redacted]於今日娼嫉怨讟庶消於將
來昔孫盛作晉春秋直書時事曾不佞願效顰云

寇術　倭寇之勝我兵專以其術也若以其術還治其人不必用古兵法蔑不勝矣故志之

倭夷慣爲蝴蝶陣臨陣以揮扇爲號一人揮扇衆皆舞
刀而起向空揮霍我兵倉皇仰首則從下砍來
又爲長蛇陣前耀百脚旗以次魚貫而行最強爲鋒最
強爲殿中皆勇怯相參
賊每日鷄鳴起蟠地會食食畢夷酋據高坐衆皆聽令
挾冊展視今日刼某處某爲長某爲隊隊不過三十人
每隊相去一二里吹海螺爲號聞聲即合救援亦有二
三人一隊者舞刀橫行人望之股慄遠避延頸授首薄
暮即返各獻其所刼財物毋敢匿夷酋較其多寡而贏
縮之每擄婦女夜必酒色酣睡刼掠將終縱之以焚烟
焰燭天人方畏其酷烈而賊則抽去矣愚詒我民勿使
邀擊自爲全脫專用此術
賊至民間遇酒饌先令我民嘗之然後飲食恐設毒也

行嵌陌間不入委巷恐設伏也又不敢沿城而行恐城上拋磚石也

其行必单列而長緩步而整故占數十里莫敢近馳數十日不為勞

布陣必四分五裂故能圍

對營必先遣一二人跳躍而蹲伏故能空竭吾之矢石火砲

衝陣必伺人先動動而後突入故乘勢長驅戰酣必四面伏起突遶陣後故令我軍驚潰

每用怪術若結羊驅婦之類當先以駭觀故吾目眩而彼械乘慣雙刀上誑而下反掠故難格

鈀鎗不露竿突忽而擲故不測

弓長矢巨近人則發之故射每中

斂跡者其進取也張揚者其逃遁也故常橫破舟以示遁而突出金山之圍造竹梯以示攻而旋有勝山之去

將野逸則逼城

欲陸走則取艀

或計潮以誘沒

或為穽以詐坑

或結稻稈以絆奔

或插竹簽以刺逸

常以玉帛金銀婦女為餌故能誘引吾軍之進陷而樂罷吾軍之邀追

俘虜必開膛而結舌莫辨其非倭故歸路絕

恩施附巢之居民故虛實洞知

賞豐降擄之工匠故器械易具

細作用吾人故盤詰難

向導用吾人故進退熟

預籍富室姓名而次第取之故多獲

宿食必破壁而處乘高而瞭故襲取無機

間常一被重圍矣餌以偽馘而逸之或披簑頂笠沮溺於田畝或雲巾紵履蕩遊於都市故使我軍士或愚而投賊或疑而殺良

江海之戰本非其所長亦能聯虛舟張弱篷以空發吾之先鋒捐婦女遺金帛以餌退吾之後逐

凡舟之裙檣左右悉裹布帛被褥而濕之以拒焚擊交關間或附蓬而飛越即雷震而風靡矣

寇擄吾民引路取水早暮出入按籍呼名每處為簿一扇登寫姓名分班點閘真倭甚少不過數十人為前鋒

寇還島皆云做客回矣凡被我兵擒殺者隱而不宣其隣不知猶然稱賀

復當道問兵務劄子附錄

伏蒙憲問用兵事宜菲材愧不足以知此姑據耳目所及千慮一得之愚以對夫勾吳地勢東瀕溟渤北枕大江中滙震澤諸湖每遇春汛倭船乘風而來沿江沿海一帶地方無處不可登泊此寇之自外至者也平時則鹽盜出没於三江五湖縱橫聯絡甚至千人難於剿捕此寇之自內作者也自昔吳中兵防不過斯二者今則不然新出一種兇徒晝則充兵夜則爲盜坐食乎官刼掠平民所謂水兵是也此因設之以禦外寇內寇而致者也醫家論病云有外因有內因有不內外因江海之寇外因也湖泖之寇內因也皆易治也何也可以測候而預備也水兵者不內外因也其機隱而無形其人混而無辨革之則無以禦寇用

之則反以殃民甚哉此寇之難治也愚也清夜以思三寇雖殊一言以蔽之曰兵政不肅焉耳請爲臺下詳言之我國家承平日久民不習兵倭患萌興徵以攻守當道暫調各省客兵以應之所過殘掠甚於倭寇且供費浩繁送迎紛擾於是乎議用土兵爲長策謂客兵爲權宜而兵船勇夫聽人投雇習以爲常矣然自嘉靖三十二年以來養兵之費不爲不多民力已竭矣每遇倭至即登岸焚刼曾不聞兵船遏之於海而不容其入港其流突也亦不聞勇夫遏之於陸而不容其越境哀哉斯民何辜而加賦以養之乎間或參用客兵客兵抄暴亦不聞土兵出分毫之力爲民捍庇所以然者非客兵敢于肆虐乃因輕視我兵必不能制故也我兵亦非故欲縱倭乃因戰陣無勇自量必不能敵故也今日土兵之爲寇亦惟窺破其黨爲當時所倚仗故束縛之稍嚴則激變之禍起其所由來漸矣吁要之皆由於兵政不肅焉耳所謂兵政不肅者其凡有六一曰不擇將領二曰不慎選募三曰不講訓練四曰不明賞罰五曰不惜財用六曰不覈圖籍

何謂擇將領將者三軍之司命也今之武職生於豢養或徒事翰墨而不閑武畧或徒讀父書而未履戰陣四方召募之人其間反有謀勇過人者以是將而統之誰肯心服而效死乎此將之不能成功其故一也近年當道嘗奏討各處名將來此統兵風氣未宜地利未知意氣未孚號令未信此將之不能成功其故二也自古國家用兵常乏將材民間盜起多是豪傑愚以爲選將之法何必拘泥故常

但當就所練士卒之中合數人而校之是爲一隊其謀勇技藝孰爲一隊之所推服即拔之以爲隊長合三隊而校之是爲一總其謀勇技藝孰爲一總之所推服即拔之以爲百長合三總而校之是爲一營其謀勇技藝孰爲一營之所推服則拔之以爲千總爲頭目者果能服衆志於平時則教藝而必聽從臨陣而必[redacted]令手足捍衛之義自著矣昔宋歐陽修云每百人團爲一隊教其技精而拔勇者百人之中必有一人得之以爲裨將合十裨將而教之又於其中擇有見識知通變者十人之中必有一人得之以爲大將此一人之智勇乃萬人之選也推行是說掛酌之思不亦可息乎其在武臣中有曾立戰功及休致爲事應襲舍餘而勇畧出衆堪爲將領者既而拔之駕而馭之擾

而習之統民兵備攻守庶幾所得皆是真才何患敵愾之弗克禍變之弗靖哉

何謂慎選募今之論禦倭者有四曰動官兵曰調客兵曰練鄉兵曰募土著之兵愚以募土著之兵可也餘三者皆不可也何也我朝養軍二百餘年徒費糧餉而已平時既多役占而不勤以兵法遇變又恐礙法而不敢以擅動逃亡不勝其衆多跋扈有難於制馭此軍旅之不可恃一也邇年倭變歘生無以禦之嘗調客兵矣然山東兵調矣而無救於敗狼廣兵調矣而無救於敗韃土兵又調矣而無救於敗其性驕悍不受吾之約束所過殘虐莫能禁之况望其爲我出死力以殺敵乎此客兵之不可恃二也欲練鄉兵須處錢糧

今之錢糧甚難區處將欲使民自備歟則民固貧而投兵豈能自備乎將欲官給之歟則凡民之無依者盡起而赴募何以應之將欲驗田均派歟則恐其始倩勇夫以充役後用家丁之無能者以抽代人且不常安能訓成武藝哉况防春正值農忙廢田事而團結不可也鄉兵各保其鄉調用之於他處不樂也故團結之兵僅可諭以共保室家小警則虛張聲勢以幸賊之不來大警則預收斂免受禍之大慘如斯而已自古迄今未聞以之而禦夷狄者此鄉兵之不可恃三也夫惟募兵一事孰利權以固民所募勇夫憑吾選擇人人精壯可用若移調客兵與實軍伍之費而費之於募勇敢爲益不既多乎然自甲寅歲後募夫水兵蘇松四郡不啻萬計每田一畝加稅若干以養之名曰海防養兵銀其費踰百萬矣曾不聞得其捍衛之益此無他良由司選人之柄者貪汚昏昧一切濫收萍聚無籍貫之真烏合無統領之素入彀之後虛糜廩餼聚散無稽固有昔者所進今日不知其亡虛報冊籍實在則無其人者安得不爲此輩之所玩操戈而反攻哉以愚測之遠募不如近募募多不如募精何也本處報選則其家在是而所獲工食便於歸寄防春之暇便於歸耕其人善惡便於保結召之則聚散之則歸然須不限名數如收錢之法日積青蚨幾文馴至一貫又須各令隊長自擇本隊孰有勇力孰長技藝選其忠良汰其奸懦夫惟將知將惟兵知兵豈有爲一隊長而不能精擇數人者乎遇有勝負非爲稽其舉主一體賞罰夫然後募得其人也若四方泛募則水土

不服道途盤費有身家者不肯應募而應募者多無籍棍滑之徒其志不在於戰而在於擄不在於受約束而在於逃故募兵可也遠募與濫募不可也或者曰兵之强弱惟係得人與不得人齊桓公用一管仲行内政寓軍令之法遂霸天下今若有人能倣其義於保甲法中抽選且如每甲中一家出丁九家不出丁者出銀津貼則不患無兵與餉矣就其中更選一班精鋭專一聽訓謂之遊兵豈不攻守皆有備乎

何謂諳訓練所謂練者非但執旗列陣於教場演兵器之花巧閲進退之虛文而已其要莫先於練心其法莫先於節制節者如竹節之節節節而制之分數欲明頭目欲衆威令欲信情意欲孚出入登涉聚散坐臥馭之皆有成法

使其心志耳目齊一而不亂轉弱以爲強至臨敵時卽以所習者用之是之謂操一日有一日之效熟一件有一件之利豈非常立於不敗之地哉若平日之操法如此臨陣之戰法又如此彼選兵者非練兵之人練兵者非領兵之人雖訓千百年何用哉如愚見須於曾經戰陣曾立戰功之官擇其中之最者以爲將帥始而募士中而練兵終而流戰皆責諸其人仍分水兵陸兵而定夫訓練之法其練陸兵也須於客兵之中選技藝之尤者各數人厚其工食俾教所募之民以一教十以十教百以百教千以千教萬不半年而民兵卽客兵矣故曰募兵戰不若募兵教與其徒費財以募夫不教之民孰若移其募戰卒者而費之于募教師乎爲將帥者更須立爲定期每幾日至教塲齊以

分合進退之法重以信賞必罰之權每十人中拔取一人以爲衝鋒如是而陸戰豈有不勝者哉其在水兵則不然有可操者有不可操者沙船艍艚蒼山八槳皆可操者也廣福大船乃不可操者也何也海中以風潮爲主水操之法欲進則進欲退則退欲轉折則轉折回翔如飛橫風鬭風皆能調戧者惟沙船也其次則蒼艚之類帆櫓兼用亦可操演若廣船福船皆不設櫓所恃者帆耳其船重大順風而往逆風卽不可回乘潮而往逆潮卽不可回進退轉折皆非所便也將欲操之於內港歟則又港形甚狹潮勢甚迅兵船操者甚多大船順風其迅如矢向前衝擊舟遇卽碎故斷斷乎不可行惟募舵工得人奪上風施火器或迎面衝或尾而追或合而圍或橫而衝總副叅遊注意遴選賞罰則可耳然廣福浙之舵工常欲賣陣用之則恐其致悞不用則無以駕使須以原船水手與太倉崇明沙民相雜演習能者漸多則原水手可以漸減全能自駕則廣福浙人可以全革如是而海戰豈有不勝者哉

何謂明賞罰從來立功止擊歸賊不擊來賊從來論功止開首級不問衝鋒其用罰也閃奸躲避者不治臨陣逃脫者不治坐視不應援者不治或過時而賞與無賞同後時而罰與無罰同亦有過時而不賞後事而不罰者何以一人心而作士氣乎蓋海中擊來船與去船不同去者賊氣已惰賊貲已滿擊之頗易人亦樂於擊之然殺一賊止於一賊而已來者賊氣方銳賊舟尚空人不樂於擊擊之亦難若殺賊一人不知良民之保全者若干人也此賞格之

當明一也兩軍格鬬手眼瞬息不得差遲何暇割首使其割首則再不能戰而爲敵所乘爲後軍所爭奪死矣故首級非賊大敗奔遠必不能割而割者多不真衝鋒之人必無首級而多不得賞此賞格之當明二也向來將官畏罪每遇賊入妄稱追逐其實不敢近賊賊之虛實亦不能知追賊出境又捏報血戰沉死者不計燒死者不計斬獲賊首一顆或二顆此罰典之當明一也西北二邊事屬武臣軍法素振東南武將無權文臣任事惟牌票文移云軍法從事而已前進者死退縮者生人何苦而冒進以自速其死也哉此罰典之當明二也自古孤軍獨戰未有能濟城邑被圍須仗外援今各將自以其心爲心不思唇亡而齒寒竹破而瓦解此罰典之當明三也爲今之計莫若申明

事例將官能使賊船不得泊岸而於海洋擒斬首級者得叙異格各軍人等所獲功次亦比内地不同擊歸船眞倭一級者給銀若干擊來船眞倭一顆者增銀若干㸃水卒感服打來船者漸多而賊之登岸者少矣將臨陣時審兵之願衝鋒者給與小木牌使衆皆知其爲衝鋒彼雖欲不前不可得已衝鋒者不許砍首級違者杖一百仍不准賞助陣兵夫方許割首如一陣斬級若干顆該賞銀若干兩以七分給衝鋒兵二分給助陣割首之兵一分驗被傷者給之則不致爭功而人皆思奮矣其報稱追敵者務要從實征剿如果賊勢猖獗寡弱不支徑許聲說以爲別圖若窮追累月不聞一戰至賊去而欺罔觀聽者其罪與退縮同則可以破夫躲閃之故態矣今之兵夫望敵而走由在

上者不知握機故也握機之法用三九之數以八人爲一隊隊長統之三隊爲一總百長統之三總爲一營千總統之九軍爲一哨把總統之其始也兵士如何而擇乎令每隊長擇兵士八人取其結狀保此八兵士臨陣不走若走一人則隊長殺無赦若隊長當前而死八人不救則八人皆殺焉隊長又如何而擇乎每百長擇隊長三人取其結狀保此三隊長臨陣不走若走一隊長則百長殺無赦三隊長若棄百長而不救其死也三隊長亦皆殺焉其千長之擇百長三人也把總之擇千總三人也法亦如之則進前殺賊者未必至死而退後之被殺也其死爲必然孰敢有一人之不向前者乎此平日所定之法也其在臨陣須施不測之令以何隊爲先鋒何隊爲兩翼後援先鋒爲正兩翼後援爲副先鋒若欲退走兩翼後援三隊之長各叱其兵士殺之先鋒一隊果能逃乎先鋒若全隊覆沒則兩翼後援責有所不能辭亦皆死矣兩翼後援繼先鋒而爲正兵與別隊補充奇兵亦如之或戰酣而勝負未決吾令何隊徃替先鋒先鋒抽回或敵衝吾脅敵擊吾尾皆以觸處爲頭爲正兩鄰爲翼爲奇大約兵三千人分爲六營每營五百人服飾以青黃赤白黑藍爲辨每營用一人持本色旗與千總爲一處其千總所屬於本色之中自爲識別焉如青衣而加黃裙赤裙之類百總所屬又自立辨於本色之中如青衣黃裙而加青圓花赤圓花之類吾所望者何色旗官兵失機擒其千總千總又於此號色中辨認何裙百長又於號裙中辨認何色何花各期自免於死庶功

罪明而賞罰當兵士無不用命者矣至於人心之渙散者又如何而聯屬乎如愚見似宜於分定諸將之中常以一支當敵一支休息更番迭進以逸而代勞相恤互援以飽而代飢俾戰者不至疲乏餘者不能規避其在城邑也則攻一省而諸郡救之攻一郡而諸邑救之攻一邑而鄰邑救之所謂救者非必撤局守之兵以赴之也領遊兵者各提其輕鋭使賊腹背受敵驚潰而莫支也若當救而坐視則一體坐以失機之罪如是則相扶者衆而氣勢雄偉賊豈有不嚴憚者乎

何謂惜財用汰冗兵是也蓋兵不貴多而貴精苟精矣則一可以當十十可以當百百可以當千千可以當萬苟爲不精則召募雖勤食用雖廣田賦雖加徒竭民之膏血耳

吁何益哉今之議者皆以無食爲憂愚考蘇松四郡見在水兵若干陸兵若干每歲該工食若干此其費不可謂不多矣若猶以無食爲詞則此項所費者非食乎夫三代而上兵農不分無養兵之費養兵自宋朝始故宋立國之初即愁貧乏我

朝國用之所以常不足者亦因養兵之故也孫子曰行師十萬日費千金　國家養兵二百餘年不論有事無事歲費糧四百萬石是無一日而不行師也天地生財有限冗費若此不亦可惜也哉然　國初用軍以戰雖費猶之可也向來漕卒役占逃亡三者缺伍太多民壯弓兵不習武藝倭變以來並未嘗用官兵以戰所用者另顧勇夫水兵而已官兵雖不用而糧額如故身銀如故此其可惜爲何

如也夫勇夫水兵之工食非取諸官也每田一畝加派海防養兵銀若干以雇之也民出銀以雇之望其庇患焉耳若不加訓練雇之何用哉故一日不練則一日虛費銀幾百兩不可謂一日爲無傷也一月不練則一月虛費銀幾萬兩不可謂一月爲不多也况倭變已經十年而所募之民猶望敵即走海防養兵之銀出猶不出此其可惜又何如也况爲兵者不惟不能捕盜而反爲盜海防養兵之銀不如不出之爲愈此其可惜又何如也輾轉思之真可痛心茲欲罷兵而息民歟則恐倭至無備内變將作遽罷不可也將欲減兵以就食歟則恐一兵之革一盜之增輕減不可也如愚見須寓汰兵之法於選兵之中按籍而審之老者勿用幼者勿用殘疾者勿用懦弱者勿用蠢而呆者勿用不通一技藝者勿用唱名不在者勿用如是則其所汰者必將半矣由是於其所留之中甄而別之除願爲間諜及走探外其餘派定隊伍先鋒爲一等助陣爲一等孰爲銃手孰爲箭手孰爲鎗手孰爲牌手孰爲刀手各取其本隊甘結保此一隊不更爲盜更取其隣隊伍相甘結如有一隊爲盜者連坐更取各兵歇家甘結如所歇之人爲盜者以知情論晝則分派各教師訓習武藝三六九日領兵官集至教場操之夜則置籤飛閘幾隊以驗各在歇家否不在者究其去向責其隊長與房主人其於水兵也亦倣是法而鈐束之如是則不惟不更爲盜亦無暇於爲盜矣夫其所汰者既皆不堪用之人而其所留者又實加訓練無暇於爲盜則兵皆精兵費非虛費矣况以其所汰者

之工食而加厚於所練之兵則兵皆心醉於我而汰卒縱欲爲叛吾之兵力豈不足以制之乎可見兵不必憂其寡食不必憂其乏盜不必憂其興惟在於精選而實練耳精選而實練則於制外内之寇也何有

何謂覈圖籍夫兵難遥度陣無定形其奇正分合全視地利之所值如何而相機決策於呼吸之際此兵家之至妙至妙亦兵家之至要至要者也向來上官多忽乎此雖曰移檄州縣畫圖貼説而所畫之圖惟憑畫工仍襲虛套所貼之説亦非知兵者所填並不堪用故倭奴入境擄吾民爲鄉導往來甚便而我兵反不識地里雖敗走者亦不知去向况能設伏與搜伏乎爲今之計須重哨探人役每縣精選伶俐乖覺者數人分任信地優其工食乘此無事之

時令各畫地圖詳註水陸道路如倭船至海濱某處登此處陸路有幾水路有幾由某路可至某州由某路可至某縣孰爲正路孰爲間路其間經過村落橋梁險阨里數一一詳註遇警飛報入內但覘其登泊之處即一面發牌嚴諭此處諸路將領協力守禦若一支當敵而隣將不從間道應援夾擊者以失機論仍須計論時刻以査應援遲速若賊遇而隣兵方至者亦以失機論一面遣別將提游兵擊賊哨報人役勤報賊情不悞者分與首級論以上功如是則賊之舉動吾皆得而預知而用奇設伏領兵官不能躲閃而壞吾之成筭矣

備書

（明）王應遴 輯　鄭熙庸 訂

《備書》二十卷，（明）王應遴輯，鄭熙庸訂。據國立國會圖書館藏明萬曆四十八年（一六二〇）刊本影印。

眞如齋備書　一至三

卅三/三　共十本

眞如齋備書　甲

題備書

余嘗抵掌遼事擬論六字曰守曰練曰屯曰戰曰機曰本謂必守而後能練且屯屯且戰必戰而兵局結也然機在篇動聯絡使人心壯往而本在和中朝安百姓斯論也余言之人人能言之而卒不能用之故余不敢以示人今者遼左兵集未厚餽運竭而發

夷牧並邊將士嬰城堅壘之
不暇則急着無如此六字吾
友王董父示我備書適符余
所擬則古來成事成法羅列
具矣董父一書生薄游

京師搜覽方輿戶口山川險阨
之數著書數千卷上之
朝又抗疏言兵餉事而日鰓鰓
然講求守禦之策以佐度邊
者之一籌董父苦心哉夫豈

無駟馬高蓋蚤夜計滅此乃
獨箸借一書生也長平坑兵
何關魯連先生事天下奇男
子寧必乘機遘會熱心不能
作冷覷藿食聊可當

廟謨類如此矣董父又爲我言
所輯備書約百餘卷乏資未
及盡梓茲僅六函余益喜能
不負我意董父其棘成之余
當以所擬六論爲董父作証

疏也

萬曆庚申春季望日

國子先生侗初張鼐題

刻備書守字函引

余爲司馬郎而建夷之難作名城繼陷易若拉朽先是

廷議主剿余獨於守之説三致意焉因取余友張景和氏所輯乘城要法上之

大司馬黄公又搜呂叔簡司寇所輯活

命書擬合刻之傳布中外未果廼山陰王堇父氏輯備書守字函四卷曰訓曰案曰法曰具守無遺策矣堇父不肉食余而出以相示且曰年來彙輯此書可百卷許是函急先務也余惟宋范文正欲修京城執政者引龔尾城郢沈尹戌

守在四夷之言以阻之本朝丘文莊以
爲泥陳言而昧時宜近者未備何以服
遠內者未修何以攘外文莊而通達治
體也今日之守非杞慮矣佐我
天子勉之有道沈尹戌之言猶信百爾君
子倘亦不恤緯而蠢蠢是憂也董父此

帙具在尚念禮失而求之野乎
萬曆庚申中春吉日關中王弘祖書

真如齋備書目録

表則

謀字函一卷　圖字函一卷
誘字函一卷　擬字函一卷
分合二字同函一卷
遲速二字同函一卷
觀察二字同函一卷
明娛二字同函一卷
平定二字同函一卷
撫款二字同函一卷
詭託二字同函一卷
援調二字同函一卷

真如齋備書較閱姓氏

福唐臺山葉老師向高
蒲坂象雲韓老師爌
汝南崧毓李老師宗延
光山中山蔡老師毅中
雲間侗初張老師鼐
鄒平華東張老師延登
吳淞玄扈徐老師光啓
臨淄華平耿老師延栢
潁川袁真李中丞精白

商丘洪崖余柱史城
關中絅嚴王憲副弘祖
閩中石齋黃太史道周
當塗元甫曹憲副履吉
武昌碧山劉柱史之待
下[redacted]公原呂曹郎克孝
上海初陽孫曹郎元化
姚江蓼莪蔣中翰茂漸
溧陽猷孺宋中翰　献
中州天游沈中翰　謨

雲間神趍姜中翰雲龍
太倉元之劉中翰天錫
吳興子儀潘文學　洙
同邑天行丁太史乾學
同邑爾光祁憲副承㸁
同邑䪥君周文學士敏

姓氏終

備書守字函目

卷之一　守之訓

卷之二　守之案

卷之三　守之法

卷之四　守之具

採據書目

十三經○二十一史○武經七書○武經總要併續○紀効新書併續○百家類纂○武庫益智編○文林綺繡○唐類函○文獻通考併續○諸子萃編○籌海圖編○昭代典則○張景和乘城要法○呂叔簡活人書○江南經略○薊州府守城輿論○吳中丞守城書○尹朔野保約○羅拱辰戰守訣○何太寧守城事宜○郭吉甫螺城守分章○何承天備邊要畧○城守須知

備書守宇函卷之一

師華亭倜初張雋閱　山陰王應遴雲來甫輯
友甥鄭熙庸　訂

守之訓

易曰天險不可升也地險山川丘陵也王公設險以守其國

又曰君子以思患而豫防之

又曰繻有衣袽終日戒

又曰重門擊柝以待暴客

詩曰豈不日戒

又曰采薇采薇薇亦作止曰歸曰歸歲亦暮止靡室靡家玁狁之故不遑啓居玁狁之故

又曰王命南仲往城于方出車彭彭旂旐央央天子命我城彼朔方赫赫南仲玁狁于襄

書曰惟事事乃其有備有備無患

又曰有爲有守

又曰儆戒無虞

又曰思其艱圖其易民乃寧

又曰保邦于未危

又曰愼固封守

禮曰大道既隱天下爲家城郭溝池以爲固

月令仲秋築城郭孟冬環城郭

周禮曰掌固掌脩城郭溝池樹渠之固頒其士庶子及其衆庶之守設其飾器分其財用均其稍食任其萬民用其財器凡守者受法焉以通守政有移甲與其役財用惟是得通與國有司帥之以贊其不足者晝三巡之夜亦如之夜三鼜以號戒若造都邑則治其固與其守法凡國都之竟有溝樹之固郊亦如之民皆有職焉若有山川則因之

又曰司險掌九州之圖以周知其山林川澤之阻而

達其道路設國之五溝五涂而樹之林以爲阻固皆有守禁而達其道路國有故則藩塞阻路而止行者以其屬守之惟有節者達之

傳曰雖有金城湯池不可以爲固

臧文仲曰國無小不可易也無備雖衆不可恃也

懼其守備臧宣叔曰知難有備乃可以逞

鄭火子產授兵登陴曰吾聞之小國忘守則危況有災乎國之不可小有備故也

梁伯好土功亟城而不處民罷而不堪則曰某寇將至乃溝公宮

管子曰四守者得則治易則亂故不可不明設而守國

桓公曰地高則溝之下則隄之命之曰金城歲脩增而毋已時脩增而毋已福及子孫人君之祿守也

子犯曰表裏山河必無害也

秦使孟明等襲鄭鄭商人弦高將市周遇之以牛十二犒師且使遽告於鄭而得備孟明曰鄭有備矣不可冀也攻之不克圍之不繼吾其還也

欒書論楚曰楚自克庸以來其君無日不討國人而訓之于民生之不易禍至之無日戒懼之不可以怠在軍無日不討軍實而申儆之于勝之不可保

渠丘公恃陋不備申公巫臣曰夫狡焉思啓封疆以利社稷者何國蔑有唯然故多大國矣唯或思或縱也勇夫重閉況國乎

左丘明曰恃陋而不備罪之大者也備豫不虞善之大者也

楚子欲刖韓起刑叔向以辱晉薳啓彊曰可苟有其備何故不可恥匹夫不可以無備況恥國乎是以聖王務行禮不求恥人

沈尹戌曰古者天子守在四夷天子卑守在諸侯諸侯守在四鄰諸侯卑守在四境

楚囊瓦城郢沈尹戌曰苟不能衛城無益也

屈完對齊侯曰君若以德綏諸侯誰敢不服君若以力楚國方城以為城漢水以為池雖衆無所用之

司馬侯曰恃險與馬不可以為固也從古以然是以先王務脩德音以亨神人不聞其務險與馬也

穀梁曰城以保民為之也民衆城小則益城益城無極凡城之志皆譏也謂夫保民以德不以城如民衆輒益城是無限極也

穀梁曰兵事以嚴終

孟子曰築斯城也鑿斯池也與民守之效死而勿去

又曰天時不如地利地利不如人和

又曰域民不以封疆之界固國不以山谿之險

又曰得道者多助

史曰秦築長城延袤萬里以拒胡

又曰創業易守成難

又曰始皇踐華為城因河為池據億丈之高臨不測之險良將勁弩守要害之處

孫子曰知不可以與戰者勝

又曰以虞待不虞者勝

又曰善戰者先爲不可勝以待敵之可勝
又曰不可勝者守也
又曰守則不足
又曰善守者藏於九地之下
又曰自保而全勝
又曰守而必固者守其所不攻也
又曰善守者敵不知其所攻
又曰我不欲戰雖畫地而守之敵不得與我戰者乖其所之也
又曰以近待遠以佚待勞以飽待飢

又曰用兵之法無恃其不來恃吾有以待之無恃其不攻恃吾有所不可攻也
又曰戰道不勝主曰必戰無戰可也
又曰始如處女敵人開戶
魏武侯顧吳起曰美哉山河之固此魏國之寶也起對曰在德不在險
又曰要者所以保業守成
又曰凡制國治軍必教之以禮勵之以義使有恥也夫人有恥在大足以戰在小足以守矣
又曰守勝難

又曰簡募良材以備不虞
又曰民安其田宅親其有司則守已固矣
又曰安國家之道先戒爲寶
又曰備者出門如見敵
衛公曰以誘待來以靜待躁以重待輕以嚴待懈以治待亂以守待攻
又曰攻是守之機守是攻之策同歸乎勝而已矣
又曰守者不止完其壁堅其陣而已必也守吾氣以有待焉
又曰守吾氣者所謂知己者也

唐太宗解孫子曰守之法要在示敵以不足示敵以不足則敵必來攻此是敵不知其所攻者
又曰攻守一法得一者百戰百勝
尉繚子曰地所以養民也城所[illegible]戰所以守城也故務耕者民不饑務守者地不危務戰者城不圍三者先王之本務也本務者兵最急
又曰先王專兵有五焉委積不多則事不行賞祿不厚則民不勸武士不選則衆不強備用不便則力不壯刑賞不中則衆不畏務此五者靜能守其所固動能成其所欲

又曰分險者無戰心
又曰凡守者進不郭圉退不亭障以禦戰非善者也豪傑英俊堅甲利兵勁弩強矢盡在郭中乃攻窖廩毀折而入保令客氣十百倍而主之氣不半焉敵攻者傷之甚也然而世將弗能知夫守者不失其險者也守法城一丈十人守之工食不與焉出者不守守者不出一而當十十而當百百而當千千而當萬故爲城郭者非特費於民聚土壤也誠爲守也千丈之城則萬人之守池深而廣城堅而厚士民備薪食給弩堅矢強矛戟稱之此守法也

攻者不下十餘萬之衆其有必救之軍者必有必守之城無必救之軍者則無必守之城若彼城堅而救誠則愚夫蠢婦無不蔽城盡資血城者期年之城守餘於攻者救餘於守者若彼城堅而救不誠則愚夫蠢婦無不守陴而泣下此人之常情也遂發其窖廩救撫則亦不能止矣必鼓其豪傑英俊堅甲利兵勁弩強矢并於前么麼毀瘠者并於後十萬之兵頓於城下救必開之守必出之出據要塞但救其後無絕其糧道中外相應此救而示之不誠示之不誠則倒敵而待之者也後其壯前其老彼敵無前守不得止矣此守權之謂也

又曰守在於外飾

又曰千乘救守救守不外索助

文王問太公曰守土奈何太公曰無疏其親無怠其衆撫其左右御其四旁無借人國柄借人國柄則失其權

又曰戰攻守禦之具盡在於人事

子墨子曰我城池脩守器具芻粟足上下相親又得四鄰諸侯之救此所以持也且守者雖善則若不可以守也若君用此守者又必能乎守者不能而

君用之則猶若不可以守也然則守者必善而君尊用之然後可以守也

又曰凡守圍城之法厚以高壕池深以廣樓撕揗守備善利薪食足以支三月以上人衆以選吏卒和大臣有功勞於上者多主信以義萬民樂之無窮不然父母墳墓焉不然山林草澤之饒足利不然地形之難攻而易守也不然則有深怨於敵而有大功於上不然則賞明可信而罰嚴足畏也

又曰凡守城之法石有積樵薪有積菅茅有積萑葦有積木有積炭有積沙有積松柏有積蓬艾有積

麻脂有積。金鐵有積。粟米有積。井竈有處。重質有居。五兵各有旗。節各有辨。法令各有貞。輕重分數各有請。主慎道路者有經。亭尉各爲幟

神農之教曰。有石城十仞。湯池百步。帶甲百萬。而亡粟。弗能守也

淮南子曰。夫憂所以昌也。而喜所以亡也。勝非其難也。持之其難也。椒人紇勁杓國門之關。而不以力聞。墨子爲守攻。公輸般服。而不以兵顯

又曰。人皆務於救患之備。而莫能知使患無生。夫使患無生。易於救患。而莫能加務焉

又曰。一人守隘。千夫莫向

又曰。聖人常從事於無形之外。而不留思慮於成事之內。是故患禍弗能傷也

又曰。天下無道。守在四夷。天下有道。守在海外

又曰。欲剛者必以柔守之。欲強者必以弱守之

文子曰。聰明廣智守以愚。多聞博辯守以儉。武力剛毅守以畏。富貴廣大守以陿。德施天下守以讓。此五者。先王所以守天下也

又曰。備預不虞。古之善政也

韓詩外傳曰。土地廣大。而守之以儉者安。人衆兵強而守之以畏者勝

張衡東京賦曰。天下有道。守在海外。守位以仁。不恃隘害。苟民志之不諒。何云巖險與襟帶。秦負阻於二關。卒開項而受沛

西京賦曰。巖險周固。襟帶易守。得之者久

漢書曰。秦地得百二。齊得十二

後漢書云。王尋王邑攻昆陽。積弩亂發。矢下如雨。城下負戶而汲

劉歆曰。漢武帝東南一尉。西北一候

趙充國曰。校聯不絕。用木相貫。穿自固

類書曰。慎其四境。結其四援。入狎其里。三務成功。既無內憂。又無外懼

婁敬曰。金城千里。天府之國

班固西都賦曰。建金城之萬雉。呀周池而成淵

孫權曰。君子武備不可無之

潘岳馬汧督誄序曰。羌乃闕地而攻。子命穴浚塹。壺罌瓶甒。以偵之。將穿城響作。因焚積火。熏潛氐穢焉

朱勃表曰。氐羌叛亂。唯狄道能固守。然民饑。取弩煮履。援救倒懸之急。存幾亡之城

陸機辨亡云東負滄海西阻險塞長江制其區宇峻
山帶其封域國家之利未有弘於茲者矣
洛陽記曰洛陽城周公所制城上百步有一樓櫓外
有溝渠
蘇軾曰聖人必於其全盛之時而塞其所由亡之門
又曰守之以專
張載劍閣銘曰巖巖梁山積石峩峩遠屬荆衡近綴
岷嶓南通邛僰北達褒斜狹過彭碣高踰嵩華惟
蜀之門作固作鎮是曰劍閣立壁千仞
又曰窮地之險極路之峻世濁則逆道清斯順一人
荷戈萬夫趍趄形勝之地匪親勿居
何承天備邊要畧曰一曰移遠就近以實內地二曰
浚復城隍以增阻防三曰纂偶車牛以餝戎械四
曰計丁課役勿使有闕
陳規曰攻城者有生有死而善守者有生無死若謂
城小而堅可守也凡城愈大則守愈易須分數段
作限隔則易守若已守先策定險設伏使賊欲登
城縱令登城已登即死賊欲入城引之入城入城
即死矣
又曰我師爲敵所圍可以力守者三外有援兵一可

守也人馬勁勇芻粟豐備二可守也池城完固民
人富庶三可守也可以決戰者三外無援兵一可
戰也人勁馬壯兵甲堅利儲蓄不備二可戰也城
池不完士民窮匱三可戰也守可以必守戰可以
必戰
又曰何謂必戰許洞曰盡我力焉援兵不到即俟敵
懈出奇以戰如光武昆陽水上鼓譟而出如田單
即墨火牛之類是也何謂必守許洞曰旣圍即我
謀未備也圍久則固焉被圍之師不可出者三敵
無故開圍一角者有伏也退圍數里者誘也示以
弱者誘也可以急備者二敵攻其西謹備其東敵
示以閒暇者此必緩我而欲乘懈陰將衝突也夫
被圍者當先安其內而後及其外可也
又曰善守者非獨爲城高池深卒強糧足而已必在
乎智慮周密討謀百變或彼不來攻而我守或彼
不挑戰而我擊或多方以誤彼師或屢出以疲彼
衆或彼來鬬而我不出或彼欲去而懼我襲若此
者皆古人所以坐而役敵國之道也
又曰凡守城之道有五敗一曰壯夫寡小弱衆二曰
城大而人少三曰糧寡而人衆四曰蓄貨積於外

五曰豪強不用命加之外水尚而城內低土脉疎
而池湟淺守具未足薪水不供雖有高城宜棄勿
守亦有五全一曰城湟脩二曰器械具三曰人少
而粟多四曰上下相親五曰刑嚴賞重加之得大
山之下廣川之上高不近旱而水用足下不近水
而溝防省因天財就地利土堅水流險阻可恃兼
此形勢守則有餘
又曰凡守禦之術宜藏之於身待敵而用不可以先
傳然有傳之於衆而逆之於遠有利而無害有得
而無失又不可以不先傳也

又曰國之利器不可以示人梲事不密則害成然用
兵之道以正合以奇勝善出奇者無窮如天地不
竭如江河千變萬化孰能窮之
江南經畧曰城一也有關係一方之利害者守令事
也有關係數千里數百里之利害者將帥事也須
提重兵以鎮之合群帥以援之其城無恙敵不敢
越此而他攻是守一城而庇百城者也從來城守
之攻破者什一襲破者什九
又曰善守者守於城外不善守者守於城內如人在
甕外則能運甕故塡門撥堞備械懸燈是守於內

雖守之不可廢而不可誘者堅壁清野設伏備應使
敵入吾地進之不得攻退之無所恃餒則困之逸
則疲之去則襲之陣則衝之開門延敵使敵怖疑
而不敢犯是守之上者也
韜英子曰守城有四可出擊凡敵來攻城已近郊而
不即攻者其衆未集也其計未定也可出擊一雖
攻城而士卒不用命者其賞罰未當也其上下不
和也可出擊二用命被傷而將督不止者不愛其
士卒而必力屈也可出擊三攻城日久而忽疾攻
不休者必糧盡力竭而欲解去也可出擊四

又曰善守者必守其所易守者而不守其所不易守
者所謂易守者城小則易守據山則易守近與國
則易守深溝高壘則易守
又曰守者與戰者更相爲資守者出戰則戰者可因
守以養其銳戰者入息則守者可乘銳以宣其力
使守者不戰則戰者必力困戰者不守則守者無
銳氣尉子曰出者不守守者不出恐力不專也吾
不敢信也
又曰凡立營而守者地勢欲其高所以廣水旱也壁
壘欲其堅所以爲持久也林木欲其遠所以防火

備書守宇函卷之二

師華亭倜初張鵞閱　山陰王應遴堇父輯
友人周士敘禎君校
守之案　甥鄭熙脩　訂

墨子爲宋大夫善守禦。公輸般爲雲梯之械將攻宋。墨子見之乃解帶爲城以械爲堞。公輸般九設攻城之械。墨子九拒之。公輸般攻械盡墨子守有餘。公輸屈曰吾知所以拒我者。以見此攻城者宜乎古人以爲策之下也

魏吳起爲將臥不設席行不騎乘。與士卒最下者同勞苦。卒有病疽爲吮之。文侯以起廉平能得士。使守西河秦兵不敢東向韓趙賓從

李牧爲趙居鴈門備匈奴以便宜置吏市租輸入幕府爲士卒費日擊牛饗士習騎射謹烽火多間諜爲約曰匈奴入寇急收保有敢捕虜者斬如是數歲匈奴以爲怯邊吏將士得賞賜無所用皆願一戰于是選車騎集士卒悉勒習戰大縱畜牧人民滿野匈奴小入佯北以千人委之單于大率衆來牧多爲奇陣張左右擊之大破匈奴殺十餘萬騎十餘年匈奴不敢近趙邊稱爲北邊良將

即墨被圍田單知樂毅與燕新王隙乃縱反間使騎劫代毅單令城中人每食必祭先祖飛鳥翔舞而下因揚言神來下教偽師一卒每出約束必稱神師又宣言恐燕人劓所得齊卒置前行燕如其言城中皆怒堅守惟恐見得又言懼燕人城外發冢墓燕又如其言齊人望見皆涕泣欲出戰單知可用乃身操版插與士卒分勞編妻妾行伍之中盡散飲食餉士使老弱女子乘城約降曰願無掠吾族妻妾燕軍由此懈單收牛千餘爲絳繒衣畫以五綵龍文束兵刃于其角而灌脂束葦于尾鑿城

數穴夜縱牛爇其端壯士五千隨之牛尾熱怒犇燕軍所觸盡死傷殺騎劫復齊七十餘城

周亞夫因匈奴入犯受文帝命備軍細柳及上勞軍。吏士被甲銳兵彀弓持滿先驅不得入天子至又不得入上乃使使持節召將軍亞夫令開壁門且云將軍約軍中不得馳驅天子乃按轡徐行至營亞夫以軍禮見長揖不拜天子改容觀軍嘆曰此真將軍也可得而犯耶月餘匈奴遠塞

漢先零與羌叛趙充國請行曰無踰老臣上問度羌虜何如曰兵難遙度候至金城圖上方略至金城

常以遠斥候爲務。行必爲戰備。止必爲營壘。戒軍勿貪小利。虜以殄滅爲期。日饗士卒。虜數挑戰。不出。又下令罕幵。有能捕斬有罪。賜錢有差。時詔充國攻罕幵。充國以爲先誅先零。罕幵不煩兵自下。不奉詔。罕幵果下。又詔進兵。先零。充國度其勢必壞。欲罷騎屯田。以待其斃。條便宜十二事。奏書三詰之不動。後先零果殺楊玉降

廉范守雲中。匈奴入塞。范兵不敵。會日暮。令衆各交縛兩炬。三頭爇火。營中星列。虜望火多。謂漢兵救至。待旦將退。范令軍中蓐食。晨往赴之。斬首數百虜不敢復向雲中

楊璇守零陵。時貴陽賊攻郡縣。賊衆而璇寡。乃特制馬車數十乘。以排囊盛石灰於車上。布索繫馬尾又爲兵車載弓弩。令馬車居前。順風鼓灰。賊不得視。因以火燒布索。馬驚奔突賊陣。後車弓弩鉦鼓繼之。群盜駭散。乃追戮之

後漢諸葛亮悉大衆十萬。由斜谷出。至五丈原。魏將司馬懿帥師拒之。與亮對于渭南。懿固壘不戰。亮分兵屯田。爲久駐計。屢使交書。及遺巾幗以怒懿懿亦屢表請戰。魏使衛尉辛毗。仗節至懿。謬使諸

軍就營門大呼萬歲。亮使問之。答以吳使請降。亮已識其詭。懿與亮相持百餘日。亮卒于軍中。及軍退。懿乃按營壘。見八陣圖。嘆曰。天下奇才也

諸葛亮圍陳倉。起雲梯衝車臨城。郝昭以火箭逆射其梯。人皆燒死。昭又以繩連石磨。壓其衝車。衝車折。漢兵乃退。後又屯陽平。遣魏延等并力東下。留萬人守城。懿率衆二十萬拒亮。亮聞懿垂至。欲赴延軍又遠。乃意氣自若。令軍中偃旗息鼓。大開城門掃地却洒。懿嘗謂亮持重。而猥見勢弱。疑有伏。引軍趨北山。亮撫手笑曰。懿必謂吾怯。將有強伏循山走矣。候還白。如亮言。懿後知以爲恨

皇甫嵩討潁川黃巾。進保長社。賊將波才。引大衆圍城。嵩兵少。軍中皆恐。會夕大風。嵩乃約敕軍士。皆束炬乘城。使銳士間出圍外。縱火大呼。城上舉燎應之。賊驚散。遂大破之

竺虁守東陽城。魏叔孫建爲衝車攻之。虁遣人從地道中出。以大絚挽之。令折。救兵至。引還

魏王自將攻盱眙。臧質拒之。魏人以鉤車鉤城樓。城內繫以彊絚。數百人唱呼引之。車不能退。旣夜。縋桶懸卒出。截其鉤獲之

晉李嗣昭守潞州。汴將李思安將兵十萬攻之。乃築
夾城。深溝高壘。內外重複。飛走路絕。嗣昭撫循士
衆。登城拒守。張樂饗士。流矢中足。密拔。酣飲以安
士心。梁祖持書誘之。嗣昭焚書斬使。以固守。會晉王
率周德威等來攻梁兵。梁兵大潰。嗣昭方開門

吐谷渾與党項寇邊。時柴紹討之。虜據高射紹軍。矢
下如雨。士衆失色。紹安坐。遣人彈胡琵琶。使二女
子對舞。虜異之。休射縱觀。紹伺其懈。以精騎從後
掩擊。虜大潰

唐馬燧鎮太原。以晉陽王業所起。度都城東西平易

受敵。時邊數有警。乃引晉水注城東瀦為池。寇至
計省守陴者萬人。又決汾水環城。多為池沼。植柳
固堤。燧悉召諸將吏牧馬廝役。得數千人。令騎卒
教之。數月咸為精騎。造用者必令長短三等。稱其
衣以便追趨。

唐朱泚亂。德宗幸奉天。賊造雲橋。高廣數丈。容壯士
五百。以巨輪為腳。推之使前。施濕氈生牛革。懸水
囊為障。直指城東北隅。兩旁構木為廬。冒以牛皮。
廻環相屬。負土運薪。以填壕塹。矢石不能傷。城中
洶懼。帝召渾瑊。責空名誥身。募突將敢死之士。賜

瑊御筆一管。量其功伐。即著其名授之。不足。筆書
其身。因命以位。瑊於雲橋來路。先鑿地道。下深丈
餘。上積馬糞。深五六尺。次二日。即令爇火。次一日
復下柴薪。夜燒火。平明火熛高于城壘。時北風急。
賊隨風推橋薄城下。以三千餘人相繼而登城上。
士卒皆大寒餧。又少甲胄。瑊但感激戒厲之。公卿
以下。仰首祝天。賊至地道所。橋腳偏陷。不能前。火
從地中出。城上人拔葦炬。散松脂。沃以膏油。須臾
雲橋爐灰。賊焚死者數千。城中歡譟。振地。賊圍解
去

吳少誠攻許州。上官涚知節度。欲棄城走。判官劉昌
裔止之曰。留後既受詔。宜以死守城。況城中士馬
足以破賊。但堅壁不戰。不過五七日。賊勢必衰。我
以全制之。涚然之。賊旦夕攻急。堞壞不得脩。昌裔
令造戰棚木柵代之。募得突將千人。鑿城分出。大
破之。因立戰棚木柵于城上。得不陷

賊將尹子奇攻唐睢陽。作雲梯。置精卒二百餘於其
上。推之臨城。欲令騰入。張巡預於城外潛鑿三穴。
候梯將至。一穴中出大木。末置鐵鉤。鉤之使不得
退。一穴中出一木。末挂之。使不得進。一穴中出一

木末置鐵籠盛火焚之。賊又以鉤車鉤城上棚閣。巡以大木置連鏁大鐶，拔其鉤而截之。賊又造木驢攻城，巡鎔金汁灌之。

張巡守雍丘，令狐潮引兵圍之。城中矢盡，巡縛草爲人千餘，被黑衣夜縋城下。潮兵争射之，久乃知藁人，得矢數千萬。後復夜縋人，賊笑不設備，乃以死士五百斫潮營，軍大亂

李克用入魏，悀覘城上有旗幟往來。晉王曰：劉鄩一步一計。更令密探，果縛芻爲人，縛旗於上，以驢負之，循城而行，鄩軍已遁二日

南詔攻唐成都，蠻合梯衝四面攻之。盧耽等於城上以鉤繯挽之，使近，投火沃油焚之。楊慶復帥突將殺蠻二千餘人，焚其攻具，蠻乃退

黄巢陷長安，趙犨刺陳州，對諸將曰：以吾計巢不爲長安市人所誅，必驅其衆東走，吾州適當其衝矣。乃治城池，爲守備。近民皆遷之入城，選子弟，配兵甲，以弟昶、翊爲將。巢果敗東走，先遣孟楷攘城，昶擊執之。巢至，聞楷執，大怒。既而秦宗權以蔡州附巢，乃悉衆圍犨，䂓碓磨糜人肉爲食。陳人恐。犨曰：君家三世陳將，必能保此。丈夫建功立業，當在此時。陳人皆踴躍。巢瓶城爲八仙營，置百官，聚糧餉，衆號二十萬。陳人舊有巨弩數百，廢壞，後生者罕識其器，翊創意理之。弩矢激五百步，人馬皆倒，巢不敢近。圍凡三十旬，而犨食將盡，乃乞兵于梁。梁太祖同李克用會擊，敗巢將黄鄴于西華。西華有積粟，巢恃以爲餉。鄴又敗，巢乃解去

淮南兵圍蘄州，推洞屋攻城，其形如屋，隱兵士于中，推之使前，揭去洞屋，人露出。吳越將臨海孫琰置輪于竿首，垂絙投錐以揭之，攻者盡露，礮至則張網以拒之。吳越王鏐遣將錢鏢等將兵救之，蘄水通城中，淮南張網綴鈴懸水中，魚鼈過皆知之。吳越都虞候司馬福欲潛行入城，故以竿觸網，敵聞鈴聲舉網，福因得過，凡居水中三日，乃得達城。由是城中號令與援兵相應，敵以爲神

唐貞元中，楊朝晟奏城方渠，合道、木波，以遏吐蕃要路。詔問須兵幾何。曰：臣部兵可集事，非復前城五原用師七萬也。蓋鹽州之役，虜先知之，今薄戍而城，虜料王師難輕入，則發兵十日至塞，未三旬城畢，積芻聚糧，留卒守之。寇至不可拔，若大發兵，閱月乃至，虜來必戰，戰則不暇城矣。已事畢，吐蕃悉

衆至度不能害乃引去

張仁愿爲朔方軍總管。先是朔方軍與突厥界于河北有拂雲祠突厥入寇必謁祠求福料兵渡河時默啜悉衆西擊施葛婆仁愿請乘虛取漠南地于河北築三受降城首尾相應絶虜南寇路唐休璟難之仁愿固請而城三城以拂雲祠爲中城東西南北相距各四百餘里皆據津濟大磧遥相應接拓地至于牛頭朝那山北置烽堠一千八百所由是朔方無復寇掠初建三城不置壅門及格曲戰敵之具或問之仁愿曰兵在攻取不宜退守寇至當併力出戰何用守備生其退恧之心其後常元楷爲朔方軍總管始築壅門以備寇議者以此重仁愿而輕元楷焉

劉昌爲涇原營田使躬率衆力耕受詔城平涼以扼彈箏峽口昌旬餘而畢又於平凉西別築胡谷堡分兵援戍遏其要衝築神威軍于青海吐蕃屏跡焉

范希朝爲振武節度使有党項室韋交居川阜爲盜號曰刮城門居人恐懼希朝于要害處置堡柵斥堠嚴密人獲安

五代梁軍敗于上黨晉人進迫澤州留守張全義遣牛存節救之時晉人新勝鋒甚盛存節引衆夜至澤州晉軍尋至乃分布守禦晉兵四面攻鬬開地道以入城存節亦設隧道逆戰于城中晉軍不能進又以弩射之晉軍死傷甚衆焚營而退

李繼隆在西陲會客詔隳夏州城繼隆曰朔方古鎮賊窺覦久矣存之可藉以破賊請於銀夏州界增置保戍以振其衝且爲內屬番部之障蔽而斷賊之糧運

种世衡爲鄜州從事夏戎犯延安世衡以延安東北有故寬州請因廢壘興之以禦寇左致河東之粟右固延安之勢北圖延銀夏之舊衆議處險無泉不可守乃鑿地百五十尺始至石下令屑石一畚償百錢工兢致其力遂得泉城名清澗初知城事教吏民習射以銀爲的中者與之雖僧道婦人或爭徭役等輩無一人不習射胡酋蘇慕恩部落最強世衡嘗夜與飲出侍姬佐酒既而起入內潛於壁隙窺之慕恩竊與侍姬戲世衡遽出掩之慕恩慚懼請罪世衡笑曰君欲之耶即以遺之由是得其死力諸部有貳者使討之無不克青澗東北有

虜寨數爲患每使屬羌擊輒破之未嘗勞士卒故
功多而費寡建營田二千頃歲取其利募商賈使
通其貨或先貸之本速其流轉歲餘其息十倍乃
建白城中貿錢糧犒軍需城守之具一請自給
王韶守熙河引兵城神平堡破蒙羅角林耳水巴等
族初羌保險諸將謀置陣平地韶曰賊入險地當
思險爲吾有乃徑趣抹邦山壓敵軍而陣令曰敢
言退者斬賊乘高下鬥小却韶躬擐甲胄逆擊之
羌大潰焚其廬會瞎征度洮爲援餘党復集韶戒
別將由竹牛嶺路張軍聲而潛師越武勝遇瞎藥

等與戰破之遂城武勝
董搏霄建議曰淮南爲江南襟喉要衝之地也救淮
爲上策須於黃河一帶南自沭陽北抵沂莒贛榆
諸處俱連珠營每三十里設總寨中又設小寨使
斥堠烽燧相望進遇賊并力奮擊退則屯種而食
焉此善戰者常爲不可勝以待敵之可勝也
金人攻景陽門李綱簡衛班善射者以隨金人渡濠
以雲梯次城班直乘城射之皆應弦倒近者以火
砲擲木擊之遠者神臂弓射之又遠者以床子弩
坐砲扞之又募壯士縋城而下燒雲梯金人遁

王善河南巨寇也擁衆七十萬車萬乘攻汴京諸將
請先斷河梁嚴兵自固宗澤曰去年金騎直來正
坐斷河梁耳乃命將劉衍趨滑劉達趨鄭以分兵
勢戒諸將極力保護河梁以俟大兵之集賊衆聞
之夜斷河梁遁去
劉琦當金人歸三京充山東副留守錡自臨安至渦
口方食暴風拔帳錡曰此賊兆也即下令兼程而
進未至順昌三百里金人果敗盟來侵錡與將佐
舍舟陸行趨先城中諸將以不敵金兵請順流還
江南錡下令言去者斬鑿舟沉之示無去意置家

寺中積薪于門戒守者曰脫有不利即焚其家勿
辱賊手也於是軍中皆奮時城守一無可恃錡理
輪清野六日粗畢而遊騎已涉潁河至城下金人
圍順昌錡豫設伏城下擒千户阿黑等二人詰之
得韓將軍營所錡夜遣千人擊之連戰虜頗衆既
而三路合金兵三萬薄城錡令開門金人疑不敢
近順昌受圍已四日金兵益盛錡遣驍將閻充募
壯士五百人夜斫其營是夕電光四起見辮髮輒
殲之金兵退十五里錡復募百人命折竹爲嘂如
兒戲者人持一以爲號直犯金營電所燭即皆奮

擊雹止則匿敵衆大亂百人聞吹聲即聚金人益不能測終夜自戰積屍盈野退軍老婆灣兀朮自汴七日至順昌錡乃遣曹成爲閒以誑敵曰劉錡太平邊塞子喜聲伎朝廷以兩國講好使守東京圖逸樂耳兀朮喜曰此城易破耳乃械曹成等歸以文書一卷繫于械錡懼軍心惑立焚之又遣耿訓以書約戰且曰太尉非但請與太子戰且謂太子必不敢濟河願獻五浮橋濟而大戰兀朮曰詰遲明錡果爲五浮橋於潁水上敵由之以濟錡遣人毒潁上流敵人馬飲之輒病諸酋各居一部衆請先擊韓將軍錡曰擊韓雖退兀朮精兵尚不可當法當先擊兀朮兀朮一動餘無能爲矣方晨氣清涼按兵不動逮未申閒敵力疲氣索忽遣數百人出西門接戰俄以數千出南門戒令勿喊但以銳斧犯之敵大敗死者萬數兀朮平日恃以致勝者號鐵浮圖拐子馬至是亦爲錡兵殺敗遽以拒馬木障之少休出羨餉士如平時敵甲不敢近食已撤拒馬木深入斫敵又大破之血肉枕籍積甲如山兀朮兵什損七八乃擁衆還汴是役也錡兵不滿二萬出戰僅五千人金兵數十萬營北西

亘十五里每暮鼓聲震山谷然營中讙譁終夜有聲金遣人近城竊聽城中肅然無鷄犬聲兀朮帳前甲兵環列持燭照夜其衆分番假寐馬上錡以逸待勞輒勝議者謂此舉可乘勝復汴京

劉子羽守三泉從兵不滿三百與士卒取草茅木甲食之又築壁壘於潭毒山十六日而成金人已至距營十數里子羽據胡床坐于壘口曰子羽今日死于此敵尋亦引去金撤離喝遣人持書旗招子羽子羽盡斬之縱一還曰爲我語賊欲來即來我有死爾何可招也先是子羽預徙梁洋公私之積至是金深入餽餉不繼又腹背爲子羽吳玠所攻死傷十五六亟遁去子羽掩擊墮溪澗死者不可勝數餘悉降

孟宗政權棗陽軍初視事一愛僕犯新令立斬之軍民股慄金人戰輒敗忿甚圍城開壕四面控兵列壕外飛鋒鏑以絢鈴自驚鈴響則犬吠宗政厚募壯士乘閒突鬭金人不能支盛兵薄城宗政隨方力拒金人不能克金師完顏訛可擁步卒傅城下宗政囊糠盛沙以覆樓棚列甕潴水以防火募砲手擊之一砲輒殺數人金人選精騎二千號弩子

手擁雲梯天橋先登又募鑿銀礦石上晝夜陷城
運茅葦直抵圜樓下欲焚樓宗政先燬樓掘深坑
防地道紛戰棚防城隕穿穽纔透即施毒烟烈火
鼓鞴以熏之金人被濕氊拆路以劉土城傾樓陷
宗政益薪架火山以絶其路列勇士以長鎗勁弩
備其衝距樓陷所數丈築偃月城袤百餘丈翼傅
正城深坑倍仞金人摘強兵披厚鎧氊衫鐵面而
前又濕氊濡葦蒙火山覆以兵雪擁雲梯徑抵西
北圜樓登城城中軍以長戈舂其喉殺之敢勇軍
自下夾攻金兵兵墮死熗焰自昕至是死傷枕藉

梯橋盡燬金人俄乘順風渡濠飛脂葦燒戰棚宗
政激將士血戰金兵死者千餘金人愈忿砲愈急
會王大任月重圍入城內外合勢士氣大振賈勇
入金營自晡至三更金人横屍遍野奪其銅印十
有六詭可棄帳走宗政仍于西北壕外瀦水爲濘
以陷騎宗政威震境外金人呼爲孟爺爺
魏勝紹興末金人將南侵聚芻糧造器械籍諸路民
爲兵勝喜曰此一時也聚義士三百北渡淮取漣
水軍宣布朝庭德意漣民從之遂取海州郡渤海
高文富遣兵來戰勝追至城下衆傳水陸悉有兵

城中恐文富閉門禦之勝令城下多張旗幟舉烟
火爲疑兵又遣人諭諸城門以金人背盟本朝寛
大愛民之意城上聞之即開門勝遣勇銳者登城
樓餘從門入文富與其子安仁率牙兵拒守勝擒
殺之民皆安堵勝權知州金人多伏兵勝兵遇伏
皆赴砦金人襲之勝單騎殿以大木奮擊金人以
五百騎圍之勝馳突四擊無敢當者金人又急攻
絶其水砦中食乾糒殺牛馬飲血勝默禱而雨作
金人攻益急周山爲營勝度其必復攻海州因間
趨城中金人果解蒼山圍自新橋抵城下分兵四

攻勝登城禦矢石如雨者七日金兵遁去金人以
兵十萬攻海州勝率衆斬首無數遣至新橋金人
復發兵二十萬攻海州先遣一軍斷勝軍餉道勝
擇勇悍士三千餘拒于石闥堰金軍不能進夜還
留千人備險隘金兵十萬來奪勝軍勝率衆鏖戰
殺數千人餘遁去未幾金兵盛集勝力拒之自旦
至暮金兵不能奪勝勿陣自爲殿金兵圍城數重
勝與郭蔚分兵備禦偃旗息鼓金人驚疑不敢攻
已而植雲梯置砲石四面合鬬負土塡壕勝俟其
近城鳴鼓張旗矢石盡發繼以火牛金液金乃罷

攻勝俟其不備掩擊之或獨出擾之又間夜劫其營焚其攻具金人急攻勝出軍城北與戰斬首無筭以功轉山東路忠義軍都統制知海州而州城西南枕孤山敵至登山俯瞰城中虛實受敵最劇勝築重城環山於內寇不能害

吳玠守蜀兀术率十萬騎入侵自鐵山鑿崖開道循嶺而下玠以萬人當其衝弟璘率輕兵與玠共擊走之又以雲梯攻壘壁玠使撞竿碎其梯以長矛刺之璘拔刀誓以死戰金分軍爲二兀术陣於東韓常陣於西璘左縈右繞急屯第二隘金生兵踵

至披重鎧鐵鈎相連魚貫而入璘以身駐隊金人用火攻樓以酒缶撲滅之玠急遣田晟率兵左右擊率銳士入金營奮擊射韓常中左目金人宵遁

蔡挺治平初知北地夏人寇大順挺盡斂邊戶入堡戒諸砦無出戰命將先布鐵蒺藜城傍水中賊渡水馬多顛躓驚言有神且夜斫其營夏人潰去

杜杲守安豐元兵圍之以火砲焚樓搘杲隨陷隨補元兵填壕爲壩杲募壯士奪壩死戰元兵引去後圍廬于壕外築土城六十里穿兩濠築壩高于城樓杲以油灌草即壩上爇之皆爲煨燼又于串樓內

立鴈翅七層低砲中壩上衆驚杲乘勝出戰元兵敗走又練舟師扼淮河遣其子庶伏精兵于要路元兵不能進遂北歸

余玠爲兵部時築招賢館播州冉氏兄弟璡璞有文武才詣府上謁玠賓館之奉甚厚居數月兄弟終月不言惟對踞以堊畫地爲山川城地之形旬日請見屏人曰某兄弟辱明公禮遇有以少補非敢同衆人也爲今日西蜀計其在徙合州城乎玠不覺躍起執其手曰此玠志也但未得其所耳對曰蜀口地形之勢莫若鈎魚山請徙諸此若任得其

人積粟以守之賢于十萬師遠矣玠大喜築十餘城皆因山爲壘碁布星屯列兵聚糧爲必守之計於是如臂使指勢氣聯絡

曹友聞守同慶北兵抵至友聞部分諸將各守一門偃旗伏鼓戒士卒候賊近鳴鼓張旗矢石竝發又命王漢臣等間道出戰自提重兵尾敵後大戰有功

王稟守太原粘罕攻城之具曰砲石洞子鵝車偏橋雲梯火梯凡數千每攻城先列諸石砲三千座凡舉一砲聽鼓聲齊發砲石入城者大至于斗樓櫓

中砲無不壞者賴總管王稟先設虛柵下又置糠
布袋在樓櫓上雖為所壞即時復成粘罕填壕之
法先用洞子下置車轉輪上安居木狀如虛屋形
以生牛皮幔上又以鐵葉裹之人在其內推而行
之節次相續凡五十餘輛人運土木柴薪於中粘
罕填壕先用大板薪次以藨覆然後置土在上增
覆如初王稟每見填即先穿壁為竅致火藁在內
俟其薪多即便放燈於水中其燈下尋木能燃濕
薪火即漸盛令人鼓鞴其焰亘天不能不令填壕
其鵝車一如鵝形下亦用車輪冠之以皮鐵使數

人百十推行欲上城樓王稟於城中亦設跳樓亦
如鵝形使人在內迎敵亦先以索繫巨石置彼鵝
車上又令人在下以搭鉤及繩拽之其車前倒又
不能進其雲梯悉用車輪火梯其高一如城樓悉
如王稟隨機應變終不能攻又嘗內起重城處外
壁之壞

靖康丙午冬金人再犯京師統制姚友仲禦之賊攻
拐子城拐子城乃捍禦水門者水門不可遽犯故
急攻拐子城友仲于拐子城上為造兩圓門去馬
面三十步許用磚砌城中開下轆門千戈板閘下

如城門法四面皆置女牆迎敵皆自轆門若賊兵
厚重則入轆門放下千戈板又是拐子城也磚城
下闊五尺高一丈五尺其守拐子法務要令人少
肅靜可以應敵人少可以迎衆毋門兩人守常定
板外鑰匙須敵樓上與虛棚凡三層是受敵處毋
間不得過十五人弓弩鎗斧手相間分作三番晝
夜輪轉更其勞逸賊於河內疊橋友仲選神臂弓
強弩手下臨分布牀子弩九牛弩多置大小砲座
又於攻打處絞縛致勝棚賊橋竟不能寸進其賊
人疊橋法先用牌浮水面次用一重柴一重簾一

重土增渡如初矢石火皆不能入其攻城之具又
有火梯雲梯編橋鵝車洞子兵法為木驢也撞竿兜竿之
類火梯雲梯編橋皆與城櫓齊高亦有高于城者
皆可以燒樓櫓雲梯編橋可以倚城而上下皆用
車軸推行此三物惟撞竿可以禦之撞竿用大木
長數丈又用橫木數十條中穿而下留手把可以
致力頭以鐵裹或以大鐵鎗或安以托叉鉤頭每
一樓子上常置撞竿一二條俟賊火梯雲梯編橋
至城下則徐應之既撞定梯橋則衆手用鐵鉤鉤
定進不得前退不得後則火自焚橋亦壞人亦墜

矣倘撞竿不中則使狼牙鉋手砲架槍手禦之亦
不能上惟要當鋒得人洞子可以治道可以攻城
其狀如合掌上銳下濶人往來其中即次續之有
長數丈者上用牛皮生鐵褁定內用濕氊中用太
糜矢石火皆不能入用以治道安砲并推梯橋取
土透城禦之須用鐵蒺蔾懸下敦之其法以熟鐵
潤徑寸長一尺二寸四條縱横布如蒺蔾形鎔生
鐵灌其中央重五十斤上安其鼻連鎖擲下敦訖
以轆轤絞之若洞子上有牛皮并泥塓着即舉速
放下火炬油燒之若穿地道來先于地道上直下

穿井以待之積薪草安井中以火薰之或用火砲
納其中則敵自焦爛或用游火用鐵筐盛火以脂
臘毒藥懸墜下燒薰穴中攻城人或用燕尾炬縛
草分爲兩岐如燕尾狀以油蠟灌之從城墜下騎
洞子燒之皆禦洞子法也撞竿至則作屋桑木爲
之桶索相連撞竿須連以環串竿頭于兩旁令壯
士牽之鈎竿至則用䄂𧙂乘其鈎亦令壯士牽之
乘勢猛放則竿與人俱倒惟砲架最難禦砲架四
旁並用濕榆小椽密簇定又用生皮并鐵葉褁定
鵶鶻鵂火不能入其砲有七稍五稍三稍兩稍獨

眞石齋備書

乙

卅三三 共十本

備書守字函卷之三

師華亭侗初張鼐閲　山陰王應遴董父輯　友人周士皦顥君校

守之法

責人任事第一

守城非臨時守之也必于未事之先搜才賢募智勇核忠勤及夫奇技占候之士靡不羅致麾下隨材任用又當周諏諮度虛心獨斷使賢才者不失其賢才心計者不失其心計膂力者不失其膂力群策群力無不畢舉於是守法具備而賊無可攻之隙且下至遊棍俠徒鷄鳴狗盜及罪犯疲民之輩亦必收之使彼各思得當以顯其才効其力此用人爲守城第一義也

有事之際最貴和衷攘難之期尤要實念一切在城文武職官俱當忘爾我化町畦一應事機必同心商確不得營私任氣矛盾異同又勿得以狥情故而妄示優容勿以勢要地而姑承結納必或如嚴上虎或如一家事乃可堅守力禦否則畧着私念畧襲虛文兵事難容一誤縱不爲國家討民人慮而吾之身家名節關係亦何如耶

太平無事猶曰無所見其短長至國家多難之秋豈彼循資格責名聲可以虛駕人上者如有自度不勝其任即當告退閒散而實知謀幹之賢又不妨公舉自代即身在格外果有確見宏抱亦不得拘躁進之病而袖手爲罅則國事可理封疆可靖不則已不能爲而又不讓人爲之至于事去情見上負國而下負身則追悔亦何及矣

明法一志第二

守者不足攻者有餘非信賞必罰人心整肅何以禦敵故必須預頒條令凡有微功薄罪者立時舉行毋論貴賤親怨從公一體處之蓋必守若雷將軍乃能戰若鄧司隸耳

強寇臨境人情搖惑非稟令畫一何以遵守故自大將出號以後偏裨以下俱不得各異指揮即如愚耳恐目稱鬼稱神或使陷水火或令變旗幟寮屬不得驚天子不得問然後守若伏虁戰若發雷

月餉賞格有專主者必擇廉謹而司焉吏令心計員役時爲稽訪如有刻剝厥從上刑本軍亦許自首但有揑情罔上者一體治之

勢在危迫上下同命主將必與士卒同甘苦均勞逸

問病撫傷即至食等勵飲糞汁民無離心

嚴候分禦第三

尋常境外必築有高墩瞭哨聞警必愈爲嚴謹其墩或隔三里或隔四五里每墩以五人居之紅旗五竿火器木石鈎刀鎗弩備其上多積狼糞火種凡賊來放烟晝黑夜紅連結不散如見賊結隊將犯者放一銃起紅旗一竿賊遠墩十里連放二銃起紅旗二竿賊遠墩五里連放三銃起紅旗三竿賊近墩放四銃起紅旗四竿一面持紅旗一竿飛馬傳報進境者急放銃不計其數或定爲口訣賊來某路起砲幾紅旗幾或舉旗何色夜則易燈籠流星亦照數各爲信驗賊若攻墩則發矢石火砲鎗鈎等器禦之其芻米等物皆限以一月如哨瞭人有遠玩失誤者以軍法從事

境內各路皆置探報竹節輪換一到即行賊入境內城外四面皆有伏路每面十人定隔路程如城大地濶則增用數人各給三眼銃一口流星火爆十五枝臨未響在半天可使遠聞如賊來一面則一面人輪流放銃爆每一銃流星三枝但不許不知者混放蓋可使知賊出于何路即於何路應禦或

日間更搖動紅旗亦各有信驗可以防備其伏路人仍逐日輪流以節勞逸再外設偵探能近賊營入賊隊打聽得的實消息者優以重賞如預知賊人如何攻器我便可預爲守具如何計謀我便可將計做事此尤喫緊一着也

守者非特守於城也必搜境內山川形勝何處可扼全而令重兵屯守何處可分據而令偏師犄角何處可埋伏兵而挫其先鋒何處可掩游兵而絕其糧道又聯絡聲勢各爲應援如率然在山則過之於遠勝於守之於近矣

守城者禦於境外固爲上策仍恐守力不及則當預於城外週廻四面各扎營寨掘爲濠塹置陷馬坑堆欄馬石列拒馬鎗排連桄弩置套馬索立火器臺埋遍地雷木柵鹿角柞行馬鉄蒺藜火屏火櫃火牌火車威遠砲連珠砲钂布圍竹營車釘牌之類都要預先製造禦於城外賊來犯之守器不可遞闖攻器尤能堵截且前出後應左突右掩我有所依彼無所乘此守之城內不若守之城外者之爲得也

外守雖嚴而堅壁清野亦當預計如聞賊將至下令

城外十里内悉伐木斷橋焚棄宿草撤屋堙井有水泉皆投毒藥民間木石磚瓦及芟芻糇糧器械牲畜之類盡令徙入城内倘徙不逮宜埋之或焚之總之不宜賫盗也

預備周防第四

城守無虞必合各物全備如糧糗布帛芻荳柴草蘆葦茅𦽏石灰沙土鐵炭松樺蒿艾膏油麻𦉪荆棘篦籬釜鑊盆甕桶缶水石磚竹鍬钁鐃斧錐鑿梯索皮角硝磺毒藥紙綿硃碌膠漆木頭板仗舊鞋底牛馬牲畜之類靡不畢具庶使臨時之供應不窮亦使久守而取用不竭

百工技藝守城必需如竹木匠鐵石匠火藥匠弓箭弩甲匠坭土窰匠及畫工醫人巫師等俱要預先糾集分别倫類以備聽用

諸守器其已具者必檢驗一番何者可因舊何者當脩葺如未具何者當特造何者當預備至如秘器奇械必令知法者另幽僻公所密先製造但要任之得人無不精妙備具

賊若有警必預巡視城有圯毁者葺之壕有壞塞者浚之仍以所掘之土增築攔馬牆牆離城脚丈餘

不得過濶恐城上器械不得及遠且碍傷牆内人築高五六尺内多留空穴以便窺伺容放銃弩鎗箭又須五六十步置佛郎機一位以抵攻勢之盛賊若渡濠牆内與城上一齊兼發賊必不得逕衝城下如賊或衝入牆内則牆逼城堵即有勇技不能施設而吾城上矢石火器長械交下而牆内人又與搏戰必無遺類但伏牆内人不得先示形色使敵不知則我有人而或爲無人無人而或爲有人則敵近之不敢攻之無隙是虗虗實實之妙也

凡民居官舍及委積樓棚門扇門棧但附近城者俱以𦉪覆泥塗其稻草蘆葦皆徙空遠區處以防賊火藥飛入焚燒仍宜多濬井泉一以備人衆可飲一以具火攻猝救又棚樓敵臺之下皆當各貯大水缸數口而伍垜亦共貯一缸如爲飛火所燃隨燃隨撲庶不至取救遠水而成燎原之勢

城上各垜下宜多積磚石石之重五六十斤者每垜亦預積數塊於樓棚門雉處尤加多積如擂木擂石弩箭砲架各火器銃斧長刀鉤鎗叉竿布幔防牌行爐毒藥之類俱多多積備應用佛郎機每五十垜置一位如門臺處更多一位以孔道敵衆非

巨器不足以禦也
賊人迫境。鄉民閧集城下。此時盡放入城。則恐混雜奸細。欲遏之城外。又恐殘害生靈。如止開一二門。更恐人衆難詰。須大開各門。各擇勇敢之將。帶領識事人役精兵一哨。立一木柵於吊橋之外。攔住鄉民。又倘賊急人衆。宜令暫躲攔馬墻。陸續放進。庶免奸細混入。而我之逃難居民。既得生全。更不推擠矣
城無敵樓。不能眺遠顧下。何以防守。必要貼城築出敵樓。每座相去或五六百步。或七八百步。各隨城

勢曲直轉折。以便遠近眺望。如力不能築樓。宜用木架櫓。起望臺。出城數尺。三面用皮竹。或厚板包釘。蔽以水濕絮被。以防火箭。多留空眼。以便瞰伺。此亦通權之法也
一雉必設一舖。以爲守城棲止。且得觀望防禦。又或於二雉之中。二十五垛。再設一舖。如城面窄。則於城內貼築丈許建之。否則作爲騎城舖。以便行走。或砌磚洞門。或以木板閣過。比之貼城築造。其費爲省。而五垛之內。又令共蓋小舖。以避雨雪
城面上必作女頭。中間立狗腳木一條。每女頭中。排

搭篦籬竹笆。可以隔遮箭弩。此守城舊制也。但不能拒砲石。不若改作平頭墻。可避砲石。亦可搭篦籬竹笆。不必再用狗腳木。只於近下留品字眼。較之女頭更便
城有包山者。峻處城垣宜增高厚。或專意設立敵臺。以便瞭望運發矢石。使賊不敢近。而吾之虛實不可知。若倚山爲城。勢若仰盂。賊可憑高而視。則當盡驅老弱爲兵。多用旗幟器械。虛張聲勢。庶賊不敢易視我耳
城有近水者。須預釘品字樁木千百根於水中。高出

水面尺許。以防樓船衝突之患
凡守城有恐賊攻破城門。預將土石嚴砌各門。止開一二門出入。此是自塞生路。故善守者。不獨大開諸門。更當於兩門之間。更開三兩門。使周圍門有數十座。砌於城內。運土木出入塡壕作路。使戰兵出入無碍。如城上觀望敵人。或瞭哨得乘便處。即可遣兵擊殺。或夜出兵擣賊。使其不能休息。且使處處受敵。備多力弱。彼自不能久攻。然所以敢自放開城門。出塡壕者。必其將有智勇。而城中又設備已備。賊入必死。而我出必勝耳。如其不能。則於

各城下鑿爲暗門以通遊軍戰隊并城外守墻之夫出入如又不能遍辦則每敵臺左右置小吊車四五架以便兵夫上下及逃難男婦得入

分軍約援第五

分城中軍馬各有部數必量其多寡城外營若干屯臨處若干攔馬墻若干守城垜若干各門臺若干各巡視若干各游兵若干救火兵若干中軍兵若干其餘多剩皆統于中軍以聽調用

城中高處設立中軍旗號用十二丈黃布大旗一面圍杆長五丈預備黃紙雙燈一盞单燈分青紅白

黑紙各一盞以黑紙難明則代以緑又備青紅白黑小旗各一面大流星爆百枚巨鐘一口碗口砲四口用止三口多一口者以備不響也手銃亦四口撥好軍十名吹手八名專管火種日夜四瞭城外伏路號火銃砲如有警則放砲三口日間揺動黃旗如東方警則加青小旗東南隅則加半青紅小旗連擂鐘催兵放砲止之夜間放砲三口又起雙燈如東方警則加青単燈東南隅半截青紅燈連擂鐘催兵放砲落燈止之游兵戰隊各認方色策應而諸原派守城者不得擅離信地以防聲東

擊西也如二方三方四方交發亦各認本色策應而東方則坐援南方南方則坐援西方西方則坐援北方北方則坐援東方如南方有警例當東方援而北方無事西方又當援南方矣各方以類推而在四方城樓亦各竪本方旗號以六丈布爲率上畫朱雀等本方之象其四隅則畫天地風雲而游兵將領雉城長各認執本方色旗其旗大小以官爲差如本方有警晝則揺動本方旗夜則又起本方色单燈擊鼓催兵夜或再加流星無事則鑼聲止之本城雉有警則揺動本城雉旗而城雉長

之旗又當上綴天地玄黃各字號而伍長之旗又綴天字幾號其餘倣此依次而序

營有結之城外者亦當照依四方旗色掌號流星而在城上本方代爲傳號接應則日加一小旗夜加一小单燈無事之時不許亂舉響器旗號城中並禁高竿之物并樂器小爆槳不許作其在中軍早上開門手銃三聲吹打樂器則城上守垜換班至晚手銃三聲吹打樂器則守垜輪更每轉更則吹長聲喇叭三聲垜夫遞換再有中軍或欲出奇用詭計則本方揺旗擊鼓中軍無號各游兵不得擅應

此定令也

分垜定方第六

守城看垜之法必先計週圍城若干則守軍若干軍不足則以民僉之將不足則以士吏與鄉紳參之因是集本城内軍民録其精壯差其老弱隨所緩急而輕重用之令其就附近城垜認定防守不得至臨事張皇而民無定志也

守垜夫必計其多寡派作二班或三班每一垜用灰粉白内書垜夫姓名各認定防守更番迭換以休養息力如頭班一晝一夜次日即換二班再次即換三班各置簿有定限彼此不得推諉又五垜立一能幹者爲伍長二十五垜有城長百垜兩雉長各執長旗伍長塡伍垜夫姓名在内城長書伍垜長姓名雉長書二城長姓名各有統領各有分責庶可齊一亦可查核

賊在百里外不必一齊上城早疲其力但令總領看守之如賊近五十里聽中軍號砲傳宣一名不到示有軍法

垜夫上城各備應禦器械幷各軍隨身所用衣雨具如賊攻城次第抵禦庶無倉卒離支之患

垜夫每夜一人輪守一更每垜各置一石大二三尺高稱之每更夫執小旗登石擊柝站立既高則可以俯瞰五垜城下有無奸細其餘四人穩臥倘遇有警與醒同伍四人則名雖一夜之守實止一更之勞也轉更輪換聽中軍喇叭各門應之並時轉換應換之人共伍置一木牌註定其人某更不得推諉失悞

垜夫每五垜共懸一燈或燭蠟難繼則改用松桙然火必用鐵毬盛之須用竿六七尺長繩繫挑出城外下離地七八尺庶有無奸細可以洞見如用燈則當上以瓦蓋下繫鐵石以防風擺

垜夫該直者晝夜俱要注定眼力不得滅燈火又戒出頭外望以防飛矢銃弹所傷夜間所睡之人亦不得脫衣如聞中軍砲響懸起雙燈則同伍者一齊向外持械站立力拒候中軍落燈止號方許就睡該直者照舊執更

上城處豎立柵門撥兵看守不許垜夫私下及閒雜人潜上一防攪亂軍伍一防細作外招止放飯換班開出至晚中軍放砲則封鎖不開如警急則茶飯挐送城上止於換班放出

城上每段立一典掌置小旗數面凡遇有需索物件
書名貼旗上舉示城下城下各段亦有主者預撿
備用雜物各爲部分謹伺舉旗即應送上城勿令
緩急缺乏又設雜役軍人量爲多寡專司負挈所
需物件

恐賊夜攻須多備油燭竹縋草把應用又恐急戰難
候炊飯須備團飯飯中置糖可生津液遊兵至即
給食之

城上白日屏去鈴柝止豎旗號不許一人喧嚷使敵
不知城內虛實且城上不譁城外有警亦可傳報

以便策應即如巡城守垛與賊攻打甚至被傷亦
不得大言震喊高叫驚走

凡賊來攻毋得恐懼須要靜待靠視垛眼打射務於
奇中如斃賊一二餘賊自退更不知我伎倆虛實
毋得亂發以竊火藥弩箭若四面利器攻圍則併
力合拒是又不可拘泥也

巡邏防踈第七

各垜兵夫勤惰不一須各門置巡夫二三十名執小
旗上綴巡邏二字輪流時常川繹見有懈玩睡熟
及燈滅者則撤其守旗稟究但令喚醒執更不得

明打賣法

每臺設巡官二員各門又有分巡一城又有總巡其
臺官二員各置更牌更籤照更輪巡如甲臺巡官
以一更籤交付乙臺上驗收乙臺巡官隨付一更
牌與甲臺官爲驗餘更倣此次早驗牌交納分巡
總巡驗完給發不得私相授受其巡官先巡巡夫
後巡垛夫如有失鈴柝睡熟違玩者亦不許喝打
及賣縱但撤旗次早究罪本巡本垛仍令執役毋
悞

垛夫守城不得隨意上下除城雉伍長巡官之外

令虞候領隊作雌雄契偶一巡城所至與守隊勘
同乃過否則除本垜夫稟究外該城雉伍長與巡
官不行禁戢舉發罪有連坐若賊勢外張士心內
貳則或轉左隊以爲右易前軍以置後或一月數
易或數日不易又間使人持僞契巡行以試之庶
無偷惰之病

察奸禁亂第八

凡欲守城必須先編定保甲十家爲牌又各人給一
腰牌開寫年貌籍貫凡有牌者出入城門一槩放
行其行旅客商偶投避難盤得言不支離面不生

異亦令入城。又或慮賊有拘執吾民家屬。令其裏
應外合者。必須仔細搜撿身上物件。有疑拘住。即
如放民採樵出軍回城亦爲查考。
城中最慮潛伏。須于各街巷口。設置柵欄。撥夫執械
嚴守。晨昏啓閉。即官府夜行。亦須譏察。以防奸細
城上四面各有巡官。而在城中。亦必設立專官。巡邏
城中。以稽他盜乘機竊發。如守柵巡夜之夫。遣玩
者重究
城中失火。專立救火軍一枝。量城寬狹爲數。分布聽
候。中軍擊鼓三通。即急趨救滅。城中居民不許亂
走混救。其在守城垜夫。巡官將領之家。亦不許下
城救應。而街巷之中。又當預令每家各貯一水缸
備火
城外有使至。守門者檢實。徑導詣主將。內外軍民不
得輙相見。如得飛書。持送本營。對衆封送主將。凡
有曉星氣術數人。悉收隸官府。不得與他人竊語
及禁論說恠異。以惑衆人。如城上城下有面生可
異交相接語。或擲物件。做手勢號色。即將拘拿。辨
主將究問。

設械禦變第九

守垜於換班散飯之際。或風雨晦暝之夜。賊常乘懈
而攻。須諭尤爲戒嚴。若城無欄馬牆。又或相持固
久。恐夜時倦睏。必共五垜城脚底下縋繫一犬。犬
吠則醒。或再爲垜外蓋出浮棚。環城接連。上壓磚
石石灰。使賊加梯則軟不能乘。觸棚則灰石亂墜
而守垜者且自驚覺。若再加嚴固。則沿垜之上竪
架柰何木浮排出外。其木錯綜釘簽。又或懸以虎
帕剌使賊攀援不得。觸即下擊傷人。又不能取脫
如州縣城。以其費省而易辦。尤宜速製
賊有列礮石炮。遍尋石牌石羊虎磨石鑿孔貯藥爲
砲擊傷守垜之人者。當令守垜者。近女頭牆坐。高
則於女頭牆上過。低則打中女頭。若女頭牆稍加
高厚。則全安堵矣。又須用木與蔴繩。編造方高一
丈洞子。以備砲石衆多。如賊攻壞女頭。即於兩邊
連進洞子。以代女頭。若此則砲石縱大至多。亦無
損壞
如賊燒了城樓。圯毀城牆。急作前樣洞子遮蔽。但使
再加高大。兩邊多置火砲矢石。以防賊急登城。城
上分兵兩向。次于城内從下斜築向上至城面。外
狠向下陡峻。次于城内脚下。取土爲深壕。三五丈

築月城圍之使賊乗對襟到城如不上城却回則已若欲上城必自立不得到内壕裡無不死者

賊有勇悍之卒必使來突我城門我當僞爲不知開門以待於道路設陷馬抗機橋於城墻曲巷内出奇兵掩擊以逼陷之或約其過一二百人卽下重門挿板使其前進後截掩殺之

覘知賊勢重大攻械難過必作重城深濶裏壕不必更作城門但隔舊城二三里開一孔闕出入使不直對則賊卽能塡外壕攻舊城必不能塡内壕攻新城且欲入裏城又緣城垠二三里勢難直達兩

邉城上無物不可施此正賊之死地也

賊有水攻之法或壅其上源或决其下流使我田禾枯槁人畜焦渇我必築爲堡寨以守其必要若旁爲瀦塞則出勍兵奪築爭决之倘置毒上流則我多穿井以資飲爨或兵勢寡弱不敢出城則賊壅水灌我我壅塞諸門察視城中陷穴之處悉加傅築則水自難入賊亦不得洩我城中之水倘水已人城則又不得不選勇士望外水底窪處力决其渠或鋭攻或偷放此必爭之術也

猝守孤城器械難具則急取民間竹笆或荆棘搭女

墻多運磚石石灰瓶賊有頂門一梯者以大石壓之在城下者以小磚石抛之附城者灰瓶擲之又收拾蘆柴火以燒之用連灶行爐者糞澆之令其肉爛滚湯潑之令其皮脫鐮刀斬其手鋤鍬斷其頸銜錐穿其胞挑叉貫其喉鍋蓋窗戶可以抵弓矢水被濕袋可以禦火砲持竹繫繩作飃石以擊遠賊取木替鍬爲鐵標以鑿扁筏又以小杉木作抵篙以禦雲梯以大杉木懸鐵石爲吊擾以拒攻車又斲木爲弩緝麻爲弦劈竹爲箭淬毒爲鏃以代弓矢此應急權變之術實太公所謂攻守之具

盡於人事也

守無城堡亦在人之善守蓋能守者非徒守而已也必以戰爲守故賊之來也以攻爲志吾於四郊度其來處札野營修野戰以待之器械精士氣勇糧餉充號令肅賞罰明任用當或倚山爲險或緣河爲限或相其地勢以立堡臺或因其衝衢以伏機弩或作陷筒以絆其馬或灌水田以濘其足或因凍以築沙或鋪錐以誘入或舉火於深林茂草之間或埋砲於要害必經之地則賊進之不能退亦抱恐心志眩惑手足無措而又設爲遊軍伏騎左

右掩擊晝夜出沒彼欲戰而我不與之戰我欲戰而彼不得不與我戰我常以逸待勞以飽待飢以土著之兵襲遠來之寇而又賊衝不動賊餌不貪賊自不能仰視而我可晝地以守矣

城守器械皆已先具則量其輕重緩急而次第行之如賊已向城乘城將士皆棧立牌以自障賊將近敵臺並度視遠近施放矢石火毬火鷂鞭箭賊在城下則拋飛鈎賊若填濠則火藥鞭箭以射焚其芻蒿木板轒城欲上則隨其處下擂木檑石以擊之投飛器以燒其攻器颺石灰糠麩以眯害其眼目擲火礶毒砲擊爛其身樓棚踏室版內雜短兵下刺登城者若登者漸多則禦以狼牙鉄拍手漸攀城則以連加棒擊之剉手斧斷之賊以衝車等進則穿以鉄環木鑷放猛火油賊雲梯倚城則引叉竿推撞車賊木驢穴城則用絞車鉄撞燕尾炬壞之賊飛砲石則張布幔水絮賊為地道來攻則掘塹聽候其來方穿井邀之霹靂火毬烟毬等害之賊附高穴城則縋油火箱灼之賊築土壘傍城欲上則穿地道至壘下引取其土賊壘自壞或城薄賊起壘相對盛兵抵禦賊以火攻城則城上應

救火之具有托叉火鈎火鐮栁洒子栁罐鉄手猫唧筒禦之若攻具猛至則為水袋水囊以投沃之一應棚樓器械雖預塗覆亦須舉麻搭潤護若賊為火車燒城門則下濕沙滅之切勿以水加恐油焰愈熾賊若縱烟向城則列甕缶以醋醬水各實五分人覆面於上其烟不能犯鼻目

賊攻壞城門則以刀車代之如編濕木幔皮竹作洞屋來攻則以佛郎機碎之或伐大木盛作攻具凡為守器所不能禦皆以巨銃摧毀遠器近器小器並發而更以壘器翻擊之

諸守械之所最利者莫如火器然使守城人能用攻城人不能避則攻者受屈矣若使攻者能禦守城人稍拙雖有利器亦不能施火器且然而況于他技乎故用器者在乎人通變者在乎智必使敵萬變我萬應心運于器之先技妙于神之輸則反攻者為守而我守者反為攻矣

出戰決機第十

城內調度分布皆已得法號令嚴明軍心齊一則出奇用詐以戰代守以擊解圍或乘賊初至營陣未整或因賊遠來及其勞疲或賊攻初息而犯其怠

或賊圍已久而闖其跡或冐雨雪或襲暮夜或伐
鼓以驚營或飛災以擾衆忽鑿暗門則敵不及拒
突縋死士則一以當百或佯挑羸士以驕之或盛
發奇兵以懼之或約降而反戰或捲實而示虛或
出左而擊右或搏後而突前或作抽兵法或爲疊
陣營或遷拒馬以饗士或因方食而進兵我可往
彼不可以來彼常來我常以自逸城堅糧足不難
久守困其師勢孤援絕必將背城以借一乘賊餉
之耗竭則伏砲弩于糧車以誘之瞰賊馬之饑渴
則置香毒于芻水以餌之至若草人可以紿敵矢

縱盜可以竊帷幘援風砂以合陣則寡可勝衆假
水火以致師則弱可爲強或驅獸以決戰或空營
而破敵變變幻幻出出沒沒此皆用兵救守之法
也

凡守各有時亦各有機有常亦有變守在於先攻在
於後旗幟必明鋒刃必密使賊知有備而不敢犯
敵兵既出我兵後起此必倍道密徼掩旗息鼓設
計以待或開其門或逃其衆候賊近迫我一舉砲
而衆力齊奮焉矢石交集焉或繞其前或截其後
使賊驚悖而莫知所之此爲守戰賊將可擒如賊

發探兵而我兵三讓之或予以所利焉使入深地
而後我計得行此爲誘攻誘攻之法持本以待之
設穽以迫之毋作浪戰不幸而去兵失守地爲必
要城爲必據敵疾發而掩至焉我總老弱編婦女
持旗幟而累過之使知不虛又爲餓馬之鈴羊蹄
之鼓或發砲而僞練馬或束草而假卒焉必有遠
應晝爲三旋旗夜持數頭爇廁於山灣映於林木
或不得已而坐將壘口獨馬摘戰燃篝飲宴揮扇
自若飛檄鄰郡以應之此皆飾守之計也

攻者巧守者嚴攻必設餌以誘焉守者必詳其計撤

圍毋喜疾攻毋驚歸師毋躡示怯毋進約和毋信
僞隙毋乘忽退毋懈久持毋數有進援毋出奔奔
必死援必生

守者必先結援援欲其應必彼此合期內外夾攻勝
又欲我不應聽援者獨戰我休養士卒乘其疲而
出戰勝又伺援者或不我應倘棄地聽攻直擣敵
寨我惟謹守勿動俟其出而躡之勝

歸師勿遏固爲常法第歸不同或主將病亡國君有
故內外攜貳境有他兵久師疲敝糧援殫絕皆爲
可追早令吾間偵知焉毋直進必旁擊善後尾設

預伏分合疑誘各有奇機如遇險阨之處必令探者詳察地形有可以徃難以返謹止勿進

若守者審處其變勢在必危乃爲出畧計區撥壯者居前疲者繼後強者護外弱者處中必有武衛武衛使賊器無施焉會於晦夜啣枚疾奔欲出于東先開其西毋由正路必穴其城明告將士勇鬭則生不勇則死怨然而突敵不及拒望火爲號吹嚣知聚又令材騎伏弩廠其後賊不敢逼始可全生

若守者僞出出者欲復預埋巨砲各門陷撚孔道正將總老弱䕶伏而守惟選鋭士奉偏將猋走敵逐之不及廢然歸返其伍不齊其心不戒及城而機弃砲弩具發焉賊衆必殲于是守者出擊逸者還戰賊軍亂奔賊將可擄此爲孤注危可復安如其不能效死勿去寧守吾經

備書卷之三終

備書守字函卷之四

山陰王應遴堇父輯
友人周士敏頡君校
師華亭倜初張鷟閱

守之具

候臺約高三四丈必占山坡高處直起不用階級上下皆用軟梯離墩數丈旁立一烽墩中房以爇煙火臺上應備之物如床舖梆鈴鍋灶水米薀菜旗銃叭喇燈燭刀斧鉛藥鳥銃快鎗流星火爆等俱照人數備給其狼糞火種火藥磚石尤宜多備勿致臨時缺乏

候臺　烽墩

砲臺築于孔道要津之處如地當曠潤難守尤當建築幾座務於屯駐強兵其臺約高四五丈爲三層樓四面開窓又多留小洞窓内置格門大小諸砲如遇賊來必用小器多用大器各啓窓洞發火攻打無不糜爛但須度其近我方發勿慌張預先空發臺外掘壕週廻築矮牆過壕則用木吊橋其下門内即掘深坑藏插刀鎗上蓋木板進則閉門撤板令賊入即陷其第二層中留一孔石板掩之第三層亦然賊進撤石向孔中擲下火砲賊必不能上攻

砲臺

二三層蓋抗

坑

蓋穽板

井田 上古非獨均田制祿而已蓋以平衍之地設立溝澮阡陌使車不得方軌騎不得馳騁是寓至險于大順中也故郤克欲使齊人盡東其畝以便戎車吳玠在蜀作地網以限金騎皆此意也

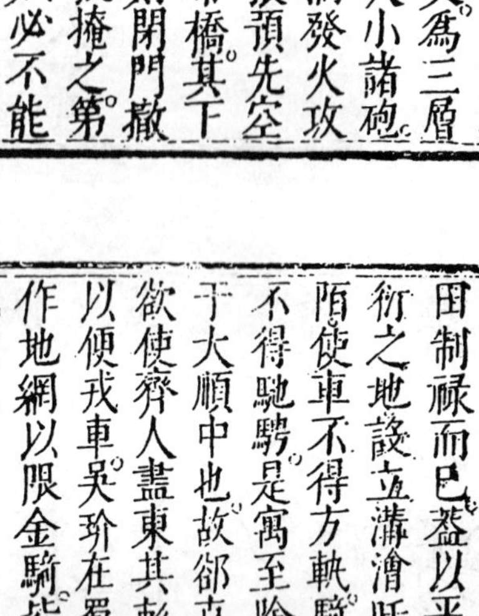

種氷 凡賊來過嚴冬之時可相度坡塘城岸高低處令軍士灌水承寒結氷使其滑溜令賊不得趋焉不得騁又可灌水凍泥爲營壍曹操嘗用之

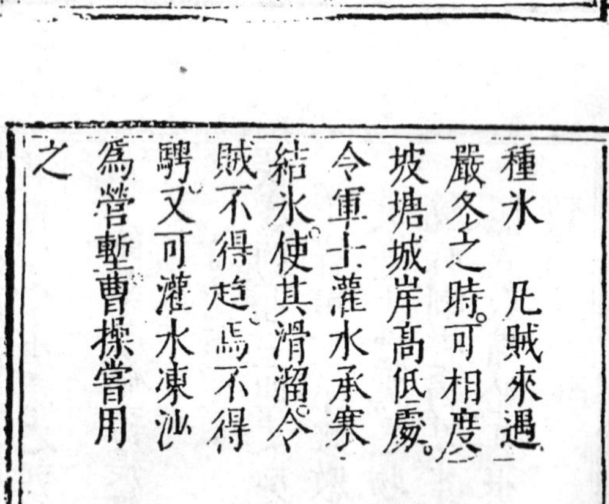

攔馬石　品字坑

二形俱於邊疆空濶無城塹處布置。是不築而高，不鑿而深者此也

馬筒　或以磚砌，或以木箍桶，或用無底瓦瓶，或掘地成孔，皆勾馬足。伏埋隱地內，筒底設揷鐵錐鐵刺，以刺馬足，且陷且刺，不能前進。其穽深一尺，每隔尺許則設一筒，如過曠濶無城塹處，必當布置，以限賊騎長驅

結草　撤蕭澗斷橋塞任大路，賊必漫野而行，預先結合野草，以絆馬足，使賊馬不得馳騁

斷木　度林木之處賊所必由，則伐斷其木，橫亘以塞道路。又須留根一半相連，使賊搓移不便

青穽　於麻麥草芥生處掘穽，下揷凶器，上閣竹竿，鋪以蘆蓆，即移一樣麻麥草芥鋪之

白穽　於泥沙白地處掘穽，照前鋪置，亦就彼處沙土遮蓋，使賊不疑陷穽

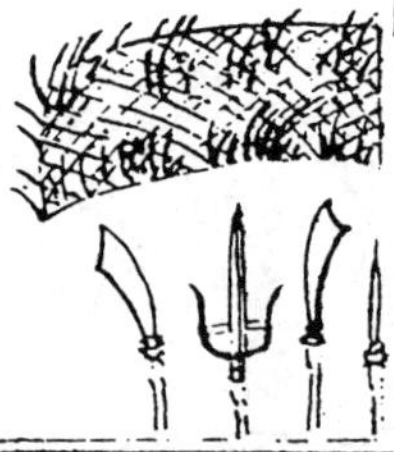

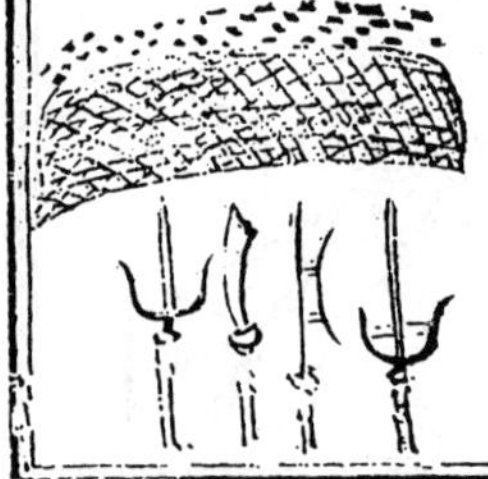

獻曰　賊馬入境必乏水飲宜於陂池溪澗中設置錐刺使馬望水奔飲受傷

獻青　賊馬久不牧放望有青草必奔芻秣宜於草地中插鎗刺使馬入陷

芻誘　賊馬久缺草芻故掘穽下設凶器上覆芻秣或置毒于内馬見而食即傷

餌誘　賊馬饑餓思食炒製香料菽荳鋪穽上馬聞奔食即踣死地

絆索　釘麻繩於地以竹五竿撐繩腰控低着地扣以機結木鈎馬足觸機必撐繩竹起豎地三尺無不被絆

機結木鈎雖具三式用隨取一

機絆下作坑上鋪板馬至此踏下繩斷則竹豎絆索攢起擱馬足

用細繩釘樁扣着地馬至衝斷橫繩竹輒起

馬至此踏下板木鈎即起竹豎二三尺高繩可絆馬足

伏鎗　用火煉竹鎗斜埋成列於鎗頭到處掘坑將竹樁竹圈禁之又以繩貫其圈牽總機處上以草掩賊若入犯拽去竹圈則鎗斜豎刺馬腹但要不高不低約湊馬跨埋豎爲妙

埋形

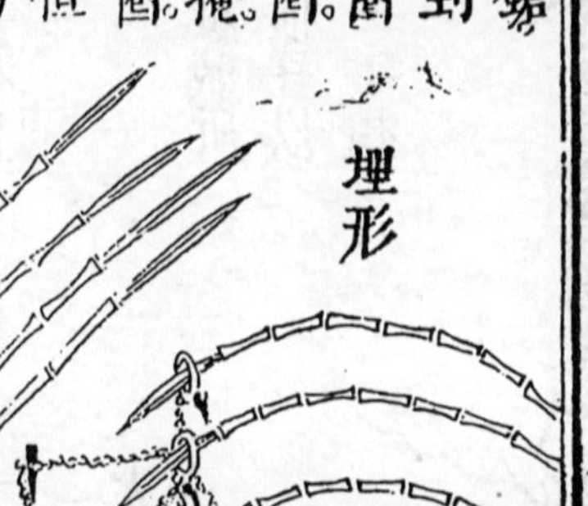

豎形

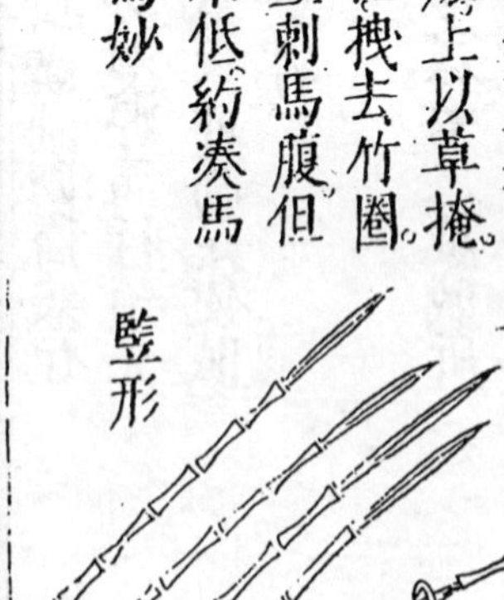

䠞圈　以竹爲圈插於馬道以索結繫竹圈以釘釘草蓋覆或浮土埋之馬至套圈輙倒

又有用活結繩圈再加竹圈上馬至套圈總出竹圈而此活結繩圈一動輙縶馬足拽住

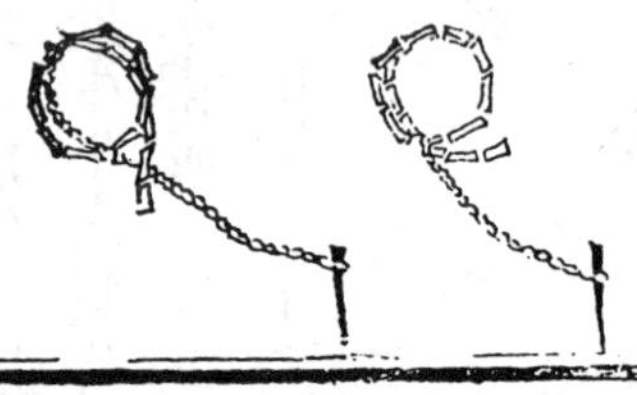

馬拖　用竹削成筋大其長數倍於筋其錐頭鋭用以替地其尾則用熱湯煮過令捶碎和麻皮以成索索尾又安扣頭扣轉于竹片之上仍將鎗桿拽索於竹片首遇馬被套而走則索尾之鎗自戳馬腹

懸簾　每垜口作一木架足栽城上轉軸匡檔在外繫貼兩垜上用氈毯被褥覆搭以水濕之繩拴架上可避鉤挑矢石火砲外用兩撑柱長尺許撑之以便凭遠近下視

懸戶　以轉軸作一小門外畫虎頭又穿兩眼可遠窺用兩鐵管狀如環錐尖垜內更作拐頭壘入垜兩傍用則懸不用則擠之

懸鎗用鐵造砲仗內圓如鷄子長四五寸又造鐵砲約長尺六七寸將砲仗横置砲末形如碓嘴項下開火門砲貫木柄約四五尺裝火藥石弹和黄膠泥鎚實如遇賊探出女墻用藥線二三尺在墻內點放擊之

傘輭袱

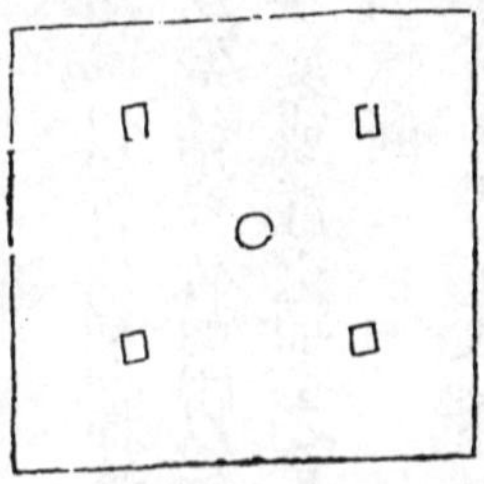

鐝頭

拒馬傘架

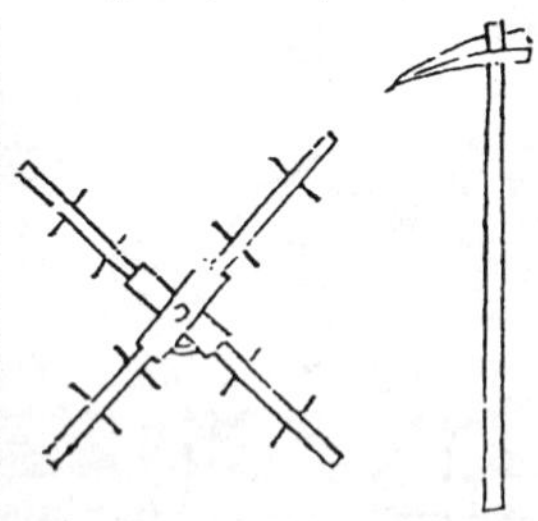

拒馬傘　六尺長堅木二根做如交床腿梗用粗鐵釘八枚釘在木上以便闔銃中用鐝頭頂住用以禦虜又做輭袱一幅內裝綿子頭髪生牛皮裁作四五寸片如魚鱗釘着袱上鑿五眼禦虜

馬尾箭　用竹弩一張作架床埋地弩頭斜向上以馬尾繫桄攔於當路以竹椿或樹枝釘於隔路賊馬衝馬尾線動機弦發箭即射傷人馬然繫桄馬尾須退桄後架床轉出乃可拔桄此伏弩猶弋之一節也

馬尾綮机從架後轉出横攔道上

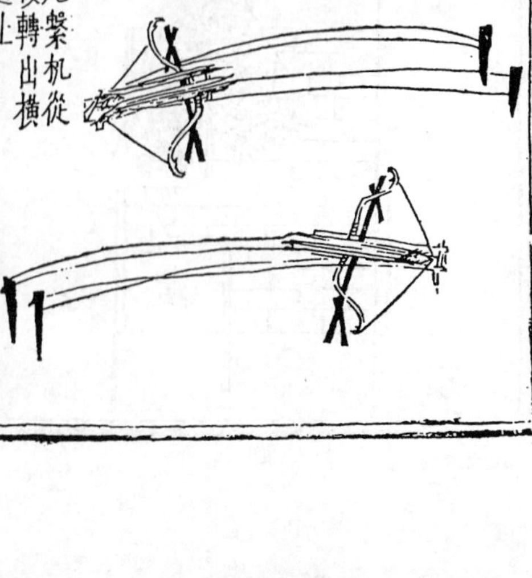

連弩　用木作床埋列九矢七矢五矢等弩于道傍草茵浮土閒撐滿搭箭即以繩結其弦穿度弩前横竹通節引至排弩末釘兩樁道傍攔繩當路馬冲弦啓連弩

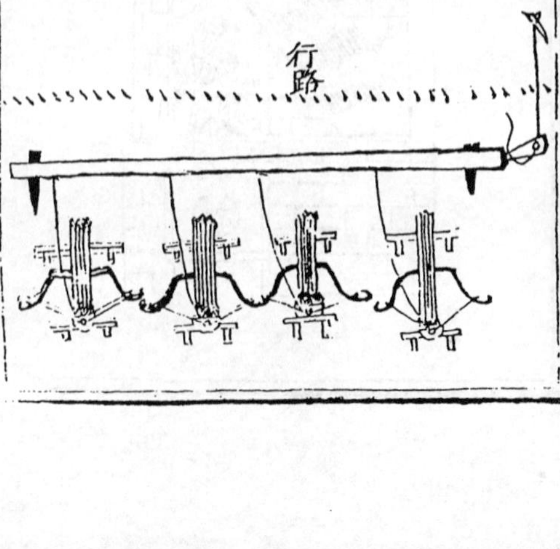

泥灸

絆馬繩　每付用椿十二根用大麻繩共十四五丈每椿隔丈餘車外用

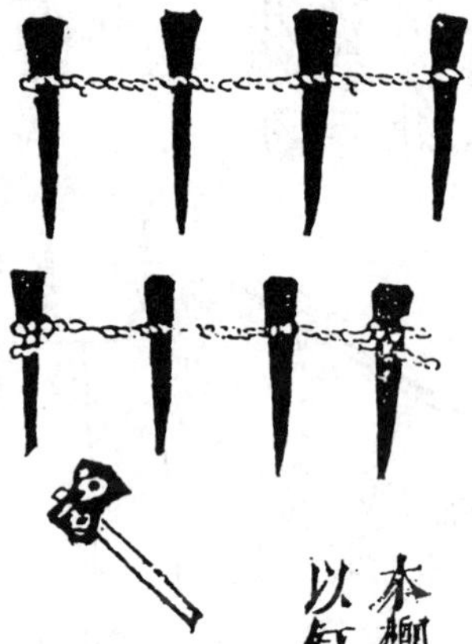

木榔槌用以釘椿

拒馬木　用大木一條鑿眼以小木叉架之不必太高

攔馬鹿角　用大木中穿孔各小木間花穿孔架之比拒木稍高

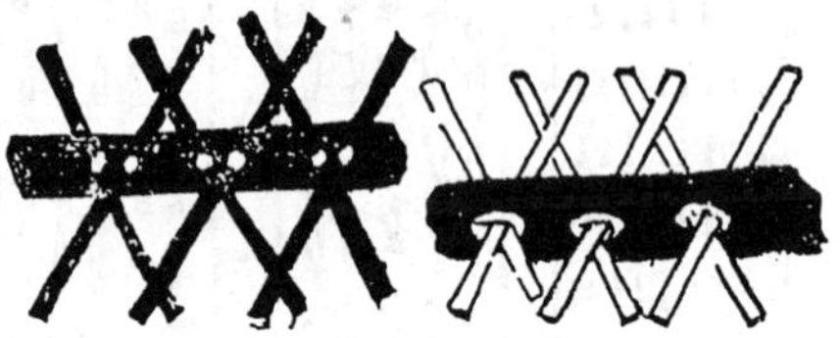

鐵鹿角　用木三條交叉撐架兩頭木尖貫鐵鎗可收可放

鐵蒺藜　用鐵打三角樣中留孔繩聯之撒地以鞮馬足

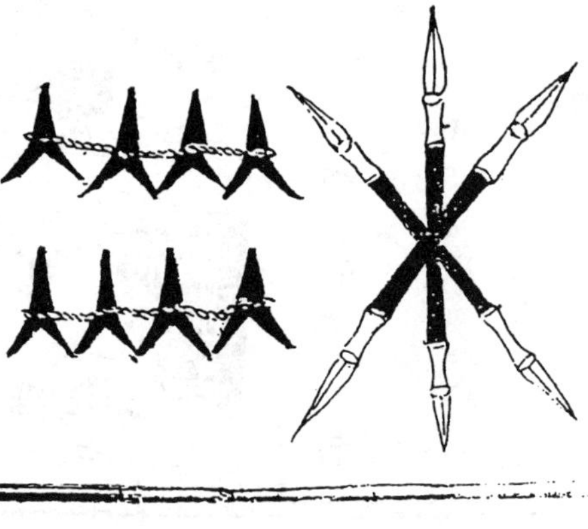

剌毬　用鉄打四方有鋒中有蒂

茅針　其形如針以鉄爲之

菱角　以鉄爲菱角

鵝項　形如鵝項上下鉄刺

皂角　以鉄爲皂角刺

以上皆須預先打造臨用以繩拴掖地面蒺藜類

限馬鎗牌　**限馬刀牌**　**限馬釘牌**

此牌並用木作腔張以生牛皮釘以猫竹條牌上釘鐵鎗或刀或釘駕之車上以蔽矢石止營則撤於營外以限馬足

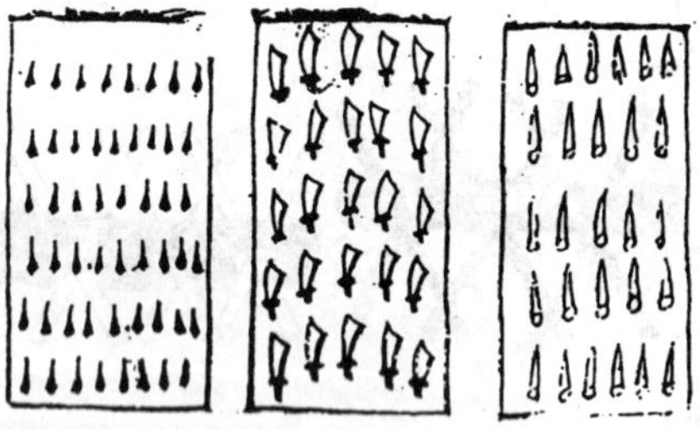

皮牌止可抵箭此

布幔　用粗布夾做掛車前即以旗鎗竿駕之以蔽砲石

舞鉤㡀　施於車上用綿布丈餘綏逆鬚鉤二三百過敵用力舞動覆掠可拖倒數人

兩竿架浮籬式

用竹兩根挑出垛外上閣浮籬籬上又堆亂石恐賊攀附上城賊頭觸石即亂下垛裏軍夫即偶倦睡裏面墜石脫下外面又響亦能驚覺

懸燈　用松桴作鉄絲毬盛以以燃之如用燈恐風雨蕩搖隱滅則上蓋瓦片下墜鉄錘然俱須挑出城外六七尺懸半城腰

洞子

用木製長一丈闊三丈上下外直裏邪外密裏稀外密處以大麻繩橫編如竹笆樣如遇闘城樓處即遮蔽之

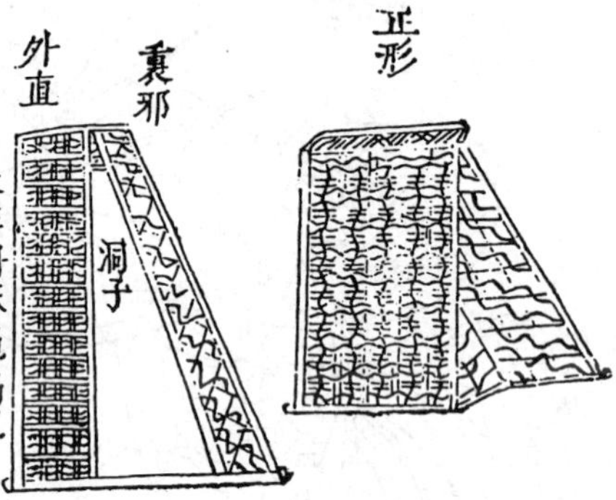

擂石

賊攻城衆多必作擂石架置滾石於上傾擊之

近垜用兩柱一橫木架於其橫架眼裏活欲放則以繩拉兩柱斯傾倒滾

擂木

亦禦攻城賊衆作擂木架置滾木於上溜擊之

架滾同前但彼用石蒙而此用木爲異

竹圍管

用木作架將蘆蓆軟蔽上排猫竹片釘包或駕車上或用步卒扛擡攏則外管又有以刀及插槊出外者矢石不能破馬亦不能衝且可隱伏神器於圍後

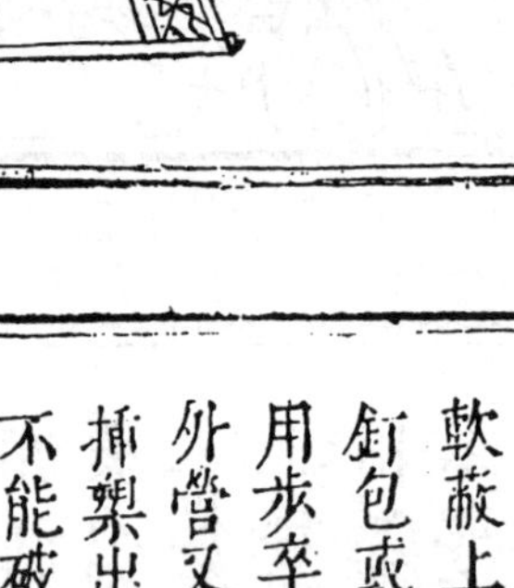

拒敵牌

用生牛皮爲障用圍用猫竹鐵釘畫以虎文可避矢石但不可捆紮蓋柔能制剛也

立牌

作木架釘猫竹牛皮外畫虎文

重樓戰棚

作於甕城之內以抵賊攻大樓四圍上面皆用生牛皮濕氊布幔

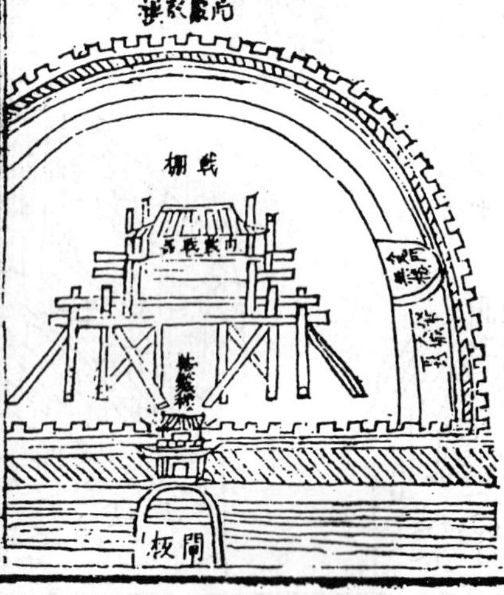

塞門刀車

如賊攻開城門速推刀車抵住上蘸毒藥尤爲慘利或車上又用車箱遮牌

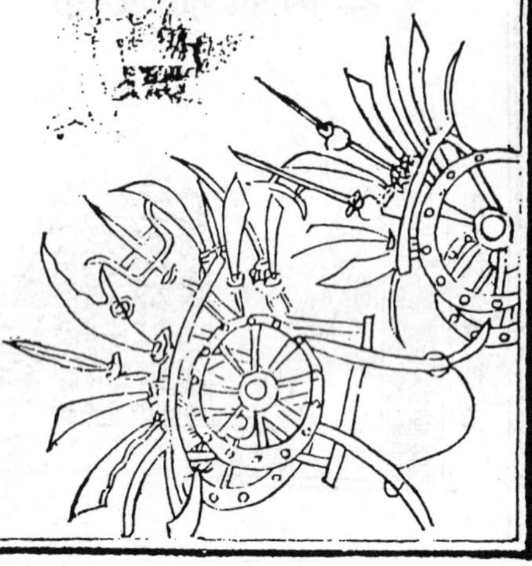

浮棚

城上用柱架開浮板或浮篙上積磚石內懸墜之賊如攀觸浮板則磚石墮下傷賊城內懸石亦墜驚知

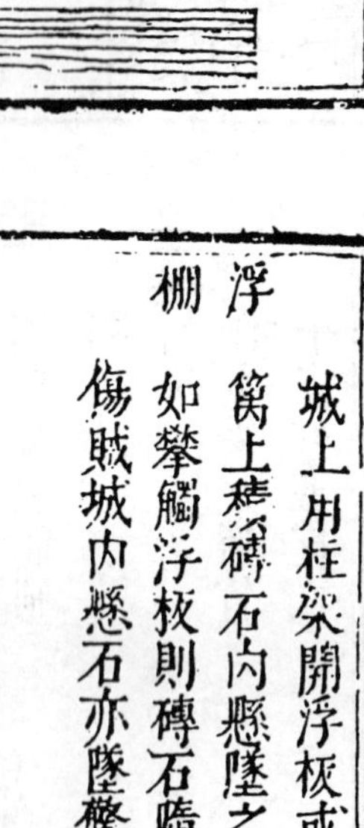

奈河木

用竹刺錐木上用架待出內用石墜之賊如攀着刺木即下傷人不能上又不能脫故名奈何木

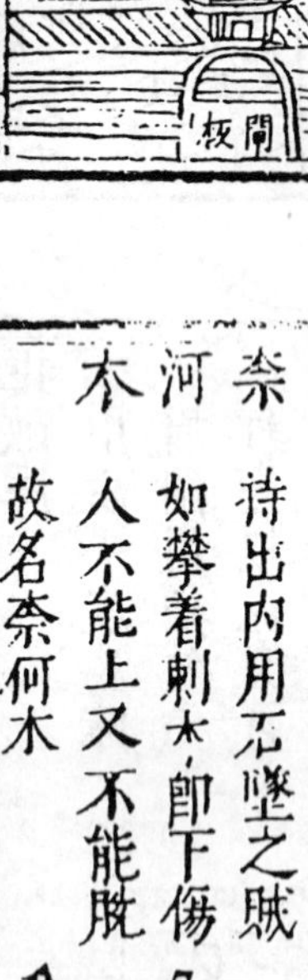

絕城虎柏藾

用草繩束藾上繫石塊或竹竿木棍架簇垜牆上懸藾城外賊附城藾槊石擊不能避也或附於奈何木上併用之

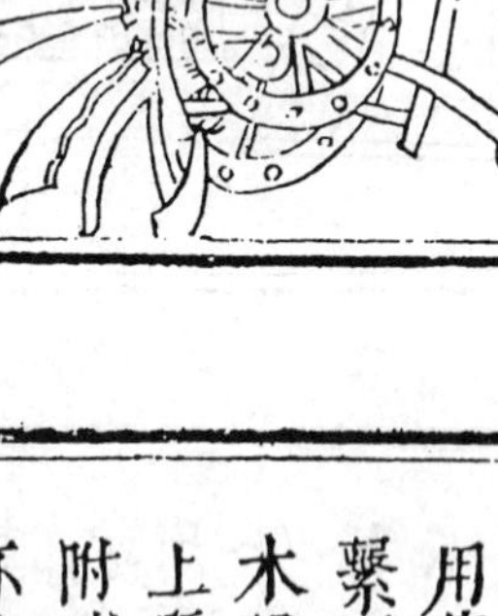

城外轉關橋

處賊逼城作爲轉關橋欲渡放下不渡則懸起城上使進退也

吊橋外柵

陷洞鐵弩

用連火弩十餘張巳岸伏藏作連架床持之此以繩繫于弦發箭若轉度弩機則與鬼箭法同

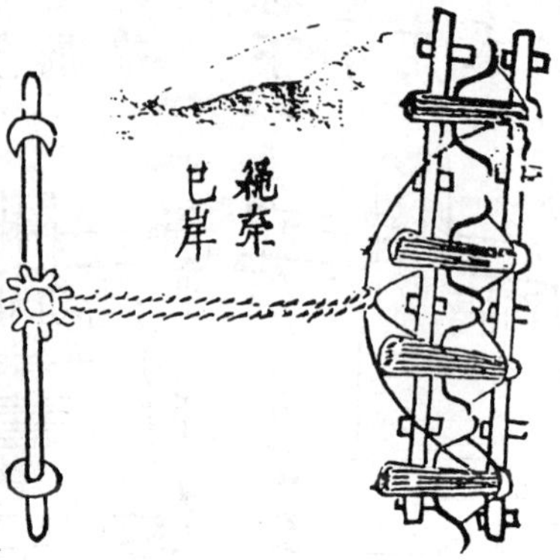

伏地雷圖説詳火器譜

偃月城 抵城墩

凡城有被賊攻壞者或原闕未堅處急以此二法備

築抵壕城外面挽峻内斜賊上立脚不住裏又墮入壕穽

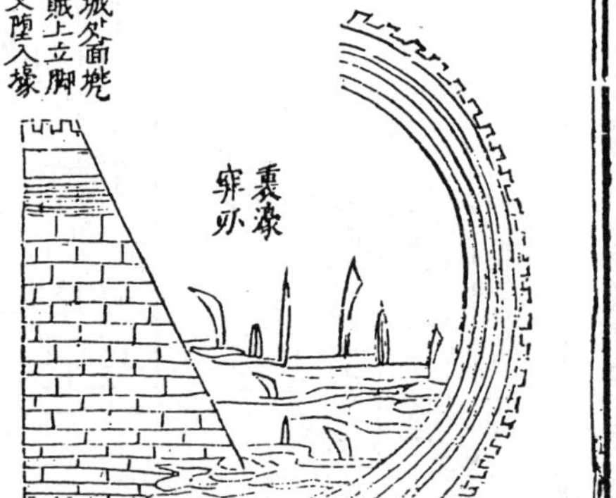

毒烟爐

賊或從城外掘地道宜彷鑄鍋爐皮袋掀捺鼓風進爐其爐中仍裝毒藥苑蓋嘴布穴薰進賊受烟即死

絞車　用堅木四根作柱，下用拖床扶架中橫閂堅圓木一根城外繫飛鈎摘住城內用鐵轉手數人轉之上以捺銷

鐵撞　用兩堅木作柱下用拖床扶架中用兩堅木架出以活銷閣之頭上用兩鐵活銷夾架柱竿上木下鐵城內兩人繫繩牽放

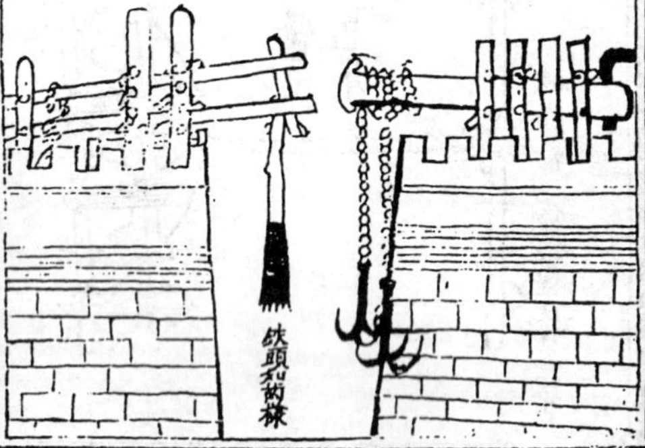

鐵環　賊有板援登城或持火器燒城者宜用鐵鐶套住後用利器

溜筒　賊有以火焼城者宜用鐵溜筒貯水傾滅之

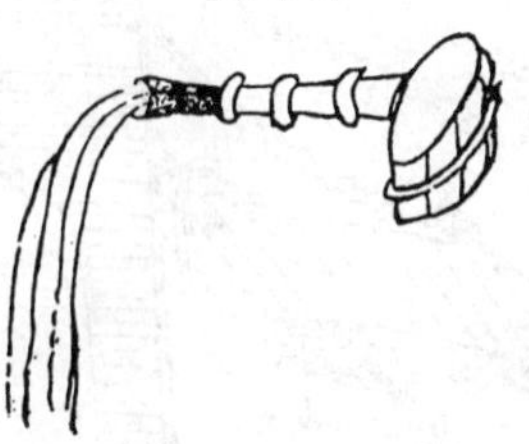

降魔杵　如賊用攻車攻城我設降魔杵撞住又用撓鈎鈎住然後投火炬燒之銃砲擊之

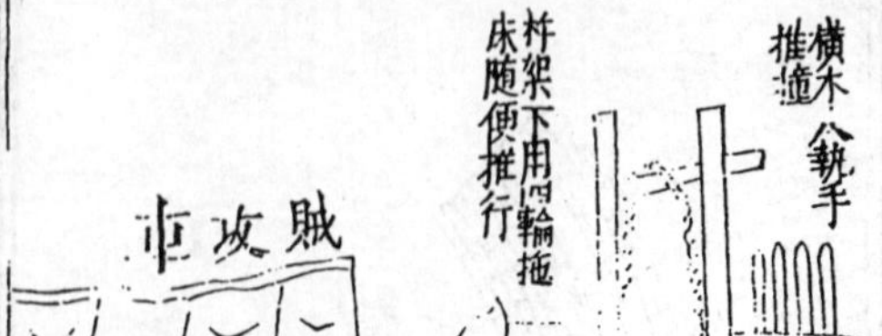

吊擄　賊有用臨衝呂公車攻城者宜用吊擄懸大石以推墜之

騎城舖

上留門洞以
通人馬下留
孔竅以放銃
箭弩彈

繩梯絞車

城上立短木
施轉軸番繩
梯末繫竹筐
可升人運物

皮簾

製皮為簾長廣
隨便上綴皮耳
懸之以蔽闕城
及女墻頹處

氈簾

度賊來處倚傍
巖崖製氈簾與
土同色內挖穴
藏伏可以奪路

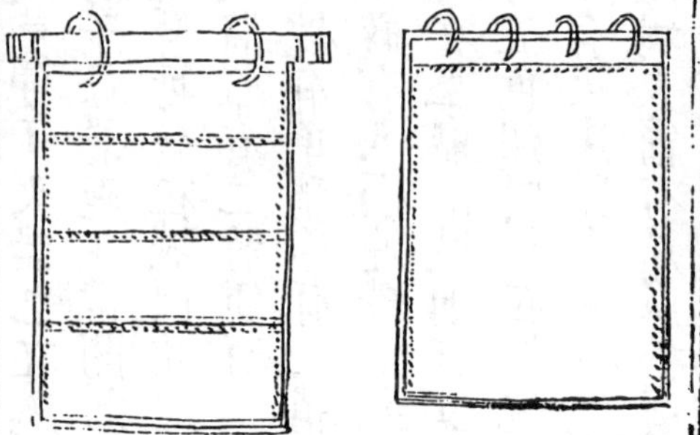

機橋用木拾數根閣兩岸向鋪木柴覆以泥土又用圓木一根兩頭作輪圈架之中挿橫舌兩三片駕閣橋梁以繩繫舌拴圈架柱上候賊登橋舌轉繩斷即蹐○又一法令一卒躲于巳岸其彼岸閣木鑿活眼穿過橫舌舌上縛信繩于巳岸候賊上橋扯繩出舌即蹐○又一法置圓木穿繫伏地雷總信橋蹐繩牵總信至埋火種門口燃信發雷或以所閣圓木為鐵齒勢必逆轉初以繩緊絞縛定橫舌將橋壓住不動鐵齒輪邉堅抵火石下鋪開火藥置總線當橋孔道伏火砲火箭賊上橋蹐木

舌轉輪廻擊戞
火石火星撒下
鬨火炮發箭飛
一人莫避

守城之具畧備前圖然又莫便于火器也在遠擊則有威遠砲有旋風砲有子母飛砲在當関則有發熕有轟天砲有滅虜砲膺揚砲在城門孔道敵樓砲臺則有佛郎機有大將軍有二將軍有三將軍在沿城設備則有百子銃有单稍砲有三稍砲有七稍砲有快鎗有三眼銃有八面連珠銃有嚕密銃有迅雷銃有鳥嘴銃在擊賊附城則有毒烟砲有飛砂磁礶有火磚有五色烟噴筒在抵燒攻具則有燕尾炬有油火箱有火床猛火油有鐵汁神車在射焚蒭蒙則有飛鴉火箭有飛籠攢箭有飛

火毬有火鎗火刀有一窩鋒有無敵竹將軍在貼城伏埋則有排權木在置列外營捍護城門則有萬全神櫃有萬毒神屏在匝伏壙隙則有連珠遍地雷在埋藏當道則有自發地雷有巧發神櫃有隔水刀車在沿邊山隘則有走兎飛石有荔枝小砲在設疑亂敵則有空營人馬有眯目神烟在水中擊賊則有堵江龍有水底雷有混江龍有滑水神油有翻江甲有天宿神雷諸如此類雖不無巧立名色總之為攻守燕宜所貴因時互施不必拘定製度並具火字函中茲不贅及

眞一齋備書　丙

廿三之　共十本

刻備書練字函引

董父輯備書約百卷爲兵事詳哉言之矣及出練字函眎余余不慧業以史垣越沮蒐狩因讀董父書益歎練在書可見心之精微不可見其可見者人方摭情形遲速伎倆巧拙爲一時品隲幾不

免巫紛訟聚而試語以不可見在中者彼烏知之夫惟知而言者君不得諭之臣父不得諭之子卽董父不得諭之書而姑言其所不容已者大都有訓有案有法有具而後一切勇怯可練自在我可練而後進可戰退可守總自出入司

馬尉繚成一家言爲撻伐制勝是宜令鸛鵞魚麗人授一通處不難三箭定天山也要自長安經生有董父武庫不得安謂一時奇才劍客玄女白猿無人顧薪櫄延攬謂何耳第以董父博學宏詞淹通奧衍卽頃修志修曆諸疏

天子一一覽之次第舉行可跂而俟從茲聖人在上以沖齡訶岳闢門世安得縱困董父輦下以傀儡戲場抹殺英雄耶因爲董父書更爲董父勗

泰昌改元秋季望雲間徐光啓子先書

備書練字函卷之一

古越王應遴董父輯

友人淞　珠子儀訂

師吳淞玄扈徐光啓閱

練之訓

易曰聖人弦木爲弧剡木爲矢弧矢之利以威天下

詩曰王于興師脩我戈矛

又曰我車既攻我馬既同

又曰以威王國以靖四夷

又曰脩爾車馬弓矢戎兵用戒戎作用逷蠻方

周書曰其克詰爾戎兵

又曰徂茲淮夷徐戎並興善敹乃甲冑敿乃干無敢不弔備乃弓矢鍛乃戈矛礪乃鋒刃無敢不善

又曰張皇六師無壞我高祖寡命

禮曰有發則命大司徒教士以車甲

月令曰立秋之日天子乃命將師選士厲兵簡練俊傑專任有功以征不義詰誅暴慢以明好惡順彼遠方

又曰季秋天子乃教田獵以習五戎班馬政

又曰軍旅鈇鉞者所以飾怒也

周禮曰鄉師掌四時之田先期簡衆脩卒伍也

又曰凡國之大事致民

又曰郊禮畢始揚威武斬牲以薦大常令謁者一人載以獲車馳送陵廟還官遣齋東帛賜文武肄兵習戰之儀

又曰三時務農一時講武三年而治兵以數軍實群牧五載大簡車徒

又曰制軍詰禁以糾邦國簡稽鄉民以用邦國

又曰司兵掌五兵五府各辨其物與其等以待軍事及授兵從司馬法以頒之

太公曰凡舉兵師以將爲命命在通達不守一術因

能授職各取所長隨時變化以爲紀綱故有股肱羽翼七十二人以應天道備數如法審知命理殊能異技萬事畢矣腹心一人主贊謀應卒揆天消變總攬群謀保全民命謀士五人主謀安危慮未萌論行能明賞罰授官位決嫌疑定可否天文三人主司星曆候風氣推時日考符驗校災異知天心去就之機地利三人主軍行止形勢利害消息遠近險易水涸山阻不失地利兵法九人主講論異同行事成敗簡練兵器刺舉非法通糧道致五穀令三軍不困乏奮威四人主擇才力論兵革風

馳電製木[illegible]伏旗[illegible]
說符印謬[illegible]
任重持難[illegible]三人主
拾遺補過[illegible]患解結權士三
人主[illegible]無窮之變耳目
七人[illegible]方之事軍中之情爪
牙[illegible]主揚威[illegible]勵三軍使冒難犯銳無所疑
[illegible]四人[illegible]揚名譽震遠方動四境以弱敵心
遊士八人主伺奸候變開闔人情觀敵之意以爲
間衍士三人主爲譎詐依托鬼神以惑衆心方士

三人主百藥以治金瘡以痊萬病法筭三人主會
計三軍營壘糧食財用出入
又曰軍中有大勇力敢死樂傷者聚爲一卒名曰冒
刃之士有銳氣壯勇強暴者聚爲一卒名曰陷陳
之士有奇表長劍接武齊列者聚爲一卒名曰勇
銳之士有披距伸鉤彊梁多力潰破金鼓絕滅旌
旗者聚爲一卒名曰勇力之士有踰高絕遠輕足
善走者聚爲一卒名曰寇兵之士有王臣失勢欲
復見功者聚爲一卒名曰死鬬之士有死將之人
子弟欲爲其將報讐者聚爲一卒名曰死憤之士

有貧窮憤怒欲快其志者聚爲一卒名曰必死之
士有贅壻人虜欲掩迹揚名者聚爲一卒名曰勵
鈍之士有胥靡免罪之人欲逃其恥者聚爲一卒
名曰幸用之士有材技兼人能負重致遠者聚爲
一卒名曰待命之士此軍之練士不可不察也
又曰徤而輕慓者習騎戰驍而有力者習車戰強而
疾走者習步戰智而通變者爲間諜輕而善覘者
爲斥堠壯而明達者持旌鼓弱而無能者給厮養
入者各適其用則可
又曰選車士之法取年四十以下長七尺五寸以上

走能逐奔馬及馳而乘之前後左右上下周旋能
縛束旌旗力能彀八石弩射前後左右皆便習者
名曰武車之士不可不厚也選騎士之法取年四
十以下長七尺五寸以上壯徤捷疾超絕倫等能
馳騎彀射前後左右周旋進退越溝塹登丘陵冒
險阻絕大澤馳強敵亂大衆者名曰武騎之士不
可不厚也
左傳曰春蒐夏苗秋獮冬狩皆于農隙以講事也三
年而治兵入而振旅歸而飲至以數軍實昭文章
明貴賤順少長習威儀也

又曰民未知禮未生其兵于是大蒐以示之禮民聽不惑而後用之
又曰甲午治兵
又曰晉侯蒐于被廬作三軍
又曰天生五材民竝用之廢一不可誰能去兵兵之設久矣所以威不軌而昭文德也
又曰無日不討軍實而訓之
孔子曰善人教民七年亦可以即戎矣
又曰以不教民戰是謂棄之
管子謂齊桓公曰君若正卒伍脩甲兵則大國亦然

而小國設備難以得志可以作內政以寓軍令故正卒伍整于國治軍旅整于郊內教既成勿使遷徙什伍之人祭祀同福死喪同恤世同居晝同遊故夜戰其聲相聞足以相救晝戰其目相見足以相識居同樂得同利死同哀有士三萬人方行天下誅無道莫能過也
管子曰士不選練卒不服習趨利弗及避難不畢前擊後懈此不習之過也其法百不當一
又曰兵不識將將不知兵聞鼓不進聞金不止雖百萬之師對敵如羊納虎蹊

又曰三官金鼓旗也五教耳目手足心也三官不謬五教不亂是為能軍教目知形色之旗教耳知號令之節教足知進退之度教手知長短之兵教心知賞罰之用
史曰兵巧技十三家技巧者習手足便器械積機關以立攻守之勝
孫子曰士卒孰練
又曰凡治衆如治寡分數是也鬬衆如鬬寡形名是也三軍之衆可使必受敵而無敗者奇正是也
又曰言不相聞故為之金鼓視不相見故為之旌旗

夫金鼓旌旗者所以一人之耳目也人既專一則勇者不得獨進怯者不得獨退此用衆之法也故夜戰多火鼓晝戰多旌旗所以變人之耳目也
吳子曰凡制國治軍必教之以禮勵之以義使有恥也
又曰簡募良材以備不虞
又曰昔齊桓募士五萬以伯諸侯晉文召為前行四萬以獲其志秦穆置陷陣三萬以服鄰敵故強國之君必料其民民有膽勇氣力者聚為一卒樂以進戰効力以顯其忠勇者聚為一卒能踰高超遠

輕足善走者聚爲一卒王臣失位而欲見功于上者聚爲一卒棄城去守欲除其醜者聚爲一卒此五者軍之練銳也有此三千人內出可以決圍外入可以屠城矣

又曰法者居則有禮動則有威進不可當退不可追前却有節左右應麾雖絶成陳雖敗成行與之安與之危其衆可合而不可離可用而不可疲投之所往天下莫當故曰父子之兵

又曰用兵之法教戒爲先一人學戰教成十人十人學戰教成百人百人學戰教成千人千人學戰教成萬人萬人學戰教成三軍以近待遠以佚待勞以飽待饑圓而方之坐而起之行而止之左而右之前而後之分而合之結而解之每變皆習乃授其兵是謂將事

又曰教戰之令短者持矛戟長者持弓弩強者持旌旗勇者持金鼓弱者給厮役知者爲謀主鄉里相比什伍相保一鼓整兵二鼓習陳三鼓趨食四鼓嚴辦五鼓就行聞鼓聲合然後舉行

又曰夫鼙鼓金鐸所以威耳旌旗麾幟所以威目禁令刑罰所以威心耳威于聲不可不清目威于色

不可不明心威于刑不可不嚴

司馬法曰雖有明君士不先教不可用也古之教民必立貴賤之倫經使不相陵德義不相踰材技不相掩勇力不相犯故方同而意和也

又曰兵不雜則不利長兵以衛短兵以守太長則難犯太短則不及太輕則銳銳則易亂太重則鈍鈍則不濟

又曰教惟豫

衛公曰分合爲變此教戰之術耳教閱既成衆知吾法然後如驅群羊由將所指孰分奇正

尉繚子曰金鼓鈴旗四者各有法鼓之則進重鼓則擊金之則止重金則退鈴傳令也旗麾之左則左麾之右則右奇兵則反是一鼓一擊而左一鼓一擊而右一步一鼓步鼓也十步一鼓趨鼓也音不絶鶩鼓也商將鼓也角帥鼓也小鼓伯鼓也三鼓同則將帥伯其心一也奇兵則反是鼓失次者有誅諠譁者有誅不聽金鼓鈴旗而動者有誅

又曰百人之教令分營居陳有非令而進退者加犯教之罪前行者前行教之後行者後行教之左右者左右教之教舉五人其甲首有賞弗教如犯教之

罪羅地者自揭其伍伍內互揭之免其罪

又曰兵教之法將異其旗卒異其章左軍章左肩右軍章右肩中軍章胸前書其章曰某甲某士前後章各五行尊章置首上其次項胸腹腰差降之伍長教其四人以板為鼓以瓦為金以竿為旗擊鼓而進低旗則趨擊金而退麾而左之麾而右之金鼓俱擊而坐伍長教成合之什長什長教成合之卒長卒長教成合之伯長伯長教成合之兵尉兵尉教成合之裨將裨將教成合之大將大將教之陳于中野置大表三百步而一既陳去表百步而決百步而趨百步而鶩習戰以成其節

晁錯曰士不選練卒不服習起居不精動靜不集趨利弗及避難不畢前擊後解與金鼓之音相失此不習勒卒之過也百不當十兵不完利與空手同甲不堅密與袒裼同弩不可以及遠與短兵同射不能中與亡矢同中不能入與亡鏃同此將不省兵之禍也五不當一故兵法曰器械不利以其卒予敵也卒不可用以其將予敵也君不擇將以其國予敵也

淮南子曰人無筋骨爪牙之利故割革而為甲鍱鐵

而為刃

班固曰齊愍以技擊強魏惠以武卒奮秦昭以銳士勝若齊之技擊得一首則受賜金事小敵脆則偷可用也事鉅敵堅則渙然離矣是亡國之兵也魏氏武卒衣三屬之甲操十二石之弩負矢五十個置戈其上冑帶劍贏三日之糧日中而趨百里中試則復其戶利其田宅如此其地雖廣其稅必寡其氣力數年而衰是衰國之兵也秦人其生民也陿阨其使人也酷烈狃之以慶賞導之以刑罰使其民所以徼利于上者非戰無由也功賞相長五甲首而隸五家是最為有數故能四代勝於天下然皆干賞蹈利之兵未有安制矜節之理也雖地廣兵強鰓鰓常恐天下之一合而共軋已也然則齊桓晉文之兵可謂入其域而有節度猶未本仁義之大統也故齊之技擊不可遇魏之武卒魏之武卒不可以直秦之銳士秦之銳士不可以當桓文之節制桓文之節制不可以敵武之仁義

孔明曰有制之兵無能之將不可敗也無制之兵有能之將不可勝也

秦宓曰昔百里蹇叔以耆艾而定策甘羅子奇以童

太祖高皇帝諭衛揮袁義曰爾所統軍士多係山東健兒勇而好鬭若時加訓練則悉爲精兵然當推恩以懷之嚴號以一之庶幾臨敵之際得其死力今新陞武職者多不識訓練之法不思今日富貴皆是昔年戰功得之且智超百人者爲百人長智超千人者爲千人長智超萬人者爲萬人長昔平章俞通海與僞漢陳友諒戰于鄱陽湖友諒以巨艦迫壓通海舟勢頗危急其所統軍士皆奮勇力以首抵艦至于鐵帽盡壞而後得脫非通海訓練有素恩威兼濟安能得其死力若此爾等宜效之

愼勿怠惰廢事也

太祖命京衛將士練習武藝諭之曰凡事必須備然後有濟語曰先時浚治臨事免憂已涸而汲沃焦弗及汝等當閒暇之日宜練習武藝不可謂無事便宴安也夫溺于宴安者必至于危亡安而慮危者乃可以常安

宣宗召楊溥語治兵之道溥曰兵貴訓練有方撫養得宜上曰養之厚則得其心練之精則得其用必氣銳志果而後可用若素不訓養一旦驅之矢石之間進退無措何望有濟

年而立功選用賢能不拘長幼明矣

人事軍律曰軍中才藝片善莫遺臨事有關如何卒救或施小計以獲大功敵一計而收萬全或致死擒生或知情識變若多藝而無行則擇藝而棄行能謀而怯鬭則舍怯而用謀各有所長難爲求備亦有鷄鳴狗盜孟嘗得以脫身夷門屠夫信陵納之全國選士之時宜多採究

李筌曰夫人柔順安恕失于決斷可與循節難與權宜強悍強猛失于猜忌可與涉難難與持盈眞良畏愼失于狐疑可與樂成難與始謀淸介廉潔失

于局執可與立節難與通變韜晦沈靜失于遲迴可與深慮難與應捷夫聰明秀出謂之英膽氣過人謂之雄英者智也雄者力也英不能果敢雄不能智謀故英得雄而行雄得英而成

蘇子曰臣欲使士大夫尊尚武勇講習兵法庶人之在官者教以行陣之節役民之司盜者授以擊刺之術每歲終則聚于郡府如古都試之法有勝負有賞罰行之既久則又以軍法從事然議者必以爲無故而動民又撓以軍法則民將不安而臣以爲此所以安民也

又曰天下之實才不可求之于言語又不可較之于武力獨見之于戰耳戰不可得而試也是故見之于治兵

又曰故凡欲觀將帥之才否莫如治兵之不可欺也今夫新募之兵驕而難令勇悍而不知戰此真足以觀天下之才也武舉方略之類以來之新兵以試之觀其顏色和易則足以見其氣約束堅明則足以見其威坐作進退各得其所則足以見其能凡此者皆不可強也

又曰三代之兵不待擇而精兵出于農有常數而無

常人國有事要以一家而備一正卒是故老者得以養疾病者得以爲閑民而役于官者莫不皆其壯子弟故其無事而田獵則未嘗發老弱之民兵行而餽粮則未嘗食無用之卒使之足輕險阻而手易器械聰明足以察旗鼓之節強銳足以犯死傷之地而人人足以自捍故殺人少而成功多費用少而兵卒強

又曰凡民之生自三十以上至于衰老不過四十餘年其間勇銳強力之氣足以犯堅冒刃者不過二十餘年今廩之終身不過一卒凡二十年無用而食于官也自此而推之養兵十萬則是五十萬可去也屯兵十年則是五年爲無益之費也有兵而不可使戰是謂棄財不可使戰而驅之戰是謂棄民臣謂五十以上願復爲民者宜聽自今以往民之願爲兵者皆三十以下則收限以十年而除其籍以無用之兵終日坐食之費而爲重募則應者必衆況夫天下之患在于民不知兵故兵常驕悍而民常怯賊盜攻之而不能禦戎狄掠之而不能抗今使民得更代而爲兵兵得復還而爲民則天下之知兵者衆而盜賊戎狄將有所忌而十年代

者又非舉[redacted]之有[redacted]至者有既久者有將去者有當代[redacted]之則援急可以無憂矣

洪武二年上[redacted]讀書之餘習騎射否對曰習[redacted]乃諭之曰古之學者文足以[redacted]故能出入將相安定社稷詩曰[redacted]唯其有文武之材則萬邦可以[redacted]勉之

韜英子曰[redacted]士之校者先須練其氣欲致勝于敵者先須治其心故氣不練則不銳心不治則不定

氣不銳則有技不能施心不定則遇敵不能制心治而定氣練而銳少可以敵衆小可以制大

又曰五人爲伍伍有伍長伍之人器械不利技藝不熟則罪及伍長十人爲什什有什長什之人器械不利技藝不精則罪及什長五十人爲隊隊有隊主百人爲卒卒有卒主五百人爲旅旅有旅將一千人爲哨哨有哨將二千五百人爲師師有師將萬二千五百人爲軍軍有大將其所統之卒器械不利技藝不精罪皆如之是則一人教十十人教百百人教千千人教萬萬人教三軍三軍教天下

如此練士則士可用矣

又曰射主中刺主殺陣主靜行主速鼓主進金主退鈴主坐角主作旗主指揮九者習熟則坐作進退無不合式攻殺擊刺無不如法合千百萬衆如使一人矣

又曰泅呂梁而不沒者習水也當大敵而不敗者習兵也水不習將恐沒兵不習將恐覆是故兵不可不習也

許洞曰愼擇將領之可否有四其一曰貌凡眉上兩骨橫起而隆巘者[illegible]言而不相合者目如鷹仰視者方坐內多虛驚者行而膛乎必[illegible]者黑睛白[illegible]多而有赤[illegible]瞻視不端者此六者人有其一斷人常蓄不臣之心不可使之也豐上銳下神氣安詳者重德而善安衆人也目黑多白少點睛深而神氣與形相副者機度沉厚不可以詐動人也目睛瑩朗五岳相照者燕頷虎頭者心機疾速勇而有斷人也龜背虎脇點睛深而朗徹瞻視詳諦而神骨聳峭者雄壯有慮人也是五者人有其一可使之也至若神氣重濁骨相不正頭薄而淺頸大腹細目睛昏暗點睛江上視顧不正此皆志氣淺劣

智識庸鄙人也其二曰言語人有言肆而目駭視者心懷異圖也言枝蔓而不經者心有隱也矜大人善惟恐不至者黨人也言錯綜而無所歸者心躁競也方言而他視者心不誠也言卑而色下者心有所屈也方言頻四顧者其辭妄也言人之短而視不定者誣妄人也言多以私事爲憂者顧妻子之人也言大而理不精者其學虛也色悅而徐徐順人意者佞媚人也矜己善而許人不善者嫉僨人也言欲發而却縮者含蓄人也言無公義必攻剥者貪人也色卑而言多求者志下劣人也事

曲而言直氣悖而言懈色鄙而言大拏不詳而強
能理矯而強正此皆姦詐人也是十有六者人有
其一不可使也言大而意精至者有識度人也言
樸而出必中者志節人也言動而必及國家者忠
孝人也言奮而不迂者壯直人也辭寡而意懇者
至誠人也言多及軍吏之私者善拊恤人也言及
陣敵喜動于色者好勇人也言及細微而能剖折
是非者有智人也言迂濶而卒于理者識深見遠
人也言少而事詳者大度人也語氣和而神氣相
稱者善納衆人也言徐徐而事備者性緩而有德

偶書　續一　十六

人也言速而事當性急而不暴有識人也是十三
者人有其一皆可使之也其三曰舉動行有猥頻
者行與坐忽如驚恐者非時言語而手足紛拏者
方食而不覺棄匕筋者方坐而首偏口目輙斜覷
者行而唯恐有人逐者欲坐而頻四顧如有所駭
者方行而勃氣上騰神色自得者待下多畢恭而
不實者觀事覺已如不知而目他視者十者人有
其一此皆心不誠實多蓄異圖人也不可使之也
行欲如大鼇足動而身不搖也坐欲如山岳形神
俱定也臥欲如覆舟神悉安詳也此皆志度深沉

大節崇德人也是三者人有其一可使之也其四
曰行事有先已後人者好私人也事繁多而用不
當者無智人也作事不急于用者無益人也作事
有首無尾者偽人也先急而後慢者卒暴人也事
不求詳而輙為者粗疎人也巧妙而無裨實用者
浮艶人也舉措魯鈍而不適用者愚人也利害章
章而不能析之者無識人也臨事而懼者懦弱人
也進退不快者無斷人也記一而忘二者神昧人
也事虛而構架靡文以善為惡以惡為善者姦人
也善佞人之顏色隨所欲而言者佞人也是十四

偶書　續一　十七

者人有其一不可使之也有事簡而用當者有喜
怒之事不露于色者臨大事而神氣自若者此謂
神有餘人也有微而不棄大而不煩者凶事不懼
美事不喜者事有衆惑而獨斷之者事有衆危而
獨安之者事有難動而能動者事有難安而能安
者此謂志有餘人也是十者人有其一皆可使之
也是以知貌也者神之聚也言語也者神之照也
舉動也者神之用也行事也者神之本也察其神
則盡其略矣
北征錄曰發天下之材者在乎財散天下之財者在

乎材相爲盛衰而不容兩立也夫子論何以聚人曰財志食貨者亦云財以役天下古人閒人君臣報人讐怨未嘗不以此爲首謀至于受千金之恩而甘心于圖窮之誅者將不止荊軻之一人而已也何者壯士之顏色不在乎血氣之剛衰而在乎脉頭之有無通神明役鬼神亦係于所積之多寡故古人一則曰輕利好施二則曰盡將家貲散施鄉里朋舊三則曰不事家人生産作業是皆輕天下之財重天下之材而英雄豪傑之士感其解衣推食之恩蒙其得利則均之惠乞月可卜其不我鄙而樂爲之用雖赴湯蹈火不恤也故壯勇之士則曰募以財而募之也巖穴之士則曰聘以財而聘之也三軍之衆十萬之師秉性命如草芥赴鋒鏑如袵席買閒諜以破其腹心之謀求鄉導以乘其藩墻之隙非有賞賚以縻其心非有金帛以壯其氣彼安能樂爲我用哉是之謂財材相用

又曰今日招軍之費用有三曰鬻爵曰獻粟曰度牒皆所以謂招軍之費也然鬻爵之文布滿牆壁而爵未盡鬻獻粟之諭徧下州縣而粟未聞有多獻者蓋買官獻粟素係雜流人皆知其不能遠到雖

優之以免詮比之以奏薦而民間終不願售者以紹興之間皆以此誘天下至承平則又以流外官待之矣此所以終不見信于天下也魏公張浚嘗以此濟時之策曉諭民間招軍一百人與補下班祗應招軍二百人與補進武校尉招軍三百人與補承信郎已上各有差等不兩月軍致數萬此其爲効速若影響其招軍之家自備錢粮部轄起發至樞密院及兩宣司者比類與補文資並依軍功轉行立爲定制畫一加詳昭告天下至于度牒則招軍五十人與剃一僧招軍一百人與剃兩僧如此則招軍之費不繁而招軍之門自廣是爲勸募

劉基曰逢蒙善射不能用不調之弓造父善御不能策不服之馬縱僱善斲不能運不利之斤孫吳善將不能戰不習之卒貔貅虎豹而黃帝教之戰鷹鸇鷙鳥而羅氏教之擊夫鳥獸無知之性猶随人指授而能戰擊者教習之功也况國之士民而不習武乎故射御貫習至于馳獵則能擒獲若弗先習將覆亡是懼奚據望獲乎今以練卒與不練卒爭鋒若胡越爭游不競明矣是故先王因于閒隙

大閱簡衆牆修戎器爲國豫備也
又曰古之制邊縣以備敵也使五家爲伍伍有長十
長一里里有假士四里一連連有假五百十連一
邑邑有假候皆擇其邑之賢才有護習地形知民
心者居則習民于射法出則教民于應敵故卒伍
成于內則軍政定于外服習以成勿令遷徙幼則
同遊長則共事夜戰聲相知則足以相救晝戰目
相見則足以相識讙愛之心足以相死如此而勸
以厚賞威以重罰則前死不旋踵矣
李熙疏曰勳臣世冑先年原有幼官舍人營專一教

習京衞幼官及應襲舍人每歲春秋臨操較閱歲
終具奏以示激勸祖宗立法良有深意焉奈世冑
偷安高坐不出韜鈐戰陣略不經心則何以望異
日之爲干城也哉其必請旨嚴諭公侯伯子弟及
京衞幼官不拘已襲未襲但未經管事者兵部類
送京營講讀武經練習弓馬材藝成就方聽總協
大臣起送襲職其有才能卓異者則巡視官奏加
薦擢使管事焉倘未經京操薦舉即遇應襲之期
管事之缺不得徑替也庶世冑皆思以豪傑自期
而不患干城無備乎

又曰今之練兵不過曰頻加操演使手足疾擊刺耳
目習旗鼓而已縱使熟其技猶未足以壯其膽也
况乎習之以兒戲也不知練兵必先練膽欲練其
膽必使之經戰陣而後可蓋聞虜騎之來也其勢
猋突而難支其氣慓鷙而難近使非居邊習見而
一旦猝然臨之未有不色變膽寒而先期千北者
矣應于防秋之時將京營內各挨次調撥往近京
衞邊屯駐焉遇有虜警即同邊兵併力以截殺焉
事竣則撤回焉如有功則倍賞焉是各軍皆習經
戰陣熟識虜情而膽氣自壯且可以減南兵之召

募可以省邊兵之入衞一舉而三利具之矣
顔文選上言議兵者必曰招募他日則有聚而不散
之患議食者必曰加徵今日則有垂斃剥膚之慘
夫孰知天下不必招募原有可練之兵不必加徵
原有養兵之費特未之察耳夫各州縣設有民壯
非兵乎額有工食非兵費乎大州縣約有數百小
亦不下百名奈之何徒聚市猾爲衙門攫金之翼
虎耶曷責成州縣正官就中選其年力精壯堪習
武藝者留之其羸弱者汰之另諭近民願當者擇
而補之春秋更番以一班在縣延請教師訓之武

藝不時親試而賞罰以鼓舞之毋枝以雜差唯
國家養敢死之士焉以一班赴集軍門或兵備道
練以陣法量增衣粮屢試而膂力過人武藝出衆
者留軍門聽用可補哨把者補之如一縣果皆精
勇本縣官應加特薦否則以不職論夫不招募不
加徵兵食自足且有事即一朝可集事竣則仍歸
州縣其視役募紛紜不大淵哉
王鳴鶴曰教練之道只要三軍之衆聞吾節制明吾
紀律聽吾金鼓至于臨機應作用却在將官與兵
何與

又曰今時將官只知練不知教故兵難即熟若教訓
而後練如童蒙然講書透而後肄文自然貫通
又曰東狄無練法而合法者因其有自然之妙也中
國多練法而反離法者以其少精到之功也
又曰今時教練沿襲虚文一朝有事兵都召募將由
選舉卒然湊合驅之以戰此時全在才能集事惟
可當機雖一日一夜片言片語皆可訓練只在上
之人假之事權而重其賞罰夫前有千金後有猛
虎兵雖有勇怯能無如脅指乎

備書練字函卷之二

古越王應遴堇父 輯

友人潘 珠子儀 訂

師吳淞玄扈徐光啓 閱

練之案

黄帝立丘井之法因以制兵井分四道八家處之形
如井字開方九九五爲陳法四爲閑地經所謂數
起於五是也虚其中大將居之環其四面諸部連
繞經所謂數終於八是也及其變化制敵則紛紛
紜紜鬬亂而法不亂混混沌沌形圓而勢不散經
所謂散而成八復而爲一是也

周始興太公實緝黄帝之法始於岐都以建井畝戎
車三百輛虎賁三千人以立軍制六步七步六伐
七伐以教戰法陳師牧野以百夫制師成武功以
四萬八千人勝紂七十萬衆
周司馬法本於太公以井田起軍旅居則爲比閭族
黨州鄉出則爲伍兩卒旅軍師無養兵之費籍兵
之煩而威嚴出於順治凡萬有二千五百人爲軍
王六軍大國三軍次國二軍小國一軍軍將皆命
卿二千有五百人爲師師帥皆中大夫五百人爲
旅旅帥皆下大夫百人爲卒卒長皆上士二十五

人為兩兩司馬皆中士五人為伍伍皆有長中春教振旅司馬以旗致民平列陳辨鼓鐸鐲鐃之用王執路鼓諸侯執賁鼓軍將執晉鼓師帥執提旅帥執鼙卒長執鐃兩司馬執鐸公司馬執鐲以教坐作進退疾徐疏數之節遂以蒐田有司表貉誓民鼓遂圍禁火弊獻禽以祭社中夏教茇舍如振旅之陳群吏撰車徒讀書契辨號名之用帥以門名縣鄙各以其名家以號名鄉以州名野以邑名百官各象其事以辨軍之夜事其他皆如振旅遂以苗田如蒐之法車弊獻獸以享礿中秋教治兵

如振旅之陳辨旗物之用王載太常諸侯載旂旅載旗師都載旜鄉遂載物郊野載旐百官載旟各書其事與其號其他皆如振旅遂以獮田如蒐田之法羅弊致禽以祀祊中冬教大閱前期群吏戒衆庶脩戰法虞人萊所田之野為表田之日司馬建旗於後表之中群吏以旗物鼓鐸鐲鐃各帥其民而致質明弊旗誅後至者乃陳車徒如戰之陳皆坐群吏聽誓於陳前斬牲以左右徇陳曰不用命者斬之遂以狩田以旌為左右和之門群吏各帥其車徒以叙中軍以鼙令鼓鼓人皆三鼓群司

馬振鐸車徒皆作遂鼓行徒銜枚而進大獸公之小獸私之獲者取左耳及所弊鼓皆駴車徒皆譟徒乃弊致禽饁獸于郊入獻禽以享烝

司馬法首序蒐狩順其時而要之以神周禮最為大政厥後成有岐陽之蒐康有酆宮之朝皆天子事也及周衰齊桓有召陵之師晉文有踐土之盟此諸侯奉行天子事也其實用九伐之法以威不恪假之以朝會因之以巡狩訓之以甲兵言無事兵不妄舉必於農隙不忘武備也

左傳魯哀公甲午秋蒐于紅穀梁曰正也因蒐以習

武事禮之大者也艾蘭以為防置旃以為轅門以葛覆質以為槷質椹也槷門中臬為或作槸流旁握御轚者不得入流旁握謂車兩轊頭各去門邊空握握四寸也轚挂則不得入門車軌塵不出轍馬候蹄揜足相應遲疾相投揜禽旅御衆禽御者不失其馳然後射者能中過防弗逐不從奔之道也戰不逐奔之義面傷不獻嫌誅降也不成禽不獻惡纖幼也禽雖多天子取三十焉其餘與士衆習於射宮射而中田不得禽則得禽田得禽而射不中則不得禽是以知古之貴仁義而賤勇

力也
管仲制齊之法三分齊國以爲三軍五家爲軌故五
人爲伍十軌爲里故五十人爲小　四里爲連故
二百人爲卒十連爲鄉故二千人　旅五鄉一師
故萬人爲軍亦由司馬法一師　一旅五卒之
義焉其實皆太公之遺法
齊景公召穰苴與語兵事大說之以爲將軍穰苴曰
願得君之寵臣國中所尊以臨軍乃可於是景公
使莊賈往穰苴與約會日中於軍門穰苴先馳至
軍立表下漏待賈暮府莊賈乃至召軍正問曰軍
法期而後者云何曰當斬遂斬莊賈以徇三軍三
軍之士皆震慄
楚子玉治兵於蔿終日而畢鞭七人貫三人耳周老
皆賀蔿賈曰子玉剛而無禮不可以治民也
晉侯始入而教其民二年欲用之子犯曰民未知義
未安其居於是乎出定襄王入務利民民懷生矣
子犯曰民未知信未宣其用於是乎伐原以示之
信民易資者不求豐焉明徵其辭公曰可矣乎子
犯曰民未知禮未生其共於是乎大蒐以示之禮
作執秩以正其官民聽不惑而後用之出穀戍釋

宋圍一戰而霸文之教也
吳起爲魏將武侯問曰嚴刑明賞足以勝乎起對曰
嚴明之事臣不能悉雖然非所恃也夫發號布令
而人樂聞興師動衆而人樂戰交兵接刃而人樂
死此三者人主之所恃也武侯問致之奈何對曰
君舉有功而進享之無功而勵之於是武侯設
座于廟廷爲三行饗士大夫上功者坐前行餚席
兼重器上牢次功者坐中行餚席器差減無功者
坐後行餚席無重器饗畢而出又頒賜有功者之
父母妻子於廟門外亦以功爲差有死事之家歲
使使者勞賜其父母妻子以著不忘于心行之三
年秦人興師臨於西河魏士聞之不待吏令介胄
而奮擊之者以數萬此前日之教行也起又謂人
有短長氣有盛衰請發無功者五萬人率以當之
而破秦之五十萬
闔廬謂孫武子曰兵法十三篇吾盡見矣可教婦人
乎曰可於是出宮女三千孫子分爲二隊寵姬二
人爲隊長令鼓之皆左婦人大笑孫子又三令五
申之又鼓之皆右復笑孫子斬二隊長吳王使救
之不可用其次爲隊長於是左右前後皆中規矩

吳王曰赴水火可矣
越王苦會稽之耻欲深得民心以致必死于吳身不安枕席口不甘厚味目不視靡曼耳不聽鐘鼓三年苦身勞力焦脣乾肺內親群臣下養百姓以求得其心有甘脆不足分不敢食有酒流之江與民同之一日出道見怒鼃而式之御者曰此何爲式王曰鼃有氣如此可無式乎士聞之曰鼃有氣王猶爲式而况士之有勇者乎是歲人有自剄死以其頭獻者故越王將復吳而試其教燔臺而鼓之使民赴火者賞在火也臨江而鼓之使民赴水者賞在水也臨戰而使人絕頸刳腹而無顧心者賞在兵也

秦王翦伐楚請六十萬先堅壁休士洗沐善飲食撫循之親與士卒同甘苦久之士方投石超距翦曰可用矣出壯士擊之大破荊軍遂定楚
漢京師有南北軍外有材官騎士南軍衛宮禁衛尉主之北軍衛京城中尉主之材官騎士供調發郡守尉主之在孟秋則乘輿御戎俾武士肄孫吳之業習戰陣之方在十月則車駕幸長安於南門會五營之士演八陣之法諸郡則群守諸尉課都試之法凡車騎材官樓船使各習爲然考禮儀志謂罷邊衛士必勸以農桑焉唐言衛士起田中從軍雖井田廢而猶存兵農遺意焉觀孟堅刑法志所載長駕遠馭之略可覩矣
李廣與程不識俱出擊胡廣行無部曲就善水草人人自便不擊刁斗幕府省文書然亦遠斥堠未嘗遇害不識正部曲行伍營陣擊刁斗吏士治軍簿甚明軍不得休息亦未嘗遇害二人皆爲名將
謝玄北鎮廣陵時符堅强盛玄多募勁勇劉牢之何謙諸葛侃孫元忠等以驍勇應募領驍鋭爲前鋒百戰百勝時號北府兵敵人畏之所向必先

隋賀若弼爲將軍令嚴肅秋毫無犯有軍士于民間沽酒者即斬之
唐京師置十六衛中外置六百三十二府兵籍于府府隸于衛有發則命將檄兵平居則分番更直寓兵于農去周制爲最近仲冬之月講武于都內引諸衛將卒習射于顯德殿庭試中多者乃賞以束帛其將帥亦加上考由是數年之間悉爲精鋭
唐太宗幸靈州回北荒悉平蕃漢雜處問李靖經久法靖謂漢戍宜自爲一法蕃落宜自爲一法教習

各異勿使混同或遇寇至則容勅諸將臨時變號
易服出奇擊之
李靖教士分爲三等必先結伍法伍法旣成授之軍
校此一等也軍校之法以一爲十以十爲百此一
等也授之裨將裨將乃總諸校之隊聚爲陣圖此
一等也大將軍察此三等之教於是大閱稽考制
度分別奇正誓衆行罰無施不可又嘗教士三萬
每陣五千人以其一爲營法五爲方圓曲直銳之
形每陣五變凡二十五變而止其立名雖因五行
生尅之義其實因地制變凡軍習此以之臨敵左

右逢源矣
李光弼代郭子儀節度朔方始至號令一施士卒壁
壘旌旗精采皆變及趨河陽賊合衆三萬來攻勢
甚猖獗光弼持短刀誓曰吾位三公不可辱于賊
萬有不捷當自刎以謝天子又自西向拜舞三軍
感動爭奮擊賊賊聞之奔潰
李抱真領昭義軍留後容撫山東當有變上黨且當
兵衝是時乘戰鬬之後土瘠賦重人民益貧困無
以養軍乃籍戶男丁三選其一有材力者免其租
徭給弓矢令之曰農之隙則分曹角射歲終吾當

會試及期按籍而試之以示賞罰復命之如初比
三年民皆善射抱真曰軍可用矣於是舉部內之
鄉丁得成卒二萬不仰衣食于官府而倉庫益實
乃繕甲兵爲戰具遂雄視山東天下稱昭義步軍
冠諸帥勇銳無比
魚朝恩以郝廷玉善治兵欲觀其教閱廷玉乃列部
伍鳴鼓角箕張翼舒乍離乍合坐作進却其衆如
一朝恩歎曰今乃見將軍之訓練也廷玉悽然曰
此非末校之長臨淮王之遺也太尉善御軍當功
罪少不如令者斬以徇軍士畏軍律不畏水與火

太尉薨而無復校旗矣此不足爲軍容觀也
張巡教戰陣令本將各以其意教之或問其故巡曰
今與胡虜戰雲合鳥散變態不恒數步之間勢有
同異臨期應猝在于呼吸之間而動詢大將事不
相及非知兵之變者也故吾使兵識將意將識士
情投之而往如手之使指兵將相習人自爲戰不
亦可乎
馬燧初爲河東節度使鎮太原時太原承鮑軍之後
兵少衰弱燧乃召將吏募士得數千人悉補騎
上教之戰數月成精卒造鎧必短長三制稱士所

衣以便進趨爲戟車月以狻猊像列戟于後行以載兵止以爲陣遇險則製衝冒器用完銳居一年羅兵至三萬威振北方

高崇文屯長武城練卒五千時時如寇至然上命討劉闢受詔卽行器械糗糧一無所闕其軍士有食于逆旅折人匕筯者崇文斬以徇約束如此進討闢遂敗擒之蜀中悉平

王忠嗣嘗經略積石持重安邊不生事竭中國力以幸功名故訓練士馬繕缺補有逯弓五百觔張之示無所用軍中士氣盛日夜思戰忠嗣乃伺虜

隙襲之所向輒捷軍每出雖弓矢亦誌姓名于其上及軍還遺亡鏃按名定罪以是人自爲戰而器甲充牣

宋懲五季之弊聚重兵于京師其最精銳者曰禁軍次曰廂軍其下分散郡國曰鄉兵又數遣使者分詣諸道擇選精兵凡其材能技藝有過人者皆收補禁軍邊境有事亦輪禁軍以戍邊嘗躬自按閱訓練于近郊科試設武舉外舍生稱武進士內舍生稱俊進士以論策定其法略以弓馬定其高下范文正告仁宗欲專督管軍臣僚于諸班中搜羅智

于肅愍當己巳之變營務廢弛於是選其精銳分爲十營以訓練之命曰團營其餘者爲老家營提督以大司馬董之別勇怯則可激勸豫簡練則可應急是時營政一新而乾坤再定其後又分爲十二營大抵卽團營遺意乃更設東西官廳則未免多指亂視又參以內臣則未免狼入羊群及至正德中京軍不足以備征討而倚調邊兵爲禁中北虜闌入士竟不能以一矢加遺則團營與老家營相去又無甚差殊矣

肅皇帝深懲團營之弊復三營更名三千營曰神

樞盡革司內旅等名及內使統以勳臣而以文臣一人協理之於是開府置參權與大司馬埒至今止銷印更號而仍其制矣

先文成公平漳寇立兵符將調集各兵每二十五人編爲一伍伍有小甲五十人爲一隊隊有總甲二百人爲一哨哨有長有協哨二人四百人爲一營營有官有參謀二人一千二百人爲一陣陣有偏將二千四百人爲一軍軍有副將偏將無定員臨事而設小甲于各伍之中選才力優者爲之總甲于小甲之中選才力優者爲之哨長于千百戶義

官之中選才識優者爲之副將得以罰偏將偏將得以罰營官營官得以罰哨長哨長得以罰總甲總甲得以罰小甲小甲得以罰伍衆務使上下相維大小相承如身之使臂臂之使指自然舉動齊一治衆如寡庶幾有利之兵矣編選既定仍每五人給一牌備列同伍二十五人姓名使之連絡習熟謂之伍符每隊各置兩牌編之字號一付總甲一藏本院謂之隊符每哨各置兩牌編立字號一付哨長一藏本院謂之哨符每營各置兩牌編之字號一付營官一藏本院謂之營符凡遇征調發符比號而行以防奸僞其諸湒養訓練之方旗鼓進退之節務濟實用行之。

真如齋備書　丁

三二一

真如齋備書

卅三之　六十本

四十七

儲書練字函卷之三

古越王應遴堇父輯
師吳淞玄扈徐光啓閱
友人潘　珠子儀校

練之法

練將

兵之貴練尚矣然練又莫急于將將之貴練急矣然練又必先于選選將之法必其智足運勇足擔一念忠貞足歷百折而不變乃可稱將當有事之際必廣爲搜羅凡內外文武各舉所知無論現任革任一體超用且更設名項以招之懸重賞以購之

將厚聘以徵之寬文法以羅之深愛慕以孚之庶幾奇偉俊傑不遠千里而至矣

上之求才甚急下之應募必廣第全才實難偏長各抱或有精韜鈐饒機畧而歉於力者或有負膂力諳武藝而短於謀者或有習於水而不知陸者或有捷於步而不能騎者若必苛求之則天下無全才矣唯棄其短而植其長練其偏而致其全斯無技不收無才不効耳

才技不同品格亦異而隨才授任全賴上人故有十人之將以之練十人百人之將以之練百人千人之將以之練千人萬人之將以之練萬人蓋使之練人即所以使之自練也

品局固自有異真贋亦各不同有美如冠玉而中未必有者有口若懸河而竟無實際者有巧擅雕龍而不習刁斗者有內抱經綸而外若椎魯者有形甚木訥而智解連環者有不脩邊幅而才堪大任者凡此非秉衡者高懸巨眼獨具慧識破俗見而甄別之真才亦何由自見哉

將材之售固由上之識拔而將材之成則還由將之自練故必練心志以爲根本之地練膽識以爲承

受之基練操守以爲扶持之幹與夫精而玄機粗而技藝無一非爲將者分內事則無一非有志于將者所當自練也

凡爲將者全係心術舉一撮而加四海運寸晷而照萬禩皆心所爲也故必先練其心時勤洗滌使靈臺湛然光明正大常視國事如家事視君事如身事萌之幽獨可質鬼神見之設施可昭日月則何事不可爲何功不可就

人品皆由志轉志功名則就功名志榮祿則就榮祿如影逐形如響應聲故此志不練則百事俱隳必

常思人生天地間，豈甘與草木同腐。當為奇男子，與朝廷幹一番事業，掀天揭地，永垂不朽，吾志乃愜。下此，徒圖温飽驕歆，倚假聲勢，皆非我志也。則立身第一乘，自然做出來有好功績。此在將家最要進路法門，當時刻警策者也。

將死官也。故古之出師也，鑿凶門而出。庸將不知，每以畏死致死，愛生喪生，此皆不明於生死關頭耳。比如凡人不臨陣，不經戰，便當活百千歲，乃有殤子殀折者，而百戰名將，終身出入於矢石間，反以壽終，此何故也？須索一想，蓋生死大數，原有一定，只要死得其所，則垂名千古，夭亦壽也；貪生誤國，貽臭萬年，生亦死也。而況進能却敵，退不及避敵，等死耳，何如死於敵之為快乎。倘此處關頭不能勘破，則雖有志而終不堅，有氣而終不銳。

今為將者，決裂身軀而不顧惜，大抵為彌縫計耳。試思立身公正，戰守法明，當事者能加之以非法否？即妄有訾議，久之公論自明，仍有可用之身在。如以迎合上官為心，而戰陣機宜，治軍紀律，一味糊塗，私慶二天可以蔭庇，迎濁乘公，遵法者或旁論覺發，或先後相代，或彼此牟斂，豈能一一盡彌縫

之飾，使盡能彌縫，已得不償失，何如持身立志，勉圖報効，以媚上之心恤下，以邀寵之槪禦敵者為有利無害耶？此榮辱大槪，括所當熟思而審處者。

夫人無操守，其去禽獸也幾何？況為將者，與士卒同死生，均利害，我浚其欲，而令彼宿其怨，無論素絲一染，再難潔白，而一當有事，必有掉臂而不我顧者。趙括日謀田宅，覆轍可按，寧不寒心。自必猛力脩持，務期冰蘗之操，照耀千古，內顧隱衷，更無不慊矣。

凡人當功罪相形，賢否相軋之際，誰無兢心，但國家事大，一身事小，我早日修怨構隙，而一當警發，誰肯同讐？誰肯相救？且不無幸敗而下石者，故必盡捐城府，平心怡氣，擴寸心如海濶天空，凭彼以不情加我，以非意衡我，以抗顔拂我，總如飄瓦虛舟，而一以和衷相與，如是則人縱暴戾相加，久將自化。我惟不競，人自靡爭矣。

從來剛愎自用，未有不敗乃事者。蓋克己之任，槪務之煩，非集思廣益，善下如谷，人誰肯告我以一得，啓我之聰明？故信陵以結襪紓趙難，余玠以築館奠全蜀，信可師也。乃有自恃智識過人，而訑訑聲

色距人于千里之外究至欲勝人而反下人欲日逞而反自斃則剛愎自用之祟也故日抑日損乃所以日增日益

夫官有司而事有任凡朝廷一命之寄寧有可開曠者故凡蒞是官即當思盡是任寧無事而爲有事之防勿臨時而貽後時之悔凡整頓器械修繕城堞教練士卒之類俱事事要精時時要核不可以苟且塞責則一旦有警取諸左右而逢源矣

語云取法乎上僅得乎中居乎自思古人何爲臣極須爲將範某忠良勇烈而彷其德某梲智變幻而

取其才凡行師治軍建言奏績何者爲一節可取何者爲隱心足印靡不客容體驗最上取法不至于身名無疵不已此爲將立志第一義也

爲將之道師心者不精先覺者有證故曰巧者不過習者之門使爲將而不讀兵法將何道之從蓋兵法乃先哲之精蘊愚而習之可以長智智而習之可以通神獨怪今之庸將生長邊腹徒知撲殺紈袴都雅謬附文墨名爲將而弟沐猴以冠耳故必使三畧六韜精通習熟使異日戰守攻取之具若探諸囊乃足爲登壇之先資也

爲將者雖司旗鼓然使技無所恃則膽必自怯何能身先士卒況將不習藝平時教閱即有正法花法亦孰從辨之如悞取花法爲是則雖日訓日練終無實用僨事不小惟將知武藝則教師訓練自以正法爲教勿以花法混入其中矣且器之長短各有所宜將一習之則知某器可用於何地某器可用於何陣而器械自然精良斷無朽鈍不堪之弊耳至於火器尤軍中利用品製多門藥物不一將必自知之精一一檢點然後商用秘用毒用慘用無不適中而無失時反擊之患此尤將所最宜留

心者

語云以不教民戰是謂棄之每怪邊腹之將無事之時偷安胥火任其嬉遊及至一旦有事如驅市人了不識兵間有三呼鮘聽辰聚午散亦如兒戲何當禦寇哉必實着一番精神如挑選比較各有殿最金鼓旌旗各使習熟自什伍隊哨部曲營將各相聯屬使知寧死於敵無死於法難禦如風雨難撼如山岳斯兵稱有制之兵而將亦爲有能之將耳

凡偏裨既各授以兵則練習亦當各責成以法不必

日暴之日中以饒之也不必羣集之教場以疲之也惟期其耳目心膽如一金鼓旗幟如一坐作進退如一賞罰予奪如一以至火器弓弩技藝無不精熟嫻習如一必如是而後謂之練兵大將以是而殿最焉必如是而後謂之練將

練兵

練兵之法先於選選兵之法則又有舊籍新募之分舊籍者汰其老弱清其虛占核其賣閒録其精壯而已其法驟行之則擾善變之則馴故新募之兵先選而後練舊籍之兵即練以爲選要使冊籍先清而後分曹角藝殿最之賞罰之剔僱替之弊核保結之實嚴豪蔽之條使精壯者皆喜見其長老弱者自難護其短且老弱者聽其自爲覓補令彼亦自知當退而無憾焉如是則雖有隱占賣閒諸弊數米而炊豈容稗粒況事若比技不知即是澄汰之方也且爲申飭中外其士卒有勇藝超於什伍者爲什伍長超於哨隊者爲哨隊總其將領有能精練軍而勤撫字者加以緫不能者遞以降撫鎮以核之司道以監之直指使者以稽察之果名實相符則列疏優擢毋吝賞毋失刑如此力行之

而仍復惰媮乎吾不信也

募兵之法有十一廣開其途二寬宥其罪三因用其機四恬安其故五實飽其欲六嚴稽其冒七潛消其釁八鼓勵其忠九旁通其便十雜收其力十者備而兵集矣廣開者枕巧愚蠢藝能強徤皆可收也寬宥者盜犯死囚鹽礦亡命邊戍降虜皆可鼓厲則人自爲鬭也因用者邊垠重遷虜塞所在內迫於身外仇於虜則人自爲鬭也恬安者畿輔內地不必另設多兵惟選壯丁給弓矢使習於技而免租傭也實飽者招一兵則給一餉安家衣仗不使缺之而渙散也嚴稽者籍貫保結必嚴連坐不令遊棍得冒充于其間也潛消者有豪俠劇盜能率衆報効者授之以銜而責之以實內足消釁外足禦寇也鼓勵者凡能招致多人充募者原官加級無官授銜而富民不習戰陣則照邊兵計級分功之例也旁通者民間有願以子弟寄學納鍰贖罪僧行度牒通幣無追俱令得招募民兵以報効也雜收者如欃毛兵狼兵苗兵土兵少林兵之類有能率衆鼓慮則大懸賞格以酬之也如是而何兵不至哉更諭募兵使者勿得濫收以應名數必雄壯可用務期

爲國家幹一分實事則非惟不憂其不來抑不患
其不精矣
選兵之訣大約有四曰肢體充實曰觔力矯健曰膽
氣果敢曰技藝優長葢肢體充實則能勝勞觔力
矯健則便擊刺膽氣果敢則不畏敵技藝優長則
能有功
凡選士卒之大綱有四一曰勇勇難以一時測識也
必舒徐以察之臨事以試之其畧可見者色壯而
恒氣猛而沉目靜而朗此勇之端也
二曰力力之凡有三一曰舉謂能舉重也舉二百觔

以上爲及等四百觔以上爲上等六百觔以上爲
超等二曰挽力能挽強也挽五十觔以上爲及等
八十觔以上爲上等百觔以上爲超等三曰蹶力
能蹶開勁弩也蹶二百觔以上爲及等四百觔以
上爲上等六百觔以上爲超等
三曰捷捷之凡有三一曰超有躍起者有跳越者躍
起以高四尺者爲及等五尺以上爲上等六尺以
上爲超等跳越以過七尺以上爲及等八尺以上
爲上等丈以上爲超等二曰走謂能疾行致遠也
以六時中能行二百里五十里以上者爲上等能

行四百里及登山若飛走及奔馬者爲超等三曰
獲謂能避械接械與奪旗也以能避叢矟能撥矢
石者爲上等能飛接箭枝奪矟反刺奪旗而舞者
爲超等
四曰技技者凡間技藝也技之凡有五一曰遠技弓
弩銃也以三發而一中者爲及等九發而八中者
爲上等無虛發而能高下左右備盡其巧者爲超
等二曰長技三曰短技長者槍筅也短者刀棍鋭
鏜之類也皆以舞對疾猛不失正法者爲及等更
加純熟能盡其巧者爲上等極精極熟而又身兼

他技者爲超等四曰奇技如鏢鎗袖箭飛刀飛撾
之類也及遠命中者爲上等百發百中中必洞入
者爲超等五曰騎技強弓命中舞械如飛者爲上
等盤旋上下滚鞍者飛射打擊刺百不失一者爲
超等
選試既別仍分三列超等一列上等一列及等一列
技之超者備教練總領之選上者備選鋒之列及
等分配什伍之間其力捷之三列則責成教練以
訓諸技俟技成則超等仍入超選上等仍入上選
及等仍分什伍

兵無選鋒曰北故銳卒陷陣死士前行不可少者然不分利鈍而羣諸伍中則雖日操月練止可飾觀終無以鼓銳也必於所別之超等上等者立爲選鋒營擇英畧果敢之將以領之無間寒暑專攻團練有驕惰者退入各營各營有練成上等者復挑入選鋒配其馬仗倍其衣糧不時進退以昭激勸亦無限名數以倡勇敢

什伍之中兵有南北技亦異習在南兵則聽其用南技在北兵則聽其用北技惟火器則無論南北人人皆當習之而又人人皆當習南中之火器也於是各爲部分量其多寡分別步騎車三用而簡之其步兵以果敢矯捷者爲上騎兵以輕慓饒徤者爲上車兵以有力識火者爲上其餘各認其類而分配之

步兵必變南技第一第二鳥銃手以伶俐膽勇者充之仍習長刀卽爲伍長第三第四狼牙筅手以有殺氣勇敢者充之銃中作銃外爲杵形似狼牙以擊第五第六籐牌手以年少輕捷者充之仍習鏢鎗第七第八筤筅手以粗麄力大者充之兼習弓矢第九第十銃鈀手以有膽氣殺性者充之習火

箭以便架放隊長執旗鎗以能二事出衆者充之其下者爲火兵火擔兩頭貫以鐵錐迎賊則卽可以擊也演陣時則銃居前火箭次之銃箭放畢則以牌一筅二鎲三長刀四叉鈀五次第而進俱聽隊長指領火兵擔爨隨之

騎兵亦少變積弊第一第二鳥銃手以伶俐勇敢者充之仍習長刀第三第四狼筅手鎗旁爲品字銃中安鎗鋒亦以伶俐勇敢者充之第五第六銃鈀手以有殺氣者充之銃旁兼縛毒火兩筒第七第八雙刀手以便捷者充之兼習弓矢第九第十刀棍手白棒加刃以有力殺氣者充之可刺可擊仍習弓矢初陣銃手居先銃馳放畢退居棍手後亦以隊長火兵領押焉

車營全重火器而翼車尤在奇兵選之各不容不精也正車一乘以有力善推者爲舵工以灼知進退者爲車正次狼筅手兼習刀斧以有膽力者充之次百子銃手次火箭手以伶俐者充之翼車兵以隊長執旗鎗專司指揮以翼之車後次鳥銃手次籐牌手次鏡鈀手次鉤鎗手火兵居後所兼習短兵亦如步兵法

舟師則以瀕海識水之士充之而舵師把舵欄頭爲工占星候氣知風辨怪俱選諳練者充之檣上高招則選明敏有膽畧者充之識火者司火器善沒者爲偷劫慓疾者爲遊兵俱用輕捷有膽力者此選兵之凡也

分選既明乃結伍法聽其互認以爲什伍除守把中軍等官題授外首令千總自擇把總次把總自擇哨官又次哨官自擇旗長又次旗長自擇隊長隊長自擇伍長乃取親供驗實各給腰牌哨官牌書旗長姓名旗長牌書隊長姓名隊長牌書二伍長姓名五人爲伍互書姓名每人懸掛以爲照驗失牌者治之

伍法既定因明保法軍以保士士以保將什伍聯保有功同賞有犯同罪使兵識將意將識士情上下相維什伍相結內無逃脫之虞外無奸細之入晝演戟令目相習夜演號令聲相認冤讐同禦生死不離此保法之畧保力者也

保法雖云已定而約束尤不容不嚴如驕惰不到者習藝不勤者姦盜酗酒者凌上暴下者必重懲之而脫逃冒頂者必什伍連坐如此始令一信則衆

自行舉報伍丁有缺即爲召補斯什伍更全而法制不亂有是而練藝自是而練陣固無不宜之矣

兵之練銃必先練藝原募教師分曹專習先授口訣後習手勢一兵止令精一藝不徒冗泛已精本藝則更兼之可也然必有分練有兼校有總勵什以課伍隊以課什哨以課隊把以課哨營將以課千把總遞相校核毋爲玩愒而設賞以勸之嚴令以糾之又爲累記勤惰呈大帥以按閱之殿最之總期振作得法則下之鼓舞自神而立成精銳耳

藝雖粗技而兵之法實寓焉蓋一人有五體即伍法也護首手必應舉手足必隨即常山蛇勢也攻守形勢奇正虛實備在一身因而五人爲伍五隊爲哨五哨爲部五部爲營五營布陣變化出沒總是此理一人之技精兵法盡在其中矣故練兵之法首練藝

練藝以三日爲則二日教習一日操演教習之日各該把總管隊官督令各馬步教師一一指授方法如何挽弓如何馭馬如何擊刺戈矛牌銃無不教習以能爲期毋拘回數黎明從事毋限時刻操演之日不合法者責治之治已再教務使合法而後

已其提調官及教練師俟歲終大閱驗所教之軍士入選六分以上者推而擢之不入選四分以下者責而降之庶營操得實而練習爲可用耳

藝各成矣必合諸陣然後可以禦敵乃練陣之法大要不出方員曲直銳五法而已其法已備陣字函若號令之節則角令三鼓令四金令二旗令六鈴令二初角則咸起二角則成列三角則行動此角令也初鼓則緩行連鼓則急行雷鼓則成陣不絕鼓則交戰此鼓令也初金則止重金則退此金令也旗左麾則左出右麾則右出前麾則前出後麾

則後出中央麾則中出周營而麾則五方齊出又偃則跪立則起前亞則前左亞則左右亞則右捲則退視青黃赤白黑之色而各以其方應之此旗令也鈴初響則下騎再響則皆坐此鈴令也著令爲律凡應進不進應退不退應坐不坐應起不起應點不點應捲不捲應舉不舉應合隊而不合隊應壁隊而不壁隊不應合隊而誤併他隊不應壁隊而錯入別隊言語讙譁不聞金鼓旗幡紛擾躐次失次並以軍法治之

練陣之始亦必先於分練自一隊起至三隊三隊練成合爲一旗又自二旗練至三旗三旗練成合爲一哨三哨練成合爲一司四司練成合爲一營練雖三人五人十人皆有奇正則皆有練法雖至什百千萬同此奇正則同此練法蓋奇正之變雖多總之不過一頭兩翼中心一尾已耳但遇敵處即爲頭爲衝鋒爲正兵但在左右即爲翼爲夾護爲奇兵但在中央即爲心爲握機爲中軍但在後即爲尾爲策應爲備伏之兵金鼓號令三人五人十人與百千萬人無以異也

各營既已分演大帥乃合而練之合練之法先令善筭者於教場之中規度營盤量兵多寡以爲袤廣兵數倫筭字函既量地訖分別左右前後中軍以立表儀預擇習知陣法者導引藍旗領隊照方圓曲直銳之陣凡其間邀立之位出入之路進止之節分合之變俱一一指點而領熟之然後示期合衆集於墠地禁止諠譁依方建旗四角皆用五綵牙旗金鼓鐸角俱各齊備大將以下各有統率如常式中軍大將披甲冑乘馬立於旗鼓之下吹大角三通擊鼓三次有司偃旗士卒皆跪五軍正將俱趨集於中軍以聽誓大將乃令曰講武以教戰

進退左右一如軍法用命有常賞不用命有常刑
誓訖各營將振鐸分循以警衆各以詞告有司舉
旗士衆俱起騎步皆行及表擊鉦乃止三軍整列
定位聽中軍擊鼓舉旗爲號布方圓曲直銳五陣
以應之其法備陣字函要在陣間容陣隊間容隊
以長參短以短參長回軍轉陣以前爲後以後爲
前進無速奔退無遽走紛紛紜紜鬭亂而不可亂
渾渾沌沌形圓而不可敗以正合以奇勝聽鼓望
麾旗點鼓動則軍發合旗開角鳴則軍發離三合
三離三聚三散如法者賞不如法者罰如是而兵

知所教矣
凡閱校技藝令各營清造較藝簿冊更立分較勤惰
優劣簿先將將領及哨隊依次較射比技遍乃分
車步騎爲三營初試步次試騎後試車試步必各
分技依隊以次序立不許挨擠混亂角一聲號旗
一舉試鳥銃手另鼓一槌爲號以應號即發準中
者爲則隨試長刀以砍刺矯捷者爲上等角一聲
號旗一舉試藤牌手先擲標以平準遠中者爲上
隨滚牌以躲閃進退遮殺得法者爲上等角一聲
旗一舉試筤筅手以關閘平架得法能衛而又能

進者爲上等角一聲號旗一舉試長鎗惟要封閉
捉拏上攔下攔得法能進幾鎗折幾鎗者爲上等
角一聲號旗一舉試鎲鈀手先發火箭亦以應號
齊發中的爲則隨試鎲以架捺得勢刺打有力者
爲上等其餘如旁牌刀挨牌鎗偃月刀雙刀雙劍
短鎗鉞斧棍棒簡鞭流星等技各吹角麾旗依次
試演俱就其器之勢得遮擊砍刺中窾者爲上等
臨末吹角舉旗試弓弩鞭箭以貫革中多者爲上
等步技俱已校畢即鳴金散營
振鼓集騎亦分技依隊以次立禁躁躝諠譁角一聲

號旗舉試鳥銃手亦鼓一聲以應號即發準中爲
則隨於馬上疾馳舞雙手刀以便捷有殺勢者爲
上等角一聲號旗舉試快鎗亦如鳥銃法隨於馬
上疾馳掣快鎗作棍輪舞擊打有力者爲上等角
一聲號旗舉試鏜鈀先放火箭以射中爲準隨於
馬上疾馳試鏜鈀以叉架得宜有殺手者爲上等
角一聲號旗舉試刀棍手先騎射製活動之的於
四五十步之外使人滚推或遠或近或高或下馳
而射之中爲上隨於馬上疾馳舞刀棍以砍擊便
捷有力者爲上等角一聲號旗舉試大棒手亦先

騎射如前法　於馬上疾馳舞大棒亦以有力遮打便捷者爲上等其餘如馬上藤牌毒火神牌梨花鎗三事神鎗馬上大刀雙刀雙劍短鎗鈎鐮鉞斧雙斧簡鞭狼牙棒之類俱聽角聲旗舉依次試演各就其技之勢得遮擊砍刺之竅而馬馳驃疾者爲上等比試畢乃鳴金散騎

振鼓集車先演車營陣法法備車字函次校車兵試火器狼機雖不可以輕試然不可以難試而置之也在器之精堅試之得法耳角一聲號旗舉先試百子彈另鼓一樋以應號得法能中爲則隨試刀斧以有力砍殺得宜者爲上等角一聲號旗舉試鳥銃隨試籐牌及皆如步兵法角一聲號旗舉試火箭以高下合式爲則隨試鏡鈀以攔壓揭刺便捷者爲上等角一聲號旗舉試皮牌火箭隨試鈎鎗以鈎刺得竅便捷者爲上等各試畢鳴金散車營乃行賞罰

賞罰者鼓舞三軍之要物也務嚴務明例分上中下三等進于式者爲上等上之超異者爲超等俱上賞屢試上等者以次拔擢合式者爲中等受次賞不及式者爲下等量懲之全不如式及屢試不及

式者俱重治

軍士之在本營各宜勤於自練務　技藝日精精神日鼓其各營官將亦宜更立日　簿以紀其勤惰馴頑類呈總帥俟大閱時按簿　覈而賞罰之庶人人知所激勸焉

練上著之兵有二一練衛所守禦之軍兵一練郡邑守護之民兵天下衛所之兵原足以衛天下而自武備久弛其上者虛糧操演其下者竟不知戈矛爲何物矣故必嚴行各衛所揀選精壯而訓習之備兵使者以時按閱覈其藝之精否以上下其人之衣糧或量減老弱之糧以爲津帖愼選軍衛守法知兵者督練而守禦焉有所征調則隨時啓行旗鼓精明甲仗堅利廩餼優厚更休以期徵發以信先期以賞後至以罰莫若天下郡邑原各有可練之兵如所設民壯火夫者皆是也大邑不下數百名中邑百餘名下邑亦不啻數十名則總計之而一郡之兵可紀矣乃僅充快手以應供役徒糜工食以長奸蠹則曷若汰其三之一以兼養其膂力強壯堪習武藝者募教師以訓之不煩雜差以時按閱能者激勵之頑者儆戒之拔其最優者超

擢之無事則藉以守有事即可以戰豈非不必募而自有訓練之兵亦不煩加派而自有常給之餉乎

練鄉兵古之遺制也蓋所貴乎鄉兵者謂其各聯絡一鄉之豪傑使其無事則自相團習有警則互相堵截有功則賞以官資寇熄則各安農業比閭族於自衛父子切於相守驩然競起不煩官之費而無處無敵愾之風故鄉兵者猶有古之遺意焉

鄉鎮之民隨處有壯丁隨處可團練但有司不先鼓舞則約束不齊民亦畏禍而無敢首倡也故必令

自上行立保甲之法十家爲甲甲選二壯丁十甲爲里里推二甲首弓弩戈矛隨宜建置農事之餘乘閒便習鄉中各推一二端莊幹力素爲衆所信服者爲鄉之領袖而鈐束之聯屬之不使任其縱逸亦不使其生事山陬多盜之所每於村堡總隘間建樓立柵樓懸警鼓有盜則擊之一村有警遠近俱應各率其里甲而互相堵截爲盜賊亦爲敵橫行哉此所謂守望相助不可易之遺法也

當今最難議餉者無若京營之兵矣軍伍不實尺籍徒存難與議選又誰與議練哉今縱不能盡取而更張之亦當嚴加簡選挑其精壯新其衣仗實其練習無拘成法務令周旋進退必有擊刺格鬪之實左右開闔必有陷陣潰圍之實庶幾可戰可守而民之膏血不虛糜于無用之地耳

夫京營原有戰兵營以戰名是兵以備戰也則師是兵者當以戰教之然不得經戰之將爲之司命所教皆虛文而練戰皆套習也經戰之將畢竟出于邊而鄰于虜者其見與膽自是不同故必申嚴京邊互用之例多得邊將以爲坐營教以邊方之戰法即京軍不樂練習責在該將隨宜訓練誘以

賞餉以罰嚴諭以義開導以樂從凡邊上列營屯伏諸制及對虜堵擊諸法弓矢合用諸器均不可以不諳者依法爲訓勿責旦夕但邊將內調心多厭苦應恤其私在戰將尤宜優録仍歷邊任勿令淹久使有髀肉復生之悲其所帶練戰家丁亦宜安恤得所令其以一倡百鼓勵諸人如是則將安心士可練戰而京營有實用之兵矣

備書練字函卷之四

古越王應遴堇父輯

師吳淞玄扈徐光啓閱　友人潘　洙子儀校

練之具

號砲

號砲令軍中以此爲號也凡某號要起必先舉銃一聲蓋因人衆而忽舉旗幟未必盡見故必先舉砲則聲入人耳雖深室可聞所謂耳先於目也有升帳砲三舉即鳴金大吹打有升旗砲一舉即擂鼓鳴鑼升旗有肅靜砲入場發放後三舉要肅靜聽

下營有吶喊砲每一舉喇叭吹天鵞一聲吶喊一聲常時三舉止臨陣不拘金鳴乃止有開營砲一舉即聽點鼓便開營行有分合砲一路一舉欲分幾路爲幾舉無定數舉畢看旗幟依數分之合營同有閉營砲三舉即大吹打閉營門有定更砲遇夜擂鼓畢一舉喇叭吹天鵞聲有變令砲此在行軍之時或正行間欲更號令恐隔遠失視故先舉砲聞砲前令卽止專心傾耳聽新起何令照行

金鼓

金有四等曰鉦卽大鑼古人謂之鉦四哨各用一面曰鑼卽小鑼四哨各用十面曰響鈸四哨各一對以應銅鼓若列八陣則各增之曰刁斗以銅爲鐎器容受一斗晝以炊夜以擊或兩旁有鈴一隊用一件大凡鳴鑼是要各兵下馬再鳴是要各兵坐息若中軍偃旗一體偃又凡軍中一切鼓樂等項每欲止必鳴金一聲聽更令號砲後卽如所更之令行又凡戰畢三鳴要退兵二鳴要退兵回身立定凡鳴摔鈸是要兵收隊再鳴成大隊旗幟通回中軍凡鳴金邊是發五方旗招向營內齊立表未營而表是照表搶營已營而表是分別門角以便

出入以便識認外表所以分別營盤防守界限賊來舉之以應遠近緩急

鼓有大鼓中軍出入用之有警鼓大將中軍設嚴警鼓一十二面左右各六角十二列亦如之有銅鼓和以響器大凡點鼓是行營點鼓一聲約行二十步點緊鼓一聲行一步則擂擂鼓交鋒兵但聞擂鼓是交鋒要兵向前下營定擂鼓者是樵汲看整何色旗該營照令行入夜閉營門後擂鼓是起更號笛卽鎖吶要聚各官旗頭目發放軍務必須吹得到齊方止

喇叭凡大小將領門前及教場內行營處無別響器而獨吹是掌號也第一次是頭號要人聞號即興起收拾行李做飯進一個時辰吹第二次要人喫飯收拾出門詢問劄營信地取齊吹第三次是要起身主將自衙門出到各兵劄營地方另擬向往凡吹長聲一聲謂之天鵞聲要各兵一齊吶喊凡吹擺隊伍聲要各兵擺隊伍凡吹長聲放銃一個摩旗是要轉身各兵俱看旗所指處俱要轉身凡擺隊已定喇叭稍歇復又吹單擺開者是要一字列開成陣備戰也

哱囉凡吹長聲三聲是要兵起身忒吹一次是要執器以待有馬者上馬

旗幟

旗幟之製不等而指揮節制之用全在認旗故自大將以下若營將若把總若哨官若旗總若隊長旗各不同而節制歸一各營兵只看本隊長所執旗隊長只看本旗總所執旗旗總只看本哨官只看本把總把總只看本營將營將只看主將旗色若主將五方旗招俱起立點動則五方之營俱動如止一旗立點則該應之旗俱點某旗向某方指點該應旗俱向某方各兵隨旗而往若主將五方旗俱偃則五營之旗俱偃若只偃一旗則該應之旗亦偃大將旗或立或點或摩先營將應之把總不許先應是營將旗先把總應之哨官不許先應是哨官旗旗總應之是旗總旗隊長應之隨旗所指而往隊長以下口傳身率要與旗鼓號令相應有差錯者以軍法治主將至把總用五方旗哨官以下用認旗凡旗伏而不起脚下即是信地雖天神叫移動亦不許依夜看火鼓與晝同

黃色屬土位中央凡軍行中營中軍所用但見黃旗即知某中營某中軍也在五營則爲五營之中在一營則爲一營之中少至五人則爲五人之中凡看青紅白黑旗以認前後左右做此凡人面向者爲前紅旗屬前凡軍行軍壘所在向前者則用紅旗但見紅旗但想向前凡人就本身之左手爲左藍旗屬左凡軍行軍壘所在向左者則用藍旗但見藍旗俱想向左人之右手爲右白旗屬右但見白旗亦然人之背爲後黑旗屬後但見黑旗亦然蓋曠野人衆若說東西南北認辨不真凡人皆有左右手面前背後人人易知故人人只以大營中

軍分左右前後又以本身前後左右爲向耳不必
論東西南北也

營燈

中軍旗鼓上應備黃油紙鐵絲燈各一盞纛上用五
色燈五盞二行聯下各雜流官生人等每起頭目
各帶燈一盞低執隨身前總哨旗上紅油紙鐵絲
燈一盞高照一盞每一隊旗上一盞色同黑油皁
一件左總藍右總白後總綠中總塘報等燈俱圓
而黃
皁蓋最要或一時遮隱使寸明不露或明營暗從或

暗營倏明爲莫測之巧也

弓矢 另備射字函

技藝中惟弓矢爲遠器亦惟弓矢爲難工然亦不過
曰得訣則准專心則精而多練則熟耳練之之始
於十步立標標眼如錢大平胷滿射必能三發中
二方移遠五步又能不離左右然後於二十步立
標眼如酒盃大射法同前漸熟漸遠自三四十步
以馴至於八十步亦能命中如前斯術成矣標眼
亦必以漸而加大大至尺許爲極植標亦以漸而
增高高至七尺爲止雖人之巧拙不同功之遲速

或異顧未有精練而不工亦未有不精練而工者
也
騎射以離把十五步而及者爲熟又以分騌對鐙抹
鞦各臻其妙者爲精
古法曰射不入鐵不如不發射不入石徒勞爾力又
又曰有力不親不能害人親而無力不能入物又
曰疾而箭狂反被敵傷親而箭遲敵可閃移三者
射之要也蓋射始于舉筈終於遺箭筈高則下插
而箭斜筈低則上插而箭徐弓急則失威儀而難
中弓緩則力弱而去遲昔由基百步穿楊蹲甲七

札精通于神唯在遺放遺放之法須人力勝弓操
審在我偃其左手仰其右腕箭發則靡其前弰前
弰畫地後弰附右膞後手不得戀前手不得遠身
不得動文牽而武放然後發無不疾疾無不毒毒
無不親
射疏及遠中微制大必資于弓矢然今之弓手止知
射長箭而不知射邉箭弩手亦不知用弓之法況
今止用竿子雖可取勝殊非長技蓋長箭去遲而
敵人易見故彼可以閃避且得拾取反射其利在
彼邉箭去疾而敵人難窺非惟彼不能回箭況邉

箭所到倍長箭百步有餘其利在我長邉二箭務令弓手兼習若賊尚緩遠則宜用邉箭如來近迫則宜用長箭也

長八寸者爲鞭箭長四寸者爲白蛇吐信皆用溜子發之鞭箭先搭箭後搭溜子白蛇先搭溜子後搭箭

弩

弩者守之劲兵伏之利器也正射之道左足縱右足横左手若附枝右手若抱兒右手發機左手不知此古法也張弩則丁字立當弩則八字立安箭則

高舉手其放箭也敵遠則擡頭敵近則平身放左則右回身敵右則左回身敵在高則高擎手放在下則低伏手但於陣中張之陣外射之進則蹲以旁牌去則退而復張轉張轉射則弩不絶而無奔戰之害矣

後漢愍王寵善射弩十發十中中皆同處李賢注曰寵射秘法曰三微爲經三小爲緯經緯相將萬勝之方然要在機牙案此卽三微三小者其措矢之分寸也目之所注分寸可準則矢之所發必無毫釐或差弓弩蓋一律也三微三小分寸在弦而十發十中往必中鵠以機牙之分寸必與正鵠分寸相對也

比手弩以五十步立把高五尺廣尺許三箭中二者稱能稱善射能及飛走之目者稱精稱奇弓弩雖短兵之長用但矢盡弓觧卽爲人困故習射者又必精于刀劍蓋弓觧則有接濟之兵也學弩者又必熟釵鏟蓋矢盡則有利用之具也此尤銳意鍊兵者所宜加意

拳棍

學秇先學拳次學棍拳棍之法明則刀鎗諸技特易

易耳所以拳棍爲諸秇本源在宋太祖則有三十六勢長拳六步拳猴拳囮拳等法在温家則有七十二行拳三十六合瑣二十四棄探馬八閃番十二短等法他如吕紅之八下綿張之短打李半天曹聾子之腿王鷹爪唐養吾之拳張伯敬之肘千跌張之跌童炎甫劉邪協李良欽林琰之流各有神授世稱無敵然皆失其傳而未有能竟所奥也杈杈棍長一丈二尺精者能入鎗破刀惟東海邉城與閩中俞大猷之棍相爲表裡法有不傳之秘少林棍俱是夜叉棍法故有前中後三堂之稱前

堂棍名单手夜义中堂棍名陰手夜义類刀法也後堂棍名夾槍帶棒牛山僧能之故曰紫薇山棍爲第一張家棍爲第二青田棍又次之趙太祖騰蛇棒爲第一賀屠鈎杆西山牛家棒皆次之其孫家棒又出自宋江諸人之遺法

大抵練兵教棍切須掃去走跳虛文但動棍須把得堅交棍妙在下起棍入必須上壓一打一揭欲我疾陰手陽手令人疑大剪小剪神變用大門小門藏正奇使扳剃滚殺起磕俱得其妙乃可稱棍俞大猷劍經曰待其舊力畧過新力未發而急乘之

似得用鈂之秘矣棍法之妙亦盡於大猷劍經在學者悉心研究酌其短長去其花套取其精微久則自可稱無敵也

拳有勢者所以爲變化也横邪側面起立走伏皆有墻戶可以守可以攻故謂之勢拳有定勢而用時則無定勢然當其用也變無定勢而實不失勢故謂之把勢作勢之時有虛有實所謂驚法者虛而其取法者實也似驚而實取似取而實驚虛實之妙存乎其人故拳家不可執泥裡外圈長短打之說要須完備透曉乃爲作家技欲精欲多用欲熟欲駃欲狠兩精則多者勝兩多則熟者勝兩熟則駃與狠者勝數者備矣乃可無敵

一家數温家長打七十二行着二十四尋腿三十六合鎖趙太祖長拳多用腿山西劉短打用頭肘六套張短打六套用手用低腿呂短打六套趙太祖長拳山東人專習江南人亦間習之

棍非將事然武事必先言棍者棍法一通則凡鈎刀鎗鈀各器之法從此得矣人之用棍如讀四書兼攻鎗鈀如習一經若四書明則六經之理自明也

拳棍要訣只在避實擊虛得心應手

棍法總歌云剛在他力前柔乘他力後彼忙我静待知拍任君鬭經又云陰陽更轉兩手要直前脚要曲後脚要直一打一挑通身着力步又速進天下無敵

長鎗

能救人於二十步之外者六合鎗法也能無敵于六合之内者楊氏梨花鎗法也復有馬家長槍沙家杆子李家短鎗之名長短能兼用虛實盡其宜鋭進不可當速退不能及

凡學鎗先以進退身法步法與大小門闌閘串手法

演熟繼以六眞八母二十四勢的厮殺使手能熟
心能靜心手與鎗法混而化溶動則脉如變不可
測但施於陣上則伸縮騰拏之樬必稱不便故花
法不必習習亦無用處也此在學者自悟而妙運
之耳
較比之時先看單鎗試其手法身法進退步法闔串
不宜甚大尺餘便好復以二十步外立木把高五
尺濶八寸上分目喉心腰足五孔孔大寸許內懸
圓木球每一人執鎗立二十步外聽鼓聲擂縈翻
然燊槍飛身向前戳去以得孔內木球於鎗尖為

備書　練四　十一

熟五孔木球俱得為精若二人比秇郎不離封閉
捉拿守五法而已惟能守者力自閑有隙便進是
謂得鎗之訣
鎗法始於楊氏持此者可以刺敵可以護身可拒冲
突可滌江河益五兵中最便利之器也其法有虛
實奇正陰陽動靜今以教兵惟知封閉捉拿上攔
下攔封閉捉拿有大門有小門只此已足用矣
學鎗有三大病一立身不正二當劄不劄三三尖不
照三尖者上照鼻尖中照鎗尖下照脚尖也有
拆鎗能扞身能刺敵而手準足疾者郎為上等

訣曰你鎗發我鎗拿你鎗不動我鎗劄來得緊去
得硬不遮不架是個空
鏢鎗
鏢法非特牌手為用特倚牌而用郎竿子手皆可帶
用也其用法一隊之中牌手列前弓弩銃鎗筅鈀
棒俱依次避於牌後中立者其面向前左右立者
以背相向若敵在百步之外各兵先發銃弩弓箭
及至來近步兵相接尚在三十步內各兵俱發鏢
鎗飛擊一鏢不中再發一鏢敵人見鏢必倉皇失
措我當乘勢一湧而進勝氣在我皆鏢之功也但

備書　練四　十二

不可虛發虛則廢鏢不可遲發遲則棄鏢要在不
疾不徐心壯眼快乃為得之其習法在平時各給
牌手竿子手以鏢先於教鎗筅牌手之時各令擲
鏢補的於三十步地以左手持牌鎗筅竿器右手
飛擲要五指分三路中撮鏢竿抵住平擲毋上向
毋下隨臨發準視鏢尖對的鏢竿前後平直儘力
一縱自然得中中且必傷習之既熟或立的移遠
移近就上就下方為陣中實用其中之多寡各立
賞罰之格士自多競勵者矣
籐牌

牌刀爲制虜長技練習之法有起手勢照高罟下橫行直進諸勢可變貴有躲閃之妙也有斜行勢乃直來橫受之法所謂硬騎能以進人之左也有仙人指路勢乃看罟之法拗步直進直退諸勢可變也有滾牌勢此勢隨滾進以襲人之右先進刀後進牌疾速如風爲妙也有躍步勢乃誘敵之計刀在前牌在後誘彼進來急轉牌前刀後而騰步以擊之也有低平勢此眞正對敵勢用推步進法須帶鏢一根身在牌內標步齊進自百發百中也有金鷄畔頭勢此是急進法頭藏牌下進步如風使敵人應接不及也有埋伏勢此勢用小挨步或左或右以襲之如有鎗戳在牌不能脫手急用刀尖將牌借力頂開而急進也學牌者必先習此八勢八勢旣精自得其巧是以挨牌如壁閃牌如電遮敵活潑起伏得宜全身藏盡視聽外馳更須翻滾不露頭足此用牌之要訣也

籐牌固自衛禦敵之妙物然非標又無以爲用故學牌者必先學標每帶棄標數枝臨手時左挽牌右持標步動標起近敵便投無論中否敵必閃顧則牌隨傍滾進敵便措手不及矣故曰標者牌之[illegible]

兵所慮者但恐進標而抽刀不迭是又用牌之可慮者也習者愼之

較比牌標之法懸銀錢三個於三十步内地令其滾牌進標如臨敵之勢有能標中銀錢者卽以銀錢賞之三限不中者罰之三標百試不差者爲異等

長牌主禦騎則成營行則蔽隊是營隊之藩衛也所謂壯士氣齊步伍退如山進如堵也若非牌蔽亦安能騁其利哉故曰得長短剛柔之用者不敗也牌製宜高廣過人乃可以擋前遮後護足止馬但鉛子來則竟入而無以爲禦昔戚繼光曾以絲綿數層鋪製牌上名曰剛柔牌以拒鳥銃然終不能擋總不若練荊花鎚法爲妙鉛子著之自下但人鮮得製法未易議也

筤筅

筅所以稱利器者謂其能作步卒之藩籬也然非長槍短兵夾持而進則能禦而不能攻矣故學筅者必以老成有力而筋骨已硬之人謂其無活跳閃賺之勢也如精銳輕淩之兵則不必以重贅之器爲利用矣

較比筤筅之法必先令其自使觀其手法步法六勢

成熟然後與長鎗對比鎗無不動又能護我短兵進戰搪架敵器不入爲精

習筅之法有拗步退勢訣曰直進直出君須記站住即是中平勢高低左右任君行切挫鈎闖毋輕易有騎龍勢訣曰閉門之法上騎龍下闖高槃大有功設若當前披一下勸君眼快脚如風有鈎開勢訣曰鈎法由來阻大門小門挫下向前奔若還他使低來勢闖挫憑君利便分有架上勢訣曰鎗打高來須用架架時管上又管下陰陽反覆脚如風鉄杻金剛也戰怕有閘上勢訣曰閘勢縁何要挐脚挐脚乃是起步法連身坐丁向前冲上面不着下面着

鎲鈀

鎲鈀之器可擊可禦是兼矛盾而兩用者也兵法五兵五當皆以長濟短以短救長先遮後戳彼攔此砍此獨能自用不借別技相護且用此器者給以火箭十餘枝其兩服又可架放火箭不必再執筒架則長器亦兼之矣乃軍中最利之器也

单刀

此刀中國先無有用之者故亦未備練法邇因見倭奴持此跳躍光閃而前我兵便爲奪氣蓋倭善躍一迸足則丈餘刀長五尺則丈五尺矣我兵短器難接彼長故遭之者多不幸緣器利而雙手使用其力最重故也今如獨用則無衛可虞必以鳥銃手于賊遠時先發銃賊至近身則以此刃刺蓋惟此輕而且長便於兼用況有殺手當鋒此又可乘勢出入也

練習单刀之法當先學迸跳跳法得則短可勝長矣有齊眉獻刀法有中身橫截法有左提右撇下番法有拗挐法有藏閃法有面劈法有倒吊法有摩試法有轉截法有倒進法有斜掠法有正當法有蹲跳法有跪献法有緊帖法有反别法有回[illegible]法有虚唱法有監香法有雙挽法有单飛法有尸[illegible]挑法有背負法有速進法有迭退法有竭力鎚進法有飛身還伏法總在砍刀有力轉身無骨出伏不常攔殺無懼是单刀之訣也

雙刀

雙刀之法又與单刀不同彼若使一伏虎打我頭却以左手監住右手一抹刀若被彼撤捺定了番身一抹刀彼若使一水平鎗來扎我却以右手監住

左手一抹刀彼若使一禿龜來斫我却回以左手監住右手斫虎口彼若使一单提來打我膀不拘左右以手監住一抹刀彼若使老僧拖杖掃我脚以左監住右手一抹刀若撒捧走了就削虎口彼若使一横龍鎗來扎我以左手監住右手一抹刀彼若使一仙人教化來戳以左手監住右手一抹刀彼若使一老鶴啣食來斫我脚以刀十字架住一刀就砍虎口彼若使一鞭鋪來打我以右手監住左手一抹刀彼若使一擧手朝天來打我以左手監住右手一抹刀彼若使一虎歇來打我不拘左右一手監住一抹刀尺此是雙刀之大槩也

馬上雙刀須長而輕後過馬尾前過馬頭坐穩如山運力如電自所向無敵矣

劍

訣曰電掣昆吾舞勢揚一升一降把身藏左右回顧共四劍搖頭進步風雷響滾手連環上下防開右足一劍進左足一劍又左右各一劍乃收劍也左少青龍雙探爪縮退二步開劍用右手十字撩二劍刺一劍也右行单鳳獨朝陽用左手一刺跳進一步左右手一挑左右手各一蓋右手一門轉步開劍作勢也撒花蓋頂遮前後右滾花六劍開足雙監劍也馬步之中用此方

又訣云蝴蝶雙飛射太陽右足進步右手來去二劍左足進步左手一刺一晃也梨花舞袖把身藏退二步從上舞下四劍也鳳凰浪翅乾坤少進左足轉身張兩手仍翻身左手一劍右手來去二劍左手右劍開劍進右足也掠膝連肩臂兩旁進步滿空飛白雪從下舞上四劍先右手也回身野馬去思鄉左手抹眉一劍右手抹脚一劍抹眉一劍左手抹腰一劍一刺右手一劍收劍也太阿在手非容易文雅之中武藝揚

劍法有經劍術有俠妙以神運訣難口傳古今精此者多不過十數人惟卞莊之紛紋法王聚之起落法劉先主之顧應法馬明王之閃電法馬超之出手法此名五家名劍得心應手惟人心悟之而紙上所著第其規矩之大槩已耳

大刀

其製不同若偃月若斬馬等類名以形殊而其用法則不甚大異習練以步法砍法圓捷純熟者爲上等有步法砍法俱是而手足遲鈍者爲中等有砍

法是而步法差錯者爲下等其刀法有六路十二路三十六正刀二十四閃伏俱要演熟而知其進出庶臨陣不制於人耳其歌訣相沿止有手執青龍偃月刀覇陵橋上擋奸曹等八句語雖小異而大同然其運法傳受則竟逈乎不同矣葢遊方教師各以巳意而參入花法但求眩新以駭亂人目全不求實用也學習者必訪眞正法家乃爲有用之藝耳

總論軍中諸技惟刀劍法少傳若能滾入使長短兵不及遮攔便爲熟矣如日本刀不過三兩下往往

入不能禦則用刀之巧可知偃月刀頭大且重使有力者用之而更能精熟則諸兵仗當之者自無不屈也

鳳嘴刀三尖兩刃刀斬馬刀鐮刀苗刀麋西刀狼刃掉刀屈刀戟刀眉鋒刀鴈翎刀將軍刀長刀提刀之類各有妙用大都只是不用走跳虛文花套手法始得用刀之實故曰不在多能務求精熟誤或不精反爲所累所以秘技有神授如無眞授未可強爲授之不精未可稱技精而不能變猶爲法所泥也

短兵者爲接長兵之不便然亦有以長用者馬槊若突越之勢綽鈀有閃賺之撓然又不出陰陽鈀不離五路如燕尾叉虎尾叉五龍鈀三股叉鈀尾鞭夾八鞭槍雙鉤槍連珠鉄鞭鷹爪飛撾開山斧判斧鉤鐮戟鉄鋭鉤竿天蓬鏟搗馬槍拱梨椎鵰項槍拐突槍魚肚槍狼牙棒豹尾鞭蘆葉槍流星鎚叉尾椎叉竿抓鉄蒺藜鐩遠鋏梧环子槍枛子捧紫金標八尺棍等類種種不可悉數各有專門但身法手法步法皆由拳棍上來其進退騰凌順逆之勢俱有異樣神巧殺着學之得精俱可制敵然

非秘授不可強施外如花刀花槍套棍滾叉之類雖足觀美何益實用哉是以軍中切忌在套子武秇而最爲恨者又在強不知而爲知也

平時用技稱十分精熟而對敵之際能用出五分者不敗能用出六七分者必勝多有當塲便忘却平素手段況生死之際乎且如長短器械錯雜陣頭一齊擁進起手就截便砍雖轉手回頭尚不可得豈容活潑動跳做作進退身勢手法耶所以虛花武秇上陣時一些用不着也練兵者若曾親經戰陣必練得諸般武藝倍精於敵使敵人無隙可乘

乃爲必勝之勢耳

火器另備火字函

兵家利器莫先于火觀不患無火器患無火人故練兵之法惟以練火爲一第義第其間有常器有秘器有銃器有烈器有輕器有重器有近器有遠器有飛器有埋器有毒器有焚器有水器有陸器用貴合宜練須預熟倘不熟練於平蒔豈能收效於倉卒必其預選募壯勇伶俐軍士聚爲一軍毋於該操日演習各色火器常加試驗務令制度得法打放有準聞號齊發見陣不驚馬步中窾飛伏如

神然後火器爲有益庶臨用不致虛發不致十反快耳火字函頗詳茲不備述

眞吾齋備書　戊

廿五函　共十本

序王董戈備書屯字函 明治九年文部省交付

余逖覽遑古無不兵之國亦無不餉之兵餉兵不能常取給於人餉不可無從出之地惟不取給於人則軍需必按額而國計不至於權宜惟念及於從出則地利即邊儲而物力不疲於輸轉歷考

漢唐以來開創之君深謀遠慮國致富強必由貿周於日給而繼世之主優游玩愒變起庚癸必因餉饋之支吾我

高皇帝驅逐胡氛

文皇帝三犂虜廷倣成周兵農合一之規鑒前代養兵坐困之獘開[illegible]屯田守禦兼足誠萬世善經也曾至於今九塞之沃土侵漁衛所之軍丁流寓運邊之額糧耗於年例兩淮之鹽引壞於折銀種種變遷屯法遂大壞不可復振夫屯壞則地荒地荒則邊曠邊曠則虜斥虜斥則兵增兵增則餉缺夫地之所產既縮

於數之內兵之所需又溢於數之外勢不得不資於轉輸轉輸漸進又不得不應以借給借給之再行也猶以秋冬之積暫供春夏之支及借給不已卒使明歲之秋方領今冬之額而主計束手無措老庫罄盡無餘矣如是而國計將安

所厎止乎余蒿目驚心於此久矣媿無
能爲
嵩宇展一籌何幸王董父氏之先得我心
也有備書屯字函之輯其意謂財者流
通之物一出而即竭者也穀者蕃滋之
物生生而不已者也今欲使出者不竭

生者常盈舍屯法他何以策一曰訓以
紀古今之議此屯者一二曰案以列君臣
之任此屯者二三曰法以條用人行政之
經此屯者三四曰具以備器械水利之貲
此屯者四者備而屯無餘蘊矣且其博
採羣書綜克棟而約之一函悉謀國之

忠藎者經世之弘猷董父誠苦心哉夫
激河復而内計省五丈耕而渭濱靖都
尉拜而羌路塞十二便宜得而先零驅
三十六部建而金城固徃昔成效冑列
火觀矣邇東西交訌徵調繁苛當事者
捉襟爲虞持籌莫措頗屢我

新主宵憂而董父此輯非當世所急需乎
董父修志修曆兩事業並奉
溫綸下宗伯議行而況今官綸扉又爲
九重親信近臣其言聽計從不蔡可知孰
此以獻寧有不借重爲今日之營平乎
明者耶余素與董父交莫逆三復斯編

書而漫弁其首

天啓壬戌孟冬吉

賜進士第大理寺左寺左少卿東魯張延

登頊首撰

備書屯字函卷之一

越人王應遴堇父輯

師汝南中山綦毅中閲　友人姜雲龍神超較

屯之訓

周書大武解曰太公望佐周以兵定天下天下既定戢藏干戈立司馬之法因井田而置軍賦地方里而井井十為通通十為成成方十里成十為終終十為同同方百里同十為封封十為畿畿方千里有稅有賦稅以足食賦以足兵故四井為邑四邑為丘丘十六井也有戎馬一疋牛三頭四丘為甸

甸六十四井也有戎馬四疋兵車一乘牛十二頭甲士三人卒七十二人干戈備具是為乘馬之法天子畿方千里提封百萬井定出賦六十四萬井戎馬四萬疋兵車萬乘故稱萬乘之主戎馬車徒干戈素具五國為屬屬有長十國為連連有帥三十國為卒卒有正二百一十國為州州有牧連帥比年簡車卒正三年簡徒羣牧五載大簡車徒侯國有罪則命方伯進師諸侯以討之師行而糧從此萬世為國立武足食足兵之大略也

太白陰經曰洪範八政食乃為先是以商鞅入秦行

墾草之令夷吾覇齊富農功之術夫地所以養人城所以守地戰所以守城務耕者其人不饑務守者其城不危務戰者其城不圍四海之内六合之外有粟貴曰土貴曰粟貴於土曰人之本粟貴於人曰國之本是以與兵而伐武任則兵勝按兵而農聚任則國富強國待農戰而安主待農戰而尊三時務農一時講武使士卒入無遺力出有餘糧所謂兵起而勝敵按兵而國富者也

唐李元紘曰軍國不同中外異制若人間無役地棄不墾以閒手耕棄地省餽運實軍糈屯田之爲益

大矣

宋朱熹曰自兵農既分之後計其所費卻是無日不用兵也又曰令朝廷盡力養兵常有不足之患

又上言選將吏核兵籍可以節軍費廣開屯田以實軍儲練習民兵以益邊備擇老成忠實通曉兵農之務者使領屯田付之重權責之久任漸省列屯坐食之兵州郡供軍之數軍籍既核屯田既成民兵既練禁苛斂加寬恤庶幾窮困生全無復流移漂蕩之患矣

魏了翁曰古人守邊備塞可以紓民力老敵情惟務農積穀最要矣有屯田有墾田二者相近而實不同墾田者夫兵之後田多荒萊廣行招誘使人開墾因可復業耕穫之實多於屯田並邊之地久荒不耕則穀貴民散而兵弱地闢耕廣則穀賤人聚而兵強惟外責屯田之虚名而先究墾田之實利則庶幾矣今蜀田昔爲膏腴近成荒棄沿邊土豪願自備農器耕牛趁時開墾耕數千頃明年便收地利縱官未立額或量行輸租潛裕兵民漸食賤粟比之頃歲人苦斛貴官苦糴貴利害相萬也況耕田之民又皆可用之兵不數年間邊食既豐兵

丁亦足萬一有警呼吸成聚家自爲守人自爲戰比於倉卒遣戍亦萬不侔無屯田之名有屯田之實無養兵之費可制兵之驕不惟不畏殘虜亦且不畏他盗積之歲月則今之墾田又爲後之屯田今之耕夫又爲後之精兵救弊永圖無踰於此近聞虜方科民牛具開耕荒土夫墾荒之利虜猶知之而我悠悠歲月坐長寇仇臣不知所策矣若夫屯田則先督諸將脩葺原堡候畢日併將極邊荒田盡數耕播行之以漸要之以久不數年間邊備自足以戰則勝以守則固矣

金侯摯曰古之取兵以八家爲率一家充戍七家給之猶有傷生廢業疲於道路之難今海戸不滿百邳戸僅八百而軍以萬計兵多民少郎蕭劉復生亦無所施其術況於臣者何能爲哉伏見邳海之間貧民失業者甚衆日食野菜無所依倚恐因而嘯聚以益敵無若募選爲兵自十月給糧使充戍役至二月罷之人授地三十畝貸之種粒而驗所收穫量數收之逮秋復隸兵伍且戰且耕公私俱利被俘之民易於招集也

元虞集進疏曰京師之東瀕海數千里北極遼海南濱青齊萑葦之塲也海潮日至淤爲沃壤宜用浙人之法築堤捍水以爲田聽富民之欲得官者合其衆分授以地官定其畔以爲限能以萬夫耕者授以萬夫之田爲萬夫之長千夫百夫亦以是爲差察其惰者而易之三年視成五年有蓄乃命以官就所儲給以禄十年不廢得以世官如軍功之例時議不一不果行末世海運不至於是乎有海口萬戸之設焉

草木子曰井田之法非獨爲均田制祿而已也所以陰寓設險守國之意也中原平衍而溝澮交錯使

車不得方其軌騎不得任其馳豈非寓至險於大順之中者乎

大明會典曰國初兵荒之後民無定居耕稼盡廢糧餉匱乏初命諸將分屯於龍江等處後乃設各衛所創制屯田以都司統攝每軍種田五十畝爲一分又或百畝或七十畝或三十畝二十畝不等軍士三分守城七分屯種又有二八四六一九中半等例皆以田土肥瘠地方衝緩爲差又令少壯者守城老弱者屯種餘丁多者亦許其徵收則例或增減殊數本折互收皆因時因地而異云

洪武中宋訥守邊策曰備邊在乎足食足食在乎屯田今諸將中豈待借才於異代哉宜選其有智勇經畧者數人每將以東西五百里爲制隨其遠近高下分屯所領衛兵斟酌損益彼此相望首尾相應耕作以時訓練有法遇敵則戰寇去則耕此長久安邊之策也

高皇帝論羣臣曰安邊長策無若屯田我養兵百萬於京師富不靡縣官一粒粟

又論中書省臣曰古者寓兵於農有事則戰無事則耕暇則講武今兵爭之際當因時制宜所定郡縣

民間豈無武勇之材宜精加簡拔編輯爲伍立民兵萬戶府領之俾農時則耕閒時則練有事則用之事平有功者一體陞擢無功者令還爲民如此則民無坐食之弊國無不練之兵以戰則勝以守則固庶幾寓兵於農之意也

丘濬曰所貴乎屯田者亦以廣種多收民間穀賤發銀廣糴則邊儲自足諸邊塞屯所不必征其租士卒能於本田之外多耕者並爲賞例使人人奮耕家有餘積市價自平不唯邊軍皆贍而內地亦充然裕矣

又曰成周之制兵籍於大司徒征行則屬之大司馬凡其有事以起徒役則皆前日之農也士不待選皆吾民將不改置皆吾吏居則聯其家而爲比閭族黨出則聯其人而爲伍兩卒徒父死而子繼無招致之煩而數不耗即耕而自食無廩給之費而食自飽豈非制兵之得其道歟

鄒德溥曰晁錯之議實邊獨令民得入粟拜爵除罪粟立集而邊富何也爵者民之所甚欲也罪者人之所甚畏也懸其所甚欲與其所甚畏者驅之故民自就也今獨可遣使者按行郡邑計其田可墾

水可溉者彙奏而籍諸部因爲下令曰有能墾田百畝者爵何墾田千畝者爵何墾者以報郡邑長中丞彙奏而爵之畧如今之輸粟拜官者而爲之差夫輸粟拜官者動計數十年近二十餘年今以田成税而官之利速官者必爭赴矣則又爲下令曰除大辟不贖外其他罪當戍者墾田若干免當徒者墾田若干免墾者以報郡邑長中丞彙奏而赦之民得以其力財贖罪又必爭赴矣則又爲下令曰邊將能以其卒墾田千畝者賞若何墾萬畝者賞若何撫彚奏而給之賞賞與戰功等赴敵之與闢田安危異究也士卒且求俾捐其軀於鋒鏑以爭賞而謂不競於闢田吾不信矣

楊俊所曰古者三代之兵出而爲兵入而爲農不戰則耕以自養而耕之閒暇則習爲擊刺以待寇自周以還唯趙充國得其法而唐初府兵猶有遺意焉但古者將嚴而兵易使其卒安於勞故使爲農而不辭今天下之兵可使執勞者皆不知戰而可與戰者皆驕而不可使抑嘗聞之昔巳牧馬者不可使之畜豚彘馬彘之相去未能幾也而猶且不可使况巳募之以爲兵而復強之以爲農乎今欲

以兵屯田亦告之以將屯田而募焉固有以無田為農而願耕者屯田之兵既多而可用彼不耕而食者固可因其死亡而弗復補以待其自衰矣

徐貞明曰不費公帑不煩募民而田功自舉者則邊地屯田之道蓋有三焉曰大將不擄沃土以養廉而倡力耕之機也曰力田得照斬級以紀功而重激勸之典也曰富民能率僮僕以廣開即與世業而仍授世職之榮也內地墾田之道亦有三焉曰蠲舊逋薄新稅以招復業之人也曰開新例授散職以酬力田之勞也曰照納鍰改遠配以廣贖罪之途也

章潢曰祖宗之設屯法也周故人便其任人也當故法舉其與士也優故士奮其取利也緩故利集及其弊也則有膏腴之地多為莊田空閒之區咸歸邊帥士卒無近田可耕如商輅所論者有墩堡不修虜輕犯多可耕之田而不敢耕士卒瘵憊家無耒耜多可耕之田而不能耕如梁材所疏者有耕種之際鹵莽滅裂收貯之時侵欺隱漏以管屯為職者優游城市而不見阡陌之區以典屯而來者憑信簿書而不校倉庫之實如劉定之議者有

擾之以弗清持之以太急今日覈地明日徵逋邊氏驚竄叛漢入胡如王燁所陳者或欲令各撫臣選廉幹吏闢荒蕪革豪猾覈乾沒修亭障遠斥堠每歲終以聞請明示勸戒者或以為利歸於下則人樂趨往時為邊帥豪戶所種田不荒蕪而公糴亦紛紛請勘邊生厲階夫與其沃膏鞠為茂草孰若捐以與人有長種者悉與為業乎此亦安邊之一說也或以為鹽法折納商不赴邊屯政遂壞而請復舊制使耕有所資積有所散則塞下自實此固探本之論也蓋諸議之指大都任人廣募薄征鍰取而鹽法與屯田相為維持而鹽法之復尤不可不亟也

章潢屯鹽論曰善經國者不與民爭利不與民爭利則藏富於民即藏富於國也善養兵者能以兵自養能以兵自養則足食於邊即強兵於邊也何則九邊遼遠轉輸甚艱況千里餽糧士有饑色而轉東南之粟以養西北之兵河漕勞費在萬里之外哉此屯田之當議乃以兵自養之道也然邊屯牛種皆無所資不得不仰給於鹽商重其輸邊之例而使商輻湊於邊則墾愈多積愈厚邊粟愈賤此

鹽法之當議而不與民爭利非藏富於民之道乎信乎強兵莫急於屯田屯田莫要於中鹽鹽屯利獎相須不得不亟講也夫國初供邊以鹽利而鹽有常股有存積常股之鹽雖守壚而頒正故洪武以至正統鹽法畫一民無私焉自存積之鹽越次以罔利而奸竇遂開成化以來鹽直日輕官價愈貴貿竊賣竊年不可革矣況更改折於葉淇而鹽法遂大壞焉蓋祖制鹽一引輸邊粟二斗五升故商賈如鶩悉聚三邊自出財力自招游民自墾邊地自藝菽粟自立堡伍所以邊兵亦藉商之資斧

春耕借其牛藉其種秋成穀登即還以售千里荊蓁盡成沃壤成化間甘肅寧夏粟石而銀二錢邊方粟無甚貴之時以備之富也夫商以二斗五升之粟支鹽一引商之利誠厚使商人輸銀京師則鹽一引課銀四錢八分厚利固在官哉會計聚斂之徒見小忘大豈不以爲商免遠藝之勞官收十倍之課甚自矜焉以爲得策也而孰知獎之至此極也唯商不輸邊則近邊米豈無有貿遷之者而價遂騰湧且屯卒耕種無所借貸遂使屯田亦從而廢乃至稻米一石有值銀數兩者皆由改折之

一議屯之爲禍也嗟乎屯田興則粟積於西北而東南可以緩漕輓之徹屯一廢焉而東南民力竭矣且不直兵病也民病也商輸銀於部部送於太倉太倉分送於各鎮收放出入愈析愈耗厚利果盡在官乎則孰若商人自輸於邊之便也誠使修復鹽規令商入粟苟有能於並邊開墾即給爲世基更安撫招集時加存恤使遠人如歸而更嚴其法禁凡粟貴徵粟粟賤徵銀鹽賤守支鹽貴則發存積勢豪奏討侵奪權貴囑託發賣餘鹽之例一切預爲之防焉雖曰利在商人而邊粟多穀價賤

國之利也大矣況寓兵於農兵皆自食其力墾田浚渠各有善制亦已寓乎防虜之術安得君臣一心斥浮議而更張之也

霍韜曰屯政之不綜也始傷於嚴而卒壞於寬也沿習之故非一日矣自父母侵而有之而子孫固以爲己世業也雖册驗甚明至死不心服富豪乾沒而告訐横行雖明者或不能辨田屯相遠形禁勢格兵不得田兵既苦矣番休之法不行兵久駐屯依憑威虐民亦病兵當事者徒見其相戕而不見其相濟則謂屯可罷清查可已殊不知天下無不

弊之法而在善通變之人則盡爲之制日年以久近定限屯以遠近通遷見存之田履畝而正界服農之兵間歲而代更亦庶幾其可乎新屯之增置立法之初固將有待於後來者觀其分數有當而置屯無限則可知已其在南方則凡湖山斥鹵之可墾淫祠毀宇之可收奸豪欺隱之可没入宜盡以爲屯大江之北近自畿甸遠至徼外盖有不可勝屯者不然則勲戚勢璫競請莊墅於何取之不然則趙普乎之田湟中韓重華之田振武又於何取之且今兵籍既虚患人力之不足不患增屯之無所田既增兵亦可實姑緩其舊而新是圖不亦可乎制不早定將與見存之額而并廢新不增置則棄可興之利而他求未見其策之得也

又曰今天下之極疲弊而不可復振者無甚屯田矣新田不可墾故田又不守議未興緩棄之可百年議方興急責之必旦夕議徙民虞其擾議募民虞其聚而無功不可散也議給牛種予田本則憚費田未成即稅之田既成又爲勢家所請其舊田之淪江海者田去而課存其人流亡而田不耕者人去而課存初淪没者猶惡薄田耳責效於他畝而

良疇荒初流亡者猶冀入子耳責償於他戶而中人始逃去於是請屯田大抵皆爲斥莽而召人承佃不復拘軍民矣軍不獨若無田反爲田困連畝接壤之額地良者盡乎勢豪而不得正視諸所得者又皆窵遠瘠惡求棄去而不可得故今天下之極疲弊而不易振者無甚屯田也

又曰國初邊威强盛胡虜衰微出則防邊歸則治農家有田儲時無空隙故公私兩利取用不竭今則邊儲廢弛胡馬充斥勢不能耕治一也軍士貧乏牛具種子不能備辦力不能耕治二也逃亡數多空野千里無人耕治三也黃河之套盡爲賊有賊友居内田頑居外塹壁清野無敢耕治四也屯官不能省歛乃坐名派納而曰我能催科單何得不寬哉

又曰宣宗朝黃福言自濟寧以北衛輝以南其定間皆河壖地請以軍民十萬人屯之可多致穀贍國用甚便於是遣吏部郎中趙新等按視淮北燕齊等善地可墾者上之會有阻其事以爲徙紛擾軍民常業議遂罷而丘濬王鏊輩每言京東及三邊地募民爲營省漕運費議既行而不得要領亦罣

而罷去諺曰欲爲吏視成事利成不知處害成不
能去桐戒曰必勿動動其有亂故劉瑾賊閹也慨
然於邊備之不足欲脩舉之奏遣御史胡汝礪等
度諸邊屯田瑾不知所以曠蕩優恤之而徒慕浮
奇以入多而先者爲功當是時諸鎮責屯糧甚急
而寧夏尤甚安化王寘鐇乘戍卒怨怒遂爲亂後
凡言屯田者率以瑾爲戒鑒蹶而傷足因而廢屨
計莫失於此矣

又曰今之議屯者道旁聚訟謂墾田之用夫至夥也
計戶而役之則民怨作捐金而募之少直則民不
應募多直則內帑匱勸民自爲之則民或應或不
應此不可以歲月見功也即朝廷專命使者往而
督民役懼民之騷將舉內帑數十萬金而捐之警
將有議其後者坐是難堅決也

王命璿疏曰各邊道將募壯士願屯邊者徙塞下與
屯兵雜耕其間爲分田耕作築堤捍水俱官給牛
種器具勸之播時凡在塞下者當草生之時發騎
就草另置游兵防其寇掠仍於田所乘塞列隊部
曲相保寇至則授甲歸屯遥爲聲勢以相犄角寇
去仍復其業因以其暇繕完虜所拆毁邊墻墩堡

雖未能盡給塞下之食而輸餽亦可省其半然非
必另募一耕卒也從各處調到援兵中汰其老弱
及未經訓練者與本處土著相間合耕每百人立
一哨官千人立一守備擇其善識東南水利者數
員專理灌溉分課耕作實有成效破格優叙先時
耕作未經收穫照例支給廪糧俟年餘秋成驗有
收穫酌減其半俟二年後減去廪糧三分之二迨
五六年後驗收克贍令各食其力即以田授所耕
之人永不徵稅先二三年給以牛種不時課其勞
逸因畝分界經畫井然不容豪占不容私易則人
人自戀其常產而爲主各自爲戰矣推而九邊皆
令各酌便宜脩復屯種三年後各大臣一員或科
道官一員閱視有成效者視軍功一體破格優叙
則所以固金湯清胡塵裕軍儲端在是矣

劉永茂疏曰邊地人稀土廣國朝設五道分巡地方
專飭屯田今邊之土地高阜者與低窪者相半高
阜處邊民傳爲世業耕種輸糧低窪者如海州等
城開水田居民揷蒔秋收玉粒不減江南所以米
穀倍豐財裕於各衛迤河西沿海開水田民開收
獲甚利其餘城堡可闢水田地方不可勝計是今

日遼人非不能耕也所耕者皆陸地而非水田不知水種倍於陸耕今所調川湖浙直之兵皆知水性慣插水田宜分派附近各城令其開種水田擇一有勇知方之將統之其陸地廢棄者甚多有願種陸地一聽開墾官府設法量給牛種年年收穫官不得徵其租課則水陸並耕糧食充足遼陽一帶地土尤肥廢田可以復耕荒地可以開墾惟有治人則在在皆可耕之田處處無枵腹之士矣

龐尚鵬疏陳甘肅屯田事宜一曰清撥補言屯丁之有力者多取膏腴以自便利而棄磽瘠以病貧弱宜分別荒熟酌量丁力因人授地因地徵糧庶無偏累二曰給牛種言河西一鎮惟肅州衛有牛種之資故所墾之田獨多宜倣其法動支民運折銀以業貧民責以三年還官而量收息以後願得牛種者即以所收之息給之三曰廣屯種言邊徼開田宜責令將官督軍開種因租爲餉其有人戶願受田者召爲土軍免其賦役止令防守四曰興水利言屯田可通水泉者宜委官脩濬渠以時蓄洩因循廢阻者重罪之五曰權本折言西寧穀賤軍士利於折色莊浪穀貴軍士利於得穀宜以莊浪

年例銀解西寧而以西寧糧運莊浪此有無相資兩利之便計也其輸輓之費令彼此會通毋互生嫌疑六曰緩徵科言極邊荒田力能遠耕者聽爲世業毋得徵糧

徐世昌疏曰老弱之軍既不能戰又不能守坐糜糧餉甚爲耗國驟然休之變生不測惟簡其老弱以爲屯軍每年分屯數十畝即以所穫之粟抑作名糧以其餘養其精銳如國初之制三分耕屯七分戰守則老弱皆爲有用之兵矣

葉進卿兵農論曰三代之法其難行於後世者如封建也井田也孰不知之唯寓兵於農其利甚溥其名甚美至今談者以爲當復殆未要其實也夫兵者至凶至危生死存亡判於呼吸非其耳目手足便習而相安卒然驅之未有不駭而走者今田野耒耜之夫平居則嬉遊鄉井有事則顧惜妻子強以赴蹈湯火情勢俱拂必不行也當三代時無大戰爭其用兵如格鬪然勝則休矣非有枕戈浴鐵腥原沸川曠日歷世相拏不解也故唐虞無掌兵之官蠻夷猾夏士師直以刑威耳故農可兵也卿大夫可將也然至周而弱極矣穆昭之世去成康

無幾南征不復而不能問也犬戎叢爾平王不能討反徙避焉凡周家所為比閭族黨伍兩軍師之法未見一用不數傳而無兵矣此雖後王制馭之不善亦其勢之所必趨也何也兵既出於田間則其征發必難卒集而訓練必難時行縱有春蒐夏苗秋獮冬狩之制為日幾何而欲化農夫為精卒哉漢之南北軍唐之府兵雖祖其意然南北軍僅充宿衛建元元狩以後南征北伐率赦謫士募弛刑徒兵制已變而府兵則屯田之卒耳非民兵也行之猶不能久至宋熙寧中義勇保甲之麗籍者

至七百十八萬而不能當一卒之用神宗有言民兵農戰參半殊不足恃不如募兵專事戰守蓋已洞其獘矣故夫後世之分兵於農也窮而變變而通也彼農者曰吾出穀粟而免於鋒鏑死亡之苦何幸如之兵者曰吾既已受縣官[redacted]日習於干戈戰鬭之事矣一旦緩急安得不赴是以練之而易精令之而易行檄一馳而十萬之衆可立具也方周之衰諸侯強大者皆日夜圖謀以養兵為務秦有陷陣楚有組練被甲越有習流君子取威定霸卒藉兹力周之終弱而不競也失在於兵制

壞而不知更張以救其獘耳夫鄉舉里選以取士法至善也後世行之則為魏人之中正夫鄉舉里選之必為科舉也農之必不能為兵也與封建井田一也古今異宜強弱異勢即周公而在亦未必盡仍其故矣

朱正色曰今河西方為屯田築堡之說但田可耕者俱有業主其費工力而水利有不便者雖召墾而人莫之應勢也況有土而無人乎若慮患可姑離不村塢亦安否則不無聚兵及糧以資之之病大抵屯田築堡言之而即能行之者非開倡即軍興

時也此可為知者道

張爾曰賑恤之法莫大於墾荒田而廣開種開種之利生天地間不生之財者也一年而民甦兩年而民足三年而民不可勝用矣蓋取雨露於天取膏腴於地取力耕於民皆因其自然而為之鼓舞生息者也

茅元儀曰吾聞之地與水相需故屯田而不知水利不能也水利不外於二道曰疏渠曰築堤而其關紐在於水器有水而無器不能節宜也而井者所以助渠之所不及近世徐詹事光啓採泰西國人

所傳之說勘酌而次序之其論水利濬井之法甚詳且篤

張抱赤上屯書略曰兵之一字與餉相因故師行必曰糧從而強兵務先富國茲者竊見六師命脉遠寄江南九塞軍需不謀朝夕乃軍屯民地鞠爲茂草燕趙遮南江淮以北在在而是殊失天地自然之利臣竊權之權其知不能言言不能盡失人臣以兵自効之本旨也爲是輒敢搆爲略草開列款目謹捜括其餘羨之田收之爲公家之用不欲使膏腴之地棄而爲奸豪之資曰官田在官公共之田也曰荒田民間積荒之田也曰軍田軍屯爲豪強占據者也曰洲田江洲爲奸民隱匿者也曰群田牧地可耕未盡開墾者也曰竈田草蕩漸墾未陞租課者也曰僧田僧寺隱占無糧之田也曰欵田欵威奏占逾額之田也曰例田借開納而盡地力也曰皇莊捐私藏而鼓羣心也總爲十事計二萬餘言皆本以國朝之典故參之一代之敷陳合以方輿之圖編愜諸人情之共曉不敢遠引漢唐及後世一切迂緩不情刻急難行之事倘在事諸臣各輸實心使占者必清荒者必墾斷數十萬金

需以三年約可得田十萬餘頃歲可得粟五百萬斛計漕當三之一計邊亦五之一誠今日第一要務實臣三年考證而成亦臣平生精力之所到也

袁黃曰夫水者設險之具國之本也奚不因其流而濬之地勢高卑不一則爲堰爲壩爲灘爲陣遞相灌注于以興水利而限戎馬當要害之衝則爲井田置堡于中聚衆拒守或行近時方田之法開溝于傍植棗于外雖有武騎千群將安所騁足哉先王體國經野廣開溝澮澮上有塗容二軌川上有路容三軌皆高垣崇墉也井井有溝溝有徑[illegible]敵之策伏于養民之中又井田者陣法之宗也于設陣之中寓止戈之意皆聖人之良法也不此之務而區區修邊真所謂舍千萬重之險而恃一關失千萬世之利而築一壘者矣且我之于胡虜不畏零竊而畏大舉邊牆雖完止可禦零竊耳若大舉則拆垣而入如履無人之境矣豈如廣開溝塹滙水開田使虜騎必不能逞哉又歲歲修邊隨修隨圮軍力有限而邊無完期是未戰而力先屈也若蓄軍之力開邊之田則食可足而兵可強此二策者相去遠矣夫薊鎮京師之背趣自居庸迄于

山海以山爲固誠于內地引泉爲河以設重險所
謂山下有水蒙不利爲寇利禦寇者也
又曰夫井田聖賢良法也當行也然而不可執也水
田足民要法也當興也然而不可執也故地可井
則井之而勢有不便者但開溝畜水不必全泥古
法縱橫曲直各隨地勢淺深高下各隨水勢使地
利必興足矣有水而地宜稻者則爲水田有不宜
者黍稷菽粟各隨其便高者麥粟低者蒲葦使田
無地荒足矣若執一法而槩行之不惟重拂人情
亦未深明土性非所以盡變化而行良法也

秦鰲曰畿輔之地北抵灤州南距慶雲一帶州縣地
廣人稀生理鮮少然水深土厚地力沃饒乞選江
浙之士爲之長吏使之訪募江南作田如法水耕
隨其高下或鑿渠以畜水或築圩以環田仍又倣
行古者孝弟力耕之科有能率衆墾田萬畝者授
其官其千畝者亦如之果能勸課有法不吝超遷
如此則三數年後必有萬倉之積矣王畿足則天
下無不足之憂而歲運之數可省矣富國之道莫
先于此

備書屯字函卷之二

師汝南中山蔡敎中閱　越人王應遴堇父輯
友人宋　獻獻孺較

屯之案

黃帝相風后察地利辨四方畫萬國分八家置監步
畝井開九道一井爲隣三井爲朋九井爲里里五
爲邑邑十爲都都十爲師師十爲州計四萬五千
井設井計畝地着民安

周六軍因井田而制軍賦則兵寓於農也自管子作
內政寄軍令鄙法寓民賦而兵農遂分爲

漢晁錯請選常居者徙塞下先爲室屋具田器募罪
人及免徒復作與民之欲往者皆賜高爵復其家
自景帝時屯田規模已畧具矣至武帝時桑弘羊
倣其遺制請屯田於輪臺

漢宣帝使趙充國擊先零羌充國奏以羌虜可以計
取難用兵卒破因度臨羌東至浩亹羌虜故田及
公田民所未墾可二千頃以上願罷騎兵募淮揚
汝南步兵與吏私從者凡萬二百八十一人分屯
要害處益積蓄省大費又上便宜十二事詔許罷
兵獨留充國屯田卒降先零振旅而還

馬援為隴西太守。先是時參狠並塞。諸羌連年為寇。軍民俱不聊生。援既擊平之。乃引洮水灌秔稻。使軍民雜藝焉。於是隴西得以樂業

虞詡復三郡。激河浚渠為屯田。而省內郡之費歲數十萬緡

漢季經黃巾之亂。所在凋弊。二袁軍皆仰桑椹以為粮。曹操任棗祗募民屯田許下。得穀百萬斛。又令所在郡國徧置田官以積穀。於是所至廩庾充盈。軍行無匱乏之虞。更省轉輸之苦。故能鋤夷群雄焉

諸葛武侯師六出而五厄於糧。雖木牛流馬以運之弗繼也。終乃屯田五丈原為久駐計。耕者雜於居民之間。而百姓安堵。軍無私焉。向使天假之年。星不隕野。司馬懿之守計已窮矣

魏司馬昭初欲經營吳蜀。鄧艾以三隅已定。事在淮南。且田且守。歲得穀五百萬斛以為軍資。以此乘吳。無不克也。乃大屯芍陂。通漕道。卒以困吳。唐上元中於楚州置洪澤屯。於壽州置芍陂。大獲其利無窮也

吳陸遜以所在少穀。表請諸將增廣農畝。吳王權報

且旋行而旋格矣。合於大臣中。採其素有威望心計者。特賜簡用總督天下屯政。將天下輿地除瀕海瘠薄地狹人稠幅員有限邊臨荒徼之處。聽彼撫按官自行清查開報外。其餘量分幾路。每路各遣風力御史一員專理巡屯。督臣持籌主計專制總理。務使地無餘畝。廩有餘蓄。天下無事則酌四方之水旱。減價平糶以紓民困。有事則視軍需之緩急。遠輸近餽以佐芻糧

御史凡一路之中。軍屯之廢。占民地之欺隱。山蕩陂堰之可開。沙渚灘蕩之可佃。草場官地之宜復。僧

道禪院之宜裁。勳戚投獻之非額。豪右侵據之違制。傲吏支吾而非實。不才激衆而阻撓。俱得盡法清理。應按治者按治。應具奏者會題。悉寬嚴得體。使天下曉然知朝廷之意在裕國而不在侵民。在祛奸而不在擾衆。庶軍民兩適而在在樂行矣

屯田之始。經營擘畫。全在乎道臣。撫字招徠。全在乎守令。非通敏之才。不足集事。非閱歷之素。難與持久。非殫心共事。未易圖成。仍諭該道遍行各該州縣。治農丞簿尉各循職掌。凡所當興當革。未盡事

曰甚善孤父子親受田車八牛以爲四耦雖未及古人亦欲與衆均勞也

晉羊祜鎮襄陽墾田八百餘頃祜之始至也軍無百日之儲及其季年有十年之積平吳之後杜預脩召信臣之遺蹟激滍淯諸水以浸原得田萬餘頃分疆刊石使有定分公私同利衆庶賴之

府兵之制剏於周宇文泰之所作也講閱戰陣皆以農隙身庸租調一切蠲除

齊境初糴貴蘇珍芝建議脩石鼈等屯自是淮南軍防足食平州刺史嵇曄建議開督亢陂置屯田歲收稻粟四十萬石用是北境得贍又於河內置懷義等屯以給河南之費自是稍止轉輸之勞

北齊租調之制十八受田二十充兵六十免力役則北齊之兵亦授田者也

隨主以隴西頻被寇掠而俗不設村塢命賀婁子幹勸民爲堡仍營田積穀子幹上書曰隴西河右土曠民稀邊境未寧不可廣佃比見屯田之所獲少費多虛役人功卒逢殘暴且隴右之民以畜牧爲事若更屯聚彌不自安但使鎮戍連接烽堠相望民雖散居必謂無慮隋主從之

晉劉靖以嘉平二年于高梁河開車廂渠灌田歲二千頃景元辛酉更置水門水流乘車廂渠自薊西北逕昌平東盡漁陽潞縣凡所灌田萬餘頃又王海山川考曰薊州漁陽有平虜渠傍海穿漕以避海難又其北漲水爲溝以拒契丹皆魏神龍中滄州刺史姜師度所開也夫車渠平虜之跡誠不知其何在然據今日見在之水開今日可耕之地以距今日跳梁之夷則在能者圖之而已

周史顯德中契丹屢寇河北輕騎深入無藩籬之限郊野之民每罹殺掠言事者稱深冀之閒有葫蘆河橫亙數百里可浚之以限其奔突周世宗詔王彥超韓通將兵夫浚之築城于李晏口以張藏英爲沿邊巡檢使留兵戍之自是河南之民始得休息

霍韜嘗進言曰臣嘗訪詢畿內地利自直沽至永平灤州皆有山澗之泉惟北人不知水利反以爲害若能慎選守令勸民裒貲相地高低道溝引泉築堤置閘以時蓄洩沿溝之堤或植榆柳可以作薪或植桑栗可以爲糧戎馬過之可爲蔽覆其言鑿鑿可按而行也

唐沿周齊之制有戶分世業之田督課農桑兵農一
致得井田遺意焉
府兵之始一寓之於農史稱其居處教養畜財持器
動作休息皆有節度自居無事則耕於野其番上
者宿衛京師而已四方有事則命將授兵以出事
解輒罷兵散於野將歸於朝故士不失業而將無
握兵之虞由兵寓於農也
自武德來邊土開拓西域皆置都督府開元中繞置
朔隴河安諸節度歲發山東丁壯爲戍卒繒帛爲
軍資開屯田供糧糗設監牧畜牛馬萬里相望及
安史反精兵皆徵入援諸行營留兵單弱鳳邠皆
爲左衽
郭元振督涼州先是涼州南北境不過四十餘里突
厥吐蕃頻歲薄城百姓苦之元振始於南境置和
戎城北置白亭軍控其衝要拓州境千五百里寇
不復至又令甘州刺史李漢通開置屯田盡水陸
之利舊粟麥斛至數千及是一縑糴數十斛軍糧
支數十年元振善撫馭夷夏畏慕牛羊被野數世
猶利賴焉
吐蕃寇河源黑齒常之擊却之常之以河源衝要欲

加兵戍而轉輸險遠乃廣置烽戍七十餘所開屯
田五萬餘頃歲收五百餘萬石由是戰守有備
郭子儀初至河中軍乏食乃藉荒田躬耕百畝將士
競勸於是野無曠土軍有餘糧
振武軍饑李絳奏以韓重華爲營田使重華出贓罪
吏九百餘人給以耒耜牛種使償所負建十五屯
每屯百三十人人耕百畝比歲大熟乃藉餘糧就
高爲堡起振武逾雲中極於中受降城凡六百餘
里列柵二十墾田三千八百餘處歲省度支千三
百餘萬緡
德宗問李泌以復府兵之策泌請鑄農具給牛種分
賜沿邊軍鎮募戍卒耕荒田而種之土沃久荒而
收必厚因屯可以致富必不思歸有願留者即以
所開田授爲永業不過數年兵皆土著乃以府兵
之法理之既而戍卒多應募願耕者十五六
大中六年上與翰林畢誠論邊事援據今古具陳方
畧上曰不意頗牧近在禁庭乃以爲邠寧節度誠
欣然受命營田邠寧歲得三十萬石
光啓中張全義起於羣盜後爲河南尹喪亂之後郡
戶不滿百全義乃選麾下十八人人給一旗一榜分

請十八縣墟落中植旗張榜招徠流散修理屯田全義明察人不能欺爲政寬簡激勸有術遠近趨之遂成富庶

朧州地與吐蕃接舊常更入攻抄人不得休息惟李簡以爲邊將當謹守備蓄財穀以待寇不當覬小利起事端乃益市耕牛鑄農器以給兵農之不能自具者增墾田數十萬畝屬歲屢稔公私有餘積焉

初唐籍隙地建置營田因地良瘠歲豐凶而爲三等募民爲兵以隷司農略倣井田之制自漢以還獨

爲近古自天寶之後變爲彍騎而天下莫知其利矣揚炎請屯田豐州郢爭浚渠之禍李絳請營田時宰爭易地之憂故民日疲於養兵兵日耻於稼穡瓊林之廩空而戰士止給麤糲市多脫巾迄於唐亾

吳越王錢弘俶募民墾荒田勿收其稅由是境內棄田盡闢料民遺丁以增賦者弘俶杖之國門國人益勸

宋以陳恕爲河北招置營田使時議者謂宜度地形高下因水陸之便建阡陌浚溝洫樹五穀所以實邊廩而限戎馬故遣恕等經營之恕密奏戍卒皆游惰仰食縣官一旦使冬被甲兵春執耒耜恐變生不測乃中止焉君子曰天下事非興作之難而處置得宜之難恕所慮豈佚道使民之義乎

太宗務興農陳靖曰先命大臣兼屯田制置令京東西檢荒地耕兆產募民耕作賜牛種室廬使田成度地均稅約井定法詔靖爲勸農使

淳化中以何承矩爲屯田使黃懋允判官河北諸州水所積處大墾隙地發諸州兵萬八千人給其役興堰六百餘里置斗門引定水灌溉雄莫霸諸州

田次年方熟至是沮何承矩之議者方息莞蒲蜃蛤之饒民賴其利

司馬光募民能耕麟州閑田者復其稅役十五年能耕掘野河西者長復之時議有難之者光曰官雖無所得而耕者衆則糴賤可以漸舒河東運輸之民矣

孟珙爲京西路鈐轄修平堰於棗陽由八疊跨五息建通天槽八十三丈溉田十五頃立十莊三轄使軍民分屯邊儲豐物忠順軍家自畜馬官給芻粟馬益蕃息後宜撫四川謂不據險立砦則難責兵

衞民不集，流離安耕稼，則雜責民養兵，乃大興屯田。調夫築堡，募農給種，立賞罰以課殿最，選壯士雜官軍教之，期年民知戰守，無事則植戈而耕，寇至則悉出而戰。詔部行之。

宋初營田皆置務。何承矩建議於河北，歐陽脩募弓箭手於河東、陝想，韓琦、种古招置營田於河東。比范仲淹大興屯田於陝西，耿望置屯襄州，章惇初築沅水，亦為屯田務，正以極邊多不耕之地，並邊多流徙之餘，因地之利，課以耕耘，贍師旅而省轉輸，所以為息遊食塞之要務，足國安民之至計也。然

屯田以兵，營田以民，固有異制。咸平中，襄州營田既調夫矣，又取唐州之兵，是營田不獨以民也。熙豐間，邊州營屯不限兵民，皆取給用，是屯田不獨以兵也。至於招弓箭手以備耕不盡之地，復以募民，則民兵參錯而無異也。然前後施行，或以侵占民田為擾，或以差借耕夫為擾，或以諸部招牛為擾，或以兵民雜耕為擾，又或以諸路庸軍不能耕穉，不習水土為擾，至於歲之所入不償所費，遂又報罷。惟因弓箭手為助田法，一夫受田百畝，別以十畝為公田，俾自備種糧工力，歲收十石，水旱三分除之，官無償給之費，民有耕墾之利，若可以行矣。然弓箭手之招至者未安其業，而種糧無所仰給，且又責其借力於公田，慮人心易搖，卒莫之行，此熙寧九年鄭民憲之言也。

范仲淹守西夏，沿邊置營田，計畝定課，少田處，許並部進納荒田，以還逋負，附耕或量給直焉。數年間，軍有餘糧。又閱州兵得萬八千人，分爲六軍，日夜訓練，西賊聞之，遂破膽焉。

孝宗時，荊襄屯政失宜，有司競言不便，請罷之。張闡言：不便者非田之不可耕也，以不善招誘而無耕

田之民也。有司慮功之不就，未免課之游民，游民不足，未免驅新百姓，給已訖叫耕官生田，私田既荒，賦稅猶在，占百姓之田以為官田，奪民種之穀以為官穀，老稚兼養，一方騷然。彼言不便，此之由。今與其兼之以兵，若使兩淮歸正之民以就耕乎，非惟官免其流離，荊湖既廣，田疇自成，取其餘者而輸之官，亦流民遂以裕國用也。

鄜州种世衡以塞門諸砦既陷，延安東北二百里無寬州廢壘，且戰且守，得泉名青澗，開營田，致富實焉。

元史泰定中虞集爲翰林直學士進言曰京師之東瀕海數千里北極遼海南濱青徐萑葦之場也海潮日至淤爲沃壤用浙人之法築堤捍水爲田欲得官者令其衆分受以地官定其畔以爲限能以萬夫耕者授以萬夫之田爲萬夫之長千夫百夫亦如之察其惰者易之三年後視其成以地之高下定額以次漸徵之五年有積蓄命以官就所儲給以祿十年不廢得以世襲如軍官之法至正十三年正月丞相脫脫言京畿近水地召募江南人耕種歲可收粟麥百萬餘石不煩海運京師足食從之于是用右丞兀良哈台左丞烏古孫良禎兼大司農卿而脫脫領大司農事西自西山東至遷民鎮南至保定河間北抵檀順州皆官地及原管各處屯田悉從分司農司立法佃種給鈔五百萬錠以供工價牛具農器穀種之用又略倣前學士虞集議于江南召募能種水田及修築圍堰之人各一千名爲農師降空名添設職事勅牒十二道能募民百人者授正九品二百人者正八品三百人者從七品就令管領所募之人所募農夫每名給鈔十錠由是歲乃大稔

孝宗命置兩淮屯田楊州河州各屯三萬人仍籍民家三丁者取一爲義兵授弩教陣農隙之日給兩月食聚而教之大兵屯要害民兵相爲犄角軍民俱便之

吳玠與金人對壘十年常苦遠餉勞民益治屯田

唐州素沃經五季之亂民稀土曠田作者少賦不克役議者廢州爲邑趙尚寬曰土曠可益墾闢民稀可益招徠何廢之有

韓侂胄奏江南岸曠土多沿江大將分地屯軍軍舊爲農者十之五六擇其弱者使耕農隙習藝秋成均以子粒募江南流徙及無業之願遷者分給之總爲營田止則固守出則攻討

元初用兵征討遇堅城大敵必屯田以守之海宇既一乃內而各衛外而行省皆立屯田以資軍餉墾拓荒徼由是無不屯之兵不耕之地

至正中丞相脫脫言京師近水多隙地募南人耕之歲可收粟麥百萬餘斛不煩海運兵食可足也從之乃召募江南農師千餘人降空名添設職事勅牒十二道能募農民一百名者授以正九品秩二百名者八品三百名者七品就令管領所募之人

耕種焉三年不課五年半科九年徵比民田之中
下者
周朝高皇帝甫定金陵卽以康茂才爲營田使天下
既定遂命諸將分軍屯種龍江立屯所於滁和廬
鳳閒制京衛軍以七分屯種三分守城後復憫海
運之艱用宋訥所獻守邊策立法分屯布列邊徼
遠近相望首尾相應邊境既寧撤守關士卒僅備
譏察悉令致力屯田令屯士幷樹桑棗柿栗隨地
所宜以補菽粟之不足致力如此其一而地利如
此其盡也

洪武三年嘗以遠田三畝易城外民田一畝以爲屯
田不足則移數衛於江浦六合諸屯以就田而親
勑五府正官程督之
洪武七年徙江南民十四萬詣鳳陽墾田時山西沙
州民若干戶願應募受屯賞以鈔錠給以公田仍
令募本州民使益廣種焉
成祖初卽位有河南屯官上歲收之數而不足者司
農請罪之上以法令初行姑從寬宥但召諭之曰
屯田軍國之大務爾等不留心於此徒坐享祿食
若復役疲民以卒則民愈困而兵日惰夫畜

兵以衛民豈以兵而困民乎宜深思之仍治惰耕
者罪如法無悔
成祖納黃福之請官爲市牛種鑄田器至欲廣屯于
遼陽而遣人徵牛於朝鮮詔各荒屯空土不論士
客軍民官令盡力開墾永不起科以寧夏積穀獨
多降勑獎諭總兵何福四年命成安侯括順天府
境內閒田立屯給京衛旗軍成田者如例納糧開
荒者免科
永樂中隆平侯張信強占練湖田八百餘里又占江
陰縣官田七十餘頃爲都御史陳瑛所劾　成祖

曰昔中山王有沙洲一區耕農水道所經其家僮
嘗擾之以擅利中山王聞之遂歸其田於官今信
何敢貪縱厲民如此命有司嚴治之
永樂中選天下富戶無田糧及有田糧不及五石者
徙北京充戶附籍順天十七年又選山西澤潞二
州無田民往彰德真定臨清諸處開曠土自便耕
種免其賦役三年仍給鈔二十錠以備耕具
仁宗念所司以徵徭擾屯役令毋擅役妨農功
宣德初大同總兵鄭亨上屯田子粒數多遣人勘實
賞之提督必遣老成更命風憲官以時巡察於時

屯久歲豐邊士一切用度多以粟易於是令戶部
淮輸貿轉多至二三十萬石少亦不下十萬
景泰中葉盛以左參政協贊獨石等處軍務請屬官
銀買牛千餘頭摘戍卒不任戰事者俾事耕稼歲
課餘糧於官凡軍中買馬勞功恤貧諸費皆於是
乎取給自是邊人歡洽歲亦屢登又請於凡邊塞
處置立屯田士卒能於本田之外多耕者立為賞
例使人人奮耕家有積粟
景泰三年永嘉大長公主願以置買無錫縣田二千
三百餘畝歸有司助供軍馬之用賜錫褒美

商輅奏稱口外膏腴多為莊田空閒之區咸歸邊帥
士卒無近田可耕乞差官清丈
景泰六年准都御史李秉題議順德地土肥饒築立
城堡撥軍屯種乃以見在關營軍士三分守關一
分屯種見在城軍一分屯種二分操練
天順中葉盛巡撫宣府役備官牛官田法墾田益廣
積穀益多以其餘易戰馬千八百疋備築城堡七
百餘所
成化間各邊屯戍常因貧乏假貸本衛所官錢秋成
加息以償非體也然亦彼此俱利固所願耳至正

德中巡察使者惡其專利也而禁之於是窮軍無
所貸多避賦而逃屯田遂益以廢
兵部侍郎胡汝礪丈量出勳舊莊田共一千八百頃
上之 武宗曰勳臣既有常祿在外莊田徒使利
歸佃夫家人即令邊儲告匱此輩豈無憂國助邊
之心查出田土照例起科量莊人役俱與革去各
家願自種者聽不願者撥與附近空閒舍餘種納
仍量地利厚薄以定則例且命各邊查出地土視
此行之
嘉靖初楊一清言八府土田多為勢豪乞討使民失

其常業 世宗曰地土軍糧所出多為奸人投獻
勢豪朦朧請乞擅奪軍需雖有勘斷終不明白民
失常產何以為命京畿如此在外可知令戶部推
侍郎及科道有風裁者各一員領勅徃勘不問皇
親勢要凡係濫請及額外占奪民業曾經奏訴者
查冊勘還各項草場亦有混占軍餘者一體清查
外省令御史按行諸王府及功臣家惟祖宗欽賜
確有籍可據則已凡近日請乞及多餘侵占者盡
還軍民各處勢要亦有指軍世業為拋荒從而占
之者皆宜處置事竣具上其籍示委官務綜其實

以副朕恤民固本之意如畏避權勢徇私廢公者
戶部以狀聞
嘉靖六年差夏言等查勘順天等地方皇莊及勳戚
莊田除踰額外其侵占民地共二萬二百二十餘
頃號稱屬皆起於奸人規利以媚朝廷流獘壞於
勢家朘民以肥私室中官禁卒催科驛騷勳戚豪
奴假威肆毒剝膚椎髓莫甚此時　世宗即勅給
主召佃照依原定則例每畝徵銀三分原係皇莊
解部彙進係勳戚者赴部關領不許自行收受
嘉靖八年題准甘肅諸邊衛所不必別僉屯丁將所
轄部兵查給牛種委官統領開種其將領墾田百
頃以上者撫按獎勵三百頃以上者奏請擢用備
禦官軍每年正月上班其願墾田者分撥荒田儘
多之所給與本色行糧牛種犂鏵即委領班官統
率能多墾田照例獎擢
會典嘉靖中曾一時並遣三都御史并發內帑銀兩
開墾屯田其時北直隸則都御史張濂南直隸廬
鳳淮揚滁和山東兗州等處則都御史王璣也
隆慶初特勅都御史龐尚鵬清理諸邊屯田
萬曆間汪應蛟巡撫保定擬於天津葛沽等處開建

屯田時所屬官皆難之謂此地從來斥鹵不可耕
也間有臨河蓺苴者所收不踰一二斗耳蛟曰從
前無識水利者無水故鹻得水自潤何地不可爲
稻區哉乃買牛置農具開渠築堤一時並舉遂墾
田五千餘畝內二千畝糞多力勤畝穫四三石餘其
三千畝或種豆或旱稻斷苴得水溉之肥者亦
畝收一二石唯旱稻竟以鹻而立槁
國家原額屯田八十九萬三千一百七十二頃餘今
所存六十五萬五千五百一十二頃餘然屯法之
壞不獨失其額也一壞於餘糧之免半洪熙行寬
大之政命免餘糧六石是捐其半也夫舉天下之
軍藉食於屯一旦失其半何以足軍國之需再壞
於正糧之免盤宣德十年始下此令正統二年率
土行之不知正糧納官以時給之可以免貧軍之
花費可以平四時之市價可以操予奪之大柄今
免其交盤則正糧爲應得之物屯產亦爲固有之
私典賣迭出頑鈍叢生不可收拾獘端在此歷朝
以來皆知脩屯法之善卒未有能舉之者徒以疆
界難清豪強難抑徵催難整耳然欲清疆界莫如
嚴丈量丈量則寸壤不可隱即巨室之怒生國賓

受其利也抑豪強莫如撫貧弱奪不應得者與應得之人則衆心得矣整飭徭役如調屯官令各督其衛恃爲固有必一以軍政之法分調督能等其繁簡一有不稱置之重刑則人人凛凛不敢肆恣矣然後復正餘糧二十四石之額復上倉交盤之制即以今田等之可得米三千一百四十六萬四千五百七十六石除正糧以食其十之三尚可得餘糧一千五百七十三萬二千二百八十八石今京軍不過十二萬南京軍額不滿四萬盡補天下失伍之額不過一百四十六萬除屯軍外不過九

十八萬餘用其米三之二足以養矣截長補短取給於此不煩轉輸之勞一歲有兩歲之支仍足九年之蓄則繕險治器皆可取給但經理之時仍拋荒者未免有牛種開濬之費在邊外者未免有築堡防禦之勞然築堡即所以備邊開濬乃所以永利牛種之費止在一時苟兼行鈔法又取之節如者也

眞石齋備書

巳

卅三/三　共十本

備書屯字函卷之三

越人王應遴董父輯

師汝南中山蔡毅中閱　友人茅元儀公選較

屯之法

欲復屯法必先得人得人以實心行之則豪奪可清也額餉可裕也不得其人以相蒙而塞責則欲清豪奪而反自爲豪奪欲充今日之額餉而反虧他日之額餉也是滋之獘也故田事出賦人二十畝至四月草生發騎就草以爲田者遊兵必得趙充國其人而後可無擾也耕者雜於渭濱居民之間

而百姓安堵軍無私焉必得諸葛武侯其人而後可無擾也大治諸陂竽渠溉田又通運漕之道必得鄧艾其人而後可無擾也每屯百三十人就高爲堡凡六百餘里列柵二十必得韓重華其人而後可無擾也今世稱乏才而斥弛之士二挂物議不問真妄終身棄之國家之不恤材有異於將帥之不恤士卒乎而百職因是以文移取辦更無有爲國家實任事者欲復祖宗之舊何繇哉

人情可與樂成難與慮始是在聖明獨斷事乃必行額不設專官則事權不一鈐轄不嚴規畫不周必

且旋行而旋格矣合於大臣中揀其素有威望心計者特賜簡用總督天下屯政將天下輿地除瀕海瘠薄地狹人稠幅員有限邊臨荒徼之處聽彼撫按官自行清查開報外其餘量分幾路每路各遣風力御史一員專理巡屯督臣持籌主計專制總理務使地無餘畝廩有餘蓄天下無事則酌四方之水旱減價平糴以紓民困有事則視軍需之緩急遠輸近餽以佐糈糧

御史凡一路之中軍屯之廢占民地之欺隱山蕩陂堰之可開涉渚灘蕩之可佃草場官地之宜復僧

道禪院之宜裁勲戚投獻之非額豪右侵據之違制傲吏支吾而非實不才激衆而阻撓俱得盡法清理應按治者按治應具奏者會題務期綜核明悉覺嚴得體使天下曉然知朝廷之意在裕國而不在侵民在祛奸而不在擾衆庶軍民兩適而在在樂行矣

屯田之始經營擘畫全在乎道臣撫字招徠全在乎守令非通敏之才不足集事非閱歷之素難與持久非殫心共事未易圖成仍諭該道遍行各該州縣治農丞簿尉各循職掌凡所當興當革未盡事

宜悉出條議共贊屯務
備例御史出差俱一年伏命而廵撫則以三年又道
差以按學鹽漕爲大差而江倉屯馬爲小差於是
僚屬往往故有從違人情亦且自相軒輊必須酌
定三年報命或其開新舉廢未有成緒亦必事竣
方回至於績懋資深仍照監軍関邊事例擬授京
堂用備邊方廵撫之擢以示隆重督臣則專倚文
任竟其運量曆叙召予恩在朝廷難拘成格
屯道卓異其遷轉當視御史郡邑長吏衛所弁員
盡胼胝均屬在事倘有賞必賞政任怨任勞則當

破格超薦以勵其餘
督廵二臣自宜各務祗承便民益國用收一代弘績
各該撫按亦宜和衷共濟贊成盛典司府州縣亦
毋分祀左右致撓成議而局外旁觀者亦須愛惜
人才寬假歲月勿輕採蜚語致灰藎臣謀國之心
然必天語切諭國脉攸關陰謀撓阻者聽臺省諸
臣公擊之
選用屯司道府州縣正佐聽部院科道實訪其有心
計通知農田水利素有志富民足國者保舉之久
任功多則破格優叙或就於本處超擢以便責成

巡按宜查勘務確其開田果有實數倉庾果有實糧
則經管文武官員另行特薦如有扶同揑報等弊
即時勘處廵撫道臣失於覺察亦聽糾參
凡有　陳墾田良法及富民裕國事宜不拘官民所
在衙門即與酌議施行唯阻撓屯政倡言不便者
一槩責而遣之
田事必資水利而不費疏鑿開塞之宜則勞費無益
故有諳於農事精於測量水利及善造巧便水具
立爲農師當從優待使之遍歷田所指授商確以
成田事焉

按臨清東連渤海西扼太行南漕荆吳北控畿輔固
燕趙淮徐之衝梁宋青齊之都會也九州安處内
地而帝關近在門庭一朝不戒有如庚戌之警虜
騎闖入則山海以東一線可斷獨石紫荆而南在
在可通太倉之積僅飽六師通州之城孤懸難守
德州之倉庾不足以充棲兵之餅餌庚戌虜犯都
城時勤王之兵皆倉卒就道糗糒不齎戶部設犒
無經徙以文移往返三日入[redacted]獲數餅焉向使臨
清有備則雖通州之積貯盡焚何得窘迫至此故
總督駐劄萬分宜在臨清或云淮濟見駐兩大臣

輕議添設未便也則盍以總河政兼督屯移駐此
地俟秋水發仍還濟寧暫駐焉則經營不兩便乎
屯政之利無他去其害屯政者而已何則沃饒并於
權豪荒瘠困於牛種耕斂奪於私差輸輓脅於包
攬屯地太廣屯糧太重屯徭太煩利未開而害先
叢害端不悉則利源不開是故善議屯政者先究
其昔之何以利今之何以弊舊屯之何以復新屯
之何以開而後次第斟酌焉故有曰嚴侵占也復
輸邊也速歸併也正經界也恢舊制也重事任也
停抽撥也禁包辦也權折色也復屯倉也蠲舊逋

也寬新課也擇屯官也革奸旗也嚴考課也清冊
籍也給戶由也均撥田也軍墾民種也循序也黜
浮議也儲穀給種也給牛具也議屯運也以屯爲
開也以開爲屯也是皆敝於前而不容不詳確於
今者也乃若擇人也設官也召墾也贖罪也拜官
也恤藩裔也清丈官民侵漏也度土也酌時候也
穿渠也築堰也畫圩也蓄洩也樹藝也備器具也
是又當慎於始而永圖其終者也
九邊沃土盡被侵漁各衛屯丁俱已流竄輸邊額擅
通行改折兩淮引目又復輸銀種種變遷屯法大

壞矣屯壞則邊曠邊曠則虜斥虜斥則兵增兵增
則餉缺故法欲嚴侵占而復輸邊
屯法每軍給田五十畝然田或四出不等一軍之田
或跨數圩一圩之田又分數處人力不及不能盡
種屯軍旗甲槩索全科則人情孰肯貪數畝之便
而任數十畝之勞圖數畝之利而補五十畝之稅
者故法欲速歸併以正經界
聖祖初制京衛旗軍七分屯田三分守城不仰轉輸
自食其力列聖相承遵而不廢故屯法大舉益
祖宗朝實重其事內則督以御史都御史倉場侍

郎外則董以僉事通判而承事者亦斤斤奉職唯
謹自後玩愒相仍督屯者優游城市督巡者憑信
文籍而溝塍廩庾之間少有省視膏壤割於勲戚
剖於養廉子粒儲糧更耗於雀鼠士無田可耕矣
迨孝宗朝葉淇創以鹽粟改爲折納田塞上者皆
投耒耜歸而邊地空虛戍士单弱粟價踴甚嗷嗷
以待東南漕且請發帑無虛月良可嘆哉故法欲
恢舊制而重事任
舊制屯軍給與牛具種子且不許他役以妨其農功
嗣後邊事漸興多抽屯軍以補別伍於是屯兵不

得專其業而田遂荒故法欲停抽撥以便農功
國初沿邊曠土盡以給軍肥瘠不同則令視其歲收之數而考較之是後貪婪將領多私其膏腴重以豪右侵據而農益弛散遂致包田多而納徵少軍人田不滿額又槩責以全科故法欲禁包辦而杜侵漁
令甲總一衛之兵而十之七屯種十之三城操所得爲石者十二以自給十八入倉以給城操者是十人之田養十五人也厥後邊事漸興軍多備邊屯種漸廢乃因地徵糧百畝六石輸諸官及給軍則人十二石是二十人之田始養十人也於是田始不足乃借支民糧民糧又不足乃爲折色名雖折支實乾沒之耳夫自折色行而軍始貧民糧借而民始困故法欲權折色
國初衛所俱有屯倉以貯餘米其名曰屯頭倉田者不病於輸而操者無苦於支至便也自後徵糧於官倉在府州會城去屯遂遠有至數百里者往返既遙而搬運候伺之費侵牟欺隱之弊百出而不可詰雖二十人之田不能養六七人乃始仰給內帑自嘉靖以來事愈煩請愈急雖內帑亦不能給

矣故法欲復屯倉以便支納
文皇帝出獵見田家糲食惻然傷之因念屯軍之苦令督屯官以時勞問洪熙初時察其困乏者而蠲餘糧以賑之其勑督使者詞曰督率官軍及時耕種毋令遊惰致有荒蕪則屯官之責專於勸課不在催科也明甚今邊軍月糧既遭扣減比及關支又以屯糧未完盡行坐除既無粒米之獲而空賦無名之稅乃敲朴追逋流毒妻孥其不竄亡者幾何故法欲蠲舊逋而寬新課
國初賞罰嚴明督屯官皆照所屯積多寡而定其殿最有執法殿下者必峻刑誅今自旗甲暨吏俱得上下其手於是輸者每二石而致一石而支者不得十之三是故爲屯害者莫甚於管屯旗甲名曰識字或摘補丁或派補田或撥挑渠或封閘水泉或科派餽遺或收糧勒措屯糧既重而徭撥派衆逋屯差既重而又增帖雜役是以軍日逃而田日荒乃所以致之逃者離乎屯官不唯弗之問且據荒以爲己利則糧額烏得不日減乎故法欲擇屯官而革奸旗
國初牛具農器總於屯曹細糧子粒登於户部又設

憲官將之有不及數則有具奏降罰之令焉有逾
年不完憲臣住俸之令焉令繡衣受代徒搋一二
武夫以伏命上下相蒙苟且一律無望脩舉矣故
法欲嚴考課
京衛侵占其弊有四一曰選占屯產之膏腴 收租肥
已而混稱開荒二曰侵削屯軍之額田而詭爲開
墾起科三曰勒人投獻而稱用價買佃四曰詭名
月領數十分而稱俱有戶由故法欲清册籍而給
戶由
紅牌舊例凡承佃故軍田地戶由每戶不過二分後
膏腴多占於軍舍每戶有領十紙至二十紙者故
磽瘠盡授貧軍但受賠賦之苦不見屯田之便也
合嚴查戶有二紙以上者每三紙令領久荒田一
分務使立限開完有不開者即將戶由退出另行
召佃每戶田三分帶領荒田一分夫現得三分熟
田而兼一分荒田未有不願承佃者將見邊無曠
土矣故法欲均授田
地廣則闢治之難田多則耕種之難必招徠數千家
而後能任千頃之地必聚數萬人而後能備數十
萬畝之耕如地方十里爲田五百四十頃一面瀕

河三面開渠與河水通深廣各一丈五尺四面築
隄以防水潦高厚各七尺又中開溝渠之類條分
縷析大約用六十萬人工而後可以竣事毋論北
人慵惰即南人善耕亦安能集衆裹糧越數十里
之地以從難成之役即其富商大賈操奇贏坐收
數倍利又誰肯捐萬金以勞形哉故當以附近衛
所之軍防秋之暇用軍墾田以田分民軍能墾而
不能盡種民能種而不必自墾軍有月糧而無傭
値之費民無勞役而享可耕之田故法欲軍墾而
民種
中葉之世未嘗不窘財用欲求財足未嘗不事更張
但恐事勢倥傯更張紛序於國無益於民徒擾故
法欲循序而無周章
人情多薄催科至國計則等之秦越時局多祟議論
遇改作則起而紛爭故法欲黜浮議
夫無恒產之民方且承人之田以種而藉其餘以自
資豈有授之荒田而不墾者則亦捨棄之無種也
若於該府州縣預設儲穀種子倉或十餘所或五
七所每所約貯稻千石歲祲賑饑不與焉專以待
開荒者給借之法則約戶內人口之多寡及所墾

田之廣狹以爲差實有田若干畝如給種若干石
而秋成完穀一視歲之豐歉豐則量收其息想亦
民所樂輸不豐不歉則蠲其息或歲大歉則併其本
本而蠲之至於杜冒濫稽眞僞責成於鄉約保甲
之長官唯爲之綜核焉來歲自不必借之官官固
宜儲之以備荒也此儲穀給種兩便之法也
凡濂泖圩岸門壩倉厫犁鋤牛隻種子一應工費價
値經營建造俱屬不貲若議設處未免趨派不若
於各該州縣借支無碍錢糧照張所蘊開三河田
式建庄買牛分社而種事竣賣牛仍復還官秋成

糧輸所獲漸補借支之前件官民俱便焉此給牛
具之良法也
辦運屯糧合用船隻督臣設處打造不得輕用漕船
以撓正運及起僱民船致啓擾民之釁此亦屯運
之不可不議者
開屯有邊腹之異亦有先後之宜在腹裏當以開爲
屯在塞下則當以屯爲開若屯在開未成之先則
當先積以資屯開已成之後則又當因屯以裕積
何謂以開爲屯屯田侵占非朝夕矣今欲按籍而
履畝勢必害成嘗聞西北之區固餘甌脫即東南

湖海之濱斥鹵亦多誠廣爲營度而嚴責成焉有
可屯之軍而無田者則計丁以給田有可屯之田
而無軍者則勾丘以補軍夫廣新舍與核舊額其
利孰多其擾害又孰少如是則屯政可復矣何謂
以屯爲開夫招募者皆四方散民也其勢又孤民
散則難招勢孤則易侵今環塞皆戍也其有客兵
者則以兵守扞而以主軍耕其無客兵者則挑其
壯者以守扞而以單弱耕官則歲課其所開以爲
差而與首虜同其賞夫以耕爲守則士樂以田計
功則官勵以戍開田則勢衆而莫敢奪如是則開

荒復矣何謂以積資屯以開裕積夫屯與開不可
一秋而望歲也必以歲計焉以爲不能無仰給於
縣官耶則下令以招商而勸之輸粟度遡時塩課
所折納幾何即以塞下粟直準之而又少減其粟
数令商有餘贏夫人樂贏則忘苦有厭奔走而不
飛輓塞下者乎夫商有所輸屯有所穫穫有餘粟
又得因商之貿易以有所使如此數年則塞下之
粟必多然後下折納之令復如故是商又得息肖
於後盜兩利也如是則積穀復矣此皆屯法中利
弊之大凡也而其最要者則又無踰於復輸邊之

舊鹽　文皇帝之供邊也悉以鹽利是時鹽一引
商輸邊粟二斗五升約值銀二錢故商賈悉於邊
徼間自出財力自招遊民自墾荒畝自藝菽粟自
固堡伍野無曠土廩有餘積至天順間甘肅寧夏
粟一石易銀二錢自葉淇改折鹽課而商賈之足
不復邊矣於是屯卒之牛種不能盡仰給於官此
其獲也又無所售其餘粟於後屯日荒徵科日追
雜徭日繁兵何容以不逃而屯亦何容以不廢
夫利弊常相因也欲興利先剔弊而不察其弊之所
由起則弊亦未易去也今商不致粟於邊而邊始
獘商惟不致粟於邊而商亦日以獘當事者不肯
一任勞亦不敢任怨依廻上下曰種邊商自不願也
盍推昔之所以願種者何故昔之邊屯廣積兵商
兩利者何故未有可行於昔不可行於今者嘗考
屯田之興也兵有定分官不起科無侵無擾而鹽
商納粟於邊自招遊民自開自墾屯卒始頼商以
便牛種之資既頼商以貿餘粟之利此商農之所
以交資也自鹽商納銀於部且增二斗五升之例
而爲四錢八分之科矣於是商復不至邊而兵無
所資獲無所售課追田荒烏能不獘知其獘之始

則可以知其復之端矣
養軍而不困民法莫善於屯田國家原額屯田八十
九萬三千一百七十二頃餘今所存六十五萬五
千五百一十三頃餘然屯法之壞不特失其額也
江南無寸土不耕而畿内荒蕪猶見此水利所以當
興也天下之田皆有定制而畿内獨無定有小畝
有大畝大畝之中又不同焉有二百六十步爲一
畝者有四百八十步者有七百二十步者甚至有
一千二百步者故畿内之地甚廣而今上冊之田
止四十九萬二千五百六十八頃四十二畝二分
零非其實也古者王畿千里除廣谷大川三分之
一該得田六百萬頃今以燕都計之截長補短該
得地方八百里周之尺准今尺六寸古方里而井
井九百畝計今方里則爲田五百四十畝方百里
爲田五百四十萬畝方八百里該田三萬三千六
百萬畝依周禮除山水三分之一該田二萬二千
四百萬畝每畝徵米二升該得米四萬四千八百
萬石以四百萬石抵漕糧民運白糧每石加春折
斛折使用八斗該米若干并祿米倉若干尚餘糧
四千七百五十萬石以備水旱不虞之需益軍糧

不必皆稻米隨此地所有細米粟米皆可收之今山東原有細米　祖宗之制不責有于無而軍士所食原無擇也惟白糧須用稻米但開水田儘自足用長運糧四百萬石每石折銀二錢五分共銀一百萬兩民運一十七萬七千二百七十七石零又祿米倉糙粳米四萬四百六十二石四斗每石折銀五錢該銀二十萬八千六百三十八兩五錢零共得銀一百一十萬八千六百三十八兩五錢零用抵畿內各項銀差沛然有餘按禹貢五百里甸服四百里粟五百里米五百里而外未嘗轉運也漕運起于秦人乃勞民之敝政非聖王之良法後世循而不改悞矣

宋太宗時何承矩知雄州累遷滄州節度副使時契丹擾邊承矩請于順安砦西開易蒲口導水東注于海東西三百餘里南北七十里資其陂澤築堤貯水爲屯田以遏敵騎之奔軼關南諸泊悉闕闐即播爲稻田其緣邊州軍臨塘水上者止留城守軍士不煩廣戍按承矩之初建是議欲自相度恐其謀泄日令僚佐泛舟置酒賞蓼花作蓼花游數十篇令座客屬和晝以爲圖傳至京師人莫諭其

意自此始王諍淀慶曆中內侍楊懷敏復踵爲之熙寧中又開徐村柳莊等濼皆以徐于沙唐等河叫候烏距五眼等泉爲源東合滹沱漳淇易白等水于是自保州西北沉遠濼東盡滄州泥枯海幾八百里悉爲瀦潦而瀦淤至處悉變斥鹵爲良田魚蝦菰蒲之利人亦賴之夫承矩創開此水利而必以游賞蓼花爲名者機固不可預泄而事尤當調停也然承矩之所慮者在外虜而今之所梗者在內豪以盤輿之賢而河害當避猶爲世族大家所橫費千百言以訓誨之況下此者乎

備書屯字函卷之四

師汝南中山蔡毅中閱　越人王應遴堇父輯

屯之具　友人沈　譔天游較

田無水不成無器不治水無岸不運無閘不蓄故水閘也水岸也水器也皆所以經水也經水也者經田也皆屯之資也則皆屯之具也故列屯之具而獨言水兼言閘而運水之器具間條焉

徐太史光啓之論水法也其言用水之畧有五一曰源二曰流三曰瀦四曰委五曰作原作瀦

源者水之本也泉也泉之別爲山下出泉爲平地仰泉其名爲沇爲瀵爲趵突其流爲谿爲澗

源初出於山者泉太寒而傷苗必爲池塘以蓄之使先受日而後灌焉

下流之用水也欲多欲驟而上源之來也徐則爲水櫃以蓄之而驟發焉

山泉之行時而陡入於地迸不可復者下有洞穴也則迂而避之或檢其洞穴而塞之

泉在於此用在於彼有阜隔焉可鑿者鑿而通之不可鑿者則爲過山龍之法以取之爲過山龍而欲

用水於山阜之上則從其脊而小大分之所分欲小分餘欲大約二十之一爲過山龍而欲用水於數里之外則爲陰流以通之溝欲起伏以備脩整分用也

泉在於彼用在於此中有溪澗隔焉則跨水爲槽以引之

源從原來高於田則溝引之自達於田不用車戽也須求處不竭則能救旱出口寬大則霖潦不受衝激諺曰水行百步過墻頭原高之謂也若於上源開溝引水平行則入於田矣但須測量得法否則溝成而水不至也若源從原來而甚高於田則爲梯田以遞受之來遠而卑於田者殺則開河導水而岸之急者或激水而引致之用激法起水於岸開溝入田皆須測量得法不然則溝成而水不至也

源出於平地者仰泉也盛則疏引而用之用水多而久自混混而不絕矣微則爲池塘其側而積之爲池塘而復竭者築土容推以實之甚則爲水庫而蓄之地高有泉隱而未見者用試法以求之因而疏之導之泉或忽然而竭者中有土石傾圮故也

可導導之不可導者必他出用試法求之

谿澗旁田而卑於田者水急湍則激之用輪車龍尾恒升水迂緩則戽之用龍骨龍尾恒升用人用畜用風

流者水之枝也川也川之別爲江爲河爲塘浦涇浜港汊沽溇

江河之流自非盈涸無常者爲之閘與壩遏而分之爲渠疏而引之而灌之旁田高者則戽之其下流復爲閘壩以合於大川欲盈則上開下閉而受之欲涸則上閉下開而洩之遠者或疏導而戽之五

里一縱浦三里一横塘塘浦欲多欲深欲濶

江河之水猛而不可疏引疏引則决者大隄之上爲過山龍之灊以引之灊砌欲如法必令毫髮不漏漏則壞堤砌灊而塗之如水庫有數利焉一殺水勢可無決二免隄旁之民盗决三田肥四隄内地漸高故須精密須厚須歲歲檢脩須治河者時時治濬則兩完量水大發則塞而勿用灊小者亦須容入俯而入則易脩近實之處堤宜倍其厚防濕透亦易决也

江河之中洲渚而可田者堤以固之渠以引之堤欲高欲厚

塘浦涇浜近則戽之遠則疏導而戽之其盈涸無常者地高上疏而易涸也則爲壩閘以節宣之閘座欲多而廣

涇浜之小者遇旱則枯近地之江河塘浦可取則爲朋車水線以引之顧非協力則不能獨爲也

瀦者水之鍾也瀦之名爲湖爲蕩爲澤爲藪爲陂爲泊爲淀爲瀝爲塘淀或作洵瀝或作𤅳

湖蕩旁田高則戽低則堤岸以固之有水戽出之用風車最宜風車則鳳尾最宜其遠田疏導而戽之

湖蕩而易盈易涸可爲害可爲利者疏導以洩之閘壩以節宣之閘竇欲多而廣其淺溢而不能容水者疏濬以瀦之湖蕩之上不能來者疏而來之下不能去者疏而去之塘浦則欲多欲深欲濶湖蕩之可爲田而下流能去者直决之瀦太廣而害於下流者從其上流而分之

湖蕩之易盈易涸者當其涸時引水而蓺之二麥蓺麥以深秋秋必涸也不涸於秋必涸於冬則蓺之春旱則引水以灌之麥秋以前無大水無大旱但苦旱耳故用水者必稔

湖蕩之廣而不可堤者則蓺之水種水種者蓮芡菱
菰茭葦蒲菅之屬也
北方大澤茭葑蒲蔣摎結瀸瀕蝗之所生則取水草
爲堤或以壅田旁湖而爲之水田不田之處將謹
察之以除蝗也
委者水之末也海也其用爲潮汐爲島嶼爲沙洲
海潮之淡可灌者迎而岸之鹹不可灌者淡水高則
閘壩以隔之田低而鹹潮可掩者亦堤以遏之淡
水時高時下則爲閘座涵竇水弄通竿之屬以節
宜之淡水則堤以遏之沙洲之於江河而迎得淡

水者爲渠以引之近海而鹹者爲池塘井庫以灌
之與貲地同法其得淡水而時一遇鹹潮者則遂
蓺之烏芃之秈是不懼鹹也
海潮入而泥沙淤墊屢煩濬治者則爲閘壩涵竇水
弄之屬以遏渾潮而時節宜之閘竇欲多欲廣閘
竇之容與其塘浦之容也必等
用潮者爭時上漲易渴則一畝半畝殄水道而遞受
之
海島而可田者有泉則疏引之無泉則爲池塘井庫
以灌之

作原作瀦作原者井也作瀦者池塘也水庫也高山
平原勢與水違行澤所不至開濬無所施其功則
以人力作之鑿井及泉猶之乎泉也造爲池塘水
庫受雨雪之水而瀦之猶之乎瀦也夫高山平原
水利之所窮也惟井可以救之池塘水庫皆井之
屬故井養爲不窮也
實地高而無水者掘地數尺深而得水者爲池塘以
蓄之岸實地下而無水者視其相近湖蕩江河遠
近來去之勢爲塘浦以通之其客水亦資塘浦以
泄之客水大而溢入於田者於所開塘浦爲堤岸

以遏之懼涸者爲閘壩以節宜之塘浦欲深濶堤
岸欲高厚閘竇欲多廣俱須測量爲若可爲而事
勢非所得爲者亦爲池塘以蓄之或井以蓄之而
岸之其客水亦以堤捍之堤中雨潦岸而出之實
地之曠者與其力不能爲井若水庫者則遂蓺之
宜高之木實地之鹻者作膝岸岸水浸之一年以
上鹻氣盡沉以造水田更勝常地其鹻重而力不
能遍爲水田者任土物實地皆沙土不生草木者
獨宜栁沙甚者宜芇草席萁馬藺實地之土撥有
空隙水所不至者蝗時下子旱則冉生焉謹察視

之以除蝗
地深丈以上而得水者爲井以汲之井欲深廣亦須
利器有石井磚井木井葦井竹井土井起法有轆
轤龍骨雙架恒升用人畜風輪
高地山鄉欲爲井而不知水脉所在者用試法以求
之
深數丈以上難汲而易竭者爲水庫以蓄雨雪之水
庫欲堅緻仍須庫高於田一決而出之晉中有築
土椎泥以蓄水者終留不久不若水庫之涓滴不
漏也

岸於池塘於井其來也徐而渴地之受之也不均則
爲地上之池積滿而驟發之亦爲一畝半畝之畦
而遞受之或宜日中發或宜長夜發欲相時宜因
物理
池塘有水脉難乾者如常法其易乾者築底椎泥以
蓄之
凡岸水之法田能蓄水則數畝爲塍而入之否則一
畝半畝爲畦築水道而一一灌之如北土灌園法
江南盡作大塍北土易漏者宜作小塍
能用水者以一方之水自足灌一方之土以一方之土自
足養一方之人三代之時九州萬國皆能自養備
獨今之燕秦晉必待食於南土乎若云以兵餉故
則七國交争帶甲百萬無日不干戈無人不甲胄
計其餉豈少於今之京邊而茲獨拙者何也病在
於不能生穀也不能生穀者土力不盡也土力之
不盡水利之不脩也
能用水不獨可以救旱亦可以彌旱不獨可以救澇
亦可以彌澇灌溉有法滋潤無方此救旱也播水
於田水土相得興雲敷霧致雨甚易此彌旱也節
宣得宜可蓄可洩此救澇也地氣泄越不致鬱積

既有時雨必有時暘此彌澇也蝗之初種本蝦子
所化故必起於大澤之旁徐兖以北豫州以東水
草既多易盈易涸此蝗生之緣也能用水則大澤
之旁悉皆墾田水草用之壅田作堤大水既落時
謹察之蝗種可絕矣故用水一利能違數害調燮
陰陽此其大者書曰水火金木土穀惟脩神禹一
治水而地平天成矣議屯政者其首議水之利也
何如
古者盡井而田畎達於溝溝達於洫洫達於澮澮達
順瀆而皆取利於水乃自淮以南田無宿水非用

為秋而陂塘堋堰之利備築不時疏通無法以致
雨驟則汪瀾四溢助河爲虐稍旱則揚塵底涸赤
地如焚而旱澇皆以爲民害是豈盡地之罪哉誠
使農官遍歷郊圻尋往昔舊蹤如池塘之闕塞者
開濬之溝澮之壅滯者疏通之水渠可引者引之
視地之高下爲堰之淺深而隄之闕之高則開渠
旱則築圍秋後濯霖支流就壑而亦無冲決之虞
如血脉既通則既無枯渴亦無泛濫水之爲屯利
也溥哉

水閘開閉水門也閒有地形高下水路不均則必跨

據津要高築堤壩以滙水前立斗門甃石爲壁疊
木作障以備啓閉如遇旱涸則撒水灌田民頼其
利又得通濟舟楫轉激碾磑實水利之總揆也

東南救田多恃車戽旱則戽以入澇則戽以出此能
禦小小旱澇而終非大計也惟築深圍開夾渠置
厚閘其高低求利乎

水栅排木障水也溪岸稍深田在高處水不能及則
於溪中作栅遏水使之旁出下溉及田所其制當
流列植竪樁樁上枕以伏牛擗以粒木仍用磈石
高壘衆楗斜出以邀水勢泰雍之地率用巨栅其

豪利之家歲例量力均辦所需乃深植樁木列置
石囤長或百步高可尋丈以横截中流使傍入溝
港凡所溉田畝計千萬號爲陸海

翻車江南多用以戽水者也車身用板作槽長者二
丈餘短者近一丈皆酌岸之高下置之闊不踰尺
槽中架行道板一條隨槽闊狹用置大小輪軸同
行道板上下通週以龍骨板葉其在上大軸兩端
各帶枴木四莖置於岸上木架之閒人憑架上踏
動枴木則龍骨板隨轉循環行道板括水上岸閘
挑頗多其起水之法若岸高三丈有餘可用三車

中掘小池倒水上之凡臨水地段皆可置用但田
高則多費人力如數家相博計日趨工而旱澇可
濟也

水轉翻車制與人踏翻車同但於流水岸邊掘一狹
塹置車於內車之踏軸外端作一竪輪竪輪之旁
架木立軸置二卧輪其上輪適與車頭竪輪輻支
相間及擗水傍激下輪既轉則上輪隨撥車頭竪
輪而翻車隨轉倒水上岸此卧輪之制也若作立
軸當別置水激立輪其輪輻之末復作小輪輻頭
稍闊以撥車頭竪輪此立輪之制也當視其水勢

隨宜用之。日夜不止，絕勝踏車。當潮水衝入之處，亦可用之。然終不若山泉也

牛車　無水之地，用牛轉，其制比水轉臥輪之式。但去下輪，置於車傍岸上，用牛拽轉，比人功倍焉

筒車　輪之大小，視岸之高下，須輪高於岸，筒貯於槽。其車之所在，自上流排作石倉，斜擗水勢，急湊筒輪。其輪就軸作轂，軸之兩旁，閣於椿柱山口之內。輪軸之間，除受水板外，又作木圈，縛繞輪上，就繫竹筒或木筒於輪之一週。水激輪轉，衆筒兜水，次第下傾於岸上所橫大槽，謂之天池，以灌田疇。日夜不息，絕勝人力

桔槔　挈水械也。一俯一仰，有數存焉，不可速也。然則桔其植者，而槹其俯仰者歟

轆轤　井上立架置軸，貫以長轂，其頂嵌以曲木，人乃用手掉轉，纏綆於轂，引取汲器。或用雙綆而順逆交轉，所懸之器，虛者下，盈者上，更相上下，次第不絕。凡汲於井上，取其俯仰則桔槔，取其圓轉則轆轤，皆挈水械也

連筒　以竹通水也。凡所居相離水泉頗遠，不便汲用，乃取大竹，內通其節，令本末相續，連延不斷，閣之

平地，或架越澗谷，引水而至，又能激而高起數尺，注之池沼，及庖湢之間，如藥畦蔬圃，亦可共用

架槽　木架水槽也。間有聚落，去水既遠，各家共力造木爲槽，遞相嵌接，不限高下，引水而至。如泉源頗高，水性趨下，則易引也。或在窪下，則當車水上槽，亦可遠達。若遇高阜，不免避礙，或穿鑿而通。若遇坳險，則置之叉木，駕空而過。若遇平地，則引渠相接。又左右可移，鄰近之家，足以借用。非惟灌溉，多便汲，亦可瀦蓄爲用

水轉高車　遇有流水岸側，欲用高水，可立此車。其車亦筒輪之制，但於下輪軸端別作豎輪，傍用臥輪撥之。水輪既轉，則筒索兜水，循槽而上。又須水力相稱，如打碾磨之重，然後可行，日夜不息

戽斗　凡水岸稍下，不容置車，當旱之際，乃用戽斗，繫以雙綆，兩人掣之，挹水上岸，以溉田稼。其斗或柳筲，或木罌，各從所便

瓦竇　泄水器也。以瓦筒兩端牙鍔相接，置於塘堰之中。時放田水，須預於塘前堰內疊作石檻，以護筒口，便於啓閉。不然則水湊其處，非唯難於窒塞，抑亦衝渲滲漏，不能久穩。必立此檻，其竇乃成

高轉筒車其高以十丈為準上下架木各竪一輪下輪半在水內輪徑四尺輪之一周兩傍高起其中若槽以受筒索其索用竹均排三股通穿為一隨車長短如環索上相離五寸俱置竹筒筒長一尺筒索之底托以木牌長亦如之通用鐵索縛定隨索列次絡於上下二輪復於二輪筒索之間架刻木平底行槽一連上與二輪相平以承筒索之重或人踏或牛拽轉上輪則筒索自下兜水循槽至上輪輪首覆水空筒復下如此循環不已日所得水不減平地車戽

刮車其輪高五尺輻頭闊六寸先於岸側掘成峻槽與車輻同闊然後立架安輪輪輻半在槽內其輪輻一端擐以鐵鉤木拐一人執而掉之車輪隨轉則衆輻循槽刮水而上

石籠又謂之卧牛判竹或用藤蘿或木條編作圈眼大籠長可三二丈高約四五尺以籤樁止之就置田頭內貯磈石用擗暴水或相接連延遠至百步若水勢稍高則壘作重籠亦可遏止如遇隈岸盤曲尤宜周折以禦奔浪倂作洄流不致衝蕩埂岸瀕溪護田莫善於此比於隄障甚省工力

龍尾車河濱挈水之器也治田之法旱則挈江河之水入焉潦則挈田間之水出焉治水之法淺涸則挈水而入舟焉瘀濬則挈水而出畚鍤焉不有水之器不得水之用三代僅有桔槔東漢盛資龍骨龍骨之制日灌水田二十畝以四三人之力旱歲倍焉高地倍焉駕馬牛則功倍費亦倍焉溪澗長流而用水大澤平曠而用風此不勞人力自轉矣技即一變全車悉敗然南土水田支分節比國計民生於焉是賴即茲器所在不為無功已獨其人終歲勤動尚憂衣食乃北土旱災赤地千里欲

拯斯患宜有進焉今作龍尾車物省而不煩用力少而得水多其大者一器所出若決渠焉累接而上可使在山是不憂高田累為堤塍而出之計日可盡是不憂潦歲與下田去大川數里數十里鑿渠引之無論水稻若諸水生之種可以必濟即黍稷菽麥木棉蔬菜之屬悉可灌溉是不憂旱潦治之功出水當五分之一今省十九焉是不憂跳躐龍蹯之斗旱熯之年上源枯竭穿渠旁引多用此器下流之水可令復上是不憂濬也蓋水車之屬其費力也以重水車之重也以障水以帆風以運

旋本身龍尾則入水不障水出水不帆風其本身無銖兩之重且交纒相發可以一力轉二輪故用一人之力常得數人之功又向所言風與水能敗龍骨之車也在鶴膝斗板龍尾則無鶴膝無斗板器居水中環轉而已湍水疾風彌增其利故用風水之力而常得人之功若有水之地悉皆用之計人力可以半省天災可以半免歲入可以倍多財計可以倍足方於龍骨之類大略勝之

龍尾水象也象水之宛委而上升也其物有六一曰軸轉之主也水所由以下而爲上也二曰墻以束

水也水所由上也三曰圍外體也所以圍墻也四四樞樞者所以爲利轉也五曰輪所以受轉也六曰架所以制高下也承樞而轉輪也六物具斯成器矣或人或水巧者運之不可勝用也

玉衡車井泉挈水之器也既遠江河必資井養井汲多從綆缶未覺其煩高原之處用井灌畦或加轆轤或藉桔槔俛仰晝日潤不終畝歲旱之苗立覗其槁今爲此器不施綆缶非藉轆轤無事桔槔一人用之可當數人若以灌畦約省夫力五分之四高地植穀家有一井縱令大旱能救一夫之田數家共井亦可無饑餓流亡之患若資飲食則童幼一人足供百家之聚矣

玉衡以衡挈柱其平如衡一升一降井水上田如趵突焉玉衡之物有七一曰雙桶水所由代入也二曰雙提水所由代升也三曰壺水之總也水所由續而不絕也四曰中筩壺水所由上也五曰筩中筩之水所由出也六曰衡軸所以挈雙提下上之也七曰架所以居庋物也七物備斯成器矣更爲機輪以運之不可勝用也

恒升車井泉挈水之器也其用與玉衡相似更速更

易若爲之複井井之底爲窨而通之以大井瀦水以小井爲筩而出之則無用筩也若江河泉澗索水之處過高龍尾之力有不能致則用是車挈水以升架槽而灌之或遞而建之以當龍尾

恒升從下入而不出也從上出而不息也恒物有四一曰筩水所由入所以束水而上也二曰提柱水所由恒升也三曰衡軸所以挈提柱上下之也四曰架所以居庋物也四物備斯成器矣更爲之機輪以運之不可勝用也

水庫積水之處也澤國下地平原易野引河鑿井水

斯足用若重山複嶺陡澗迅流乘水之急激而自上蔽利尤大矣別有天府金城居高乘險江河溪澗境絶路殊鑿井百尋盈車載綆時逢亢旱涓滴如珠或乃絶徼孤懸恒須遠汲長圍久困人馬乏絶臨渴爲謀豈有及哉計莫如備用雪之水可以御窮然亦有依山掘造池塘以爲旱備而彌旬不雨即成龜拆徒傷挹注之易窮不悟滲漏之實多西方諸國因山爲城者積水有如積穀防紅敵水防漏洩以故作水庫率令家有三年之畜雖遭大旱過強敵莫我難焉又上方之水氐於地中陳

久之水方於新汲其蠲煩去疾益人利物往往勝之彼山城之人過江河井泉之水猶鄙不屑嘗也今以造作法請諗之秦晉諸君子焉

水庫水池也曰庫者固於其下使無受洩也冪於其上使無受損也四行之性土爲至乾甚於火矣水居地中風過損焉日過損焉夏之日大旱金石流土山焦而水獨存焉故固之冪之水事有九一曰具尤其物也二曰齊所以爲之和也三曰鑿所以爲之容也四曰築所以爲之地也五曰塗所以固守之也六曰盆所以爲之冪覆也七曰注所以爲之積也八曰挹所以受其用也九曰修所以彌縫其闕也

具諸田具如耕有耕具耘有耘具穫有穫具刈有刈具大都畧同亦或小異雜載諸農書中未及詳也

眞形齋備書

庚

序王董文備書戰字函

有文事者必有武備夫子終身弦誦而夾谷一會却萊兵三千是也作內政而寄軍令卒伍整于里軍旅整于郊則有管子天下才要以俱攝尺寸之柄身當其任而後毅然以身任之王君董文書

生耳意其萬卷自雄亦惟是玄覽中區工騷壇藝苑之業乃其談戰而以戰字函也何居夫戰動九天潛九地利器不可示人寧有是取糟粕而用煩省覽爲雖然不有所聞韓子耶砥礪殺矢而以妄發其端未嘗不中秋毫也然不可謂

善射無常儀的也設五寸之的引十步之遠非羿逢蒙不能必中者有常也董父戰字函得無所謂常儀的與遠而邇戰之源近而窮戰之變精粗備列隱顯畢陳余讀之清風朗月中似旌旗奪目讀之殷雷苦雨中似鉦鼓盈耳讀之稠

人廣衆中又似黃石指授于前穰苴尉繚談鋒于側也往余以論曆獲交董父見其備書百餘卷此戰字特其一班因條時事曾爲疏上

聞惜未有以用之而董父邇且讀書中秘矣夫武備孰有弛如今日者哉東方介胄無光齊晉黔蜀間蛙邀

天子寵靈庶幾我武維揚乃尚未奏鬼方之績假令當事者取是函爲常儀的而又前席董父令展羿逢蒙之巧則于以張撻伐必如舉崑崙壓小卵決滄溟灌殘熒矣董父英姿偉略羅星斗而飽韜

鈐抱出世想具匡世才今即不身當其任未始無毅然身任之心乃當丁柎髀而思寧詎可謂董父第有文事者耶余拭目竢之

天啓壬戌秋孟吉汝南李宗延頓首撰

備書戰字函叙

子之所慎曰戰逸孟子云戰危事談何容易哉我

國家承平久士大夫習俎豆而忽軍旅且不能以已所不知者知人而喜以同已所知者快已遡三韓之役如此豈終不

求三年之艾耶往余令山陰獲交王董父氏纔弱冠青衿耳便抵掌談世務若以天下爲已任者及余林居後迄今幾三十年入長安則諸大老藉藉頌董父從前料遼事無異燭照數計而簭卜余異之曰書生那得談當世乃爾一日偶

出所著備書百餘卷眎余以字爲函函不定卷其守練二字張徐兩太史業序之次第及戰字中有訓案法具四種余又異之曰書生那得飽韜鈐乃爾夫孫子謂未戰而廟算勝者得算多未戰而廟算不勝者得算少是書得無爲戰之

糟粕乎語曰醫不執方不可無方使董父徒著是書余安所不疑其非糟粕乃即其從前料遼事能若燭照數計而簭卜則非其化糟粕爲神奇烏乎得此董父修志修曆兩疏並奉

俞旨議行而是書爲今日急需少司空李

崧毓公業已疏薦上
聞矣夫董父卽官中秘而建旗詞場猶得
以本業扶羊角而上九萬此第其游刃
餘技耳昔人云戰勝之賀不在廟箕而
在草澤余爲董父柎髀又爲董父懸睫
遂書此序之

天啓癸亥春仲吉臨淄耿廷栢頓首撰

備書戰字函卷之一

師汝南崧毓李宗延閱　古越王應遴董父輯
友人潘　珠子儀訂

戰之訓

易曰師貞丈人吉初六師出以律否臧凶九二在師
中吉无咎王三錫命六三師或輿尸凶六四師左
次无咎六五田有禽利執言无咎長子帥師弟子
輿尸貞凶上六大君有命開國承家小人勿用
比之六五曰顯比王用三驅失前禽邑人不戒吉
謙之六五曰利用侵伐无不利上六曰鳴謙利用行

師征邑國
豫彖曰利建侯行師
復之上六曰用行師終有大敗以其國君凶至於十
年不克征
晉之上九曰維用侵伐厲吉无咎
萃之彖曰君子以除戎器戒不虞
坤之上六曰龍戰於野其血玄黃
詩曰王赫斯怒爰整其旅以遏徂莒以篤周祜以對
於天下
又曰臨衝閑閑崇墉言言執訊連連攸馘安安是伐

是肆是絕是忽四方以無拂
又曰戎狄是膺荆舒是懲則莫我敢承
又曰薄伐玁狁至於大原
又曰顯允方叔征伐玁狁蠻荆來威
又曰蠢爾荆蠻大邦爲仇方叔元老克壯其猶方叔
率止執訊獲醜
虞書曰有苗弗率帝乃命禹徂征禹誓于師曰濟濟
有衆爾尚一乃心其克有勲三旬苗民逆命益贊
于禹曰惟德動天無遠弗届滿招損謙受益至誠
感神矧兹有苗禹乃班師誕敷文德舞干羽於兩

階七旬有苗格
有扈氏不庭夏王啓征之大戰于甘乃召六卿曰左
不攻于左汝不恭命右不攻于右汝不恭命御非
其馬之正汝不恭命用命賞于祖不用命戮于社
胤誓曰威克厥愛允濟愛克厥威允罔功
商書曰惟甲冑起戎惟干戈省厥躬
又曰兼弱攻昧取亂侮亡
周書曰王左杖黄鉞右秉白旄以麾曰稱爾戈比爾
干立爾矛除惡務本爾衆士其尚迪果毅
又曰同力度德同德度義罔曰無畏寧執非敵

又曰我武維揚侵于之疆取彼兇殘我伐用張
又曰今日之事不愆于四伐五伐六伐七伐乃止齊焉
尚桓桓如虎如貔如熊如羆
費誓曰甲戌我惟征徐戎峙乃糗糧無敢不逮峙乃
蒭茭無敢不多汝則有大刑
周禮曰十人之長執鉦百人之長執鐸千人之師執
鼙萬人之主執大鼓
又曰大司馬以九伐之法正邦國憑弱犯寡則眚之
賊賢害民則伐之暴内凌外則壇之野荒民散則
削之負固不服則侵之賊殺其親則正之放弑其

君則殘之犯令凌政則杜之外内亂鳥獸行則滅
之
又曰大司馬之職大合軍以行禁令以救無辜伐有
罪
周書大武解曰伐有四時三興四時者一春違其農
二夏食其穀三秋取其刈四冬凍其葆三興一政
以和時二伐亂以治三伐饑以飽此七者伐之機
也
又曰戰有六厲五衛一仁厲以行二智厲以道三武
厲以勇四師厲以士五校正厲御六射師厲伍五

備者一明仁懷恕二明智輔謀三明武攝勇四明材攝士五明藝攝官

禮記曰出征執有罪反釋奠于學以訊馘告

又曰君子聞鼓鼙則思將帥之臣

太公曰古之善戰者非能戰於天上非能戰於地下其成與敗皆由神勢得之者昌失之者亡

又曰攻伐之道勢因敵家之動變生於兩陣之間奇正發於無窮之源故至事不語用兵不言

又曰先勝者先見弱於敵而後戰者也故士半而功倍焉

鬻子曰唯攻與守而戰乎同器而和與嚴其備也和可以戰而嚴可以戰而嚴不若和之勝也

管子曰罰避親貴不可主兵用賞貴誠用罰貴必

又九牧曰寢兵之說勝則險阻不守兼愛之說勝則士卒不戰

又曰國之重也必待兵勝而後重兵之勝也必待民用而後勝民之用也必待令行而後用

又曰明於機數者用兵之勢也兵之數存乎聚財而財無敵存乎論工而工無敵存乎制器而器無敵存乎選士而選士無敵存乎政教而政教無敵存

乎習服而習服無敵存乎徧知天下而徧知天下無敵存乎明於機數而明於機數無敵所以有本之兵未出境而無敵者八焉

又曰先和其民以行師也先籌已力以算敵也先開糧道以進兵也先度地勢以作戰也先決利害以致勝也

又曰征伐之爲道也計必定乎內然後兵出乎境計未定而出兵是則戰之自毀也故不明敵人之政不能加也不明敵人之積不能約也不明敵人之將不先軍也不明敵人之士不先陣也

春秋曰兵猶火也弗戢將自焚也

又曰師直爲壯曲爲老

又曰師克在和不在衆

又曰敵不可縱天不可違縱敵患生違天不祥

又曰一日縱敵數世之患也

又曰不備不虞不可以師

又曰不度德不量力不親親不徵辭不察其罪犯五不韙而以伐人君子是以知息之將亡也與鄭戰於竟敗而還其喪師也不亦宜乎

晉楚鄢陵之戰楚申叔曰德刑詳禮義信戰之器也

時無災害百姓敦睦莫不盡力以從上命致死以
補其闕此戰之所由克也今楚內棄其民其誰致
死
晉范文子曰惟聖人能外內無患自非聖人外寧必
有內憂盍釋楚以爲外懼乎
鄢之役晉士會曰用師觀釁而動楚卒乘輯睦軍右
轅左追蓐前茅慮無中權後勁其君之舉也內姓
選於親外姓選於舊舉不失德賞不失勞德立刑
行政成事時若之何敵之見可而進知難而退軍
之善政也兼弱攻昧武之善經也子姑整軍而經

武乎猶有弱而昧者何必楚
孫子曰未戰而廟算勝者得算多也未戰而廟算不
勝者得算少也多算勝少算不勝而況於無算乎
又曰兵聞拙速未睹巧之久也兵久而國利者未之
有也故不盡知用兵之害者則不能盡知用兵之
利也
又曰上兵伐謀其次伐交其次伐兵其下攻城
又曰知可以與戰不可以與戰者勝
又曰善戰者先爲不可勝以待敵之可勝是故勝兵
先勝而後求戰敗兵先戰而後求勝

又曰凡戰者以正合以奇勝
又曰善戰者致人而不致於人
又曰能因敵變化而取勝者謂之神
又曰知彼知己勝乃不殆知天知地勝乃可全
又曰善用兵者攜手若使一人
又曰明君賢將所以動而勝人者先知也故能以上
知爲間者必成大功此兵之要三軍所恃而動也
范蠡曰後則用陰先則用陽盡敵陽節盈吾陰節而
奪之
老子曰以正治國以奇用兵以無事取天下

又曰師之所處荆棘生焉大軍之後必有凶年
又曰用兵之道吾不敢爲主而爲客不敢進寸而退
尺行無行攘無臂仍無敵執無兵故禍莫大於輕
敵
又曰善戰者不怒善戰勝者不與佳兵者不祥
子路曰子行三軍則誰與子曰必也臨事而懼好謀
而成者也
孟子曰天時不如地利地利不如人和
又曰威天下不以兵革之利得道者多助
吳子曰國家先和而後造大事不和於國不可以興

師不和於陣不可以進戰不和於戰不可以決勝

又曰三軍之衆百萬之師張設輕重在於一人是謂氣機道狹路險名山大塞十夫所守千夫不過故謂地機善行間諜輕兵往來分散其衆使其君臣相怨上下相咎是謂事機車堅管轄舟利櫓楫士習戰陣馬閑馳逐是謂力機

又曰兵以治爲勝

又曰將之所慎者五一曰理二曰備三曰果四曰戒五曰約理者治衆如治寡備者出門如見敵果者臨敵不懷生戒者雖克如始戰約者法令省而不煩

司馬法曰國雖大好戰必亡天下雖安忘戰必危

又曰雖交兵致刃徒不趨車不馳逐奔不踰列是以不亂

又曰凡戰之道用寡固用衆治

又曰凡戰之道位欲嚴政欲栗力欲窕氣欲閑心欲一

孫臏曰批亢擣虛形格勢禁

尉繚子曰將之所以戰者民也民之所以戰者氣也氣實則鬭虛則走

又曰吳起臨戰左右進劍起曰將專主旗鼓臨難決疑揮兵指刃此將事也夫將非一劍之任也

荀卿曰末世之兵無本統無本統則輕耻辱輕耻辱則教戒不行教戒不行則節制踈紊故王霸之兵必先振本統而自見勝負本統者禮義也忠信也以進死爲榮退生爲辱也

又曰將死鼓馭死轡百吏死職士大夫死行列鼓而行金而止順令爲上有功次之令不進而進猶令不退而退罪惟均

鄒忻子曰慮不先定不可以應卒兵不閒習不可以當敵廟算千里帷幄之所百戰百勝黃帝之師

李克曰數戰則民疲數勝則主驕以驕主御疲民未有不亡者也

秦攻韓范睢曰有攻人者有攻地者地固人主所甚愛也人主又人臣之所樂爲死也攻人之所愛與樂死者鬭故十攻而弗勝也王毋獨攻其地而攻其人也

商鞅曰覩民之戰如餓狼之見兔則民可以用矣

呂氏春秋曰兵之不可偃也用藥者然得良藥則活人得毒藥則殺人義兵之爲天下良藥也亦大矣

又曰凡兵欲急疾而不可久處故鬼起梟舉雖有江
河之險則淩之泰山之塞則陷之并氣專精心無
有慮目無有視耳無有聞一諸武而已矣
鼂錯論兵曰丈五之溝漸車之水山林積石經川丘
阜屮木所在此步兵之地也車騎二不當一土山
丘陵漫衍相屬平原廣野此車騎之地也步兵十
不當一平陵相望川谷居間仰高臨下此弓弩之
地也短兵百不當一兩軍相近平地淺草可前可
後此長戟之地也劍盾三不當一萑葦竹蕭草木
蒙蘢支葉茂接此矛鋋之地也長戟二不當一曲

道曰伏險阻相薄此劍盾之地也弓弩三不當一
又曰匈奴之兩也一大治則終身創矣欲立威者始
於執膠來而不能困使得氣去後未易服也
又曰用兵之急者三一曰得地形二曰卒服習三曰
器用利步兵車騎弓弩矛盾之地各有所宜不得
其宜者十不當一士不選練卒不服習百不當一
兵不完利甲不堅固弩不及遠射不能中中不能
人五不當一
又曰匈奴地形技藝與中國異上下山阪出入溪澗
傾仄險道且馳且射風雨罷勞饑渴不困此匈奴

長技也若夫平原易地輕車突騎勁弩長戟射
疏及遠下馬地鬭劍戟相接此中國之長技也帝
王之道出於萬全今降胡義渠飲食與匈奴同和
輯其心使當險阻平地通道材官制之萬全之術
也
主父偃曰怒者逆德也兵者凶器也爭者末節也古
之人君一怒必伏尸流血故聖王重行之夫務戰
勝窮武事未有不悔者也
淮南子曰勝在得威敗在失氣夫實則鬭虛則走盛
則強衰則北

又曰用兵之本理財為先為將之道沉默為寶所謂
軍中無財百事不諧撓事不密禍害之胎故戰士
貧而游士富者國勢三將不重而陰計泄者軍必
敗
又曰敵躁我靜必罷其力敵先我動必觀其形別其
邪正以制其命審其所處或極其因敵或反靜先
出我奇敵謹後節即與推移敵有所積必有所虧
敵若左轉覆其右陂故能先弱敵而後戰者費半
而功自倍
孔明曰必勝之術合變之形在於幾見幾之道莫不

先於不意

叟曰山陵之戰不仰其高水上之戰不逆其流草上之戰不涉其深平地之戰不逆其虛此兵之利也故戰鬬之利唯氣與形

街亭之役有勸亮更進兵者亮曰大軍在祁山箕谷皆多于賊而反爲賊所破者是病不在兵少也在一人耳自今有忠利於國者但勤攻吾之闕則功可蹻足而待矣不能然者兵多何益

李靖曰千章萬句不出乎致人而不致於人

唐太宗曰千章萬句不出乎多方以誤之一句而已

唐太宗曰吾在行間久每觀一進一却輒知敵兵之強弱每以吾之強當彼之弱以吾之弱當彼之強彼乘吾弱追奔不過數十武吾乘其弱必捲旗貫其陣而反擊之無不糜碎

蘇軾曰夫惟義可以怒士士以義怒可以百戰凡戰之道未戰養其財將戰養其力既戰養其氣既勝養其心謹烽嚴堠耕者無忌所以養其財豐犒而優游之所以養其力小勝益急小挫益厲所以養其氣用人不盡其所欲爲所以養其心故士常蓄其怒懷其欲而不盡怒不盡則有餘勇欲不盡則

有餘貪故雖并天下而士不厭兵此黃帝之所以七十戰而兵不殆也

又曰古之善軍者以刑使人以賞使人以怒使人而其中必有以義附者焉不以戰不以掠而以備急難故越有君子六千人而吳其沼矣

又曰劉項之勝負在能忍與不能忍之間耳晉朱伺之善戰也戰必勝人問其故曰兩敵相對唯當忍之謂小捷不競小挫不撓也

秦少游曰兵家之勝非僅將良而卒勁也必有謀主焉故出奇無窮易曰天地設位聖人成能人謀鬼謀百姓與能兵之道猶人之身乎將心也謀主思慮也圖籍臟腑也法制脈絡也號令聲音也旌旗鼓鐸耳目也車騎步兵四肢也心之統臟腑總脈絡出聲音用耳目役四肢也精以思慮則外不擾於事內不眩於陰陽思焉而不精慮焉而不熟將饑飽勞逸清暑炎凉宜然不察而嬰金鏑石無所不至矣悲夫世之論兵者止知重將帥之選急士卒之練講器械營陣之所宜究山川形勢之所便而無聊爲風角鳥占之極思至於謀主則未始一言及不思夫謀主者一軍勝敗之樞軸也

胡安國曰戰者安危所繫有國之大事也將非其人則敗雖得其人使親信閒之則敗以剛愎不仁者參焉而莫肯用命則敗

宋高宗問勝敵之術於吳璘璘曰弱者出戰强者繼之高宗曰此孫臏三駟之法一敗而二勝矣

有問吳玠於其弟璘璘曰璘從先兄有事西夏每戰不過一進却之頃勝負輒分至金人則更進迭退忍耐堅久令酷而下必死每戰非累日不決勝不遽追敗不至亂蓋自昔用兵所未嘗見與之角逐滋久乃得其情蓋金人弩矢不及中國之勁利中

國士卒不及金人之堅耐吾長以勁弩洞重甲於數百步之外則其衝突固不能相及於是選據形便出鋭卒更迭撓之與之爲無窮使不得休暇以阻其堅忍之氣至決機於兩陣之間則璘有不能言者

或問岳武穆曰何日太平武穆曰文官不愛錢武官不惜死天下太平矣

比征録曰善兵者惟因其釁而已夫釁見於彼者謂之隙應於我者謂之機決在我之機投在我之隙敵雖智救敗不暇大約釁之在人有二有天釁有

人釁故釁出於天良將乘之惟恐其失敵也釁出於人良將審之惟恐其誘我也天釁者何一曰淫雨二曰久雪三曰暴風四曰大霧五曰星變六曰妖祥七曰暴水八曰火災九曰雷電十曰旱魃十一曰人疫十二曰馬瘟然十二者是謂天釁凡兩軍相持釁見於我急宜嚴避釁見於敵急宜乘擊何謂人釁一曰移營二曰涉水三曰分兵四曰易將五曰絶糧六曰未合七曰陣亂八曰兵疲九曰異令十曰主疑十一曰卒餒十二曰將驕十三曰得間十四曰下離十五曰內亂十六曰失險此十

六者人釁也凡兩軍相持釁生於我急思秘避釁生於敵急令訪察勝兵先勝而後求戰不於已釁之後而始求所謂勝見合於利而動不於已動之後而始求所謂利一任乎釁而已故鋭兵利器深溝固壘多設間諜厚賂探採有釁可攻則戰如風發動如河決無釁可乘則外嚴其防內休其士庶無輕舉妄動之失是謂觀釁

又曰爭山不得上則利在趙而不在秦爭水不得渡則利在漢而不在楚不據地利詎能抗敵人於倉卒之際哉顧其要有三一曰據山登高望遠可以

覘虛實而施吾謀發石斷木可以選鋒敵而扼其六逼一曰據水敵渡則張我鋭而奮半渉之擊敵逼則激我上而邀背水之功一曰據林樹木麗襟竹箐陰深可伏可疑可邀可遁是謂急據

又曰九伏之法沿其名而失其傳然其畧則遺逸之士猶能粗記之也一曰山伏二曰土伏三曰草伏四曰林伏五曰夜伏六曰烟伏七曰水伏八曰津伏九曰偽伏疑兵[redacted]有伏之法自不容不知搜伏之法故草獸騰逸知敵伏在草也林鳥喧噪知敵伏在林也無風而竹葦自動知在山也無雨而灘磧自濕知在水也溪澗渾濁知在上流嶋峪塵昏知在僻野無風起塵知其未定未曉鷄鳴知其夜動故善伏者藏於九地之下善搜伏者發於九天之上搜依四法炬木絙竹擊石連弩搜生而縱死拔向而縱背縱火於東而靜搜於西發弩於左而靜搜於右是爲搜伏

戚[redacted]光曰古人算定戰今人糊塗戰上者拚命戰耳

何仲默曰不忘戰之臣多慮而有備好戰之臣貪進而寡憂蓋不忘戰之臣唯懼天下之有變而已無全策好戰之臣唯恐天下之無變而已不有功是以不忘戰之臣具未形之見好戰之臣有無益之死

又曰任將而中制者敗行師而外監者疑故掣於中者垂成而爭撓於中者已行而反

韜英子曰交綏合戰勝負俄頃如奕碁焉一着差則一局壞如餌藥焉一劑誤則一身危可不慎哉

又曰善克敵者在攻其心善破卒者在奪其氣伐其始謀擊其必救威以利害撓以虛喝此攻心之法也阻絕糧道以待其解深溝高壘以伺其衰此奪氣之術也

吳艮臣曰得天官之吉者恃其吉則凶不得天官之吉者懼其凶則僥得地利之利者恃其利則險不得地利之利者慮其險則怯見敵之弱者欺其弱則敗見敵之強者畏其強則恐惟善用兵者能奪天之樞地之軸敵之機常虛中以應而三才之變神而明之矣

又曰善取者如蠶之食葉善擊者如雲之四合

又曰得機畧者不逼人之窮不攻人之鋭不啓人之未及必因其盛而致之弛擊其虛而待其疲取其無備而疾襲其遲是以用兵之術惟因敵妙或因

敵之險以爲巳固或因敵之謀以爲巳計或因其
因而復變用其因或審其因而急乘其所因故可
因敵之勢以致勝也我勇且謀士卒死戰進如驟
雨發如飄風故可因我之氣以決勝也闕山狹路
大阜深澗龍蛇盤磴羊腸狗門險隘飛鳥守在一
人故可因地之利以必勝也三者得一敵巳桂亡
俱得用者所向莫當所以善兵者必自敵而用變
也因人而異施也因地而作勢也因情而措形也
因制而立法也故曰能者用其自爲用也不能者
用其爲巳用也用其自爲用則天下莫不可用用
其爲巳用則所得者鮮矣

又曰舉不輕勢不逆以一匹夫而能施德義慟人心
行賞新政令使人不敢逆其命令而必爲之致
用者惟伊尹呂望孫武穰苴管仲吳起韓信孔明
之輩能之且輕舉者必敗也逆勢者必亡也善兵
者當窺識數子之不逆勢不輕舉而又能致人於
必用之處是得用因之根本矣

又曰使民必死不如甘死甘死不如義死夫一人必
死足敵十夫萬人必死天下莫當況義死者乎義
死者恩信孚也故曰恩信爲嚴刑之宰嚴刑爲作

氣之基作氣爲摧陷之本摧陷爲決勝之權故曰
氣以振作勇令以恩信行

土鳴鶴曰將需兵兵需器器需於將三者合則必勝
在我如缺一焉勝負未可必也

又曰養士以恩使不忍離肅衆以威使不敢離而又
前有千金後有猛虎賞不踰時罰不遷列毋事身
先則士心烏有不齊齊則烏有不勝者

又曰人之敢戰不過仗此心與膽耳將自有所以壯
其心膽者壯我心膽而更有以奪敵之心膽則有
不戰戰必克矣蓋敵雖千百成羣而恃以爲心膽
者無幾也兵家之法以千人取一人未有不得者
取其一人而千萬人皆兎解者此至妙之玄機古
人知之唯孫臏孔明數人耳

又曰萬人合戰用力者不過千人千人合戰用力者
不過百人百人合戰而倡首以先登者止在一人

備書戰字函卷之二

師汝南崧毓李宗延閱　古越王應遴堇父輯

友人潘　琢子儀訂

戰之案

北戎侵鄭鄭伯禦之患戎師曰彼徒我車懼其侵軼我也公子突曰使勇而無剛者嘗寇而速去之君為三覆而待之戎輕而不整貪而無親勝不相讓敗不相救先者見獲必務進進而遇覆必速奔後者不救則無繼矣乃可以逞從之戎人之前遇覆者奔祝聃逐之衷戎師前後擊之盡殪戎師大奔

匈奴數為趙邊患李牧輙收保匈奴以為怯即趙士亦以為吾將怯也然屢易將而虜患愈數亡失益愈多仍以李牧守牧收保如故額亦歲無所亡失然虜終謂牧怯也牧乃悉收市租入幕府以為軍資日椎牛餐軍士軍士日求戰不許久之牧以為可用也乃大縱畜牧牛羊滿野匈奴小入佯北以數千人委之匈奴聞之大率其衆來牧乃多設閒謀為奇陣張兩翼以擊之無不一當百大破匈奴匈奴終牧世不敢近趙邊

漢韓王信反高帝自將擊之信奔匈奴欲與匈奴共擊漢漢使者十輩往俱見其兵老弱而畜羸也皆言虜可擊劉敬獨報曰兩國相角宜各矜所長此見短誘我也上怒曰何得阻吾軍繫諸廣武遂行次平城匈奴精騎四十萬擀圍帝於白登七日曲逆使閒紿閼氏乃得解歸赦敬誅言可擊者

李廣為上郡守嘗從百騎出卒遇匈奴數千騎從騎皆大恐欲馳還廣曰吾去大軍數十里今若走匈奴追射我立盡我留匈奴必以為大軍之誘必不敢擊也遂令諸將曰前未到匈奴二里所皆下馬解鞍其騎曰虜多且近即有急柰何廣曰彼虜以

我為走今皆解鞍示不走用堅其意胡騎遂不敢擊有白馬將出護其軍于是廣上馬與十餘騎奔射殺之復還其騎中解鞍令士皆縱馬臥會暮胡兵以為旁有伏皆引去廣乃還

衛青等擊匈奴會日暮大風起兩軍不相見漢益縱左右翼繞單于單于遂冒圍馳去漢發輕騎夜追之捕萬九千級

趙充國擊西羌至金城欲渡河恐為虜所遮夜遣三校銜枚先渡會明以次盡渡虜數十百騎出充國恐誘也且擊虜以殄滅為期小利不足貪令軍勿

擊遣騎候四望陿中亡虜曰羌虜無能爲矣充國常以遠斥候爲務行必爲戰備止必爲堅壁持重而愛下先計而後戰虜久屯聚懈弛望見大軍棄車重欲渡湟水道阨狹充國徐行驅之或曰逐利行遲充國曰此窮寇不可迫也緩之則走不顧急之則還致死諸校曰善虜赴水溺死者數百後竟降之

北匈奴入雲中燕范菲之會日暮范令軍士各交縛兩炬三頭爇火營中星列虜謂漢兵救至大驚待旦將退范令軍人蓐食晨往赴之斬首數百級虜自相轔藉死者千餘人

北匈奴攻耿恭於金蒲城恭以毒藥傅矢語匈奴曰漢家箭神其中瘡者必有異虜中矢者視瘡皆沸大驚會天暴雨隨雨擊之殺傷甚衆匈奴震怖相謂曰漢兵神眞可畏也遂解去

班超在西域發于闐諸國兵擊莎車而龜茲王遣兵五萬令温宿王救之超召將校及于闐王議曰今兵少不敵其計莫若散去于闐從是而東超亦于此西歸可須夜鼓而發而陰縱所得生口歸以超言告龜茲王王聞之大喜自以萬騎于西界遮超

温宿王將八千騎于東界邀于闐超知二虜已出密召諸部勒兵雞鳴馳赴莎車營胡大驚奔走追斬五千級自是威鎮西域

曹操討烏桓郭嘉曰兵貴神速今千里襲之輜重多難以趣利且彼聞之得以爲備不如留輜重輕兵兼道以出掩其不意操乃密出盧龍塞直指單于庭虜聞操至惶怖合戰大破之斬蹋頓及名王以下

晉鮮卑禿髮樹機能陷涼州馬隆募勇士能引弓四鈞挽弩九石者得三千五百人西度温水隆以山路狹隘乃作扁箱車爲木屋施於車上且戰且前或夾道壘磁石賊負鐵鎧行不得前隆卒悉披犀甲無所留礙賊咸以爲神卒斬樹機能平涼州

秦苻融等攻壽陽克之晉將胡彬退保硤石融進攻之梁成等屯于洛澗柵淮以遏東兵彬糧盡潛遣使告石爲秦所獲融報堅曰賊少易擒堅乃留大軍於項城引輕騎八千兼道就融先是晉將朱序爲秦所擒降之至是遣朱序來說石等不如速降序私謂石等曰若秦衆盡至誠難與爲敵今乘諸軍未集宜速擊之若敗其前鋒則彼已奪氣可遂

衆也玄遣劉牢之率精兵五千趣洛澗成阻澗爲陳以待之牢之直前渡水擊成大破斬之分兵斷其歸津秦步騎崩潰赴淮水者萬五千人秦兵逼淝水而陳玄使謂融曰君懸軍深入而置陳逼水此乃持久之計非欲速戰者也若移陳小却使我兵得渡以决勝負不亦善乎秦諸將皆曰我衆彼寡不如遏之使不得上可以萬全堅曰但使半渡我以鐵騎蹙而殺之蔑不勝矣融亦以爲然遂麾兵使却秦兵遂退不可復止玄等引兵渡水擊之融騎畧陳欲以帥歸者馬倒爲晋兵所殺秦兵遂潰玄等乘勝追擊至于青岡秦兵大敗自相蹈藉而死者蔽野塞川其走者聞風聲鶴唳皆以爲晋兵且至晝夜不敢息草行露宿重以饑凍死者什七八初秦兵小却朱序在陳後呼曰秦兵敗矣衆遂大奔序因奔晋

賀穆討宋然穆曰戎狄之性見大敵卽走乘虚復出乃簡精騎伏山谷以兵羸者爲外營奮擊破之

劉裕將水軍以伐秦魏王嗣遣將阿薄干等將兵十萬屯河北岸以數千騎隨裕西行晋朱超石帥二千人馳赴魏人以三萬騎圍之四面肉薄弩不能制超石斷矟千餘皆長三四尺以大鎚鎚之一矟輒洞貫三四人魏兵奔潰

武都氐楊和擊宋圍薊承之數十重短兵接弓矢無所施氐悉衣犀甲戈矛不能入承之斷矟長數尺以大斧椎之一矟輒貫數人斬獲甚衆

魏太武伐夏至黑水夏衆僞遁夏兵爲兩翼鼓譟追之會風雨從東南來揚沙晦冥崔浩曰賊貪進不止後軍已絕宜隱軍分出奄擊不意魏王曰善乃分騎爲左右隊尾以犄之夏衆大潰魏取統萬

魏拓跋英寇漢中蕭懿遣將尹紹祖等據險立五柵以禦之英曰彼帥賤莫相統壹必不相救乃引兵急攻一柵拔之四營俱潰

魏葛榮圍鄴衆號數十里箕張而進爾朱榮潛軍山谷爲奇兵分督將三人爲一處處有數百騎揚塵鼓譟又以人馬逼戰力不如棒乃密勒軍士各置袖棒一枚置馬側至戰時不聽斬級以棒棒之而已分命勇士所向衝突身自陷陣出於賊後表裡合擊破之

東魏高岳等攻魏潁川魏王思政命仆鼓偃旗若無人者岳將其衆四面陵城思政選驍勇開門步戰

岳兵敗走、

東魏慕容紹宗擊侯景、景命戰士皆披短甲執短刀入東魏陣但低視斫人脛馬足東魏兵遂敗

突厥犯塞隋長孫晟以突厥飲泉易可行毒因取諸藥毒水上流突厥人畜飲之多死驚曰天雨惡水其亡我乎因夜遁

大業中突厥犯塞煬帝命李淵與馬邑太守王仁恭率衆備邊會虜寇馬邑仁恭以衆寡不敵有懼色淵謂之曰今主上遐遠孤城絶援若不死戰難以圖全於是親選精騎二千出爲遊軍居處飲食隨逐水草一同於突厥見虜候騎但馳騎射獵示若輕之及與虜相遇則犄角置陣選善射者爲別隊持滿以待之虜莫能測不敢決戰因縱奇兵擊之斬首萬級

唐武德中突厥入原州太宗率兵拒之值雨連月太宗召諸將謂之曰虜控弦鳴鏑弓馬是憑今雨連時弧矢俱弊突厥人衆如鳥鍛羽我屋宿火食槍梁犀利料我之逸揣敵之勞此而不乘夫復何待今先以勁兵亂其陣突騎躡其後虜進不相逐退不相救縱不盡獲必獲十八九此曉兵者所解因潛師夜出冒雨而進醜徒驚駭請和而去

突厥頡利突利入寇太宗率六騎徑詣渭水責曰國家與可汗和親何爲負約又遣騎告突利曰爾與我有盟有急相救何無香火之情頡利見世民輕出又聞香火之言疑突利與中國有謀請盟而去

貞觀初頡利遣使入朝請爲藩臣太宗遣唐儉持節出塞以安撫之以李靖爲定襄道總管往迎頡利頡利不肯朝覲請待草青馬肥將踰砂磧靖謂曰制使到彼虜必自寛率精騎齎二十日糧乗間掩襲諸將皆曰行人在彼柰何靖曰此兵機也如唐儉等輩何足惜督軍疾進自白道襲之至陰山遇其斥候千餘帳皆俘以隨軍頡利見使者甚悦不虞官兵之至靖軍掩擊遂滅其國

薛延陀擊突厥可汗李思摩思摩告急于唐詔李世勣擊之上戒之曰薛延陀踰漠而南行數千里馬已疲瘦吾勅思摩燒薙秋草彼糧糗日盡野無所獲卿等候其將退與思摩奮擊破之必矣卒如所料

太宗攻高麗命阿史那杜爾誘之兵始交而僞走高麗兢進乗之上命李世勣將步騎陳西嶺長孫無

忌統出以衝其後自將步騎爲奇兵執鼓角偃旗幟勅諸軍聞鼓角齊出奮擊上見無忌軍塵起命作鼓角舉旗幟諸軍並進高麗兵遂潰

高宗遣薛仁貴郭待封等伐吐蕃次大非川將趣烏海仁貴謂待封曰烏海險遠輜重自隨難以趨利將失事機又破賊即回不煩轉運彼多瘴癘無宜久留大非川嶺上寬平足堪置柵可留二萬人作兩柵輜重並留柵內吾等帥輕銳倍道掩其未整即撲滅之矣仁貴遂帥衆先行至河口遇賊擊破之斬獲甚衆收其牛羊萬餘頭至烏海待後援待封耻受節制領輜重徐進爲賊所抄仁貴退屯大非川賊益衆兵遂大敗

高宗遣將軍裴行儉討突厥于黑山至朔川謂其下曰用兵之道撫士貴誠制敵尚詐前日蕭嗣業糧運爲突厥所掠士卒凍餒故敗今突厥必復爲此謀宜有以詐之乃詐爲糧車三百乘每車伏壯士五人各持陌刀勁弩以羸兵數百爲之援且伏精兵于險要以待之虜果至羸兵棄車散走虜驅車就水草解鞍牧馬方擬取糧壯士自車中躍出擊之虜驚走復爲伏兵所邀殺獲幾盡自是糧車無

敢近者

開元二年吐蕃精甲十萬寇臨洮王晙率所部二千人卷甲倍程與臨洮兩軍合勢以拒賊出奇兵七百人衣蕃服夜襲之相去五里置鼓角令前者遇寇大呼後者擊鼓以應賊衆大懼疑有伏自相殺傷死者萬計夜復出壯士擊之賊乃大潰

黑齒常之擊突厥至兩井日暮突厥大至常之令營中燃火東南又有火起虜疑有兵相應遂夜遁

吐蕃入長安郭子儀使長孫全緒將二百騎出藍田晝則擊鼓張旗幟夜則多燃火以疑吐蕃吐蕃懼百姓又紿之曰郭令公大軍至矣吐蕃遁去

朱滔攻貝州李抱真王武俊來援滔與回紇兵出戰武俊遣趙琳將百五騎伏於桑林抱真列方陳于後武俊引騎兵居前與回紇戰琳自林中橫擊之回紇及滔軍皆敗

王都反奚契丹助之王晏球與戰晏球集諸將校令去弓矢以短兵擊之回首者斬於是騎兵先進奮檛揮劍直衝其陣大破之

吐蕃尚結贊入寇李晟遣其將王佖將驍勇三千伏於汧城戒之曰虜過城下勿擊其首候見五方旗

虎劉哀乃中軍也出其不意擊之必大捷從用其
言尚結贊敗走僅以身免

元和中西域頻歲犯邊史奉敬白節度杜叔良請兵
三千備一月糧深入蕃界叔良以二千五百人授
之奉敬既行十餘日人莫知其所向皆謂此蕃盡
殺之矣乃由他道深入突出蕃衆之後戎人驚潰
奉敬率衆大破之殺戮不可勝紀

後唐契丹寇望都莊宗追擊之殱衆毳幕不可勝紀
時大雪平地五尺虜乏芻糧人馬斃路于道纍纍
不絶乘勝追襲大破之

符彥卿等擊契丹埋鹿角爲行寨契丹圍之數重東
北風大起掘井輒崩人馬俱渴契丹拔鹿角而入
擊晉軍又順風縱火揚塵李守貞曰彼衆我寡風
沙之内不測多少惟力鬬者勝俟風止我屬無類
矣風勢益甚昏晦如夜彥卿等擁騎横擊呼聲動
天地契丹大敗

後周遣將率突厥之衆過齊晉陽齊將段韶禦之時
大雪之後周人以歩卒爲前鋒從西山下去城二
里諸將咸欲逆擊之韶曰歩人氣力有限今積雪
凝厚逆戰非便不如陣以待之彼勞我逸破之必

矣既而交戰大敗之敵前鋒盡殪無復孑遺自餘
宵遁

契丹結西賊犯振武折御卿受太宗成筭擊敗之虜
死十六七奏至上召其使問狀因笑謂左右曰北
虜小醜輕進易退常戒邊將勿與爭鋒待其深入
即分奇兵斷其歸路從而擊之必無遺類果如我
言左右呼萬歲

契丹薄宋代州張齊賢夜發兵二百人持一幟負一
束芻距州西南三十里列幟燃芻契丹兵遥見意
謂并師至駭而北走齊賢伏卒掩擊大敗之

宋端拱中威虜軍糧餽不繼虜欲窺取之上遣大將
李繼隆發鎮定屯兵萬餘人護送輜重數千乘虜
將于越諜知之率其精鋭數萬騎將邀王師邊將
尹繼倫領歩騎千餘歛廵塞上正當虜所入道虜
不擊而過徑襲大軍繼倫謂麾下曰虜視吾猶魚
肉南出而捷廻乘勢驅我北去不捷亦洩怒於我
將無遺類矣今可卷甲銜枚襲其後虜鋭氣前去
其心輕我不虞我之至力戰而死猶不失忠義豈
徒爲胡地鬼乎衆皆憤激從命繼倫因令軍中秣
馬俟夜遣人持短兵潛發躡其後行數十里至唐

河徐行天未明虜去大軍四五里方會食訖將戰繼隆列陣以待之繼倫出其不意從其後急擊殺虜將一人號皮室者虜相也衆遂驚走于越方食失匕箸爲短兵中其臂甚傷乘善馬先遁虜望見大將奔北因大潰自相蹂踐死者無數自是胡虜不敢窺邊以繼倫面黧相戒曰當避黑面大王

契丹主伐夏夏主元昊見契丹兵盛乃上表謝罪退師以候凡三退將百里每退必赭其地契丹馬無所食因許之約元昊乃遷延以老之度其馬饑士疲因縱兵急攻契丹大敗

夏主寇宋鄜延陷金明砦哲宗聞之咲曰五十萬衆深入吾境不過十日勝不過一二砦須去已而果破金明即引退

狄青爲將先項犯塞時新募萬勝軍未習戰陣遇寇多北青一日盡取萬勝旗付虎翼軍使之出戰虜望其旗易之全軍徑趨爲虎翼所破殆無遺類累功至招討副使青在涇原常以寡當衆度必以奇勝預戒軍中盡捨弓弩皆執短兵密令軍中聞鉦一聲則止再鉦聲則嚴陣而佯却鉦聲止則大呼而突之士卒皆如其教纔遇敵未接戰遽聲鉦士卒皆止再聲皆却虜人大笑相謂曰孰謂天使勇時虜人謂青爲天使鉦聲止忽前突之虜兵大亂相蹂踐死者不可勝紀

宗澤敗金人于衛州金人退澤計敵衆十倍今一戰而却勢必復來使其鐵騎夜襲吾軍則危矣乃暮徙其營金人夜至得空營大驚自是憚澤不敢復出兵

金兀术謀侵汴宋宗澤遣兵趣滑州鄭州以分其勢戒諸將護河梁以候大兵兀术遂不敢向汴而去

金人入宋揚州初宋劉子羽聞有金師預徙梁洋之

積及金人深入餽餉不繼子羽出師掩擊破之

虞允文擊敗金人于采石江中允文曰敵今敗明當復來夜分移舟絶上流別遣舟師截金人于楊林河口明旦敵果至因夾擊之復大敗

金阿里蒲盧渾侵宋明州張浚使楊沂中帥師迎戰于高橋敗之浚戒將士虜敵必再至下令清野多以輕舟伏弩閉門自守阿里蒲盧渾果復侵明州浚等遣兵掩擊金人奔北

金兀术自合淝趨歷陽游騎至江張俊議分軍守南岸王德曰敵遠來偷道決不繼及其未濟急擊之

可以奪氣即渡采石俊督軍繼之遂夜拔和州屠
迎俊入
金人與劉豫合兵分道入侵帝手札命韓世忠飭守
備圖進取辭旨懇切世忠受詔感泣曰主憂如此
臣子何以生爲遂自鎮江濟師俾統制官列栅自
斷歸路會遣魏良臣使金至維揚置酒送別庚牌
沓至良臣問故世忠曰有詔移屯撤爨班師良臣
去即上馬令軍中曰眂吾鞭所向于是引軍次大
儀勒五陣設伏二十餘所約聞鼓即起良臣至金
軍中金人問王師動息具以所見對聶兒孛堇聞

世忠退喜甚引兵至江口距大儀五里別將撻孛
也擁鐵騎過東世忠傳小麾鳴鼓伏兵四起旗色
與金人旗雜出金軍亂我軍迭進背嵬軍各持長
斧上揕人胸下斫馬足敵被甲陷泥淖中世忠麾
勁騎蹂躪人馬俱斃遂擒撻孛也等二百餘人所
遣董旼亦擊金人于天長縣之鵶口擒女眞四千
餘人世忠復親追至淮金人驚潰論者以此舉爲
中興武功第一
始金兀朮入鎮江韓世忠屯焦山寺曰是間形勢無
如金山龍王廟者敵必登之以覘我虛實乃遣人

伏馬兀朮果趨廟幾獲之
宣撫使李彌大有大校李復者鼓衆大亂彌大檄韓
世忠將所部追擊世忠兵不滿千人分爲四隊布
鐵蒺藜自塞歸路令曰進則勝退則死走者命後
隊剿殺於是莫敢返顧皆死戰大破之
金人攻順昌諸酋各居一部衆請先擊韓將軍劉錡
曰擊韓雖退兀朮諸兵尚不可當法當先擊兀朮
兀朮一撓則餘無能爲矣時天大暑敵遠來疲敝
錡士氣閒暇敵晝夜不解甲錡軍皆番休更食羊
馬垣下敵人馬飢渴錡預毒上流水草食者輒病

方晨起淸涼錡按兵不動逮未申間敵力疲氣索
忽遣數百人出戰俄以數千人出南門戒令勿喊
但以銳斧犯之統制官趙樽韓直身中數矢戰不
肯已士殊死鬬入其陣刀斧亂下敵大敗方戰時
乘小却遽以拒馬木障之少休城上鼓聲不絶乃
出飯羹坐餉戰士如平時敵披靡不敢近食已撤
拒馬木深入斫敵又大破之是役也錡兵不盈二
萬出戰僅五千人金兵數十萬營西北亘十五里
每暮鼓聲震山谷然營中諠譁終夜有聲金遣人
近城竊聽城中肅然無雞犬聲兀朮帳前環列甲

兵持燭照夜其衆分番假寐馬上餇以逸待勞以
故輙勝
金人自渦口渡淮水以氈裹船載糧而來劉錡使善
沒者鑿沉其舟
金人始圍順昌劉錡募壯士五百夜乘電光斫其營
見辮髮者則殲之金兵退十五里錡復募百人往
命折竹爲嘂嘂如市井兒以爲戲狀人持一以爲
號電光所燭皆奮擊電止則匿不動我軍聞吹嘂
聲即聚金人不能測終夜自戰積屍盈野方大戰
時兀朮兵皆重鎧甲號鐵浮圖戴鐵兜牟周匝綴

長簷三人爲伍貫以韋索每進一步用拒馬擁之
退不可却官軍以槍標去兜牟大斧斷其臂碎其
首金自起兵以來未嘗有此敗衂者
人陷廬州劉錡會楊沂中王德擊之沂中曰敵恃
弓矢耳吾有以屈之使萬人持長斧如墻而進拐
子馬遂躓
劉錡順昌之戰戒甲士人帶竹筒其中實以麥豆入
陣則劉棄竹筒狼藉其豆于下虜馬饑聞豆香低
頭食之又多爲竹筒所滾腳下不得地以故七馬
俱斃

岳飛與兀朮戰初兀朮有勁軍皆重鎧貫以韋索三
人爲聯號拐子馬官軍不得當是役也以萬五千
騎來飛戒士卒以麻札刀入陣勿仰視第斫馬足
拐子馬相連一馬仆二馬不能行官軍奮擊遂大
敗之兀朮大慟曰自海上起兵皆以此勝今已矣
王彥岳飛等與金人戰于新鄉飛引所部鏖戰奪其
纛而舞諸軍爭奮遂復新鄉
岳飛大敗金兀朮于朱仙鎮兀朮欲棄汴而去有書
生叩馬曰太子勿走岳少保且退矣兀朮曰岳少
保以五百騎破吾十萬京城日夜望其來何謂可

守生曰自古未有權臣在內而大將能立功于外
者岳少保且不免况于成功乎兀朮悟遂留不去
飛果奉詔班師
岳飛知劉豫結粘罕而兀朮惡劉豫可以間而動會
軍中得兀朮諜者飛陽責之曰汝非吾軍中人張
斌耶吾向遣汝至齊約誘致四太子汝往不復來
吾繼遣人問齊已許我今冬以會合寇江爲名致
四太子于清河汝所持書竟不至何背我耶諜冀
緩死即詭服乃作蠟書言與劉豫同誅兀朮事語
諜曰吾今貸汝復遣至齊問舉兵期刲股納書戒

勿泄謀歸以書示兀朮兀朮大驚馳白其主遂廢
豫

金人攻宋海州魏勝迎戰大敗之金人圍蒼山勝救
之入其砦勝度其必復攻海州因間出砦趨城中
金人果解蒼山之圍抵城下勝出戰金兵乃引去

建炎中金婁室內侵關陜張浚使謂曲端曰彼以孤
軍深入我合諸路攻之不難耳端曰彼將士精銳
因糧于我我反爲客未可勝也若令兵據險時出
偏師擾其農時彼不得耕穫必取糧于河東我相
攙擊之則我爲主矣今若輕舉後憂方大浚不然

檄諸路集兵次富平吳玠曰兵以利動今地勢不
利宜擇高阜據之使不可戰諸將皆以前阻葦澤
虜騎不得施不肯徙已而婁室以柴囊土藉淖平
行進薄我軍遂大潰五路皆陷關陜大震

遼主征金金主曰彼衆我寡兵不可分視其中軍最
堅必遼主在焉敗其中軍可以得志使右翼先戰
左翼合而攻之遼兵果大潰

金人初無步卒惟騎千餘刻小木牌繫人馬上以爲
號五十人爲一隊前二十人重甲持戈矛後三十
人輕甲操弓矢每遇敵必二人躍馬而觀陳之虛
實四面結隊而馳擊百步之內弓矢齊發無不中
者其分合出入應變周旋人自爲戰所以恒勝

嘉定九年畢再遇與金人戰且前且却至於數四視
日將暮以香料煮荳布地復前搏戰佯敗虜追之
馬饑聞荳香皆就食鞭之不前再遇反攻之金人
大敗

金沒立與烏魯折合約會兵攻宋和尚原烏魯折合
至吳玠命諸將更戰迭休擊敗之沒立方攻箭筈
嶺玠遣將擊敗之兩軍終不得合

金兀朮會兵薄宋和尚原宋吳玠與弟璘選勁弩分

番迭射敵稍却奇兵旁擊絕其糧道度其困且走
設伏於神坌以待之敵走伏發遂大亂玠因縱兵
夜擊大敗之

蒙古克襄樊等處招集軍民布種積船材於順陽宋
孟珙遣兵分路撓其勢潛燒其船材又度敵必因
糧於蔡遣兵入蔡焚其積聚由是荆湖稍安遂復
夔州

元遣合剌帥兵築馬鬷山以圖宋合州張珏乃張疑
兵於嘉渠口潛師渡平陽灘火其資糧器械越砦
七十里焚船塲由是馬鬷城築不就

董摶霄還軍守于瀦而賊兵大至焚倚郭廬舍摶霄按兵不動左右請出兵摶霄曰未也遣人執白旗登山望賊約曰賊以我為怯必少懈伺其有間則麾所執旗又伏兵城外皆授以火礮復約曰見旗動礮即發已而旗動礮發兵乃盡出斬首數千級

元史天倪從木華黎略地三關進言曰金棄幽薊遷居于汴已失策矣遼水東西金之心腹也我若得大寧以扼其喉襟則金雖有遼陽終不能保矣木華黎善之遂襲大寧直抵居庸不得進因金扎八兒之導出趨黑樹林從山谷間道銜枚疾趨徑至

南口金人以為從天而下也中都遂破然則燕薊之保障固不專在遼也

國朝永樂七年上命丘福北征密授方畧且諭曰毋失機毋輕視虜毋為虜所紿一舉未捷俟再舉爾等慎之福不遵諭旨全軍俱沒上遂親征擊虜虜遁班師虜酋阿魯台遣使納款且請得部署女直吐蕃諸部黃淮曰此屬狼子野心使各為類則易制若併為一則勢大難圖矣乃不許

永樂十九年劉江鎮遼東以望海堝地最高可望諸島為遼海咽喉乃築堡立墩以備一日瞭東南夜舉火有光江計寇將至伏兵山下更遣壯士潛燒賊舟截歸路約白旗舉伏起礮鳴奮擊翌日倭二千餘趨堝下登岸江惟犒師以待比至被髮舉旗鳴礮伏起為兩翼而進賊大敗奔櫻桃園諸將士請入堡剿殺江故開西壁以縱之賊趨舟舟已焚我師夾擊無一脫者

景泰元年虜入朔州自屢勝以來出入自由郭登時鎮宣大聞報率兵躡之日暮諜知賊營十二屯於沙窩皆自朔州搶掠而回者將士皆以賊衆請全軍而還登曰我軍已去城百里一退則人馬倦疲

賊以鐵騎來追欲自全得乎即拔劍起曰敢言退者斬徑趨賊營天漸明賊以數百騎迎戰登奮勇先進諸軍繼之呼聲震山谷登射殺二人手刃一人遂大破其衆追奔四十里至栲栳山斬虜首數百級盡奪回所掠人馬虜自是不敢輕入

弘治間仇鉞寧夏為百戶時虜騎數萬突至都御史李忠宣使率兵禦之仇毅然曰兵不必多憑我自選五十人足矣從之仇度虜所必駐之處掘坑令二十人埋伏覆以蘆席篩以浮土三十人登山巔望以砲為號虜至果扎營其地夜半砲發坑卒出窟

亦起虜疑大軍襲之自相蹂殺過半而走質明五十人歸報中軍遣人馳割虜級遂成奇勳

北虜既據河套不時寇殺我邊士王越諜知虜他掠留少兵衛老弱輜重易覆也乃集饒果萬騎賫七日糧出塞可二舍許卽留數百人伏更二舍如之行四日天未明抵虜帳萬騎齊奮縱火擊之斬首三百餘獲馬牛甲械以萬計比午虜自外歸慟哭震原野悉力來追越軍結陣徐行殿者與戰及前伏起又與戰再遇虜遂不支而遁遠徙者二十年

嘉靖二年北虜入寇龍門守備馬驥以兵少不敢戰度虜必由舊路許家衝出乃率兵斷其路路在兩山間驥濬壕深二丈許虜聞之大驚以精甲拒後繩牽蟻附而去土人曰是時得官軍一營至則虜可殲也聞邊人之談虜者曰百騎不越城千騎不越路萬騎不避鎮言虜騎愈多斯所入益深也又曰鎮兵戰原野撼分守戰山谷斷守備戰溪岸防言所統旣寡則宜相機也若驥者其足以知此矣

嘉靖二十四年翁萬達督大同謂方今邊事之故借箸難詳將來措置之方掣肘是慮覆車當鑒易轍乃行欲持永安必畧近效及至邊乃倂民堡使協

力拒守每堡擇材力者爲堡長次者爲隊長立法曰守陴每五十名爲一隊每隊奇正各半隊長二人一統其正一統其奇居常則人守一陴奇正相間一方有急則三方應援奇者赴之正者擐守每隊爲紅黃二旗隊長執之以分其衆爲方圓二牌堡長收之以調其奇又多造火器以給之蓋聞虜之攻堡也聲其諸處而掩其一隅誘之策應而乘其不備邊民無遠識往往惶亂以墮其奸奇正相間一調一守如翁萬達之規畫可謂密矣

萬曆戊戌天兵援朝鮮遊擊毛國器當中路請獨守星州星州三面受敵勢甚孤懸國器提浙步兵三千耳設伏候倭出犯輒擊虜有斬獲國器覘倭營自望洋以至新寨勢若長蛇而望洋其首也謂碎其首則餘如破竹但隔晉江不能渡適泰謀史世用先從使日本時與流寓郭國安者有約時國安在倭營縱所擄中國婦以通消息世用因遣間與約使爲内應國器乃整兵渡江倭出戰忽望洋寨火焰燭天倭遂驚潰盡燒其屯糧七戰七克倭棄城走

真如齋備書

八至十止

卅三 共十本

眞如齋備書

辛

備書戰字丙卷二三

師汝南嵇毓李宗延閱　古越王應遴董父輯

友人潘珠子儀訂

戰之法

一本

戰不勝於敵也勝於將亦不勝於將也勝於君君謬任則戰事違君中制則戰棁泥君外監則戰權離故明哲之君但愼於擇將專於任將而毋勞於制將一朝授鉞閫外事罔敢與也請兵益兵請餉益餉賞惟將誅惟將進惟將退惟將謗書盈篋付諸丙丁如是而將不盡瘁不奏績未之前聞也故曰

兵勝於朝廷

將未受任軍事在君將既受任軍事在身故不當以身視身而當以軍視身身視軍毋任威威有本養不重則不威毋任明明有本中有欲則不明毋任勇勇有本懷不令義則不勇毋任斷斷有本律必爽則不斷小惠弗徧小信弗孚小不忍則亂大謀並無惟虛惟和惟愼時察士卒之饑飽勞佚而甘苦同之死生共之推赤心置人腹集衆思廣衆益定後戰是之謂戰勝於一二八

將受命於君，即日就道，會集將吏，歃血自誓，告於昊天后土曰：其不材荷國重寄，自今以往，其或律身不臧，剛愎自用，黷貨自腴，作好作惡，作福作威，親佞傷賢，驕矜玩寇，有勞吝酬，有犯姑息，有懷不盡，有力弗竭，則皇天后土其陰殛之。遂乃刻期誓師，頒示律令。

二律

師出以律，律定則軍政行，軍政行則戢心齊，故蒞軍之初，必先定賞罰之格，立保領之法，昭示軍門，有犯無親，偏裨不貸。

犒師之日，左右將軍以下至軍士，各投保狀於大將軍，大將軍率軍設祭，而羣誓於旗纛之神曰：軍士保領伍隊長出戰無失，如失一伍隊長，伍下軍俱死；伍隊長保領千百夫長出戰無失，如失一千百夫長，所部伍隊長以下俱死；千百夫長保領裨將出戰無失，如失一裨將，所統千百夫長以下俱死；裨將保領左右將軍出戰無失，如失一左右將軍，所轄裨將以下俱死；左右將軍保領大將軍出戰無失，如大將軍有失，左右將軍俱就死。幽有神殛，明有尚方，兼以[illegible]方[illegible]心[illegible]于[illegible]，於是次第致

誓愛制爲令

至於出戰而軍士畏縮不力者，許伍隊長割其耳；伍隊長畏縮，許千百總割其耳；千百總不遵旗鼓，畏縮不前，許裨將割其耳；裨將不遵，許左右將軍割其耳。收兵勘驗，無耳者酌量斬之。若割耳而能忿激向前，因而摧敵得級者，更紀功以論。如有見敵衆多，心驚神怖，旁行反顧，畏縮不前者，許本營司哨隊將即陣斬之。裨將弗貸，其左右將軍不遵旗鼓，不受節制，因而致失者，大將軍以賜劍從事。一卒一伍一隊奮勇抵敵，或被賊攻急，而同伍隊鄰伍救應遲疑，致損奮勇軍士者，同伍隊鄰伍頭目以下俱斬，其偏裨以下之分布策應者，原其地之遠近，連坐有差。

賞格種種，罰科亦種種，大約以畏將令不畏敵鋒，知旗鼓不知矢石，敢進尺不敢退寸，期破敵不期拾級。如是者受上賞，不如是者置上罰。乃若摧堅陷陣，梟將搴旗，協登城，爭先奪隘，此係奇功，宜另行奏録，不以賞格拘也。

法有以誅大爲威，賞小爲明者，於是有先設成心，以立威福者矣。[illegible]不若秉以公虛，用舍與衆共之，爲

足以服衆而建功也

三資

作戰之軍資有三一資慮戰之才一資利戰之材一資裕戰之財故甲堅兵利卒固馬良蓄積饒盈武士翱翔淮南子所謂爲軍之大資也然運材與財存乎才而致才與材尤先乎財蓋才則將可以禮招材亦將所能廣蓄而財則非將之所能自致也自在朝廷耳故必毋立城府弗拘常格凡百所需畧不留滯椎牛饗士毋疑其汰捐金遣間毋疑其濫則戰之先資裕矣兵不至於苦窳而戰士庶幾

乎遠裹耳

世需才甚急而軍中則尤不可緩矣但問大尋鷹犬忘謀主雖開幕府徙集俖賓節至于獻俘耗勛亦不過曰某斬級賞無疑某入巢功宜録至曰某爲謀而建某策某贊助而收某功誰則信焉如是而誰肯以伏龍鶵鳳之才俛首空趨附於幕下也哉故今欲議戰必當首徵謀主果其有渭渭之叟隆中之竒不妨造請之壇拜之賅督臣之責而師亶之功成則不惜列土分茅以爲報夫如是而謂舉世無伏龍鶵鳳如有伏龍鶵鳳出而謂戰功不救非吾所敢信也

軍中材具無一可以不精然而甲仗尤甚蓋以堅利便爲三妙此三妙缺一不可故必專心精造如遁年外府所觧恐未必足當實戰也

四畧

作戰之畧有五一曰量二曰按三曰覘四曰料五曰因量者量彼已之主之將之兵之食之天地也按者按彼已之山川之屯聚之長技也覘者覘彼之本謀之親任之動靜也料者料彼之出何策結何局也因者就四者而因其勢因其机因其利而導

之也君明將良食足兵強天地孔昌任我速乘在彼且藏因其險易爲趨爲避因其屯聚或焚或據因其長技善逞善禦因其謀任可伐可離動則乘之靜則撓之設策則破之而彼之局我豈必待戰而方知之耶

當師之未出也必先計其食及糧之已行也又首嚴應接故日日奠匱時時備刦守必重兵運必勇將敵有可乘先因其懷

凡未戰之先首嘗戰地必嚴三擇更審六忌或遌山或搌水或據林莽可前可却背高面生便利水草

士卒乃可以不病若夫大山之端大谷之口地網天牢草木蒙茂三面受敵或居下流是在主戰者周慮凝辟隨方擇勝庶不貽軍士之憂迫戰之日則急趨戰所敵人後至倉卒未整相机乘勢戰乃可以必勝耳

兩軍相對如未審其將則堅壁勿出以觀其謀否間起間伏以觀其疑否一進一退以觀其固否迫之凌之以觀其懼否挑戰佯北以觀其詐練潛師襲之以識其治乱出衆出寡以要其無算此臨戰之善物也

敵處高燥不利水草則困之敵便水草屯處卑下則灌之敵居不便出入艱難糧道遠絕則凌之敵地廣大食寡兵少四守失隘則急之敵貪利則可誘可陷敵驕怨則可間可離敵愚昧輕信則可餌可誘敵喧嚣不整則可薄可欺敵乘勞務利則可襲可擊敵慮進疑退則衆必失依敵人懷歸志則可險塞易敵疲困怠懈飢渴驚疑前隊未營後軍來涉偶值晦冥風雨忽作則因而乘之如是而敵猶不足虜矣

五忌

智術擔事當垂擅權哲謀暗議左甲右乙戰之忌一不鑒古今不審彼己賢愚倒置功罪偏頗酣淫貪殘嫉長護短戰之忌二大將不明小將不服不待號令自戰自止戰之忌三將懦吏弱士強卒悍不遵約束戰之忌四烏合之衆調募之兵不經訓練率令趨戰戰之忌五戰士貧苦守士傷勞將驕難挖如干雲霄戰之忌六兵械未精上下未協內制其令撓事乖違戰之忌七羣吏侵漁將不能察敵諜來覘將不知用亦不敢捕戰之忌八遠伐淹留糧芻不繼妖異數見軍心惶懼將不能禁戰之忌

九進無前偵退無後勁勞無遊奕後無接應戰之忌十大寒大暑大風大雨飢寒困倦倍道趨利戰之忌十一違軍所長用軍所短陸人水戰步夷騎險戰之忌十二不選不配軍無精銳鄉導不預出入迷昧孤軍抗敵不識進退戰之忌十三糧道易絕恃勇深入野無所掠戰之忌十四分軍會剿不設塘報道路阻長兩不相照戰之忌十五出軍日時風號沙翳天地慘黷霾霧四塞金鼓不清牙旗忽折戰之忌十六已上諸忌必警必戒爲將者于此恬然不思未有能以三軍徼倖者也

將之忌七未戰忌輕忌緩方戰忌遲忌執忌餒小勝
忌驕小挫忌撓

士之忌七忌脆忌怯忌惕忌惰忌滑忌疑忌囂脆必
堅之怯必勵之惕必勵之惰必練之滑必愿之疑
必信之囂必治之

行軍之忌十有四入忌躁而滲退忌陳而急勝忌驕
而貪敗忌怯而亂衆忌恃而欺人寡忌餒而不固
令忌臨陣而更將忌臨敵而易人入人國忌殘尤忌
不戒受人降忌驕尤忌不嚴見人餌忌饞追人北
忌貪

三軍之災生於狐疑狐疑生於猶豫猶豫生於無制
無制生於庸將庸將生於任之不明不明生於君
心之有欲而左右多賄

六正

兩軍交綏堂堂作陣主客互立步騎雜陳或水或陸
或原或谷在主則宜持重在客則利迅速在步則
藉車營在騎則忌遠載夷險遞乘循環反覆如河
津則可邀如長林則宜伏用寡者宜趨隘用衆者
宜走陸敵入我疆則預秘我穀我入敵境則亟食
其粟乃或合擊分馳疾驅徐逐先後重輕不渝正
鵠故曰堂堂之陣正正之旗形圓不亂即千變不
可離也

主兵當避銳而新集者又利疾擊客兵誠輕佻而新
集者又利速進唯因利致權者得之

深入敵境而未見動靜或以羸弱且挑且走必有埋
伏絕我歸路是須多令勁勇嚴加搜捕而以強弩
翼之輕騎應之又急守糧道設犄角整堅陣張奇
兵徐觀進止

敵來我境處林翳者火之處汙下者水之處平易者
以騎蹂之處險阻者以步撓之得地利者誘而去

之迺後戰未得地利者亟擊之勿使得地利而難
制也

用衆之法宜整宜治宜分宜易妙在進止抽移所謂
如山如林風發河決

用寡之法宜固宜輕宜銳宜隘所謂進不可當退不
可追奔心一力死且不北

法曰步不勝騎騎不勝車然有騎無車則一騎不能
當一卒也有步無車則千軍不能當萬馬也有車
無步馬軍不能無邀險也有車無騎夷遠不能轉
趨利也務使步騎相兼援車爲壘步不離車騎不

遠致更番疊戰各趨其便
步戰宜先立老營迭戰互更進必輕凌退必持重變必率然營必方陣依陵負林拒馬扶胥守爲駐隊戰馬鋒隊輪番入守循環出擊布伏突奇必火必弩故步戰之法起號卽陣舉號卽戰變號卽易奇正喊聲欲齊而震鼓聲欲重而沉戰氣欲揚而銳死心欲必而剛藝必欲其精練兵必雜其短長長兵以衛短兵以守
步戰用三疊陣法此法創自吳璘每戰以長鎗居前坐不得起次用最強弓又次用強弩跪膝以俟又次用神臂弓約賊相搏至百步則神臂先發至七十步則強弓併發次陣如之凡陣以拒馬爲限鐵鉤相連俟其傷則更代之遇更代則以鼓爲節騎兩翼以蔽于前陣成而後退此之謂三疊陣三疊之士必心定乃能持滿敵雖銳不能當也
騎戰便於奔衝利於速鬪踵彼敗軍絕彼糧道邀擊最便然頓之則老宜易畏險林谷陂洳無令自苦故用戰有八險當避四利當趨何謂八險敵人佯走輕車毒弩夾伏蹴我其險一長驅踰險伏絕我後其險二陷入天牢退不可逃其險三林木谿谷馳驟絷絆戰道窘促其險四欲進而臨窄難從欲出而迂遠難到其險五大阜高山左右阨塞敵處表裡其險六進不能退遠不能收敵據我根本扼我陣頭其險七沮洳草薔敵或隱現撲我聚散其險八何謂四利敵至未列卒然摧擊披其左右搗其心腹謂之突衝其利一敵或整治謹我翼騎倏忽往來雷擊風馳揚塵鼓煙令白日昏冥令變化難以小戎謂之術擊其利二敵無險阻卒無戰心斷其糧道翼擊其旁薄獵其前後謂之乘亂其利三敵暮欲歸令我鐵騎十而爲隊或伏或馳散如星布起似烏飛繼以毒弩按號發梳敵雖百萬其勢必疲謂之威刼其利四明此八險收此四利分合聚散摯頓析條如是而何戰不尅然非雜以車徒進退無本終是勢孤恐爲智者所苦故曰輕凌之隊奇伏之隊跳蕩之隊突衝之隊踵軍之隊游奕之隊謂利於邀擊奔趨不宜於正守老頓也其備騎戰法詳騎字函
車與步戰於易則一車當徒八十人戰於險則一車當四十人與騎戰於易則一車能當十騎戰於險則一車能當六騎凡車利結營猶便涉遠宜於廣

易陽燥不宜於卑濕窪洳所以貴高而賤下進止須從其道爲其犯堅衆也必先走其雷電縱以小戎急出馳車或突或衝火亂其西弩亂其東半騎半徒伏奇從鋒晦冥不便謹壁弗攻出入有制馳驟得機敵雖萬匹克之必矣惟善用車者不以南北限不以山水拘無論重輕不泥分合貫惟在用之者耳其用車之法具車字函

戰於山者宜據高阜近水草通糧道握形勢以便擊刺故山上之戰不仰高然屯大山之端而四面受敵則又爲敵所棲若屯於中嶺而四面山高則又爲敵所困矣故絶澗天牢天羅天陷天隙之地行軍者遇此必亟去之又曰戰山之左必備右戰山之右必備左

地狹山高左右壁陡卒與敵遇兩不便走奐起謂之谷戰雖衆不能用也必須選我輕兵急登高陵令敢死之士衝鬬前徑或分車徒四面伏定敵必堅陣未敢輕進矣乃又急出旌旗移營谷外半隱半出且擊且擄繼以驍騎列彊弩而衝奮短兵而鬬鼓譟乘之急出是務大率要陸之軍死地當在軍前生地當在軍後

過敵深林速謹出入各奮短兵便利疾行參錯迭進互更審向察道妙在晦冥左右前後裝藏情半伏半擊獷獠騰凌敵雖有見莫得我形鼓柝戰叢戰利害相半在晝則益旌旗在夜則益笳鼓多畏其強必慮其火

交兵斥澤宜亟去無留翼出驍騎展闢道衢整陣結伍且戰且行又必嚴謹遊殿以備敵情若敵強梁急據高阜兩軍相角必有利路在焉又曰必依水草而背衆樹

阻水相拒勿近之於水觀生處臨察其廣狹淺深并敵所來處乃可突棄若夫江上之戰則必處上游水上之禦宜柵其中流或因風縱火或因雨用灌或囊沙決隄毋自處不便毋自當逆風舟宜坦而旋轉爲便器宜捷而火弩爲先分哨宜速寨柵宜堅旗幟宜多又宜張而惑變戰士宜輕佻而素練此水戰之法也阻水欲戰去水稍遠挑之使來擊其半涉若我不欲戰則拒水而備嚴使不得濟其舟師之法具舟字函

洋海之戰最慮風濤不時又慮迷失向往風濤有天文可觀向導以斗建爲占或當昏晦時則定以指

南針至如海上尺雲日星烟霧水族起伏占有奇驗在老於航者若持左券然是不可不審察而預備也

七奇

經戰之畧不詭于正而運馭之術不諱言奇故靜爲躁奇治爲亂奇飽爲饑奇佚爲勞奇變變化化幻幻冥冥孰離于正而孰不是奇故曰無不正無不奇乃兵之善

合戰之法不出奇正兩者奇正之佐又有疑伏疑伏即奇也故用兵者以六爲正以二爲奇以一爲伏

以一爲疑循環變幻首尾互易令敵入吾彀而莫能測其端倪也

勢未可戰敵欲戰我以正兵持之弗與戰勢當戰敵欲持久我以奇兵撓之使不得久敵欲趨險我以伏兵邀之使不得趨敵欲分擊我以疑兵恐之使不得分

勞暑晦夜皆奇之時風霆雨雪皆奇之資水激火烈皆奇之佐或潛而襲或邀而截或賺之使入而夾以擊或詐稱敵使而糧以刼皆伏也皆奇也或示弱以驕之或示瑕以誘之或奪其所愛挑其所怒以激之或佯北以致之或姑委以餌之或先聲以奪之皆疑也皆奇也

山谿林谷則伏兵險阻江河洲渚則誘其半渡敵畏則歛其鋒敵驕則示之弱我欲進則佯爲退計我欲退則詐爲進謀

古之名將每出夜奇謂餌寡可以破堅衆而疑伏足以懾方張也故夜戰之法或伏或邀或聚或散發號即行起砲便戰金之即止鼓之倏進掌笛隊分吹角陣變務於精必得鄉導益以火鼓亂敵部伍一疾一徐動靜按機使敵莫知我之去處亦莫

知我之分移敵如靜固則巧致其疲敵將躁亂則直入不疑凡夜以車爲壁以步爲守以騎爲候篝箭瑲支燈炬有製耳目素明號令威授然夜戰之卒非潑膽精鋭不可非號令素行不可夜戰之將非果敢慷壯不可非通變圓神不可

風雪雨霧之中最難用戰顧能握其機而善備其事懸重賞許重爵而復信之以必死之令置之以必死之地將欲率衆寡而衆寡用命驅強弱而強弱一心自足以一當百一當百無不勝矣乃若方進戰而當地險阻又值怔風陡作注雨如傾飛沙障

天怒霆消竟此戰鬭之災也要時勝敗要在相其機宜或因風馳擊或乘勢力摧或固壘整陣如我治彼亂則以輕銳乘之敵或順勢迫我則選銳疾戰萬人怒呼敵衆自亂然亦有因其時反其勢以致勝者故曰握機備事而又在相機爲必勝也

法曰以水佐攻者強以火佐攻者明夫勢莫烈於水火故功莫捷於水火顧水能載舟而亦能覆舟火得其道則傷人必多而不得其道則返害不小是烏可不萬萬加愼也哉

善用水者或決以灌其郭或引以絶其糧或壅沙以截其渡或毒上流以斃其士馬

善用火者或燒其屯或焚其艦或燔其芻糧或幸其移營而焚其柵或埋地雷斷崖谷以摧其堅然其玄妙總在行火必有因烟火必素具發火有日起火有時其機惟在器而其難又在火種夫走線如地雷埋地數尺遠廣數里水雷入水丈餘沉伏港汊藥線入土即潮入水即爛又爲能旬月不濕倏彼火機一動而即發之耶所以善製火者有不傳之秘善用火者有心得之巧若夫火攻之具則詳火字函

兩兵相拒賊腹必虛潛由閒道以直拔根本此非死卒不能敵兵遠來抑或惰歸預伏要路邀而截之此非猛將不可敵將愚莽可以賺之運道險遠可以刼之然賺非死間不敢入而刼非巧詐不能近也彼將心高我則示之弱佯北委資可餌而誘也彼將內懦我則示之強虛張聲勢可脅而奪也彼將急躁則我挑其怒而攻所必救且詬且撓可激而致也

八乘

戰有一字訣曰乘微論戰而勝攻而取在乘一時之銳氣即從來定天下者亦不過乘一時之人心而借力以用之已爾故善戰者得時則乘時得勢則乘勢得機則乘機得利則乘利捷如脫兔速若發機無之非乘也是故以主乘客以佚乘勞以實乘虛以整乘亂又或乘其遠來或乘其半涉或乘其未壘或乘其入隘或乘其疑閒或我乘我勝則當備其伏或彼乘我敗則更運我奇乘之爲用妙矣哉

力攻其堅而堅破則瑕者益瑕力攻其堅而堅不破則瑕者亦堅故曰攻堅不如乘瑕是用力寡而成

功捷也
敵勢方張我衆恐惶則宜急選精兵激我突將斬其前鋒奪旗而舞呼聲動地令彼氣阻是曰乘我銳以摧其標
晝敵銳攻則宜堅壁持重乘彼力竭倏然突擊是曰養我銳以乘其疲
環圍不攻築塹相守則宜乘敵食盡闕圍令走是曰完我力以乘其敝
敵方入境後隊未集則宜急選梟將伏奇橫擊捲旗貫陣反擊其背賊之前鋒既崩大軍自靡是曰善乘其首
敵或傾國困我城邑或逆王師盡銳相拒則宜揀留羸兵縻絆其軍潛遣精銳擣其腹心乘彼還救張伏邀之是曰善乘其虛
堅壁清野嚴固我隘敵攻不克又無所掠則宜乘彼引還預扼其要夾而擊之是曰善乘其窮
敵敗初還必嚴彼殿我毋急追潛躡其後彼既疾趨其力已倦其備已懈則宜倍道乘之敵將走死是曰善乘其歸
始追不戒或摧其伏則宜急整驍騎風馳更逐彼方

情歸無心戀戰不意重來無不可敗是曰善乘其惰
敵衆我寡卒遇敵圍圍雖有闕毋容輕越更須審敵虛實之所圓陣外向四面奮擊力戰不休必獲其利又曰常令并氣勿亂待其少懈從其兵厚而不治處疾擊而出
既已出圍更防尾擊肅我部伍選我材武嚴我後勁翼我兩旁整衆以退乃能不敗
兵臨死地倖生必死殺牛燔車以饗戰士塡井夷竈焚舟破釜秉梲力戰是曰必死則生
軍或屢衄人心皇皇旣鼓不進未金先退此非誅罰可以禁也法曰執戮禁畏大畏弗殺示以顏色告以所生

九間

戰之善者必曰不戰而屈人之兵夫人不戰而何以屈夫亦於兵刃未交而令其爪牙先折腹心先潰聰明先亂籌計先顛倒鬻然喪其所守而不自知耳自古用兵功莫捷於得間意莫刻於用間機莫微於投間益論至於間之微而孫子五間之術猶未探其本也夫間者二之也二其心而使不自信

也間者離之也離其見而使不自合也出其所不意攻其所不備離其所必合詭其所必趨夫孰非二孰非離則亦孰非間也故曰多方以誤之誤之者間之也曰乖其所之乖之者間之也山有間道謂其徑幽而捷也則凡幽我諜而妆功捷者皆間也垣有間隙謂中有岐而可窺也則凡窺破其狡而應中其窾者皆間也則亦何必使人間又何必沾沾於瞷人之動靜耶使人間其如無間可瞷何而且如反爲之瞷何卽或瞷其動靜而其如聞動而不善應聞靜而不能撓何故曰微不微於遣間

而微於用間者之心是謂不戰而屈人之兵若今之用兵者自不能厥間深之事也間之道深矣別悉間字函

十攘

海宇鞏固如無鈌之金甌惟是南之倭北之虜東西之夷時虞經畧惟不明於戰之道故併欵與守兩者俱不得自定主張耳顧不究夷虜情形則戰之道終不明也夫古人之于夷虜比諸犬羊蓋犬者外猛而中怯今之悍虜是也羊者外柔而中狠今之欵夷是也猛犬逐人愈縮肭則愈嘷橫一奮擊而卽走矣柔羊近人戲以杖挑之必反角而觸焉故觀于犬羊之情形而欵戰之機思過半矣是以原欵者必堅其欵以爲戰毋自我而開其釁屢犯者必實爲戰以致欵毋以朽戈餒卒輕挑之而張其吻是在籌邊者加之意而已

倭之長技唯刀與鳥銃兩械自余大猷教人持白棒不擊其人而单敲其刀于是倭計拙矣銃惟練藥之妙繫於臂而發之無聲故人不及避乃有識者云綿與紙縟爲堅甲而亦有衣臨陣濕之復令壯士摩旗而前可以禦也其戰也必擄高臨險坐持

我師覘我收兵彼則擁戰退則設伏三三五五一人揮扇羣伏皆起我兵不悟而屢入其局然以此用於陸則捷若用於水則無能爲也蓋倭船止有草撇不能當閩浙之大海艙誠能嚴會哨之律而使不得入或誘之入而夾擊之靡有不勝者矣其大可虞者惟在走倭之買我人而反爲彼用或當不逞難制耳

遼左可憂不專在建酋鷸蚌久持漁人得利三岔河之要地不設重兵終屬可虞西虜不善欵之其猖獗豈在奴下則修内攘外或欵或剿不可無久長

筭也

劃之三衛伏床之虺也且其枝寔繁而又褁甲久矣後進狠而前拒虎識者寒心異日反戈端或在此則以備為戰當視各塞更嚴

宣大息肩幸已久矣乃無虞不戒釁將漸生則脩備以堅欵惟此二鎮為先然此中脩備惟有車戰得力蓋以地多平原也

延寧邊垠稚套虜之毒深矣誠各厲兵秣馬而諜虜東犯則寧夏搗其西虜西犯則榆林襲其東犄角之較其延寧之長筭乎

固原以火酋為苦火酋以熟番為目能善撫熟番而犄角洮岷則撓宜自得

甘肅自哈密棄而一線孤懸欲北逐虜而南讋番誠不支也以懷番族為戰則先零順而罕幵破庶幾趙營平之績耳

夷運無常會逢其隙中國之患在突起不在因餘宋人方幸遼之敝而骨打出矣更甚于遼也又方幸金之衰而蒙古復出矣更又甚于金也今人但謂建酋悍竟不念我武備单而九塞之外皆建酋也左掖兎罕肘邊三衛方貌貌焉當事者恐不可不

預為後來戰計也

𢓜書戰字函卷之四

古越王應遴堇父輯

師汝南嵩毓李宗延閱　友人潘　珠子儀訂

戰之具

旓目之具

牙旗所謂大將軍出必建牙是也有所攻伐作五采牙幢青牙引東赤牙引南白牙引西黑牙引北黃龍牙則一軍之候也又有坐纛中營建之出引六軍則祭旗纛以行

豹尾旗又名旝桿長九尺頭用利刃折曲畫豹尾形

潤一幅雙折長七尺此旗所立處無論營陣戰陣更不容一人擅出入者

幟識也軍中部伍視之以為識認也其色五其邊亦因之各異

麾揮也幅同豹尾以羽毛飾之臨陣用之以指揮者也其色五法亦五欲進則點欲戰則亞欲止則立欲退則偃欲左右旋則摩也又曰舉青麾則左軍出戰之類緣邊書督戰字

五方高照高一丈六尺色照方幅尾用生氣之色幅長一丈二尺上各綴燈籠二徑三寸長七寸此為中軍之主奇兵及親兵皆寄目焉夜則看燈以應五方之用故燈色亦五

大五方旗各高一丈五尺纓頭珠絡雉尾色照五方邊以生旗之色配之旗心方五尺上繪五方獸此旗於四方立表兵之所視以為坐作進止左右周旋者也戰時或點或偃而該方不應與未點未偃而該方輒自進止者罪之又五方神旗與此同

金鼓旗二高一丈二尺纓頭雉尾珠絡黃色方六尺用以引金鼓者也臨戰緊隨金鼓

門旗高一丈二尺幅方五尺上繪飛虎此立於轅門

擺營者也臨戰謹嚴出入不得擅闖輕縱

角旗各隨方色製以樹之各方者

二十八宿旗上畫二十八宿之獸色不拘號帶亦隨意

清道旗桿長八尺幅方四尺色俱用藍邊色用紅書清道二字

領陣藍旗大約與清道同製不用邊亦可書令字

㕙旗不等在大將桿長一尺八寸徑二分旗方七寸帶五色接上書三軍司命字在各營中軍桿長三尺徑三分方九寸帶長一尺五寸在各營把總桿

長三尺徑五分方一尺一寸其在各司哨官桿長
四尺徑六分旗方一尺五寸並色隨其方各哨旗
總以下無旗各給腰牌上書某營某哨某旗總係
某籍年貌身材力技疤記戰失腰旗腰牌者以軍
法治平日查無腰牌者不給月糧仍治以法
每一大營大將認旗五色帶各營將認旗用本方之
色以邊應主將以號帶應國王把總以心坐本方
以邊應營將以帶應國王哨官以心坐本方以邊
應本總以帶應國王旗總以色應本哨以邊應總
司隊總盔旗長三寸色隨本哨旗上書某隊某哨

軍士盔有纓無旗
主將認旗桿高一丈九尺珠絡纓頭雉尾幅長三尺
濶一尺五寸尾帶用五色二十五條長二尺五寸
上書三軍司命詳司命二字則知旗之用大矣
營將認旗方五尺斜角用邊帶纓頭雉尾桿高一丈
八尺書某軍司命旗懸至頂戰時立點麾偃視大
將
把總認旗方三尺斜角用邊帶纓頭桿高一丈七尺
旗懸至頂戰時立點麾偃視營將
哨官認旗方二尺斜角用邊帶長三尺桿用長鎗一

丈六尺旗懸至頂戰時立點麾偃視本總
旗總認旗方一尺五寸斜角有邊桿用長鎗一丈五
尺旗懸高一丈一尺戰時立點視本哨
隊長認旗方一尺無邊桿用長鎗一丈五尺旗懸高
九尺戰時立點視本旗總
前營將認旗紅心紅邊黃帶書前軍司命其餘五方
營將俱照本方色邊色照大將指揮旗帶俱黃色
戰時視大將旗招若招本營則本營旗招速應
前營前司把總旗紅心紅邊黃帶五營前司旗俱紅
心黃帶邊色各隨本營

前司前哨官旗紅心紅邊黃帶本哨下旗隊總旗色
俱依照本哨其五營各司前哨旗俱紅心黃帶邊
各隨其本司戰之際只視本總旗或點或偃則本
哨速應
前司左哨官旗藍心紅邊黃帶本哨旗隊總旗色照
本哨五營各司左哨旗俱藍心黃帶邊色各照本
司
前司右哨官旗白心紅邊黃帶本哨旗隊總旗色照
白色其各營各司右哨俱白心黃帶邊色各照本
司正臨戰時點偃進退俱視本司

前司後哨官旗黑心紅邊黃帶本哨旗隊總旗色同黑色其各營各司後哨俱黑心黃帶邊色各照本司

前司中哨官旗黃心紅邊黃帶本哨旗隊總旗色同黃色其各營各司中哨俱黃心黃帶邊色各照本司正臨戰時照偃進退俱視本司愼弗先弗後

每營將認旗一本方金鼓旗二本方門旗二本方坐纛一大五方旗五大高招五巡視旗八

每司把總認旗各一門旗二每哨官認旗各一每哨旗總鎗旗各一每隊總鎗旗各一

夜營必有密號或旗或牌或箭或特楙別物戰時尤不可不密誤失者斬無者罰以防奸也

各營中軍旗上各備燈一纛上用五色燈五一行聯下各雜流頭目人等各備燈二各總哨隊旗上各燈一中路塘報等燈以上方色尺寸并罩蓋制度俱載練字函茲不贅然彼用以練夜營此實以備夜營夜戰也火把各司自有主者

臨戰時大將原建五方旗中央土位者不動故以黃旗為四旗主常使諸軍準望知大將所在若南方有賊大將舉赤旗應之東碧西白北黑各以方色旗指揮無戰常偃之其諸軍見本方旗舉則該應方營將亦舉於是該標下副將千把總哨隊等旗隨舉該部兵急裝束大將旗若亞則前進奮擊旗止立即止旗卻偃即回

大將所司惟此旗鼓耳于此一舉萬衆同佹近惟金鼓之設尚用於升壇列陣而耳令猶有十之三目令則盡廢矣戰陣時絕然不用為大將者或恃勇當先或率家丁自為一隊并旗鼓不知為何物如是安知有定法有深意有關係哉四門五行八陣九軍只此備足行有條理用有分合誠欲萬人齊

力全賴此物指揮故必使士卒視旗為命麾之所指莫不前死以泥沙視此身以斧鉞視旗鼓知畏將不知畏敵知畏旗鼓并不知有將與身則戰無前敵矣

齊耳之具

角覺也古用牛角今易以銅其聲悲壯古登高鳴之以覺三軍者也大將中軍角十二左右各六鳴于初警衆也鳴于末收衆也握撓經曰角音五一警衆二貫帶三布陣四伐五出奇與雷鼓雜鳴則散軍為烏雲與金雜鳴則三軍各歸營壘

鼓製五一進衆二再射三接戰四挑逐五軍譟製亦
五鼖鼓以肅威儀隊仗雷鼓以散陣追[illegible]中軍之
鼓名晉鼓大鼓也圓徑五尺載以武衛車偏裨之
鼓名提鼓圓徑三尺隊正之鼓名鼙鼓徑尺有五
寸脩半之雷鼓以鐵爲之腔大而雜擊其聲如雷
古有鐸逥鼓鐲鐃其法已廢今但以金鼓以大小
爲節進戰則大將軍擊鼓其餘將士以次擊鼓以
應之退則大將擊金其餘亦以次擊金應之尤爲
簡易易習也
對敵[illegible]戰之法一鼓持兵二鼓結陣三鼓趨進四鼓

接戰五鼓急鬬
又製二等曰大鼓中軍出入用之曰警鼓大將中軍
設嚴警鼓十二面左右各六
金製三其音五中軍之金名鍾圓徑三尺脩半之唇
厚二寸載以武衛車偏裨之金名鉦徑二尺脩半
之隊長之金名刁斗漢法草創用此代斗以量斛
隊長掛之肩以爲號令者也
法鳴一金緩鬬鳴二金止鬬鳴三金退鳴四金背鳴
五金急背也
又製金鉦也五營各一小金即鑼也四哨各十

又刁斗樵器也受量一斗晝炊夜擊軍隊各一
鞉鼓小鼓也兩旁繫以珠持其柄而搖之有急疾氣
象一金革未息爲整陣一金革已息爲旅師耋整
陣旅師均不容緩也故鳴鞉
大凡各官兵耳所聽惟金鼓聲如鼓聲不絕即前有
水火亦須跳入如鳴金該止[illegible]前有金寶可取亦
不許動不拘何項人員口傳語付決不許聽
號笛即鎖吶是聚各官頭目發放軍務也候吹到齊
方止
喇叭即掌號頭號造飯二號取齊三號起身長吹天

鵞聲各兵吶喊若兼放銃摩旗看旗所指轉身
呼囉長聲三聲起身再吹執械上馬
號砲於平時各有舉放不一惟戰時必不輕放止有
催兵出陣催發火器或發伏或變陣數端而已故
職掌放砲之任非洞悉機宜與將心脗合者不可
其有聞砲不遵與未砲先發者俱斬其平時營陣
舉放之令具載練字函
自備之具
盔古之胄也有二種一曰明盔亦名兜鍪提督總兵
二府用八瓣都指揮六瓣製以銀輕重無定[illegible]一

日襯盔無辦狀如圓碗口指揮千百戶以下及軍
士皆用鐵重約一斤或有用牛皮製者取其輕也
或有用布綿製者又有用竹柵製者又有用竹挾
綿鍬紙製者總以捍其首也戚繼光製兜鍪以細
藤爲之內用綿帽一件帽表用布二層帽裏用布
一層內用絲綿繭紙用絲緝之帽後不合口開高
三寸以便人頭大小臨用自綴盔內

甲有五等古所云介也革曰甲金曰鎧

兕甲周禮所載卽今之牛皮甲也生熟皮不一土兵
多用之

金甲或以銀製大將爲觀美非禦敵也

藤甲其色如金外夷有用之者然而畏火

紙甲外夷亦以甲藏紙戰則以水濕之箭砲不能入今
打手或以紙衲亦此意也

鎖子甲柳葉甲銅鐵皆可製暹羅㾀腰甲廣東製最
精鎖子甲重七斤柳葉甲重八斤甚輕便適體

純鋼甲宋慶曆中田況上言今賊甲皆冷鍛而成堅
滑光瑩卽勁弩難入京師藩惡不足當矢石夫以
朝廷之事乃不如一小羌乎由彼專而精我漫而
畧故也請下令各處工匠打造純鋼甲先用八九

斗弓試射淺深而賞罰之

造甲之法步軍欲其長馬軍欲其短弩手欲其寬銷
手欲其窄肥者束身太緊則甲身可以周後背而
前胸不交甲裙可以閉後膺而前胯不掩瘦者掛
體太寬甲不貼抱而胸臆徘撲則挽弓有脫筈之
憂腰背鬆虛則擊刺有抵礙之患長者不過膝則
矢石可及短者垂脚面則泥濘不前小有不便將
拆去甲葉而擲之不收大有所妨則割去全段而
拋之不顧製作甚難費耗頗廣故不可不愼圖之
也

戚繼光謂步兵不利重甲惟南方緝甲可用絹布不
等若紙綿俱薄則箭亦可入今須厚一寸用綿密
緝可長至膝更堅韌又輕便也然須長短三製

近有藥練荆花鎧南島油漆兜條甲可禦倭銃惜未
得其製耳

皮甲用生水牛皮裁成魚鱗闍樣夏日以桐油灌之
且灌且曬務令體堅而滑鎗箭矢石不能洞入爲
妙重不過十餘觔費不過六七錢處州坑兵專用
之其輕便不下純綿緝紙等甲而堅級百倍焉

臂手每副內外約用布四層繭紙綿花酌量層數用

之中有薄處在股曲間取以便屈伸也若內用氈綿而外用紬絹尤佳

藤牌用老鮓藤爲骨以藤篾纏聯中心突外空內以備箭難入手腕也週簷高出雖矢至不能滑溜及人內以藤爲上下二環以容手肱執持

國初用木加革重而不便步以藤爲牌近出南方雖不能禦鉛彈其矢石鎗刀皆可蔽以代甲胄之用輕圓堅滑最便利也每兵執一牌腰刀一把閣刀手腕一手執鏢鎗遇賊相持無隙將鏢擲去毋論中否彼必我應我急取刀隨牌砍入則彼器未施我技先展可滾可躍且衛且殺上斬賊首下斬馬脚出入陣中眞爲無敵今禦酋虜猖獗與武穆麻扎刀何異

皮牌用生厚牛皮將桐油灌浸在三伏天再浸再晒則油入皮內堅硬滑溜不受箭砍矣苗蠻製有方圓二色以圓者如藤牌樣以繫左肘方者如小卓面樣穿繩套肩以蔽下身其牌繫身活動凡箭砍所至隨偏側溜去此亦不待甲而比他牌更省

燕尾牌卽手牌也用白楊或松木爲之取其輕也每面約長五尺七寸闊一尺上下比中間約濶三四分

挨牌用白楊木爲之每面約長五尺闊一尺五寸下比上畧小四五分

旁牌並以木爲質以生牛皮冒之步兵牌長可蔽身內施槍木倚立於地騎兵牌正圓施於馬上左臂繫之以捍飛矢

禦敵之具

殺賊於百步外者弓矢也今之弓矢官給工價旣輕而用破漏且又甚雖有弊棠亦安能以朽角弱羽制敵禦虜故未臨陣時當預給好弓好箭併便習短械一件蓋弓矢長兵也賊已近身則矢無所用矣故弓手或大棍或單刀馬上或鉤鐮鎗鎲給一件庶近賊可禦耳

古法曰弓不等箭與短兵同箭不等弓與無鏃同謂箭重則緩輕則飄也蓋弓有強弱矢有銖兩弓不合度矢不端直雖由基不能以必中古者弓矢之制弓八斗以弦重三錢五分箭重八錢爲準箭鏃重則弓軟而去不遠箭身重則弓硬而中甲不入箭重若過十錢則弓力當用一石其具製俱載射字函

奪險守隘非弩莫克邀彼方張非弩不得弩之稱利自古尚之如絞車弩能射七百步大合蟬弩能射五百步蹶張弩能射三百步群鵶弩發十矢飛鎗弩發一矢孔明名曰元戎隴人呼爲推山他如三弓鬪子弩八牛床子弩雌黃樺梢弩大連環弩跳鐙弩小合蟬弩自犯弩大黃參連弩大木單弩黃肩弩擘張弩毛胡盧毒藥弩徭獞濡縷毒弩八擔弩雙弓弩神勁弩馬黃弩疊竹弩角弓弩伏遠弩神機弩木鶴弩匱子弩神臂弩麻陽弩蝎尾弩神水弩克敵弩三意角弓弩無敵流星弩一字弩靜

塞弩竹竿弩交阯弩踵弩積弩滌弩小黃石弩火弩臺弩床弩腰弩連弩竹耕戈之類不止數十種然弩雖一名其制其用各異如伏弩者藥非至毒未必能殺人鏃非至堅未必能透甲矢及卽死方可稱弩萬弩一機迺得弩用故善伏弩者站頭高下自準而矢勿令其虛發更藥須至急機須至幽用機之妙妙在旋下其旋下者得機之用也敵少不必下機敵或當我而大隊在後亦不必丁機敵進太半而發者爲之神擘鏃及馬倒人乃自斃縱胡馬驍雄必不能當我半寸之鏃故知用弩之功不亞于用火尤宜潛襲最便山林欲以輕騎往來利於小弩小黃腰弩神臂弩若將守壁據危須用絞車合蟬蹶張等弩也

弩箭製宜倣漢耿恭之法箭鏃開四尖又傍以河南嵩縣等處射虎箭藥俾人馬中之無不立斃尤虜所畏其箭鏃後小鐵管心僅長分許人箭鉾處內用膠漆外用竹絲以夾縛之俾虜不能取以返射蓋虜之射藝極精矢無虛發惟此足以勝之故曰弩爲中國長技之一

中國之禦夷虜更無踰於火器者其具之大小輕重

遠近不下數百餘種備諸火字函蓋彙極古今之神巧矣究其用眞百倍於弓矢者也

摩旗南夷慣用毒弩鳥銃藥標故南將必用武健之士摩旗當先翼兵迭進緣彈標着旗卽下不及傷人也旗桿過人二尺桐木爲之旗用好紬土至槍頭下及槍鑽少尺餘用法以兩手托開陰陽拿桂左右伏身盤旋轉繞皷緊急趨先於高招鋒交卽止以讓短兵

舞殉旗其製用堅厚綿布爲大旗長一丈二尺綴鈎三百六十各有逆鬚使大力者持舞包括裂敵衣

髮不可脫或用丈二韌竹削成數十條共一把上有節者綴鈎鬉鬉能拖致什數十人

狼筅竹長一丈五尺首貫鐵鋒務令前後輕重相應如根輕則接以他木寧後重毋前重其附枝有竹鐵二種得九層十層十一層尤妙如不足數則增取他枝以藤縛之除近手二層外餘俱用倒鈎冠其稍竹枝以熟油練軟荅層深則鎗不能入枝軟則刀不能斷故人膽自壯用爲前列實作藩籬筅竹浙閩用芧竹兩廣用簕竹然浙閩不如廣産也筅是重滯之器最難轉移第施於五兵前列可以爲門戶耳特擇年壯力大者持之仍以牌盾佐其下長鎗夾其左右鏜鈀繼其後彼此表裏以成戰功

鏢鎗用棡木或細竹爲之上刃下鐏長五尺徑粗不過八分須前重後輕前稍粗而後稍細

梭鎗比鏢鎗稍長數寸南方蠻獠多用之一手執牌一手擲鎗鎗上淬毒中者即踣

長鎗即古之矛也一名矟長一丈八尺桿以棡木爲上合木輕而稍軟次之要劈開者佳鋸開者紋斜易折攢竹腰軟必不可用南方竹木兼用北方乾燥惟用木桿製法須合彀彀手如細則掌把不壯要能可盈把從根起漸細直至頭而止如腰粗則硬不可拏腰細則軟而無力雖手法之妙不能拿遏他鎗故鎗法曰最忌稍粗與腰硬桿長一丈八尺鋒頭不得重過四兩

鏜製分脊平磨兩刃自脊平減至鋒其鋒乃利而日久不禿彎股四稜以稜爲利須將稜四面直削亦日久不禿中鋒頭下之庫須稍寬庹入桿杪而久不損折仍用釘關之但橫股壯矣正鋒頭冠於木杪細而淺每擊必墜新式用正鋒與橫股合爲一柄杪入鐵庫既深橫股庫又麄任擊不墮中鋒必

高出橫股二寸許若中鋒太長兩橫太短則不能架拿賊器若中鋒與橫股齊則不能深刺故必合式爲佳長七尺六寸重約五斤柄杪合鈀口根麄至杪漸細太細則不堅也

鈀手每給火箭三十枝賊來甚近預架箭於鈀上前手指定聽中軍放起火一枝即速燃線以後手高下送之只不許回頭擡手隨看長鎗筅手既與賊戰速救應之

偃月刀輕重長短不一制謂之偃月以形肖也世所稱關刀者是

斬馬刀其製起於岳武穆卽所稱札麻刀或言之訛也賊之不易禦多以馬驟得猛故剕其足而人自仆矣

大斧有名開山者名靜燕者名日華者名無敵者名長柯者各名一類總以很力斫之人馬俱立斃矣

雙斧變雙刀而爲雙斧銳於砍斫捨獨柄而用雙輪捷於馳騁

雙刀濶狹長短尖平不一制馬上用之勝於单刀若步下則不及也

雙鈎鎗下刃遁拖鈎刺既可截復可鈎桿用環騎兵用之爲便

鈎鐮刃銳同鎗也兩面俱利鈎內點鋼而復利之同刀也既可刺可截又上可以鈎人頭下可以鈎馬足一物得數用最利之器也

鐵鏈夾棒本出西戎馬上用之以擊敵之步卒用法如打麦架相似慣熟最巧便

軟鐵鞭執之環擊但製變鞭運擊不得倍手比鐵鏈夾棒更爲圓便

鏟有內外月牙天蓬等製俱用鋒刃往上可鏟首直推可削手向下則鏟足內縮則鈎人又能乘風勢以揚步戰

鏈瑞帯也流星鏈有二前手擊者爲正鏈後手提者名爲救命鏈

龍吒馬操創用其用法與星鏈相似以其形如龍爪故名得心應手亦非易也

梅吒黃山岳所創用以其中鏈形如梅花故名法同前大約放之則舒收之則捲俱馬上提人之利器也

長刀長六尺五寸鐵必熟鍊多着鋼鋒利卽與倭刀同

戟長一丈三尺奮揚俯仰能兼五兵亦有[illegible]

眞研齋備書

壬

備書機字函序

憶往歲丙午與王菫父同歷事南代行署值大比士科試余因獲罪當事者啟遺余名時期迫矣正憤悱間討無所出菫父授余討單詞懇之果立得猶及入闈偶獲雋謝曰微菫父焉乎倖此乃知菫父是得機人也荏苒念年所余叨宦侍

青官而菫父因纂修實錄以廷評辦事綸扉與余更朝夕結生平歡也。一日閱邸報見冢宰李嵩疏令以備書屬菫父于朝余詫曰爾以余書生不聞軍旅故于此書獨匿不相示耶菫父遂發篋則守練也戰諸函俱就緒而示余者機字函也余卒業見所謂機之訓機之要夫闢之曰機。則潛于九天。運于九地。朕兆不萌。
神鬼莫測。胡重父悉搴而著之方冊。且
欲懸之國門耶。重父脩海塘脩志脩曆
諸疏業並奉
皇祖
皇考俞旨見之施行。其談兵三疏中外亦
多除採其策。乃長白之烽烟未靖。閩江
之羽檄猶馳。則病在人不識機耳。嗟機
不爲人所識。或我未動而我自殺之。或
人甫動而我爭挽之。將太平之望何期。
夫聖賢經史之訓昭然。古今名茀之案
炳若。何難一垂睞瞭然乎。
九重之宵旰極矣。四海之膏髓竭矣。重父
發此藏業已舉不可掩之光怪。和盤托
出。則得機人又不作藏機事矣。豈讀其
書猶懵懵焉不解透此關捩子而不失

備書機字函卷之一
師蒲坂象雲徐炳閱
越人王應遴堇父輯
友人黃道周石齋較
機之訓
詩。王旅嘽嘽。如飛如翰。如江如漢。如山之苞。如川之
流。緜緜翼翼。不測不克。濯征徐國。
老子曰。善師者不陳。善陳者不戰。善戰者不敗。善敗
者不亡。
管子曰。善用兵者不呼敵。不角聚。不妄行。不強進。呼
敵則敵人戒。角聚則眾不用。妄行則群卒困。強進
則銳士挫。
晉侯將有事之虛以觀師曰。少長有禮。其可用也。遂
斬木益兵以伐楚。
晉敗秦師于殽。獲百里孟明視西乞術白乙丙以歸。
文嬴請三帥。使歸戮于秦。公許之。先軫怒曰。武夫
力而拘諸原。婦人暫而免諸國。墮軍實而長寇讎。
亡無日矣。不顧而唾。
司馬叔侯曰。楚王方侈。天或者欲逞其心以厚其毒
而降之罰。未可知也。其使能終。亦未可知也。
越王勾踐身爲臣。妻爲妾。故老子曰。柔之勝剛也。弱

之勝殆止天下莫不知而莫之能行越王能之故
霸中國

六韜曰戰必以義所以勵衆勝敵

又曰兵勝之術密察敵人之機而速乘其利

又曰夫軍國之要察衆心施百務危者安之懼者歡
之叛者還之冤者原之訴者察之卑者貴之彊者
抑之貪者豐之欲者使之畏者隱之反者廢之橫
者挫之滿者損之

又曰智者樂立其功勇者好行其志貪者邀趨其利

又曰勵以義則士死之

軍讖曰良將之統軍也恕己而治人推惠施恩則士
力日新戰如風發攻如河決故其衆可望而不可
當可下而不可勝以身先人故其兵為天下雄

武王問太公曰兵道何如太公曰凡兵之道莫過于
一一者階于道幾于神用之在于機顯之在于勢

又曰將與士卒共寒暑勞苦饑飽故三軍之衆聞鼓
聲則喜聞金聲則怒高城深池矢石繁下士爭先
登白刃始合士爭先赴士非好死而樂傷也為其
將卹寒暑饑飽之審而見勞苦之明也

[illegible]曰闔閭勇也戰巧也因其所欲行其所能廢其

所不欲不能于敵反是凡人之死愛悠
死利能因懼而求困欲而事斯妙用矣

孫子曰不知三軍之權而同三軍之任則軍士[illegible]

又曰兵者詭道也故能而示之不能用而示之不用
近而示之遠遠而示之近

又曰古善用兵者能使敵人前後不相及衆寡不相
恃貴賤不相救上下不相收卒離而不集兵合而
不齊合于利而動不合于利而止

又曰三軍可奪氣將軍可奪心是故朝氣銳晝氣惰
暮氣歸善用兵者避其銳氣擊其惰歸此治氣者
也以治待亂以靜待譁此治心者也以近待遠以
佚待勞以飽待饑此治力者也無邀正正之旗無
擊堂堂之陣此治變者也

又曰兵形象水水之形避高而趨下兵之形避實而
擊虛水因地而制流兵因敵而制勝故兵無常勢
水無常形能因敵變化而取勝者謂之神

又曰兵者國之大事死生之地存亡之道不可不察

又曰用兵之法日費千金然後十萬之衆舉矣久暴
師則國用不足夫頓兵挫銳屈力殫貨則諸侯乘
其弊而起雖有智者不能善其後也

又曰兵以詐立以利動以分合爲變者也故其疾如風其徐如林侵掠如火不動如山難知如陰動如雷霆指嚮分衆因敵制勝旗之所向分離其衆先知迂直之計者勝此軍爭之法也

又謂田忌曰魏兵素悍勇而輕齊齊號爲怯善戰者因其勢而利導之兵法百里而趨利者蹶上將五十里而趨利者軍半至

又曰自古聖人藏形于無而遊心于虛風雨可障蔽而寒暑不可開閉以其無形故也夫能滑淖精微貫金石窮至遠放乎九天之上蟠乎黄盧之下唯

無形者也

又曰易則用車險則用騎涉則多弓隘則用弩晝則多旌夜則多火晦冥多鼓此皆爲施設者也

又曰施無法之賞懸無政之令犯之以事勿告以言犯之以利勿告以害投之亡地而后存陷之死地而后生衆陷于害然后能爲勝敗之政蓋兵士甚陷則不懼無所往則固入深則拘不得已則鬪愚士卒之耳目使之無知易其事革其謀使人無識易其居迂其途使人不得慮師與之期如登高而去其梯師與之深入諸侯之地而發其機若驅羣羊驅而往驅而來莫知所之聚三軍之衆投之于險此將軍之事也

又曰善用兵者譬如率然率然者常山之蛇也擊其首則尾至擊其尾則首至擊其中則首尾俱至敢問可使如率然乎曰可夫吳人與越人相惡也當其同舟濟而遇風其相救也如左右手

又曰善兵者携手若使一人

又曰善戰者其勢險其節短勢如彍弩節如發機

兵起臨敵左右進劍起曰將專主旗鼓爾臨敵决疑揮兵指刃此將事也一劍之任非將事也

又相楚將殉法審令積不急之官廢公族疏遠者以撫養戰鬪之士要在强兵

吳子曰發號施令而人樂聞興師動衆而人樂戰交兵接刃而人樂死

又曰必死則生幸生則死善將者如坐漏船之中伏燒屋之下使智者不及謀勇者不及怒受敵可也

又曰凡兵有四機一曰氣機二曰地機三曰事機四曰力機

又曰能備千乘萬騎兼之徒步分爲五軍各軍一衢

夫五軍五衢敵人必惑莫知所加敵若堅守以固其兵急行間諜以覘其慮彼聽吾說解之而去不聽吾說斬使焚書分爲五戰戰勝勿追不勝疾走如是佯北安行疾鬬一結其前一絶其後兩軍銜枚或左或右而襲其處五軍交至必有其利此擊强之道也

又曰上兵伐謀其次伐交其次伐兵伐謀者攻敵之心使不能謀也伐交者絶敵之援使不能合也伐兵者合刃于立尸之場不得已而用之也

又曰總文武者軍之將也兼剛柔者兵之事也凡人論將當觀于勇勇之于將乃數分之一耳勇者必輕合輕合而不知利未可也故將之所愼者五一曰理二曰備三曰果四曰戒五曰約理者治衆如治寡備者出門如見敵果者臨敵不懷生戒者雖克如始戰約者法令省而不煩受命而不辭家破敵而後言返將之禮也故師出之日有死之榮無死之辱

尉繚子曰兵如總木弩如羊角人人無不騰陵張膽絶乎疑慮堂堂决而去

又曰將之所戰者民也民之所戰者氣也氣實則鬬

氣奪則走善用兵者奪人而不奪于人奪者心之機也

又曰戰必本乎身率身率以勵各士如心之使四肢也

又曰金鼓所指則百人盡鬬陷行亂陣則千人盡鬬覆軍殺將則萬人齊刃天下莫能當其戰矣

又曰使什伍如親戚卒伯如朋友止如堵墻動如風雨

又曰民無兩畏畏我侮敵畏敵侮我見侮者敗立威者勝是故知勝敗之道者必先知畏侮之權

張儀曰以弱攻强不料敵而輕戰國貧而驟舉兵此危亡之術也兵不如者勿與挑戰粟不如者勿與持久

蘇代謂燕昭王曰臣聞之善爲事者先量其國之大小而揆其兵之强弱故功可成而名可立也不能者反是

北齊神武憚爾朱兆兵衆陵韶曰所謂衆者得衆人之死所謂强者得天下之心爾朱不道上有得義何往不克爾朱外賊天下內失善人智者不爲謀勇者不爲鬬取之復何疑也

魏文侯致祿百萬于段干木秦興兵欲攻魏司馬庾諫曰段干木賢者也而魏禮之天下莫不聞無乃不可加兵乎秦君以爲然輟不敢攻魏文侯可謂善用兵矣嘗聞君子之用兵莫見其形其功已成其此之謂也野人之用兵也鼓聲則似雷呼號則動地塵氣充天流矢如雨扶傷輿死履腸涉血無罪之民其死者滿于澤矣而國之存亡主之死生猶不可知也其離仁義亦遠矣

臨武君曰兵之所貴者勢力也所行者變詐也孫吳用之無敵于天下豈必待附民哉孫卿曰不然君之所貴權謀勢力也所行攻奪變詐者諸侯之事也仁人之兵不可詐也故以桀詐桀猶巧拙有幸焉以桀詐堯譬之以卵投石以指撓沸若赴水火入焉焦沒耳

又曰利而誘之亂而取之實而備之強而避之怒而撓之卑而驕之佚而勞之親而離之攻其無備出其不意此兵家之勝不可先傳也

陸賈謂陳平曰天下安注意相天下危注意將將相和調則士豫附天下雖有變權不分爲社稷計在兩君掌握耳君何不交驩太尉因爲平畫呂氏數

事平用其計兩人深相結呂氏謀益衰

又曰兵猶水火然善用之則爲福不能用之則爲禍若用藥者然得良藥則活人得惡藥則殺人

又曰三王以上固皆用兵也亂則用治則止治而攻之不祥莫大焉亂而弗討害民莫長焉此治亂之化也

淮南子曰百人之必死也賢于萬人之必北也況以三軍之衆赴水火而不還踵乎君帥之擊不可爲備所用不復故勝可百全與玄明通莫知其門是謂至神

又曰發如秋風疾如駭龍當以生擊死以盛乘衰以疾掩遲以飽制饑若以水滅火以湯沃雪何往而不遂何之而不達在中虛神在外漠志運于無形出于不意與飄飄往與忽忽來莫知其所之與倏出于閒入莫知其所集卒如雷霆疾如風雨若從地出若從天下獨出獨入莫能應圉疾如鏃矢何我勝偶一晦一明孰知其端緒未見其發固已至矣

又曰善用兵者上隱之天下隱之地中隱之人何謂隱之天大暑甚寒疾風暴雨大霧冥晦因此而爲

變者也何謂隱之地山陵丘阜林叢險阻可以伏匿而不見形者也何謂隱之人蔽之于前望之于後出奇行陳之間發如雷霆疾如風雨摔巨旗止鳴鼓而出入無形莫知其端緒者也

又曰夫飛鳥之擊也俛其首猛獸之攫也匿其爪故用兵之道示之以柔而迎之以剛示之以弱而乘之以強爲之以歛而應之以張夫狐之捕雉也必先卑體彌耳以待其來也雉見而信之故得而擒也使狐瞋目直視見必殺之勢雉亦知驚憚遠飛以避其怒矣

又曰句踐決一獄不辜援龍淵而切其股血流至足故戰武士必死

又曰用水火出鉦鼓諜翳所以營其耳曳梢肆柴揚塵起竭所以營其目此善爲詐術者也

又曰明王之用兵也爲天下除害而與萬民共享其利民之爲用猶子之爲父弟之爲兄威之所加若崩山決塘敵孰敢當故善用兵者用其自爲用也不能用兵者用其爲已用也用其自爲用則天下莫不可用也用其爲已用所得者鮮矣

呂氏春秋曰君子憂我弱而不憂敵強憂我愚而不愚敵智我苟不弱則天下無強兵我苟不愚則天下無智術

李陵答蘇武書曰陵振臂一呼創病皆起舉刃指虜胡馬奔走兵盡矢窮人無尺鐵猶復徒手奮呼爭爲先登當此時也天地爲陵震怒壯士爲陵飲血

後漢臧宮與馬武上書求擊匈奴詔報曰黄石公記曰柔能制剛弱能制強柔者德也剛者賊也弱者仁之助也強者怨之歸也故曰務廣地者荒務廣德者強有其有者安貪人有者殘殘滅之政雖成必敗今國無善政災變不息百姓驚惶人不自保

而復欲遠事邊外乎且北狄尚強而屯田警備傳聞之事恒多失實誠能舉天下之半以滅大寇豈非至願苟非其時不如息人自是諸將不敢復言兵事

武侯語將苑曰古之善鬭者必先探敵情而後圖之凡師老糧絕百姓愁怨軍令不習器械不脩計不先設外救不至將吏刻剝賞罰輕懈營陣失次戰勝而驕可以攻之若用賢授能糧食羨餘甲兵堅利四隣和睦大國應援敵由此者計而避之

宋鍾傅曾搏虎戒其子曰士處世尚智與謀勿效吾

暴虎也又爲哲宗言兵貴智而不貴力夏衆數而勇難以一舉滅但當擇城險要以正不朝削地之法坐待其斃帝然之

宋文帝與徐湛之等議伐魏沈慶之曰治國譬如治家耕當問奴織當問婢陛下今欲伐國而與白面書生輩謀之事何由濟戴溪曰兵家之用情狀萬變自非素所更嘗雖使平良處之亦未能灼見其利害而進斷其成敗古者創業中興之君天下雖已平定必有老成宿將相與圖廻廟堂彼于用兵皆身所步歷不但耳聞目見而已故謀必中機會

而動必收成功逮至後世承平武事廢弛而天子左右前後率多不出都城坐取卿相之人往往耳未嘗聞金皷目未嘗見旌旗兵之利害成敗何從知之邊陲卒有警急而資其發縱指示是猶訪織于奴問耕于婢豈不顛倒錯亂而失其所措哉丘氏曰國家不可無老臣而于將臣尤不可無不可以其老而忽之也古語有之智如禹湯不如更嘗又曰百聞不如一見老將更嘗軍事多矣雖有辯論計慮未必竦動衆人而出其表益其所言論皆其所更嘗非無徵者也

魏世宗曰謀勇二事體本相須若勇而無謀則勇不獨舉若謀而無勇則謀不孤行必須兼而乃能制勝

邢巒曰先爲萬全之計然後圖功得之則大利不得則自全

六朝事迹云孫皓用諸將討叛侵盜晉都陸抗曰前無其時雖復大聖亦宜養威自保不可輕動今不務力農富國審官任能明黜陟慎刑罰訓諸司以德撫百姓以仁而聽諸將徇名窮兵黷武動費萬計士卒凋弊寇不爲衰而我已大病矣

傅玄讚楊阜云君攜潛謀以龍變應事機而虎發

齊都賦云五家之兵動猶風雨戰若雷霆

唐太宗曰田單托神怪而破燕太公焚蓍龜而滅紂二事相反何也李靖曰其機一也

又曰存其機于未萌

李靖曰若兵無先備則不應卒卒不應則失于機矣于機則后于事后于事則不制勝而軍覆矣

又曰兵無不是機

又曰兵家以詭道使貪使愚然詭道可使由之不可使知之鼓作鬭爭雖死不省者氣使然也能激吾

勝氣使人人自鬭則其銳莫當
唐魏元忠曰軍無常勝將有能否兵爲王者大事存亡繫焉將非其人則殄人敗國齊段孝玄有言持大兵如擎盤水一致蹉跌求止可得哉周亞夫堅壁以挫吳楚司馬懿閉營而困諸葛此皆全軍制勝不戰而卻敵是知大將臨戎以智爲本
聶昌曰臣願激令勇義之士設伏開關出不意掃其營帝壯之
後周郭威上賜王峻不受曰臣破賊使漢威靈並特臣功皆將相之賢有以安朝廷無內外而饋餉以時故臣得專征戰而成茂功

老泉曰善用兵者使之無所顧有所恃無所顧則知死之不足惜有所恃則知不至于必敗尺箠當猛虎奮呼而操擊徒手遇蜥蜴變色而却步人之情也知此者可以將矣
又曰袒裼而按劍則烏獲不敢逼冠冑衣甲據兵而寢則童子彎弓殺之矣故善用兵者以形固夫能以形固則力有餘矣
又曰夫能靜而自觀者可以用人矣吾何爲則怒吾何爲則喜吾何爲則勇吾何爲則怯夫人豈異于吾我天下之人孰不能自觀其一身是以知此理者塗人皆可以將
又曰今夫外御一隸內治一妾是賤丈夫亦能夫豈必有人而教之及夫御三軍之衆闔營而自固或且有亂然則是三軍之衆惑之也故善將者視三軍之衆與視一隸一妾無加焉故其心常若有餘夫以一人之心當三軍之衆而其中恢恢然猶有餘地此韓信之所以多多而益辦也故夫用兵豈有異術哉能勿視其衆而已矣
又曰今夫叫呼跳踉以氣先者世之所謂善鬭者也

雖然蓄全力以待之而未始不勝彼叫呼者聲也跳踉者形也無以待之則聲與形者亦足以乘人于卒不然徒自斃其力于無用之地是以不能勝也
蘇軾曰古之所謂大智者知天下利害得失之計而權之以人是故有所犯天下之至危而卒以成大功者此以其人權之輕敵者敗重敵者無成功何者天下未嘗有百全之利也舉事而待其百全則必有所格是故知吾之所以勝人而人不知其所以勝我者天下莫能敵之

又曰夫蠻夷者以力攻以力守以力戰頼力不能則逃中國則不然其守以形其攻以勢其戰以氣故百戰而力有餘形者有所不守而敵人莫不忌也勢者有所不攻而敵人莫不憊也氣者有所不戰而敵人莫不懾也

又曰致勇有術致勇莫先乎倡倡莫善乎私均是人也皆食其食皆任其事天下有急而有一人焉奮而爭先而致其死則翻然者衆矣勝負之勢未有所决而三軍之士屬目于一夫之先登則勃然者相繼矣

馬知節曰將相之才非可坐而知之在臨事機變何如耳

宋汝爲曰用兵之道取勝在乎得勢成功在乎投機

宇文虛中曰女直藉百勝之勢虛聲驕矜不可以禮義服不可以言說誘持十非兩鬬之計引兵踰境以百年怠惰之兵當新銳難抗之敵以寡謀安逸之將角逐于血肉之林臣恐中國之禍未有寧息之期也

何敵中曰狩者之于獸漁者之于魚其伏機投餌也于其聚則多獲于其散則無獲必于聚散之間而伺之矣敵之機我餌我也亦猶是也

常同曰國家養兵不爲不多患在于偏聚而不同力自用而不同心今韓世忠在楚張俊在建康岳飛在江州吳玠在蜀相去隔遠情不相通令遣樞臣王庶措置邊防宜令會集將帥諭以國體協以共議禦敵常令諸軍相接以常山蛇勢一意國家無分彼此緩急應援皆有素定之術詔王庶出示諸將

魏矼因講和事曰陛下欲爲親屈更願審思天下治亂之機酌羣情擇經久可行者行之不可從者以

國人之意拒之庶無後悔國人不過萬民三軍搢紳與萬民一體大將與三軍一體今詢搢紳民情大可見矣速召大將各帶近上統制官數人同來詳問以塞他日意外之憂大將以爲不可則其氣益堅何憂此敵

滕元發曰戰守大事也安危所寄今中書欲戰密院欲守何以令天下願勅大臣凡戰守除帥議同而後下上善之

黄榦曰夫子對靈公以軍旅之事未之學答孔文子以甲兵之事未之聞及觀夾谷之會則以兵加萊

人而齊疾懼費人之亂則命將士以代之而費人
北又嘗曰我戰則克夫子豈有未學未聞者哉
金劉炳曰人情可以氣激不可以力使一卒先登則
萬夫齊奮此古人所以先身教而後威令也
呂東萊曰古云得一良將則天下無難制之四夷予
曰天下之事皆賤詐惟兵貴詐
讀書錄云李牧守邊每匈奴入寇輒入堡不戰如此
數歲一旦出兵大破匈奴威震漠北此正老子所
謂大國以下小國則取小國小國以下大國則取
大國又曰欲上民必以言下之欲先民必以身後
之
皇明太祖聞傅友德敗元兵于陵子村謂大都督府
臣曰近陵子村之捷蓋穢廊帖木兒避兵彼故以
此餌我使吾將驕兵惰掩吾不備古人之戒正在
于此不可不知善戰者知彼知己察于未形故不
出兩堂折衝千里可謂安豈六安臨濠徐邳守將
嚴謹之備常如敵至則無患矣
太祖諭劉基曰張氏既滅南方已平宜致力中原平
一天下基對曰土宇日廣人民日衆天下可席卷
矣　太祖曰土不可以恃廣人不可以恃衆吾起

兵以來與諸豪傑相逐每臨小敵亦若大敵故能
致勝今王業垂就中原雖板蕩豈可易視之苟或
不戒成敗係焉基曰近滅張氏彼聞而落膽乘勢
長驅中原就舉者所謂迅雷不及掩耳　太祖曰
深究事情方知通變彼方猗角相為聲援豈得遽
云長驅必憑一戰之功乃乘破竹之勢若謂天下
可以徑取他人先得之矣且嘗觀之彼有可乘之
機吾執可勝之道必加持重為萬全之舉豈可驕
忽以取不虞耶
永樂時寧夏總兵官何福奏諜報塔灘韃賊能秀
厥見在不老山聚議寇寧夏惟賊帥鬼的哥以資
糧不給不從　成祖覽奏顧侍臣曰胡寇至譎此
輩未必可信能秀魯厥必心計可行然後發言且
胡地非有耕種不過抄掠豈如中國人必裹糧乃
能行耶以資糧不給為辭者鬼的哥恐洩事機故
托此為說實陰謀襲我朕計此時賊若不出櫓棹
野狐二嶺及雲州必向山西大同矣其速嚴勅往
諭令閫士卒書哨瞭固守備不可怠忽既書勅未
行而山西都司報韃賊刼掠灰溝村黃甫川矣
成祖因復命侍臣曰不必別書飛勅但于勅尾飛

令虜至但堅壁彼寇掠無得計窮食乏又懼我斷
其歸路必自遁切勿輕追
成祖北征中途約諸將曰軍中必要嚴肅昏夜不得
諠譁遇有警惟靜以制之不得妄動虜或遺下人
口駝馬牛羊諸物不可貪取恐爲其所餌也
宣宗命兵部于京衛選士卒通十萬隷五軍訓練因
諭之曰古人用兵雖有成法然以應變不窮爲奇
蓋可教者坐作進退擊刺之方至于隨機制敵開
闔往來使人不可測度此在兵法之外卿等閑暇
更當讀書觀古良將方畧融會于心而自然有所

得也
正統時禮部言雲南麓川宣慰思任發謀爲邊患其
所遣朝貢頭目宴賚視常例宜有所損　英宗曰
思任發久萿不庭之心肆爲封豕之患已興師討
之彼朝貢豈誠心哉不過欲覘事機緩我師耳然
朕方以至誠治天下不逆其詐不拒其來庶彼萬
一能感化爾其毋損常例賚之
鎮守大同太監郭敬奏也先率衆往兀良哈恐回時
人馬困乏遣人索糧草馬匹且就欲與臣相見
英宗諭曰此虜狡黠恐有異謀切宜嚴備設若虜

使將至必欲相見宜拒之曰我奉命守邊非有詔
旨不敢擅離況我與之師皆朝廷臣子以心相契
雖不相見即如面會既無[illegible]宜拒之曰邊境
糧儲專備守邊非有朝命不敢擅支京師儲
峙如山爾可自請仍令[illegible]也先曰朝廷聞太師
與兀良哈[illegible]已戒飭邊將勤兵切宜嚴禁部屬
毋令近邊恐難分辨務在善辭應答毋啟邊釁
何太復諭將曰獨任者事成之基也專合者勢行之
機也
又曰任將而中制者敗用兵而外監者疑

備書機字函卷二

越人王應遴堇父輯

師蒲坂象雲韓爌閱

友人劉天錫元之較

機之案

魯隱公時會齊侯鄭伯伐許潁考叔取鄭伯之旗蝥弧以先登子都自下射之顛瑕叔盈又以蝥弧登周麾而呼曰君登矣鄭軍畢登遂入許公奔衛

齊師敗吳師于鴻口華登率其餘以敗宋師公欲出廚人濮曰吾小人可藉死而不能送亡君請待之乃徇曰揚徽者公徒也衆從之公自揚門見之下

而巡之曰國亡君死二三子之恥也豈專孤之罪也齊烏枝鳴曰用少莫如齊致死齊致死莫如去備彼多兵矣請皆用劍從之華氏北復即之廚人濮以裳裹首而荷以走曰得華登矣遂敗華氏

楚文王欲取息與蔡乃先陽善蔡侯而與之謀曰王欲得息奈何蔡侯曰息夫人吾妻之姨也吾請為享息侯與其妻者而與王俱因而襲之遂取息旋舍于蔡又取蔡

晉襄秦穆圍鄭鄭危矣鄭使燭之武夜縋而出見秦伯曰秦晉圍鄭鄭既知亡矣若亡鄭而有益于君敢

以煩執事越國以鄙遠君知其難也焉用亡鄭以陪鄰鄰之厚君之薄也若舍鄭以為東道主行李之往來共其困乏君亦無所害且君嘗為晉君賜矣許君焦瑕朝濟而夕設版焉君所知也夫晉何厭之有秦伯說與鄭盟使杞子逢孫楊孫戍之乃還子犯請擊之襄曰不可微夫人之力不及此吾其還也亦去之

齊韓魏共攻燕燕使太子請救于楚楚使景陽將而救之景陽因所營者水皆滅表遂不救燕而攻魏雝丘取之以與之宋三國懼乃罷兵魏軍其西齊

軍其東楚軍欲還而不可得景陽乃開西和門晝以車騎暮以燭通使于魏齊師怪之以為燕楚與魏謀乃引兵而去齊兵已去魏失其與國無與共擊之楚乃夜遁楚師乃還

燕騎劫攻齊田單詐宣言曰吾惟恐燕軍劓吾降卒置之前行與吾戰即墨下矣燕人聞之如其言城中人見之皆怒堅守惟恐為燕所得又縱反間曰吾懼燕人掘吾城外冢墓傷先人燕人盡掘壟墓燒死人從城人望見皆涕泣爭欲出戰單乃以放火牛縱擊盡復齊地

秦王翦伐荆荆數挑戰不出惟休士洗沐而善飲食
撫循之親與士卒同甘苦久之問軍中戲乎曰方
投石超距翦曰可用矣比荆引而東翦乘而擊破
之
陳勝吳廣起兵乎斬行卜卜者知其指意曰足下皆
成功然猶卜之鬼乎勝廣喜念曰此教我先威衆
耳迺書帛曰陳勝王置人所罾魚腹中買魚烹食
又夜構火狐鳴曰大楚興陳勝衆遂從之
項羽已殺卿子冠軍威震楚國名聞諸侯乃遣當陽
君蒲將軍將卒二萬渡河救鉅鹿戰少利陳餘復
請兵項羽乃悉引兵渡河皆沉船破釜甑燒廬舍持
三日糧以示士卒必死無一還心于是至則圍王
離與秦軍遇九戰絕其甬道大破之
項羽謂漢王曰天下洶洶數歲徒以吾兩人願與王
挑戰決雌雄毋徒苦天下父子爲也王笑謝曰吾
寧鬭智不鬭力因數羽十罪羽大怒伏弩射漢王
傷胸乃捫足曰虜中吾指因病瘡卧張良强請起
行勞軍以安士卒王從之疾甚乃馳入成皋
漢帝親討韓王信信及匈奴皆敗走帝追擊之匈奴
縱精兵四十萬圍帝于平城七日陳平乃使畫工

圖美人間遣遺閼氏云漢有美女如此今皇帝困
阨欲獻之閼氏畏奪己寵因謂單于曰漢天子亦
有神靈得其土地非能有之于是匈奴開其一角
得突出
景帝拜亞夫爲太尉將三十六將軍往擊吳楚至覇
上趙涉遮說曰吳王素富懷輯死士久矣知將軍
且行必置間人于殽黽阨陿之閒且兵事尚神密
將軍何不從此右去走藍田出武關抵洛陽不二
日直入武庫擊鳴鼓諸侯聞之以爲將軍從天而
下也亞夫如其計至洛陽使吏搜殽黽間果得吳
伏兵吳攻梁急梁數使使求救亞夫不許又愬于
上上使亞夫救梁亞夫不奉詔使輕騎出淮泗口
絕吳楚兵[illegible]使韓安國張羽爲將軍
頗敗吳兵吳兵欲西梁城守不敢西即走漢中亞
夫堅壁不出軍中夜驚內相攻擊擾亂至帳下亞
夫堅卧不起頃之復定吳奔壁東南陬亞夫使備
西北已而果奔西北不得入乃引去亞夫出精
追擊大破之
李廣爲邊郡太守匈奴大入上郡廣以百騎馳射
奴射雕者三人殺之望匈奴有騎數千陳

騎大恐欲還走廣曰吾去大軍數十里走則匈奴追射我立盡我留匈奴必以我為大軍誘之不敢擊我乃令諸騎曰前前未到匈奴陳二里止又令曰皆下馬解鞍其騎曰虜多且近即有急柰何廣曰彼虜以我為走今解鞍以示不走用堅其意胡騎各引去不敢擊

漢以王恢軍騎材官三十餘萬匿馬邑旁谷中陰使聶一以入匈奴謂單于曰吾能斬馬邑丞以城降財物可盡得于是單于穿塞將十萬騎入武州塞未至百餘里見畜布野而無人牧者怪事得鴈門尉史知漢兵所居單于大驚曰吾固疑之乃還

郅支單于自以為大國又乘勝驕不為康居王禮發民作城遣使責諸國歲遺漢遣使三輩至康居求谷吉等郅支困辱使者不奉詔陳湯矯制發諸國兵及屯田吏士部勒行陣合四萬餘人即日引行未至城三十里止營郅支遣使問漢兵何以來應曰單于上書言居困阨願入朝見天子哀憫單于棄大國屈意康居故使都尉將軍來迎恐左右驚動毋　求敢至城下使數往來相答報湯因讓之我為　遠來而至今無名王大人見將軍受事者何單于忽大計失客主之禮也兵來道遠人畜罷極食度且盡恐無以自還願單于與大臣審計策明日進攻城下四面圍城發薪燒木城四面火起大呼乘之鉦鼓聲動地康居引兵却漢兵四面推鹵楯並入單于被創死斬其首得漢使節二及谷吉等所賫帛書諸鹵獲以畀得者

鄧騭惡虞詡欲以濟中之會朝歌賊數千人攻殺長吏州縣不能禁乃以詡為朝歌長故舊皆弔之詡笑曰事不避難臣之職也不遇盤根錯節無以別利器此吾立功之秋也及到官設三科以募壯士

掾吏以下各舉所知攻劫者為上傷人偷盜者次之不事家業者為下收得百餘人貰其罪使入賊中誘令劫掠乃伏兵以待之殺數百人又潛遣貧人能縫者傭作賊衣以采綫縫其裾有出市里者吏輒禽之賊駭散縣境平安

太后聞虞詡有將帥之畧以為武都太守羌衆數千遮詡于陳倉崤谷詡即停車不進而宣言上書請兵乃日夜進道兼行百餘里令吏士各作兩竈日倍之羌不敢逼或問孫臏減竈而君增之兵法日行不過三十里而今二百里何也詡曰虜衆多吾

兵少徐行則易爲所及速進則彼所不測虜見吾倉卒謂必謂郡兵來迎孫臏見弱吾今示強勢不同也既到郡兵不滿三千而羌衆萬餘攻圍赤亭詡令軍中強弩勿發而潛發小弩羌以爲矢力弱不能至并兵急攻詡乃使強弩發羌大震退詡因出城奮擊多所殺傷明日悉陳其兵令從東郭門出北郭門入貿易衣服回轉數周羌不知其數更相恐動詡計賊當退乃遣五百人于淺水設伏候其走路虜果奔擁擊大破之

班超使西域鄯善王廣奉超禮意甚備後忽疏懈超謂其官屬曰此必有北虜使來狐疑未知所從故也乃悉會吏士三十六人與共飲酒酣因激怒之曰卿曹與我俱在絶域如今鄯善收吾屬送匈奴骸骨長爲豺狼食矣爲之柰何官屬曰死生從司馬超曰不入虎穴焉得虎子當今之計獨有因夜以火攻虜可盡殄也會天大風超令十人持鼓匿虜舍後餘持弓弩夾門而伏超乃順風縱火前後鼓噪虜衆驚亂斬其使餘衆百許悉燒死

耿恭攻城搏戰以毒藥傅矢傳語匈奴曰漢家箭神其中創者必有異因發強弩射之虜中矢者視創皆沸遂大驚孫子曰兵以詐立若以毒藥傅矢而謂漢家箭神是也

稽胡有劉蠡升者數抄掠汾晉神武遷鄴始密圖僞許女妻太子及遣子來厚禮緩以婚期彼恃和親不爲之備襲之大敗

孫堅十七與父共船赴錢塘遇海賊分財堅謂父可擊父止之堅操刀上岸以手東西指麾若分布人兵以羅遮賊狀賊以爲官兵捕之委財走斬一級

曹操與呂布戰敗布騎得操而不知是問曰曹使君何在答曰騎黄馬者是也因得免

孫權使陸遜與諸葛瑾攻襄陽到白圍託言往獵潜遣將軍周峻張梁等擊江夏新市安陸石陽之市盛峻等奄至人皆捐物入城城門噎不得關敵乃自斫殺民然後得闔斬首獲生凡千餘人

馬超韓遂反操自將擊之至潼關潜遣二將渡蒲阪津據河西爲營操北渡河兵衆先渡操獨與虎士百餘人留南岸斷後超將步騎萬餘人攻之矢下如雨操多設疑兵潛遣兵入渭作浮橋而夜分兵結營于渭南超夜攻營擊破之進軍悉渡超數挑戰不許固請割地遣任子賈詡以爲可僞許之操

復問計詡曰離之而已操曰解遂請與操相見操與遂有舊于是交馬語移時不及軍事但說京都舊故拊手歡笑既罷超問遂公何言遂曰無所言也超疑之他日操與遂書多所點竄如遂改定者超愈疑遂操乃克日會戰大破之遂超奔涼州操追至安定而還

蜀將諸葛亮在陽平遣魏延諸軍并兵東下亮惟留萬餘守城魏司馬懿率二十萬衆拒亮候邏白懿云亮城中兵少力弱亮亦知懿軍垂至恐與己相逼欲赴延軍相去又遠勢不能及將士失色莫知

其計亮意氣自若勅軍中皆偃旗卧鼓不得妄出又令大開四門掃地却灑懿常謂亮持重而復見以弱勢疑有伏兵率衆北趣山

諸葛武侯與晉宣帝在渭濱將戰武侯乘素車執白羽扇指揮三軍衆軍皆隨其進止

晉司馬懿使二千餘人就軍營東南角大聲稱萬歲亮使問之荅曰吳朝有使至請降亮謂曰計吳朝必無降法卿是六十老翁何煩詭詐如此

馬隆虜據險拒守隆令軍士皆負農器將若田者虜以隆無征討意御衆稍怠隆因其無備進兵擊破

之

杜元凱襲吳樂鄉沅湘交廣皆迎款衆議來冬大舉元凱曰昔燕樂毅藉濟西一戰以併強齊今王師兵威已震譬如破竹數節之後迎刃而解也遂平吳國

垣崇祖因虜欲犯城中驚恐皆下船欲去崇祖遣客還謂腹心曰賊本非大舉政是承信一說易遣誑之今若得百餘人還事必濟矣但一人情駭不可歛集卿等可急去此二里外大呼而來唱艾塘義人已得破虜須戍軍速往相助逐退舡中人果喜

爭上岸崇祖引入據城遣羸弱入島令人持兩炬火登山鼓叫虜參騎謂其軍備甚盛乃退

崔光遠使李處崟拒賊奔還賊因傅城下詐呼曰處崟召我而不出何也光遠信之斬處崟

劉聰弟暢討李矩矩詐降謀夜襲之兵士以賊衆皆有懼色矩令郭誦禱鄭子產祠曰君昔相鄭惡鳥不鳴凶胡臭羯何得過庭使巫揚言東里有教當遣神兵相助將士聞之皆踴躍爭進夜掩暢營暢僅以身免

尉遲迥反將檀讓餘衆屯城武于仲文詐移書州縣

曰大將軍至可多積衆讓謂仲文未能卒至乃於
牛亭士仲文知其怠遣精騎襲之一日便至遂拔
城武廻將席毗羅衆十萬屯沛縣將攻徐州其妻
子在金鄉仲文遣人詐爲毗羅使者謂金鄉城主
曰讓明午到金鄉將宣蜀公令賞賜將士金鄉人
以爲然皆喜仲文簡精兵僞建廻旗幟倍道而進
城主徐善淨望見以爲讓出迎之仲文遂取金鄉

祖逖以布囊盛土如米狀使千人運上臺又使數人
擔米僞疲而息于道賊逐棄擔賊獲米謂逖士衆
豐飽而胡戎饑久益懼無復膽氣也

燕慕容垂遣其子寶步騎七萬伐魏戰于參合陂大
敗寶以數千騎奔逸士衆還者十一二寶恨參合
之敗屢言魏有可乘之機垂由是自率大衆伐魏
至參合陂見往年戰處積骸如山爲之祭之禮死
者父兄一時號哭軍士皆慟

宋檀道濟等食盡自歷城還士有亡走魏者具告之
魏人遣之衆洶懼將潰道濟夜唱籌量沙以所餘
米覆其上及旦魏軍見之謂糧有餘以降者斬之
時道濟兵少魏兵甚衆道濟命軍士被甲已自服
乘輿引兵徐出魏人以爲有伏不敢逼稍稍引去

道濟全師而還

桓振襲江陵勒兵三萬旗幟蔽野躍馬橫矛躬自突
陣流矢傷劉懷肅額衆懼欲奔懷肅瞋目奮戰士
氣益勝於是士卒爭先臨陣斬振首

王君萬王節開邊青唐大酋俞龍珂歸國獨別羌新
羅結不從經略使韓縝期請將一月取之君萬詐
爲獵者逐翕至其居稍相親押與同獵乘間兵之
墜馬斬首馳歸以獻甫及一月

齊有沙門惠琳掠入突厥中因謂他鉢曰齊國富强
皆爲有佛法遂說以因緣果報之理他鉢聞而信
之建一伽藍遣使聘齊求淨名涅槃華嚴等經十
人并誦律他鉢亦躬自齋戒遶塔行道恨不生內
地

梁馬嗣勳羅紹威將誅牙軍乞兵于梁梁女嫁魏適
死溫遣嗣勳以長直千人爲綵輿入魏置兵器于
輿中聲言助葬嗣勳夜與魏新鄉鎮兵入迎紹威
家屬備之乃盜取魏甲兵攻牙兵牙兵不知兵所
從來無備殺八千餘人遲明皆盡嗣勳重創卒

梁武帝遣曹仲宗等攻魏渦陽又以韋放爲明威將
軍總兵會之魏太將軍費穆帥衆奄至放軍營未

玄感下止二百餘人，放從弟洵驍果有勇力，單騎擊刺，屢折魏軍，洵馬亦被傷不能進，放冑有三貫矢，衆皆失色，請放奔去，放厲聲叱之曰：今日惟有死爾。乃免冑下馬，據胡床處分，士卒皆殊死戰，莫不一當百，魏軍遂退

陳慶之隸領軍曹仲宗伐渦陽，韋放曰：賊鋒必輕銳，不如勿擊。慶之曰：魏人遠來皆已疲倦，須挫其氣。于是以麾下五百騎奔擊，破其前軍，相持自春至冬，各數十百戰，師老氣衰，魏援兵復欲築壘于軍後，仲宗恐腹背受敵，謀退，慶之曰：須虜圍合然後與戰，果勝

後魏宗室禎召新附蠻城蠻魁三十餘人，盛裝武置酒，使觀射，自發數箭皆中，左右善射者二十人並中。出死囚服蠻衣，命不中，責斬之。又預敎左右取死囚十人着蠻衣，云是鈔賊，禎臨坐偽舉目瞻天，微有風動，禎謂蠻曰：風氣少暴，似有鈔賊入境，不過十人，當在西南五十里許。解至，禎告諸蠻曰：爾鄉里作賊如此，合死不？皆叩頭曰：合萬死。即斬之，乃遣還，諭諸蠻大服，自是無暴掠

周于謹嘗為賊所圍，以常乘駿馬一紫一騧，賊所先識，乃使二人各乘一馬突陣而出，賊以為謹也，皆爭逐之，謹乃得入塞

梁玄感偽北衛玄，逐之伏發而敗，後復戰，兵始合，玄感詐令人大呼曰：官軍已得玄感矣。玄軍稍息，玄感與數十騎乘之，大潰

唐太宗追劉武周將宋金剛，劉弘基諫待兵糧集而后戰，太宗曰：功者難成易敗，機者難得易失，金剛走到汾州，衆心已沮，我及其未定，當乘其勢擊之，此破竹之義也，如遲留，賊必生機，此失機之道也

李靖攻土谷渾，薛萬徹同行，及至賊境，與諸將各率百餘騎先後，卒與虜數千騎相遇，萬徹單騎馳擊之，虜無敢當者，還謂諸將曰：賊易與耳。躍馬復進，諸將隨之，斬數千級

胡賊五萬餘人掠宜春，寔眈討之，行次黃欽山，與賊相遇，賊乘高縱火，王師稍却，眈斬其部將十四人，校隊中小帥以代之，眈自率數百騎殿于軍後，令之曰：聞鼓聲有不進者自後斬之。既聞鼓，士卒爭先赴敵，賊射之不能止，因大破之

李密破化及還，動兵良馬多戰死，王世充乘弊擊之，恐人心不一，乃假托鬼神，言夢周公，遂立祠

言周公欲令急討李密有大功否則疫死世充兵
多楚人俗信妖妄故出此言衆請戰
王世充縛類密者過陣譟曰獲密矣士皆呼萬歲密
軍亂
郭英乂祿山將高嵩入汧隴僞勞之且具饗伏發盡
虜其衆
李淵起兵裴寂曰屈突通在此攻長安不克退爲河
東所踵腹背皆受敵此危道也世民曰不然兵貴
神速吾以累勝之威撫歸附之衆鼓行而西長安
之人望風震駭智不及謀勇不及斷取之若振槁
衆耳
肅宗問破賊期李泌對曰陛下無欲速王者之師當
務萬全圖久安使無後害令詔李光弼守太原出
井陘郭子儀取馮翊入河東則史思明張忠志不
敢離范陽常山安守忠田乾真不敢離長安是以
三地繫其四將也隨祿山者獨阿史那承慶耳使
子儀無取華令賊得通關中則北守范陽西救長
安奔命數千里其精兵勁騎不逾年而敝我常以
逸待勞來避其鋒去翦其疲以所徵之兵會扶風
與太原朔方軍互擊之徐命建寧王爲范陽節度

大使北並塞與光弼相犄角以取范陽賊失巢窟
當死河南諸將手帝然之
顔真卿出爲平原太守度祿山必反陽託霖雨脩城
池料丁壯儲倉廩日與賓客泛舟飲酒以舒其疑
衆以爲書生不虞也
及破東都傳李憕盧奕蔣清首徇河北真卿畏衆懼
紿諸將曰吾素識憕等其首皆非是斬傳首者段
子光
陝虢都知兵馬使達奚抱暉鴆殺節度使張勸代總
軍務邀求旌節且陰召李懷光將達奚小俊爲援
德宗謂李泌曰若蒲陝連衡則猝不可制且抱暉
據陝則水陸之運皆絶矣不得不煩卿一往以泌
爲陝虢都防禦水陸運使上欲以神策軍送泌之
官對曰臣請以單騎入上曰單騎如何入對曰今
事變之初衆心未定故可出其不意上許之泌見
陝州進奏官及將吏在長安者語之曰主上以陝
虢饑故不授泌節而領運使欲令督江淮米賑之
耳陝州行營在夏縣若抱暉可用當使將之有功
則賜旌節矣抱暉覘者馳告之稍自安泌具以語
白上上曰欲使[illegible]李思來抱暉思節必不[illegible]

上曰善因疾馳而前抱暉亦出謁泌撫其背事但完城隍之功抱暉喜反側者皆自安泌入城但索簿書治糧備明日召抱暉至宅語之曰吾非愛汝而不誅恐自今有危疑地敢赦汝汝爲我賫版幣祭節使慎無入關自擇安處潛來取家保無他也後上竟詔戍兵馬使林滔等殺之抱暉遂亡命逵奚小俊引兵至境聞泌已入陝而還

僕固懷恩誘回紇吐蕃吐谷渾党項奴剌數十萬倶入寇縱兵摽焚已而二虜爭長子儀使說回紇欲與共擊吐蕃回紇不信曰郭公在此可得見乎使

還報子儀與數騎出使人傳呼曰令公來回紇大驚大帥藥葛羅執弓注矢立于陣前子儀免胄釋甲投鎗而進執藥葛羅手讓之曰汝回紇有大功於唐唐之報汝亦不薄奈何負約深入棄前功結後怨背恩德而助叛臣乎且懷恩叛君棄母於汝何有今吾挺身來聽汝執我殺之我之將士必致死與汝戰矣藥葛羅曰懷恩欺我言天可汗已晏駕令公亦捐館中國無主我是以來今皆不然懷恩又爲天所殺我曹豈肯與令公戰乎子儀因約以期日而進之諸部並力殺吐蕃爲計

郝晟至漢中府兵討劉闢還未至詔復遣戍梓州軍士怨怒謀作亂晟聞之疾驅入城慰勞之曰汝曹何以得成功對曰誅反者劉闢耳晟言闢以不受詔命故汝等得以立功豈可復使他人誅汝以爲功耶衆皆拜趨赴梓州

大都督廬陵王瑗反欲奪王君廓兵以與王詵君廓本紿瑗使亂爲已功乃從數騎候詵留騎于外曰聞呼聲則入乃獨款詵詐曰有急變當白詵方沐握髮出即斬之因執瑗以功授都督

楊行密遣臺濛敵田頵濛之行爲狹營小舍覘者以

爲才客二千人頵輕之不復召兵襲交濛遁頵兵爭逐北遇伏頵大敗死

王處存以輕兵三千蒙羊皮夜布之野以精騎伏地道朱全忠軍望爲群羊爭趣之伏發大敗之

王德光世冊先鋒討李成德以百騎覘賊至蘄州上蔡驛口橋賊疑爲誘騎擁衆欲西德麾騎大呼曰王師大至矣賊駭遁追殺甚衆

周訪爲流矢所中折前兩齒形色不變及暮訪與賊隔水賊衆數倍自知力不能敵乃密遣人如樵採者而出於是結陣鳴鼓而來大呼曰左軍至士卒

皆稱萬歲至夜令軍中多布火而食賊謂官軍益至未曉而退訪謂諸將曰賊必引退然後知我無救軍當還掩人宜促渡水北既渡斷橋訖而賊果至隔水不得進于是遂歸

莊宗禦梁將戴思遠李從珂偽為梁幟入梁壘斧其望樓持級而還梁兵愈恐李嗣源以鐵騎三千乘之大敗

梁劉鄩潛師出黃澤西移太原將行慮為晉軍所追乃結芻為人縛旗于上以驢負之循城而行數日晉人方覺

王景仁為招討使將兵萬餘侵廬壽吳徐溫朱瑾率諸將拒之遇于趙步徽兵未集溫戰不勝而却景仁乘之吳吏士皆失色將軍陳紹援鎗大呼曰誘敵太深可以進矣躍馬還鬭眾隨之梁兵乃退溫賜之金帛

元豐間劉舜卿知雄州虜寇夜竊其關鎖去吏密以聞舜卿亦不問但使易其門鍵大之後數日虜牒送盜者并以鎖至舜卿曰吾未嘗亡鎖命加于關則大數寸併盜還之虜大慚沮及疑竊鎖者繆也舜卿近世名臣也

曹瑋知渭州時年十九馭軍嚴明賞罰立決善用間有告戍卒叛入夏州者瑋方與客奕怒曰吾遣之去耳汝再三顯言耶夏人聞之即斬叛者首投境上

宋契丹寇河北虜騎甚盛州郡震動天子北巡至澶州不欲渡河時寇準勸上北渡以固士卒心毋令虜得乘勝上猶豫未決準曰先帝建都垂五十年天下財用兵甲聚于京師宗廟社稷之所寄也不幸有事陛下當與臣等以死守之今一旦棄去非復陛下所有若盜賊因緣而起陛下當何歸乎上

默然猶未決準因自牽馬奉上上乃從之至澶州御城北門將士望見皆呼萬歲聲震原野勇氣百倍準承制專決號令明肅士卒喜悅虜數千騎薄城下有詔吏士迎擊之斬獲大半虜乃引退不敢復逼會暮上還宮留準居城上上使人視何為曰準方飲酒歌笑上未嘗不釋然也相持十餘日契丹計窮欲引去始遣使請和

楊偕知河中府元昊反劉平石元孫戰沒偕聞乃僞為書馳告延州曰朝廷遣救兵至矣命傍郡縣大具芻糧什器以俟

狄青擲百錢盡紅遂釘錢紗籠手封侯勝謝神後勝
視之兩字錢也
張俊引兵渡江至黃梅縣親與李成戰成懲奉新失
險之敗據石幢坡憑山以木石投人俊先遣游卒
進退若爭險狀以誑賊俊親冒矢石帥衆攻險賊
衆數萬俱潰
金兀朮棄汴有書生叩馬曰自古未有權臣在內而
大將能立功于外者岳少保且不免況欲成功乎
金主將兵入犯命李顯忠代王權遣虞允文往蕪湖
趣顯忠交代且犒師釆石時權軍猶在釆石允文

至權已去顯忠未來敵騎充斥我師三五星散允
文謂坐待顯忠則誤國事遂招諸將勉以忠義曰
金帛誥命皆在此待有功衆曰既有主請死戰
金烏延蒲盧渾因張覺復整兵來諸將皆不敢戰蒲
盧渾登山望之乃紿諸將曰敵軍少急擊可破也
若入城不可復制遂合戰破之
金苗道潤爲河北義軍隊長得衆心有功求官封宰
相難之宣宗召王擴問之今郎以爲將燕衆皆爲
我盡力乎擴曰無制天下者以天下爲度道潤得
衆有功因而封之使自爲守禦廩使之策之上也

今不許彼負其衆何所不可宣宗顧宰執曰擴言
實契朕心遂除宣武將軍
劉子俊被執詭爲文天祥意使大兵不窮追天祥可
間走也
元董摶霄賊至焚廬舍按軍不動左右請出兵摶霄
曰未也遣人執白旗登山望賊約曰賊以我爲怯
必少懈伺其有間則麾所執旗又伏兵城外皆授
以火礮復約曰見旗動礮即發已而旗動礮發兵
乃盡出斬首數千級
皇明洪武初日本寇閩浙等處　太祖與劉基曰東

夷固非北虜心腹之患猶蚊蝱驚寤自覺不寧議
其俗尚佛教宜選高僧說其歸順遂命明州天寧
寺僧祖闡仲猷南京天界寺僧無逸克勤往彼化其來
貢
成祖料吳傑平安必出戰隨散軍詐言取糧示以空
虛敵聞我軍散必乘虛而來我軍既出即回嚴師
以待之必落我彀中矣是月散軍四出取糧又發
旗尉落增抱嬰兒佯作避兵者散入真定城謀云
大軍各散取糧嘗無備敵聞以爲信然乃出師欲
搶我不備我師擊大敗之

胡僧有名法王國師者朝廷優禮供給甚盛言官每
及之蓋西番之俗叛亂讎殺一時未能遽制彼以
其法戒諭之則磨金鈷劍頂經說誓守信惟謹蓋
以御夷之機在此故供給雖云過侈然不須甲兵
匆糧之費而陰屈群醜所得多矣新進多不知此
朝廷又不欲明言其事故言輒不報蓋制馭之術
耳非果神之也
横州鄉甕貴縣為姓家世以神異顯有稱都長者名
風雨鬼神虎豹言禍福奇驗兩廣徭賊皆以公祖
稱之有猖獗者視官軍蔑如總帥委都長招撫即

引數卒至巢穴衆以牛酒迎款惟命是從因諭衆
曰衆皆安業但爾渠魁某人不可赦可隨我出見
總制衆皆唯唯其魁即出見訖責付都長魁欲回
料理家事即出至期不至人盡危之竟果來人問
其故魁曰吾固將叛柰虎來攫吾家妻孥怖勸我
來耳
萬曆時北虜王台吉犒遼東叛酋王杲以獻時台吉
已官都督例當加一品勳階吏部疏上擬加柱國
時臺省諸臣議以為未妥蓋以蠻夷而儼然埒于
公卿之班褻朝廷之體也神宗傳旨加台吉為

眞研齋備書　癸

不乏人乃東西跳梁未息甯北一介請纓
頻致廑我
皇上宵旰日深拊髀日急得無運兵之本
者尚未得其人歟董父書生耳從前料
巢遼者若觀火規任遼者若列眉即所
上三疏及所擬三部言言石畫語語金
針當事者非不採其議用之乃未身展
厥猷而今且以上書忤

旨飄然爲青山外臣矣辭曰有治法無治
人余曰無治法耳何患無治人覽是書
者知聖賢之彝訓何若而一一棒持之
如護珙璧又知古今之爲案何若而一
一踐履之如印印泥則天下事天下人
誰不可爲矣必出自吾手有自吾身知
聖度優容轉圜甚捷董父之
賜環超擢理長纓以繫東西虜酋之頸特

且莫問承蜩事耳嗟乎兵本在簡冊而
用運兵之本者在
廟堂知本之本安在兵寧復有餘事哉余
題数語于簡端爲之悵然而拭目
天啓甲子春盂延安郝名宦題于天庖
公署

備書本字函卷之一

師爾唐臺山葉向高輯　越人王應遴堇父輯

友人丁乾學天行較

本之訓

易師辭曰師貞丈人吉无咎。子曰老成之人。呂祖謙曰老成持重諳練如趙充國之比

師彖曰剛中而應行險而順以此毒天下而民從之傳曰師旅之興不無傷財害人毒害天下然而民心從之者以其義動也

師象曰地中有水師君子以容民畜衆爻曰師出以律否臧凶　田有禽利執言長子率師弟子輿尸貞凶

離象曰王用出征以正邦也

萃象曰君子以除戎器戒不虞

豫辭曰利建侯行師程子曰兵師之興衆心和悅則順從而有功

書帝曰咨禹惟兹有苗弗率汝徂征禹乃會群后誓于師曰濟濟有衆咸聽朕命蠢兹有苗昏迷不恭侮慢自賢反道敗德君子在野小人在位民棄不保天降之咎肆予以爾衆士奉辭伐罪

陷誓曰爾尚一乃心力所以勉衆之和也

說命曰惟甲胄起戎惟干戈省厥躬

秦誓曰同力度德同德度義

詩文武吉甫萬邦爲憲傳曰非文無以附衆非武無以威敵能文能武則萬邦以之爲法矣謝枋得曰漢唐而下縉紳介胄分爲兩途愚儒武夫各持一說不知三代將帥必文武全才可以爲萬邦之法則者也丘氏曰所謂文者附衆安民之謂非辭章藻繪也武者戡定禍亂之謂非膂力技能也又曰文武非二道也爲將者徒知戰陣而不知德義則其所謂武者非聖人之武也趙衰謂郤縠說禮樂而敦詩書

小雅六月曰有嚴有翼共武之服共武之服以定王國丘氏曰將師皆嚴皆敬以共武事此王國之所以定也

禮記天子將出征類乎上帝宜乎社造乎禰禡於所征之地

受命于祖受成于學

周禮大夏官司馬使帥其屬而掌邦政以佐王平邦國馬者武也言爲武者也夏整齊萬物丘氏曰外

服之諸侯邊方之夷狄有所不正則聲其罪以正之正其不正所以平其不平也

左傳曰天生五材民並用之廢一不可誰能去兵兵之設久矣所以威不軌而昭文德也

見可而進知難而退軍之善政也兼弱攻昧武之善經也

不備不虞不可以師以德和民不聞以亂以亂猶治絲而棼之也夫兵猶火也弗戢將自焚

楚子敗晉潘黨楚子曰夫文止戈爲武夫武禁暴戢兵保大定功安民和衆豐財者也

晉侯將伐虢大夫薦曰不可虢公驕若驟勝于我必棄其民無衆而後伐之夫禮樂慈愛戰所蓄也夫人讓事樂和愛親哀喪而後可用也虢勿蓄也亟戰將饑后爲晉滅

國語申包胥曰夫戰智爲始仁次之勇次之不智則不知民之極無以銓度天下之衆寡不仁則不能與三軍共饑勞之殃不勇則不能斷疑以發大計

先王耀德不觀兵其于民也茂正其德而厚其生阜其財賄而利其器用增修于德無勤兵于遠是以近無不聽遠無不服

太公軍誡法曰凡行軍吏士有死亡者給其喪具使歸邑墓軍人被瘡即給醫藥使謹視之醫不即治親鞭之

三略曰將必與士卒同滋味而共安危敵乃可加故軍井未達將不言渴軍幕未辦將不言倦軍竈未炊將不言饑冬不服裘夏不操扇雨不張蓋是謂將禮以身先人故其兵爲天下雄蓋含已而正人者逆正已而化人者順逆者亂之招順者治之要是以良將務去不易于身故能使三軍如一心則其勝可全

又曰與之安與之危其衆可合而不可離可用而不可疲以其恩素蓄謀素和此軍所以和爲貴也

又曰將能清能平能整能受諫能聽訟能納人能採言能知國俗能圖山川能表險難能制軍權

又曰主將之法務攬英雄之心賞祿有功志通于衆故與衆同好靡不成與衆同惡靡不傾

又曰爲國之道恃賢與民信賢如腹心使民如四肢則策無遺

又曰興師之國務先隆恩攻取之國務先養民

又曰君無疑于臣臣無疑于主國定主安臣以義退

亦能羨而無害
又曰治國安家者得人也亾國破家者失人也爲將者不可不謹兵將纔聚人馬未相諳識不可與師致討謂將不識兵兵不識將將雖法令嚴明人心未相依附主將須是親行詢問材技勇怯強弱高下選揀堪可作何任使曉諭賞罰立定信義犒勞激厲使士卒知將之智勇將知士卒之熟練然後料敵興師戰無不捷
又曰爲將之道要在甘苦共衆如遇危險之地不可舍衆而自全護衛周旋同其生死如此則士卒豈

忘巳哉法曰見危難勿忘其衆
六韜曰將與士卒共寒暑勞苦饑飽故三軍之衆聞鼓聲則喜聞金聲則怒
又曰善爲國者馭民如父母之愛子如兄之愛弟見其饑寒則爲之憂見其勞苦則爲之悲賞罰如加于身賦斂如取于巳此愛民之道也
又曰三寶各安其處三寶全則國安三寶謂大農大工大商也
又曰與人同病相救同情相成同惡相助同好相趨故無兵甲而勝

又曰故兵者國之大事存亾之道命在于將將者國之輔先王之所重也故置將不可不察也得賢將者兵強國昌不得賢將者兵弱國亾
文王問太公曰願聞爲國之務欲使主尊人安爲之柰何太公曰愛民而巳文王曰愛民柰何太公曰利而勿害成而勿敗生而勿殺與而勿奪樂而勿苦喜而勿怒
又曰與人同憂同樂同好同惡義也義之所在天下赴之
齊司馬田穰苴曰將受命之日則忘其家臨軍約束

則忘其親援枹鼓之急則忘其身問疾醫藥未至國釋兵旅解約束誓盟而後入邑
魏武侯問吳起曰願聞治兵料人固國之道起對曰古之明王必謹君臣之禮飾上下之儀安集吏民順俗而教簡募良材以備不虞
又曰昔之圖謀國家者必先教百姓而親萬民
又曰不和于國不可以出軍是以有道之主將用其民先和而造大事
又曰聖人綏之以道理之以義動之以禮撫之以仁此四德者修之則興

又曰凡制國治軍必教之以禮勵之以義使有耻也
夫人有耻在大足以戰在小足以與矣
又曰君使能者居上不肖者處下則陳已定矣民安
其田宅親其有司則守已固矣百姓皆是吾君而
非鄰國則戰已勝矣
又曰有不占而避之者六其二曰上愛其下惠施流
布
又曰凡攻敵圍城之道城邑既破各入其宮軍之所
至無刊其木發其屋取其粟殺其六畜燔其積聚
示民無殘心其有請降許而安之

又曰知兵之將生民之司命國家安危之主也
又曰將者智信仁勇嚴也飛曰用兵之術仁智信勇
孫子曰視卒如嬰兒故可與之赴深谿視卒如愛子
故可與之俱死愛而不能令厚而不能使亂而不
能治譬如驕子不可用也
又曰道者令民與上同意
又曰上下同欲者勝
司馬法曰不服不和是謂戰患又曰心欲一讓以和
人自治悦其心効其力
又曰殺人安人殺之可也攻其國愛其民攻之可也

以戰止戰雖戰可也故仁見親義見說智見恃勇
見方信見信内得愛焉所以守也外得威焉所以
戰也戰道不違時不歷民病所以愛吾民也不加
喪不因凶所以愛夫其民也冬夏不興師所以兼
愛民也
又曰國雖大好戰必亡天下雖安忘戰必危
又曰古者以仁為本以義治之之謂正
又曰惟仁有親有仁無信反敗厥身
戰國策秦攻趙蘇子謂秦王曰力盡之民仁者不用
也求得而反靜聖王之制也功大而息民用兵之

道也
蘇秦曰善為國者順民之意而料兵之能然後從于
天下
尉繚子曰凡將理官也萬物之主也不私于一人夫
能無私于一人故萬物至而制之萬物至而命之
又曰民流者親之地不治者任之夫土廣而任則國
富民衆而制則國治富治者民不發軔甲不出暴
而威制天下
又曰欲戰者先安内
荀子議兵篇孫卿子曰士民不親附則湯武不能以

必勝故善附民者乃善用兵者也
陳囂問孫卿子曰先王議兵常以仁義爲本仁者愛人義者循理然則又何以兵爲凡所爲有兵者爲爭奪也孫卿子曰非女所知也彼仁者愛人愛人故惡人之害之也義者循理循理故惡人之亂之也彼兵者所以禁暴除害也非爭奪也故仁人之兵所存者神所過者化若時雨之降莫不說喜是以堯伐驩兜舜伐有苗禹伐共工湯伐有夏文王伐崇武王伐紂此二帝四王皆以仁義之兵行于天下也故近者親其善遠方慕其德兵不血刃遠邇來服德盛于此施及四極

臨武君與孫卿議兵于趙孝成王前王曰請問兵要對曰上得天時下得地利觀敵之變動後之發先之至此用兵之要術也孫卿曰不然臣所聞古之道凡用兵攻戰之本在乎一民
李斯問孫卿子曰秦四世有勝兵彊海內威行諸侯非以仁義爲之也以便從事而已孫卿子曰非女所知也所謂便者不便之便也吾所謂仁義者大便之便也彼仁義者所以齊政也政齊則民親其上樂其君而輕爲之死故曰凡在軍將率末事也秦四世有勝諰諰然常恐天下之一合而軋已也此所謂末世之兵未有本統也故湯之放桀也非其逐之鳴條之時也武王之誅紂也非以甲子之朝而後勝之也皆前行素修也此所謂仁義之兵也今女不求之于本而索之于末此世之所以亂也
荀子曰臨武君與孫卿子議兵于趙孝成王前孫卿子曰士民不親附則湯武不能以必勝也故善附民者是乃善用兵者也故兵要在乎善附民而已
又曰不殺老弱不獵禾稼服者不禽格者不赦犇

命者不獲凡誅非誅其百姓也誅其亂百姓者也
又曰凡百事之成也必在敬之其敗也必在慢之故敬勝怠則吉怠勝敬則滅計勝欲則從欲勝計則凶戰如守行如戰有功如幸丘氏曰荀卿論爲將之道至矣盡矣所謂敬謀敬事敬吏敬衆敬敵而總以一言曰凡百事之成也必在敬之其敗也必在慢之卿之此言蓋有得于洙泗之餘論而與孫吳所著之書專以權謀詐力者不可同年語矣
呂氏曰兵入于敵之境則民知所庇矣黔首知不死矣至于國邑之郊不虐五穀不掘墳墓不伐樹木

不焼積聚不焚室屋不取六畜
又曰愛人則民親其上民親其上則皆樂為其君死
故凡舉事必先審民心然後可舉
又曰犯白刃冒流矢趨水火不敢郤也故人之欲多者其可得用亦多人之欲少者其可得用亦少無欲者不可得用也人之欲雖多而上無以令之雖得其欲人猶不可用也令人得欲之道不可不審矣善為上者能令人得欲無窮故人之可得用亦無窮也故古之聖王審順其天而以行欲則民無不令矣功無不立矣

又曰主之所求于民者二求民為之勞也欲民為之死也民之所望于主者三饑者能食之勞者能息之有功者能德之民以償其二積而上失其三望國雖大兵猶且弱也若苦者必得其樂勞者必得其利斬首之功必全死事之役必賞四者既信于民矣主雖射雲中之鳥而釣深淵之魚兵猶且強令猶且行也是故上足仰則下可用也德足慕則威可立也
又曰凡用民太上以義其次以賞罰其義則不足死賞罰則不足去就若是而能用其民者古今無有

又曰兵有本幹必義義則敵孤獨敵孤獨則上下虛民解落孤獨則父兄怨賢者誹亂內作又曰兵天下之凶器也勇天下之凶德也舉凶器行凶德猶不得已也舉凶器必殺殺所以生之也行凶德必威威所以懾之也敵懾民生此義兵之所以隆也
漢文帝時匈奴數寇邊晁錯上言臨陣合刃之急有三一曰得地形二曰卒服習三曰器用利故兵法器械不利以其卒與敵也卒不可用以其將予敵也將不知兵以其主予敵也君不擇將以其國予敵也四者兵之至要也

淮南子曰治國家理境內行仁義布德惠立正法塞邪隧群臣親附百姓和輯上下一心君臣同力諸侯服其威而四方懷其德修政廟堂之上而折衝千里之外拱揖指撝而天下響應此用兵之上也地廣民眾主賢將忠國富兵強約束信號令明兩軍相當鼓錞相望未至兵交接刃而敵人奔亡此用兵之次也知土地之宜習險隘之利明奇正之變行陣解續之數維枹綰而鼓之白刃合流矢接涉血屬腸輿死扶傷流血千里暴骸盈場乃以決勝此用兵之下也

又曰吏卒專精選良用才官得其人計定謀決見死生舉措得失莫不震驚故攻不待衝隆雲梯而城拔戰不至交兵接刃而敵破明于必勝之理也

又曰兵之所由來者遠矣黃帝嘗與炎帝戰矣顓頊嘗與共工爭矣故黃帝戰于涿鹿之野堯戰于丹水之浦舜伐有苗啓攻有扈自五帝而弗能偃也又況衰世乎夫兵者所以禁暴討亂也炎帝爲火災故黃帝擒之共工爲水害故顓頊誅之

又曰上視下如子則下視上如父上視下如弟則下視上如兄是故父子兄弟之寇不可與鬭者積恩先施也

又曰能受諫能聽諍能納人能採言故曰將主之法務在攬英雄之心蓋謂此矣

又曰將卒吏民動靜如身乃可以應敵合戰故計定而發分決而動將無疑謀卒無二心動無墮容口無虛言事無嘗試應敵必敏發動必亟故將以民爲體而民以將爲心

又曰良將之用卒也同其心一其力勇者不得獨進怯者不得獨止止如丘山發如風雨所凌必破靡不毀沮動如一體莫之應圉是故傷敵者衆而手戰者寡矣

又曰將者必有三隧四義五行十守所謂三隧者上知天道下習地形中察人情所謂四義者使國不負兵爲主不顧身見難不畏死決疑不辟罪所謂五行者柔而不可卷也剛而不可折也仁而不可犯也信而不可欺也勇而不可凌也所謂十守者神清而不可濁也謀遠而不可慕也操固而不可遷也知明而不可蔽也不貪于貨不淫于物不嚂于辯不推于方不可喜也不可怒也

又曰君臣乖心則孫子不能以應敵察其勞佚以知其饑飽故戰日有期視死若歸故將必與卒同甘苦視饑寒故其死可得而盡也故古之善將者必以其身先之暑不張蓋寒不被裘所以程寒暑也險隘不乘上陵必下所以齊勞逸也軍食熟然後敢食軍井通然後敢飲所以同饑渴也合戰必立矢射之所及以共安危也

又曰得道之兵車不發軔騎不被鞍鼓不振塵旗不解卷甲不離矢刃不嘗血朝不易位賈不去肆農不離野招義而責之大國必朝小國必下因民之欲乘民之力而爲之去殘除賊也故同利相死同

情相成同欲相助獵者逐禽車馳人趨無盡其力
無刑罰之威而相爲斥闔要遮者同所利也同舟
而濟江卒遇風波百族之子捷捽招杼船若左右
手不以相德其憂同也故善用兵者用其民自爲
用也不能用兵者用其爲巳用也
又曰兵之所以強者民也民之所以必死者義也義
之所以能行者威也是故合之以文齊之以武是
謂必取威義並行是謂至強
又曰能成霸王者必得勝者也能勝敵者必強者也
能強者必用人力者也能用人力者必得人心者
也能得人心者必自得者也
又曰下不親上其心不用卒不畏將其形不戰不待
交兵接刃而存亡之機固巳形矣
又曰政勝其民下附其上則兵強
又曰故義兵之至也至于不戰而止晚世之兵君雖
無道莫不設渠塹傳堞而守攻者非以禁暴除害
也欲以侵地廣壤也
亢倉子曰其令強者其敵弱其令信者其敵詘先勝
之于此則勝之于彼誠若此則敵弱足勝也
魏相曰救亂誅暴謂之義兵兵義者王敵加于已不

得巳而起之謂之應兵兵應者勝爭恨小故不忍
憤怒者謂之忿兵兵忿者敗利人土地貨寶者謂
之貪兵兵貪者破恃國家之大矜人民之衆欲見
威于敵者謂之驕兵兵驕者滅此五者非但人事
乃天道也
蜀馬謖曰用兵之道攻心爲上攻城爲下心戰爲上
兵戰爲下願公服其心而巳諸葛亮納其策赦孟
獲以服南方
諸葛武侯曰夫用兵之道在于人和和則不勸而自
戰矣若將吏相猜士卒不服忠謀不用群下謗讟
讒慝互生智雖若湯武不能取勝于匹夫况其衆
者乎
又曰孫權據有江東巳歷三世國險而民附賢能樂
爲之用此可與爲援不可圖也
皮日休曰古之取天下也以民心今之取天下也以
民命也由之類不敢惜死者上懼乎刑次貪乎賞
民之于君猶子也何異乎欲殺其子先紿以威後
紿以利哉
晋元帝詔書昔吳起爲楚悼王明法審令損不急之
官除廢公族疎遠以附益將士而國富兵強况今

日之弊百姓凋困邪且當去非急之務非軍事所須者皆省之

王哲曰上下一心若先殺剛愎以取敗呂布遣異以致亡皆上下不同欲之致

蔣濟既畧曰夫欲大興功之君先料其民力而煦咻之句踐養胎以待用昭王恤病以雪仇故能以弱燕服強齊羸越滅勁吳

魏桓階曰舉事而不本于義未有不敗者也

張預曰或間其君臣或間其交援使相離貳然後圖之應侯間趙而退廉頗陳平間楚而逐范增是君臣相離也

曹彥約曰至于忠義之兵必須有德者以爲統率擇知書者以爲教導如古人所謂教民而後用之也今議不出此乃欲幸勝以爲功苟安以求免誤天下者必此人也

史臣曰皮豹子等五人爲將皆以沈勇篤實仁厚撫衆功成事立不徒然矣與苟要一戰之利僥幸暫勝之名豈同年而語也

通典曰三皇無爲天下以治五帝行教兵由是興所謂大刑用甲兵而陳諸原野于是有涿鹿之戰阪泉之師若制得宜則治安失其宜則亂危

李衛公曰用衆在乎一心

後周王朴獻平邊策曰彼方之民知我政化大行上下同心力強財足人安將和有必取之勢

杜牧論天下兵曰上策莫如自治

文中子曰強國戰兵霸國戰智王國戰義帝國戰德皇國戰無爲

後周宇文盧中曰今日宜先降詔罪己更革弊端俾人心悅天意回則備禦之事將帥可以任之

通鑑贊曰周公之聖召公之賢少事文王老佐武王能平天下周公之心召公且不知之術有仁義之心未資以明雖召公尚爾況其下哉

劉子曰逢蒙拙射不能用不調之弓造父善御不能策不服之馬羿倕善斲不能運不利之斤孫吳善將不能戰不習之卒貔貅虎兕猛獸責術教之戰鷹鸇鷙鳥雕氏教之擊夫鳥獸無知之性猶能隨人指授而能戰擊者教習之功也矣況國之士民而不習武乎是以先王因于閑隙大閱蒐狩修成器械國備預也

韓子曰兵須不失家計兵能聚散爲上將係參多爲議

晉只是分數明伐國不明仁合非也宋襄公不彼
不成列愚也
鶴老泉曰兵在外愛將軍而忘天子在內愛天子而
忘將軍愛將軍所以戰愛天子所以守
鶴賦曰易介于石不終日貞吉君子方其未發也介
然如石之堅將終身焉者及其發也不終日而
作故曰不俟于利則其見之也明見之也明則其
發之也果今夫世俗之論則不然曰兵者詭道也
非貪無以取非勇無以得非詐無以成廉將而信
者無用于兵者也嗚呼世俗之說行則天下紛紛
乎如鳥獸相搏嬰兒相擊強者傷弱者廢天下之
亂何從而已乎
又曰王者之兵當如富人之造屋其慮周其規摹素
定其取材積糧皆有方故其經營之常遲而其作
之常速今日之策可且罷諸將兵獨精選一轉運
使及一瀘州知州許法外行事與二年限令經畫
處置他人更不得與
又曰王者之兵要在于使之知愛其上而讐其敵使
之知其上之所以驅之于戰者凡皆以為我也是
以樂其戰而甘其死

又曰犯法之人絲毫無貸即須恤其有無同其苦樂
豈可身居大廈而使士卒終身處于偷地破屋之
中上漏下濕不安其家
宋吳璘曰軍行並從隊伍勿踐稼勿毀民舍勿掠民
財
高宗問兵家三陣員半千曰臣聞古者星宿孤虛天
陣也山川向背地陣也偏伍彌縫人陣也臣謂不
然夫師以義出沛若時雨得天之時為天陣足食
約費且耕且戰得地之利為地陣舉三軍士如子
弟從父兄得人之和為人陣舍是則何以戰
鶴林玉露曰士卒畏將者勝畏敵者敗愛將者勝愛
身者敗畏將則不畏敵畏敵則不畏將愛將則不
愛身愛身則不愛將畏將在將之威愛將在將之
恩有李光弼斬崔眾用濟之威則三軍股慄矣何患
其不畏將有吳起吮士疽之恩則赴死如歸矣何
患其不愛將雖然戮一不用命誅一不循律則威
振矣不必數數然也至若撫循之恩則終始有所
不可廢東山之時昵昵兒女語此周之所以長治
關之敗唐幾亡矣而僕射如父兄譏者以是占中
興焉謀帥擇將者則何以哉

遂史論曰兵者凶器可戢而不可玩爭者末節可遏而不可召此黃石公所謂柔能制剛弱能制強也又況乎仁者之無敵哉

皇明太祖攻太平先令李長善爲戒戢軍士榜及拔城之日即張之士卒方欲剽掠見此榜愕然不敢動有卒違令即斬以徇城中肅然

太祖既定寧越欲取浙東諸郡集諸將諭之曰仁義足以得天下威武不足以服人心夫克城雖以武而安民必以仁吾師比入建康秋毫無犯故一舉遂定今新克婺城民始獲甦政當撫恤使民樂于歸附則彼未下郡縣亦必聞風而歸故取天下以不殺爲本吾每聞諸將下一城得一郡不妄殺人輒喜不自勝蓋師旅之行勢如烈火火烈則人避之故鳥不萃鷹鸇之林獸不入網羅之野民必歸淳厚之政爲將者能以不殺爲心豈惟國家所利在已亦蒙其福爲之子孫者亦必有昌盛者矣

太祖命常遇春往取安陸及襄陽諭之曰堅城之下難以猝攻緩之則頓三軍之銳氣急之恐驅人以冒矢石宜相機招徠以輯寧其民凡得州郡汝宜駐兵以撫降附近聞王保保集兵汝寧彼所爲如

築堤壅水惟恐滲漏汝往能愛軍恤民則仁聲義聞被于遠近人心之歸猶水走下正如穿穴其堤使所聚之水潰涌用力少而成功多也

洪武初天下新定　太祖令曰王者之于士卒既用其力當恤其老而寡妻弱子尤宜優恤予自兵興十有餘年所將之兵攻取四方勤勞至矣以其爲親兵也故遣守外郡以佚之其有老羸嘗被創者令其休養營中死事物故者妻子皆月給衣糧賑贍之若老而思慕鄉土聽令于應天府近便居止庶去鄉不遠以便往來所給衣糧悉如其舊

太祖諭湯和曰軍中之事難于執一惟當以德服人必其人負固弗順者然後以威鎮之故凡推德必先其邇者蓋邇者遠之瞻也凡示威必先其大者蓋大者小之所懲也邇服則遠自來大懾則小自懼也又曰若欲人不違已必當使之以信若欲人成功必當任之以專若不信則令必不行不專則權有所分

太祖諭諸將曰國家用兵猶醫用藥藥以治疾不以無疾而服藥國家未寧用兵以勘定禍亂及四方承平只宜修申兵練士卒使常有備蓋兵能弭亂

亦能召亂若恃其富強喜功生事結怨起禍適足以召亂耳正猶醫家妄以瞑眩之藥強進無病之人縱不殘體殞命亦傷元氣矣故爲國者但當常講武事而不可窮兵黷武也

太祖命諸將北征諭之曰汝等師行非必掠地攻城而已要在削平禍亂以安生民凡遇敵則戰若所經之處及城下之日勿妄殺人奪民財毀民居廢農器殺耕牛掠人子女民間或有遺棄孤幼在營其父母親戚來求者即還之此陰騭美事好共爲之

太祖念軍士艱苦爲領者不知愛恤乃述始終艱難之故與夫撫綏愛養之道通上下之志達彼此之情直諭其辭爲護身勑以頒示將士

太祖將經理淮甸親閱試將士命鎮撫居明率軍士分隊習戰勝者賞之謂其傷而不退者亦勇敢士也亦賞有差且徧給酒饌勞之仍賜傷者醫藥諭之曰刃不素持必致血指舟不素操必致傾溺弓馬不素習而欲攻戰未有不敗者吾故擇汝等練之今汝等勇徤若此臨敵何憂不克爵賞富貴惟有功者得之顧謂起居注詹同曰兵不貴多而貴精多而不精徒累行陣近聞軍中募兵多冗濫苟特戒之冀得精銳庶幾有用也

成祖因鎮遠侯顧成言今日惟當安養中國慎固邊防諭侍臣曰漢武帝窮兵黷武以事夷狄漢家全盛之力遂致凋耗朕今休息天下惟望時和歲豐百姓安寧至于外夷則但思有以備之必不當自我擾之以疲敝生民顧成所言甚合朕意蓋斯人老成非喜功好勝之流也于是賜以鈔幣奬之

成祖親征阿魯台駐開平召諸將諭之曰古謂武有七德禁暴誅亂爲首又謂止戈爲武蓋帝王之武

以止殺非行殺也朕爲天下主華夷之人皆朕赤子豈間彼此今罪人惟阿魯台其脅從之衆有歸降者宜悉意撫綏無令失所非持兵器犯我師者悉縱勿殺用稱朕體天愛人之意

成祖駐蹕開平適雨卒士有霑濕者成祖遥見指示諸將曰士卒將帥所資以成功名撫之厚則報之厚古人有言視卒如嬰兒可與赴深谿視卒如愛子可與之俱死今方用之爲國家除殘去暴柰何不善視之哉

成祖車駕次閔安下令軍士牧放樵採皆不得出長

圍之外。且諭諸將曰。卿等常從朕征討。百戰成功。試言今日驅除此冦之策。諸將叩頭言。臣等淺陋。惟成筭是命。成祖曰。兵法云多筭勝。少筭不勝。蓋用兵之際。智在勇先。不可忽也。馭衆之道。固須部伍整肅。進退以律。然必將帥撫士卒。如父兄於子弟。則士卒附將帥。亦如手足之捍頭目。上下一心。乃克有濟。至于同列。須和協。一隊當敵。則各隊策應。左右前後。莫不皆然。譬如舟行遇風。同舟之人。齊力以奮波濤。雖險靡不獲濟也。

開平指揮使杜福年老乞閒。楊洪等奏福練達兵務

乞令仍守開平。宣宗諭兵部尚書張本曰。邊將在得人。昔魏尚守雲中。匈奴不敢近塞。趙充國忠邊。羌虜遠遁。福練習邊事。素得士心。安可使就閒。但當優待之耳。遂以其子代。令福爲致仕官。仍往開平協助都指揮唐銘等行事。

給事中秦崇因邊事上言。師克在和。今鎮守有善謀而巡撫或言其否。巡撫有奇策。而總戎或指爲非。進止殊途。戰守異見。是以議論而妨成功也。憲宗曰。人各有長。朝廷所以參用文武內外之臣。以任邊計。正欲其彼此相資。可否相濟。以共成王事耳。尚或各懷私妬。護己之短。阻人之長。幾何不遺邊患。大抵天下事。和則易成。異則易敗。故當戒其異而勉于和也。

世宗諭李承勛曰。朕聞皇后梓宮行殿處守護官軍至今人馬未給糧草。且前日大風猛烈。山間寒氣尤甚。號哭稱苦。朕聞之若裂己膚。夫國家以人心爲本。百姓以衣食爲命。當此嚴寒。即動履亦難。乃朝夕身拔草露。雖梓宮爲重。而人命尤重。卿其會同內外提督官議。令更班輪役。少甦勞苦。合用糧草。戶部便處置給發。不得延誤。朕又念貧軍無衣

何以支持。工部將在庫胖襖褲鞋。人給一副。以爲禦寒之用。

神宗諭兵部臣曰。邇者醜夷肆逆。邊鄙爲虞。朕博訪廷臣。簡集各處援兵。共圖剪滅。今撻伐在期。所望諸將士齊心戮力。戡茲小醜。所念時下嚴寒未退。邊方將士。執銳披堅。沙場暴露。忠勤可憫。在朕何忍。錫衣王食。頃刻忘東征之士。謂宜溥施恩賞。少彰酬恤。爾將所發銀。如數運赴經畧軍前。與主客官兵從優分給。俾人思奮志。益攄敵愾。早奏蕩平之績。

丘氏濬曰仁主慈愛以好生為德以不殺為心待偏裨如手足待士卒如兒女饑寒患難如在吾身不妄殺人為功次以易富貴非臨陣拒戰不殺人雖臨戰陣恒以不殺人為心雖掌殺伐恒以活人為念斯為仁也

又曰楚子使然丹簡兵撫民乃曰為民而設兵兵備而民失所孰與養兵本朝命大臣守邊而兼巡撫之任即此意也

備書本字函卷之二

師相臺山葉向高閱

越人王應遴董父輯

友人呂允孝公厚較

本之柒

魯僖時齊孝公伐我北鄙公使展喜犒師使受命于展禽齊侯未入境喜從之齊侯曰魯人恐乎對曰小人恐矣君子則否孝公曰室如懸罄野無青草何恃而不恐對曰恃先王之命周公太公盟曰世世子孫無相害也載在盟府太師職之桓公是以糾合諸侯而謀其不協昭舊職也及君即位諸侯之望曰其率桓之功豈其嗣世九年而棄命廢職其若先主何君必不然恃此以不恐齊乃還

衛州吁弒桓公而立將修先君之怨于鄭是時陳蔡方睦于衛故宋公陳侯蔡人衛人伐鄭圍其東門五日而還公問于衆仲曰衛州吁其成乎對曰臣聞以德和民不聞以亂以亂猶治絲而紛之也夫州吁阻兵而安忍阻兵無衆安忍無親衆叛親離難以濟矣

秦伯猶用孟明孟明增修國政重施于民趙成子言于諸大夫曰秦師又至將必辟之懼而增德不可

嘗也詩曰毋念爾祖聿修厥德孟明念之
楚子救鄭過申子反入見申叔時曰師其何如對曰
德刑詳義禮信戰之器也德以施惠刑以正邪詳
以事神義以建利禮以順時信以守物民生厚而
德正用利而事節時順而物成上下和睦周旋不
逆求無不具各知其極是以神降之福時無災害
民生敦厖和德以聽莫不盡力以從上命致死以
補其闕此戰之所由克也今楚內棄其民而外絕
其好瀆齊盟而食話言奸時以動而疲民以逞民
不知信進退罪也人恤所底其誰致死子其勉之

吾不復見子矣
秦穆公將伐晉及河將勞師而有酒一鍾蹇叔曰一
鍾可投河而釀也穆公乃以一鍾酒投河三軍醉
矣
晉文公教民二年欲用之子犯曰民未知義民未知
信民未知禮後一戰而霸文之教也
傳曰順少長出則少者在前趨敵之義還則少者在
後殿師之義
楚子使然丹簡上國之兵于宗丘且撫其民分貧振
窮長孤幼養老疾收介特救災患宥孤寡赦罪戾

詰姦慝舉淹滯禮新敘舊祿勳合親任良物官使
屈罷簡東國之兵于召陵亦如之
晉伐楚楚莊王曰先君之時晉不伐楚及孤之身而晉
伐楚是孤之罪也羣大夫曰請擊之王俛而泣拜
羣大夫晉人聞之曰君臣爭以過爲在已且輕下
其臣不可伐也夜還師
楚莊王伐蕭師人多寒巫臣曰王巡三軍拊而勉之
三軍之士皆如挾纊
楚囊瓦爲令尹城郢沈尹戌曰子常必亡郢苟不能
衛城無益也古者天子守在四夷天子卑守在諸

侯諸侯守在四鄰諸侯卑守在四境慎其四境結
其四援民狎其野三務成功民無內憂而又無外
懼國焉用城今吳是懼而城于郢守已小矣卑之
不獲能無亡乎昔梁伯溝其公宮而民潰民棄其
上不亡何待夫正其疆埸修其土田險其走集親
其民人明其伍候信其鄰國慎其官守守其交禮
不僭不貪不懦不耆完其守備以待不虞又何畏
矣詩曰無念爾祖聿修厥德無亦監乎若敖蚡冒
至于武文土不過同慎其四境猶不城郢今土數
圻而郢是城不亦難乎

吳滅州來令尹子旗請伐吳王弗許曰吾未撫民人未事鬼神未修守備未定國家而用民力敗不可悔州來在吳猶在楚也子姑待之

吳師在陳楚大夫皆懼曰闔廬惟能用其民以敗我于伯舉今聞其嗣又甚焉將若之何子西曰二三子恤不相睦無患吳矣昔闔廬食不二味居不重席室不崇壇器不彫鏤宮室不觀舟車不飾衣服財用擇不取費在國天有菑癘親巡其孤寡而共其困乏在軍熟食者分而後敢食其所嘗者卒乘與焉勤恤其民而與之勞逸是以民不罷勞死知不曠吾先大夫子常易之所以敗我也今聞夫差次有臺榭陂池焉宿有妃嬙嬪御焉一日之行所欲必成玩好必從珍異是聚觀樂是務視民如仇而用之日新夫先自敗也已安能敗我

晉侯歸謀所以息民魏絳請施舍輸積聚以貸自公以下苟有積者盡出之國無滯積亦無困人公無禁利亦無貪民祈以幣更賓以特牲器用不作車服從給行之期年國乃有節三駕而楚不能與爭

晉中行穆子敗無終及群狄于太原崇卒也將戰魏舒曰彼徒我車所遇又阨請皆卒自我始乃毀車

以為行五乘為三伍荀吳之嬖人不肯即卒斬以徇為五陳以相離兩于前伍于後專為右角參為左角偏為前拒以誘之翟人笑之未陳而薄之大敗之

晉荀吳圍鼓鼓人或請以城叛吳曰吾聞叔向曰好惡不愆民知所適事無不濟或以吾城叛吾所甚惡也人以城來吾獨何好焉賞所甚惡若所好何若其弗賞是失信也何以庇民使鼓人殺叛人而繕守備

吳闔閭之弟夫槩請于闔閭曰子常不仁貪而少恩其臣下莫有死志追之必破矣乃以其部擊子常遂破楚

呂氏春秋五霸先事而後兵故兵莫強焉當今之世巧謀並行詐術遞用攻戰不休亡國辱主愈衆所事者末也夏后相與有扈戰于甘澤而不勝六卿請復之夏后相曰不可吾地不淺吾民不寡戰而不勝是吾德薄而教不善也于是處不重席食不二味琴瑟不張鐘鼓不修子女不飭親親長長尊賢使能期年而有扈氏服故欲勝人者必先自勝

晉文公欲合諸侯舅犯曰不可天下未知君之義也

公曰何若舅犯曰天子避叔帶之難出居於鄭君奚不納之以正大義且以樹譽遂霸諸侯舉事義且利以立大功文公可謂智矣此舅犯之謀也

秦昭王既息民繕兵復欲伐趙武安君不可王曰前年國虛民饑君不量百姓之力求益君糧以滅趙今寡人息民以養士蓄積糧實三軍之俸有倍于前而曰不可何也武安君曰長平之事秦軍大克趙軍大破秦人歡喜趙人畏懼秦民之死者厚葬傷者厚養勞者相享飲食餔餽以靡其財趙人之死者不得收傷者不得療涕泣相哀戮力同憂耕

田疾作以生其財今王發軍雖倍于前臣料趙國守備亦以十倍矣趙自長平以來君臣憂懼早朝晏罷卑辭厚幣四面出嫁積慮并心備秦爲務其國內實其交外成當今之時趙未可伐也王勿聽使王陵將而伐趙陵戰失利亡五校

趙藺相如爲上卿位廉頗之右頗曰我爲趙將有攻城野戰大功相如徒以口舌爲勞而位居吾上吾耻之宣言曰我見相如必辱之于是相如每引避爲舍人怯之相如曰夫以秦王之威而我廷叱之相如雖駑獨畏廉將軍哉顧念强秦不敢加兵于趙者以吾二人在也兩虎相鬥勢不俱生吾所以爲此者先國難而後私仇也頗聞之肉袒謝罪爲刎頸交

漢李廣將兵乏絕處見水士卒不盡飲不近水不盡餐不嘗食寬緩不苛士以此愛樂爲用

霍去病爲人少言不泄有氣敢往

宣帝時先零諸羌犯邊塞趙充國年七十餘上老之使問誰可將者充國曰百聞不如一見兵難遙度臣願馳至金城圖上方畧願陛下屬之老臣勿以爲憂上笑曰諾充國至金城須兵滿萬騎欲渡河

恐爲虜所遮即夜遣三尉銜枚先渡渡輒營陳會明畢以次盡渡虜數十百騎來出入軍傍充國曰吾士馬新至困倦不可馳逐此皆驍騎難制又恐其爲誘也擊虜以殄滅爲期小利不足貪令軍中勿擊充國常以遠斥候爲務行必爲戰備止必爲堅營能持重愛士先計後戰遂平先零

蓋寬饒按行士卒廬室視其飲食居處有疾病者身自撫循臨問加致醫藥遇之甚有恩

王霸善撫士卒死者脫衣以斂之傷者躬親以養之光武即位以霸曉兵愛士可獨任拜爲偏將軍

晉鐔光武將與士卒共勞苦毋急輒先當矢石

王嘉曰昔秦穆公不從百里奚蹇叔之言以敗其師悔過自責疾詿誤之臣思黃髮之言名垂後世

段熲與先零諸種戰于逢義山虜兵盛熲衆恐熲乃令軍中張鏃利刃長矛三重挾以強弩列輕騎爲左右翼激怒兵將曰今去家數千里進則事成走必盡死努力共功名因大呼衆皆應聲騰赴熲馳騎于傍突而擊之虜衆大潰段熲行軍仁愛士卒疾病者親自瞻省手爲裹創故皆樂爲死戰

慕容白曜破宋申纂於無鹽白曜欲盡以其人爲軍賞司馬酈範曰宜先信義白曜以爲良策乃免之又破升城白曜以傷攻者將坑之韓麒麟諫曰始踐僞境方圖進取宜示寬厚恩以示賊人此韓信降范陽之計也

沈田子伐秦姚泓衆數重田子慰撫士卒曰諸君遠來捐親戚棄墳墓出矢石之間正希此戰死生一決封侯之業於此在矣士卒皆踴躍鼓噪執短兵奮擊秦兵大敗

皇甫嵩溫卹士卒甚得衆情每軍行頓止須營幔修立然後就舍帳軍士皆食乃嘗飯吏有因事受賂者嵩更以錢物賜之吏懷慚或至自殺

晉劉洪爲荊州刺史嘗夜起聞城上持更者歎聲甚苦遂呼省之兵年過六十羸疾無襦洪愍之乃謫罰主者遂給韋袍複帽輔以相付

秦王猛文武兼才嘗肅之理爲將不尚威嚴專以恩信御物務于大略不以小令勞衆軍士有犯法寮縱舍之捕斬賊首以令軍嘗內不整似可犯而防禦甚嚴終無喪敗

魏楊大眼撫循士卒呼爲兒子及見傷痍爲之流涕

周閻慶善于綏撫士卒未休未嘗先舍故能盡其死力

梁王琳陳人寇淮南議討秘曰若復出頓江淮恐北狄西寇東襲而來莫若薄賦省徭息人養士使朝廷協睦遐邇歸心征之以仁義鼓之以道德天下皆當肅清豈直江南僞陳而已

蘭陵王長恭齊文襄第四子爲將躬勤細事雖一瓜數果必與將士共之朝出僕從盡散惟有一人長恭獨還無所譴罰

袁粲後廢帝時桂陽王休範舉兵反至南掖門諸將意沮不奮粲慷慨謂諸將帥曰寇賊已逼而衆情

雖沮孤于受先帝顧托本以死報今日當與諸君
軍同死社稷辭色哀壯于是陳騎迭等感激出戰
賊即平殄

北齊斛律光軍營未成身不入幕或終日不坐身不
脫介胄常爲士卒先有罪者唯大杖撾之未嘗妄
殺衆皆爭爲之死

梁韋叡將兵仁愛士卒營舍未立終不肯舍井竈未
成亦不先食

唐太宗征高麗有從卒一人病不能起太宗自至牀
前問其所苦仍勑州縣厚加供給凡在征人猶然

縱有病者悅以忘疲將軍李思摩中弩矢太宗親
爲之吮血由是從行文武競思奮勵及軍回行次
柳城詔集戰亡人骸骨設太牢以祭之太宗慟哭
盡哀軍人無不灑泣兵士觀者歸家以告其父母
曰吾兒之死天子哭之死無所恨

李勣用兵多籌算料敵應變契事機聞人善抵掌嗟
嘆及戰勝必推功于下得金帛盡散之士卒無私
貯然持法嚴故人爲之用臨事選將必訾相其奇
龐福艾者遣之或問故答曰薄命之人不足與成
功名也

唐穆宗時郝玼爲平章事党項引吐蕃圍涇州玼力
戰破之李光顏聞料兵以赴邠人勝謀不肯行光
顏爲陳說大義感慨流涕聞者亦泣下遽即路虜
走出塞

汴州自大曆來多兵事劉玄佐遇軍士厚子士寧復
加厚至李萬榮如士寧志及韓惟清張彥林作亂
又加厚以懷之至于鄧惟恭每加厚焉故士卒驕
不能禁

後周郭威居軍中見賓客褒衣博帶臨陣幘巾短後
與士卒同

五代時蓋吳作亂關中汾陰薛永宗應之衆聚聞喜
聞喜人裴駿聞之便率鄉豪曰在禮君父有危
臣子致命府縣今爲賊所逼是吾等狗節之秋率
驍騎數百人奔赴賊退走

曹彬伐江南頓師城下城將陷彬忽稱疾不視事諸
將皆來問疾彬曰予之疾非藥石可愈惟願諸公
誠心自誓克城之日不妄殺一人自愈矣諸將許
諾共焚香爲誓彬即稱愈及城陷未嘗妄殺一人
彬之子孫皆貴盛

儂智高叛庱守曹覲欲藉民財爲[illegible]之子鍾

裴棨曰智高必不能過嶺無事而籍民民懼且走觀曰如緩急何棨曰同舟遇風胡越可使爲左右手况吾民乎不幸而至于急則官與民爲一家夫孰非吾財者何以籍爲

岳飛卒有疾躬爲調藥諸將遠戍遣妻問勞其家死事者哭之而育其孤或以子婚其女又敗盜彭友于雩都虔吉平初帝以隆祐太后震驚密諭屠虔城飛請誅首惡而赦脅從不許請至三四帝乃曲赦人感其德繪像祠之

劉琦至順昌聞兀术至會諸將于城上問策或謂今已屢捷宜乘此勢具舟全軍而歸琦曰朝廷養兵十五年正爲緩急之用况已挫賊鋒軍聲稍振雖衆寡不侔然有進無退且敵營甚邇而兀术又奔吾軍一動彼躡其後則前功俱廢使敵侵軼兩淮震驚江浙則平生報國之志反成誤國之罪衆皆感動思奮曰惟太尉命

金人購求王彥甚急彥慮變夜寢屢遷其部曲覺之相率刺面作赤心報國誓殺金賊八字以示無他意彥益感厲撫愛士卒與同甘苦

理宗因雪寒在京諸軍給緡錢有差出戍之家倍之

眞德秀凡營中病者死未葬者孕者嫁娶者賜錢有差

金紇石烈牙吾塔上謂宰臣曰牙吾塔性剛人畏至于御下亦頗有術提控有胡論出者渠厚待之常同器而食其人感奮遂以戰死

孟珙諸將士彌月苦戰病傷者相屬珙遣醫視療士皆感泣

高禾能家世州將所領多故部曲撫之有恩惠遇敵則身先之下有傷者輒以己副馬故能得士死力遠近喜言其事稱之曰老高及死遠人無不痛惜

趙方起儒生帥邊久以戰爲守合官民兵爲一體通制總司爲一家持軍嚴每令諸將飲酒勿醉當使日日可戰

金楊沃衍爲陝西行省撤清野不從曰我若清野明年民何所得食遂脅大州村塾使民畢麥事

李華晚禾未稔牒行省華變清野華奏今歲雨澤及時秋成可待如令耕毀民將不從已之

士卒有病或陣傷每軍先定一官專掌藥餌馱舁非敵境則寄留責醫爲治在敵境即駄舁隨軍而行每月本隊將尉親視申大將間往臨視疾愈主者

並厚賞如弃鄉并養飼失所皆董責氣未絶而埋
者斬膚將多不恤士卒彼弃鄉生埋以此求士死
力不可得也死者發瘞深四尺將尉親哭之仍立
標記俟取在本境遞回本貫
皇明太祖諭徐達等曰諸將帥勿縱左右欺凌軍士
凡爲將之功必資士卒宜善撫恤之大抵克敵者
必以成功爲效樹德者必以廣恩爲務卿等勉之
諸將皆再拜受命
太祖與陳友諒戰張益見士卒流汗命去盔
成祖北征師次開平是日雨士卒有後至而沾濕者

時五月其地尚寒　上指示諸將曰士卒者將帥
所資以成功名撫之至則報之厚孫子有言視卒
如嬰兒時寒甚都指揮火真斂鞍韉焚于　上前
有甲士數人來附火衛叱止之　上曰此皆壯士
聽來勿止饑寒切身難忍者吾擁重裘尚覺寒
恨不悉令其附火而忍叱之乎聞者咸曰仁人
之言也
成祖見一病卒卧地命以所乘從馬載之左右曰從
馬卒豈得乘之　上曰人命至重馬豈貴于人耶
今病卒不能行不以馬載之是弃之耳既用其力

病則弗顧愛人不如愛馬也寧輟馬以乘之卒隨
獲濟馬復何損士聞之莫不感悅
俞通海取太倉州民獻牛酒迎降通海却其獻慰諭
之約束軍士秋毫無犯民大悅
韓雍討兩廣督與將士約能生擒叛虜男女者准其
功故無妄殺之惨
定西侯蔣貴起自行伍一卒之微以功歷陞至此其
爲將也能與士卒同甘苦凡出境搗賊巢穴捿撲
器械不役一人親帶而行與士卒無異
嘉靖時太監張永奏云内官監討團營軍做工不曾

開是其管轄　世宗不允乃司禮監官毋不奏
聞竟自批出　世宗曰團營京師根本豈可輕易
撥發可傳旨李承勛今後但有討團營官軍者着
他執奏免軍士分外之苦且養息銳氣足以待不
虞也
萬曆時倭奴寇朝鮮時值隆冬大雪　神宗御煖閣
忽傳諭曰入冬已來天氣嚴寒朕思禦倭軍丁衣
糧薄少且踄水而愁苦凍餒殊可憐閔今發太僕
寺馬價十萬兩解赴經畧宋應昌獨賞官軍使人
人沾惠以體朕恤勞至意

萬曆末年，奴酋猖獗，九邊多庚癸之呼。神宗彌留

次日，光宗尚未即位，即傳諭發內帑一百萬兩，

令戶部分犒九邊。次日又命發一百萬兩，特犒遼

東軍士。且又命發脚價五千兩，沿途支用，不許騷

擾驛遞。又諭其銀勿入太倉，差官即發，蓋于大喪

倉追之時，而爲邊疆周恤之舉，爲國家根本慮，至

深遠也。

是路録

（明）余宗昌 撰　鄧志謨 釋

《是路録》十八卷，（明）余宗昌撰，鄧志謨釋。據國立國會圖書館藏明刊本影印。

是路録　一、二

是路録　一之二　末冊

是路録序
録陳子息年爻爾
雅輯古事也爾雅嘗舞
象筆硯倜儻具丈夫志甫

康序一

弱冠以例遊南雍國學陳
子得文羊譯焉時壬子春
二月如白下好事華諸以麗
農相尚令奴奴携遊春具

酣暢十大剎而爾雅以萬
金子衣希衣澹如也且嗜
讀所未見之李杜集經之
影注意者如一時名士皆從
陳序二
青眼待之且恒語陳子曰自
鳥跡文成龍圖體出有天
文焉仰觀俯察之人文焉之
物之言少以觀之變而重其

範之應年既久物博事繁
紀載之書日翅充棟而涉獵
者不勝入海算沙之苦奈
何陳子為之悔然無何爾雅
陳序三　足路錄
竟以白雪在念乞假歸陳
子亦返棹里閭彼此不相方
聞者八年矣已未如是銀
康賚所撰是路錄十卷上

東序四

自天文下及輿地莫不窮
搜極採成一家之間序陳子
陳子讀竟張目大呼曰以物
爾雅博學乃亦是類書之
瑕瑾必至不指揮吳淑而伯
仲祝穆也也幾希僧叉稽
古也彙既有此麼兒問津岐
路而劉義慶不貽士衡蕃

東序五

鴻光震無蹲鴟請李林甫
蕭炅必無狀杜伏獵之嘲矣
爾雅工之以富于財富于年
更富于學墨海汪洋精潤遍
寰區無惜陳子投白面皴
恐不能見子之題
煙閣者之人陳繼儒序

是路録

是路録総目

飲饌十卷
酒 茶 飯 羹 糕 果品
穀食 蔬菜
衣服十二卷
首服 身服 足服 繫帶
文器十二卷

總目 三

紙墨筆硯 刀 劍 兵器雜弓弩箭
旗甲戰等
文史十三卷
典籍 文章 書 字
樂器十四卷
琴 笙 笛 簫 鐘鼓

雜具十五卷
舟 車 枕 扇 飲具 臥具
火 燈 燭
花木十六卷
衆花 衆木 草 竹
禽獸十七卷
衆禽 衆獸 水族 昆蟲

總目

畜産十八卷
牛 馬 羊 犬 豕 雞
火 燈 燭
舟 車 枕 扇 臥具 小具
雜具十五卷

是路録卷之一

譚陽　熊雅父余昌宇　著

之城　[illegible]　校

當陽　[illegible]　評

當陽　[illegible]夫父朱永昌　評

[illegible]　瞰儒父　雁[illegible]

兄　爾覲父　昌祚

爾巽父　昌裔　閱

饒安　百拙生鄧志謨　[illegible]　梓

乾道

天

夫天者，得一以清（出老子），定位於上，豈可得而[?]耶？然蔡[?]曰蒼天，夏曰昊天（事出爾雅），秋曰旻天，冬曰上天。天一也，異乎其名，人異之耳。然而祖舉物（天者舉物之祖，出列子），冒萬方，運四時，莫知其所以終，莫知其所以始者。當其時，既曰渾沌，盤古氏挺一身，耳安能從其中而闢？既曰媧媧，女媧氏煉二石，耳寧能從其上而補？謬甚矣。依乎憂其墜者，杞人之愚；吁其闇者，張衡之誕（張衡思賦云：吁帝閽使闢扉兮，覿天皇于瓊宫）；論其有頭有足者，秦宓之惟。不覩之詩乎？上天之載，無聲無臭，此吾所云然也。吾審於此，乃知韓琦以手而捧，贊耳；陶侃以翼而登，夢耳；秦穆公並帝所聽鈞天之樂，亦夢耳。若曰應夢天乎、果可以戴盆望乎。天乎、果可以坐井觀乎。天乎、果可以觀管窺乎。（東方朔傳以管窺天以蠡測海）蓋天有涂象無形體也。故以柱而擎者（姚崇碑八柱擎天高明之任則爲）柱安設。以劍而倚者（宋玉詩長劍倚天立）劍安置。以力而廻者（史稱張玄素論事有廻天之力）力安施。以矢而射者矢安措。惟辯士之口、而曰談天。茲特爲豪俠、出入君之首、而曰戴天。（左傳天子戴皇天履后土）亦不過爲官家尊耳。試稽之物、爲鵬飛而曰摩天、（古詩大鵬摩天翼）誰在天而覩鶴鳴而曰聞天。（詩經鶴鳴於九皋聲聞于天）誰在天而聽。惟能屈而又能伸、能大而又能小、或飛龍之在天也。（易飛龍在天）又例之、人爲昧死而陳所天君、（梁統傳云臣以君爲天故曰所天）者臣之天。終身不移所天、（柳宗伯姊文不移所天猶不更嫁也）夫者妻之天。天視自我民視、天聽自我民聽。是君又以民爲天也。然此皆比喻之說耳。倘曰天而雨粟、（蒼頡製字天雨粟）吾聞也、吾惑也。天而雨金、（史記文帝之世雨金三日）吾惑也、吾辨也。吾且辨乎著青裙、入天門、揖金母、拜木

公童子之謠、未必可信。吾又辨乎左黔雷、右玄冥、前長離、後裔皇、司馬之賦、未必皆當。何者、天蒼蒼耳、莽莽耳、安有蛸摩。（玉皇所居之天）天蛸摩之上、安得有通明殿也。（玉帝所居之殿）天巍巍耳、蕩蕩耳、安得有蔚藍。（杜登金華山有蔚藍天注云蔚藍天有寥廓府）天蔚藍之上、又安得有寥廓府也。或者曰、困農之野、鴻濛之都、此狀無爲有形有爲無殆、無亡何之鄉、帝鄉亡何之海、天酒漆園生之恢諧一矣。雖然、吾身有天道、（抱朴子數語云云）天道在吾身也。天有喜怒哀樂之心、與人相副。春喜氣、故生。秋怒氣、故殺。夏樂氣、故養。冬哀氣、故藏。天人一也。邵子云、天向一中分造化、人從心上起經綸。噫、旨哉言夫。

四古諧

埋根太極、氣本混元。三才（天地人曰三才）須屬首稱、四大（域中四大天大地大道大人亦大）還當先

歘煌煌㷔惟應星斗煥文章赫赫時以有風霆驅號令。雖云有象夫復何言。曾聞放榜九閽（開天門）前莫須有爾。若曰降書雙闕上宣其然乎。堯仁廣被如天。自是大哉可則。孔道精微一致果然高矣難升。

議論有精才思秤量有感雲字變之趣有至斗
娃燿之光妙上 某芭仵

詳釋

女媧補天 史記共工氏與祝融氏戰不勝頭觸不周山而崩天柱折地維缺女媧氏乃煉五色之石補而完之

杞人憂墜 列子杞國有人憂天墜曉者曰天積氣耳柰何而崩其人曰天果積氣日月星宿不當墜耶曉者曰日月星宿亦積氣中之有光耀者雖使墜亦不能有中傷

以手捧天 宋韓魏公琦判泰州夢以手捧天者再其後援英宗于藩邸又翼神宗于東宮

翼而登 晉陶侃夢生八翼飛而上天見天門九重已登其八唯一門不得入閽者以杖擊之因墜地折其左翼既寤左腋猶痛後乃為八州都督

夢至鈞天 史記秦穆公夢至帝所觀鈞天廣樂帝錫之以策奏遂昌

射天 周共王既立胜極放歙酒醉以矢射天

談天口 齊田駢好談論號天口故坡詩不識君范海杯澆我談天口

民為君天 桓齊公問管仲王者何所貴對曰貴天桓公仰觀于天管仲曰所謂天者非蒼蒼莽莽之天也君人者以百姓為天

金母會母拜木公時人皆不識張子房知之乃往拜之曰此乃東王公西王母之侍兒也

罔罠野鴻濛術 淮南子云盧敖遊大海至蒙谷之上見一方士谷而食蛤蜊哉曰夫子可與敖為友矣士嘆曰我方南遊乎罔罠之野北息乎沉默之卿西窮冥寞之里東貫鴻濛之都吾與子汗漫遊于九垓之上乃舉臂竦身入雲中數仰視曰吾比夫子猶黃鶴與壤蟲也

放榜九閽 倅陳州時郡守毋病召道士奏章道士伏地終夜不動則死矣至五鼓乃甦謂守曰夫人壽延一紀以守問何故遲久士曰方出天門遇放明年進士榜一宇觀者塞道以故遲狀元何姓道士曰姓王名拱下一字塗黑旁注一宇遠不可辨及明年榜狀元乃王拱辰公始嘆道士之通神云

降書雙闕 宋紀真宗好祥異王欽若等乃偽為天書降于前殿之鴟尾上舉朝皆信王旦亦無言惟冨公俎曰天何言哉豈有書乎默然

日

夾日陽精也（三足烏）踆烏羆焉出於扶桑（日出處）入於細柳（日入處）迭往迭來其常度若是乎不爽也。后羿之射（堯時十日並出后羿射落其九）謬甚事矣。乃魯陽之戈一揮而轉誠然耶。虞公之劍一指而返誠然耶。吾想日御者羲和也（山海經云東南海外有女子名羲和是為日御）有其姓名或無其人品。日神者燭龍也有其稱謂或無其形象。蓋未離海底千山（宋太祖詩句）

暗一到天中萬國明日之爲日如此爲耳矣若曰東菜之城夜出者數夕西菴之國晝瞋者彌旬（異苑西菴國月餘無日晝昏沈如夜）豈常道哉第冬之日可愛謂趙衰之溫融似之可也夏之日可畏謂趙盾之威厲似之可也（史稱趙衰如冬日可愛趙盾如夏日可畏）日近長安遠日遠長安近謂明帝穎異之對可也日遠如盤盂日近如探湯謂童子智慧之辨可也光之可依謂蕭何之得所（蕭何傳依日月之末光）

主可也暄之可負謂宋人之愛乎君可也若夫影之至速欲策杖而追不量力哉輪之不返欲以繩而繫（李白詩安得長繩繫白日）徒致慨耳雖然日天象也實君象也其所以重光者（日重光明帝爲太子時與章見太子內）知宗成之有令主其所以相盪者（趙太祖受命兩日相盪）知立極之有英君其取於虞淵者知狄公之有功於唐（狄仁傑史周而唐其贊云取日虞淵洗光咸池）其捧於泰山者知程昱之有爲於魏白衣豎子泰也去衣豎子漢也其角力相爭白衣者之日竟爲去衣者奪公此文漢高慶秦之時也然則日爲君象信然哉雖然例國之日舒以長亂國之日促以短（數語出潛夫之論）舒長者民閑暇而力有餘促短者民困苦而力不足噫安得是日也永爲例國之日不爲亂國之日哉

四六語

出湯陽谷（日出處）沒在崦嵫（山名日入處）真精也是大明逸照還爲缺裂烘入藹藹兒童喜黃綿襖可披照我曈曈詩士愛去金盤（唐人詩日輪擁上去金盤）有衆去烏央度可知國運之衰白虹貫（即去挾貢）時應見精忠之烈曉至旭光似錦舒開於若木之顛晚來斜影如金乘掛於桑榆之末（古詩斜影掛桑榆）

光高三丈影上八八時光有許多光來　佛大師

詳釋

魯陽戈揮 淮南子魯陽公與韓講難戰酣日暮援戈而揮之日乃反三舍

虞公劍指 淮南子虞公與夏戰日欲落公以劍指日日乃不落

燭龍 山海經云鍾山之神名曰燭龍視為晝瞑為夜吸為冬呼為夏身長千里人面蛇身天不足西北而無陰陽消息故有燭龍銜火精照天門也

東萊夜出 淮南子云東萊城有日夜出因名不夜城

日近長安遠 晉明帝幼聰敏年數歲元帝問曰日與長安孰遠近對曰長安近不聞人從日邊來明日宴群臣又問之對曰日近帝曰爾何異昨日之言也對曰舉頭見日不見長安帝益奇之

壺子辯日 列子孔子見二小兒爭日遠近因問之一兒曰日始出近日中時遠初出如車輪其中如盤盂不為遠者小而近者大乎一兒曰日初出時蒼ゝ涼ゝ其中如探湯不為近者熱而遠者涼乎孔子不能決二小兒曰孰謂汝多智

負暄 宋人衣縕枲者冬時曝日之暖顧謂其妻曰負日之暄人莫有知者以之獻吾君必將有重賞

棄杖逐影 列子夸父不量力欲追日影逐之于隅谷之際渴欲得飲將北走大澤未至道渴而死棄其杖膏肉所浸生鄧林彌廣數千里

黃綿襖 吳中小兒冬天盛寒之際見有日出皆歡忻鼓舞曰黃綿襖子出矣

赤烏夾日 魯哀公六年楚有雲如赤烏夾日以飛三日楚子問周太史太史答曰其當王身若禜之可移于令尹王曰移腹心之疾置之股肱何益王弗禜而死孔子曰昭王之不失国宜哉

白虹貫日 史記荊軻入秦刺秦王知其事者以為必死也皆白衣冠送之易水之上荊軻歌曰風蕭ゝ兮易水寒壯士一去兮不復還時有白虹貫日人以為精氣所感召云

月

夫月、陰精也、哉生明。哉生魄。盈虛者、如彼、（蘇文句）而卒、莫消長也。寘七寶合成之謂哉、然或名銀蟾、以蟾蜍攫焉、或名兎魄、以玉兎生焉、或名桂輪、以桂樹發焉、以予論之、月溶溶耳、娟娟耳、蟾安所附、兎安所棲、桂又安所培哉、先儒謂月中之影、乃大地山河所映、其有形處山、空缺處水、於理似近之也、乃若所云清虛府者。是亡何（言無有是鄉 出莊子）鄉。之謂耳、所云姮娥女者、乃亡是公（言亡有是公 出莊子）之談耳。

借白有之、月運行不息者。是將隨月而運耶。月更迭而微者。是將隨月而微耶。不然矣。若不於其虧、而於其盈、清光則有可翫者、試稽之吟詠、山明疑有雪。岸白不關沙。一見於庾開府（名信 六朝人）之吟、此夜一輪滿、（借如滿詠月詩此一句夜半）清光何處無。（喜極撞鐘）再見於釋如滿之詠、是以翫於南樓。庾亮之清興不淺也。徒於牛渚。袁宏之清談有味也。乗於晉陽。

劉琨之清嘯可愛也，矧乃邀而飲，為李太白雅懷乎，（劉禹錫中秋之作當胡床窗外人間故曰步待明月）
而分為蘇子贍佳思，坐而待，為劉禹錫曠懷，起而弄，（朱子清夜吟起弄明月霜天高）
為米紫陽妙趣，薄而批，為白樂天高韻，歷歷數之，月（白公云客至惟薄披明月細抹清風）
之動人處多也，但關山笛韻、門巷砧聲、遠塞征人、深
閨思婦，將於此動別離之感，噫嘻，月又為愁的也哉，（唐人詩古人以月作愁的推下月來）
雖然，吾於月見道，辭為萬里無雲萬里天，千江有水（愁始安）（禪家清語）

是路錄　一卷　十一

千江月，是吾性虛明之景象也。月耶，不以渣滓混太
清；性耶，豈以虛明染塵垢。此梧桐月向懷中照，天與（邵堯夫詩句）
人三，相副也。噫，此等光景，令人洒洒乎難曰。

四六語

圖作寶鑑，流若金波，浮光漾水面，躍金。靜影浸潭（謝希孟月賦清光若金波之流）（古詩月明鳷鵲觀）（岳陽樓記浮光躍金）
心沉璧，皓采閑侵鳷鵲觀，清輝相映鳳凰樓，蘇公（躍金靜影沉璧）

酌酒夜譚，便為銀燭，江子展書宵讀，乃當藜燈，爛
處豈無盧玉川作歌，明來更有謝希孟為賦，更深（盧仝號玉川子）
皎潔，何須蜀鳥之啼，夜靜光明，奚必吳牛之喘，佳（子規啼夜月）
人笑掬，金盆水還須拿住，姮娥才子高登銀漢雲（古詩掬水月在手）
寒亭攀來丹桂。
右為一句，有才之月，落了深了，小月擇擇了與李

是路錄　一卷　十二

青蓮可月調益德　　僻大評

詳釋

哉生明　尚書大傳哉生明哉生魄，月明生而魄死，望後月明死而魄生，魄，說皆以為朔後月明生，魄望生明終，魄乎絕。月甲子紀日也，楊子曰月未望則書魄乎西，既望則終魄乎東，其遡于日乎。

七寶合成　見西陽雜俎云唐鄭仁本與表弟遊嵩山，見一人枕幞而坐，曰君知月乃七寶合成乎，其凹處常有八萬三千戶修之，予即一數，因開幞有斧鑿數事，遂出玉屑飯一包授二人，食之曰食此雖不能長生，可一生無疾，言訖遂不復見矣。

清虛府　唐玄宗與葉元法師中秋夜遊月宮，見有瓊樓玉宇，榜曰廣寒清虛之府。

南樓翫月　晉庾亮鎮武昌，諸佐吏殷浩之徒乘月登南樓，俄而不覺亮至，將起避之，亮曰諸君且住，老子興亦不淺，遂據胡床……

……在晉陽為胡騎所圍琨乃乘月登樓清嘯賊聞之皆悽然而退

出卽棹近其舟與之清談至昧旦

乘月清嘯（劉琨在晉陽為胡騎所圍琨乃乘月登樓清嘯賊聞之皆悽然而退）

平分月（蘇東坡詞云獨倚胡床庾公樓外峯千朶與誰同坐明月清風我一往一來有唱終須和還知麼自從添箇風月平分破）

渣滓混太清（晉王重為會稽王道子長史嘗因侍坐于時月夜明淨道子歎以為佳重曰意謂不如微雲點綴道子因戲重曰君居心不淨乃復強欲滓滓混太清邪）

月為銀燭（蘇公在黃州與賓客夜飲左右設燭至公曰不須明月光明乃金蓮炬也亟命撤去）

盧仝月蝕歌（盧仝作月蝕歌或謂之曰王川子月蝕歌韓退之進李鮮出欲活如騎活馬捉生蛇不易惜手云）

謝希逸月賦（其賦畧云氣霽地限雲歛天末洞庭始波木葉微脫菊散芳于山椒雁流哀于江瀨升清質之悠悠降澄輝之藹藹）

吳牛喘月（晉滿奮畏風謂武帝曰臣猶吳牛見月而喘蓋吳牛畏暑見月以為日[illegible]喘）

星

萬物之精、上為列星、有經有緯、若連珍、若合璧、若貫珠、磊磊落落、煥乎其有文章也。寶孕[illegible]祥異采見一（黃帝生電繞樞星見帝統內）樞繞電、聖君御宇、榮光幻五老渡河（以[illegible]）太平瑞應、吾闕之矣、乃若指太子之星、何星、前星矣（前星太子星後星庶子星）、數公輔之星、何星、中台矣（中台星者三公之位也）、占御史之星、何星、濁洛星矣（杜晨韓侍御詩洛星應秋笑）、驗邑宰之星、何星、卽星矣、認左右史之星、何星、柱史星矣。然則處士獨無星耶、意乃少微也。耶女入獨無星耶、意乃長庚也（李白為長庚星也）。耶自是之外、尚有客星者、嚴光也、福星者、鮮于子駿也。德星者、陳太丘（名寔為大丘尹）、荀朗陵（名淑封朗陵侯）諸子姪也。他又若壽星臨軒、御酒醉酣、金殿使星入蜀、軺車先至成都（使者所乘車曰星軺）、是星也。歷有可數者也、不寧惟是、富蓄藏者、天錢糈主（朝廷庫藏充積天錢大明）、田主者、農祥耀（農祥星即天田星也）、豐稼穡者、八穀瑩繁、馬乘者、王良明（王良星主馬）。

賤米價者、天市燦。是則萬象森羅、各有躔次、運璇璣（[illegible]）、齊七政（玉衡以齊七政）、則順度之矣。是以妖孛在辰（凶星）、鄭宜火也、有子產之善政、不火。熒惑守心（凶星）、宋宜災也、有景公之德言、不災。五星聚奎、不偶然也、有宋德之休明、則聚。此書所運璇璣、齊七政、不可畧也。吾方頤九重天子羅二十八宿於心胸，順三百五度以治化調。箕風（箕星好風）、畢雨（畢星好雨）、戰井鉞（井宿主鉞）、偃參旗（參宿主旗）、武掃攙搶（妖星）、刑清貫索，則治化文明矣。吾將從嚴廊獻頌，寵賜黃封（酒名）挽天子。滕酣騰一覺（歎語唐李泌詩），使太史奏客星犯帝座，乃快哉。

四六語

東壁圖書之府，西崑翰墨之場。於爍祥光，武曲文昌拱照；煌煌瑞采，紫薇黃道躔輝。策馬更見王良（東方朔乃歲星之精），騎尾又驚傳說（傳說騎箕尾而生）。昴宿明而蕭何瑞世（蕭何應昴宿而生），歲星降而方朔鳴時。煌煌輝青竹之編，歷歷數白榆之種（古詩天上庭〻種白榆謂星也）。揚億登璇空之閣，還欲摘來；張騫從銀漢之槎（張騫尋河源乘槎犯斗），必須搖動。

此文昭回之光璨然如繁星麗天光芒[illegible] 妙

[illegible]評

詳釋

五老渡河（出史記，堯觀于河，有五老星幻為五老，浮于河，告之曰河圖將來矣。言畢，榮光閃〻，遂入之于昴。）

柱史之星（晉天文志：東一星曰柱史，主記左右史之象。）

處士星（晉時月犯少微，少微乃處士星也。是時謝敷有隱德，乃應其兆。）

客星（漢使嚴光與光武同寢，光以足加帝腹。明日太史奏客星犯帝座，光武笑曰：吾與故人共寢耳。）

福星（宋紀：司馬光用鮮于子駿為東京轉運使，謂人曰：此一路之福星也。）

德星（後漢陳仲弓同諸子侄過荀季和，荀使諸子入龍下食。是夜德星聚，太史奏德星聚五百里內有賢人聚。）

壽星臨軒（宋仁宗時，有道士遊于市，形狀大異，飲酒繼多不醉。好事者圖其形，達于帝、召見，賜酒一石，飲盡。之次日，司天臺奏云：壽星臨帝座。忽失其道人所在。）

使星入蜀（後漢和帝遣二使入蜀，觀風俗。李郃知天文，衛夏夜露坐，因問使客曰：君發京師，知二使來乎？二使怪肰驚，問其故。郃指示之曰：二使星今臨益州，是以知之。）

八穀星（晉天文志：八穀星一星不明，則一穀不登。）

王良星（晉天文志：漢中四星曰天駟，旁有一星曰王良。）

天市星（天文志：翼軫間有千餘星曰天市，星明則米價[illegible]。）

星孛存辰（左傳昭公十八年，有星孛于大辰。梓慎曰：諸侯其有火災乎，在宋衛陳鄭乎。裨竈有言于子產曰：宋衛陳鄭將同日火，若我用瓘斝玉瓚，鄭必不火。鄭人請用之，子產不可，曰：天道遠，人道邇，竈焉知天道？遂不用，然鄭亦不火。）

熒惑守心（呂氏春秋：宋景公時，熒惑在心，召子韋問焉。子韋曰：禍當君，雖然，可移於宰相。公曰：宰相所與治國家也。曰：可移于民。公曰：民死，寡人將誰為君？曰：可移于歲。公曰：歲飢民餓必死，為人君而殺其民，誰以我為君乎？子韋曰：君有至德之言三……）

□□□□□□熒惑果徙三舍 **五星聚奎**（宋太祖乾德五年三月五星如連珠在降婁之次初竇儀周顯德中嘗謂楊徽之等曰丁卯歲五星聚奎自此天下大平） **貫索星**（晉天文志貫索九星七星光見則天下必大赦） **東壁圖書**（天文志東壁星主天下文書杜詩云東壁圖書府西崑翰墨林） **登樓摘星**（楊億七歲尚不語言一日與父登樓倏乃發言賦五言詩云危樓高百尺手可摘星辰不敢高声語恐驚天上人父乃知其非常人也）

風

大塊之氣噫而為風（莊子）好之者箕（箕星好風）為之者巽（巽為風）司之者少女也猛則飂涼則颸小則颼疾則颾（音摎）旋則羊角逆則石尤寒則觱發（觱發風寒也）（数語出風俗通）吾知其吹萬不同（莊子）起鵬鳥於南溟矣而又集鷄鷗於東門鳥鳴鵲於上林矣而又嘶胡馬（古詞胡馬嘶北風）於北塞是一西一東孰吹噓是孰披拂是意造化鼓舞之耳（莊天運語）然而吹黃帝之夢舉賢任能入虞舜之絃阜財解慍啟成王之感拔木偃禾解漢祖之圍飛沙揚石是聖帝明王異徵也不多有也自是而外蘭臺

之爽氣宋玉也披襟而當之矣蝻赤壁之烽炎孔明也為壇而祭之矣拂栗里之輕涼淵明也（淵明所居之地）歆槐而卧之矣况乃揚趙后之袖使之歆仙度飛嬝之曲使之墜葉落孟嘉之帽使之悠樂（見歲時秋）搖岐王之鐸使之悦音是何如其洒洒焉者但杜公蓋屋之茅盡捲（杜公茅屋為秋風所破歌古捲我屋上三重茅）唐介渡淮之楫欲傾長康給假之帆幾壞殊覺太猛耳雖然吹邵子庭前之柳清甚也（邵二詩楊柳風來面上吹）拂濂溪沼上之蓮暢甚也（古詩風送荷花香十里）襲朱子牕前之桂爽甚也（朱子詩起閣紫頭香而風拂庭桂）弘景林下之松逸甚也庾子猷户外之竹雅甚也斯則不疾不徐一噓一拂娛客為抹之可矣（城詩貴家無以娛客但知細抹清風）吟詩為嘲之可矣（詩嘲風弄月）飄飄為與人襟懷藹藹乎洗我塵胃舞雩下之光景也噫吾於是風也快哉

四六語

一元鼓舞、萬竅怒號、鵬欲從九萬里、儘可扶搖（扶搖風上行也）。三開十八姨（風神）還須防護、助添豪興、狂回漢祖之歌。煦嫗塵襟。煖拂程生之席。歌南也、歌北也、師曠識國運盛衰、一上兮一下兮、鄭公便民舟來往、宗生（宗慤頌）破浪（宗長風破巨浪）羨丈夫之出衆超羣。列子憑虛（列子御風而行風東我即我乘風耶）識仙子之離塵絕俗。更憶熙朝多善政、樹德悠悠、弗響柯條（太平之世風不鳴條）、還思中國有聖人。海霧不揚波浪。

古人咏風 古帶苔 熟風存句行似張吟之者

吾即借淇 給為評吟作 索然詩

足踏錄 一卷 十九

詳釋

羊角 莊子鵬起於北溟而徙南溟也搏羊角而上者九萬里。羊角者旋風也

石尤 提頭逆風謂之石尤 風唐人詩推舟不

鶢鶋集東門 國語海鳥鶢鶋止于魯東門之外三日

也盈瀛多大風……塵後乃舉風后為相天下遂大治

入虞舜絃 史記舜彈五絃之琴歌南風之詩曰南風之薰兮可以解吾民之慍兮南風之時兮可以阜吾民之財兮

拔木偃禾 史記周公居東二年天大雷電以風禾盡偃大木斯拔成王啟金縢之書以迎周公天乃反風禾盡起

飛沙揚石 史記項王圍漢王三匝于是大風從西北來折木發屋揚沙石漢王乃得與數十騎遁去

披襟當風 楚襄王遊于蘭臺之宮宋玉景差侍有風颯然而至王乃披襟而當之曰快哉此風寡人所與庶人共者耶宋玉對曰此獨大王之雄風耳庶人安得而共之

閶闔風 陶淵明自謂羲皇上人北窗下清風徐來

揚趙后袖 漢成帝與趙飛燕遊太液池以文犀為舟帝臨太液池飛燕舞甚輕能為掌上舞常恐隨風帝曰仙乎仙乎去故而就新寧忘懷乎后揚袖舞曰送遠歸之曲常恐風起后將為風所飄裙為之皺宮人號為留仙裙

歌漢武宮 漢武帝宮人麗娟歌回風之曲庭葉翻落如秋

度麗娟曲

足踏錄 一卷 二十

搖岐王鐸 開元遺事唐岐王宮於竹林之內懸碎玉片每夜聞相觸之聲即知有風之時名為占風鐸

渡淮檣欹傾 宋唐介言事貶渡淮遭大風舟人甚危介作詩云聖宋非狂楚清淮異汨羅平生忠信今

給假帆幾壞 世說顧長康佐殷荊州遭風船將破家人甚憂康作書與殷云行人安穩布帆無恙

入松風 史記陶弘景特愛松風庭院皆植松每聞其響欣然為樂曰此吾君可愛也

十八姨 博異傳唐崔玄微春夜見青衣女伴曰楊氏李氏陶氏又一緋衣小女曰石醋醋又曰封十八姨皆苑中花精十八姨乃風神也元微乃悟眾女乃苑中花之精十八姨乃風神也每歲日作一幡上圖日月五星立苑東風雖狂惡折樹飛沙而苑中繁花不動

歌漢祖歌 漢祖過沛與父老飲酒酣自為歌曰大

風起兮雲飛揚威加海內兮……歸故鄉安得猛士兮守四方

蝯揉程席（程伊川先生歸因謂人曰光庭在春風中坐了一個月）

歌南歌北（左傳師曠善審音歌南風又歌北風乃知國之盛衰）

一上一下（鄭弘請于神曰嘗患若耶溪載薪為难願旦南風暮北風至今其風朝上暮下號為鄭公風）

不揚海波（史記周成王時越裳氏重譯来朝謂曰天無烈風淫雨海不揚波已三年矣意者中国有聖人乎既歸迷其路周公乃為之作指南車三年始反其国）

雲

夫雲山之氣也，行之者神女，卷舒於陽臺之上（巫山神女朝為行雲暮為行雨），司之者屛翳（雲師之名），聚散於碧落之間，此不謂造化之妙兆也。稽古盛世，黃帝以此紀官（黃帝時以雲紀官曰雲師），善於治矣；華封以此祝堯，妙於頌矣。自是以下，保章氏之辨，驗厥灾祥；商民之望，喜夫弔伐；仁傑之望，動以孝思；杜公之賦（杜公懷李白詩江東日暮雲），篤於交道。以此論雲，雲之遺事倫哉，未已也。爛熳呈祥，紅捧玉（一朵紅雲捧玉皇）皇之儀仗（捧玉皇六云），彌綸絢采，文疑黃帝之苍葩（雲氣），靉靆浮光，青

卜韓公之甲第，輪囷橫影，紫現弘忠之佛法，繚繞成

紋碧瀠漢祖之紆𢇁，紛紜湧瑞，白襯蒯生之步履。且一閑市中，伴高士出山；萬松嶺上，與閑僧共屋。雲兮（陸机雲賦翼雲鳳於蒼梧）雲兮，寧獨從龍乎哉（易經雲從龍）；雲兮雲兮，寧獨翼鳳乎哉。是知飛於画棟，壯滕王閣之氣象多也（滕王閣序画棟朝飛南浦雲）；宿於茅簷（細傍我簷下宿），增琦玗洞之清邃倍也（唐琦玗子隱洞中嘗曰白雲自綁）；入於画圖，昭輞川地之光景迴也（王維画輞川圖雲勢飛動）。第雲之浮者，不成霖雨，護遮天；雲之輕者，白衣變幻成蒼狗，此荊雲之不足取者耳。雖然，秦青之歌遏雲矣（秦青善歌聲遏行雲），吾亦歌遏之；相如之賦凌雲矣，吾亦歌凌之。吾更歡憑虛而往，直上重霄，披雲而覩白日（文王見呂尚如披雲覩白日），撥雲而（見異處如撥雲）青天（而覩青天），排雲而叫閶闔也者（楚辞排雲叫閶闔閶闔天門也）。

四六語

濃如潑墨，淡似染綃，文成玉葉，日華新形，類礉車

風也惡纔向山前觸石曾從頭上催詩巫峽因之入魂夢（神女行雲事）午睡悠悠阿房借以梳鬟鬟曉粧樓樓閣（阿房宮賦綠雲擾擾梳曉鬟也）沾素管（杜詩集雲作雨葉茶新）還如子美之詞章華入綵箋更比郇公之字辭。

此久詞手婦〻綠若卿書手先覩之可多快妙

妙　鄧韶評

華封祝堯（莊子華封人謂堯曰夫聖人鶉居而鷇食天下有道與物皆昌乘彼白雲至于帝鄉云云）保章氏辨雲（周保章氏以五雲之物辨吉凶水旱豐荒之祲象鄭司農注二分二至觀雲氣青為蟲白為喪赤為兵荒黑為水黃為豐年）仁傑望雲（狄仁傑出仕于外登大行山反顧見白雲孤飛曰吾親舍其下瞻悵久之）文堯蒼葩（史記黃帝征蚩尤有五色之雲結成花葩蓋于帝所帝由是作華蓋）青卜甲第（宋開見錄韓琦及第傳臚之日有青雲布滿殿廷間）紫現佛䆟（傳燈錄道信禪師見紫雲如蓋下有白氣一道橫分弘忍曰不見和尚化後橫出一枝佛法否）碧霞衍跡（史記漢高祖隱于芒碭山澤間呂后與人俱求嘗得之高祖怪問后曰季所居上常有碧雲氣）白襯步履（神仙傳薊子訓有仙術所行之處常有白雲為）伴高士入市（園朝臣員容指廬黃山下曰一樹……）

述也答曰白雲伴我出市安得不送白雲入山

與隱僧屋（懸安禪師居黃山作詩云萬松嶺上一間屋老僧半間雲半間雲或有時去行雨看来不似老僧閑人愛其語號為半間和尚）不成霖而謾遮天（宋章子厚遠謫雷州過南山寺與僧奉怨倚檻看雲曰夏雲多奇峯真善于此類怨曰曾見夏雲詩否誦云如峯如火復如綿飛過微陰落檻前大地生靈乾欲死不成霖雨謾遮天蓋訊其為政不能濟民也子季乃報朕）白衣變幻成蒼狗（杜詩天上浮雲如白衣斯須改變成蒼狗蓋言其變態無常也）賦凌雲（史稱相如大人賦飄飄然有凌雲氣）文成玉葉（陸機雲賦金柯分玉葉散）礮車雲（坡詩今日江頭天色惡礮車雲起風欲作蓋雲如車形也）觸石（公羊傳觸石而起膚寸而合不崇朝而徧雨天下泰山之雲乎）郇公雲（唐韋陟封郇公使侍妾字五采箋裁答授意陟惟署名自謂所書陟字如五朵雲時號郇公五雲體）

雨

有渰淒淒（詩經語）興雨祁祁雨也者天澤也誰主張是玄冥（風俗通云玄冥雨師也）哉然暴曰涷久曰霖小曰霢霂此不膚細贊沛然而下豈無先驗哉吾知月離畢雨徵也（梁簡文雨月離畢故雨）豕涉波雨徵也鸛鳴垤雨徵也山雲蒸柱礎潤雨徵也石燕翔商羊舞雨徵也是雨也膏潤萬物（唐文粹）滋養群庶及時而降乃

為沃澤不然暵其脩矣又暵其濕矣故使天而雨珠則貧者不穰天而雨玉則饑者不穀蘇公之言審也（四句出喜雨亭記）然則因旱而禱古之人皇皇如者誰其人哉吾聞剪爪而雨者成湯乎聖天子伐邢而雨者衛君乎賢諸侯決獄而雨者袁安乎好太傅祭塚而雨者真卿乎真御史行部而雨者百里嵩乎良太守自焚而雨者戴封乎佳令尹是則為國而雨為民而雨人同吾而賢之者宜也若夫飛井洒潤英君之殿雨珠散米飄（韓愢王廟碑州無怪風）英高僧之寺雨花（梁高僧講經長干寺天雨宝花）此異事不常見也（韓南海廟碑旨風怪雨）怪以尋常者論霆雨者不可無（韓贈霆雨既零暴雨也）怪雨者不可有液雨者不可以劇雨者不可多（劇雨）榆莢雨（二月之雨）可以有可以無豆花雨（八月之雨）可以多不可以少也噫已綏宋苗安用擾說蘇莊鮒（韓魏公喜雨詩）不虞枯此

雨之時者也意者國家有道弘羊烹宮人出讒夫去且有綠衣人之言事歟

四六語

大則滂沱小而霡霂陽臺有閣也知神女暮行蜀郡無矣可識仙人朝撰京師去旱喜德裕拜相沾濡鄰境紅散羨鄭洪（與百里嵩事合）下車沛足此雖可喜亦有堪憎洒來凄若君王出戰濕衣歸（光武為王郎所追对灶燎衣事）降下勃然儒士庭前漂麥不知（高鳳讀書漂麥不知）更喜最關情處長逐淋唐主之鈴還思無可奈何逢旅裹子桑之飯（宋徽宗時一旬而雨民家折屋以炊）故使十旬而濕寧是井霖若教十日一零（堯時五日一風十日一雨）便為聖澤

葉勢核鬼雲雖鐵鑄千山合洞源真寫雨聲根

從一夜傾

洪大許

湅雨 離騷湅雨兮洒塵夏月暴雨也

霪雨 唐書霪雨害稼雨過十日曰霪

豕涉波 詩漸有豕白蹢烝涉波矣月離于畢俾滂沱矣並言將雨之徵

鸛鳴垤 詩經東山篇鸛鳴於垤婦歎於室蓋將陰則穴處者以先知之

柱礎潤 淮南子山雲蒸柱礎潤則將雨之兆

石燕翔 地輿志零陵山有石燕石燕群飛則大雨將至

商羊舞 家語齊有一足之鳥下于殿前舒翅而跳齊遣使問于孔子孔子曰此名商羊昔見童有屈其一足者跳而謠云天將大雨商羊鼓舞今齊有之其有水災乎

剪爪而雨 商時大旱成湯剪髮斷爪身嬰白茅禱于桑林之野祝曰政不節歟民失職歟宮室營歟女謁盛歟苞苴行歟讒夫昌歟言未已大雨數千里

伐邢而雨 左傳衛大旱甯莊子曰昔周饑克殷而年豐今邢無道諸侯無伯天其或者欲使衛討邢乎從之乃興師而雨

決獄而雨 汝南先賢傳袁安為楚相太傳會楚王英事互相牽引拘繫者千餘人天為之大旱安乃決獄延千人之命于是大雨滂沛遂為之豐稔

祭塚而雨 唐顏真卿為御史時東海有孝婦婦竭力奉姑〻以我久生累汝遂自殺姑女告婦殺姑婦即伏其罪而死天乃三年不雨真卿應其狀祭孝婦之冢于是天乃大雨

行部而雨 後漢百里嵩為徐州刺史境內旱嵩行部雨足號隨車雨

自焚而雨 漢戴封為西京令天旱為民禱雨乃積薪自時其上約曰來午不雨帝之至期火焚而雨

雨珠 梁大同中嘗驟雨殿前有雜色寶珠武帝觀之有喜色虞寄上瑞雨頌云飛甘液潤玉散珠聯

液雨 韻府群玉閑俗謂云液雨不流稱高田不要作○則雨亦曰藥雨百蟲飲此雨則蟄

弘羊烹 漢武時歲旱上令百官求雨卜式曰今桑弘羊令吏坐市販物求利烹弘羊必雨矣

宮人出 唐德宗時天大旱帝令出宮人數千天于是降大雨

讒夫公 宋真宗朝天大旱寇準曰讒夫在朝故也去王欽若天必雨矣

綠衣言華 唐史高宗朝天旱朝奉郎杜球請帝往佛寺求雨帝駐輦問曰天久不雨[illegible]

[illegible]守臣犯駐法當酬宰相以穀故不酬其所守臣紀罪法而當死宰相以嫌卒死之翌日上為罷宰相天即大雨綠衣者寇萊公也

仙人朝噀 欒巴有仙術上賜欒巴酒己望西南噀之曰臣成都失火噀酒救之驛書馳聞果然雨有酒氣

拜相雨濡 唐時久旱李德裕拜相即日大雨京師善曰相公乃李德雨也

雨淋鈴 明皇幸蜀霖雨彌旬棧道中聞鈴声悵念貴妃因為雨淋鈴之曲聞之者悽然

裹子桑飯 莊子云子輿與子桑為友霖雨十日不休子輿曰子桑殆病矣因裹飯食之其篤于友道如此

雷

陰陽相薄感而為雷雷之轟人不及古語疾雷不及掩耳掩耳也者第仲春發殺仲秋收殺月令收殺者歛化工於宥勿贅矣發殺者動化機於神姑論為吾聞易稱虩虩震來虩虩震驚百里詩咏虺虺詩終風虺虺其雷駭紀填填楚辭雷填填兮雨冥冥為乾坤驅號令乎然而孥囂人之碑扶善也震陵寢之室柳強也破高禖之石罰惡也一般霹靂百里震驚子路之勇也初學記云子路感雷精而孕或感其精而孕他雖先主之雄劉先主與曹公飲聞雷失箸不能不失匕筯也薛孤延之猛也或敬其威而闘

他雖問尼父之聖。不能不起變容也。以是而覩乃知蔡、母、每畏其響時、邵子莫知其起處。又訛謂雷部之中有所謂龍車馳驟之疾、有所謂石斧劈斫之利、有所謂鬼鼓震擊之宏、有所謂火鞭揮霍之厲哉。故夫談謝仙者雷部神荒唐之說也。謬甚言阿香者雷部推車之神曲說之語也。妄甚數律令者雷部疾足之神幽怪之錄也。誕甚燭理若光達誰以此膽齒吻哉。信乎歎靚若雷。裴度傳 吹聲若雷志喜耳雷乎其想像也。聲欬生雷。坡詩 笑談聲欬生風雷志雄耳雷乎其比喻也。鼻息如雷。范滂 瀆澗之役 鼻息如雷志才耳。雷乎其擬議也。不然捕六丁以取易撼王遠知焉得不惴惴惧哉。乃若震空山而剖樹、劉曜不驚。破庭柱而餐較夏侯泰初無畏噫。此庶稍無負人矣。

四六語 明雷

雷為電鼓、電是雷鞭。列缺煌煌、乃謂雷光之爍、豐隆赫赫雷神曰豐隆乃當雷令之施。果然電掣少停光、古詩 擊電無停光自是雷轟多疾勢、擺泰山而瓜剖。雷有全能照幽室若鑑明電無遺影。見說天公笑為電、豈其然乎。有言上帝怒驅雷或有謂耳。列子上帝怒則雷斫雷擊

此作氣剛勢猛、筆力遒勁。雷斫電射、自不敢當。

致服 佛大評

詳釋

擊黨人碑 後漢靈帝時立有黨人碑所謂黨人々皆忠直之士故雷為擊碎之

震陵寢室 後漢建和中雷震憲陵寢室是時梁大后只冀用事

破高禖石 晋衛后禱寵雷一夕破高禖之石議者謂天之罰惡使然

與雷威鬭 韻府群王云北齊薛孤延從神武閱馬道逢大雷電火燒浮圖延按稍大呼遶浮圖是火遂滅延鬚及馬鬣皆焦神武曰延英勇乃敢與霹靂鬭也

蔡母畏雷 後漢蔡順毋平生畏雷自亡後每有雷震順輒環冢泣曰順在此

不知雷起處 邵子謂程子曰子知雷起處乎程子曰某知之堯夫不知也堯夫愕然曰子以為起于何處程子曰起于起處堯夫矍然稱善

龍車石斧 胡明仲雷論云或謂[illegible]

大儀亦當明其理矣蓋天地之[illegible]為也可以神言不可以形諭非如異李所謂龍車石火者哉火鞭怪誕之難信也故其言曰陰氣凝聚陽在內而不得出則奮擊而為雷霆雖聖人復起不易吾言

謝仙　宋大中祥符間岳州玉貞觀為天火所焚惟留一柱有謝仙火三字有以此問何仙姑者何仙姑曰謝仙者雷部中鬼也

阿香　義興人有姓周者永和中出行日暮投宿一草屋惟一女子在一更之後聞戶外有喚阿香者曰天公喚汝推車女子辭去忽驟雷雨天明視所宿處乃一新冢耳

律令　律令者乃雷部疾足之鬼故道家呪符輒曰急急如律令

取易揔　唐時台州一道士王遠知善易作易揔十五卷一日大雷雨雲霧中一老人叱曰所泄書何在帝令攝六丁雷電取之遠知懼出其書付之乃去焉

剖樹不驚　劉曜從元海獵遇雨止樹下迅雷震樹旁人莫不顛仆曜神色自若元海異之曰此吾家千里駒也　出六朝史

泰初無畏　世說夏侯泰初倚柱閱書忽震雷破其柱衣服為雷火所焦而泰初神色不變書太不失左右之人皆顛仆不能住時目者皆異之曰此不凡士

天笑為電　事文類聚天公與玉女投壺梟而脫誤不接者天為之笑所以為電云云故唐人詩有曰雲間電閃天公笑

雪

同雲萬里，一白繽紛。騷人秉筆賦詩，吾以為撒鹽者，俚。堆銀者，淺。古詩大地盡堆銀　如席者，妄。古詩雪花大如席　剪碎鵝毛者，陋。古詩剪碎鵝毛空裡飛　戰退玉龍者，狂。惟到紅還作水，著樹漸成花，韓公之句，則有可愛。退之唐人　斜侵潘岳鬢，橫上季良眉，季良白眉　羅隱之句，晚唐人　則有可賞。地疑

明月夜，山似白雲朝，李嶠之吟，則有可味。且喜輕明質，都無剪刻痕，宋人　歐陽之語，則有可述。雲漢風多銀浪濺，崑山火後玉塵飛，唐人　李成用之辭，則有可嘉。風廻便作婆娑舞，天巧能開頃刻花，黃蒙直之什，則有可取。斯時也，亂飄僧舍，密洒歌樓，可施之圖畫。式瓊我楯，式瑤我扉，可屏以室廬。皓鶴奪鮮，白鷴失素，謝惠連雪賦中語　可入夫詞賦。故農人相謂，莫不曰宜麥；若麥宜三白云云　詩人共話，莫不曰嘉瑞。我思古人，豈無佳事以光史冊者耶？蓋聞衛君之賑窮賢，諸侯矣；宋祖之訪臣，聖天子矣。趙太祖雪夜訪趙普求下江南之策　至如僵臥寒巖，有貞夫之高標也；侍立程門，有真儒之巨學也；泛舟剡曲，有良朋之佳興也；訪戴事見泛雜具舟內　賦詩梁園，有才子之豪思也；見前圖圖內　傳燈紅爐，有釋子之玄悟也。且也有深謀智將鳴　李愬事見官品武將

鵝而平淮蔡若節忠臣牧羊而卧虜地豪吟詩士騎驢而上灞橋此古之遺事皆佳話也然則吾又何如哉吾於此時將映光而讀書乎（孫康映雪讀書）將融汁而烹茶乎將掃逕以延賓乎將披氅以自適乎不然亦必曉稍松（柴泄）螺茅柴（落酒）邀二三知己效宋人白戰賦詩庶不負此瓊瑶世界

四六語

三白呈祥六花布瑞（雪花六出故也）不粧空散粉散黄竹於周王無樹獨飄花（映陽詩寒趾白酒無樹獨飄花）咏絮貂於永殊鮮明可愛集宋臣衣上花霙飄泊無停舞謝女庭前（見撒鹽註）柳絮逐馬散銀杯（韓公雪詩走馬）多少隨車（翻縞帶逐馬散銀杯）翻縞帶何如飛鳥絕林（千山鳥飛絕）遺蝗入地斜封松節究如銀甲之倒披高積峯頭恰似玉簪之齊

標

貓子秘思逞子研詞翻小屯然國賦雪手

既敬服　崇烈許

詳經

撒鹽（謝安雪日內集令諸子作賦詩問云大雪紛紛何所似兄子朗曰撒鹽空中差可擬姪女道韞曰猶如柳絮因風起安喜曰柳絮才高不道鹽）戰退玉龍（宋天聖間張元雪詩戰退玉龍三百萬敗殘鱗甲滿天飛）亂飄僧舍（鄭谷咏雪詩云乱飄僧舍茶煙濕密洒歌樓酒力微江上晚来堪畫處漁翁披得一簑歸好事者以）

式瑶我扉（宋林景思築室以雪景而成因名雪巢楊廷秀為作記云巢成雪至雪與巢會于國畫此旅之式瑶我扉我牖式瑶我廉空無一埃點我勝槃云云）

雪寒賑窮（昔衛君重裘累裀而坐見路有負薪而哭之者問曰何故也對曰雪下衣薄是以哭之於是衛君懼見于顏色曰為君而不知民孰以我為君乎於是出府金發倉粟以賑貧窮者）

僵卧寒巖（袁安洛陽大雪令尹身出按行至袁安門無有行路謂安已死令人除雪入戶見安僵卧問何不出安曰大雪人皆餓不宜干人）

立雪程門（二侯師聖云游酢楊時初見程伊川先生伊川瞑目而坐二人侍立既覺顧謂曰賢輩尚在此乎晚且休矣及出門外雪深三尺）

騎驢灞橋（或問鄭綮詩思曰在灞橋風雪中驢子背上）

點雪紅爐（禪師謂六祖曰問曰爾今見甚麼曰某今見紅爐一點雪）

融汗烹茶（陶穀學士取雪水烹茶問党姬曰党家有此樂否姬曰彼安有此但於銷金帳中飲羊羔美酒耳）

歸雪趙寶（天寶遺事王元寶每大雪則自所居至

寒會 披氅句（遺孟昶見之曰此神仙中人） 白戰雪詩不
許用瓊瑤鵝毛皓素等字眼謂之白戰如云也知不作堅牢
物無余能開明刻花又云但覺衾裯如潑水不知庭院已堆
盜則為 歌黃竹（穆天子傳云天子出獵遇大雪有凍人乃
深幹矣 作黃竹詩三章以哀之曰皇我萬民旦夕）
幼志 （六朝宋武時元旦朝會雪集侍
云入 衣上花英（臣衣上花英可愛謝莊為作賦）

異路錄卷之二

地理

山

今夫山得天地凝結之氣而峙之者五嶽莫乎坤輿（泰華衡嵩恒曰五嶽）宇內雄鎮矣巨山環以弱水海中仙境矣（海中三山蓬萊瀛洲員嶠）至若池之九華尤物桂之仙都奇觀溫之鴈宕秀岑（山尖銳曰岑）歙之黃山靈巘（青巘山之最峻者）夔之巫峽名嶽閩之武夷奇峯南康之匡廬靈岫桃天下所共珍者載觀之二酉蓄書（大酉小酉山在辰州）恒岱藏符燕然勒碑岣嶁（在交趾）出丹歷歷數奇絕者故當其時靈運而登游興以遠司馬而歷文思倍豪又詭謂艮止不遷者衆呴（文紀云聚蚊成雷衆呴漂山）能漂之耶廣大不測者愚公能從之耶崇高不毀者共工（共平声）能觸之耶吾是知聚米而為恍惚耳積

齊形狀耳茲非眉山與脣山者說耶嘵乎高哉

谿與天相近（二句唐人詩）趺處還應雲補齊色之翠微（山色曰翠微）所謂翠屏

者（王津九峯山寺秀曰翠屏真晴對）翠屏面面真晴對也此文何疑於買山而隱也者

四六語

泰山產孔○嵩嶽生申（申伯嵩嶽降神而生）○擘破嶺雖有掌痕○（杭州有飛來峯）飛來峯卻

無羽翼（在鄂州）君山濤洞庭湖內白銀盤裡擁青螺瀑布（泉名）

瀉香爐峯前蒼碧空中垂素練○（湖名在南康）涿都筆岫寫出天

凸何漢文彭蠡鞋山○蹈穿水底○龍蛇窟○牛頭嶺○而

角直上○馬耳峯（馬耳山在登州有石壘如馬耳然）炎最奇朝來爽氣翠如流供人

指顧○曉至嵐光清致（山氣曰嵐）○潑入我品題

是作歷數名山摽此名文集文也

鼠嘗天下第一　　景烈評

九華尤物　劉禹錫詩九華峯秀嶽自是天地間一尤物○尤物謂女子最美者

恒岱藏符　趙簡子語諸子曰吾藏寶符於恒山中先得者賞於是往皆無所得無恤曰恒山臨代代可取也簡子為是立之

燕然勒碑　漢武紀燕然山刻石紀功

岣嶁出丹　晉葛洪求為句漏令以山有丹砂

遍歷名山

靈運登山　謝靈運登山

愚公移山

共不觸山　史記共工氏與祝融氏戰不勝頭觸不周山而死天柱折地維缺

買山而隱

積甲齊山

聚米為山

洞庭君山

廬山瀑布　李白詩日照香爐生紫煙遙看瀑布掛前川飛流直下三千尺疑是銀河落九天

涿都筆岫

彭蠡鞋山

牛頭兩角

判水

流水之為物也，無古今，無旦暮，逝者如斯而卒莫止（論語）。其勢之洶湧，呂梁之飛沫，奔騰灩澦之狂瀾砯湃，姑毋庸論。若夫方折者有玉，圓折者有珠（數語出荀子），清潔者有金，水之生物可紀也。但貪泉污也（在廣州），不若廉泉潔；狂泉妄也，不若醇泉正；臭泉穢也（泉在江州），不若香泉馥；若泉劣也，不若耳泉美。以水較水，不無優劣者。若曰藥清宮之泉溫，重隱寺之泉冷，則均為耳。試稽其事，為酌一杯而饑（出晏子），廣官行車沃潤，施斗升而濟貧士，涸鮒田生。劇戰，泉而陣者，智將賴之，懲戰功（事見後）；飲水而治者，循吏資之。易缺，續波水而養者，孝子賴之，敦倫道，是皆可以志美矣。等而上之，猶有嚴可美。若河水出圖，伏羲（伏羲氏時龍馬負圖）而帝；洛水出書，大禹而王；渭水出璜，呂望而侯；江水出萍實，楚莊而霸。水哉水哉，吾甚有取也。夢漢湘汪洋而溺，昭王汨羅浩淼而淪，屈平炎帝女溺於東海之工，孫興公沉於後湖之中（名楚魯人），采石磯頭，李謫仙形交（在太平府）海月，耒陽江上，杜拾遺魂泊煙濤，哀哉惜也。昔人謂水能載舟，亦能覆舟（出荀子語），信矣。雖然，水國之有潮汐（朝曰潮夕曰汐），不可玩也；陸地之有濤波，更可懼也。妻心井中水，波瀾誓不起，郎心多變更，倏忽波瀾生（數語唐人詩句），然則人間底是無波處，一日風波十二時，何故也？吾方薄世味，樂道真趣，涞細之源，濂溪洛派，泗沂川之流，果何所取哉？問渠那得清如許，惟有源頭活水來（朱子詩句），噫，夫子是吾師耳。

是諦錄　二卷　四

是諦錄　二卷　五

四六語 見聞海中山水泉湖

大海尾閭、長江天塹。鴻英御為水伯、濤神乃是靈胥。神號曰靈胥 伍子胥死於濤 西湖不竭不盈、正是在杭在潁。滄浪有清有濁、便數濯足濯纓。黃山谷詩江南野水碧於藍 澄潦藍藉、稚藍叢旋、時李如帶湖。史記黃河如帶 中鍬鍬、雅堪范蠡泛扁舟。范蠡平吳泛扁舟遊於五湖 江上落落、偏稱任公垂巨釣、飲止池濼。醫生之靈性、洗開濟功德池、稱子之慧心。滌淨天台、使君雌苍庄仙子勝遊、井谷落實蒲叢英老人長壽。劉晨阮肇事 晴春影義寸里流、之不斷所謂韶瀨、仙流三峽。

…筆沖楊柳千人…敢嘏。…若解評

詳辨

灎澦狂瀾 灎澦堆水極湍在蜀瞿塘峽云…

手觀於呂梁、縣水三十仞…

貪泉 廣州有貪泉飲者性貪云

丙帝固與論廬州貪泉遐問曰御中此有子云對曰有臣 中雅者文鄉武里齋泉濤求帝 院御者何在對曰在齋 飲之無不狂國君獨井別求苦即酌 狂泉 酌泉 為狂湯藥藏良策具君不奈苦 泉香泉 其初學記云辰州白馬村有泉 香氣遂為此衣者任香水洗之不事 康建道嵩狂… 冷泉 官也元遺事明皇更溫泉為華清 井泉苦泉 絕入朝百姓錢之曰公 請如水次一林水奉鐵 飲水語 氏 弁乎之永語云去 義香乎云 覩之江魔瀕岸…

渭水出 太公釣渭水…姬昌… 江水海實 楚王渡江 昭王 …赤如日剖而食之… 沉孫興公 …湘水… 淪女帝女 狂搭遺泊 烟濤 抗潁西湖 杭州有西湖潁州有西湖 任公巨鉤 …

國都

都者國君所居人所都會也吾聞伏羲都陳（今陳州）神農都曲阜（今兗州）黃帝都涿鹿（今幽州）少昊都窮桑（在魯北）顓頊都高陽（今濮陽）帝嚳都商亳堯都平陽（太原府今晉州）舜都蒲坂（今蒲州）此數帝者國以地勝地以人勝仁育萱草（堯萱草）和臻鳳凰瑞應（舜時瑞）麒麟（成周瑞）絆呈龍馬猗歟

是路綠　二卷　八

盛矣自是而三王焉禹之都何在在安邑（今蒲州）湯之都何在在亳文武之都何在在豐（文王）在鎬（武王）成王之都何在在洛邑（東都）禹卜年四百湯歷年六百周起祚八百三代開有道之長者由丕基矣下此而西漢（高祖）則長安焉東漢（光武）則洛陽焉吳則建業焉魏則許昌焉蜀則成都焉宋齊梁陳則並以建康焉其歷代所都山川

阻塞土地綿曠人民蕃衍所謂輦轂之下肩摩之轂擊之故薪桂也粒玉也者試稽諸吟咏或謂雲裡帝城雙鳳闕雨中煙樹萬人家（王維詩句）又或謂九重春色依仙仗萬井晨煙散曉鐘（李紳詩句）可證矣嗟乎百姓無虞萬國之梯航入貢一人有道四方之玉帛來同然是都也曰神州曰赤縣曰日域月窟　太平天子依龍扆一

是路綠　二卷　九

朵紅雲捧玉皇佳哉氣鬱鬱葱葱者耶吾是知江南佳麗地金陵帝王州（謝朓詩）鍾山龍盤石城虎踞誠帝王之宅也我　太祖一闢鴻造氣象雄矣規模壯矣及　成祖徙居燕京枕陰山為北門增長城為藩墉太行為屏黃河為帶此同應北極薇垣之象者然則　聖子　神孫豈不當世守之也哉

四六語

古城漢水，楚國稱雄。蠶叢魚鳧，蜀邦志勝。井陘道狹，（趙地名）趙遼雄。即墨（齊地名）地饒，齊更美。汴京遺蹟，是香孩兒（趙太祖）中都。戰爭之區，閩海汪洋，乃尉陀王南面稱孤之後。第至聖開基，有人斯有財；若後王守國，在德不在險。石城若固，王濬平吳；劍閣雖巍，鄧艾入蜀。荊州百雉，難逃呂子扼舟；（呂蒙襲荊州白衣搖櫓事）咸陽萬間，寧免楚人一炬。則土階（堯土階三尺）之陋，大哉堯之為君也；且若宮室之卑，禹吾無間然矣。

武都賦 三都賦 劉賦 頌　劉芭 許

詩釋

仁育萓草（帝王世紀：堯時有草生於庭，……）和招鳳凰（王……）

[illegible]

吳都賦 二卷 十

吳都建業 [illegible]

有摩戢擊 [illegible]

新桂粒 [illegible]

井陘道狹 [illegible]

佳氣鬱葱 [illegible]

在德不在險 [illegible]

楚人一炬 [illegible]

吳都賦 二卷 十一

道路

道路者，古今所共由也。曰衢、曰康、曰莊、曰逵、曰劇驂 [illegible]

其命名匪以覇矣。試循而釋之：師行者絡其隊，吾狀

者徐其驅（陂陀出劍馬腸修驛路記），貧行者有不病係，行者足不繭（繭足上厚皮），乘行者蹄

不刓也。吾聞文王之世，柞棫斯拔；武王之時，蠻夷以（書旅獒武王通道於九夷八蠻）

通，不格其遺。官有善政也，不齎其糧；民有豐年也，不

由其徑；士有負操也（澹臺滅明）。又若御道之前無人犯蹕，周行（大路之名）之

之上有人守劍，古道之旁無人取金，大道之側有人

貫偏路之事，種種可述也。第九術者，異塗三丫者（唐人把古路三丫）疑

地，坦夷雖可驟馬，多岐（岐路之分岔）畢竟亡羊；熟路若可馳車（史記云猶駕輕車行熟路），行

經還應塞（今塞上之徒）。草周氏而讓，是堪美也；鄭使而爭，亦可醜

也。楊朱而泣，若有由也（楊朱泣岐曰可以南可以北）；阮籍而哭，則無賴也。功之相

軌，相如既不幸避燕頓，道之不合；孔子又不幸遇陽（[illegible]諸燕）

貨。若是者，則路有可以述，可以無述也。噫，吾安得乎

訓虜者欣欣然於路中唱凱歌哉？吾安得遣使臣者

皇皇然於路中循風俗哉？吾安得迎隱士者徐徐然

於路中駕安車哉（漢武安車蒲輪迎申公）？若然，則皇路清夷（史記語），行人絡繹，勢蹈

離剗豺狼之不當道，權奸退位，道路之不以目（秦行苛法民不敢議道路以目），八千

里路透（唐人詩句），神京驛舍，年年宿重譯（譯夷語），噫嘻，太平景象，吾

將與五童子從康衢（大道）間擊壤而謠之也哉。

四六語

東西為阡，南北為陌。龜背（龜背路即曰違也違言曲如龜背之）若坦夷，可履；羊腸（羊腸屈曲之路）則屈

曲難行。二仙誤入碧桃源（劉阮入天台事），五丁鑿破金牛嶺。黃諸

天窮谷，猶迷更藉靈龜；齊桓伐中山，識路還須老

馬。萬里更萬里，尚資昭代指南車；一程復一程，勿

外從人記里鼓。跳廣乞骸，歸故國衆從祖道祭行

禪。馬周失志，往新豐，獨向窮途悲逆旅，雅吾
險不好焉。道之幽若問道，參禪莫畏石頭之滑。

此行踏現出雖本不出不走錯，哭先路郎，妙。

梁恰亦好妙也

詳釋

拾穢斷枝　詩：文王拾枝，拾枝美盛，拾枝問也。

道不拾遺　家語：孔子為政，男女行者別於塗，道不拾遺。

道不齎糧　唐太宗斗米三錢，行旅者千里不齎糧，取給於道。

御道犯蹕　漢文帝出，有人犯蹕，文帝不可，其議一欲處死，張釋之曰犯蹕……

周行守劍　後漢王彥方有盜牛犯法……

道不取金　……

九折畏途　漢王陽……九折阪……王尊……

路側置橋　……

多歧亡羊　楊子……

閼氏讓路　……

鄉使爭路　……

阮籍　阮籍常率意獨駕，不由徑路，車跡所窮，輒慟哭而返。

相如避路　藺相如……廉頗……

豺狼當道　漢張綱……

石頭絡蹄　……

市

日中之市，列肆雲屯，聚人星羅，居貨山積，以所有易所無，其來舊矣。然一闤之市，必司其平，遺制也。乃若富商大賈，其所以牟利者，且無論；惟以賣酒滌器，臨邛有文人；講道賣卜，成都有高士；懸壺鬻藥，瑯琊有仙子；並肩擊筑，燕都有俠客；乞食吹簫，東吳有羈旅。又若小駟夷由杜司徒看盤鈴傀儡，破帽閒茸袁彥道賭樗蒱。市中之事，皆不以一二屈也，第從亦

者亦不信懸金者驕異才舞鶴者弄詐術攫金之盗
見其利而忘其人賣鞭之賈澤其貌而枯其質、何樓（古何氏）
之下。（樓賈易皆僞物）物非真物。旗亭之間。（市樓曰旗亭出西京賦）入鮮直人、是天下燃燃。、皆
為利來。（四語史記貨殖語）天下攘攘皆為利、往、。可醜已。奈之何愧市貿
物者。以斯文為駔儈。（即今牙人）宮市估直者以貂璫（内臣）競錐力。（末利曰錐刀）園
市鬻爵者以天子為商賈。噫神農（神農為日中之市取諸噬嗑）之為市果若此乎

祝融之脩市（古史考神農作市高陽氏衰祝融脩市）果若此乎、不然矣。嗟乎翰林聲價。（李白詩長安市上酒家眠）謫仙
人在酒家眠。宰相事功百里還從秦市舉（百里奚舉於市）。毛公薛公
並隱於邯鄲市中、亦楚楚丈夫也。然則車馬洛陽街。
魚鹽膠鬲肆、人不可不知。
四計語
價如沸鍗。聖數斷絕。利則無爭民風斯厚鄭尚書（史記[illegible]）

門市如潛林處士足未履焉。師至不更民信馮玉
惟伐罪閭巷而羅。入思羊祜最施恩梅福官辭吳（梅福弃官去姓名為吳門市卒）
騶為吳門之卒晏嬰宅近何煩更爽塏（地名）之堂。疾之
至矣。亦有言虎之入吾則寧信、即若海中而見奇
形也夫豈久矣乎。又如霧下而成異事哉。茲亦偶
然

金貨之云爾印其文曰嚴儀翔斯文一生
參孫儀岳先生　　袁班評
評釋
講道賣卜（嚴君平賣卜於成都之市得百錢則閉肆讀老子道德經）懸壺（壺公賣藥於市懸一壺於肆日暮則跳入壺中費長房見而異之乃詣[illegible]）
市肆之學（[illegible]）
擊筑（史記高漸離與荊軻俠士也[illegible]擊筑荊軻和而歌之）
乞食吹簫（吳越春秋伍子胥乞食於吳市吹簫）
市肴倪儒（[illegible]）

……能踰之表一擲百萬大喜乃以手擲帽於地曰故竟識表彥道否

市中徙木 史記秦孝公使公孫鞅變法令法令既具恐人不信乃立三丈之木於國都市南門募民者能徙至北門者予千金一人徙之與金勿吝

市中懸金 呂不韋著呂氏春秋暴之咸陽市懸千金其上有能增損一字者與之金卒無能者

市中舞鶴 吳越春秋吳王葬女舞白鶴於市令萬人觀之遂使之出為狗

市中攫金 列子有人早入市攫人之金金主執之問曰市中多人爾攫金何為其人曰攫金之時只見金不見人訴有倆逐也

賣鞭之賈 柳子云富者以錢五萬貨鞭愛其黃而澤濯之則枯而白矣蓋黃者鐵也澤者脂也今人脂其言鐵其貌買狀於朝者多矣

槐市 漢起明堂辟雍列槐樹數百諸生朔望會此各將鄉中所出貨物相與貿易號槐市

宮市 唐德宗朝令宦者主宮市大率價直十者不償其一隸匠交章論之德宗不聽

園市 漢靈帝賣官鬻爵於西園之卿號而開市

隱於市中 毛公薛公遭戰國之亂二人俱以處士隱於邯鄲市毛公隱於博徒薛公隱於賣漿

市價弗飾 家語孔子與聞國政三月鬻羔豚者弗飾賈價

闤長羅市 晉羊祜鄉晉荊州卒州人為商賈者闒祜年皆楊吳罷市

晏宅近 景公欲更晏子之宅曰子之宅近市者將更諸爽遺長子曰小人宅近市得所求小人之利也

疾名市 西蜀之市曰廣市闌如庸疾閒日作也兵南惡以疾解故言曰亥市一云以寅申巳亥集於前故云

虎入市 戰國策龐共與太子質於邯鄲謂魏王一人言市有虎信乎王曰否二人言市有虎信乎王曰否三人言市有虎信乎王曰信之矣龐共曰市無虎明矣二人言成願王察之

海市 登州有海市問或一見○張昌儀特罷請把者如市李楷曰此絡市蜃樓穎豈久乎

霧市 後漢張楷有道術能作五里霧之霧四方之入爭蔡之皆徙摩為其鼓氣之象有如市人之集故當時人稱為霧市云

鄉里

者向也、衆所向也○里者止也衆所止也○亡何有之鄉 出莊子 鄉云何有之里○鄉耶里耶○歷鄉耶歷里耶若夫語闕里者勝地○孔仲尼所居 所居之里 ○語文里者名都范柏年所近 文里武鄉見前水類○ 語高陽里者、奇址○荀朗陵所處 荀淑為朗陵令故云○ 語冠蓋里者異境、襄陽耆舊所宅此地靈人傑、迄今誦之不衰者○至若孝子鄉○非葉景信之鄉耶○賢入鄉○非任子旗之鄉耶○君子鄉○非王彥方之鄉耶○是鄉也、里也、維桑與梓子孫 曲禮云 興恭敬之心○曰枌及榆○父老宴盤桓之社○疾病者扶持問遺者款曲○弔喪者賻贈○情親故也○故千木隱而 唐文粹登科記 西河、張洪陳也○李陵降而隴西慚○其辱也○是以王通 對上千木句 負實學○薛公誇於友曰○吾鄉人張紘著奇文○陳琳亦[illegible]曰○吾鄉人相如作奇賦○楊得意薦於帝曰○吾鄉人情誰不親乎吾是知洛黨云者為洛之鄉里蜀黨云者為蜀之鄉里朔黨云者為朔之鄉里不然千里之外見似人而喜者何為哉（莊子 遊異鄉見似人而悦似故鄉之人也）然則下車過故鄉常禮敬老子存忠厚分當如是徒步入里門石奮率諸子（萬石君）忘富貴義當如是耳嗟乎胡馬依北風（北人之馬）越鳥巢南枝（南方之人 古詩）遊子悲故鄉人情乎匪不顧到酒泉郡但願生入玉

門關班仲升之思鄉彌切人生貴在適志耳何必羈宦數千里張季鷹之思鄉益殷何者兎走歸窟狐死首丘故也（淮南）是以漢祖雖貴也千萬歲之後魂魄猶在沛則鍾儀楚人也爲得不操南音莊舃越人也爲得不為越吟華以周旦評有陽秋（褒貶之備）猪獸關多芒刺同里閈者輙以勢相軋隔鄉墻者二十年且未交一辭此（列子 二十年不相交語）

以讒為其道也噫彝乎敝敝財於鄉里者豈不彬彬然稱忠厚長者哉

四六語

孔毋示謙（孔子於鄉黨恂恂如也）孟嘗論齒（孟子鄉黨莫如齒）通德門文章豹變鳴珂里爵位蟬聯婦嫗聚伴事女紅夜雨杼聲軋軋子弟延師正蒙養春風書聲琅琅催租吏日不到門（漢書 吏不到門）力田

農時常在野語稱仁厚里固如此夫史録醇和鄉（史記）不過乃爾

宜一以為善者至哉 家濟大評

詳釋

冠蓋里 [illegible]子及刺史二千石數十餘人同日大會荊州刺史行部見之勅縣名其里為冠蓋里

孝子鄉

蔡秋字景信至孝後漢賊起戒曰勿犯孝子鄉

賢人鄉

魏任施字子旗黃巾起曰聞任子旗者天下賢人今作賊那可入其鄉即

君子鄉

後漢王烈字彥方以義行稱鄉人皆化之時號其鄉為君子鄉

桑梓

詩經之維桑與梓必恭敬止○言父祖之所植不敢不敬也故今謂鄉里曰桑梓

枌榆

漢高祖以時祭枌榆之社及移新豐亦立焉故後人用枌榆為鄉曲

王通鄉人

晉越公遇內史薛公曰公見王通乎薛公應曰乃吾鄉人

張紘鄉人

吳志張紘有楠榴枕愛其文理作為賦陳琳見之以示人曰此吾鄉人張子綱所作

相如鄉人

司馬相如蜀成都人也時蜀人楊得意為狗監侍上上讀子虛賦而善之曰朕不得與此人同時哉得意曰臣鄉人司馬相如所為上遂召問

洛黨 蜀黨 朔黨

長編程頤在經筵歸其門者甚衆蘇軾在翰林亦多輔之者劉摯在朝廷名多人輔之於時有洛党蜀党朔党之議三黨互有是非

下車過故鄉

說苑常摐謂老子曰過故鄉而下車子知之乎老子曰非謂其不忘故耶常摐曰嘻是也

徒步入里門

漢石奮號萬石君官歸來石慶及諸子徒步入里門趨至於家

生入玉關

班超久在絕域年老思歸上書曰臣不願到酒泉郡云云上乃徵還

季鷹思鄉

晉張翰字季鷹因秋風起思鄉中蓴菜鱸魚羹歎曰秋風起兮木葉飛吳江蓴美鱸正肥人生貴在適志耳云云遂命駕而歸故鄉

魂魄在沛

高祖既有天下過沛父老故舊置酒為飲酒酣上擊筑歌曰大風起兮雲飛揚威加海內兮歸故鄉起舞慷慨泣數行下謂沛父老老矣沛吾所生吾萬歲後魂魄猶思沛也

操南音

楚人鍾儀為晉所縶晉侯與之琴遂操南音晉侯曰樂操南音不忘本也乃進之歸

為越吟

越人莊舃仕楚楚王曰舃越之鄙人今日入楚富貴矣亦思越否使人聽之舃乃有越吟

月旦評

汝南許劭好核論人物每月輒更其品題號月[illegible]

猪嘴關

宋元祐閒王景亮結一社朝士大夫疏俗[illegible]

是齋錄 二卷 二二

平朝曰嗉氣鄉子作知州惠卿發以進李舉社而發粉之

同里相軋

孫魴沈彬同遊李建勳之門後既貴以勢相軋

通德門

國相孔融深敬鄭玄別立一鄉曰鄭公鄉又表其門曰通德門

園圃

為園與圃，其來尚矣。既滋蘭之九畹，又植蕙之百畝（此二句楚辭），果與木可知也。然淇澳以竹勝（淇澳之園），金谷以花勝（石崇園），華林以木勝，習家池則有水有山，平泉庄則一石一木（李德裕之園圃），

是齋錄 二卷 二三

皆奇詭不美。即吾聞賦雪梁園，來筆沃六花之潤，梁園勝遊也；隋園剪綵枯枝，炫三冬之葉，隋園奇觀也；按曲梨園（唐明皇命教兒梨園習曲），教坊奏陽春之調，梨園樂事也。載考之吟詠：竹好還成徑，桃夭亦有蹊，羅隱（晚唐人）之園可紀；開渠分白水，柳發閒紅桃，王維（盛唐人）之園可述；抱琴看鶴去，枕石待雲歸，李端（晚唐人）之園可愛；遙知楊柳是門處，似隔芙蓉

其路通劉威之園可數數株綠柳蒼苔地一丈紅蕉
綠水池荊公之園可賞茲則谷之發也無煩羯鼓之
催折之媚也不致狂夫之折又奚羨芝園云哉第園
之遺事我思古人皆未易能也獅園擲金者非管寧
之不貪不能閉園疲塵者非裴寬之不污不能入園
接葵者非公儀休之不欲不能近園下帷者非董仲

舒之不慣不能是皆可以述也乃若立肆以行樂蕩乎開
鄉以濁醉盪乎則毋庸喙矣嗟乎老圃之賦蘇子瞻
乃有餘味之學名園之入王子猷豈不足齒之傖余
也有園一畦客來兮冒雨翦韭客去兮鋤月種蘭且
或以瓊斗酒於此而聽鸝焉或以蜀中芒屩於此
而觀魚焉或以蒲葵竹箑於此而撲蝶焉有碧桃而

銷恨焉有萱草而蠲忿焉有玉梅而索笑焉[illegible]
而贈行焉矧乃有荼蘼韻友梔子禪友木犀仙友為
作朋儕有菊曰西施棠曰醉妃草曰虞美人為克珠
翠樂矣樂矣意者無垢園之後又一無垢獨樂園之
後更一獨樂歟

四六語

蒔翊閑開三徑周顒獨種百畦編籬護處物偏牢
抱甕灌時蔬更盛生薑鹽母葵留子種類不同蘆
菔生兒芥有孫本原未絕青翳翳貫當然個碧茸
茸薜荔敷莖椶櫚葉散夜叉頭芍藥花開菩薩面
紫莢粒老芬芳還是辟邪翁黃菊花新發郁更為
延壽客

字乙咀英哥華句乙駢錦綴綉……入……

羅……乞主……人……試辦之種示園記新

卯插軒　　劉韶軒

詳釋

華林園　世說簡文往華林園中顧謂左右曰會心處不必在遠翳然林水之盛便自有濠濮間想覺鳥獸禽魚自來親人耳

習家池　峴山南有一園池乃習郁家所創山水秀麗又名之為高陽池山簡永嘉三年鎮襄陽每出遊必在其處

平泉庄　唐李德裕置平泉庄奇花異石遠方珍玩之物無不畢共人詩曰隴右諸侯供語鳥

是齋錄　二卷　二六

日南太守獻名花自作記云鬻平泉庄者非吾子弟也以一石一木與人者非佳子弟也

賦雪梁園　梁王遊兔園雪下授簡於司馬曰抽子秘思為寡人賦之

剪綵隋園　隋煬帝御園中冬月花葉凋零則剪綵綴於枝間如春時之盛

鋤園拾金　世說管寧華歆在園中鋤菜見地有片金管揮鋤與瓦石不異華捉而擲之

園中瘞鹿　唐韋說嵩芒之城樓望眺見一人在園中若有所埋開之乃鹿也以鹿致而大義不以為……

拔葵園中　公儀休相魯歸見其園葵拔之……

立肆行樂　……

名園入……

是齋錄　二七

一事鋤川種蘭茶

桃花銷恨　唐明皇與貴妃遊後苑指桃花謂妃曰此花亦能銷恨

茶為朋友　唐曾端伯以十友名花……

離垢園　……

蔣開三徑　……

箕踞……

周顒百……

菊花延壽……

是路錄

三之四

是路齋卷之三

春爲青陽萬物發生（句出爾雅）盖太皞之神（魏相傳東方之神乘震執規司春）乘震執規而司之者擊碎土牛收拾寒威（月令季冬月出土牛以送寒氣）歸斧柄剪成綵燕帶將春色上釵頭是可紀也吾歷數之畫符于桃（坡詩總把新桃換舊符）而驅除鬼祟

者元旦細事也落梅于額而點綴宮粧若人日故實也燃炬于田（風土記荊楚元夕燃燈于田以祈蠶事）而祈求農事者上元遺俗也禁煙于市而哀愍忠魂者寒食舊聞也采蘭于溱（鄭國之俗上巳于溱洧之上采蘭以祓除不祥）而祓除不祥者上巳流風也且楓林社日鼓茅屋午時（二句唐人詩荊公極愛此二句）雞善乎陳孺子之宰肉火樹銀花合星橋鐵鎖開（蘇味道元夕詩句）快哉秉法師之觀燈花事九分九（唐人上巳詩句）韶光三月三樂矣王右軍之流

晴風吹柳絮新火起茶煙厚矣唐太宗之賜火斯（杜荀鶴詩風煖鳥聲碎日高花影重）時也斯景也染雲而為柳葉剪水而作梨花日高花（古詩染雲為柳葉剪水作梨花）影重風煖鳥聲欲碎猗歟此春晝矣美矣嗟乎東作方興倣載南畝一穀布穀春事正忙故手執懿筐（古詩布穀一声春事忙）（出詩經）爰求柔桑者蠶婦見星而去脩我耒耜舉趾而耕者（出詩）農人帶月而歸桑陰之下兒童猶傍之種瓜吾人可（坡詩兒童未解供耕織也傍桑陰學種瓜）

優游為哉故催花而擊以羯鼓從花而宣以詔敕此（見前采園闌內）君后之樂我不敢效移花而轉以彩檻護花而遮以幕此顯達之樂我不敢效鬬花而賭以金錢醉花（音利）而沃以玉醑此公子王孫之樂我不敢效惟以陽和召人煙景大塊假我文章歡鶯語燕可以和書嚴叢（二句李太白春夜宴桃李園詩序）漾奇葩可以供筆采池水之滑活潑焉洙泗源頭風

光階草之茂蕤焉周子庭前景象兹則飛躍天喬皆為道體青黃碧綠盡屬文章是天地皆春也萬物皆春也吾性皆春也沂水春風之趣吾所以勃勃爾（唐詩啼聲杜宇促春歸）也惜也杜鵑夜半苦催歸無可奈何花落去有意番（古詩無可奈何花落去似曾相識燕歸來）（李太白作有惜春賦）春春不住芳草依稀入夢魂噫春去矣惜春之賦吾安得而不作歟送春之詩吾安得而不吟歟（歐陽公作有送春之詩）

四六語

斗柄東指鳳陣北歸元旦為磔雞辰彼有取爾花（淮南子斗柄東而天下春）晨作撲蝶會洵可樂焉親朋相問訊綵勝還簪入（見前園闌內）日花士女恣嬉遊金吾不禁元宵夜變柑斗酒雅（官名所以司夜者）（見前園闌內）稱韌遊對影三人盡堪宵飲蛙鼓奏一兩部鼓吹（李太白春夜獨酌詩邀皓月對影成三人）悅我聽聞花卉炫千萬樣文章動人處惜更憶尋

芳菲草風流入向曲江遊還思吳岑傳觴薦酒客
金谷澗歛
泛金谷歛
流利數芳蹤谷勝春事得勝中宵春乃有此
妙許
而無佳評
詳釋
剪成綠燕 荊楚歲時記春日剪綠為燕以戲之王沂公春帖子云鏤燕迎春入 乘釋寒來 故縷金衣又勸
綾夫詩云漢殿閑簪雙綵燕
綠燕併知春色上眉巔
桃符 三才東海度朔山有大桃樹屈曲三千里其卑枝向東北萬鬼

䝉齋類 三 卷 四

出入也有二神一曰神荼一曰鬱壘執鬼以葦索是故帝
法而象之因立桃板于門戶上畫神荼鬱壘以禦凶鬼也
落梅于額 宋武帝女壽陽公主人日卧含章簷下梅花落額上成五出之花拂之不去為梅花粧
郎中記云太原舊俗以介子推焚骸有龍禁之忌一月寒食
舉火取名 ……
杜日宰肉 唐人……
禁煙
明皇觀燈 唐開元中正月望夜帝謂葉法善師曰……
流觴 晉永和九年三月三日……王羲之與孫綽等四十二人會于會稽山陰之蘭亭……修禊事也……
賜火 唐太宗於清明日取榆柳……
花宣詔 唐武后……

䝉齋類 卷 五

游花宴 ……
移花彩檻 開元遺事楊國忠春時移花以五綵之……
護花油幕 長安貴游子弟至春時游宴……油幕……
鬭花金錢 天寶遺事長安公子王孫春日……以金錢……
王酹酹花
周子庭草 周濂溪窗前草不除……
芳草入夢 晉謝靈運……
元旦綵雞
入日綵勝
曲江遊 唐人遊曲江……
金作勝傳荊俗剪綵為人……

鮭穀鼓吹 ……
夏
長贏 ……
夏屬長贏其帝赤帝其神祝融蓋以火德勝也○四月
秀葽 詩語 蜩鳴 詩語
秀葽五月鳴蜩六月食鬱及薁時序代更矣然行夏
之時稽夏之事五月渡瀘諸葛勤于征南六月興
師宣王急于禦北伐是武事也吾不詳述所可述者

鼓朱弦于薰風舜之休教耶禱甘雨于桑林湯之德澤耶扇賜入于樾下武（賜人數人樾下之文蔭暍）也仁風耶此聖帝明王治之所以隆也下此則數入品矣放北牕而高卧陶元亮羲皇上人（古前之事）執麈尾以清談王夷甫乃風塵表物茲固自達者也若越王握烘入之火苦甚矣苦之者為學己者苦也盧摯説奪錦之舟豪甚矣豪之者為輕

是站錄 上卷 六

己者豪也未已也柳下之鍛者放達河朔之飲者倘佯竹林之遊者（晉阮籍等七人為竹林之遊）消曠數入品者乃爾也再觀之品物乎夏蟲不可語冰（莊子）局于時耳若螳螂奮臂以當車於晤時當也舟（廣名）良吐耀以照書於此時照也（車胤囊螢讀書）蒼蠅揚穀以報數於此時報也飛蜂戢翼以集綖於此時集也吾尚於此時見蓮之華發周子之説（周子作愛蓮詩）播之花來寓梅之誅芙之品動屈到之耆梅也子致曹公之望桃之實來三士之爭夫豈獨閩海荔枝悠悠乎入樂章也哉夫豈獨若耶荷花洋洋乎唱款教已哉（古來蓮曲若耶溪畔采蓮女笑隔荷花共人語云云）第天地洪爐流金爍石其日也如趙盾之威可畏（史稱趙盾之威如夏日可畏趙衰如冬日可愛）其雨也如雲英之澤可喜是以燎枯灼焦歐公有病暑賦翠乾坊謁王穀有苦熱行（陳恕詩句）天地生靈乾欲死安得赤腳踏層（李白詩句）

是站錄 上卷 七

冰又皆畏炎歊者之語也（敲暑氣）此遊于蘭臺者必披襟當雄風適于上苑者必攀花吸清露講于唐殿者必設草近新涼耳噫吾又安得大暑去酷吏清風來故人（范質詩語）也與哉

四六語

日行南陸序屬朱明黑雲初度李憲前疑有催詩（黑雲……是雨催詩）

之茵化日正長盧巖上喜多解慍之風清紫無□
施子恰為香禪衣。芬芳不俗蓮花。正似彼六郎。見淩百花 吏
見汪州杜若生香。香蘭五月生 薰龍腦還看。園圃櫻桃熟。色染 古詩櫻桃染就
丹砂。丹砂影 承調者神。凝背上九。香名 鋤苗者汗滴禾下土。憫農詩鋤禾日當午汗滴禾下土 文
文楸棋枰也 楸枰排玄局。偏宜別墅風流。謝安與侄玄圍棋別墅 碧筩繞吸瓊漿。雅稱
閑亭讌飲。一榻松陰。唐人句 清似洗。幽入正好。展湘波九 簟曰湘波

星諸錄 二卷 八

天日色熱如焚。行客不須加襪。
蛛絡如蜘蛛吐絲。憑楊如蜻蜓點水。淒清如鋼
蟬噪槐忠鼓如膾漁戲水漲呼數者乃成此作
讀蛙
梁世祥
評釋
禱雨桑林 史記湯有七年之旱自以身禱于桑林之野以六事自責政不節歟民失職歟……

蒸暑上人 清風徐來自謂羲皇上人
晉清談玄理人謂如瑤林瓊樹自是風塵表物
越王握火 吳越春秋越王勾踐報吳仇臥薪嘗膽……冬則懷冰夏則握火
競奪錦舟 唐盧肇袁州人與同郡黃頗……詩云……君不見道是航……
柳下為鍛 世說嵇康與向秀鍛於柳下……
河朔飲 魏志……避暑……為河朔之飲
蟷螂當車 淮南子齊莊公出獵有螳螂舉足將搏其車輪……
蒼蠅報赦 秦苻堅……有二青蠅入……
飛蟬集冠 ……有蟬飛集于冠……
禹偁詠檣 王禹偁詠檣……

星諸錄 三卷 九

不裝
屈到嗜芰 國語屈到嗜芰……
開田 開疆古治子勇而無禮晏子請景公饋二桃……
公孫接田開疆古冶子三人……
明皇……
蔡枯灼焦……
披襟當風 宋玉風賦……楚襄王……有風颯然至王披襟當之曰快哉此風
設迎涼草 唐……有……迎涼草……
攀花吸露 開元遺事……
暑去酷吏 ……
傾國 ……

五一九

……承蜩耶曰我有道耶五六月累丸二而不墜則失者錙銖累三而不墜則失者什一累五而不墜則猶掇之也蓋謂役志不分凝神于一也

碧筩吸酒（魏正始中鄭公慤三伏之際率賓僚避暑取荷葉盛酒以簪刺葉与大柄通而屈曲輪囷如象鼻然傳吸之名為碧筩酒）、行客襳襶（程曉伏日詩云平生三伏時道路無行車今也襳襶子觸熱到人家主人聞客來顰蹙柰此何搖扇髀中流汗正滂沱傳戒諸高明熱行宜見呵）。

秋

秋之為序、少皞司之（司秋之神），問其來、一葉落而天下知（淮南子一葉落天下知秋），若奏悽涼，暗度迎扇，暑先驅秋聲也（司空曙立秋詩七月日聲動），潦淨寒潭清，煙凝暮山紫（王勃序潦水淨而寒潭清煙光凝而暮山紫）。秋𣖥也（九月日𣖥秋），紅稻啄殘鸚鵡粒，碧梧棲老鳳凰枝（杜公八月所作）。秋仲也，笑稽古事、季鷹曉人耶（猿之曉事之人），翩翩乎思蓴命駕王粲羈旅耶，欝欝乎登樓作賦，張騫達使耶，悠悠乎浮槎（張騫窮河源乘槎至天河）犯斗柩，伊豪客耶，洋洋乎乘月吹笛，侯文校吏耶，凜凜乎順時取愿，郝隆放士耶，嘻嘻乎向日曝書，王喬真仙耶，飄飄乎跨鶴吹笙之（王子晉七夕跨鶴吹笙上緱山而去），數人者史有而載。

衆物稱非秋之遺事哉。吾又觀之，物焉鷹之祭（祭鳥用始行戮）、豺之祭獸（季秋之月豺乃祭獸戮禽八月鴻雁來賓），鴈之來賓，動物知秋矣。豐鐘之鳴（豐山之鐘霜降自鳴葉立之火春分熄秋分熄防秋者吹羌管其声鳴咽即胡笳也），蕭火之熄，羌管之咽，用物知秋矣。桂有金粟，菊有黃華，榕有錦英（榕花簇錦英），植物知秋矣。且也萬千頃彭蠡清涵灝氣藍焉（古詩江南野水碧於藍），水四十里成都紅炫榕花錦作城，是地以秋勝也。赤壁磯雅趣，風流蘇學士，采石江奇才豪邁李青蓮，是（壬戌秋望蘇子與客遊赤壁李白雖采石江著宮錦袍旁若無人）人以秋勝也。況七夕之邂雙星雅會（牛女星），柳生作乞巧文（柳子厚作七夕乞巧文）。中秋之景，片月無塵，坡公作清歌（水調歌頭見說）。調重陽之朝，兩峯高並，孫盛作落帽賦（九日詩云兩峯高並玉山寒），良辰耶、美景耶、賞心耶、樂事耶，詎不佳耶。嗟乎，秋先不讓春先好，楓葉紅於二月花（杜公詩句）。當此之時，食物猶美，白馬之榴若斗（古詩白馬之榴一石五斗見處果食），諸暨之栗如拳（見流果食），哀家之梨若飴（見果食），扶風之蔗似家，是固佳果也，又不有

魚子飯新栗米所炊（小字注）鵞䍧羮嫩蘆筍所煮乎吾飽含
之餘、玩歐公秋聲賦、洒洒甚。讀漢武秋聲辭、亦洒洒
甚。迨至重九、更將為黃菊主人、飲青州從事（好酒）、白衣來
同樂可（淵明嘗有白衣人送酒）、白衣不來、獨樂亦可。何者、不辭老圃秋容淡（韓魏公詩識者睨公）
且看黃花晚節香（大晚節）、是余之素志也。余豈云悲哉秋之
為氣也（宋玉賦云云）、而曰哲匠感蕭辰也耶（范仲文詩句蕭辰言蕭索之辰也）。

是若録 十卷 十二

四六語

（秋日清商）清商應節、白帝司權（司秋之神白帝）。燕子辭巢、帶將熱去鳥衣國。
鳳兒入塞、背滑寒過幽冀門（平声）。芳馥馥菊可餐其英（楚辭夕餐秋菊之落英）。
軟柔柔蘭可紉為佩（楚辭紉秋蘭以為佩）。霜嚴北塞、征人恨且偏長月。
蒲南稜老子興固不淺、人皆云金風驚我還喜。
玉露生涼、古琴三弄（良月琴三弄杜甫詩句）、客憑几坐來、覺萬籟虛壽長。

留三叔入侍樓聽處今寸心飛越
帆涔吟殘高而寥清寥寥兮澄盡西水清可掬
懶夫評

詳釋

思蓴命駕 晉張翰字季鷹、吳中人、齊王冏司馬、因秋風起思吳中蓴菜鱸魚、乃曰秋風起兮木葉飛、吳江蓴美鱸正肥、人生貴在適志耳、何必羈宦數千里、遂即日命駕歸。

東月吹笛 桓伊有柯亭笛、王徽之泊舟青溪、浦伊于岸上過、徽之曰聞野王善吹笛、請為一奏、伊已貴顯、素聞徽之名、便下車據胡床為作三弄、畢上車去、主客不交一言（野王伊小字）。

順時取惡 漢孫寶為京兆尹、以立秋日署侯文為東部督郵、入見勑曰今日鷹隼始

是若録 三卷 十三

摯留從天氣取蕭思以成殺霜之誅

向日曝書 郝隆七月七日見鄰人皆曝衣物、乃仰卧曝腹於庭、曰我曬腹中書耳。

成都錦城 蜀王于城上種芙蓉花、秋月花開、高下相映、人號為錦城。唐人詠之有云、雖莊蜀國三秋景、不入幽風七月詩。

坡公作調 東坡居士以丙辰中秋歡達旦大醉、作水調歌頭詞兼下傳。召內侍録此進呈、上讀至又恐瓊樓玉宇高處不勝寒、上曰蘇軾終是愛君、乃量移汝州。

重陽落帽 晉桓溫九日與僚友宴龍山、風吹孟嘉帽落、嘉不覺、孫盛作嘲之、嘉遂答為文、其辭甚美。

覺秋聲外 歐陽公作秋聲賦、其略云歐陽子方夜讀書、聞有聲云云、謂童子此何聲也、汝出視之、童子曰星月皎潔、銀河在天、四無人聲、聲在樹間。予曰噫嘻悲哉、此秋聲也云云。

讀秋風辭 漢武帝京中河東祀后土、顧視帝京欣然作辭曰、秋風起兮白雲飛、草木黃落兮雁南歸、蘭有秀兮菊有芳、懷佳人兮不能忘云。

老子興不淺 武庾亮鎮武昌、佐吏之徒有樓賞月、亮忽至、衆欲散去、亮曰老

冬者終也物之終藏也其帝顓頊（司冬之帝）其神玄明律中應鍾冬孟乎律中黄鍾冬仲乎律中大呂冬季乎試考其事卜歲運者有史書雲揚德政者有官放囚念國難者有君懷氷蛾（見前書）賓進者有仙吐火（昔仙翁寒冬客口中吐火坐客皆脱衣）樂農事者有人飲蜡（祭百神之名）且又有寄友者贈隴頭春一枝（折梅寄友陸凱范曄事）訪友者棹剡曲

是齋錄　三卷　十四

雪三尺是皆可以述也第陽月（十月曰陽月）以後一之日栗烈二之日觱發矣（一之日一陽之日二之日二陽之日衆陽風寒觱發氣寒出毛詩）不覩之吟咏乎風力敵氷酒霜威可折綿（唐人苦寒詩）可驗也是以圍爐之擧師人寒甚楚莊王以巫臣之言撫大臺之營（築臺）士役寒甚齊景公以晏子之言免高城之築卒徒寒甚靈公以苑春之言罷何者手足皸瘃（君竹手足凍瘃）况不甚苦故撫之耳免之耳罷之耳斯時也倘

有不龜手之藥乎可免封爵若無不温體之裘乎何以辛歲吾乃知富人有肉障遮風不必招煖香（唐太宗時吳國進煖香冬寒燒之一室和煖）貧人無辟寒犀未免卧牛衣（牛衣編草爲之以覆牛者）中泣耳嗟乎回野同雲（一色之雲）丄帝布六花之瑞（雪花六瓣屬陰故也）九天剪水群黎興三白之謡（諺云若要白豆三白謂三番雪也）烹茶融雪汁固陶學士風致陶能然余何獨不然余又將躡東郭生之履（東郭先生者破履行雪中有上無下）騎鄭居士之驢尋孟先生之梅（孟浩然踏雪尋梅）賦何水部

是齋錄　三卷　十五

之詩（何水部何遜也咏雪中梅花）謂梅花梨花參差落（唐人詩句）蜂翅蝶翅横斜飄以敵彼戰退玉龍三百萬敗鱗殘甲滿天飛（蘇東坡詩句）謂無意與梅争一冷煖有心爲國報年華以敵彼遺蝗入地應千尺秀麥連雲有萬家無乃不可乎然此則雪景之樂在乎時則可在除夕未及也歲除之夕燃竈中之燈以照（歲時記荊楚于除夜灶中燃燈謂照）耗鬼爆爐中之竹以驚山魈燃燈者司命腹中一片

月爆竹着萬人頭上一般雷噎。此俗也。未免于俗。亦復爾耳。晋阮咸七夕晒褌之語 然而棄糜粥者。俗也。隨俗而送故。飲微漿者。俗也。隨俗而納新。賣㪅者。賣㪅 俗也。隨俗而問價。送窮者。俗也。隨俗而作文。韓愈除夕作送窮文 分歲者。俗也。隨俗而儀餖飣。蓋今年止今日。明日是明年。唐人詩引 吾安得不樂之也。吾樂矣。更且焚一穗黃雲。古詞一穗黃雲㪅几謂香也 為 天子祝遐筭。為生民祝豐年乎。

四六語

玄英東令、本神 黑帝司權、厲三四字影初斜。衛飛煙霧、剪一二花、頁殘犹有徵霜枝之意 香尚在。歷盡風霜。至日詠玄酒大音。邵子冬至詩玄酒味方淡大音聲正稀 先賢妙句。蜡辰祭星。音乍 蠡貓虎。佳聖遺言。國運屬新、除戚、不遵苓臘。物華更舊、宣尼猶重古儺。措朝服而立于阼階言 歲事還如赴壑蛇。柏酒樽中且歡除夕景。除夕乃飲柏酒辟疾也 時光欲冀鳴岐鳳。文王時鳳鳴岐山

飛符門外為賀太平春

冬晚節也萬物閉藏是為參歲愈歲愈揚懷子不錫

奈且為君卜晚景　　景烈評

詳釋

書雲 左傳僖公五年辛亥朔日南至公遂觀臺以望而書禮也○九分至必書雲物為備故也

放囚 梁庾圍為東陽守有能名冬至放獄中因還家休朗和來

飲蜡 子貢觀于蜡孔子曰賜也樂乎對曰一國之人皆若狂賜未知其樂也子曰百日之蜡一日之澤民勤稼猶今日飲酒燕樂君之恩澤也非爾所知其義大也

訪友 王子猷居山陰雪夜忽憶戴逵時逵在剡曲便乘舟夜訪之曰乘興而往興盡而反云云

撫圍蕭師 左傳楚莊王圍蕭申公巫臣曰師人多寒請王巡三軍撫而勉之士皆如挾纊

兔營臺 景公以嚴寒起大臺延晏子飲酒晏子歎曰庶民之東我若之何奉上廉獎我若之何歌終喟然流涕公止之曰子給為大臺之役乎寡人今止之

羅築城 呂氏春秋衛靈公天寒鑿池宛春曰天寒恐傷民公曰寒乎春曰君衣狐裘坐燕席四陣有火是以不寒民衣敝不補履缺不直君則不寒民則寒矣公曰善遂命罷役

不龜手藥 莊子宋人有善為不龜手藥者世以洴澼絖為事客聞之請買其方得之以說吴王使之與越水戰大敗越人裂地而封之夫不龜手一也或以封或不免于洴澼絖所用之大小異也

肉障遮風 楊國忠陰冬選肥妾數十圍繞獅曰遮風肉障亦曰肉障

辟寒犀 唐同昌公主有辟寒犀外國所貢者

手夜

卧牛衣 漢王章為士子時冬寒無被與妻共卧牛衣中

雪中烹茶 陶穀冬月取雪水烹茶問党姬曰党家有 [illegible]

酒耳 與君士驩 …橋黑雪山 騎子

兒號階呼叫去賣汝痴賣汝獃○范至能賣痴獃詞有云除
夕更闌人不睡獃猿鈍滯迹新歲小兒呼叫走長街云有痴
獃召人買之物爲人誰獨無就中吳儂仍有餘巷南巷北賣
不得相逢大笑相揶揄櫟翁塊坐重簾下獨有買添今問價
見云翁買不須錢 蜡者所以祭百神也天子合
奉賒痴獃千百年 **星蟲猶虎** 聚萬物而享之其祭名有八
一先嗇二司嗇三農四郵表綴
五猫虎六防七水庸八星蟲爲 **不遵莽臘** 王莽篡位國號新更漢家伏臘
陳咸猶用漢天子臘不從莽臘
謂人曰我先人豈用王莽臘乎 **歲事蟄蛇** 坡守歲詩言光陰之速也

夜

天上運也有晝斯有夜夜如何其烏輪既墜群動皆

長路錄 上卷 十八

息兎魄高懸清光代明吾想獨坐達旦體付聖道者
姬公旦也卻金畏知蕭官歲者楊伯起也過闕下車
謹臣節者遽大夫也卧草枕戈厲戟功者劉越石也（錢鏐王夜警枕而）
詠月撞鐘豪詩興者僧如滿也（見前月內）治國警枕脩君德者
錢鏐王也（起號不睡龍）秉燭達旦明太祖者閔壽亭也（雲長封壽亭侯）未已也足
馬奔馳蕭何追韓信淡渭水孤舟盪漾王猷訪戴逵（見前冬內）

出劍溪衆雞吠喔孟嘗君秦王度函谷群鶯喧啾李
愬擒元濟入蔡城爲卒踴躍衛青任智高奪崑崙且
有程將之營刁斗（二斗銅器軍中晝則炊夜擊以巡）明星之苑鞦韆劉晴之塢胡笳李
白之筵巨羅（酒杯名李白夜飲云有金巨羅吳姬十五細馬馱）悉而數之指不可勝屈已吾再論爲身
在水鄉赤壁磯頭香霧散蘇長公佳興乎是加帝腹
紫薇垣內客星高嚴子陵高致乎見星而往見星而（巫馬期治單父見星而往見星而還）

長路錄 三卷 十九

還巫馬期既爾精勤問月而缺問月而圓楊城齋幾
多瀟洒況上元耶士女（唐人上元詩士女醉歌燈火市）燈火市七夕耶嬪妃爪菓摟
中秋耶僚友管絃樂噫佳夕（唐人除夜詩句）歡娛歲有四時四時
之夕若有不伴梨花院落溶溶月柳絮池塘淡淡風（唐人夏夜詩句）
屬之春月映庭槐金鎖碎風敲徑竹玉琮琤屬之夏
秋也何如桃花影動月在戶桂子香清風拍門乎冬（宋誠齋秋夜詩句）

也何如半牕圖畫梅花月一枕波濤松樹風乎吾不問節之有春夏序之有秋冬也每當良夕皓月清風便為朋友明星列宿皆是文章謂韶光乃一刻千金工夫在三更四點左經右史燈大半篝斯時也莫須有太乙下觀剝啄（剝啄扣門之音）而叩我門乎莫須有魁星入現蹁躚而舞我閣乎所怵然起矣明月明月正在床頭也更不忍閉門推出姮娥（古詩閉門推出月）且留姮娥照我賢聖豪興翻翻竟不覺轆轤（汲水井上汲水之具）有聲東方既白

四六語

温靜玉龍香銷金鴨（古詩春銷金鴨冷温靜玉龍乾）衆喧已寂覺萬籟之虛清序月高懸望九霄之瑩潔温公推枕（司馬温公圓木警枕）起畢竟無眠寧越讀書歸何妨有犯（謂犯夜）韶光恰好人皆思秉燭遨遊

志應未衰我還欲聞雞起舞

此夜崇然矣通篇只著一夜字猶為老手而數芳吟風弄月擬作也 　　伋大評

詳釋

過闕下車（衛靈公與夫人夜坐聞車聲轔轔過闕而止[illegible]又有聲焉問為誰夫人曰此必遽伯玉也妾聞君子不以昭昭伸行冥冥改節公使人看之果然）

蕭何追信（韓信歸漢漢王不用信亡蕭何月夜追之至渭河拉之歸左右言何亡漢王如失左右手及何歸王責之何曰臣追信也王曰信去丞相奚獨追之何曰韓信國士無雙王必欲得天下信不可捨）

鵞鳴入蔡（唐憲宗朝吳元濟據蔡城以叛李愬征之雪夜逾城城中有鵞鴨池擊之使鳴以亂軍聲天明軍直抵元濟臥所元濟乃就擒）

夜奪崑崙（宋狄青征廣西蠻時儂智高守崑崙關青至賓州值上元大張燈燭首夜享將佐次夜宴從事一鼓時青稱疾振起令孫元規暫主席數使人勞坐客至曉各未敢退忽有馳報時夜三鼓狄將軍已奪崑崙關矣）

程營刁斗（漢李廣之營不擊刁斗程不識營中擊刁斗軍不得自便皆樂從于廣而苦程不識）

劉塢胡笳（晉劉疇貫胡百數圍之壁塢欲害之疇月夜吹笳為出塞入塞之曲辟胡皆垂涕泣去之）

足加帝腹（漢嚴子陵夜與光武同寢次早大史奏客星犯帝座甚紫光武笑曰吾夜與故人同寢耳）

問月圓缺（揚誠齋作問月調云摺上芭樓數步一輪明月清輝謾將織手捲蝦鬚侍我問他我句既缺後圓因甚既圓淡缺何如姮娥無語答寒儒移過砡樓西去）

七夕乞果樓（歲時記唐時宮中以七夕之夜牛女相會乃結綵為樓全念[illegible]）

賀之。

中秋管絃樂（晏元獻守南都，王君玉為府僉判，中秋夜陰晦，衆不樂。君玉獻詩云：只在浮雲最深處，試憑絃管一吹開。公枕上得詩大喜，即索衣起，命治寮僚友諠譁作樂，歡甚，至夜分月果出，相與樂飲達旦）

風月朋友（南宋謝德不與人交接，常謂人曰：入吾室者惟有清風，件吾飲者只有明月耳）

太乙星下觀（漢劉向亦名更生，校書天祿閣中，至夜分有老人扣閣而進，謂向曰：吾太乙星也，上帝聞卯金子好學，使我下觀於是。吹藜杖端之火照向讀書，懷中取天文玉牒以授向，向由是學問大進）

魁星舞闥（宋范質奇事傳）小為賞僕李寔

讀書夜歸（昔王承為東海吏，錄一犯夜人，云從師讀書，不覺日暮。承使吏送還歸，曰：鞭撻寧越以立威名，非致治之本。送令歸家。蓋寧越嘗讀書犯夜，故云云）

聞雞起舞（晉劉琨祖逖有志恢復中原，嘗共寢，中夜聞雞鳴，琨乃蹴逖曰：此非惡聲也。遂相與起舞）

豐歲

豐年者，我黍與與，我稷翼翼也（二句詩經楚茨語）。然所以致此者，必冬無愆陽，夏無伏陰（史語），雪有瑞花，雨有霡霂耳（霡霂小雨也，詩云益之以霡霂）。我稽于古，乃積乃倉，豐年也（周頌豐年多黍多稌，稌，稻也）。多黍多稌，豐年也。麥秀兩岐，豐年也。禾生九穗，豐年也。國稅毋収之稻，鄉貢八蠶之綿（二句日南國事），豐年也。豐之云者，必維秬維秠（黑黍，黑黍一稃二米）、維穈維芑（穈赤梁粟，芑白梁粟，出詩經），悉屬秋成。

既方既阜，既堅既好。必如詩詠此，則如茨也，如梁也，如坻也，如京也（如坻如京）。甌窶耶（高田），滿篝耶，汙邪耶（低田），滿車耶，國家給而戶足之者也。夫謂之家給戶足，則漆園生不必貸監河侯之粟，王脩齡不必就謝仁祖之食（見穀食），周公瑾不必借魯子敬之米（見餐），申叔儀不必求有山氏之糧，晉之都不必乞秦邦之糴。於此之時，都城有紙價無米價，街衢有醉人無餓人，婦孺有實腹無枵腹（史云虛其心實其腹），蒼蒼有喜色無菜色（餓色若菜），故由是賽社以報生成者，村老皆醉也（見前不出），飲蜡以樂農事者，國人若狂也。噫，是可樂也。雖然，茲非偶然也。吾試稽之天道，歲星大明則豐矣（天文志歲星居心則年豐），驗之地理，黍稌既平則豐矣，觀之禽類，容雞甫至則豐矣，參之世物，蓍草先生則豐矣。吾謂不偶然者信也。第圭

治者君輔治者臣吾欽
聖天子尊居五位 舜在璣璣玉衡齊七政 齊七政而斡璣衡 賢宰輔典領百
僚順四時而調玉燭 四時和謂之調玉燭 則太和在兩間也 其將五風 堯時五日一風 而
十雨乎 十日一雨 兩暘既時若也 其將斗米而三錢乎 唐貞觀時歲稔斗米三錢 太倉應
有陳紅粒 行商千里不齎糧 亦唐貞觀事 民方含哺嘻嘻 鼓腹怡
怡 更不必免茨之竹實 值凶歲 之草根之榆屑之矣 唐德宗以榆屑和米煮粥而食

四六語

稻秀西疇 綠雲穲稏 禾之茂曰穲稏 麥翻南畝 翠浪葳蕤 茂盛意 蟊曰 食根虫
賊曰螟曰螣 食節虫 食心虫 食葉虫 知彼田祖 盡秉畀炎火之中 出詩大田篇 堅實 生民詩
好 實穎實栗 禾之收成穎者實繁盛而至不粟不秕也 慰我農人 悉生全丼霖之下 處處說
最豐歲 人人歌大有年 物阜財豐 僉云陶唐世之
治 有虞世之治 家給人足 抑亦無懷氏之民 葛天 上古帝王之号

氏之民

胸中吐奇 筆下炫采 謂予為豐年玉 可也

萬韶評

詳釋

麥秀兩岐 後漢張堪為漁陽太守 民歌曰 桑無附枝 麥秀兩岐云云
禾生九穗 後漢書 光武生舂陵 嘉木九穗 故命名秀
甌窶汙邪 齊使淳于髡以白璧一雙贈予趙 髡嫌其輕 謂齊王曰 臣從東方來 見禳田者持一豚蹄 酒一盂 祝曰 甌窶滿篝 汙邪滿車 豐年穰穰 五穀滿家 臣見其所持者狹 所欲者奢也 齊王乃益以白璧五雙
申叔儀乞糧 左傳吳申叔儀乞糧于齊公孫有山氏 曰 佩玉蕊兮 余無所繫之 旨酒一盛兮

余與褐之父晚之 對曰 梁則無矣 麄則有之 若登首山以呼曰庚癸乎 則諾○蓋庚西方主穀 癸北方主水也
乞糴於晉 左傳 晉乞糴于秦 秦輸粟于晉 自雍及絳相繼不絕 謂之汎舟之役
醉人 唐德宗時歲飢荒 民家無醸酒者 後干戈稍定 市中有醉人 咸以為瑞
枵腹 左傳 宋鄭其飢乎 歲在星紀而淫于玄枵○枵虛也 玄枵子分野也 故腹飢曰枵腹
菜色 山谷題畫菜云云 可使士大夫不知此味 不可使斯民有此色也
米沙平 寰宇記 吉州吳溪有沙如米 水澇之以平 有時而平 則年豐之兆
容雉至 南粵高興老云 縣多容雉 其形如雉而五采 至則年大豐
蘇草生 漢武問東方朔曰 年之旱潦苦樂可先見乎 東方朔曰 歲欲豐 甘草先生 薺是也 歲欲儉 苦草先生 藶是也 歲欲潦 潦草先生 藕是也 歲欲旱 旱草先生 蒺藜是也 歲欲病 病草先生 艾是也
倉粒陳紅 漢文帝紀 太倉之粟陳陳相仍 紅腐而不可食 故云云
含哺 [illegible]之時民含哺鼓腹[illegible]

凶歲

歲之有凶大侵也（五穀不升曰大侵）五穀不升嗷嗷然人聚泣于田畝（撫宗實錄）閭可憫已然所以致是者澇耶稻梁糜爛于陽侯矣（水神）旱耶黍稷燔烈于魃神矣（旱神）蝗耶稼穡戕滅于蟊賊矣（害苗虫）此則米若玉粒飯若胡麻（胡麻仙子所食之飯）（見地理兩都）民為淂無数米而炊稱薪（書在儉嗇稱薪而炊云云）而爨耶為淂無易子而食析骸而炊（左傳云云）耶又為無面無

菜色而眼無盧花（古詩餓眼啼盧花）耶吾見其所食者蘆根也木酪也竹花也是所謂河魚腹疾而呼山鞠窮也（藥名栗溫者）其何濟之有稽古荒政如漢文之蠲租隋主之泣莩（同好）開皇之義倉貞觀之金帛（唐太宗以金帛以贖饑民）周世宗以粟貸民宋真宗秉傳安撫是君人者遇灾而脩省臣可以泄泄為耶予謂倉卣可餘乎則為汲黯之矯詔不為過欺稅苟可罷乎則為韓愈之上疏不為過激價苟可減乎則為陳堯佐之濟粟不為過矯直苟可增乎則為趙閱道之招賈不為過詭又如官祿可捐則為富公之賑梓州可也营造可興則為范老之賑浙西可也不然監門無流民涕泣之圖原野有餓殍重壘之骨君王須令食肉糜餓夫不克飽黽蔬（賈誼疏云可為慟哭者三）時事大可慟哭哉雖然天降凶

灾人其如天何遇灾脩政天其如人何吾方額上而聖天子下而賢有司以仁心格天心以治化回氣數雲霖（久雨曰霖）而澇乎絪之化日驕陽（日）而旱乎沛以甘澤飛蟲而蝗乎化為魚蝦則大荒之後豊年穰穰矣

四六語

倉無紅粒野之青苗（左傳事）十室九未炊正似禁煙之節（寒食事）

三飡一不舉顛如碌穀之仙鄉鮮賢入孰肯散十萬錢濟衆郡非能吏誰將出八字令救民貧夫觸

蜀屐履霜（伴以蜀屐可以履霜）學子吞紙條庚日試看溝壑蜉蝣盡是顛連人但願　君王心化作光明燭

前作字丿有光可謂豐年玉此作字卜可嚼又

生那荒年穀郢美亡

萬韶評

詳釋

大侵　穀梁一穀不升曰歉二穀不升曰飢三穀不升曰饉四穀不升曰荒五穀不升曰大侵大侵之年君食不兼味百官備而不制神祈而不祀

蘆根木酪竹花　更始年間大荒民採蘆根以食洛陽荒食木酪竹花

河魚腹疾　左傳河魚腹疾病山鞠窮禦濕疾藥謂之濕

乘傳安撫　宋真宗祥符間大旱命使乘傳安撫帝命侍御史乘之

矯詔發倉　漢汲黯視之河內火武帝多飢者乃矯制發倉以賑貧民帝賢而釋之

上疏罷稅　唐德宗時荒歉上疏請罷稅錢草乘

減價濟農　陳堯佐守杭州時荒年米價翔貴公乃發廩儲積減價賤糴全活民悉依官價

增直招賈　趙抃守越州道閱遇荒年公乃出公帑錢增價而糴米商輻輳而至

官祿救荒　富公弼守青州遇飢

營造救荒　范仲淹

是路錄　之卷

以有餘之財以惠貧者使工役服力之人得仰食于公乃所以救荒耳非爲他也上乃不問

流民圖　趙宋熙寧七年久旱百姓遷移鄭俠爲監門繪一圖以獻帝覽之流涕天下大饑

食肉糜　晉惠帝性至暗天下荒有司奏聞帝曰何不食肉糜

免疵不　接免疵夫以前眼急

蝗化爲蝦　唐劉仁將之有賢行之

散十萬錢　出八字令　吞紙庚日

化光明燭

心化作光明燭不照絲羅從偏照逃亡爲屋

豐年玉荒年穀　世説庾元康王稚恭皆有才能人謂元康

是路錄卷之四

帝統

君道

君人者戴玄履黃（天 地）紀綱八極經緯六合中（敦語出淮南子）洲四時天

子之民白之冤（生黃帝之瑞）狄天可汗之名（生金天氏之瑞）想其降生之異稽之

天象赤電繞樞華星貫月也考之地理黃河既清丹

豆畢莢也驗之品物嘉禾九穗靈芝累葉也觀之氣

色赤帝子（見二卷雲內）頂上碧雲香（天語話）孩兒營中赤光也嗚呼此帝

王肖真哉斯則嗣無強大歷服履寶位（易經漢卦）而無疚者某

以為下車而泣罪無疚於夏湯解網而祝生無疚於

商文瘞骨（暍熱死人）而澤枯武扇暍而蘇命無疚於周是三王

之仁（唐文粹語）煦煥黎庶膏濡群生蔑以尚矣至如除肉刑

鞭背恤刑者如是慈心濟法律乎卻良馬服浣衣倫

德者如是朴素步古風乎家胡越室幕南武功者如

是赫怒安生民乎止輦受疏焚香讀章納諫者如是

虛心來讜論乎不寧惟是重配偶出宮女（唐太宗時出宮女三千人）者可稱弘

度量安反側（光武得諸已之牘今火焚之曰使反側子自安）者可美抑虛譽禁祥瑞者可嘉重文教

贊孔顏者可欽擴仁愛疏法網者可述斯則夏商周

之前三代代有聖君（敦語出唐文粹）漢唐宋之後三代代多令主皆

將以道德為居仁義為圍禮讓為垣者我

明則何如哉　太祖肇迹鳳陽（天元之世）舉八十餘年左衽

傑獳之俗一旦開天壙地風塵三尺劍化光舜而有

戰功社稷一戎衣視湯武而無慚德猗歟盛哉

成祖以撥亂之才識應飛燕從者　北京上應（北極）紫垣

下撫黔首是　聖代丕基
高皇帝　文皇帝功甚懋也然則
聖子神孫奕葉相繼其必東震（東震國）日域西鑾月窟南服
百粤北褰天驕（天驕者胡也胡乃天之驕子）使國勢固于苞桑（出易経）世運調于玉燭則
鳳凰儀麒麟出景星現矣
高皇帝　文皇帝之業為有光哉

是踏錄　四卷　三

四六語

出震乘乾功安九有（宋儒表德奉三無功安九有）馳玉驟帝德奉三無（三無謂天無私覆地無私載日月無私照）為天宗
子父是乾兮母氏坤稱崖公（天子亦稱崖公）曰為兄也月為姊（淮南子天子兄日姊月）
四七之際火為主符驗明徵億萬斯年壽不傾詩
賡美頌頤逢越裳氏（見史文）雉今時再修重譯（譯者語也）之朝欲效
華封人當此際重上

多男之祝

頌聖慶再云靈椿桂孕枝葉孝始放更者出斎
篭更有警技　菁韶評

詳釋

天可汗　唐貞觀四年四夷君長詣闕請上為天可汗蓋夷人尊稱其主曰可汗四夷歸化欲稱太宗為天可汗是後帝以璽書賜西北皆稱天可汗云
丹丘燒　瑞應圖云丹丘千年一燒黃河千年一清則有聖人出焉
嘉禾九穗　光武生春陵望氣者皆曰佳哉鬱鬱葱葱是歲嘉禾九穗故名曰秀
靈芝累葉　宋紀仁宗生乃赤腳大仙降世也故帝在常不襪足生時太后福下產靈芝四十二葉故帝之殘祚在四十二年
營中赤光　宋太祖生于夾馬營中是時赤光滿室異香經月不散人異之號帝為香孩兒
下車泣罪　史記禹出行見有罪人乃下車泣曰堯舜之民皆以堯舜之心為心寡人之民不以寡人之心為心云云
解網祝生　史記湯出遊見張網四面者祝曰從天墜者從地起者從四方來者皆入吾網湯曰噫盡之矣乃解其三面更祝曰欲左者左欲右者右不用命者入吾網於是百姓聞之皆曰湯德至矣恩及禽獸矣
瘞骨澤枯　文王為而衍添她沼掘有枯骸左右欲棄之曰此無主者文王曰有天下者為天下主有一國者為一國主寡人是其主也命遷葬之民曰文王澤及枯骨矣
除肉刑　漢淳于意有罪當刑幼女緹縈上書願入官為婢以贖父罪帝甚憐之遂為之詔除肉刑
禁鞭背　唐太宗覽明堂鍼灸圖知人之五臟皆附于背詔除鞭背之刑
却良馬　漢文帝時有獻千里馬者帝曰朕吉行日五十里師行日三十里旗在前屬車在後雜有[illegible]服浣衣唐文宗性儉所服[illegible]

是踏錄　四卷　四

微芳之常曰
朕所甚適也家胡越皇命突厥頡利可汗起舞又命南粵
酋長馮智戴詠詩既而笑室幕南漢武勤于征伐匈奴酋
曰胡越一家自古未有也長皆散落時幕南無王
庭漢文帝郎官上疏帝焚香讀章唐宣宗祀
矣止輦受未嘗不止輦受其言工樂開灑
諫凡諫官論事苟合于理嘗由意從禁言祥瑞唐太宗龍
之瀆大臣章疏必焚香浣手而讀之家給入至
而無瑞不為害為堯舜百姓愁苦而多宋太祖謁
瑞未免為桀紂於是禁言字祥瑞者親賛孔顏先聖廟親
作孔宋太祖讀五帝史嘆曰四凶之邪止于逃
頗賛誅法網何近代法網之寇耶於是悛寬共刑蜀
國朝永樂封燕王時有一道士頗狂桂現歆寺
識應飛燕路曰莫逐燕莫逐燕不日飛上金荃殿後帝旨蔡
京入金陵四七之際火為主受命識書曰四七之
以從大民火光為武盖以七者廢二十入
宿華封人祝堯曰願聖
也多男之祝人壽富多壽多男子

皇后

猗歟母后。天子之配。理陰數而助陽剛。脩壼範以
獨親政。稽之家人之卦。男正位乎外。女正位乎內。共
治也。考之穀梁之傳。天子親耕以共粢盛。王后親蠶
以供祭服。共事也。故居則璇宮室。則椒房。車則金根皇后乘金根車王
輅鸞輦則玉輅。璽則壁鸞皇后之璽壁有鸞文志貴也。然貴豈偶然哉。吾知沙

麓崩貴徵也。嫡星燦貴徵也。龍蟠腹貴徵也。纈瓌體
貴徵也。句弋手而拳。杜姬齒而童。貴徵也。數古之衆
賢者。英皇娥皇女英佐舜虞。治無為。妊太妊文王母姒文王妃興周。姬祚綿遠。豈不
炳炳乎光史冊哉。至如姜后之脫簪。辭其愛。却其寵
佳治中之耿介者也。無鹽之論殆箴夫病。藥夫伏桑
曼中之骨鯁者也。長孫后之著書。操若觚。染若翰。鉞
𡠝中之彥秀者也。馬明德之服綠鈚而舉就而寔稀
奩中之雅素者也。徑明肅之省躬遏厥欲存厥理。巾
幗中之正大者也。斯則恪遵女範史記語。爰立母儀。關雎遷
其王化。螽斯詩篇名比文王子孫衆多蕃其嗣續。故數后之懿德。迄今稱之不
衰惜也。妹喜之殞夏。斷社稷之斧斤天子之侯上有食宿字。妲己之亡商。壞
江山之鴆毒鴆孔雀血。褒姒之傾周。戕寶位之蠹。騰飛燕之裀

水入宮迷君主之鬼祟玉真以花容幸蜀㑹生靈之敗賊若此者悪乎后奈之何又有奇妬之呂雉（呂后諱雉）人彘戚氏狠心之則天骨醉蕭王此甚䖝猛獸未有如此之烈者后乎乃有是哉雖然此君王寵之過也夏桀為妹喜剗玉夏之所以喪商紂為妲己斮脛商之所以亡幽王為褒姒舉烽周之所以傾玄宗為太真赵

沉香亭唐之所以亂陳后主為麗華造結綺閣陳之所以滅煬帝為降仙作迷樓隋之所以壞由是而觀（漢武幽陳皇后）君之寵后過於寵不可也衰於寵不可也衰於寵者（見宦品諫注）漢武而陳后幽（于别宮相如為作賦乃得幸）光武而陰后黜仁宗而郭后虔噫五君固英君也而乃有戚德之累也哉

因六諭

壹欧穆宣宣房昭理俔天之妹可嘉女德之良為君之妻俾貳坤儀之正蓋關雎之咏淑女以無險（一联出翰苑新書）陂私謁之心而雞鳴之詩賢妃則有警戒相承之道䂓聖人之多子（華封人事見）輒慕堯封思令德以式歆不嘛周雅

秼皇后故䳒恁奚茅杀蓋黒崑畨耳　蔡烈璉

詳釋

理陰教　周礼内宰治主内之政令以陰礼教六宫以陰礼教九嬪故云

正位内外　易家人卦云男正位乎外女正位乎内正家而天下定矣

璇宮掖房　拾遺記云帝少昊母皇娥處于璇宮漢官儀稱藏宮以椒塗壁取其温碎悪氣或云椒房者取椒實番衍之義

沙麓崩　春秋沙麓崩注云陰威而崩六百四十五年宜有聖女出漢乃當之

龍繡腹　漢虜稷王豹薄姪詔納后宮歲餘召幸之對曰昨夢一龍擾汲腹上是貴徵也吾為汝成之既幸生文帝

纈霰體　魏志甄后幼時每寢寢家中悅慇見如有人持錦纈衣夜甚上常共薛之知其為非常女子也後果為曹丕后

鉤弋手拳　鈎弋夫人趙婕好家在洵聞武帝趙待過之坐氣者言此有奇女天子亟使使召至女兩手皆拳上自拔之手即龍鄰拳夫人由此滑幸納為后居鈎弋宮後生昭帝孕十四月始生固[illegible]

杜姬齒童　晉成帝杜皇后頊之曾孫成帝拜為[illegible]

郩中止及帝納朱之日一夜齒盡生

姜后脫簪

通言於宣王曰妾之淫心見矣至使君王失禮而晏起亂之興從婢子始敢請罪王曰寡人不德非夫人之罪也遂勤於政事早朝晏退卒成中興之名

無鹽論殆

命對曰今西有衡秦之患南有強楚之讎外有二國之難一殆也漸臺五重黃金白玉萬民罷極二殆也賢者匿於山林諂諛強於左右三殆也酒漿流湎以夜繼日四殆也宣王喟然而嘆拜無鹽為后

馬后服練

漢明德馬皇后身服大練食不求甘為天下母儀

莊后省躬

宋莊后省躬聽政

飛燕禍水

趙入宮漢成帝主為后甚寵愛之后嘗從帝後嘒時有淖方成者白髮教授宮中號淖夫人唾曰此禍水也滅火必矣漢以大德主也故云

人彘戚氏

高祖寵戚夫人欲廢太子立如意呂后甚恚之及帝崩后乃斷戚夫人手足於廁中使人觀之曰人彘

骨醉蕭王

唐高宗王后及蕭良娣為武昭儀所誣囚之

商紂斮脛

夏桀刻玉

沉香亭

宮嬪

天子之妃嬪充滿後宮，曰婕妤，曰昭容，曰娙娥，曰昭
儀，曰綠女。是將聽雞鳴之詩，而有魚貫之序者。稽古
之賢，樊姬遠禽獸之肉，而止王之獵，善於悟君者
也；楚姬當天變之臨，而許王以死，善於救君者也；班

姬從後宮之幸，而靜王之輦，善於箴君者也；馮媛與
上林之遊，而當王之熊，善於護君者也。此數姬之行，
人誰不喜之？至論技能之美，則靈芸針神至巧矣，麗
娟歌仙至妙矣，叢臺舞聖至奇矣。若想宮掖之中，佳
治綵集，綠雲擾擾，梳曉鬟也；渭流漲膩，洗脂粉也。或
為遠山之眉，既纖而秀；或為鳳髻之鬟，既濃而翹；或

煬帝迷樓 可以療饑矣 隋作迷樓居之 一登其上 …… 居之 …… 仙子為所迷故云

為嬙來之粧既靚而雅矣穠粧若此楊妃雖齒痛乎

矣流于醜西子縱揎顰乎更益其妍御妃雖頰補乎

益見其美耳噫景陽樓上一聲鐘三十六宮畫梳洗（宮詞春寒爲繡户紅泪濕羅襦）

只道羊車今夜頋笙歌又在別宮聞綉户羅襦之濕（韓夫人題紅葉云流水何太急幽居盡日閑云云）

無限幽思御溝紅葉之傳不勝感慨紅顔勝人多薄

命歐陽公之語誠然乎亂雖然此猶可也明妃琵琶

是踏録　四卷　十一

之怨以漢宮之人而爲胡地之妻花蕊詩詞之怨以（古明妃曲今日漢宮人明朝胡地妾）

蜀國之嬪而爲宋朝之虜其苦更何如也柰之何又（劓鼻曰劓）

有最苦者掩鼻而劓困讒而禍醉骨而死爲妬而實（見前骨醉肅王姓）

故御陽有云女無美惡入宮見妬言切中矣然則誦（小星之詩衆妾美后妃之不妬忌）

小星之詩后妃之以恩御下嗚呼后妃真曠世之賢

后也哉

四六語

花嬌柳嫩窈窕紛紛玉潤珠輝靚粧雅雅隋代儘

多文給事魏朝更有女尚書楊家姊趙家妹盡爲（燕飛妹合德也）

國色天香李夫人莫夫人總是瓊肌玉骨殊恩未（莫瓊樹魏文帝宮人）（龍陽君事作男子君姊）

休豈忌別鶴之怨厚寵一治還有前魚之泣昭陽（宮詞上絃驚別鶴）

殿上乃唐明皇遊幸歡場溫柔鄉中是漢成帝復

是踏録　四卷　十二

游老處

風萬粧盈梁媚態庚雅靚即擬之漠苑之嬙美

[illegible]后殿未集乃可既聰柔妙敬服之

錦夫評

評釋

遠禽獸肉列女傳楚莊王夫人樊姬王好獵姬諫不止乃不食禽獸之肉者二年王感之遂勤于政事

[illegible]

有赤雲夾日如飛鳥王問周太史太史曰是害王身請移于將相王曰將相猶孤之股肱也不聽姬曰大哉君之德乎妾請從王死矣妾聞信者不負其心遂自殺

班姬辭輦 漢成帝初即位班婕妤選入宮成帝遊後庭欲與婕妤共輦班婕妤辭曰妾觀古圖畫賢聖之君皆有名臣在側三代末主乃有嬖女今欲同輦得無似乎上善其言而止

馮媛當熊 漢元帝幸虎圈熊逸出欲上殿馮婕妤直前當熊而立帝問之對曰猛獸得人而止妾恐熊至御座故以身當之

歌仙舞聖 漢武帝宮人麗娟善歌帝曰麗娟歌者舞者

靈芸鍼神 魏文帝美人薛靈芸善鍼工宮中號為鍼神

遠山眉 漢趙飛燕妹合德為薄眉號遠山黛

蟬翼鬢 魏文帝宮人莫瓊樹製蟬鬢望之縹緲如蟬翼

慵來粧 趙合德新興髮為卷髮號新髻為薄眉號遠山黛施小朱號慵來粧

楊妃齒痛 唐楊妃有齒痛常含玉魚一身痛貴妃鎮日華清宮一痛含玉

提路錄　四卷　十三

側生遂動搖其左車手蓋荔枝曰側生齒曰左車也之施見而美之乃放其輦焉見之者皆擲其妻子而走矣

白獺髓無琥珀屑補之更盡其美

鍛鏤羊車 晉武帝多內寵常乘羊車所之宮人以竹葉插戶以鹽汁灑地引帝車

滎陽鍾 [illegible]

紅顏薄命 [illegible]

西子眉顰 西子有心疾嘗捧心而顰其里醜婦見而美之亦捧心而顰

鄭妃頰補 [illegible]

花蕊詩詞 蜀主孟昶妃花蕊夫人有宮詞百首君王城上竪降旗妾在深宮那得知十四萬人齊解甲寧無一箇是男兒

擁鼻中讒 楚王美人魏王遺楚王美人楚王悅之夫人鄭袖知王之悅之也謂美人曰王甚愛子然惡子之鼻子見王必掩其鼻美人見王因掩其鼻

女尚書 [illegible]數千人選女子知書可付信者六人以為女尚書使典省外奏事處當畫可

文給事 魏主有天下多不內寵宮人善文墨者又甚愛之使給事

楊家姊 貴妃寵三姊一封韓國夫人一封虢國夫人一封秦國夫人時云男不封侯女作妃君看女卻為門楣

李夫人 漢武帝李夫人甚愛其殊色延年為歌曰北方有佳人絕世而獨立一顧傾人城再顧傾人國不能放武帝不再顧傾人國後死帝錄悲然

溫柔鄉 趙合德初入宮帝甚悅之謂之溫柔鄉曰吾老是鄉足矣不能效武帝求白雲鄉也

太子 鄭樵通譜

太子天子之元子也主器春宮貳體 ○太子國之貳 宸極守器宗 ○數語沈約語

提路錄　四卷　十四

禖○一有元良萬國以正矣 文王世子篇 ○吞想其降生之始燕之禖○之夢熊室 詩經維熊維羆男子之祥 絢飛龍端采○旋宮熏夾馬異香 香孩兒事見前 高帝之子孫○龍種帝文王之公子麟趾○為夫兆既符於震索 震一索而得男 姑皇孫祥說 則位當統以乾剛○慨自祖龍棄彼秦鹿竟使羣雄逐 史記秦失其鹿天下共逐之 鹿○漢祖眷渠如意○乃令四皓蜚鴻翼矣弋者赤羽既 戚姬事見前人部內 詩四皓歌云鴻鵠高飛而輔太子故云 為之震惕○諷翟單者黃臺更極其慘切○若三代有蕪

之長豈如是哉是以君之于後嗣也建儲宜亟訓儲
亦宜亟訓之云者必如武之于成王太公為師周公
為傅召公為保伯禽康叔與游一匏豆也斥其不詹（敦語元稹書云云）
一邪萬也麾其亟去則左右前後皆正人既與分防（唐人賀太子表語）
之選干戈羽籥在東序佇觀齒冑之儀九重之上將
所忻忻然重繼體得人耶萬國之中將喁喁然頌吾君

有子耶若然則日重光耶月重輪耶星重暉耶海重（漢明帝為太子樂府日重光云云）
潤耶不爾者使蛇龍溷雜鹿馬謬張華林園之問蛙（晉大公為世子事　伯鹿為馬事）
今其沖齡之不學長春苑之馳馬俾其幼習之弗識
此又惡乎作太平天子哉今
吾皇之祚派出璇源教之以正是父是子華天橋盛
治踵虞唐雖日丕顯丕承揚

秋列恭和在成周守宙開運歷此亦甚盛事哉

四六語

分枝若木璈派天潢玉鉉定下鳳臺上炳炳熠熠（魏王聞表）
星晶光甲璈聯承芳鶴禁前瞻蔥蔥見佳氣前（梁吳周王…）
呈耀采少海澄波近金琢玉之貲驟龍驂王之烈
日華映於甲觀二絲猶可葩粹天意為於

宸旒四皓不須羽翼
太子固當教玉藻丕文明錦奕瑞葩非尋常字

勇哉

勇語評

詳釋

燕禖　史記帝嚳妃簡狄祀于高禖戲飛燕之祥因有孕遂生契

秦扶蘇　秦始皇有天下不早立太子扶蘇時李斯趙高專权乃以扶蘇監軍于北立幼子胡亥始皇崩乃矯詔殺扶蘇天下遂亂秦乃亡

盜兵戈　漢武帝太子遭巫蠱之戮盜弄兵戈帝怒賜太子死後新城上老上書極言太子無…

諷黃臺　唐武后欲廢太子李泌作黃臺…

傳以稱三牆猶尚可四犄挖莫遠傳裁恐已縮瘡侯王矣放
泌乃諷及之瞿犨者皇后車上之犄也不敢指后言故言其
車耳

鮑豆不發 史記文王使太公傅太子太子嗜鮑魚太公曰鮑魚不登俎豈非太子所宜食 邪

蒿亟去 北齊邢峙為博士傳太子廚人進邪峙曰此不正之名命亟去之

鹿馬諍張 趙高擅秦權以鹿為馬問于羣僚有言鹿者有言馬者言馬者則陰中傷之

華林園問蛙 晉武帝太子在華林園聞蛙鳴問左右曰為公乎為私乎左右曰在公地者為公在私地者為私

長春苑馳馬 唐劉本行本至太子作為庶子傳太子長春苑中行本至太子作且命其馳之衍本曰至尊命臣傳太子非命臣為太子

玉釵究下 宋某宋真宗時典寶失玉釵丞相下周王究當生男耶

鶴禁 太子所居名鶴禁以周王故名

少海 天子出太海太子出少海宋人表

前星 天文志前星太子也

畧談録　四巻　十七

帝馳王 王充論衡三皇步五帝驟三王馳五霸騖云云

三疏範模 後漢疏廣疏受為太子少傅乞骸骨歸人曰賢哉二大夫

四皓羽翼 漢高寵戚姬欲廢太子立如意張良謂云后曰事急矣須得四皓輔之呂后召四皓至與太子游漢祖見之大驚諸戚氏曰我欲易之彼四人為輔羽翼已成

宗藩

藩封之制天子親親之典也受茲赤社建爾國家伯（漢孫廣陵厲王胥）父叔父共膺茅土大宗小宗乃作藩垣此公族者公室之枝葉哉昔武王以寶玉展親成王以桐珪封弟親親也漢之子弟受封者犬牙相制親親也故語其派曰溯流璇源語其譜曰承芳玉牒一昭也一穆也嗚呼豈不貴哉稽古之最良者淮南王作鴻烈解守秩風霜陳思王賦銅雀臺文名繡虎（曾子建作之之延稱繡虎）長于才手然大雅不群河間王之迥邁流俗手庚綽綽為善最樂東平王之不累伊蔡素志翩翩其德行更可録也矣已

畧談録　四巻　十八

也霜蹄千里駿風翮九霄鵬（杜公詩）此所以美汝陽王者非汝陽誰（李邕詩）可擬精神霞絢日風度玉為人此所以美成平王者非成平誰可副節堅本甫柏材棟渥洼驄（杜荀鶴詩）此所以美廣陵王者非廣陵誰可當茲則公族藩滋枝（漢傳之語）葉茂碩高帝子孫盡隆準（高矣）龍種自與常人殊（杜哀王孫詩）信哉惜（劉向）也盛乎公姓也麟之趾也斯尚說之死更生公室也

漢之望也。石顯譖之，然。長沙王封地褊小，因讌小舉
舞袖曰：地狹不足回旋。武陵王無寵于帝，醉以貂裘（北齊之事）
卧地，帝曰：汙貂。則曰：陛下何愛夫羽毛，踈其骨肉。噫
嘻！此宗室之不幸者耶？然則文王孫子，本支百世（詩經句），信
乎國家稱循道之長也。

四六語

剪桐垂緒（唐册許王男制），訓梓貽芳。建邦啓土，胄本出于神明；扶（二漢呂祖遂宗藩啓）
世奠民，德寔參乎化育。周之曲阜，元子遺侯（册許王男制）；漢之
平臺，恭王襲父。曾說本根，強我李（唐高進送宗室詩本根强我李），還應磐石，劉宗
周非劉氏不敢王（漢祖有天下，殺白馬為盟曰：非劉氏不王），白馬之盟，維然攸在。惟
衆家長有慶，黃土之祚，更且無疆。
妃非從諸□大不道，淮南王仙去，不道矣王□

天有進御館

詳釋

赤社　漢制：太子封王者，以所封之方色土。南方赤土，他如其方色，藉以白茅，故謂之茅土之封。東方青土。
公室枝葉　左傳：宋昭公將去群公子，樂豫曰：不可。夫公族，公室之枝葉也，若去之，則本根無所庇廕矣。
寶玉展親　書旅獒：分寶玉于伯叔之國，時庸展親。
桐珪分弟　成王與叔虞戲，削桐葉為珪以與叔虞曰：以此封汝。史佚請擇日。成王曰：吾與之戲耳。史佚曰：天子無戲言。遂封叔虞于唐。
犬牙相制　漢高帝有天下，王子弟，犬牙相制，所謂磐石之宗也。
一昭一穆　國語：康叔，文之昭也；唐叔，武之穆也。自祖以下，一昭一穆。
大雅不群　河間獻王德修好學，被儒服，山東諸儒多從之遊。武帝時來朝，帝曰：夫雅大雅，卓爾不群。
為善最樂

雲谿評

前漢東平王蒼，武帝詔問處家何等最樂，王言為善最樂。帝曰：自我斯言。
讒屈平死　屈原名平，楚宗族也。任懷王為三閭大夫，三閭之職，掌王族三族者。靳尚妒害其能，乃及上官大夫共譖之于王，王乃疏屈原。原心煩亂，乃自赴汨羅江沉而死焉。
譖更生從　劉更生，漢元帝即位，太傅蕭望之、少府周堪薦宗正劉更生，明經有行，擢為宗正。弘恭石顯等忌其能，譖于帝。蕭望之……

是路録卷之五

特士

賢才之生萃精毓靈稷契光虞夏伊呂翼商周帝之（王儉詩句）匡王之佐匪多得也嗣是以下論相業色絲補袞（仲山甫）梅和羹茂實騰矣論儒術諸儒解頤五鹿折角英毅（傳說）班矣論文章筆發采蒼口吐白鳳大名昭矣論節操（李太白）（揚雄作賦夢口吐白鳳）強項無田硬腰不折佳譽頭矣論德行鄉稱君子里（陶潛）（王彥方任子婉事）志賢人高標樹矣論力量單騎退虜一語却秦英稱（見地理鄉里內）著矣此則蘊藉獨優不作尋常人物設施迥異悉為卓犖丈夫猗歟休哉吾又於稱名者論焉孔明稱臥龍子建稱繡虎陸雲稱隱鵠鄧艾稱伏鸞是以雲物（見前卷宗元）

是路録　三、四

是路録

五之六

擬恔又乎李拯云文梓表纂云豫章和嶠云千丈松
竇氏云五枝桂是以異木比英雄乎孔浼謂孔家金
魏顗謂魏家璧稚恭謂豐年美玉狄公謂滄海遺珠（並見珍寶內）
是以奇珍例豪傑乎寇公為北門鎖鑰士元為南州
冠冕杜預為中朝武庫虞潭為會稽竹箭（見二卷尚書內）是以用物
喻俊彥乎不惟此也衛玠曰璧人（衛玠子美姿容時號璧人）甚副也器之曰鐵

是若錄　五卷　二

漢甚稱也傅亮命謂金玉君子甚宜也然則孔明（孔明居隆中自比樂毅）比
樂毅軒耶（車前曰軒後曰輊）輊耶誰曰不副王導比夷吾頡耶（鳥飛而上曰頡飛而下曰頏）頏耶誰
曰不稱寇準比謝安伯仲耶誰曰不宜信乎擊楫（晉祖逖擊楫欲澄清中原）
者精忠懋可賞也請纓（終軍請長纓傳南粵王致闕下）者壯志宏可嘉也釣鰲者俠（見前風內）
節雄可憚也破浪若劉風奮可羨也題柱者（司馬相如）豪氣盛
可嘉也再擬議之大才槃槃謝家安寧哉人中奕奕

何子朗寡儔五緯紛紛井大春鮮儷說難蹯蹯神聖
元少匠京師楚楚袁與祖罕對是代有奇人入有奇（高辛氏有才子八元帝鴻氏有才子八愷）
行即一韓一范（見官品武將）乎奚愧八元八愷乎奚讓五龍五鳳
乎奚怍二陸（机雲兄弟）二鮑（鮑永兄弟）乎奚慙三蘇（東坡父子）三呂（蒙正并姪）乎奚畏噫吾不
圖先代人才彬彬乎盛哉雖然才實難也碩士入呵
樹立何如耳樹立云者寧為雄飛不為雌伏（晉溫嶠語）寧為秋（史記語曰）

是若錄　五卷　三

霜（霜殺物檻羊受制於人）不為檻羊寧為雞口不為牛後（蘇秦說魏王語）寧為玉碎不為瓦（魏宗室景皓語）
全寧為蘭摧不為萬榮（陳毛伯箴語）寧為百煉剛不為繞指柔（古詩不意百煉剛化作繞指柔）寧
為一士諤諤不為千人諾諾（史記千人諾諾一士諤諤）昔韓愈希生欲為土柱
國此欲為包闍羅則人品超矣不然李緯（柳咸）徒有好鬚（唐太祖以李緯為尚書古齡曰此人好鬚）
不厭於玄齡之口殷浩空負重望無能慰天下之心（晉時人謂殷浩淡泳不出如蒼生何）
嗟嗟是焉得為大丈夫

四六語

虎生文炳。鳳出采揚。麟閣十一人。（漢宣帝圖功臣霍光等十一人於麒麟閣）譽望與斗山並。峻雲臺廿八將。（漢光武圖中興功臣鄧禹等凡二十八人于雲臺）勳庸同日月爭光。汲長孺固社稷（漢武曰古稱社稷臣汲黯近之矣）。陳元龍真湖海士。（陳元龍名登史稱其豪氣湖海士也）四其御史。名重當年。三影郎（見官品武將）中。馥施後世。劉銳發荊州之解。足破天荒。謝玄從淝水之師。頓搖地軸。柳惲實學。分來可了十人。韓信奇才。用處可當一面。（史記韓信可當一面）更有封伯鵴末。（四者皆謝韶兄弟小字）盡堪活以揄揚。還知沈謝曹劉。總可暗中而索摸。

洞源派派。巨峽奔華。搖擇手人。

景圖付

評辯

諸儒解頤。漢匡衡善說詩。諸儒語曰。無說詩。匡鼎來。匡說詩。解人頤。謂使人笑。

五鹿折角。漢五鹿充宗善梁丘易。諸儒無敢與論辨者。或薦朱雲。雲與五鹿君辨難。五鹿如折其角。時語曰五鹿嶽嶽。朱雲折其角。

[illegible]

强項無田。之主訴于帝。令宣謝主不肯。屈帝使人屈其項。宣終不服。帝乃叱曰強項令出。

單騎退虜。唐書回紇與突厥連兵入寇。郭子儀曰事急矣。乃以單騎至回紇營。與主帥藥可羅責其背約之罪。突厥聞之。遂率兵夜遁去。

一語却秦。史記魯仲連與新垣衍論。讓衍欲帥諸侯共帝秦。連曰必欲帝秦。連有蹈東海而死者矣。秦將聞之。乃却兵五十里。

伏鸞隱鵠。鄧艾有才智。人號伏鸞。○晉陸雲善文章。人號為隱鵠。

李撰文梓。唐李撰為相。帝謂其門第人物文李皆第一。析子身上詩云。京國搜楨幹。南宮遲生世。推材是梓人。仰驥中華。

袁槃豫章。南宋袁槃少穎異不凡。人稱之曰。栝柏豫章。雖小有棟梁之器。

和嶠千丈松。晉和嶠字長輿。庾子嵩目之曰。嶠森森如千丈松。雖磊砢多節。而施之大厦。有棟梁之用。

竇氏五枝桂。竇禹鈞五子皆貴。馮道贈詩云。靈椿一株老。丹桂五枝芳。○時亦號之為五龍。

沈金魏璧。世說孔沈魏顗並為人俊。孫興公目之曰。沈為孔家金。顗為魏家璧。

豐年美玉。世說庾亮庾翼並有才能。時人並嘉之。稱亮為豐年玉。翼為荒年穀。言其皆可貴也。

滄海遺珠。唐狄仁傑為吏誣訴。閻立本召訊。大異之曰。此可謂滄海遺珠。

北門鎖鑰。寇萊公鎮天名府。北使過之。謂曰相公重望。何為不在中書。準曰陛下以北門鎖鑰。非準不可。

南州冠冕。水鏡先生與龐士元論事。知非常人。謂曰南州冠冕也。○又陳蕃稱徐孺子曰南州冠冕。

會稽竹箭。晉書顧榮與吳群人虞潭會稽人並起兵討蘇峻。賛曰虞顧實南金。虞惟東箭。

鐵漢。宋劉安世字器之。與蘇東坡論元祐之人才者。東坡曰器之真鐵漢。不可及也。

金玉君子。宋真宗紀傳堯俞宛帝聞之。傳公金玉君子。朕方欲倚之致太平。天奪其壽耶。

王導比夷吾。晉溫嶠江左草創。嶠以為憂。及見王導共談。欣然曰江左自有管夷吾。吾何憂。

寇準比謝安。宋寇準澶淵之役。不以營心。雷議者比之為謝安。

釣鰲。李大白謁宰相。以一板上題云。海上釣鰲客。

[illegible]物為餌曰以天下無義氣丈夫為餌 大才槃槃 [illegible]述俱有時參人語曰大才槃ヽ謝家安江東獨步王文度 人中興興 梁何子朗擅才名人為之語曰東海子朗人中興ヽ 五經紛紛 漢井丹字大春通五經時人語曰五經紛ヽ井大春 論難僠僠 楊□字子行治梁丘易與京兆礽聖元俱善于論議人曰說経鏗ヽ揚子行論难僠ヽ礽聖元 京師楚楚 北魏祖坐與袁翻奇名秀出時人為語曰京師楚ヽ袁與祖洛陽翻ヽ祖与袁 四其御史 唐郭弘覇自陳討又臣李敬業臣誓抽其筋食其肉飲其血武后恍授除監察都御史當時號為四其御史 三影郎中 張子野為郎中時有雲破月來花弄影浮萍破臺見天影陽墻送過楸韃影人謂之三影郎中 破天荒 于荆州久不奉吞解號天荒劉統以奉入廷試第一號破天荒 才了十人 梁帝謂周捨曰掷惮可謂具美分其才足可了十人 沈謝曹劉 唐許宗見人多忘或謂不聰吞曰卿等自难記若遇沈謝曹刘暗中索模亦識

忠直士

士之忠直。無軟義。無回互。言有更數、行不脂韋、卑蹈
史魚、尼父特稱之矣、他若石奢也、申鳴也、為國而不
私其父。啓紀也、鮮狐也、舉賢而不計其讐。不剛直而
能然乎。吾聞晏嬰頸輔也、不屈於崔慶之脅。殖華良
注也、不受乎莒君之賂。然向佳士也、不諱乎鮮魚之
惡。此非委靡者流。其春秋之彬彬良大夫耶。嗣是而
下、董宣格公主家奴。見官品 激烈甚也。李膺殺常侍愛弟。振
作雄也。申屠辱天子弄臣。見官品 施為別也。袁盎撤夫人坐
席。卓犖異也。謝超宗笑落水三公。墜車僕射。豪邁迥
也。明化基誚禿瘡天子。跛足皇后。劉方懟也。韓致元
以脫可斷。見官品諫臣 麻不可草。嚴毅壯也。李元紘以山可移。判

不可動。節槩奇也。未已也、不乘太子之馬。見前太子 行李者、不
為勢懾。不供王官之麋。李繪者、不為威惕。傷損閹宦
之鷹。遠幹者、不為權沮。匿死主君之雞。見官品諫臣 魏徵者、不為
死疾。吾想諸君、撩虺蛇之頭、莊子語 蹈虎狼之尾。頭則嚴顏 嚴顏謂張
飛曰斫中有斷頭將軍無降將軍 乎。可斫舌則杲卿乎。可斷心則比干乎。可剖目則子 伍子胥以吳王納
西施諫不聽曰可剜吾目懸東門看越兵伐吳 胥乎。可剜。此薑桂性到老而愈辣者。松柏姿凌寒而

不義者又肯見難而避者耶是以內多慾而外施仁義汲長孺之言切中漢武病而淮南之行不辭也刑餘周召法律詩書蓋寬饒之言切中漢宣病而下吏之犯不避也營繕頗多諫者忤旨魏鄭公之言切中唐太宗病而殺此田舍翁之恨不悍也武氏經事先帝天下共知褚遂良之言切中宋高宗病而撲殺此

獠之嫗不畏也裂冠毀冕變為胡服胡邦衡之言切切宋高宗病而監奴之貶不恤也蓋忠臣烈士青史不汙義膽忠肝白刃可蹈故蘇子卿不屈節於虜在虜一十九年而還本則丁年（丁年廿年也）歸鬢蓁年矣有憂慮管幼安不枉志於遼居遼三十七年而歸少非漢人老非魏人矣有感慨李太白不合於（太白貶於當塗）天寶發倖朝則禁

林暮則采石矣有怨思蘇子瞻有忤於元祐朋黨春而玉堂秋而赤壁矣（東坡書事謫於黃州）有怨憤黃山谷不阿於符紹小人九日（山谷守當塗僅九日被謫宜州）姑熟六年僰道又矣有憤欝也嗟乎丘山岌岌遠天峻汚水澄澄徹底清史冊之光乎落落元龍湖海氣琅琅董相天人策（董仲舒有天人三策）邦家之傑乎古琵無俗韻（吳韓休詩）寒松不妖谷士林之特乎直節終成棟純鋼不作鉤（史稱包公詩云云）

儒流之雋乎此頹波洶洶砥柱屹然疾風颸颸勁草（唐太宗贈蕭瑀疾風知勁草）不靡吾方為世道慶

下　四六語　唐文粹

忤英主龍鱗蹈奸臣虎尾鑑爭古鏡與日爭明枕直長松到天不屈蘇則勝寧為佞人作枕頭林蘊頭豈數頑奴為砥石來雲折檻諸公嘶請劉之言（見武具劉內）

楊子哭廷千載壯裂麻之語。晏侍郎只將九死柜
奸相浩氣昂昂。蘇刺史不以二天庇故人（蘇章故人曰人有一天我有二天章為刺史竟按其罪事）劉風凜
凜。更羨王陵戇者。（非劉氏不王見四卷宗藩）盟申白馬。外戚無封。莫言周昌（漢祖欲易太子周昌）
吃（口吃曰臣期期不奉詔）哉。重義青宮。內儲誰易。

此出題才豪氣構成筆下宏詞比乃比一篇詩

且論　景蓮評

詳釋

軟美 唐張九齡曰嚴挺之太苦勁蕭誠軟美可愛李泌曰公為相而亦喜軟美者乎

石奢 楚昭王有士曰石奢王使為政有殺人者追之乃父也白于楚王請自死王曰追而不及膺有罪乎子其治事矣石奢曰不私其父非孝也不行君法非忠也遂自伏鑕而死

申鳴 楚人以孝聞王欲相之辭不受父曰汝能祿養吾無憂鳴乃入相後白公勝為乱將往死之父止之不可白公劫其父鳴曰始吾父之子今吾君之臣忠孝何得而全遂殺白公其父亦死王欲賞之鳴曰食祿避難非忠為國提父非孝乃自刎而死

咎犯 晉文侯問咎犯曰誰可為西門守對曰虞子羔不公曰非爾之讐耶對曰君問可為守者非問臣之佚也羔見咎犯而謝之咎犯曰存子者公也怨子者私也吾不以私事害公事子去矣吾將射子也

不屈崔慶 左傳崔氏慶氏同盟以事香閽而弑其君晏嬰不肯与盟君既見弑遂抱其

不受莒君賂 左傳齊侯襲莒杞殖華還宿

曰貧貨棄国吾所惡也遂乃戰死 **不諱幷魚惡** 內古之遺
直也三數叔魚之惡不為 **殺常侍弟** 漢李膺幷司隸校尉
末咸曰又也夫可謂直矣 張讓為常侍弟朔為
野王令貪残無墳畏膺廠爽逃還京師匿兄 **辱帝弄臣** 申
家合柱中齊知其狀率吏卒破拉縛捕殺之 屠
嘉為相鄧通方發幸加嘗入朝見通戲慢于帝側及嘉罷
朝撤召通欲判之上使、射之曰此朕之弄臣也乃釋之
撤夫人席 漢文帝寵愛慎夫人每出与皇后同坐席時袁盎
為郎中令引夫人席謂宰曰陛下不聞人彘乎帝
悟乃令夫 **笑落水三公** 宋未蕭陷成殺其主昱袁粲刘秉
入撤其席 謀討之緒溷發其謀粲兵敗遇害
彥面独轅啟後送王僧慶赴湘州閣道壞墜水僕射王儉鷲
挑下車謝起宗大喉曰落水三公隆車僕射彥回出水露退
很藉起宗人声曰天所不容地所不載投畀河伯、、不受
彥回大怒曰寒士不遜超宗曰不賣袁刘烏免寒士聞若皆
為之 **諷禿瘡天士** 五代楊光遠病禿妻又跛奉兵反挾明
球然 鏑、諸曰馬有禿瘡天子跛足皇后卯

鎬宁佩基先、 **麻不可草** 韓偓字致元宰相常貽乾以毋喪
遠大衙之、 羅去制未滿求起服昭宗詔還位
命保草制偓对曰 **判不可動** 唐大手公主興寺僧爭水碰
脫可斷麻不可草 時李元紘為司戶判此獄以
水碰給还寺僧刺史驚懼促改之元紘 **不供上官槖** 比奇
大暑判尾曰南山可移此判終無捏動 崔謀
法李絵七麋角鴿羽時絵為刺使吞曰鴿有六羽飛則冲天
康有四尼光則入山下官手足逞鈍更不能追飛还走以事
佳 **傷閣宦鷹** 唐高宗朝揚德幹為禹年令有宦官侍罷放
入 鷹不避人禾稱德幹秋之悉拔去鷹之毛羽
霍者滞注以示帝、曰汝情 **董桂性** 泰桧主和議遺書晏
知此人狰又何故犯他百姓 敦稪曰公肯少屈兩
府可得公对使者曰煩致 **汲黯淮陽衍** 汲黯切直常面折
意秦公委桂性到老愈隸 武帝内多慈外旋
仁義帝厭之 **寛饒下吏** 宣帝方用刑蓋寬饒奏封事言陛
出為准陽守 下以刑餘為周召法律其詩書上
以為誘巳下寛饒吏 **殺田舍翁** 魏微上號諫帝有十漸等
查既自刂子乚閑下 事且曰嘗善頃後隸若什

[illegible]
每廷辱我后曰妾聞君明則臣直此可賀上乃為之釋然
撲殺此獠（唐高宗欲立武昭儀為后褚遂良諫曰武氏経事先帝天下共知不可帝怒引出昭仪在帘内大声言曰何不撲殺此獠）
胡銓監倉貶（銓字邦衡抗疏言王倫誘致虜使以招諭江南為名是欲臣妾我也陛下何乃使士大夫皆裂冠毀冕变為胡服哉書上速貶竄迫于公論改廣州都監塩倉）
幼安使遼（後漢管寧字幼安獻帝時使遼遼欲其拜不屈遼留之三十七年始得歸既歸其天下已屬之魏矣故云虫非漠入云云）
丘山岌岌（六朝王丘崔沔為吏部尚書人不敢干以私人謂丘山岌岌云云）
董相天人策（宋王遷正直立朝劉后封贈以詞云天壤王郎數人物方今第一談笑裡風霆驚座雲烟生筆落落元龍湖海氣琅琅董相天人策）
古琴無俗韻（韓休性峭直為相帝有過失輒問左右曰韓休知否李切上以詩云古琴無俗頑寒松不妖花云云）
膝不作枕（魏蘇則性剛直燕居貴戚董昭者嘗枕其膝則推下之曰蘇則膝豈為佞人作枕耶）

是跡錄　五卷　十二

頸不為礪（林藴為章牟僕官時劉闢反藴以義責之闢怒加械刑惜其直陰戒刑人抽刀磨其頸脅服之藴叱曰死便死我頸項豈頑奴砥石耶）
九死拒奸相（晏珠為侍郎力抵秦檜和議屢加貶斥謝表云白首無歸悵餘生之無幾丹心未泯誓九死以不移秦檜見之謂曰此老倔強猶昔）

恬淡士

世味紛華士貴恬淡恬淡云者清越而瑕不自掩潔（二語列賓客文）
白而物能污古之人巢由洗耳以辭天下仲子灌園（於陵仲子辭相職恬靜灌園）
以辭卿相絕俗之清標也外是而辭玉者子罕御金（見八朱珍宝）

者管寧則甆礫珍寶矣反錦者羿向御絹者范宣則
麻枲文繡矣辭詔者魏野棄官者張翰則泥塗軒冕（張翰思蓴事見秋風）
矣是人品之高超然世俗者也然人品之超然者又
不有屠羊楚肆弃濃而淡者乎鬻藥長安斂華而朴
者乎賣卜成都黜靡而儉者乎躬耕南陽去奢而約（孔明躬耕南陽廢梁父吟）
者乎不寧惟是輕煙淡水盤桓桐江子陵也甚脫碧（即富春山）

是跡錄　五卷　十三

水蒼山優游會稽謝安也甚遂碧松黃菊徜徉柴桑（謝安隱會稽東山）（歸去來辭三徑就荒松菊猶存）
淵明也甚逸清風明月往來苕霅龜蒙也甚樂以是（陸龜蒙載筆床茶灶往來苕霅間）
而雅則虎賣杏實者足養生之資豈不脫耶牛卧蒼（揭鉄屋隱居村人詩云耕牛卧蒼影眠犬吠竹声）
影者遂樂業之懷豈不適耶羊綴草色者助適情之
興豈不逸耶鶴唳松梢者傳悅耳之音豈不樂耶信（辛幼安隱居多種松有鶴唳曰此是鈞天樂）
乎醉吟先生耐辱居士謂龍不羅罝網可也七松處（白居易）（司空圖）（鄭協）

士五柳先生謂鳳不落繒繳可也鍾山病叟四明狂客謂麟不落陷穽可也煙波釣徒（張志和）松菊主人（韋表微）謂鵠不羈樊籠可也吾想諸公胸中有無形軒冕性中有自然樂地休休者（司空圖致仕作休休亭）必咲耿耿者後一籌勞勞者其自比閑閑者輸一着耳嘵乎月明萊郡楊伯起却縣道之（見珍宝金）金浪靜吳江（向五見官品郡守）鄧伯道載家來之米兕萊公有官居鼎（魏野上寇準詩）

（公詩）鼐無地起樓臺馬識礼俸薄僉常足官卑清更高伯顔過庾嶺只棰梅花三兩枝張堪奈蜀都惟懷圖書（張堪奈成都果折轅車載圖書十數卷而已）十數卷此又各標一清局者其視奴顔婢膝落落權門趙璧秦關皇皇人爵噫燕越殊矣

四六語（劉寵事見珍宝錢內）

一錢太守入仰休風百紙參軍士業盛節韓太保

太官瀟洒騎驢玩湖上烟波杜司徒致政夷由跨駟（見二卷市內）着盤鈴傀儡鄙婦吟不辭寒寠真率曆嬴渴歡娛亟歸懲肆儘知機新構竹軒（楊鐵崖致仕架竹屋一間曰遂意軒）徧遂意道原自甘寒士何必餘溫王晞不作熱官思之爛熟（北齊王晞辭侍中不受曰雖不愛作熱官但思之爛熟）

杼一種清旦搆一篇雅作庠柳墻巷傍適人生

鄉山玄幻雪恒爲爾了机

景烈許

詳釋

洗耳 堯欲讓天下于許由由言于巢父巢父曰汚吾聞也遂洪流水而洗其耳

擲金 管寧與華歆為友歆鋤園得金拾視之與瓦礫無異寧乃捉而擲之

卻綃 范宣子清貧韓康伯貴絹五十匹不受減至十匹亦不受又減五匹竟不受韓乃裂二丈與之私謂曰人可使婦無褌耶宣子乃咲受之

反錦 左傳鄭人餽叔向羹與錦向乃受其羹而反其錦焉

辭詔 宋真宗致聘魏野入朝野對使者曰九重丹詔休教彩鳳銜來一片野心已被白雲留住

屠羊 屠羊說者楚人隱于屠肆昭王失國說往從王王反國欲賞說說曰大王失國說失屠羊大王反國說亦反屠羊臣之爵祿復矣何賞之有願長反屠羊之肆爾

鬻藥 漢逸民傳韓康字伯休賣藥長安市時一女子從康買藥康守價不二女子怒曰公是韓伯休耶康嘆曰我本欲避名今女子皆知我何用藥為遂棄藥而去

賣卜 嚴君平賣卜成都日得百錢

虎賣杏賣 董奉居廬山

熟時民買者穀一斗自取杏一石取多者有所養之虎為逐
之數王維送交人婦山詩有云
羊綴筆色 裴晋公致仕午揔庄好有小兒
神典來子如派虎賣杏子收穀
坡草色茂盛有聳羊狀其上公
鍾山病叟 周顒隱鍾山自稱病叟種菜滿
望之喜曰芳草無情賴此點綴
哇或問其所食吞曰有
赤未白益紫茄紅莧爾
耿耿 此馬子才送陳自然序云
勞勞 李太白詩有勞勞亭
載家來米 晋鄧攸為吳郡太守載米之任
俸薄儉足 元馬識字正道高昌人授國子監丞
插梅花 元伯顏領兵收江南軍過梅嶺題句云馬首經從庾嶺歸王師到處悉平夷擔頭不帶江南物只插梅花三兩枝
百紙參軍 唐杜暹補婺州參軍任滿將歸吏以紙萬餘贐之暹為受百紙時有人羡之者曰昔劉寵受一錢今杜公受百紙劉寵得名一錢大守若杜公者豈得不名錢百紙參軍耶

騎驢玩烟波 紹興中秦檜當國韓世忠以和議不合遂以太保致政歸載一字巾跨驢遊湖上隨行童子三兩人好事者繪為湖上騎驢圖

節婦吟 唐張籍以裴晋公薦為博士東平帥李師道又辟為從事籍乃作節婦吟辭云君知妾有夫贈妾雙明珠感君纏綿意繫在紅羅襦妾家高樓連苑起良人執戟明光裡知君用心如日月事夫誓擬同生死還君明珠雙淚垂恨不相逢未嫁時

真率會 司馬溫公居洛中與楚正叔等為真率會約酒不過五行食不過五味惟菜不限楚正議違約增其數罰一會後數其不過數者皆如約

巫婦慈肆 子梁呂僧珍其先以販葱為業及僧珍貴其兄弟棄業求官僧珍不許曰汝等自有常分豈可妄求但當速歸葱肆爾

自甘寒士 劉道原家極貧冬寒溫公以貂褥遺之至自洛還謝箋曰來悄見惠自首至踵盡然皆春

耋老

綿壽之老、曰老七十、而傳八十、曰耋、曰耄九十、曰期頤百歲、松柏同其晚
節。○龜鶴羨其長年也。○宋人詩句 者吾知圯上老懷兵書授子房 黃石公見衣服足服内
仙也。○月下老出赤繩示韋固仙也。○閣中老吹藜火照 見雜異灯火内
更生、○仙也。○他又如騎牛者、函關擁紫氣仙也。○而實 李老子出函谷關跨青牛
人也。○偷桃者、瑤池繞祥雲人也。○而實仙也。○避秦者、桃 東方朔三偷王母桃

源盡春風人、○而匪人、○仙而匪仙也。○然不於其仙而於
其人、為青宮而誦寬壺閣之老、三采紫芝而給食商 四皓商山歌曰曄曄紫
嶺之老、芝之可療飢 四萃皓首而暢詠睢陽之老、五結白社而聯
詩。○香山之老、九是諸人也、絳縣老人之甲子、駸駸而
至、○楚丘老生之精神、勃勃而王榮啟期樂性真、是伯
仲也。○鬻熊子當諸侯是朋儕也。○燭之武退秦師、是黨

與也此齒之宿而才甚新髮之短而心甚長者自是之外又且有方外延徐說克國克先零馬援討烏桓（詩注方外克老克壯其猷。見前呂武將）裕、裕、將材者乎王陵安漢室東之輔唐朝潞公佐宋世（王陵相漢已七十。東之輔唐已八十。潞公佐宋亦八十）裕相材者乎伏生授尚書李嶠入秘閣梁灝擬大魁（伏生武帝朝九十授尚書。嶠七十入秘書稱文章宿老。灝八十二中狀元）裕文材者乎劖也移山者殫不竭工夫舞綵者展無窮孝思斲輪者妙不匱智巧挽弓者奮不靡氣力長（愚公移山見地理山西。老萊子年七十舞綵娛親）

史、庶、吏、重聽何妨參軍宿儒詩思攸在美哉壽耶是果飲甘谷之菊水而致耶是果飡衡山之玉屑而得耶是果飲君山之美酒而臻耶又何康健者乃爾耶（鄭仁本遇仙人食以玉屑飲以之延年。見天文浦月西）嗟乎子牙把釣渭川水可以壽矣班超願入玉門關是可封者玉關人老天子召之安車蒲輪乃於申公如焉信乎千歲之鶴可以宗羽族驥仙人萬年之松（太公遇文王事。蔡提有玉関人老之句召用之。武帝以安車蒲輪迎申公時申公年八十餘。相鶴經明族宗長仙人騏驥）

可以柱明堂棟大厦噫老果可以恨英雄也哉

四六語

五更獨異僕髮俱皤三朝不遇朱虛顏駟久為郎（漢書五更三老）廿載始還可惜蘇卿長作使龐為眉鶴為髮誰如（蘇武使匈奴十九年始歸鬚髮皆皓）大耋遐齡鳩賜杖食賜糜當布（漢制優老之礼）聖朝優典見說賢王思幼術豈無嬴叟轉童顏待

看　聖主沛　恩榮須有烏紗戴白髮

未嘗益壯寧知白首之心借子古詞爲評此作

劉韶許

三

詳釋

龜鶴羨長年　錢務公父生日揚次公嘉老子騎牛圖以獻遐鬚眉如此老却詩曰秘藏函谷關中子來獻蓬萊閣上仙頒澍殺龜鶴羨長年

月下老　唐韋固見月下有老人檢書問何書曰天下婚姻簿問赤繩何為曰此繩繫夫婦之足雖仇敵之家吳楚異域不能迨也後亦以巳之配偶云

避秦老　漢時有漢入誤入武陵漢見洞中有桃花泛流而進見數老皤為青宮誦究

頳心武帝感悟乃作臺于湖上登臺勸曰吾于歸來乎天下聞而悲之

睢陽五老 至和中杜衍王渙畢世長朱貫馮公俱高年優游鄉梓為五老會賦詩酬唱錢明逸為之作敘

香山九老 唐會昌九年白居易稱香山居士與胡杲吉旼劉真鄭據盧真張渾李元爽僧如滿寺皆高年於履道坊作尚齒會人繪為九老圖

絳縣老人 左傳晉悼夫人食輿人之城杞者絳縣老人往焉曰臣生之歲正月甲子朔四百有四十五甲子矣師曠曰亥有二首六身下二如身是其日數也蓋七十三年矣

楚丘先生 新序云楚丘先生年七十見孟嘗君君曰先生老矣曰投石超距逐麋搏豹臣已老矣使丘出正辭以當諸侯吾始壯也何老之有

榮啟期 家語榮啟期鹿裘帶索鼓琴而歌曰天生萬物吾得為人一樂也又得為男二樂也人生有不免襁褓者吾年九十有五矣三樂也

鬻熊子 說苑鬻熊子見文王文王老之對曰使臣逐麋射豹臣則老矣定策決事臣方壯也文王乃師事之

燭之武 左傳秦師侵鄭使燭之武退秦師辭以老猴之行遂見秦伯令其舍鄭為東道主秦遂退師

齒宿才新 李百藥賦帝京篇上嘆曰何身老而才之壯齒宿而意之新乎

髮短心長 左傳盧蒲嫳曰子髮種種如此子其能為子雅曰彼其髮短而心甚長也

斷輪智巧 莊子齊桓公讀書堂上輪扁斷輪于堂下釋椎鑿而問曰君之所讀者古人之糟粕已夫臣斷輪不疾不徐得之于手應之于心口不能言有數存焉臣不能以喻臣之子臣之子不能受之于臣行年七十而老斷輪

扼弓氣力 唐張弘靖行年七十猶力循剛力能挽三石弓

廉吏重聽 許丞年老左右白黃霸去之霸曰長史雖老尚能拜起迎送雖重聽何傷

參軍詩思 趙宋張詠知成都參軍老公責曰何不歸參軍去以詩留別曰秋光都似宦情薄山色不如歸興濃公驚曰同僚有詩士竟不知吾過也慰留厚禮遣之

甘谷菊水 南陽酈縣甘谷中有菊其英落水谷中飲其水者一二百歲若年止七十八十歲者則為夭矣

君山美酒 漢武得君山美酒云飲此酒者不死東方朔曰□嘗之一飲而盡武帝怒欲殺之朔曰臣

殺而若死此酒不驗帝笑而釋之

顏駟 駟曰…為郎何老也答曰臣文帝時為郎文帝好文而臣好武景帝好美而臣貌醜陛下好少而臣已老是以三世不遇耳

鶴髮轉童顏 神仙傳淮南王安八公詣門王使閽人難之八公曰王謂吾老耶今則少矣八公皆變為童子於是王北面叩首事之八童子復為老人授王丹經三十六卷與王煉丹白日上升藥鼎雞犬舐之亦皆仙去故雞鳴天上犬吠雲中

幼沖

貞元運會賢哲挺生賢哲之士自幼而穎異爲若我思於古漢昭十四而辨上官之詐明君甄后九歲而見帝紀皇后內閱諸兄之籍哲后肅宗七歲而易日近長安遠之對見天文上內天子曰官家賢儲此官家之幸也吾母庸贅然項橐為孔子師五說苑孔子師項橐橐[illegible]五十歲耳李泌為九齡友張九齡呼李泌為山友見忠烈傳義注七歲耳汪踦執干戈以衛社稷踦年十一文武才備孔子曰是能執干戈以衛社稷者十一歲耳此何如其穎慧者也然則賦高軒之適李賀也非孱齒之秀耶獻行在之頌劉晏也非黃口之劉晏八歲獻行在頌[illegible]為國瑞彥耶著語默之賦高郢也非沖齡之奇耶擢童子之唐太宗設童子科

科襲耀卿也非總角之奇耶吾再稽之賈黃中為七歲而及第人曰童之神任延年為九歲而明經人曰（任延九歲明詩易春秋時號聖童）童之聖李長源為八歲而賦棊人曰童之奇吾以秀異者止此也豈知自是之外又有聡慧如祖瑩稱聖（瑩八歲能文人稱聖小兒）小兒俊穎如元稹稱神仙子乎（元稹九歲工文人稱神仙之子）然且辨卿卿之稱識前輩之所不能識李百藥之沖齡最敏也稱齒齔之

（歎童齒落也）象知衆人之所不能知蒼舒之髫齔最特也請嚴廓之纓為先達之所不能為終軍之弱冠最奇也（終軍年弱冠請長纓縛南粵王）吾想諸君當王文度居膝上之時具陳孺子宰天下之志（陳平少宰肉事見少時篇內）是以高為天一柱秀作海三峯張說之咏遠山離縑（說咏遠山時二句人覩其大用）之年已覩其表率百僚之風望不敢高聲語恐驚天上人（楊億五歲不語十日登樓即作此詩或謂李白之事）楊億之登危樓襁褓之日已露其超拔人羣之

齠齔只有天在上更無山與齊寇準之吟華山屬之歲已卜其陶鎔萬化之機緒耳嗟乎陳元方十一以才名聞可知大丘有子（陳寔）張辟彊十五以政事著可（辟彊張良孫十五為侍中著於其職）知子房有孫王徽之十三以文章稱可知獻之有弟（子安）若此者皆族譜之光也第光於族譜者指尚不可勝屈揚惰見奇於楊賕曰吾家龍文（楊賕或作楊榮）頋和見器於頋榮

曰吾家麒麟王羲之見美於王導曰吾家佳子弟衛珍見重於衛瓘曰吾家第一流人物此允宗之兒不（諧宗之諝）允之子謂虎之乘鳳之文可謂鵠之子鴻之雛可謂鳳之雛龍之駒亦可惟以眞元所鍾不可必得不可多得得一為一夔矣（堯作大章一夔足矣）得二為雙珠矣（雙珠出於辭章元將仲將）得三為三虎矣（賈彪兄弟號三虎）古人得四為五為四龍與五龍矣（荀儀兄弟號五龍）不然謝朓子孫皆是鳳

荀朗兄弟盡為龍又奇之奇者哉

四六語

王戎簡要可稱裴楷清通堪賞謝貞遵眾吟詩應

步惠連桓冲知入此座須還寶石離身徐陵生傳寶誌曰此天上石麒麟也許多卑

學甘露頂右嵇敘七歲善文人稱曰甘露頂不盡聰明鍾家會毓魏文帝一朝傳首

兒寧是常兒劉氏孟爺柳宗元千里寄詩來必為

佳兒。

趙枝之見海動之筆崇宮之雜費生清灼才字

鍾李以下英妙竹把了了　佛木許

詳釋

辨上官詐漢昭即位年十四察光發此上官桀馳書言曰光謀不軌光懼免冠謝帝曰將軍冠此詐也將軍罪故士日從何由知之

賦高軒過唐李賀七歲能文韓愈皇甫湜過其家令賦高軒過賀援筆而成其賦若云華裾織翠青如葱金環壓轡搖玲[illegible]高郎幼獻若[illegible]

請代死帝嘉而宥之

賈神童贈之以詩曰七歲神童古所唯賈家門户有衣冠云云

李奇童李泌七歲被召明皇方與張說奕棋令泌賦方圓動靜曰方若棋局圓若棋子動若棋生靜若棋死泌答曰方若行義圓若用智動若騁才靜若得意說因賀帝得奇童

辨瑯琊稱百藥李七歲能文父德林與友陸乂馬元熙宴集讀徐陵文曰既取成周之禾將刈瑯琊之稻並不知其事百藥進曰傳称鄗人藉稻杜預注曰鄗國在瑯琊開陽乂等大驚異之曰此兒不凡真奇異之童也

稱番禺象魏太祖時番禺進巨象欲稱之而無其法幼子蒼舒謂曰驅其象于舟驗水痕然後以石載之如痕而止知其石之輕重則知象矣太祖甚喜其明

滕上王度王坦之字文度王述幼子也述素鍾愛雖長猶抱置滕上

元方以文名陳元方十一時候袁公袁公覽其文曰吾子多為文豪且問賢家君在大丘遠近何以稱之答曰先父治大丘強者綏之以德弱者撫之以仁袁公曰孤昔為鄴令正行此事不知卿家君法孤孤法卿父答曰周公孔子異世同稱周公不師

孔子孔子亦不師周公也公益奇之

獻之有弟王羲之：子曰獻之徽之歟之徽之幼與兄齊名人為語曰羲之之後復有之

我家龍文北齊楊愔幼聰敏叔父耽稱曰此兒駒齒未落已是我家龍文更十歲必當求之千里之外

我家麒麟顧知聰明過人族叔榮謂曰此吾家麒麟興吾宗必此子

佳子弟世說王導見羲之幼聰穎謂曰汝須是吾家佳子弟更不減阮主簿

第一流人物晉衛玠年五歲祖瓘見其英敏謂人曰此兒神其迥別是吾家第一流人物也

不凡子薛勤謂陳仲舉之父曰爾有不凡子特來候之非為卿也

虎采鳳文蜀秦宓曰虎生而文炳鳳生而五色豈以五采自飾哉天性使然也

鵠子鴻雛陳子昂美柳公權云卓然如鴻雛鵠子有青雲之志也

龍駒鳳雛陸機少聰穎閔鴻奇之曰此兒若非龍駒當是鳳雛

四龍李亮李叔李訓李脩兄弟皆貴顯號四龍

謝朓

子孫荀兄弟[illegible]晉謝朓之子風莊其孫胎等自幼敏慧荀明兄[illegible]

第六六

簡要清通（聞二童何如鍾曰王戎簡要裴楷清通）

詩歩惠連（謝貞方八歲春日閑居詩云風定花猶落日遥鶯更鳴從舅王筠曰足追步惠連矣）

還靈寶（桓温夢桓玄年五歲叔桓沖謂曰靈寶異成人時當以此座還之靈宝玄小字也）

鍾家會（鍾毓鍾會少有令譽魏文帝語其父來見及見毓面有汗帝問毓面何有汗毓曰戰戰惶惶汗出如漿復問會卿何以不汗對曰戰戰慄慄汗不敢出）

劉家孟爺（柳子厚連州并示孟崙二童蓋連州禹錫也孟崙禹錫二子詩寄劉夢得弟幼號工部嘗贈詩云早年見標格秀氣沖斗牛）

五卷 二十六止

是路錄卷之六

官品

宰相

大相堂老也天教作霖雨（唐人稱白）帝用補山龍（山龍衮也）也者五帝以後三王以前帝之師王之佐不暇悉数惟蕭曹丙魏（可參吉相）漢之屏翰房杜姚宋（玄齡 如晦 崇 璟）唐之羽儀趙呂富韓（普 蒙正 弼 琦）宋之鼎鉉

是路錄 六卷 一

善見紫其綬金其印（漢官儀宰相金印紫綬）等威別也沙其堤火其城寵渥新也緋其袍赤其舄（官儀宰相赤舄）章服榮也此則拯溺亨屯為天子作舟楫（尚書説命若濟巨川用汝作舟楫）興仆植僵為朝廷奠柱礎（礎礩也）燮陰理陽為生（見知大體註）民立命脉當軸秉樞為庶僚作領袖（唐文粹與顔百僚陶鑄萬化）由是五龍夾日日且大明一柱承天天為不墜功業亦偉矣哉試稽之古之名相急敉時者推姚崇知大體者羡丙吉具

通明者愛方進、擅風操者賞嘉貞、美風度者稱九齡（唐太宗相張九齡後去位每命相必問曰風度如九齡否）、高門第者數李揆、壯威重者取王商、負風流者談謝安、又若王文正大雅、魏萊公大忠之數人者、建立在一時、清風在萬古、所謂稷契光虞夏、是其人耶、又謂伊呂冀商周、是其人耶（稷契伊呂句是南宋王儉詩勝）（漢書語）、然天下安注意相、相徒非相門有也、是故李絳以宗室選、不以為戚（絳為相唐宗之宗室也）、李訓以流人進、不以為流（唐李訓起流人一歲至相）、公孫以布衣起、不以為賤、張柬之以八十任、不以為老（武后相張柬之已八十矣）、何文縝以三十拜、不以為少、房琯以旬月取、不以為驟（唐房琯忠義日奮旬月取宰相）、裴度十拜、蕭瑀五入、子儀二十四考、不以為數、常賢父子、卞粹兄弟、家正父子叔姪、不以為專、吾謂相之無種、匪倖也、事典頤、百僚陶鎔萬化、相職也（唐代宗除相語）（出呂蒙正集）、棟材斯全、鼎味以適、相職也（呂蒙正集）、武明七德、文

治九歌、相職也、不貴天子、不肖生民、相職也、若夫伴食者無建明、袜棱者不臧否、賀死糧者獻其諂、慶春雪者進夫諛、此於相職安在、曠官甚矣、噫、裴中立居樊調、虜使問其年貌、司馬公當國、婦孺識其姓名、苞苴賄賂、更不入杜公之門、鳥鵲樓臺、又未開寇相之第（魏野上寇准詩有官高無地起樓臺）、嗚呼、此亦彬彬乎嘉相也哉、故迄今而稱之不衰者、

四六語

任重鼎臣、宣呼堂老、武丁既得傳說、命朝夕沃乃心、太宗若無玄齡、如左右失其手、千秋以一言寤主聽（田千秋一言寤主旬月取相）、世奇逢姚崇以十事要君、萬年直鄧、隆中樂毅（孔明隆中自比樂毅）、孔明畢竟復炎劉、江左夷吾、王導還須支翮晉

事功既赫朕非有徵人物深讙以紗籠姓名高標于金榜唐省槐青蘇竹響曾見真除廣陵芍藥帶金圍會看特拜

平生五色線晉補舜衣裳　晏屯寄

詳釋

沙堤 唐故事凡拜相之後禮絕班行府縣載沙填路自私第至于城東街名曰沙堤

火城 唐時每元日冬至大朝會百官已集而宰相方至則燭多至數百炬謂之火城以待宰相

興仆植僵 唐房杜贊云太宗用

玄齡如晦于大亂之後紀綱彫弛而能興仆植僵然求其所以致之之迹殆不可見

五龍夾日 唐書狄仁傑棠恥奮忠以權大謀引張柬之等平淩唐室功蓋一時而人不知故呂温頌之曰取日虞淵洗光咸池潜援五龍夾日以飛當時以為知言

一柱承天 唐姚崇撰張說神道碑一柱承天高明之位列四時成序帝壽之坊成

救時 為相齊謂公可謂救時之相

風操 張嘉貞為相有風操

門第 唐李揆同平章事帝曰卿門第人物文學皆當世第一

威重 漢王商為相

文正大雅 宋王旦居宰府僅二十年未嘗見有愛惡之迹天下謂之大雅

寇公大忠 宋寇萊公準當國真宗有澶淵之幸而能左右天子不動如山卻戎狄保宗廟天下謂之大忠

相門有相 漢公孫弘為相封平津侯

布衣為相 宋朝未有以布衣為相者漢制常以列侯為相唯公孫弘以布衣為相

三十拜相 唐何野文雜記宋璟三十拜相

十拜 唐裴度四登台輔

五入 唐張延賞五入相

二十四考 唐郭子儀校中書令二十四考

父子宰相 漢韋賢為相少子玄成復以明經歷位至丞相

兄弟宰相 前漢

正叔侄相

經一考

相子公著姪夷位

不負天子 唐陸贄為相有過必諫直言以事天子

抹摋 唐書其問嘗謂人曰為相不負所學不負生民

伴食 唐盧懷慎與姚崇同為相自以不及崇每事皆推讓之時人謂之伴食宰相

賀死蝗 唐宋璟為相時有蝗

慶春雪 唐武后時以三月大雪為瑞宰相率群臣入賀

房使問年貌

婦孺知姓名 司馬光為相婦人童子皆知其為君實也

芭苴不入門 唐房玄齡為相

如失左右手

左右手 十事要君 天子而後輔政頑不偉哉 江左夷吾

晉桓彝傳晉南渡群臣皆以草創為憂時王導為丞相彝見導極談世事知其有作為還謂周顗曰向見江左管夷吾吾無復憂矣

人物護紗籠 唐卜者胡蘆生雖卜甚驗李藩嘗問生生曰貴人也在紗籠中李問所由終不復言後有新羅生言宰相冥司必潛以紗籠護之恐其為他物所擾藩悟其言知已必相

姓名金榜 嘉話錄唐杜鵬擧父夢有所之見一大榜云是宰相榜也已作者金填其姓字未作者列名于上問曰有杜家兒否曰不任自有之記詩姓下其鳥徧傍虫脚而点其字乃名子鵬擧鵬擧生鴻漸後皆為相亦前定云

槐有綵竹 唐尚書省南門有古槐相傳夜深聞絲竹之音省中即有人入相者俗謂之赦音木

芍藥帶金圍 后山叢話云天下芍藥惟廣陵紅葉黃腰號金帶圍而無種有時而出則城守必有宰相忽一開四朶時韓魏公為守王荊公為推王岐公為倅次日陳太傅至相聚而賞之後果皆入相焉

是路錄　六卷

尚書

隋百官志

官有尚書、出納王命、敷奏萬機、三台只隔乎寸雲間（揚誠齋詩言去相職不遠）者。顯秩哉、試揩之。左傳、祝鳩氏司徒（禮部）、睢鳩氏司馬（兵部）、鶻鳩氏司寇（刑部）、鳲鳩氏司空（工部）、鶻鳩氏司事（戶部）、是其職也。然綜核官材、澄汰流品、銓曹事也（○常袞吏部尚書制）。紀綱式叙、征賦益饒、版曹職也（崔鉉戶部尚書制）。敦叙九族、欽若五常、儀曹任也（張鷟禮部集）。千里折衝、鶡弁為憲、銜曹權也（揚億兵部表）。乃若法曹奚居、掌三典詰四方乎。水曹奚事、飭五材叔百工乎（工部）（記掌新書詩）。古之人善其職者、毛尚書古風、杜尚書武庫、巨擘矣。自是以外、鄭崇華履綽有直聲、褚炫紱帽雅多清風、吳隱之竹屏實饒清節、李懷遠羸馬絕無顛蹶、是皆可以風者。然則蹇諤若魏朗、尚有曠官耶。方敎若黃琬（後漢黃琬為尚書方稜廉貞）、寧有廢職耶。寬敏若

是路錄　六卷　七

荀緄、奚有穢德耶。吾聞忠孝之設為者、歟美山濤之啟事者心忠、張陵之叱劍者毅、雄朱穆之呵乎者氣壯、第儔已、嗟乎、荷囊依日月剸近（荀爽緄二句乃杜詩也）、恩光或履上星辰、步躡天聽、斯職也未易居也。故詔對不第一、誰則輕任、歷年不老成、寧可妄授、名不著聞、未敢濫選、故事不明習、奚寄諮擢、舊典不閑練、焉得倖授。何者、

尚者上也在近而摠攝之者近喻喉舌遠譬斗極未可匪人也柰之何韓昭稷綿材也與領八座（張漢六曹尚書并令僕二人為八座）儋孺河湟徒也屬居六曹人不稱職官聊哉百世之下尚令人揮舌笑也者

四六語

委稽六尚夾輔一人一朝直上星辰（[illegible]）特頓異令夕止談風月私不敢干禮闈選士（歐公詩一日[illegible]）挑李盡屬春官武爲掄材爪牙更推圻父（詩経圻父王之爪牙圻父者兵官也）版部井田鱗次銓曹人物鑑空秋卿囷淑問之匡（書皋淑問如皋陶）虞部乃共工之任（工部亦曰虞部）我思善職世豈乏人五山岌岌連天峻千古望高汚水澄澄徹底清萬年聲潔妻珠不拜可嘉鍾離意之清拳扇一揮勿謂蕭子顯之傲

才傾華衮[illegible]武庫[illegible]

穉村元靴　[illegible]評

詳釋

毛尚書古風（[illegible]）

杜尚書武庫（[illegible]）

鄭崇華履（[illegible]）

褚炫紙帽（[illegible]）

隱之竹屏（[illegible]）

魏朗蹇諤（[illegible]）

懷遠龍馬（[illegible]）

蕭緄寬敏（[illegible]）

忠彥謙虛（[illegible]）

張陵叱劍（[illegible]）

山濤啟事（[illegible]）

荀[illegible]（[illegible]）

池臣等筆以侍顧問詔對策一大夫以上試對政事第一曰

者補之由是醻對策一拜尚書委以老成晉山濤轉尚書表辭年老詔方今多事嘉謀良圖委以老成明

選知名士梁明少遊知名士也位都官尚書簡文帝謂人曰我不喜明少遊作尚書喜朝廷待人耳近闇

習故事侯霸光武時拜尚書時無故事朝廷又少臣霸明習故事每春下寬大之書皆霸所為也

練舊典李固存楊淮閑練舊典宜在機密特拜為尚書喉舌斗樞後漢李固疏曰陛下有尚書猶天之北斗北斗為天喉舌尚書乃陛下之喉舌

襪線材北夢瑣言僞蜀韓昭仕禮部尚書李台嘏曰韓八座才藝如拆襪線無一條長

河湟使唐玄宗欲用牛仙客為尚書張九齡曰不可尚書古之納言有唐以來多用舊相居之不然妙選有德望者充之仙客本河湟一使典耳拔升清流齒班常伯此官邪也玄宗不報

風月梁徐勉為吏部尚書嘗與門人夜集客有虞暠求詹事官勉正色答曰今夕止談風月不宜及公事止談

丘山訶水王丘崔沔掌吏部時人為之語曰丘山岌岌連天峻云云

委珠不拜後漢鍾離意為尚書時交趾太守張恢坐贓伏誅帝以珠璣賜群臣意獨不拜以珠委地帝曰清哉尚書

舉扇一揮齊蕭子顯為吏部尚書有才氣見凡流賓客不與交言但舉扇一揮而已

翰林

翰林仙苑也詞臣仙職也懸摛文之榜政和五年御書摛文堂榜賜學士御墨生輝設視草之臺故事玉堂設視草臺每草制據臺而坐天光煥采居是職者數知名之士哉何人哉吾聞三俊並列彬彬乎同時與彥五鳳齊飛翩翩乎接翅羽儀元才子莫非高辛氏分來李謫仙或是大羅天降下且樂翰而疾如飛者九齡也曹白翰文場之帥措詞而速如射者陸扆也詞人之冠搆思而湧如泉者陸贄也藻苑之豪夢筆而大如椽者王珣也椽屋桷也士林之雋茲則吏部二百年之文已歸中禁瀛洲十八唐太宗時詞臣十八人房杜等士之選知名士誰出頭誰出一頭巖廊眷之厚其天子之私人乎

國事參之密其朝廷之內相乎吾所謂翰林仙苑詞臣仙職者此耳盡觀之吟咏為白麻翰林草拜相之麻紅燭夜清漏紫薇天一見于溫庭筠之詩鳳書謂詔書也裁五色馬鬣剪三花再見于白居易之句人歸玉島路日過八花磚文見于韓致元之吟苑曰仙苑職曰仙職可想也是以瀛之紅纈錦者注寒而盤以陽春賜之青團扇者炎

暑而惠以仁風送之金蓮炬者昏衢而導以恩光人
物之選亦已極矣儒墨之榮亦已至矣嗟乎畢誠陳（蘇易簡集）
破羌之策禁中待頗牧眷隆李白掃退蕃之書殿上
迎綺園禮此等學士于翰苑有光掌絲綸（詔書）無忝即（綺字李東岡公見詳註）
劉禕之稱北門學士宋之鼓先振鰲號青錢學士莫（張鷟為學士文猶青錢萬選万中）
之能過王安石謂好翰林勿好于此也奈之何陶學（神宗謂王安石好翰林也）

士者風流俊逸國人中洒洒哉又胡為而依樣畫葫
也者

四六語

鰲禁深嚴木天虛邀太蔭（木天者以翰林院……）御香梔瑞錦從容于
玉堂金馬之麗筆宣（全御香……林宴會作）皇澤洒春霖掌握乎紫誥
黃麻之典 御書飛白字迄今盛事猶傳 宸草

大言篇從古休光已著花磚春步燦日影頻移鈴
索夜闌清風颯乍起人物允為三島客官街乃是
一條冰李青蓮才華應得宮娥可象管蒲宗孟文
雅却宜天子賜金魚誰人父子並居有是父有
是子若個弟兄對掌難為弟難為兄蘇軾麟之學（蘇軾同麟之為學士）
士比神仙（人謂之人中神仙）奚忝王曾蒙正狀元擢宰相猶奇（宋朝以狀元擢宰相者惟王曾呂蒙正）

字字瀟洒讀之逸興遄飛若李子者林稱具有
神仙骨上到鰲峰最上頭者羨羨 墨皓評

詳釋

仙苑 蘇續志玉堂東西壁延袤數丈悉畫水以布之擬瀛洲之象也續墓錦鶴悉圖廊廡奇花異木羅植軒砌每外喧已寂內務不至風傳禁漏月色滿庭真人世之仙境也
仙職 分紀太宗至上林千花萬卉妍麗冠絕上召丙翰詞學鵬賦詩上嘗謂近臣曰詞臣實神仙之職也
三俊並列 唐穆宗召李紳為學士與李德裕元稹同在禁署號三俊
五鳳齊飛 宋太宗時賈黃中宋白李至呂蒙正蘇易簡五人同時拜翰林扈蒙贈之以詩云五鳳齊……
元才子 唐穆宗在東宮妃嬪誦元稹歌詩以待……

……諸仙曰此天上謫仙人也

染翰疾如飛 ……士才思敏疾染翰如飛時號為文場元帥

諷速如射 唐陸扆為翰林學士扆倫詞敏速若注射然一時書命同列自以為不及

思湧如泉 唐陸贄為學士從幸奉天時機務填委詔書數百贄揮翰起草思如泉湧同舍皆服其能德宗甚眷注之

筆大如椽 王珣為學士夢人與大筆如椽或曰當有大手筆事後皇后崩諡書冊命皆珣所草

私人內相 唐陸贄入翰林年尚少以才見幸天子呼而不名時號天子私人謂為天子所私幸之人也時雖外有宰相主大議而贄常居中參議可否亦謂之內相

花磚 翰林北廳前階有花磚道冬中以日影為入直之候李程性懶過八磚乃至時呼八磚學士

還紅襭袍 唐韋綬德宗時為翰林學士帝嘗幸其院韋妃從會綬方寢時大寒以妃紅蜀襭袍覆之而去其待遇如此

賜青團扇 唐學士初選給青綾被紫絲履端午賜青團扇

送金蓮炬 蘇軾為學士上召入便殿夜坐賜茶及歸院上撤御前金蓮花炬以送之

禁中頗牧 唐田臧為學士時憲人化境誠陳以破惡之萊甚詳上嘉嘆曰不意頗牧近在禁中因善御之

殿上綺圍 李太白傳玄宗召見李白于金鑾殿降輦迎之如見園綺

北門學士 劉禕之遷右弘文館直學士高宗密與參決政事以分宰相權時號北門學士

依樣畫葫蘆 宋太祖謂陶穀為學士只依樣畫葫蘆耳後陶穀自作詩云可笑翰林陶學士年年依樣畫葫蘆太祖以穀之怨望遂寢之大用焉

一

書飛白字 宋淳化二年十月承旨蘇易簡獻續翰林志二卷太宗飛白御書玉堂之署四字以賜謂李相曰此卿可召至中書校之他日為翰林中盛事

草大言篇 淳化四年上草宋玉大言賦賜蘇易簡因擬宋玉作大言賦以獻

鈴索 唐翰林院有懸鈴以備夜警文書出入皆引其索以代傳呼長慶中李德裕為學士時河北用兵具檄有懸如人引其索及視之則無人為敲古詩有云風撼引風鈴

一條冰 陳彭年無數戎……文翰清楚……

宮戒可象 李白於便殿對明皇撰詔誥……自人見其官銜

……佩之……可之其春禪如此

天子賜金魚 ……子重其文雅觀賜金魚為

父子並居 趙宗儒父驊德宗欲寵其父乃詔使父子並居翰林

兄弟對掌 趙光逢為學士光裔知制誥兄弟對掌翰林中外士榮之

諫臣

國家設司諫之官所以神明其耳目善是職者袞職（元稹撰楊汝士授右補闕制）有闕、仲山甫補之（詩經）尚選矣自是以後漢有汲黯龔勝諸人精忠不撓楫佞之屈軼（屈軼草名屈軼佞人入則屈而指之）唐有魏徵褚遂良諸人、特立敢言觸邪之獬豸（獬豸神羊也一角性觸不直者）宋有陳東田錫諸人孤忠自許橫空之鷹隼（鷙鳥名）又若傅玄捧白簡忠肝懸于軒墀史冊伏青蒲義膽披于帷幄（皇后寢中以青蒲地為……）張湛乘白馬直諫震于殿陛趙普補碎牘誠悃爭于巖廊（巖廊謂深邃也）皆可以傳也未已也、

論諫臣之忠直誰寬饒已（後漢書蓋寬饒為諫議忠直敢言）數諫臣之勁毅誰儒衡已（唐書武儒衡為諫議有風采）補諫臣之蹇正誰常懋已（後漢常懋為諫議蹇正不畏權貴）品諫臣之鯁亮誰路隨已（唐書路隨為諫議鯁亮一節）

謨諫臣之清謹誰周舉已之數人者合貞嚴潔正色立朝吾聞孔戣有諫臣體數人有之矣柳公權有詩臣風數人亦有之矣由是繩君之愆鋤臣之惡如桑蝦止迎軒轅乎為斯世闢異端可如孔道輔救廢主后乎為天地扶綱常可如盧藏用沮營興泰乎為國家崇節儉可如陳瓘攻蔡京無君乎為臣子肅官箴

昇齋錄　六卷　十六

可如陽城抑延齡之入相乎為朝廷辨奸回可茲則塞諤以忠洗畫伏下馬不鳴之習堅剛自負綽有殿（唐時宦者）上虎獨立之風然則豈稷讀仇士良傳不作喔嚅殼（嚅 嚅小兒聲也）者真慷慨者也呂誨彈王靳秦文不作軟媚態者真卓犖者也況陳禾引帝衣劾童貫曰陛下不惜碎衣臣不惜碎頭依然辛毗引裾之故轍劉陶抗章疏言

宦官日臣恨不列稷契伊周之朝而與龍逄比干為儔猶然朱雲折檻之遺風劉栖楚額叩龍墀且甘為爛額之臣申屠剛頭軔乘輿又肯作破頭之鬼噫嘻烈矣第朝陽之鳳未鳴匡胥結舌御殿之鵲不擊孰是精忠吾方知諫藥仙臺者規心之繩削諫服金冊者苦口之良藥諫用夷樂者正俗之律呂是以宣宗

昇齋錄　六卷　十七

之朝有張齊趙璘牛叢三人矣矣慶曆之世有余靖蔡襄王素歐陽修四人良矣何者木從繩則正君從（古諺）諫則聖國之諫垣誠不可少也故使（韓退之諍臣論）天子有彬彬乎諍臣七人則黎民皆忻忻然呼太平萬歲

四六語

職爲蔵尹、名屬紫宮、數共工之罪不[illegible]辯坧

唐魏徵居言路前後凡三百餘奏無不剴切

平之奸、益新漢德。魏徵三百餘奏、字字忠精。殷侑

唐殷侑爲諫議前後章奏凡八十四通朝廷厭之出爲觀察使

八十四通言、言骨鯁。範縝建儲章屢上、蕭蕭兩鬓

俱皤。田錫憂國、疏數陳、耿耿寸心、愈赤、忠貞名嵜、

松上鄭諫議詩句　剗事耿也

雷霆下、獻納司存、雨露邊、剗從都下、斷敢披、

龍喉下有逆鱗人嬰之則死　魯宗道耿直人謂魚頭參政

聖主、龍鱗。輪自洛中埋甘蹈奸臣虎尾。魚頭參政

是諧錄　六卷　十八

蚤因其姓也

言皆骨、日照孤。忠烏府。先生鐵。作肝風銷。群枉。題

汝送刘顗詩句

將梟直還須云鐵裡、錚錚、閼羅纛章更信是士中

謇謇。

此一篇可與呂黎公李臣論[illegible]

詳釋

捧白簡　晉傅玄性急每有奏劾或值日暮捧白簡坐以待旦臺閣威生

伏青蒲　[illegible]太子史[illegible]

冊直入閤內伏青[illegible]

諫夫補[illegible]其[illegible]晉拾回明日補[illegible]又奏

職政諫議上疏論時政帝嘉納謂左右曰孔戣有諫臣體

詩臣風　唐文宗嘗于便殿召柳公權論事切直忤

音周緯爲之戰慄公權詞論益堅上謂曰卿居諫職

婦任令人不知卿有諍臣風令權卿

止迎軒　轅桑唐書

廷拾遺宣宗遣中使往綏浮山迎軒

輓先生遐力諫之乃止或作王事

議工廣郭后道輔與范仲淹請對宜者閻文應拒之

敕廢主后　言行錄　孔道輔爲諫

道輔手扣門呼曰皇后被廢奈何不與我諫乎

泰諫唐書曰天后時[illegible]以事土木陛下誠非惜民也

攻蔡京　宋趙

陳瓘居諫垣首攻蔡京極論其無君京在所觀以目眦瓘

答曰此杜詩所謂射人先射馬擒賊先擒王也攻之愈力

柳延齡　唐書德宗欲相裴延齡陽城爲諫議

歎禮權謂諫不所城揚言曰白麻出我必壞之

食三品料一鳩臣曰君等不見立仗馬乎日

殿上虎　元成字

仗下馬　唐李林甫

是諧錄　六卷　十九

累之居言紙其面折廷諍生當盡之然赫然刺執兩却主祠

天威少嘗攖前極論一時奏對且前且却或至四五還者諫

罷自爲

殿上虎

讀仇士良傳　宋朱[illegible]

彈王新泰文

引帝衣　宋陳禾上疏[illegible]

顙叩龍墀

朝陽鳴鳳

頸軔衆輿

御殿擊鵰

諫築仙臺

陳明實樂

奇之神獨擅手大言曰夬谷之食乔作徐儒之樂孔子曰[illegible]
帝王之庭豈宜有戲狎之估
三諫 唐書宣宗時宰相請廣諫員帝曰朕猜趙璘牛叢使朕聞其所未聞三人足
是四諫 蔡襄喜王素余靖歐陽修善于諫朕詩云御筆親
矣 除三諫官謂歐陽修朝對相勸其時晉溝舟心在目
吾愚賢待路難好竭謀猷君前右直須風乘動朝端世間萬
事譽塵土留餘功名又遠者三人以詩薦章為諫官號慶曆
四諫 西京雜記拾遺評事赤尉號三院官監拾遺立
賢會 案以其獻可替否評事出賦赤尉坐賦皆榮戚

建儲章屢上 言行錄范鎮字景仁仁宗未有嗣嘉祐初上漏疾公為建儲章凡十九上鬚髮皆皓白

憂國驟數陳 言行錄司馬光為諫議奏三十餘篇悉係憂國之事真宗手詔褒之曰田錫乃朕之汲黯也

寄名雷霆下 唐歸登拜右拾遺時德宗欲相裴延齡陽城執易欲諫之執易草疏以示登登曰雷霆之下豈忍是下標當碩

寄名天下淨稚重之

斫彰 後漢光武西征隗囂郭憲諫曰天下初定車駕豈宜遠出乃引

是非錄 六卷 二十

埋輪 後漢張綱元帝遣八使巡行風俗綱獨埋車輪于洛陽都亭曰豺狼當道安問狐狸遂劾梁冀

魯直 言行錄魯宗道為右正言事有違謬輒

論奏及去任真宗念之御筆題魯直

第 凡事 暑 任伯雨徽宗朝為諫官僅

半載論事一百八疏 帝[illegible]

切斷

御史

御史居紳繩之司冠鐵冠服豸繡工應法星下擒山 紳繩之司紀綱之地 御史冠文繡以獬豸法星也

獄者京尹避路京尹讓權王公遜道王公畏威何者 唐故事京尹遇侍御諸衛不避

鷹隼橫空不比泉禽之偶豺狼當道寧問狐狸之群 見前埋輪註

雄職哉稽之古人提鞠若趙堯不負漢高之弄印而

心若程琳不屈宰相之濡筆陂行若范諷不令閽吏

之直雖皆可以喙者至如動龍錦之媚不避宰相

論帷幄親之寵不畏釐禦之兩人者又何慷慨如也 崇節之

且夫呂大防言紀綱之事五誠貫金石彭汝礪陳利 呂大防除御史首言紀綱之事有五 彭汝礪為侍御初對上十事陳利病天下推之

害之事十義薄雲霄常志孚劾監司三十三人直鶩 唐詩常志孚 即守也

是非錄 六 二一

鬼神呂獻可彈權奸一十九章忠昭日月茲則直節 劉御史詩炎暑為君寒

森森叱咤波流砥柱威稜肅肅凜冽為炎暑冰霜偉矣

烈矣嗟乎紀憲繩違瞻將潞李節度含貞履潔角 唐文粹 唐文粹

不截于郭尚書御史之權威為甚也故有所奏也觸

上霜飛筆端風起天子雖欲御節手憚其骨鯁不得 崔善御史箴

不從夫權貴戚雖欲肴街手悼其威稜不得不泥其

稜盖豸冠奏事直不可阿鶩車察奸智不容眩故天子憚而貴戚慴耳（晉崔鴻爲御史中丞所阿避人號老虎）吾是知崔老虎矃則敢當王擊（見前御擊鵠）鶻誰將能折青箱御史未有或議鐵面御史奚有能踰皂鵰御史竟莫有犯驄馬御史誰又敢褻是皆官蕆之屬簡冊之光也若夫四其御史取其膽畧可矣臼兎御史他無可錄即膽畧亦無取也柰之何别有

是路錄　六卷　二二

御史者號曰夜入之鬼噫胡不如剛不茹柔不吐（詩經語）卓然石御史也哉（乃有蜀不屈撓石御史亦因其姓也）昔常思謙云大丈夫當正色之地必明目張膽以報國恩不能爲䴕䴕保妻子之臣（王義方劾李義）此臣節純矣居是職者其必于君之有過碎首玉階（唐御史昌明且昕）以明臣節擇文一出而紙價且騰貴焉此乃良御史者也

四六語

烏臺峻秩望重霜稜（唐中宗一蘇頲制）耆佩崇班威高風采褰帷張耳目轟揚清激濁之雷捧簡厲精神閃燭隱照奸之電行行且止到處咸稱馬是驄（見驄馬御史下）諤諤以忠譪人自是衣翻繡欲建此老身是膽之事（劉先主謂子龍一身都是膽）方吟先生鐵作肝之詩試看柱後之惠文允作人中之屈軼（屈軼指佞草）玉宇鷹鸇一舉（見鵰鶚宣來命李倫仕）可方搏擊雄威全灘鵷鷺雙飛恰是擢陛桂兆

御史者雖峻之官然爲人雖峻本支讀之無人

老情拢

詳𣏲

江應陛星是鶚鳥將秋風下播山岳

慶集亂佩衆禽 札式非之仁祠曰鵰鶚鷹鸇里衆禽之謂

趙堯負弄印 漢祖欲擇御史大夫持其印以弄之熟視趙堯曰無如于者 不爭宰相

筆 宋程琳權御史中丞宰相知曰是不辱吾筆矣 東軒筆錄

閣吏不直挺 臺有閣吏持一挺以持中丞賢否賢則橫其挺不賢則直其挺范諷為中丞一日視其挺直范問曰尒挺忽直莫我之失耶吏曰昨日中丞召客論庖人進食有揮者數次去又教戒之教次若明日使宰天下如是不亦勞乎其心都不知林之直也范謝過之挺遂橫矣則是

劾燈籠錦 言行錄唐介為御史極言宰相文彥博知益州日進燈籠錦媚貴妃致位宰相

論帷幔親 以言行錄彭思永為御史極言張堯佐以親倖帷幄 仁宗怒矣 仁宗怒人皇仁宗眾怒加罪

劾監司二十三人 守忠以親倖帷幄幾殆 彭思永為御史 當同宇志

彈犍奸一十八章 呂誨字獻可為侍御史 不數月劾罷監司不才者二十三人中外肅然

中臣大不肖大用其言章凡一十八章詁謹出請曰今日謗落于溫御史矣諾之影怨曰截截者雨微曰天子法官初欲截扇奏之割然不敢言上將宗廟欲御輦縱橫謂曰從船危空使橋下不敢直言請自制以無僧車輪不得入宗廟上曰誰人不當如是耶不已而 從論

鄭度已落其膽 唐書崔祐為御史溫造劾之入晉書劉暾遷御史中丞武庫火尚書郭彰不救火暾劾彰

尚書不敢截角 天子從橋 薛度為御史大夫

貴戚泥樣 唐李景讓為御史大夫內臣貴戚有不臣者令人泥之其有彈劾者多識悉朝儀

肩稍御史 南史王准之自曾祖以來世相傳舊事緘之青箱何承天事准之四世皆御史

鐵面御史 宋趙抃為御史不阿人號鐵面御史 東又謂為御史正直

皂鵰御史 唐書 尚書某人為御史漢杜眾為御史執法嚴嘗禦鵰 驄馬御史 漢桓典為御史執法 唐史郭弘霸自陳討徐敬業 四其御史

綏其[illegible]悅之狀
御史人號四其御史
白兔御史 有白兔縣集衆捕逐尒擒無遺內史李昭得曰昔聞蒼鷹獄吏今見白兔御史
專以酷吏為業臺中號為鬼面夜叉
彈文紙貴 江文蔚論彈文御史
野喧騰沙
寫紙價貴 論彈文彈文紙貴
蹇帷 後漢賈琮為冀州刺史舊典傳車驂駕垂赤帷裳迎於州界琮曰刺史當遠視廣聽糾察美惡何有反垂帷裳以自掩塞乎乃命去之
柱後惠文 史記侍御史冠柱後惠文
金灘鸂鶒
夜叉鬼 唐監察御史李全交言激朝出一危中丞文帷命以彈之
求傍今尒不與乃騰言圍

雄職 唐書御史臺為風霜之任
無以加焉 官之雄峻
一杯 一杯 祝曰…不向日間借孺拜西臺御史
老吏曰此必分司御史若孺為西臺當有報
樂金沙為之言堅固不扶後在
以鐵為法本冠名惠文柱後用
後其此刺史事之借印
夫其此本冠
蔽手賍吏聞之悉解印綬
前亦柱 伊闕縣前水中每有灘出縣僚即謂共之鸂鶒佐柱之謂

郡守 白集殷庇制

今之郡守古諸侯也。于吏有君臣之道，于民有父子之親。居是職者，得不思沾民以惠露，扇民以仁風乎。遐胎王碑惠露沾民仁風扇越

吾見銜命而出，所佩者或魚符、或王麟符、或銅虎符。佩貴也。唐武德間郡守頒銅虎符 所蒞者或澤郡、或股肱郡、或腹心郡。任重也。澤郡謂山澤之郡 出漢書

稽古良吏，文翁作興學校，民俗醇矣。文翁為蜀郡守大興學校以化民 黃霸勸課農 霸為潁川守課民農

桑民生遂矣郅都誅族豪右民命安矣他若包拯之不阿鄉曲所謂直柏包拯為廬江守不阿鄉曲人謂曰直柏云云終成棟衛剛不作鉤節硜硜者李勉之操持軌度所謂清高金莖露正直朱絲絃杜甫贈李勉出守云云心耿耿者皆官箴也然官箴之不玷尚有照天燭見器用灯火内決事明也見器用扇内驅致扇去惡疾也有脚春宋璟為守恩惠及民人謂有脚陽春須惠溥也隨車雨蘇民切也且山陰一錢見珍寶錢内成都孤鶴宋趙抃知成都惟以一琴一鶴隨行挹清修于沆瀣沆瀣北方夜半氣之中

東海萧扶東之氣即肅也南陽蒲鞭施肅殺于陽春之內渤海牛犢黄霸賣劍買牛事見牛内蜀郡袴襦敷榮華于凋瘁之後廬江腐魚手續懸魚事見魚内廣州敝絮植節儉于奢靡之餘之數人者與仆植偃亦太平之官府予礪節砥行亦獨立之使君予惠民育物亦天下之長者予是以官有循良政多奇異虎渡河見虎部虎内波之矣鰉赴海鰕之矣犬卧花見畜産犬内犬吠花下長毛龙之矣麥秀兩岐麥秀兩岐見穀食麥内之矣幷

苦泉甘之矣吾想其來也叔度何暮其去也何武奇居無赫赫名去後民常見思思頎借冦君與頎湯耿君頴川之父老無異東郡之父老乞晉魯定與乞晉种暠天水之士民不殊梁州之士民攀轅見器用車内留侯霸與攀船留鄧攸臨淮之黎赤即同吳郡之黎赤茲則德政無瑕衛中官况清如水謳歎不替路上行人口是碑猗歟休矣不然孟青秋日孟青流毒

淫刑以逞民將甯虎之贓彪之屠伯之瞎虎之於父毋何有嗟乎皖伯朱邑為皖守有善政稱皖伯名高番君吳芮守番陽稱番君望重袁公政善包老法嚴大馮君小馮君譽重當年大南郡小南郡殷施後世曰余佛曰洪佛佛曰西方聖人並以稱西方聖人者稱曰陳父趙宋陳暐守廣州民稱陳父後漢召信臣守南陽稱召父曰召父互以號一家嚴君者號噫郡守如是是可以無譏矣

四六語

曾子固送林守一麾且指斗牛邊

一麾指斗、九里潤河、二千石、雅擅循良、百萬户、並

陳子昂集一郡符才刺史百萬户受其

福

蒙福澤、屏風紀其姓氏、草木知以威名、五馬驟香

唐太宗錄天下刺史于屏坐臥對之〇　漢官儀太守

駿旌五馬朱轓皂蓋

塵風翻皂蓋、雙旌搖彩色、日映朱轓、吏民不犯、蒲

鞭童子、爭迎竹馬、衙中人靜、楊伯起却縣送之金、

郭伋守潁川兒童爭以竹馬迎之　楊震辭金已見珍寶金內

江上風恬、鄧伯道載家來之米、官見越王之石、民

已見穀食部米內

立巴郡之祠、一路福星到處、望君猶望月、十分皓、

晉三堂為巴郡守民為立生祠　王十朋贈明守人望使君如望月

彩光明如鏡、莫如鈞、

須如鏡莫如鈞

昔識齋云我侯冰蘗清到底一粒不嚼盧陵米

一盞只飲清泉水此皆清者

詳釋

玉麟符　唐子蓋守東都有功憲帝勞曰今為公別造玉麟符以代銅獸

銅虎符　漢文帝初與郡守為銅虎符以代古之股肱郡漢文帝謂季布曰河東吾股心

君曰汝南股心之郡位次京師也　隨車雨　百牧先是州中

公下車而足跡隨車雨〇鄭弘事仝

蒲鞭　尹翁歸治東海尚清静責民用蒲鞭

菁杖　以菁杖〇劉寬守南陽罰

蜀郡襦袴　廉范為蜀郡守先是郡多火災前守禁民夜火范到任除其禁民便之乃歌曰廉叔度来何暮不禁火民安做昔無襦今五袴

廣州激絮　晉吳隱之為廣州守以儉冬月浣衣乏衣更換披一絮客来謂推病不出

太平官府　唐崔譽為秦州刺史善于其職民謠曰今日復見太平官府

獨立使君　裴俠守河北日周太祖命獨立曰裴俠清慎為獨立使君公有如使者與並立

天下長者　漢書文帝謂田叔曰公知天下長者乎故雲中太守孟舒是也

井苦變甘　漢戴封治虛城有善政官舍井苦變為甘泉

鍠赴海　陵守郡有鍠撥布善政鍠赴海悉化魚蝦

願借寇君　後漢寇恂守潁川光武召之百姓遮道請曰願從陛下復借寇君一年

願得耿君　後漢耿姓

拜東郡太守百姓數千請曰願復借使君一年

乞留魯定　魏魯芝為天水守遷太原百姓詣闕乞留帝許之乃下詔褒獎

乞留荊高　种嵩為荊州守被召民請留之後遷漢陽太守父老送至漢陽界與相辭別十里不絕

攀船留伋　昔鄭伋守吳郡離郡之日士民攀其船不忍別伋乃附于商人船中潛去民相謂曰鄧守推不去留謝令推不去

寧虎臧彪　漢寧成為郡守條刻寡恩民歌曰寧逢乳虎莫值寧成怒〇梁臧厥為晉陽守甚苛刻入呼為賊虎

屠伯瞻虎　後漢嚴延年慘刻號屠伯〇後魏谷楷酷一日性殘忍人號為瞻虎

袁公政善　唐袁滋為華州刺史被召楊於陵代袁去者無遺道不得進於陵宣言曰我不敢易袁公之政

包老法嚴　包拯守開封民不敢犯法乃相謂曰關節不到有閻羅包老在

大小馮君　漢馮野王與弟馮立相代為西河守民歌曰大馮君小馮君兄弟繼踵相因循

大小南郡　南史劉之遴除南郡長史任滿弟之才代

余佛洪佛　宋余崇守九

守愛民知子民呼為活佛
朕以江淮草木知卿
威名故以此職相授
傳云官清乃見愿往
現之清徹無所隱蔽
草木知威名為滄州刺史上曰
見越王石宋虞愿為晉郡守海邊有越王石常隱于雲霧間相
河潤郭伋守潁川帝常曰潁川河潤九里冀京師並蒙其福也

縣令

邑長者、紐銅章、綰墨綬北山移文。野有盜賊，惟侯屏之晉孫楚頌梁令孫侯頌；我有由疇，惟侯闢之；民有爭訟，惟侯平之。所謂樂只君子，民之父母也。我思古人，元魯山元德秀為魯山令、陳大丘陳寔為太丘令，乃玉其溫文粹，乃金

其聲，無以議者。然誰為仙令哉？王喬已。誰為良令哉？邢伯已。誰為健令哉？匡遠已。又誰為強項令哉？董宣已。自茲以外，彈琴者宓子賤治單父彈琴而單父治、鼓太和；垂簾者種惟之尹山陰垂簾聽政、崇簡靜；種花者潘岳、廣化育；懸果者時苗事見牛內、貞操守；留犢者、示廉潔；投巫者、破愚俗；戴星者、勵精勤，可同舌而賢之者。至如風不鳴條大公為灌壇令風不鳴條、雷不損稼，天效其順；禽棲于庭、鳳集于境，地獻其靈。

君號為神父，稱為慈民，故其和不賢而能然乎？且庭中之齋馬馮元為公馬不[illegible]，清癯不食民之芻豆；釜內之遊魚范冉為萊蕪令釜中生魚，活潑若相忘于江湖；野外之飛蝗卓茂為密令蝗不入境，屏息毋害我之田稺田中卯不出詩經；桑中之雛雉，馴狎不慮人之矰繳，亦有足嘉者也。載考之詩詞：為憂民如有病魏野詩，見客似無官裴談詩，躬甚勞也；三年清似水，六月冷如冰唐人詩，心甚苦也；犬眠花影地，牛牧雨聲

坡，俗甚雅也六帖詩。是乃潔齊冬冰，恩湛春露晉孫伸孔松陽令，一同布政，百里宣風。吾想王覃之政績吳王覃字世安為令人歌曰王世安淮行者從役盜賊除，無雙此則無雙中之雙；張暨之治行第一魏張暨除為三輔第一，此則第一中之一。是知生祠安陽者、活佛之香火；死葬桐鄉者、異脉之子孫；畫像內黃者、億姓之高會；血食浚儀者、萬井之副杜。嗚呼！作令如此，無以加矣。雖然，有本焉，治道猶樹道也，陽鱎者驅

之耳。治道猶牧道也，敗群者去之耳。驅陽鱎則澆風淳，去敗群則善類安也。劉元明云：作縣令惟日食一升米，不飲酒，此為第一策。憶此，以外尚有治縣之譜

也哉。

四六語

製錦才優，烹鮮政善。武城之弦歌諧譜，晉陽之保障[illegible]

偉巍巍，潁川四長；爭頡頏，江東三吾。不軒輊，王允展撫綏略，河清應有十奇；仲由試政事，材蒲邑恰。聞三善見說，中牟之蝗不入其境；亦聞晉國之盜，自逃于秦。能生我，能哺我，能淑我，黔赤盡稱父母；不忍欺，不敢欺，不能欺，吏民皆曰神明。

仙令 晉王喬為葉縣令，有仙術，每朔常望其來，南有雙鳧飛來，命人舉網張之，得雙舄，乃所賜尚書之履也。

良令 韓子：晉文公問趙武曰：中牟，三國之股肱，邯鄲之肩髀，寡人欲其良令，誰可？趙武曰：邢伯可。

徒令 後蜀李匡遠歷世亭通泉等邑令，時西川盜賊鋒起，匡遠所在擒捕，民歸。

強項令 後漢董宣為洛陽令，殺公主奴，上令謝主，宣兩手據地，不肯拜。上曰：強項令出。

辟果 唐賈郁遷仙遊令，有客遺新果，辟不受。客曰：無知。郁曰：古人畏四知，今子之來，兄知弟知，子知姪知，倩人也。客慚而退。

投巫 漢西門豹為鄴令，巫與鄉豪者歲斂民財，娶民間少女為河伯婦，以少女投之水。豹見之，謂巫曰：此女不美，煩巫嫗報河伯，待更娶好者。乃投巫嫗于水，既又投巫之弟子從之。後投鄉豪，皆叩頭謝，乃止。明年事遂寢。

戴星 呂氏春秋：宓子賤治單父，彈琴而單父治；巫馬期戴星出入，而單父亦治。巫馬期問其故，宓曰：我之謂任人，子之謂任力。

雹不損稼 唐韓穫為下邳令，鄰縣皆雹，下邳獨無。上聞之，召拜尚書。

日○晉[illegible]為太原榆次令，化民以德，時鳳集于境。

鳥棲鳳集 漢王阜為重泉令，有鸞鳥棲止于縣庭十餘日。

神君慈父 喬智明為隆慮令，號神君。○馮元授醴泉令，為神父。

桑下雉馴 後漢魯恭為中牟令，上官使使者察其能，恭方勸農桑下，有雉馴，使者曰：雉方雛，童子不捕。使者問何不捕，童子曰：雉方將雛。使者曰：蟲不入境，一異；化及鳥獸，二異；童子有仁心，三異。

生祠 安陽 晉荀晞為安陽令，有惠政，人為之立生祠。○晉陸機為令，民思之，後世子孫祀我，不如桐鄉之民。

桐鄉 朱邑為桐鄉令，病將死，囑其子曰：我死後必葬我桐鄉，後世子孫祀我，不如桐鄉之民。

血食 淡儀 晉陸機為令，有善政，及去任，百姓思之，以為祀之，配食于社。

畫像 內黃 唐高彪為內黃令，多惠政，民畫像祀之，千年不衰。

治道 二為單父宰，揚晝送之曰：子之治道，夫子若遂落餌，投編而吸之者，陽鱎也，其為魚薄而不美；若存若亡，若食若不食者，魴也，其為魚博而厚味。宓子曰：善。

……其責老德行者與治爲

治道猶牧道（……武帝問其故對曰惡者輒去毋令敗群非獨羊也治民亦猶是也帝拜式爲緱山令）、製錦（左傳云子皮欲以尹何爲邑子產曰子有美錦不使人學製焉大官大邑身之所庇而使學者製焉）、烹鮮（列子宰大邑者如烹小鮮人撓則疲魚擾則飽）、晉陽保障（史記趙簡子使尹鐸爲晉陽尹鐸請曰爲繭絲乎爲保障乎簡子曰保障哉益繭絲所以富民保障所以安民）。潁川四長（後漢荀淑爲當塗長韓韶爲嬴長陳寔爲太丘長鍾皓爲林慮長皆潁川人治邑有善政號曰潁川四長）、江東三令（唐李義尹金壇弟仲翔爲長洲令仲林爲溧水令皆有治績號江東三令）。三善（子路治蒲孔子入其境曰善哉恭敬以信矣入其邑曰忠信以寬矣至其庭曰明察以斷矣故語云子路治蒲夫子三歎其善）、三不欺（事文類聚云子產治鄭民不能欺子賤治單父人不忍欺西門豹爲鄴令民不敢欺）

武臣

將軍者國之膽（史記語）。核哉我思古人、行陣而說詩書春秋、一郤穀。戎服而講俎豆（晉郤穀）、漢室一祭遵。綸巾羽扇而指揮三軍、三國一諸葛。輕裘緩帶而董率六師（晉羊祜字叔子在軍中輕裘緩帶）、兩晉一羊祜。此韜鈐之臣（武臣）儒者氣象、指不多屈也。乃若將之智謀者、入參廟算、出摠師干（李靖節度制）。晉文聞之矣、傻城者半……

而火乎秘謀破羌者（見高麗……）、雞而距乎妙策渡軍者、嬰而水乎詭道籌敵者（見韓信……）、東而山乎奇畫射賊者、矢而蒿乎神筭（張巡刺蒿爲矢賊以爲無矢不復防故以真箭射之）、安營者城而沙乎巧思。且也順風鼓灰、藉巽二以揚（風神）、鮮烈帶雪踰城、借滕六以成巧謀（雪神見天文雪內）、用火燒屯、假祝融以騰烈勢（將望燒屯事見器用火內祝融火神也）、壅水濟軍、賴馮夷以濟深謀（韓信囊沙壅水又關羽水淹七軍馮夷水神也）。是乃奮精神爲卒徒、卒徒壯吐智術爲號令、號令嚴展謨謀爲（陳思王……論奮精神爲卒徒吐智術爲號令云云）

旌旗。旌旗耀耳、然則八公山草木皆兵、苻堅豈能不敗。泚水九里坡歌聲盡楚、項王焉得不殞烏江（漢王圍項羽于九里山夜聞漢軍四面皆楚歌曰漢已得楚矣）。何者筭勝者戰勝也。然此爲智將論、若數以力將、誰其人哉。吾聞勇若趙雲渾身是膽（趙雲漢水之戰以少敵衆先主曰子龍一身都是膽）、威如李廣八面皆辟、張文遠名可止小兒之啼、揚無敵威可嚇夫之瘧乎（楊延昭號楊無敵病瘧者聞其名而愈）、薛仁貴馬閃電、人不敢支、馬龍虎人天神、誰其能抗、好

漢只數吳進太士。就逾彥章鐵猛獸。百倍雄威。朱留

鐵十分堅硬。黃鬚驍騎。與紫髯將軍。卓卓皆奇。李廣見前註白衣

存諱行營軍中衣白號白衣先鋒先鋒與黃騎少年。超超迥別。真將軍。飛將軍。匈奴聞文淳

之膽寒。宗澤宗爺爺。岳爺爺。岳飛宗岳二人善戰金人呼宗爺爺岳爺爺金人畏之。魄褫之。數人。若樅

山撼岳。史語躍虎驤龍。洋洋鶻鶻虎臣在泮獻馘矯矯虎臣。若是其人歟。嗟乎。清時

不去兵。乃為善政。盤根試利器。方見真才。今何時哉。

北狄匪茹。詩匪狁匪茹虔劉我邊陲。腥膻我土宇。堂堂中國。豈無

吞吐風雲。史語出入神鬼。如韓淮陰。一戰而拔趙旗者乎。

又如薛總管。薛仁貴三箭而定天山者乎。吾方望其斬溫禺。匈奴首長

血尸逐。亦匈奴首長腦沙漠。髓余吾。燕然山銘云云英老上之龍庭。龍沙之庭躊冒頓之區冒頓為王號二語無

落。獻俘宗廟。勒石燕然。則吾才雖謭譾也。亦將作鐃柳子厚作鐃歌鼓吹曲頌唐戰功

歌鼓吹。以歌詠戰功乎。

四六語

爪牙王國。詩經祈父王之爪牙保障中朝。飛將鋭將。熊虎將。東輯關張乃熊虎將煌煌金節。

草木知名。鴉軍雷軍。李克用所統軍皆衣黑號鴉軍鴈子軍。獵獵神旗。鬼神喪魄。

乘天風。破萬里浪。宗慤有大志謂曰願乘長風破萬里浪宗生壯志。翩翩杖馬箠。下數十見人物註

城。孫策英風。烈烈高敖。史記語曹允可方項籍。狄天使更

不亞雲長。丈夫斬將搴旗。頂鶡鶡陣前耀武。

聖主論功。錫賞必麒麟閣上標名。

胸中富十萬甲兵。刀能此作　博大詳

詳釋

御穀詩書　春秋郤穀雖居行伍敦詩書說禮樂歸曰詩書之師。房將軍其形士皆用儒術對酒談樂雅歌投壺雖在軍中不忘俎豆也

祭遵俎豆　東觀漢記祭遵為征

渡軍水罌　漢書韓信擊魏魏王豹盛兵蒲坂以塞臨晉信為疑兵陳船欲渡臨晉而伏兵從夏陽以木罌缻渡軍襲魏王豹魏地悉平

沙城　魏祖馬超將突北多沙難以築城婁伯子曰今天寒可起沙為城以水灌之一夕而成超見大驚

順風鼓　晉謝玄

草木皆兵　苻堅

五七一

也後戰于紀水擊兵大敗單閒風殺鵲夾背以為師
漢李廣匈奴畏之稱 張遼字文遠與吳人盡畏其名
鋒 曰飛將軍乃入面鋒 名止兒啼 魏張遼
吳中小兒啼者呼 霹靂馬閃電 唐長孫晟為秦州總管
其名輒之即止息 討突厥有降者言突厥
大畏長孫熾嘗聞其手殺以 馬龍彪人天神 宋狄青英勇
為霹靂見其走馬以為閃電 戰畏之馬曰
龍彪人曰天神京師亦呼為天使節領涇原上欲召見之會
冠遍平涼青性樂上伊圖像以進覽其儀表因嘆曰朕之關
張 好漢 趙宋吳挺勇于戰上嘉之曰好漢 來嚼鐵 唐來
也 進乃刺好漢吳進作鑄心以示衆號驍騎與鳥丸戰
顥守討賊長 黃鬚驍騎 魏任城王彰為驍騎與鳥丸戰
之孫為來嚼鐵 大破之太祖將其鬚曰黃鬚兒
竟大 紫髯將軍 吳孫權督戰張遼問吳降人向
奇也 有紫髯將軍者是誰曰孫會稽
年 唐裴果勇冠諸軍與敵國戰嘗 真將軍 漢周亞夫備匈奴
乘黃驄先陷陣號為黃驄少年 黃驄少 走軍細柳

是路錄六卷　三八

史記韓信破趙出背水陣與
一戰拔趙旗 趙戰佯敗走趙空壁逐之信
斬令赫大常 使人馳入趙壁拔趙旗立漢赤旗
之三兵將軍 三箭定天山 唐薛仁貴為總
趙軍見之驚走信兵大勝唐趙王歆 斬溫禺 漢班固
管時九姓為亂仁貴三箭殲其首三人 燕然山
敢曰將軍三箭定天山壯士長歌入漢關 銘云聖功勃怒爰整其旅
銘云斬溫禺以釁 腦沙漠 唐楊賊云長驅如奔星擊如震霆腦沙漠
鼓血尸逐以染鍔 飛將 銳將 單雄信事李密
茶吾○謂破其頭以腦塗沙漠 號飛將○唐馬五
之牝 拆其骨使髓入余吾之水 雷軍 鳳軍 唐鄭畋節度鳳翔募壯士號雷軍○五代朱瑾募壯兵號雁子軍亦
號將 賊 蘇瑛字獅子 鳥翔
曰鳳 數齊方 項籍 此史烹高昂字敖曹以其將多善舞馬時人或以之名
手鄭 而宇之為高歡將
比為 鵝鸛陣 兵書云陣有五花六花
明 之名 及天前衝天後衝之名

六卷終

是路錄卷之七

君臣之義天下大倫臣死不忠其君如大倫何吾闕
弘演憫懿公之死剖腹盛肝子閭罹白公之難援腋
嘗刃晏子請救國之師截頭謝楚孫讓憤殺主之恨

是路錄　七卷

漆身刺讐此列國之烈丈夫死而若生者然死節之 文粹
臣寧列國已哉吾以為貫瀆截腸戰葬將劫節摧全 貫瀆戰葬將劫刺腸出者公瀆戰
石也杲卿斷舌罵羯奴直聲噴氣雷也金藏剖胸明 史粹 文粹
皇嗣忠肝披日月也嵇紹洒血濺帝衣烈氣薄雲漢 史粹 文粹
也吉桓絕食謝秦爵香名馥蘭芷也屈指諸人芳流 桓吉得坐與之爵不受絕食死 古詩香名馥蘭芷
世大綱其攸賴乎外是則孔明鞠躬盡瘁出師一

表字字心肝肫纈披誠露丹建諸十九疏言言骨鯁忠節若二公誰不曰純臣哉然劉行本自居正臣（見前太子內）不爲弄臣純臣也魏鄭公願爲良臣不願忠臣純臣也陳咸只用漢臘不用莽臘純臣也（見歲時冬內）鍾儀止操南音（見地理鄉里內）不操北音純臣也第臣之純者尚有彈勳臣而尊朝廷李勉之卓犖者甚（李勉彈劾田承嗣背）（謂爲生靡曰吾有李勉而朝廷始尊）殺弄子而正風俗日彈之劉直

者甚糾貴戚而肅京師鮑永之激烈者甚輔幼主而安陵寢霍光之耿直者甚劾梁冀而懾羣奸張綱之（見官品御史）嚴毅者甚噫嘻臣道如是史冊光矣吾又許爲程嬰杵臼同一立孤臣也杵臼死於程嬰二十載之前慷慨而殺身程嬰死於杵臼二十載之後從容而就義（見人品直部）巖山岌岌連天峻瀉水澄澄澈底清王珪之盡職也

維國家之常大小風雲三百戰古今天地一孤忠張許之死節也遭社稷之變岌岌倶北飛一身獨南翔蘇武之歸漢則以生還風蕭蕭兮易水寒壯士一去（見衣服白衣冠內）不復還荆軻之入秦乃以死往以是而觀乃知何地而不佈劉氏何代而不生義士故洪皓陷於虜庭抱大漢之符印起卧持節之子卿也韓成迫於敵冠服

太祖之衣冠代死誑楚之紀信也霍安國嬰無援孤城抗方臘醜虜百戰之張巡也田錫禀正直天資負敢言烈氣直節之汲黯也吾想諸君有劉毅賜無數美態眼前之爵祿軒冕倶可輕者胸中之節義文章（見官品諫臣）（説準有許於丁謂）寧忍負焉是以雷霆之下未足以懾歸登煙燀之間（鄭之使吳）（貶衡州）何可以苦寇準虎狼之口莫能以屈至能嗚謹之

更難以惕。鄭芝由是。拋其髮衝冠可也，臟其血化碧（三年而化爲碧）、
可也。嚼其齒穿齦可也（牙賊、唐書顏平原罵賊，將齒半缺；張睢陽死不忘君），握其拳透爪可也（握拳透爪，謝銓詩句）。嗚呼，男子
要爲天下奇，此奇者哉。奈之何不忠之臣臭穢青史（王敦、王莽、曹操、林甫）、
莽操之墓，漢豺狼其性，敢峻之叛，晉貔貅其心，李
之誤唐，狗彘其行，五鬼檜卨之壞宋，鬼蜮其奸，吾恨（五鬼丁謂諸人、秦、萬俟）
此輩使生同其時，嚼之當不擇牙，今千百之世，徒爲（張巡賈爲害賊曰吾將齒不擇牙）

一啞萬惜哉。

四六語

滿腔忠義，千古綱常。宋將軍之椎，儘堪濟變；段太
尉之笏，偏可擊奸。子房代韓仇，出巧計，願秦震。
項仁傑欲全李祚，杍丹心，反周爲唐。汲黯戇言。（漢武比汲黯之戇，汲黯之孫）風
猶存。任韓休峭直，日照（見諫臣也），狄忠郭欑之直資，毵毵孫

蕉之諫舌切切，更憶撤開后席人入壽，莫益精忠
還思引落帝衣，世世羨陳禾切直。
傳此爲今烈士精神，救亦好夫是貫楝也

景興評

詳釋

剖腹盛肝　左傳狄人滅衛殺懿公盡［食其肉］，臣弘演剖腹盛懿公之肝。
張膍受刃　左傳白公勝作亂，殺公子南，子南之弟子間張膍受刃，斷其臂。
晏子截頸　周末巴國有亂，巴國將軍晏子請師於楚，許謝以三

城。楚王發師，亂乃平。楚王請城，晏子曰：吾誠許城矣，當以頭
謝。乃自刎，以其頭與楚王。楚王嘆曰：吾得臣若晏子，皆易以
干城，何要三城之。

殺身刺讐　史記智伯爲襄子所殺，其臣豫讓吞炭爲啞，漆身爲癩，行乞於市，爲智伯報仇。

斷舌　顏杲卿爲安祿山所執，罵不絕。祿山斷其舌，杲卿含糊而死。

剖胸　唐睿宗爲皇嗣，有誣其異謀者，武后詔問狀。安金藏大呼曰：請剖狗以明皇嗣不反。引刀割腹，腸出。后嘆曰：吾有子不能自明，不如爾之忠也。命舁入禁中醫治之。

血濺帝衣　晉書嵇紹蕩陰之戰，以身衛帝，遇害，血濺帝衣。事定，左右請帝易衣，帝泣曰：此嵇侍中血，勿去。

願爲良臣　魏徵爲太宗曰：願陛下使臣爲良臣，勿爲忠臣。稷契皋陶，君臣協心，所謂良臣；龍逢比干，諫君而死，所謂忠臣。

殺弄子　漢金日磾有子爲武帝弄，漸壯大，與宮人戲，日磾乃殺之。

紂貫戚　漢鮑永、鮑恢不避權貴，［光武］祖曰：貴戚且歛手避二鮑。

程嬰杵臼立孤　晉趙盾及子朔時，朔之子方娩，是爲武子。屠岸賈

[illegible]

羝擁孫二十年使饗終光 闗雲三百戰 共守雖咼食盡羅
蒼梱鼠之小﹅﹅餘戰來當 以衰故史詩 蘇武
有云七小嵐雲三百戰古今 天地一漢忠 漢晁把飛 別李
陵詩漢晁俱飛北一晁獨南 歛宗時洪浩 使
翔于且留斯館我今歸故鄉 卿 全金留之抱 宋
得卿歸人比之漢蘇子卿始 洪浩比子卿 太祖典 諒
得歸人比起者十九年 韓成比紀信 戰國於朝鄴湖 不友
成曰事急矣請效漢紀信 太祖是服 兵陳 至
衣冠出降軍解圍 於 級太 不 宋安
守戰不州金人 觀信 安國比張巡 霍
屢不屈金勢人之外無援兵 錫比汲黯 田天錫 國
歷諫議大夫盡率師攻北人 之張巡 敖 宋 臣
謂曰此大議宗與 元人 諒 穎
節義文章 元龍 降 之
可相通 不屈虎狼 胸中節義文章 許 皆
主欲留之節 元不金 曰
提之節 至 同能 不屈 虎狼 詩曰虎狼宋至之口能使不金元元人以 主
攜留至 同生 節 使 至 元
漢 死以休 問曰虎狼萬里羝乳至 不命不其 一
節 至同生作死以休詩問曰萬里羊羝乳至不金命主見其不可屈 乃浮金曰

史記朱亥袖鐵椎四十斤擊殺晉鄙奪兵符起兵以救趙
朱將軍椎 晉鄙
遺其時朱洪反召源休休聞秀實議之秀實勃然起奪源休笏 段太尉笏
逢為宗朱泚面鮮血淋漓大罵曰狂賊我恨不斬汝萬段豈從汝反耶遂遇害
當德宗擊泚
郭子橫鯁 漢鄭崇字子游為光祿大夫切 引落帝衣 宋
鯁直敢言帝曰聞東鯁：郭子橫
不以蔡京童貫權權誤國請黜之徽宗不聽 扶衣 宋
語極言之徽宗曰正言碎朕衣矣 禾引帝衣 臣 又
惜碎首 不 惜碎衣 宣帝 陳禾 引 蘇 宋

孝思

父兮生我、母兮鞠我、子之於親一體也、吾聞母嚙指而子心痛、子動心而父命殞。一體之義審矣。夫子既

為親之遺體、則無父何怙、無母何恃、可知也。幹父之蠱、幹母之蠱、甚宜也。若曰不孝、大倫斁乎、是以虞舜

父之蠱九二幹母之蠱

天子也、父頑母嚚、又必克諧以孝、烝烝、則曾參之養志

書文典

子路之負米、閔子之甘寒、是聖門之高弟者、不當如

子路為親負米百里之外　閔子衣蘆花葉

是耶。狄仁傑之瞻雲、陳堯叟之侍立、是公

見天文雲石

朝數名臣者、又不當如是耶。故萊子老也、披堂上春

風、為親而舞斑斕。可以訓矣。萬石君貴也、當堦前化

日、為親而浣廁牏。可以風矣。下此則數庶民之孝者

誰可以屈指哉、伯奇擭琴履霜、不嫉於父之擯斥、伯

俞受杖揮淚、不苦於母之鞭笞。子職為何如也。然卧

冰者體之凍、汲江者力之疲、環蚊者血之枯、入罟者

王祥　吳猛

足之蹷、泣笥者淚之竭、歷觀諸人、又孰不惬公評耶

足下孝皮曰蹷　孟宗

蓋子之於親，幸而貴，則八珍五鼎以致其養；不幸而貧，則啜菽飲水以盡其歡。又不幸而當大故，則衰絰擗踴以志其戚，情之不容已也。是以痛父之死，攀柏（韓康伯喪母）而號，人情乎？感母之歿，食芋而悲，人情乎？念烏鳥之（見烏鳥反哺感之作烏夜啼之曲）私而志戚，人情乎？抱風木之恨而動悲，人情乎？情之所鍾，尚有生者，固可憫也；死者猶足矜也。泣血固可（子羔親喪泣血三年）悲也，殺身猶足悲也。第以絕裾別母者，溫嶠急功名、薄恩愛；置母城潁者，莊公重盟誓、輕倫紀；母死不葬喪者，吳起戀富貴、藐綱常；丁憂謀起復者，韋貽範（見五代史）慕爵祿、蔑法制（可戴麻衣可草）。此皆名教中罪人也。奈之何居親之喪，薄於禮法，敢狎首（反懷事斑妊）然，是人也，又豈得不為罪人也乎哉。

提錦録　卷八

四六語

親屬一身之本，孝為百行之原。毛生捧檄，還因祿養而忻；原穀收輿，更為綱常而重。弄雛者，老萊樂（老萊子事見前班衣註）趣；懷橘者，幼稚良心（陸績七歲懷橘奉母）。竊意養親懷肉，歐陽正是醇儒；曾聞殺父分羹，漢祖豈為令主。

閱此文，知孟子能盡子職矣。　萬韶許

詳釋

嚙指心痛（後漢蔡順至孝，嘗外出，忽有客，主母無措，因嚙指，順心痛，即歸。）

心動父殞（宋司馬池嘗參召禮部，將入試，忽延怨心動，曰：吾父素多疾，能無恙乎？歸父已死也。歸語友人，友人歷其事，上以疾告，池遂號慟而歸。）

崔邠導輿（唐崔邠拜太常卿，故事，太常始視事，大閱四部樂，都人縱觀。邠自第公共惘親導母輿，公卿見者皆避道，鄉人榮之。）

堯叟侍立（宋陳省華兩人子堯叟、堯佐、堯咨，皆進士及第，已擢顯官。歸養日，父每對客，三子侍立，客不自安。省華曰：學士列侍，常也。鄉人皆以為榮。）

浣親廁牏（石奮父子五人各食祿二千石，號萬石君。白首而二親無恙，每取親廁牏浣之。廁牏，今之汗衫也。）

援琴履霜（尹吉甫惑於後妻之[illegible]前有妻子伯奇，[illegible]疏伯奇，[illegible]因作履霜操。）

伯俞泣杖（韓伯俞母嘗笞之，痛矣受之。一日泣，母問其故，曰：昔[illegible]杖常痛，今[illegible]）

提錦録　卷七　九

是諺録　七卷　十

是淳出一居便於汲入得孝子居　入蜀　嫉時父客於蜀吉
已長不歸吉作詩云應是子規帰不到致令音父不歸來捐
雖樸蜀迎父父無歸志三往三反及父歸鄉人贈以詞曰河
可以竭山可從我翁不歸行不已三往三須　啜菽飲水　子
翁歸止翁行尚壯今老矣兒昔來生今壯盜　路
曰傷哉貧也生無以為養死無以為葬　攀柏而號　晉王襄
子曰啜菽飲水盡其歡斯之謂孝
柏而號泣柏為之不止粘及講詩全義詩秋　食芋而悃
以時不明年對入為之廉此春　俱死悲泣不識
芋悃如此者終身對曰　風木悵　母喪
使入問其故不對曰樹欲靜而風不止
止出養而親不在
居且悲給嬌之孝遂自劉自欲
鼓悴和嬌父喪孔詒自持對曰王
孝下不應憂　絕裾別母　老矣汲入蜀無遠行
喬正嘗憂戒　生孝死孝　戒母喪飲酒食肉和武王之容

時人　置母城潁　左傳鄭莊公寘母姜氏於城潁而誓之曰
濂之　不及黃泉無相見也既而悔之潁考叔往
見之公賜之食舍肉公問之對曰小人有母嘗小人之食
矣未嘗君之羹請遺之公曰爾有母遺我獨無考叔曰何謂
也公語之故對曰若闕地及泉隧而相見其誰曰不宜公從
之遂為母子如初君子曰潁考叔純孝也愛其母施及
莊　毛生奉檄　毛義家貧以孝行稱府檄以為守令義以手
公　奉檄而入喜動顏色張奉薄之後義母亡遂
不仕奉嘆曰毛生性　原穀收輿　原穀者不知何許人祖年
日之喜乃為親居也　老父母厥苦之欲弃之殺
年十一諫不聽父作輿與棄之野穀隨父往收作洋與而婦父
謂之曰爾焉用此凶具穀曰侍父老不能更作得以是收之
升父感悅乃戴祖歸侍養痛　懷肉奉親　宋先資傳歐陽守
自赴責父為純孝殺為純孫　道教訓諸生主家
供具有內不自食撫拊
歸以供母人皆稱其孝　殺父分羹　項則功崇陽置太公於
水公漢祖曰吾翁即若翁　几曰故不下音級而父

友于

兄弟天倫也，（左傳）合胞乳，聯手足，（書華萩嫌七謝者兄弟如手如足）雖有小忿，（左傳語）不廢懿親。吾

聞夷齊之遜國，高標孝禮之爭死，盛鄭可以風矣。此

以外，讓田而牧羊，高誼如卜式者，人共舌而賢。灼艾（宋太宗灸）

而分疼，（艾太祖灼艾分痛）溪愛如宋祖者，人合喙而誦。殺命而報讐，大

義如索琳者，人聯志而賞。籲天而代死，至情如徽之

是諺録　七卷　十一

者，人同心而矜。然則周旋其疾苦，庚衰之厚道，獨不

可嘉耶？保護其饑寒，溫公之順德，獨不可羨耶？未已

也，姜肱之共被而寢，和氣尚可愛也；玄宗之同幄而（見衣般帳內）

處，孔懷猶足慕也。茲則行序者，（王制兄弟之序雁行）雁鴻急難者，鶺鴒叢（鶺鴒飛則鳴行則搖）

密者，（兄弟急難意）竹枝暢榮者，棣華。（棠棣之詩美兄弟而作）噫嘻，倫乎重已。然玉昆金季，

順轉之難。難其兄而難其弟，（元方難為兄季方難為弟出後漢書）僂可羨者，盍觀之二陸

乎機雲之文章最富兩蘇乎軾轍之才華最懋漢壁乎陸暐陸恭之德行最著二龍乎許劭許虔之問學（後漢許劭与弟虔人目為許氏二龍）最宏三鳳乎元收元敬等之才名（河東三鳳見為獸鳳內）最卓八龍乎慈明（見幼沖內）非慈等之涵養最粹五桂乎儀儼侃信等之科第（燕山五桂竇姓）最盛況乃弟拜相兄草麻弟當軸兄草制是又與大馮君小馮君齊殷名大秦君小秦君並稱謂大狀元小（宋郊宋祁兄弟狀元人稱大狀元小狀元）

昆弟錄　七葉　十上

狀元爭殷價耳嗟乎泒出天潢苓萼樓前王子盛評（唐玄宗事見宮室）香月旦梧桐樹下相公多此種順慶常天倫無故一樂也幸也奈之何斗粟尺布之謡薄於骨肉萁豆燃（徽宗）萁之咏疎於恩愛謙蓋者覬矜其上績火攻者不計（唐世民爭天下事）其下萊莊公叔段之傳萬年憯戚建成元吉之史千（詳杜語）古凄涼此於伯氏吹塤仲氏吹篪之義何如於兄愛而友弟敬和順之情何吾觀於是深感乎世道衰之情薄倫理乖不能不為之嗚咽

四六語

（出左傳）二惠鬬來競集五常自可齊芳苓萼集文苑聯輝棠棣碑政堂萃美晉明赴官訟鞫豈為恪節丈夫繆彤掩戶槌胸方是刑家君子紫荊叢茂田氏倫

昆弟錄　七葉　十上

敦青草夢迴謝家詩好戟人全懿德可比玉可比金若倆付公評或為龍或為虎

注云難以乎兄弟乎曰甚以為如此一篇兄弟之

又彭聃　韓大許

詳釋

孝權爭死　漢趙孝弟禮為賊所得將食之孝自縛詣賊中曰禮瘦不如孝肥賊義其

田故事　前漢卜式友於兄弟文分其田産盡讓於兄弟

[illegible]
利入威義之 殺命報讐 報兄之佻手殺十餘人時人莫不
壯 顯天代死 王獻之病術士曰得生人代可生徽之乃顧
之 天請代其死術士曰子亾數窮矣如何代之
及獻之卒徽之取獻之琴彈之久不調 周旋疾苦 晉咸寧
曰嗚呼人琴俱亡肉頓絕過月餘亾卒 中大疫
庚袞二兄俱亡次兄吡復危家个皆出次於外袞猶留不去
曰袞性不畏病逐調視吡疾月餘疫既息家人乃及吡病愈
袞亦 保護饑寧 司馬溫公友愛其兄伯康伯康年八十每
無恙 食以頃則問曰顧得無饑乎天少冷則問
曰衣得 姜肱共被 後漢姜肱兄弟四人作 玄宗同幄 唐
無薄乎 一布被共寢以孝行聞 玄
宗兄弟五人極相敦睦作 竹枝叢密 玄宗與諸王友愛後
一大幄共處號為五王幄 苑之竹二甚茂盛帝
諱之 璉璧 唐陸暐與弟恭並有時譽洛陽 兄草弟麻 錢
義竹 令見之曰不意今時共觀璉璧 帝
白惟演兄也惟演拜相希白當制 弟草兄制 宋韓子華入
世推弟拜相兄草麻乃一時盛事 相兄持國在
翰苑當制 大小馮君 漢馮立弟野王相代為上郡太守民
世爭榮之 歌曰大馮君小馮君兄弟繼踵相因
脩周公康 大小秦君 唐初秦景通與弟偉皆精 梧樹下
拜猶二君 漢書人號大秦君小秦君
相公 韓子華兄弟皆為宰相所居弟有梧桐京師 斗粟尺
稱桐木 韓家呼子華為三相公持國五相公
布謠 漢文帝時淮南厲王長犯不軌徙於蜀不食而死民為
之作歌曰一尺布尚可縫一斗粟尚可舂兄弟二人不
相容 萁豆燃萁 曹植字子建不容於兄丕令其七步成
云云 詩子建云煮豆燃豆萁豆在釜中泣本是
同根生相 火攻下策 周顗字伯仁性友愛弟嵩飲醉瞋目
煎何太急 謂伯仁曰君才不如弟而橫得重名
嵩舉蠟燭火擲伯仁伯仁笑 莊公辨段 左傳鄭武公娶於
曰阿奴火攻兄固出下策耳 申曰武姜莊公寤
生驚姜氏遂惡之愛共叔段欲立之請京使居之謂之京城
大叔大叔完聚繕甲兵具卒乘將襲之京叛大叔段段入於
鄢公伐諸鄢大叔出奔共公曰寡人 二惠競爽 左傳昭元
[illegible]

[illegible]
諸侯出季處 苓萼集 人謂之苓萼集又季文循相州有
集號為李 常棣碑 唐賈敦頤為洛州司馬入為刻碑市傍
氏苓萼集 弟敦實又為長史人復為立碑其側人
號棠 晉明訟產 蘇瓊為清河守百姓乙普明兄弟爭產瓊
棣碑 召普明諭之曰天下難得者兄弟假令得
田地失兄弟心奈何普 掩戶自撾 繆肜兄弟四人同財及
明因感泣乃復還同住 各娶諸婦遂求分異且
有相鬥之言肜掩戶自撾其胸曰肜學聖賢書奈
何不能濟家乎諸婦聞之叩頭謝罪復更為敦睦 青草夢
廻 謝靈運西堂思詩不就因夢弟惠連
遂得池塘生春草之句大以為工

配偶

夫夫婦婦人之大倫蓋男以女為室（周禮）女以男為家禮

紀之女正位乎內男正位乎外易訓之伉儷也（伉敵也儷偶也出左傳）然婦
之謂夫不曰藁砧則曰良人夫之謂婦不曰細君則
曰內子此稱謂然也吾勿庸贅乃若孟德耀（孟光字德耀）不炫綺
羅賢妻乎百里奚不棄扊扅（扊扅門閂也）賢夫乎桓少君亟操井
臼賢妻乎宋弘（宋宏[illegible]）不厭糟糠賢夫乎徽僕御之夫成
其謹抑賢妻乎辭官家（天子曰官家）之女不忘貧賤賢夫乎顧是

夫婦也一徤也一順也符易道一唱也一隨也篤〔八〕
倫吾想其聯婚也聯以六禮（仙裘聞名莫為親迎等事）串盟也串以一醮（記云一与之醮）是以
琴之調（妻子好合如鼓瑟琴）瑟之鼓和氣雍雍海之枯石之爛（月不改）信誓旦旦（旦旦明也）
吾聞卧牛衣而涕泣者（編草以覆牛謂曰牛衣）同貧困遂雲鬟而請罪者同
患難割股肉而飲食者（陳忠女名雲嫁翁勃勃有疾豐割股烹湯飲食之）同疾苦情乎詎不厚卿試譬
諸草木即例之連理枝並蒂荅奚妹也又譬之禽鳥

夷俗錄　上卷　十六

即例之比目魚交頸鴛奚別也此秦樓之簫以和召（夫玉簫史事見樂具）
和鳳鳴蜀賔之鏡以順召順鸞舞（蜀賔王夫婦和鏡為二鸞鏡共舞）故夫之戍而織錦（織錦廻文詳見衣服錦字）
以寄當如是也夫之別而作詩以送當如是也夫之
死而咏舟以誓（共伯蚤死共妻共姜作柏舟詩自誓不嫁）當如是也然則荀奉倩妻病而偎以
冷身曾子與妻死而不更娶（晉參喪妻而不更娶以華元善也）黄昌妻離散而復完聚
又不當如是耶嗟乎綠衣之咏（綠衣大詩莊姜不得寵于莊公而作）旣成莊姜色謝白頭

之吟一賦卓氏罷喪吾方謂夫婦之倫薄也奈之何
蘇李子未遂妻求下機朱買臣負薪妻乃求去此婦
道安在又奈之何求將者於妻則殺之（吳起殺妻求將）謹齊者於妻
則囚之慮子者於妻則去之此夫道又安在信乎太
行之山能摧車（數語出白樂天太行路）若比君心是坦途巫峽之水能覆舟
若比君心是安流誠然已妾心井中水波瀾誓不起（古樂府語）

夷俗錄　上卷　十七

郎心多變東風波生誠然已若夫瑤池古冰雪（古樂府吳人作）
為妾作心肝既者如復生割無良人看此烈婦之詩
允足以風矣我亦曾君無君新結婚庶幾寒與
素偕老同忻忻此樂天之咏可以諧百年是（左傳卜…）
之倫識厚也噫吾又羨乎夫婦之厚者相敬如賓如
鼓瑟也者

四六語

齊眉敬篤，結髮恩深。彈箏拒權貴，羅敷之節操何貞；割肉遺細君，(東方朔事見時令夏四) 曼倩之恢諧誰過。情私狎昵，何妨張敞畫蛾；(張敞為京兆尹，嘗為婦畫眉) 義重綱常，可惜佛芳亡兩耳。(龍名) 獨憶彈餘綠綺，(相如琴名) 知他卓氏私奔；誰教剖破青銅，却使樂昌長怨。(玉台事)

當子如今如鼓瑟中州一段先結有情為恩中
七字當如其義。

詳釋

藁砧 古樂府：古藁砧，今何在？山上復有山，何當大刀頭，破鏡飛上天。藁砧，𫓧也，猶言夫也；山上山，出字也；刀頭有環，取還字之義；鏡飛上天，謂月也，猶言夫出之時也。

內子 曹子問：夫人妻也，內子……

綺羅 梁鴻妻孟光，字德曜，有女德，荊釵布裙……

不棄糟糠 ……

家鴻大悅，每饋食，舉案齊眉……

[illegible]

傷精 妻散復聚 後漢黃昌為蜀郡守。昌為州書佐，其婦歸寧，為賊所掠，流入蜀，為人妻。其子犯事，乃詣昌自訟，疑母不類蜀人，問所由，妻以會稽人前夫黃昌因備言其故。昌驚曰：何以識黃昌？即對曰：昌左足心有黑子。昌出足示之，相持悲泣，還為夫婦。

白頭吟 司馬相如欲娉茂陵女為妾，卓文君作白頭吟，有云：願得一心人，白頭不相離。相如乃止之。

謹齋因妻 後漢周澤為太常，臥疾齋宮，其妻問之，澤以為干犯齋禁，收送詔獄……

盧子丞妻 梁朝妻三十無子，欲出之……四十有子五人……

彈箏拒貴 秦女羅敷出採桑，趙王見而悅之，羅敷乃彈箏作陌上歌以拒之，有云：使君自有婦，羅敷自有夫。

佛芳亡耳 梁女謝佛芳……

剖破青銅 陳樂昌公主……夫婦破鏡，各持其半……

徽僕御夫 ……

辭官家女 唐太宗嘗謂尉遲敬德曰：朕欲以女妻卿……敬德曰：臣妻雖鄙陋，相與共貧賤久，臣雖不學，聞古人富不易妻……

逢雲鬟 ……

牛衣涕泣 ……

作詩送夫 宋真宗東封，訪天下隱者，得楊璞……璞曰：獨臣妻有詩一首云……更休落魄耽杯酒，且莫猖狂愛作詩，今日捉將官裏去，這回斷送老頭皮。上大笑，乃放還山。

妻病身偎 魏荀奉倩……冬月婦病……乃以身熨之……

交道

朋友之交，岐形骸而聯膈膜，乃稱厚也。楊子云：朋友不心面，朋友而不心面，友此難與語交矣。我思古人，樂天微之而曰神交，角哀伯桃而曰死交，交道得也。至如語莫逆之交（胡無閑莊逆于心），則以子桑琴張稱；語忘形之交，則以孟郊韓愈數語；刎頸之交（胡同生死），則以廉頗相如論；語忘

年之交，則以陸贄張鎰著（贄年十八鎰五十餘請為忘年交）。是乃意氣孚而肝膽思茂以尚也。頤所謂朋友也者，麗澤乎我，裨益乎我，薰其德則芝蘭之攸（家語云与善人居如入芝蘭之室），其惡則藥石之堅，其情則膠漆之吾。想班荆者綢繆，飲醇者歡洽，更僕者篤厚，視疾者繾綣。王陽結綬，貢禹彈冠，能薦援者也；公瑾乞米，子敬（見飲食米內）指囷，能賑給者也；張堪托孤，朱暉受委，能左右者也；

夢得任播，子厚易柳，能周旋者也。是則言鬱郁於蘭，如志婉戀於琴瑟，所謂譬諸草木，皆吾臭味者（左傳句）。由是一離別也，將乘雪泛舟乎（王子猷事見天文雪內），不以為遠；一會晤也，將冒雨剪韭乎，不以為簡。何者？其未遇也，雲樹之思耿耿（杜甫懷李白詩渭北春天樹江），其既遇也，雞黍之約殷殷（見日暮雲），不得不然耳。若是者，以道交不以勢交，非勢敗則頃者（楊子語云云）；倫以義交，不以利交，非

利窮則散者比。友道可以風矣。柰之何世道嶮巇（山之嶮巇），人心荊棘，白馬烏牛之誓邈矣無聞（劉關張桃園事），丹雞白犬之盟遐哉莫覩。張陳凶其終（耳餘），無其末而有其始；蕭朱隙其末（育博），有其初而鮮其終。此所謂近世交道喪，青松落顏色（孟郊詩句）也；此所謂輕言托朋友，對面九疑峯也（李白詩句）；此所謂翻手為雲覆手雨（杜公句），當面論心背面笑也（張公書門語）。語云：一死一生，乃

知交情一貧一富乃知交態一貴一賤交情乃見噫
信然哉、

四六語

詩歌伐木、（伐木之詩燕朋友故舊）易紀斷金、（易曰二人同心其利斷金）錄姓名、金蘭簿有兄其勢利、
漆膠情（已上舊）最、蘭綺縷毋忘、慕贈厚綈袍、已戀范叔寒。
綱源有自、當知扎季是通家、情義不乖、誰似魏器

能耐久、雪夜泛舟訪安道、稚與翩翩、陰霖裹飯食
子輿、隱衷惻惻、潘岳夏侯連璧、畢竟提挈排寄管
子分金、還須知己、樹雲贈貽、暮溪遞遞動情悰、（已上舊）梁
（杜詩渭北春天樹江東日暮雲）
月悠悠、夜半依稀照顏色。

有里微存猶撰道之雅以言千利皆子与緒交
衡嘉係
求莫評

神交 元微之為御史時白樂天在都下與名輩遊慈恩寺花下小酌作詩寄微之曰花時同醉破春愁醉折花枝當酒籌忽憶故人天外去計程今日到梁州元之此日亦寄詩云夢君兄弟曲江頭也向慈恩寺裡遊驛吏喚人排馬去忽驚身已在梁州千里作詩若合符契人謂之神交云

死交 烈士羊角哀左伯桃結死交聞楚王賢往仕之道遇雨雪計不能俱全乃併衣糧與角哀入樹中死

莫逆交 莊子子桑戶孟子反琴張三人相視而笑莫逆於心遂相與友又楊寧與陽臧易曰莫逆

藥石 左傳臧武仲臧孫紇也孟孫死臧孫入哭甚哀多涕出其御曰孟孫之惡子如是季孫若死其若之何臧孫曰季孫之愛我疾疢也孟孫之惡我藥石也美疢不如惡石夫石猶生我疢之美其毒滋多

膠漆 後漢雷義舉茂才讓於陳重刺史不聽義遂佯狂被髮走不應命鄉里為之諺曰膠漆雖堅不如雷與陳

班荊 左傳伍參與蔡太師子朝友其子伍舉與子朝之子聲子相善也及伍舉奔晉聲子遇之於鄭

郊班荊相與食而言復故○班布也布荊坐地共議歸楚之事

飲醇 吳志云程普以年長數侮周瑜瑜折節不與較普後自敬服而親重之乃告人曰與周瑜交若飲醇醪不覺自醉焉

更僕 宋韓億李若谷未第時俱貧同遂赴試共有氈一席一割分之每出謁更為僕韓出謁則李為僕李出謁則韓為僕後皆參政

視疾 荀巨伯視友人疾值胡賊攻郡巨伯不忍去賊既至謂巨伯曰大軍至一郡並空爾何敢獨留巨伯曰有友人疾不忍委之公賊知其賢遂軍而還

彈冠 漢王陽與貢禹友陽居政禹為彈冠待薦語云王陽結綬貢禹彈冠

托孤 後漢朱暉與同縣張堪為友把暉臂曰欲以妻子托朱生堪卒暉聞其妻子貧困自往候視厚賑給之曰堪嘗有知己之言吾已信於其之也

易柳 柳子厚與劉夢得友俱坐事謫貶子厚除柳州刺史夢得除播州子厚曰播州非人所居而夢得親老在堂萬無母子俱往理於是請於朝願以柳易播時莫不義之

冒雨剪韭 郭林宗時有友人結者夜冒雨剪韭以作湯餅

雞黍約 後漢范式字巨卿與張劭字元伯為友春別京師巨卿曰暮秋當過尋

千里約言何相信之深耶元伯曰巨卿信人未我巨卿生

丹雞白犬 侯鯖錄云越人安交築壇以丹雞白犬爲盟祝卿乘車我戴笠他日相逢下車揖君步行我乘馬他日相逢馬當下

蕭朱隙末 後漢王吉傳交道之難未易言也世稱管鮑次則王貢張陳凶其終蕭朱隙其末故知全之者鮮矣

乃見交情 漢翟公為廷尉賓客塡門及廢門可設雀羅後復為廷尉賓客欲往翟公書其門云一死一生乃見交情云云

金蘭簿 唐戴洪正每交得一名友必書于簿告之祖考號金蘭簿

踦屩毋忘 賈子楚昭王與吳戰楚軍敗走王忘其踦屩已行三十步王返取之左右怪而問焉王曰吾悲夫與俱出而不與俱入者於是楚之俗無相弃者此借用不忘故舊之

綈袍戀戀 史記范雎見須賈賈曰范叔一寒如此哉了求其綈袍以賜之所以得無死者以綈袍戀戀尚有故人之情

孔李通家 孔融造李膺門語門者曰我是李君通家子弟云云

魏裴 [illegible]而情愈篤人謂之耐久交

陰霖裹飯 莊子子輿與子桑友淋雨十日子輿裹飯而往食之

管鮑分金 史記管仲曰吾與鮑叔賈分金多取之鮑叔不以[illegible]

連璧 晉夏侯湛美容觀與潘[illegible]

七卷終

是路錄卷之八

珍寶

金

金之為寶，名重雙南[淮南子]，類分三品[三品金銀銅]。麗水有生矣[韓子荊南麗水生金]，蔡州有產矣，揚州有貢矣[禹貢揚州厥貢作金三品]。以此而鑄褭蹄，其象也[良馬]；采采以此而鎔瓜子，其光也燁燁[北興志蔡州瓜子金雲南顆塊金]。季子而多妻與嫂侻，翟公而散賓與客不來。嗚呼，床頭黃金盡，壯士無顏色[古詩]，不虛語也。吾聞咸陽市所懸，不敢易不幸一字，雖秫國[吳國名]所出，聊用傳樂天數詩，揀沙而揀[柳賦披沙揀金]，無專功不成諛墓[謂作墓碑者]而來有奇文，始得以此而觀金誠貴矣。乃齊之高祖[齊高祖曰使朕治天下十年可使黃金與土同價]且謂其可與土同價。噫，使金而土其價，則禮賢士者奚用金臺，報功臣者奚用金像，貯阿嬌者奚用金屋。

書德行之士者奚用金管昭尊貴之秩者奚用金魚上佩金魚賜忠直之臣者又奚用金勒哉玄宗賜宋璟金箸曰表卿之直雖然是金也貪夫溺矣廉者貌焉人有攫之于市精而至斗不能移郢國郢國公公之心人有卑之于釜饋而以千不可為魯先生魯仲連之壽貪夫溺而廉者貌可識也予始知辭于揚震真孝廉科人物棄于樂羊真清白吏子孫披裘而釆薪者不拾路中之遺揮鋤而落跳者不覩園中之有採桑之婦弗墜綱常贖學之夫更循道義此皆清風也高鄧也乃若董卓之金塢盡積郿況之金穴厚藏武子晉王武子之金埒爭蓄今皆消滅清風安在高鄧安在然則遺子一籯籯箱筥之屬不如一經遺子一蔚不如一藝誠賢哉二大夫

是站錄　八卷　二

四六語

蒙紗實為至寶陸賈曰天下至寶羅岱嵩曰不祥送來陸大夫之裝橐中飽足獻自趙韓王之廡下充盈出奇計于陳平厚請漢高行反間驚交情于鮑叔平分管子結心知受誣而償除是不疑雅量致位而賜誰如疏廣寵恩書生之棺槨下有餘潔士之承塵上現在天雨之三日知莽王之世和平鳩化以一鉤覽張氏之家繁滋

是站錄　八卷　三

字上 智 康 賦 樹 走 當 匠 金 枚　　　渠 琪 野

詳釋

鑄褭蹄　漢武帝詔曰朕郊見麒麟神馬各鑄黃金以麟趾褭蹄協其瑞

迎哉六國既歸蔡澤不能仰視蔡曰[illegible]

闘金多爵重[illegible]

翟公金書　翟公為廷尉賓客填門及廢門可設雀羅後復為廷尉客欲往翟公大書其門曰一富一貴[illegible]

咸陽市懸金　呂不韋作[illegible]

季子多金　蘇秦[illegible]

市中日有能揣易
學者予之貴無能者
雞林國售金 林國其相每以一金易
一篇若偽者相輒能識之
諛墓金 劉乂持韓愈金數斤去曰此諛墓中人之金爾不若與劉君為壽愈不能止
金臺 史記燕昭王置千金于臺上以延天下之士謂之黃金臺
金像 吳越春秋范蠡辭越越王思之命良工以黃金鑄其像而親禮之
金屋 漢武微時母問曰欲得婦否母指長公主女阿嬌何如曰若得阿嬌當以金屋貯之
金管 梁元帝筆有三品忠孝之士用金管書之文章贍富者用斑竹管書之
攫金 列子齊人有欲金者清旦衣冠之市適鬻金者之所攫其金吏捕之問曰人皆在焉子攫人之金何也對曰取金之時不見人徒見金
至斗不移 宋書建元中...
爭金 取其...二人共拾遺金二餅...

金蒲其小者二人乃平分而去
寄金不發 平原君以千金為壽先生
壽連笑曰所貴於天下之士者為人排難解紛而無所取也
若有所取商賈之事連不忍為也
辭金于揚震 漢書楊震為東萊太守初為荊州舉茂才王密為昌邑令至夜懷金十斤以遺之震曰故人知君君不知故人何也密曰暮夜無知震曰天知地知子知我知何謂無知
棄金于樂羊 樂羊子得遺金一餅以與其妻妻曰君子不以利汙行子乃慚而棄之
採薪不拾路金 吳越春秋延陵季子出遊見路有遺金有披裘而采薪者季子呼而取之薪者曰吾當五月披裘而采薪豈拾遺金者哉
揮鋤不顧園金 三國管寧與華歆鋤菜見金管揮鋤不顧歆捉而擲去之
桑婦却金 列女傳秋胡子納妻五日宦於陳五年乃歸見路旁有美婦采桑秋胡悅之曰力田不如逢年力桑不如見卿吾有金願以與夫人婦曰采桑力作以養舅姑不願人之金秋胡歸以金遺母使人呼其婦乃采桑者也數秋胡之罪自投于河而死
還質錢 梁甄彬嘗以一束苧就長沙寺庫質錢後贖苧於苧中得金

邢恕入我懷探之得金一餅後子孫乃紫...

遺一篋 黃金滿籯不如教子一經 不受曰義所不當得
遺一篋 唐元稹為光祿卿致仕歸謂諸子曰昔鄧禹封高密侯有子各執一藝使遺子金一篋不如教子一藝耳
鑄治金 薛子云大治鑄金金踊躍曰我必為莫邪大治必以為不祥之金
趙廉金 宋太祖幸趙普第時吳越王俶遣使遺普書及海物十瓶置於廡下上問何物普曰海物也上笑曰發之皆瓜子金也上謂普曰受之無妨彼謂國家事皆由汝書生耳
償金 直不疑為郎同舍有告歸誤持同舍郎金去已而金主覺妄意不疑不疑謝有之買金償後告歸者來而歸金亡金郎大慚
棺柩下金 唐書李勉少貧客遊梁宋有書生死出金置棺下以為葬餘則君自取之勉置金棺下後生家覓勉出金付之
承塵上金 後漢陳重以死罪人重其恩人波亡以金報重重不知後得金送縣
鳩化鉤 長安張氏獨處室有鳩自外入止于牀乃祝曰鳩爾來為我禍耶飛上承塵為我福耶

玉

有美玉於斯 毓英華靈自古稱最者璠璵乎懸黎乎
結綠乎、獻璧乎自是以後有大玉為吹之有焰有軟
玉為搠之若綿、有香玉 漢武時外國貢香玉 為嗅之有馥歎 歎哉至寶耶
吾想釣璜渭水奄有臨淄太公以此得國非偶也種

璧藍田邊婚佳治雍伯以此得婦非俾也何若獲奇寶固宜有奇事也抑又聞為禮天維何以蒼璧乎禮地維何以黄琮乎禮東南維何以青珪赤璋乎禮西北維何以白琥黑琮乎是玉之五色備也余乃知論玉者曰赤如雞冠黄如蒸栗白如脂肪黑如純漆匪謬者此五城之都僅借一觀使獻而不售荆山之泣不容已矣然則晉人舉以賂虞非輕此玉也將欲取之必姑與之相如完以歸趙不負此玉也惡其漕出不與其偕入耳嗟乎白珩不寶惟善是寶此玉潘格言人主不可不知也盖宗廟之中瑚之璉之朝廷之上珪之璋之可若夫紂之宫室也瓊之為臺為紂豈得而有桀之妃滕也瑶之為華之為桀豈得

是路録　八卷

而寵玉燕飛飛靈閣中漢武之宫嬪亦非佳事主角徒飛温泉内唐家之寶称安得不傾是以賢如子罕知以不貪為寶智若虞公慮以不獻賈害見蚤矣雖然言念君子温其如玉君子盖比德于玉也然玉亦比之君子為羊車入市觀者如堵衛玠真玉人乎瓊林瑶樹洒洒然風塵表物王衍有炅取也吾又取于豐年之玉殺價增高而所云玉界尺者更温然而方正也嗚呼混玉者碔砆也吾且願慧眼者亟為之辨

四六語

在山未潤置廡室輝擔簦遊説虞卿受趙國一雙對策顯揚郤詵屬崑山一片積来亥圃堪擬陸士衡奇文生自藍田可方諸葛恪美質鵾而抵者寧

若是之賤乎。釦而化爲有如斯之奇者何事垣平多詐（漢書文帝紀新垣平獻玉杯之詐）乃獻秉漢殿之杯；鄲亞父未成謀竟撞破鴻門之斗

（注）若玉之色……

乃有此位……

評釋

火玉 杜陽編云武宗時夫餘國貢火玉三斗光照數十步狀之可燃……

種璧 搜神記楊伯雍……孝公……終山……作義漿於坂頭以飲行者……有一人就飲之以石子一升與之謂曰種此生美玉……徐氏有女求婚者多不與公求焉徐氏……得白璧五雙以聘徐氏大驚遂以女妻焉

釣璜 尚書中候云文王至磻溪見一丈夫釣得玉璜刻曰……

軟玉 杜陽編天……

蒼璧禮天 周禮以蒼璧禮天以黃琮禮地以青圭禮東方以赤璋禮南方以白琥禮西方以玄璜禮北方

五都借觀 ……視之……以……

荊山……楚……卞和……

之以血荊王遣使剖其璞果得美玉封為陵陽侯當時謂和氏璧

完璧歸趙 史記趙惠文王得楚和氏璧秦昭王聞之願以十五城易之王使藺相如奉璧往秦王無意償趙城乃前曰璧有瑕請指示王……持璧却立怒髮衝冠……臣頭今與璧俱碎……秦王恐其破璧……相如得完璧歸趙

靈閣玉燕 漢武……招靈閣有神女留一玉釵帝以賜趙婕妤至昭帝時宮人謀欲碎之明日視釵匣惟見一白燕升天宮人因為之作玉燕釵

温泉玉鳧 明皇于華清宮鑿温泉池以玉為鳧鴈以獻帝與貴妃浴其中鳧鴈俱動

百拙主詩云温泉泛泛動飛鳧曾為妃娥……

子罕不貪 左傳宋人得玉獻之子罕子罕曰我以不貪為寶爾以玉為寶若以與我皆喪寶也不若人有其寶

虞叔獻玉 左傳虞叔有玉虞公求之弗獻既而悔之曰周諺有之匹夫無罪懷璧其罪吾焉用此其以賈害也乃獻之

比德于玉 家語子貢問曰君子貴玉而賤珉何也孔子曰昔者君子比德于玉焉温潤而澤仁也縝密以栗智也堅而不蹶義也……如墜禮也……云云

玉界尺 五代時趙光逢以行著名人謂玉界尺且方直温潤

趙王璧 趙王悅之與之白璧二雙黃金百鎰

鄒說一……

虞卿二雙 史記虞卿見趙孝成王……

桂林一枝 崑山片玉 晉郤詵對策第一武帝問其何如……

藍田生玉 吳諸葛恪少有才名孫權見其父瑾曰藍田生玉真不虛也

撞玉斗 史記項羽會沛公于鴻門范增數舉玉玦示羽羽不應沛公從張良以白璧玉斗獻……撞碎之曰豎子不足與謀

珠

珠之為寶在川而淵媚（上語在藏玉山輝川藏珠淵媚）者傳謂之火齊（珠名）謂之木難（珠名）

別名也。炫日月晶熒，繫在驪龍頷下；孕山川靈秀，產之蚌蛤胎中（老蚌生珠）。其大珠火炎陽精盛耶？水珠水瑩陰精純耶？懸之郭況之室，列星炳耶？照之梁王之乘，明月輝耶？是知蛇以此報隋侯，蛇知其至寶；魚以此酧漢武，魚識其奇珍；鶴以此謝噲參，鶴認其異物。吾想走盤者活潑，潑水者瑩徹，記事者光朗，撒殿者錯落，鳴（張說有珠若事有遺忘夫其珠則記）

呼！是珠也，誰以之彈千仞雀耶？（莊子以隋侯之珠彈千仞之雀世必笑之）然不脛而走，珠亦有（史記王無翼而飛珠不脛）靈者。赤水之珠，可以無心得，不可以有心求（罔象）；合浦之珠，既以貪吏去，復以廉吏返，珠之靈可想也。故古之人嘗以此喻人品：爲韋氏之子，其文采陸離，若元將、若仲將，其雙珠也耶？王氏之子，其文章彪炳，若勃、若劇、若勔，其三珠也耶？狄仁傑，明珠也。人惜其滄海之遺；王處南，明珠也。人羨其磊礫之迥出。至若明珠在側，覺我形穢，或又以擬衛玠者，珠誠可貴也。故伍員之越聘，關不詐以吞珠，孚負其倅矣。唐介之倅潭（倅通判之職）州，若與以貫珠爲介，亦因耳曾聞古詩云：「莫向沙中弄明月，夜深無數采珠人。」（王建詩句）此託珠寓諷，爲炫才者戒也。乃若靈蛇腹中寶，明月掌中看（方干詩句），則愛珠者之味矣。

噫！既愛之矣，勿令其爲魚目混爲可也。（史記魚目混珠）

四六語

熒熒有熠，瑣瑣可觀。鮫人泣處，色輝煌；江女佩時，光錯落。驪柱湖中，如月大光射林端（湖在福州）；錦川潭裡，似（川在漢中）星明影澄波底。麻姑仙若無法術，寧能擲米而成（麻姑擲米成珠王方平曰姑年少乃戲爲此事）；鍾離意匪是真清，豈肯委庭弗視；宋王沮繁華之后不用滿頭石崇娶佳冶之姬乃指三斛浚淵而取，阿翁之愛子誠險哉剖腹而藏西域之賈胡亦愚矣。

韓公云嘉其明月珠以一篇是已　景范評

詳釋

火珠　扶南蠻有珠日中以艾承珠[illegible]火出

水珠　順宗時拘弘國貢[illegible]水珠與水一色持入江海可行水上

懸郭況室　珠事文類聚後漢郭況家富懸珠四壁[illegible]夜視如日

照乘　魏文記

使曰寡人有徑寸之珠照車前後各十二乘者十枚

蛇報隋侯　隋侯行大澤中見蛇傷而治之後蛇銜珠以報之世謂隋侯珠

魚酬漢武　漢武帝昆明池見大魚銜索帝取而放之越三日池邊得明珠一雙帝曰豈魚之所酬耶

鶴謝噲參　搜神記有玄鶴為弋人所射窮而歸噲參收養療治瘡愈放去後鶴銜珠

澂水珠　宣室記龍生者得珠投濁水中則清澈胡人三十萬貫之

記事珠　天寶遺事張說為相得異珠有遺事則記事珠

撒殿珠　筆談趙宋熙寧中駐輦國入貢乞依本國撒殿

赤水珠　莊子黃帝遊乎赤水遺其玄珠使智索之而弗得乃使象罔象罔得之黃帝曰異哉象罔乃可以得之言無心也

合浦珠　孟嘗為合浦太守郡境不產穀米常採珠以易米先守貪穢使民採珠去孟嘗行政半年去珠復還

三珠　唐

采珠錄　八卷　十二

[illegible]與兄[illegible]章皆美人號三珠

滄海遺珠　唐[illegible]謂曰此可謂滄海遺珠

明珠出尾礫　晉書王衍美姿容人謂明珠在瓦礫

明珠在側　晉書衛玠美丰神王[illegible]

詐吞珠　史記伍子胥過昭關關吏欲執之子胥曰吾將言于楚王

不買珠　宋澤州唐介

鮫人泣珠

江女解珠　交甫遊江濱見二女佩珠

璧杜湖中珠

錦川澤中珠

采珠錄　八卷　十三

之見有蛟龍[illegible]

委珠弗覩　漢[illegible]為尚書交趾太守[illegible]

沮后不用淺頭

浚淵取珠　莊子河上有家貧者其子沒于淵得千金之珠

剖腹藏珠　唐太宗曰西域賈胡得美珠剖身以藏之

錢

自太公立九府圜法錢之由來尚矣黃金為父白銀

為母錢為長孫錫為適婦體貝象天孔方肖地制甚（漢文錢）
美也當其時或為三銖而三者（漢武錢）重或為四銖而四者（漢初用榆莢錢）
重或為五銖而五者（漢文文鑄五銖錢）重鵞眼也（梁朱有鵞眼錢）龍文也（錢名）踐奇榆莢也
赤仄也（錢名）五勝飛來于黃尋之家者非是也耶雨下于
熊袞之宅者非是也耶吾知人而欲紆紫拖朱乎買
爵為可人而欲挾勢奪權乎使鬼為可人（以兄詩安用人間使鬼錢）而欲轉機

異號錄　八卷　十四

斡軸乎通神為可人而欲鏟釆埋光乎買山為可人（干頌此念戴好僧買山錢百万）
而欲標觚染翰乎潤筆為可蓋錢者泉也（出魯褒錢神論）無遠不屆
無深不至人人而兄之者（子曰孔方兄）親之也故使清不如項仲（項仲山飲馬）
山一鏊泉耳（渭水必投三錢）馬飲之而奚其投介不如范史雲一甑（范丹食婢之飯吝錢謝婢）
飯耳婢食之（言飯）而奚以謝第以一錢留阮乎之看俑甚（晉阮孚云囊空恐羞澀留得一錢看）
矣而日食萬文何曾則侈也（何曾日食万錢猶云無下筯）一錢錢鍋寵之竹廣州

矣而戶取三斗元誕則濫也（已鮮金山）況侈者濫者不止此也
王濟之第埒以錢布華信之家塘以錢成江祿之壁
錢以鐘鳴崔烈之官錢以銅臭皆侈也濫也奈之何
有不侈不濫者戀戀不忍令人目為錢癖（晉和嶠錢癖目龍之不忍令人謂錢癖）皇皇如有
失人稱為錢愚（晉書）散而不施且秉守錢虜之識（為操財有財而不施守錢虜耳）用之而
吝徒有多錢公之號此金錢愧心者有由也然則曰

異號錄　八卷　十五

不言錢（王衍未嘗言錢）而諱謂阿堵物者（晚曰阿堵）亦可風也嗚呼雲鬢兒且
時為貞夫也哉（兄）

四六語

秦為半兩（秦錢文重半兩）漢用八銖（漢相用八銖錢）白白黃黃悉化禁中之蝶來
來往往交飛野外之蚨（宋神宗時錢青苗錢）青苗放處覺紛更黃榜標
時知柏塞賜之鑄債（漢文寵鄧通賜之蜀山得自鑄錢）漢文帝情溺于異臣賜以銅

兒唐明皇志昏于胡羯書生自庫中借出寶冒之
轄之、儲樂士從杖上荷枽悉是酒家之物漢家多、
蓄積不妨他杇爛緡絕宋主惜人才一任渠塞穿
屋子
此又是一篇錢神論　　韓大猷
詳釋
九府圜法 漢書太公立九府圜法圜即錢也九府屬官太府玉府內府外府泉府天府職內職金職幣皆掌貨財者也
飛來黃尋家 幽冥錄云黃尋家素代積德一日天大風雨雨錢無數由是家大富乃陰報云
雨下熊衮宅 熊衮生孝父母之喪未葬日號泣一日天雨錢數十萬為助葬
錢買爵 後漢書云拜三公者輸東園之禮錢十萬
錢通神 張延賞判度支有一大獄欲決之一日案上有帖云奉錢三萬乞不問其獄公怒悉收吏禁之次日於廳上又一帖奉錢十萬乞勿問其獄公歎曰錢至十萬可通神矣無不可回之事吾懼禍及遂不究
潤筆錢 隋鄭譯自岐州徵還帝令內史李德林作詔書復爵國公位上柱國高熲戲謂曰筆乾答曰出為方岳杖策言歸不得一文何以潤筆上大笑
一錢贈行 漢書劉寵為會稽守被徵山陰之老叟賫百錢送寵曰自明府下車以來狗不夜吠人不識吏寵選一錢受之人號一錢太守
戶取三斗 魏書元誕遷齊州刺史貪暴大為人患有沙門言于誕曰齊州七萬戶一戶未至三斗何貪
錢塘 華信家曹議注 修塘募土一斛與錢一斗旬日間載土來者無算信隱[illegible]

晉[illegible]
為鐘鳴 銅器皆鳴人戲曰此銅山西崩洛鐘東應
銅臭 漢桓帝時賣官崔烈用錢五百萬買官得三公其子曰大人素有英稱人特嫌其銅臭
錢愚 梁武帝弟蕭宏錢百萬一聚黃榜標之千萬一庫掛一紫標如此三十餘間每日必整點之恐有所失武帝見之計錢三億萬武帝小子綜作錢愚論以譏之
多錢公 盧從愿家甚厚吝而不施人謂之多錢翁又以其田疇頃望日之為多田翁又目之
口不言錢 王衍生平口不言錢妻欲試之一日候其睡令其婢以錢繞床衍晨起見曰舉卻阿堵物去口終不言錢
化蝶 唐穆宗時禁中花開見黃白蝴蝶紛紛飛上令擊網張之得數萬蝴蝶皆庫中之金玉錢也
飛蚨 漢時南方有虫其形如蟬而大其子著草葉如蠶種得子以歸則母飛來就之殺其母與子以母血塗錢八十一文又以子血塗錢八十一文凡市物用去子錢母錢必飛來用去母錢子錢必飛來備環無已故錢之名曰青蚨
庫中借物 隋末一書生若貧拯官庫見錢數萬貫欲攜之出一金甲人叱曰此尉遲敬德公錢得渠帖來方可書生訪求見鐵冶處有尉遲敬德名乃乞錢以濟公曰我那有生曰但乞一帖取五百貫公不得已寫一帖與之書生復持帖至庫金甲人令買之梁上遂取錢去後敬德佐唐太宗賜錢一庫開庫欠五百貫見梁上有帖子取視之乃打鐵時付與書生者
穿屋子 宋太祖謂趙普曰安得宰相如桑維翰者與謀普曰使維翰在陛下亦不能用蓋惟翰愛錢也帝曰苟用其長當護其短翰貪黷與之百萬則塞破屋子矣

錦
猗歟文禁、經緯有章、濯魚愈鮮、（唐詠錦詩）組鳶欲舞、固天孫機（古詩織）
（蜀雲錦濃）上物也。大明光。小明光。千金可直。大交龍。小交龍。五

文姬然試稽其事石家四十里步障道路增輝齊侯三十輛魚軒山川失色是誠人所樂道第求以繼之可以覽如矣惟叔向而遠（叔向受晏子錦見左傳）可以犧佳公子景帝而禁可以言盛天子手成而製可以歎良令尹朱寵而辭可以語清太尉杜戒而還可以述良百姓然則賜于封敕倘不為佳學士而有此寵耶夢于江淹倘不為美士子而有此兆耶不惟此也王桀報美人之贈頓色輝煌迴文組蘇氏之詩情辭悽惋（晉竇滔妻蘇氏織迴文錦詩寄之）囊一佩納詩入鑒心肝（李白遊秦丹著宮錦袍旁若無人）宮服一披暢文士揚揚志氣故服以晝遊者榮也（項羽曰富貴不還鄉如衣繡夜行耳）若衣之夜行不榮矣作以獸袍者貴也（有詩獸錦奪袍新）若緣之綠布不貴矣（莊子云羊皮非豹）乃自此之外隋煬用以作帆（隋煬帝龍舟以錦為帆）此為龍舟飾猶可也而草木無情衣掛者何為耶（隋煬帝幸江都以錦彩樹木皆衣以錦綵）光武裂以畧

創此為戰臣隱固宜也而妓女無情纏頭者胡為耶此將非濫耶褻耶嗟乎作賦龍門英雄共奪吾乃不生其時與宋之問諸人共逐中原之鹿（漢書中原逐鹿唐材捷足者先得之）心有遺恨剛道是龍君不信果然奪得錦標歸勿謂吾不做也三郎必做之矣（宋王祐太宗許其為王溥宮竟不得及歸人謂曰意公作王溥宮也祐曰我不做三郎必做乃手植三槐于庭後子旦竟貴）

四六語

繭絲摘抽軸中空霧縠霞綃豈曰女紅之靡鄭縞魯縞尚昭儒素之風薄羅新試野人衫（東詩旧）麗錦正裁天子服冰蠶絲淹濡不濕火鼠布煅煉愈鮮（衣之如火浣）天練昭揮后朴素（后漢馬皇后常服大練）綠尚大夫儉節（羔羊素絲之大夫詩）裂繒悅妖婦周家之時事可知賜帛重高年漢室之治功頗著廉官絹豈因賄賂得當年手織乃是文章買得

麟角之端文綉綾曾聞誕聖有真魚腹之中冊帛
○、○○○○
書畢竟稱王是假、
一經一緯自成一家機杼吾子錦心而綉腸者
耶不然何艷羨乃爾　敝大許
詳釋
濯魚 蜀夫論曰玉以石治金以鹽濯錦以魚浣布以灰物固有以賤治貴者矣
大小交龍 鄴中記織錦署有大交龍小交龍
大小明光 鄴中記織錦署有大明光小明光之錦

是諾錄　八卷　二十

之
三十兩錦 左傳衛遷于曹齊桓公歸夫人魚軒重錦三十兩○錦音禮
禁錦 漢書景帝二年下詔曰雕文刻鏤傷農事錦綉組織害女工宜禁之
製錦 左傳子產曰子有美錦不使人學製焉大官大邑身之所庇而使學者製焉
戔錦 後漢書來歙為太尉食錦披錦不可
辭錦 華陽國志蜀郡有錦江布錦二十匹求其主還之曰縣有
還錦 竹一邊書有錦二十匹求其主還之
賜錦 唐書封敖為學士草邊將詔有錦賜以宮錦
奪錦 唐書江淹嘗夢人稱張景陽曰以錦相寄可見還淹探懷中得數尺與之
夢錦 古製錦衣裳之每出遊得佳句即書投囊中

晝遊 唐書張貴號出遊
裂錦 唐書東漢賈逵昆陽之戰披創腸出
錦囊 唐書
龍門奪錦 唐書武后游龍門命群臣賦詩先成者賜錦袍

更虞之
後貽甲科歸會現競漢華詩云同道是
奪得錦標歸 時人鄭守甚輕之
霧縠女紅 揚子
氷蠶 拾遺記員嶠山氷蠶長七寸黑色有鱗角以霜雪覆之作繭長一尺織為文錦入水不濡入火不燎
火鼠 崑崙山有火鼠入火不焚以毛為布火浣布是也
賜帛 漢書漢文使人存問長老九十以上賜帛三匹
廣官綃 漢書孝弟力田者帛三匹賜帛五匹
孝子縑 唐史韓思彥為孝子張僧撤為縑一匹
麟角文綉綾 拾遺記孔子生有麟吐玉書
魚腹丹帛書 史記陳勝吳廣起兵丹書帛曰陳勝王置魚腹中

是諾錄　八卷　二十一

錦心繡腸 李太白送仲弟令問曰心肝五臟皆錦繡耶不然何開口成文揮翰霧散也

是路錄

九之十

是路録

五、六

惟宮典殿、帝王之宅、麒麟（漢殿）鳷鵲（晉殿）、控制山河。白虎青龍、馮依日月。建章（漢武作）未央（漢高作）、凌逼象緯（星辰）。甘泉（秦宮）仁壽（隋宮）、掩映雲漢。靈光（漢景帝子作 漢殿）太極、吞吐烟霞。刻以觚棱、煥文采也。列以極

垣。昭形勢也。立以黼扆。肅威儀也。開以閶闔。大規模也。吾見其五鳳翹翼（致語五鳳樓賦云）若鵬運、凰儀龍蟠、首若鰲負山。

且植楓者。秀色映紫宸。培柞者。濃陰還青鎖。種楊者。容影蔭形墀（以形墀地故也）。此蓋蓬萊（蓬萊仙宮）比嚴、太華（西岳）齊高、雲夢（山名）類廣。試稽之吟咏、虓虓玉宇、龍蟠棣謫（梅聖俞詩）、金鋪獸嚙、鐶麗可知乎。日色纔臨仙掌動、香煙欲傍袞龍浮（王維詩）。高可目。

金闕曉鐘開萬戶，玉階仙仗擁千官。廣可識，予嘗其時。宣室（宣室帝之新殿）而賈生召，闌鬼神；金鑾（殿名）而太白見，獻奏頌；延英（殿名）而李絳留，講讀典；承明（天子之居）而嚴助直，彈啟沃；披香（殿名）而蘇世長宴，資贊襄；便殿（便殿離宮別殿）而蘇子瞻泣，感榮寵。此歷代之事，皆可紀也。惜也夏德之衰，（以下數語為五鳳樓賦）璇室（宮名）其疵；商政之壞，瓊宮其杞；楚王章華，一身何寄；秦皇阿房，二世其棄。

是名錄　仙居　二

漢武柏梁孽火，大織陳后，三閣義師，尋至商家輦路。（一闕遍看諸詩）既鞠為禾黍；晉室銅駝，又卧於荆棘。若然，則椒壁塗（雲光殿賦）諸者，安在？綺牕暈紅者，安在？繡櫳結飛霞，璇題納行（璇題也椽頭之類以玉飾之）月者，又安在？嘻嘻，茲執如我。　明鴻造

太祖崛起金陵，鍾山龍盤，石城虎踞，（孔明覽金陵形勢云云）王氣騣騣乎正盛。

成祖徙都燕京，黃河為帶，恒岱為屏，丕基綿綿乎永固也哉。雖然，此第以形勝言，未足恃也。吾古顧明明天子，道德藩垣，仁義基址，（文辭數語）忠信甲冑，禮義干櫓，拓陰山為圮，門撫滇渤為池沼，擴日域（東方日）為東郭，取月窟（西方）為西墉，則天下大一統也。余固布衣者，願安得從巖廊之上，攄赤瀝丹，效彼晉人獻（晉王道以布衣獻十二策）重瞳十二策哉。

是名錄　九藝　三

四六語

兩觀森嚴，九重深邃；離宮三十六所，雕栱玲瓏，（建章宮千門萬戶）綺戶百千萬家，綺桷棍燿，紫雲繚繞。知采鳳嗷出丹（詔書）書，碧水周迴，聽銅龍響餘銀箭（漏名）。真主龍飛虎變（易大人虎變），侍臣鵠立鵷班。近惹御香，見九

天閽闔開金殿遠瞻

仙仗喜、一朵紅雲捧、蘇岑 玉皇。

氣勢崢嶸才[illegible]宮賦依依遠

呂宝辞手墨：

詳釋

觚稜 西都賦上觚稜而棲金雀注云殿闕角也

棖桓 辟正門之傍列有兩垣如人之臂故亦曰棖庭垣

黼扆 記云天子黼扆南坐○黼扆者制若屏風畫斧於上取金斧決斷之義也

閶闔 本天門也帝殿之門也

上云生見天文

植楓 漢殿多植楓樹於殿庭故謂之楓宸

梧柞 漢離宮有五柞樹枝葉蔭於數畝上以曰五柞宮

種楊 長楊宮本秦之舊宮漢脩之以為遊幸之所垂楊蔭數畝

青瑣 漢殿上以青塗戶之邊鏤中刻為青瑣文故名為青瑣

宣室召賈生 漢書文帝思賈誼召見宣室因感鬼神之事而問鬼神之本誼具道其所由帝嘆服夜半前席

金鑾見太白 賀知章見李太白嘆曰子天上謫仙人也言於玄宗帝召見金鑾殿論當世之事奏頌一篇帝賜食親為調羹

延英留李絳 唐書憲宗朝李絳嘗於延英殿對上論事切直帝曰欲與卿講論延英汗浹衣背絳趨出帝曰

承明直嚴助 漢武帝嚴助常侍承明之廬在石渠閣外詔直供奉翰林及天下至樂也

披香宴世長 蘇世長侍宴披香殿

便殿對蘇軾 太皇太后召見便殿每對蘇軾乃朕之所謂奇才表辭帝之明為翰林召見便殿

是路錄 九卷 四

之[illegible]中

輦路禾黍 史記箕子朝周過故殷墟見宮室毀壞生禾黍箕子傷之乃作麥秀之歌

銅駝荊棘 晉索靖知天下將亂指洛陽宮門銅駝歎曰會見汝在荊棘中

兩觀 門樹兩觀於其前所以標表宮門也其上可居登之則可遠觀故謂之觀

鳳銜丹書 漢制每頒詔書刻一木鳳銜之故謂之鳳詔云

鵠立鵷班 鵷鴻之立皆有次序謂之鵷班鵠立

第宅

人有廣廈避震風凌雨（震風凌雨然後知廣屋之帡幪也）帡幪我也。茅居之儉如鳥斯來如兎斯穴耳矣，居之侈如鳥斯革（斯干詩註）、如翬（野雉）斯飛耳矣。

是路錄 九卷 五

環堵而居者、原憲之宅、蘢牖也。卑甚陳平之第、蓆門也。貧甚羅含之舍、茅簷也。呂甚焦先之址、蝸廬也。隘甚。仲蔚之舍、草徑也。湫甚陳蕃之室、穢榻也。陋甚儉無以加也。侈於居者、郭從義之私第、香柏文梓。李開府之華構、桂柱杏梁。王元寶之富窟（元寶以宋米號富窟其宅皆玉龍金鳳）、玉龍金鳳。裴晉公之綠野堂、涼臺燠館。李德裕之平泉莊、奇石佳木（見地理一園内）。

侈無以逾也以予論之上古之俗陶復焉陶穴焉太朴矣儉也季世之風美輪焉美奐焉太華矣侈也惟不儉不侈則可以訓者吾聞輞川別墅王維之樂地相可棲遲浣花草堂杜甫之勝址儘堪游衍天台雪堂林君之奇構更宜瀟洒南陽草廬諸葛之隱室（諸葛亮居草廬爲梁甫吟）偏宜吟咏是知孔宅絲竹（見前帝居）何必璇題鄴架典坟何必金

是洛録　九卷　六

（以金屋帝也同名　見文選）

地米家書畫何必珠牖（石崇珠牖）何者盖屋如傳舍閲人洲有德者莫居故智氏之所創智氏之裔不得而有魏徵之所造魏徵之孫不得而居耳以是而觀必其有于公之陰德乎方可高其門以待駟馬有王濬之志畧（杜正長安甲第高入雲雖家居住霍将軍）乎方可大其閭以容旗戟有霍将軍之功烈乎方可高其第以之雲霄有既文昌之才猷乎方可壯其居以椎燗漾不然廳事前僅容旋馬李文靖何妨於名（司馬公独樂園記）臣庭階下只可栽花寇萊公（卑階蒔萊公）何妨於碩輔青山在屋上流水在屋下司馬公何妨於真儒白雲爲藩籬碧（排子苐亭記云云）山爲屏風柳子厚何妨於雅士不文爽塏晏子何妨於齊之顯相不治垣墻蕭何何妨於漢之功臣備必（奢敗石崇小字）欲華其楣麗其欀綴珠栱（石崇之宅珠栱雕椽）雕椽奚救於石崇敗之敗

是叢録　九卷　七

（奇叔林甫小字）

雖重閣複壁莫掩乎李哥奴之禍矣盖也然則存仁之士擴心土宅居寬寬蕩蕩造道之儒出室中樓閣嵯嵯峨峨此又居之異於人者大哉居乎此不居之居迥出尋常者萬萬

西方語

三　前樓前堂荀宅荀災退思第匏魚頤參政退思時

大夫發焉張老曰美哉輪焉美哉奐焉歌於斯哭於斯聚國族於斯係全首領以從先大夫於九京也君子謂張老善祝

輞川別墅 王維別墅在輞川地奇勝有華子岡欹湖竹里舘柳浪茱萸沜辛夷塢與裴迪等遊其中賦詩以相酬為樂自畫其景以人玩之可愈病

浣花草堂 杜甫南鄭節度使裴冕為卜成都西郭浣花溪作草堂

天台雪巢 林景思築室天台為雪巢其居室式變我勝景云云

孔宅絲竹 孔子舊宅魯恭王壞孔子宅欲以廣其居聞絲竹之聲乃止

鄭眾典墳 鄭眾有書三萬餘卷

屋如傳舍 漢許伯入第蓋寬饒賀之仰屋嘆曰美哉然富貴無常忽則易人此如傳舍

智氏莫享 右傳智襄子為室美士茁曰美則美矣抑臣亦有懼也智氏乃亡

魏徵不居 唐太宗用魏徵為相山居不安人不生草木三年而成室

米家書 米芾好古書畫號米家書

漢書於公治第語門閭高大其門可容駟馬高蓋車

門容駟馬 漢書于定國父于公治獄多陰德曰我治獄多陰德未嘗有所冤子孫必有興者

旗戟 世說王濬起第宅有大志

堂 文昌殿

居雄湘漢 江陵節度使有宅在湘漢

聽事僅旋馬 李沆為相治第廳事前僅容旋馬或言其太隘沆笑曰居第當傳子孫此為宰相廳事誠隘為太祝奉禮廳事已寬矣

庭階只栽苓 晏子

不更卑 晏子居近市湫隘景公欲更之辭

不治垣墻 漢書蕭何置田宅必居窮處為家不治垣屋曰後世賢師吾儉不賢毋為勢家所奪

退思嵓 宗道號退思

知安室 荆公號半山居士築室曰知安

知妄室。乃半山居士知妄處。金甌玉盞、永亭較安邑頻煩、宛慶巢居、君實地折公迴別王拱辰、洙泗泉源、清翰墨諸儒仰。孔聖宮墻、武夷山岫、摛文章到處美、紫陽基宅。

詩此一篇，竟有善哉之階，綠字色入其書鄉時妙。

鄧韶評

詳釋

甕牖 莊子原憲居環堵之室蓬戶不完桑以為樞甕以為牖上漏下濕而絃歌焉

蓽門 扉為門以蓽為戶

蝸廬 魏焦先字孝然結草為蝸廬

茅簷 晉書羅含辭桓溫別駕於城西池小洲上立茅屋伐木為床織葦為席布衣蔬食晏如也

蓬徑 漢張仲蔚隱居不仕所居蓬蒿沒人

織楊 陳蕃謂當掃除天下安事一室

香柏文梓 漢書云

桂柱杏梁 司馬相如長門賦刻木蘭以為榱飾文杏以為梁

涼臺燠館 晉書

美輪美奐 禮記晉獻文子成室

居次廣（宋熙寧間王沂公拱辰即洛之道德坊營第甚□三層，最上曰朝元閣。司馬君實亦在洛，于私第穿地深丈餘，作壤室。二公各嘗登處其間。邵堯夫歸自洛，見富鄭公，鄭公問洛中有何新事，堯夫對曰：近有一巢居一穴處。以二公言，富為之發笑。）金顋玉盌（類說：長安永寧坊是金顋地，破可以復成；安邑畢是玉盌地，破則不完矣。）

書齋

夫書齋、精舍也。或以潜名（蘇世參作有潜齋記），或以浩名（馬子才作有浩齋記），或以蕭名，各有取爾者。茅齋之外，地隔紅塵，衆囂俱閴，雅甚。齋以內，何如哉。蟾蜍沃潤（硯），側理浮光（紙），兔穎生香（筆），松君韻霧（墨）。四

是踏錄　九卷　十

友、善也。縹囊（書袋）、緗帙（書包），蕓黃卷（古詩黃卷是吾師），騰芳牙籤，徽響萬卷，富也。芸葉香濃（蠹書蟲），蠹魚走（□），芙蓉粉膩，龍賓游，桃笙浪暖（?），鱣魚呈揚（?），栩風清，德禽語，衆異集也。是則齋之牖明、牕，齋之几、淨几，齋之光陰、尺璧，齋之典籍、明師（古詩黃卷是吾師）。咕嗶無休（誦書），方可續曾三（顏回曾子）顏四（書），唔咿弗輟，乃不孤寓寸陰分。三更眠，五更起，是為程。一日暴，十日寒，實為娴

戒。是以咬菜根，畫粥塊者，甘澹泊（范仲淹）。下董帷、閉深戶者（孫康），戒嬉遊（祖逖）。警圓木者（司馬溫公），著先鞭者，懲香情，囊飛螢（車胤），映凍雪者（孫康）。淬龕燈（祖瑩），藏螢火，聽宵鐘者，鼓精神若然，則藜火發而（見晴今夜內），太乙下觀，銀缸焰而魁星前舞（?），色慾界淨之矣，藩籬障撤之矣（蕭蘇即大家），衆妙門啟之矣，夢覺關破之矣，魚躍鳶飛，認子思妙道，春風沂水（點曾點），沖懷雲影天光（朱子詩天光雲影共徘徊），會紫

是踏錄　九卷　十一

陽佳趣（朱子詩好鳥枝頭亦朋友，落花水面皆文章），好鳥枝頭亦朋友也，落花水面皆文章也。芳草、階前俱生意也，清流、川上總化機也。又豈徒左圖右史，且陶其性情也耶？嗟乎！滿紙春風（陽宗衡），翰墨走筆端（?），班、馬孤燈夜雨，事功講通上唐虞，晚談笑也（胡叔孝書齋詩），唯有鴻儒往來也，絕無白丁（劉安樂），人謂之一廛揚子宅，半畝鄧生窩，此之耶（劉禹錫云去），南陽諸葛廬，西蜀子雲亭，此是耶？此又奚

羨於顔子之心齋也者

四六語

庭苔砌草生意無窮，暮史朝經工夫不了。龍向墨池變化，雀從書案徘徊。古詩双々危雀行書案 竹風陣掃門，少女與將拂塵；風神 簾月光在几，姮娥分得讀書燈。思道體實上照實下際，細細樓求，那有象為魚，覺入心無異飛無胫。

是略録　九巻　十二

走宇宇関住他，沒形雖大，中庭書帶草，既紀化雨敷榮，止闕榜金苔，會看春風炫采。

寫齋中景婆安不害究指有情可以見陋室銘

㝍消病記多矣々　洲大許

評釋

蕭齋　杜陽編　梁武帝時造一寺蕭子雲飛白大書蕭字

一不齋以訛　寺號蕭寺後寺毀蕭字猶在李約也以幣買歸東洛

牙籤　唐太宗四庫書以甲乙丙丁為號次分

書簡牙籤集

書則白牙籤　芸香辟蠹魚　書故書齋曰芸臚名曰芸館日秘

書閣曰　唐玄宗御案上墨曰龍香劑一日

芸局云　上有小道士如蠅行上叱之呼萬歲

蓉粉龍賓游　浪媛鱸魚呈

奏曰臣墨之精黑松使者龍賓也上甚異之

○凡墨之精者必采芙蓉粉為之故云

楊震客居於湖設教有鸛雀嘶二鱣

集講堂前名曰鐘堂議者以為三公之象　風清德禽語

宗賈一長鳥雖著窓間後雖作入語

與慶宗談玄理由是慶宗學業大進　禹寸陶分

人當惜寸陰至於眾人當惜分陰　晉陶侃嘗云大禹聖

范仲淹幼讀時家貧粥一升　咬菜根

汪信民嘗言人咬得菜根斷則百事可做　畫粥塊

畫為四塊斷虀數莖飢則食之

侯冷功毬　壇上唐虞　李詩文章

馬事功毬　筆端驅班

上講唐虞　顔子心齋

不茹葷者數月矣若此可以為齋乎仲尼曰是祭祀之齋非心齋也

心齋也心齋者無聽之以耳而聽之以心無聽之以心而聽之以氣

莊子顔回曰吾無以進矣敢問其方仲尼曰齋顔回曰回之家貧不飲酒

是略録　九巻　十三

之以氣聽止於耳心止於虛氣也者乃虛而待物者也唯道集虛虛者心齋也

書帶草　漢鄭玄

庭山下有草如韭葉長而甚秀人謂之書帶草

按

集諸徒教

榜金苔　唐貞元中試進士寫榜以淡墨書之更取姓氏稀

者閣之於上時號為苔榜

樓閣

宮室之制，有樓焉，閣焉，皆可以登眺而遠興者。吾見工之造也，以半天作地，人之上也，從平地登仙。試稽之吟咏，山從遠漢畢中出，天向平蕪盡處低，樓之勝
李嘉祐登樓晚眺語

榮椎也。長空一碧，絶纖翳。大地萬山寬望眸，閣之奇
觀壯也。第樓之勝槩，不曰五鳳，則曰七鳳，高矣美矣。
閣之奇觀，不曰凌虛，則曰淩煙，靡矣䴡矣。樓之高而
美者，不獨五鳳與七鳳也，仙苑之瓊樓（蓬萊仙境瓊樓玉宇），他無以尚。閣
之美而䴡者，不獨凌虛與凌煙也，帝宮之珠閣（唐同昌公主有珠閣），更莫
之踰。吾所謂登臨而遠興者，信已。且樓中之景，閣中

之事，罕無懸絶焉者。試評之：聖君御宇，丹鳳來巢（黃帝時鳳棲阿閣），佳
堦吹簫，彩鸞下舞（蕭史吹簫事見樂器門），其所以致靈瑞坳也。武昌仙入（黃鶴樓在武昌），清
秋蕭鶴（閣名），矢祿太乙，清夜燃藜（見拾遺夜內），其所以集仙跡將也。唐
之苍萼（樓名），情洽愛栗（見倫道元子內）；漢之麒麟（閣名），像畫功臣，其所以全倫
紀符也。石渠（閣名）高樞，鄴侯貯籍萬卷（樓名），葉構田正藏書，其
所以富儲積等也。然則齋而數峯衝𪩘，王夕陽萬頃（樂子安岳陽樓詩），

洞庭金州，吟咏岳陽樓佳句；畫棟朝飛南浦雲，朱簾
暮捲西山雨，此品題滕王閣奇聯，又豈不相頡頏者（俱樓名）
耶？嗟乎，結綺、臨春（陳後主之閣已詳帝居），美奪瓊宮之勝；迎仙、井幹，高齊珠
斗之躔。況四香閣中，櫳檻修靡；七重樓上，梯磴嵯峨。
快閣雖可令人快，迷樓必致使仙迷，寘盖也。至如縉
其樓，幔其閣，布縉也；疊疊施幔也，疊疊又悪乎用者。

諷君之臣，乃諄諄焉極其懇切。嗚呼，誰謂裴公矩不
為佳臣也哉。

四六語

閣重䴡徽，樓奇蒼萼。劉禹錫之攬勝（劉禹錫有攬勝樓），秀挹山川；王
裕辰之朝元（見前集治究註內），勢連雲漢。南樓嘯詠，羨老子佳興翩
翩；東閣勸酬，愛公孫盛情欵欵。只笑漢家儒之下

大皆曰何須有婢膝奴顏可憐梁氏女墜來我攜去莫若無容容月貌。

韓子古詞杜牧子贈才美善極可寧有是作耶　東苑評

雜著

注釋

五鳳　梁大殿閣建○韓浦韓洎能為古文洎常輕浦曰吾兄之文如繩樞草舍聊蔽風雨而已予之文則造五鳳樓手也

七鳳　五代時子閣作

凌虛　唐韋應物作凌虛閣

凌煙　唐太宗建凌煙閣以圖功臣之像

武昌黃鶴　晉江夏有酒保者名辛一道人號欽辛與之不索償道人將橘皮畫一鶴於樓呼之即下舞辛遂至富因名其樓曰黃鶴樓

鄭虔貯籍　唐鄭虔畫藏於石渠秦宣帝圖造功臣麒麟閣

迎仙井幹　漢武帝起井幹樓高五十餘丈

四香閣　唐楊國忠以沉香為閣檀香為欄以麝香乳香篩土和為泥飾壁

七重樓　[illegible]

快閣　黃山谷詩快閣東西倚晚晴

[illegible]

是路錄卷之十

飲饌

酒

粵自儀狄醞釀，酒之由來尚矣。青田之核，不醃而釀。吾所未見者勿論，惟竹葉、梨花、湛然、比潔、葡萄、桑落（俱酒名，河人以桑落時釀酒，因名桑落），粹然較勝，佳釀也。外是若醽醁（二者俱醲友相酒）、若翠濤、若玉蘿（隋煬帝酒）、若蘭生（漢武酒）、若霹靂酎（吳人以雷震時釀酒，故名霹靂酎）、若石凍春（石凍春富春之地）、美如澠、清如露，此趙酒也。醇酒乎哉，聖人也（清酒），賢人乎哉（濁酒），青州從事也（好酒），平原督郵乎（惡酒）。哉由是涼州雖顯，爵酒可以博告身（唐德宗時軍士以告身易酒）；雖榮，勳酒可以易金龜（賀知章以金龜換酒飲李太白）；雖貴，器酒可以換。且軍法借此以行，勢沮強梁，蜂炎賴此以熄（火神），災消回祿，兵權藉此以解（宋太祖慮石守信等兵權太重，飲酒間使），釁杜元勳。古人云：酒猶兵也，兵不可一日不備，信然已。故當

其時，白衣之送，不負黃花；南樓之賞，不負明月；蘭亭之讌，不負勝游；金谷之罰，不負佳景。此謂釣詩之鈎（東坡酒詩應呼釣詩鈎），可謂掃愁之帚，可嚌云狂藥哉（古酒詩狂藥非佳味）。余是知授職酒泉（郡名）渴羗之興，趣豪甚嘅；翻霞觴醉狂之襟懷，脫甚。況乎入步兵之廚，直欲生前之沉酒，化陶家之土，尚思身後之風流，掛杖頭之錢不惜，備弗之貲財，荷奚奴之鍤（劉伶嘗酒使人荷鍤隨），弗顧七尺之軀命。汝陽以三斗壯膽，劉伶以五斗解醒，陶潛以無酒攢眉，庾敳以有酒脫幘，三升差可戀（王績事見後），一巵安足辭（樊噲曰：臣死且不避，巵酒安足辭）。然則樹缶而歌，烏烏者不以酒奚適也。是以酈生乃高陽酒徒，著功於漢；屈原不餔糟啜醨，取困于楚。斯言也，不予紿焉（誑言）者，更奚必椎金罍、碎玉椀、損圭瓚、囚酒星、天獄焚醉、鑿柰坑哉。雖然，飲酒、戀

蟹螯畢生素志也，飲酒讀離騷，不假素志也。予雖無淳于髡一石之量齊淳于髡飲酒一斗亦醉若樂極則一石亦醉，亦能蘇子瞻三蕉之飲蕉酒杯東坡曰吾能飲三蕉矣，願安得問奇者載之揚雄作太玄經好事者載酒問奇字而來剝啄我之門户。

四六語

玉液芬芳，自古曾稱白墮白墮古人善釀酒因以名酒；金波瀲灩，誰人不愛黃流詩經瑟彼玉瓚黃流在中。市上有鵝黃杜詩鵝兒黃似酒，客舍是李翰林樂地人謂李白長安都市上只在酒家眠；甕中多蟻緑，

鄰居乃畢吏部醉鄉畢卓盜鄰人酒飲醉而卧甕邊者，上若酎可傾三百杯上若村中出好酒，中山醨醨酒未詳能醉一千日。繁華蜀郡，相如輕脫鷫鸘裘相如脫鷫鸘裘貰酒與文君為歡；瀟洒習池，山公倒着接羅帽接羅白帽也以鷺毛為之者。沉酣叟子，笑言唐三藏猶蟲；聚飲諸生，借問孟萬年萬年孟嘉字安在？三軍多效死，只因良將有投醪濁酒曰醪；一士獨高諡，却為賢王忘設醴醴甜酒。玉東皋名績官銜雖少，孔北海名融賓席不空。我思古人，愛多雅趣。

劉伶若尊為酒帝，阮籍可封作醉侯。

說酒趣一字一滑，讀一句一醇，和讀之不覺享鄰急呼麯生來，為老懷助興。　爲嘏評

詳釋

青田核　古今注烏孫國有青田核莫測其樹核大如斗注水即成酒可供二十人飲因名青田壺

魯酒　趙酒　莊子楚會諸侯魯趙俱獻酒楚酒吏怒趙乃以魯薄酒易趙厚酒奏之楚王以圍趙

聖人　賢人　魏徐邈私飲沉醉趙達問以曹事邈曰中聖人達白于太祖太祖怒鮮于輔為之解曰醉客謂酒清者聖人濁者賢人邈言醉耳乃得免

從事　督郵　世說桓溫有主簿善別酒好酒者謂青州從事以青州有齊郡歟好酒直至臍

下酒惡者謂平原督郵平原有鬲縣欲惡酒至鬲上住也

博梁州　漢孟佗以葡萄酒一斗遺張讓遂得涼州

軍法行酒　漢史諸呂用事朱虛侯章為酒吏曰臣將種也請以軍法行酒∴酣諸呂一人亡酒章拔劍斬之后業已許其軍法奚罪亦勢稍戢

酒熄烽炎　列仙傳欒巴正月朔朝帝帝賜以酒巴望西南巽之帝怒巴曰成都火臣巽此赦之越數日有司奏成都火有大雨滅之雨有酒氣

酒猶兵　書曰江誌藏有言曰酒猶兵也兵可千日不用不可一日不備速當糟丘吾將老焉

渴羌興豪　晉世說有羌人枕麴藉糟者東庭園每醉中好言王者事嘗云九江之水不足以充七澤之麋不足以清麴糵八藪之木不足以為薪庖俎言渴于酒群輩呼為渴羌武帝許酹發以酒泉太守拜以其有酒疾受焉

醉狂懷脫　唐詩云閬苑花前是故鄉毀麴王母九霞觴群仙拍掌擅輕脫謫向人間作醉狂

入步兵廚　世說阮籍聞步兵廚中貯酒數百斛藉乃求為步兵

陶家

冀酒壺實獲我心矣

三斗壯膽 醉不能下殿上遣人扶出之遽曰臣以三斗壯膽不覺至此耳

攢眉 遠法師招淵明入蓮社淵明曰有酒則可改至無酒攢眉而去

脫幘 世說吏數有豪興每得酒與脫幘三五筆露巾賤幘而飲

拊缶 漢楊惲與孫會宗書云田家風味歲時伏臘烹羊炰羔斗酒自勞家本秦也能為秦聲婦趙女也雅善鼓瑟酒後耳熱而歌烏烏歌曰仰彼南山兮蕪穢不治云云

酈生酒徒 曹操欲禁酒孔融與之書其略曰神堯不千鍾乃臻至治孔子百榼乃成上聖酈生以高陽酒徒著功于漢云云由此觀之酒何負于政哉○酈生高陽酒徒食其也欲見漢祖漢祖以其儒生也不見食其曰某乃高陽酒徒漢祖乃見之云

飲酒持螯 晉畢卓曰左手持螯右手執酒杯拍浮酒船中浮過此一生足矣

酒讀騷 唐史盧元明字幼章中山王熙曰盧郎有如此風神惟須飲美酒讀離騷乃為佳器

倒著接䍦 晉山簡字季倫鎮襄陽每遊習氏池上置酒輒醉曰高陽池有兒童歌曰山公時一醉徑造高陽池日暮倒載歸倒著白接䍦

唐三藏猶生 艾子好飲酒醉輒嘔吐門人私袖豬腸待其吐時棄于地中謂曰先生五臟今出一臟矣艾子曰唐三藏猶可活何況有四臟哉

孟萬年安在 晉庾亮正月朔會州中人士河南褚裒至問亮曰江州有孟萬年者在否亮曰在坐鄉人自覓之裒歷觀之遂指嘉謂亮曰將無是耶亮欣然笑曰喜裒之得嘉奇嘉之為裒所得

投醪 黃石公記昔良將有饋一簞醪者投之于河令將士迎流而飲之夫一簞之醪不能味一河之水而三軍樂為之死非滋味及之也

東皋酒少 唐王績字無功別號東皋子武德中待詔門下省時省中例給良醞三升或問待詔何樂曰良醞可戀耳時江國公陳叔達聞之曰三升良醞未足以絆王先生特判日給良醞一斗時號斗酒學士

北海酒多 後漢孔融為北海太守性好酒常嘆曰座上客常滿樽中酒不空吾無憂矣

麴生 唐葉法善喜見一士人稱麴生秀才言語不凡知其非人也潛以飛劍擊之應手墮地乃一酒榼也

美醞 ……飲……

茶

夫茶者瑞草之魁乎。杜牧詩茶稱瑞草魁 爰數其類、北苑先春 建州茶、上品西山白露 洪州茶、靈苗顧渚紫筍 湖州茶、異產陽羨 宣州茶、橫紋佳植、蒙頂石花 南劍茶、奇種方井露芽 睦州茶、仙根曾坑麥顆 曾坑佛嶺東西曰曾坑今北苑其茶之嫩者曰麥顆、勝味之數者、雀舌。開簽三月、蕉纖之雨 唐人茶詩有千未經三月雨龍芽先得一枝春、龍芽初發、擅一時和煦之春。悉可貴也、且驚雷莢 雷初發時之茶見後、紫茸香莫之低昂 坡詩武夷溪邊粟粒芽、粟粒芽聖陽花、莫之優劣。密雲龍、蜀葵金 御用茶有密雲龍蜀葵寸金、莫之殿最。此所謂甘露也 四者俱茶名、香乳也、雲腴也、月團也。陶學士取雪水而烹 陶穀學士取雪水烹茶問党家姬曰党家有此否、總副之清潔 此茶名、蘇才翁滴竹瀝而煮、始持其雅素、或呼以酪蒼 王肅稱茶曰酪蒼奴見後、奴藝哉。故語其功用、換骨而輕身者 陶弘景云苦茶輕身換骨丹丘子嘗服之、匪仗還童而振枯者、匪諫破悶而通靈者 盧仝茶歌二碗破孤悶五碗通仙靈、匪謬哉。思古人景仁乃有茶器、龜蒙乃有茶竈 陸龜蒙載筆床茶竈往來江湖間、錢起乃有茶會、和凝乃有茶社、盧仝乃有茶歌，陸羽乃有茶經，鮑姊乃有茶賦，茲則異其時，異其人，不異所嗜好已耳。稽之吟咏乎，沿牙舊姓，欽乎氏（果名。劉地所產）破睡當封不夜侯，胡嵩之逸句可誦矣。生涼好喚雞蘇佛（草名），回味宜稱橄欖仙，陶穀之新詞可述矣。旋沫翻成碧玉池，添酥忽作琉璃眼，李泌之佳什可傳矣。偷嬾曼倩桃無味（東方朔字曼倩，嘗偷王母蟠桃），搗覺姮娥藥不香，薛能之奇章可味矣。黃金碾畔綠塵飛（擣碾茶之細末），碧玉甌中素濤起，范仲淹之雅咏可采矣。余稽其吟咏，覘其嗜愛，先得我心同然者，余之所愛，一槍一旗（蘄州團黃茶一旗一槍，言一葉一芽也），可為茗戰（俗以鬪茶為茗戰），火前火後可潤詩喉，於是以緩火煎，活水煮（李約云茶須以緩火煎，活水煮），蟹眼已過魚眼生，鳳團試羅龍團出，洶洶乎如澗松之發清吹，浩浩乎如春空之行白雲，舉而啜之，其量頗寬，數止七椀（盧仝飲茶七椀），斯

時也，喚醒青州從事，戰退睡魔百萬，飄飄乎兩腋風生，殆欲上蓬萊也。

四六語

揀分雀舌，賜出龍團（坡詩揀芽分雀舌，賜茗出龍團），開諫議之緘，有同面見，好李生之癖，不憚手煎，乳竅是名，屈湛露洗仙人之掌，鴉山乃勝地，春風拔金鷇之芽，硤川地明月長仙根，天竺峰白雲呈瑞葉（天中記杭州天竺峯有茶曰白雲茶），霍山之黃芽濺色，羽化丹丘，滬湖之鳳髓含膏，價高白鶴，日鑄嶺頭雲液美（會稽有日鑄嶺，歐陽修云兩浙產茶推日鑄第一），不盡芬芳，惠山泉裡雪花騰，儘多滋味，周士因之鬪奇，勝陸公賴此敦素風，遺人三百片，頗同仙子之丹（茶譜茶乃仙子之丹），飲客數十杯，豈是陽侯之厄，能仁從石縫采出，誰曰不佳，樵青自竹裏煎來（張志和使樵青竹裡煎茶，樵青婢之名），愈云非俗，靈寘寶

晶鶯讀書春困之眠，雲出玉甌療飲酒宿醒之渴。

陸羽果然爲癖，王濛須是稱仙。

爾雅氣味茶共清，爾雅群聽茶共明，乃有此外

四可補之茶經後　徽文許

詳釋

驚雷笑　類說云覺林僧志崇收茶三品，待客以驚雷笑，自奉以萱草帶，供佛以紫茸香。

聖陽花　吐林大士自住蒙頂結庵種茶凡三年，詩紀佳者號曰聖陽花，吉祥蕊，供獻。

密雲龍　宋建茶袞實為治給以密雲龍

茗笈錄　十卷　九

龍上以賜東坡坡妻之。

香乳　楊誠齋謝傳尚書茶云遠餉新茗當自攜大瓢走汲溪水來澗底之泉，新燃新火煮之，乃知香乳中之書但一味撥煩，天上故人之意，慢嚼中之書。

甘露　新安王子鸞豫章王子尚詣曇濟道人于八公山，道人設茶茗，子尚味之曰此甘露也，何言茶茗。

竹瀝烹　蘇才翁嘗與蔡君謨鬥茶，蔡茶精用惠山泉，蘇茶劣，改用竹瀝水煎，遂能取勝。

酪蒼奴　洛陽伽藍記云王肅初入魏，不食羊肉酪漿，常飯鯽魚羹，渴飲茗汁，京師士子見肅一飲一斗，號為漏卮。後數年，高祖見其食羊肉酪粥甚多，謂肅曰羊肉何如魚羹，茗飲何如酪漿。肅曰茗不中與酪作奴。

還童振枯　李白茶述云余聞荊州玉泉寺近清溪諸山，山洞往往有乳窟，窟中多玉泉交流，其水邊處處有茗草羅生，枝葉如碧玉，惟玉泉真公常采而飲之，年八十餘歲，顏色如桃花，而此茗清香滑熟異於他者，所以能還童振枯，扶人壽也。其茗拳然重疊，其狀如手，號為仙人掌茶。

景仁茶器　司馬溫公偕范蜀公遊嵩山，各攜茶往，溫公以紙為貼，蜀公盛以小黑合，溫公見之驚曰景仁乃有茶器，蜀公聞其言，留合與寺僧。

茗笈錄　十卷

和凝茶社　[illegible]以茶相飲，味劣者有罰，號茶社。

不夜侯　胡嶠飛龍澗飲茶詩[illegible]沾牙齒，餘甘氏破睡當封不夜侯。

[illegible]

蟹眼　[illegible]

[illegible]

開　[illegible]

仙人　[illegible]

事　[illegible]

魚眼　[illegible]水調冰茶，[illegible]

價高白　[illegible]

茗笈錄　十卷

鶴　岳陽風土記載[illegible]

公　[illegible]

陸為癖　[illegible]

主稱仙　[illegible]

[illegible]

鷰困療醒　唐人茶詩[illegible]

[illegible]

飯

夫一飯之德，古人所必報者（李白詩：古人懷一飯之報），何以其為民所天也。但葛仙口中鋒兮而倏焉成飯（神仙傳：葛仙公與客對食，吐飯成蜂，張其口，蜂飛入，又成飯），齊奴廚內飯也而忽爾為螺（石崇小名齊奴），此幻也，無庸語也。所可語者，其惟白杪雲子（東坡詩：飯杪雲子白），可以養生乎；滑憶雕胡（杜公詩：滑憶雕胡飯。雕胡即菰米也），可以適口乎；潔治青精（青精飯，煮草木汁為之。杜公云：豈無青精飯，使我顏色好），可以順顏乎。乎又紀其事焉。累飯於霖雨，數友道則善；比飯於燭光，論主道則隆；燋飯於鐺底（宋陳遺之母好食鐺底焦飯，遺為郡吏，每收其焦者歸奉于母），語子道則純；著飯於腥頰，稽叔道則厚。是皆可以風者。外是而光武飯麥粒，不以己為帝；晏嬰飯脫粟，不以己為相（史記：晏子相齊，飯脫粟之飯）；孔子飯埃墨，不以己為聖，其尤足風乎。且廉頗飯米一斗（史記：廉頗每食飯一斗，肉十斤），功高於趙；孔明飯米一升（蜀利州牢山陰傳，孔明為元，吏曰：公惟日食一升米，不飲酒，此為上策），政善於齊。此又人所樂道者，乎尊能無筆耶。嗟乎，詩咏豳風民艱稼穡（豳風之詩，周公所以諷成王，知稼穡艱難者），况憫農者有云：春種一粒穀，秋收萬顆子，四海無閒田，農夫猶餓死。此益見稼穡之艱，食之難足也。故淮陰忍饑于漁釣，不逢漂母，寧為壇上將軍（漂母飯韓信曰：吾哀王孫而進食，寧望報耶）；羹臞楊腹，翳桑（地名）不遇趙宣，竟作溝中餓鬼。吾留于此，乃知修煉不若晉侯（史記：張良謂漢祖曰：吾欲辟穀，從赤松子遊）誰則辟穀，去齊不若孔氏誰則接淅，破敵不若齊侯（左傳：晉與齊戰）誰則後食（於草莽，臣方進食，齊侯曰：子姑翦滅此而後朝食），思親不若徐子誰則棄糗（不稼之米），下士不若周公誰則吐哺（飯在口中曰哺。周公戒士：一沐三握髮，一飯三吐哺），此所以貸粟於監河侯，自稱波臣者，非歟？非為生謀也。乞糧於有山氏，大呼庚癸者，非畢為命謀（也）。惜也史雲之甑生塵（晉范冉字史雲，有時絕粒，[illegible]甑中生塵），不勝寂寞；廣文先生不足（鄭廣文為教授，[illegible]。杜詩曰：廣文先生飯不足），無任荒涼；叟倩饑而欲死，大遭困辭（晉書：[illegible]性儉嗇，數米而炊，稱薪而爨）。然則數米而炊，誇非為盤中之食粒粒皆辛苦耶（李紳憫農之詩云云），此奚怪乎東公者嘗（卻其餽）耶。惟然，乎食粟人也，出行而千里供糧（莊子：出行千里，[illegible]），乎自分不能

十卷　十一

是路雜　十卷　十二

居家而二旬九食乎，抑或幸免于惟餓而食、食而于

于焉含哺鼓腹噫嘻乎其無懷氏之民耶葛天氏之

民耶。

四六語

饔飧飽該烹飪惟時，胡麻飯煮雪花輕，仙家異饌、

粟米新炊魚兼新，田畝家風勞薪灼來，滋味當別、

是齋録 十卷 十三

緑荷包飯手糊飼佳，誰人只道美如酥，有客還嗟

貴於玉，其惟米遂寧堪饑不為歉，郡國徂饑何事

晋倫閣糴河内一封傷詔，賑且回春麻之生寺中

我抖遲鐘鐘于歳遊人之窮，陳家見戒囊臭言樹

公館提樂樵宜鐘林不鐘就陶，公若以酒為命，客

来佛窘齋佳氏，則以食為

此作字字可一展卷許，多為味在口物真當

澆一掬好飯呵呵 景烈評

全釋

飯為螺 ……

比飯燭光 ……

著飲腮頰 ……

食餘粒飯 ……

食埃墨飯 ……

是齋録 十卷 十四

翳桑餓夫 ……

首粟呼庚 ……

思覩棄粳 ……

乞糧呼庚癸 ……

憂情餓欲死 ……

一囊粟 ……

揚進花漁一湾芳草護龍洲帝又問卿所食何物對曰新粟米炊魚子飯嫩冬筍葅鱉裙羹

勞薪灼飯 晉荀勗善于格物武帝賜食進飯即曰此當薪所灼者帝問尉人果用故車脚

食貴於玉 戰國策云蘇秦之楚三日乃得見王辭去王曰寡不少留乎秦對曰楚國食貴於玉薪貴於桂謁者難見如鬼王難見如帝今令臣食玉炊桂因鬼見帝王曰寡人聞命矣

河內假詔 漢紀河內失火帝使汲黯視之還報曰河內人饑甚或父子相食臣矯制發倉粟以活之今臣伏矯制之罪武帝特原之

寺僧厭寄 王播客揚州寄食木蘭寺寺僧厭苦之飯後鳴鐘播題詩于壁曰上堂已了各西東慚愧闍黎飯後鐘後播鎮揚州其詩句僧以紫紗籠之播續曰二十年前塵壁上今朝卻把紫紗籠

陳氏子成糜 客有詣陳太丘談肆甚利太丘命元方季方炊飯太丘問二子何遲元方對曰君與客談共聽之忘著箄今已成糜矣太丘曰汝二人有所識否二子說之無遺太丘喜曰如此俱成糜何害

種秫不種秔 陶淵明性嗜酒有田百畝令家人悉種秫其妻曰如此何以備飯食明日然則以五十畝種秫五十畝種秔

窖粟不容實 史記 秦二世敗豪傑爭取金寶窖之任氏獨窖粟後楚漢相距民不得耕種富家金玉盡歸任氏矣

羹

夫自大羹既設羹之作其來尚矣或芼以葱芼以韭 禮義云夏祀和羹芼以葵秋祀和羹芼以葱冬祀和羹芼以韭 芼以葵各有攸別者載觀之 南海[illegible]紫菜羹王績[illegible] 杜老之錦帶調和可珍 古詩美將 蘇子之玉糝芳馨可味張公之鱠褆滑膩可飧是數 陳景元嫩筍羹[illegible]

者即同于千里蓴羹於末下鹽豉銀絲鮰鱠不 香芹碧澗羹 佳於碧澗芹羹也者是羹也寧無事之可評乎吾知 衛人饋叔向錦羹叔向受羹反錦 叔向受於衛人受之何義也彼有取爾也趙琰辭於冀州詩無郤之郤之為不恭乎顏叔請以遺母食必會南永言孝思也陸母炊以餉子切肉必方不賢而能之乎樂羊雖名將殺子而食之不辭是可忍也孰

不可忍也漢高固英主烹父而頭以分我其羹豈其 史記語 然乎昔日之羊子為政今日之御我為政出乎爾者 宋人詠之詩句 反乎爾者也堂前有叔食未飽廚下頻聞憂釜鬵此誰欺欺天乎余載論焉憶鱸而悲鄉是無道則可卷而懷也鮮黿而染指是不得不可以為悅也食操而 千载 吐哋是人莫不飲食鮮能知味也述羹之事指不勝

羹乃尚有菜羹必祭而食不忘本可法耶糝羹不糝而權以羹變可風耶嗟乎御厨欲進君王飯金鼎誰調宰相羹比宋人句也果欲調和羹乎則巖穴之士或有作鹽梅者在

四六話 附粥

惟羹與粥載史及經羹柔炊羹楚國淳風攸在挑粃作粥洛陽遺俗猶存豆粥蕪蔞飧光武為王郎所逼至蕪蔞亭馮異上豆粥明君優抑尊羹吳下景張季鷹事羈客思歸玉堂賜出防風口香七日金殿頒來甘露髮黑一宵骨董還能取飲食雜置之名骨董羹傖歲炊而糜寧是荒年有碎榆取屑陽城困虀何堪煮玉捐渣德裕鑰會極甚德公之進郭林宗得雅素之交唐主唐明皇一調李太白休非常之寵友中如李勣焚時曾為

姊燃鬚洪量若劉寬覆羹且憐奴爛手此作字之滑識人謂之須太羹自有餘味信然 萬拾拼

詳釋

錦帶羹 杜詩滑憶雕胡飯香聞錦帶羹湖閒有錦帶若蓴名未開花紅白如錦苗嫩脆一公錦帶吐蔬雖若舍名有錦帶繡帶此詩世說陸機詣洛見王武子武秋作非言花則矣十里蓴羹子出手酪戲謂陸曰卿江東何以敵此陸曰有千里蓴羹未下鹽豉乃可以敵此味也

趙玖辭羹 後魏趙玖嘗送客濟州聘室過慾宴主人設羊羹玖謂不義固辭之不食 羹遺母 左傳

穎考叔鄭莊公賜之食食舍肉曰小人有母嘗君之食矣未嘗君之羹請以遺之見左傳羹知母斷蓮必寸切之必方以此知也有司知其母之賢因釋之羊圃中山中山人烹其子遺之羹羊啜之盡一杯口其子食之其誰不食羊下中山文侯賞其功而疑其心烹父分羹漢高記項羽為高俎置太公其上告漢王曰今不急下吾烹太公漢王曰吾與羽約為兄弟吾翁即若翁必欲烹而翁幸分我一杯羹羊羹不與戰國策中山君饗都士司馬子期在焉羊羹不遍司馬子期怒走楚說楚伐中山中山君亡有二人挈戈隨其後曰以一杯羹亡國以一壺飧得士二人中山君曰吾以一杯羹亡國以一壺飧得士二人矣

羹餉子 吳志云陸績

食子遺羹 樂羊

啜叔觳羹 高祖過丘嫂食嫂佯為羹盡櫟釜後封其子頡羹頡侯

士元來饒云去非是調羹自相輕

憶鱸 晉張翰字季鷹在洛見秋風起思吳中蓴羹鱸魚曰人生貴適志耳何能羈宦數千里以要名爵乎

指[illegible]食指動以示子家曰他日知此必嘗異味及入宰夫解黿相視而笑公問之子家以告及食大夫黿召子公而弗與也子公怒染指于鼎嘗之而出

食狭吐地 淮南書 手去羹有烹猴者以為羹召鄰人食鄰人以為狗羹也而甘之故聞其猴據地而吐之此不知味也

盐梅 書說命高宗命傅說曰若作和羹用汝作鹽梅

葵菜羹 宋玉賦云主人之女為臣炊雕胡之飯烹露葵之羹

防風粥 金鑾密記白居易在翰林帝賜防風粥

桃花粥 金門歲記洛陽人家寒食裝百花與桃花粥一甌食之口啗香七日

甘露羹 明皇雜錄李林甫子壻鄭平者鬢髮班白林甫曰明日上賜甘露羹鄭郎食之可一夕髮黑明日帝賜羹食之果黑

肉糜 晉紀惠帝聞天下饑謂左右曰何不食肉糜

德公三進 後漢書郭林宗于魏德公知其有異德供給酒掃郭嘗不佳夜中命作粥一啜怒訶曰為長者作粥使汝不可食以杯擲地德公三進之郭乃三訶之德公不變容林宗曰今而後乃知子之心也遂相與友善卒為善士

煑粥燃鬚 唐書李勣姊病自為粥而燃其鬚姊戒止之答曰姊多病而勣且老雖欲常進粥能幾何

羹爛手 漢書劉寬為事容忍妻欲試之候其早朝服朝衣于自命婢進羹翻汙朝衣寬急謂婢曰羹爛汝手乎夫人方服其雅量

殽

爰有嘉殽、既馨既阜 詩[illegible]、八珍貴矣、五鼎盛矣、第鸞脯鳳胎、不饜於凡夫之口、至如鸚之胸、豹之胎、猩之唇、熊之蹯 [illegible]、駝之峰、斑鳩之髓、金鯉之尾、貴人公子皆可以

羌庖俎為吾又聞陸士衡之龍鮓、異品耒陽令之牛炙 白酒牛炙耒陽令之遇杜而卒、嘉鬻王武子之蒸豚、雋味婁君卿之五侯鯖、珍饈張季鷹之郎官鱠 張翰作鱸魚鱠人美之曰郎官鱠、奇膳此數者、甜溢人口、雖南粵所獻海錯 海錯海物之味、不過爾矣、晉君所重禁臠 晉元帝時公私窘得純以為美項上一臠尤佳輒以薦帝號禁臠、不過爾矣、煬帝所食金虀玉鱠 隋煬帝曰金虀玉鱠東南佳味也、亦不過爾矣、他又奚言、嗟乎、鴈門太守食鴈美乎、太府元卿食鱉美乎、載稽之吟咏、半鼓含

黃宜荐酒 東坡詩句、兩螯斫雪、勸加飧、食蟹之美者可想莫時 揚識、未脫錦杉子 論詩句 蛙之皮、咽處偏欺黑面郎 猪曰黑面郎、食蛙之美者可識通印子魚 印與孕全 東坡詩句、猶帶骨、披綿黃雀 披綿雀之肥者、謾多脂、食魚與雀之美者可覘、此又奚問于河豚之美、更直一死哉 河豚有毒食之或有死者東坡一日食之美其滋味曰也直得一死、雖然刲腴擊鮮 文選語、味固美也、豢甘養肥 文選語、人賤之矣、故桀紂君也、肉山之脯林之 桀紂以肉為山懸脯為林、民尚嘵嘵然起、何乃邮公之厨珍味

錯雜承枯之雖異物豐盈。僧光讒鶵生四掌，鶩著兩

裙，起意耿希求。公孫弘內廚五鼎，外膳一肴，侈終身

出晉書

自奉。何曾日食萬錢，猶言無下筯之處。陳蕃拌飯以

鹿脯茎羡，以牛膾亦云非佳。饌焉是果，欲羹冊穴之

邓魚、南海之螞，臑文豹之胎、鸞麒麟之膾、嵩陵之

縹翠、蒸葱嶺之碧雞，乃快乎噫，此過矣。吾竊取夫举

春山以為肉，肉非所肉；析瓊枝以為饈，饈非所饈。是

醉翁不在酒意也。吾又取夫不羞珍、不重味，勁與夫

貌食以當肉者。

四六諧

烏鱉膾鯉，咏見乎詩；烹羔炮羊，事徵于史。禮隆賢

士，閑生饗邑全猪；肝念切饑人，雪鰍飽趙公肉脯。

一楓林社日鼓，東方生割肉遺細君；茅屋午時煙，張

元伯殺雞待良友。觀解龜時，大夫指動，始知執

鄭靈公解黿，子家食指動，見前羹內

江東有長腰粳米備

炙處，僕從色形。凡此肥甘，孰無歆羨。鯿魚皆縮項，

項鯿魚之謂

曹操思食雞肋

信可釆，顧鰕子若長髯。儘堪適口，肥雞之肋，猶難

棄；封獸之蹯，却好飧。江蟹雖無公子，腸河豚恰有

河豚腹肚目為西施乳

西施乳。人方推鄒儒孟子，食前方丈，不為我欲效

齊相晏嬰几上一簋自足。

全群

八珍

龍……
五色見事出梁本傳　武丁蒸豚　帝食之太甘問所由對曰
以人乳食之　漢婁護字君卿善事五侯五侯競饋
帝甚不平　奇膳護和合之味甚美時號五
使　五侯鯖　宋趙太祖幸趙普第見廊下有數甕封固
鯖　南粵海錯　甚嚴題云吳越海錯太祖曰此海味必嘉啟
食之視之悉瓜子金也普惶懼謝罪
宋祖曰彼謂朝廷之士皆由書生耳
重名鄉人以貲得爲門太守謁規規　食鴈美　後漢王符傳有皇甫規
卧不迎既入弟問鄉在郡食鴈美乎　食蟹美　隋史崔弘度
倏吏毋得欺誑後食蟹問侍者曰蟹美乎皆曰美弘度大罵
曰膩奴敢誑我耶未食安知其美俱杖之自是乃無敢誑者
錦衫子　戚俗通挂林人以蛙為上味疥者皮最佳云
不可脫去錦襖子又云此味勝黑而郎多矣
珍味　唐韋陟封郇公性奢侈廚中珍味錯雜時　郇廚
為之語曰人欲不飲筋力須入郇公廚
五代孫承祐吳越王外戚也奢侈異常嘗讌客指其盤　筵盈異物
曰今日坐中南之蝤蛑北之紅羊東之鰕魚西之羹栗無不畢

具可謂之　閔仲叔家貧嗜食安邑令候之問諸
小四海矣　饜豬肝　子以飲食曰但食豬肝屠者先不肯與
後令敕者每日輒饋之仲叔問其故子　割肉遺細君　漢
道狀嘆曰仲叔以口腹累安邑耶遂去之
日賜從官肉大官日晏不來朔獨拔劍割肉　奏之上令朔自
責朔再拜曰受賜不待詔何無禮也拔劍割肉何壯也割之
不多又何廉也歸遺細君又何仁也上笑曰　後
使先生自責而先生乃自譽耶復賜酒一石肉百斤　殺雞待友　漢
張劭字元伯范式字巨卿二人為友春別京師范曰秋暮必
登堂拜母張曰巨卿來我必以雞黍待之至期殺雞以俟母
曰千里之約何相信之深也范果至　晉書顧榮安飲
曰巨卿信人也言未畢果至　執炙色形見執炙者有欲
吳之色割炙人噉之曰豈有終日執之而不知其味
者及趙王倫篡位榮被執其人為督率因救榮得免　晚食當
肉　戰國策顏蠋云吾安步當車晚食以當肉

果品

竊聞第果品者首綠李（王直方第果品云云）副楞梨三則櫻桃四則柑子
五則葡萄或薦荔枝為首余曰胭脂掌中顆甘露舌（白樂天詠荔枝詩句）
頭漿龍眼猶為其奴（龍眼曰荔枝奴以荔枝過後龍眼繼熟）以此居首論當矣至若綏山之
桃可以延壽齡扶風之蔗（格物志扶風有蔗一丈二節食之消積痞）可以消積痞玉華之李可
以好顏色朱陵之瓜可以通仙靈且爾終南山之棗（李少君謂武帝曰臣從終南）

其大如瓜（山安期生食巨棗大如瓜）巴邛園之橘其大如盆太華峰之藕（韓詩太華峰頭玉井蓮花開十丈藕如船）其大
如船誠然乎抑幻乎吾未之信也惟食人而設以瓜
顆王東吳之天子渡江而獲以萍實霸南楚之諸侯
此古史所載不我紿也（出左傳）巴吾又聞焉白馬之櫑（地名）一石
而直一牛貴之甚炎海之荔（南海進荔枝于貴妃詩云一騎紅塵妃子笑云云）一使而馳一騎疾之甚
宜都之柑一顆而無一瓣異之甚然又有君王試奏

荔枝紅，進士特重；櫻桃宴，海檣雅爲多子慶；橄欖還如逆耳言；白玉盤之西瓜，氷漿雪液；（唐人詩：玉盤分除似冰漿）同濤赤瑛盤之櫻桃，秋水長天，一色。果之遺事，寧一二數耶？不惟是也，懷賓筵之橘，（陸績事）可以觀孝；讓鄰境之瓜，可以觀厚；奪兒手之柑，可以觀佞；棄道旁之李，（王戎年七歲，群兒爭取道旁李，戎曰：李在道旁多子，必苦李也）可以觀智；遜童隊（孔融五歲）之梨，（與諸兄分梨，自取其小者）可以觀讓。是數者，俱爲世道風，乃饋桃殺士者，

計雖巧，吾謂其太忍；擲栗報君者，言雖善，吾嘗其不恭。若吾則有棗也，人取之不令去其婦；有橘也，人食之，不使鏑其牖；（鏑，鏑錙也）有李也，人求之，不肯鑽其核；（王戎家有好李，若與人，必鑽去其核）有瓜也，人盜之，不忍梗其路；有橡栗也，且不敢以之養獮狙；（狙公茅狙，與之栗，朝四暮三）有木瓜也，更不敢用之行苞苴；（家語：孔子曰：吾於木瓜，見苞苴之禮行）惟夫呼楊家之果，因其本來之姓；吾從樊噲、蒸哀家之梨，失其自然之味。吾不然也。第是果也，辭而端晉令之清風乎？吾庶幾觥之。若擲之盈車，（晉潘岳美姿容，人悅之，每出，擲果盈車）此唯潘郎之才貌爲然，則吾豈敢，則吾豈敢。

四六語

銀杏（即公孫）還稱鴨脚，鐵菱乃曰雞頭。（古詩：若茎欲割雞頭肉）濯水蓮房，玉蛹窠經霜柿子，金丸（龍子）夘荔枝最好，（興化荔枝，江家綠爲勝）江家綠恰是天眾揚

梅絶似鶴頂紅，（古堤樹詩：果之鶴頂紅）迥超常品。葡萄釀酒，可博涼州；（漢代以葡萄酒一斗遺張讓，得涼州）梅實和羹，已登商鼎。巨哉諸暨栗，（地輿志：諸暨栗大如拳）看看悅鈎弋之拳；（漢武夫人兩手皆拳）美矣綠山瓠，剖破露茬。姜之齒，（詩美莊姜齒如瓠犀）漢帝千秋日，曾鬥來碧藕，氷桃天仙；萬歲期畢，竟食交梨火棗。（修真書云：交梨火棗，仙家上果）荔枝種好，雅堪登數幅盡圖；梨子味甘，誰浪說五臟刀斧。大覺凉侵，遂須細嚼；餘甘漸入，佳境來自是（果名，味以青葉）

倒啖甘蔗

昔人有云種雖天上味業異世間 水鮮適摘得霜此為荔枝美也 本借此四語更為此旅美云

全釋

綏山桃 列仙傳云葛由羌人嘗刻木作羊騎羊上綏山食桃實因得仙上升 記曰得綏山一桃雖不得仙亦可以延壽

玉華李 洞冥記云琳國有玉華李五百歲一熟韓終嘗食之雖老色如處子

朱陵瓜 漢武內傳云西王母謂上元夫人曰朱陵山之瓜可以通仙

[illegible]吾憶此味已七百歲矣

摘大如盎 幽冥錄巴邛人收一大橘如斗盎剖視之有三叟相對象戲身長尺[illegible]

設瓜興王 史記孫鍾[illegible]種瓜為業忽有三少年[illegible]

萍實興霸 [illegible]楚昭王渡江得萍實大如斗赤如日剖而食之甜如蜜[illegible]

擂直牛

柑缺辯

擂慶多子

荔枝紅

敢覽比忠言

[illegible]

食摘

盜瓜壞道

鏑戶

楊家果

哀家梨

辭謫笞

蓮房玉蛹

摘子金乳郎

赤瑛盤櫻桃

灌鄰境西瓜

奪兜手柑

借挑殺士

鄉栗報君

取棗去婦

[illegible]

史笑曰五臟刀[illegible]

蔗入向其[illegible]

曰漸入佳境[illegible]

穀食

於皇后稷立我烝民其所樹蓺者有穈焉有芑焉有秬有秠焉不稂不莠而餘而秠穮敷菜如京如坻秋後而收成有穫汙邪耶而滿車耶甌窶耶而滿篝耶

（穈音門赤梁粟　黑黍　黑黍一稃二米　禾之秀曰秠穮　京高五坻水中高地　篝竹器載禾者）

是此錄　十六　二九

噫嘻稼穡其惟寶耶吾聞孔子聖人也以搓雪黍尊黍也鄧繆賢君也用穀易秕貴穀也漢文英主也入粟拜爵貴粟也且季文子良大夫馬不食粟養人者不以之養其畜馮元叔良令尹馬不食豆食畜者不同其食夫人思深哉古人矣何者人之有生也日不再食則饑國無二年之蓄國非其國者是以晉人之

（史記季文子無食粟之馬衣帛之妾　馮元叔爲後漢令廐中馬不與芻豆曰斎馬　左傳晉乞糴于秦）

乞糴爲國計也魯公之乞米爲家急也此可見民之食民所天也使忠厚不如子敬乎寧能以一囷之米與周郎豁達不如堯夫乎爲可以一舟之麥濟曼卿仁厚不如全琮乎豈肯以滿船之粟給吳士一囊粟曼倩飽欲死是曼倩不無怨望五斗米淵明不折腰如淵明我何人哉余始知不食周家之粟清風也千古而夷齊不受胡奴之米介節也曠世一倫嗟耳嗟乎神農之世雨粟矣民無枵腹乎漢宣之朝雨穀矣民不阻饑乎今何時也揚州之郡穭稻不滋有生黑山之阿木禾未嘗再出鼠雀之耗既壯蟊賊之害益繁一莖九穗者邈矣無聞異畝同穎者寥然莫獻山林不見容雞之王閭閻頻聞碩鼠之謔生民方有

（魯肅字　純仁字　互見飲內　吳備求方樂之字　晉淵明爲彭澤令不爲五斗米折腰曲　東上方識辭卬綬　史記神農之世天雨粟七日　述異記漢宣之時江淮饑荒天雨穀三日　廣時揚州生穭稻○自生曰穭也　穆天子一黑水之阿生木禾高黍亦長五尋　害苗之蟲食心曰蟊食節曰賊　光武生春陵禾一莖九穗因名曰秀　碩鼠詩篇名謂貪吏也曰碩鼠　乞食稅茲）

是此錄　十六　三十

穀之嗟呼人更無嘉禾之頌漢代之廩紅腐不可
食。者茲不得食杜公之廚紅鮮而可食者又不能飽爲（杜詩玉盤[illegible]紅鮮[illegible]紅稻之色也）
時事大可爲涕泣者也吾願
聖王無秕政執政無稗行亟重民事俾豐年多黍多（黍宜高[illegible]）
稌其米價之賤只如貞觀時一斗而三錢（太宗時斗米三錢行商千里不賫糧）爲則民將（宜下黍稌皆熟則年豐矣）
于于爲粒食之含哺之鼓腹之矣（自足意）

是諾錄　十八　二一

四六語

天降嘉種民祈有年（穀梁五穀皆熟爲有年）彼有不獲穉此有不斂穧伊（俱出大田之詩）
寡婦之利乃求千斯倉乃求萬斯箱唯曾孫之慶（三句出甫田之詩）
田無荒穢黍熟頭低而麥熟頭昂倉有常平賤穀
價增而貴穀價賤鍾阜山庄赤米隱士加飡邯鄲（○周顒隱一山或問所食曰赤米白鹽綠葵紅莧）
旅邸黃粱仙人入夢勿謂豐年有慶且言儉歲難（呂公度盧生事）

文憲亂任公先窖粟盡曰知哉救荒汲黯大開倉
何妨矯詔不取禾三百億可嗟力食若無慚若食
祿萬千鍾更謂舌耕人有益

此作視爲田華爲耒智耕識耨以意爲種的情
爲苗以辭爲莘以義理爲成實字字可食亦嘉
穀也妙甚〻〻
批生評

是路錄　十八　三二

詳釋

汙邪滿車（戰國策楚伐齊齊使淳于髡之趙請救賫金百斤車馬千駟髡大笑曰臣見道旁禳田者操一豚蹄酒一盂祝曰甌窶滿篝汙邪滿車五穀皆熟穰穰滿家臣見所持者狹所欲者奢也王乃益金璧車馬趙予精兵十萬楚引去○汙邪下田也甌窶高田也）
以挑雪黍（韓子云孔子侍坐于魯哀公設桃具黍哀公曰請用仲尼先飯黍而後啗桃左右皆笑公曰黍者非飯之也以雪桃也仲尼對曰夫黍者五穀之長也祭先王以爲上盛果有六而桃爲下祭先王不得入于廟丘聞君子以賤雪貴不聞以貴雪賤也今以五穀之長雪果蓏之下是從上雪下也奚其可）
用穀易秕（新序云鄒穆公令食鳧鴈以秕無以穀倉無秕求之于民穀二石得秕一石公曰穀在倉與在民何以異君子謂異善于愛民）
入粟拜爵（漢紀晁錯說文帝曰方今之務莫若使民務農務農在于貴粟貴粟之道在于以粟爲賞罰今募天）
三年蓄（記王制國無三年

書曰國非其國也一國老業長將數百人特性侯

鼎井告貲粮之壽家有曰米含三千斛乃指數百人 助一舟麥 付范

一困與愉之盂知其有也遂與定生千之交舟還次舟陽見石曼卿云三

淹屯北夫至姑蘇取麥五百斛舟還次丹陽見石曼卿云三

喪歡葬無可謀若爰天以麥舟助之到家文正曰東吳見故

舊乎曰曼卿三喪未舉留滯丹陽文正曰何不以麥舟助之堯夫曰已付之矣

曰何不以麥舟助之堯夫曰已付之矣 給一船粟 父柔全琮爲

桂陽守使琮齎米數千斛至吳交易 世說王

琮皆給賑士夫之窮乏者空船而反 不受胡奴米 修齡貧

之陶胡奴爲烏程令送米一船答曰王修齡若飢自當就謝仁祖索食不須陶胡奴送米 鼠雀耗 梁張率爲新安

太守遣家僮載米三千石還宅及至遂耗其半率問之 異畝同

同其故答曰鼠雀耗率笑曰壯哉鼠雀竟不之問 穎

頁 唐叔得禾異畝同穎獻諸天子 容雞至 其地與志高與縣有鳥曰容雞 而五采至則年豐

半菽 嗟 項籍傳云歲饑民貧卒食半菽 黍麥頭低昂 王元

軍無見粮謂食蔬水以菽半之 朝

景大醉楊遵彥曰何太低昂元景曰黍熟頭低麥熟頭昂黍麥皆有所以低昂 增穀價貴賤 漢宣帝時

穀賤則增價糴之以利農穀貴則減價糶之以利民名之曰常平倉 不取禾三百 詩伐檀刺

飡其力曰不稼不穡胡取禾三百億兮言其不素飡者是 舌耕 後漢賈逵門徒獻粟盈 美詩人自

倉曰吾非力耕舌耕也

是路錄 十四 三二

蔬菜

仕詩與奴白飯并青蔬

青蔬與白飯互言穀不可有饑蔬寧可有饉哉吾數 穀不熟曰饑 菜不熟曰饉

其品矣太華之藕白於瑤爲黃河之菰紅於血爲太 以下數語出洪舜俞老圃賦

宛之苜蓿甘於薺爲婆羅之波稜美於飴爲南越之 國名 菜名 國名 菜名

鹿角滑於油爲東海之紫蹄軟於酥爲且輪囷鵞鴨

之瓠 賦之語 薔屈虬龍之芝婆娑熊蹯之菘藍鬖虬髯之落 蕾蹄足板也

時雨一過其將種種乎而數莢者耶未已也木耳信

是木之耳蹲鴟宛若鴟之蹲綠韭剪斷佳人髮芋魁 芋名 古詠韭詩翠髮剪還生 芋頭

剃却釋迦頭蕨芽洗淨鉤弋拳蒴蘆剖露莊姜齒紅 鉤弋漢武夫人兩手皆拳 詩美莊姜齒加瓠犀

莧 萸出胭脂汁竹胎剝去稚子繃噫嘻嗟乎五侯鯖 筍曰竹胎 見殺內

是路錄 十四 三四

其遜美乎天酥陀其失腴乎竊又論爲瓜種于故侯 天上酒名 遜於天酥陀 失腴 甚有腴

手裡分成赤白青黃蘁食于措大口中嚼出宮商角 秀才之稱

微洵美也自是以外尚有水晶葱至潔也玉版筍至

脆也充脩菜以賢人字稱也諸葛蔬以丞相姓著也

生薑盛毋萎留子遍有種也蘆菔生兒芥有孫代相

禪也春初之韭早之食可也冬末之菘晚之盖妙也

蕭也進不棄于貝貂嘯王之畫退不棄于灶割嘗
薊之頤（欲與貧士）煙霞歎薄乎㽞讀之吻風露籤揚乎朝吟之
脾昔山谷謂士大夫不可不知此味（小谷題菜云不可使士大夫不知此味不可使天下之民有此色）余深知此味也
第不可徒知此味也肉食亦丈夫事若使其羊踏破
菜園乎寧免於貴公子一咲

四六語

蘿蔔鱧魚衆美焉（查人詩吟衣米制鱧詞寄瓠瓜）齒貞脩五行紅莧時將葉作花（笋曰齋蔡刘玉状元人善）
綠瓜恰用瓠爲蜜薤棄入務光字體露葵登盃牧（左傳蘋蘩薀藻可羞于王公　樂康葉野人美芹欲獻之天子）
（薀菜蓴）畫圖池藻可羞于王公野芹更獻之
天子西蜀之苦心擹筍曾開有客贈詞東吳之長（雖有瓦之意亦陳矣）
栖葫蘆莫道無人問種蒻生恰似蒼龍角衝開曉（古蒻詩春雷驚出蒼龍角）
霧出頭蕨長猶如稚子拳拿任春風在手時來公（五代梁伕）

廨滿太守含貞長與玉階齊狀元入夢不妨他生
意還須留得心存若助我作爲畢竟咬將根斷
余生非治圃者流何得程常品乃作且句采數
芳可頌頒老圃賦數服

景范評

詳釋

雨過數槃（宋宇種菜三十餘品每時雨過後按行園圃曰天賦此徒助吾爲俎）
水晶葱（宋神宗問歐陽公吉州所産公對曰金耕玉版筍銀杏水晶葱）
瓜種碧綠青黄（秦東陵侯種瓜長安東門有五）

色甚美謂之東陵瓜亦謂之青門瓜碧綠青黄措大口中○措大秀才也謂翠客於崑丘微瑶塅敦行以白玉奉之
蘿嚼宮商角徵（中嚼出宮商角徵能嚼措大事頑乎方壺蔗漿成綠珠五侯鯖）
五侯鯖遜美（宋范仲淹未第時曾作蘿賦云陶家甕裡淹成洪舜俞老圃賦云初寒萍合夏而嫩天酥陀兮失腴）
生薑鹽母（即生薑鹽母安留子唐人諺語也即今猶云芷種栽薑是全偷娘）
蘆服生兒（蘇于瞻詩）
諸葛蔬（蔓菁即蘿蔔也孔明屯軍嘗秋來霜落滿東園蘆菔生兒芥有孫我與何曾同一飽不知何苦食雞豚）
元脩菜（東坡云其菜之美者吾鄉之巢故人元脩嗜之故蜀人呼為元脩菜云菜一名巢又名野蠶豆東坡嘗因詩）
春初韭（周顒隱鍾山中或問其菜味何佳云春初早韭秋末晚菘）
蜀人諸葛菜種
早韭嶺嵉寺（杜詩云紫收岷嶺芋白種陸）
蹲鴟（家蓮又坡公詩云滿盤天乳艷蹲鴟）
羊踏破（侯鯖錄云昔一士人經年不肉食只茹蔬菜一日有）

采之

馬齒五行 本草云馬齒莧燕五竹葉青屬木 根白金梗紅火子黑水花黃土也 紅莧葉

作花 五代唐馬希振若才子也或出對云青蛇 每用腰為力馬承口云紅莧時將葉作花 入字體 商務

光作薩葉書 謂之側難書 苦心樓筍 即前蹄孕子兮木魚是也東坡詩 云贈君木魚三百尾中有鵝黃子

魚子夜以剖夔欲分甘葦龍藏頭肢 言美○樓筍味如若筍故因曰苦心 長柄葫蘆

定華問東柔有長柄葫蘆卿帶捶 李否陸大懊恨○一作劉道真問 蕨拳拿住春風 蘇詩云

一拳捲却地皮穿拿住東晟不旋拳 直将子規喻缸後放開仙掌去朝天 狀元入夢 東齋遺事云宋真宗

棄士夢嚴下采甚臧與敗基 相齊祈卷第一人乃蔡齊也 留浮心存 齊江淅性仁厚食菜未嘗食心以其

有生意毎食菜 睢光荣葉而已 咬將根斷 汪信民嘗言人咬得菜根斷則百事可做

是齋錄 十一卷 三七

是齋錄卷之十一 首服

元首之服三皇五帝以前遠不可考若毋追（音牟堆）則夏冠也章甫則殷冠也委貌則周冠也嗣是而有通天冠（亦曰法冠）天子之制度鵕鸃冠郎中之威儀惠文冠御史之節

是齋錄 十一卷 乙

檠縞布冠儒者之氣象鹿皮冠隱士之家風椰子冠（蘇東坡有椰子冠詩）道士之態度冠之制條也自冠而外巾也帽也皆所（巾者謹也所以謹髮帽者冒也所以冒髮）以莊首者其事何如哉吾聞諸葛之指揮三軍件羽（音閑青絲爲之）（蜀書傳綸巾羽扇指揮軍旅亦謂其事）扇而整肅者則以綸巾李晟之震懾敵將同錦裘而炫燿者則以繡帽武事尚矣若汝陽服砑硝帽極其光滑蘇子戴華陽巾極其逍遙裴冕製僕射巾極其

新奇崔瞻溽司𩨕帽極其巧異是皆古物也豈不可
稱哉吾又以冠之事論焉逢萌之掛知幾哲士貢禹（王陽爲益）
之彈（以制其方爲彈冠待薦）享交良朋冠猶足取也以巾之事述焉林宗之
折士效其美宋璟之岸（宋璟傳帝怒岸巾出）人嘉其忠巾猶足尚也以帽
之事數焉孟嘉之落（見前秋內）風流嘉賓袁躭之擲（見前市內）豪邁賭客
帽猶足錄也惟以聚鷸者召禍之媒沐猴者取譏之

是若錄卄一卷　二

道高一（宮中好高髻四方高一尺城中好大袖四方全匹帛云云）尺者效尤之過小二寸者矯俗之偏未免有
遺議耳必欲其無議其白冠送易水荊軻乃以死往
慨慷激烈見之詞歌黃冠歸故鄉文山乃以生還（文丞相黃冠歸故鄉者志國以後也）惶
恐零丁（惶恐灘頭說惶恐零丁洋裡嘆零丁文山公詩）形之吟咏則忠義凜凜者乎至如司馬帽上
一枝花雖則羞澁御史冠後三寸鐵（御史冠柱後以鐵爲之取其不撓）何等激昂蓋將
短髮還吹帽雖則悲愴脫巾露頂王公前（飲中八仙歌之句）不勝豪爽

況衛冠而以怒髮其氣節何可當漉酒而以葛巾其
雅趣未可及鎮軍而以狨帽其威毅孰可比若是者
皆青史之光也意諂者服而至是是可以止矣

四六語

角巾歸第羊叔子之高風[illegible]（[illegible]太宗初即位[illegible]爲帽[illegible]風座）唐太宗之新製
侍巾服貂蟬清潔御史戴獬豸尊嚴（[illegible]）[illegible]成才

是若錄十一卷　二

子著書溽譽（[illegible]王宗[illegible]美入）[illegible]至君[illegible]美姿應溽
市姬遺（市中群姬見其帽破競以之新帽）高學何妨人主顧岸幘突味風流司馬吏
堪觸結纓死亡（子路與衛蒯聵之難結纓而死）慷慨賢人[illegible]不皆[illegible]黃巾倡亂
彼何爲哉乃如烏帽（[illegible]詩[illegible]）[illegible]適矣

此[illegible]美才[illegible]民[illegible]士人巾冠冕[illegible]

[illegible]

詁釋

三代冠 郊特牲云委貌周道也章甫殷道也毋追夏后氏之道也周弁殷冔夏收三王共皮弁素積此又見三禮圖○又孔子戴章甫之冠

通天冠 蔡邕獨斷云通天冠天子所冠

鶡鷂冠 漢郎中戴鶡鷂冠即武弁也出通典

惠文冠 漢書張武曰樂國大都常以錄後惠文彈治之其注云法冠也嵩侍御史乃周官為柱下史冠法冠名柱後惠文鐵為柱取其不撓亦謂之獬豸冠

緇布冠 後漢輿服志緇布冠古進賢冠也又儒者之服○二梁數異一梁下大夫服兩梁二千石服三梁公卿服

鹿皮冠 南宋何尚之致仕者鹿皮冠後起為儀同三司沈慶之曰何不著鹿皮冠何後致仕

繡帽 唐書李晟與朱泚戰必錦袍繡帽自表曰昔在涇京士頗畏服紛全見之奪其心耳

砑硝帽 唐汝陽王戴砑硝帽歌舞自摘紅槿置帽上極滑久而方安帝歸曰花奴

司徒帽 北齊張瞻以戰功至司徒好著小帽號司徒帽

逢萌掛冠 王莽殺其子宇逢萌曰三綱絕矣不去禍將及身矣遂解冠掛東都城門將家屬浮海去

是路録十二卷 四

效折角巾 後漢郭林宗出行遇雨巾一角折時人故折巾一角號林宗巾其見慕乃如此

袁躭幘帽 晉袁躭字彥道桓溫少時與人博貨已盡求濟于躭躭變服懷布帽隨溫與債主後博躭素有名債主不識謂曰卿當不辨作袁彥道耶遂就局躭一擲勝百萬遂以布帽擲于池曰汝竟識袁彥道否

聚鷸冠 左傳鄭子臧奔宋好聚鷸冠鄭伯使盜誘殺之子曰服之不衷身之災也

沐猴冠 史記項羽與漢高爭衡羽欲東歸候生曰入言楚人沐猴而冠果然羽聞之烹誤生

冠小二寸 漢杜欽字子夏目偏盲與茂陵杜鄴同姓字俱以才能稱人謂欽為盲子夏以相別欽惡之乃為小冠高廣寸二寸由是更謂欽為小冠子夏鄴為大冠子夏

白冠 荊軻入秦刺秦王識者知其必死皆以白衣冠送之易水之上荊軻歌曰風蕭蕭兮易水寒壯士一去兮不復還時白虹貫日

怒髮衝冠 史記相如捧璧入秦秦王先約以十五城易之至此欲徙倚壁

低帽

[illegible]之患頭風打脊依皮帽群盜思之號[illegible]公

角巾歸第 晉書羊祜字叔子謂人曰既定邊事當角巾東路歸故里

貂蟬清潔 齊周盤龍本散騎常侍武帝謂曰著貂蟬何如兜鍪答曰此貂蟬從兜鍪中生○蓋貂取其勁蟬取其潔

鶡尾冠 鶡冠子者楚人衣敝履以鶡為冠莫知其名著書言道家事因名為

竹皮冠 漢杜微時為竹皮冠及有天下人字為之號劉氏冠○即今之鵲尾冠也

儒冠 酈食其欲謁漢相坊士曰沛公不喜儒有儒冠者輒解冠投溺中

岸幘笑詠 晉謝奕之兄也桓溫辟為安西司馬嘗在溫座岸幘笑詠溫曰風流司馬也

身服

表服者身之章也君王袞繡卿大夫玄端儒士逢掖 孔子逢掖之服

是路録十二卷

小兒斑斕人尚異故服制異也。試稽諸裘曰集翠曰

瓶白、貴裘也。稽諸袍、曰金字曰獸錦奇袍也。（[illegible]）稽諸帶

曰黃琅、曰通帶、異帶也。至曰裙、則番仙者奇矣。曰袴、

則斕繡者異矣。曰杉則顛郎者尚矣、曰襖則番罷者（[illegible]）

佳矣。曰襦則繡羅者勝矣。曰褐則紫駝尾者煩矣。曰

袖則有花嗹者稚矣。音合而輸其遺事焉。贈綈袍而 范雎謂須賈綈袍戀戀

示惠見交情也。解狐裘以濟民，見仁心也。浣兩廁腧而去垢，見孝道也。濺御袍而洒血，見忠悃也。倫襦袴而興謠，見善政也。展絹裙而草字，見書法也。敝緇衣而〔詩云緇衣之宜兮敝〕改為，見好賢也。且爾番玉帶鎮山門，見了元師之閑散；玄教遺貂裘溫將士，見宋太祖之鼓舞英雄；奪錦〔見宋史〕袍爭龍門，見宋之間駕馭賢才；服繡衣巡郡國，見暴

勝之震懾奸宄。服之遺事，可盡述哉！第編鶯者過于樂事，續貂者濫于官銜，彼其之子，不稱其服，噫魚綴白傘，隨出耀鸚，紫紅綫透身，飛豈不褻乎？雲鳳雙飛袍繡補，蜀麥齊蔡帶金花，豈不厚乎？可笑已！雖然，解衣衣韓信，漢祖殊恩，脫袍覆帝，綾唐宗特眷。今聖天子陰上宰無尚方之賜乎？手則不然，傳衣者無

自釋褐也。未然功而懋賞，未由沾一頻一笑之餘服以拜恩，何以在三沐三薰之後〔杜公詩句〕平生五色線補舜衣裳，徒想像耳。其然，則野服翩翩，〔陶潛葛巾野服〕按吾所好，吾將製芰荷以為衣，集芙蓉以為裳歟。〔二句離騷〕

四六語

赤芾蔥珩，恩沾三命；銀青紫綬，典重五章。東方有

裘衣兮，姬公宜爾；南蠻畏錦袍，看唐將惟然。服狐腋，逞奢華，更為豪客；楚雉頭，尚節儉，還是英君，宜節大夫，不愧五紽之詠；安貧賢士，猶將百結之風。桓裳不服新何為，周后佛憐舊可法。糾糾白袍將士，謂唐朝薛總管；非歟翩翩黃綾袖仙，數漢室梅子真是已。

經律有章剪裁滑法千萬方皮不及一紙之腱

識然

景烈評

詳釋

集翠裘 唐書則天后賜張昌宗集翠裘后令狄仁傑與賭此裘狄因指所衣紫絁袍敵之后曰價直不等矣狄曰此大臣朝見奏對之服也昌宗累……局遂北公乃被裘服之拜恩而出

狐白裘 秦因孟嘗君求救于幸姬姬曰願得君狐白裘時狐白裘已獻昭王矣客能為狗盜入秦藏偷獻之君乃得歸國

金字袍 武后賜狄仁傑紫袍袈帶自製金字十二以旌其忠

黃琅帶 唐太宗賜房玄齡黃琅之帶此帶外國所貢鬼神皆畏之

通天帶 南唐嚴續相公歌姬唐鎬給事通天犀帶皆一代之物二人出妓解帶將盧賭之唐采大勝乃酌酒命……

異聞錄十一卷 八

入秋一曲而別衆乃悵然興之

晋仙裙 漢武帝欲立趙飛燕為后帝以文夜池樹后歌歸風送遠之曲以展袖擊玉甌酒酣風起后揚袖仙乎仙乎去故納新帝令左右持其裙風止裙縐它日宮姝或摹裙而縐號晋仙裙

蘭繡袴 李白遊慈恩寺僧以求松牌之詩李題畢僧贈以蘭繡袴

顏郎衫 顏真卿問花氏尼曰五品杏尼指示紫綠布曰顏郎衫如此色

番羅襖 侯鯖錄云山谷為宮教五開府脫淺色番羅襖衣之谷有詩

石花袖 趙合德所染宮嬪皆效為之名石花袖有如石花廣袖

鮮裘 史記田單……衆寒者人淡濡而單乃解狐裘衣之

浣厠褕 萬石君既貴嘗為親浣厠褕厠褕中單之服厠褕小衣也

血濺袍 晋嵇紹蕩陰之戰以身翼帝血濺帝袍有司請浣之帝後遇害曰此嵇侍中血

襦袴謠 漢廉范字叔度治蜀郡夜弛火禁民安得繼歌曰廉叔度來何暮昔無襦今五袴

書裙 羊欣著新絹裙晝寢王獻之……

蜀帶鎮山門 佛印住金山寺東坡入方……內翰言下即答當送所請否則願背玉帶鎮山門東坡欲……冒凡上師云四大本空五蘊非有內翰欲於何處坐公擬未即答急呼侍者收玉帶永鎮山門東坡乃笑而與之

貂裘遺將士 趙太祖遣王全斌征蜀特大雪天寒念將士即解所服貂裘帽遣使送賜全斌……而賜之因戒諸將……

繡衣巡群國 漢暴勝之為直指使者衣繡衣持斧巡行郡國所至郡國賊吏聞之皆解印綬而去

編鷺 晋山簡取白鷺背上長毛或云編為帽服之……

續貂 晋趙王倫篡位奴卒亦加爵位時人謂之貂不足狗尾續……

傳衣 ……

一顰一笑 韓子曰明主愛一顰一笑……

不服新 ……

黃綾神仙

異聞錄十二卷 九

足服

足容重者有足服重之也足服云何著鵝頸襪者田婦也（李田婦詩足下履如……）陵波襪者美人也（……）龍縞襪者仙子也錦拗襪者宮嬪也機之義悉矣著寧角屐者王導業也飛雲屐者白樂天也無齒屐者東郭先也（東坡先生穿木屐……）玲瓏屐者楊廉夫也履之事詳矣自屐襪之外道路之間且有居士屩

舄屩以居士稱朴風也庫藏之中又有孔子履焉屩以孔子遺聖跡也俱可重已然而手房孺子也跪先人而進履尊高年哉釋之廷尉也（釋刑官）數王生而結襪重異學哉力士貂璫也（李白揚杏壽宮使力士脫靴）侍李白而脫靴數名賢哉蔡邕中郎也迎王粲而躧屣愛異才哉虞卿佳士也說趙王而躡蹻侍奇策哉未也遍問析屐者喜所喜爲食

十

織屨者業所業數須施屐者樂所樂見君鮮襪者歡所聚羨生蠟屐者喜所愛雷守脫靴者愛所愛此足服邇事也足之服孰云可以載若云可出其赤脚之仙乎不然雖白足之僧不可無矣若云可出其履棘之嬪乎不然雖蹻足之臣所必要矣何者舉一屐一履可例其他謝公之齒屐用登山而下山楚王之取

遇門析屐者十通户限不覺屐齒之折甚喜……玉上喜乃拜爲上卿 悅之喜也

爲食織屨（楚王欲以陳仲子爲相妻曰子織屨以爲食樂在其中矣遂謝其使者）

見君鮮襪（左傳衛侯與諸大夫飲酒褚師聲子襪而登席公怒□蓋古者見君解襪足有創疾則不解也）

雷守抱靴（唐崔戎爲華州刺史遷觀察使民遮道留不得行抱取其靴）

謝公愛屐（晉謝靈運尋幽陟險愛著其屐上山則去其前齒下山則去其後齒）

楚王取屐（賈誼新書楚王與吳戰軍敗昭王失一履行三十步復旋取之左右曰何愛一履王曰楚國雖貧豈愛一履哉思與偕出而弗與偕入也）

屐敲閬陛（漢鄭崇爲尚書僕射數求見諫爭帝曰我識鄭尚書履聲）

靴失殤城（兀术與劉錡戰錡曰吾力戰……）

以錢繫鞋（唐鄭愔爲吏部侍郎掌選人以百錢繫鞋帶愔問之曰當有……）

麻鞋一屋（宋氏家訓云鄴下一領軍貪嗇生事有司籍其家麻鞋一屋他財則不可勝計）

十一

芒屩兩緉（謝承後漢書五鳩爲臨海太守還有芒屩兩緉他物稱是有司劾之）

使僕匿鞋（唐卿樹新鞋之吏上官……守迴鞋……）

達磨隻履（傳燈錄達磨死葬熊耳山魏宋雲使西域回遇師于葱嶺手携隻履雲問師何往師曰西天去）

墮舄香（……明皇與貴妃……）

寬洪木屐（北齊……）

紫峭草鞋（雲門問……曰紫峭草鞋）

幣帛

粤自織紝興而綿縷貴大文龍小文龍錦之製乎入

履惡俗出而不俗入也雖然屐齒印蒼苔可嬉也屐

靸聞丹陛可敬也靴尖踢長城可畏也鞋底踏華月（唐人詩麻鞋踏破月中）

可喜也第用珠飾履儉德之蠹（楚春申君門下客三千各躡珠履）以錢繫鞋善政之賊

明

麻鞋一屢流俗之汙芒屩兩舫（舟也）淳風之織太守而使

奴唇鞋雅道之壞館人而疑賢竊屨（見孟子）清議之瑕是皆

不可以訓也必欲可稱者其雙舄飛鳧翩翩雲外仙

晏然錄十一卷　十一

令哉仙全哉

四六語

草履曰扉棕鞋是靸中和節（二月為中和節）至家人上尊長踏青（曲禮六月家人上尊長踏青鞋）

之鞋（千秋長）冬至時來臣子獻（宋禮人臣冬至獻履襪于君取履長之義）君王履長之襪采和仙

一靴東走踏遍汴都（宋□遊汴都一脚靴一隻）達磨佛隻履西歸經過葱嶺

楊家墮舄蒲香衢常相舊靴埋積雪宗子寬洪木

屐更何妨異衆超群雲門縈峭草鞋畢竟是履規

蹈矩

裨以胸錦為作是服一步一趨踐履斑馬敢謂

才識據材耶　　　　　　百拙評

詳釋

鴛鴦襪（出□□云巴邛人園中有大橘如盎剖視之見二叟□□一叟曰君輸我瀛洲玉塵九斛龍縞襪八緉後□不於此□城）　錦靿襪（唐楊貴妃死于馬嵬驛有一媼得錦靿襪一隻求觀者百錢遂大富）

晏然錄十一卷　十二

穿角履（武陵出雲遷雲蓬夜行素常著穿南□書曰□者□然其新履效之素履素綫作雲朵染以四選香根履如書詞逍遙□□□□下生雲不久上昇矣）

飛雲履（白樂天有飛雲履以玄□）　珍瓏履（白楊康夫以□□自結）

居士屩（唐朱桃椎嘗織芒屩置道上易米茶見者謂曰居士屩）

孔子屐（晉武庫藏有漢祖斬蛇劍王莽頭孔子屐一日失火皆焚）

子房進履（張良遊下邳圯上有一老父墮履橋下取之良愕然乃強忍為取之老父曰孺子可教後五日平明期此良往老人已先在矣曰何後也後五日良乃半夜往有頃父老至授一編書曰讀此可為帝者師後十三年見濟北穀城山下黃石即我也忽不見視之乃兵法）

結襪（張釋之為廷尉有王生善黃老言謂釋之曰為我結襪釋之跪而結之王生曰吾老且賤自度終無益於張廷尉方今名臣余故使結襪以重之諸生聞之賢王生而重張廷尉）

繫屨（□□□□□□□□□□）

尚也又氷蠶之繭入水不濡火鼠之布入火不焚異
物哉外是若金碧之絲貴綠澄水之帛奇帛秋雲之
羅佳羅鵝溪之絹美絹鶴紋之綾異綾皆可以重者
試稽其事焉賊人而遺之絹耶詎不改其織行耶汙
亞而賜之布耶詎不愧其貪心耶皇后而服之練耶
詎不化其侈俗耶路人而還之繒耶詎不挽其澆風

十四

耶要已也貴致人之縞縞以地勝雷芽子之纖纖以
人時是猶可漠者况紗之浣也苧羅山下見佳人絲
之章也元宰府中滑楪繒之販也旗亭市上出通
僕緣之戲也具慶堂前樂蓼子噫此木炳炳然為史
冊光哉然且紅綾餅餡進士宴聖君之恩又渥也綠
頒饕學士賜晉居之春猶厚也吳綾巾乞舉子詩

辛官之心白綿紬媲太常礼僚友之意甚雅此種種
而可述焉者第以四十里綿綠出陣何若是之遠一
百幅黃綾歌被何若是之闊此何為哉奈之何尚有
裂繒者以組霧織雲之匹取佳人一換剪綠者以
剪鸞舞鳳之文止諠一時之靚一字主匹綃文甚貴
也而綃則賤一段一束綾歌甚重也而綾則輕異夫

十五

宣和布縷之征國有常料繭絲之利官鮮善政蠶蛸
可嗟也哉巧貧家耶滑幾絢縵純綿者既衔美突
大軸者又拿其帛此小東大東杼柚其空也吾安
得讒觀昇平世界使異域進雉幣之布紵絲收三度
之綿俾人人衣帛也歟哉

田六偕

吳綾蜀錦人畫稱奇、齊綾鄭綿我猶羨、美龍門奪錦。宋之問、偏炫長才；蜀地乞絲、杜少陵、不拘小節。出綖絲為繡、君王褒允是精忠蠶素絹、俾作婦人褌、卻為嘉話。可嘆可黑錢勞墨子悲絲、不綠不緋、正喜漢皇賜帛也。貴后妃猶浴舊。尚勤也、尚儉也。誰如既寒閨干夫被綿。稱孝為、稱弟為、莫愧。泣織纖巧經緯有章、如此之文、乃自成一家機杼。

杼有敦根

景道謙

詳釋

氷蠶繭 拾遺記員嶠山氷蠶長七寸黑色有鱗角以霜雪覆之作繭長一尺織為文錦入水不濡入火不焚

火鼠布 青城山有火鼠入火不焚毛尺許織為布所謂火浣之布是也

碧金絲 其國素大者連十數續養長數 唐代宗時繡羅國貢 唐同昌公

思摸繡蓋布中有龍涎能辟暑毒故也 秋雲羅云秋雲羅 怕乃綫搽玉褁以織成者

鶴紋綾 謝靈運詩客從遠方來遺我鶴紋綾

賜汗臣布 韻府群玉 宋讀太祖以其性貪賜布百匹令負而歸重不能勝乃至僵頓甚以愧之

皇后服練 後漢馬明德皇后宮中止服大練宮娥以其貴為毋后不宜服此后曰此練我所袞者由是宮中不華靡

路人還繒 唐元濟為武陽令有人夜遺繒一囊天明乃覺人曰色有賢全境不拾遺選收之有人守繒曰侍君還之

孝子繼 唐韓思參為孝子張隋徽為之頌飾繡二百為受一匹為其家曰此孝子繡不可怪用

華繚 唐相張嘉貞有五女欲嗜誦郭元振曰李有五女欲以一妻汝令各持一色緣于帨中憑子取便宰之得者為婦元旅常一紅綠得第三女

紅綾餅 唐有文書宴僖宗賜進士各紅綾餅一枚故徐讀嘗岑有詩曰莫數老缺綾牙齒曹裝紅綾餅來

吳綾乞詩 唐是綠對蒙官者以吳綾手巾之題詩棟雞曰殷卜袁衣明日月硯中祺影動龍蛇蹤横札樂三千

字獨對丹婦日來飯紬饌不受織為得鄉作百幅被及淩支大功來作黃綾被百幅每字三匹絹更城不得業度乃作數耐之

白紬為幌 唐來彥循為尚書郎不受飲酒之患緋青郎及為太常博夾卿卿以白綿

百幅綾被 課裝之橫不事產業見之尚為撰被羅食以繳之之橫曰大丈夫富貴當

一字一匹絹 裝度脩福先寺皇甫紀為作碑文曰碑三千字

一歇一束綾 綫來公有善欲著公令欲數閑贈來使侍冤蒲

枕作詩上呈曰一曲請帙一東綾夷人光白 意纖經不知織女寒旋下纖康機機織浮成

蕭繚 史記遺簡子使

尹鐸為晉陽尹鋒請曰蒲綠安保陣李蓋篇絲者謂富民保障者阿安民樹名稚常若中國有聖常代直削其本生生放可為布衣之周哉主城主特常入貢

進雉常布 韻府群玉蕭慎氏有雲仙撤錄

乞綠 云杜甫當

蜀蠶熟時與妻免射於也曰如或相閑惠我一禹綠

縑絹作婦人褌 漢廣伯邊范宣絹百疋不受職數遠五十疋亦不受人或數遺二十疋亦不受縑絹二

墨子悲絲以黑楊子泣路謂其可以南可以北　賜帛漢之
使人存問長老九十以上賜帛絮○漢武賜縣三老帛五匹
鄉三老孝弟力田帛人三匹○漢宣賜鰥寡孤獨高年者文
帛人三匹○唐太宗即位民八十以上者皆賜之粟與帛百
歲加
賑贍

昊路錄十一卷　十八

終

昊路錄卷之十二

大[illegible]

紙墨筆硯

文房之器紙筆是已硯墨是已一物固是一珍、四品共爲四友、（紙）○玉版也（筆）○金管也○增重詞垣（墨）○龍劑也○鳳味也（東坡硯）○摛奇毓苑爲士子者、○處士之（墨松處士）○、先生之（紙楮先生）○、丈人之（硯石丈人）○、管子之（筆管城子）○、重之也○吾知一研一磨、一揮一霍、驚風雨泣鬼神（筆禪神鬼泣）、騰煙霧（研墨騰煙霧）瀉河漢（筆瀉河漢）、走龍蛇（紙上走龍蛇　以上俱古詩）、歷有可數者、故[illegible]用以作賦○賦不加點阮瑀因以作檄○檄弗易字李白引以作文○（李白云引紙數萬言）文無停思（倚馬可待）張旭賴以製草○草可語聖杜甫取以寫詩○詩可[illegible]著吾乃知筆之花（江淹夢筆生花）○釀酣士子之夢、紙之價貴、賜、文、人之直、墨之汁○可噴、神仙之字、硯之文頗生帝、

昊路錄　十二卷　一

子之寵是以筆呵于宮嬪者貴甚矣硯捧于貴妃者寵[illegible]賜于君王者崇至矣墨給于尚書者尊極（晋尚書省日給喩糜之墨）矣[illegible]由是以代耕耨則筆硯者鋤耒也紙札者良田也書墨者穉穡也禮義者豐年也由是以代兵器則紙者行陣也筆者刀𥎞也墨者鎧甲也硯者城池也心意者將軍也勝折者殺戮也故士者愛之重之筆

尭矣甆瓦之可硯散矣鐵鑄之可紙毛矣蒙代之可墨磬矣替易之可又奚必焚君苗所焚（陸雲與兄機書曰君苗見兄文欲燒筆硯）棄來護所棄（宋邑[illegible]）杜班超所投者哉（班超為人傭書不樂乃投筆而嘆）雖然百紙成泰窗之清一硯袞持（[illegible]一硯不持）剷之謹紙之與硯誠是[illegible]然三寸之管俗子舉之十所以人不[illegible]人者[illegible]也[illegible]也賴可輕乎哉

四六諸

紙名練使墨號客卿硯屬陶泓筆為毛穎廷珪烏玉玦（墨一名烏玉玦）儒林世傳奇薛氏練雲箋苑圃人志美（紙名）（剡溪藤可為紙）端溪石琢閒金線有佳紋（端溪出美石為硯有金線文者極佳）剡曲藤製就赫蹏多巧様硯中旗動龍蛇影（古詩硯中旗影動龍蛇）紙上文呈錦綉華（古詩紙上數萬言燁然開錦綉）以鶯換字鷹黃庭安可舍毛錐子（筆名）滴露研珠點周易奚能無石丈人彩毫銳有人畫金粟影如來玉版盈之

是我證滑光地菩薩

莊公云詞源倒流二峽水筆陣獨掃千人軍芷

可為此評　　葛鮑評

評釋

龍劑（開元遺事玄宗御墨曰龍香劑一日見御座上）之墨有道士如蠅而行上叱之即呼萬歲曰臣乃墨松使者（[illegible]）

使者阮籍作[illegible]

[illegible]

嵬而書人謂之稱顛稱其字曰草聖
若杜公曰可以吾手提帖觥血模糊之
右寫而郡之其瘧必愈人如其言果然
杜甫寫詩 有人病瘧
甫謚號玄晏先生爲作序人皆
貴之洛陽人競相謄寫紙價遂貴
紙價騰貴 三都賦 左思
汗一噴滿紙皆成字一歲章可讀
墨汁噴字 神仙傳班孟有法術
硯文生光 漢武時郅支國進馬肝石帝以作硯常有光起
開元遺事李白于便殿對明皇撰詔時大寒筆凍帝令宮嬪十人侍白左右執牙筆呵之
宮嬪呵筆
玄宗召李白作書白方醉甚帝親爲調羹
貴妃捧硯
其數貴妃捧硯帝賜
具理側武帝賜紙理拾遺記南越獻之側理紙以海苔爲之
張華寫博物志
君王賜紙
世說晉蔡洪赴洛洛中人問曰吳中舊姓如何洪答曰
君子以洪筆爲鉏耒以紙札爲良田以玄默爲稼穡以禮義爲豐年
代農業
者刀稍也云云心意者將軍也本領者副將也
代兵器
王羲之筆陣圖云紙者陣也筆者刀稍也
結構者謀略也出入者號令也屈折者殺戮也
筆陣圖
永字八法

書有禿筆數百甕中埋之號筆冢
後竟成名
鑄硯 五代桑維翰不第人勸其易業維翰乃鑄一鐵硯曰硯敝則改業
蕉代紙 唐鄭虔習書苦無紙貯柿葉滿屋日取書之○又僧懷素好書無紙種芭蕉供揮灑
蟠易裹 上所禦紙皆易裹以十首人美其豪特
百紙參軍 唐杜暹爲婺州參軍秩滿將歸吏以紙萬張贈之暹惟受一百號曰百紙參軍
筆重十斤 唐陸餘慶無才能人譏之曰筆重十斤
墨磨人 人有嗜墨者李庭珪墨
韓昌黎毛穎傳
薛濤箋 唐元和初蜀中妓薛濤好製小詩惜其幅大乃狹小之蜀中才子皆善之
蠅頭字
盡金棗影如來

光地 下若書村 繼請先也

武具

刀

刀之製也，火精鑄瑞，昆鐵冶祥，鄭之刀與宋斤魯削
古今注製刀者以午日丙午日純火之精
權芳子記鄭之刀宋之斤魯之削遷乎其地不能爲良
爭奇，周之刀與越劚楚阿較勝，猗歟哉，征不庭者，此
曹植賦周刀五勞陸剸犀兕水截龍乳(?)諭南越巨闕赫西楚太阿
刀也耶，辟不祥者，此刀也耶，吾聞之也，佩之而揖
續武古百煉利刀辟不祥
權奸，袁紹之義，毅凜凜拔之而大叱，劫賊朱暉之直，
鄭森森，市之而奮，殺佽人，匹蟣之烈，氣勃勃，是知匾
月者，刀之奇形也，生毛者，刀之異事也，泣鬼者，刀之
周穆王時西戎進昆吾刀切玉如切泥
古刀詩寒芒泣鬼神
李尤刀銘云古
稜鋒也，切玉者，刀之利銛也，淬以清流，砥以越石者，
刀之本質也，陸剸犀兕，水截龍蛇，有刀之神用也，第

荊軻之匕首藥之矣，至利也，不能刺秦王，豈秦王尚有生氣耶？聶政之氷鐵鏽之矣，至鈍也，乃能殺韓王，豈韓王固有死道耶？嗟乎，曹劌國難，拔金甲不為家貧賣寶刀（曹休傳）；曹武王正以刀為榮，分閫已膺金鬪詔，磨刀直赴玉門關（哥舒翰傳）；哥舒翰亦以刀為命。免哉古人，吾所（府吏令貴言大丈夫殺賊須是手拔刀右手把）之重之，乃拔刀殺賊，橫衝直馳，不麈麈作戲屠狀，吾有志不能也。若謂鉛刀一割（史記鉛刀貴一割之用），吾才頹然，但不知一持作吏，還有三刀之夢不（晉書）？

是路錄　十二卷　大

四六語

刺森羣翀（刺襦）功成，斬將青犢（漢書），與龍鱗互勝（刀名），脫光反漏影。懺奇呂虔贈與王祥，知人則哲；吳主賜之費褘（吳主孫權以寶刀賜費褘曰：卓何以堪吾刀哉），寵士甚隆。雖雲屠狗亦何妨（封不疑者），庖丁解牛猶未鈍矣（事見莊子）。

之斗角上勢不可當，藏之魚腹中計將安避。君子慎言欲訥，還須藏舌上之鋒（馮道詩舌是斬身刀）；丈夫持正無邪，未可使笑中之銛（李林甫笑中有刀）。

字三尖稍雜與事鋒　　叔大妙

詳釋

佩刀橫揖　漢紀：董卓欲廢帝立陳留王，袁紹不可。卓怒曰：天下事誰不由壹公？汝謂我手中刀不利乎？紹曰：天下健者豈惟董公？乃佩刀橫揖而去。

拔刀叱賊　漢朱暉年十三，與母家屬入宛城，道遇賊，欲奪婦女衣。暉拔刀叱曰：財物可得，諸母衣不可奪。今日暉死日也。賊義之，笑曰：童子內刀。遂釋之去。

是路錄　十二卷　十七

市刀殺佻　列女傳：龐娥者，龐子妻也，趙君安女也。君安為同郡李壽所殺。三子遭疾死，壽大喜。娥聞曰：李壽莫喜，知我不手刃汝。乃陰市一刀，志在復讎，後于都亭前刺殺之。乃詣縣請死，詔令郡頭武出府畔，陽玉劍溪……

刀生毛　監卿問此何名？陳翼曰：監卿上日可欺乎？異日臣言不欺，鄉刀常生毛，視之果毛長數寸。

聶政氷鐵　聶政父為韓王鑄劍，時政未生，又刀壯，聞母之，知之。乃入泰山，遇仙人學琴，採七年琴成，家有水鐵刀壯，磨利乃以刀內琴中，入刺秦（韓）王，死。

三刀夢　晉王濬夢懸三刀於梁上，須臾又益一刀。李毅曰：三刀為州字，又益者，明府其臨益州乎？

贈王祥　晉刺史呂虔有佩刀，工相之，以為必三公可佩。虔與別駕王祥曰：此刀惟三公可服。

刀屠狗　雲雨張雲為補闕，自比朱雲，曰：昔賢雖割雞刀，狗猶小亦……

劍

古之良劍，水而斷蛟螭，陸而剸犀兕乎（李光劍銘水斷蛟螭陸剸犀兕）。吾聞晉獲其二，龍泉、太阿，騰紫氣也（劍名）。吳有其二，干將、鏌鋣，利棱鋒也（皆風胡子所鑄）。楚有其三，龍淵、工市、青萍，煒清光也（或作太阿）。越有其五，純鉤、湛盧、豪曹、魚腸、巨闕，凜寒芒也（皆歐冶氏所鑄）。他又若葱焉、璩焉、忽焉、昆吾焉、美蓉焉、青霜與將電焉、龜紋、龍藻，泣鬼愁神，此必黥雷捧爐，巽二鼓風，祝融熵火，以冶鑄之耳（造化神、風神、火神）。故高辛飛以克敵，而敵人克，或此劍也（上古帝）。虞公揮以轉日，而日輪轉，或此劍也（虞公與晏戰日欲落以劍指之日還返）。夫此劍也，倚之崆峒，可（古詩長劍倚崆峒）洗之瀚海，可（古詩洗劍瀚海中）持之馬上取天下，可（漢祖事）若用以補履，則不如兩錢之錐乎（古語千將補履不如兩錢之錐）。弟吾所論者，劍之出處也，未析其事也。析劍之事，豈其時帶于殿陛，鍾繇之息罷，陰請于（晉鍾繇為太傅帶劍上殿）

上方，朱雲之直聲，眘守于直路；偷兒之鐵節，欲掛于丘隴，季札之信行，明彈乎客舍（彈鋏歌無魚事別解）；馮驩之英氣，邁稜于公朝；毛遂之素抱，偉伏于使者前；陵母之壯節，著是皆可以風也。豈尾三馳伊吾，斬樓蘭已耶？嘻乎！口伐可汗舌劍，不可無矣（李林甫口蜜腹劍）。剸利善類，腹劍可有乎（古詩莫使談夫劍）？斷絶安慾慧劍，不可少矣（李泌智慧劍斷愛慾緣）。譖害忠賢，談劍可多乎？此吾之比類論也。至如以仁義為鋒，忠信為脊，剛直為鍔，勇烈為鐔，廉恥為櫝，此不劍之劍，吾儒之劍，是即滌園生說天子劍意也（莊子）。吾儒誠淬礪之，一人之敵乎，抑萬人之敵乎（項羽學劍項梁曰劍一人敵不足學萬人敵）

四六語

風胡絶巧，曾成火煉之精（古鑄劍者）；齊于雖貧，不忘班蘭之物涉波浪而投淵底，變化奚拘；冒烽炎而出匣宵。神奇叵測，呂仙遊處，藏來袖裏青蛇；洞賓詩云袖裏青蛇膽氣粗，謂劍也 越主塟時，化作丘中白虎。龔公多善政，賣以買牛；吳國有奇聞，藏而走兔。豫章郡內，慎郎子之銷魂；許旌陽斬蛟事，蛟精化為慎郎 芒碭山中，白帝子之蛇授頸。漢高斬蛇事 始信鶻膏初淬，鶻鳥名，用其膏淬劍有光芒 何人前偏騰有穎光；還知霜刃一磨，賈島磨劍詩：十年磨一劍，霜刃未曾試，今日把似君，誰有不平事 問世間誰有不平事。擇在忠

臣頸上，成忠臣激烈之名；奪來權相手中，挫權相奸豪之膽。斬殘金案，孫權拔佩劍斫案曰：有言降曹者有如此案 更發揚吳主雄心；劈碎鐵挽，猶鼓舞唐宗劍氣。

昔張旭者，公孫大娘舞劍，字法遂工。余讀此一篇，覺文機掀舞，古意之說劍氣千寒，此不知寒暑

斗戕折海內書有辭端也者　徹大評

詳晉二劍也當在豫章分野華補煥豐城令求之煥掘

獄濟寶劍題曰龍泉太阿 吳二劍 干將與其妻鑄劍大妻斷髮剪爪投爐中濡而成劍即曰干將鏌鋣

干將雌鏌鋣雄 飛劍 高陽氏畫影騰空二劍四方有兵此劍飛越指其方則克 請劍 漢朱雲上

書曰臣願請上方斬馬劍斷佞臣一人頭以厲其餘帝問誰曰安昌侯張禹帝怒將雲下雲攀殿檻 守劍

漢王烈以德行化鄉里有盜牛者主獲之烈遺之布使之自新後路有遺劍一人守之詢問之乃前盜牛者

掛劍 史記吳季札過徐徐君愛季札劍札知之已心許為使上國未獻還至徐徐君已死矣乃掛劍于墓樹而

去謂曰豈以死背吾心哉 按劍 史記毛遂定從于楚按劍歷階而上曰從之利害兩言而決耳 伏

劍 項羽置王陵母于軍中使招致陵使者往陵母私送使者曰漢王長者吾兒善事之毋以老妾故持二心遂伏

劍死 馳伊吾 史記臧宮馬武鳴劍抵掌志馳伊吾之北 斬樓蘭 漢書樓蘭殺漢使傳介子

齎詒以貴幣賜外國為名誘樓蘭王出手劍格殺之 口伐可汗 唐鄭元璹五使地域語突厥美之曰鄉

口伐可汗 說劍 莊子說劍篇云天子之劍以燕谿石城為鋒泰岱為鍔諸侯之劍以智勇士為鋒清廉士

為鍔 冒烽 吳范云晉武庫中藏孔子屐履及高祖斬蛇劍及武庫火咸見此劍冒煙飛入重霄云

化虎 越王句踐死以寶劍殉葬後其劍化為白虎盤踞墓上於因名虎丘 買牛 漢龔遂守渤海民不

務産業皆帶刀佩劍遂乃令其賣劍買牛賣刀買犢 走兔 述異記昆吾山有獸如兔嘗食銅鐵氏獲之有

膽腎鐵背鑄為二劍後庫中嘗有二兔跳躍云 磨頸 唐林蘊刻闕反欲徙之惜其直陰戒刑人抽劍磨頸

骨脈之蘊叱之曰死即死我頸豈頑奴砍石耶 奪劍 漢梁冀擅權自恣帶劍上殿張陵奪之曰餞陸閣許

禽帶劍手 劈挽 唐書朱泚反德宗持火精之劍指欲上鐵撥挽祝曰使我破賊當碎此挽也應手而碎泚

之亂

兵器雜号弩箭旗甲戟等

武庫之中五兵列焉矛則屈盧（出矛也名）弓則繁若（出弓也）箭則會稽（出箭也）戟則雞拔（出戟也）刀則昆吾（見刀部）俱天下稱良者豈不可藏天下也哉此固與長劍大鎗表裏為用人謂安天下者以長劍大鎗不用毛錐子誠然也（五代史之語云云）吾聞太白衣旗一監也而商辛授首水犀之甲一衣也（國語句践伐吳水犀之甲三千）而吳卒鏑魂天策

之箭一遺也而突厥吐舌順昌之幟一張也而金人褫魄又若博浪之飛椎我無呂政馬陵之伏弩不有龐涓八公山草木皆兵苻堅氣靡九里垓旗不絶（韓信圍項羽于九里山旌旗蔽）項羽心摧此武具之可憚敵歷有可數者是知諸葛雖多算無部昭者而帶火之箭則不敢支呂布雖驍勇無臧霸者而傳乘之矢則不能抵飛衛雖善投無

甘蠅者而繞樹之鏑則不及避然則陳球千步之弩羊侃六鈞之弓（一鈞三十斤）朱亥百斤之椎典韋雙枝之戟（典韋曹操將身以戟各重八十斤）一揮一霍人誰敢當哉嘆乎奪矟而避矟尉遲恭勇絶矣矟利器也倘非尉遲誰其避誰其奪屈槊而伸槊王彥章力雄矣槊硬矣也（五代王彥章極勇力能屈槊復伸之）倘非彥章誰其伸誰其屈梜旗而監旗韓淮陰算神矣旗推幟也倘非淮陰誰其

拔誰其監信乎持半段槍戟吐蕃哥舒翰稱英杰也使槍不半段吐蕃與靡矣揮一截矛擊許褚馬孟起數豪特也使矛不一截許褚其危矣雖然以甲胄攻甲胄勝負莫分也惟忠信以為甲胄則全勝之道以干櫓攻干櫓雌雄未決也惟禮義以為干櫓則萬全之勢不觀之光武乎魯連乎光武勝君也赤眉一來

犄審笞之素健義安也。聊城不服。約矢下之。此制梃撻秦楚意也。弟以橐弓韜矢（藏矢之意）。治世休風。甃燧燧烽（邊火晝燃曰烽夜燃曰燧）亂離景象。此何時乎。犬戎匪茹（度也）。纖我邊陲。擾擾干戈。如（杜詩一箭落欃槍妖星也）

呣沸。誰能一箭墮欃槍。安得壯士。挽天河。淨洗甲兵長不用。吾不能不致念于李青蓮（李白為青蓮李士）之語者。嗟桓桓（武夫）之將士。豈無挾馬策以鞭撻之者耶。

是浩錄　十二卷　十四

四六語

吳鉤利器。嵩矢神鋒（矢之至猛者）。鼛弧可馘敵人頭。鉅黍先摧（鉅黍弩名）胥虜志。錢塘弩發射平江上之潮。鉅野戈揮挽轉（見劍註）夫邊之日。纓請來尚須縛南粵。鞭執處猶堪撻四夷。唐兵出陣。只消三箭定天山。漢使平戎。惟用一庵降月窟（西域國名）。衆罽為鎧（蘆編）。削蒿為矢。尚能當矢石之衝。

貫金之鏃。裴硎之刀。豈不壯風雲之陣。大陣堂堂。正正胡鋒。凛凛稜稜。幽中武庫。森森乃有此耳矣。

百拙生評

詳釋

太白旗　六韜武王伐紂斬紂之首于太白之旗

天策箭　唐書太宗封劉黑闥于肥鄉有一突將勇力絕人衝太宗太宗以天策上將大箭射之應弦而斃後傳此箭至北蕃突厥見之吐舌

順昌幟　趙宋劉錡與兀兵戰于梧桐坪望見大旗曰此順昌旗幟也即引兵而卻○先是錡與兀术戰于順昌大捷故旁見其幟云云

傳浪飛椎　史記張良為韓報仇募勇士以重鐵椎浪博浪沙中擊始皇誤中副車始皇大捜七日不得其人此良之秘謀也

馬陵伏弩　史記魏龐涓帥師伐韓齊孫臏救韓涓併行逐之孫子伏兵在馬陵道斫大樹白書龐涓死此樹下涓果至以火燭之萬弩俱發而死

草木皆兵　晉書苻堅以謝玄帥兵至之登城望見八公山草木曰此亦勁敵

火箭　魏略諸葛亮攻郝昭于陳倉以雲梯衝車臨城中昭以火箭射之雲梯燃梯上人皆燒死者甚衆

傳樂　天呂布將兵向袁術城城上以藥箭亂射人馬中者盡死布乃引兵還下邳

繞樹鏑　列子紀昌學射于飛衛學射法未教衛衛以射矢繞樹走衛遁樹被害

陳球千步弩　漢陳球治零陵州朱蓋等反球守城弦大木為弓羽矛為矢射千步以斃蓋等

佩六鈞弓　梁書羊侃膂力絕人所用弓二十石馬上用六石弓

□百斤椎　秦圍邯鄲魏公子無忌矯魏王令奪兵椎殺趙時

是浩錄　十二卷　十五

是路録 十二巻

……拔旗樹幟……半段槍……一截矛……約矢下聊城……射潮……三箭定天山……一麾降月窟……褒斜為甲……

十六

[illegible]

是路録巻之十三

文史

典籍 格象物理論云云

古語云、五經則四海、傳紀則四瀆、諸子百家則百川。曰明九

典籍浩瀚哉。然所謂三墳者、三皇之書 論三才之分也、九丘者、別九州之氣也、九州之書 八索者、素王之著素王之法有八事 著素王之法也、各有攸當。

是路録 十三巻

為若夫潔浄精微則易教耳、九經解蜀云 疏通知遠則書教耳、注解 温柔敦厚則詩教耳、注解 恭儉揖遜則禮教耳、注解 賞善罰悪則春秋之教耳。孔見注解 是則衍百聖心傳、印若符券、垂萬古程法。炳若日星、猗歟美哉。嗣是則數著作矣。著南華者、蒙荘也、荘子東人 旨趣玄。著道德者、老子也、老聃著道德經五千言 意義深。著繁露者、仲舒也、心思巧。著太玄者、楊雄也、筆力勁。著新語者、

陸賈也。才華熠著調人者，劉兆也。識見妙著白虎通者，漢儒也。意旨遠著左氏膏肓、穀梁廢疾、公羊墨守者，鄭玄也。問學博由是家傳戶誦，備積之多。李鄴侯（李泌封鄴侯）三萬軸，廣於秘府；金樓子八萬卷，富於藏室（藏書之所）；張茂先三十車，多於芸臺（藏書之所）；秦之二酉（二酉，大酉小酉山也，秦人于此藏書），緗帙充盈；唐之四庫，牙籤竹塞；漢之天祿石渠（天祿石渠，漢時藏書之閣），縹囊重疊。其校正也，魯魚淵（唐書四庫類分部）

媼之疑（媼之疑以紙書豈之辯），亥豕魯魚之謬。其諷誦也，不日道德網藝（見韓其模書），則曰仁義壇塲。吾想是編蓄火吹光，太乙來（漢劉向事，見拾遺記），芸葉芬香，玉仙至（李賀詩句），筆端綴畫，中山兎，墨池飛幽蚪（?），讖魚是以智耕意耨，可當良田；舌戰心征，可充行陣。吾所謂當良田者，李翰林墨（李白是一隻筆硯為莊），左可識也；所謂充行陣者，杜牧書（杜牧書學兵法），武庫（武庫）可知也。語云書可以破愚（古文書添召丁卯戰之），信然已；書可以澡德，信

然已；書可以醫俗，信然已。古之人賣金買書讀有由然也。惜也立異之夫自標一局，九師興（以下數語倣文中子）易道微，三傳作春秋散，齊韓毛鄭詩之末也，大戴小戴禮之衰也。又楊墨之言出而孔子之道塞，佛老之教行而堯舜之道僭，然則書之有蠹，非蠹於蠹也。易其九師之蠹乎，春秋其傳之蠹乎，詩其齊韓毛鄭之蠹乎，禮其大

戴小戴之蠹乎，孔子道其楊墨之蠹乎，堯舜道其佛老之蠹乎。荊公云：韓莊百家蘖炎起，孔子大道寒於灰。吾於是乎有感。

四六語

冢瘞奇編，壁藏遺帙，李壇春意好，曾經孔子之删（江總遊月樓書）；
茅屋月明斜，尚有紅生之讀，積時充棟，出處所半

東觀乃道家蓬萊。西垣正天子冊府，縹囊萬卷，必騰田弘正樓上之輝。緗帙一編，已作蔡中郎帳間之秘。登雲步月，還知是後學階梯，法聖希賢，勿謂乃古人糟粕。

言王開卷蒙字玉吐繼素足睨吾子所恭敬矣

手詔許

詳釋

著繁露 西京雜記董仲舒著玉杯繁露清明竹林之屬凡數十篇

著太玄 揚雄解嘲序云哀帝時丁傅董賢用事諸附離之者起家至二千石時雄方草創太玄有以自守泊如也人有嘲雄以玄尚白而雄解之號為解嘲云云

著新語 陸賈著書號曰新語每奏一篇漢祖大為稱賞

著調人 晉劉兆以春秋一經而三家殊涂諸儒是非之義紛然互為讎敵乃思三家之異合而通之以周礼有調人之官作春秋七萬餘言云云

著白虎通 漢世諸儒集論經傳奏之白虎觀因名白虎通

著左氏膏肓 後漢鄭玄時任城何休好公羊學遂著公羊墨守左氏膏肓穀梁廢疾玄乃為發墨守鍼膏肓起廢疾休見而嘆曰康成入吾室操吾戈以伐我乎

八萬卷 齊金樓子聚書四十年得書八萬卷河間之侔漢室頓謂過之

三十車 晉張華雅好書籍嘗徙居載書三十車秘書監摯虞撰定官書皆資華 [illegible]

[illegible] **唐四庫** 天下書分四庫以甲乙丙丁為號次甲經庫乙史庫丙子庫丁集庫聚書之多可謂盛矣

道德淵藪 拾遺記云夫老莊者道德之淵藪仁義之壇場

玉仙至 唐武平一知子庫書蠹魚之盛求芸草辟之忽有仙人者持草與之

冢瘞奇編 晉荀勖得汲郡冢中古文竹書詔勖撰次之以為中經列在秘書省

壁藏遺帙 書序云恭王好治宮室壞孔子舊宅以廣其居於壁中得先人所藏古文虞夏商周之書及傳論語孝經科斗文

汗牛充棟 柳子撰陸文通墓表云其為書處則充棟宇出則汗牛馬

道家蓬萊 後漢學者稱東觀為老氏藏室道家蓬萊○蓬萊山仙府之幽經秘錄皆在焉老子為柱下史四方所記文書皆歸柱下言東觀經籍之多也

騰樓上輝 唐田弘正為節度使聚書萬卷餘起樓貯之時號為田氏書樓

作帳間秘 蔡邕得王充論衡漢秘之以資談助當時儒者皆知其得異書也及邕疾見帳中有論衡在焉

古人糟粕 齊桓公讀書於堂上輪扁斲輪於堂下釋椎鑿而上問桓公曰敢問君之所讀為何言耶公曰聖人之言也曰聖人在乎公曰已死矣曰然則君之所讀者古人之糟粕也

文章

夫文者，經之緯之，合衆采以成錦繡。（文選語）秦漢而下，左莊屈宋班馬諸人，數巨擘矣。至如左思之賦，五經鼓吹。蘇子之文，萬斛泉源。鴻烈之解，字字挾風霜。太白之集，語語帶烟霞。楚騷之章，言言熏蘭蒞。又豈不彬彬乎盛哉且倚馬作文搆思如袁宏者敏甚磨楯作檄措詞如荀濟者捷甚覆被成藁作文如王勃者奇甚攬筆爲賦（禰正平賦鸚鵡援筆而成）擒辭如禰衡者偉甚外是江淹而授彩筆櫨廓其奇藻羅含而吞紋鳥發越其英華韓公而咽丹篆（文粹）沉醉其蘊藉楊雄而吐白鳳（楊雄作太玄賦成夢口吐白鳳）宣洩其精神是將淩轢風騷超軼今古文豪哉然文之豪者吾且謂曹

已瘧錄　十三卷　六

子建稱繡虎（子建爲大歛拔人號繡虎）莊苑之雋也鄭君興稱雕龍詞垣之英也張鷟稱青錢（唐張鷟文如青錢萬選見學士內）儒林之彥也栁子厚稱玉佩瓊琚文場之妙也皇甫湜稱秋濤瑞錦（皇甫湜文肆意文章秋濤瑞錦）學圃之奇也然則宏抱如張九齡謂之文場元帥碩負如蘇頲謂之文陣雄師絕學如李巨山謂之文林宿老卯卯嗟乎窺海若（海神名）之波瀾瑰奇萬狀織天孫（織女）之雲錦縱仔一家故

文之利也必如李邕之千將鏌鋣鋒不可當文之雄也必如李賀之崇嚴峭壁勢不可躋文之富也必如陸機之玄圃積玉美不可採文之奇也必如韓愈之龍翔鳳躍妙不可摹文之敏捷也必如盧仝之補長蛇騎生馬活潑不可捉文之清絕也必如顧況之穿天心出月脇尋常不可到文之柔而媚也必如徐摛

已瘧錄　十三卷　七

之官體（徐摛爲文輕靡可愛號官體）可嘉文之雄而偉也必如歐陽公之官樣可實斯則筆翻春浪（大粹）胸貯陽春衙官屈宋（張說詩巨氣激滄海英才挺鋒）奴隸命騷矣精神五兵唳唾珠玉矣得非英毅撞萬石鐘汗流輩賈雄力扛百斛凶肩柏莊騷者歟不然駱丞佳士也楊令（楊炯爲盈川令）奇杰也人方議其有點鬼簿筭博士之病又奈之何驢鳴狗吠者不及韓陵片石哉噫讀陳琳之檄

翁然病愈讀二陸之文惟恐卷盡文至如是是可以

無譏已。

四六語

襟懷落落。不俗。（子韓）翰墨字字有香。少室山集記最佳（李嶠作少室）

（山記入謂片箋片玉）片箋片玉。福先寺碑文可誦、一字一縑。令問才華、

腹內豈無腸。是繡。王珣學絕、夢中應有筆。如椽。口（椽巠摘）

角嶝下珠璣。舌端瀉出河漢、薰班香、摘宋、艷雅韻、

（杜詩氣劇屈賈壘目短曹劉墻）猿鶯劇賈壘。短劉墻。到風、獨奮、琳瑯散落致令雷

（平声）電取將琬琰編摩。應與鬼神爭與。伯松曰、不愛淡（揚雄作法言張伯松不肯一顧）

（曰吾不愛丹）書此何為哉、莊子云、一見大巫、當必索爾、（莊子小巫見大巫神氣索矣）

駒十有篝恙出筆下無一點俗老夫為

詩雅

五經鼓吹左思作三都賦孫綽最重之謂曰此五經之鼓吹也

萬斛泉源不擇地而出滔ミ汩ミ一日千里無雖與石曲折而不可分也

安撰鴻列二十一篇字中皆挾風霜

句動人皆丹霞言熏蘭蕙

帶烟霞 語帶烟霞 唐張說云 坡公曰無

溫作露布鮮卑喚衰宋 倚馬若熏蘭蕙讀之 諸人之草樹

前作紜露布 文宋手不停筆 唐王勃字子安每作文 楚驗之神 惟李白之

丈諸人也 霞被成章 以被覆面少頃而起 文辭典 猶山無

不能之 攬筆為賦 唐駱賓王 磨墨作檄 史云荀

謂之藁 者 祖衡字正平 黃祖大會賓客 文數升 濟傳會

腹作 江淹采筆 是江淹夢人授以五采筆由是文藻日進擅名於六朝 于北上 飲酒 磨墨

不而加點文 衡曰願先生為賦之 有人獻鸚鵡衡攬筆 數作 成 則 人醉 露布

字挾鳳霜 西京雜記淮南王劉安 倚馬作文 晉桓 羅含紋鳥

萬斛泉源 蘇東坡云吾之文如

晉羅含夢吞五色鳥自是文章頓異

後見孟郊乃夢中傍笑者

韓公丹篆 韓愈少時夢人與丹篆一卷強讀之傍有一人拊掌而笑

君奭雕龍 史記鄒衍之術迂大而宏辯鄒奭文章精巧故齊人笑曰談天衍雕龍奭

玉佩瓊琚 韓退之祭柳子厚文玉佩瓊琚大放厥辭

太宗時為中書時號為詞人之冠又號為文場元帥

文場元帥 唐張九齡七歲能文

覽其文稱之于同列曰蘇生之文俊贍無敵真文陣之雄師也

文陣雄師 唐蘇頲字廷碩文思若湧泉張九齡嘗

多屬為之前與王楊盧駱為文章宿老崔

文林宿老 唐李嶠為鳳閣舍人文冊號令

蘇齊名晚諸人後號為文章宿老

文章須自出一家機杼何能共人同生活即

機杼一家 晉祖瑩善為文常語人曰

與爭鋒但廣其缺耳

干將鏌鋣 唐李邕文名天下盧藏用常謂如干將鏌鋣

崇巖峭壁 唐書云李賀之為文作勢如崇岩峭壁萬仞爍起時人無能效之者

吐圃積玉 晉陸機文章富贍英銳絡其文如

蔚然而虎鳳躍鏘然而鈞韶鳴日光玉潔周情孔思云云
孫樵子書曰玉川子月蝕詩韓吏部進學解莫不

長蛇生馬　按地倚天句〻欲活讀之如赤手捕長蛇不空粒勒騎生馬

天心月脇　皇甫湜撰顧况集序云穿天心出月脇其意外驚人之語殆非尋常所可到也

官樣　歐公云文章有兩等有山林草野之文有朝廷臺閣之文王安國嘗曰文章須官樣豈謂其有臺閣氣即

衙官屈宋　杜審言云吾之文可使屈宋作衙官

奴僕命騷　杜牧撰李賀集云使賀未死少加以礼雖奴僕命騷可也

點鬼簿筭博士　楊炯駱賓王皆有文名人議其疵曰楊好用古人名謂之點鬼簿駱好用數對人謂之筭博士

驢鳴狗吠　梁庾信至北魏見子昇作韓陵山寺碑信讀巢謂人曰惟有韓陵一片石可與共語自餘則驢鳴狗吠徒聒人耳爾

惟恐卷盡　抱朴子云讀陳琳之檄翕然病愈讀二陸之文惟恐卷盡

一字一縑　唐裴度為相脩福先寺請白居易作碑皇甫湜時為判官請曰何近捨皇甫湜遠取白居易裴謝之湜飲斗酒揮筆而成因謂晉公曰碑三千字一字一縑更少不得

腸是繡　李白送兄令問序曰兄錦心繡腸若耶不然何艷麗乃爾

筆如椽　晉王珣夢人與大筆如椽人曰當有大手筆事俄而太后崩凡謚冊謙命皆珣所作

雷電取將　唐王遠知作易總一日天大雷雨雲霧中一老人下曰上方禁文安得在爾處上帝命吾擇六丁神將以取之

鬼神爭奧　梁蕭統文選序云琬琰編摩如日月俱明鬼神爭與

詩

天所謂詩者、情見乎辭、言之不足、故嗟嘆之、嗟嘆之不足、故詠歌之、詠歌之者、聲律為竅、物象為骨、意格（梅聖俞論）

爲髓綵數詩家也哉、詩之四言何始、始於股肱喜哉、元首起哉也（虞舜）、詩之五言何始、始於凄鳧俱北飛、一鳧獨南翔也（蘇武別李陵詩）、詩之七言何始、始於玉露長延聖主壽、金莖擎出仙人掌也（漢武柏梁詩）、頗是詩也、必麗辭艷於錦繡、元氣（陳子昂詩序）沮乎金石、清趣逼夫松筠。有李賀奇句乎、乃可內錦囊（納合）。有楊徽之佳篇乎、乃可書御屏、有王欽若奇聯乎、乃可取金印、有宋之問巧思乎、乃可奪錦袍（見衣服錦內）、有穠野逸韻乎。乃可拂紅柚、有李益雅咏乎。乃可施畫圖、斯則硬語盤空、必得江山之助、清標照俗、遂令夷狄之欽。佳句驚人、方使鬼神之泣（杜詩詩成泣鬼神）、噫嘻詩耶、豈不貴躍龍翔鳳者勢耶、夢詩之作者、不在於狂（古去詩狂歌上天）、不在於枸碧綠青黃、閉非吟、料風花雪月、總是詩懷（楊誠齋詩集序）、爰考古人、李翰杜拾遺風騷將也，登壇矣。嗣是而短李，而小杜，箕裘乎太白、子美毋論也。若他評之，石曼卿詩則如蹴鷹乍歸，迅速不可言。歐陽永叔詩則如春服既成，春酒既釀，登山臨水，竟日忘歸。王介甫詩則如室中有縠，月中有色，欲為執着，曾不可得。蘇子瞻詩則如武庫乍開，干戈森然，不覺令人神悚，子細檢點，不無利鈍。梅聖俞詩則如深山道人，草衣葛屨，王公大人見之，不覺屈膝。郭功甫詩則如大排筵宴，終日揖遜，而遠口者少。以是而觀，余始知曾子固短於韻語，黃魯直短於散語，蘇子瞻詞如其詩，秦少游詩如其詞，至有能否也。古人云：只將一聯句，用破一生心。信然已。吟安五個字，撚斷數莖鬚。信然已。雖然，詩誠難能也。

六一居士詩　以下係苕溪詩話云云　后山叢話云云　杜荀鶴詩　盧延遜詩

作詩者其必偷乎！然詩有三偷：偷語，鈍賊，失主易獲；為偷意者，事雖可因，情不可原，中賊耳；若偷勢，才巧意精，略無朕迹，是偷白裘手段也。噫！予固不能詩也，必欲偷，其將搜李杜寒巢，索元白窟穴，窮孟賈室廬，使人稱上賊也哉。

樊與　郊島

四六語

擊鉢韻成，蕭生才敏；騎驢句就，鄭綮思豪。長城寧許偏師攻，蜀錦還須豪士奪。陳思王曾吟七步，果竟無儔；潘郎若止得一言，猶然可誦。齊己字中逢改易，鄭先生允可為師；閬仙聯上定敲推，韓太尹豈知是友。見說皮日休有序，稚重僕敲；若云曾子固不能文，堪一恨。

鄭綮詩思在風雪中驢子背上　宋之問奪錦袍事　曹子建也黃豆然豆萁云云

俗諺詩家鄉志唉唔蒸九了随風散珠玉文之
上乘多也　　併大評
詳釋
仙人掌　漢武作柏梁臺高二十餘丈上置仙人掌擎雲表之露和玉屑飲之云可長生命羣臣賦七言詩々有七言者佐此
詩内錦囊　李賀好吟詠毎旦日出騎款段馬從小奚奴皆以古錦囊毎得佳句則内之囊中及暮歸母氏見其所書之多謂曰是見嘔出心肝乃爾
詩書御屏　楊徽之侍讀太宗索其詩數十篇覧之遂十聯書於御屏故周翰有詩曰誰似金華楊學士十聯詩在御屏間
詩取金印　宋王欽若禾遇時為蘇府府洞府門客章聖出幸至旅邸見屏間一聯云龍帶晚烟歸洞府鴈拖秋色過衡陽太加稱賞曰此語落々有香氣何人作也左右對曰共門客王欽若所吟章巫召之遂信任之即致位工相
紅袖拂詩　寇萊公典陝日與處士魏野同游寺僧觀覧有題處公詩皆用碧紗籠之至野詩則以紅袖拂之野顔公笑因應蒙其上時從行官妓之慧者輒題絶句云世情冷煖由分別何必區々較紗籠若得常將紅袖拂也應勝似碧紗籠
詩施畫圖　李長吉詩每一篇成樂工争以賂求被之声歌供至天下畫工皆施之於圖畫
江山助詩　張說年播入遠行等篇尤精於詩人謂之得江山之助
夷狄重詩　蘇子由奉使契丹見契丹甚重大蘇莫把文章動蠻貊乃寄詩於子瞻云誰問大蘇家集過幽都每被行人問
擊鉢才敏　南史蕭文琰曰何難以銅鉢立韻響絶而詩成云云　江淹嘗以文稱江夜集賦詩約四韻刻燭一寸為限文琰曰何難之有乃與江洪共擊鉢立韻響絶而詩成
長城偏師攻　劉長卿與秦系為詩相贈答推德輿語曰長卿自謂五言長城系以偏師攻之雖老益壯
卯芝止一言　遙卯若寄友人吏曰此吟詩得滿城風雨近

字中途改易谷改爲一枚開齊已下拜曰此吾一字師也
聯工定敲推　賈島在京師於驢上得句云鳥宿池邊樹僧敲月下門始欲着推字又欲着敲字遂以手作敲推之勢時韓愈爲京尹車騎出賈不覺衝其頭踏愈問其故島以敲推字爲對愈曰敲字佳遂並轡而歸聯爲布衣之交
雅重雙聲　皮日休雜体詩序曰詩云嘒蟀在東又云云鶖鶖在梁此變声格也子一性甚重之云云
子固不能詩　澗楚材常謂人曰子有五恨一恨鰣魚多骨二恨金橘多酸三恨蓴菜性冷四恨海棠無香五恨曹子固不能詩曹子固筆文字也

字

夫書、心畫也、依類象形、著於竹帛、昔蒼頡而製天雨粟、鬼夜哭、事甚異也。然爲書之法、其點也、如高崖墜石。其戈也、如百鈞弩發。其直也、如萬歲枯藤。其放縦也、如驚蛇赴水。則妙於真矣。霏霏乎若輕雲蔽月、翩翩乎若長空卷旆。猗猗乎若游絲縈柳、裊裊乎若流水舞帯。則精於草矣。至於釵頭屈玉、兕兕無金。則篆之妙也。飄若浮雲、矯若驚鴻、則隷之妙也。吾想

（説文云云）（上古聖君）（數語爲鍾繇弟子宋翼云云）（以下數語蘇子瞻爲文与可草書贊）（媚爲）（資泉小篆贊）（羲之書勢書者稱其筆勢飄若浮雲云云）

是諾錄　十三卷　十六

得其精之與妙臨池而學之乎其水黑刈葉而書之乎其蕉枯舞劍而悟之乎（張旭看公孫大娘舞劍遂善于書）其機神操筆而揮之乎其心正乃得也由是書之縮裾龍與蛇活潑書之栗九煙與霧飛騰則海外童之呈其幣矣高麗購之楣其金矣此字之最可尚也然亦最難得也嘗聞於羲之云紙者陣也（羲之撰衛夫人筆陣圖法）筆者刀矟也墨者鍪甲（頭盔）也水硯者城池也本領者將軍也心意者將副也結構者謀畫也出入者號令也屈折者殺戮也試評之羲之之字龍跳天門虎卧鳳闕登上將之壇乎嗣是而鍾（繇）而褚（遂良）而虞（世南）則佩劍之副摠也而韋（仲將）而顏（真卿）而庾（翼）則執戟之先鋒也而蕭子雲蔡君謨歐陽詢則荷矛之首領也而王僧虔王獻之（羲之子）米元章則搴旗之前隊也而衛夫人（羲之師）張顛（張旭號）

是諾錄　十三卷　十七

子半山老人則侍戈之後衛也噫字之學誠彬彬盛哉善書者必落筆而風雨驚（杜詩落筆驚風雨）洒翰而銀鉤連（杜詩）其肥也不類墨猪其瘦也不類墨猴則八分鮮也又孰謂不龍鵝哉語云張旭判詞老翁索筆太宗飛白常侍登床字誠精矣字誠妙矣茀以槃般之論老嫗而笑於丙王蘭亭之帖太宗而瘞於寢（墓）宮使精者妙者無傳迄今更令人懊惜

四六語

衛恒四體蔡氏八分史籀及章草世世相傳（[illegible]）柳骨與顏（真卿）筋人人爭羨筆尖驚俗眼曾聞千古只兩王（羲之獻之）心畫出入羣還數一臺分二妙（山谷草書被地風苗樹枿崩崖示州）古樹枿崖寒藤掛（寒藤掛絕壁）壁何等精神怒猊（獅子）抉石渴驥飲泉許多勁拔[illegible]

省興還須令我筆快心染翰如飛切莫使他人掣肘

鳳舉崩雲絶鳥驚趨霧珠參文奔咏此以羲筆勢余借此以美文勢

景芭 許

詳釋

雨粟鬼哭

淮南子蒼頡造書而天雨粟鬼夜哭高誘曰自書契作詐偽萌生去本趨末棄耕耨之業而務錐刀之利天知其將餓故雨粟鬼恐為文所劾故夜哭也

臨池學書

張芝臨池學書其池中之水盡黑家中衣帛先書而後練

刘葉寫書

怀素善書苦無紙種芭蕉葉以代

標筆心正

柳公權穆宗登位公權以長州掌記入奏帝曰我於佛寺見卿筆點思卿久矣即拜翰林侍書學士穆宗問公權筆法對曰用筆在心心正則筆正上改容知其筆諫也公權筆勢勁媚自成一家當時公卿大臣家碑誌不得公權手筆者以為不孝外夷入貢者別具貨幣以購公權手書

書絹裙

羊欣年十一時王獻之為吳興太守甚知愛之獻之嘗夏月入縣欣著新絹裙晝寢獻之書裙數幅而去欣本工於書後因此益善

書棐几

王羲之嘗詣門生家見一几滑淨因書之真草相半後其父誤刮去之門生驚懊者累日

海外呈幣

蕭子雲出為東陽守百濟國使人求書遂子雲維舟將發使者於渚侯候之子雲遣問之荅曰侍中尺牘之美遠流海外今日所求唯在名筆子雲乃為停舟三日書三十紙與之使者謝金數萬

高麗稆金

歐陽詢形貌短小筆力險勁書為一時之絶高麗嘗遣使費金求之高祖歎曰不意詢之書名播于夷狄彼[illegible]

多骨少肉謂之墨猪[illegible]取二分謂之八分書

籠鵝

右軍性愛鵝山陰道士管齋霞謂曰煩公為寫黃庭經當舉群鵝相贈右軍書罷籠鵝而去

老翁索判

法苑裕為常熟尉有老人陳牒求判宿昔又來旭怒其煩責之老人曰觀公奇妙欲以增吾家藏耳旭因問其所藏盡出父手所藏書示之旭一見驚其為天下奇筆也自是盡其法有寒士與旭為鄰數數致柬得其報章遂鬻於市因致大富

常侍登床

唐太宗宴玄武門作飛白字賜群臣或乘酒爭取於帝前散騎常侍劉洎登御床引手得之帝〻笑曰昔聞婕妤辭輦今見常侍登床

焚樂毅論

唐太平公主愛王右軍所書樂毅論則天與之以纖錦袋盛置箱中及籍沒咸陽一老姬竊之縣吏撲取姬驚懼惴〻遂以之投於灶因

殉蘭亭帖

太宗酷愛王右軍蘭亭帖嘗附耳語高宗曰吾千秋萬歲後可以蘭亭記殉葬及崩遂以玉匣貯藏昭陵後溫韜伐昭陵其帖復入人間

衛恒四體

晉衛恒四體書勢成其點點點點凡四點者狀似連珠絶而不離時號為四體

史籀

周宣王時史籀變科斗文以為大篆

章草

漢興有草書不知姓名後章帝愛之號曰章草

柳骨顏筋

范文正公祭石曼卿文云曼卿之筆顏筋柳骨

一臺二妙

[illegible]與索靖俱為尚書郎俱草書時人謂之曰一臺二妙

怒猊抉石

唐徐浩草隸尤[illegible]狀其法曰怒猊[illegible]渴驥奔泉

掣肘

宓子賤為單父令請君近吏二人為亏[illegible]掣書不善則怒之吏患之辭歸語作亢[illegible]子賤苦吾擾也遂誕頃樓單父未治

是路錄

十四之五

是路錄　七八止

是路錄卷之十四　樂　琴

夫琴者樂之統也，金其徽，玉其軫，冰其絃，三天爲而
地爲象，四時爲，則九星爲應（舜弹五絃之琴歌南薰之詩），八風爲古之人善于其
音者，吾聞有虞之廷，薰風時來，單父之堂（宓子賤宰單父鳴琴而治），夜月惟朗，

是路錄　十四卷　一

成都之臺（相如皷琴之臺），春風甫暢，汾水之亭（文中子皷琴汾水），秋氣頗清，他又若水
仙作，而成連迎，猗蘭（操名）撫，而漁父來，南音操，而鍾儀歸，
亡，殷奏，而孟嘗泣，鳳詞（供詩篇名）撫，而文君奔，其妙爲何如者，
是琴之曲也，而伐檀、白駒等曲，意味雋永，琴之操也（伯奇作）（商陵牧子作）（衛女作）（子母第作），
而履霜、別鶴等操，殷韻凄清，竹兮之引也，而思歸箜篌
等引，情思宛轉，試稽之詩詞，爲十二峰前巫峡雨七

八月後錢塘潮其善于形容耶老龍秋吟滄海底紛
猿暮嘯寒山曲其巧于比例耶絃則一奏雲起再奏
雨隨天運效和也師曠之所奏妙甚一奏泉湧再奏
泉出地道效順也嵇康之所鼓奇甚一奏鳥舞再奏
魚躍物類效動也瓠巴之所撫雅甚此所以蓄無絃
（陶淵明蓄無絃琴曰但識琴中趣何勞絃上聲）之琴者徽軫雖不具識琴趣也彈一絃之琴者曲調（孫登彈一絃琴曰行樂耳）

是路録　十四卷　二

雖未成知琴樂也嗚呼琴耶孰謂不可以調養聖賢
心而洗蕩巢由耳耶雖然余亦有雅好也贈我紫蕖
琴故人有深意者是琴也其所謂響泉耶綠綺耶綄
梁耶鳳凰耶試於風月之夕彈長清兮渡短清彈短
清兮渡長清斯時也伶倫讓律由連遜曲雖廣陵散
不過爾耳更不知聽聞之下還有知音者不

四六語附錄　古琴名

琴珍焦尾瑟重雲和趙女鼓以鄭歌文王撫而思
士伯牙絃未絕悠悠然彈高山流水之音曾點韻
方希勃勃乎動沂水春風之趣滄海月明珠有淚
藍田日暖玉生煙李商隱咏寶瑟佳篇隴頭潺潺
咽流泉洞庭瀟瀟落寒葉范希文賦氷絃妙句趙

是路録　十四卷　三

王試鼓澠池上韻正淒清頳子輕彈泗水濱音多
嘹亮海中重浪白成連教弟子移情江上數峰青
錢起賦湘靈入選第念瑟膠柱而鼓有人不識變
通更懷琴黄鶴而燒使我倍增嗚咽
一唱三嘆而有餘音　西廂曲云一字ヽ更長漏
亦一疑ヽ衣寬帶鬆砂ヽ　葛昭仲

詳釋、

三天兩地、琴書云琴五尺其身三為上二為下三天兩地之與義也中徽八才象八風腰廣四寸象四時琴本七絃宮商角徵羽文武也後漢蔡邕加二絃象九星

水仙作成連迎、樂府解題云伯學琴于成漣三年不成成連曰吾師方子春若今居東海中能移人情乃與俱往至其山留伯牙曰子居習之吾將迎汝伯牙延望無人但聞海水洞湧冥曰先生移我情矣乃作水仙操曲終連迎之琴遂精

猗蘭操漁父來、漁父篇云孔子遊于緇帷之林休坐杏壇之上弟子讀書孔子絃歌鼓琴奏猗蘭之操曲未半有漁父下船而來孔子推琴而起曰其聖者欤

南音操鍾儀歸、左傳晉侯現于軍府見鍾儀問其族曰楚囚人也與之琴操南音公曰君子也言稱先王不背本也樂操土風不忘舊也遂遣之歸

已鼓琴孟嘗泣、說苑雍門周以琴見孟嘗君孟嘗君曰先生鼓琴能令我悲乎周曰今足下千乘之君亦能使悲也然千秋而後高臺傾曲墳墓既平豎子樵牧者躑躅其上曰夫以孟嘗君尊貴乃如此乎遂援琴鼓之孟嘗君不覺淚下

是路録　十四

四

鳳詞挑文君奔、司馬相如與臨卬令相善往從之臨卬富人卓王孫召相如宴相如以卓王孫有女文君新寡以琴心挑之彈鳳求凰之詞文君窺聽悅之遂夜奔相如

琴曲、琴有五曲一鹿鳴二伐檀三騶虞四鵲巢五白駒也

琴操、琴十二操一將歸二猗蘭三龜山並孔子作四越裳周公作五拘幽文王作六歧山周公為太王作七履霜尹伯奇作八雉朝飛牧犢子作九別鶴商陵牧子作十殘形曾子作十一水仙十二懷陵並伯牙所作

琴引、琴九引一曰列女引二伯妃引三貞女引四思歸引五霹靂引六走馬引七箜篌引八吳引九楚引

巫峽雨錢塘潮、黃魯直聽琴詩春天百鳥語撩亂風蕩楊花無畔岸微陰愁猿抱山木玄冬秋鴈度雲漢斧斤丁丁空谷樵幽泉落澗夜瀟瀟十二峯前巫峽雨七八月後錢塘潮

龍秋吟猿暮嘯、范希文聽琴詩銀潢耿耿霜徒徒西怨月邑寒如水江上一叩朱絲絃萬籟不起秋光凝伏裁師天怨千古我聞遺音象如而雄九不又鄭衛兒北里鄭覺聲聲覺歌聲何時休

龍秋吟徐海底幼猿暮嘯寒山曲云

雲起雨隨、鼓琴一浮雲起西北再奏大風雨隨之屋瓦皆振

泉湧迸出、樂府錄云晉嵇康善鼓琴一奏而醴泉出再奏而泉迸出

鳥舞魚躍、列子瓠巴鼓琴一奏而空中鳥舞再奏而水中魚躍

廣陵散、嵇康暮宿華陽亭引琴而彈夜分忽有客傳康以廣陵散音調絕倫客乃乘山

知音、伯牙鼓琴子期知音伯牙志在流水子期曰洋洋兮若江河伯牙志在高山子期曰巍巍乎若泰山子期死伯牙絕絃以無知音云

玉生烟、李商隱瑟詩云錦瑟無端五十絲一絃一柱思華年莊生曉夢迷蝴蝶望帝春心托杜鵑滄海月明珠有淚藍田日暖玉生烟或有不解者東坡曰蝴蝶公適也杜鵑可怨也珠有淚清也玉生烟和也

趙王鼓瑟、史記秦王與趙王會於澠池秦王請趙王鼓瑟趙王為鼓之藺相如遂請秦王擊缶秦王不擊相如怒曰五步之內請得以頸血濺君秦王不得已擊缶以謝趙王

顏子彈琴、莊子顏回謂夫子曰鼓琴足以自娛學夫子之道足以有樂回不願仕也

是路録　十四

五

錢起入選、南部新書錢起嘗宿驛舍外有人吟曰曲終人不見江上數峯青起記之及殿試湘靈鼓瑟詩末遂以此二句足之遂入首選

膠柱鼓瑟、揚子以往聖人之道治將來譬猶膠柱而鼓瑟也○謂其不知變通之宜者

笙　笛　簫

管簫之音、曰笙、曰簫、曰笛、樂府所必用者、然蓋者笙也、生夫物也、女媧作之、簫者肅也、肅而清也、簫之笛若滌也、滌去邪也、伶倫作之、幽有鐘長悲怮兮

宮商之譜材無新舊咸取之鼓吹之山古之擅于音者豈則董雙成（王母侍女）絕爲不然王姬而凡品之矣簫則伍子胥善爲不然楚傖（吳人謂楚人曰傖）而吳鬼之矣笛則桓野王妙爲不然奇人而俗子之矣以是而觀吹笙而跨鶴者仙耶品簫而招鳳者仙耶弄笛而躍龍者亦仙耶吾想折揚柳之曲（簫中之曲）淒凊爲而悅人耳落梅花之調（笛中之曲）悠揚爲

是諧錄　十四　六

而怡人心園桃夭夭東下纂纂（笙中之曲）之詞委曲爲而悍人志然則幽谷吹律而黍稷倏生若何神耶虞廷奏簫而鳳凰來儀（書經簫韶九成鳳凰來儀）若何異耶南郭不鮮竽而謬竊祿食者何拙耶越王不好籟而徒好野音者何偏耶試稽之詩詞爲君子揚揚左執簧（出毛詩句）仙人十五學吹笙（李詩句）笛中一曲昇平調（王元之句）王人何處教吹簫（杜公句）吾觀其吟咏知其已雖然里巷殺歆太平乎韻吾所頤者夜月家家鳳凸春風處處鸞簫高樓夜夜銀笙別院朝朝玉管萬天子怡怡然奏管籥之音使百姓聞之者皆喜色而相告曰吾王之好鼓樂也庶幾無疾病與

四六語

是諧錄　十四　七

柯亭椽笛韻響最奇（音止）涼墓玉簫（宮名）聲音迴絕銅臺之笙既奏引徵列商（言簫）春霄之黃甫吹按宮分羽（言笛）赤壁坡前蛟欲舞如怨如慕如泣如訴枇風抹月堪聞武夷山上鳳初飛有徐有疾有抑有揚裂石穿山益妙短簫我助柳子胥歆戰陣功長笛一聲趙生（趙嘏有長笛一聲人倚樓之句人稱為趙倚樓）頗著詩名譽

字々叶律呂，句々響笙簧，詞林中之鼓吹也歟。

畏欽甚　景烈評

詳釋

笙曰生 爾雅云笙生也象物貫地而生以匏為之故曰匏笙是也笙燠也燠生萬物者也

簫曰肅 爾雅云簫者制字義取其聲肅肅而清也

笛曰滌 風俗通云笛滌也所以滌邪穢而納之雅正也 七孔籥也笛

鼓吹山 江寧縣南四十里慈姥山積石臨江生簫管竹王褒洞簫賦所稱即此其竹圓緻異于他處自伶倫採于嶰谷其後唯此竹見珍歷代常以給樂府俗呼謂鼓吹山

子胥吹簫 伍子胥逃楚國之難鼓腹吹簫乞食吳市

淒成吹笙 漢武內傳西王母命侍女董雙成吹雲和之笙

子野弄笛 晉桓伊小字野王善吹笛王徽之泊舟青溪側素不相識伊

于岸上過客稱伊小字曰此桓野王也徽之便令人謂曰聞君善吹笛試為我一奏伊是時已貴顯素聞徽之名便下車踞胡床為作三調弄畢便上車去主客不交一言

吹笙跨鶴 列仙傳王子喬者周靈王太子晉也好吹笙作鳳鳴遊伊洛間道士浮丘公接以上嵩山

品簫引鳳 列仙傳簫史者秦穆公時人善吹簫穆公女弄玉妻之夫婦吹簫作鳳鳴引鳳至夫婦乘鳳而去

弄笛躍龍 呂洞賓過湘山遂於各乘鳳而去穆公乃為之作鳳臺

忽一老父挐舟而來袖出一笛與一吹之鈞忽魚躍龍翔舟人患之遂乞翁乃止翁吹罷噪月色倚情波濤流漾

園桃天夭 潘安仁笙賦應吹以往來隨抑揚以舒緩輕張

山之神也 詩

之表 彈廣陵之名散咏園桃之夭夭顧蹀蹀以舒緩

下之藁曲盖廣陵散女廣陵園桃曲下皆曲名也

十五吹笙 李商隱詩十五吹笙王元之詩細草烟深暮雨收

佰人十五吹笙學得崑丘彩鳳鳴

昇平調曲 牧童歸去倒騎牛笛中一曲昇平樂

玉人吹簫 杜牧詩二十四橋明月夜玉人何處教吹簫

柯亭椽

鐘鼓

鐘鼓者，樂之元聲。火天地之爐，扇陰陽之炭，鐘之所 語出李白鐘銘

由成。斲聖木之榦，冒靈鼉之皮，鼓之所由作。吾想見

立敢諫之鼓，禹懸教義之鐘，聖帝明王用此而裨於 史記

治尚矣。然鼓以記里，其制甚妙；鐘以勒勳，其用甚重。 古詩勳名勒鼎鐘

且遺鐘而故使迎，鐘智伯因以伐中山；退鼓而誤鳴，

進鼓桓溫用以降李勢；緝賊于兗州之郡，擊鼓而捜

其窠巢；訊盜于南浦之堂，模鐘而辨其奸宄。簡公為

後漢蔡邕避難江南，宿柯亭，仰視之曰良材也，取為笛，發聲獨絶。

涼臺簫 南謝惆傳：王敦與謝瑶子宴銅雀臺，獎宗王張駿墓浮。

赤壁簫 蘇子赤壁賦：客有吹洞簫者，其聲嗚嗚然，如怨如慕，如泣如訴，舞幽壑之潛蛟，泣孤舟之嫠婦。

春宵簧 穆天子傳：西王母下降春宵，吹笙鼓簧，中心翔翔。

銅臺笙 使人飄飄然，赤玉簫吹之，絶倫。有伊洛間志。

武夷笛 宋劉兼道遊武夷，奏秀亭，劉善吹鐵笛，其聲穿山裂石，因名鐵笛亭。

短簫數曲 鐃歌曲十二篇，歌唐戰功。 柳子厚作短簫

任賢之君抱鐘而朝亦宜冉子為聚斂之臣鳴鼓而
攻非過述鐘鼓之遺事不既多耶抑又聞焉石鼓無
聲以桐木扣之響土鐘無影以牛鞞引之鳴鯨魚一
擊蒲牢之吼韻甚洪振鷺于飛鼓路之揚聲最遠皆（二音許二者皆鼓名）
異也此所以是鐘也非寸莛而可叢音是鼓也必三（莛芒也）
撾乃能稱善不然催花不擊之鼓胡然喚君王而作

是踏錄　十四ウ

天工耶不然咏月不撞以鐘胡然喜稗子而多詩趣（寺名）
耶華宛丘之鼓擊于水濱經年無節木蘭之鐘鳴于（唐人早朝詩金殿曉鐘開萬戶）
飯後一旦失常此不無遺議耳然金闕之曉鐘發越
萍鄉之吏鼓分明又有足述者在耶雖然鐘鼓美也（韓愈作）（李白作）
古之人石鼓文美文寺鐘銘美銘予不能作也予所
作者囈語耳抑亦炰在和黃鐘者更不識布鼓之音
可以過雷門不

四六諸　附擊磬篇　五首

鐘鳴雉雊鼓蔟蟄生漁陽鼙鼓動地來唐朝運否（周禮曰鼓必以鼓）（長恨歌語）
長樂鐘聲連日響蜀郡山頹捷為獲古磬二八枚（郡名）
肴來悉異燕地奏胡茄十八拍聞處皆愁吹茄更
動貫胡情擊磬寧知尼父意塤吹于伯氏和音仲（詩曰伯氏吹塤仲氏吹篪）

是踏錄　十四ウ　十一

氏之篪在擊于秦王繼響趙王之瑟甬鼓胡地月（見前琴篇內）
當年誰作小單于曲響沛園秋千古尚高漢（小單于曲中之曲）
天子

字注譜句法亮鼓鐘歌之望蠻惶工二張可押

黃範作

詳釋

聖本　荊州記……

鐘鼓義

叢者擊鐘告寡人以事者振鐸告寡人以憂者擊磬有獄
告寡人者搖鞀

記里鼓 一名大章車殷人所作一劉裕滅秦得之有木人執槌向鼓行每一里打鼓一槌

迎鐘伐國 呂氏春秋智伯欲伐中山而無道路乃為一大鐘方車二軌以遺之中山氏乃塹岸湮谷以迎其鐘于是智伯遂伐中山

誤鳴進鼓 晉史桓温伐蜀蜀兵戰勝晉師欲退鼓吏誤鳴進鼓晉師踴躍蜀大潰遂降

緝賊擊鼓 齊兗州刺史李崇治劫盜封貫一鼓若盜黨槌鼓亂擊俄頃鼓布下里無抽撿獲

訊盜摸鐘 悅汝筆談陳述古知浦城縣有失物者莫肯認乃紿云某廟有鐘為盜者摸之則有聲使人舁至堂陰使人以墨塗而帷之令囚入帷摸之惟一囚無墨訊之果盜者

抱鐘而朝 尸子云鄭簡公謂子產曰飲酒之不樂鐘鼓之不鳴寡人之任也國家之不治諸侯交之不得吾子之任也子無入寡人之樂寡人無入子之朝自是子產治鄭城門不閉國無盜賊孔子曰若簡公之好樂雖抱鐘而朝可也

石鼓 郊苑人家則盜不振矣鐘鍾懼

岸崩出一石鼓扣之無聲以問張華華曰可用蜀中桐木刻魚形扣之則鳴如其言果聲聞數百里

土鐘 事文類聚唐太常欽黃鑄鐘不能成李嗣真疑土中有之道上逢者車鐸聲甚厲嗣真曰此宮聲也市以歸振于空地若有應者掘地得鐘衆樂遂和

蒲牢 西京賦云發鯨魚鏗華鐘薛綜注曰海中大魚名鯨海邊有大獸名蒲牢蒲牢畏鯨鯨一擊蒲牢輒大鳴凡鐘欲令聲大故作蒲牢于上以杵刻鯨擊之魚有篆刻故曰華

鷺飛疊鼓 古今樂錄吳王夫差移于建康之宮南門有雙鷺從鼓中出飛入雲中或云鷺鼓精也

寸莛撞鐘 說苑云建天下之洪鍾撞之以莛豈能發其音聲哉

三撾 後漢書曹操聞禰衡善鼓乃召為鼓史因會賓客閱試音節衡軌撾三擊音節可聽撾者鼓撾謂擊鼓之法也

催花擊鼓 開元遺事明皇與貴妃春遊御苑命高力士擊羯鼓催花回顧柳杏皆發也天笑曰不喚我作天工乎

詠月撞鐘 王直方詩話僧如滿詠月詩云團圓海角漸漸出雲端此夜一輪滿清光

諸人常遊揚從九之下而無鄰也

飯後鐘 寄食木蘭院僧狀若之飯後擊鐘播題詩于壁曰上堂已了各西東慚愧闍黎飯後鐘越二紀播鎮揚州訪舊詩紫紗籠之矣續云二十年前塵拂面今朝却把紫紗籠

更鼓分明 道宋范延貴過金陵張忠定公永因問曰天使沿路來還見好官員否曰昨過許鄉邑長張希顏者好官員也野無惰農市無賭博更鼓分明必有美政

李白鐘銘 朝而山積工不日而雲會乃採鳧氏撰彼吉日鳩鐘火大地之爐扇陰陽之炭回祿奮怒翼飆震鳶光賁日道丸蘇天維紅雲黔于太虛紫煙轟于避海嘻可畏也

布鼓過雷門 六帖會稽城門有大鼓名雷門越擊此鼓聲聞洛陽王遵文母持布鼓過雷門

鐘鳴雉雊 淮南子云景公鑄大鐘懸之于庭郊雉皆雊許慎注云鐘聲如雷震故雉皆應矣

鐘響山頹 漢武時長樂宮中鐘自鳴三日上問東方朔朔曰銅者土之子子母相感山恐有崩者居數日蜀郡太守上言山崩者五十餘里上大笑

捷為古磬 漢武帝時捷為於水濱得古磬十

六枝劉向乃因是說上陳扎樂

胡笳十八拍 蔡琰字文姬漢末大亂為胡騎所擄在左賢王部伍中春月感笳音作十八拍之詞中有句云胡笳動兮邊馬鳴孤雁歸兮聲嚶嚶

笳動賈胡 晉書劉琨嘗避亂塢縣賈胡數百欲害之琨援笳而吹之為出塞之聲動其遊客之思於是群胡皆涕泣而去又劉越石為胡騎所圍乘月登樓吹笳賊聞之皆流涕向曉皆散而去

筑擊沛園 史記漢高祖還沛父老置酒命擊筑歌曰大風起兮雲飛揚安得猛士守四方既而謂曰沛吾所生吾千秋萬歲後魂猶在沛也

是路錄卷之十五

雜具

舟

古之人刳木爲舟剡木爲楫水行之所利尚矣然有（譯經樟）

（楫松舟 詩汎彼柏舟）松有柏有沙棠有木蘭鵁材異也有龍有鷁有螺形（船名 船名 隋煬帝造龍舟 江東人畫鷁）

（烏千舟 吳謂蜀將制鵑頭船）有鵃頭制象殊也有艣艟有艅艎有舳艫有艕艋命（船名 小舟）

名別也第小則一葦大則萬斛少則一艇多則千艘（古語丈夫之水 皆艤舟萬斛之舟 艤舟之）

（總名）試稽其事乘于子貢顏淵卜之而來擢于鄧通文帝

夢之而喜駕于郭翻庾翼屈之而入引于易于崔朴

見之而慚且繫在舟陽者載范仁濟人之麥駕來吳（以麥舟贈石曼卿見較食類 續之字）

郡者載鄧伯道供己之米歸自鬱林者載陸公紀去

任之石皆可紀也未已也回以受箭不羽栝而矢鏃

多刻以稱象不秤錘而斤兩較造以馳馬不道路而

鞭箠宜制以爲樓不基址而猿猱倚黃龍之負無害

于禹白魚之入有益于周舟之事又孰謂無足美哉（赤壁鏖兵事 項羽至烏江不肯渡）

惜也積羽者沉粘膠者解連環者艤烏江不能渡項（史記積羽沉舟）

羽閼河又且覆杜獻布帆無恙者安在此從船之危（遂自刎 宗慤有大志曰願乘長風破萬里浪）

古人有登見歎雖然破浪乘風宗生壯志也況五湖

煙波鴟夷子高風洒洒赤壁風月蘇長公雅興翩翩（范蠡號 李詩太乙仙人蓮葉舟）

太乙蓮葉舟波上悠揚米家書畫船江頭平穩茲安

有舟揖傾危而魚龍出沒者然則浮家泛宅優游水（唐張志和樂家住舟中曰浮家泛宅）

卿且將災平地之風波也（陸龜蒙詩人間底是無波處一日風波十二時）

四六語

造由古聖駕自榜人鮫騰躍而王問擊戈龍哭持（荀子曰榜人）

而子羽斬蛟，微波蕩漾。任錦帆快日，何妨息水衡舟；縱鐵鎖橫江，莫阻秦之將。秦將王濬戰艦樓船舉舟之一事言焚橋遠岸，光分鷗鷺之洲。晉之英擊楫中流，散微鮫鱗之窟。雪花片片，王猷泛棹剡溪頭；月色明明，謝尚停橈牛渚畔。李膺濟處，飄飄乎偕郭泰如仙；太白坐來，卓卓乎同宗之無侶。聊旋濟川楫，書殷命若濟巨川用汝作舟楫還須力挽頹波。高掛順風帆，畢竟先登彼岸。

詠利數勞亦可稱 下水船 有复 景烈 曹

詳釋

作舟楫 伏羲氏剡木為舟剡木為楫舟楫之利以濟不通致遠取諸渙（易）舟無汎濟之患

木蘭舟 述異記蘇州刺史張搏木蘭花開宴客命即席賦之陸龜蒙詩洞庭波渺渺無津日日征帆送遠人頹然醉倒客續之詩醒續記述異記木蘭舟木蘭船至今望不知幾人是此花身

沙棠舟 [illegible]

顛淵卜 [illegible]

船見其黃衣冠宛如夢中所記，因問其姓名，錫上大夫爵。

庚翼入 晉書安西庚翼以帝舅之重鎮諸郡，舡狹小，欲引䡥己之大舡。翻曰：使君不以鄙悅而辱臨之，以同野人之舟。翼乃俯屈入其中。

易于引舟 晉何易于為益昌令，刺史崔朴泛舟出益昌，索民牽挽。易于乃身引舟。刺史驚問，對曰：百姓耕蠶，惟令無事可任其勞。朴大慚而遁之。

載米 晉鄧攸字伯道，以太守為吳郡，收米載舟，載米之任，惟飲吳江水而已。

載鬱林石 唐陸龜蒙家有大石，其先祖陸績為鬱林太守，罷歸，舡輕，以石為重，後人嘉之，號為鬱林石。

回船受箭 魏略：孫權乘大船來觀軍，曹公使弓弩亂射之，箭著其舡，偏重將覆，權因回舡，復以一面受箭，箭均舡平，乃還。

刻舟稱象 魏曹沖字倉舒，孫權曾致巨象，太祖欲知其輕重，莫知其法。沖曰：置象於舟，刻以水痕，稱物以載，則可知矣。

造舟馳馬 晉書武帝謀伐吳，詔益州刺史王濬造舟艦，大船容三千餘人，以木為城，上可以走馬。

制舟為樓 漢武作樓船以揚僕為樓船將軍，以習舟水戰。

黃龍負舟 史記：禹濟河，有黃龍負舟，舟人懼。禹曰：生寄也，死歸也。視龍猶蝘蜓，龍乃弭首而逝。

白魚入舟 史記：武王伐殷，有白魚躍入舟中。大公曰：殷尚白，白魚躍入，王舟殷之三樓也。

舟膠解 周昭王不道，因濟漢，船人惡之，以膠舟進，中流膠解，昭王溺死。

還杜鐵 魏志：杜畿作御樓船，于陶河試舡，遇風死。文帝曰：杜畿忠臣也。

布帆無恙 世說：顧長康作殷荊州佐，請假還東，若求布帆，殷仲堪云：行人安穩，布帆無恙。

從船危橋 漢書：上將祭宗廟，欲御樓船，御史薛廣德諫曰：宜從橋。上曰：陛下不聽臣言，臣自刎以血污車輪，陛下不得入廟矣。上不悅。張猛進曰：乘船危，就橋安，聖主不乘危，御史言可聽。上乃從橋。

米家書畫船 宋米芾善書畫，為淮間發運，使揭牌于舸曰：米家書畫船。

舟楫傾危 唐介渡淮，遇大風，舟將覆。介作詩曰：聖宋非狂楚，清淮異汨羅。平生仗忠信，今日任風波。神色不變。

王隱尋戈（儵欻浪舡歃灑開乃掣劍斫波罵子胥子是風恬浪平息）子羽擲璧（澹臺滅明字子羽嘗齎璧渡江兩蛟夾舟滅明曰吾璧可以義求不可以威劫因揮劍斬蛟無鞭璧而去示無悋意）鐵鎖橫江（晉書王濬為大船東下伐吳吳人以鐵鎖橫江中阻其來舟濬以火炬燒之鏈之而斷無遺直下金陵懷古詩中有千尋鐵鎖沈江底一片降旗出石頭之句）擊楫（晉書祖逖有恢復大志渡江中流擊楫而誓曰祖逖不能清中原而復濟者有如此江）王猷泛棹（王子猷雪夜思友戴逵時逵在剡溪便乘舟訪之未至則返曰乘興而來興盡而反何必見戴安道耶）謝尚停橈（謝尚鎮牛渚秋夜乘月與左右微服泛江會袁宏在舫中諷詠其清亮遣入問之答曰是袁臨汝郎也尚即迎至舟中與之譚論至旦不寐）李郭仙舟（後漢郭林宗始見李膺膺奇之後歸鄉里林宗與膺同舟而濟衆賓望之以為神仙）太白無侶（李太白嘗乘月與崔宗之自采石江至金陵著宮錦袍坐舟中嘯傲自若旁若無人）

是諾賦　十五了

下水船（晉裴廷裕文思敏速人號為下水船）

車

車輿之制、蓋圜象天、軫方象地、輪輻象日月者也（語出周禮）。黃屋左纛（音道）天子之車、金根象輅主后之車貴甚矣、外是有牛車為漢宰相乘之（漢初宰相乘牛車）、鸞車為唐御史駕之、羊車為晉[山年?]御之（衛玠乘羊車入市觀者如堵見晉傳）、制各有異也、吾聞車轂轔轔（車殺）泰風所

紀也、可以壯儀衛乎車轂、攬攬王風所載也、可以止（珠照乘見珠門內）遙奔乎頓、是車也輗軏光輝、曾得乎梁王寶珠之照、輪轅貴重、又得乎漢武白璧之加（安車加璧見本門內）、故房太尉肩以入朝、鍾太傅載之升殿、猗歟榮矣、未已也、引以避嫌、頗若得犯而不校之休風、虛以待侯生者、盡恭而有禮之雅道、懸以遺子孫者、示敎則有功之大效、破以責

是諾賦　十五了　六

公主者、昭剛亦不茹之貞操、皆可述也、且斷輪若悟（語出[illegible]）妙道、從轅者立貞信、棧轄者延佳客、削轍者阻應官、推轂者遣重將、褰帷者懾貪吏、止輦者受直言（漢文帝出輦止輦受諫）、數車之事指不勝屈、豈區區泛車載尚父而興乎周恭已耶、豈區區小車賜千秋而易其姓氏已耶、又豈區區高車錫黃霸而嘉其政績已耶、嗟乎攬車之中有覇

佐盤車之下有騄驪犇車之上無仲尼還車之下無
伯夷古語信然也第車前無八騶不足數丈夫尚恐
華轂若何人朱輪若何人輦轂之下[illegible]正好騁驚鞭之
才若局促轅下駒寔衆不爲丈夫也

四六語

堅矣華車朴戕華輅季武子之輿太美司馬卿之[illegible]
騎甚都[illegible]老君薄板出函關[illegible]曹多紫氣張守析轅[illegible]
蜀郡緯有清風毋轂煌煌若個膺公侯之爵紫車
幡幡誰人吊朋友之喪張綱以繡旁埋輪李泌以
白衣侍輦過關徒步下邊境自是歆君入境里巫
迴曾子郢嫉勝母有時人不借堪羡阮梧之焚無
慶客長歎曾淂田文之給輪轅皆整飾還宜熟道

之行駕馭不猖狂豈有窮途
嗚和鳥清聊奏可嘉

朱葛韶評

詳釋

黄屋左纛[illegible]
金根[illegible]
鸞車[illegible]
車轍[illegible]
車檻檻[illegible]
肩輿入朝[illegible]
載輿上殿[illegible]

引車避廉頗[illegible]
虛車待侯生[illegible]
懸車遺子孫[illegible]
破車責公主[illegible]
斲輪[illegible]
從轅[illegible]

車轄投弋于井中 卧轍（漢書侯霸傳……百姓……攀轅卧轍留之不得去且曰願留）昔年

推轂（馮唐傳王者之遣將也跪而推轂曰閫以內寡人治之閫以外將軍治之）褰帷（梁曹景宗）為領軍出行欲褰車帷左右諫以為不可景宗曰吾昔在鄉里騎快馬如游龍拓弓弦作霹靂聲箭如餓鴟叫逐獐追麞覺耳後生風鼻頭出火今來揚州作貴人路行開車帷小人輒言其不可閉置車中如三日新婦於邑使人氣之盡

賜車易姓（漢史田千秋為相年老得乘小車入宮殿人號車千秋因姓車）賜車嘉政（漢黃霸任刺史課賜車蓋特高一丈以旌有德）

塩車驊騮（戰國策云驥伏塩車而上太行伯樂遭之驥俛而噴仰而長鳴者何也見伯樂之知己也）

車前八騶（通鑑齊王融望為公輔歎曰食前無方丈車前無八騶那得稱丈夫）

車太美（左傳慶封獻車于季武子美澤可以鑑展莊叔曰車甚澤人必瘁）

柝轅車（漢書張堪為蜀郡守去日惟乘折轅車布被囊而已）

丹轂（漢制公卿丹轂揚子有云客欲朱丹吾轂者不知一跌將赤吾族也）

埋輪（漢張綱為御史安帝遣八使按行風俗綱獨埋車輪于洛陽都亭曰豺狼當道焉問狐狸遂劾大將軍梁冀）

白衣侍輦（唐書李泌為山人以白衣侍輦從常出行民指曰衣黃者聖人白衣者山人也）

過闕下車（蘧伯玉之朝過闕下車衛靈公與夫人共坐見是聞車聲過闕輟止夫人曰此必蘧伯玉也妾聞人若子不以昭昭伸節不以冥冥惰行伯玉有之果然）

阮裕焚車（晉史阮裕有車有人欲借而不敢言裕聞之曰有車而使人不敢借何以車為命火焚之）

客輿車（馮驩為孟嘗君客彈鋏歎曰長劍歸來乎出無車田文遂給之車焉）

窮途哭（阮籍愴然長行於車轍所窮輒慟哭）

杖

夫杖者養老之具也試稽其制刻以鳩形謂鳩不噎

是路錄　十五卷

耳斷以鶴膝謂鶴長年耳彼有取爾也吾聞古之人警友乎可以叩脛行樂乎可以掛錢（阮宣事見）蓑農乎可以荷篠且也漢代疲癃扶以聽山東之詔唐時跛子柱以看洛陽之花事皆可以述也未已也鄧禹策以見光（漢書鄧禹策杖見光武）武雲臺之將（使之延攬英雄）桀獨優孔子倚以問門人洙泗之聖教攸別臨濟奪以柱玄豎西竺之禪宗頓悟契冊舉以

是路錄　十五卷　十

賜王峻北番之使鄧特尊吾是知節竹之杖（張騫使西域得節竹杖）異竹靈壽之杖（靈壽杖木似竹有節）異木蒲蔔之杖異藤聖天子用以賜高年亦異寵矣嗟乎太乙吹之（太乙火燈）燃燈光分天祿孝父擲以幻木秀滿鄧林九節也（杜詩安得仙人九節杖拄到玉女洗頭盆）而可以拄倒玉女之盆六尺也而可以撲滅回祿之火（火神）此又杖之異事於傳有之者（陳壹中秋錄云云）吾敢欺乎哉雖然用之則行舍之則藏惟我與爾

危而不持顛而不扶將焉用彼此古人之銘也第吾以道義為途至乎以聖賢為杖至穩不杖可也若年躋暮景杖于家杖于鄉杖于國杖于朝優老之禮宜（六十。七十。八十。九十出曲禮）然吾不敢廢但用是杖也寧可令葛陂蒼龍之騰不可使河東獅子之吼

是端錄 十五卷 十一

四六語 附几

杖番青竹几置烏皮（李特郎杖番青竹 杜詩㩲杖烏皮几）杖解化龍几能幻鹿寵頒毛玠古物偏稱古人（言几）崇錫孔光聖嗣乃膺聖眷（言杖）杖持于太乙長者懷地理而袖天文（解文竹往）几隱于南郭子綦心死灰而形槁木朱慱几之秖奮髯方識是綾官伯俞杖之悲灑淚乃知為孝子規圓方竹杖詎知李德裕無限嗟吁斬斷曲几文始信挪宗元許多（柳子厚有曲几文指）

激烈之

詞表蟬意出新韻甚雅仰拿子提太乙藜光照

有杖卿

與大鎛

詳釋

扶杖聽詔 漢書山傳山東吏布詔令老羸癃疾皆扶杖而往聽之且願須臾毋死思見其德化之有成也

拄杖看花 陸齋夜話劉跛子青州人拄一拐每歲至洛陽看花家園看花輒為人謀嬉大范曰跛子與飲酒小范曰跛子嬉饒異劉跛依詩謝云人生四海皆兄弟酒肉林中過一生

荷杖問門 呂氏春秋云孔子弟子遠來者孔子荷杖問之曰子之父不有恙乎摶杖問之曰子之母不有恙乎置杖問之曰子之兄弟不有恙乎杖安問之曰子之妻子不有恙乎孔子六尺之杖諭貴賤之襟辨親疎之義

是端錄 十五卷 十二

奪杖拄玄鑒 傳燈錄德山玄鑒禪師尊常遇僧到多以竹杖打臨濟遣侍者教令他打殺僧便接取拄杖當心一拄侍者如其言接杖拄之玄鑒曰從來疑這漢

拳杖賜王峻 五代史漢高祖遣王峻奉表于契丹契丹賜一拐杖峻持拐杖虜人望之者皆避道而去

蒲萄杖異縢 傳書晉游蒲萄谷見枯蔓堪為杖持還植之遂活高數文

賜高年 禮記大夫七十致仕賜几杖又魏文帝賜楊彪延年杖乳武賜桌茂几杖

擲杖化木 齊諧志云夸父逐日影不及道渴而死擲其杖膏肉所浸化為鄧林之木

擲藏火炎 拾遺記桑豈耆婦人語云若家有火厄令以六尺青蘆杖悉君可免害皆持婦遇火忽其杖化青錢遂火上大遂滅

聖賢為杖 陸賈新語云君子者自處不可以不安履危者任杖不可以不固是以君子之人居高處上則以仁義為巢乘危履傾則以聖賢為杖

杖化爲陂龍 神仙傳費長房學道于壺公壺公與一竹杖長

忄忽化[illegible]
騰躍而去　杖落獅子吼　悍蘇東坡作詩戯之云誰道能
居士賢春禅説有夜不眠忽聞　會稽典録葛仙翁
河東獅子吼拄杖落手心茫然　几紵鹿　恩白桐几學道成
白日昇仙几亦化為白　魏志太祖以素屏風素
鹿而去士人往往見之　古物古人　憑几錫尚書毛玠曰君
有古人之風故　漢書平帝詔於孔光曰聖人
賜君古人之物　聖嗣聖眷　之後先師之子總行純淋年耆
有疾全太師每朝十日一　太乙扶杖　漢史劉向校書天祿
賜餘賜太師靈壽杖一枚　閣中夜有老人植杖
和閣而進曰上帝聞卯金子好學使予下觀于是吹青藜杖
端火焔以照向懐袖中出洪範五行天文地理書授之向學
由是大進光人　南郭隱几　而莊子南郭子綦隠几而坐仰天
若蓋太乙星也　而噓荅焉似喪其耦顔成子游
主侍于前言曰何居乎形固可　抵几奮髯　漢書朱博遷
使如槁木心固可使如死灰乎　琅邪太守齊俗舒緩
掾吏皆移病臥故事二千石初到遣吏存問乃起就職博奮
髯抵几曰齊民欲以此為俗耶因罷斥諸病吏屬節樂

規圓方竹杖　李徳裕贈一僧方竹杖後見僧問曰前所奉方竹杖無恙否僧曰已規圓漆之入不敢把見公莞悅編日敘前輩詩云規圓方竹杖漆却斷紋琴

扇

扇之為用、於夏之時者、謂之曰箑、其別名歟、當其時 扇名
五明也、翩翩與六角、斐奇紈素也、皎皎與白團比潔、
展開時依稀乎梧桐月、向懐中照、動揺處怳惚乎楊 卿子詩句
挪風來、面上吹、快哉快哉然是扇也、于暍人而清涼 暍人熱死之人記武王扇暍今擬
之為周武稱聖君也、于軍旅而指揮之為孔明稱智
將也。于致昏而驅逐之為兇庭稱循吏也、于江水而 亦致扇　袁紀庭為刺史號逐惡人號驅致扇
分劃之為吳猛稱真仙也、且滿畫山水者、一流一峙、
其河也、岳也、因風而動盪之耶、畫草蟲者、一飛一躍、
其蛺蝶也、阜螽也、因風而鼓舞之耶、噫大暑驅酷吏 北熱
清風來故人、范質之賦詩也、曲而中、清風隨手起明

月逐人行。滌之賦詩也、秀而雅、祝融無酷烈火女 火神
有餘清、方干之賦詩也、逸而婉、寧忘過後熱、肯念當
時涼、柳渾之賦詩也、悽而婉、吾想此扇也、得佳咏而 扇亦云便面　譚世隷若
名益佳者也、然乎、肯使面美人之貽者、字則祝掌科 譚天開若
之筆、畫則陳野仙之墨、客有問價者、余曰、無乃戯山 見六角註
之箑乎、客笑曰、然然。

四六語

九華賦美、六角字珍（見戴山堂註）。誰人誤畫蒼蠅，有客巧描冊鳳（張芸叟扇上鳳詩翩翩彩翼風中翥）。自謝安石惠下，須是奉揚；塵由庾元規起來，儘堪遮蔽。人君能節儉，絹穀絕華（晉武帝尚節儉禁華扇之綃穀）；高士有散名，蒲葵增價。白團雖皎潔，不堪侍女之歌；紈素若棄捐，無奈婕妤之怨。

詳釋

五明　古今注舜廣開視聽作五明扇其公卿大夫皆用之魏晉非乘輿不得用

六角　王羲之在戴山見一姥將六角扇貨之羲之書其扇各五字姥初有愠色因謂曰但言是王右軍書求千錢入必競買之果然他日姥又持扇求書羲之笑而不答

分劃江水　晉吳猛有仙術歸豫章見江水盛漲以扇畫江中水即成陸路與弟子行之渡訖其路依然皆化為水

畫山水　南史齊景陵王子良之孫賁于扇上圖山水其咫尺之內便覺萬里為遥

畫草蟲　司馬君實謝孫興中草蟲扇云吳僧畫團扇點綴成微蟲秋毫宛皆具獨竊天地功細者及蛛蟊大若成阜螽枯枝擁寒蝸黃葉粘飛蜂翾然得生意上下相追逐徒觀飛躍姿莫睹筆墨蹤乃知藝無小意精神可通不興誤圖蠅態或紫髯翁云云

暑去酷吏　閒見錄宋范質坐茶肆執扇書大暑去酷吏清風來故人問有人貌怪隱揖曰酷吏究獄何止如大暑公他日當深究此弊

風隨手起　試展白團扇塵襟倫自清好風隨手起明月逐人行人咸賞之

少女餘清　方千詠團扇云團扇復團扇輕盈更輕盈祝融無烈焰少女有餘清

念當時涼　柳渾賦秋扇詩久皆棄秋扇我為秋扇傷寧忘過後熱肯念當時涼

九華　曹植九華扇賦形五離而九折蔑蘧篨而織分效此能之婉蜒法雲覽之細縕

誤畫蒼蠅　畫譜云曹不興為孫權畫一扇誤點墨痕遂畫一蠅孫權以為真蠅舉指彈之

奉揚安石扇　謝安為揚州刺史袁宏出為東陽郡安臨別執其手取一扇以贈宏宏曰敢不奉揚仁風慰彼黎庶

遮蔽元規塵　晉書庾亮字元規出居外鎮而執朝廷之權王導不平常遇西風塵起乃舉扇自蔽曰元規塵污人

蒲葵增價　謝安有盛名有罷中宿縣者還詣安安問其歸資答曰有蒲葵扇五萬耳謝之又非其時也安乃取其一執之士庶競買之其扇遂增價數倍

侍女歌　晉中書令王珉與嫂婢私通嫂撻之甚苦婢素善歌而珉好執白團扇故製白團扇之歌云云團扇復團扇許持自障面憔悴無復理羞與郎相見

婕妤怨　班婕妤漢武夫人失寵作紈扇詞云新製齊紈素皎潔如霜雪裁為合歡扇團團似明月出入君懷袖動搖微風發常恐秋節至涼風奪炎熱棄捐篋笥中恩情中道絕云云

飲具

飲酒之器不知其凡幾矣。吾聞玻璃之盞，唐高祖所（唐武德二年西域進玻璃之盞帝甚愛之）重；琥珀之杯，張燕公所（張說詩飲憐琥珀杯中好催送珊瑚枕上眠）貴；琉璃之鐘，李青蓮所愛（李白詩琉璃鍾云云小槽酒滴真珠紅）；水精之卮，陳后主所珍（陳后主每宴用水精卮）。外此若寧王燒玉之杯，進御

天子玄宗紫金之盞沉醉楊妃，歷有可數者也。朱巴

也。羽觴爲貴其速，兕觥爲重其罰，犧尊爲尚其華。不落爲佳其蘭注，于爲適其便，蕉葉爲淺其新，瀲眼酤爲宗其雅，匏子卮爲敦其朴。翏也鸕鷀杓與鸚鵡杯爭奇，銀鑿落與金屈卮較勝，玉蟾兒與金叵羅鬪麗，伯雅、仲雅、季雅，爵有大小，並爲席上之奇。銀盞金盞

是路録　十五卷　十七

玉盞，器有貴賤，悉從甕中之蟻。吾想其夜飲也，浸中天之月影；朝遊也，酣工苑之花枝之數者。以漾以河流之曲水也，可以倘以徉；傾之北海也，可以歎以洽；酣之竹林也，可以游以衍；宴之金谷也，可又奚必白玉蓮花快人也，瞧碧筩荷葉清我唇吻也哉。雖然，杯中之物，狂藥也。故三爵不識，香之甚，吾不願也；十觴

累舉，豪之甚，吾不取也；啜翻王母九霞觴，狂之甚，吾不敢也；欲決銀河注酒杯，誕之甚，吾不效也。倘有載酒而問奇兮，三蕉耳矣。不然，笑待武昌江作罍，吾之清興也。此醉翁不在酒之意。

四六語

杯傳藍尾，壺用偏提。黃流斟玉瓚，騰有浮光；翠蕤

是路録　十五卷　十八

注金罍，竟無敗味。青田之核，旋釀旋成；頃遜之壺，愈傾愈溢。異國終呈紅玉掌，君王又進紫霞杯。風流畢吏部，郤全金甕酒乾；純厚柳尚書，不嘗銀杯狀化。

一清見堂實濟酒艷塵所謂置之逆悉寒露之玉

壺青莫之　　長且

詩釋

煖玉杯（唐寧王有煖玉杯，不熱自煖，每以奉酒于玄宗，帝曰此亦奇寶）紫金盞（唐人牡丹詩有國色朝酣酒，天香夜染衣句，明皇謂妃子曰：粧臺前飲一紫金盞酒，則此詩可見矣）鸂鶒巵（五代時唐昭宗有此酒巵）鸚鵡杯（雜組：梁宴魏使魏肇師，舉勸鸚鵡杯，徐君房飲不盡，肇師曰：海螺蜿蜒，尾翅皆張，非以為說，亦以為罰，令日不浮辭○蓋以海螺刻為鸚鵡之形也）銀鑿落（姜白石詩云：剪燭屢呼銀鑿落，倚窗閑品玉參差。蓋鑿落，酒杯名；參差，簫名也）玉蟾兒（李適之有酒器名玉蟾兒，與金蕉葉、瓠子巵，俱為當時之所尚）金巨羅（李白詞：蒲萄酒，金巨羅，吳姬十五細馬馱）酬飲竹林（晉時竹林七賢嵇康、阮籍、山濤、向秀、劉伶、阮咸、王戎）白玉蓮花杯（東軒筆錄：王永年嘗置酒延賓下楊繪，出其妻閻坐，以左右手搆酒以飲，下繪謂之曰白玉蓮花杯）碧筩蓮葉杯（漢史：魏鄭公慤率賓佐避暑，取荷葉盛酒，刺葉與柄通，屈莖如象鼻，傳吸之，名曰碧筩杯）

藍尾杯（白樂天詩：三杯藍尾酒，謂最後之杯）偏提（唐元和間，酌酒之注子，安繫，名偏提）金罍（唐左相酒名醽醁翠濤，注之以金罍，十年不敗，一作翠濤）銀杯羽化（唐書：柳公權貯銀杯盂一笥，緘識如故而器皆亡，笑曰：銀盃羽化矣。竟不復問）

臥具

臥之具，毯則氍毹（毯名），簟則桃笙（簟名），帳則流蘇（帳名），角枕粲兮，錦衾爛兮（二句出詩經）者也。第藜之床（管寧好學坐藜床欲穿），石之枕，紙之帳（唐人詩：紙屏石枕竹方床），布之衾（公孫弘為相臥布衾），何簡朴如是。象牙其床（魚弘奢侈象牙為床），琥珀其枕，紫綃其帳，青綾其被，何華靡如是。吾試稽乎其事，以枕而游仙，夢好坐床而鼓琴，情適匿床而避駕，志謹警枕而讀書（司馬溫公以圓木警枕讀書），功勤溫衾而奉親（黃香事親冬溫被），心孝。且七寶床夸青蓮，遭逢其榮遇，五王懽寧王輩（玄宗事見法釋），寵沐其殊恩；百幅被，衆之橫，恢宏其大志，皆可以述也。未已也，帳中墨跡，非勤學不能；遽有枕上經覈，惟悟道乃能為，然積勞滿床者，貫覈而無以加。

欄書盈榻者，清高而莫與侶，嘆乎此亦嘉事也哉。吾觀許為倨床以見食其，漢祖者駕馭英雄之術乎（酈食其見漢祖，漢祖倨床見之，或謂此漢祖駕馭英雄之術）。入幕以硯，謝安都坐者，察規事機之意乎。自是以外，尚有登龍武之床，而懽其目乎；美真豪儒入縣令之被而偎其肌；光逸真通士，臥天子之榻而加其足（嚴子陵與光武共臥，足加帝腹，太史奏客星犯帝座甚急），子陵真高隱。不然，二幅布被，招賢之被也，非賢人莫……

四十里錦障崇家之障也非闘富寧設吾乃知聯愛珊瑚枕上四入所欲我亦欲也芙蓉帳煖度春宵人所願我亦願也紙帳梅花清且適人所安我亦安也瀟灑風雨夜後此對牀眠此惟朋友為然自朋友之外卧榻之側更肯容他人鼾睡否

（唐人詩句）（白樂天長恨歌中句）（宋人詩句）（連牀聽雨朋友共寢事）

四六語

唐主長衾夜寒而燠（五王幄註）姜肱大被（姜肱兄弟友愛為大被共寢）冬盛而温卧上牀卧下牀豪傑之規模迥異開甲帳開乙帳君王之製度維新學字畫衾（鍾繇學字每夜畫被被皆穿）鍾太傅字因衾善作文覆被（王勃每作文以被覆面而思少頃成文稱腹藁）王子安文以被奇祖瑩藏火之帷（見後灯火內）想皆縝密瑶茵却塵之褥必是稀奇命開幬放將蚊入或謂齊桓公可謂賢君乎曰未知揣被舌下蝨来有云無畏

師莫非慈佛也曰然

誠前具事頗及但未道李青蓮天地印衾枕主

司仙少豪氣象

萬韶評

詳釋

紫綃帳　杜陽編云載有紫綃帳蛟綃之類冬風不能入盛夏涼司至色隱々然不知為帳見卧內紫氣而已怪之不漏一鞘亦奇貨也

琥珀枕　宋武帝有琥珀枕曾碎之為將士療金瘡

青綾被　漢官典職尚書入直供青綾被黃綾被亦或用錦被

遊仙枕　唐時龜茲國進一瑪瑙枕枕之而寐則十洲三島盡在夢中因琊遊仙枕

匿床避駕　孟浩然王維私邀入內署俄而玄宗駕至浩然匿床下維以實對帝喜曰朕聞其人未見也詔浩然出

七寶牀　李白被召明皇以七寶牀置金鑾殿中使白坐卧之

五王幄　唐玄宗友愛五王置長衾共寢又置一大帳號為五王幄

百幅被　梁裴之禮不事產業兄之横曰大丈夫富貴當作百幅被之尚為狹被蔬食以激

帳中墨跡　范文正晝夜肄業帳中帳頂灯焰墨色及貴夫人以示子孫曰此少時勤學灯焰所熏之黑跡也

枕上經聲　云司馬侍郎承禎見一道士睡枕上有經聲道聽之乃一道士腦中誦經聲也

攤書盈榻　南宋虞愿不諳回避床積塵擁書數卷撰已廢去

入幕覘安　郗超為桓温謀事晉帝將相謝安王坦之詣温論事温令超坐帳中聽之忽動帳開安見而笑曰郗生可謂入幕之賓矣

登嚴武床　杜甫醉登嚴武床瞪目視之曰嚴挺之乃有此兒武銜之

入縣丑被　晉光逸為博昌小吏縣令被中卧令大怒將加嚴罰逸曰若不冒寒舉綠十二幅被豈

招賢士共寢時謂之招賢被
卧榻他人鼾睡越武勸辨之
帝曰江南主有何罪但卧榻之側豈容他人鼾睡耶
上下牀魏志許汜曰昔遭下邳見陳元龍無主客禮久不相與語自卧大牀上使客卧牀下劉備曰元龍湖海士豪氣未除君求田問舍言無可采如小人欲卧百尺樓上卧君于地下耳豈但上下牀之間耶
甲乙帳東方朔傳云漢武帝雜天下珍寶為甲帳乙帳
却塵褥杜陽編云元載寵姬薛瑤英有却塵褥云是神獸之毛所為也
開幬入蚊金樓子云昔存拒公曰一物失所寡人悒悒白烏嘗嘗是必飢雞寡人闢革紗之幬進之故有知禮者不食公之肉而退有知是者集公之肉而退有不知是者長者喧短吸而食之及其飽也乃腹腸為之潰裂者
撲衾丟蝨傳燈錄無畏三藏投律師律師以其言行麁易心中不悅常令宿于户外律師中夜揣被捫蝨扶之床下無畏即吁曰撲殺佛子耶撲殺佛子耶律師知為法器遂傳之以衣鉢

火燈燭

火之為用，民生所資。原其自，或胚胎於榆柳棗杏之中，或胞孕於楢柞槐檀之內，燧人氏鑽而取之。嗚呼、哲后也哉！然爇之於燈，燃之於火，皆是物也。是以殿前庭燎詩經庭燎有光即火炬，曉騰魏闕之光；爐內烏薪晁曰烏薪，冬鎬寒窗之煖。雁足燈工人製巧，鳳腦燭唐人宮詞云燈燒鳳腦有鑑王龍涎御座光凊，長明公允作佛前燈凊輝，使雜稱席間燭。稽其事，獨無所述乎？吾聞里媼束絮而乞，頼是以釋疑心；劉昆反風而滅，藉是以昭德政；賈誼積薪而厝，用是以寓諷言；祖瑩掩帷而藏，得是以勤志慮；百丈擁爐而撥，緣是以悟禪機；葛翁開口而吐，因是以闡仙法。且縛于牛之尾，田單已見牛註以此復齊城；繫于雞之足已見雞註，江逌以此焚羗壘。載觀夫

周興王業，晶熒流王屋之烏；秦兆霸功，烈焰走崤函項羽火燒之虎。歷有可紀者也。第博望屯之精糧，遽成餘燼孔明火燒博望屯破夏侯惇；咸陽宮之畫棟，倏變飛灰咸陽宮三月猶燒不熄；珊谷坑之經書，悉為冷焰始皇焚書于珊谷坑中；赤壁磯之戰艦，盡作寒煙周瑜赤壁鏖兵事。嗟乎！火之勢焰可畏哉！雖然，水晶燈籠，明政也；照天蠟燭，休光也；秉燭達旦，大節秉燭達旦乃雲長之大節也；分燈合績，公心也；刻燭賦詩，佳興也。是皆吾所羨

者吾又羡夫卯金子秘書天祿藜杖吹光蘇子瞻召對便殿金蓮擁炬還（見宋翰林註）此亦曠世之榮遇也哉、

四六語

鏤燈無用玉火偏（司）雙花忽作蜻蜓眼孤焰猶懸（此公咏灯花詩）王膳飛咏燈句巧、泥落春紅燕尾香帘殘瘦玉蘭（楊誠齋咏剪燭詩）心吐剪燭意新憐、（灯為鼠長嚣飯憐蛾不點灯）燈不點還稱坡老仁心剔蠹（東坡…）燭猶燒會謂韓公之薦志曲突徙薪真蚤見鄰家乞（詩咏日新…）火是佳辰嚼火無精（史稱元辰避…）雖則見大明而遽熄滅有（邊火畫蛇曰烽，蜂燧狼烽者以狼糞燒其烟風吹不斜）勝焉知不終日而邪然狼烽息邊塞異南倭北虜（春臺玉燭）永絕塵灸王燭調春臺頌萬國九州同臻泰運、

評釋

長明公　江寧縣寺晉時燈色青不爇　隋平陳猶熾人號為長明公

束絮乞火　蒯通曰　里母夜

亡肉疑婦竊食之也逐之婦請被于里媼里媼乃束絮乞火

于亡肉家曰犬暮也由相爭食之一犬被狼若齒死請火治

之姑于是　後漢劉昆為江陵令民有火災郡何

逐呼婦還　反風賊火　火叩頭多能反風滅之詔問在江

叟反風賊火虎北渡河行何德政使

然昆曰偶然耳常曰此長者之言也

積薪厝火　賈誼疏曰　厝火于積

薪之下而寢其上火未及然逢謂之曰安乎

也不與之火臺時藏火帷中

祖瑩藏火　北史祖瑩方七歲勤讀　不倦父母恐其傷于勞

何父母曠無煩讀人稱聖小兒

山曰汝撥爐中有火否師云無久百大深

撥冊火以示之示以不是大師拔悟禮謝

百丈撲火　傳燈錄云百　丈禪師謂溈

萬仙翁冬月宴客皆若寒翁白我有以螢

君若遂口中吐出火來滿空皆熱客皆辭衣

嘗翁吐火　列仙　傳云

流王屋烏　史記

武王渡河火自上復下至于王屋流于烏

見火中一猛虎躍出公知其必霸也

照天飄燭

剔燭賦詩

剔蠹　韓公詩銀燭高燒剔蠹通

徐生上書云曲突徙薪無恩澤

焦頭爛額為上客召福為郎

嗜西虎　集異記秦穆公獵于嗜西見叢林中忽烈大火熾近視之

水晶燈籠　趙宋劉隨為通判明達練事人不可罔以術時號為水晶

分燈合續　齊女徐吾鄰女李吾夜

挑江挑盡以文稱竟陵王

賦詩約四韻成燒燭一寸

曲突徙薪　霍氏奢侈徐福三上書不報

後霍氏誅滅告者皆封

是路録

十六之八

終

是路録卷之十六

水陸草木之花（朱子淑譜）甚繁，是花也，培雨露根荄，呈乾坤淦

衆。評花之名，牡丹花之王。獨擅春色。富貴極也。（愛蓮說牡丹花之富貴者也）至如

嚴而美，秀而雅，或謂瓊花無雙，果無雙哉，外此則芍

十六葉

藥金帶可卜頭，相葛蒲球光，可占奇異，耳菊金辦可

延壽齡。緗桃丹霞。可好顏色。萱草錦英。可忘隱憂。（萱草花可忘憂，又名宜男花）俱

奇者也，然蓮花似六郎，六郎似蓮花，謂蓮花不雅，不

可也。海棠比妃子，妃子比海棠。謂海棠不嬌，不可也。

且也，魏紫姚黃。牡丹色嚴。龍涎麝臍（香別名）。月桂香清，雪態

冰魂。梨花姿好，是數種也，有香々有色々，有色而香

香而色訖謂其不佳耶吾又數茶之出處爲茶棗之
菊馥馥芬芬陶淵明之逸友乎羅浮之梅雅雅素素
趙師雄之情姫乎燕山之桂鮮鮮艷艷竇十郎之佳（見兄弟内）
徹乎唐苑之棣華韡韡熠熠明皇孝順之兄弟乎謝（見倫道兄弟内）
砌之蘭幽幽潔潔安石奇特之子姪乎天台之桃黄
道真之指迷使乎丹紅之蓼越句踐之醒心丹乎未

是齋錄　十六卷　之

已也文杏千株炫晉公坊閣碎錦落梅數片綴壽
陽主額上新粧金鳳數朵飾佳人脂尖腥紅荼蘼萬（洛陽人以荼蘼花釀酒號酴醾酒）
英浮酒家甕頭春色歷數奇品無一不佳傾一年四
序迭運韶光萬紫千紅遍粧景色春之蓓蕾見牡丹（樂府有牡丹賽甘棠）
之賽甘棠秋之英蓉觀金菊之對芙蓉茶登翠藕（樂府有金菊對芙蓉）
茶紅喜夏光更有紫薇菊鮮謝黄梅鮮白愛冬景之

不寂寞况也萬綠叢中紅一點動人春色不須多又
深得惜花之雅趣若然則茶愛人耶人愛茶耶嗟乎
争奇鬪靡開時必屬茶神把酒賦詩賞廢只宜驗客
吾於此茶不羨河陽滿縣不羨洛陽滿城不羨黄四（古人詩花滿洛陽城）
娘家滿蹊春催羯鼓倘然偶然造化冬剪綵繒不是（明皇事見歲時内）
自然生機然非吾所羨也惟夢寐之中筆花發采炫（唐明皇事見歲時内）

是齋錄　十六卷　之

弄吾心工化工乃快哉乃快哉（江淹夢筆生花見事實内）

四六語

試周羣卉細閲一番桂爲仙種何混九英蘭是國
香焉同衆草蓮池桃蕊開時要待千年玉井蓮華（李白事見）
發處事高十丈木筆蕊插來春色如何金錢花買
得韶光幾許萱花雖消心上恨何爲勿學合歡丁（唐人詩句）

香室繡兩中愁畢竟（小注）含笑天道無私莫各別
茶。神。不。語。奈。渠。何、

此篇託跡香故終日持筆清新美出於其香艷
觀如華夜首蔡桂竹如同風柳狀雅潔如洗露
而花子雅茶支古香無他情為兩許新服了了

佚大 [illegible]

女紅餘　十六卷　四

詳釋

嬾茶無賤　刘原父詩序歐陽公以廬陵遺茶天下無價因作無價亭賞之

芍藥卜相　后山叢話廣陵芍藥紅葉而黃腰一號金帶圍而無種有時而出則郡中當有宰相韓琦守廣陵日一出四枝是時王珪以高科為倅王安石為屬陳秀公又以事入廣陵四公皆為相

菖蒲克男　梁太祖后張氏以時忽見菖蒲花光采非世有后怪而問之人以為見者當富貴因吞之生武帝

甘菊延壽　南陽郡縣有菊水其谷中水甘其旁有菊花落水中飲此水者壽百二三十歲中壽百餘七八十歲則為夭矣

緗桃好顏　金門歲記洛陽人家寒食日以桃花為粥食之令人好顏色

蓮花六郎　唐武后朝張昌宗以姿色得幸人言六郎似蓮花內史楊再思媚之曰人言六郎似蓮花非也乃蓮花似六郎耳

海棠妃子　唐楊妃外傳明皇嘗召太真妃妃被酒新起妝容闌珊帝笑曰此乃海棠睡未足耳

姚黃魏紫　開元中禁中初重木芍藥即今牡丹也姚黃魏紫皆牡丹名品

是

梅是情姬

雪態冰魂　[illegible]

菊為逸友　陶潛採菊東籬飲酒以菊為逸友

梅是情姬　唐趙師雄醉憩梅林見美人淡妝素服與之語芳香襲人因與扣酒家共飲少頃醉寢但覺風寒相襲久之東方已白起視乃在大梅花樹下翠羽啾嘈相顧月落參橫但惆悵而已

桂為佳儕　五代實禹鈞教子五人皆登科馮道贈詩云燕山竇十郎教子有義方靈椿一株老丹桂五枝芳

蘭為子姪　謝安謂子姪曰子弟亦何預人事而正欲使其佳謝玄曰譬如芝蘭玉樹欲使其生於庭階耳

桃稽迷使　漢武陵人黃道真捕魚入溪見兩岸桃花夾岸落英繽紛漁人甚異之復前行欲窮其林林盡水源得一山有小口從口入見有老者自言先世避秦時亂來此絕境不復出焉遂與外人間隔漁人出既出得其船便扶向路處處誌之及郡下詣太守說如此太守即遣人隨其往尋向所誌遂迷不復得路

蓼為醒心丹　[illegible]

碎錦坊　晉公於午橋莊種文杏千株春花盛開號碎錦坊

梅綴瀕　宋壽 [illegible]

臨　十六卷

厥木惟喬有異者有不異者有不異而異之而不異

書經句

衆木

陽公主人日卧含章簷下梅花落額上成五出之花拂之不去自後宮人效之號梅花妝

茶蘼一名佛見笑　[illegible]

河陽滿縣　晉潘岳為河陽令種桃李花人號河陽一縣花

蘭為國香　家語孔子曰芝蘭生於深谷不以無人而不芳又曰蘭為國香

瑤池桃　漢武內傳王母謂帝曰此桃三千年一花三千年一實

玉井蓮　韓愈詩太華峰頭玉井蓮開花十丈藕如船

金錢花　[illegible]

者荊榛枳棘惡木也音惡之矣茂林之中寧乏異材
哉異材者何瀛洲有奇樹產葉而百影異也交趾多
良榦一木而四香異也靈隱寺之松東向而又西向
異也木清觀之檜左紐而不右紐異也古鄉而彈其
汁異也老柏而篆其字異也若旃檀桉擲ㄋ（金剛佛經註）皆香珊
瑚樹枝ㄋ是玉則不異矣雖常皮片片可布桄榔（桄榔木名出……）實

是詩解　十六卷　六

蘭ㄋ斫鞭則不異矣然楚之冥靈（木名）一春也一秋也而
莊乎則計年五百莊之大椿一秋也一春也蒙叟則
識歲八千異也孔明廟前之柏霜其皮者溜雨四十
圍王母池上之桃霞其實者鍾靈三千歲不異也斯
之桑而楯也比張緒少年之風流杞也鬆而困也例
如橋生平之楠樹不異而異也常情植棟生成連理

之枝古葉鳴槐號作穀音之亦不異ㄋ之ㄋ之繩鬛綰（老十生）
槐而死是槐也乃鉏校尉擲鉋將軍老柟傍李而生
是李也（其母根李樹而育因指李為姓）實李老子催生使者異乎不異乎左伯桃為
死友古鄉之中乃其棺槨商伊尹之生母空桑之內（伊尹生于空桑之中）
即是胞胎不異乎異乎噫樗櫟臃腫擁漆園生識其
臣良以為不異者也梧桐尾有焦（焦尾琴見桑器琴內）蔡中郎知其必美

是詩解　十六卷　七

以為異者也然辛甫之巔其柏也森ㄋ（辛甫山名之松柏雪之曲）峗崍之岫其
松也鬱ㄋ（嶺林出吳越）御榨之地其橙童與桔柏也旋ㄋ是皆飽
流壑濤霜雪薄日月撼風雨摩雲霄是良材也處於
異不異之間可以柱明堂而棟大廈取材者勿以之
勝大任嗟乎是將使楚材而晉用之乎可慨已

四六詩

若木擊夫扶桑出日，九烈君原為異柳，叉離婁（五柳見宮室本府）

喬喬松，王祐庭前，日午之槐影密，漢皇殿上，兩餘

五柳陰濃，召伯甘棠（文王時召伯布政舍甘棠下民思之勿忘伐），南國之黔黎勿剪，萊公秀柏，

巴東之父老爭憐，桥發肘中，見滑生之悟道，松生

腹上，作丁固之夢，公大夫進學要精專，勿效黃楊，

（李仲將天寶年間…）跑閱男子為人須卓犖，如老檜參天。

一一 [illegible] 柳 [illegible] 老柏 [illegible] 子 [illegible] 良材 [illegible]

[illegible]

景烈 [illegible]

詳釋

降葉百影 瀛洲有影木，府摹玉顏中觀之一葉有百影。

一木四香 草木錄交趾有木一木而有四香，根曰旃檀，節曰沉香，花曰雞舌，膠曰薰陸，其香曰…

奇松東向 廣異記陳玄奘西域取經…可西長及…松枝皆西…

古柳彈汁 唐李…

老栢篆字 漢…

觀檜花 [illegible]

[illegible]

了閣　柳生肘　萊　三槐　叉離叟　[illegible]

[illegible]

黃楊阨

[illegible]

作…若…常…可以…秋…古…如帝…曰…睹…二…帶…阿…曰…昔…曰

莊椿　莊子…上古有大椿者，以八千歲為春，八千歲為秋…

寘靈樹　[illegible]

孔明柏　[illegible]

張緒柳　[illegible]

和嶠松　[illegible]

連理枝　[illegible]

欝木　[illegible]

夷甫

蘭槐

死友

[illegible]

草之生也天地化機兗州之草惟繇徐州之草漸苞
楊州之草惟夭(合上禹貢云云)青之所載倫也晉無庸贅惟屈軼指(草名)
佞朝不容愉壬(草名)蓂莢紀年國弗用曆統瑞也至如闒
風苑之蕢(草名)精延人之年不患於夭札聚窟洲之震檀(草名)
返人之魂不患於死絶秘書省之迎凉(草名)滌人之炎不
患於煩燥興慶池之醒醉(草名)解人之酲不患於沉湎矣

奇卉也外是則蓍可以揲蘭易道矣蘭可以紉美楚(楚辭紉秋蘭以為佩云云)
騷矣蒲可以鞭善政(劉寬鞭蒲見官品部守內)績矣芸可以藏書(見宮室書齋內)完簡帙矣艾
可以分痛敦友(宋祖事見倫道友于)愛矣且浮萍之美也樊公取之作鴨
菌龍芻之茂也穆王用之供馬料(草名)杜若之馨也謝朓(謝朓詩有)
采之入(芳洲采杜若)詩篇書帶之叅也(書帶草鄭玄事見宮室書齋)康成賓之驗教化楚昭王
得萍實幾壯霸圖蕭靜之食肉芝遽陞仙籍數草之

事指寧以一二屈耶不惟此也洛濡化雨秀增泮水(商山四皓)
之芹浩蕩春風芳入鄭園之蕙(列子居鄭圃種蕙數畝)零瀼井露榮添商嶺
之芝(採芝歌)小兒吹牽羊點綴晉公之畫圖居靜軒羣蛙
離喝孔稚珪之鼓吹凝碧園羣朋坐卧富鄭公之祠
褥況又有明妃塚上之青青所獨青漢皇殿前之赤
赤所獨赤虞美人之精魄因歌自舞周茂叔之意思(見宮室書齋內)

帶露愈榮嗟乎人孰謂芳草之無情哉不然映階更(杜詩映階碧草)
有重碧奚為也(草自春色)入簾常有餘青又奚為也(陋室銘草色入簾青)惜也猶之
臭不若薰之香一臭一香大相懸絶荼之苦不若薺
之甘一甘一苦迥爾不侔蔦蘿(藤屬)又施於松柏(蔓屬)比小人
之附榮奚別荃蕙更化為蓮茅(楚辭荃蕙化而為茅)例女子之失節何異
蘭芷之變為蕭艾視大夫之改行何殊噫嘻蒙茸兮

杜蘅亂細辛，噫嘻葳蕤兮馬齒掩嘉蓀，噫嘻菁蔥兮王孫不歸，噫嘻荏苒兮離人增悲，吾於此草也不能無感。

四六譜

蓂之預生，即占歲稔；蘄之先出，可覘年豐。九節蒲服之長齡，七年艾蓄之愈疾。野火燒來，不盡春風（古詩：青青原上草，一歲一枯榮，野火燒不盡，春風吹又生）吹却還生。芳洲生杜若，曾來遠使之求；遠水有蕙（春秋繁露僖公）蔆，當致詩人之咏。風當偃處，識君子有仁；檄霜不殺時，知國君無政。（時久霜不殺草，由於冬不殺也。見穀梁）江淹賦就，更聞南浦之歎；（江淹別賦：春草碧色，春水綠波）靈運詩成，也入西塘之夢。（見歲時記）

[illegible]

果（?）錄 廿六卷 十七

屈軼指佞（史記：堯時有草名屈軼，佞人入則屈而指之，號曰指佞草。）曰蓂莢，朔後日生一葉，望後日落一葉，閱月則一葉不落。

黃精延年（博物志：太陽之草名曰黃精，食之可以長生。）

震檀返魂（博物志：聚窟洲有返魂樹……）

出閣風苑

迎涼草（唐書：李輔國為秘書省校書……迎涼之草，其草外國所貢……）

醒醉草（開元遺事：興慶池南岸有草，……醒醉草。）

美人（……）

萍作鴨茵

龍芻馬料

楚王得萍實（史記：楚昭王渡江，江中有物大如斗，赤如日，剖而食之甜如蜜。孔子曰：萍實也。……）

是齋錄 十六卷 十七

食肉芝

芸草

羣羊綴草

羣蛙鬭草

蔡邕坐草

墦上青

虞美人草

蘭芷

六七五

杜蘅綠辛，麻似蘪蕪，杜衡亂細辛。
莧馬齒，掩乎嘉蔬。（馬齒莧）
○稱小人，啗君子也。 蕕知歲，滋可前知。漢武問方朔，朔對曰：歲之豐也，歲欲豐，甘草先生；歲欲早，草先生薺，是也；歲欲病，病草先生艾。
草先生薺，是也；歲欲潦，潦草先生藕，是也。歲欲苦，苦草先生蒿，是也；歲欲惡，惡草先生藜，是也。
生蒺藜，是也。歲欲潦，潦草先生蓬，是也。唐語林：貞觀中，尚書省求杜若，郎以謝朓詩。
也。使求杜若，唐朓詩有芳洲生杜若，郎妾坊州貢之。本州官
判云：坊州不出杜若，蓋由讀謝朓詩
誤也。太宗聞之，改前郎為雍州司戶。
一句露為霜，所謂伊人，在水一方。○此乃懷人之詩也。 蒹葭入咏，蒹葭蒼蒼。秦風詩為

竹

羣竹猗猗，種分淇澳。大者貢當，小者桃枝，曰胥曰筀，

曰箖箊、曰簡簵、曰篔簹，異其名不異其類也。吾聞君子者比德於竹，蓋以其勁本堅節，不畏霜雪，剛也；（合下數語刘岩夫植竹記云云）綠葉陰陰，翠篠浮浮，柔也；虛心而直，無所隱蔽，忠也；不孤根以挺聳，必相依以聚秀，義也；雖春陽氣王，不與眾木鬬榮，謙也；無實以遲鳳，禮賢也（遲待也）；歲稚筍以成榦，進德也。吾又考其遺事，跡而俠容，表唐皇之義；桔而滇生旌寇，相之忠，竹誠可美哉。是以殺而青之，裂為簡牘，以書經史；鏃而羽之，利其箭鋒，以征不庭（不庭不朝貢于王之庭），文武之事備也。剖而破之，為籩為盬，為筐篚（盛介之器），陳宗廟以展薦敬；截而穴之（穴孔也），為箎為簫，為笙竽（竽笙屬），協虞韶以和神人，禮樂之教興也。然古人愛之者，徉徜乎六逸，飲為緇，徉乎七賢，游焉脫略乎令，尹造焉瀟灑乎。坡公之

造樓為黃州之勝，槃焉儻游乎。蔣詡之開徑，植洛陽之勝地，焉是其所愛者何。倘以其震風發屋，不為之傾；大旱膜物（膜乾也），不為之瘁。賢可以配松檜，勁可以凌霜雪；清可以嬌塵埃（嬌猶去也），藹可以洎晴煙，疎可以漏明月，此宜其渭川千畝，其人與千戶侯等也。雖然，竹固可愛，而再律之古人，益見其可疑矣。視其節，凛然而孤也，（以下數語楊廷秀此君軒賦）

所謂直哉史魚邦有道如矢者歟視其骯髒然而瘦也所謂伯夷叔齊餓於首陽之下民到於今稱之者歟即其中洞然而虛也所謂回也其庶乎屢空有若無者歟故評之者謂竹如君子信然也詩云可使食無肉不可居無竹無肉令人瘦無竹令人俗然則人（蘇子瞻題綠筠軒詩）可以自俗哉無怙乎王子猷者不可一日而無此君（竹可此君）也

是齋錄 十六卷 十六

四六語

綠可化龍枝堪棲鳳聖哉軒轅氏截來嶰谷之箭埒矣蔡中郎製就柯亭之笛普陀之巖一林紫秀湘妃墨點淚心蒼梧之野數竿斑濃樂奏皇態服竦異森森生蔭似由文苑來賓朋散椒卿邑千斯翔鸞舞鳳佇聯將如稚子長成父母離脫將童叢斑斕服

擬蛟林佛竹猜竹萬餘乘敷壹勁球琤形動斬

執潚淵

葛稚評

詳釋

密竹表義 開元遺事明皇遊后苑有竹叢密茂因謂諸王曰兄弟相親必須如此竹因號之為義竹

梏竹旌忠 宋魏某公死於雷詔遷葬洛陽過公安民皆迎祭斬竹掛紙錢過月竹皆生笋成林郢人

是齋錄 十六卷 十七

帅也就為閣公竹因立廟為文耗之

竹簡 書序伏生尚書以竹簡寫之曰殺青者直用青竹之簡以書耳

竹箭 吳虞翻以所注易示孔融融荅曰会稽之竹箭也

竹林七賢 晉嵇康所与交者阮籍山濤向秀劉伶阮咸王戎凡七人共為竹林之遊

竹林六逸 唐李太白与孔巢父等六人酣飲竹溪號為六逸

令尹造竹 宋袁粲為丹陽尹嘗往不通主人直造竹所嘯詠自得主人出見之不以為禮粲不以為久是表尹

洛陽竹逕 ……

坡公竹樓 蘇東坡……黃州

不可無此君 晉王徽之字子猷嘗寄居空宅中便令種竹或問其故徽之嘯詠指竹曰何可一日無此君

[illegible]

伶倫為律倫的大夏之西沉渝之陰取竹於嶰谷而御制
長六寸九分而吹之以為黃鐘之宮律之本也遂為世法

[illegible]

十六卷

十八

是路錄卷之十七

禽獸　附水族　毛蟲

衆禽

負其翼者頡之頏之，然鳳凰靈鳥，慈烏孝鳥，鷦鷯慧鳥，（鷦鷯巧婦也莊子鳥莫智于鷦鷯）鶺鴒智鳥，子規怨鳥，人既已知之矣，姑以稱謂者論燕云，玄女雀曰嘉賓，（鷓鳥名）鷓呼錦帶功曹，鶯名金衣公子，（見鶯號黃鶯金衣）其稱謂美也，以比例者，論蒼鷹稱夫卯都，皂鵰曰（見官品御史內）夫志博，孤雁喻夫鮑當，賓鴻擬夫四皓，（史稱四皓如賓鴻之避繒繳）其比例善也，以托化者，論杜宇為蜀帝生魂，鷂鳶為韓朋死魂，精（見哀水連理拔內）衛為公主，其靈翰（雉曰翰音乃朱寵所化故呼雉曰朱々）音為朱翁，精與其托化異也，以變態者，論烏而流之於火，鵲而幻之為印，（見官品令序內）皂而變之為陽鶴，而化之為金，其變態甚也，職此以觀此圖宜衛

入鶴貴於尊寵丈人壓土之鳥貴於愛惜春
〇〇中之雉貴於馴熟耳竊又論焉鶴鷂而鼓吹詩
腸可以聽矣孔雀而文章俗眼可以玩矣至如鶖鶬
入夢而才子生鸂鶒下灘而御史出陳寶投林而霸
主興應數之瑞有可嘉者況鴈傳子卿之書使節
乃著鵠延九齡之札友誼不疎鷄服無忌之刑霸功

是诰録　十七叶　乙

佼慭雉奉越裳之貢聖治蓋隆鶴吊陶家之墓孝行
愈顯此鳥之遺爭青史之芳入人喙之外此則百舌
學畫眾禽語鷦鷯借得一枝棲甕中鸜鵒巧於人江
土句鶺鴒似我畫眉想出思張敞句頸更不笑顏回
是則鳥之自適者也茂對者也惜也越雉不伏鵠卵
秋鷸鷸頗鶇鵪鶉鴟鷯燕雀不知鴻鵠見小鶯鳩

矣笑大鵬量隘此則鳥之可鄙也者然則為丈夫者
擬於鳥之遺事將雄飛乎雌伏乎吾以為卓然自奮
必須如鵬之南圖斂矣自脩不徒效梟之乘鍛則善
也已

四六語
足跡懷仁鵠之比翼轉猴不吃嘉言了鸚鵡能言

是诰録　十七叶　三

安分無求信天翁何曾餓死臺高鷹來逐曾闢劉
走吁來寵促鶴難堪更見文公放去和家治好碧
雞儀金馬為神世代運除彩鳳到玉麟為瑞更憶
鐵鷲集烏者貴爵乃為將節度奇鬪若云金籠放
鵝祝長生便是華太卿細事
有陽九位日之來有鵬翮摩雲之勢子嘉樣

者卯義〻　俐玉評

詳釋

錦帶功曹　髡學紀錦帶功曹詩謂功有首　鸛也名吃縺雞文名錦帶功曹

卯郁蒼鷹　郛郁爲中尉氣節猷直　時人畏之目之爲蒼鷹

鷹　唐王志愔爲御史不畏　呼爲鳧鷹　人呼爲御史

精衛　傳物志昔炎帝之女溺江而死化爲精衛之鳥常銜西山之木石以塡東海

鳥　書中侯武王渡孟津火流爲鳥　以鶴乘軒　左傳衛懿公好鶴鶴有乘軒者　公使鶴

戰鶴　甲者出戰曰使鶴　鶴實有祿位余焉能戰

鸕鷀下灘　前若灘出時金沙可愛　官閣有縣此特分御史者　一日灘者出　御史出灘

十七卷

陳寶　列異記秦穆公時陳倉人掘地得物若羊非羊　陳倉

鵝　腹　林公　鴿

越裳貢雉　周成王時越裳氏重譯來朝獻白雉

雞

鵝鴨

鸚鵡

衆獸

夫諦之者獸也，厥類甚夥，曰白澤、獅之異稱，曰於菟、虎之別號，曰伊尼，麀曰明眎，麃與兎之副名；他若猰貐〔猰貐之別名〕，爲猩猩〔善呼者　能言獸〕，爲狒狒〔善笑者　見人則笑　唇掩其眸〕，爲疊其名而呼之類之夥。信已然，其所以可取者何？龍馬負圖，應伏羲中天地而爲聖帝；麒麟繫綬，召孔子當春秋而作素王瑞也。不

十七卷

鴞　知鴞之志…

集東徙

信天翁

劉表呼鷹

集雞

放鴿

鳥集戰

文公放鶴

可再得也自是以外則歸終而知來智矣獬豸而觸邪直矣果然而血族義矣羆丁而負重力矣角端而惡殺慈矣試又比例而言兎脣珙缺比之方干處士（唐方干缺唇號兎唇）猿臂舒張例之李廣將軍（史記李廣猿臂善射）麟趾仁厚喻之文王公子（詩麟趾篇美文王公子之仁厚）虎威咆哮等之蜀川將軍（孔明封蜀之關馬張黃趙為虎將）猴手奮擊遂臣寒心象日努睁奸徒失色又擬之唐室忠臣猗歟美耶不惟此

是齋錄　十七卷　六

也飛熊入夢呂望俟祉王圖仙鹿投胎老聃忽興道教文鹿隨車鄭弘乃擢公爵猛虎渡河劉昆倍光吏治老羆當道王將頓蘇軍威是皆可以喙者惟牛哀化虎人而殺心阿紫化狐物而妖態則不足訓矣亡猿焚木事涉牽連獲鹿覆蕉夢生攫攫則未足術矣猩手犀一也玄宗之犀辟暑文宗之犀辟寒辟所辟

異也犬一也越地之犬吠雪蜀地之犬吠日胡所吠異也以是而推乃知物性之不齊者是以犬獒羆犬衆而羆且必疲彪者羊群雄而羊寧不敗鵬挾兎鵰悍而兎必不舒羊將狼羊翁而狼豈為制此已窮奇之惡檮杌之暴不得與騶虞論慈猛獸段之蹇駑駘之劣不得與綠耳爭後先耳竊又論為狙生而伐巧

是齋錄　十七卷　七

竟死於養由基之手人而若此亦足以殺其軀而已矣豹死而留皮不墜夫王子明之毅人而不若此求生以害仁乎虎哉虎哉角而翼者人而若此惑而太猛也狸變而豹豹變而虎人而不若此亦為不善變矣唐人詩曰古人形似獸皆有大聖德今人表似人獸心安可測然則古之人形獸而心不獸今之人形

不獸而心獸兮不古若噫可慨已

四六語

洪苑 宜春之麋千年闕里之麟 孔子書云 一角殊方有貢白狼呈

周室之祥遺鄗無塵黑兔革趙王之命破䳐藉驅

驢之力流離之際前周旋妖狐假猛虎之威倉卒

路獸名若驢雅行文軒轅焉 狨獸名胡有貴如是作樹梘之欲事狨

之閒行詐術路雖行而熟驢猶有聽而先疑象代

异苑錄 十七卷 八

虞舜歷山耕力足嘉者馮識麟櫃狐行道智可使

焉

詳振步振虎豹文采昔東坡曰荊公為老狐精

事數已於一咲 朱熙評

詳釋

龍馬負圖 通鑑伏羲之時龍馬負圖出於洛水開帝始畫八卦 麒麟繫綬 拾遺記孔子生之夕

有麟吐玉書於闕里人家云水精之子係衰

帰終知来

知来帰終若神欸也 十果欸皆至衆句笑 注緋光而不悉恰公 恩殺天其使陛下休 兵乎世祖逐士師還 坐獸 鼻也 遂乃 見絏 日不拜 畫見 公以漢 車戚面 弘為臨從奇行春有雨殷夾叙隨行主錄黃 圖曰之公事蓋借麻明府必為相果拜太尉 脊神武遣韓執夜鼓華州王羅之不覚及曉閑閉外內之去 蘇急起軸身露書持白丹此曰老羆當道明雄子那詩過數

系熙法旅 楊州入耿一果熊而數

角端厭兵 世祖南征見不獸能言 許卽律楚材曰角端也性

覇下負重 悸志龍有九子一名覇 下獸平生好負今之碑

猴手 弁 唐信宗有夫猴號孫供奉賜以排衣餞陸 社起居朱溫暴位猴望見朱溫號緒賽擘

象目努睜 唐明皇所數舞象毎作樂又拜舞樹孟秦 酒安祿山万大宴胡酉騎舉來拜舞象努

飛熊入夢 史記文王出獵夢飛熊散實生曰非熊 非統非虎非兇所獲者王依丹来詩太

仙麋投胎 拾遺記老君生其母夢 仙麻投胎是為道家祖

文廉隨車 漢 鄭

老羆當道 記 史

异苑錄 十七卷 九

鬼之 牛哀化虎 維南子牛哀病七日化為虎其兄啟戶而 驚走 入樽叔之方其為虎不知其宗為人方其 苟人不知

獲鹿覆蕉 其丘為虎 列子鄭人耕于野得死鹿藏之隍中 羹以蕉俄而忌其處以為吞塗林其 事言有聞若歟之帰鄭人吳夜處与人事鹿以為而夢訟其 有司有司曰夢而非夢今據所有中分之哉謂曰今夜有司 文將夢与曰析文鄭蜀之而多雨日一出則舉犬 入分麻矣

犬吠雪 皆伏〇越吠少雪若犬雪大必皆惶 犬去無雪乃止此 偞坐己羅說其暮示書人以五

犬獻羆 皆爾劉鬼而驚者 犬逐一蹤之敗大敍之夫熊而 受對于犬過非其鼓国於举也詩 唐福再思為吏

虓著羊 云妾二備㇇蝎我舉小此之謂矣 部選舉不公為 袁庚麾所許御史卽餘慶奏黙之許敵宗曰国 唐

鵰挾兎 知楊吏卻敗也一甦一卽共著一羊那浮不敗 玄 宗時李林甫張九齡巽擢鄉俱為相裴張畏慎 漢

羊將狼 林甫獨軒嵈垂少讒观者窮謂一鵰挾兩兎之 史

四惜胥高祖曰今使太 生伐巧 莊子吳王坐于狙之山

基射紙之王國組之伐巧微余以至此極以

狩……

王彥章字子明事朱温為將被唐軍所獲唐主歎降之對曰豹死留皮人死留名竟不屈

白狼入貢 史記

周宣王時外國貢白狼故文選又宣王得白狼而我狄賓

黑兔革命 晉書載紀為物特任平令師撫慶為星

兔戲以為勸革命之祥為晉以永承全兔陰精之獸言乃水也於是故年太和

破壓駏驉

驩犯方二獸又有獸名暨不能於詩其獸見人來貢壓而走蓋燮常假足於二

狐假虎威

畏古桐預不夫之意曰虎詩狱欲食之欲曰子無食我信我見於子後隨百獸狐垂走乎知獸之畏已及以為畏狐也今乳古邪畏異昭協實畏王之甲兵耳

為識道

道嘗仲曰老馬之智可使也逃故老馬先竹士李隨之乃將路而歸

水族

水族之類夥矣，鱗則龍為之長，介則龜為之長。細數其鱗之者、介之者，東海波淩其對也，鄭滄江（鯊之別名）湛事，其鱉也；鄭玄衣督郵（鼈之別名），其龜也；鄭橫行介士（蟹之別名亦曰無腸公子），其蟹也。鄭然鱗介有遺事而可述者，則白魚躍於舟中，周王革命；黃龍現於水上，漢代紀祀；元壽龜入於河內，桓温促篡；

白鼉集於城下，劉展興兵，皆可以紀也。不寧惟是，水靜弗波，錦鯉呈腹中之玉（呂望釣璜，事見珍寶玉內）；潤澄不滓，驪龍脫頷下之珠（事見珍寶珠內）；泉潔無塵，靈龜炫背闇之字；徉于江中化龍者，有馬；武陵郡內為蝦者（見寓卯守內），皆蝗。此異事也，猗歟美耶。余再例論，為濠上之儵魚，出入津漁，爾游矣；灘頭之郭索（蟹名古；詩照灘竹郭索），縱橫偃游爾，休矣。此固得其所者，乃若靈龜與廿載之床，不亦童乎？跛鼈致千里之路，不亦遠乎？未已也。渤海之蜃吐氣成樓，可謂之無而為有；滄濱之鯨噴沫為雨，可謂之虛而為盈；雨穴之鯉點額而反，可謂之屈而不伸；汝水之鮎頳尾搊躍，可謂之勞而不怨；江淮短蜮含沙射影，可謂之譎而不正；扶南之鱷有罪不食，所謂之欺而不貪。屈指數之，皆不勝屈，人雖鱗水之族不夥，卵雖然，惟鱗與介皆可食也。帶乳河豚，美絶矣。含漿蠣房，奇甚矣。通印子魚，（字通）妙最矣。拖裙嫩鱉，佳極矣。況乎吏部手中蟹螯，（見飲食門）咀嚼其玉髓；洮昭塞口中蛤蜊，吞啗其瓊酥。是皆膾炙齒頰，膏潤唇吻。孟子與謂魚我所欲，信然也。第不知左神仙金盆内之鱸，觀音佛籃中之鯉，剖而食之，其滋味更何如者。一噗。

四六語

水母目蝦，蛸蛣腹蟹。龜亡留殼，還通卜士之靈；（見雜部）蟹死留形，更愈病夫之瘧。中朝閑佳瑞，龍馬負圖；異域見奇形，人魚袒背。朝分虎佐，龍曾紀黃帝之官；家擅聖嗣，鯉更入宣尼之夢。鰲出乎海，嘗聞蚊之觀為龍，潛乎泥，不覺蜿之肆矣。誰能若周處手搏尺劍，斬義興橋下之蛟；我更羨韓文公一篇文驅潮郡波中之鱷。

有唐韶變化之才，有綵綸奮迅之業　朱蓮許

詳釋

東海波臣　莊子貸粟於監河侯，曰：周昨來，見道中有呼周者，乃涸轍中之鮒魚，曰：我東海波臣也，君豈以斗升水活我哉云云。

白魚躍舟　周記：武王渡河，中流白魚躍入江中，武王取以祭。議者謂殷尚白，白魚入舟中

應華命之凡升

龍現水上　漢書：宣帝甘露閒，黃龍見新豐水中，改元黃龍。

玄龜入河　晉書：黃河中舊無鼋，忽有得者，佛圖澄曰：桓溫入河，其不久乎。溫字元子，果如其言。

白鼋集城　唐鄭景山拜節度使，鼋集城門。鄭班曰：鼋介物也，失所次，金不漢華之象，其有兵乎？未幾劉展乃反。

靈龜玄字　尚書中侯：玄竟沉於洛，玄龜負書，背上皆朱文綠字。

馬化為龍　晉書：五胡亂，元帝及五王渡江，童謠曰：五馬浮渡江，一馬化為龍。後元帝竟登寶位。

濠上儵魚　莊子與惠子共游濠上，見儵魚出，莊子嘆曰：樂哉此魚。惠子曰：子非魚，何以知魚之樂？莊子曰：子非我，何以知我不知魚之樂？

龜反床　人事類聚：南方老人以龜支床足，已二十年，老人死，從其床，龜尚生。蓋以其能行氣導引故也。

鱉千里　荀子云：跛鱉千里。蓋喻積累而進者。

蜃氣成樓　天官書：海旁蜃氣成樓臺。蜃，蛟屬。

鯨沫為雨　列子：海中有大……

……鯨……觀……鼓浪……鯉躍……頭……秦記……河津一名龍門……桃花浪……

穴出嘉魚故云　洑魚赬尾　赤也言其魚之旁則尾赤也

域沙射影　事又類張江淮間有短狐名蜮能含沙射人影人中者輒病亦名為射工若不食乃為無罪　扶南鱷　云列子扶

南國誠濤中券鰐奥食人奥割其腹中有乳一百卵及成形有為蛟奥彼詩毫適為置

即族之○鰐奥食人奥一有生百卵及成形　奥彼詩帶適為

螭者　帶乳河豚　乳河一豚隻謂其腹中有乳　適印子魚　也嘗謂帶知何

錦黃雀讓多脂皆言其味之美　揺裙嫩蘂　僧但頭鵝生四掌曰是蘂着兩年

皆言其味之美　曰但光謫酒肉沙門也

昭暑蛤蜊　南史王融自恃門第沈照暑見之曰是何天下年少雖融云

不知而卿許事此不問且食蛤蜊　自出於扶桑入於暘谷照耀天下

曰不知乃求史金盆注水食引鉤　左神仙鱸　曹操宴客

慈中須引鱸　水母蝦　有仙術少年

於十蝦寄腹下食其數尾竿蜊出浮水

數十中須引鱸注水食引鉤出曰左慈間有仙術少年如松江鱸腹帽眼有常

見耳故謂水母目蝦○沤尾浮出水上遇人捕之如絮即沉而形無以霞眼有常下

見數於慈曰不知　十七卷

蟹結似蚌有一小蟹在腹中是以蝦有所瑣蛣

出求食蟹或不至蟻蛣　死蟹愈瘧　筆談関中素無蟹土人怖其異每人

餃死故謂之蟹蛣脫蟹　得一乾蟹土人帖其異有

病者借之懸於戶病不病識　人魚袒背　高組見記查道奉使高麗見

是不瘧者借之懸於戶不識矣　人扶於海中見一婦人

人紅裳雙袒背後有紅鬣命人扶於海中東海遠

水中浴海拜手合念佩命　蟻觀鰲　子符見蟻遠

萊海拜手酒念而去　冠岳

崢崢沙海之彼蟻冠山而遊嘗觀之何異我之長鳳凰濟海

巔蟻海海遊冠山遊嘗觀之如何我之戴鰲浮而遊

我志　龍潛蜿肆則蹜於海中其龍潛蜿蜿蜿蜿哉則飛

之哉　龍潛蜿肆則蹜子或日何必飛天乎時遊於封

也

昆蟲

惟蟲與多、有足曰蟲無足曰豸上音池　歐類最繁謂丹良者螢、玄駒者蟻、黍民者、

致聰蛄者寒蟬絡緯者促織也稽其類雖夭麼也然

亦有變態者哉青衣報符堅之赦誰報之蠅也南柯

唐曆中金錢化蝶見珍寶錢內

南柯蟻夢

騁淳于之理誰聘之蟻也且錢之飛蝶之一幻而又

葛仙翁事見飲食內

為錢飯之成蜂之一變而復為飯其所以數變態者

見錢內

異也若夫青蚨之血殺而塗錢用之者不竭火鼠之

見貨幣內

毛織而為布灼之者不燋冰蠶之絲組而為錦濡之

者不濕又甚奇乎此則有利於民稱最上者其次則

唐滕王善畫蛺蝶

蛺蝶翩翩登滕王之畫圖翠然活潑列孫子之行陣

見鄉黨內　卑然常山蛇名兵法有常山蛇陣

螢名

宵燭熠耀照車生之簡編蝌蚪盤旋入蒼頡之字蹟

見車胤事內　青蝌蚪篆文

蟋蟀

蟋蟀雖喈助稚圭之鼓吹自是以外當車若螳螂勇

蛙子

士之力量負重若蟻蚼力士之施為咽露若蟪蛄請

螟蛉之事負物愈重則走

士之真修食蠓飲泉若蚊蚋鷹士之操守應之繁之

皆有可齒惟慕羶之蟻無異於狗利之貪夫赴火之
蛾不殊於附炎之小人轉丸之蜣螂有同於弄小智
之曲士馳河之商蚷且類乎舉妄動之狂奴是則不（蛇之屬）
足喙者蹇乎蠛蠓而逍遙封垤不羨仙鼇自標一（見前水族）
區者乎蛙遣意而跳躍井幹弗崇海鼇獨擅一樂者（音寒井欄也）
并是亦無可議者乃縊女以絲自縊尚留速死之寃（去名）

是踏錄　十七卷　十六

魄可鄙也謝豹以足蒙頭猶抱含羞之故態可恥也
蝨之麼稗不勝蜀從鼠之食厠不勝畀汚可怪也醯（醋中）
雞之夭大不滿尺蜉蝣之壽長不一朝可憫也凍蒼（之玉司誤錄古詩醯雞覆化天我大）（朝生暮死之蟲）
蠅而痴可笑也輕蝴蝶而狂可哂也蝍蛆雖食蟒蛇（即蜈蚣）
而蝍蛆之毒亦可畏也䖳蝓雖制蜈蚣而䖳蝓之涎（蝸屬）
猶可厭也竹又恶乎用也惟野蠶成繭民有餘利田（唐太宗野蠶成繭）

蝗化蝦民無餘害噫諸蟲而至是是亦佳蟲也哉

四六語（韓詩外傳社鼷不灌稷蜂不攻所托者然也）

社鼷弗灌事有其坊稷蜂不攻勢安所托床頭杖
蟻鬬之㱃餧之歎寒之吏勤稗子之號園內鳴蛙為公（平声）（見幽興園閤內）
乎為私乎曾動君王之問螳螂捕蟬於葉底蛛蛥
於飛巴蛇吞象於林間口大於腹鬬蠻戰觸角蝸

是踏錄　十七卷　十七

為虛名蚊睫焦螟莫非浪語蜉蝣促壽又何傾懷
千歲之龜螃蟹橫行更毋笑無足之蚓
婦昆蟲事實鋪演將盡其所謂首訪左右常山
之蛇指也妙之　茅韶作

詳釋

玄駒秦民（古今注河内人見蟲數萬騎大如黍米往来進戲其晩之人皆成蟻馬皆成大蟻故今人呼蟻）
初日秦民（黄衣秦時堅屏人作故文有大蟻入室軀）

狩市中乃螳也

螳螂當車　來其欲轉其車輪關其御曰此何蟲對曰螳螂公曰此勇蟲哉命廻車避之勇士聞之皆歸為

蜣蜋轉丸　莊子云蜣蜋之智在於轉丸笑之之若乃以蘇合為貴

商鉅馳河　莊子云致蚉負山商鉅馳河以不勝任也

魏公子年曰子不聞埳井之蛙乎誚東海之鼈曰吾樂與出跳梁乎井幹之上入休乎缺甃之崖

蛙躍井幹　莊子

縊女自縊　縊女圖化云縊女蟲也

謝豹蒙頭

蠶瘢禪

鼠食廁　賢不肖譬如鼠矣在所處耳

陳蔡蠅　言唐王方慶作賈…

為故

輕蝴蝶　北齊魏收為人輕狂人目為輕蝴蝶

釋子號蝨　無畏三藏律師中夜捫蝨捫床下無畏呼曰殺佛

觸蠻蝸角　莊子有國於蝸之左角者曰觸氏有國於蝸之右角者曰蠻氏相與爭地而戰伏尸數萬

焦螟蚊睫　列子江浦之間生麼蟲其名曰焦螟群飛而集於蚊睫

蜉蝣不過一日　以蜉蝣之朝生暮死

螃蟹笑蚓

吳路錄卷之十八

畜産

牛

爾牛來思（詩無羊篇）其耳濕濕（牛耳喜潤濕則耳燥）開荒闢土之功吾且勿論。惟其西出函關載道德五千言於背上東遊緱嶺掛漢書數十卷於角端其裨於道教裨於儒教可想也且帶火而復齊城鼓田單之烈。冀金而開蜀道成秦惠之嘉謀光武騎此以起兵（史記光武起白水騎牛以出）為光武當騄駬劉氏引此以賞春為劉氏光壯冊詎不美哉吾知犂而生騂為斯世昭天用黑而産白為吉人呈禎祥當其時周武（史記武王克商放牛桃林之野）五放之桃林適于所性樊仲素飲之上流不汚其口（漢武通典以大牢之礼祀孔子）犧之也欲使祀聖非漢高乎奚可犧之泗上亭士非

孝廣乎寧可推之軍營何者諸侯無故而不殺於牛

割也柔之何乎獨也射用其肉以作脯武子之踏探其心以作炙辭于庵丁者生以十九年計十九年之牙其莫宰于屠坦者日（屠牛坦一日屠十二牛芒不頓）以十二數計十二數之孖其齒為弓者已取其筋（為弓以牛之筋）繫鐘者又用其血忍心者飽割其舌（左黄力拔生牛角）更拔其角爭強者乃曳其尾（許褚力曳九牛之尾）較藝者且

十八卷　二

惟此牛之不幸也雖然賣劍而買其牛犢之皆家而蓄其犢富賈去任而留其犢良全必有以之愛也況百里奚食之而肥（大記百里奚忘其爵祿飯牛而牛肥）孔子為乘吏皆使之蕃壯此又牛之大幸者也

四六語（禮記祭祀之牛曰大武）

禮號大武（自特牲）傳曰特牲（見伏炙辭）八百里疾足如飛　一千斤

肌自別閑背斜陽嚼枯草謂載寒獨過別村南山（唐人撒蒿髙岳牛）

歌白石曾勞甯戚之飼西苑卧花陰可入戴嵩之畫負陸文通之書（陸文通從居以牛負書牛皆汗）有汗充周宣王之牧多犉病時（宣王考牧事之成九十其犉黄牛黑唇者）更得主人憐喘處曾經丞相問（丙吉問牛喘見官品宰相）驢之塵尾勝姬淺炮裏回生畫以龍文勇士（見帶火渡齊城註）自敗中取勝雪山之冀偏馥郁還須和合旃檀蹄勺之溲（韓公云牛溲馬渤敗鼓之皮兼收不遺者）紲鐘腥畢竟倫充藥品（醫師之良也）

十八卷　三

此一篇可與相牛經並傳

詳釋

載道德（關中記老子度函谷關令尹喜望有紫氣物門吏曰果至度白于喜喜延之老子從東來乘青牛薄板車於函谷關其日傳以道德經凡五千言）掛漢書（李密閒包惱在緱山徒滿以蒲為韉掛漢書之角上一手捉牛靷一手翻書越公楊素者見而奇之）帶火渡齊城（頭畫以龍文觸刃其角縛火于尾壯士隨後所觸皆死燕師大敗遂復齊七十餘城）鑿金開蜀道（秦惠欲伐蜀刻五石牛置金其後蜀人以為能屎金蜀王使五丁力士開道迎之）究牡丹（唐時記史）

水牛于庭前白此劉氏黑壯丹也

黑生白

犢者三世不懈家無故而黑牛生白犢以問孔子孔子曰此吉祥也居一年其父無故而盲黑牛復生白犢居一年其子又盲其後楚攻宋圍其城民易子而食之析骸而炊之丁壯皆乘城戰死者大半此人父子有疾皆免

飲上流

堯欲讓天下于許由由白于巢父巢父曰汚耳也遂逃瀨淵洗濯其耳時有樊仲父亦隱者方牽牛飲水問之得其故乃曰勿汚吾牛口遂牽牛從水上流飲之

射牛作脯

隋史牛弘弟弼醉射殺弘駕車牛弘還妻曰叔射殺牛弘曰作脯坐定妻又曰叔射殺牛大是異事弘曰已知顏色自若

賭牛作炙

晉書王愷之有牛名八百里駮王武子與射賭得之趣左右探心作炙乃一啖而去

庖丁解牛

莊子庖丁曰臣之刀十九年所解千牛而刀刃若新發於硎彼節者有間而刀刃無厚以無厚入有間而恢恢乎於刃有餘地矣

割舌

包拯知天長縣有訴盜割牛舌者公使歸屠其牛既而有告殺牛者公曰何為割其家牛舌而又告之盜大驚服

拂脊

崔鴻春秋燕錄賈堅寧子三石餘有人取一牛百步外以除中竪曰小壯之時能令不中今年老正可中之于是總發一矢拂脊再發一矢磨腹皆附膚落毛笑曰技尚在也人曰能復中乎堅曰所貴者以不中為奇中之何難一發矢而牛即死

賣劍買牛

漢書龔遂治渤海見民皆帶刀佩劍乃令其賣劍買牛賣刀買犢各事乎農桑

治家蓄牸

孔叢子云猗頓魯窮士聞朱公富往問術焉朱公教其當畜五牸十年間子息萬計貲擬王者

去任畱犢

魏時苗為壽春令駕車牛生一犢及去任曰是此土所生者乃留之而去

甯戚飼牛

戚飯牛車下扣角歌曰南山粲白石爛生不逢堯與舜禪短褐單衣縷至骭長夜漫漫何時旦齊桓公聞之遂舉以為相

癡辛犢

後周孟信家有老牛兄子賣之信知之謂買者曰牛有病不須買遂杖其兒子

驅麈尾

王導聞其妻欲裝姬膝遽命駕以麈尾驅牛而進狀兒之

囊合旃檀

楞嚴經云雪山白牛食雪山肥草飲雪山清水其糞微細芬芳可合

馬

嗟乎、絕塵之驥人〻稱良哉蓋渥洼（虞馬炮）之產靡不追風、其足也晨鳧（良馬）之疾不與欵段（劣馬）並駕飛兔（良馬）之捷不與駑（劣馬）駘共馳何者駑而鈍視之騰驤者瞠乎其後也是以曹家之白鶴（曹洪馬）奇品孫家之紫燕（孫權馬）上襄閑家之赤兔（關羽馬）椎駕梁祖之一丈烏（朱溫馬）絕力汾陽之九花虬（郭子儀馬）捷驕過都歷塊、緯有餘力茲所稱空群選歟吾想天馬來來西極（天駟星）、漢武帝播之聲歌者或不良于此也第上應房星下鍾龍種寰海內而不多有漢之九良丸而不十周之（文公）八駿、八而不九古之人以千金市其死骨重之也此支公（名遁養馬曰貧道愛其神駿耳）者特賞其神駿王家之武子（名濟武子好馬人謂其馬癖）且愛之而癖矣噫牝牡驪（黑色）黃天機迥別一瞬千里逸足自超呲御之者不造父其人莫之呈其能耳語云驊騮騄駬良驥也使其捕鼠竈間則不如狸狌此局促其材故也今鹽車之下局而促焉者寧無龍騋耶（神馬）騕褭耶（神馬）騰黃耶（神馬）天閑上駿乃與凡馬等譬之古人韓淮陰與噲等伍矣（韓信降淮陰侯謂人曰信乃與噲等為伍）吾願孫陽（識馬者）與九方歅者（識馬者即九方皐）亟加以慧眼

四六語

名重九良、價增十倍、三花剪就、儀為飾、絢日輝霞、千里奔来、疾若飛、追風逐電、吾韁自獨驍還識報（行止避駕）息、伏櫪忽長吟、乃逢知己、頭踏裡青驄、蹀躞還堪止、疾步郎君街衢上（馬御之事）、小駟夷由、雅可看（馬步之後）盤鈴傀儡、塵飛京國、咲開妃子之顔（一騎紅塵妃子笑云）、電閃沙場、驚破羌戎之膽、的盧救英主（劉玄德馬）、冒煙波躍過檀溪、叱撥換佳人（洮尘馬）帶

風月嘶歸洛浦、春風得意孟東野、一日看盡長安花、暮霧多情李十郎、片時踏遍章臺路

駿馬處至矣盡矣、第未道洛水負圖、晉江化龍、猶似缺陷世界　景范評

詳釋

天馬來（漢武神馬歌云天馬來來西極涉流沙九夷服天馬來歸之睞遊閶闔觀玉臺）九良（西京雜記）（漢文帝自代還有良馬九疋一浮雲二赤電三絕群四逸驃五紫燕六騄驪七騏龍八麟駒九絕塵皆為上選）八駿（拾遺記周穆王巡行天下馭八龍之駿一絕地二翻羽三奔霄四越影五踰輝六超光七騰霧八挾翼也）市骨（郭隗謂燕昭王曰古之君遺使賫千金往他國買千里未至馬先死買其骨五百金而歸天下知其好也不期年千里馬至者一）牝牡驪黃（九方皐為秦公相馬曰牡而黃既至則牝而驪穆公不悅以其色之不能辨比伯樂進曰此得其精而忘其粗乃天机也）看傀儡（唐司徒杜佑嘗言致仕後買小駟時之着布欄衫入市中看盤鈴傀儡足矣後果行其志）閃電（隋書長孫晟從晉王破突厥突厥王畏懼聞其弓聲以為霹靂見其走馬以為閃電）叱撥佳人（唐鮑生好韓妓外弟韋生好駿馬一日而易所好乃以女妓善四絃者換紫叱撥馬百拙生有詩云姬神金叙馬勒韁當年相擼倍相當獨吟馬去無回首不似娥眉泪兩行）看盡長安花（昔孟郊既第作詩云昔日齷齪不足嗟今日放蕩天無涯春風得意馬蹄疾一日看盡長安花）路遍章臺（唐李十郎就于穀色嘗作詩云暮

羊

羊之為畜，曰羜（五月生羊）、曰羔（羊子）、曰羝（牡羊）、曰羠（羊未卒歲）、曰羒（牡羊）、曰牂（牝羊），其類別矣。然是羊也，或牽以畢婚禮，睽室家之好；或餽以倫贄禮，善交際之儀；或烹以修祭禮，朋烝嘗之義（詩楚茨絜爾牛羊以往烝嘗或剝或亨）；或存以識芳朔禮，維廢墜之典；或炰以行燕饗禮，通上下之（詩伐木既有肥羜以速諸父）情。且牧羊可以通牧民，卜式之言有龜鑑；養羊可以

達養生，蒙莊之語是真詮。服其皮者，釣富春山之清風（子陵先披羊裘把釣富春）；埋其舌者，光叔向家之氏譜。孰謂羊也而無述乎哉。未已也，㵎㵎雪花，海上伴孤臣之節（蘇武事見天文雪內）；紛紛人隊，市中引王人之興（羊中入市人以為王人觀者如堵）。吾想齧子卿者于羊而並齒，目衛玠（衛玠羨比玉人）者于羊而立目，是皆可羨也。再猶之變幻逢仙洞之牝者，龍耶？亦羊耶？幫商市之鬼者，羊耶？乃鬼耶？化南山之石者，石耶？皆羊耶？豈既神左慈之術，然而人耶？人而然耶？嗟乎，盧羊博士真宦也，百世而以羊流芳；欄羊都尉濫爵也，萬年而因羊遺臭。是羊雖美夫人，亦能醜夫人。若也弟鄰人，人以為歧而亡之，莫及（楊子）寶本翁也（羊質而虎皮見草而悅見豺而戰）。縱虎乎焉來，奪兒見豺而戰。嗚呼，羊固鬚（古今注羊）主簿也（羊號鬚主簿），鬚主簿若是耶。

四六語

禮曰柔毛（曲禮羊曰柔毛），傳稱細肋（古今注羊曰細肋）。點綴小兒坡上，草望眼堪舒；駱駿貧士圖中（羊錄狀見...內），夢思賴怪。性多馳逸，魯闉城與轂皆亡；群不服馴，縱使齊及堯莫牧（漢書吳...羊伏虎）。驅之逐虎，寧有孑遺（...），以易牛且堪大息。數之童吾方未見然之乳，雖且將闕，狗但牽之外，曲盡禮文，不將見

耳終身署之肆中國辭出時祿是何故與

青社公云顧爾出門去取官如驅羊吾為子有望　　蔣韜評

詳釋

羊車婚禮　隱逸傳王敬弘以女適孔淳之子以為羊繫所乘車轅扶壹為禮羊于盡歡而歸或問之答曰固田夫家之禮也

羊偷贄禮　春秋繁露云凡贄卿用羔羔有角而不用類好仁者執之而不鳴殺之而不諦類死義者羔飲乳必跪母類知禮若羊之為言為祥故以為贄

牧羊通牧民　漢卜式分弟以財產入山牧羊數年致羊千餘欲息而弟盡表其產上見之問曰吾有羊上林中命爾牧之式餘羊亦肥息上問之曰非獨羊也治民亦猶是也惡者輒去之勿使敗群上曰善遂拜式為緱山令

異號錄　十八畫　十

養羊達養生　莊達生篇善養生者若牧羊然視其後者而鞭之

埋舌　左傳有攘羊者以頭遺叔向母埋之三年事發遂捕何家頭肉都盡惟有舌在國人異之

龍幻羊　顧者舉玉云晉人有誤墜洛中洞穴見大羊其鬚有珠人取食之出問張華華曰九仙館也大羊乃癡龍耳

鬼幻羊　事文類聚南陽宗定伯夜行逢鬼問鬼所忌答云惟不喜人唾定伯擒鬼至市中放下化為羊恐其變化遂唾之賣錢五百

羊化石　神仙傳黃初平牧羊有道士將至金華山石室中四十餘年其兄初起索之問羊何在曰在山東兄往但見白石初平叱之白石皆起成羊數萬頭乃

左慈化羝　曹操欲殺左慈慈走入羊群化為羊操告之曰不殺汝試君之術耳忽一老羝屈前膝人立而言曰遽如許操使人急捋之群羊數百皆變為老羝並屈前膝人立曰遽如許遂莫之可取

瘦羊博士　東觀漢記甄宇為博士每臘詔賜博士羊時祭酒博士議欲

也為覽

爛羊都尉　下養中郎將爛羊胃騎都尉爛羊頭關內侯

多岐亡羊　列子楊子之鄰人亡羊使人追之既反曰歧路之中又有歧焉吾不知其所之所以反楊子曰大道以多歧亡羊學者以多方喪生

黠綴跛羊　小說府群玉裴晉公午橋莊群羊白羊散牧其處曰草多情類此粒然

臧穀亡羊　莊子臧與穀二人牧羊而俱亡其羊問臧奚事則挾策讀書問穀奚事則博塞以遊

堯舜莫牧　列子楊朱見梁惠王言治天下如運諸掌王曰先生有一妻一妾而不能治三畝之園而言治天下如運諸掌何也曰君見其牧羊者乎百羊而群使五尺童子荷箠而隨之欲東而東欲西而西使堯牽一羊舜荷箠而從之則不能前矣

童羖　詩賓之初筵由醉之言俾出童羖言醉者妄言罰之使出童羖羖羊必有角童羖乃必無之物

羝乳　匈奴欲降蘇武乃徙武北海上使牧羝曰羝乳乃得歸

祁羊　左傳楚子圍鄭鄭伯肉袒牽羊以逆之曰孤不天不能事君使君懷怒以及敝邑孤之罪也

異號錄　十八畫　十一

羊辭爵　高士傳屠羊說楚人隱于屠肆昭王失國說從王及國欲賞說說曰大王失國說失屠羊大王反國說亦反屠羊臣之爵祿復矣何賞之有須長反屠羊之肆耳

犬　一

犬之為畜上應金婁（婁金犬宿）自古稱良者殷有虞宋有猎（犬名）韓（犬名）有盧（犬名）晉有獒（犬名）楚有茹黃（荊王犬名）頡頏其美若自茲以外齧賊若槃瓠（犬名）為高辛氏奏功績寄書者黃耳（犬名）為陸士衡遞

佳音嘶卯者鵠蒼，為徐偃王延昌祚；且濕其草者猎，
死地而生地，同其牢者（牢，食犬之器），挽澆風而淳風。嗚呼，犬真奇
畜耶！雖然，犬有可美者，亦有不可美者。舐丹鼎而升
霄漢，犬而仙乎；吹竈火而入庖廚，犬而怪乎。仙也，可
美也；怪也，不可美也。（君猪公）況乃搖尾者甚媚（跡文搖尾乞憐），吠聲者最煩，
續貂者至醜，噬驢者奩惡。不美者恒多，此惡乎美也。

敵以此而倒，子孫劉景升之兒不及孫仲謀，以此而
比兄弟。魏文帝之臣寧如諸葛亮臺中之丁，何悉為
奸宄（音軌）？君側之易豎（見噬狼註）並屬僉壬，是乃入印之獫也（長喙之犬曰獫）、尨也，
甚可惡也。秦之猘猃也、尨（尨，長毛之犬）也，甚而嚙乎看，又甚而吠
乎堯也者。

四六語

肖生惟戌，取象在婁；曾負帝女以南奔，更逐李斯
而東走。困羈而捷，拔羈也非；雄搏兎無子遺，兎兮
失狡。猣生足下（書摧至下長毛），頻來漢史之謠；令著項間（令，鈴令　音着），屢入風
人之咏。獻來西旅，為異國脩貢儀（周武王時西旅獻獒，四尺犬）；賣自東鄰，代貧
家畢婚禮。裼布不更，張所服寧有長猜（猜，吠也）；徐勉非憔
悴，其容必無反吠。奇形巧態，更堪比天上之雲（杜詩：天上浮雲如白衣，斯須變幻成蒼狗）創

見騶虞，未免吠蜀中之日（蜀中山高多陰，犬見日影輒吠之）；祭而始殺，豐鼎乃足充（三牲犬豕雞，大夫之祭也）
肴；死則必埋，弊帷為可棄也（家語孔子云：弊帷不棄，為埋犬也）。

晉人謂不美之文曰犬吠耳，此從淺淨廚俗所
吠者，固自壹中之仙尾也，即妙曰　　長葩評

評釋

槃瓠齧賊事：文獻聚高辛氏有犬戎之寇，征之不克，募能得犬戎吳將軍首者，妻以女。有犬名槃瓠，俄銜人頭至，乃吳將軍首也。帝亦欲報之事，未知所宜。女聞帝下令不可違信

以名山大澤令其自相婚配其後滋蔓即今之長沙武陵蠻是也

寄書黃耳 集異記陸機仕洛戲語犬黃耳曰家絕無書汝能馳往否狗搖尾應聲機作書納竹筒繫犬頸上犬馳至吳抵機家付書畢之犬且作聲如有所求機家仍作書納竹筒繫之頸上犬馳還洛計程一月犬終半月日也後犬死葬之呼為黃耳冢

鵠蒼嘶郎 郡府云徐國宮人娠產卵棄之有犬鵠蒼者嚇卵以歸宮中有毋煦之懷中生小兒生時正偃故為名徐君聞之收養長而仁智能，徐君國即偃王也鵠蒼臨死更生角而九尾偃王葬之名狗壟

溫草 晉有揚生畜狗飲酒醉眠大澤草中野火起狗喚生不覺亟走入水中還以身灑生左右草濕火不燃生乃得生命

同牢 五代南唐時江州陳競家七百口未分畜百犬共一牢食一犬不至眾犬不食詔旌表門曰義門

仙犬 仙傳八公者庭劉安上升冊昂置中庭雞犬舐之亦皆得仙去

怪犬 風俗通章叔堅家有狗人立而行家人以為怪欲殺之叔堅云犬馬諭君子狗見人行效之何傷後狗于竈間吹火家人益怪之叔堅曰兒婦在田中狗為吹火竟不肯殺後數日狗卒自死

吠般 史記一犬吠形百犬吠聲

續貂 晉趙王倫篡位奴卒亦加爵位每朝貂蟬盈座時又語曰貂不足狗尾續

嗤猳 管子管仲將死謂桓公曰有犬嗤嗤旦夕欲噬我猳而不死也君必去之蓋言易牙豎刁必為亂也

例子孫 通鑑曹操嘆曰生子當如孫仲謀若劉景升兒子豚犬耳

比兄弟 三國諸葛瑾仕吳弟亮仕蜀誕仕魏時以為蜀得其龍吳得其虎魏得其狗

臺中丁何 魏史丁謐為尚書數有彈駁時諺曰臺中有三狗唯柴不可當一狗憑默作疽囊默者曹爽小字三狗謂何晏鄧颺丁謐也言三狗欲嚙人而謐尤為最甚也

嚙肩 史記晉侯飲趙盾酒伏甲將攻之其右提彌明知之趨登曰臣侍君宴過三爵非禮也遂扶以下公嗾夫獒焉明搏而殺之盾曰棄人用犬雖猛何為鬭且出提彌明死

吠堯 漢紀高祖捕蒯通上問曰若教韓信反乎通對曰跖犬吠堯堯非不仁吠非其主耳

逐李斯東走 史記李斯為趙高所誣論腰斬咸陽市與其子出……

○北齊徐之才與朝士出遊見群犬競走或令賦之之才曰為是宋鵲為是韓盧為逐李斯東走為負帝女南奔

困羆 陳無己羆說晉人以犬獵以五犬逐一羆羆窮而力長于用大犬弱而捷巧于用小羆不能搏也行不數十里羆疲而伏犬更前而試之夫恃勇力者必曰羆羆而受制于犬者遇非其敵也云云

豭生犬 漢史李熙為魏郡太守民歌曰犬吠不驚足下生氂

令著項 詩云盧令令其人美且仁又云盧重環其人美且鬈盧獵犬也

賣犬畢婚 晉吳隱之清介士也將嫁女從者至方令婢牽一犬賣之此外蕭然無辦

信楊布 列子楊朱之弟布衣素衣而出天雨解素衣更黑衣而還其狗迎而吠之楊布怒將扑狗楊朱曰子無扑矣子素衣而出黑衣而返能無怪乎

吠徐勉 梁徐勉為侍中時國方亂師旅繁興勉恭軍書動經旬月及還于家群犬見其[illegible]悴驚而吠為勉曰吾憂國忘家乃至于此吾死亡後是亦傳中一事也

豕

豕微畜也，人以為卑卑無足道者，余曰不然，白蹢涉（蹢足也）波者雨候，七數入圂者三衆與（孟舜與鹿豕遊）虞舜遊于山中，伴側微天子，從公孫牧之海上，隨來遇公侯，遼東之白，中國不以為異，遼東則異之也。豕曷嘗無述耶，然所謂卑卑者，余知之矣，封豕之號，惡稱也，有詒于千古庶

豕艾猳之誚醜事也大污于一朝清議俱不可以釧
也況以此而例字體墨猪云者疵之甚也亥豕云者
訛之最也且也肥其肉第可供餓虎之飧 漢仲長統云猶餓虎牧牢豚 有其生未
免畏嗟犬之噬嗚呼此爲稱爲將軍哉 古今注豕稱烏將軍 抑有其名而
無其實耶此豕之畀畀者也雖然豢揄之社 杜詩賦爲雨社 公羊揄字雜豚 舍是無
以爲宴宗廟之祀 禮宗廟之祭豕曰剛鬣 舍是無以爲祭孝愛之子舍是無

以爲養豕亦有足重也頤懸其肉者若林積其肉者
若坻 豕水中高丘見敍 美可想也乃范滂廩者謂其肉之能蔡風爲此
固宜蘇長公亟治以誣告之罪

四六語

豕名剛鬣豚曰腯肥孚我信 易中孚信及豚魚 有足取焉歆人乳似 見穀解
爲過者養之二母 五子二母彘 實基王道休風牧以一群寧

儒生素業既入其笠主人復招之奚爲絲出于林
天子即射焉何故却念帝豝 悲噗敍 邊上豝 二歲豕曰豝 豝不是豝 本敍 想
當年誰不欷歔更憐人彘厠中看彘非所彘今後
世猶然嗚咽

字字有味膾炙人口後昨是集商也甚美一

景烈評

詳釋

豕涉波 詩經有豕白蹢烝涉波矣言予喜雨天將雨則豕進涉水
數王生之子以殺人繫獄求救于一行一行曰以數推之當
有牧語其徒授以布囊戒令某庭廢園同之有物來其數七
共捕之盛之以囊至時忽有七豕入圈獲之一行置大甕中
審還封書先字誌之太史奏北斗不見召一行問之對曰莫
君大懼帝從之北斗乃見

豕入園 雜俎云唐一行障師長子

公孫牧 漢公孫弘菑川人少時爲獄吏有罪家貧牧豕海上四十餘乃學春秋年
六十以賢良徵爲學士至丞相封平津侯

遼東白豕 後漢朱浮責彭寵書曰伯通自伐以爲功高天下往
時遼東有豕生子白首異而獻之行至河東見群
豕皆白懸而還若以子功論于朝則遼東之豕也

封豕 左傳
后夔生伯封實有豕心
貪婪無厭人謂之封豕

艾猳 衛靈公夫人南子與宋朝通衛太子使鄭過宋宋野人云
既定爾婁猪盍歸吾艾猳蓋婁猪者[illegible]

果之基猪豕家（虫云三豕渡河子夏曰非也己亥渡河涉……聞見錄宋經筵官會食資善堂東坡戲稍令一河）

然 誣告猪肉（猪肉之美范淳甫曰奈發風動氣何東坡笑曰淳甫乃誣告猪肉 ……其味曰直那一死再會一群）

牧一群（梁鴻家貧牧豕曾誤失其火 少鴻頗以身自工作主人許 何來坡安曰淳甫乃誣告猪肉以為常人讓主人曰爾何以輕此 及他舍因為執勤不懈備之其主見鴻非常人群豕出府射 之因為執勤不懈參老見鴻非常人 儒者花是悉遂其）

射豕（唐儉從太宗獵洛陽苑一群豕突出林中帝射四發殪四豕一豕躍及鐙儉投馬搏之帝拔劍斷豕顧左右笑曰天策長史不見上將擊賊耶何懼之甚也儉對曰陛下以神武定四方豈復快心於一獸）

帝豝（帝豝而䭾府群玉云梁冊主代居晉歸至枝頭林 帝部燕）

人彘（漢紀高帝寵愛戚夫人欲以戚氏子趙王如意易太子 呂后嫉之後帝死呂后斷戚夫人手足使居廁室中召 人觀之曰此人彘也）

鷄

雞之為畜，取巽之象（易巽為雞），稟火之精。雞者健為力者奮焉（雞有力者曰奮）。高大者鶤焉（雞三尺為鶤 出爾雅），助武士奏功。烈帶烈火，以燬羶營。為斯世破昏蒙，喚夫明以升海國（日曰大明 古詩云雞鳴振大明）。且一鳴也，惕人主之視朝；千載頌賢妃。一鳴也，勵良人之出弋（以獵也）。百世羨佳婦。一為也，鱿故人，行延舞萬古；嘉烈士，然芸牕之下，以（芸窗讀書故云）……

真宗談玄理，悟道也。叢林之中，更隨欽師繞法。通禪也。再觀之，斷尾以憚為犧者（商士應元），滑務光巢父之真脩。欲冊而滑為仙者，悟偓佺喬松之妙術（二仙人）。嗚呼！雞之佳事，寧一二數耶。吾又以善鬪者論焉，望之似木雞（列子紀消子為王養鬪雞），矣德全矣。此紀消子之善養者也。況金其距者益壯，介其羽者益奮，膏其首者益勇。漢宣英主也，頗乃酷（漢宣帝好鬪雞）

于所好，有由然矣。第以入謝安之夢，桑榆之景幾何（南史謝安夢雞）。遺蔔變之郊，千城之才頓棄。雉而鬪者，兆國之兵。兆而晨者，惟家之索（書牝雞無晨，牝雞之晨，惟家之索）。五其母若雉以時蓄，三其足者必以神行（栎子韓三足雞神而行）。會稽雞之不啼，蜀國雞之不去（雞子韓雞之不能伏雞卵，蜀雞之小也）。越雞不能伏鵠卵，吳雞不能化鴨雛，若然此第可充上庖哉。故孝子為客，必烹以供母；賢若伯嬭，必烹以謝客。信若范

傲惕息以適友隱若丈人必殺以食賢而魏武行宮十一
尚然而思其助也者

四六語

類呼祝祝名擅朱朱五德純全數處皆為美德數
翰伊喔聽來豈是惡鼓稻粱時啄肉方肥塒桀夜（史世非惡聲也見起舞註）（古詩朱黍登陽雉正肥）
棲心自適救豪君出宛地呼開函谷之關知天子

是齋餘 十八卷 二十

思故鄉諺渴新豐之市益州修祀典允堪儷金馬
為神唐殿布綠綸雉可倣天星肆赦用攘其一未（孟子月攘一雞）（非秦挑魏王云寧為雞口毋為牛後）
是良團日膳其雙頗為俊慾為雞口不為牛後蘇（鶩音木野鴨也）
秦之所貴可知愛野鶩弗愛家雞庾巽之不平宜
禽

花子美 傳雞 ……
素芭評

詳釋

稟火精 春秋瀾辭雞為積陽火德之精故陽出雞鳴若以類感也

江適為長史取雞百餘集以長繩連其腳皆繫火一齊驅亂共擊之遂大勝

帶火燄熱 晉北伐 ……

雞鳴相警 古齊風之賢妃御於君所警旦 ……

談玄理 ……

統法會 ……

聞雞蹴舞 晉祖逖與劉琨 ……

是齋餘 十八卷 十一

長安雞長為三日不食而元今有重雞塚在為

斬尾憚為犧 左傳賓孟適郊見雄雞自斷其尾侍者 ……

紀消木雞 莊子 ……

金距介羽 左傳季郈之雞鬬 ……

膏其首

雞入夢

卵棄干城

雉鬭兆兵 唐玄宗好鬭雞 ……

越雞不伏鵠卵伏之矣蓋越雞小魯雞大也　吳雞不化

雛風俗通云吳雞嘗伏鴨卵雛成入水雞母隨岸呼之雞亦不顧蓋鴨雞異類雞相從也人之異類不能相從可以異

充上庖杜注云梁繪見群雞曰爾單堪充吾庖之上庖　燴雞供母為異客殺雞郭林

宗意食為林宗謝拜之同鄉賢母與客贰　以謝客漢武微時與賓夜其

縱也也執之其姬曰客非常人也因釋之遂殺雞謝罪　烹雞　遲友張元伯與范式為友

有類一　思雞肋三國書操在蜀不得歸志欲棄兵雞肋食之無肉棄之可惜

朱朱風俗通云俗傳雞乃朱朱蓋雞肋者　祝祝陽何仙人養雞千餘

皆有名字蓍氏栖手化為之故呼朱朱名即此種　五德韓詩外傳

袁公而至今世人呼雞曰祝祝散養義也

距武也敵在前敢鬭勇也見食相呼仁也守夜不失時信也

雞有五德君當以淡食君者以其近也夫鵠一舉千里止君園池食君黍粱無此五德而猶貴之者以其所從來遠也

若在齊進齊至　鶡冠子曰雞者知時

三嘗君在齊者群雞鳴逐出國法雞鳴出客

有為假雞鳴若　呼開函

新豐市漢太上皇思東歸高祖徙豐民於新豐雞犬亦識其家

閩中之雜　一傀儡金馬為神漢書

方士云益州有金馬碧雞之神可醮祭而致宣帝使王褒往祀之

之神雞星動常有土表帝以為候

赦星　候天雞肆赦唐書注法公日恤入海進日拉日

鶩不愛雞者其饈日膳其膳之注法鸞書

鶩不愛雞

子海珍本編

西山尚志　王震　主編

海外卷（日本）
國立國會圖書館

②

鳳凰出版社

目録

古史海樓

（明）韓　敬　撰　林世選　詮次

《古史海樓》八卷，（明）韓敬撰，林世選詮次。據國立國會圖書館藏明書林盟雲鄭以厚刊本影印。

周
左傳

古史海樓

一之二

共四卷

刻古史海樓序

崖余拔鄭生第二未諗鄭生[illegible]
眾後乃始熟鄭生貌權若不勝
衣胞宣㒺若鑑矣好醜畫狀[illegible]
與覿史氏一際之觀[illegible]干評且
小之藏不灼為辨別淺[illegible]戊當
實粿毛髮畫也則鄭生也
求之豆區量矣遍以古史
請序於予：唯古稱良史才最
左氏司馬而外傳次史國策又
次史夫才罷也受也豆之所受
其升用四四豆而區四區而釜
受斛以區猶有量也夫洪鐘投
之旬奚測之閎奚涯量哉宏才如
左聞如司馬太史忱洪鐘也受
虖豈外傳國策所能閱萬斛一

耽釣為業舉者噣矢剔是刻圖
未甲任軒輊觀已若夫恢宏綱
出胸而鵠之良矣才則猶頭鄭
生之進之也鄭生勉乎哉

古越葉大受書

呂鑑　左傳　目錄

一卷

隱公

桓公

莊公

司馬侯論晉三殆
司馬侯論昭公不知禮
叔向不虞楚汰侈
㬉由不畏釁鼓
叔向論鑄刑書
申無宇執亡閽
周景王責晉伐潁
鄭卅以詩諫
子產重玉環
晏嬰諫誅祝史
晏子論和同
子產遺愛
沓揚不忍殺太子
伍尚勉弟執仇
晏子論禮
沈尹戍勸誅費無極
公子中諫害吳
黑肱以濫來奔
周敬王請晉城成周
定公

公會齊侯於夾谷
哀公
伍員諫許越成
逢滑議解吳
子西不患吳
楚昭王不祭災越望
伍員諫遺越患
孔子不對田賦
葉公討白公勝
目錄終

目錄

詹叔諫意
胥臣論傳誰
諸大夫勉趙文子
悼公用人後伯
晉滅欒氏
叔向賀韓宣子貧
魏獻子却梗陽人之賂
郵無正論壘培
竇犨論人化
士茁懼室美
知國論人不可忽

楚語
申叔時論教太子
子木祭不薦芰
伍舉諫築章華之臺
左史倚相謗子亹
子張諫楚靈王
左史與子期論從遠
閔且料子常
藍尹亹勸子西脩德

王孫圉論楚寶
葉公諫用王孫勝

吳語
諸稽郢行成於吳
申胥諫平越
吳王殺申胥
夫差告勞於周

越語
范蠡不肯平吳

目錄終

按左傳國語皆聖于文者也博士弟子類俊言之矣然國語高峻嚴慤古雅藻而渾樸未散而涵光醞靈其文章家之祖昔昇乎至于從容不迫情致有餘雖左内傳而其包羅天地探測禍福章善惡癉幽微又豈諸子百家之倫哉茲敢以一得之愚擇其尤雅者彙成一帙僭而弁諸首云

一左國閎深藉諸名家評隲益明故散見各集者務蒐羅而彙紬之如百氏家言足以翼國語而相印證者復纂玄剟要睟盎曬列冠一按字示別云

一文字用圈點終類添蛇之足第古人意見精神庶可一矚而得此亦為後學者労耳予士大夫勿以是嗤予幸已

一批點事例向已詳見内傳今毋容贅云

戰國策　五卷

蘇秦始以合從說燕
郭隗說燕昭王
樂毅報燕惠王書
燕王喜遺樂閒書
宋
墨子說止楚王攻宋
中山
中山君得士

目錄畢

讀戰國策凡例

余讀七雄時諸策士之譚愛其文尤愛其[illegible]
虛張誇誕而喜怒于一言轉安危于一字[illegible]
飾僞而恭誣而附正贋而竊眞嗚呼何其詭之
工也其史氏之宗軸文家之機顆乎第宗于抑
闔短長而背于先王之理道愚弄人主猶玩志
子於掌股之上心術抑何詭耶先儒云三代之
文至戰國先秦而萬確有見矣今嚴核其詭而
稍近于正者共若干首如左
一戰國文詞貴化其意不貴泥其詞譬之鈞之
編也一端以為剔一端以為絲剔則戕致之絲
則嘬傻之頼人所用何如耳如曰字比句櫛而
反失其意何異買櫝而遺其珠乎高明以為然
不
一先秦時文詞甚多其無益于實用者亦甚多集
中間拔数十首皆有関于大致且多裨舉業學
者讀之自得

台晉駱日升識

凡例終

會元　震暘　施鳳來　校閱

會元　求仲　韓敬　精選

會魁　成我　葉大受　恭校

玄真子　林世選　詮次

書林　望雲　鄭以厚　繡梓

楊慎曰：初者何？因其事而叙其始也。申，姜姓國。武公娶申女，曰武姜，從其謚也。

[illegible]寤生[illegible]故惡而名[illegible]也亦通

駱日升曰：段多才好勇，國人歸之，公已貳忌而陰忍之矣。一請邑而與之，其計故挈而與之，無吝色，亦用與為取之術

左傳

鄭伯克段于鄢　隱公元年

初，鄭武公娶于申（申，國名），曰武姜，生莊公（長子）及共叔段（次子）。莊公寤生（寤生，難生也），驚姜氏，故名曰寤生，遂惡之。愛共叔段，欲立之（立為太子）。亟請於武公，公弗許。及莊公即位，為之請制（制，鄭地，姜請于公以制邑封段）。公曰：「制，巖邑也（言制，巖險之邑），虢叔死焉（恃其險而不脩德，為鄭所滅），佗邑唯命。」（欲他邑則唯命是聽）請京（姜更請京），使居之，謂之京城大叔。祭仲（鄭大夫）曰：「都城過百雉，國之害也。先王之制：大都不過參國之一，中五之一，小九之一。今京不度，非制也，君將不堪。」公曰：「姜氏欲之，焉辟害？」對曰：「姜氏何厭之有？不如早為之所，無使滋蔓（不使段之惡如草之滋長蔓延），蔓難圖也。蔓草猶不可除，況君之寵弟乎？」公曰：「多行不義，必自斃（言段多行不義），子姑待之。」既而大叔命西鄙北鄙貳於己。公子呂（鄭大夫）曰：「國不堪貳，君將若之何？欲與大叔，臣請事之；若弗與，則請除之，無生民心（請除去大叔，不除則舉國之民當生他心）。」公曰：「無庸（言無用除之），將自及（將自及於禍）。」大叔又收貳以為己邑，至于廩延（鄭邑也）。子封（公子呂）曰：「可矣，厚將得眾。」公曰：「不義不暱，厚將崩。」

大叔完聚（完城郭，聚人民），繕甲兵，具卒乘，將襲鄭。夫人（武姜）將啟之。公聞其期，曰：「可矣。」命子封帥車二百乘以伐京。京叛大叔段，段入于鄢（鄭邑），公伐諸鄢。大叔出奔共。書曰：「鄭伯克段于鄢。」段不弟，故不言弟；如二君，故曰克；稱鄭伯，譏失教也；謂之鄭志（謂鄭莊志在殺段）。不言出奔，難之也。遂寘姜氏于城潁（地名），而誓之曰：「不及黃泉，無相見也（言非死至地下無相見也）。」既而悔之。潁考叔為潁谷封人（典封疆者），聞之，有獻於公。公賜之食，食舍肉。

茅坤曰：句語雄健

張之象曰：多行不義必自斃一句，是莊公養弟本心，故貳邑從收貳亦聽之，子呂何不諒而復為恭仲之諫耶

丘濬曰：叙事處何等[illegible]

[illegible]孝道言[illegible]考叔之言[illegible]不相愛如初亦難逃不孝之罪已

袁宗道曰此正莊公天理發露處若叔當是時不能以正理導君乃教之掘隧全愛非直臣矣且徒全母子而不能全兄弟又豈得為錫類乎以孝鋤之叔也有余愧矣

按傳文所稱君子曰者多是採取當時君子之言或斷以己意

鄭子章曰描寫鄭莊母子之情曲盡

內訪繇莊公之問公問之對曰小人有母皆嘗小人之食矣未嘗君之羹請以遺之。留羹以遺母公曰爾有母遺繄我獨無。繄發語辭我獨無母可遺潁考叔曰敢問何謂也公語之故莊公以誓母之故語考叔且告以悔父之意且告之悔對曰君何患焉若闕音掘地及泉隧而相見其誰曰不然若掘地及泉水為地中隧道與武姜相見誰敢以為不然公從之公入而賦大隧之中以迎武姜莊公入隧道和其樂也融融賦詩和悅貌姜出而賦大隧之外出自隧道武姜備公賦詩其樂也洩洩舒散相得遂為母子如初君子曰潁考叔純孝也愛其母施及莊公考叔自愛其母又能廣施孝道感悟莊公詩曰孝子不匱永錫爾類其是之謂乎

李光縉曰此篇敘鄭莊之事極有筆力寫其怨端所以萌良心所以回皆可見始言亟請於武公亟之一字母子之相偽疾病原在此後言姜氏欲之豈人子之情也哉蓋莊公材畧儘高叔段已在他掌握中於其未發待之甚緩於其已發追之甚急公之於段始如處女敵人開戶後如脫兔敵不及拒者也然此施之敵國則為巧施於骨肉則為忍此左氏鋪敘好處以十分筆寫十分人情

李光縉曰交質之惡雖周衛猶且不可況君臣乎蓋是時周室凌夷重以鄭伯之奸橫故其勢遂敗壞至此

王纘曰鄭莊之惡至于質王子射王肩先君甚矣太身沒未幾而[illegible]正公子五爭亦奪不息忽係覆宗之際其天之報施亂賊者乎

王鏊曰左氏不論[illegible]之無辨而論[illegible]不取[illegible]文衛之不取[illegible]矣[illegible]君子曰

以下是左氏替信字不兩百而許多議論許多光采可見讀者思其其壯而得其神髓

又可也駱日升曰天子諸侯名分際如周雖弱鄭雖然其大分不可亂也議者不曰尊卑之先別而顧曰信不由衷矣等而夷之為二國嗟乎何言之不倫一至是耶

周鄭交質 隱公三年

鄭武公莊公武公為平王卿士卿士王卿之執政者言父子俱秉周政王貳於虢欲分政於虢公不復專任鄭伯鄭伯怨王王曰無之故周鄭交質王子狐為質於鄭鄭公子忽為質於周王崩周人將畀虢公政欲成平王本意四月今之二月鄭祭足帥師祭仲為帥取溫之麥今五六月秋又取成周之禾麥禾皆未熟言取者芟踐之也周鄭交惡兩相疾惡君子曰信不由中質無益也明恕而行要之以禮雖無有質誰能間之苟有明信澗谿沼沚山夾水為澗通川為谿方池為沼小渚為沚之毛草也蘋蘩薀藻之菜大蓱為蘋皤蒿為蘩聚藻為薀藻皆可為菜筐筥錡釜之器方曰筐圓曰筥皆竹器錡有足釜無足皆金器潢汙行潦之水潢汙停水行潦流水可薦於鬼神為薦祭也可羞於王公羞進也而況君子結二國之信行之以禮又焉用質風有采蘩采蘋召南國風二篇雅有行葦泂酌大雅行葦篇義取忠厚泂酌篇義取雖行潦可以祭祀也昭忠信也詩義取不嫌於薄物明忠信雖薄物皆可為用

楊維禎曰周天子鄭諸侯也左氏並稱周鄭無尊卑之辨矣周亦不能無罪焉平王欲退鄭伯而不敢退欲進虢公而不敢進巽懦暗弱反為虛言以欺其臣固已失天子之体矣及其甚至於交質尊卑之分蕩然鄭亦何所憚哉溫之麥洛之禾宜細載而不顧也

茅坤曰詞意溫雅

楊慎曰古人亂傳國之序者鮮不貽禍於其國若宋之穆公只夫壽哉宋之太祖是已以是知經常之典不可廢也

張位曰辭氣婉容

駱日升曰舍子立弟非是宣公不識也殤他日子馮之禍不管於出居之時蓋醞釀於傳緒

逆國矣

吳澄曰引詩攔貼收棹有力

穆公復立與夷 隱公三年

宋穆公疾。召大司馬孔父而屬殤公焉。殤公名與夷，宣公之子，穆公之姪。蓋以托之孔父，使立為國君。曰：先君宣公舍與夷而立寡人。寡人，穆公。寡人弗敢忘。若以大夫孔父之靈，得保首領以沒，得善終也。先君若問與夷，其將何辭以對？請子奉之，奉殤公為君。以主社稷，寡人雖死，亦無悔焉。對曰：孔父對。群臣願奉馮也。穆公子。公曰：不可。先君以寡人為賢，使主社稷。若棄德不讓，是廢先君之舉也，廢宣公舉賢之意。豈曰能賢？光昭先君之令德，是光明宣公讓國美德。可不務乎？吾子其無廢先君之功。先君舉賢之功。使公子馮出居於鄭。穆公卒，殤公即位。君子曰：宋宣公可謂知人矣。立穆公，其子饗之，不立其子，其子亦享天祿。命以義夫。能以讓國之義制命。商頌曰：殷受命咸宜，百祿是荷，其是之謂乎。即宣公以義命立弟，使其子終有宋國之謂也。

朱文公曰：宣公遜國於弟，而使之逐其子；穆公遜國於姪，而使之殺其身。然則何百祿是荷之有？

有公羊傳謂君子大居正，宋之禍宣公為之也，斯言當矣。

王世貞曰衛出內寵僭嫡之禍孝子言正石碏之諫可以悟矣蠱而為禍其萌辨之不蚤嗚呼後嗣嗚呼懼哉

張□曰特明州吁為嬖人之子故首及莊姜戴嬀文有條委

駱日升曰有寵句為下寵字張本暗伏禍根

姚寬曰愛之惟勿芳乎斯為甚方之訓石碏教之一節深知此義

寵而不驕以下逆法句法俱佳

張之象曰大法之馭柄子有文然碏

言未□不若柳子遜言之

其子曰六逆從寵逆之過來碏篇深知州吁之必弒也

駱日升曰自石碏臣驕于未有不收國亡身碏言剴切可為後世鑒至于借力於陳以誅州吁尤可謂能權

楊慎曰碏禁子厚與州吁遊便浮乂之教矣至于治厚于陳正以義殺胎思者君子謂大義滅親知碏心矣

李光縉曰治絲以和緩為先若紛之益見亂而難治和民之道循是

石碏諫寵州吁 隱公三年四年

衛莊公娶于齊東宮得臣之妹，曰莊姜，得臣，齊太子名。美而無子，衛人所為賦碩人也。碩人，詩篇名。又娶于陳，曰厲嬀，生孝伯，早死。其娣戴嬀生桓公，莊姜以為己子。莊姜雖為己子，然太子之位未定。公子州吁，嬖人之子也，莊公嬖妾所生。有寵而好兵，公弗禁，莊姜惡之。石碏諫曰：臣聞愛子，教之以義方，弗納於邪。驕奢淫泆，所自邪也。四者之來，寵祿過也。言驕奢淫泆乃邪之所自起，而所以有此四者，由寵祿之過也。將立州吁，乃定之矣；定其位號。若猶未也，階之為禍。若不早定州吁為太子，必緣寵為禍亂之階。夫寵而不驕，驕而能降，降其心。降而不憾，憾而能眕者鮮矣。且夫賤妨貴，少陵長，遠間親，新間舊，小加大，淫破義，所謂六逆也。淫破義謂淫以破義理。君義，臣行，父慈，子孝，兄愛，弟敬，所謂六順也。去順效逆，所以速禍也。君人者，將禍是務去，而速之，無乃不可乎？言寵州吁而弗禁其好兵，是去順效逆以速禍，必不可也。弗聽。碏言不聽。其子厚與州吁游，禁之，不可。碏子厚與州吁交遊，碏禁之不聽。桓公立，乃老。碏乃告老致仕。明年，州吁弒桓公而立。公問於眾仲曰：魯隱公問魯大夫。衛州吁其成乎？成其為君。對曰：臣聞以德和民，不聞以亂。以亂，猶治絲而棼之也。棼，紛也，擾也。夫州吁阻兵而安忍，阻，恃也。恃兵則民殘而眾叛。阻兵無眾，安忍無親。

[illegible]弑逆大惡也石碏不目其死兄夫懇而但云阻兵安忍蓋君臣之義不明于天下也久矣

楊慎曰機括深吁厚已落石子彀中矣

王鏊曰春秋之世臣弑君子弑父者接踵於天下碏能伸大義誅亂除賊此春秋之第一人 汝懃氏 整

而(耕)衆叛親離，難以濟矣。夫兵猶火也，弗戢(止也)，將自焚也。夫州吁弑其君，而虐用其民，於是乎不務令德，而欲以亂成，必不免矣。州吁未能和其民，厚問定君於石子。(厚以州吁不安故問於父)石子曰：王覲為可。(言朝王乃可安)曰：何以得覲？曰：陳桓公方有寵於王，陳、衛方睦，若朝陳使請，必可得也。(朝陳使陳為衛請命於王必可朝王)厚從州吁如陳。(陳)石碏使告于陳曰：(密使人告陳桓公)衛國褊小，老夫耄矣，無能為也。此二人者，(二人謂石厚州吁也)實弑寡君，敢即圖之。(敢請陳因其來朝而就誅討之)陳人執之，而請涖于衛。(執州吁厚請衛人自臨討之)九月，衛人使右宰醜(衛臣)涖殺州吁于濮，石碏使其宰獳羊肩(碏之家宰)涖殺石厚于陳。君子曰：石碏，純臣也。惡州吁而厚與焉。(厚佛殺)大義滅親，(伸居臣大義滅父子私親)其是之謂乎。

右石碏諫寵州吁

駱日升曰：方莊公之寵州吁也，碏能諫之；及州吁之篡桓公也，碏又能誅之，可謂社稷臣矣。

[illegible]曰此篇森[illegible]典贍[illegible]至品

[illegible]化曰愚按僖伯所陳皆先王典法人君之一遊一動其可輕也哉按世本紀書曰某日啟于某所某日歸于其地者其得罪先王甚矣

駱日升曰故講事以度軌量字當連上讀杜註以量字帶下讀誤甚今為訂之如分註所云讀者詳之

楊慎曰前含[illegible]三個之字[illegible]三個而字文法錯落可誦

穆文熙曰句法新整

胡安國曰隱公慢棄國政遠事逸遊僖伯之忠言不見納亦已矣又從為之辭是縱欲而不能自克之以禮也僖伯稱疾不從可謂忠臣矣葬之加一等夫是之謂稱老合不敢忘其忠而不能听其言與郤公書而不能用一也能无纖平之及乎

焦竑曰篇末敘拈有進魚出於之趣逍遙文為戲者

臧僖伯諫觀魚　隱公五年

春，公將如(往也)棠觀魚者。臧僖伯諫曰：凡物(凡物之物)不足以講大事，(國之大事在祀與戎)其材不足以備器用，則君不舉焉。(材皮革齒牙骨角毛羽之屬則不為是本動蓋以軍國戎祀為重以遊觀宴樂為輕)君將納民於軌物者也。故講事以度軌量謂之軌，(講習大事以準度法則而後謂之軌)取材以章物采謂之物。(取鳥獸之材以章明物采而後謂之物)不軌不物，謂之亂政。亂政亟行，所以敗也。(言器用衆物不入法度則為不物亂政之所起)故春蒐、夏苗、秋獮、冬狩，(蒐謂蒐索擇取不孕者苗為苗除害獮殺也以殺為名順秋氣也狩圍守也冬物畢成獲則取之無所擇也)皆於農隙以講事也。(各因農事間隙講習武事)三年而治兵，入而振旅，(雖四時講武猶復三年而大習出曰治兵始治其事入曰振旅治兵禮畢整旅而還)歸而飲至，以數軍實。(飲於廟以數車徒器械及所獲也)昭文章，(車服旌旗)明貴賤，(貴者先殺)辨等列，(等第行列)順少長，(出則少者在前入則在後)習威儀也。鳥獸之肉不登於俎，(不足以供祭)皮革齒牙、骨角毛羽不登於器，(不足以備器者)則君不射，(不親射)古之制也。若夫山林川澤之實，器用之資，(言取此雜物以資器備是小臣有司之事非諸侯所當親)皁隸之事，官司之守，非君所及也。公曰：吾將略地焉。(巡行)(托詞)遂往，陳魚而觀之。(陳設捕魚之備而觀之)僖伯稱疾不從。書曰：公矢魚于棠。(矢陳也)非禮也，且言遠地也。(棠去魯遠)(伯卒公曰叔父有)憾於寡人寡人不敢忘葬之加一等

右臧僖伯諫觀魚

趙公戒飭守臣 隱公十一年

秋七月，公（隱公）會齊侯、鄭伯伐許。壬午，遂入許。許莊公奔衛。齊侯以許讓公。公曰：「君謂許不共，故從君討之。許既伏其罪矣，雖君有命，寡人弗敢與聞。」乃與鄭人。鄭伯使許大夫百里（臣名）奉許叔以居許東偏（鄭莊公不敢自有），（取許國，故使許莊公弟許叔居許東鄙，又使其大夫百里奉之）曰：「天禍許國，鬼神實不逞（快也）於許君，而假手于我寡人。寡人唯是一二父兄（同姓之臣）不能共億（供給而安億之），其敢以許自為功乎？寡人有弟（叔段），不能和協，而使糊其口於四方（使寄食於他方，謂元年大叔段出奔共也），其況能久有許乎？吾子其奉許叔以撫柔此民也，吾將使獲也佐吾子。（鄭大夫公孫獲）若寡人得沒於地，天其以禮悔禍于許（加禮於許而悔其過），無寧茲許公復奉其社稷（無寧，寧也。言後世復奉許公之社稷者，寧非此許公乎），唯我鄭國之有請謁焉，如舊昏媾（如舊日婚姻），其能降以相從也（降心以從今日之請也），無滋他族實偪處此，以與我鄭國爭此土也。吾子孫其覆亡之不暇，而況能禋祀許乎？寡人之使吾子處此，不唯許國之為，亦聊以固吾圉也。」乃使公孫獲處許西偏，曰：「凡而器用財賄，無寘於許。我死，乃亟去之。吾先君新邑於此（新邑，謂河南新鄭也。鄭桓公始遷此，武公之父），王室而既卑矣，周之子孫日失其序（鄭亦周之子孫，故云）。夫許，大岳之胤也（四岳之後）。天而既厭周德矣，吾其能與許爭乎（言當復大許，不可久居）？」君子謂鄭莊公於是乎有禮。禮，經國家，定社稷，序民人，利後嗣者也。許無刑而伐之（刑，法也。言許亂法，故鄭伐之），服而舍之，度德而處之，量力而行之，相時而動，無累後人（言我死則亟去之，是不為後人之所累），可謂知禮矣。

（□月，公會齊侯、鄭伯伐許。潁考叔取鄭伯之旗蝥弧以先登，子都自下射之，考叔隊死。瑕叔盈又以蝥弧登，周麾而呼曰：君登矣。鄭師畢登，故鄭伯遂入許。）

（張一菴曰：鄭莊公此本看概命許叔數語，自是氣度從容，左氏謂其有礼，不為无見。）

（孫月峯曰：引過之言，譯然動人。）

（閔如霖曰：不敢自以為功，似讓；能其□□久有許，似天之悔禍；使許祀許，似處惡□……）

（杜氏註曰：言當降心從命，請無使他姓處此許地以偪害知，而與我鄭爭此許國之地；若他姓處此相偪害，則我知同子孫救亡之不暇，況能禋祀許之山川乎。）

（王命入人之國，罪已大矣，又使大夫守之，不……氏以為有礼，是長乱階也。）

（楊慎曰：此二礼字根二礼字來。）

吳幼清曰：欲得許地者，鄭之本謀；遂破許國者，鄭之專功。時以借齊魯兵力以同伐，齊以國大爵尊為主矣。既入許，鄭莊陽不有其功而讓於齊，齊侯以克許非己功而不敢受，乃以讓魯；魯又以克許非己功而不敢受，乃以與鄭。鄭即受之而不辭，竟得遂其貪土地之志。書入許，不書滅許者，許君既奔他國，鄭雖專有其地，而使許君之弟奉其宗廟，不絕祀也。入者，亡國之善辭。何善也？以為猶愈書取其土地而并絕其宗祀者爾。

臧哀伯諫納郜鼎 桓公二年

夏四月，取郜大鼎于宋。戊申，納于太廟。（宋華督弒公，以前所取賂）臧哀伯諫曰：君人者，將昭德塞違，以臨照百官，猶懼或失之，故昭令德以示子孫。是以清廟茅屋，（以茅飾屋）大路（祀天之車）越席，（結草為席）大羹不致，粢食不鑿，昭其儉也。袞冕黻珽，帶裳幅舄，衡紞紘綖，昭其度也。藻率鞞鞛，鞶厲游纓，昭其數也。火龍黼黻，昭其文也。五色比象，昭其物也。鍚鸞和鈴，昭其聲也。三辰旂旗，昭其明也。夫德，儉而有度，登降有數，（謂上下尊卑）文物以紀之，聲明以發之，以臨照百官，百官於是乎戒懼，而不敢易紀律。今滅德立違，而寘其賂器於太廟，以明示百官，百官象之，其又何誅焉？國家之敗，由官邪也。官之失德，寵賂章也。郜鼎在廟，章孰甚焉？武王克商，遷九鼎于雒邑，義士猶或非之，而況將昭違亂之賂器於太廟，其若之何？公不聽。周內史聞之曰：臧孫達其有後於魯乎！君違，不忘諫之以德。

季梁勸修政 桓公六年

楚武王侵隨，使薳章求成焉，軍於瑕以待之。隨人使少師董成。王毀軍而納少師。（以示其弱也）少師歸，請追楚師。隨侯將許之，季梁止之曰：天方授楚，楚之羸，其誘我也。君何急焉？臣聞小之能敵大也，小道大淫。（小國有道，大國淫虐）所謂道，忠於民而信於神也。上思利民，忠也；祝史正辭，信也。（祝官史官不虛美君）今民餒而君逞欲，祝史矯舉以祭，臣不知其可也。公曰：吾牲牷肥腯，粢盛豐備，何則不信？對曰：夫民，神之主也。是以聖王先成民而後致力於神。故奉牲以告曰：博碩肥腯，（牲大也）謂民力之普存也，（普得安存）謂其畜之碩大蕃滋也，謂其不疾瘯蠡也，（皮毛無疥癬）謂其備腯咸有也。奉盛以告曰：絜粢豐盛，謂其三時不害而民和年豐也。奉酒醴以告曰：嘉栗旨酒，謂其上下皆有嘉德而無違心也。所謂馨香，無讒慝也。故務其三時，修其五教，（五倫之教）親其九族，以致其禋祀。於是乎民和而神降之福，故動則有成。今民各有心，而鬼神乏主，君雖獨豐，其何福之有？君姑修政而親兄弟之國，庶免於難。隨侯懼而修政，楚不敢伐。

申繻論命名 桓公六年

九月丁卯，子同生，以太子生之禮舉之，接以太牢（羊牛豕），卜士負之（禮世子生三日，卜士負之，射人以桑弧蓬矢射天地四方），士妻食之（士之妻為乳母），公與文姜、宗婦命之（宗婦，同宗之婦。世子生三月命名）。公問名於申繻，對曰：名有五，有信，有義，有象，有假，有類。以名生為信（如魯公子友，以生而有文在其手曰友也），以德命為義（如文王名昌，武王名發也），以類命為象（如孔丘首象尼丘也），取於物為假（如孔鯉有遺之鯉），取於父為類（如子同與父同日也）。不以國，不以官，不以山川，不以隱疾（隱痛疾患，避不祥也），不以畜牲，不以器幣。周人以諱事神，名終將諱之。故以國則廢名，以官則廢職，以山川則廢主，以畜牲則廢祀，以器幣則廢禮。晉以僖侯廢司徒（改為中軍），宋以武公廢司空（改為司城），先君獻、武廢二山（獻公名具，武公名敖，是以二山更以其鄉名）。是以大物不可以命。公曰：是其生也，與吾同物（同類也，同日），命之曰同。

附胡傳：春秋明帝王之道，賢可禪則天下為公，而不拘世及之禮；子可繼則天下為家，而不必讓國之義，為世之通道也。與賢貴于得人，與子定于立嫡。

鍾伯敬曰：按春秋十二公，惟子同生是嫡夫人之長子，書所以明太子之禮也。鍾伯敬曰：議論撥出有五以下章法。生之象，曰命名言取其見，亦以見古人重諱之禮。李光縉曰：更進一步，命倫命意。又曰接引明安。言天下安，雖亦可，立嫡在位，伏不免也。

鬭伯比知屈瑕必敗 桓公十三年

楚屈瑕伐羅，鬭伯比送之，還謂其御曰：莫敖（屈瑕）必敗，舉趾高，心不固矣（趾，足也。高，言志氣揚）。遂見楚子曰：必濟師（益師）。楚子辭焉（不解其旨，故辭之）。入告夫人鄧曼。鄧曼曰：大夫（指伯比）其非眾之謂，其謂君撫小民以信，訓諸司以德，而威莫敖以刑也。莫敖狃於蒲騷之役（莫敖用鬭廉計，敗鄖於蒲騷），將自用也，必小羅。君若不鎮撫，其不設備乎！夫固謂君訓眾而好鎮撫之，召諸司而勸之以令德，見莫敖而告諸天之不假易也（天不假借于輕易之人）。不然，夫豈不知楚師之盡行也？楚子使賴人追之，不及。莫敖使徇于師曰：諫者有刑。及鄢，亂次以濟，遂無次，且不設備。及羅，羅與盧戎兩軍之，大敗之。莫敖縊于荒谷，群帥囚於冶父以聽刑。楚子曰：孤之罪也。皆免之。

辛伯諗周公亂本 桓公十八年

周公將弒莊王而立王子克（莊王弟）。辛伯告王，遂與王殺周公黑肩。王子克奔燕。初，子儀（子克）有寵於桓王，桓王屬諸周公。辛伯諫曰：並后，匹嫡，兩政，耦國，亂之本也。周公弗從，故及。

鍾伯敬曰：此篇意發明且詞極富麗。呂氏曰：屈瑕之禍，鄧曼之言最為切中。李光縉曰：辛伯之諫數字耳，而古今國家之亂，其由此道，甚可畏哉。孫月峯曰：千古名言。

曹劌敗齊師　莊公十年

金聖歎曰一節照一節一句照一句與實不如此審覈一段似所以為佳
孫日升曰有波瀾有氣勢文之上乘
穆文熙曰胡氏謂善為国者不師善師者不陣善陣者不戰至于善戰德已衰矣以詐謀有取於曹劌也余謂兵流至此也不詐不足以取勝胡氏之論其亦宋襄之仁歟長勺之役劌本傳功可少乎哉
張之象曰雖係詐謀之術尤存戰陣之机
章法
按詐谷則轍迹旌旗必整今轍亂旗靡知其非詐故逐而克之

齊師伐我（以魯納子糾故齊先伐之）公將戰曹劌請見（曹劌魯人請見莊公）其鄉人曰肉食者謀之（祿食者自能謀之）又何間焉（曹劌不必與其謀）劌曰肉食者鄙未能遠謀乃入見問何以戰（以何為本）公曰衣食所安弗敢專也必以分人（分之衆人）對曰小惠未徧民弗從也公曰犧牲玉帛弗敢加也（不敢有加）必以信（祝史正辭不敢矯舉以祭）對曰小信未孚神弗福也公曰小大之獄雖不能察必以情（必盡己之情）對曰忠之屬也可以一戰（以情察獄忠之一端也民必感其忠而思報故可用以戰）戰則請從公與之乘（與曹劌共乘兵車）戰于長勺公將鼓之（鼓以進兵）劌曰未可齊人三鼓劌曰可矣齊師敗績公將馳之（逐齊兵）劌曰未可下視其轍（下車視齊轍迹）登軾而望之（又登車前横木以望齊師旌旗乃可馳之）曰可矣遂逐齊師既克公問其故對曰夫戰勇氣也一鼓作氣再而衰三而竭彼竭我盈（齊師三鼓勇氣已竭我師初鼓勇氣方盈）故克之夫大國難測也懼有伏焉（恐先有伏兵詐敗而誘我）吾視其轍亂（轍迹頹靡）故逐之

［附胡傳］善為国者不師善師者不陣善陣者不戰故行使則有文告之辭而疆場則有守禦之備至於善陣德已衰矣而況兵及相接又以詐謀取勝乎故書曾為主以責之皆已亂之道（寡怨之方者之事也）

臧文仲善宋辭　莊公十一年

孫月峯曰辭令能品叙事妙品言
孫日升曰弔水災以為害粢盛正敬之當弔處
文仲敬宋故知天道矣
胡知齊曰人君當畏天變此篇詩之
其言卜其亡臧孫不惟知天亦知人
其台御說雖閔公立是為桓公
孫日升曰以恤民之君方世長民之道

莊公十一年宋大水公（魯莊公）使弔焉曰天作淫雨害於粢盛若之何不弔對曰孤實不敬天降之災又以為君憂拜命之辱（敢拜謝魯君命之辱）臧文仲曰宋其興乎禹湯罪己其興也浡焉桀紂罪人其亡也忽焉且列國有凶稱孤禮也言懼而名禮（名謂稱孤）其庶乎既而聞之曰公子御說之辭也臧孫達曰是宜為君（臧孫達即臧文仲御說明年為君）有恤民之心

陳敬仲辭卿　莊公廿二年

穆文熙曰陳完奔齊桓公欲以卿之而固辭以當齊時之則亦以當齊
而因以代齊也完豈尝人也哉
孫月峯曰按呂東萊云辭一卿之秩而開一世之基辭一夕之宴而存數百年之利深矣
敬仲托其子孫於千祀去余謂敬仲豈求可苟言

陳人殺其太子御寇陳公子完奔齊（御寇之黨故奔齊）齊侯使敬仲（完之字）為卿辭曰羈旅之臣（羈旅寄寓也）幸若獲宥及於寬政赦其不閑於教訓（閑習也）而免於罪戾弛於負擔（弛息）君之惠也所獲多矣敢辱高位以速官謗（速召）請以死告（以死自誓）詩云翹翹車乘招我以弓（古者聘士以弓）豈不欲往畏我友朋（恐取訕責）使為工正（掌百工）飲桓公酒樂（桓公就敬仲家飲酒為主故云飲桓公酒）公曰以火繼之辭曰臣卜其晝未卜其夜不敢君子曰酒以成禮不繼以淫義也（不敢夜飲）以君成禮弗納於淫仁也（是君於淫是愛君之仁）

管仲曰氣格自別

孫鑛曰說者謂邢[illegible]平[illegible]入往[illegible]其[illegible]也據經莊三十二年冬書狄伐邢此年正月齊救邢則桓公之救未為緩矣救邢之初齊仲出兵將[illegible]既而狄又入衛其勢益張齊[illegible]其[illegible]邢遂滅邢並於是[illegible]使其其救之邢幾亡而復存者管仲請救之功也

管仲請救邢 閔公元年

狄人伐邢（邢，姬姓國，周公之後。去年冬為狄所伐。）管敬仲言於齊侯曰（管敬仲，即管仲。齊侯，桓公也。）：戎狄豺狼（性如豺狼），不可厭也（不可使之厭足）。諸夏親暱也（諸夏，中國。暱，近。指邢而言），不可棄也（不可棄而不救）。宴安酖毒（酖，鳥名，以羽畫酒能殺人。言宴安之禍，其毒如之），不可懷也（戎狄而棄諸夏者，皆由懷於宴安）。詩云（小雅出車篇）：豈不懷歸（將帥出征者，豈不懷歸家之念），畏此簡書（言同惡相恤一語，乃當時簡書所載）。簡書，同惡相恤之謂也（然所畏者簡策之命。蓋戎狄亂華，人所同惡，為中國者當相救恤也）。請救邢以從簡書。齊人救邢（從管仲之言）。

王維楨曰魯自周公伯禽以來風化浹洽其民耳濡目染身受體習无適而非周禮若雖經慶父之難兵[illegible]而不能易其禮能尊其[illegible]而不去其禮魯[illegible]周之[illegible]禮[illegible]閔公二三人[illegible]晉國之[illegible]二人之所[illegible]仲孫湫可謂善覘國矣

[illegible]子曰知本之論詞甚正大

仲孫湫論魯事 閔公元年

齊仲孫湫來省難（魯莊公薨，慶父殺子般，立閔公。周大亂，齊桓公使湫來，蓋窺之也）。書曰仲孫，亦嘉之也。仲孫歸，曰：不去慶父，魯難未已（慶父去年殺子般，其作難之心未已）。公曰（桓公）：若之何而去之？對曰：難不已，將自斃，君其待之。公曰：魯可取乎？對曰：不可。猶秉周禮。周禮所以本也（立國之本）。臣聞之：國將亡，本必先顛，而後枝葉從之。魯不棄周禮，未可動也。君其務寧（安也）魯難而親之。親有禮（魯秉周禮而親之，是親有禮），因重固（魯根本安重堅），間攜貳（離而貳者間之），覆昏亂（昏而亂者取之），霸王之器也（上四者皆伯王所用以成其業）。

孫應鰲曰敘事能[illegible]古之制也以下[illegible]法不嚴以孝何[illegible]法

錢秀峰曰忠懇

穆文熙曰辭明不[illegible]可之故非以保全[illegible]事理如此

里克諫將太子 閔公二年

晉侯使太子申生伐東山皋落氏（赤狄別種也。驪姬欲立奚齊，而察中三言於獻公，使之伐翟以圖之）。里克（晉大夫）諫曰：太子奉冢祀社稷之粢盛，以朝夕視君膳者也，故曰冢子。君行則守，有守則從。從曰撫軍（助君撫士卒），守曰監國（助君監臨國家），古之制也。夫帥師，專行謀（進退之謀專行），誓軍旅（以誓戒一軍旅），君與國政之所圖也（執政者），非太子之事也。師在制命而已（專制命）。稟命則不威，專命則不孝，故君之嗣適不可以帥師。君失其官（太子專命，則君失官人之道），帥師不威（則損威），將焉用之？且臣聞皐落氏將戰，君其舍之。公曰：寡人有子，未知其誰立焉。不對而退（里克不對而退）。見太子，太子曰：吾其廢乎？對曰：告之以臨民（謂公使君曲沃），教之以軍旅（謂使將下軍），不共是懼，何故廢乎？且子懼不孝，無懼弗得立。脩己而不責人，則免於難。太子帥師，公衣之偏衣（左右異色，其半似公服。蓋獻公為此偏衣以衣太子申生），佩之金玦（以金玦為衣之佩歸太子）。太子將戰，狐突諫曰：不可。昔辛伯諗周桓公云：內寵並后，外寵二政，嬖子配適，大都耦國，亂之本也。周公弗從，故及於難。今亂本成矣，立可必乎？孝而安民，子其圖之，與其危身以速罪也（危身於戰鬪之間，有功益見害，是速召禍災也）。

又曰[illegible]人子俱不孝不懼不得立亦事理實如是

穆曰[illegible]援引明切立詞甚正大

王世貞曰：里克、狐突為申生慮，可謂真至，然申生篤明倫理，主見已定，不使諸臣之瀆之也。方獻公烝于武廟，嘗稱疾使奚齊位事，猛足謂申生曰：伯氏不出，奚齊在廟，子盍圖乎？申生曰：吾聞事君以敬，事父以孝。受命不遷為敬，敬順所安為孝。棄命不敬，作事不孝，又何圖焉？吾其止也。嗚呼！此固張子列于西銘，以發明仁孝也歟。

呂祖謙曰伐楚之役齊[illegible]甚不共責[illegible]以討之楚必將首而知罪矣而君臣[illegible]討以不共貢為之罪為不足遠求昭王不復之事欲張楚之罪以大吾出師之名抑不知膠舟之禍年踰數百茫昧不可考楚安肯坐受其責耶此所以來水濱之答也

茅坤曰包茅不入為罪甚細而昭王不反又與楚無與齊人失問所以反為所乘若以[illegible]之[illegible]

楊慎曰陘中直[illegible]說[illegible]之必無辭矣至下以兵勢脅楚而楚亦不為大索屈完所對不[illegible]有愧心乎

孔[illegible]曰屈完之對婉[illegible]皆足以折服齊侯之心盖善于辭令者

[illegible]曰戰攻兩字[illegible]是伯者習

[illegible]曰以此衆戰以此攻城[illegible]張狀可笑見[illegible]德以[illegible]於完之对也

楚使及諸侯師 僖公四年

齊侯（桓公）以諸侯之師侵蔡。蔡潰，遂伐楚。楚子（成王）使與師言曰：君處北海，寡人處南海，唯是風馬牛不相及也（牝牡相誘曰風言維馬牛風逸牝牡相誘亦不相及喻齊楚遠不相干也），不虞君之涉（句法）吾地也，何故？管仲對曰：昔召康公（奭）命我先君太公曰：五侯九伯（五等諸侯九州之伯），女實征之，以夾輔周室。賜我先君履（所踐履之境界），東至於海，西至於河，南至於穆陵，北至於無棣。爾貢包茅不入，王祭不供，無以縮酒，寡人是徵（包裹束也禹貢荊州包匭菁茅盖取三春之茅包最匭匣盛之以貢祭祀又束茅而灌以酒為縮酒楚居荊州不貢此茅故無以縮酒徵猶問也）；昭王南征而不復，寡人是問（昭王南狩以膠舟溺于漢而死）。對曰：貢之不入，寡君之罪也，敢不供給？昭王之不復，君其問諸水濱（時漢非楚境故不受罪）。師進，次于陘（楚之要地不服故復進師）。夏，楚子使屈完如師（覘師強弱）。師退，次于召陵。齊侯陳諸侯之師，與屈完乘（共載）而觀之。齊侯曰：豈不穀是為？先君之好是繼。與不穀同好，如何？對曰：君惠徼福於敝邑之社稷（加惠於楚以求福於神），辱收寡君（不以同好為辱），寡君之願也。齊侯曰：以此衆戰，誰能禦之？以此攻城，何城不克？對曰：君若以德綏諸侯，誰敢不服？君若以力，楚國方城以為城，漢水以為池，雖衆，無所用之。屈完及諸侯盟。

汪道昆曰叙辭議論名將綴飛

朱批曰輔車脣齒之喻言至矣

駱日升曰辭晉豈之戒言之誤的詞語激烈英氣

李光縉曰語甚峻烈

孫鑛曰句法道勁語亦斬截

按仁曰臘祭名也秦人謂祭曰臘

宮之奇諫假道 僖公五年

晉侯復假道於虞以伐虢。宮之奇諫曰：虢，虞之表也。虢亡，虞必從之。晉不可啓，晉心無厭，不可開啓。寇不可翫。一之謂甚，其可再乎？先是晉獻公嘗用荀息之謀，以璧馬假道滅下陽。諺所謂輔車相依，輔，頰也；車，牙車。脣亡齒寒者，其虞虢之謂也。公曰：晉，吾宗也，豈害我哉？對曰：太伯、虞仲，太王之昭也。太伯於周為穆，穆生昭，故太王之子為昭。太伯不從，是以不嗣。虢仲、虢叔，王季之穆也。王季於周為昭，昭生穆，故王季之子為穆。為文王卿士，勳在王室，藏於盟府。將虢是滅，何愛於虞？且虞能親於桓、莊乎，其愛之也？言虞之親能勝於桓莊乎，而晉乃愛之也。桓、莊之族何罪，而以為戮，不唯偪乎？桓叔、莊伯之族，皆獻公之從祖昆弟，獻公患其偪，盡殺之。親以寵偪，猶尚害之，況以國乎？公曰：吾享祀豐潔，神必據我。必不使滅。對曰：臣聞之，鬼神非人實親，惟德是依。故周書曰：皇天無親，惟德是輔。又曰：黍稷非馨，明德惟馨。非以黍稷為馨香，以明德為馨香。又曰：民不易物，惟德繄物。民不易物以祭，惟以德為儀物也。而神有享有不享者。如是，則非德民不和，神不享矣。神所馮依，將在德矣。若晉取虞而明德以薦馨香，神其吐之乎？言虞之鬼神豈不享其祭而吐之乎。弗聽，許晉使。宮之奇以其族行，曰：虞不臘矣。臘，不及臘祭。在此行也，晉不更舉矣。言晉只在此一舉，虞當滅，不必再舉兵也。

……名九合

鄒子章曰名言

王濟曰詞意嚴密

章法

鍾日升曰觀此數語見得管仲猶有三代氣象

孫鑛曰轉折佳

管仲諫用鄭世子華 僖公七年

盟于寧母，地名。謀鄭故也。管仲言於齊侯桓曰：臣聞之，招攜以禮，諸侯之攜離者，惟禮可以招徠之。懷遠以德。德禮不易，無人不懷。齊侯修禮於諸侯，諸侯官受方物。時周室衰，王貢不通，故桓量其國之大小，令各出方物以貢於天子，而諸侯國掌賦之官受命于齊也。鄭伯使太子華聽命於會。時鄭文公逃齊首止之盟，而楚不肯親，來姑使華聽會。言於齊侯曰：洩氏、孔氏、子人氏三族，實違君命。三族，鄭所以違齊之意。若君去之以為成，去三族，與鄭為平。我以鄭為內臣，子華欲以邦君。君亦無所不利焉。齊侯將許之。許去三族。管仲曰：君以禮與信屬諸侯，而以姦終之，終之以子華姦邪之謀。無乃不可乎？子父不奸之謂禮，不相奸犯。守命共時之謂信。守君命，共時事。違此二者，姦莫大焉。公曰：諸侯有討於鄭，未捷，未勝。今苟有釁，從之，不亦可乎？謂乘隙也。對曰：君若綏之以德，加之以訓辭，責其逃盟之罪。而帥諸侯以討鄭，鄭將覆亡之不暇，句法。豈敢不懼？若總其罪人以臨之，總，將領也。子華奸父命，即罪人。鄭有辭矣，何懼？且夫合諸侯以崇德也，會而列姦，何以示後嗣？夫諸侯之會，其德刑禮義，無國不記。記姦之位，君盟替矣。記子華之干人列在會位，齊君之盟自此廢矣。作而不記，非盛德也。君舉必書，若使齊史隱諱不記，非盛德事。君其勿許，鄭必受盟。夫子華既為太子，而求介於大國，介，助也。以弱其國亦必不免。鄭有叔詹、堵叔、師叔三良為政，未可間也。齊侯辭焉（辭子華而却之）。子華由是得罪於鄭。鄭伯請盟于齊。

李光縉曰：管子綏之以德，若語蓋聞先生長者之論者，惜其急於功利，俯首以就桓公，自小之耳。

宰孔止晉侯之會（僖公九年）

按左氏此外傳詞[illegible]異有味讀之謂之、

駱日升曰語氣[illegible]以不務德病桓公切當之論

齊侯（桓）盟諸侯于葵丘，曰：凡我同盟之人，既盟之後，言歸于好。宰孔先歸，遇晉侯曰：可無會也。齊侯不務德而勤遠略（勤兵於遠，如下文所云也），故北伐山戎，南伐楚，西為此會也（葵丘之會）。東略之不知，西則否矣。其在亂乎。君務靖亂，無勤於行。晉侯乃還。

齊侯下拜受胙（僖公九年）

駱日升曰按周禮脤膰以親兄弟之國異姓獨齊同二王之後有焉客之也今以胙賜桓盖比之二王之後

左傳孔頴達之曰拜令簡[illegible]

夏，會于葵丘，尋盟，且脩好，禮也（尋前日之盟，脩今日之好，得方伯之禮）。王使宰孔賜齊侯胙（宰孔，周公也。周襄王使賜之胙，由齊桓公會諸侯于葵丘也，盖尊之比於二王後），曰：天子有事于文武（有祀事于文王、武王），使孔賜伯舅胙。

齊侯將下拜（將下階拜謝）。孔曰：且有後命（桓公九命作伯，故以伯舅稱之），天子使孔曰（天子猶有後命，如下文所云）：以伯舅耋老，加勞，賜一級，無下拜（以公年老之故，使我加問，且進一等，不令下拜）。對曰：天威不違顏咫尺（君尊如天，其威嚴常在顏面之前，八尺曰咫），小白余敢貪天子之命無下拜？恐隕越于下，以遺天子羞（天子在上），敢不下拜（言隕于下，貪命慎，故是貽天子羞恥）。下，拜登受。

閔如霖曰：讀是篇，天子優臣，諸侯謹禮，使者從容將命，俱可槩見。

（眉批）[illegible]

荀息不食言 僖公九年

初，獻公使荀息傅奚齊。公疾，召之，曰：以是藐諸孤，辱在大夫，（言奚齊幼賤，與諸孤懸，欲屈辱荀息保護之）其若之何？稽首而對曰：臣竭其股肱之力，加之以忠貞。其濟，君之靈也；不濟，則以死繼之。公曰：何謂忠貞？對曰：公家之利，知無不為，忠也；送往事居，耦俱無猜，（送死者，事生者，兩無所猜疑）貞也。及里克將殺奚齊，先告荀息曰：三怨將作，（三公子之徒將作亂）秦、晉輔之，子將何如？荀息曰：將死之。里克曰：無益也。荀叔曰：（荀叔，荀息）吾與先君言矣，不可以貳。能欲復言而愛身乎？（言欲踐言，不能愛身）雖無益也，將焉避之？且人之欲善，誰不如我？（謂里克亦如我，忠於奚齊）我欲無貳，而能謂人已乎？（言我欲不二，不能止里克不忠於申生乎）

惠公殺里克 僖公十年

晉侯殺里克以說。（夷吾賂秦，秦穆公納而立之，是為惠公。既立，欲自解說，明己非篡，故殺里克）將殺里克，公使謂之曰：微子，則不及此。（不及為君）雖然，子弒二君（奚齊、卓子）與一大夫，（荀息）為子君者，不亦難乎？對曰：不有廢也，君何以興？欲加之罪，其無辭乎？臣聞命矣。伏劍而死。

（眉批）按文熙曰：按百里奚之言[illegible]。汪瀚曰：兩語見秦伯有恤民之心。[illegible]

子桑百里議輸晉粟 僖公十三年

晉薦饑，（連年麥禾不熟）使乞糴于秦。秦伯謂子桑：與諸乎？對曰：重施而報，君將何求？（秦孕施惠，而晉能報施，則民直其君，何罪可求）重施而不報，其民必攜，攜而討焉，無眾必敗。（若不報施，民必不直其君）謂百里：與諸乎？對曰：天災流行，國家代有，救災恤鄰，道也。行道有福。丕鄭之子豹在秦，請伐晉。秦伯曰：其君是惡，其民何罪？秦於是乎輸粟于晉，自雍及絳相繼，命之曰泛舟之役。

（眉批）李光縉曰：晉飢而秦輸之糴，秦飢而晉閉之糴。[illegible]

慶鄭諫射議閉秦糴 僖公十四年

秦饑，使乞糴于晉，晉人弗與。慶鄭曰：背施無親，（背秦之施）幸災不仁，（幸鄰之災）貪愛不祥，（貪愛己物）怒鄰不義。（背施幸災，取怒鄰國）四德皆失，何以守國？虢射曰：皮之不存，毛將安傅？（以皮喻所施，以毛喻粟。言既背秦施，其怨已深，雖與之粟，猶皮已不存，無所施於毛）慶鄭曰：棄信背鄰，患孰恤之？無信患作，失援必斃，是則然矣。虢射曰：無損於怨，而厚於寇，（言秦怨我已深，雖與之粟，無所損也；祇資寇以糧耳）不如勿與。慶鄭曰：背施幸災，民所棄也。近猶讎之，（親近之國，猶足教讎怨）況怨敵乎？弗聽。退曰：君其悔是哉！（君必悔之）

秦獲晉侯于韓原 僖公十五年

秦伯伐晉(以背施故)晉侯逆秦師使韓簡視師(視秦強弱)復曰師少於我鬭士倍我公曰何故對曰出因其資(惠公出奔梁以梁近秦而幸焉)入用其寵(為秦所納)饑食其粟(晉饑秦輸粟)三施而無報是以來也(言秦三施晉不報是以來)今又擊之我怠秦奮倍猶未也(我師懈怠秦師奮發倍猶未止)公曰一夫不可狃(狃狎)況國乎(言秦尚不可狃況國可以狃我)遂使請戰壬戌戰于韓原秦獲晉侯以歸(至秦三月而許之平)

陰飴甥(即呂甥也食采於陰)會秦伯盟于王城秦伯曰晉國和乎對曰不和小人恥失其君而悼喪其親不憚征繕(不以甲兵為難)以立圉也(圉太子立為君)曰必報讎寧事戎狄君子愛其君而知其罪不憚征繕以待秦命曰必報德有死無二以此不和秦伯曰國謂君何對曰小人慼謂之不免君子恕以為必歸小人曰我毒秦(毒謂不報施)秦豈歸君君子曰我知罪矣秦必歸君貳而執之服而舍之德莫厚焉刑莫威焉服者懷德貳者畏刑此一役也(謂還惠公)秦可以霸納而不定(始納今執)廢而不立以德為怨秦不其然秦伯曰是吾心也改館晉侯(初舍之靈臺以抗待之今始更以禮待)饋七牢焉(牛羊豕各一為一牢)

宋師敗績于泓 僖公廿二年

宋公及楚人戰于泓宋人既成列(列陣已定)楚人未既濟(未盡渡泓水)司馬曰(子魚)彼眾我寡及其未既濟也請擊之公曰不可既濟而未成列又以告公曰未可既陳而後擊之宋師敗績公傷股門官殲焉(殺之盡)國人皆咎公公曰君子不重傷(敵人被傷者不忍再傷之)不禽二毛(頭半白黑者不禽)古之為軍也不以阻隘也(不因阻隘以求勝)寡人雖亡國之餘(宋商紂之後)不鼓不成列(恥以詐勝)子魚曰君未知戰勍敵之人隘而不列(在險隘而未得成列)天贊我也(句)阻而鼓之不亦可乎猶有懼焉(雖因阻以擊猶恐不勝)且今之勍者皆吾敵也雖及胡耇(元老)獲則取之何有於二毛明恥教戰(明設刑戮以恥不勇)求殺敵也傷未及死如何勿重(被傷未死尚能害我)若愛重傷則如勿傷愛其二毛則如服焉(如不如服楚)三軍以利用也金鼓以聲氣也利而用之阻隘可也(言既以利而興軍因之用則以利吾因可也)聲盛致志鼓儳可也(既以聲盛而致士卒勇銳之志則乘敵人之儳巖未陣阻而鼓之可也)

李光縉曰此所謂宋襄之仁小不忍則亂大謀處

汪道昆曰辭令善弘

章法

楊慎曰狐突對晉[illegible]可[illegible]懷公殺[illegible]

孫鑛曰懷公不[illegible]而[illegible]殺人[illegible]有何[illegible]臣人之[illegible]也不亦[illegible]乎

懷公殺狐突 僖公廿三年

晉惠公卒。懷公(子圉)命無從亡人。(重耳)期。期而不至。無赦。(上期字約也下期音朞朞年也約朞年而不至則殺無赦)狐突之子毛及偃從重耳在秦。弗召。(二子不召二子歸)懷公執狐突曰。子來則免。(二子來則免)對曰。子之能仕。父教之忠。古之制也。策名委質。貳乃辟也。(名書於策謂策名屈膝事之謂委質貳心於所事乃加之刑)今臣之子名在重耳。有年數矣。若又召之。教之貳也。父教子貳。何以事君。刑之不濫。君之明也。臣之願也。淫刑以逞。誰則無罪。臣聞命矣。乃殺之。卜偃稱疾不出。曰。周書有之。乃大明服。(言君能大明則民服)己則不明。而殺人以逞。不亦難乎。民不見德。而惟戮是聞。其何後之有。

懷公殺狐突　一卷　廿九

呂東萊曰。儳之。休明桂海氷天荒區絶域將奉琛重譯而來。臣何至與一亡公子爭數僕役哉。甚矣懷公之禍也。懷公肆其禍心。不知反己。徒殺人以逞。使在外者絶向我之意。而堅事讐之志。計無失於此者矣。雖重耳老安于外。彼毛偃挾不共戴天之讐。思欲一逞。豈容重耳之安於外乎。是則納重耳於晉者。非秦伯也。非狐趙也。懷公也。

張迎曰讀此數語氣格自別及後城濮之戰果辟楚三舍以報之氣格又別

錢士鰲曰雄大

孫文熙曰文公之志雖大而此言不免取忌使子玉之說得行其能復有晉哉

楊慎曰按楚子此言既知君又知臣又知天命

重耳歆避舍報楚 僖公廿四年

公子重耳處翟十年。而行。及楚。(自鄭)楚子(成王)饗之。曰。公子若反晉國。則何以報不穀。對曰。子女玉帛。則君有之。羽毛齒革。則君地生焉。其波及晉國者。君之餘也。(波沾餘波)其何以報君。曰。雖然。何以報我。對曰。若以君之靈。得反晉國。晉楚治兵。遇於中原。其辟君三舍。(三十里為一舍言晉兵當退三舍而避楚兵所以報德也)若不獲命。(君退三舍楚不止兵)其左執鞭弭。右屬櫜鞬。(鞭馬鞭也弭弓之無緣者屬著也櫜以受箭鞬以受弓)以與君周旋。(與楚交接戰)子玉請殺之。楚子曰。晉公子廣而儉。(廣大而儉之以修)文而有禮。(文華而約之以禮)其從者肅而寬。忠而能力。晉侯無親。(惠公忌刻)外內惡之。吾聞姬姓唐叔之後。其後衰者也。(其後諸侯日以衰微)其將由晉公子乎。(晉公子能興)天將興之。誰能廢之。違天必有大咎。乃送諸秦。秦伯納之。

重耳歆避舍報楚　十卷　三十

駱日升曰。按東萊云晉文加兵曹衛以致楚。許復二國以攜楚。又拘子玉之使以怒楚。三舍避之。示怯以誘楚。其詭計如此。孔子斷之曰譎。豈不信哉。

穆文熙曰文公反国有升諸臣辭百爭功而介之推口不言功述身終隱足以消人望鄒之心文公始忘而終悔之封以綿上之田為志過旌善可謂當於禮矣

聯日中曰介推此論大率皆怨辭耳然詞氣正大可為貪功之戒其曰天實置之曰貪天之功可謂切至

楊慎曰按介推有三罪焉[illegible]

穆文熙曰按韓詩外傳云晉文公亡[illegible]

介之推不言祿 僖公廿四年

晉侯賞從亡者，介之推不言祿，祿亦弗及。推曰：獻公之子九人，唯君在矣。惠、懷無親（二公皆外內棄之），天未絕晉，必將有主。主晉祀者，非君而誰？天實置之，而二三子以為己力，不亦誣乎？竊人之財，猶謂之盜，況貪天之功以為己力乎？下義其罪，上賞其奸（貪天之功，罪也。奸也，下反以為義，上反以推立君之賞），上下相蒙（相欺），難與處矣。其母曰：盍亦求之？以死誰懟？對曰：尤而效之，罪又甚焉（以既貪天功為過，而又效之，其罪尤大）。且出怨言，不食其食（不當更食其祿）。其母曰：亦使知之，若何？對曰：言，身之文也。身將隱，焉用文之？是求顯也。其母曰：能如是乎？與女偕隱。遂隱而死。晉侯求之不獲，以綿上為之田（供其祭祀），曰：以志吾過，且旌善人。

文公不罪竊藏之豎 僖公廿四年

初，晉侯之豎頭須（豎，小吏，名頭須），守藏者也。其出也（公出奔時），竊藏以逃，盡用以求納之（求納文公）。及入（文公入國），求見，公辭焉以沐。謂僕人曰：沐則心覆，心覆則圖反（心覆則所圖慮者反），宜吾不得見也。居者為社稷之守，行者為羈絏之僕（從行者負羈絏而為僕），其亦可也，何必罪居者？國君而讎匹夫，懼者其眾矣。僕人以告，公遽見之。

汪道昆曰諫論其親親以下章法

[illegible]曰總原封建[illegible]

聯日中曰按常棣[illegible]

[illegible]

富辰諫以狄伐鄭 僖公廿四年

襄王將以狄伐鄭，富辰（周大夫）諫曰：不可。臣聞之，太上以德撫民，其次親親，以相及也。昔周公弔二叔之不咸（弔，傷也。咸，同也。夏商叔世疏其親戚，以至於亡），故封建親戚以藩屏周。管、蔡、郕、霍、魯、衛、毛、聃、郜、雍、曹、滕、畢、原、酆、郇，文之昭也；邘、晉、應、韓，武之穆也；凡、蔣、邢、茅、胙、祭，周公之胤也。召穆公思周德之不類（類，善），故糾合宗族於成周而作詩曰：常棣之華，鄂不韡韡，凡今之人，莫如兄弟（言常棣之華，其鄂然而外見者，莫不韡韡然光明乎。凡今之人，豈有如兄弟者乎）。其四章曰：兄弟鬩于牆，外禦其侮（言兄弟設有不幸鬩很于內，然有外侮則同心禦之矣）。如是，則兄弟雖有小忿，不廢懿親。今天子不忍小忿以棄鄭親，其若之何？庸勳、親親、暱近、尊賢（親暱），德之大者也；即聾、從昧、與頑、用嚚，奸之大者也。棄德崇奸，禍之大者也。鄭有平、惠之勳（平王東遷，武公捍之；惠王出奔，厲公納之），又有厲、宣之親（鄭始祖桓公友，厲王之子，宣王之弟），棄嬖寵而用三良（叔詹、堵叔、師叔），於諸姬為近，四德具矣。耳不聽五聲之和為聾，目不別五色之章為昧，心不則道義之經為頑，口不道忠信之言為嚚，狄皆則之，四奸具矣。周之有懿德也，猶曰莫如兄弟，故封建之。其懷柔天下也，猶懼有外侮，扞禦侮者莫如親親，故以親屏周。召穆公亦云（詩作今周

德既衰於是乎又渝周召變二公所爲以從諸姦無乃不可乎民未忘禍謂子頹叔帶之乱王又興之其若文武何

出處　按左傳鄭之入滑也滑人聽命師還又即衛鄭公子士洩堵俞彌帥師伐滑王使伯服游孫伯如鄭請滑鄭伯怨惠王之入而不與厲公爵也又怨襄王之與衛滑也故不聽王命而執二子王怒將以狄伐鄭富辰諫曰云云王弗聽使頹叔桃子出狄師

茅坤曰富辰之諫可謂激切王不能聽宜乎有子帶之禍不有晉文孰與興陽樊之甲哉

按春秋傳衛人伐齊、公會衛盟齊故齊來伐我

丘濬曰以一恐字成一篇議論辭到意周任世之文也

孫日升曰恃先王之命一言詞氣正大孝公豈能上倍其君遠遺其祖

董份曰昔周公太公以下只從先君故處說起直是妙所而精神全在世世子孫無相害一句得他心服也

焦竑曰既以大義感之又以尽戒歆之人本有不從者可謂有辭

洪邁曰讀之之除矣口宜其當日一聞棄而退師也

展喜犒齊師　僖公廿六年

齊孝公伐我北鄙公使展喜犒師迎勞齊師使受命於展禽受犒師之命於柳下惠齊侯未入竟未入齊境展喜從之往從齊師而勞曰寡君聞君親舉玉趾將辱臨於敝邑使下臣犒執事不敢斥齊侯尊也齊侯曰魯人恐乎對曰小人恐矣君子則否齊侯曰室如縣罄如當作而居室而資粮懸盡野無青草時夏四月即今之二月野物未成故無蔬食之物何恃而不恐對曰恃先王之命昔周公大公股肱周室夾輔成王成王勞之而賜之盟曰世世子孫無相害也載在盟府太師職之掌太師掌司盟之府桓公是以糾合諸侯而謀其不協不和協者彌縫其闕諸侯闕失而匡救其災昭舊職也昭明太公夾輔之舊職及君即位諸侯之望曰有望於齊其率桓之功我敝邑用不敢保聚用此舊盟故不敢聚衆保守曰豈其嗣世九年而棄命廢職魯人皆曰孝公豈其嗣位方九年而肯棄先王之命廢太公之職其若先君何太公桓公君必不然恃此以不恐齊侯乃還

蘇濬曰把先王之命一語立論正大退服強敵真能不辱君命者

汪道昆曰議論如品子犯曰以下章法句法

孫鑛曰首布經緯獻施舍有序然皆文之教連出功于是見之

文公教民　僖公廿七年

晉侯始入而教其民，二年，欲用之。子犯曰：「民未知義，未安其居。」於是乎出定襄王，入務利民，民懷生矣。將用之。子犯曰：「民未知信，未宣其用。」於是乎伐原以示之信。（伐原退一舍以示信）民易資者，不求豐焉，（貨物相資易者不求過本價）明徵其辭。（契券要約皆分明）公曰：「可矣乎？」子犯曰：「民未知禮，未生其共。」（恭敬之心未生）於是乎大蒐以示之禮，（大蒐于被廬以順少長明貴賤）作執秩以正其官。（執秩主爵秩之官也新設此官以辨群臣之等）民聽不惑而後用之。出穀戍，（明年楚子使申叔去穀）釋宋圍，（又使子玉去宋）一戰而霸，（明年與楚戰於城濮楚敗晉遂伯諸侯）文之教也。

汪道昆曰辭令能品章法句法

李卓吾曰甯武子之往衛納橐饘斷然盟宛濮夫子稱其愚不可及然武子之不可及非徒以愚也天下當暢諸侯用命則欲進衛於王所低臣猷其功則欲彤弓夫命人臣也不敢于大乳衛又逞乳矣公亦曰流愚云爾

宛濮之盟　僖公二十八年

晉人復衛侯，（以衛叔武受盟於踐土故聽其歸也）甯武子與衛人盟于宛濮，曰：「天禍衛國，君臣不協，（衛侯欲與楚國人不欲故不和協）以及此憂也。今天誘其衷，使皆降心以相從也。不有居者，誰守社稷？不有行者，誰扞牧圉？（養牛之牧養馬之圉）不協之故，（恐居者行者不相和協）用昭乞盟于爾大神，以誘天衷。（欲乞爾神誘衛人中心之天理）自今日以往，既盟之後，行者無保其力，（無恃勞力）居者無懼其罪，（無恐得罪）有渝此盟，以相及也。明神先君，是糾是殛。」國人聞此盟也，而後不貳。（無二心也）

[illegible]曰典實

袁黃曰按河陽之狩趙盾之弒泄冶之罪皆變例以起大義故特抒仲尼

天王狩于河陽　僖公廿八年

冬，會于溫。（晉會諸侯）晉侯召王，（晉文自嫌強大不欲朝周諭王出狩因得盡群臣之禮）以諸侯見，且使王狩。仲尼曰：「以臣召君，不可以訓。故書曰『天王狩于河陽』，（使若王自狩）言非其地也，（寔以屬晉非王狩之地）且明德也。」（隱其召君之闕欲以明晉之德）

紀實　按本傳衛侯與元咺訟，甯武子為輔，衛侯不勝，執衛侯，歸之于京師，寘諸深室，甯武子職納橐饘焉。元咺歸于衛，立公子瑕。是會也，晉侯召王云云。

楊慎曰貨筮史字法齊桓公以下句法

張之象曰轉折甚佳而詞亦謹嚴

侯獳使復曹伯　僖公廿八年

晉侯有疾，（文）曹伯之豎侯獳（小臣）貨筮史，（納貨賂于晉太史之掌卜筮者）使曰以曹為解：（以滅曹為解說）「齊桓公為會而封異姓，今君為會而滅同姓。曹叔振鐸，（曹始封君）文之昭也；先君唐叔，（晉始封君）武之穆也。且合諸侯而滅兄弟，非禮也；與衛偕命，而不與偕復，非信也；（晉始私許復曹衛今復衛不復曹故云）同罪異罰，非刑也。禮以行義，信以守禮，刑以正邪。舍此三者，君將若之何？」公說，復曹伯。

玄宰子曰首句是書法二三句是推秦晉圍鄭之故

吳訥曰動人處不消幾句如知亡子亦有不利焉一句自能得武心服

茅坤曰古今從間敵國多用此謀鄭遠亡鄭陪鄰乃為至理人安肯不聽之乎蓋晉

左傳

乃秦之敵也近于晉而遠于秦淨鄭而晉收之將為秦患者故秦不但不滅而至戍鄭也

楊維禎曰述許君焦瑕正見晉不可與同事秦安得不虞鄭

又曰東封又西封之說又以君圖之字動之此秦伯所為許盟也

燭之武退秦師　僖公三十年

晉侯（文）秦伯（穆）圍鄭以其無禮於晉（文公過鄭鄭不禮）且貳於楚也晉軍函陵秦軍氾南佚之狐（鄭大夫）言於鄭伯曰國危矣若使燭之武見秦君師必退公從之辭曰臣之壯也猶不如人今老矣無能為也已公曰吾不能早用子今急而求子是寡人之過也然鄭亡子亦有不利焉許之夜縋而出（懸城而下）見秦伯曰秦晉圍鄭鄭既知亡矣若亡鄭而有益於君敢以煩執事越國以鄙遠（秦在西鄭在東晉居其間設使得鄭以為秦鄙尚隔越晉）君知其難也焉用亡鄭以陪鄰（陪益也鄰謂晉也言秦雖得鄭又為晉所有）鄰之厚君之薄也（秦地亦見削于晉）若舍鄭以為東道主行李之往來（行李小行人也李本作理李理古字通用）共其乏困君亦無所害且君嘗為晉君賜矣（惠公納晉）許君焦瑕（晉河外五城之二邑）朝濟而夕設版焉（一濟河而歸隨設版築以拒秦言皆秦之速也）君之所知也夫晉何厭之有既東封鄭又欲肆其西封若不闕秦將焉取之（言晉）（又欲）闕秦以利晉唯君圖之秦伯說與鄭人盟使杞（秦）子逢孫楊孫戍之乃還

閱如霖曰條陳利害昭若指掌且紆徐曲折足以動人

汪道昆曰議論字字雋品

胡安國曰按書序穆公伐鄭晉襄公帥師敗諸河而經書晉人敗秦于殽是皆仲尼親筆其詞何以異乎書序專取穆公悔過自誓之言止于功善其詞恕春秋備責秦師無道用兵之失兼于激惡其法嚴此所以異也客人之館而謀其主因人之信己而還其詐利人之危而

左傳

襲其國誘人之境而不哀其喪救盟失信以貪勤民而棄其師秋責也而晉襄衰絰墨衰絰而親晉惡思嘗襲期之臨戎其罪均矣故兩貶之

唐順之曰句法新

楊慎曰蛮录其

按秦誓作于此時而夫子錄之取其能悔過也

晉敗秦師于殽　僖公卅三年

秦師滅滑而還晉原軫曰秦違蹇叔（秦伯不從蹇叔之言）而以貪勤民天奉我也（天與我）奉不可失敵不可縱縱敵患生違天不祥必伐秦師欒枝曰未報秦施（謂納文公）而伐其師其為死君乎（時文公新死以君死故忘秦施）先軫曰秦不哀吾喪而伐吾同姓秦則無禮何施之為吾聞之一日縱敵數世之患也謀及子孫可謂死君乎遂發命遽興姜戎（秦）敗秦師于殽獲百里孟明視西乞術白乙丙以歸文嬴（晉文公夫人秦穆公之女襄公之嫡母）請三帥曰彼實構吾二君（秦晉）寡君（指秦伯）若得而食之不厭（食其肉猶未厭足）君何辱討焉使歸就戮于秦以逞寡君之志若何公（襄）許之先軫朝問秦囚公曰夫人請之吾舍之矣先軫怒曰武夫力而拘諸原（原野）婦人暫（一作漸）言而免諸國墮軍實而長寇讎亡無日矣不顧而唾（不顧襄公在前而唾唾于地其無禮之甚）公使陽處父追之及諸河則在舟中矣釋左驂以公命贈孟明（自釋其所乘左驂之馬矯稱公命以馬贈孟明欲使還拜謝因而執之）孟明稽首（在舟中稽首）曰君之惠不以纍臣釁鼓（不殺纍囚之臣以其血塗釁軍鼓）使歸就戮于秦寡君之以為戮死且不朽（感恩不忘）若從君惠而免之三年將拜君賜（言將報伐晉）秦伯素服郊次鄉師而哭曰孤違蹇叔以辱二三子孤之罪也不

玄冥十月悔過之言，皆以動人，秦之興也宜矣。

替孟明（不廢孟明之師，使之收敗）孤之過也，大夫何罪。且吾不以一眚掩大德。

呂祖謙曰：軫以晉襄之縱秦囚，不顧而唾，無礼甚矣。及箕之役，深悔前過，曰匹夫逞志于君而無討，敢不自討乎。免冑入狄師，死焉。其一念激烈如此，使有以持之，則可以收克己復礼之功矣。身死無名，没有餘責，殆與自知自責者等耳。

穆文熙曰：自有豪傑之士，往往以一敗致棄，能不詐展如秦之於孟明，任今一事也，其安得不伯乎。余有丁曰：議論能品，君子是以知以下章法。孫鑛曰：用于前一句是斷案，下論穆公之為君，孟明之臣，子桑之忠，又引三詩証之，即明其可之意。騎日升曰：文勢如明珠走盤，把持不得。李坤曰：合抱之木，所有寸朽，良匠不棄。

左傳　一本　穆公專任

穆公專任孟明（文公三年）

秦伯伐晉，濟河焚舟（示必死戰），取王官及郊（皆晉地）。晉人不出，遂自茅津濟，封殽尸而還（殽之敗已久，盖埋其骨也）。遂霸西戎，用孟明也（不以孟明敗軍而不信用之，故能成伯功）。君子是以知秦穆公之為君也，舉人之周也（不以一惡棄其善），與人之壹也。孟明之臣也，其不解也（不以敗事生懈息），能懼思也。子桑之忠也，其知人也（能知孟明之賢），能舉善也。詩曰：于以采蘩，于沼于沚（召南采蘩篇，采蘩於沼沚之中），于以用之，公侯之事（言蘩雖至微之物，可用之於公侯也），秦穆有焉（秦穆用人不棄小善）。夙夜匪解，以事一人（大雅烝民篇），孟明有焉（孟明事君不懈）。詒厥孫謀，以燕翼子（大雅文王有聲篇。武王能詒其子孫以善謀，以安翼成其子孫也），子桑有焉（言子桑有子孫之謀善燕翼也）。

胡寧曰：濟河焚舟之師，非義舉也，自是遂不復報晉，聖人取其終能悔而改，爾仲尼以怒與人，君子大改過。

李廉曰：左氏以是役為秦伯西戎之始，且稱其舉人之周，與人之一，孟明之不解，子桑之知人，而胡氏以為賢者，左氏得其事，胡氏論其義也。

甯武子不輕荅賦 文公四年

楊慎曰：不辭又不荅賦一句，含蓄許多思意在此。

楊道賓曰：魯人既失於所賦，武子悖之，而是彰其失也；不荅賦則是當其寵也，故因行人之問而私及之焉。孔子稱武子其愚不可及，此亦一端也。

張之象曰：委於辭禮，詞深大義正。

衛甯武子來聘（來聘魯國），公（文公）與之宴，為賦《湛露》及《彤弓》（皆小雅篇）。不辭，又不荅賦。使行人私焉（魯人不知其意，故使行人私問其故）。對曰：「臣以為肄業及之也（佯言以為樂工自習詩業，偶及此篇，不知為我而歌之也）。昔諸侯朝正於王，王宴樂之，於是乎賦《湛露》，則天子當陽，諸侯用命也（湛露首章云：湛湛露斯，匪陽不晞。言湛湛之露見日而乾，以譬諸侯稟天子之命而行也）。諸侯敵王所愾，而獻其功（愾，怒也。天子有所恨怒，而使諸侯征伐之，得勝而獻其功），王於是乎賜之彤弓一、彤矢百、玈弓矢千，以覺報宴（以明報功宴樂之意）。今陪臣來繼舊好，君辱貺之，其敢干大禮以自取戾（自取罪戾）？」

樂豫諫去群公子 文公七年

立齋曰：末論精快。

楊慎曰：枝葉本根見一体也。

吳濟曰：三語猶為名言。

宋昭公將去群公子（畏其逼）。樂豫（戴族，亦公族）曰：「不可。公族，公室之枝葉也，若去之，則本根無所庇蔭矣。葛藟猶能庇其本根，故君子以為比（以，喻也。詩人取以喻王族），況國君乎？此諺所謂庇焉而縱尋斧焉者也（八尺曰尋，所以量木者。謂木藉枝葉之庇，而放縱尋以量之，文斧以伐之也），必不可。君其圖之！親之以德，皆股肱也，誰敢攜貳？若之何去之？」不聽（穆襄之族率國人以攻公，六卿和公室，樂豫舍司馬以讓公子卬）。

季文子逐莒僕 文公十八年

季本曰：魯宣公以莒僕得國而行父不討賊，乃逐一莒僕，歷數其罪而不以假借，是抵宣公也。因僕以刺宣公，宜羞愧汗下，无措躬之所矣。三家擅權，盡始於此。傳曰：東門襄仲殺嫡立庶，魯君於是乎失政於季，其所疑深矣。

王鏊曰：暴僕父以逐鳥雀，形容真愛。鸇，何寺烏切。

余有丁曰：此篇凡兩段，先段引周礼以明莒僕之不可不去，後段引元凱四凶以明莒僕之不可不誅也。

楊慎曰：詞氣激切。

許杰元曰：連下數個則字，文法凡三變，所謂吹毛求疵，有許多意思在內，讀之酒酒快人。

按八愷即垂益禹皋陶之倫，庭堅即皋陶字，齊聖也……

莒紀公生太子僕，又生季佗，愛季佗而黜僕，且多行無禮於國。僕因國人以弒紀公，以其寶玉來奔，納諸宣公。公命與之邑，曰：「今日必授（授僕以邑）。」季文子使司寇出諸竟（逐出境外），曰：「今日必達（必達莒僕於境外）。」公問其故。季文子使太史克對曰：「先大夫臧文仲（文仲，文子父名）教行父事君之禮，行父奉以周旋，弗敢失隊。曰：『見有禮於其君者，事之如孝子之養父母也；見無禮於其君者，誅之如鷹鸇之逐鳥雀也。』先君周公制周禮曰：『則以觀德（則，五倫之法也。順此為吉德，逆此為凶德），德以處事（德之凶吉，所以制事之是非），事以度功（事之是非，所以量功之成否），功以食民（以功之成否為養之厚薄）。』作誓命曰：『毀則為賊（毀法者為賊害），掩賊為藏（匿賊者為藏隱），竊賄為盜，盜器為姦（盜國用則為姦慝）。主藏之名（以掩賊為名），賴姦之用（用姦器），為大凶德，有常無赦（有常刑而無赦宥），在九刑不忘（周刑書）。』行父還觀莒僕，莫可則也（無一可法）。孝敬忠信為吉德，盜賊藏姦為凶德。夫莒僕，則其孝敬，則弒君父矣；則其忠信，則竊寶玉矣。其人，則盜賊也；其器，則姦兆也。保而利之，則主藏也。以訓則昏，民無則焉。不度（居）於善，而皆在於凶德，是以去之。昔高陽氏有才子八人（八人皆其苗裔）：蒼舒、隤敳、檮戭、大臨、尨降、庭堅、仲容、叔達，齊聖廣

[illegible]厚也誠實也
按八元即稷契朱虎熊羆之倫忠盡己也肅敬也共端莊也懿美也宣通也慈愛之出於心也惠愛之及於物也和中節也
王維楨曰八愷八元而独言禹之主后土八元而独言契之布五教皆舉大以見其餘古人文字正不如此拘
穆文熙曰禹作司空平水土契作司徒敷五教故知禹契在元愷之中
集琳曰字法句法品光照人如周彝商鼎蒼然古色
楊慎曰心不則德義之經為頑口不道忠信之言為嚚
孫日升曰四凶在堯時罪惡未著非堯不能去也然堯克為少宣公比堯以行父比舜故言堯不能去若曰宣公不能去莒僕直使臣而除之耳

淵明允篤誠天下之民謂之八愷也高辛氏有才子八人伯奮仲堪叔獻季仲伯虎仲熊叔豹季貍忠肅共懿宣慈惠和天下之民謂之八元也（此十六族也）世濟其美不隕其名以至於堯堯不能舉舜臣堯舉八愷使主后土以揆百事莫不時序地平天成（成亦平也）舉八元使布五教于四方父義母慈兄友弟恭子孝內平外成（閨門內平外而君臣朋友亦成）昔帝鴻氏（黃帝）有不才子掩義隱賊（掩蔽義士隱庇盜賊）好行凶德醜類惡物頑嚚不友是與比周（類之醜物之惡與夫心之頑口之嚚皆人之不可友者不才子與之親密）天下之民謂之渾敦（不開通之貌此驩兜也）少皞氏有不才子毀信廢忠崇飾惡言靖譖庸回服讒蒐慝以誣盛德（安於讒譖用其回邪行人之說言求隱慝以誣罔盛德之士）天下之民謂之窮奇（其行窮其好奇此共工也）顓頊氏有不才子不可教訓不知話言（善言）告之則頑舍之則嚚傲很明德（怠棄明德）以亂天常天下之民謂之檮杌（頑凶無儔匹之貌此鯀也）此三族也世濟其凶增其惡名以至于堯堯不能去縉雲氏有不才子貪于飲食冒于貨賄侵欲崇侈不可盈厭（足也）聚斂積實不知紀極不分孤寡不恤窮匱天下之民以比三凶謂之饕餮（貪財貪食此三苗也）舜臣堯賓于四門流四凶族渾敦窮奇檮杌饕餮投諸四裔（東西南北夷裔之地）以禦螭魅（螭山神獸魑魅者精怪物也〔...〕人害故使四凶當之）是以堯崩而天下如一同心戴舜以為天子以其舉十六相去四凶也故虞書數舜之功曰慎徽五典五典克從無違教也（此舉八元之功）曰納于百揆百揆時序無廢事也（此舉八愷之功）曰賓于四門四門穆穆無凶人也（此去四凶之功）舜有大功二十（即舉十六相去四凶）而為天子今行父雖未獲一吉人去一凶矣於舜之功二十之一也庶幾免於戾乎

倪思曰將此一句截住後把虞書累累證他方說行父身上去與緊不亢無纖毫憾痕
胡時化曰史克激揚以辯宣公之惑釋行父之志故其言美而有過辭蓋事宜也
凌稚隆曰東冷嚴密

真德秀曰行父歷數莒僕之罪當矣而不知襄仲之惡近在目前而不能正反與之先後如齊以求昏與會焉是陷身於盜賊之黨而不知也且其言曰見無禮於君者誅之如鷹鸇之逐鳥雀也如襄仲者其有禮乎其無禮乎梟鏡在前而不知逐顧區區以去鳥雀為能而曰此舜功二十之一也豈不可哂哉

眉批：唐順之曰：先看議論起端，便不凡。看他看也字數句，史遷者得此法。
許國曰：敘事妙品，胹熊蹯字法。
申時行曰：諫不入則莫之繼，自斷言矣。三進及溜而後示之形，寫如畫。
葛曦曰：君能有終，君能改過，與前不君字相應，仔細看乃知晉靈公不君一句下得最有力。
介晚文家閑處，正在此處看精神。
張迎曰：此非敘事筆端，殷不苦束。
接本傳：初宣子田於首山，舍於翳桑，見靈輒餓，問其病，曰：不食三日矣。食之，舍其半，問之，曰：宦三年矣，未知母之存否，今近焉，請以遺之。使盡之，而為之簞食與肉，寘諸橐以與之。既而與為公介，倒戟以禦公徒而免之。問何故，對曰：翳桑之餓人也。問其名居，不告而退，遂自亡也。

士會諫殺宰夫

晉靈公不君。厚斂以彫牆（厚斂民以彫刻其牆），從臺上彈人，而觀其辟丸也（觀人避彈以資快樂）。宰夫胹熊蹯不熟（胹，煮也。熊蹯，熊掌也。煮之難熟，熟則有毒），殺之，寘諸畚（畚，草器），使婦人載以過朝。趙盾、士季見其手（士季即士會），問其故而患之。將諫，士季曰：諫而不入，則莫之繼也。會請先，不入，則子繼之。三進及溜（力救反），霤屋而後視之（公知欲諫，故佯不見），曰：吾知所過矣，將改之。稽首而對曰：人誰無過，過而能改，善莫大焉。詩曰：靡不有初，鮮克有終。夫如是，則能補過者鮮矣。君能有終，則社稷之固也，豈惟群臣賴之。又曰：衮職有闕，惟仲山甫補之。能補過也。君能補過，衮不廢矣（衮，常服。此衮職）。猶不改。

趙盾弒其君夷皋　宣公二年

晉侯飲趙盾酒，伏甲將殺之。其右（右，車右）提彌明知之，遂扶以下。公嗾夫獒焉（嗾，使犬噬盾），明搏而殺之。盾曰：棄人用犬，雖猛何為。鬭且出，提彌明死之。靈輒倒戟以禦公徒而免之。乙丑，趙穿攻靈公於桃園。宣子未出山而復（奔未出境，聞弒而歸）。太史書曰：趙盾弒其君，以示於朝。宣子曰：不然（明非已弒）。對曰：子為正卿，亡不越境，反不討賊，非子而誰（出奔而不踰晉境，反國又不討弒君之賊，則弒雖非汝，而實出於汝之本心也）。宣子曰：嗚呼，我之懷矣，自詒伊慼，其我之謂矣（言我因國以及此憂）。孔子曰（追論之）：董狐，古之良史也，書法不隱。趙宣子，古之良大夫也，為法受惡。惜也（言其為史法而受弒君之惡名，惜其見之不審也），越境乃免（言盾遂奔他國，則弒在出奔之後，可免弒君之名，非謂越境而反可不討賊得免弒君之名也）。

眉批：唐順之曰：莊勝。後宣子使趙穿逆公子黑臀于周而立之，是為成公。

呂東萊曰：董狐所謂亡不越竟者，蓋責其遷延遲留，潛有所待，以為與謀之証耳。呂嘗謂在境內則有罪，境外則無罪也。左氏不達狐之意，復托仲尼之言曰：惜也，越境乃免。審如是，則後有奸臣賊子逆謀既定，從近關出，候於竟外，聞事克而徐歸，遂可脫弒逆之名矣。是為亂賊畫遯罪之策，夫豈聖人之語耶。

按鼎之九鼎三代相傳以為寶楚之問孟欲奪之周也從容問答在德不在鼎一言而周鼎重於萬鈞夏之方有德以下正見在德不在鼎也

商有天下六百年載歲更始之義祀取祭祀之義皆年之別名爾雅云夏曰歲商曰祀

成王定鼎以下見天祚明德有所底止也所以折不逞之心

戰國策秦興師臨周而求九鼎顏率至齊謂齊王曰昔周之伐殷得九鼎凡一鼎而九萬人輓之九九八十一萬人今大王縱有其人何塗之從而致之齊齊王乃止

王孫滿對楚子問鼎 宣公三年

楚子伐陸渾之戎，遂至於雒，觀兵於周疆（觀，耀兵也，示威以協）。周定王使王孫滿勞楚子。楚子問鼎之大小輕重焉。對曰：在德不在鼎。昔夏之方有德也，遠方圖物（畫奇異之物而獻之），貢金九牧（九州之牧貢金），鑄鼎象物（鑄金為鼎，著遠方物形于上），百物而為之備（觀其形而為之備），使民知神姦（盡知鬼神姦邪情狀）。故民入川澤山林，不逢不若（不遇不順之物）。螭魅罔兩（山川之神怪），莫能逢之。用能協于上下，以承天休（民無災害則上下和而受天祐）。桀有昏德，鼎遷于商，載祀六百。商紂暴虐，鼎遷于周。德之休明，雖小，重也；其姦回昏亂，雖大，輕也。天祚明德，有所底止（底，至；止，極）。成王定鼎于郟鄏，卜世三十，卜年七百，天所命也。周德雖衰，天命未改。鼎之輕重，未可問也。

呂祖謙曰：楚封豕長蛇，侵然有敗王改步之意。使王公卿士怵惕祗畏，懷覆亡之懼，則后稷公劉之業猶有望也。適王孫滿之說偶行，其君臣相與高枕，遂謂吾舌尚存，免至何畏，狃其禍而恃其幸，開之者非滿與？下逮戰國吞噬之際，猶用滿餘策，虛張九九八十一萬之數以謫齊。一旦秦兵東出，辭不能卻，而卒為俘矣。（故曰王孫滿卻楚之功不足贖其怠周之罪）

左傳 卷之 王孫滿對楚子問鼎 一四七

趙恒曰辭令妙品其俘諸江南以下章法變於九縣句法

穆文熙曰吾於莊王之許鄭平而知楚之所以伯也夫叛而討之服而舍之威德兼著即三代之師易以加此若晉師救鄭輕挑致敗鄭又天所以成楚也乎

鄭伯行成於楚 宣公十二年

楚子（莊王）圍鄭（討貳於晉），克之。鄭伯（襄公）肉袒牽羊以逆（示臣僕），曰：孤不天（不為天所祐），不能事君，使君懷怒以及敝邑，孤之罪也，敢不唯命是聽？其俘諸江南以實海濱，亦唯命；其翦以賜諸侯（割截鄭地以賜諸侯），使臣妾之，亦唯命。若惠顧前好（楚鄭世有盟誓），徼福於厲、宣、桓、武（鄭之四君），不泯其社稷，使改事君（使鄭得改圖事楚），夷於九縣（楚滅九國以為縣，今鄭比之），君之惠也，孤之願也，非所敢望也。敢布腹心，君實圖之。左右曰：不可許也，得國無赦。王曰：其君能下人，必能信用其民矣，庸可幾乎（豈可冀幸而取其國乎）？退三十里而許之平。

唐順之曰：楚莊兩言，殊美得大國之度。

駱日升曰：按蘇東坡云：古豪傑之士，必有過人之節。人情有所不能忍者，然後可以就大事。楚莊王伐鄭，鄭伯肉袒牽羊以迎，莊王曰：其君能下人，必能信用其民矣，遂舍之。勾踐之困於會稽，而歸臣妾於吳者，三年而不勌。且夫有報人之志，而不能下人者，是匹夫之剛也。然（則）英雄豪傑，果在彼不在此。

左傳 卷之 鄭伯行成於楚 一四八

楊慎曰議論純正

張之象曰按鄭之役六卿大夫司馬皆在三師不欲勤民先穀請命濟師但林父既為元帥法得專制既不能禁副帥之違令而專行又不能督士卒觀天石以破敵疾師之罪夫復何[illegible]及惡夫為[illegible]

[illegible]

荀林父知難冒進　宣公十二年

晉師救鄭，及河，聞鄭既及楚平。桓子（荀林父）欲還，曰：無及（救）於鄭而勦民（動民），焉用之？楚歸而動，不後（待楚師既歸動兵伐鄭未為晚）。隨武子（士會）曰：善。會聞用師，觀釁而動。德刑政事典禮不易，不可敵也，不為是征（伐以討罪不因此六事）。楚軍討鄭，怒其貳（有二心）而哀其卑（能下），叛而伐之，服而舍之，德刑成矣。伐叛，刑也；柔服，德也。二者立矣。昔歲入陳（討夏徵舒），今茲入鄭，民不罷勞，君無怨讟（謗也），政有經矣。荊尸而舉（荊尸，楚武王始更為此軍法），商農工賈不敗其業，而卒乘輯睦，事不奸矣（不犯）。蔿敖（孫叔敖）為宰，擇楚國之令典，百官象物而動（象其物須而後動，無妄動也），軍政不戒而備，能用典矣。其君之舉也，內姓選於親，外姓選於舊；舉不失德，賞不失勞；老有加惠，旅有施舍（羈旅新來施以恩合其勞）。君子小人，物有服章；貴有常尊，賤有等威；禮不逆矣。德立刑行，政成事時，典從禮順，若之何敵之？見可而進，知難而退，軍之善政也。兼弱攻昧，武之善經也。子（謂林父）姑整軍而經武乎！猶有弱而昧者，何必楚？

楊慎曰欒書論楚不可戰知不可信可謂曲盡

[illegible]曰晉不能討陳亂已失三綱[illegible]

欒書不輕敵　宣公十二年

晉師在敖、鄗之間（二山之間）。鄭皇戌使如晉，曰：鄭之從楚，社稷之故也，未有貳心（其實專心事晉，未有二心于楚）。楚師驟勝而驕，其師老矣（出兵已久而疲困），而不設備，子擊之，鄭師為承（鄭以兵繼其後），楚師必敗。彘子曰：敗楚服鄭，於此在矣，必許之。欒武子（欒書也，時佐下軍）曰：楚自克庸以來（文公十六年楚滅庸），其君無日不討（治）國人而訓之于（與吁同）民生之不易，禍至之無日，戒懼之不可以怠（此言訓民）；在軍，無日不討軍實而申儆之于（嗟嘆而言）勝之不可保，紂之百克而卒無後（此言訓兵）；訓之以若敖、蚡冒篳路藍縷以啓山林（此言楚君訓民以楚先君勤勞，若敖蚡冒皆楚先君，篳路以柴為車也，藍縷衣破而縷藍然也，啓山林以通往來也）。箴之曰：民生在勤，勤則不匱。不可謂驕。先大夫子犯有言曰：師直為壯，曲為老。我則不德，而徼怨于楚（與楚爭鄭，是求怨于楚），我曲楚直，不可謂老。其君之戎（其楚君之兵法）分為二廣（分為左右二廣，每廣有車五十乘），廣有一卒（百人一卒，以今廣法論之，每車一乘有一百人），卒偏之兩。右廣初駕（每日右廣鷄鳴而駕馬），數及日中（數其時刻至於日中而止），左則受之（左廣代右廣而駕馬），以至于昏（至于日入而止），內官序當其夜（其內官近君者為次序以當其夜，若今宿五遁代更者是也），以待不虞，不可謂無備。子良，鄭之良也（鄭之良公子）；師叔，楚之崇也（為楚人所崇貴）。師叔入盟（今楚使師叔入盟鄭伯）

三五

何取上而不扶偏……議一段

子良在楚（鄭使子良為質於楚）楚鄭親矣來勸我戰我克則來不克遂往以我卜也（蓋以我之勝負而卜其去就也）鄭不可從（皇戌之說不可從也）

何洛文曰夫大勝小強勝弱蓋兵家之論魯與邾未父兵之前人皆意魯之必勝矣而僖公卑邾不設備卒以取敗況鄭楚連兵安得輕其驕弱其老而易其無備也善乎臧文仲之言曰國無小不可易也無備雖衆不可恃也蜂蠆有毒而況國乎欒武子見及此矣

許應元曰此見文公處憂士貞引之極有意思

王偉曰語奇健

孫月升曰引前事而以揣擬妥有情

張之象曰原林父之不可殺明白痛快且曾實之從其諫也

楊慎曰滅潞之功余不多林父而深多士貞伯也晉侯善矣

士貞諫殺林父　宣公十二年

晉師歸桓子請死晉侯欲許之士貞子諫曰（士貞子渥濁也晉與楚戰敗而歸林父為帥故任其責晉侯許之故渥濁諫焉）不可城濮之役晉師三日穀（僖廿八年晉敗楚于城濮晉師食楚人之穀三日）文公猶有憂色（公文憂子玉尚在）左右曰有喜（戰勝可喜）而憂如有憂而喜乎（二者皆憂喜之時失之）公曰得臣（楚令尹子玉）猶在憂未歇也困獸猶鬭況國相乎及楚殺子玉公喜而後可知也曰莫余毒也已（文公方有喜色可見子玉既殺無有害已也）是晉再克而楚再敗也（以為）楚是以再世不競（弱成至於晉稷）今天或者大警晉也而又殺林父以重楚勝其無乃久不競乎（若殺林父是楚再勝而晉再敗亦如楚也寧如再世不競乎子玉）林父之事君也進思盡忠退思補過社稷之衛也若之何殺之夫其敗也如日月之食焉何損於明（日月雖食無傷本然之明以況林父雖敗無傷本然之善故晉侯從貞子之諫使復其位）晉侯使復其位滅潞晉侯賞桓子（為林父亦）賞士貞伯曰吾獲狄土子之功也微子吾喪伯氏矣

解揚不辱命　宣公十五年

楚子圍宋，宋人使樂嬰齊告急于晉。晉侯欲救之。伯宗曰：不可。古人有言曰：雖鞭之長，不及馬腹。天方授楚，未可與爭。雖晉之強，能違天乎？諺曰：高下在心。川澤納汙，山藪藏疾，瑾瑜匿瑕，國君含垢，天之道也。君其待之。乃止。使解揚如宋，使無降楚，曰：晉師悉起，將至矣。鄭人囚而獻諸楚。楚子厚賂之，使反其言。不許。三而許之。登諸樓車，使呼宋人而告之。遂致其君命。楚子將殺之，使與之言曰：爾既許不穀而反之，何故？非我無信，女則棄之，速即爾刑。對曰：臣聞之，君能制命為義，臣能承命為信，信載義而行之為利。謀不失利，以衛社稷，民之主也。義無二信，信無二命。君之賂臣，不知命也。受命以出，有死無霣，又可賂乎？臣之許君，以成命也。死而成命，臣之祿也。寡君有信臣，下臣獲考，死又何求？楚子舍之以歸。

知罃對楚子　成公二年

晉人歸楚公子穀臣與連尹襄老之尸于楚，以求知罃。於是荀首佐中軍矣，故楚人許之。王送知罃曰：子其怨我乎？對曰：二國治戎，臣不才，不勝其任，以為俘馘。執事不以釁鼓，使歸即戮，君之惠也。臣實不才，又誰敢怨？王曰：然則德我乎？對曰：二國圖其社稷，而求紓其民，各懲其忿，以相宥也，兩釋纍囚，以成其好。二國有好，臣不與及，其誰敢德？王曰：子歸，何以報我？對曰：臣不任受怨，君亦不任受德，無怨無德，不知所報。王曰：雖然，必報不穀。對曰：以君之靈，纍臣得歸骨於晉，寡君之以為戮，死且不朽。若從君之惠而免之，以賜君之外臣首，首其請於寡君而以戮於宗，亦死且不朽。若不獲命，而使嗣宗職，次及於事，而帥偏師以脩封疆，雖遇執事，其弗敢違。其竭力致死，無有二心，以盡臣禮，所以報也。王曰：晉未可與爭。重為之禮而歸之。

初，趙朔之子武，莊姬所生……放之齊……原屏食邑於原……括食邑於屏……正稱原屏

眉批：…曰韓厥数言可為万世曲勸…成季之勳十七字語切…楊慎曰厥之言可以勸矣…文王敬鰥寡所以其德…證明上文言…謹罰…趙氏之孤也

韓厥請立趙孤 成公八年

晉趙莊姬為趙嬰之亡故（五年，趙嬰通於莊姬，原、屏放諸齊），譖之於晉侯（景公）曰：「原、屏將為亂。」（言趙同、趙括將為亂）欒、郤為徵（二子證其作亂）。

晉討趙同、趙括。武從姬氏畜于公宮（武，趙朔之子，莊姬所生。莊姬，晉成公之女，故趙武從之，養於公宮）。以其田與祁奚（祁奚，晉大夫，景公以趙氏之田與之）。

韓厥言於晉侯曰：「成季之勳（趙衰也），宣孟之忠（趙盾扶翊成），而無後，為善者其懼矣。三代之令王，皆數百年保天之祿。夫豈無辟王（辟，和僻之君），賴前哲以免也。周書曰（康誥）：『不敢侮鰥寡。』所以明德也。」乃立武而反其田焉。

朱子謂左氏是個識利害的人，如天地之中一段極粹，卻便說向禍福去了，機則以為不然，夫禍福二字，聖人未嘗不言，見於經傳者多矣。夫知受天地之中，而又知定命之則，此能者養之以福也；不知天地之中，不知定命，此不能者敗以取禍也。…吉從逆凶，孟子謂禍福無不自己求之者，此其旨視二書何異，而謂其專計利害，恐尚未的。

劉子論成子不敬 成公十三年

劉康公、成肅公會晉侯伐秦（秦桓公背令狐之盟，且欲道狄、楚伐晉，故）。成子受脤于社，不敬（脤，宜社之肉也，盛以脤器，故曰脤。宜，出兵祭社之名）。劉子曰：「吾聞之，民受天地之中以生，所謂命也（中，是大中之理）。是以有動作禮義威儀之則，以定命也（命即天命之性）。能者養之以福，不能者敗以取禍。是故君子勤禮，小人盡力。勤禮莫如致敬，盡力莫如敦篤。敬在養神，篤在守業。國之大事，在祀與戎。祀有執膰（宗廟有執膰之祀，膰，祭肉也），戎有受脤，神之大節也（交神之礼）。今成子惰，棄其命矣，其不反乎！」（師還，成肅公卒于瑕）

丘濬曰：權詐相傾，秦晉殆相尔先尋直…此文旁引曲証，錯落縱橫，如駿馬馳驟而不失步…勒三平決驟而各中紀律…作放下反亦文之…最奇者

楊維禎曰：自曰昔以下，皆呂相述晉侯之詞，氣…音律…

林次崖曰：文公既立，未嘗至秦，諸侯亦无有朝秦者，呂氏謂之…諸秦時

又曰：背自以卻武于楚而與秦圍…鄭…實未嘗侵秦也…亦皆文致之辭

又曰：…村初无有…致死于秦者，此亦文致之辭

洪邁曰：叠用字法

劉辰翁曰：述已之功，过為崇護，數秦之罪，曲加詆誣

呂相絕秦 成公十三年

晉侯使呂相（魏錡子）絕秦（秦晉盟于令狐，秦桓公歸而叛盟，故晉厲公使呂相數其罪而絕之），曰：「昔逮我獻公及穆公相好，戮力同心，申之以盟誓，重之以昏姻（獻公以女伯姬嫁秦穆公）。天禍晉國，文公如齊，惠公如秦（避驪姬也）。無祿（晉無福祿），獻公即世。穆公不忘舊德，俾我惠公用能奉祀于晉（秦納惠公）。又不能成大勳，而為韓之師（秦伐晉，獲惠公于韓）。亦悔于厥心（尋以呂甥之言歸之），用集我文公，是穆之成也（穆公成晉之功）。文公躬擐甲冑，跋履山川（草行曰跋），踰越險阻，征東之諸侯，虞、夏、商、周之胤，而朝諸秦，則亦既報舊德矣。鄭人怒君之疆埸（鄭人侵秦），我文公帥諸侯及秦圍鄭。秦大夫不詢于我寡君，擅及鄭盟（燭之武言于秦伯，與盟，不敢斥言，故云秦大夫）。諸侯疾之，將致命於秦。文公恐懼，綏靜諸侯。秦師克還無害，則是我有大造于西也（秦在西）。無祿，文公即世，穆為不弔（穆公不見弔傷），蔑死我君，寡我襄公（欺襄公之弱），迭我殽地（迭，侵），奸絕我好，伐我保城，殄滅我費滑（滑國都於費，秦襲鄭無功，乃滅滑而還），散離我兄弟（滑，晉同姓），撓亂我同盟（謂鄭），傾覆我國家。我襄公未忘君之舊勳，而懼社稷之隕，是以有殽之師（晉敗秦于殽）。猶願赦罪于穆公（求解于秦），穆公弗聽，而即楚謀我（使鬬克歸楚求成）。天誘其衷，成王隕命（商臣弑之），穆公是以不克逞志于我。

高似孫曰數陳爛去句法新整

吴荣光曰痛之来晋突召之以此罪秦甚詞甚矣

正義曰以上有殽之師令狐之役河曲之戰輔氏之聚不用重文古人为文亦有法耳

鲍魁曰是左氏第一文字

梁秀峯曰白伏與晋为昏姻于傳无所考証杜氏以文公納季隗之事实之季隗乃赤狄之女恐未又云且母尊多証辞盖欲親狄以閒秦故以狄为昏姻耳不足深办之

襄即世(文公六年秦穆晋襄皆卒)康(秦)靈(晋)即位康公我之自出(晋外甥)又欲闕翦我公室(納公子雍)傾覆我社稷帥我蝥賊(謂秦所納之公子雍)以来蕩摇我邊疆(晋敗秦于令狐)我是以有令狐之役康猶不悛入我河曲伐我涑川俘我王官翦我羈馬(河曲涑川王官羈馬皆晋地)我是以有河曲之戰東道之不通則是康公絶我好也及君之嗣也(秦桓公立)我君景公引領西望曰庶撫我乎君亦不惠稱盟(不肯惠然共盟)利吾有狄難(晋滅赤狄時)入我河縣焚我箕郜(河箕郜晋三邑)芟夷我農功虔劉(殺)我邊陲我是以有輔氏之聚(晋聚衆拒秦于輔氏)君亦悔禍之延而欲徼福于先君獻穆使伯車来命我景公曰吾與女同好棄悪復脩舊德以追念前勳言誓未就景公即世我寡君是以有令狐之會(晋厲公立與秦桓公將会于令狐秦伯不肯涉河使史顆盟晋侯于河東郤犨盟秦伯于河西)君又不祥背棄盟誓(秦伯歸即背成)白狄及君同州(狄與秦俱在雍州)君之仇讎而我之昏姻也君来賜命曰吾與女伐狄寡君不敢顧昏姻畏君之威而受命于使君有二心于狄曰晋將伐女狄應且憎(狄雖應秦命心實憎其無信)是用告我(以秦之二心来告晋)楚人悪君之二三其德也亦来告我曰秦背令狐之盟而来求盟于我昭告昊天上帝秦三公(穆康共)楚三王(成穆莊)曰余雖與晋出入(往来)余唯利是視不穀悪其無成德是用宣之以懲不一(此楚王来告之辞)諸侯備聞此言斯是用痛心疾首暱就寡人(晋)寡人帥以聽命唯好是求君若惠顧諸侯矜哀寡人而賜之盟則寡人之願也其承寧諸侯以退(承君之意以安靖諸侯)豈敢徼亂君若不施大惠寡人不佞(不材)其不能以諸侯退矣敢盡布之執事俾執事實圖利之(圖度其利害或和或戰)

此不穀乃楚共王告晋自称言我見秦之无成德是用宣布秦人之言于晋以懲戒不一之人

吴楚材曰詞不迫切而意独至

駱日升曰秦漢以下辭氣徃徃迫急惟左氏所載諸國徃来之辞氣閒而意亦寓此其去聖人之世未遠者歟

鼎鐫平湖韓會元精選評釋古史玄珠裂錦二卷

參

李光縉曰古人舉善之公此可想見矣

茅坤曰不諂不比不究舉善之能盡此五者

孫月峰曰以洞末季徐有太公氣象此篇引詩書凡三段極力揄揚曲盡其妙

校閱　精選　叅攷

玄宜子　林世選　詮次

書林　瑆雲　鄭以厚　繡梓

祁奚舉善 襄公三年

祁奚請老（老致仕）晉侯問嗣焉（嗣續）稱解狐其讎也（解狐）將立之而卒（孤卒）又問焉對曰午也可（祁奚子）於是羊舌職死矣（羊舌職佐中軍尉而死）晉侯曰孰可以代之對曰赤也可（羊舌職之子伯華）於是使祁午為中軍尉羊舌赤佐之（赤代其父職）君子謂祁奚於是能舉善矣稱其讎不為諂立其子不為比舉其偏不為黨（偏屬也羊舌赤祁奚之偏將）商書曰無偏無黨王道蕩蕩其祁奚之謂矣解狐得舉（未得位而卒故曰得舉）祁午得位伯華（字）得官建一官而三物成能舉善也夫（物事也得舉得位得官三事皆成）唯善故能舉其類（善其類）詩云惟其有之是以似之祁奚有焉（有之有其才也是以能舉其似己者）

汪道昆曰識論能品使臣斯司馬斯孚字法

張之象曰有魏絳方能正亂行之法有晉侯方能容執法之佐其維伯也誠宜

王世貞曰其書曰以下至司寇皆書辭

駱日升曰請罪之辭語婉而直竟襲而動

鋪敘得好

楊慎曰礼食特設礼待大夫之食

魏絳以刑佐民 襄公四年

晉侯之弟揚干亂行於曲梁（亂行次於曲梁伍之）魏絳戮其僕（揚干僕御）晉侯怒謂羊舌赤曰合諸侯以為榮也揚干為戮何辱如之必殺魏絳無失也對曰絳無貳志事君不辟難有罪不逃刑其將來辭（將來陳其辭狀）何辱命焉（何辱）言終魏絳至授僕人書（晉侯僕御）將伏劍士魴張老止之（君命使人執之）公讀其書曰日君乏使使臣斯司馬（司馬為中軍官）臣聞師眾以順為武軍事有死無犯為敬（守官雖死不行）君合諸侯臣敢不敬君師不武（指亂行）執事不敬（法不討不敬）罪莫大焉臣懼其死以及揚干無所逃罪不能致訓至於用鉞（不能致其教訓於先以斬揚干之僕於後）臣之罪重敢有不從以怒君心請歸死於司寇（請致死於司寇）公跣而出（不暇履）曰寡人之言親愛也（兄弟親愛之道）吾子之討軍禮也寡人有弟弗能教訓使干大命寡人之過也子無重寡人之過敢以為請（請使死）晉侯以魏絳為能以刑佐民矣（以刑佐治民之事）反役（自雞澤之役）與之禮食使佐新軍（群臣旅會今欲顯絳故特為設礼食於是張老代絳為司馬而士富代張老為候奄）

諦論具品

張之象曰和戎雖利然必中國強盛乃可為之辟之恭虎豹有以圖之則以人玩虎一有蹂躪[redacted]被其搏噬矣

孫月峰曰如斗轉而味深穩流動

楊道賓曰籌和戎之利議論種種此經綸之可思也

魏絳和戎 襄公四年

無終子嘉父使孟樂如晉（無終山戎國子爵嘉父名孟樂其使臣也）因魏莊子（即魏絳）納虎豹之皮以請和諸戎晉侯（悼公）曰戎狄無親而貪不如伐之魏絳曰諸侯新服陳新來和（舊陳屬于楚今新來和晉）將觀于我我德則睦否則携貳勞師於戎而楚伐陳必弗能救是棄陳也諸華必叛戎禽獸也獲戎失華無乃不可乎公曰然則莫如和戎乎對曰和戎有五利焉戎狄荐居（聚水草而居）貴貨易土（易輕[redacted]也）可賈焉一也邊鄙不聳（懼）民狎其野（狎習也）穡人成功二也戎狄事晉四鄰振動諸侯威懷三也以德綏戎師徒不勤甲兵不頓（壞）四也鑒于后羿而用德度（以羿好獵失國為戒而用明德為諸侯度）遠至邇安五也君其圖之公說使魏絳盟諸戎

左傳 二卷 [redacted]魏絳和戎

汪道昆曰敘事議論能品

孫應鰲曰鄭背晉從楚其屈在鄭故有鄭之盟而公子騑對乃欲唯礼与強是從夫晉方有礼從之則是晉楚皆強並從則難鄭于是為无信矣

[illegible]之曰詞語挺秀

李光縉曰剴切

公子騑對晉盟 襄公九年

同盟于戲鄭服也將盟鄭六卿及[redacted]大夫門子（卿之適子）皆從鄭伯（簡公）晉士莊子（士弱名）為載書曰自今日既盟之後鄭國而不唯晉命是聽而或有異志者有如此盟公子騑趨進曰天禍鄭國使介居二大國之間大國不加德音而亂以要之（恃其兵力）使其鬼神不獲歆其禋祀其人民不獲享其土利夫婦辛苦墊隘（猶委頓也）無所底告自今日既盟之後鄭國而不唯有禮與彊可以庇民者是從而敢有異志者亦如之荀偃曰改載書公孫舍之曰昭大神要言焉若可改也大國亦可叛也知武子（荀罃）謂獻子（即荀偃）曰我實不德而要人以盟豈禮也哉非禮何以主盟姑盟而退脩德息師而來終必獲鄭何必今日我之不德民將棄我豈唯鄭若能休和遠人將至何恃於鄭乃盟而還

左傳 二卷 [redacted]公子騑對晉盟

閔如霖曰：君不忘勿，而臣有遜語，可謂兩得之矣。

孫日升曰：按九合諸侯，謂会戚、会城棣、会邢、会邢丘盟、戲会、柤戍、鄭虎牢同盟、亳城北会、蕭魚是也。

孙希元曰：居安不忘，諄諄不忘規善也。

孫鑛曰：按悼公至此，言必求故，絳以知之，可謂忠臣之心矣。

魏絳辭樂　襄公十一年

鄭人賂晉侯以師悝、師觸、師蠲，（三者皆樂師）廣車、軘車淳十五乘，（淳，耦也。廣車、軘車，相耦各十五乘）甲兵備，（甲兵具備）凡兵車百乘，（他兵車及廣軘共百乘）歌鍾二肆，（肆，列也。縣鍾十六為一肆，二肆三十二枚）及其鎛磬，（皆樂器）女樂二八。（十六人）晉侯以樂之半賜魏絳，曰：子教寡人和諸戎狄以正諸華。（中國諸侯）八年之中，九合諸侯，如樂之和，無所不諧。請與子樂之。辭曰：夫和戎狄，國之福也；八年之中，九合諸侯，諸侯無慝，君之靈也，二三子之勞也，臣何力之有焉？抑臣願君安其樂而思其終也。詩曰：樂只君子，殿（鎮）天子之邦。樂只君子，福祿攸同。（所同歸）便蕃左右，亦是帥從。（引言[illegible]人[illegible]）夫樂以安德，義以處之，禮以行之，信以守之，仁以厲之，（君子厲風俗）而後可以殿邦國，同福祿，來遠人，所謂樂也。書曰：居安思危。思則有備，有備無患。敢以此規。公曰：子之教，敢不承命！抑微子，寡人無以待戎，不能濟河。（服鄭）夫賞，國之典也，藏在盟府，不可廢也，子其受之！魏絳於是乎始有金石之樂，禮也。（礼，大夫有功則賜樂）

汪道昆曰：辭令妙品，數其人德字法，以為先君昭數悉也，句法省焉字法。

穆文熙曰：宣子數責戎數語，言語漏洩，不指其事，何以能服其心，所以反為所詘。

好章法

張鼐曰：詞甚正大而烈。

戎子不屈於晉　襄公十四年

會于向，（晉為吳謀楚）將執戎子駒支。范宣子（士匄）親數諸朝，（行之所在，亦設朝位）曰：來，（呼之使前）姜戎氏！（四岳之後，皆姜姓）昔秦人迫逐乃祖吾離于瓜州，乃祖吾離被苫蓋，蒙荊棘以來歸我先君，我先君惠公有不腆之田，與女剖分而食之。（中分為剖）今諸侯之事我寡君不如昔者，蓋言語漏洩，則職女之由。詰朝之事，（詰朝，明朝也）爾無與焉！（不得與會）與，將執女。對曰：昔秦人負恃其眾，貪于土地，逐我諸戎。惠公蠲其大德，（蠲，明）謂我諸戎是四岳之裔胄也，（四岳，堯時方伯）（裔遠，胄後也）毋是翦棄。賜我南鄙之田，狐狸所居，豺狼所嗥。我諸戎除翦其荊棘，驅其狐狸豺狼，以為先君不侵不叛之臣，至于今不貳。昔文公與秦伐鄭，秦人竊與鄭盟，（從燭之武之言）而舍戍焉，（使杞子、逢孫、楊孫戍鄭）於是乎有殽之師。晉禦其上，戎亢其下，秦師不復，（隻輪不反）我諸戎實然。（實使然）譬如捕鹿，晉人角之，（執其角）諸戎掎之，（掎其足）與晉踣之。（斃秦而戎取之）戎何以不免？（不免于罪）自是以來，晉之百役，與我諸戎相繼于時，以從執政，（言給晉役不曠時）猶殽志也，（從晉之志）豈敢離逷？（豈敢攜離逷遠）今官之師旅，無乃實有所闕，以攜諸侯，而罪我諸戎！我諸戎飲食衣服不與華同，贄幣不通，言語不達，何惡之能為？不與于會。亦無瞀焉。瞀，悶也。賦青蠅而退。宣子辭焉。使即事于會，成愷悌也。蓋欲成愷悌君子之名也。

敖，成子之賦青蠅，取愷悌君子無信讒言之意，欲以諷宣子之信讒也。

師曠論衛人出君　襄公十四年

師曠侍于晉侯。師曠，晉樂太師子野。晉侯曰：衛人出其君，不亦甚乎？獻公為孫林父、甯殖所逐。對曰：或者其君實甚。良君將賞善而刑淫，養民如子，蓋之如天，容之如地。民奉其君，愛之如父母，仰之如日月，敬之如神明，畏之如雷霆，其可出乎？夫君，神之主而民之望也。若困民之主，匱神之祀，百姓絕望，社稷無主，將安用之？弗去何為？天生民而立之君，使司牧之，勿使失性。有君而為之貳，貳，卿佐。使師保之，勿使過度。是故天子有公，諸侯有卿，卿置側室，側室，支子之官。大夫有貳宗，貳宗，宗子之副。士有朋友，庶人、工、商、皂、隸、牧、圉皆有親暱，以相輔佐也。善則賞之，賞，宣揚。過則匡之，匡，正。患則救之，失則革之。革，更也。自王以下，各有父子兄弟，以補察其政。補其愆過，察其得失。史為書，君舉則書。瞽為詩，詩以風刺。工誦箴諫，樂工誦箴諫之辭。大夫規誨，規正其君。士傳言，士卑不得徑達，聞君過失，傳告大夫。庶人謗，庶人不與政，聞君過失則誹謗。商旅于市，旅，陳也，陳其貨物，以示時所貴尚。百工獻藝。獻藝以喻政事。故夏書曰：遒人遒人，行人之官。以木鐸徇于路，徇於路，求歌謠之言。官師相規，大夫自相規正。工執藝事以諫。正月孟春，於是乎有之，有遒人徇路之事。諫失常也。天之愛民甚矣，豈其使一人肆於民上，以從其淫，而棄天地之性？必不然矣。

孫文熙曰：或者其君實甚一句激而實婉。鄭維嶽曰：此與成公之對異語同心，而此又闢豁切至。王常曰：句法蒼而詞意有色，擊可入處。李光縉曰：按師曠此論，足以激悟人君之心，與孟子紂為獨夫、君為輕仿同意，而此語意尤婉。千古名言。舒雅曰：前連下數個如字，又末此連下數個有字，文法。路以升曰：此篇句法長短相間錯，公成章令人傳玩不厭。焦竑曰：議論奧賾而語尤簡，深於文之妙者。蔡份曰：因夏書中有遒人官師之事，故生出史書瞽詩許多議論，直以夏書來質證，此是作文机括處。前筆能破此等閉，故下筆立就。茅坤曰：天之愛民數語，極精當，且照應前出君之意。此說得詳悉頓挫而不殺，此師曠所以為賢者之言也。

閔如霖曰：欒盈既死，則欒書所施恩澤亦而沒矣，欒黶之結怨者實在乎若子。世所以將在盈之世而亡，亦常理也。

路日升曰：正洞至論，令人儆惕。

鄒之象曰：甚哉，汰侈之敗德也，故雖席祖書之厚澤，不足係死後之思，適足以速殺身之禍哉。

士鞅料欒盈　襄公十四年

士鞅奔秦。（晉伐秦，鞅與欒鍼俱馳秦師，鍼死，鞅返，欒黶欲殺鞅，鞅告之士匄，士匄逐之）秦伯問於士鞅曰：晉大夫其誰先亡？對曰：其欒氏乎。秦伯曰：以其汰乎？對曰：然。欒黶汰虐已甚，猶可以免，其在盈乎。（盈，黶之子也）秦伯曰：何故？對曰：武子之德在民，（武子，即欒書，黶之父）如周人之思召公焉，愛其甘棠。（召公奭聽訟于甘棠之下，周人思之，不忍伐之，而作勿翦勿伐之詩）況其子乎？欒黶死，盈之善未能及人，武子所施沒矣，而黶之怨實章，將於是乎在。秦伯以為知言，為之請於晉而復之。（復其位，後晉人果殺欒盈）

李光縉曰：奇語最刺人眼。

楊慎曰：皆喪寶之言，何其婉而直。

子罕不受玉　襄公十五年

宋人或得玉，獻諸子罕，子罕弗受。獻玉者曰：以示玉人，玉人以為寶也，故敢獻之。子罕曰：我以不貪為寶，爾以玉為寶，若以與我，皆喪寶也，不若人有其寶。稽首而告曰：小人懷璧，不可以越鄉，（言必為盜所害）納此以請死也。（免死）子罕寘諸其里，使玉人為之攻之，（治之）富，（賣玉得富）而後使復其所。

駱日升曰：季孫嘗盜，吾乃為盜，而武仲乃曰上之所為，民亦為之，何哉？是時季氏專魯，凡名器威福君所有者，皆竊為己物，故武仲因事而規之，其言深有味云。

蘇濬曰：正論。

許慶元曰：武仲所言，深得身教之法，又黑合孔子答季……

觀季忠盜之意，然至於奔邾會亦，則身自為盜矣，果誰為之倡哉。

玄宣子曰：正本清源之論。

田汝成曰：臧孫釋書意，如哄以訛季孫無信而責人。家氏曰：伯之納邾盜也，臧紇所告言者何如，乃以婚道自結於季孫，廢長立幼，亦何異於盜。

臧武仲斥季武子賞盜　襄公廿一年

邾庶其（邾大夫）以漆、閭丘（二邑名）來奔，季武子以公姑姊妻之，（公之姑及姊）皆有賜於其從者。於是魯多盜，季孫謂臧武仲曰：子盍詰盜？（詰，治）武仲曰：不可詰也，紇又不能。季孫曰：我有四封，而詰其盜，何故不可？子為司寇，將盜是務去，若之何不能？武仲曰：子召外盜而大禮焉，何以止吾盜？子為正卿而來外盜，使紇去之，將何以能？庶其竊邑於邾以來，子以姬氏妻之，而與之邑，其從者皆有賜焉。若大盜禮焉以君之姑姊與其大邑，其次皁牧輿馬，（從皁至牧凡八等，人則以輿馬賜之）其小者衣裳劍帶，（小者，從者）是賞盜也。賞而去之，（賞大盜，去小盜）其或難焉。紇也聞之，在上位者洒（音洗）濯其心，壹以待人，軌度其信，（所行不越其所言）可明徵也，（驗於人）而後可以治人。夫上之所為，民之歸也。上所不為而民或為之，是以加罰焉，而莫敢不懲。若上之所為而民亦為之，乃其所也，（所，宜）又可禁乎？夏書曰：念茲在茲，釋茲在茲，名言茲在茲，允出茲在茲，惟帝念功。將謂由己壹也。信由己壹，而後功可念也。

想慎曰鄭小國也于晉无二而晉人徵之從其不來則兵師以問罪稍有子產之對修陳往事不敢不阿晉人承服其可謂登臣矣

略曰升曰寔朝蔡言觀寡于楚飾詞也

左傳評 草木同臭味如晉鄭同姓故曰[illegible]諸草木吾臭味也

酎 酸酒也酒之新熟乃為新飲酒為酎嘗酎鄭伯見于晉君嘗酎之時

子產事晉 襄公二十二年

晉人徵朝於鄭（召鄭使朝）鄭人使少正公孫僑對曰在晉先君悼公九年我寡君於是即位即位八月而我先大夫子駟從寡君以朝于執事（言執事謙不敢斥言晉侯）執事不禮於寡君寡君懼因是行也我二年六月朝于楚晉是以有戲之役楚人猶競（強也）而申禮于敝邑敝邑欲從執事而懼為大尤（尤過也懼為大過）晉曰晉其謂我不共有禮是以不攜貳於楚（晉責鄭不共順於有禮之國是以不敢攜離而有貳心於楚）我四年二月先大夫子蟜又從寡君以觀釁於楚晉於是乎有蕭魚之役謂我敝邑邇在晉國譬諸草木吾臭味也而何敢差池（差池不齊也）楚亦不競寡君盡其土實重之以宗器以受齊盟（受諸侯齊一之盟）遂[illegible]群臣隨于執事以會歲終貳于楚者子侯石盂歸而討之溴梁之明年子蟜老矣公孫夏從寡君以朝于君見於嘗酎與執燔焉（助祭）間二年聞君將靖東夏四月又朝以聽事期不朝之間無歲不聘無役不從以大國政令之無常國家罷病不虞荐至（不可虞度之事荐仍而至）無日不惕豈敢忘職大國若安定之其朝夕在庭何如命焉若不恤其患而以為口實其無乃不堪任命而翦為仇讎敝邑是懼其敢忘君命委諸執事執事實重圖之

按臧武仲為紇立紇作不慎於先及見公鉏辭挾立羯則知禍將及己矣其多第益有所感而傷之也其於鄒不辭而問故雖連以谿之此其所以為多知也

左傳評 王遵巖曰其言曲盡然何以不能自辭而免於疾疢也

武仲奔邾請後 襄公二十三年

季武子無適子公彌長而愛悼子（悼子紇也二子皆嬖出公彌為兄而季孫獨愛少子）欲立之訪於臧紇臧紇曰吾為子立之使公鉏為馬正慍而不出閔子馬見之曰子無然（勸公鉏勿怨恨）禍福無門唯人所召為人子者患不孝不患無所敬共父命何常之有若能孝敬富倍季氏可也姦回不軌禍倍下民可也公鉏然之敬共朝夕恪居次孟孫惡臧仲季孫愛之孟莊子疾豐點（孟孫御士）謂公鉏苟立羯請讎臧氏孟孫卒公鉏奉羯立于戶側季孫至入哭而出曰秩焉在（季孫問孟氏之長子秩安在）公鉏曰羯在此矣季孫曰孺子長（指秩）公鉏曰何長之有惟其才也且夫子之命也（惟羯之有才則立之孟孫欲擇才故以此吞之隱語以為孟莊子之命）遂立羯秩奔邾臧孫入哭甚哀多涕出其御曰孟孫之惡子也而哀如是季孫若死其若之何臧孫曰季孫之愛我疾疢也（常志相順從循疾疢之為害）孟孫之惡我藥石也（常志相違逆猶藥石之療病）美疢不如惡石夫石猶生我疢之美其毒滋多孟孫死吾亡無日矣

汪道昆曰議論具品

許應元曰臧文仲祀爰居縱逆祀不仁不智穆叔以為不朽非善知人矣

吳宣子曰立德立功立言千古至論

叔孫豹論不朽　襄公廿四年

穆叔如晉(賀克欒氏)。范宣子(士匄)逆之，問焉，曰：古人有言曰：死而不朽，何謂也？穆叔未對。宣子曰：昔匄之祖，自虞以上為陶唐氏，在夏為御龍氏，在商為豕韋氏，在周為唐杜氏(二國名)，晉主夏盟為范氏(士會食邑於范，故為范氏)，其是之謂乎？穆叔曰：以豹所聞，此之謂世祿，非不朽也。魯有先大夫曰臧文仲，既沒，其言立，其是之謂乎。豹聞之：太上有立德，其次有立功，其次有立言，雖久不廢，此之謂不朽。若夫保姓受氏(始封之姓，先代之氏)，以守宗祊(音崩，宗廟也)，世不絕祀，無國無之。祿之大者，不可謂不朽。

穆文熙曰已言臧文仲立言而又述德與功以見之　見文仲猶非第一等人况世祿乎甚有軒

輊

左穆文熙曰此古人通書之祖[illegible]全似聖賢

王鏊曰此書凡四轉[illegible]先後照應一節妙於一節

鍾惺曰此二句一篇綱領下文[illegible]提出令名字正申此意作兩段看未[illegible]所以不患賄而患名也

又曰諸侯之貳一段申應非无賄之患

又曰夫令名德之輿一段申應无令名之難

穆文熙曰既以家勢恐之又以令名歆之能不令人心悅

焦竑曰生我浚我之論關係世教非仁人之言哉

鄭維嶽曰的確警切只消一二語便總括全意此所以[illegible]何必拾何字句乎即千万言不及

子產告范宣子輕幣　襄公廿四年

范宣子(士匄)為政，諸侯之幣重(朝聘之幣增重)，鄭人病之。二月，鄭伯如晉，子產寓書於子西，以告宣子，曰：子為晉國，四鄰諸侯不聞令德，而聞重幣，僑也惑之。僑聞君子長國家者，非無賄之患，而無令名之難(金玉曰貨，布帛曰賄)。夫諸侯之賄聚於公室，則諸侯貳；若吾子賴之(賴其賄而私用之)，則晉國貳。諸侯貳，則晉國壞；晉國貳，則子之家壞。何沒沒也(沒沒，猶沈溺)！將焉用賄？夫令名，德之輿也(德須令名以遠聞)；德，國家之基也(國家須德以立)。有基無壞，無亦是務乎！有德則樂，樂則能久。詩云：樂只君子，邦家之基，有令德也夫！上帝臨女，無貳爾心，有令名也夫！恕思以明德，則令名載而行之(忠恕存心而自明其德，則令名如輿載美德而行)，是以遠至邇安。毋寧使人謂子，子實生我，而謂子浚我以生乎(毋寧，寧也。言寧可使人謂子實能生養我，不可使人謂子反浚我以自養)？象有齒以焚其身，賄也(以其有賄故斃)。宣子說，乃輕幣。

駱日升曰此篇文字辭嚴而義正語簡而意盡與聖賢之言相去殆不遠矣

華□曰此篇文字最古奇俱是以行文代敘事

韓慕廬曰三段疊下文決前面讀此等文字最丟開胸襟

施七曰晏子數語可為嚴正從君斷案

玄賓子曰議論嚴正而排句甚奇

李廷机曰且人有君三句又長上三段

陸深曰晏子不避君難忠矣故以崔子之大忠犹知晏子以從民望

楊慎曰南史以往于大史尤好

晏嬰不死君難 襄公廿五年

崔武子見棠姜而美之遂取之（棠公死崔杼往弔見其妻美而取之）莊公通焉崔子弒之晏子立於崔氏之門外其人（從者）曰死乎（為君而死）曰獨吾君也乎哉吾死也（言已與眾人無異非獨我之君）何為（何為獨死）曰行乎（去國）曰吾罪也乎哉吾亡也（不得罪於君何為而逃亡）曰歸乎（歸家）曰君死安歸（臣以君為天君死將安歸）君民者豈以陵民社稷是主臣君者豈為其口實（祿）社稷是養故君為社稷死則死之為社稷亡則亡之若為己死而為己亡非其私暱誰敢任之（非所親愛者誰敢當其禍）且人有君而弒之吾焉得死之而焉得亡之將庸何歸（將用何所歸歟）門啟而入（俟崔子開門而入）枕尸股而哭之（以公尸枕已股而哭之既哭）興三踊而出（而起踊躍三度而出）人謂崔子必殺之崔子曰民之望也舍之得民

按莊公既弒太史書曰崔杼弒齊君崔子殺之其弟嗣書而死者二人其弟又書乃舍之南史聞太史盡死執簡以往聞既書矣乃還

（眉批漫漶）

在滑曰詞嚴義正典雅諳之膾炙人口

楊慎曰如此問荅便有主張

駱日升曰善為國者以下歷為指陳以見楚多濫刑

按內傳子仪雍子子靈苗賁皇死四大夫皆奔晉以害楚正見楚多濫刑大夫逃死于四方而為謀主豈非楚之有材晉實用之

聲子論楚失賢 襄公廿六年

聲子通使于晉（為楚使晉）還如楚令尹子木與之語問晉故焉且曰晉大夫與楚孰賢對曰晉卿不如楚其大夫則賢皆卿材也（□）杞梓皮革自楚往也雖楚有材晉實用之子木曰夫獨無族姻乎對曰雖有而用楚材實多歸生（聲子）聞之善為國者賞不僭而刑不濫賞僭則懼及淫人刑濫則懼及善人若不幸而過寧僭無濫與其失善寧其利淫無善人則國從之詩曰人之云亡邦國殄瘁無善人之謂也故夏書曰與其殺不辜寧失不經懼失善也商頌有之曰不僭不濫不敢怠皇命于下國封建厥福此湯所以獲天福也古之治民者勸賞而畏刑恤民不倦賞以春夏刑以秋冬是以將賞為之加膳加膳則飫賜（酒食賜下無不饜足）此以知其勸賞也將刑為之不舉（不舉盛饌）不舉則徹樂此以知其畏刑也夙興夜寐朝夕臨政此以知其恤民也三者禮之大節也有禮無敗今楚多淫刑其大夫逃死於四方而為之謀主以害楚國不可救療所謂不能也（不能用其材）

騷匕升曰嚴正

孫應鰲曰宋在兵之間至稱卑弱以兵為衛猶恐不支向戌乃請弭之而又欲因是請賞何其外而貪也然子罕止之而戌能不怨則亦賢乎知過之君子矣

汪道昆曰寫儼然于委婉之中辭令之宗當者

孫文熙曰以礼承天之休此一語何等正大自是折得他心服所謂惟礼可以已之太叔見及此矣

騷匕升曰按小國將君是望吾其詞不亢無乃非盟載其辭不卑婉而直激而不流可謂善於辭令才然其何勞之敢憚又明

子罕責向戌請邑　襄公廿七年

左師請賞（向戌以弭兵稱功），曰：「請免死之邑。」公與之邑六十。以示子罕，子罕曰：「天生五材（金木水火土），民並用之，廢一不可，誰能去兵？兵之設久矣，所以威不軌而昭文德也（明君善於用兵）。聖人以興，亂人以廢。廢興存亡昏明之術，皆兵之由也（則與而存者反是）。而子求去之，不亦誣乎？以誣道蔽諸侯，罪莫大焉。縱無大討，而又求賞，無厭之甚也。」削而投之（子罕削賞向戌之書而投棄之）。左師辭邑。

游吉使楚　襄公廿八年

鄭伯（簡公）使游吉如楚，及漢，楚人還之（遣大叔還），曰：「宋之盟，君實親辱。今吾子來，寡君謂吾子姑還，吾將使馹奔問諸晉（問晉鄭君當親來否）而以告。」子大叔（游吉）曰：「宋之盟，君命將利小國（弭兵以利小國），而亦使安定其社稷，鎮撫其人民，以禮承天之休（使得時行礼）。此君之憲令，而小國之望也。寡君是故使吉奉其皮幣，以歲之不易（以飢饉之歲不得自來），聘于下執事（言不敢指楚君）。今執事有命曰：女何與政令之有（言汝大大國政令）？必使而君棄而封守，跋涉山川，蒙犯霜露，以逞君心（汝君）。小國將君是望，敢不唯命是聽？無乃非盟載之言，以闕君德，而執事有不利焉（謂諸侯背楚）。小國是懼。不然，其何勞之敢憚（豈敢畏勞而不為一來也）？」

耿從吉曰孔子使札未聘觀周樂以為賢劉胡張三子則以為賢蓋謂其法先昊于闕嬳樣西乞術故深求其過以論之耳季札觀國之事誠宗易論但觀其論樂與論諸國大夫賢乎不賢乎豈其熟于考古昧于從時明于責人暗于治己乎將胡文定說為正若蘇子由數之只讀左傳亦未分曉者謂也

季廷机曰追論右昔皆身後其声而為之者

詩傳云魏地狹隘而民貧俗儉蓋有圣人之遺風焉

王世貞曰札聽樂而辨六國之興衰獨不知吳之將亡而嘿無一救乎彼不欲以其身殉國也

楊慎曰連用哉字也字乎字而字參差有法

季札論樂　襄公廿九年

吳公子札來聘（始通魯），請觀於周樂（魯以周公故有天子礼樂）。使工為之歌周南、召南，曰：「美哉！始基之矣（王化之基），猶未也（有紂未盡善），然勤而不怨矣（文王憂勤政事未能安樂然其音不怨怒）。」為之歌邶、鄘、衛，曰：「美哉淵乎！憂而不困者也（衛康叔武公德化深遠雖遭宣公淫乱懿公滅亡民猶秉義也）。吾聞衛康叔、武公之德如是，是其衛風乎？」為之歌王（黍離），曰：「美哉！思而不懼（宗周殞滅故憂思猶有先王遺風故不懼），其周之東乎？」為之歌鄭，曰：「美哉！其細已甚（政事煩瑣），民弗堪也，是其先亡乎？」為之歌齊，曰：「美哉，泱泱乎（弘大之声）！大風也哉（大國之風）！表東海者，其太公乎（太公封齊為東海表式）？國未可量也。」為之歌豳，曰：「美哉，蕩乎！樂而不淫（言其節也），其周公之東乎（遭管蔡之變而東征）？」為之歌秦，曰：「此之謂夏聲（秦起自西戎至秦仲始用諸夏之樂）。夫能夏則大，大之至也，其周之舊乎（秦襄公至周東迁尽取周之地故云）？」為之歌魏，曰：「美哉，渢渢乎（中庸之声）！大而婉，險而易行（險當作儉），以德輔此，則明主也（惜其國小無明君）。」為之歌唐，曰：「思深哉！其有陶唐氏之遺民乎（晉本唐國故有堯遺風）？不然，何其憂之遠也（憂深思遠情發于声）？非令德之後，誰能若是？」為之歌陳，曰：「國無主，其能久乎（淫声放蕩無復畏忌）？」自鄶以下無譏焉（季子聞歌鄶曹之風不復譏論以其微也）。為之歌小雅，曰：「美哉！思而不貳（思文武之德無叛貳之心），怨而不言（怨商紂之政猶恐而不言）。

不然，聖門論詩偏于述頌，論樂歸重於韶，如百川爭流，忽匯淮瀆，非季札固不能以洞達古今，非左氏又豈能以鋪張曲至。

此段十四句連用而字，詞語翩翩，犁然可采。

唐順之曰：觀歷代之樂，入於耳，辨於心，興亡治亂，不爽毫末，可謂明知之甚。所以能脫穎于衆，來之吳，以見季終身足繼大伯之勞也已。

詹份曰：不敢請者，非謂魯及四代也，蓋觀止於韶，無以復加也。

其周德之衰乎，猶有先王之遺民焉。（非周德之小，以有紂餘俗故未大。）為之歌大雅，曰：廣哉！熙熙乎！曲而有直體，（其聲委曲而有正直之體。）其文王之德乎。為之歌頌，曰：至矣哉！直而不倨，曲而不屈，邇而不偪，（謙退）遠而不攜，（貳）遷而不淫，（過蕩）復而不厭，（日新）哀而不愁，（知命）樂而不荒，（節之）用而不匱，（弘大）廣而不宣，（自顯）施而不費，取而不貪，處而不底，（守之以道）行而不流，（制之以義）五聲和，八風平，節有度，守有序，（八音克諧，無相奪倫）盛德之所同也。見舞象箾南籥者，（皆文王樂）曰：美哉！猶有憾。見舞大武者，（武王樂）曰：美哉！周之盛也，其若此乎！見舞韶濩者，（湯樂）曰：聖人之弘也，（聖德弘大）而猶有慚德，（恨不及己致太平）聖人之難也。（難于處變）見舞大夏者，（禹樂）曰：美哉！勤而不德，（不自矜）非禹其誰能脩之！見舞韶箾者，曰：德至矣哉！大矣，如天之無不幬也，如地之無不載也，雖甚盛德，其蔑以加於此矣，觀止矣！（與前觀樂字相應）若有他樂，吾不敢請也。

杜預曰：季子賢明才博，在吳雖已涉見此樂歌之文，然未聞中國雅聲，故請觀周樂，欲聽其聲，然後依聲以參時政，知其興衰也。聞秦詩，謂之夏聲；聞頌，曰五聲和，八風平，皆論聲以參政也。舞畢，知其樂是素（知其篇數者）

唐順之曰：句法蒼而健，峻而奇。

陸深曰：辭凡兩詰，略先為峻以激人之怒，亦善辭者，非子產亦折他不服。

陳仁錫曰：士文伯係亦雄辯，然詰高其閈閎，厚其墻垣，以無憂客使，抵牾瑕可徙誇盟主何為。

康海曰：墻垣之故，只此數語盡之。僑聞以下一段，正是破其為盟主之說。

李東陽曰：言輸幣以見己之勤于貢賦，言文公以見晉之慢于諸侯，信子產之有辭。

子產壞晉館垣 襄公卅一年

子產相鄭伯以如晉，晉侯以我喪故，（魯襄公之喪）未之見也。子產使盡壞其館之垣，（所居館舍垣墻）而納車馬焉。士文伯（士匄）讓之曰：敝邑以政刑之不脩，寇盜充斥，（多也）無若諸侯之屬辱在寡君者何，是以令吏人完客所館，高其閈閎，（音汗弘。里門曰閈，閭衖門口閎）厚其墻垣，以無憂客使。（令客使不憂盜）今吾子壞之，雖從者能戒，其若異客何？以敝邑之為盟主，繕完葺墻，以待賓客，若皆毀之，其何以共命？寡君使匄請命。（請問毀墻之命）對曰：以敝邑褊小，介於大國，誅求無時，（誅責需求）是以不敢寧居，悉索敝賦，以來會時事。（隨時朝會）逢執事之不閒，（無暇）而未得見，又不獲聞命，未知見時，不敢輸幣，亦不敢暴露。其輸之，則君之府實也，非薦陳之，（見君而獻）不敢輸也。其暴露之，則恐燥濕之不時而朽蠹，以重敝邑之罪。僑聞文公之為盟主也，宮室卑庳，（小）無觀臺榭，（闕門曰觀，築土曰臺，有屋曰榭）以崇大諸侯之館，館如公寢，（館舍如晉君之寢室）庫廄繕脩，（館中藏幣之庫，養馬之廄，莫不脩葺）司空以時平易道路，（治險阻）圬人以時塓館宮室，（塓音覓，塗墍）諸侯賓至，甸設庭燎，（甸人設照庭大燭）僕人巡宮，（行夜）車馬有所，（有所安處）賓從有代，（賓之僕從有人代役）巾車脂轄，（主車之官以脂塗客之車轄）隸人牧圉，各瞻其事，（瞻視賓客之所為，以供其事）百官

劉[illegible]有涉潤

李東陽曰：義正而不阿，辭強而不激，日有一段溫雅優游之態。

許應元曰：突出魯喪[illegible]。

[illegible]

士匄一事[illegible]

[illegible]

之屬，各展其物（以陳其物，待賓）。公不留賓，而亦無廢事（[illegible]）。憂樂同之（則不廢事），事則巡之（有廢缺則巡察），教其不知，而恤其不足。賓至如歸（如歸私家），無寧菑患（此無寧字，寧也，待賓如此，復有災患乎）。不畏寇盜，而亦不患燥濕。今銅鞮之宮數里（晉離宮），而諸侯舍於隸人（舍如隸人之舍），門不容車，而不可踰越。盜賊公行，而夭厲不戒（無水潦時）。賓見無時，命不可知。若又勿壞，是無所藏幣以重罪也。敢請執事，將何所命之？雖君之有魯喪，亦敝邑之憂也。若獲薦幣，脩垣而行，君之惠也，敢憚勤勞？」文伯復命。趙文子曰：「信（信如子產所言）。我實不德，而以隸人之垣以贏諸侯（贏，受），是吾罪也。」使士文伯謝不敏焉。晉侯見鄭伯，有加禮（加禮，有敬），厚其宴好而歸之。乃築諸侯之館。叔向曰：「辭之不可以已也如是夫！子產有辭，諸侯賴之，若之何其釋辭也？（釋，廢）《詩》曰：『辭之輯矣，民之協矣（辭輯睦，則民和協）。辭之懌矣，民之莫矣（辭說懌，則民安定）。』其知之矣（詩人知辭有益）。」

子產論尹何為邑　襄公卅一年

[illegible]

李光縉曰：[illegible]

[illegible]

子皮（子皮，罕虎）欲使尹何為邑（為邑大夫）。子產曰：「少（尹何年少），未知可否。」子皮曰：「愿（愿，謹厚），吾愛之，不吾叛也。使夫往而學焉，夫亦愈知治矣。」子產曰：「不可。人之愛人，求利之也。今吾子愛人則以政（以政與之），猶未能操刀而使割也，其傷實多。子之愛人，傷之而已，其誰敢求愛於子？子於鄭國，棟也。棟折榱崩，僑將厭焉（厭，為所壓），敢不盡言？子有美錦，不使人學製焉（製，裁）。大官、大邑，身之所庇也，而使學者製焉，其為美錦，不亦多乎？（言官邑之重，多於美錦）僑聞學而後入政，未聞以政學者也。若果行此，必有所害。譬如田獵，射御貫則能獲禽（貫，習也），若未嘗登車射御，則敗績厭覆是懼，何暇思獲？」子皮曰：「善哉！虎不敏。吾聞君子務知大者遠者，小人務知小者近者。我，小人也。衣服附在吾身，我知而慎之；大官、大邑所以庇身也，我遠而慢之。微子之言，吾不知也。他日我曰：『子為鄭國，我為吾家，以庇焉，其可也。』今而後知不足。自今請雖吾家，聽子而行。」子產曰：「人心之不同，如其面焉。吾豈敢謂子面如吾面乎？抑心所謂危，亦以告也。」子皮以為忠，故委政焉。子產是以能為鄭國。

菁莪曰：子圍逆女，而乃包藏禍心，大非人情。不有子產，則形之無辭。納之不可，卻其狠惧矣。惟數言解其假心，故其出入無虞，得以成禮而去。

按子號之盟，子圍設服離衛。叔孫穆子曰：楚公子美矣，君哉。鄭子皮曰：二執戈者前矣。弒楚子康者圍也。觀其曰君辱貺賜之，是寡大夫不得列於諸卿也。夫彼且欲君，何有諸鄉？居且不安，何有于

迎言婦子羽之言曰包藏禍心，盡至是帝圖之肺肝如見矣。

孫月峰曰：詞氣溫雅，不然一轉，又見不激不亢，辭令妙品。

王元之曰：伍舉知其有備一句，關律得好，包藏禍心之言為有據。

子產辭子圍逆女以兵 昭公元年

楚公子圍聘於鄭，且娶於公孫段氏，伍舉為介。將入館，鄭人惡之。（知楚懷詐）使行人子羽與之言，乃館於外。既聘，將以衆逆。（以兵入逆）子產患之，使子羽辭曰：以敝邑褊小，不足以容從者，請墠聽命。（欲以城外除地為壇，行昏禮，令尹命）太宰伯州犂對曰：君辱貺寡大夫圍，謂圍將使豐氏（公孫段）撫有而室。圍布几筵，告於莊、共之廟而來。若野賜之，是委君貺於草莽也，是寡大夫不得列於諸卿也。不寧唯是，又使圍蒙其先君，（蒙，欺也。言告先君而來，不得成禮於女氏）之廟，是使我將不得為寡君老，（大臣稱老）其蔑以復矣。（不得反命）唯大夫圖之。子羽曰：小國無罪，恃實其罪。將恃大國之安靖己，而無乃包藏禍心以圖之。小國失恃，而懲諸侯，（以鄭為戒）使莫不憾者，距違君命，而有所壅塞不行是懼。（謂不奉楚令）不然，敝邑，館人之屬也，（鄭之在楚，猶守館之人相類）其敢愛豐氏之祧？（遠祖廟）伍舉知其有備也，請垂櫜而入。許之。逆而出。

左傳　二十卷　子產辭子圍逆女以兵　廿三

孫執升曰：揚扢有手功，而反其美且以昭，民莫能勉，趙孟刻子之言，意愈深矣。

吳游曰：數語是的當讜論。

鄒升曰：句語閑從。

孫文融曰：不以私愛妨國法，游吉智識自不可及。

又曰：措得當。

劉定公料趙孟不年 昭公元年

天王（周景王）使劉定公勞趙孟於潁，館於雒汭。劉子曰：美哉禹功，明德遠矣。（思禹功）微禹，吾其魚乎？吾與子弁冕端委，（弁冕，冠也；端委，禮衣也）以治民臨諸侯，禹之力也。子盍亦遠績禹功而大庇民乎？（遠纂續大禹之功，而大庇蔭其民）對曰：老夫罪戾是懼，焉能恤遠？吾儕偷食，（偷安竊祿）朝不謀夕，何其長也。（不能念及長久）劉子歸，以語王曰：諺所謂老將知而耄及之者，（人至老當有智識，而耄亂反及之）其趙孟之謂乎？為晉正卿，以主諸侯，而儕於隸人，朝不謀夕，棄神人矣。神怒民叛，何以能久？趙孟不復年矣。神怒不歆其祀，民叛不即其事。祀事不從，又何以年？（此冬趙武卒）

游吉論國政 昭公元年

鄭放游楚（即子南）於吳。（子皙欲殺子南而取其妻，子南戈擊之，子皙傷而歸，子產以）為罪在子南，放之。將行，（將放子南）子產咨於大叔。（游吉，子南之族）大叔曰：吉不能亢身，焉能亢宗？（亢，蔽也）彼國政也，非私難也。子圖鄭國，利則行之，又何疑焉？周公殺管叔而蔡蔡叔，夫豈不愛？王室故也。吉若獲戾，子將行之，（逐之）何有於諸游？

左傳　二十卷　劉定公料趙孟不年　廿四

鍾惺曰篆徇能品不信能句法不藏字法

真西山曰子產能知實沈臺駘為參汾之神可謂博物矣然推晉侯之疾不歸之鬼神而歸之飲食哀樂之間則可謂明理而非但博物者也晉侯僅以博物目之豈知子產者耶

李光縉曰看他述事詳悉猶古人所謂博物君子非耶

王瀋曰能業其官句句法

承上接下氣脈融貫

孫真子曰此句乃臨門一針

子產博物君子 昭公元年

晉侯（平公）有疾。鄭伯（簡公）使公孫僑（子產）如晉聘。且問疾。叔向問焉。曰。寡君之疾病。卜人曰。實沈臺駘為祟。（二神為禍）史莫之知。敢問此何神也。子產曰。昔高辛氏有二子。伯曰閼伯。季曰實沈。居于曠林。不相能也。（不相善）日尋干戈。以相征討。后帝不臧。（堯不善其所為）遷閼伯于商丘。主辰。（主祀火星）商人是因。故辰為商星。遷實沈于大夏。主參。（主祀水星）唐人是因。以服事夏商。其季世曰唐叔虞。當武王邑姜方震大叔。（邑姜武王后震懷胎也大叔成王弟叔虞也此大叔非上唐叔虞）夢帝（天）謂己。余命而子曰虞。（天取唐君之名曰虞）將與之唐。（以唐季世與君同名故）屬諸參。（屬于參星之分）而蕃育其子孫。及生。有文在其手曰虞。遂以命之。及成王滅唐。而封大叔焉。故參為晉星。（不曰唐而曰晉者叔虞之子燮父改稱晉侯也）由是觀之。則實沈參神也。昔金天氏有裔子曰昧。為玄冥師。（水官之長）生允格臺駘。臺駘能業其官。宣汾洮。（宣通也汾洮二水名）障大澤。以處大原。（臺駘所居）帝（顓頊）用嘉之。封諸汾川。沈姒蓐黃。（四國）實守其祀。今晉主汾而滅之矣。由是觀之。則臺駘汾神也。抑此二者。不及君身。山川之神。則水旱疾疫之災。於是乎禜之。（音詠）日月星辰之神。則霜雪風雨之不時。於是乎禜之。若君身。則亦出入飲食哀樂之事也。山川

又曰究極本原

張之象曰飲食哀樂之事一句兼追究本原之論僑聞之以下二段乃深詳其失

許應元曰最後內官一節可謂切要之論

駱日升曰例々直言

李光縉曰子產推晉侯之病不歸之祟而歸之飲食哀樂之間以見其不但博物而且明理非子產孰能道之

收棹有力

星辰之神。又何為焉。（言不能為禍福）僑聞之。君子有四時。朝以聽政。（理國政）晝以訪問。（訪問可否）夕以脩令。夜以安身。於是乎節宣其氣。勿使有壅閉湫底。以露其體。（壅氣止而不行）（閉氣塞而不通湫底氣滯而不快露羸也）茲心不爽。（不明）而昏亂百度。今無乃壹之。（節不順其氣時以一）則生疾矣。僑又聞之。內官不及同姓。其生不殖。（內官嬪御也及同姓則生產不長殖）美先盡矣。則相生疾。（美極則盡不復生美又為夫婦則相愛不若同姓相生疾而已）君子是以惡之。故志曰。買妾不知其姓。則卜之。違此二者。古之所慎也。男女辨姓。禮之大司也。今君內實有四姬焉。（此四姬同姓）其無乃是也乎。若由是二者。弗可為也已。四姬有省猶可。無則必生疾矣。叔向曰。善哉。肸未之聞也。此皆然矣。晉侯聞子產之言。曰。博物君子也。重賄之。

穆文熙曰晉侯之失節理而縱淫欲久矣不知自反而聽小人之言疑及于祟子產亦言實沈臺駘之實有此事以解其惑斷然以為二者不及君身又述山川星辰之神亦不能為而備論其由于二者之失惜乎晉侯不能改而叔向亦徒善之不能推明以匡其君也

晏嬰使晉請繼室 昭公三年

李廷机曰詞意纖婉讀之膾炙人口

汪道昆曰發令議論然出

杜氏曰始祖曰叔以下先君皆宠加言神人實依也

齊侯景使晏嬰請繼室於晉。少姜卒故曰：寡君使嬰曰：寡人願事君，朝夕不倦，將奉質幣，以無失時，則國家多難，是以不獲。不得親來不腆先君之適，以備內官。謂少姜焜燿寡人之望，焜燿明照也謂慰望也則又無祿，早世隕命，寡人失望。君若不忘先君之好，惠顧齊國，辱收寡人，徼福於太公、丁公，太公之子照臨敝邑，鎮撫其社稷，則猶有先君之適及遺姑姊妹先君嫡夫人所生女及其餘姑姊妹若而人。言如常人不敢君若不棄敝邑，而辱使董振擇之，董正也振整也以備嬪嬙，寡人之望也。韓宣子使叔向對曰：寡君之願也。寡君不能獨任其社稷之事，未有伉儷，伉儷耦也在縗絰之中，是以未敢請。君有辱命，惠莫大焉。若惠顧敝邑，撫有晉國，賜之內主，夫人以主內事豈唯寡君，舉群臣實受其貺，其自唐叔以下，實寵嘉之。

晏嬰與叔向論齊晉 昭公三年

孫月峰曰晏子論陳氏處奪齊得民利許如指畫如在人目前

光縉曰語奇

又曰鋪敘有法

許應元曰維陳恒弑君以齊國篡齊然亦景公之失民心有以致之也

楊慎曰二人合言本國之亂而竟不言救亂之術豈時勢至此有不可為乎抑二子未能為之雖不得不付之歎語也乎

晏嬰請繼室於晉，既成昏，晉許成昏晏子受禮，受享禮叔向從之宴，相與語。叔向曰：齊其何如？晏子曰：此季世也。吾弗知齊其為陳氏矣。不知其他唯知齊國必歸陳氏公棄其民，而歸於陳氏。齊舊四量，齊舊有四等之量豆、區、釜、鍾。此四量之名四升為豆，各自其四，以登於釜。四豆為區區容斗六升四區為釜釜容六斗四升釜十為鍾。六斛四斗陳氏三量皆登一焉，鍾乃大矣。登加也皆加於量之一以五升為豆五豆為區五區為釜十釜為鍾則容八斛矣以家量貸，而以公量收之。民歛山木如市，弗加於山；魚鹽蜃蛤，弗加於海。價如在山在海不加貴民參其力，二入於公，而衣食其一。三以分計之公得其二民得其一公聚朽蠹，而三老凍餒。上壽中壽下壽皆八十以上不見養遇國之諸市，屨賤踊貴。踊刖足者多民人痛疾，而或燠休之。陳氏痛念之其愛之如父母，而歸之如流水，欲無獲民，將焉辟之？箕伯、直柄、虞遂、伯戲，四人皆舜之後陳氏之先其相胡公、大姬，已在齊矣。胡公陳始祖太姬其妃也言陳將代齊其先祖鬼神已相助胡公叔向曰：然。雖吾公室，今亦季世也。戎馬不駕，卿無軍行，不討諸侯公乘無人，卒列無長。百人為長言皆非其人非其長庶民罷敝，而宮室滋侈。道殣相望，餓死曰殣而女富溢尤。嬖妾之家民聞公命，如逃寇讎。欒、郤、胥、原、狐、續、慶、伯，八姓降在皂隸，政在家門，大夫專政民無所依。君若不悛

（……）元紓曰：寃極亂本，古宗刺骨。

張之象曰：此棋剝落之將及，雖若不諱，国惡然忠誠懇惓之風亦可想見矣。

楊慎曰：語甚悲慘可憐。

（……）敗以樂慆憂（以樂之過……）。公室之卑，其何日之有？（不……）而讒鼎之銘曰（讒鼎，疾讒之鼎）：昧旦丕顯，後世猶怠。況日不悛，其能久乎？晏子曰：子將若何？叔向曰：晉之公族盡矣。肸聞之，公室將卑，其宗族枝葉先落，則公從之。肸之宗十一族，唯羊舌氏在而已。肸又無子（不賢），公室無度，幸而得死，豈其獲祀？（言不及有子孫得承其祀者）

閔如霖曰：兩賢相遇，道政申悲，懷閔國之隱憂，惧剝落之將及，異世讀之，猶令黯然，殆難為情。

亦非左氏寫不到此。

孫應鰲曰：晏子更宅之對，若不忘規諫，不忘居。

又曰：因事納忠。

駱日升曰：以君子口數語足之，益顯晏子忠愛之忠。

晏嬰諷諫繁刑 昭公三年

初，景公欲更晏子之宅，曰：子之宅近市，湫隘囂塵（湫，下。隘，小。囂，聲。塵，土），不可以居，請更諸爽塏者（爽，明。塏，燥之地）。辭曰：君之先臣容焉，臣不足以嗣之，於臣侈矣。且小人近市，朝夕得所求，小人之利也。敢煩里旅？（不敢勞眾更為）公笑曰：子近市，識貴賤乎？對曰：既利之，敢不識乎？公曰：何貴何賤？於是景公繁於刑，有鬻踊者（踊，刖足者之屨，賣於市），故對曰：踊貴屨賤（多刖足故）。既已告於君，故與叔向語而稱之。景公為是省於刑。君子曰：仁人之言，其利博哉！晏子一言而齊侯省刑。詩曰：君子如祉，亂庶遄已。其是之謂乎！

汪道昆曰：緣論辭令妙品，四經章法。

唐順之曰：以下司馬侯論三不殆，辭氣燦爛。

司馬侯論晉三殆 昭公四年

許男（悼公）如楚，楚子（靈）止之，遂止鄭伯，復田江南。許男與焉。使椒舉如晉求諸侯，二君待之。椒舉致命曰：寡君使舉曰：日君有惠，賜盟于宋，曰：晉楚之從，交相見也。以歲之不易，寡君願結驩於二三君，使舉請間。君若苟無四方之虞，則願假寵以請於諸侯。晉侯欲勿許。司馬侯（女叔齊）曰：不可。楚王方侈，天或者欲逞其心，以厚其毒而降之罰，未可知也。其使能終，亦未可知也。晉楚唯天所相，不可與爭。君其許之，而脩德以待其歸。若歸於德，吾猶將事之，況諸侯乎？若適淫虐，楚將棄之，吾又誰與爭？曰：晉有三不殆，其何敵之有？國險（表裏山河）而多馬（冀北產馬），齊楚多難（多弒篡）。有是三者，何鄉而不濟？對曰：恃險與馬，而虞鄰國之難，是三殆也。四嶽、三塗、陽城、大室、荊山、中南，九州之險也，是不一姓（有此險者亦多，無德則滅亡也）。冀之北土，馬之所生，無興國焉。恃險與馬，不可以為固也，從古以然。是以先王務脩德音以享神人，不聞其務險與馬也。鄰國之難，不可虞也。或多難以固其國，啟其疆土；或無難以喪其國，失其守宇（宇，宮宇）。若何虞難？齊有仲孫之難（無知弒襄公）而獲桓公，至今賴之。晉有里丕之難（里克、丕鄭以二公子之徒作亂）而獲文公。

楊慎曰：先擬此句而後詳論，足解晉侯之惑，要之至論亦不外是。

晉魏武侯謂吳起曰：美哉山河之固，此魏國之寶也。起對曰：在德不在險。昔三苗氏左洞庭，右彭蠡，德義不脩，禹滅之。夏桀之居，左河濟，右太華，伊闕在其南，羊腸在其北，脩政不仁，湯放之。殷紂之國，左孟門，右太行，常山在其北，大河經其南，脩政不德，武王（……）

狄滅衛狄伐邢之在德不在險若君不脩德舟中之人皆敵國也語正以合孟子曰叔齊所對凡三段首段言險與馬不可恃次段言晉楚多難不可恃末段總收之歸結頗密

是以為盟主。衛邢無難，敵亦喪之。(狄滅衛狄伐邢) 故人之難，不可虞也。恃此三者，而不脩政德，亡於不暇，(不暇救亡) 又何能濟？君其許之。紂作淫虐，文王惠和，殷是以隕，周是以興，夫豈爭諸侯？乃許楚使。(楚遂合諸侯于申)

汪道昆曰：通篇華藻可愛。

又曰：凡人恃已所長，則易于忘備；虞人之難，則怠于脩德。二者皆取敗之道也。夫豈爭諸侯之言足為確論。

張之象曰：禮在憂國恤民，用賢行政，而昭公乃習于威儀容止，舍本崇末，卒致失位。(傳以此)見禮之明驗，亦為人君者之喻，殆有類此。

按女叔齊論魯政行政令在家下至不圖其終凡四十九字，措不及夫子。(言)由求口耳分崩離析而不能守也。余謂把此十個字作昭公之案，多該括。

詮曰：禁叔向何國之政云云，吾公室今亦季世也，戎馬不駕，卿無軍行，公乘無人，卒列無長，庶民罷敝，而宮室滋侈，道殣相望，而女富溢尤，民聞公命，如逃寇讎，政在家門，民無所依云云。夫右皆晉政身所致，與此耳。叔侯之論，比之亦似。

有所論事丹驕侈，縱不遠跡。

楊慎曰：句法自然，亦重典雅。

司馬侯論昭公不知禮 昭公五年

公如晉，(魯昭公即位而往見) 自郊勞至於贈賄，無失禮。(來有郊勞，去有贈賄禮) 晉侯(平公)謂女叔齊曰：魯侯不亦善於禮乎？對曰：魯侯焉知禮？公曰：何為自郊勞至贈賄，禮無違者，何故不知？對曰：是儀也，不可謂禮。禮所以守其國、行其政令、無失其民者也。今政令在家，(政在大夫) 不能取也。有子家羈，(魯賢人) 弗能用也。奸大國之盟，陵虐小國，利人之難，不知其私。(不自知有私難) 公室四分，民食於他。(三家仰食) 思莫在公，不圖其終。(無為公謀終始者) 為國君，難將及身，不恤其所。禮之本末，將於此乎在，(在於恤民與憂國) 而屑屑焉習儀以亟。(習儀以為急) 言善於禮，不亦遠乎？君子謂叔侯於是乎知禮。

叔向不虞楚汰侈 昭公五年

晉韓宣子(起)如楚送女，叔向為介。鄭子大叔勞諸索氏，大叔謂叔向曰：楚王汰侈已甚，子其戒之。叔向曰：汰侈已甚，身之災也，焉能及人？若奉吾幣帛，慎吾威儀，守之以信，行之以禮，敬始而思終，終無不復，(事終復始) 從而不失儀，(從不曲) 敬而不失威，(恭不懈) 道之以訓辭，(達意) 奉之以舊法，考之以先王，度之以二國，(審勢) 雖汰侈，若我何？

蹶由不畏釁鼓 昭公五年

楚子以諸侯及東夷伐吳，以報棘、櫟、麻之役。吳子使其弟蹶由犒師，（吳子弟也）楚人執之，將以釁鼓。王使問焉，曰：「女卜來吉乎？」對曰：「吉。寡君聞君將治兵於敝邑，卜之以守龜，（守國之龜）曰：『余亟使人犒師，請行以觀王怒之疾徐，而為之備，尚克知之。』（命龜之辭如此）龜兆告吉，曰：『克可知也。』君若驩焉，好逆使臣，滋敝邑休怠，（懈）而忘其死，亡無日矣。今君奮焉，震電馮怒，（馮，盛也）虐執使臣，將以釁鼓，則吳知所備矣。敝邑雖羸，若早脩完，其可以息師。難易有備，可謂吉矣。且吳社稷是卜，豈為一人？使臣獲釁軍鼓，而敝邑知備，以禦不虞，其為吉孰大焉？國之守龜，其何事不卜？一臧一否，其誰能常之？城濮之兆，其報在邲。（楚與晉戰城濮，不得吉兆而敗，至邲戰勝）今此行也，其庸有報志？」（其用有報楚之志）乃弗殺。是行也，吳早設備，楚無功而還，以蹶由歸。

駱日升曰：臨難抗詞，不失條序，既云卜吉，而又言臧否無常，且及邲之役，尤為遠猶。

叔向論鑄刑書 昭公六年

鄭人鑄刑書。（鑄刑書於鼎，以為國法）叔向使詒子產書，曰：「始吾有虞於子，（虞，度也）今則已矣。昔先王議事以制，（臨事制刑）不為刑辟，（不豫設法）懼民之有爭心也。猶不可禁禦，是故閑之以義，糾之以政，行之以禮，守之以信，奉之以仁；制為祿位，以勸其從；嚴斷刑罰，以威其淫。懼其未也，故誨之以忠，聳之以行，教之以務，使之以和，臨之以敬，涖之以彊，斷之以剛；猶求聖哲之上、（公）明察之官、忠信之長、慈惠之師，民於是乎可任使也，而不生禍亂。民知有辟，（罪）（知）則不忌於上，（權移於法，故不畏上）並有爭心，以徵於書，而徼幸以成之，弗可為矣。夏有亂政而作禹刑，商有亂政而作湯刑，周有亂政而作九刑，三辟之興，皆叔世也。（言刑書不起於盛世）今吾子相鄭國，作封洫，（封，疆；洫，溝也）立謗政，（作丘賦）制參辟，（用三代之亂法）鑄刑書，將以靖民，不亦難乎？詩曰：『儀式刑文王之德，日靖四方。』又曰：『儀刑文王，萬邦作孚。』如是，何辟之有？（言詩唯以德信，不以刑也）民知爭端矣，將棄禮而徵於書，（以刑書為徵）錐刀之末，將盡爭之。亂獄滋豐，賄賂並行，（賄以免罪）終子之世，鄭其敗乎！肸聞之，國將亡，必多制，（數改法）其此之謂乎！」復書曰：「若吾子之言，僑不才，不能及子孫，（吾以救世也）（不承命，敢忘大惠）

楚子之為令尹也，為王旌以田。芋尹無宇斷之，曰：「一國兩君，其誰堪之？」及即位，為章華之宮，納亡人以實之。無宇之閽入焉。無宇執之，有司弗與，曰：「執人於王宮，其罪大矣。」執而謁諸王。王將飲酒，無宇辭曰：「天子經略，諸侯正封，古之制也。封略之內，何非君土？食土之毛，誰非君臣？故詩曰：『普天之下，莫非王土。率土之濱，莫非王臣。』天有十日，人有十等，下所以事上，上所以共神也。故王臣公，公臣大夫，大夫臣士，士臣皂，皂臣輿，輿臣隸，隸臣僚，僚臣僕，僕臣臺。馬有圉，牛有牧，以待百事。今有司曰：『女胡執人於王宮？』將焉執之？周文王之法曰：『有亡，荒閱。』所以得天下也。吾先君文王作僕區之法，曰：『盜所隱器，與盜同罪。』所以封汝也。若從有司，是無所執逃臣也。逃而舍之，是無陪臺也。王事無乃闕乎？昔武王數紂之罪，以告諸侯曰：『紂為天下逋逃主，萃淵藪。』故夫致死焉。君王始求諸侯而則紂，無乃不可乎？若以二文之法取之，盜有所在矣。」王曰：「取而臣以往。盜有寵，未可得也。」遂赦之。

周甘人與晉閻嘉爭閻田。晉梁丙、張趯率陰戎伐潁。王使詹桓伯辭於晉曰：「我自夏以后稷，魏、駘、芮、岐、畢，吾西土也。及武王克商，蒲姑、商奄，吾東土也。巴、濮、楚、鄧，吾南土也。肅慎、燕、亳，吾北土也。吾何邇封之有？文、武、成、康之建母弟，以蕃屏周，亦其廢隊是為，豈如弁髦，而因以敝之？先王居檮杌于四裔，以禦螭魅，故允姓之姦居于瓜州。伯父惠公歸自秦，而誘以來，使偪我諸姬，入我郊甸，則戎焉取之。戎有中國，誰之咎也？后稷封殖天下，今戎制之，不亦難乎？伯父圖之。我在伯父，猶衣服之有冠冕，木水之有本原，民人之有謀主也。伯父若裂冠毀冕，拔本塞原，專棄謀主，雖戎狄其何有余一人？」叔向謂宣子曰：「文之伯也，豈能改物？翼戴天子，而加之以共。自文以來，世有衰德，而暴滅宗周，以宣示其侈，諸侯之貳，不亦宜乎？且王辭直，子其圖之。」宣子說。

（茅坤曰豪詐而不阿斩而不欲）

（穆文熙曰子產初言大國之人使於小國不可悉從其求其後言韓子買玉於商人而乃要之曰子得玉而失諸侯固不与也王屬之於商人何与於国君与玉於商而乃諸侯何得該叛之子產之言討矣韓子聞言即止其君子哉）

（許在元曰僑識雄詞卓不可及士君子立朝不可一日无此氣節）

子產重玉環　昭公十六年

宣子有環（韓起有玉環一）其一在鄭商（鄭之商人）宣子謁諸鄭伯（定公）子產弗與曰非官府之守器也（世守之器）寡君不知子大叔子羽謂子產曰韓子亦無幾求（所求不多）晉國亦未可以貳晉國韓子不可偷也（不可薄之）若屬有讒人交鬬其間鬼神而助之以興其凶怒悔之何及吾子何愛於一環其以取憎於大國也盍求而與之子產曰吾非偷晉而有二心（我非偷薄晉国）將終事之是以弗與忠信故也（所以全忠信之道）僑聞君子非無賄之難立而無令名之患（此二句言宣子）僑聞為國非不能事大字小之難無禮以定其位之患（此二句言鄭国）夫大國之人令於小國而皆獲其求將何以給之一共一否為罪滋大大國之求無禮以斥之何饜之有吾且為鄙邑（如此則鄭乃為晉国邊鄙之邑不復成国）則失位矣（是失其国君之位）若韓子奉命以使而求玉焉貪淫甚矣獨非罪乎出一玉以起二罪吾又失位韓子成貪將焉用之且吾以玉賈罪不亦銳乎（銳細小也細小之事起二大罪）韓子買諸賈人既成賈矣（議價已定）商人曰必告君大夫韓子請諸子產曰日起請夫環執政弗義（不以我所求為義）弗敢復也（不敢再求）今買諸商人商人曰必以聞敢以為請子產對曰昔我先君桓公與商人皆

（張之象曰拔一環之小而不足惜而國威之損实可慮也讀子產之見乎事君以忠此亦可見柳世始知日難商人亦利賴之）

（楊慎曰出一玉以起二罪曰以玉賈罪曰以玉失諸侯而武暴正宜諸子之不敢求玉以徼二罪也）

（張文熙曰有子產為政而商人亦有右朴成此風業焉凡不為威儀者）

左傳　十卷　上　子產重玉環　卅九

（按杜少陵詩云彤庭所分帛本自寒女出鞭撻其夫家聚斂貢城闕圣人筐篚恩實欲邦國活臣如忽至理君豈棄此物即我无強賈毋或匄奪之言也大夫誦味亦可以得大臣體矣）

（楊慎曰非何詞然于潤色）

（元坤曰大一環鉄（?）足见彼岂必欲以拒國共造有天下故終其身鄙宗不與而流風也）

出自周（鄭本在西周畿內桓公東遷并与商人俱來）以庸次比耦（用相比耦）以艾殺此地斬之蓬蒿藜藋而共處之世有盟誓以相信也曰爾無我叛我無強賈（強市其物）毋或匄奪（匄取之）爾有利市寶賄我勿與知（不敢預知其事）恃此質誓故能相保以至于今今吾子以好來辱而謂敝邑強奪商人（而使我強奪商人之玉環）是教敝邑背盟誓也毋乃不可乎吾子得玉而失諸侯必不為也若大國令而共無藝（藝法供无法之誅求）鄭鄙邑也亦弗為也僑若獻玉不知所成（与晉不可成和好）敢私布之韓子辭玉曰起不敏敢求玉以徼二罪敢辭之

李光縉評　此文可見子產知礼而宣亦非吝於改過者矣

左傳元声二卷　四十

王元美曰此段議論其品分有德之君以下答詞

吳評曰比與魯人焚尫巫正是同可笑之甚

按大夫有家故以其事為家事其家事治謂二句即上家事治之言

余有丁曰晏子述屈建康王之言而不明言其意欲公反問以起之也

晉卿曰按此段若有德之君只外內不廢十二字使形容許多說話方見無德之君所以下六十八字極寫曲盡其祝史存信無愧心矣只一句便盡其祝史存信是言其罪又連用六句可詳略有体

晏嬰諫誅祝史 昭公二十年

齊侯疥（疥當為痎，痎，小瘧也）遂痁（痁，大瘧也。景公初患小瘧，後乃變為大瘧）期而不瘳。諸侯之賓問疾者多在。梁丘據與裔欵言於公曰，吾事鬼神豐（豐，厚）為禮於先君有加矣。今君疾病，為諸侯憂，是祝史之罪也。諸侯不知，其謂我不敬，君盍誅於祝固史嚚以辭賓（太祝名固，太史名嚚。言誅此祝史。二人以辭謝諸侯問疾之賓也）。公說，告晏子。晏子曰，日（往日）宋之盟，屈建問范會之德於趙武。趙武曰，夫子之家事治，言於晉國，竭情無私。其祝史祭祀，陳信不愧（陳其誠實而無愧怍）。其家事無猜（家無猜疑），其祝史不祈（故祝史無求於鬼神）。建以語康王。康王曰，神人無怨，宜夫子之光輔五君（文襄靈成景）以為諸侯主。

公曰，據與欵謂寡人能事鬼神，故欲誅於祝史。子稱是語何故。對曰，若有德之君，外內不廢（國內家內無廢事），上下無怨，動無違事。其祝史薦信（以誠實告鬼神），無愧心矣。是以鬼神用饗，國受其福，祝史與焉。其所以蕃祉老壽者，為信君使也（以其為誠信之君所使，故神降之福）。其言忠信於鬼神。其適遇淫君，外內頗邪，上下怨疾，動作辟違（所動作辟違於理），從欲厭私（縱其嗜欲，厭足其私情），高臺深池（之所遊觀），撞鍾舞女（極聲色之奉），斬刈民力（盡民之力，如殺草然），輸掠其聚（竭民之積，如攘然），以成其違（以成就其違失），不恤後人，暴虐淫縱，肆行

茅鹿門曰國之禍祝史與焉國之福亦祝史與焉見祝史無特為君使耳其不當誅之意自見其曰君欲誅於祝史脩德而後可又令人不覺之心自消

蘇潁濱曰歷數齊之敝政未中以祝不勝詛言切直有味可為萬古人君祈福之戒

非度，無所還忌（忌顧），不思謗讟，不憚鬼神，神怒民痛，無悛於心（無所悔改）。其祝史薦信，是言罪也（自言其罪）。其蓋失數美（掩蓋愆失而妄數美善），是矯誣也（詐以事神）。進退無辭（進則矯誣，退則言罪，無所措其辭說），則虛以求媚（則作虛辭以求媚於神）。是以鬼神不饗其國以禍之，祝史與焉（祝史亦受其禍）。所以夭昏孤疾者，為暴君使也，其言僭嫚於鬼神（皆僭嫚之言）。公曰，然則若之何。對曰，不可為也（非誅祝史所能治）。山林之木，衡鹿守之；澤之萑蒲，舟鮫守之；藪之薪蒸，虞候守之；海之鹽蜃，祈望守之（衡鹿、舟鮫、虞候、祈望皆官名。言公專守山澤之利，不與民共）。縣鄙之人，入從其政（縣鄙之人為近國都者，從役），偪介之關，暴征其利。

孫月峯曰此可以垂戒於後世之不求治於民而求治於神者

李廷機曰祝有益也詛亦有損語近滑稽然亦是大道理

按寬政二字為下八字之綱。按晏子春秋已責下有公疾愈三字

（苛暴征稅而奪其私物）承嗣大夫，強易其賄（又為大夫強抑以移易其貨賄）。布常無藝（布政施法皆無法制），徵斂無度（賦役皆無程度）。宮室日更，淫樂不違。內寵之妾，肆奪於市（肆奪於市廛）；外寵之臣，僭令於鄙。私欲養求（嬖寵臣妾私有所欲，長養其情，求物供之），不給則應（應之以罪）。民人苦病，夫婦皆詛（詛其上）。祝有益也，詛亦有損（假祝史能徼福，則彼夫婦皆詛亦能召禍）。聊攝以東（聊攝，齊西界），姑尤以西（姑尤，二水名，在齊東界），其為人也多矣。雖其善祝，豈能勝億兆人之詛。君若欲誅於祝史，脩德而後可。公說，使有司寬政（乃命官司寬其政令），毀關去禁（毀偪害之關，去內外之禁），薄斂已責（輕其賦斂，除其逋責）。

穆文熙曰：和者同中有可否也，若同則泯然無別矣。和同之辨，公私之分也。是文鋪敘比並，亦如和羹之味，惟其宜之旨。

茅坤曰：此皆反覆譬論，言和之異于同。

楊慎曰：五味五聲，取辟精切，至末以水濟水四句，尤見此人之[illegible]。

玄宜子曰：用聲亦如味一句，轉下甚便。

按：六府三事謂之九功，水火金木土穀謂之六府，正德利用厚生謂之三事云。

許應元曰：今振以上論和之異于同，以下論同之異于和，最為明切。

晏子論和同　昭公二十年

齊侯至自田（景公田備），晏子侍于遄臺，子猶（梁丘據）馳而造焉。公曰：唯據與我和夫！晏子對曰：據亦同也，焉得為和？公曰：和與同異乎？對曰：異。和如羹焉，水火醯醢鹽梅，以烹魚肉，燀之以薪（燀，炊也）。宰夫和之，齊之以味，濟其不及，以洩其過（濟，益也。洩，減也）。君子食之，以平其心。君臣亦然。君所謂可而有否焉，臣獻其否以成其可；君所謂否而有可焉，臣獻其可以去其否。是以政平而不干，民無爭心。故詩曰：亦有和羹，既戒既平。鬷嘏無言，時靡有爭。先王之濟五味、和五聲也，以平其心，成其政也。聲亦如味，一氣（須氣以動），二體（舞有文武），三類（風雅頌），四物（雜用四方之物以成樂器），五聲（宮商角徵羽），六律（陰陽各六），七音，八風，九歌（九功之德皆可歌也），以相成也；清濁、小大、短長、疾徐、哀樂、剛柔、遲速、高下、出入、周疏，以相濟也。君子聽之，以平其心。心平德和。故詩曰：德音不瑕。今據不然。君所謂可，據亦曰可；君所謂否，據亦曰否。若以水濟水，誰能食之？若琴瑟之專一，誰能聽之？同之不可也如是。

駱日升曰：崇正不阿，析理詳明，文之絕品者。

左傳　二卷　晏子論和同　四十三

楊慎曰：以水火之炎烈懦弱，喻政治寬猛，取辟親切有味。

胡氏曰：政寬民慢，似非孔子之言也，豈有仁人為政，求致民慢之弊，乃從而糾之乎？

玄宜子曰：体致鮮明，駕馭有法。

按：遺愛謂子產見愛，有古人之遺風也。

子產遺愛　昭公二十年

鄭子產有疾，謂子太叔曰：我死，子必為政。唯有德者能以寬服民，其次莫如猛。夫火烈，民望而畏之，故鮮死焉。水懦弱，民狎而玩之，則多死焉。故寬難（以寬治難）。疾數月而卒。大叔為政，不忍猛而寬。鄭國多盜，取人於萑苻之澤（音丸蒲）。大叔悔之，曰：吾早從夫子，不及此。興徒兵以攻萑苻之盜，盡殺之，盜少止。仲尼曰：善哉！政寬則民慢，慢則糾之以猛；猛則民殘，殘則施之以寬。寬以濟猛，猛以濟寬，政是以和。詩曰：民亦勞止，汔可小康（民之勞苦至是可小安）。惠此中國，以綏四方。施之以寬也。毋從詭隨，以謹無良。式遏寇虐（遏止寇虐），慘不畏明（而曾不畏明法者）。糾之以猛也。柔遠能邇，以定我王。平之以和也。又曰：不競（強）不絿（急），不剛不柔，布政優優（和），百祿是遒（聚）。和之至也。及子產卒，仲尼聞之，出涕曰：古之遺愛也。

許白齋曰：為政之道，不必于猛，亦不必于寬。引繩而本自正，控勒而馬自閑，班輸王良何嘗一容心哉？子產矯寬以猛，大叔矯猛以寬，均之未協于道。不有仲尼，孰為用中之論哉？

左傳　二卷　子產遺愛　四十四

奮揚不忍殺太子 昭公二十年

費無極言於楚子曰建(太子)與伍奢將以方城之外叛自以為猶宋鄭也齊晉又交輔之將以害楚其事集矣王信之問伍奢伍奢對曰君一過多矣何信於讒王執伍奢使城父司馬奮揚殺太子未至而使遣之(知其冤故遣之)太子建奔宋王召奮揚奮揚使城父人執己以至王曰言出余口入於爾耳誰告建也對曰臣告之君王命臣曰事建如事余臣不佞不能苟貳(苟偷二心)奉初以還不忍後命故遣之既而悔之亦無及已王曰而敢來何也對曰使而失命召而不來是再奸也逃無所入王曰歸(善其言而舍之)從政如他日

伍尚勉弟報仇 昭公二十年

王執伍奢無極曰奢之子材若在吳必憂楚國盍以免其父召之彼仁(仁愛其父)必來不然將為患王使召之曰來吾免而父棠君尚(棠邑大夫奢長子)謂其弟員曰爾適吳我將歸死吾知不逮我將死爾能報聞免父之命不可以莫之奔也親戚為戮不可以莫之報也奔死免父孝也度功而行仁也擇任而往知也知死不辟勇也父不可棄名不可廢爾其勉之伍尚歸奢聞員不來曰楚君大夫其旰食乎楚人皆殺之員如吳

晏子論禮 昭公二十六年

齊侯(景公)與晏子坐于路寢公嘆曰美哉室其誰有此乎晏子曰敢問何謂也公曰吾以為在德對曰如君之言其陳氏乎陳氏雖無大德而有施于民豆區釜鍾之數其取之公也薄其施之民也厚公厚斂焉陳氏厚施焉民歸之矣詩曰雖無德與女式歌且舞陳氏之施民歌舞之矣後世若少惰陳氏而不亡則國其國也已公曰善哉是可若何對曰唯禮可以已之在禮家施不及國(大夫之家施不得及國人)民不遷農不移工賈不變(民農工賈各守常業)公曰善哉我不能矣吾今而後知禮之可以為國也對曰禮之可以為國也久矣與天地並(有天地則禮與之並)君令臣共父慈子孝兄愛弟敬夫和妻柔姑慈婦聽禮也君令而不違臣共而不貳父慈而教子孝而箴兄愛而友弟敬而順夫和而義妻柔而正姑慈而從婦聽而婉禮之善物也公曰善哉寡人今而後聞此禮之上也對曰先王所稟于天地以為其民也是以先王上之

沈尹戌勸誅費無極 昭公廿七年

楚郤宛之難（費無極譖郤宛於令尹子常殺之），國言未已（國人謗言），進胙者莫不謗令尹（於祭祀時詛之）。沈尹戌言於子常（囊瓦）曰：「夫左尹與中廐尹（左尹郤宛也，中廐尹陽令終也）莫知其罪，而子殺之，以興謗讟，至于今不已。戌也惑之。仁者殺人以掩謗，猶弗為也。今吾子殺人以興謗，而弗圖，不亦異乎！夫無極，楚之讒人也，民莫不知。去朝吳（朝吳在蔡，無極取貨於東國，使蔡人逐之），出蔡侯朱（朱出而立東國），喪太子建（使無極為建少師，無寵，既勸王納其室，又讒建使居城父，又言將以叛），殺連尹奢（伍奢），屏王之耳目，使不聰明。不然，平王之溫惠共儉，有過成、莊（二王），無不及焉。所以不獲諸侯（不能如成莊之得諸侯），邇無極也（以親近無極之故）。今又殺三不辜（郤氏、陽氏、晉陳氏），以興大謗，幾及子矣（幾近及子之身）。而子不圖，將焉用之？夫鄢將師矯子之命（子常召鄢將師告以郤氏門有甲，兵未令之攻也，將師退遂攻之），以滅三族。國之良也，而不愆位（在位無過）。吳新有君（新立闔閭），疆埸日駭（楚日懼討）。楚國若有大事，子其危哉！知者除讒以自安也，今子愛讒以自危也，甚矣其惑也！」子常曰：「是瓦之罪，敢不良圖。」子常殺費無極與鄢將師，盡滅其族，以說于國，謗言乃止。

晦日升曰：尹戌之智之論，詞婉而厲，意剴而明。

閔如霖曰：從古讒夫之害，不啻八九，觀尹戌之敘無極，真令人念惜。

好章法

張鶴鳴曰：受讒者危，其辭厲，其意悉，宜子常聞之而戢無極也。

孫不伸曰：警策捷。

公子申諫害吳 昭公三十年

吳子使徐人執掩餘，使鍾吾人執燭庸（闔廬弒吳王僚，公子掩餘、公子燭庸奔徐、鍾吾，至是闔廬令二國人執二公子）。二公子奔楚，楚子大封而定其徙（楚昭王大封二子，與之土田，而定其所徙之居），將以害吳。子西諫曰：「吳光新得國，而親其民，視民如子，辛苦同之，將用之也。若好吳邊疆，使柔服焉，猶懼其至。吾又疆其讎，以重怒之，無乃不可乎！吳，周之胄裔也，而棄在海濱（吳泰伯、仲雍奔荊蠻，以遜王季，故云棄居海濱），不與姬通。今而始大，比于諸華。光又甚文（甚有文采），將自同於先王（太王、王季亦自西戎比于諸華）。不知天將以為虐乎，使翦喪吳國而封大異姓乎？其抑亦將卒以祚吳乎？其終不遠矣（然觀吳之行事，可以占其不久遠）。我盍姑億吾鬼神（安億我鬼神之祭祀），而寧吾族姓，以待其歸（以待吳人善惡之所歸附），將焉用自播揚焉（將安用自搖動害我國家）！」王弗聽。吳子怒，執鍾吾子，遂滅徐。

按楚之滅徐也，吳子問伐楚於伍員，員曰：「楚執政眾而乖，莫適任怨，若為三師以肄焉，一師至，彼必皆出。彼出則歸，彼歸則出，楚必道敝。亟肄以罷之，多方以誤之，既罷而後以三軍繼之，必大克之。」闔閭從之，楚於是乎始病。噫！楚唯不聽員之諫，宜其病也。其曰「吳光新得國」云云，果不出其所料矣。

汪道昆曰：議論能品。

湯濱尹曰：吾又疆其讎，彭澤子即封大吳姓，封大二字甚有，即前家所謂驚字也。

又曰：委婉之辭。

張之象曰：按天將以為虐乎四句一……

張一鵬曰：文法甚奇，二字句挺。

唐順之曰：不知天將以為虐以下，組織文采，此章法也。為用自播揚止有大封二公子說。

何孟春曰：名之不可不慎句是一篇之綱，或求名而不得兩句是一篇之目，篇中連用八九个名字，織成一片錦章，燦爛奪目。

郭子章曰：名言

李光縉曰：既正說，二反說，意益明瑩，詞益豐整。

許石元曰：英艷類整，妙甚妙甚。

張之象曰：句句有法，末又以故曰數句結之，收拾未盡之意，工妙工妙。

汪道昆曰：善言春秋。

黑肱以濫來奔　昭公卅一年

邾黑肱以濫來奔，賤而書名（非命），重地故也。君子曰：名之不可不慎也如是。夫有所有名而不如其已（地有）。以地叛，雖賤必書地，以名其人，終為不義（而有名不如无名），弗可滅已。是故君子動則思禮，行則思義（終身罰不義之名），不為利回（不以利故回邪身），不為義疚（不以不義為身疚病）。或求名而不得，或欲蓋而名章，懲不義也。齊豹為衛司寇，守嗣大夫（守先人嗣，言其尊也），作而不義（即殺衛縶事），其書為盜（書曰盜殺衛侯之兄縶）。邾庶其、莒牟夷、邾黑肱以土地出，求食而已（求其食地），不求其名，賤而必書（是欲蓋而彌章）。此二物者，所以懲肆而去貪也（齊豹書盜，懲四也；三叛書名，去貪也）。若艱難其身，以險危大人，而有名章徹（若此等人而春秋書之，使勇名顯著），攻難之士將奔走之（則好作難之人將趨赴為之）。若竊邑叛君以徼大利而無名（若此等人而不書其人名），貪冒之民將寘力焉（則貪利之人將盡力為之）。是以春秋書齊豹曰盜，三叛人名，以懲不義，數惡無禮，其善志也（數其惡逆無禮之罪，此記事之善也）。故曰：春秋之稱，微而顯，婉而辨（權衡也）。上之人能使昭明，善人勸焉，淫人懼焉（在位之人能明其彖，則善人劝勉而淫人畏惧），是以君子貴之。

駱日升曰：推究聖心，發明經旨，如或求名而不得二語，辭若約而義實無遺，萬世史學之宗也。

茅坤曰：敬王畏王子朝之黨，請城成周，既成而周之威福自此浸淫以至于亡，乃知衰世之主不能自樹，而徒欲借形勢以自固，不勝其為計之左矣。

駱日升曰：閔閔焉如農夫之望歲一句，十三字描寫仰晉之意曲盡。

何孟春曰：文字古樸婉媚，後半所引成王城成周一段尤奏合得好。

張之象曰：諸侯成周[illegible]特討好而守周之意，人或謂甚[illegible]城周之[illegible]殺不[illegible]弘不卒事，劉文公弟記占射，乃為趙鞅所討，周人殺之，非其罪矣。

周敬王請晉城成周　昭公卅二年

王使富辛與石張如晉，請城成周（景王崩，子朝爭立，不克，奔楚，餘黨多在王城，敬王畏之，徙都成周，請城之，徙小故也）。天子曰：天降禍於周，俾我兄弟並有亂心，以為伯父憂。我一二親暱甥舅不遑啟處，於今十年（謂二十三年二師圍郊至於今），勤戍五年（謂二十八年晉籍秦之戍至于今）。余一人無日忘之，閔閔焉如農夫之望歲，懼以待時（閔閔，憂貌；農夫望安定之熟），伯父若肆大惠，復二文之業（文侯仇，文公重耳），弛周室之憂，徼文武之福，以固盟主，宣昭令名，則余一人有大願矣。昔成王合諸侯城成周，以為東都，崇文德焉（文王之德）。今我欲徼福假靈於成王，脩成周之城，俾戍人無勤，諸侯用寧，蝥賊遠屏（蝥賊，食苗根曰蝥，食節曰賊，以喻寇害也），晉之力也。其委諸伯父，實重圖之。俾我一人無徵怨於百姓，而伯父有榮施，先王庸之（先王以為大功）。（於是晉魏舒合諸侯之大夫以城成周，三旬而畢）

葛曦曰：成王城成周，敬王亦欲城成周，第成王時諸侯自合而無事於告，此則告而後成，合與告之間，強弱則必有分矣。春秋於天王求車求金皆書，曰求，抑何弱也。杜陵詩曰：諸侯春不貢，使者日相望，蓋與春秋同一筆。

公會齊侯於夾谷　定公十年

十年春，及齊平。夏，公（定公）會齊侯（景公）於祝其，實夾谷。孔丘相。犁彌言於齊侯曰："孔丘知禮而無勇，若使萊人以兵劫魯侯，必得志焉。"齊侯從之。孔丘以公退，曰："士兵之（以兵擊萊人）。兩君合好，而裔夷之俘以兵亂之，非齊君所以命諸侯也。裔不謀夏，夷不亂華，俘不干盟，兵不偪好。於神為不祥（盟將告神，犯之則不祥），於德為愆義，於人為失禮，君必不然。"齊侯聞之，遽辟之（遽去萊兵）。將盟，齊人加於載書曰："齊師出竟，而不以甲車三百乘從我者，有如此盟！"孔丘使茲無還揖對，曰："而不反我汶陽之田，吾以共命者，亦如之（須得汶陽田乃以三百乘共命）！"齊侯將享公。孔丘謂梁丘據曰："齊、魯之故，吾子何不聞焉？事既成矣，而又享之，是勤執事也。且犧象不出門（犧尊象尊，酒器也），嘉樂不野合（嘉樂，鐘磬也）。饗而既具，是棄禮也；若其不具，用秕稗也。用秕稗，君辱；棄禮，名惡。子盍圖之！夫享，所以昭德也。不昭，不如其已也。"乃不果享。

伍員諫許越成　哀公元年

吳王夫差敗越于夫椒（山名），報檇李也。遂入越。越子以甲楯五千保于會稽，使大夫種因吳太宰嚭以行成。吳子將許之。伍員曰："不可。臣聞之：樹德莫如滋，去疾莫如盡。昔有過澆殺斟灌以伐斟鄩，滅夏后相。后緡方娠，逃出自竇，歸于有仍，生少康焉，為仍牧正。惎澆能戒之。澆使椒求之，逃奔有虞，為之庖正，以除其害。虞思於是妻之以二姚，而邑諸綸，有田一成（方十里），有眾一旅（五百人）。能布其德，而兆其謀，以收夏眾，撫其官職。使女艾諜澆，使季杼誘豷，遂滅過、戈，復禹之績，祀夏配天，不失舊物。今吳不如過，而越大於少康，或將豐之，不亦難乎？句踐能親而務施，施不失人，親不棄勞。與我同壤，而世為仇讎。於是乎克而弗取，將又存之，違天而長寇讎，後雖悔之，不可食已。姬之衰也，日可俟也。介在蠻夷，而長寇讎，以是求伯，必不行矣。"弗聽。退而告人曰："越十年生聚，而十年教訓，二十年之外，吳其為沼乎！"

議論長古

孫文熙曰禍福兩字議論盡有根着

張之象曰誠惻切至当危亡之際而有此見識亦春秋之仁可尚者

路日升曰以民之祿仁决国之禍福此乃千古至論

逢滑諫辭吳 哀公元年

吳之入楚也（先是闔廬破楚入郢），使召陳懷公。懷公朝國人而問焉，曰：欲與楚者右，欲與吳者左。陳人從田（陳人不知所與，故直從所居田，在西者居右，在東者居左），無田從黨（都邑之人無田者，隨黨而立）。逢滑當公而進（不左不右），曰：臣聞國之興也以福，其亡也以禍。今吳未有福，楚未有禍，楚未可棄，吳未可從。而晉盟主也，若以晉辭吳，若何？公曰：國勝君亡（楚為吳所勝，昭王奔隨），非禍而何？對曰：國之有是多矣，何必不復（豈又皆亡，不能復振）？小國猶復，況大國乎？臣聞國之興也，視民如傷，是其福也；其亡也，以民為土芥，是其禍也。楚雖無德，亦不艾殺其民。吳日敝於兵，暴骨如莽，而未見德焉。天其或者正訓楚也，禍之適吳，其何日之有（適，歸也。言吳殘民，禍又歸）？陳侯從之（卒辭吳）。

楊慎曰此篇見子西善觀吳之成敗

羅大經曰此論闔廬之修德所以敗楚

又曰此論夫差不能修德而知其必敗，後夫差為越所滅，子西之言亦有明驗焉

郭子章曰良言之言味深然

路日升曰腹心股肱之論直是名言

按諸侯望祭竟内山川星辰，楚子之言知禮道矣

子西不患吳 哀公元年

吳侵陳（惡其從楚），吳師在陳。楚大夫皆懼，曰：闔廬惟能用其民，以敗我於柏舉。今聞其嗣又甚焉，將若之何？子西曰：二三子恤不相睦，無患吳矣。昔闔廬食不二味，居不重席，室不崇壇，器不彤鏤，宮室不觀，舟車不飾，衣服財用，擇不取費。在國，天有菑癘，親巡其孤寡而共其困乏；在軍，熟食者分而後敢食，其所嘗者，卒乘與焉。勤恤其民而與之勞逸，是以民不罷勞，死知不曠（不棄之野）。吾先大夫子常易之（易其所為），所以敗我也。今聞夫差次有臺榭陂池焉，宿有妃嬙嬪御焉。一日之行，所欲必成，玩好必從，珍異是聚，觀樂是務，視民如讎，而用之日新（用之爭戰，日新不已）。夫先自敗也已，安能敗我？

楚昭王不禜災越望 哀公六年

有雲如衆赤鳥，夾日以飛三日。楚子使問諸周太史，太史曰：其當王身乎！若禜之，可移於令尹、司馬。王曰：除腹心之疾，而寘諸股肱，何益？不穀不有大過，天其夭諸？有罪受罰，又焉移之？遂弗禜。有疾，卜曰：河為祟。王弗祭。大夫請祭諸郊，王曰：三代命祀，祭不越望。江、漢、雎、漳，楚之望也。禍福之至，不是過也。不穀雖不德，河非所獲罪也。遂不祭。孔子曰：楚昭王知天道矣！其不失國也宜哉！

伍員諫遺越患　哀公十一年

吳將伐齊，越子率其衆以朝焉，王及列士皆有饋賂。吳人皆喜，唯子胥懼，曰：是豢吳也夫。（豢，養也。若養犧牲然）諫曰：越在我，心腹之疾也。壤地同而有欲於我。（欲得吳）夫其柔服，求濟其欲也。不如早從事焉。得志於齊，猶獲石田也，無所用之。（不可耕種）越不可召，吳其泯矣。使醫除疾，而曰必遺類焉者，未之有也。盤庚之誥曰：其有顛越不共，則劓殄無遺育，無俾易種于茲新邑。是商所以興也。今君易之，（易其道）將以求大，不亦難乎。弗聽。使於齊，屬其子於鮑氏，爲王孫氏。反役，（伐齊役）王聞之，賜之屬鏤以死。（屬鏤，劍名）將死，曰：樹吾墓檟，檟可材也。（檟，可爲棺材）吳其亡乎。三年，其始弱矣。盈必毀，天之道也。

孔子不對田賦　哀公十二年

季孫欲以田賦，（古者田出稅，里出賦，今欲以田出賦）使冉有訪諸仲尼。仲尼不對，而私於冉有曰：君子之行也，度於禮，施取其厚，事舉其中，斂從其薄。如是則以丘亦足矣。（丘，十六井，出戎馬一匹，牛三頭）若不度於禮，而貪冒無厭，則雖以田賦，將又不足。且子季孫若欲行而法，則有周公之典在。（籍田之法，周公所制）若欲苟而行，又何訪焉。弗聽。

田賦

葉公討白公勝　哀公十六年

白公作亂，（白公請伐鄭，以報父讎，子西既許之，未起師，晉伐鄭，楚又救之，與之盟，白公怒，遂作亂）殺子西、子期（令尹、司馬）于朝，而劫惠王。葉公（沈諸梁）在蔡，方城之外皆曰：可以入矣。（方城之外人皆勸葉公入討白公）子高（諸梁字）曰：吾聞之，以險徼幸者，其求無饜，偏重必離。聞其殺齊管脩也，而後入。（管脩，楚賢大夫，齊管仲之後）及北門，或遇之，曰：君胡不胄。國人望君如望慈父母焉，盜賊之矢若傷君，是絕民望也，若之何不胄。乃胄而進。又遇一人曰：君胡胄。國人望君如望歲焉，日日以幾，若見君面，是得艾也。（艾，安）民知不死，其亦皆有奮心，猶將旌君以徇於國，而又掩面以絕民望，不亦甚乎。乃免胄而進。遇箴尹固（箴尹，官名）帥其屬將與白公。（助白公）子高曰：微二子者，楚不國矣。（二子，子西、子期。柏舉之敗，子西多功）棄德從賊，其可保乎。乃從葉公。使與國人以攻白公，白公奔山而縊。沈諸梁兼二事，（令尹、司馬）國寧，乃使寧爲令尹，（子西之子）使寬爲司馬，（子期之子）而老於葉。

路日升曰：精深緻密，文之絕品者。

左傳　二卷終

周
國語

古史海樓 三之四

共四卷

鼎鐫求仲韓會元精選評註古史海樓卷之三

會元 虞陽 施鳳來 校閱
會元 求仲 韓敬 精選
會魁 成我 兼大受 參彼
温陵 鮮元 李光縉 詮次
書林 盟雲 鄭以厚 繡梓

國語

祭公諫征犬戎 周語

穆王將征犬戎，祭公謀父諫曰：不可。先王燿德不觀兵，（示兵）夫兵戢而時動，動則威，（民畏）觀則玩，（玩瀆）玩則無震。（懼）是故周文公（旦）之頌曰：載戢干戈，載櫜弓矢。我求懿德，肆于時夏，允王保之。先王之於民也，茂（勉）正其德而厚其性，阜（大）其財求而利其器用，（兵械未明利之器）明利害之鄉，（示之以好惡。鄉，方也）以文（禮法）脩之，使務利而避害，懷德而畏威，故能保世以滋大。（保，守也。滋，益也）昔我先世后稷，以服事虞夏。（舜為后稷，不窋繼之於夏）及夏之衰也，棄稷弗務，（太康廢稷之官，不復務農）我先王不窋（棄之子）用失其官，（失稷官也）而自竄匿于戎翟之間，（竄，堯封棄于邰，至不窋失官去夏遷邰也）不敢怠業，時序其德，纂（繼）脩其緒，修其訓典，（法，教）朝夕恪勤，守以惇篤，奉以忠信，奕世載（成）德，不忝（辱）前人。至于武王，昭前之

光明而加之以慈和事神保民莫不欣喜商王帝辛
大惡於民（大為民所惡）庶民弗忍欣戴武王以致戎（兵也）于
商牧（商郊牧野）是先王非務武也勤恤民隱（隱痛）而除其
害也夫先王之制邦內甸服（周制九服甸服在侯服外此曰邦內者商制）
（王畿為五服祭公盖以古名言也周制以蠻服為要服亦足以相見）邦外侯服（方五百里）侯
衛賓服（總言之也侯甸男采衛凡五圻圻各五百里服常以服貢賓於王）蠻夷要服（圻
之外曰蠻圻去王城三千五百里去王城四千里要結好信而服之）戎翟荒服（去王
城四千五百里為蕃圻在九州外荒裔之地與戎翟同俗故謂之荒）甸服者祭（供日
祭也）侯服者祀（供月祀也）賓服者享（供時享也周禮侯圻一歲一見甸圻二歲一
見男圻三歲一見采圻四歲一見衛圻五歲一見其見也各以所貢供祭祀燕享之用如犧牲絲枲寺類）
（玄纁之屬不數）要服者貢（供歲貢也要服六歲一見因朝而貢）荒服者王（
王事天子也九州外蕃國世一見各以其所貴瑤爲贄蕃二服無朝貢之歲惟朝嗣王及其即位
一來見耳）日祭（祭於祖考謂上食也）月祀（祀於曾高）時享（享於二祧）歲貢（貢於壇墠）
終王（終謂世終也朝嗣王及即位來見上註）先王之訓也有不祭則脩
意（意志意也謂邦甸之內有遠闕不供日祭者先修意以自責畿內近知王意也）有不祀則脩
言（言號令也）有不享則脩文（文典法也）有不貢則脩名（
職貢之名號也）有不王則脩德（脩文德以來之）序成而有不至則脩
刑（已上五者次序已成而有不至則明刑）於是乎有刑不祭伐不祀征不享
讓不貢告不王（以文詞曉告之）於是乎有刑罰之辟（刑不
祭也）有征伐之兵（伐不祀也）有征討之備（征不享也）有威讓之令

有文告之辭布令陳辭而又不至則又增脩於德而無
勤勞民於遠是以近無不聽遠無不服今自大畢伯
仕之終也（大畢伯仕犬戎氏二君也終卒也）犬戎氏以其職來王（貴珍來王）
天子曰予必以不享征之且觀之兵其無乃廢先（王見天子）
王之訓而王幾頓乎（頓危敗也）吾聞夫犬戎樹惇（惇樸也言性能）
帥舊德而守終純固（循舊德奉常職以終其身天性專一不聽穆王之責）其有
以禦我矣王不聽遂征之得四白狼四白鹿以歸
（白狼白鹿犬戎所貢穆王責犬戎以非禮暴兵露師傷威毀信故荒）自是荒服者不至（服者不至）
董份曰此篇文極醇正耀目以觀兵為主脉終篇
反覆不過此意歷叙后稷以及武王載述
邦制以及征伐末以犬戎之効順實之数
陳曲至

孫鑛曰祭公先王之訓見不可伐有以極陳也
楊愼曰白狼白鹿犬戎所貢穆王以非禮暴兵露師傷威毀信故荒服者不至

郭日升曰中刺之于今有弭謗之旨絶徐試者此論可以書之再九

陳仁錫曰防川之論以至子產不毀鄉校意亦如此其言曰我聞忠善以損怨不聞作威以防怨豈不遽止然猶防川大決所犯傷人必多吾不克救也不如小決使導不如吾聞而藥之也兩約為有見之言文法亦相似

姚鼐曰天子聽政一段自是正理而首以川辟之後以山川原隰衍沃辟之各極旨趣

第四段與上国人莫敢言相照應見今之監謗適自取

召公諫監謗 周語

厲王虐國人謗王召公告王曰民不堪命矣王怒得衛巫使監謗者（衛巫衛国之巫也監察也以巫有神靈有謗必知之）以告則殺之国人莫敢言道路以目（以目相眄而已）王喜告召公曰吾能弭謗矣召公曰是障之也（障防也）防民之口甚於防川川壅而潰傷人必多民亦如之是故為川者決之使導（導通也）為民者宣之使言（宣猶放也）故天子聽政使公卿至於列士獻詩（獻詩以風也）瞽獻典（無目曰瞽樂師也典樂典也）史獻書（史外史掌三皇五帝之書）師箴（師小師箴刺王闕以正得失）瞍賦（無眸子曰瞍賦公卿列士所獻詩）矇誦（有眸子而無見曰矇誦謂箴諫之語）百工諫庶人傳語（庶人卑賤見時得失不得達傳以語王也）近臣盡規（規計也）親戚補察（補過察政）瞽史教誨（瞽太師史太史掌陰陽天時禮法之書以教誨）耆艾修之（師傅修理瞽史之教以聞）而後王斟酌焉是以事行而不悖民之有口也猶土之有山川也財用於是乎出（山川所以宣地氣而出財用口亦宣人心而言善敗）猶其有原隰衍沃也衣食於是乎生（平曰衍溉曰沃）口之宣言也善敗於是乎興行善而備敗（民所善者行之其所敗者改之）所以阜財用衣食者也夫民慮之於心而宣之於口成而行之胡可壅也若壅其口其與能幾何（與辭也幾何言不久也）王弗聽於是国人莫敢出言三年乃流王於彘（彘晉地）

吳汝綸曰根本之處正謂之詞讀之令人歎服

孫鑛曰人臣教導其君鮮有不以專利之術啓之者

駱日升曰此句提出名字下句承之下語詞婉而意切

芮伯諫榮夷公專利 周語

厲王說榮夷公（說好也榮国名夷謚也）芮良夫（周大夫）曰王室其將卑乎夫榮公好專利而不知大難夫利百物之所生也（利生于物）天地之所載也（載成也地受天氣以成百物）而或專之其害多矣（害謂惡害榮公若參）所怨甚多而不備大難以是教王王能久乎夫王人者將導利而布之上下者也使神人百物無不得其極（極中）猶日怵惕懼怨之來也故頌曰思文后稷克配彼天立我烝民莫匪爾極大雅曰陳錫載周是不布利而懼難乎（言后稷文王施布利）故能載周以至于今今王學專利其可乎匹夫專利猶謂之盜王而行之其歸鮮矣（謂歸附周者寡矣）榮公若用周必敗既榮公為卿士諸侯不享（享獻也）王流於彘

李光縉曰榮公好利蓋桑弘羊之流耳以利中厉王之欲而求進其身者也

昔周有司民之官……民生可以……民以下言之古民之事各得其理而后民業可與……以下告之

王世貞曰宣王號中興矣王而乃不籍千畝料民太原兩事廢政駭人宗太寡昧周道於是衰矣

此句即上不料民句意

宣王料民太原 周語

宣王既喪南国之師（敗于姜戎）乃料民于太原（料數也）仲山父諫曰。民不可料也。夫古。者不料民而知其少多司民協孤終（司民掌登萬民之數自生齒以上皆書於版協合也无父曰孤終死也合其名籍以登于王）司商協名姓（司商掌賜族受姓之官商金声清謂人始生吹律合之定其姓名）司徒協旅。（司徒掌合師旅之衆）司寇協姦。（司寇刑官也掌合姦民以知死刑之數）牧協職（周礼牧人掌牧六牲合其物色之數）工協革。（工百工之官革更也更制度者）場協入（場人掌場圃委積珍物斂而藏之）廩協出（廩人掌九穀出用之數也）是則少多死生出入往来者皆可知也。於是乎又審之以事。（事謂因藉田與民以簡知其數也）王治農于籍（藉上於千畝田也）蒐于農隙（春田曰蒐蒐擇也禽獸懷妊未著乃取之也農隙仲春既耕之後隙間）耨穫亦於藉（言王至於藉芳課之）獮於既烝（秋田曰獮獮殺也烝升也……乃始升穀天子嘗新謂仲秋也）狩於畢時。（冬田曰狩圍守而取之畢時時畢務也）是皆習民數者也。又何料焉（習簡也）不謂其少而大料之是示少而惡事也（言王不謂其衰少而大料數之是示以寡弱又厭惡政事不能修也）臨政示少。諸侯避之（諸侯將不親附）治民惡事。無以賦令且無故而料民天之所惡也害於政而妨於後嗣（後嗣謂為政之道又……）王卒料之及幽王乃廢滅（幽王宣王之子幽王宮湦也滅謂滅西周也）（將有禍亂也）

周語　許國曰仲山氏果……以戒有所協不符料而民而料之若是之施也始云而已矣又何以示少然事乃我况為人言以委于后嗣而以是徵治之廢滅則是治之悖亂不足以取滅而料民以料之也甚其也

伯陽父論周將亡 周語

幽王三年。西周三川皆震。（震動也三川涇渭汭地震故三川亦動）伯陽父曰。周將亡矣。夫天地之氣。不失其序。若過其序。民之亂也。（言民若不敢斥王也）陽伏而不能出。陰迫而不能烝（升）於是有地震。今三川實震。是陽失其所而鎮陰也。（鎮為陰所鎮也）陽失而在陰。（在陰下也）川源必塞。夫水土演而民用也。（水土氣通為演演猶潤也演則生物民得用也）水土無演。民乏財用。不亡何待。昔伊洛竭而夏亡。河竭而商亡。今周德若二代之季矣。（二代謂桀紂也）其川源又塞。塞必竭。夫國必依山川。（依其精氣利澤）山崩川竭。亡之徵也。川竭。山必崩。（水泉不潤枯朽而崩）若國亡。不過十年。數之紀也。（數起於一終於十十則更故曰紀）夫天之所棄。不過其紀。是歲也。三川竭。岐山崩。十一年。幽王乃滅。周乃東遷。

凌約言曰幽王未得褒姒而地震伯陽曰周將亡矣幽王既得褒姒而川竭山崩伯陽曰周亡矣其後幽王廢嫡立庶而國本搖伯陽曰禍成矣無可奈何然則災變之疊見豈偶然之故哉知幾其神伯陽以之

鄭維嶽曰達陰陽之變猶其不知微之以人事

張之象曰水土無演則氣不生土陸不養故民乏財用

按伊出熊耳山洛出冢領山西知陽城伊洛所近商人都衛河水所經故云

平王遷於洛邑

與言國所由興

王慎中曰：言神而徵之民，述古而驗諸今，為不誣矣

與言國所由亡

以下言興亡之證

楊文熙曰：杜伯死諫，人臣之常，必且安之，焉何得死後射王以非心乎？是生不為鬼厲，乃為亂也，証杜伯甚矣……

按周禮太宰掌祭祀玉帛之事，太祝掌祈福祥，太史掌[illegible]以土位[illegible]姓在周為[illegible]氏所[illegible]之后，非不散非類[illegible]帥以姓也

内史過論虢必亡 周語

十五年，有神降于莘。（莘，虢地也。）王問於内史過曰：是何故？固有之乎？對曰：有之。國之將興，其君齊明衷正，（衷，中也。）精潔惠和，（惠，愛也。）其德足以昭其馨香，（馨香，芳香之升聞者。）其惠足以同其人民。神饗而民聽，民神無怨，故明神降之，觀其政德而均布福焉。國之將亡，其君貪冒辟邪，（辟音僻。）淫佚荒怠，麤穢暴虐；其政腥臊，馨香不登；（登，上也。芳香不上聞神也。）其刑矯誣，（以詐用法曰矯，加誅無罪曰誣。）百姓携貳。明神不蠲，（蠲，絜也。）而民有遠志，（欲叛也。）民神痛怨，無所依懷，（懷，歸也。）故神亦往焉，觀其苛慝而降之禍。是以或見神以興，亦或以亡。昔夏之興也，融降于崇山；（夏居陽城，崇高所近。）其亡也，回祿信於聆隧。（回祿，火神。聆，音琴。聆隧，地名也。）商之興也，檮杌次於丕山；其亡也，夷羊在牧。（夷羊，神獸。牧，商郊牧野。）周之興也，鸑鷟鳴於岐山；（鸑鷟，鳳也。）其衰也，杜伯射王于鄗。（杜，國；伯，爵。鄗，鄗京。周春秋曰：宣王殺杜伯而無辜，後三年，宣王會諸侯田于圃，日中，杜伯起於道左，衣朱衣，冠朱冠，操朱弓朱矢，射宣王，中心折脊而死。）是皆明神之志者也。（志，記也。）臣聞之：道而得神，是謂逢福；淫而得神，是謂貪禍。今虢少荒，其亡乎？王使太宰忌父帥傅氏及祝史奉犧牲玉鬯往獻焉。内史過從至虢。（史過不常[illegible]。）（祭祀王以其賢使從之。）虢公亦使祝史請土焉。内史過歸告王曰：虢必亡矣。不禋於神而求福焉，神必禍之；（絜祀曰禋。）不親於民而求用焉，民必違之。（用，謂用其財力。）精意以享，禋也；慈保庶民，親也。（慈，愛也；保，養也。）今虢公動匱百姓以逞其違，離民怒神而求利焉，不亦難乎？（求利，謂請土。）十九年，晉取虢。

此言虢必亡處，罄百姓，動匱百姓數語，見為虢公自罹罪案……

王世貞曰：或問人死而為鬼，有諸？曰：是不可以一定言也。夫天地之生物也，有生則必有死，自天地開闢以至于今，幾千萬年生生不已，而六合不加廣也。若使有生而無死，則盡天地之間不足以容人矣。故人不可以不死者，勢也。既死矣而又皆為鬼，則盡天地之間不足以容鬼矣。故曰人死而皆為鬼者，罔也。然而二氣之變不測，萬一亦有魂離而魄不散者，則亦暫焉而不能久也。内史之說妄矣。

内史過論晉君臣　周語

襄王使召公過及内史過賜晉惠公命，呂甥、郤芮相晉侯不敬，晉侯執玉卑，拜不稽首。内史過歸，以告王曰：「晉不亡，其君必無後，且呂、郤將不免。」王曰：「何故？」對曰：「夏書有之曰：『衆非元后何戴，后非衆無與守邦。』在湯誓曰：『余一人有罪，無以萬夫；萬夫有罪，在余一人。』在盤庚曰：『國之臧，則維女衆；國之不臧，則維余一人是有逸罰。』如是則長衆使民不可不慎也。民之所急在大事，先王知大事之必以衆濟也，故祓除其心以和惠民，考中度衷以涖之，昭明物則以訓之，制義庶孚以行之。祓除其心，精也；考中度衷，忠也；昭明物則，禮也；制義庶孚，信也。然則長衆使民之道，非精不和，非忠不立，非禮不順，非信不行。今晉侯即位而背内外之賂，虐其處者，棄其信也；不敬王命，棄其禮也；施其所惡，棄其忠也；以惡實心，棄其精也。四者皆棄，則遠不至而近不和矣，將何以守国？古者先王既有天下，又崇立上帝、明神而敬事之，於是乎有朝日、夕月以教民事君。諸侯春秋受職于王以臨其民，大夫士日恪位著以儆其官，庶人工商各守其業以共其上，猶恐有失墜也，故為車服旗章以旌之，為贄幣瑞節以鎮之，為班爵貴賤以列之，為令聞嘉譽以聲之。猶有散遷解慢而著在刑辟、流在裔土，於是乎有蠻夷之國，有斧鉞刀墨之民，而況可以淫縱其身乎？夫晉侯非嗣也，而得其位，亹亹怵惕，保任戒懼，猶曰未也。若將廣其心而遠其鄰，陵其民而卑其上，將何以固守？夫執玉卑，替其贄也；拜不稽首，誣其王也。替贄無鎮，誣王無民。夫天事恒象，任重享大者必速及，故晉侯誣王，人亦將誣之；欺其民，人亦將替之。大臣享其祿，弗諫而阿之，亦將及。」

襄王三年而立晉侯，八年而隕于韓，十六年而晉人殺懷公。……

（眉批）……王者，使大禮一則命之而納，一則不命而自請，此足以見文種晉文之優劣。

（眉批）周襄曰：叔先王無利于天下之心，明白簡快。

（眉批）孫應鰲曰：前言先王之供，于己者非尚所利，見辟地請隧出于利也。后言私德私勞，見若有大公之功，自有公賞之典也。其曰光裕大德，茂昭明德，曰有地而隧，辭若內為所以折不臣之心，若至矣，結構……無復遺恨。

襄王拒晉文請隧　周語

晉文公定襄王于郟（郟，王城也。……），王勞之以地（賞以陽樊、溫、原、攢茅之田），辭，請隧焉（闕地通路曰隧。周禮天子六隧，掌供貢賦。六隧之……，禮也）。王弗許，曰：昔我先王之有天下也，規方千里以為甸服（規，規畫而有之。甸，王田也。服，服其職業也），以供上帝山川百神之祀，以備百姓兆民之用，以待不庭不虞之患。其餘以均分公侯伯子男，使各有寧宇（宇，居也。安居），以順及天地，無逢其災害（順天地尊卑之義，若相侵犯則有災害）。先王豈有賴焉（言無所利）？內官不過九御（九御，九嬪），外官不過九品（九卿），足以供給神祇而已，豈敢厭縱其耳目心腹以亂百度？亦唯是死生之服物采章（采章，采色文章也。服謂六隧之民，引柩之……），以臨長百姓而輕重布之（貴賤各有差也），王何異之有？今天降禍災於周室，余一人僅亦守府（守先王之府藏），又不佞以勤叔父（勞叔父。天子謂同姓諸侯曰叔父），而班先王之大物以賞私德（大物，隧也），其叔父實應且憎，以非余一人（言晉亦將以是罪我），余一人豈敢有愛也？先民有言曰：改玉改行（佩玉所以節行步也。君臣尊卑，遲速有節……）。叔父若能光裕大德，更姓改物，以創制天下，自顯庸也（謂為天子造制於天下，自用也），而縮取備物以鎮撫百姓（縮，引也。備物，隧屬），余一人其流辟於裔土，何辭之與有（言將放辟……）？若由是姓也（姓……而主），尚將列為公侯以復先王之職，大物其未可改也。叔父其茂昭明德，物將自至，余敢以私勞變前之大章以忝天下，其若先王與百姓何（言……以奉先王……百姓）？何政令之為也（何以復臨民而為政令）？若不然，叔父有地而隧焉，余安能知之（不敢禁）？文公遂不敢請，受地而還。

真德秀曰：晉文定襄王，自以為不世之大功，其請隧也，蓋以人爭窺大物之漸。王自之曰私德，曰私勞，所以折其驕矜不遜之意。玩其辭氣，若從游而寔峻烈，真可為告諭諸侯之……

（眉批）……王……言不辭不苟……不可干預……一……

倉葛不服晉

王至自鄭（至王城），以陽樊賜晉文公（陽樊，二邑）。陽人不服（不肯屬晉），晉侯圍之。倉葛（陽人）呼曰：「王以晉君為能德（能行德），故勞之以陽樊，陽樊懷我王德（懷思王德），是以未從於晉。謂君其何德之布以懷柔之（懷，來；柔，安），使無有遠志（離畔之志也）？今將大泯其宗祊（泯，滅。祊，音祊，廟門謂之祊，祊，宗廟也），而蔑殺其民人（蔑，猶滅），宜吾不敢服也。夫三軍之所尋（討），將蠻夷戎狄之驕逸不虔，於是乎致武（致武以伐之）。此羸者陽也（羸，弱），未狎君政（狎，習），故未承命。君若惠及之，唯官是徵（官，晉有司），其敢逆命，何足以辱師？君之武震，無乃玩而頓乎（言非義兵，誅罰失當，則將見為慢瀆而頓弊之）？臣聞之曰：武不可覿（見），文不可匿（匿，隱也，言尚武不當隱文）。覿武無烈（無烈，無威），匿文不昭。陽不承獲甸，而祇以覿武（陽人既不得承王之宗為甸服，又復見晉以武而威之），臣是以懼。不然，其敢自愛也（言晉不惠恤其民，故不自愛而不服乎）？且夫陽，豈有裔民哉（謂凶惡之民放在荒裔者）？夫亦皆天子之父兄甥舅也（謂吾舅、甥者謂之甥），若之何其虐之也？」晉侯聞之，曰：「是君子之言也。」乃出陽民（放令去也）。

孫應鰲曰：襄王不能料陽民之服與不服而擾此賜，晉侯非深識民情之順逆者矣。此倉葛之所以不臣，其責在王，不在晉侯也。

國語　十四

單子知陳必亡　周語

定王使單襄公聘于宋，遂假道於陳，以聘于楚。火朝覿矣（火，星，晨見於辰），道茀不可行也（茀，草穢塞路為茀）。候不在疆（候人，掌送迎賓客者），司空不視塗（司空，掌道路），澤不陂（陂，障），川不梁（梁，橋），野有庾積（露積），場功未畢，道無列樹（古者列樹以表道，且為城守之用），墾田若蓺（言其稀少，若蓺物），膳宰不致餼（膳宰，膳夫。掌賓客之牢禮。生曰餼），司里不授館（司里，里宰，掌授客館），國無寄寓（寄寓，旅次），縣無施舍（施舍，賓客負任之處），民將築臺於夏氏（夏氏，陳大夫，徵舒家）。及陳，陳靈公與孔寧、儀行父南冠以如夏氏（夏姬，徵舒母），留賓弗見。單子歸，告王曰：「陳侯不有大咎，國必亡。」王曰：「何故？」對曰：「夫辰角見而雨畢（辰角，大辰蒼龍之角，角星名也。朝見東方，建戌之初，寒露節也，雨畢，殺氣日盛而雨氣盡也），天根見而水涸（天根，亢氐之間也，謂寒露後五日），本見而草木節解（本，氐也，謂寒露後十日），駟見而隕霜（駟，天駟，房星也，謂建戌之中），火見而清風戒寒（火，心星也，謂霜降後清風）。故先王之教曰（先至所以戒人為寒備也）：『雨畢而除道，水涸而成梁，草木節解而備藏，隕霜而冬裘具，清風至而修城郭宮室。』故《夏令》曰（夏后氏之令）：『九月除道，十月成梁。』其時儆曰：『收而場功（使修民），偫而畚挶（偫，具也；畚，盛土器；挶，舉土器），營室之中（營室，謂建亥小雪之中，定星昏正於午，土功可以始也），土功其始，火之初見，期於司里（會於司里之官，致其築作之具）。』此先王之所以不用財賄，而廣施德於天下者也。今陳國火朝覿矣，而道

國語　十五

七四

此段言其妨民時而以弃先王之法制罪之

此段言其不知待賓客而以蔑先王之官罪之

句法奇崛

路若塞，野場若棄，澤不陂障，川無舟梁，是廢先王之教也。周制有之曰：列樹以表道，立鄙食以守路，國有郊牧，疆有寓望，藪有圃草，囿有林池，所以禦災也。其餘無非穀土，民無懸耜，野無奧草。不奪民時，不蔑民功。有優無匱，有逸無罷。國有班事，縣有序民。今陳國道路不可知，田在草間，功成而不收，民罷於逸樂，是棄先王之法制也。周之秩官有之曰：敵國賓至，關尹以告，行理以節逆之，候人為導，卿出郊勞，門尹除門，宗祝執祀，司里授館，司徒具徒，司空視塗，司寇詰姦，虞人入材，甸人積薪，火師監燎，水師監濯，膳宰致饔，廩人獻餼，司馬陳芻，工人展車，百官各以物至，賓入如歸。是故小大莫不懷愛。其貴國之賓至，則以班加一等，益虔。至於王吏，則皆官正涖事，上卿監之。若王巡守，則君親監之。今雖朝也不才，有分族於周，承王命以為過賓於陳，而司事莫至，是蔑先王之官也。先王之令有之曰：天道賞善而罰淫，故凡我造國，無從非彝，無即慆淫，各守爾典，以承天休。今陳侯不念胤續之常，棄其伉儷妃嬪，而帥其卿佐以淫於夏氏，不亦瀆姓矣乎？陳，我大姬之後也。棄袞冕而南冠以出，不亦簡彝乎？是又犯先王之令也。昔先王之教，茂帥其德也，猶恐隕越。若廢其教而棄其制，蔑其官而犯其令，將何以守國？居大國之間而無此四者，其能久乎？六年，單子如楚。八年，陳侯殺於夏氏。九年，楚子入陳。

隆西星曰：昔瓠里子自吳歸粵，相國使人送之，曰：使自擇官舟以渡。送者未至，於是舟泊于滸者以千數，瓠里子欲擇之而不能識。送者至，問之曰：舟若是多也，惡乎識？對曰：甚易也，但視其散蓬折櫓而破颿者，即官舟也。從而得之。瓠里子仰天嘆曰：今之治政，亦以民為官，民與則愛之者鮮矣。噫！此單子所以料陳亡也。

單子料齊晉君臣不免　周語

柯陵之會（晉將伐鄭）單襄公見晉厲公視遠步高晉郤錡見單子其語犯（陵人）郤犨見其語迂（迂誣）郤至見其語伐（誇人）齊國佐見其語盡（盡無隱諱）魯成公見言及晉難及郤犨之譖（鄢陵之戰魯師後期郤犨受僑如之賂為之譖晉侯曰魯侯後至者待於壞隤以待勝者）晉侯怒不見公單子曰君何患焉晉將有亂其君與三郤其當之乎魯侯曰寡人懼不免於晉今君曰將有亂敢問天道乎抑人故也對曰吾非瞽史焉知天道（瞽樂大師掌知音樂風氣詠同律以聽軍聲而詔吉凶史大史掌抱天時與大師同車皆知天道者）吾見晉君之容而聽三郤之語矣殆必禍者也夫君子目以定體足以從之是以觀其容而知其心矣目以處義足以步目今晉侯視遠而足高目不在體而足不步目其心必異矣目體不相從何以能久夫合諸侯國之大事也於是乎觀存亡故國將無咎其君在會步言視聽必皆無謫則可以知德矣視遠日絕其義足高日棄其德言爽日反其信聽淫日離其名夫目以處義足以踐德口以庇信耳以聽名者也故不可不慎也偏喪有咎（言視聽四者亡其一為偏）既喪則國從之（四者盡喪國從而亡）晉侯爽二（爽當作喪謂視遠步高）吾是以云夫郤氏晉之寵人也三卿而五大夫（所謂入卿）可以戒懼矣高位寔疾僨厚味寔腊毒（害身敗事者）今郤伯之語犯叔迂季伐犯則陵人迂則誣人伐則掩人有是寵也而益之以三怨（陵誣掩）其誰能忍之雖齊國子亦將與焉立於淫亂之國而好盡言以招人過怨之本也唯善人能受盡言齊其有乎（言齊無善人不能受盡言）吾聞之國德而鄰於不修必受其福今君偪於晉而鄰於齊齊晉有禍可以取霸無德之患何憂於晉且夫長翟之人（謂叔孫僑如也浮臣敗翟于鹹獲長翟僑如因名其子為僑如）利而不義（僑如通于穆姜欲逐季孟而專魯國）其利淫矣流之若何魯侯歸乃逐叔孫僑如簡王十一年諸侯會于柯陵十二年晉殺三郤（厲公殺之）十三年晉侯弒於翼東門（欒書弒厲公於匠麗氏）葬以車一乘（不成喪）齊人殺國武子（慶克通靈公夫人國佐責之克以告夫人譖殺之）

駱日升曰禎祥妖孽理之先見者至誠前知亦惟有見於理而已左氏所載或料人或料事言如中的議者例之瞽史何哉得無以其驗者驟之書耳自今觀之語偷心蕩視下言爲吉凶共命能禮被文相德寔吉固不待至誠而後知也嗚呼使讀者鑒吳師而蹇懲鑒家遺而制侈鑒兵在頸而不多上人於世教不無補焉亦未可盡非之也

國語　三卷　單子料齊晉君臣不免　十八

國語　三卷　單子料齊晉君臣不免　十九

太子晉諫壅川 周語

靈王二十二年。穀洛鬭，將毀王宮。（穀洛二水名，兩水格有似于鬬，毀王宮。故齊人城郟。城西南，將及王宮。）王欲壅之。（欲防此水，使北出。）太子晉諫曰：「不可。晉聞古之長民者，不墮山，（墮，毀。）不崇藪，（崇，高。）不防川，（防，障。川，流。）不竇澤。（澤，居水。竇，穴也。不為此四者，為其反天性。）夫山，土之聚也；藪，物之歸也；川，氣之導也；（導，達。）澤，水之鍾也。夫天地成而聚於高，歸物於下。（高，山陵；下，藪澤。）疏為川谷，以導其氣；（疏，通也。）陂唐汙庳，以鍾其美。（美，滋潤。）是故聚不阤崩，（阤音致。大曰崩，小曰阤。）而物有所歸；氣不沈滯，（伏積。）而亦不散越。（越，遠。）是以民生有財用，而死有所葬。然則無夭昏札瘥之憂，（瘥音劑，病也。）而無飢寒乏匱之患。故上下能相固，以待不虞。（虞，度。）古之聖王唯此之慎。（慎，順天地之性。）昔共工棄此道也，虞于湛樂，（虞，安。湛，淫。）淫失其身，欲壅防百川，墮高堙庳，（堙，塞。高，山陵。庳，池澤。）以害天下。皇天弗福，庶民弗助，禍亂並興，共工用滅。其在有虞，有崇伯鯀，（崇音[illegible]。）播其淫心，稱遂共工之過。（稱，舉。遂共工之過，謂障洪水。）堯用殛之于羽山。（殛，放。鯀于羽山。）其後伯禹念前之非度，（非法也。）釐改制量，（釐，理也。量，度。）象物天地，（取法天地之物象。）比類百則，（類，象。則，法也。）儀之于民，（儀，準。）而度之於群生。（不傷害。）共之從孫（共，共工。）四岳佐之，（言共工後孫為四岳之官，掌帥諸侯助禹治水。）高高下下，疏川導滯，（高高，封崇九山；下下，陂障九澤；疏川，決河；導滯，鑿龍門，闢伊闕。）鍾水豐物，（畜水以豐殖百物。）封崇九山，（封，大；崇，高。九山，九州之中山川藪澤也。）決汩九川，（汩音骨。）陂障九澤，（陂，障。）豐殖九藪，（豐，茂；殖，長。）汩越九原，（[illegible]也。）宅居九隩，（[illegible]宅居。九州之內可宅居。）合通四海。（使之同軌。）故天無伏陰，地無散陽，（[illegible]冬無宿[illegible]。）水無沈氣，（無伏積之氣。）火無災燀，（燀音[illegible]。）神無閒行，（[illegible]之行。）民無淫心，（陰陽調，財用足，故無淫心。）時無逆數，（四時寒暑[illegible]。）物無害生。（[illegible]不加害。）帥象禹之功，度之于軌儀，（帥，循。[illegible]。）莫非嘉績，克厭帝心。（謂禹與四岳善功能合帝天。）皇天嘉之，祚以天下，賜姓曰姒，氏曰有夏，（堯賜禹姓曰姒，封之於夏。）謂其能以嘉祉殷富生物也。（能以善福殷富天下，生育萬物。）祚四岳國，命為侯伯，（以四岳佐禹有功，封之呂，命為侯伯。）賜姓曰姜，氏曰有呂，（姜，四岳之先，炎帝之姓也。）謂其能為禹股肱心膂，以養物豐民人也。（以四岳能成禹功，比於股肱心膂。）此一王四伯，豈繄多寵？皆亡王之後也。（言禹與四岳豈多寵，乃亡王之後。）唯能釐舉嘉義，以有胤在下，守祀不替其典。（典，常也。）有夏雖衰，杞鄫猶在；申呂雖衰，齊許猶在。（乃其[illegible]也。）唯有嘉功，以命姓受祀，迄于天下。（受祀，謂封國受命，祀社稷山川也。）及其失之也，必有慆淫之心閒之，（閒，代。謂以慆淫之心代其功。）故亡其氏姓，踣斃不振，（踣音剖。）絕後無主，湮替隸圉。（湮，沒；替，廢；隸，役；圉，養馬者。）夫亡者豈繄無寵？皆黃炎之後也。（鯀，黃帝之後；共工，炎帝之後。）唯不帥天地之度，不順四時之序，不度民神之義，不儀生物之則，（儀，準。）

（眉批）注云穀洛二水鬬將毀王宮而欲壅之則王罪大矣太子以宗先王之國壅之滅是也彼太子之諫者又以記郟王室之亂且早在德又言穀洛之鬬而欲之也

（眉批）禍福自物有所歸故生有財用山陵不崩故死有所葬齊語曰陵為之終是也

（眉批）李坤曰述共工鯀禹以陷下慆淫之失忠信之浮

（眉批）有虞舜也鯀禹父崇鯀國伯爵也共時任位而言有虞旨鯀之誅舜為之也

（眉批）[illegible]曰穀洛之鬬將毀王宮九州不同引証甚詳

（眉批）晉炎帝世衰其後變易至四岳有功帝復賜之祖姓故炎帝之後曰姜

（眉批）[illegible]

接晉韓六卿子孫……不長……不苗……年之不登……之不恤……粹晉國今其子孫將耕於有宗廟之父為畝畝之勤人之化也何口之有知此可知其歲之意

以殄滅無胤，至于今不祀。及其得之也，必有忠信之心閒之（以忠信代險也），度於天地而順於時動（順四時之動），和於民神而儀於物則，故高朗令終，顯融昭明，命姓受氏，而附之以令名。若啟先王之遺訓（訓，教也），省其典圖刑法（刑，法也。圖，象也），而觀其廢興者，皆可知也。其興者，必有夏呂之功焉；其廢者，必有共鯀之敗焉。今吾執政無乃實有所避（避，違也），而滑（亂也）夫二川之神，使至於爭明（精氣），以妨王宮，王而飾之，無乃不可乎。」王卒壅之。

李光縉曰：重從細，輕從大，得相益相生之理，語極精微可玩。

又曰：此等議論，州鳩不惟達樂之數，且知樂之文。

孫鑛曰：景王之世，周且不能保，尚作大鐘以厲後。伶州鳩妨正匱財之論，皆極切當。

伶州鳩論鑄鐘（周語）

王（景）將鑄無射，而為之大林（無射，鍾名。大林，其覆也）。問之伶州鳩。對曰：「臣之守官弗及也（不及知也）。臣聞之，琴瑟尚宮（從大），鍾尚羽（從細），石尚角（清濁之中），匏竹利制（以聲音調和，無所尚，為制）。大不踰宮，細不過羽。夫宮，音之主也，第（次）以及羽。聖人保樂而愛財，財以備器，樂以殖財。故樂器重者從細，輕者從大。是以金尚羽，石尚角，瓦絲尚宮，匏竹尚議（其從調利），革木一聲（無變）。夫政象樂，樂從和，和從平。聲以和樂，律以平聲；金石以動之，絲竹以行之，詩以道之，歌以咏之，匏以宣之，瓦以贊之，革木以節之。物得其常曰樂極（中也），極之所集曰聲，聲應相保曰和，細大不踰曰平。如是而鑄之金，磨之石，繫之絲木，越之匏竹（越謂……之孔也），節之鼓，而行之，以遂八風（正西曰兌，為金，為閶闔；西北曰乾，為石，為不周；正北曰坎，為革，為廣莫；東北曰艮，為匏，為融；正東曰震，為竹，為明庶；東南曰巽，為木，為清明；正南曰离，為絲，為景；西南曰坤，為瓦，為涼）。於是乎氣無滯陰（夏有霜雹），亦無散陽（冬無冰，李梅實），陰陽序次，風雨時至，嘉生繁祉（殺也），人民和利，物備而樂成，上下不罷（勞），故曰樂正。今細過其主，妨於正（言無射有大林，是作細而大過其律，害于正聲），用物過度，妨於財（言用金多），正害財匱，妨于樂。細抑大陵，不容于耳，非和也。聽聲越遠，非平也。妨正匱財，聲不和平，非宗官之所司也。」

只此四句須兆文討好所和平之樂所謂以德中音近知本與末者所以繳還全體怎切節奏經古

有和平之聲則有蕃殖之財於是乎道之以中德（德中庸也）詠之以中音德音不愆以合神人（神祭祀 人宴享）神是以寧民是以聽若夫匱財用罷民力以逞淫心聽之不和比之不度無益於教而離民怒神非臣之所聞也

論律

路曰吳曰律呂說者亦有十家所当非辨此依録此篇以統識其梗概云

補 張之象曰此論將伶論之正其後京房作准形如瑟十三弦隱間九尺取其分數調校樂器則宮商易辨若天寸小長則六十宮商相參數法若分數加短則六十徵羽頻皆小清仲儒以黃鐘為声氣之元其管最長故以黃鐘為宮太簇為商林鍾為徵則一均和順之均之八聲循須補抹大呂為角聲既成其美若以蕤賓為徵則徵生宮清宮清並有其聲而成音若以夷則為徵其商角並無其聲則十二律中惟以中呂為宮門十二律內全無所向者以中呂為十二之宮乃宮律之音依京中呂為宮天人次後云額蕤賓為宮執而以中呂為呂林鍾為商黃鍾

伶州鳩論律 周語

王將鑄無射問律於伶州鳩對曰律所以立均出度也（均者均鍾木長七尺有弦繫之以均鍾者度鍾大小清濁也）古之神瞽考中聲而量之以制（制樂）度律均鍾（度律呂之長短以平其鍾和其声以立百事之道法也）紀之以三（天神地祇人鬼）成於十二（律呂相生）天之道也（不失之大数不過十二）夫六中之色也故名之曰黃鍾所以宣養六氣九德也（十一月律中者天地之中天有六氣降生五味天有六母地有五子十一而天地畢矣故六為中黃中之色也言陽氣鍾聚于下也六氣陰陽風雨晦明也九德九功之德水火金木土穀正德利用厚生也）由是第之二曰大簇所以金奏贊陽出滯也（正月律簇達也言陽氣大達於上也于正声為商故為金奏所以佐）三曰姑洗所以修潔百物考神納賓也（三月律姑洗也言阳气養生洗濯枯穢也于正声為角潔也洗濯也潔故用之宗廟可以合神用之享宴可以納賓）四曰蕤賓所以安靖神人獻酬交酢也（五月律蕤委蕤柔貌言陰氣為主委蕤于下陽氣盛長于上有似賓也）五曰夷則所以詠歌九則平民無貳也（七月律夷平也則法也言萬物既成可法則也九則九功之則無貳民心不貳）六曰無射所以宣布哲人之令德示民軌儀也（九月）為之六間以揚沉伏而黜散越也（六間六呂在陽律之間呂明律所以侶陽律成其功發揚滯氣而去散越者也）元間大呂助陽宣物也（十二月律元一也陰係于陽以黃鍾為主故曰元間天氣始于黃鍾萌而赤地受之于大呂芽而白成黃鍾之功也）二間夾鍾出四隙之細也（二月律四隙四時之間）

露曲可諧不可不知

論呂

此文亦如蔭煖奏合而成章分有体

細者春為陽中万物始生四時之微氣皆始于春春發而出之三時來而成之也 三間中呂

宣中氣也 至四月律陽氣起于中四月宣散于外 四間林鍾 展百事

俾莫不任肅純恪也 六月律林衆也言万物衆盛也鍾聚也于正声為徵展審也肅

純大恪敬也任其事速其功效其職也 五間南呂贊陽秀也 八月律南呂任也陰任

陽事助成万物也萊而未实曰秀 六間應鍾均利器用俾應復也 十月

律言陰應陽用事万物鍾聚百嘉俱備時務均利百官器用程度庶品使皆應其礼復其常也 律呂

不易無姦物也 物無姦行無害生 細鈞有鍾無鎛昭其大也

細ヒ声謂角徵羽也鎛小鍾也細不和和故用鍾為節以大平細也两細 大鈞有鎛無鍾

甚大無鎛鳴其細也 大謂宮商也両大不相和故用鎛以小平大也甚大謂両尚大

声也則又去鎛独鳴其細細謂絲竹革木 大昭小鳴和之道也和平則久

久固則純純鳴則終 成 終復則樂 終則復奏 所以成政也

故先王貴之

国語 卷三 周語 論律 廿六

按賓孟有寵於王欲立王子朝王將許之故先殺下門子賓孟知意故感嶶之美忿及于朝族陽語王勸立之

楊慎曰人犧二句婉曲有味言人君見聚有似於犧也故以為諭

按下欽賓子猛更子朝然其不從然殺之遇心疾而崩故未能也

賓孟以雄鷄感王 周語

景王既殺下門子 周大夫王子猛之傅也 賓孟適郊見雄鷄自

斷其尾 賓孟周大夫子朝之傅賓起也 問之侍者曰憚其犧也 侍者孟之

從臣也憚懼也純美為犧祭祀所用言鷄自斷其尾者懼為宗廟所用也 遽歸告王 賓遽 曰

吾見雄鷄自斷其尾而人曰憚其犧也吾以為信畜

矣 信誠也鷄畏為宗廟之用故自斷其尾此誠六畜之情不與人同 人犧實難已犧

何害 人犧謂為人作犧也言人為犧实難已謂子朝已自為犧當何害乎言爲犧無害 抑其惡為

人用也乎則可也 言鷄惡為人所用故自斷其尾可也 人異於是 人之美則

宜君人 犧者實用人也 人自作犧則能治人 王弗應 曉其意畏大臣也

田于鞏山 使公卿皆從將殺單子 單子單穆公也 未克而崩

未克 未能也

李夢陽曰王者以天下為家京師為室王畿為堂諸夏為庭戶四夷為藩籬治外者先自內治遠者先自近本亂而末治者否矣景王寵愛子朝使孽子配嫡以本乱者賓孟之是以乱助乱也王室乱宜矣

国語 卷三 賓孟以雄鷄感王 廿七

匠師慶諫丹楹之侈　魯語

嚴公（即莊公）丹桓宮之楹而刻其桷（將逆夫人姜氏）匠師慶（御孫為掌匠大夫慶其名）言於公曰臣聞聖王公之先封者（周公太公）遺後人之法使無陷於惡其為後世昭前之令聞也使長監於世（觀成敗以為戒）故能攝固不解以久（攝持也解怠也）今先君儉而君侈之令德替矣公曰吾屬（適也）欲美之對曰無益於君而替前之令德臣故曰庶可以已乎公弗聽

閔如霖曰桓公娶於齊而罹彭生之禍何其愚也莊公復娶于齊而欲丹刻桓廟以夸之豈不取笑齊人哉

桓宮桓公廟也楹柱也桷椽頭也莊公娶于齊當見于廟故丹柱刻椽以夸之匠師而有此諫規正身都系輔至道敢為之當何如者

姑內傳云儉德之共也侈惡之大也先君有共德而君納諸大惡無乃不可乎詞亦簡而盡

臧文仲請賞重館人　魯語

晉文公解曹地以分諸侯（解削也曹人不服故文公伐而執其君削其地）僖公使臧文仲往宿於重館（重魯地館候館也周禮五十里有市市有候館）重館人（守館隸）告曰晉始伯而欲固諸侯故解有罪之地以分諸侯（有罪謂不禮文公兄躬薦曹也）諸侯莫不望分而欲親晉皆將爭先晉不以故班（次）亦必親先者吾子不可以不速行魯之班長而又先（長尊先先至也）諸侯其誰望之若少安恐無及也從之獲地於諸侯為多反既復命為之請曰地之多也重館人之力也臣聞之曰善有章雖賤賞也（章著也）惡有釁雖貴罰也（釁兆也）今一言而辟境其章大矣請賞之乃出而爵之（出之于隸而賜爵）為大夫也

李氏[illegible]曰[illegible]重館人之論曰晉新得諸侯必親其[illegible]

臧文仲請賞重館人 魯語

晉文公解曹地以分諸侯（解，削也。晉文公伐曹，執其君，削其地），僖公使臧文仲往，宿於重館（重，魯地。館，候館也。周禮五十里有市，市有候館）。重館人（守館者）告曰：晉始伯而欲固諸侯（固，安），故解有罪之地以分諸侯（有罪謂不禮文公），諸侯莫不望分而欲親晉，皆將爭先。晉不以故班（次），亦必親先者。吾子不可以不速行。魯之班長而又先（長，尊也。先，前至也），諸侯其誰望之。若少安，恐無及也。從之，獲地於諸侯為多。反，既復命，為之請曰：地之多也，重館人之力也。臣聞之曰：善有章，雖賤賞也（章，著也）；惡有釁（兆），雖貴罰也。今一言而辟境（辟，開），其章大矣，請賞之。乃出而爵之（出之于隸而賜爵為大夫也）。

展禽論祭爰居 魯語

海鳥曰爰居，止於魯東門之外二日，臧文仲使國人祭之。展禽曰：越哉（迂），臧孫之為政也（迂闊不知政要）。夫祀，國之大節也（制也）；而節，政之所成也（節以成政）。故慎制祀以為國典（法）。今無故而加典（以祭鳥益國法），非政之宜也。夫聖王之制祀也，法施於民則祀之（五帝殷契周文也），以死勤事則祀之（殷冥水死，周棄山死），以勞定國則祀之（虞舜夏禹），能禦大災則祀之（殷湯周武），能捍大患則祀之（夏杼殷上甲微周高圉太王也）。非是族也（族，類），不在祀典。凡禘郊宗祖報，此五者國之典祀也。加之以社稷山川之神，皆有功烈於民者也。及前哲令德之人，所以為明質也（有德之人而祭之，所以信之于民心）。及天之三辰，民所以瞻仰也。及地之五行，所以生殖也（五行，金木水火土）。及九州名山川澤，所以出財用也。非是不在祀典。今海鳥至，己不知而祀之，以為國典，難以為仁且知矣。夫仁者講功（仁者心平，故可論功），而知者處物（處名）。無功而祀之，非仁也（鳥無功）；不知而不問，非知也。今茲海其有災乎。夫廣川之鳥獸，恒知而避其災也。是歲也，海多大風，冬煖（煖音暖。爰居所避也）。文仲聞柳下季之言（柳下，展禽邑；季，字也），曰：信吾過也，季子之言不可不法也。使書以為三筴（筴，簡書也。三筴，三卿一通，謂司馬司徒司空也）。

汪道昆曰為名與衆非來之情也故算為諸者不肯自斷九以為国

又曰夫義人者慶其喜弔其憂況畏而服之推原大義以見為名亦重也以下正見其名未改其衆未敗凡四其誰抽發森??

…曰未言則道…激之也

長辨

叔仲勸襄公如楚 魯語

襄公魯如楚及漢聞康王邵卒欲還叔仲昭伯曰君之來也非為一人也謂康王為其名與其衆也有盟主之名兵甲衆也今王死其名未改其衆未敗何為還諸大夫皆欲還子服惠伯曰不知所為姑從君乎叔仲曰子之來也非欲安身也為國家之利也故不憚勤遠而聽於楚非義楚也畏其名與衆也以楚有衆而往夫義人者固慶其喜而弔其憂況畏而服焉聞畏而往聞喪而還苟芊音姓實嗣其誰代之任喪誰其代之當喪為主言必自當之王太子又長矣執政未改易予為先君來死而去之其誰曰不如先君為楚先君故來聞死而去之誰肯自謂德不如先君乎將為喪舉聞喪而還其誰曰非侮也在國聞楚有喪將為之舉動而往況已至楚漢聞喪而還其誰言魯不輕侮之也事其君而任其政其誰由已貳臣方事君當改其誰肯從已使諸侯有攜二者乎求說其侮而亟於前之人其讐不滋大乎楚君求除輕侮將急於前之人此讐不亦大者乎說侮不懦執政不貳帥大讐以憚小國其誰云待之以楚大讐加於魯若從君而走之患則不如違君以辟難能禦之且夫君子計成而後行二三子計乎有禦楚之術而有守國之備乎則可也可還若未有不如往也乃遂行

汪道昆曰月令季冬命漁師始漁乃嘗魚先薦寢廟唐云孟春誤矣

唐順之曰里革亦敘事亦見先王對時育物之意

楊慎曰助宣氣助生阜畜功用曰蕃庶物作四節看

吳寬曰公聞言而良罟是知過而改矣而師存又諷其寘里革于側則益以成其君之美吾不意樂師而亦有此姑以沃也豈下里革哉

周知衆曰師存一言比有威周王箴

高似孫曰不忘與元帥諫氣象…相參…之傳者

里革斷罟匡君 魯語

宣公夏濫於泗淵濫漬罟於泗水以取魚里革斷其罟而棄之曰古者大寒降季冬大寒之後土蟄發孟春蟄虫始震水虞掌川澤之禁令者漁師於是乎講習罛罶音孤柳罛魚網罶魚笱也取名魚大魚登川禽鼈蜃之屬而嘗之寢廟行諸國人先薦寢廟故令國人取之助宣氣也助宣陽氣鳥獸孕水蟲成春時獸虞掌鳥獸之禁令者於是乎禁罝羅罝音嗟兔罟羅鳥罟矠魚鼈以為夏犒矠擉也夏不得取故於此時擉刺魚鼈以為夏犒助生阜也阜長也鳥獸方孕故長魚鼈助生物也鳥獸成水蟲孕夏水虞於是乎禁罝罜罝當作罜罜麗小網設穽鄂鄂音愕柞格所以誤獸也以實廟庖畜功用也以獸實宗廟庖廚而長魚鼈畜四時功足國財且夫山不槎櫱以株生曰櫱槎斫也澤不伐夭草木未成曰夭魚禁鯤鮞鯤魚子鮞音而未成魚者獸長麑䴠鹿子曰麑麋子曰䴠鳥翼鷇卵生哺曰鷇未孚曰卵蟲舍蚳蝝蚳音遲蚳螘子蝝蝮蜪皆可食者蕃庶物也古之訓也今魚方別孕別於雄而懷子不教魚長又行網罟貪無藝也藝極也公聞之曰吾過而里革匡我不亦善乎是良罟也為我得法使有司藏之藏所斷之罟使吾無忘諗諗音審告也師存侍曰樂師名存藏罟不如寘里革於側之不忘也言見此罟則不忘里革之言也

錢福曰里革之正諫宣公之聽言師存之啓沃叙述流動

按襄公不能令其臣而欲借楚以威之吾非必其為君季武子不能忠順不失以事其上敢於襲卞而不顧吾悲其為臣欒成伯曰不能令於国而恃諸侯其誰暱之是太阿之倒持者也吾又為世道悲矣

穆文熙曰言借楚伐下勝不可不勝亦不可故不如予之甚得處變之權醉醒二句喻過舉止当令人渙然冰釋也

句法新簡

欒枼諫伐季氏 魯語

襄公如楚及方城聞季武子襲卞魯邑公欲還出楚師以伐魯伐季氏也言曾著季氏專魯国欒成伯曰不可君之於臣其威大矣不能令於國而恃諸侯諸侯其誰暱之暱親也若得楚師以伐魯魯既不遠凡之取卞也必用命焉守必固矣凡武子名言凡取卞時衆人不違而從之是為听從其命必同心而同守若楚之克魯諸姬不獲闚音[illegible]焉而況君乎彼無亦置其同類以服東夷而大攘中夏將天下是王而何德於君其予君也攘郤也言楚亦將自置其同然於魯以取天下不予君也若不克魯君以蠻夷伐之而又求入焉必不獲矣不如予之以卞予武子凡之事君也不敢不悛音詮改也醉而怒醒而喜庸何傷庸用也言公欲伐魯若人醉而怒今止若醒而喜也用何傷乎君其入也乃歸

按醉而怒醒而喜舊註以為指公欲伐魯言也余直以為指季武子耳蓋言凡雖有過不敢不改以事君其敢於襲卞也特知醉醒喜怒之無常曾何足為傷害乎此說較順其質之知者

國語　三卷　欒枼諫伐季氏　卅四

吳季孫宿伐莒取鄆而春秋書曰三月取鄆則何以異於宣十年歸父伐邾婦父伐邾欲公命也此專取邑而已

汪道昆曰俱及為諸侯法處深遠矣

楊維禎曰作法一段大是吳人之語

李光縉曰罪非我中一句甚得地步

駱日升曰叔孫豹不肯行賄最為有見豹子始拘晉范鞅求貨亦不與真世德也夫

楊慎曰棟榱崩之論甚工

穆子不肯以貨免難 魯語

虢之會諸侯之大夫尋盟未退季武子伐莒取鄆莒人告于會楚人將以叔孫穆子為戮晉樂王鮒求貨於穆子曰吾為子請於楚穆子不予梁其踁謂穆子曰有貨以衛身也出貨而可以免子何愛焉穆子曰非汝所知也承君命以會大事而国有難我以貨私免是我會吾私也雖可以免吾其若諸侯之事何夫必將或循之曰諸侯之卿有然者故也必將有循効者言諸侯之卿嘗有以貨私免則我求安身而為諸侯法矣君子是以患作患所作不得中以乱事也作而不衷將或導之是昭其不衷也余非愛貨惡不衷也欲殺身以成義不欲求生以害道且罪非我之由由武子也為戮何害何害於義楚人乃赦之穆子歸武子勞之日中不出穆子惡其背盟伐莒故不出見其人曰可以出矣穆子曰吾不難為戮養吾棟也武子正卿也是為国棟言已為戮魯誅盡矣故曰養吾棟夫棟折而榱崩吾懼壓焉言李氏亡則叔孫氏亦亡故曰雖死於外而庇宗於內可也庇覆今既免大恥而不忍小忿可以為能乎乃出見之

國語　三卷　穆子不肯以貨免難　卅五

一月得四十五日注謂每日又得半夜為四十五日也然則農之宵爾索綯儒之短檠夜誦豈可少哉讀敬姜之辭可以戒矣

應氏曰人情好逸惡勞敬姜乃獨為此論引聖王處民沃土瘠土勞逸善惡以為垂世經典矣

王世貞曰勞之一字乃敬姜立論本意是一篇大綱領看他許多議論只一勞字括盡

句法字法

穆文熙曰言天子諸侯大夫士庶人勤勞如此以儆文伯之當勞敬姜之教可為母訓矣

董份曰篇中凡曰日中曰日入曰朝曰晝曰夕曰夜形容勞字曲盡

凡四個而後即安字不整齊中卻整齊

穆文熙曰王后以下又言王后夫人及士妻之勤勞以明己之績不為過

敬姜教子一勞 魯語

公父文伯退朝，朝其母，其母方績。文伯曰：以歜之家而主猶績，懼干季孫之怒也（康子位尊，大宗故云），其以歜（歜音觸）為不能事主乎？其母嘆曰：魯其亡乎！使僮子（蒙不達也）備官而未之聞（聞道）耶？居，吾語女。昔聖王之處民也，擇瘠（瘠）土而處之，勞其民而用之，故長王天下。夫民勞則思，思則善心生；逸則淫，淫則忘善，忘善則惡心生。沃土之民不材，淫也；瘠土之民莫不嚮義，勞也。是故天子大采朝日（礼天子以春分朝日示有尊也服五采），與三公九卿祖識地德（祖習也識知也地德所以廣生萬物天子與公卿因朝日以修陽政而習地德）；日中考政，與百官之政事，師尹惟旅、牧、相宣序民事；少采夕月（礼以秋分夕月其三采矣故云少采），與太史、司載糾虔天刑（司載謂馮相氏保章氏與太史相儷偶也糾共也虔敬也刑法也因夕月而共敬觀天法考行度以知妖祥也）；日入監九御（監視也九御九嬪之官主粢盛），使潔奉禘郊之粢盛，而後即（就）安。諸侯朝脩天子之業命（事令），晝考其國職，夕省其典（常）刑（法），夜儆（戒）百工（官），使無慆（慢）淫，而後即安。卿大夫朝考其職，晝講其庶政，夕序其業，夜庀（具）其家事，而後即安。士朝而受業（受事於朝），晝而講貫（習），夕而習復（覆），夜而計過無憾，而後即安。自庶人以下，明而動，晦而休，無日以怠。（此皆先公後私之義）

……所以儆文伯也

陸深曰勤女之職表子之教守古之訓先先之德至人以不淫許之盡矣

董份曰到此復將勞字提醒蓋亦叮嚀詳復意也愛子之心可謂至切

穆文熙曰勞字與前勞字相照應

是篇曰述仲尼之言乃是摘緊篇中所論淫字來與他且亦文家机軸

按敬姜及叔向母皆賢姑也故纍其末

王后親織玄紞，公侯之夫人加之以紘綖（紘纓綖冠之飾），卿之內子為大帶（內子卿之嫡妻大帶緇帶），命婦成祭服（命婦大夫之妻祭服），列士之妻加之以朝服（天子之士皮弁素積諸侯之士玄衣纁裳），自庶士以下，皆衣其夫。社而賦事（春分祭社蠶桑），烝而獻功（冬祭而獻五穀布帛之功），男女效績，愆則有辟（罪），古之制也。君子勞心，小人勞力，先王之訓也。自上以下，誰敢淫心舍力？今我寡也，爾又在下位（下大夫），朝夕處事（處猶作事），猶恐忘先人之業，況有怠惰，其何以避辟？吾冀而朝夕脩（儆）我曰：必無廢先人。爾今曰：胡不自安。以是承君之官，余懼穆伯之絕祀也。仲尼聞之曰：弟子志之，季氏之婦不淫矣。

羅大經曰：楊誠齋夫人羅氏年七十餘，每寒月黎明即起，詣廚躬作粥一釜，遍享奴婢，然後使之服役。其子東山先生啓曰：天寒何自苦如此？夫人曰：奴婢亦人子也，清晨寒冷，須使其腹中略有火氣，乃堪服役耳。東山曰：夫人老且賤事，何倒行而逆施乎？夫人怒曰：我自樂此，不知寒也，汝為此言，必不能如吾矣。夫文伯母老而猶績，東山母耄不倦勤，乃知古今未嘗無列女，未嘗無賢母。

鮑叔薦管夷吾 齊語

桓公自莒反于齊，使鮑叔為宰，辭曰：臣，君之庸臣也。君加惠于臣，使不凍餒，則是君之賜也。若必治國家，則非臣之所能也。若必治國家者，則管夷吾乎。臣之所不若夷吾者五：寬惠柔民，弗若也；治國家不失其柄，弗若也；忠信可結于百姓，弗若也；制禮義可法于四方，弗若也；執枹鼓立于軍門，使百姓加勇焉，弗若也。桓公曰：夫管夷吾射寡人中鉤（乾時之戰），是以濱（近）于死。鮑叔對曰：夫為其君動（糾）也。君若宥而反之，夫猶是也。桓公曰：若何？鮑子對曰：請諸魯。桓公曰：施伯，魯君之謀臣也，夫知吾將用之，必不予我矣。若之何？鮑子對曰：使人請諸魯，曰：寡君有不令之臣在君之國，欲以戮於群臣，故請之。則予我矣。桓公使請諸魯，如鮑叔之言。莊公以問施伯，對曰：此非欲戮之也，欲用其政也。夫管子，天下之才也，所在之國，則必得志於天下。令彼在齊，則必長為魯國憂矣。莊公曰：若何？施伯對曰：殺而以其屍授之。莊公將殺管仲，齊使者請曰：寡君欲親以為戮（欲得生而戮之以逞射己之志），若不生得以戮於群臣，猶未得請也（未得所請）。請生之。於是莊公使束縛以予齊使，

桓公用管仲 齊語

齊使獲管仲而歸，比至，三釁三浴之（以香塗身曰釁）。桓公親逆之于郊，而與之坐，問焉，曰：昔吾先君襄公築臺以為高位（居高臺以自尊），田狩畢弋（田，獵也；狩，圍而取禽也；畢，掩雉兔之網也；弋，繳射也），不聽國政，卑聖侮士，而唯女是崇，九妃六嬪，陳妾數百（陳，列），食必粱肉，衣必文繡，戎士凍餒，戎車待游車之裂（戎車，兵車；游車，游戲之車），戎士待陳妾之餘，優笑在前，賢材在後，是以國家不日引，不月長，恐宗廟之不埽除，社稷之不血食，敢問為此若何（治）？管子對曰：昔者聖王之治天下也，參其國（謂三分國都以為三軍）而伍其鄙（五分其鄙以為五屬也），定民之居，成民之事，而慎用其六柄焉（六柄：生、殺、貧、富、貴、賤）。桓公曰：成民之事若何？管子對曰：四民者（士、農、工、商）勿使雜處，雜處則其言哤（亂），其事易（變）。公曰：處士農工商若何？管子對曰：昔聖王之處士也，使就閒燕（閒燕猶清淨也）；處工就官府；處商就市井；處農就田野。令夫士，群萃而州處，閒燕則父與父言義，子與子言孝，其事君者言敬，其幼者言悌。少而習焉，其心安焉，不見異物而遷焉。是故其父兄之教不肅而成，其子弟之學不勞而能。夫是，故士之子恒為士。令夫工，群萃而州處，審其四時，辨其功苦（功，牢也；苦，脆也），權節其用，論比協材，旦暮

重以其巻聰和其剛柔也

駱曰丹曰此節論成工之事使有常業

李光縉曰大段文字自不用變換

按儋何字作擔荷背曰負肩曰儋任抱荷揭也

駱曰丹曰此節論成商之事使有常業

穆文熙曰曲盡農家情狀

李光縉曰各節寫出並若之狀而四民之中惟農最苦故鋪敘不厭惟農最詳

駱曰丹曰此節論成農之事使有成業

從事施於四方。施其物用於四方也以飭其子弟，相語以事，相示以巧，相陳以功。少而習焉，其心安焉，不見異物而遷焉。是故其父兄之教不肅而成，其子弟之學不勞而能。夫是故工之子恒為工。令夫商，群萃而州處，察其四時，而監其鄉之資，監，視也。資，財也。以知其市之賈，負任儋何，服牛軺馬，以周四方，以其所有，易其所無，市賤鬻貴，市，取也。鬻，賣也。旦暮從事於此，以飭其子弟，相語以利，相示以賴，賴，嬴也。相陳以知賈。少而習焉，其心安焉，不見異物而遷焉。是故其父兄之教不肅而成，其子弟之學不勞而能。夫是故商之子恒為商。令夫農，群萃而州處，察其四時，權節其用，耒耜枷芟。枷，所以擊草也。芟，所以芟草也。及寒，擊菜除田，菜，枯草也。以待時耕。及耕，深耕而疾耰之，以待時雨。時雨既至，挾其槍刈耨鎛，在腋曰挾。槍，椿也。刈，鐮也。耨，鎡基也。鎛，鉏也。以旦暮從事於田野，脫衣就功，首戴茅蒲，身衣襏襫，茅蒲，簦笠也。襏襫，蓑衣也。霑體塗足，暴其髮膚，盡其四支之敏，以從事於田野。少而習焉，其心安焉，不見異物而遷焉。是故其父兄之教不肅而成，其子弟之學不勞而能。夫是故農之子恒為農，樸野而不慝，質朴，不為奸慝。其秀民之能為士者必足賴也。民之秀出者。

按萊今東萊莒今琅邪縣徐夷徐州之夷濟渡也汶水名大戎楚北之陘蔡也謂師至于陘時也在魯僖公四年泰山燕山也山戎今之鮮卑以其病燕故伐之

穆文熙曰齊諸侯盟會甲兵隱蔽然似王道以朝天子大美然未可以伯而少之也

孫應鰲曰天子使宰孔諸侯謹禮使者從容將命俱可見之

桓公霸諸侯

桓公即位數年，東南多有淫亂者，萊、莒、徐夷、吳、越，一戰帥服三十一國。遂南征伐楚，濟汝，踰方城，望汶山，使貢絲於周而反。荊州諸侯莫敢不來服。遂北伐山戎，刜音拂令支，斬孤竹而南歸。刜，擊也。海濱諸侯莫敢不來服。與諸侯飾牲為載，以約誓于上下庶神，飾牲，陳其牲為載書，加于牲上而已，不歃血也。與諸侯戮力同心。西征攘白狄之地，至于西河，方舟設泭，音孚乘桴濟河，方，併也。編木曰泭，小泭曰桴。濟，渡也。至于石枕，晉地名懸車束馬，踰太行與辟耳之谿拘夏，大行、辟耳，山名。拘夏，辟耳之谿。三者皆山險，故懸鉤其車，偏束其馬以度。西服流沙西吳。[illegible]古字南城周，周襄王庶弟子帶作亂，與戎伐襄王，焚其東門不克，桓公使仲孫湫致諸侯成周而城之。反胙于絳。反，復胙位。絳，晉國都。桓公以諸侯討晉，至高梁，使隰朋帥師立公子夷吾，返之於絳。是為惠公。嶽濱諸侯莫不來服，而大朝諸侯於陽穀。兵車之屬六，乘車之會三，屬，亦會也。兵車之會，謂以平宋亂，會于北杏；以平宋叛，會于鄄；以[illegible]楚伯，復會于鄄，以救鄭，會于[illegible]，以謀伐[illegible]，會于[illegible]，以定王世子，會于首止；以明五節，會于淮也。乘車之會，謂以[illegible]會于陽穀，以[illegible]會于葵丘，九也。諸侯甲不解纍，纍，以緘甲。兵不解翳，翳，音縊，以藏兵。弢無弓，服無矢。弢，弓衣。服，矢服。無者，無其用也。隱武事，行文道，帥諸侯而朝天子。謀寧周也。葵丘之會，天子使宰孔致胙于桓公，周襄王也。曰："余一人之命有事于文武，事，祭祀事。使孔致胙。"且有後命曰："以爾自卑勞，實謂爾伯舅，無

賂日休曰二語天威忠遠可畏焉伯之為伯亦必記之禮象而后可行

王世貞曰秋澗秋仁稱寬於廣不可分作片段看四者段段皆有只如此鼓鐸筆端開示決諸侯知桓公之為己桓公知諸侯之歸己後又說桓公知諸侯之多與己皆是鼓舞筆端以為奇特且首既備言末服末又此禁暴示威皆不過張示伯君深而遠茂而有体

穆文熙曰此處感人之功亦甚可想其垂橐而入稛載而歸不免以利結人然利盡而人不至也乃為講信哉

下拜。桓公召管子而謀，管子對曰：為君不君，為□□□，臣亂之本也。桓公懼，出見客曰：天威不違顏咫尺，（違，遠也。顏，眉目之間。八寸曰咫。）小白余敢承天子之命，曰爾無下拜，恐隕越于下，以為天子羞。遂下拜，升受命。賞服大輅，（大輅，諸侯朝服之車，謂金輅。）龍旂九旒，（龍旂，九旒也。旒音流。）渠門赤旂，（渠門，亦旂名。赤旂，大旂也。）諸侯稱順焉。（不廢于禮，順。）桓公憂天下諸侯，魯有夫人慶父之亂，（慶父通於哀姜，哀姜欲立之，慶父殺太子般，又弒閔公。）二君弒死，國絕無嗣，桓公聞之，使高子存之。（高傒立僖公。）翟人攻邢，桓公築夷儀以封之，男女不淫，牛馬選具。（選，數。）翟人攻衛，衛人出廬于曹，（廬，寄也。翟人攻衛，殺懿公，遂入衛，衛人出走，宋桓公逆之河，以衛之餘民立公孫申，以寄于曹，是為戴公。）桓公城楚丘以封之。其畜散而無育，桓公與之繫馬三百。天下諸侯稱仁焉。於是天下諸侯知桓公之為己勤也，（謂救患分災。）是故諸侯歸之。譬若市人，桓公知諸侯之歸己也，故使輕其幣而重其禮。故天下諸侯罷馬以為幣，（罷，不任用馬。幣，縷纂。）縷纂以為奉，鹿皮四个；（奉，藉，所以藉玉之藻也。縷纂，以縷織纂，不用絲，取易共也。纂，織文。）諸侯之使垂橐而入，（橐音高，空而來。）稛載而歸。（稛音困。歸，重而。）故拘之以利，結之以信，示之以武，故天下小國諸侯既許桓公，（聽其盟約。）莫之敢背，就其利而信其仁，畏其武。桓公知天下諸侯多與己也，故又大施忠焉，可為動者為

朴宗元曰桓公會諸侯天下之政於諸侯之地使難以有其國人將以安其猪則曾受賦諸侯不為且矣又使用飛國之資以利交天下若是聊則通亡齊入邑是以奉天下已不且不堪矣又委利天下之能將

孝仲曰歷序伯功而總之以用數子人之曰以管仲見管仲之功大也

之動，可為謀者為之謀，軍譚遂而不有也，（以滅譚遂，以分諸侯。）諸侯稱寬焉。通齊國之魚鹽于東萊，使關市幾而不征，以為諸侯利，諸侯稱廣焉。（施惠廣。）築葵茲、晏、負夏、領釜丘，（四塞。）以禦戎翟之地，所以禁暴於諸侯也；築五鹿、中牟、蓋與、牡丘，（四關。）以衛諸夏之地，所以示權於中國也。教大成，定三革，（定，甲冑盾也。）隱五刃，（隱，藏。五刃，刀劍矛戟矢也。）朝服以濟河而無怵惕焉，文事勝矣。（勝，奉也。）是故大國慚愧，小國附協。唯能用管仲、甯戚、隰朋、賓胥無、鮑叔牙之屬而伯功立。（五子皆齊卿大夫。）

王世貞曰：此篇文字極佳，首言桓公之伯畧，中言所

鼎鐫平湖韓會元精紬評釋古史國語四卷

會元 唐□ 方馬來 校閲
會元 求仲 韓敬 精選
會魁 成我 葉大受 參攷
溫陵 後學 林世選 詮次
書林 聖雲 鄭以厚 繡梓

國語

欒共子死節 晉語

武公伐翼，殺哀侯，魯桓三年，曲沃武公伐翼，殺哀侯之後而兼之 止欒共子曰：苟無死，欒賓傅之故，止共子使無死 吾以子見天子，令子為上卿，制晉國之政。辭曰：臣聞之，民生於三，事之如一。三，君父師。如一，服勤至死 父生之，師教之，君食之。非父不生，非食不長，非教不知，生之族也。故壹事之，族，類。壹事，事之如一 唯其所在，則致死焉。報生以死，報賜以力，人之道也。賜，惠。以力，謂不以私利 臣敢以私利廢人之道，君何以訓矣？無以教忠 且君知成之從也，未知其待於曲沃也。知成死君從臣道也，故使止臣；未知成不死而待君於曲沃之為貳也 從君而貳，君焉用之？遂鬭而死。

吳興曰：抗節不移，有如此者，偉哉。

楊慎曰：本領議論，足占立朝氣節，此皆是平日講習得明，操守得定，淬熟不啻。春秋有此人品。

史蘇論驪姬敗國 晉語

獻公卜伐驪戎，史蘇占之，曰：勝而不吉。公不聽，遂伐克之，獲驪姬以歸，有寵，立為夫人。公飲大夫酒，令司正實爵與史蘇，司正，正賓主之禮者也。實，滿也 曰：飲而無肴。肴，俎也 夫驪戎之役，女曰勝而不吉，故賞女以爵，罰女以無肴。克國得妃，其有吉孰大焉！史蘇卒爵，再拜稽首曰：兆有之，臣不敢蔽。蔽兆之紀，失臣之官，有二罪焉，何以事君？大罰將及，犯二罪則有大罰 不惟無肴。抑君亦樂其吉而備其凶，凶之無有，備之何害？若其有之，備之為瘳。臣之不信，國之福也，何敢憚罰？飲酒出，史蘇告大夫曰：有男戎必有女戎。若晉以男戎勝戎，而戎亦必以女戎勝晉，其若之何？後驪姬生奚齊，其娣生卓子。驪姬請使申生處曲沃，重耳處蒲，夷吾處屈，以儆無辱之故。言出三子鎮外，以儆戒翟無恥辱於國 公許之。史蘇朝，告大夫曰：二三大夫其戒之乎！亂本生矣。日，昔日也 君以驪姬為夫人，民之疾心固皆至矣。疾，疾其君。至，深也 昔者古明王之伐也，起百姓以為百姓也，是以民能欣之，故莫不盡忠極勞以致死。今君起百姓以自封也，民外不得其利，而內惡其貪，攻伐之利 則上下既有判矣；然而又生男，其天道也？言驪姬生奚齊，是天假以亂晉國 天彊其毒，民疾其態，其亂

[illegible]用也。聖人用之，未之敢非然……人之用，益以敵……

穆文熙曰：愚夫見小利而忘遠慮，類甚多。史蘇守兆而不移，其良卜哉。

駱日升曰：至言確論，可為鑒者。

余有丁曰：男戎女戎交相為勝，幾妙而理真。楊慎曰：言雖精別，各極楊搖淺深之趣。

句法炫麗。許應元曰：民之疾心以下，指百姓之進退，以見亂生；君子好以下，指佚豫之際，以見亂生。輕裁細鍊，不盡事情。

姜士昌曰規諫婉切舒寫無遺

鄧日升曰好其色必授之情一句曲盡人主待嬖寵之情古今禍亂皆由於此

王哉吾聞君子好好而惡惡樂樂而安安是以能有常（好者好之惡者惡之樂則克之安則居之故有常言獻公好惡安樂皆非其所）伐木不自其本必復生塞水不自其源必復流滅禍不自其基必復乱今君滅其父而畜其子禍之基也畜其子又從其欲子思報父之恥而信其欲雖好色必惡心不可謂好好其色必授之情（情謂許立其子）彼得其情以厚其欲從其惡心必敗國且深乱乱必自女戎三代皆然驪姬果作難殺太子而逐二公子君子曰知難本矣（謂史蘇知難本）

史蘇論驪姬敗國

姚宣曰郤虎徒知翟柤之可伐而不知驪姬之妄去論驕利而忘近禍可謂識哉知者哉

按野史云楚王問……

郤虎論伐翟　晉語

獻公田見翟柤之氛（田獵也翟柤國名氛祲氣象也凶曰氛吉曰祥）歸寢不寐（謀伐翟柤）郤叔虎朝公語之對曰牀第之不安耶抑驪姬之不存側耶公辭焉出遇士蔿曰今夕君寢不寐必為翟柤也（意在翟柤）夫翟柤之君好專利而不忌（不忌不畏）其臣競諂以求媚其進者壅塞（使不聞過）其退者拒違其上貪以忍其下偷以幸有縱君而無諫臣（縱放也）有冒上而無忠下（冒抵冒也）君臣上下各饜其私以縱其回（饜足也回邪也）民各有心而無所據依以是處國不亦難乎君若伐之可克也吾不言子必言之（不言不讓其上也）士蔿以告公說乃伐翟柤郤叔虎將乘城（乘升也）其徒曰棄政而役非其任也（政猶職也役服戎役也）郤叔虎曰既無老謀而又無壯事何以事君（老謀無謀也壯事力役也言己無謀又恥無功也）被羽先升遂克之（羽鳥羽繫於背若今將軍負眊矣）

按莊子云桓公田於澤管仲御見鬼焉公撫管仲之手曰仲父何見對曰臣無所見公反誒詒為病數日不出齊士有皇子告敖者入見曰公則自傷鬼烏能傷公桓公曰然則有鬼乎曰有水有罔象丘有峷山有夔野有彷徨澤有委蛇公曰請問委蛇之狀何如皇子曰委蛇其大如轂其長如轅紫衣而朱冠其為物也惡聞雷車之聲則捧其首而立見之者殆乎霸桓公辴然而笑曰此寡人之所見者也於是正衣冠與之坐不終日而不知病之去也此與獻公見翟氛之說相類所謂杯蛇之疑是也但此二說較奇特

郤虎論伐翟

呂祖謙曰：里克告公以慈，告子以孝，其處父子之間者，誠至矣。其後驪姬殺申生之謀已成，[illegible]動之克，決用[illegible]術而不知變，乃曰吾秉君以殺太子，吾不忍；通復故交，吾不敢；中立其免乎。[illegible]之言，始無所憚而[illegible]之難，作[illegible]知父子之間，當[illegible]金而不知，知正[illegible]兩立也，兩[illegible]之間，歎不容[illegible]驪姬申生之際，大[illegible]中立之地，然已新而方守其[illegible]已敗而方守其初，用前術於後，執克之所以敗也。

里克諫將太子　晉語

十七年冬，公使太子伐東山。里克諫曰：臣聞皋落氏將戰。將與申生戰君其釋申生也。釋，舍公曰：行也。對曰：非故也。非事也君行，太子居，以監國也。君行則守君行，太子從，以撫軍也。有守則從，撫循軍士今君居，太子行，未有此也。公曰：非子之所知也。寡人聞之，立太子之道三：身鈞以年，身鈞，德同也年同以愛，年亦長也愛疑決之以卜筮。愛同曰愛疑，龜曰卜，蓍曰筮子無謀吾父子之間，吾以此觀之。欲觀其能否公不說。里克退，見太子。太子曰：君賜我偏衣金玦，何也？里克曰：孺子懼乎？衣躬之偏，而握金玦，令不偷矣。孺子何懼？孺少，偷薄，偏半，金玦，兵要，分身之半以授太子，又令握金玦，君令於太子不為薄矣夫為人子者，懼不孝，不懼不得。不得立也且吾聞之，敬賢於請。言恭敬愈於請求孺子勉之乎！勉為孝敬君子曰：善處父子之間矣。入諫其父，出勉其子太子遂行。

張之象曰：知齊知文二句，叙接輕妙。穆文熙曰：文公之志頗止此，不有子犯，安能成伯。

王慎中曰：姜氏引臨汝之詩、莘莘之詩，及西方之書、鄭詩、管仲之言，春秋[illegible]之記，何物女流，能洞達物理若此。然則反國之功，倡謀者實犯，而成謀者齊姜也。

[illegible]曰：引論分析明透，切中事情。

齊姜諫懷安　晉語

公子重耳適齊，齊侯妻之，甚善焉。桓公以女妻之，甚善遇之有馬二十乘，將死於齊而已矣。曰：民生安樂，誰知其它？桓公卒，孝公即位，諸侯畔齊。子犯知齊之不可以動，不可動求反國而知文公之安齊而有終焉之志也，欲行而患之，患文公不肯去與從者謀於桑下。從者，趙衰之屬蠶妾在焉，莫知其在也。妾告姜氏，姜氏殺之，殺以滅口而言於公子曰：從者將以子行，其聞之者，吾已除之矣。子必從之，不可以貳，貳無成命。疑貳則不成天命詩云：上帝臨汝，無貳爾心。先王其知之矣，貳將可乎？言武王知天命不疑，故有天下子去晉難而至於此，自子之行，晉無寧歲，民無成君。成，定，謂奚齊、卓子殺天未喪晉，無異公子，同生九人，惟重耳在有晉國者，非子而誰？子其勉之！惠公無親，內外惡之公子曰：吾不動矣，必死於此。姜曰：不然。周詩曰：莘莘征夫，每懷靡及。夙夜征行，不遑啟處，猶懼無及。況其順身縱欲懷安，將何及矣！人不求及，其能及乎？求及，及時也日月不處，人誰獲安？西方之書有之曰：懷與安，實疚大事。疚，病鄭詩云：仲可懷也，人之言，亦可畏也。昔管敬仲管夷吾字言，小妾聞之，曰：畏威如疾，民之上也；民之上行也從懷如流，民之下也；從心所思，如水流下，民之下行見懷思威，民之中也。見可懷則思可畏，民之中行

[illegible]可為世箴

茅鹿門曰：關鍵精，敍事暢，議論切，動人，無非要之使行耳。

鍾伯敬曰：連下四「不可」字，詞何等[illegible]

畏威如疾，乃能威民。（能畏上，乃威在民上。）弗畏有刑（能威民，故在人上。不畏威，則有刑罰。）從懷如流，去威遠矣，故謂之下。（言不能威民。）其在辟也，吾從中也。（辟，罪也。不在上下，故陷罪。故從中。）鄭詩之言，吾其從之。此大夫管仲之所以紀綱齊國，裨輔先君而成霸者也。子而棄之，不亦難乎？齊國之政敗矣，晉之無道久矣，從者之謀忠矣，時日及矣，公子幾矣。（重耳出國年，時日月近也。）君可以濟百姓而釋之者，非人也。（濟，成。釋，置。）敗不可處，（敗，齊也。）時不可失，忠不可棄，懷不可從，子必速行。公子弗聽。姜與子犯謀，醉而載之以行。醒，以戈逐子犯，曰：「若無所濟，吾食舅氏之肉，其知饜乎！」舅犯走且對曰：「若無所濟，余未知死所，誰能與豺狼爭食？（東野公子將走，不暇，豈能復與豺狼爭食乎？）若克有成，公子無亦晉之柔嘉，是以甘食。（柔脆，嘉美也。）偃之肉腥臊，將焉用之？」遂行。

茅坤曰：文公之安於齊，沛公之安於咸陽，一也。然沛公能聽噲言還軍灞上，而文公視齊姜之諫蔑如也，令不以醉行，未知所稅駕矣。棄德生怨，而以戈逐，特伯者之罷度耳。

李廷機曰：詞何等[illegible]

楊慎曰：叔詹固請以往，正自料其言足以反文公之心

王慎中曰：司馬遷敘刑[illegible]就烹[illegible]此

李光縉曰：詞之勁，人乃不在多。詹伯[illegible]之前，通說漢王[illegible]此

詹伯就烹　晉語

文公誅觀狀以伐鄭，反其陴。（鄭復故曹觀公駢脅之事，而叔詹云使渾觀狀之罪，故伐之。鄭無觀狀，謂渾欲於曹不禮公，同耳。反，撥也。陴，城上女垣也。）鄭人以名寶行成，公弗許，曰：「予我詹而師還。」（詹，詹伯。文公過鄭時，詹請禮之，鄭伯不聽，因請殺之。）詹請往，鄭伯弗許，詹固請曰：「一臣可以赦百姓而定社稷，君何愛于臣也？」鄭人以詹予晉。晉人將烹之，詹曰：「臣願獲盡辭而死，固所願也。」公聽其辭。詹曰：「天降鄭禍，使淫觀狀，棄禮違親。（淫，放也。放曹不禮于君，違親國。）臣曰：『不可。夫晉公子賢明，其左右皆卿才，若復其國，而得志于諸侯，禍無赦矣。』今禍及矣。尊明勝患，智也。（明，謂公子。勝，猶過也。）殺身贖國，忠也。」乃就烹，據鼎耳而疾號曰：「自今以往，知忠以事君者，與詹同。」乃命弗殺，厚為之禮而歸之。鄭人以詹伯為將軍。

胥臣論傳讙　晉語

文公問於胥臣曰吾欲使陽處父傅讙也（讙文公子襄公也）而教誨之其能善之乎對曰是在讙也蘧蒢（蘧蒢人偃）不可使俛戚施（戚施人僂）不可使仰僬僥（僬僥長三尺）不可使舉侏儒（侏儒人短）不可使援矇瞍不可使視（矇有眸子而無見曰矇無眸子曰瞍）嚚瘖不可使言（口不道忠信之言曰嚚瘖不能言者）聾聵不可使聽（耳不聽五声之和曰聾生而聾曰聵）童昏不可使謀（童無知昏闇亂）質將善而賢良贊之則濟可俟也若有違質（邪性）教將不入其何善之為（不言生使之善）臣聞昔者大任娠文王不變（娠有身也不變動也）少溲于豕牢（小溲小便豕牢廁也）而得文王不加病焉（言生之易）文王在母不憂（在母娠時体不變故不憂）在傳弗勤處師弗煩事王不怒（事三季不加怒）孝友二虢（虢仲虢叔）而惠慈二蔡（管叔亦為蔡故云二蔡）刑於大姒（刑法也大姒文王妃）比于諸弟（親同宗之弟）詩云刑于寡妻至于兄弟以御于家邦于是乎用四方之賢良（以自輔也）及其即位也詢于八虞（即伯達等八士）而咨于二虢度于閎夭（皆謀也）而謀于南宮（适）諏于蔡原而妨于莘尹（蔡公原公莘甲尹佚皆周太史）重之以周召畢榮（四公）億（安）寧百神而柔和萬民故詩曰惠于宗公（惠順宗公大臣）神罔時恫（恫痛也文王為政咨于大臣順而行之故鬼神無怨痛之者）是則文王非尊教誨之力也（言因體也）公曰然則教無益乎對曰胡為文益其質（言有質加以文采乃善）故人生而學非學不入（不學不入於道）公曰奈夫八疾何（八疾謂蘧蒢等）對曰官師之所材也（材謂裁用也）戚施直鎛（主擊鎛）蘧蒢蒙璆（蒙戴也不能俛故使戴王磬）侏儒扶盧（扶緣也盧矛戟之秘以為戲）矇瞍修聲（使播樂）聾聵司火（不視審使主火）童昏嚚瘖僬僥官師所不材也（無用之人）以實裔土（投之荒裔）夫教者因體能質而利之者也若川然有原以卬浦而後大（能才也因其身体有質可成濟者就而通利之卬迎也言川有原因開而迎之以浦然後大也）

王守仁曰自古聖帝明王何者不由于教誨哉黃帝學于大塡顓頊學于録圖帝嚳學于赤松子堯學于君疇而峻德克明舜學于務成昭而玄德是奮禹學于西王國而祇德惟先湯學于成子伯而大德用懋文王學于時子思武王學于虢叔而敬德相承前謨後烈蓋多賢師傅教誨力焉安得謂非尊教誨之功也

王士嶽曰文彩爛然可觀

欒伯之言

范叔之教

權文熙曰寵至益戒二語有味乎其言之也文子終身強歷可不負斯語

郤之一曰

韓子之戒又

士之訓曰

諸大夫勉趙文子　晉語

趙文子冠（趙武也冠以士禮始冠）見欒武子（欒書）曰美哉（美其成人）昔吾逮事莊主（莊子趙朔之謚大夫稱主趙朔當將下軍欒書佐之）華則榮矣實之不知請務實乎（榮有色貌實之不知華而不實）見中行宣子（荀庚）宣子曰美哉惜也吾老矣（年老不見文子德所至也）見范文子（范燮）文子曰而今可以戒矣夫賢者寵至而益戒不足者為寵驕（知不足者得寵而驕）故興王賞諫臣逸王罰之吾聞古之王者政德既成又聽於民於是乎使工誦諫於朝（誦前世箴諫之語）在列者獻詩使勿兜（公卿至于列士獻詩以風兜惑也）風聽臚言於市（采所商旅所傳善惡之言）辨妖祥於謠（祥妖善惡也）

考百事於朝（百官職事）問謗譽於路有邪而正之盡戒之術也（道也）先王疾是驕也見郤駒伯（郤錡）駒伯曰美哉然而壯不若老者多矣（自恃年壯）見韓獻子（韓厥）獻子曰戒之此謂成人成人在始與善始與善善進善不善蔑由至矣始與不善不善進不善善亦蔑由至矣如草木之產也各以其物（類）人之有冠猶宮室之有牆屋也糞除（自脩潔）而已又何加焉見知武子（荀罃）武子曰吾子勉之成宣之後而老為大夫非恥乎（歎其修德為卿也）成子之文宣子之忠其可忘乎成子道前志以佐先君道法而卒以政可不謂文乎（道達志記佐助先君文子也以政得政也）夫宣子

三郤之二曰

三郤之三曰

丁惕曰張老之言結束完密

孫斻若曰三郤亡人之言然在趙文子則亦所謂季孫之更參案恐若也

盡諫於襄靈以諫取惡不憚死進也可不謂忠乎吾子勉之有宣子之忠而納之以成子之文事君必濟（成也）見苦成叔子（郤犨）叔子曰抑年少而執官者衆（執官為大夫也）吾安容子見溫季子（郤至）季子曰誰之不如可以求乎（不欲其高遠）見張老而語之（張孟也）張老曰善矣從欒伯之言可以滋（益）范叔之教可以大韓子之戒可以成物備矣志在子（物事也人事已備矣行與不行在子之志）若夫三郤亡人之言也何稱述焉（不足行述）知子之道善矣（道訓）是先主覆露子也（先王謂成宣露潤也）

孫鑛春曰念其功曰其材品剛不續不遂忘一篇之中毛羽豐滿者琳鄉

王世貞曰余觀悼公初政左氏此篇詳於述敍亦極朴悍有古意

余有丁曰按內傳只云悼公即位于朝使魏相士魴魏頡趙武為卿荀家荀會欒黶韓無忌為公族大夫使訓卿之子弟共儉孝弟使士渥濁為太傅使修范武子之法右行辛為司空使修士蔿之法弁糾御戎校正屬焉使訓諸御知義荀賓為右司士屬焉使訓勇力之士時使

文公用人復伯 晉語

二月乙酉，公即位。使呂宣子佐下軍，（呂宣子，呂相）曰：「邲之役，呂錡佐知莊子於上軍，（上當為下字之誤。呂錡，厨武子也。知莊子，荀首也。時為下軍）獲楚公子穀臣與連尹襄老，以免子羽。（連尹，楚官名。子羽，荀罃之字。魯成三年，晉人歸楚穀臣與襄老之尸以求知罃，楚人許之，故曰以免）鄢之役，親射楚王而敗楚師，（晉楚戰于鄢陵，呂錡射楚恭王中目，楚師敗。楚養由基射呂錡中項而死）以定晉國而無後，（子孫無在顯位）其子孫不可不崇也。」（崇，高也）使彘恭子將新軍，曰：「武子之季、文子之母弟也。（季，少子也）武子宣法以定晉國，至于今是用。（宣，明。法，執秋之法）文子勤身以定諸侯，至於今是賴。（定諸侯，為軍師。諸侯事晉，賴蒙也）夫二子之德，其可忘乎？」故以彘季屏其宗。（屏，蕃）使令狐文子佐之，（魏頡也。令狐，邑名）曰：「昔克潞之役，秦來圖敗晉功，魏顆以其身卻退秦師于輔氏，親止杜回，其勳銘于景鐘。（克潞，宣十五年六月，晉荀林父將滅赤狄潞氏；七月，秦桓公伐晉，次於輔氏，欲敗晉功。壬午，晉景公治兵以略狄土，及洛，魏顆敗秦師于輔氏，獲杜回。輔氏，晉地。杜回，秦力士也。勳，功也。景鐘，景公之鐘）至于今不育，其子不可不興也。」（育，遂也）君知貞子之帥志，（貞子，晉卿士）博聞而宣惠於教也，使為太傅。（太傅，師。術，宣。偏惠順）知右行辛之能以數宣物定功也，使為司空。（右行辛，晉大夫。能以計數明事定功，故使為司空）知欒糾之能御以和於政也，使為戎御。（欒糾，御戎。軍政，御公戎車）知荀賓之有力而不暴也，使為戎右。（戎右，公戎車之右。有力

卿無共御立軍尉以攝之祁奚為中軍尉羊舌職佐之魏絳為司馬張老為候奄鐸遏寇為上軍尉籍偃為之司馬使訓卒乘親以聽命程鄭為乘馬御六騶屬焉使訓群騶知禮凡六官之長皆民譽也舉不失職官不易方爵不踰德師不陵正旅不偪師民無謗言所以復霸也細比外傳文体大不同總之情有當亦不拭此

暴，故可親近之也）欒伯請公族大夫，（欒伯，欒黶也。掌公族與卿之子弟）公曰：「荀家惇惠，（晉大夫）荀會文敏，（會音貴）黶也果敢，無忌鎮靖，（韓無忌，韓厥之子）使茲四人者為之。夫膏粱之性難正也，（言食肥美者率多驕，其性難止也）故使惇惠者教之，（教以道）使文敏者導之，（導其志也）使果敢者諗之，（諗音審，告其淫失也）使鎮靖者修之。（修治其氣性）惇惠者教之，則遍而不倦；（倦，懈）文敏者導之，則婉而入；（婉，順）果敢者諗之，則過不隱；鎮靖者修之，則壹。」（壹，均一）使茲四人者為公族大夫。公知祁奚之果而不淫也，使為元尉。（元尉，中軍尉也）知羊舌職之聰敏肅給也，使佐之。（敏，達。肅，敬。給，足也）知魏絳之勇而不亂也，使為元司馬。（元司馬，中軍司馬也）知張老之知而不詐也，使為元候。（張老，張孟也。元候，中軍候奄也）知鐸遏寇之恭敬而信強也，使為輿尉。（鐸遏寇，晉大夫。輿尉，上軍尉也）知籍偃之惇率舊職而共給也，使為輿司馬。（籍偃，籍游也。輿司馬，上軍司馬也）知程鄭端而不淫，且好諫而不隱也，使為贊僕。（程鄭，晉大夫。贊僕，乘馬御）始合諸侯於虛朾以救宋，（朾音湞。虛朾，宋地。宋魚石叛，求助於楚，楚伐宋，取彭城以封之，故悼公合諸侯以救宋）使張老延君譽于四方，且觀道逆者。（陳君之德譽于四方，且觀察諸侯之有道德與逆亂者）呂宣子卒，（呂相）公以趙文子為文也，（趙武有文德）而能恤大事，使佐新軍。（中軍）三年，公始合諸侯。（悼公元年合諸侯于虛朾，此復言始合者，謂四年將會于雞丘，下此始命）四年，諸侯會于雞丘，（雞澤）於是乎布令、結援、脩好、

九五

陳國甲曰：報德報功之典，乎之曲盡。

申盟而還。(盟之謂朝聘之數，同好惡。)令狐文子卒。(魏頡。)公乃以魏絳為不犯。(不可犯以非法。)使佐新軍。(武為將而絳佐之。)使張老為司馬。(代魏絳。)使范獻子為候奄。(代張老。候奄，元候也。)公譽達於戎。(諸戎，無終子之屬。)五年，諸戎來請服，使魏莊子盟之，於是乎始復伯。(莊子，魏絳也。文公後，故曰復。)

晉戚欒氏

韓曰昇曰：陽畢之對激厲其旨，中之對亦以戚叔，末之對示以嚴立。

李光地曰：鑿又有理，而尚亦工。胡時化曰：此借喩欒盈之黨，死殲則將死，能為矣，所以當先去其黨也。

又曰：此歎平公之捉君權，語甚切至。

楊慎曰：誣之一字許甚。

穆文熙曰：欒書弒君，積惡所以不得不滅。

陸張柯曰：此元君句正應上恐公及吾身句，所謂揚之以其不得不從者。

平公六年，箕遺及黃淵、嘉父作亂，不克而死。公遂逐群盜。謂陽畢曰：自穆侯以至于今，亂兵不輟，恐及吾身，若之何？陽畢對曰：本根猶樹，(本根，亂本，謂欒氏。樹，尚立也。)枝葉益長，本根益茂，是以難已也。今若大其柯，(柯，斧柄，操以伐木。)去其枝葉，絕其本根，可以少閒。(閒，息也。謂戚欒氏而去其兇也。)公曰：子實圖之。陽畢曰：圖在明訓，明訓在威權，威權在君。君掄賢人之後有常位於國者而立之，亦掄逞志虧君以亂國者之後而去之，是遂威而遠權。(遂，申也。)民畏其威而懷其德，則莫思亂矣。且夫欒氏之誣晉國也久矣。(誣，罔也。以惡取善曰誣。)欒書實覆宗，殺厲公以厚其家。(子之德在人，如周人之思召公。厲公然人被其德，不以為惡。)若滅欒氏，則民威矣。今吾若起瑕、原、韓、魏之後而賞立之，則民懷矣。(瑕、原、韓、魏，皆晉賢臣。)威與懷各當其所，則國安矣。君治而國安，欲作亂者誰與？君曰：欒書立吾先君，欒盈不獲罪，如何？(言盈不得罪。)陽畢曰：夫正國者不可以暱於權，(國為其母范祁所譖耳，如何可滅。)行權不可以隱於私。(暱，近也。言當遠權為久長計也。以私恩隱蔽其罪也。)暱於權則民不道，(不可道訓。)行權隱於私則政不行，政不行何以道民？民之不道，亦無君矣。(與無君同。)君其圖之。若愛欒

胡時化曰逐欒盈先逐其黨此正処置之策

又曰此即陽畢之謀

董份曰敘語簡不費辭

盈則明逐群賊而以國倫數而遣之（群賊盈之黨 倫理也）使若求逞志而報於君，罪孰大焉，滅之猶少（少恐伏必也）。彼若不敢而遠逃，乃厚其外交而勉之，以報其德，不亦可乎（謂賂其所適之國厚寄托之而勸勉焉）？公許諾，盡逐群賊而使祁午及陽畢適曲沃逐欒盈（曲沃欒盈邑），欒盈出奔楚。遂令於國人曰：自文公以來，有力於先君而子孫不育者，將授立之，得之者賞。居三年，欒盈晝入為賊于絳，范宣子以公入于襄公之宮。欒盈不克，出奔曲沃，遂刺欒盈，滅欒氏。是以沒平公之身無內亂也。

路可共曰前提頭中段証到末又歸結于子身上以起前之賀意正文之有照應者

楊文駉曰叔向言貧之可以安則誠大其言欒書之德則悖而不信以下逆上亦可謂行刑耶前之言曰欒書穀厲公以厚其家今而曰無一卒之田前之言曰欒氏之誣晉國久矣用書之罪以逐盈而仁為桓之罪以亡於楚則吾惡乎信

李坤曰夫桓子宜及于難而賴武以沒其身見有餘德者伏誅善后也懷子可以免唯而離桓以亡見無德者后雖敗行猶屬其殃也又深言郤氏以明之至此則總括一篇之意又正慶弔無門惟人所召

叔向賀韓宣子貧　晉語

叔向見韓宣子，宣子憂貧，叔向賀之。宣子曰：吾有卿之名而無其實（實財也），無以從二三子（從其時贈之屬），吾是以憂，子賀我何故？對曰：昔欒武子無一卒之田（一卒上大夫之田 欒書為晉上卿而反不及），其官不備其宗器（宗官祭器），宣其德行，順其憲則，使越（越聞也）於諸侯，諸侯親之，戎狄懷之，以正晉國，行刑不疚，以免於難（免弒君之難）。及桓子，驕泰奢侈，貪欲無藝（藝極也 桓子欒書之子黶也），略則行志（略犯也 則法也 玩法而縱其欲），假貸居賄（居蓄賄也），宜及於難，而賴武之德以沒其身。及懷子改桓之行，而修武之德（懷子桓子之子盈也），可以免于難，而離桓之罪，以亡於楚（亡奔也）。夫郤昭子（昭子郤至也），其富半公室，其家半三軍，恃其富寵以泰於國（泰奢泰于國），其身尸於朝，其宗滅於絳。不然，夫八郤五大夫三卿（三卿郤錡郤至郤犨 又有五人為大夫），其寵大矣，一朝而滅，莫之哀也，唯無德也。今吾子有欒武子之貧，吾以為能其德矣（能行其德），是以賀。若不憂德之不建，而患貨之不足，將弔不暇，何賀之有？宣子拜稽首焉，曰：起也將亡，賴子存之，非起也敢專承之（專獨也 承受也），其自桓叔以下嘉吾子之賜（桓叔生萬為韓之祖）。

傳曰梗陽人有獄魏戊不能斷以獄上其大宗賂以女樂云大宗即領曰昭謂大宗訟者之大宗为訟者納賂

諷諭有体

吳興曰二人可謂善因事諷諫者 孫月峯曰小人之腹君子之心二語千古妙論而唯能自知止所以終成令德

魏獻子却梗陽人之賂　晉語

梗陽人有獄（訟也）將不勝請納賂于魏獻子獻子將許之閻沒謂叔寬曰與子諫乎（閻沒叔寬皆晉大夫）吾主以不賄聞於諸侯（主獻子也不貪財也）今以梗陽之賄殃之不可（殃猶病也）二人朝而不退獻子將食問誰在庭曰閻明叔寬在召之使佐食（佐猶次也）比已食三歎既飽獻子問焉曰人有言曰唯食可以忘憂吾子一食之間而三歎何也同辭對曰吾小人也貪饋之始至懼其不足故歎中食而自咎也曰豈主之食而有不足是以再歎之既食願以小人之腹為君子之心屬厭而已（屬適也厭飽也）適小飽是以三歎獻子曰善乃辭梗陽人

柳宗元曰惧君受賄而與僚屬之諫若閻沒者可謂事君以道而叔寬亦能克成其志矣

國語　四卷　魏獻子却梗陽人之賂　十九

唐順之曰叙事簡當

培壘以自備而先正思樂思難之言皆發明尹鐸所未發尤有意味

此二段叙簡子先世受患所以成德

恭武溫德四德平波瀾

前敘數周師保字所以明委土亦可為師保之意

所以催難

此言尹鐸增壘之意 孫叔吉曰讀此有警省處

懸字暗應賞字與穀字暗應亦完整 此篇宜去規諫處

郵無正論壘培　晉語

趙簡子使尹鐸為晉陽曰必墮其壘培（壘培荀寅士吉射圍趙氏所作壘壁也）吾將往焉若見壘培是見寅與吉射也尹鐸往而增之簡子如晉陽見壘怒曰必殺鐸也而後入大夫辭之（為之請）不可曰是昭余讎也郵無正進曰（無正晉大夫）昔先主文子（武）少釁於難從姬氏於公宮（趙朔妻晉成公姊趙姬淫於趙嬰兄趙同趙括放之姬譖景公殺之武從其母畜於公宮）有孝德以出在公族（方為公族大夫也）有恭德以升在位（位卿）有武德以羞為正卿（羞進）有溫德以成其名譽失趙氏之典刑（常法）而去其師保（在公官故無師保）基於其身以克復其所（基始也始更修）及景子（成子之父）長於公宮未及教訓而嗣立矣亦能纂修其身以受先業無謗於國順德以學子（使其子號孝）擇言以教子擇師保以相子今吾子嗣位（繼趙成以為卿）有文之典刑有景之教訓之以師保加之以父兄子皆疏之以及此難夫尹鐸曰思樂而喜思難而懼人之道也委土可以為師保吾何為不增是以修之庶曰可以鑑鏡而鳩（安）趙宗乎若罰之是罰善也罰善必賞惡臣何望矣簡子說曰微子吾幾不為人矣以免難之賞賞尹鐸（免難之賞軍賞也言見戒而惧惧則有備是亦免難）

國語　四卷　郵無正論壘培　廿

竇犨論人化　晉語

趙簡子嘆曰：雀入于海為蛤，雉入于淮為蜃（蜃，蛤之甚大者），黿鼉魚鱉莫不能化（化謂蛇或為鱉、為黿、為鼉之類是也），唯人不能。竇犨侍曰：臣聞之，君子哀無人（人，賢人），不哀無賄；哀無德，不哀無寵；哀名之不令，不哀年之不登（登，高也）。夫中行、范氏不恤庶難，而欲擅晉國，今其子孫將耕於齊，宗廟之犧為畎畝之勤（純色為犧。論二子皆名族之後，當為祭主于宗廟，今反放逐畎畝之中，是亦人之化也），人之化也，何日之有。

按宗廟之犧為畎畝之勤，語有意味。叔向曰欒郤胥原狐續慶伯降在皂隸，亦此意。

士茁懼室美　晉語

知襄子為室美（襄子，智伯瑤也），士茁（音拙）夕焉（暮見）。知伯曰：室美夫？對曰：美則美矣，抑臣亦有懼也。知伯曰：何懼？對曰：臣以秉筆事君，志有之曰：高山峻原，不生草木；松柏之地，其土不肥（言兩盛無），今土木勝，臣懼其不安人也（言不）。室成，三年而知氏亡（三年，知伯與韓、魏伐趙襄子，圍晉陽，而灌之城不浸者三版。知伯行水，魏桓子御，韓康子驂乘。知伯曰：吾始知水可以亡人國也。汾水可以灌安邑，安邑，魏也；洛水可以灌平陽，平陽，韓也。桓子肘康子，康子履桓子之跗。趙襄子夜使張孟私於韓、魏，韓、魏與之合，遂攻知伯而分其地，在春秋後）。

知國論人不可忽　晉語

知襄子伐鄭還自衛（還自衛，還也），三卿宴于藍臺（三卿，知襄子、韓康子、魏桓子。藍臺，地名），知襄子戲韓康子而侮段規（段規，康子之相）。知伯國聞之（伯國，知氏之族），諫曰：主不備難，必至矣。曰：難將由我，我不為難，誰敢興之？對曰：異於是（言所聞異此），夫郤氏有車轅之難（郤犨與長魚矯爭田，執而梏之，與其父母妻子同一轅），趙有孤姬之讒（孟姬，趙莊姬也），欒有叔祁之愬（叔祁，欒盈之母也；愬之于宣子，遂逐欒氏），范、中行有函冶之難（函冶，范氏中行寅與范吉射相為亂于范氏，故皋夷謀逐二子，卒滅之），皆主之所知也。夏書有之曰：一人三失，怨豈在明，不見是圖。周書有之曰：怨不在大，亦不在小。夫君子能勤小物，故無大患。今主一宴而恥人之君相（恥辱也。君謂康子，相謂段規），又弗備，曰不敢興難，無乃不可乎？夫誰不可喜，而誰不可懼？蚋蟻蜂蠆，皆能害人，況君相乎？弗聽。自是五年，乃有晉陽之難，段規反首難，而殺知伯于師，遂滅知氏。

張之象曰：驕殺三郤，姬譖趙同、叔祁愬盈，皋夷殘范、中行，皆禍起於微，而人所不備者也。故知國令襄子備韓、魏，然侮人之人，其志方驕。

言自不入，此知伯所以卒於敗耳。

知言之要

（眉批）啓愐之曰忠信[illegible]人可以[illegible]和[illegible]先

（眉批）穆文熙曰春秋之世抗為近古教太子之法抗評莊王申叔請而行之便可想見其賢

（眉批）[illegible]曰叔時之[illegible]首言教之是一層次言動而不悛一層又次言悛而不攝之一層又次言攝而不徹之一層於此導之方可[illegible]曰若是[illegible]而不濟不可為也[illegible]慨感[illegible]

申叔時論教太子 楚語

莊王使士亹（楚大夫）傅太子箴（恭王名）而問於申叔時（楚賢大夫）。叔時曰：教之春秋（以天時紀人事謂之春秋）而為之聳善而抑惡焉，以戒勸其心（聳，獎也）；教之世（世，先王之世系也）而為之昭明德而廢幽昏焉（明德者世顯，而闇亂者世廢），以休懼其動（休，嘉也）；教之詩而為之道廣顯德，以耀明其志（道，開也，顯德謂若成湯文武周召僖公之屬，詩所美者）；教之禮使知上下之則（則，法）；教之樂以疏其穢而鎮其浮（樂所以移風易俗，蕩滌人之邪穢，鎮重浮輕也）；教之令使訪物官（令，先王之官法時令也，使議知百官之事業）；教之語使明其德而知先王之務用明德於民也（語，治國之善語）；教之故志使知廢興者而戒懼焉（故志，所記前世成敗之書）；教之訓典使知族類行比義焉（訓典，五帝之書，知族類謂若[illegible]九族比義，義之與比也）。若是而不從，動而不悛（悛音詮，改也），則文詠物以行之（以文詞諷託事物以行之），求賢良以翼之（翼，輔翼）。悛而不攝，則身勤之（以身勤勉之），多訓典刑以納之（刑，法），務慎惇篤以固之。攝而不徹，則明施舍以道之忠（施己所欲，原心舍過，謂之忠恕），明久長以道之信（有信然後可長久），明度量以道之義（度量所宜），明等級以道之禮（貴賤之品級），明恭儉以道之孝（恭儉所以事親），明敬戒以道之事（敬戒於事則成功），明慈愛以道之仁，明昭利以道之文（言利以明物），明除害以道之武（去暴亂也），明精意以道之罰（精意以情斷之），明正德以道之賞（謂不私所愛），明齊肅以耀之臨（齊壹肅敬，明臨事也）。若是而不濟，不可為也（不成不可而[illegible]）。

（眉批）王維楨曰且夫以下是總括上文錯舖叙正發明不濟而不可為之意不可另看

且夫誦詩以輔相之，威儀以先後之，體貌以左右之，明行以宣翼之（宣，[illegible]），制節以動行之，恭敬以臨監之，勤勉以勸之，孝順以納之，忠信以發之，德音以揚之，教備而不從者，非人也。其可興乎（興，成也）。夫子踐位則退（夫子，太子也；退，謙退也），自退而敬（自退則見敬也），不則赧（不自退則恒憂懼）。

國語　四卷　申叔時論教太子　廿三

國語　四卷　申叔時論教太子　廿四

柳宗元曰門內之理恩掩義父子恩之至也而芰之薦不為愆義屈子以禮之末忍絕其父將死之言吾未知其可否也

句法可嘉

子木祭不薦芰 楚語

屈到嗜芰（屈到楚卿 芰蔆也）有疾召其宗老（家臣曰老 宗老為宗人者）而屬之曰祭我必以芰及祥（祥祭也）宗老將薦芰屈建命去之（建屈到之子子木是也）宗老曰夫子屬之（夫子屈到也）子木曰不然夫子承楚國之政其法刑在民心而藏在王府上之可以比先王下之可以訓後世雖微楚國諸侯莫不譽（雖無楚國之尊諸侯猶皆譽之以為善也）其祭典有之曰國君有牛享（諸侯以太牢也）大夫有羊饋（少牢也）士有豚犬之奠（士以特牲）庶人有魚炙之薦（庶人祀以魚）籩豆脯醢則上下共之（共共之以多少為羞也）不羞珍異不陳庶侈（羞進也 庶眾也 侈猶多也）夫子不以其私欲干（犯）國之典遂不用

王慎中曰屈建之事屈到可謂正矣然禮曰孝子於親思其所嗜而曾子不忍嗜羊棗是或一道也

[illegible]曰此句自佳以[illegible]美[illegible]言之絕好方字互正論旨意自至

彤謂丹楹鏤謂刻桷

王慎中曰精神色論內敘問字本此周奏之又在後世為冊頭也

[illegible]以曰此段錯綜用叠字却似美餘于嬌奇態生 試婿

吳興曰靈王以臺為美而伍舉以脩德為美此議論更剪明快字句峭可調極至納忠者矣

伍舉諫築章華臺 楚語

靈王為章華之臺（築臺於章華之地）與伍舉升焉曰臺美夫對曰臣聞國君服寵以為美（服寵謂以賢受寵服也）安民以為樂聽德以為聰（聽用有德）致遠以為明（能致遠人）不聞其以土木之崇高彤鏤為美而以金石匏竹之昌大囂庶為樂（庶眾也）不聞其以觀大視侈淫色以為明而以察清濁為聰也先君莊王為匏居之臺（臺名）臺高不過望國氛大不過容宴豆材不妨守備（城郭守備之材）用不煩官府（財用不出府藏）民不廢時務官不易朝常問誰宴焉則宋公鄭伯（鄭簡公）問誰相（導）禮則華元駟騑（鄭子駟也）問誰贊事則陳侯蔡侯許男頓子其大夫侍之（各侍其君）先君是以除亂克敵而無惡於諸侯今君為此臺也國民罷焉財用盡焉年穀敗焉百官煩焉舉國留（治）之數年乃成願得諸侯與始升焉諸侯皆距無有至者而後使太宰啓疆（楚卿）請於魯侯（魯昭公）懼之以蜀之役而僅得以來使富都那豎贊焉（富盛容也 都閑也 那美也 豎未冠者 言取美好不尚德也）而使長鬣（美鬚）之士相焉臣不知其美也夫美也者上下外內小大遠邇皆無害焉故曰美若於目觀則美（目觀則美德則否也）縮（取）於財用則匱是聚民利以自封而瘠民也胡美之為夫君國者將民之與處民實瘠矣君

此又舉先王之為臺榭與上舉先君一段照看

高以猿曰□文□□光先舉□□□文字□□

轉引為證亦有數個之字何等淒巧何等天然

傳雜稱曰以周詩接引明妥自然

自傳中日的用一□字□數□□□精

安得肥。且夫私欲弘侈，則德義鮮少；德義不行，則邇者騷離而遠者距違。天子之貴也，唯其以公侯為官正，而以伯子男為師旅。其有美名也，唯其施令德於遠近，而小大安之也。若斂民利以成其私欲，使民蒿焉忘其安樂，而有遠心，（蒿，耗也。遠心，心畔離也。）其為惡也甚矣，安用目觀？故先王之為臺榭也，（積土曰臺，無室曰榭。）榭不過講軍實，（習戒）臺不過望氛祥。（凶氣為氛，吉氣為祥。）故榭度於大卒之居，（大卒，王士卒也。度其足以臨見之而已。）臺度於臨觀之高。（足以臨下觀上而已。）其所不奪穡地，其為不匱財用，其事不煩官業，其日不廢時務，瘠磽之地，於是乎為之；（取不害穀。）城守之木，於是乎用之；（取其餘。）官寮之暇，於是乎臨之；（不廢事。）四時之隙，於是乎成之。（不妨農。）故周詩曰：「經始靈臺，經之營之，庶民攻之，不日成之。經始勿亟，庶民子來。」夫為臺榭，將以教民利也，（望氛祥而避災害，講軍實而禁亂，皆所以利民者。）不知其以匱之也。若君謂此臺美而為之正，（以為得事之正。）楚其殆矣。

國語　四卷　伍舉諫築章華臺　二十七

一引武公

一引文王

此是曰引武公尚老耄之時而猶欲聞諫正以儆子亹之不可以老自安也然子亹聞言而即能驟見左史其亦體必受善者與

事先備曰句法頓挫若成似乎老耄鍾鍊之狀

直西山曰自卿以下無一人不使佐戒規之戰且在與以下無一處不欲闕箴規之言務比作抑詩使人誦之不離于側如是而意不誠心不正者未之有也

戒曰廿日只歸結數語詞不煩而意自足

左史倚相誚子亹　楚語

左史倚相廷見申公子亹，（廷見，於廷見之。）子亹不出。左史謗之，舉伯以告。（舉伯，楚大夫也。）子亹怒而出，曰：「女無亦謂我老耄而舍我，而又謗我？」（八十曰耄。）左史曰：「唯子老耄，故欲見以交儆子。若子方壯，能經營百事，倚相將奔走承序，（承受事業，以次序也。）於是不給，而何暇得見？昔衛武公年數九十有五矣，猶箴儆於國，曰：『自卿以下至於師長士，（師長，大夫上士也。）苟在朝者，無謂我老耄而舍我，必恭恪於朝，朝夕以交戒我；聞一二之言，必誦志而納之，以訓導我。』在輿有旅賁之規，位宁有官師之典，倚几有誦訓之諫，居寢有暬御之箴，臨事有瞽史之道，宴居有師工之誦。史不失書，矇不失誦，以訓御之，（御，進也。）於是乎作懿戒（讀）以自儆也。及其沒也，謂之睿聖武公。子實不睿聖，於倚相何害？周書曰：『文王至於日中昃，不遑暇食。惠于小民，唯政之恭。』文王猶不敢驕，今子老楚國而欲自安也，以禦數者，王將何為？（禦，止也。數者，謂箴戒誹謗也。為人臣尚如此，王將使何為。）若常如此，楚其難哉！」子亹懼，曰：「老之過也。」乃驟見左史。

國語　四卷　左史倚相誚子亹　二十八

駁付什曰拒諫之君類多如此此皆史公所謂〔飾〕取諫詐之詞而出白言之者也

揭慎口以〔先〕之事亦寓諷意

此引高宗之納諫以警言〔吳〕王語亦切至

〔丘〕濬曰默諒闇也思道思君人之道也

許應元曰以賢者之心比霖雨以譬諭忠言以後既〔說〕足諭夫道〔諫〕切〔之〕之說

祭明曲盡

何孟春曰此三字〔挾〕字又字〔接〕字〔摹〕寫武丁憂勤之心〔周〕悉曲盡特以申引書之意

又引桓文之納諫以警〔靈〕王詞〔調〕〔鏗〕鏘可愛

子張諫楚靈王 楚語

靈王虐，白公子張驟諫。王患之，謂史老曰：「吾欲已子張之諫，若何？」對曰：「用之實難，已之易矣。若諫，君則曰：余左執鬼中，右執殤宮，中身也。夫死曰殤。殤宮，殤之君也。執，謂把其録籍，制服其身，知其居處。凡百箴諫，吾盡聞之矣，寧聞它言？」白公又諫，王如史老之言。對曰：「昔殷武丁能聳其德，至於神明，以入于河，遷河內。自河徂亳，於是乎三年，默以思道。卿士患之，曰：『王言以出令也，若不言，是無所稟令也。』武丁于是作書，曰：『以余正四方，余恐德之不類，善。茲故不言。』如是而又使以象夢求四方之賢，聖人得傅說以來，升以為公，而使朝夕規諫，曰：『若金，用女作礪；若津水，用女作舟；若天旱，用女作霖雨。啓乃心，沃朕心。若藥不瞑眩，厥疾不瘳；若跣不視地，厥足用傷。』若武丁之神明也，其聖之叡廣也，其知之不疚也，猶自謂未乂，治。故三年默以思道。既得道，猶不敢專制，使以象旁求聖人。既得以為輔，又恐其荒失遺忘，故使朝夕規誨箴諫，曰：『必交脩余，無余棄也。』今君或者未及武丁，而惡規諫者，不亦難乎！齊桓、晉文，皆非嗣也，皆庶子。還軫諸侯，不敢淫逸，心類德音，以得有國。近臣諫，遠臣謗，輿人誦，以自誥也。是以其入也，四封不

又引詩以見之以言收拜句詞尤〔懇〕切

不然何急為句〔所〕應下讀

句法勁

備一同，百里。而至於有畿田，方千里。以屬諸侯，至于今為令君。桓、文皆然，君不度憂於二令君，而欲自逸也，無乃不可乎？周詩有之曰：『弗躬弗親，庶民弗信。』臣懼民之不信君也，故不敢不言。不然，何急其以言取罪也？」王病之，曰：「子復語。不穀雖不能用，吾愁寘之於耳。」對曰：「賴君之用也，故言。不然，巴浦之犀、犛、兕、象，其可盡乎？其又以規為瑱也？」瑱所以塞耳，言四獸之牙角可以為瑱也。遂趨而退，歸，于門不出。七月，乃有乾谿之亂，靈王死之。

[illegible]曰子期欲笄其妾而倚相但論其從違之道其大意蓋言君父且不可苟從況妾乎此為善諫

[illegible]文熙曰此可為君父從違之法

許孟元曰此借字[illegible]也句法甚奇

左史與子期論從違 楚語

司馬子期欲以其妾為內子（卿之嫡妻曰內子）訪之左史倚相（左史官）

相曰吾有妾而愿欲笄之其可乎（愿慤也 笄內子首服 衛笄也）對

曰昔先大夫子囊違王之命謚（違 以 為恭）子夕嗜芰子

木有羊饋而無芰薦（子木違父命以羊饋易芰薦）君子曰違而道

穀陽豎愛子反之勞也而獻飲焉以斃於鄢（穀陽豎子反之內豎也斃踣也）芋尹

申亥從靈王之欲以隕於乾谿（申亥 芋尹無宇之子也 王縊申亥以其二女殉而葬也）君子曰從而逆君子之行

欲其道也（欲得其道）故進退周旋唯道之從夫子木能違

若敖之欲（若敖 子夕）以之道而去芰薦吾子經（經理也）楚國

而欲薦芰以干之（干犯也 以妾為妻猶以芰為薦也）子期乃止

駱日升曰妾不可以為夫人理本昭然故倚相不論

而但論其從違順逆味真雋永

王維楨曰一篇鄭重真雅

國馬民馬也 十六井為丘 有戎馬一疋牛三頭 足以行軍也

李廷机曰述鬬子文甚詳非煩辭也見已之所以自處與君之所以待之

既保其身子孫又保其子孫于後則以恤民之故耳以見[illegible]下

按野史云東南之[illegible]有荊山之[illegible][illegible]焉荊人有[illegible][illegible][illegible][illegible]扶其[illegible][illegible][illegible]養逐者[illegible]馬[illegible]曰汝脫令尹子文闘之曰是獸也而人有弗如之者以[illegible]其身以及其家[illegible]知之不及[illegible]也耶

鬬且料子常 楚語

楚鬬且廷見令尹子常（子常 囊瓦字）子常與之語問蓄貨聚

馬歸以語其弟曰楚其亡乎不然令尹其不免乎吾

見令尹令尹問蓄聚積實如餓豺狼焉殆必亡者也

夫古者聚貨不妨民衣食之利聚馬不害民之財用

國馬足以行軍（一丘所出取其僅足行軍）公馬足以稱賦（公之戎馬取其僅足稱賦）

不是過也（不如是則為過取）公貨足以賓獻家貨足以

共用不是過也夫貨馬郵則闕於民民多闕則有

離叛之心將何以封（為國）矣昔鬬子文三舍令尹無一

日之積恤民之故也成王聞子文之朝不及夕也於

是乎每朝設脯一束糗一筐以羞子文至于今令

尹秩之（猶得享其祿秩）成王每出子文之祿必逃王止而後

復（反也）人謂子文曰人生求富而子逃之何也對曰夫

從政者以庇民也民多曠（空）者而我取富焉是勤（勞）

民以自封也死無日矣我逃死非逃富也故莊王之

世滅若敖氏唯子文之後在至于今處鄖為楚良臣

（子文之弟鬬椒為亂莊王滅若敖氏之族子文之孫尹克黃使於齊還而自拘於司敗王思子文之治楚也使復其所其子孫當昭王時為鄖公）是不先恤民而後已之富乎今

子常先大夫之後也（子囊之孫）而相楚君無令名於四方

民之羸餒日已甚四境盈壘道殣相望（道冢曰殣）盗賊

升曰丹奉成[illegible]至覺心寸[illegible]

[illegible]怨也[illegible]禮而先所預[illegible]

亢斥民無所放（依）是之不恤。而蓄聚不厭。其速[illegible]怨於民多矣。積貨滋多。蓄怨滋厚。不亡何待。夫民心之慍（怒）也。若防大川焉。潰而所犯（敗）必大矣。子常其能賢於成靈乎。成不禮於穆。願食熊蹯。不獲而死（成王弑。商臣而立其弟職。商臣圍成王。王請食熊蹯而死。不聽。遂自縊）。靈王不顧於民。一國棄之。如遺迹焉（楚灵王不君。疲楚国三軍。敗之[illegible]）。子常為政而無禮。不顧甚於成靈。其獨何力以待之。未幾乃有柏舉之戰。吳入郢。子常奔鄭。昭王奔隨（吳入郢。果如沱刀戍之料。奔鄭奔隨。果如闘且之料）。

王曰升曰此篇見藍尹善覘人成敗

姚寬曰數思字整頓有趣

子患德政句是綱領。子修德以待是應。此論闔閭能修德。所以能勝子西之戰。吳句照看。

唯欲曰謂是一篇勝欄其奔目

七謂夫差不能增修德政以綱乃父。吳之必敗。[illegible]為越所[illegible]。藍尹之言甚左[illegible]

藍尹亹勸子西脩德　楚語

子西歎於朝。藍尹亹曰。吾聞君子唯獨居思念前世之崇替（終廢）與哀殯喪。於是有歎。其餘則否。君子臨政思義。飲食思禮。同宴思樂。在樂思善。無有歎焉。今吾子臨政而嘆。何也。子西曰。闔閭能敗吾師。闔閭即世。吾聞其嗣又甚焉（嗣謂夫差。甚謂德政過於父也）。吾是以嘆。對曰。子患政德之不修。無患吳矣。夫闔閭口不貪嘉味。耳不樂逸聲。目不淫於色。身不懷於安。朝夕勤志。恤民之羸病。聞一善若驚（應接恐后之狀）。得一士若賞（若受賞）。有過必悛（改）。有不善必懼。是故得民以濟其志（成戰勝之志）。今吾聞夫差好罷民力以成私好。縱過而翳諫（蔽）。一夕之宿。臺榭陂池必成。六畜玩好必從。夫先自敗也已。焉能敗人。子修德以待吳。吳將斃矣。

王孫圉論楚寶 楚語

王孫圉聘於晉，定公饗之，趙簡子鳴玉以相。鳴其佩玉以相禮 問於王孫圉曰：楚之白珩猶在乎？珩，佩上之橫者 對曰：然。簡子曰：其為寶也幾何矣？幾何世也 曰：未嘗為寶。楚之所寶者，曰觀射父，能作訓辭，以行事於諸侯，言以訓辭交結諸侯 使無以寡君為口實。口實，毀弄也 又有左史倚相，能道訓典，以叙百物，叙，次也。物，事也 以朝夕獻善敗于寡君，使寡君無忘先王之業；又能上下說乎鬼神，順道其欲惡，說，媚也 使神無有怨痛於楚國。痛，疾也 又有藪曰雲連徒洲，金木竹箭之所生也。楚有雲夢藪澤也。連，屬也。水中之可居曰洲，徒其名也 龜、珠、齒、角、皮、革、羽、毛，所以備賦用，以戒不虞者也。龜所以備吉凶，珠所以禦火災，角所以為弓弩，齒象齒所以為弭，皮虎豹皮所以為甲冑，羽鳥羽也所以為箭笴，毛旄牛尾所以注竿首，賦兵賦，虞度也 所以共幣帛，以賓享於諸侯者也。若諸侯之好幣具，而導之以訓辭，導，行也 有不虞之備，而皇神相之，皇，大也。相，助也 寡君其可以免罪於諸侯，而國民保焉。此楚國之寶也。若夫白珩，先王之玩也，何寶焉？玩，弄之物 圉聞國之寶六而已。聖能制議百物，以輔相國家，則寶之；玉足以庇蔭嘉穀，使無水旱之災，則寶之；玉，祭祀之玉也 龜足以憲臧否，則寶之；憲，法也，取善惡之法 珠足以禦火災，則寶之；珠，水精，故以禦火災 金足以禦兵亂，則寶之；金所以為兵也 山林藪澤足以備財用，則寶之。若夫譁囂之美，譁音華。譁囂猶讙說，謂若鳴玉以相 楚雖蠻夷，不能寶也。微刺簡子

羅大經曰：楚不以白珩為寶，而觀射父之作訓辭，左史倚相之通訓典，乃楚之至寶也。齊不以徑寸之珠為寶，而檀子之守南城，盻子之守高唐，黔夫之守徐州，種首之備盜賊，乃齊之至寶也。故忠賢才識之士，謂之寶臣。若無寶而不知求，得寶而不知識，有寶而不知重，弃荊玉而喜燕石，賤周璞而藏鄭鼠，國之不亡者幸也。

左傳重耳對楚子曰：羽毛齒革，則君地生焉。

見白珩之不足貴。

老子云：我有三寶，持而寶之：一曰慈，二曰儉，三曰不敢為天下先。

葉公諫用王孫勝　楚語

小而無寵……太子取……秦而……平王納之，以讒諸太子，曰建將叛，太子奔鄭，鄭又與晉謀鄭，鄭人殺之。勝奔吳，在魯哀十六年

此段言王孫勝無六德之實，而子西之不可輕用

楊慎曰：第一段連用六然字，第二段連用六然字，子西之所以速禍者正在於此

子西使人召王孫勝（勝，太子建之子也，召之吳），沈諸梁聞之，見子西曰：聞子召王孫勝，信乎？曰：然。子高（諸梁字）曰：將焉用之？曰：吾聞之，勝直而剛，欲寘之境。子高曰：不可。其為人也，展而不信，愛而不仁，詐而不知，毅而不勇，直而不衷，周而不淑。復言而不謀身（必行其言，不計身害），展也；愛而不謀長（外愛人，無遠慮），不仁也；以謀蓋人，詐也；彊忍犯義（力將），毅也；直而不顧（無所隱諱），不衷也；周言棄德（其言密而不以德），不淑也。是六德者，皆有其華而不實者也，將焉用之？彼其父為戮於楚（太子建以費無極之譖，平王欲殺之，因出奔），其心又狷而不

國語四卷　葉公諫用王孫勝　卅七

王鏊曰：君子之才，所以成德；小人之才，所以濟奸。此之謂也。正王孫勝之不可用處

尋坤曰：連用六足以字，文法錯綜

攝收幾語妙甚

穆文熙曰：彼將思舊怨而欲大寵，只此三句便已斷盡王孫勝了

潔。若其狷也，不忘舊怨，而不以潔悛德，思報怨而已。則其愛也足以得人，其展也足以復之（復，前言），其詐也足以謀之，其直也足以帥之（帥，衆），其周也足以蓋之，其不潔也足以行之。而加之以不仁，奉之以不義，蔑不克矣。夫造勝之怨者（謂無極之徒），皆不在矣，若來而無寵，速其怒也。若其寵之，彼貪而無厭，既而得入，而耀之以大利，不仁以長之（長其貪心），思舊怨以脩其心，苟國有釁，必不居矣。非子職之，其誰乎（子西將主此禍）？彼將思舊怨而欲大寵，動而得人，怨而有術（執復父怨以為辭），若果用之，害可待也。余愛子與司馬（子西之弟子期），故不敢不言。子西

葉公曰：仁人可近，不仁可遠。未有若此明切者，何子西之不悟乎？惜哉

偶文熙曰：將戚而懼，將怒而怨，所謂思舊怨以脩其心也，所謂速其怒也

曰：德其忘怨乎？余善之，夫乃其寧（言彼寧其德乎）。子高曰：不然。吾聞之，唯仁者可好也，可惡也，可高也，可下也。好之不偪，惡之不怨，高之不驕，下之不懼。不仁者則不然。人好之則偪，惡之則怨，高之則驕，下之則懼。驕有欲焉，懼有惡焉，欲惡怨偪，所以生詐謀也。子將若何？若召而下之，將戚而懼；為之上者，將怒而怨。詐謀之心無所靖矣。有一不義，猶敗國家，今壹五六（言一人而兼六不義），而必欲用之，不亦難乎？吾聞國家將敗，必用奸人，而嗜其疢味（致疾之味），其子之謂乎？夫誰無疢眚，能者蚤除之。舊怨滅宗，國之疢眚也，為之關籥藩籬而

國語四卷　葉公諫用王孫勝　卅八

以下極言舊怨之害

孫鑛曰：非曰懇切，若此，乃終不悟，豈國家之敗亦有數與

遠備閑之，猶恐其至也，是之為日惕。若召而近之，死無日矣。人有言曰：狼子野心，怨賊之人也，其又可善乎？若子不我信，盍求若敖氏與子干、子皙之族而近之（若敖氏，莊王所滅鬭椒也；子干、子皙，共王庶子，皆為平王所殺）？安用勝也？其能幾何？昔齊騶馬繻以胡公入於貝水（齊胡公靖，騶馬繻殺胡公而納之貝水），邴歜、閻職戕懿公於囿竹（齊懿公刖邴歜之父，而使歜僕；納閻職之妻，而使職驂乘；公游申池也，二人殺公而納之竹），晉長魚矯殺三郤於榭（郤犫與長魚矯爭田，執而梏之，與其父母妻子同一轅；既，矯嬖於厲公，譖而殺三郤），魯圉人犖殺子般於次（子般，魯莊公太子，嘗鞭犖；公子慶父通於夫人，夫人欲立之，使犖賊般于黨氏），夫是誰之故也？非唯舊怨乎？是皆子所聞也。人之求多聞善

寧之衆曰子高先
等早見成功不居
乃古今大哭不獨
楚之第一流而已

敗以鑑戒也今子聞而棄之猶蒙其也吾言[illegible]吾知逃而已子西笑曰子之尚勝也（好勝）不從遂[illegible]為白公（白邑也）楚子高以疾閒居于蔡

汪道昆曰甚矣子西之愚也余考內傳勝既為白公自厲劍子期之子平見之曰王孫何自厲也曰勝以直告將以殺爾父平以告子西子西曰勝如卵余翼而長之豕死令尹司馬非勝而誰勝聞之曰令尹之也得死乃非我遂作亂殺子西子期於朝夫不聽子高之諫猶可言也至於厲劍直詞而猶不信子期之告則愚亦甚矣

諸稽郢行成於吳 吳語

王錫爵曰種誠智士哉曰勝未可成則知人事曰天若喜吳必許吾成則又知天道矣法曰知彼知己百戰不殆又以為當知天

孫應鰲曰老子云惟天下之至柔馳騁天下之至堅茲於諸稽郢大夫種之辭有感焉夫以越之君臣所謀土地所産甲兵所聚豈其甘心於吳者矣言為毒何不悟也

吳國倫曰按越之行成其尊之也曰天王曰大賜曰大德曰豚娃于王宮曰淹諸御曰王府其自卑也曰孤曰

吳王夫差起師伐越越王句踐起師逆之江（魯定十四年吳伐越越敗之於檇李闔廬傷而死後三年夫差伐越報檇李也越逆之江至於五湖吳人大敗之於夫椒遂入越越子以甲楯五千保于會稽在魯哀元年）大夫種乃獻謀曰夫吳之與越唯天所授王其無庸戰夫申胥華登簡報吳國之士於甲兵而未嘗有所挫也（申胥自楚奔吳華登自宋奔吳簡習也挫敗折也）夫一人善射百夫決拾（決鉤弦也拾捍也言申胥華登善用兵衆必化之猶一人善射而百夫競著決拾而效之）勝未可成也夫謀必素見成事焉而後履之（素猶豫也履行也）不可以授命（[illegible]）王不如設戎約辭行成以喜其民（不如設兵自守卑約其辭以求平於吳吳民必喜）以廣侈吳王之心吾以卜之於天天若棄吳必許吾成而不吾足也（言越不足畏也）將必寬然有伯諸侯之心焉既罷弊其民而天奪之食安受其燼（燼餘也[illegible]之食稻蟹之）乃無有命矣（吳無復有天命矣）越王許諾乃命諸稽郢行成於吳曰寡君句踐使下臣郢不敢顯然布幣行礼敢私告於下執事曰昔者越國見禍得罪于天王（謂傷闔廬也言天王尊之以名）天王親趨玉趾以心孤句踐（趾足也孤棄也）而又宥赦之君王之於越也繄起死人而肉白骨也（繄是也使白骨生肉德至厚也）孤不敢忘天災其敢忘君王之大賜乎今句踐申禍無良（申重也良善也）草鄙之人敢忘天王之大德

（頭注）[illegible]

思邊垂之小怨。（邊邑稱垂。言吳得越之邊垂。心怨，怨恨也。）以重得罪於下執事。（重，得罪。謂報見侵也。）句踐用帥二三之老，（家臣稱老。）親委重罪，頓顙於邊。（委，猶歸也。邊，境也。）今君王不察，盛怒屬兵，將殘伐越國。（屬，會也。殘，伐也。）越國固貢獻之邑也。君王不以鞭箠使之，而辱軍士使寇令焉。（寇令，寇之令。）句踐請盟：一介嫡女，執箕帚以晐姓於王宮；一介嫡男，奉槃匜以隨諸御；春秋貢獻，不解於王府。天王豈辱裁之？亦征諸侯之禮也。夫諺曰：「狐埋之而狐搰之，是以無成功。」（搰，發也。）今天王既封殖越國，以明聞於天下，（明，顯也。）而又刈亡之，是天王之無成勞也。雖四方之諸侯，則何實以事吳？（實，忠事也。）敢使下臣盡辭，唯天王秉利度義焉！

（頭注）[illegible]

申胥諫許越成　吳語

吳王夫差乃告諸大夫曰：「孤將有大志於齊，（欲伐齊也。）吾將許越成，而無拂吾慮。（拂，違也。）若越既改，吾又何求？若其不改，反行，吾振旅焉。」（反，伐齊。振旅而討之。）申胥諫曰：「不可許也。夫越非實忠心好吳也，又非懾畏吾甲兵之彊也。大夫種勇而善謀，將還玩吳國於股掌之上，以得其志。夫固知君王之蓋威以好勝也，（蓋，尚也。）故婉約其辭，以從逸王志，使淫樂於諸夏之國，以自傷也。使吾甲兵鈍弊，民人離落，而日以憔悴，（落，殞也。）然後安受吾燼。夫越王好信以愛民，四方歸之，年穀時熟，日長炎炎。及吾猶可以戰也，為虺弗摧，為蛇將若何？」吳王曰：「大夫奚隆於越？（隆，盛也。）越曾足以為大虞乎？若無越，則吾何以春秋曜吾軍士？」乃許之成。將盟，越王又使諸稽郢辭曰：「以盟為有益乎？前盟口血未乾，足以結信矣。以盟為無益乎？君王舍甲兵之威以臨使之，而胡重於鬼神而自輕也？」吳王乃許之，荒成不盟。（荒，空也。）

王世貞曰：或以吳用子胥之諫不伐齊不亡，非也。子胥欲諫伐齊者，特以先越後齊[illegible]亡。秦滅六國而亡，將欲亡吳，冀必在越。且以吳之府庫簡麗，不為不滅越；而儉專諸之劍，文身之渠，二子之鈞，不為不滅越；而能帶甲三萬，死士億千，不為不滅越；而弱餘皇大舟，不為不滅越；而徹吳之亡者，何也？仁義不足，而詐術之勝也。故子胥之諫伐齊，且當以仁義說耳，不當以越。夫伐齊伐越，猶之乎亡也，故曰：使吳戰者子胥，亡吳者亦子胥。

張之象曰：其論精微，可謂深知天人之理。

何燕泉論子胥不伐郢，為能報父之仇，而不能報君之仇，謂夫差困無顏以見子胥，亦何顏以見太子建，豈亦甚然可取。

張華曰：以馬革作為鴟形，盛子胥之尸而投之江中。

吳王殺申胥 吳語

吳王還自伐齊。乃訊（告讓也）申胥曰：「昔吾先王體德聖明，達於上帝（先王，闔廬也；上帝，天也）。譬如農夫作耦，以刈殺四方之蓬蒿（言子胥佐先王，猶耕者之有耦，以成其事），以立名於荊，此則大夫之力也（立名，謂敗楚於柏舉）。今大夫老，而又不自安恬逸（恬，靜也），而挑亂百度，以妖孼吳國（妖言，謂越當孼吳）。今天降衷于吳，齊師受服。孤豈敢自多，先王之鍾鼓寔式靈之（式，用也；靈，神也）。敢告於大夫。」申胥釋劍而對曰：「昔吾先王世有輔弼之臣，以能遂（決）疑計惡（慮），以不陷於大難。今王播棄黎老，而孩童焉比（合），謀曰：『余令而不違。』夫不違，乃違也（乃違，違道也）。夫不違，亡之階也（階，道也）。夫天之所棄，必驟近其小喜（勝齊之喜），而遠其大憂。王若不得志於齊，而以覺寤王心，吳國猶世（繼世也）。吾先君之得之也，必有以取之（得，謂克楚；取之，謂闔廬食不二味，勤恤其民）；其亡之也，亦有以棄之（亡，謂不正其師，以班處宮，復為楚所敗也）。用能援持盈以沒，而驟救傾以時（以時，不失時也）。今王無以取之（言無政德），而天祿亟至，是吳命之短也。員不忍稱疾辟易（辟易，狂疾），以見王之親為越命也。員請先死。」將死，曰：「而懸吾目於東門，以見越之入，吳國之亡也。」遂自殺。王慍曰：「孤不使大夫得有見也。」乃使取申胥之尸，盛以鴟夷，而投之於江。

王世貞曰：延[illegible]王孫苟告勞，則社稷下拜勞吳，則社稷[illegible]何已之與有？然當其時，平戎功茂，用兼殊[illegible]情，推以天常闕之，至今猶能使人知勤王敬王共命，爲偉矣哉。

穆文熙曰：夫差告勞，誇詐辭張皇人，共罪齊無名，争長無狀，何以謂之克有成事？其亡國之[illegible]哉。

[illegible]曰：一曰天舍其衷，楚師敗績；一曰天舍其衷，齊師還。吾不知夫差[illegible]其亡國之[illegible]。

周王乃敬王丐也。紹，繼也；享，獻也。言繼先王之禮獻[illegible]

元[illegible]猶[illegible]也。

夫差告勞於周 吳語

吳王夫差既退于黃池，乃使王孫苟（王孫苟，吳大夫）告勞于周，曰：「昔者楚人為不道，不承共王事，以遠我一二兄弟之國（遠，疏也）。吾先君闔廬不貫（貫，勑），不忍被甲帶劍，挺鈹（音披）搢（音晉）鐸（挺，拔；搢，振），以與楚昭王毒（暴）逐于中原柏舉（中原，原）。天舍其衷（言天舍善於吳），楚師敗績，王去其國（昭王奔隨），遂至于郢（楚都）。王總其百執事（百官），以奉其社稷之祭（修楚祭祀）。其父子昆弟不相能，夫槩王作亂，是以復歸於吳（夫槩王，闔廬之弟；夫槩王先歸自立，故下云而歸也；昆，兄也）。今齊侯任不鑒于楚（謂不以楚敗為鑒戒），又不承共王命，以遠我一二兄弟之國。夫差不貫，不忍被甲帶劍，挺鈹搢鐸，遵汶伐博（博，齊別都），簦（音登）笠相望于艾陵（簦笠，備雨；言不避暑雨），天舍其衷，齊師還。而夫差豈敢自多，文武（二后）寔舍其衷，歸不稔於歲（言伐齊之明年，不至稔熟而復出師），余沿江泝淮，闕溝深水，出於商魯之間，以徹于兄弟之國（諸姬）。夫差克有成事，敢使苟告於下執事（成事，成功也）。」周王答曰：「苟，伯父令女來，明紹享余一人，若余嘉之。昔周室逢天之降禍，遭民之不祥（民，混亂；王子鼂），余心豈忘憂恤，不惟下土之不康靖（不但憂方，乃憂王室也）。今伯父曰：『戮力同德。』伯父若能然，余一人兼受而（汝）介大福。伯父多歷年以沒元身，伯父秉德[illegible]大哉。

范蠡不肯平吳 越語

吳王帥其賢良(親近之士)與其重祿(大臣)以上姑蘇(姑蘇，宮之臺也，在吳閶門外近湖)。使王孫雄行成於越，曰：昔者上天降禍於吳，得罪於會稽(從越棲于會稽時也)。今君王其圖不穀，不穀請復會稽之和。王弗忍，欲許之。范蠡進諫曰：臣聞之，聖人之功，時為之庸(因天時以為功用)。得時弗成，天有还形(反形)。天節不遠，五年復反(一五年，天數一終也。復反也)。小凶則近，大凶則遠(小凶謂危敗，大凶謂危滅。近五年，遠十年或二十年)。先人有言曰：伐柯者其則不遠(言吳昔不滅越，故有此敗，此戒亦不遠也)。今君王不斷，其忘會稽之事乎？王曰：諾。不許使者。往而復來，辭愈卑，禮愈尊，王又欲許之。范蠡諫曰：孰使我蚤朝而晏罷者，非吳乎？與我爭三江五湖之利者，非吳耶？夫十年謀之，一朝而棄之，其可乎？王姑勿許，其事將易冀已。(言易)遂滅吳

四十五

古史海樓 五之六

西周 戰國策

共四卷

古史海樓 戰國策

三

鼎鐫平湖韓會元精選評註古史戰國策卷之五

校閱

精選

參攷

溫陵　後學　林世選　詮次

書林　望雲　鄭以厚　繡梓

戰國東

司寇布為周冣說周君　西周

司寇布（司寇官名布名）為周最謂周君曰君使人告齊王以周最不肯為太子也（閔王善最欲其為太子以辭讓之最時讓立周以最不肯立者）臣為君不取也函冶氏為齊太公買良劍公不知善歸其劍而責之金越人請買之千金折而不賣（金猶未盡其本價故折其劍而不賣）將死（函冶氏將死）而屬其子曰必無獨知（謂無以告人知自知其良）今君之使最為太子（周雖以最不肯立告齊猶欲立之特未定耳）獨知之契也（契約也）天下未有信之者也臣恐齊王之謂君實立果（子）而讓之於最（讓飾說也）以嫁之於齊（嫁賣也言欲賣齊）君為多巧（詐也）最為多詐（言不肯立之而君）何不買信貨哉（可信之貨非獨知也）奉養無有愛於最也（養衛也）使天下見之（然則立最信矣）

穆文熙曰布之為最游說不足道然謂太子不可獨知則深有得于重國本之道焉

戰國策　許應元曰為書家逆涇太公策士真伸嘆哉

按無獨知當作一句言凡有售必使眾知而其良不可獨知也

何洛文曰契即符驗之謂

丙汝成曰契獨知猶相契也故曰天下未有信之

顏率止齊求九鼎　東周

秦興師臨周而求九鼎周君患之以告顏率（周人）顏率曰大王勿憂臣請東借救於齊顏率至齊謂齊王曰夫秦之為無道也欲興兵臨周而求九鼎周之君臣內自盡（盡其思）計與秦不若歸之大國夫存危國美名也得九鼎厚寶也願大王圖之齊王大發師五萬人使陳臣思（即田臣思）將以救周而秦兵罷齊將求九鼎周君又患之顏率曰大王勿憂臣請東解之顏率至齊謂齊王曰周賴大國之義得君臣父子相保也願獻九鼎不識大國何塗之從而致之齊齊王曰寡人將寄徑於梁顏率曰不可夫梁之君臣欲得九鼎謀之暉臺之下沙海之上其日久矣鼎入梁必不出齊王曰寡人將寄徑於楚對曰不可楚之君臣欲得九鼎謀之於葉庭之中其日久矣若入楚鼎必不出王曰寡人終何塗之從而致之齊顏率曰弊邑固竊為大王患之夫鼎者非效醯壺醬甀耳（醯一作醢）可懷挾提挈以至齊者非效鳥集烏飛兔興馬逝漓然（音離）止於齊者昔周之伐殷得九鼎凡一鼎而九萬人輓之九九八十一萬人士卒師徒器械被具（士卒服用之具）所以備者稱此（役者又曰八十一萬眾挽鼎之具齊械其備）今大王縱有其人何

陸深曰秦之問鼎本以窺周不可說無但顏率至齊請救與却鼎事似以婦事公之且其又以操縱為不類而中間寄徑梁楚尤可疑也

許應元曰顏率三策全九鼎

按東解之東之齊解免之也

寄徑涂之從間其君所從出周禮塗

上有徑涂上有道也寄徑猶假道也

言假道

李注曰暉臺即今

陳解道曰楚非道齊之塗既不可入梁亦無從至楚此云寄徑楚策淡可疑

按鳥集八字並喻其輕疾離散之貌

張洲曰寄徑他國已難況士卒師徒動以數十萬計求之可乎故齊王曰士之殺未猶無以為

涂之從而出，臣切為大王私憂之。齊王曰：子之數來者，猶無與耳。言許之而實不與耳 顏率曰：不敢欺大國，疾定所從出，敝邑遷鼎以待命。齊王乃止。

蘇秦以連橫說秦

來作曰此乃大史公刻傳誤也

蘇秦始將連橫說秦惠王曰：大王之國，西有巴蜀漢中之利，北有胡貉代馬之用，南有巫山黔中之限，東有殽函之固。田肥美，民殷富，戰車萬乘，奮擊百萬，沃野千里，蓄積饒多，地勢形便，此所謂天府，天下之雄國也。以大王之賢，士民之衆，車騎之用，兵法之教，可以并諸侯，吞天下，稱帝而治，願大王少留意，臣請奏其效。秦王曰：寡人聞之，毛羽不豐滿者不可以高飛，文章不成者文章法令也 不可以誅罰，道德不厚者不可以使民，政教不順者不可以煩大臣。逆人心則行之難故大臣勞 今先生儼然不遠千里而庭教之，願以異日。[illegible] 蘇秦曰：臣固疑大王之不能用也。昔者神農伐補遂，國名未詳 黃帝伐涿鹿而禽蚩尤，蚩尤九黎氏之後事見史 堯伐驩兜，舜伐三苗，國名縉雲氏之後 禹伐共工，湯伐有夏，文王伐崇，武王伐紂，齊桓任戰而霸天下。任用也 [illegible] 由此觀之，惡有不戰者乎？古者使車轂擊馳，[illegible] 言語相結，約也 天下為一，約從連橫，兵革不藏，文士並飭，文辯也 諸侯亂惑，萬端俱起，不可勝理。科條既備，科條也條件也 民多偽態，書策稠濁，稠多也濁亂也 [illegible] 百姓不足，上下相愁，民無所聊，明言章理，兵甲愈起，辯言[illegible]

信服戰攻不息繁稱文辭天下不治舌敝耳聾不見
成功行義約信天下不親於是乃廢文任武厚養死
士綴甲厲兵效勝於戰場夫徒處而致
利安坐而廣地雖古五帝三王五霸明主賢君常欲
坐而致之其勢不能故以戰續之寬則兩軍相攻迫
則杖戟相橦然後可建大功是故兵勝於外義強於
內威立於上民服於下今欲并天下凌萬乘詘敵國
制海內子元元臣諸侯非兵不可今之嗣主
忽於至道皆惛於教亂於治迷於言惑於語沈於
辯溺於辭以此論之王固不能行也說秦王書十上

而說不行黑貂之裘敝黃金百斤盡資用乏絕去秦
而歸羸縢履蹻負書擔橐形容枯槁面目犂黑
狀有歸色歸至家妻不下紝嫂不為炊父母不
與言蘇秦喟歎曰妻不以我為夫嫂不以我為叔
父母不以我為子是皆秦之罪也乃夜發書陳篋數
十得太公陰符之謀伏而誦之簡練以為揣摩
讀書欲睡引錐自刺其
股血流至足曰安有說人主不能出其金玉錦繡取
卿相之尊者乎期年揣摩成曰此真可以說當世之
君矣於是乃摩燕烏集闕見說趙

王於華屋之下抵掌而談趙王大說封為武安君
受相印革車百乘錦繡千純白璧百雙黃金萬溢
以隨其後約從散橫以抑強秦故蘇秦相於趙而關
不通當此之時天下之大萬民之眾王侯
之威謀臣之權皆欲決於蘇秦之策不費斗糧未煩
一兵未戰一士未絕一弦未折一矢諸侯相親賢於
兄弟夫賢人在而天下服一人用而天下從故曰式
於政不式於勇式於廊廟之內不式於四境之
外當秦之隆黃金萬溢為用轉轂連騎炫熿
於道山東之國從風而服使趙大重且夫蘇秦

特窮巷掘門桑戶棬樞之士耳
伏軾撙銜橫歷天下廷說諸侯之王杜左右之
口天下莫之能伉將說楚王路過洛陽父母聞之清
宮除道張樂設飲郊迎三十里妻側目而視傾
耳而聽嫂蛇行匍伏四拜自跪而謝蘇
秦曰嫂何前倨而後卑也嫂曰以季子位尊而多金
蘇秦曰嗟乎貧窮則父母不子富貴則親戚畏懼人
生世上勢位富厚蓋可忽乎哉

司馬錯與張儀論伐蜀　秦策

司馬錯與張儀爭論於秦惠王前。司馬錯欲伐蜀。張儀曰。不如伐韓。王曰。請聞其説。對曰。親魏善楚。下兵三川。塞轘轅緱氏之口。當屯留之道。魏絶南陽。楚臨南鄭。秦攻新城宜陽。以臨二周之郊。誅周主之罪。侵楚魏之地。周自知不救。九鼎寶器必出。據九鼎。按圖籍。挾天子以令諸侯。天下莫敢不聽。此王業也。今夫蜀。西辟之國。而戎狄之長也。敝兵勞衆。不足以成名。得其地。不足以為利。臣聞爭名者於朝。爭利者於市。今三川周室。天下之市朝也。而王不爭焉。顧爭於戎狄。去王業遠矣。司馬錯曰。不然。臣聞之。欲富國者務廣其地。欲強兵者務富其民。欲王者務博其德。三資者備。而王隨之矣。今王之地小民貧。故臣願從事于易。夫蜀西辟之國也。而戎狄之長也。而有桀紂之亂。以秦攻之。譬如使豺狼逐羣羊也。取其地。足以廣國也。得其財。足以富民繕兵。不傷衆而彼已服矣。故拔一國。而天下不以為暴。利盡四海。諸侯不以為貪。是我一舉而名實附。而又有禁暴止亂之名。今攻韓劫天子。劫天子惡名也。而未必利也。又有不義之名。而攻天下之所不欲。危。臣請謁其故。周天下之宗室也。韓。周天子之與國也。周自知失九鼎。韓自知亡三川。則必將二國并力合謀。以因於齊趙。而求解乎楚魏。以鼎與楚。以地與魏。王不能禁。此臣所謂危。不如伐蜀之完也。惠王曰。善。卒起兵伐蜀

蕭應宮曰。儀錯各逞雄辯。錯終理正而事順

王應麟曰。老泉謂秦之憂在六國。蜀最僻最小最先取。楚最強最後取。非其憂在蜀也。愚謂取蜀。則楚在掌中。白起所以再戰而燒夷陵

陳軫去楚之秦

陳軫去楚之秦。張儀謂秦王曰：陳軫為王臣，常以國情輸楚，儀不能與從事，願王逐之。即復之楚，願王殺之。王曰：軫安敢之楚也。王召陳軫告之曰：吾能聽子言，子欲何之？請為子約車。對曰：臣願之楚。王曰：儀以子為之楚，吾又自知子之楚。子非楚，且安之也？軫曰：臣出，必故之楚，以順王與儀之策，而明臣之楚與不也。楚人有兩妻者，人誂其長者，詈之；誂其少者，少者許之。居無幾何，有兩妻者死。客謂誂者曰：汝取長者乎？少者乎？曰：取長者。客曰：長者詈汝，少者和汝，汝何為取長者？曰：居彼人之所，則欲其許我也；今為我妻，則欲其為我詈人也。今楚王明主也，而昭陽賢相也。軫為人臣，而常以國情輸楚，楚王必不留臣，昭陽將不與臣從事矣。以此明臣之楚與不也。軫出，張儀入，問王曰：陳軫果安之？王曰：夫軫天下之辯士也，孰視寡人曰：軫必之楚。寡人遂無奈何也。寡人因問曰：子必之楚也，則儀之言果信矣！軫曰：非獨儀知之也，行道之人皆知之。昔者子胥忠其君，天下皆欲以為臣；孝己愛其親，天下皆欲以為子。故賣僕妾不出里巷而取者，良僕妾也；出婦嫁於鄉里者，善婦也。臣不忠於王，楚何以軫為忠乎？忠且見棄，軫不之楚，而何之乎？王以為然，遂善待之。

鮑彪曰：軫之辯，譎捷給，而其所稱譬，皆當于人心。不施於王，論周顏亦上，未有若軫之絕類離群者。

甘茂拔宜陽 秦

秦武王謂甘茂曰寡人欲車通三川以闚周室（闚同窺小）而寡人死不朽乎甘茂對曰請之魏約伐韓王令向壽輔行甘茂至魏謂向壽曰子歸告王曰魏聽臣矣然願王勿攻也事成盡以為子功向壽歸以告王王迎甘茂於息壤甘茂至王問其故對曰宜陽大縣也上黨南陽積之久矣（二縣財積之）名為縣其實郡也今王倍（倍背）數險行數千里而攻之難矣臣聞張儀西并巴蜀之地北取西河之外南取上庸天下不以為多張儀而賢先王（惠王）魏文侯令樂羊將攻中山三年而拔之樂羊反而語功文侯示之謗書一篋樂羊再拜稽首曰此非臣之功主君之力也今臣羈旅之臣也樗里疾公孫衍二人者挾韓而議（媒孽之也）王必聽之是王欺魏而臣受公仲明之怨也（朋公仲名）昔者曾子處費費人有與曾子同名族者而殺人人告曾子母曰曾參殺人曾子之母曰吾子不殺人織自若（如故）有頃焉人又曰曾參殺人其母尚織自若也頃之一人又告之曰曾參殺人其母懼投杼（機之持緯者）踰墻而走夫以曾參之賢與母之信也而三人疑之（使其母疑）則慈母不能信也今臣之賢不及曾子而王之信臣又未若曾子之母也疑臣者（疑於王）不適三人（適同啻）臣恐王為臣之投杼也王曰寡人不聽也請與子盟於是與之盟於息壤秋攻宜陽五月而不能拔也樗里疾公孫衍二人在（言在朝也）爭之王王將聽之召甘茂而告之甘茂對曰息壤在彼王曰有之因悉起兵復使甘茂攻之遂拔宜陽（在三年茂傳有）

歸有光曰幸而宜陽之役未曠日持久也謗書不行王之貪者土地耳使更遲之以旬月而韓陽以為之始哉是故君子於此之言不入則王倖免於一茂哉驕叔之事當先為之矣又幸而茂得以全功歸也無幸而功不然則宜陽為不歸之兵茂亦為奔齊之毅其肯歸以受死乎是上下之交相賊一至此也

甘茂自託於蘇代 秦策

甘茂亡秦且之齊出關遇蘇子代曰君聞夫江上之處女乎蘇子曰不聞曰夫江上之處女有家貧而無燭者處女相與語欲去之 遣之使去 家貧無燭者將去矣謂處女曰妾以無燭故常先至掃室布席何愛於餘明之照四壁者幸以賜妾何妨於處女妾自以為有益於處女何為去我處女聞語以為然而留之今臣不肖棄逐於秦而出關願為足下掃室布席幸無我逐也蘇子曰善請重公於齊乃西說秦王曰甘茂賢人非恒士也其居秦累世重矣自殽塞谿谷地形險易盡知之彼若以齊約韓魏反以謀秦是非秦之利也秦王曰然則柰何蘇代曰不如重其贄厚其祿以迎之彼來則置之槐谷終身勿出 代知茂必留齊故言此示不為茂游說也 天下何從圖秦秦王曰善與之上卿以相迎之齊甘茂辭不往蘇子偽為齊王[illegible]曰甘茂賢人也今秦與之上卿以相迎之茂德王之賜故不往願為王臣今王何以禮之王若不留必不德王彼以甘茂之賢得擅用彊秦之衆則難圖也齊王曰善賜之上卿命而處之

楚黃歇說秦昭王 秦策

天下莫彊於秦楚今聞大王欲伐楚此猶兩虎相與鬬而駑犬受其弊不如善楚臣請言其說臣聞物至而反冬夏是也致至而危 致言 累棊是也今大國之地半天下有二垂[illegible]此從生民以來萬乘之地未嘗有也先帝惠王 文王 武王王之身三世而不接地於齊[illegible]以絕從親之要[illegible]今王使成橋守事於韓成橋已北入燕[illegible]是上不用甲不伸威而出百里之地[illegible]王可謂能矣王又舉甲兵而攻魏杜大梁之門舉河內拔燕酸棗虛桃人楚燕之兵雲翔 散 而不敢校王之功亦多矣王休甲息衆二年然後復之又取蒲衍首垣以臨仁平丘小黃濟陽嬰城而魏氏服矣王又割濮磨之北屬之燕斷齊秦之要絕楚魏之脊天下五合六聚而不敢救也王之威亦憚矣 可 王若能持功守威省攻伐之心而肥仁義之地使無復後患三王不足四五霸不足六也王若負人徒之衆恃甲兵之彊乘毀魏之威而欲以力臣天下之主臣恐有後患詩云靡不有初鮮克有終易曰狐濡其尾此言始之易終之難也何以知其然也智氏見伐趙之利而不知榆次之

董份曰：設利者為利所設，謂易秦者易視后日之患，不謙防也。一云易音亦，易前之利，易后之患。

又曰：引二國以比，信此將敗，正見韓魏不可信，而人不明指信之，故論者未易許耳。

按大雅詩巧言篇。忖亦度也。躍躍，走也。毚，狡兔也。言兔雖狡，或時遇犬亦能獲之。人心雖知，考可忖度。

按吳信越以上言智伯夫差恃功之言，吳大國故稱帖。

按此下言魏韓仇秦，不可借以攻楚，亦不可由其地以出兵，而楚地又不可以出兵，皆極理。昔且言秦之善，屢審韓魏被害情狀，可怨可恨，意奇而語峻。

鍾惺曰：雖為楚說秦，亦好確論。

禍也。吳見伐齊之便，而不知干隧之敗也。此二國者，非無大功也，設利於前，而易患於後也。吳之信越也，從而伐齊，既勝齊人於艾陵，還為越王禽於三江之浦。智氏信韓魏，從而伐趙，攻晉陽之城，勝有日矣，韓魏反之，殺智伯瑤於鑿臺之上。今王妬楚之不毀也，而忘毀楚之強韓魏也。臣為大王慮而不取也。詩云：大武遠宅不涉。從此觀之，楚國援也，鄰國敵也。詩云：他人有心，予忖度之。躍躍毚兔，遇犬獲之。今王中道而信韓魏之善王也，此正吳信越也。臣聞敵不可易，時不可失。臣恐韓魏之卑辭慮患，而實欺大國也。何則？王既無重世之德於韓魏，而有累世之怨焉。夫韓魏父子兄弟，接踵而死於秦者，十世矣。本國殘，社稷壞，宗廟隳，刳腹折頤，首身分離，暴骨草澤，頭顱僵仆，相望於境；父子老弱係虜，相隨於路；鬼神狐祥，無所食；人民百姓不聊生，族類離散，流亡為臣妾，滿海內矣。韓魏之不亡，秦社稷之憂也。今王之攻楚，不亦失乎？且王攻楚之日，則惡出兵？王將藉路於仇讎之韓魏乎？兵出之日，而王憂其不反也，是王以兵資於仇讎之韓魏。王若不藉路於仇讎之韓魏，必攻隨陽右壤。

方與音房預，銍音丑，碭音蕩。

按魏者依攻宋地，泗北時皆屬楚。

陸深曰：當時齊最大，又提出作一拆，獨析輕重。

吳師道曰：註令歸魏為句，然命令於韓魏，歸帝之重於齊，言齊韓魏皆強而齊尤甚也。

按此責論千轂，而轉其要旨只在莫若善楚一句，文字何等謹嚴。

許應元曰：秦之策所謂善忌者也，當是時秦必不能為之禍，是秦所憂也，故卒所歌其後，併六國，其謂度乎。

按燕趙無齊楚一句，謂四國不得相救也。

此皆廣川大水，山林谿谷，不食之地。王雖有之，不為得地。是王有毀楚之名，無得地之實也。且王攻楚之日，四國必悉起應王。（齊趙魏韓必應秦也）秦楚之兵構而不離，魏氏將出兵而攻留、方與、銍、胡陵、碭、蕭、相，故宋必盡。（七邑故皆宋地）齊人南面，泗北必舉。此皆平原四達膏腴之地也，而王使之獨攻。王破楚以肥韓魏於中國，而勁齊。韓魏之強，足以校於秦矣。齊南以泗為境，東負海，北倚河，而無後患，天下之國，莫強於齊。齊魏得地葆利，而詳事下吏，一年之後，為帝若未能，於以禁王之為帝有餘。夫以王壤土之博，人徒之眾，兵革之強，而注地於楚，詘令韓魏，歸帝重於齊，是王失計也。臣為王慮，莫若善楚。秦楚合而為一，以臨韓，韓必授首。王襟以山東之險，帶以河曲之利，韓必為關中之候。若是，王以十萬戍鄭，梁氏寒心，許、鄢陵嬰城，上蔡、召陵不往來也。如此，而魏亦關內候矣。王一善楚，而關內二萬乘之主注地於齊，齊之右壤可拱手而取也。是王之地一經兩海，要絕天下也。（言秦地自西海至東海，中斷天下也）是燕趙無齊楚，齊楚無燕趙也。然後危動燕趙，持齊楚，此四國

范雎獻秦昭王書　秦策

臣聞明主涖政有功者不得不賞有能者不得不官勞大者其祿厚功多者其爵尊能治衆者其官大故不能者不敢當其職焉能者亦不得蔽隱使以臣之言為可則行而益利其道若將弗行則久留臣無為也語曰人主賞所愛而罰所惡明主則不然賞必加於有功刑必斷於有罪今臣之胸不足以當椹質要不足以待斧鉞豈敢以疑事嘗試於王乎雖以臣為賤而輕辱臣獨不重任臣者後無反覆於前者耶臣聞周有砥厄宋有結綠梁有懸黎楚有和璞此四寶者工之所失也而為天下名器然則聖王之所棄者獨不足厚國家乎臣聞善厚家者取之於國善厚國者取之於諸侯天下有明王則諸侯不得擅厚矣是何也為其凋（傷也）榮也良醫知病人之死生聖主明於成敗之事利則行之害則舍之疑則少嘗之雖堯舜禹湯復生弗能改已語之至者臣不敢載之於書其淺者又不足聽也意者臣愚而不概於王心邪亡其（猶言無乃也）言臣者賤而不可用乎自非然者則臣之志願少賜游觀之間（閒暇）望見顏色一語無效請伏斧質

黃震曰此時秦縱衡諸侯客子無益范雎亦獻天下之士故雖是書第明破其見尚未深言秦國之事

鑿曰朱曰此是一篇懸語抑揚頓挫多少烟波

椹莝椹也質鑕刀也謂腰斬者為椹質鉞亦斧也

保任人必保其後後不如言則爲反覆此任人者所重也王范得輕之

失謂不……不和……也

董份曰周榮一作割榮此蓋已指穰侯等而不可明言故微以之

拔雖云至主明於成敗之事而曰疑則少嘗之意既反覆又引堯舜禹湯豈嘗疑事者哉所謂游工之言

董份曰雎此書微言之則不足以感王深言之則又危事故其心最苦

秦一　范雎獻秦昭王書　十三

者不待痛而服矣（痛言攻伐之甚）

出處頃襄王二十年秦白起拔楚西陵或拔鄢郢夷陵燒先王之墓王徙東保於陳城楚遂削弱為秦所輕於是白起又將兵來伐楚人有黃歇者游學博聞襄王以為辯故使於秦說昭王

華雲仍曰首畧論起以秦之能之功之威而繼攻取則無後患不然恐患之不免也夫吳信越智氏信韓魏皆罹此患秦胡信韓魏以毀楚乎秦之毒韓魏甚矣其不誠服於秦可知使秦攻楚而假道兵必拆而入於韓魏不假道則秦祗得無用之地魏乘之而取楚故宋齊乘之而取楚泗上肥韓魏而勁齊而秦不得帝矣何失計也善楚則關內韓魏取齊右壤列國不待痛而服矣

秦一　十四

范雎說秦王　秦策

秦王屏左右宮中虛無人秦王跽而請曰先生何以幸教寡人范雎曰唯唯有間秦王復請范雎曰唯唯若是者三秦王跽曰先生不幸教寡人乎范雎謝曰非敢然也臣聞始時呂尚之遇文王也身為漁父而釣於渭陽之濱耳若是者交疏也已一說而立為太師載與俱歸者其言深也故文王遂收功於呂尚而卒王天下鄉使文王疏呂尚而不與深言是周無天子之德而文武無與成其王也今臣羇旅之臣也交疏於王而所願陳者皆匡君之事處人骨肉之間願

以陳臣之陋忠而未知王心也所以王三問而不對者是也臣非有畏而不敢言也臣知今日言之於前明日伏誅於後然臣不敢避也大王信行臣之言死不足以為臣患亡不足以為臣憂漆身為厲被髮為狂不足以為臣恥且以五帝之聖焉而死三王之仁焉而死五霸之賢焉而死烏獲任鄙之力焉而死成荊孟賁王慶忌夏育之勇焉而死死者人之所必不免也處必然之勢可以少有補於秦此臣之所大願也臣何患乎伍子胥橐載而出昭關夜行晝伏至於蔆水無以餬其口膝行蒲伏稽首肉袒鼓腹吹篪

乞食於吳市卒興吳國闔閭為伯使臣得進謀如伍子胥加之以幽囚終身不復見是臣之說行也臣又何憂箕子接輿漆身為厲被髮為狂無益於主假使臣得同行於箕子接輿可以補所賢之主是臣之大榮也臣有何恥臣之所恐者獨恐臣死之後天下見臣之盡忠而身死因以是杜口裹足莫肯即秦耳足下上畏太后之嚴下惑奸臣之態居深宮之中不離阿保之手終身闇惑無與照奸大者宗廟滅覆小者身以孤危此臣之所恐耳若夫窮辱之事死亡之患臣弗敢畏也臣死而秦治賢於生也秦王跽曰先生

是何言也夫秦國僻遠寡人愚不肖先生乃幸至此此天以寡人慁先生而存先王之廟也寡人得受命於先生此天所以幸先生而不棄其孤也先生奈何而言若此事無大小上及太后下至大臣願先生悉以教寡人無疑寡人也范雎再拜秦王亦再拜范雎曰大王之國四塞以為固北有甘泉谷口南帶涇渭右隴蜀左關坂戰車千乘奮擊百萬以秦卒之勇車騎之多以當諸侯譬若施韓盧而逐蹇兔也霸王之業可致今反閉關而不敢窺兵於山東者是穰侯為國謀不忠而大王之計有所失也王曰願聞所

（眉批）范雎於是范雎乃得見於離宮……此處欲言不言最妙……[illegible]
（眉批）此段言為厲為狂不足以為臣恥……[illegible]

矣計雎曰大王越韓魏而攻強齊非計也少出師則不足以傷齊多之則害於秦臣意王之計以意測之已以出師而悉韓魏之兵則不義矣已少出師而悉出非宜也今見與國之不親越人之国而攻可乎疏於計矣昔者齊人伐楚戰勝破軍殺將再辟地千里膚寸之地無得者側手曰扶遍作膚豈齊不欲地哉形勢不能有也諸侯見齊之罷露罷敝暴露君臣之不親舉兵而伐之主辱軍破為天下笑所以然者以其伐楚而肥韓魏也此所謂藉賊兵而齎盜食者也王不如遠交而近攻得寸則王之寸得尺亦王之尺也今舍此而遠攻不亦繆乎

且昔者中山之地方五百里趙獨吞之功成名立利附焉天下莫能害此言近攻之利今韓魏中国之處而天下之樞也言樞紐天下之本也王若欲霸必親中国而以為天下樞以威楚趙、強則楚附楚強則趙附雖不盡附必有一附之楚趙附則齊必懼、必卑辭厚幣以事秦齊附而韓魏可虜也王曰寡人欲親魏、多變之国也寡人不能親請問親魏奈何范雎曰卑辭厚幣以事之不可則割地而賂之不可舉兵而伐之於是舉兵而攻邢丘邢丘拔而魏請附雎曰復說也秦韓之地形相錯如繡秦之有韓若木之有蠹人之病心腹天下有變[illegible]

害者莫大於韓王曰寡人欲收韓韓不聽為之柰何范雎曰舉兵而攻滎陽則成皋之路不通北斬太行之道則上黨之兵不下一舉而攻宜陽則其國斷而為三韓見必亡焉得不聽韓聽而霸事可成也王曰善

劉勰曰夫說貴撫會張弛相隨不專緩頰亦在刀筆范雎之言事李斯之止逐客並傾情入機動言中務雖批逆鱗而功成計合此上書之善說也

范雎再論三貴 秦策

此段端説之語意與上節大同當自為一章

陸穗曰此喻語奇甚似莊子

按灌木中有神靈托之曰神叢一云建國必擇木之脩茂者以為叢位一云神祠叢樹也

[illegible]

應侯謂昭王曰亦聞恒思有神叢與恒思有悍少年請與叢博曰吾勝叢叢藉我神以神靈借我三日不勝叢叢困我乃左手為叢投右手自為投勝叢叢藉其神三日叢往求之遂弗歸五日而叢枯七日而叢亡今國者王之叢埶者王之神藉人以此淂無危乎臣未嘗聞指大於臂臂大於股若有此則病必甚矣百人輿瓢而趨不如一人持而走疾百人誠輿瓢瓢必裂今秦國華陽用之穰侯用之太后用之王亦用之不稱等瓢為器則已謂此国稱瓢為器国必裂矣臣聞之木實繁者枝必披枝之披者傷其心都大者危其國臣強者危其主其令邑中自斗食以上至尉内史及王左右有非相國之人者乎國無事則已國有事臣必見王獨立於庭也臣竊為王恐恐萬世之後有國者非王子孫也臣聞古之善為政者其威内扶持也其輔外布謂服耽之臣而治政不亂不逆使者直道而行不敢為非今太后使者分裂諸侯而符布天下操大國之埶強徵兵伐諸侯戰勝攻取利盡歸於陶國之幣帛竭入太后之家境内之利分移華陽

古之所謂危主滅國之道必從此起三貴竭國以自安然則令何得從王出權何淂毋分是王果處三分之一也

[illegible]

焉 覲曰首以神叢為喻見國埶不可以假人次以指臂為喻見臣之埶不可使大於君三以輿瓢為喻見國埶既分必至亂國三喻一節添一節

龍溪子曰蘇子首云任大功者不以輕敵又云功大而息民用兵之道也是泛論其理以見趙不當伐二云四輪之國非得邯鄲之長利是正論不利[illegible]剛匠是一篇好文字

蘇子諫秦攻趙 秦策

秦攻趙蘇子謂秦王曰臣聞明王之於其民也博論而技藝之（以事試之）是故官無乏事而力不困於其言也多聽而時用之是故事無敗業而惡不章臣願王察臣之所謁而効之於一時之用也臣聞懷重寶者不以夜行任大功者不以輕敵是以賢者任重而行恭知者功大而辭順（不伐）故民不惡其尊而世不妬其業臣聞之百倍之國者民不樂後也（地既廣矣民不樂其後復有事也）功業高世者人主不再行也（大功不再）力盡之民仁者不用也求得而反靜（復於無事）聖王之制也功大而息民用兵之道也今用兵終身不休力盡不罷怒趙必於其巳邑（必欲戰勝趙使為巳邑）趙僅存哉然而四輪之國也（四輪猶四達也）今雖得邯鄲非國之長利也意者地廣而不耕民羸而不休又嚴之以刑罰（新民未服故）則雖從而不止矣（言且去之）語曰戰勝而國危者物（事）不斷也功大而權輕者地不入也（戰勝而愈戰則國危危則事不止功大而愈求功則權輕輕則地不入因上文用兵不休與雖從不止言之）故過任之事父不得於子無已之求君不得於臣故識乎微之為著者強察乎息民之為用者霸明乎輕之為重者王（不伐人人所輕也重莫大焉）

考實 秦王然其言解兵不出於境諸侯休天下安二十九年不相攻

[illegible]曰四輪之國[illegible]秦伐之[illegible]天下[illegible]不敢[illegible]自全此天下之大勢

張洲曰得邯鄲非國之長利況未必得乎此策最為[illegible]

說過任之事雖父責之子使必為亦不可得

司馬遷曰澤羈旅入秦繼踵取卿相垂功於天下者固彊弱之勢異也然士亦有偶合賢者多如此今澤不困厄惡能激乎

[illegible]

蔡澤說應侯辭位 秦策

蔡澤（燕人）見逐於趙而入韓魏遇奪釜鬲於塗（鬲鼎也人奪之）聞應侯任鄭安平王稽皆負重罪應侯內慙乃西入秦將見昭王使人宣言以感怒應侯曰燕客蔡澤天下駿雄弘辯之士也彼一見秦王秦王必相之而奪君位應侯聞之使人召蔡澤蔡澤入則揖應侯應侯固不快及見之又倨應侯因讓之曰子嘗宣言代我相秦豈有此乎對曰然應侯曰請聞其說蔡澤曰吁君何見之晚也夫四時之序成功者去夫人生百體堅強手足便利耳目聰明而心聖智豈非士之所願與應侯曰然蔡澤曰質（體）仁秉義行道施德於天下天下懷樂敬愛願以為君王豈不辯智之期與（辯智者志期此）應侯曰然蔡澤復曰富貴顯榮成理萬物萬物各得其所生命壽長終其天年而不夭傷天下繼其統守其業傳之無窮名實純粹澤流千世稱之而毋絕豈非道之符（行道之効）而聖人所謂吉祥善事與應侯曰然澤曰若秦之商君楚之吳起越之大夫種其卒亦可願與應侯知蔡澤之欲困已以說復曰何為不可夫公孫鞅事孝公極身（竭力）無二盡公不還（反顧）私設刀鋸以禁奸邪信賞罰以致治竭智能示情素蒙怨

按范雎惟直吞並字最妙辭必緩柔必欲抑揚矣然澤引商君吳起大夫種三人微晰柄畢竟應侯為所窘耳

商鞅

吳起
大夫種
校：睢曰雖死無憾，悔則雖強，辭其次。范睢只為吳起故，澤尸將一死字，雖倒范睢，終篇以死恐之。
戰國策：詐欺舊交，虜魏公子卬，卒為秦禽將，破敵軍，攘地千里。吳起事悼王，使私不害公，讒不蔽忠，言不取苟合，行不取苟容，行義不顧毀譽，必欲霸主強國，不辭禍凶。大夫種事越王，王離（同罹）困辱，悉忠而不解（同懈），王雖亡絕，盡能而不離，多功而不矜，富貴不驕怠。若此三子者，義之至，忠之節也。故君子殺身以成名，義之所在，身雖死，無憾悔，何為而不可哉？蔡澤曰：「主聖臣賢，天下之福也；君明臣忠，國之福也；父慈子孝，夫信婦貞，家之福也。故比干忠不能存殷，子胥智不能存吳，申生孝而晉惑亂。是有忠臣孝子，國家滅亂，何也？無明君賢父以聽之。故天下以其君父為戮辱（賤之如僇戮詬），憐其臣子。夫待死而後可以立忠成名，是微子不足仁，孔子不足聖，管仲不足大也。夫人之立功，豈不期於成全耶？身與名俱全者，上也；名可法而身死者，其次也；名在僇辱而身全者，下也。」於是應侯稱善。

戰國策　卷五　秦　卌七

蔡澤得少間，因曰：「商君、吳起、大夫種，其為人臣盡忠致功，則可願矣。閎夭事文王，周公輔成王也，豈不亦忠乎？以聖論之，商君、吳起、大夫種，其可願孰與閎夭、周公哉？」應侯曰：「商君、吳起、大夫種不若也。」蔡澤曰：「然則君之主慈仁任忠，惇厚舊故，其賢智與有道之士為膠漆，義不倍功臣，孰與秦孝公、楚悼王、越王乎？」應侯曰：「未知何如也。」蔡澤曰：「今主固親忠臣，不過秦孝、越王、楚悼。君之為主正亂批患，折難廣地殖穀，富國足家，強主威蓋海內，功彰萬里之外，不過商君、吳起、大夫種。而君之祿位貴盛，私家之富過於三子，而身不退，竊為君危之。語曰：『日中則移，月滿則虧。』物盛則衰，天下之常數也；進退盈縮變化，聖人之常道也。昔者齊桓公九合諸侯，一匡天下，至葵丘之會，有驕矜之色，畔者九國。吳王夫差無敵於天下，輕諸侯，陵齊晉，遂以殺身亡國。夏育、太史啟叱呼駭三軍，而身死於

戰國策　卷五　秦　廿八

庸夫。此皆乘至盛不及道理也。夫商君為孝公明法令，平權衡，正度量，調輕重，決裂阡陌，教民耕戰，是以兵動而地廣，兵休而國富，故秦無敵於天下，立威諸侯。功已成矣，遂以車裂。楚地方數千里，持戟百萬，白起率數萬之師以與楚戰，一戰舉鄢郢，再戰燒夷陵，南并蜀漢，又越韓魏攻強趙，北坑馬服，誅屠四十餘萬之眾，流血成川，沸聲若雷，遂入圍邯鄲，使秦業帝。自是之後，趙楚懾服，不敢攻秦者，白起之勢也。身所服者七十餘城，功已成矣，賜死於杜郵。吳起為楚悼罷無能，廢無用，損不急之官，塞私門之請，壹楚國之

按：蔡澤本桓公、夫差見滿國君傾滅，滿而不以卑退自居者，侯未免於畔亡，亡以引起下文相人國者之不可以成功久處。
商君久處成功而死。
白起久居成功而死。
按：久白起以白起為耳目所自聞也。
久處成功而死。

夫子稱人君成功[illegible]

言秦以善居功全身轉入論將軍明[illegible]雎避位

疑前既以死勸之此又以壽歆之蓋先雎指示可生之路雎安得不竦然喬王子喬松赤松子皆不死

[illegible]

倍南攻楊越北并陳蔡破橫散從使馳說之士無所開其口功已成矣卒支解大夫種為越王墾草刱邑造也辟地殖穀率四方之士專上下之力以禽勁吳成霸功句踐終棓而殺之此四子者功成而不去禍至於此此所謂信而不能屈往而不能返者也范蠡知之超然避世長為陶朱君獨不觀博者乎或欲大投言全勝也或欲分功分勝者所獲此皆君之所明知也今君相秦計不下席謀不出廊廟坐制諸侯利施三川以實宜陽決羊腸之險塞太行之口又斬范中行之途言斷三晉之路棧道千里通於蜀漢使天下皆畏秦秦之欲得矣君之功極矣此亦秦人之分功之時也如時不退則商君白公吳起大夫種是也君何不以此時歸相印讓賢者授之退而巖居川觀必有伯夷之廉長為應侯世世稱孤而有喬松之壽孰與以禍終哉此則君何居焉應侯曰善乃延入坐為上客後數日入朝言於秦昭王曰客新有從山東來者蔡澤其人辯士臣之見人甚衆莫有及者臣不如也秦昭王召見與語大悅之拜為客卿應侯因謝病請歸相印昭王彊起應侯應侯遂稱篤病甚因免相昭王新說蔡澤計畫遂拜為秦相東收周室蔡澤相秦王數月人或惡之懼誅乃謝病歸相印號為剛成君居秦十餘年事昭王孝文王莊襄王卒事始皇帝為秦使於燕三年而燕使太子丹入質於秦

懼誅二字便見澤之辭位非其本情故范雎謂其智巧之尤不足語明哲保身之義

黃震曰澤知范雎內慙故西入秦志在奪相矜雄所謂搤其咽抗其氣拊其背而奪其位乃矜材角智趨利之尤者相秦數月懼誅歸印亦智巧之尤無功而退既無當於道德之智明哲保身之義彼何足以知之哉

姚賈出使，特王賞車百乘，金千斤，衣以王衣，舞以王劍。姚賈辭行，絕其謀，止其兵，與之為交以報秦。秦王大說，封賈千戶，以為上卿，故韓非短之云。

按取字上當有之字，言秦王取姚賈而與共事也。

按王曰有者，諸分明下言既有此事，則何復見寡人乎。

按逐夫如逐之[illegible]，賈內不售曰廢。按楚辭師望在肆，呂何識鼓刀揚聲，后何喜注云：呂望鼓刀在列肆，文王親往問之，望曰：下屠屠牛，上屠屠國。文王喜，載與俱歸。[illegible]與渭濱而[illegible]之說不同。[illegible]文公用其[illegible]

韓非短姚賈於秦王 秦策

四國為一，將以攻秦。姚賈（人名）出使四國，絕其謀，案其兵。韓非知之，曰：賈以珍珠重寶南使荊、楚，北使燕、代之間三年，四國之交未必合也，而珍珠重寶盡於內。是賈以王之權、外自交于諸侯，願王察之。且梁監門子，嘗盜於梁，臣於趙而逐。取世監門子（父死子繼曰世，言姚賈[illegible]）監門（父之職）也，為梁之大盜，趙之逐臣，與同知社稷之計，非所以厲（勵同）羣臣也。王召姚賈而問曰：吾聞子以寡人之財交於諸侯，有諸？對曰：有。王曰：有何面目復見寡人？對曰：曾參孝其親，天下願以為子；子胥忠於君，天下願以為臣；貞女工巧，天下願以為妃（匹也）。今賈忠王而王不知也。賈不歸四國，尚焉之？使賈不忠於君，四國之王尚焉用賈之身？（以上即陳軫之說）桀聽讒而誅其良將，紂聽讒而殺其忠臣，至身死國亡。今王聽讒，則無忠臣矣。王曰：子監門子，梁之大盜，趙之逐臣。姚賈曰：太公望，齊之逐夫，朝歌之廢[illegible]，子良之逐臣（未聞），棘津之讎（售同），不庸（為庸不見用），文王用之而王。管仲，其鄙人之賈人也（人為賈者），南陽之敝幽（仲頹亡人，嘗以貧困隱），魯之免囚，桓公用之而霸。百里奚，虞之乞人，傳賣以五羊之皮，穆公相之而朝西戎。文公用中山盜而勝於城濮。此四士者，皆有詬醜大誹（詬辱，醜恥），天下明主用之，知其可與立功也。使若卞隨、務光、申屠狄，人主豈得其用哉？故明主不取其汙，不聽其非，察其為已用（汙者[illegible]）。（非若雖不取不聽，其為用則或取之）故可以存社稷，雖其外誹者不聽；雖有高世之名，無咫尺之功者不賞。是以羣臣莫敢以虛願望於上。秦王曰：然。乃復使姚賈而誅韓非。

考實 按史記李斯遺非藥使自殺，韓非欲自陳，不得見，遂死。此則謂秦王誅韓非，未知孰是。

按无功兩頭[illegible]，魏無知之[illegible]陳平曰：今有尾生、孝己之行而無益勝敗之數，王何暇用之乎？即姚賈之說。

董份評 其辭甚辯，蘇秦、蘇代之辭亦此類

東陽曰睽起即美字之謀皆應后美字

張洲曰人若不自知卽不如徐公美卽子自知之故人言不能蔽也

張懋孝曰私我畏我求我思想主意而文意三變則章法句法變化不窮之矣

鄒忌諷齊王納諫　齊

鄒忌脩八尺有餘。而形貌昳麗。昳讀作逸目側也。昳麗有光艷意。朝服衣冠窺鏡。謂其妻曰。我孰與城北徐公美。其妻曰。君美甚。徐公何能及君也。城北徐公。齊之美麗者也。忌不自信。而復問其妾曰。吾孰與徐公美。妾曰。徐公何能及君也。旦日。明日。客從外來。與坐談。問之客曰。吾與徐公孰美。客曰。徐公不若君之美也。明日徐公來。熟視之。自以為不如。窺鏡而自視。又弗如遠甚。暮寢而思之曰。吾妻之美我者。私親我也。妾之美我者。畏我也。客之美我者。欲有求於我也。於是入朝見威王曰。臣誠知不如徐公美。臣之妻私臣。臣之妾畏臣。臣之客欲有求於臣。皆以美於徐公。今齊地方千里。百二十城。宮婦左右。莫不私王。朝廷之臣。莫不畏王。四境之內。莫不有求於王。由此觀之。王之蔽甚矣。王曰。善。乃下令。群臣吏民。能面刺寡人之過者。受上賞。上書諫寡人者。受中賞。能謗譏於市朝。聞寡人之耳者。受下賞。令初下。羣臣進諫。門庭若市。數月之後。時時而間進。間進有暇隙。朞年之後。雖欲言。無可進者。燕趙韓魏聞之。皆朝於齊。此所謂戰勝於朝廷。坐朝廷之上四國朝之。不待兵也。

謂鄒忌嘗以詐走田忌。則其人亦傾險士耳。惟此言者萬世之言也。

戰國策　五　卷八

瞿文熙曰形貌美惡雖淺近易知然人性之為人所蔽鄒忌不惟能自知觀而又能引以告君賢哉

許懋齋曰鄒子之論國事可謂善于作喻

張洲曰賞諫者明王之盛典吝君一聞鄒子之說即慨然行之此列國所以相率而朝也

蘇秦以合從說齊　齊策

蘇秦為趙合從。說齊宣王曰。齊南有泰山。東有琅邪。西有清河。北有渤海。此所謂四塞之國也。言四方皆險固。齊地方二千里。帶甲數十萬。粟如丘山。齊車之良。五家之兵。疾如錐矢。戰如雷電。解如風雨。即有軍役。未嘗倍泰山。絕清河。涉渤海也。臨淄之中七萬戶。臣竊度之。下戶三男子。三七二十一萬。不待發於遠縣。而臨淄之卒。固已二十一萬矣。臨淄甚富而實。其民無不吹竽鼓瑟。擊筑彈琴。鬭雞走犬。六博蹹鞠者。臨淄之途。車轂擊。人肩摩。連衽成帷。衽衣衿也。帷帳也。舉袂成幕。揮汗成雨。家敦而富。志高而揚。夫以大王之賢。與齊之強。天下不能當。今乃西面事秦。竊為大王羞之。且夫韓魏所以畏秦者。以與秦接界也。兵出而相當。不至十日。而戰勝存亡之機決矣。韓魏戰而勝秦。則兵半折。四境不守。戰而不勝。以亡隨其後。是故韓魏之所以重與秦戰。而輕為之臣也。今秦攻齊則不然。倍韓魏之地。至衛陽晉之道。徑亢父之險。車不得方軌。馬不得並行。百人守險。千人不能過也。秦雖欲深入。則狼顧。恐韓魏之議其後也。是故恫疑虛喝。疑懼虛喝。高躍而不敢進。則秦不能害齊。亦明矣。夫不

戰國策　東　卷四

楊慎曰自此至志高氣揚言齊之強

按管仲之法五家之兵五家為軌十軌為里四里為連十連為鄉以為軍令

楊慎曰臨淄之中以下語意曲細

筑似琴而大頭以五弦擊之六博局戲蹹鞠以皮為之實以毛蹴踏為戲

有材也將因其威而論諫之

楊慎曰自且夫韓魏至為之臣言三國近秦患而齊不近秦

又曰自今攻齊至亦明矣言秦不能害齊

被術雖方舟而并進行也方軌亦然

張洲曰恫疑言疑之甚也高躍史記作驕矜

曰齊無患于秦後特以事秦恥之
按主君稱蘇秦史記作足下

料秦之不柰我何也而欲西面事秦是群臣之計過
今臣無事秦之名而有強國之實臣故願大王之少
留計齊王曰寡人不敏今主君以趙王之教詔之敬
奉社稷以從
楊　慎曰說齊則以齊之強秦之不能害齊者諄言
之以齊之強而事秦則不能揣巳韓魏之
輕臣者近秦患也以秦之不能害齊而輕
事秦則不能揣敵皆可羞也然曰秦不能
深入攻齊者恐韓魏議其後也與說趙同
不言韓魏為蔽者以齊強而秦交之也然
則韓魏任所收矣

按此謂有相次也言上往于千里有一猶為並有也
按柴胡桔梗本山生而沮水也故求不可得山北曰阴
疇者耕治之田禾所聚也故為類

淳于髡一日而進七士於齊
淳于髡一日而見七士於宣王王曰子來寡人聞之
千里而一士是比肩而立百世而一聖若隨踵而至
也今子一朝而見七士則士不亦衆乎淳于髡曰不
然夫鳥同翼者而聚居獸同足者而俱行今求柴胡
桔梗於沮澤則累世不得一焉及之睪黍梁父之
陰則郄車而載耳（郄知同言多輾車重不前）夫物各有疇（疇類）今
髡賢者之疇也王求士於髡若挹水於河而取火於
燧也髡將復見之豈特七士也
張　洲曰髡不知孟子其所進士亦長短之流耳大
言欺君徒為有識者哄如以辭而已則其
說亦有當者

[illegible]守仁曰顏斶之論蓋出於田子方
[illegible]鏡曰篇首趨士四字乃一篇主意先提出在此極妙
按田子方云貧賤者驕人耳富貴者安敢驕人即士貴王不貴之說然貧賤不肯傾其下與富貴不能下其上二者病則一般
[illegible]
[illegible]
民[illegible]王元之曰[illegible]有[illegible]生風致
[illegible]君子[illegible]妙

顏斶說齊王貴士 齊策

齊宣王見顏斶曰斶前斶亦曰王前宣王不說左右曰王人君也斶人臣也王曰斶前斶亦曰王前可乎斶對曰夫斶前為慕勢王前為趨士與使斶為慕勢不如使王為趨士王忿然作色曰王者貴乎士貴乎對曰士貴耳王者不貴王曰有說乎斶曰有昔者秦攻齊令有敢去柳下季壟五十步而樵採者死不赦令曰有能得齊王頭者封萬戶侯賜金千鎰由是觀之生王之頭曾不若死士之壟也宣王曰嗟乎君子焉可侮哉寡人自取病耳願請受為弟子且顏先生與寡人遊食必太牢出必乘車妻子衣服麗都斶辭曰夫玉生於山制則破焉非弗寶貴矣然大璞不完士生乎鄙野推選則祿焉非不尊遂也然而形神不全斶願得歸晚食以當肉安步以當車無罪以當貴清淨貞正以自娛則再拜辭去君子曰斶知足矣歸真反璞則終身不辱

駱日升曰斶前王前語甚奇峭可消人主負勢之心至於晚食安步歸真反璞皆近道之論終戰國不多見者

[illegible]
[illegible]
[illegible]人
許[illegible]曰此所謂激怒之者
[illegible]成曰此[illegible]
何洛文曰辭近於[illegible]
[illegible]
田汝[illegible]曰王斗[illegible]
[illegible]其所好曰便辟其所惡曰辟

王斗說齊王好士 齊策

先生王斗造門而欲見齊宣王宣王使謁者延入王斗曰斗趨見王為好勢王趨見斗為好士於王何如使者復還報王曰先生徐之寡人請從宣王因趨而迎之於門與入曰寡人奉先君之宗廟守社稷聞先生直言正諫不諱王斗對曰王聞之過斗生於亂世事亂君焉敢直言正諫宣王忿然作色不悅有間王斗曰昔先君桓公所好者五九合諸侯一匡天下天子受籍立為太伯今王有四焉宣王說曰寡人愚陋守齊國唯恐失抎之焉能有四焉王斗曰否先君好馬王亦好馬先君好狗王亦好狗先君好酒王亦好酒先君好色王亦好色先君好士而王不好士宣王曰當今之世無士寡人何好王斗曰世無騏驎騄耳王之駟已備矣世無東郭逡盧氏之狗王之走狗已具矣世無毛嬙西施王宮已充矣王亦不好士也何患無士王曰寡人憂國愛民固願得士以治之王斗曰王之憂國愛民不若王愛尺縠也王曰何謂也王斗曰王使人為冠不使左右便辟而使工者何也為能之也今王治齊非左右便辟無使也臣故曰不如愛尺縠也宣王謝曰寡人有罪國家於是舉

士五人任官齊國大治
劉曰寧同宣王喜文學游說之士賜列第為士大夫者七十六人不治而議論稷下學士至數百千人士非不盛也然騶衍淳于髡之徒類皆詼諧無實不治而議所養非所用因伊頼為故顔斶勸以貴士王斗說其不好士有以也然若斗與斶者亦未知其伊如也有一孟子而不能用安用彼数百千人哉

田需對管燕 齊策

管燕齊人得罪齊王謂其左右曰子孰而助語與我赴諸侯乎左右嘿然莫對管燕連漣然流涕曰悲夫士何其易得而難用也田需對曰士三日不得饜飽而君鵞鶩有餘食下宮糅雜羅紈素曳綺繒縠而士不得以為緣且財者君之所輕死者士之所重君不肯以所輕與士而責士以所重事君非士易得而難用也

汧以士者雖得而不用者也管燕之易得則所謂重一士猶此也有者何以餘為以為非用則如靖郭之淳視亦嘗之得為優養賴以齊又何說也管燕之論甚深而田需之对亦未善

齊人諫靖郭君城薛 齊策

靖郭君田嬰謚將城薛客多以諫靖郭君謂謁者無為客通齊人有請者曰臣請三言而已矣益一言臣請烹靖郭君因見之客趨而進曰海大魚因反走君曰客有於此言此應後有言外客曰鄙臣不敢以死為戲君曰亡言無此也更言之對曰君不聞大魚乎網不能止鈎不能牽蕩而失水則螻蟻得意焉今夫齊亦君之水也君長推齊奚以薛為無齊雖隆薛之城到於天猶之無益也君曰善乃輟城薛

王鏊曰城薛非靖之便也就使諫亦且哺之客知之審矣

按莊子庚桑子曰函車之獸介而離山則不免于罔罟之患吞舟之魚碭而失水則蟻能苦之故鳥獸不厭高魚鼈不厭深夫全其形生之人藏其身也不厭深眇而已矣此論可參看

羅大經曰靖郭[redacted]城薛客曰君長有齊奚以薛為苟為失齊雖隆薛之城至於天庸足恃乎乃不果城董卓積金帛於郿塢曰事成雄[redacted]天下事不成守此塢足矣人之智愚相遠如此

魯連諫孟嘗君逐客　齊策

孟嘗君有舍人而弗說，欲逐之。魯連謂孟嘗君曰：猿獮猴錯木（錯，置也）據水，則不若魚鱉；歷險乘危，則騏驥不如狐狸；曹沫奮三尺之劍，一軍不能當；使曹沫釋其三尺之劍，而操銚鎒與農夫居壟畝之中，則不若農夫。故物舍其所長，之其所短，堯亦有所不及矣。今使人而不能，則謂之不肖；教人而不能，則謂之拙。拙則罷之，不肖則棄之，使人有棄逐，不相與處，而來害相報者，豈非世之立教首也哉。孟嘗君曰：善。乃弗逐。

蔣曰：按孟嘗君書門版曰：有能揚文之名，止文之過，私得寶於外者，疾入諫。彼惟有一隙聰明，故魯連能得此於孟嘗君耳。其曰舍其所長之其所短，堯亦有所不及，自是至論。

煖史作驩

馮煖客孟嘗君　齊策

齊人有馮煖者，貧乏不能自存，使人屬孟嘗君，願寄食門下。孟嘗君曰：客何好？曰：客無好也。曰：客何能？曰：客無能也。孟嘗君笑而受之，曰：諾。左右以君賤之也，食以草具（粗也）。居有頃，倚柱彈其劍，歌曰：長鋏（劍也）歸來乎！食無魚。左右以告。孟嘗君曰：食之，比門下之客。居有頃，復彈其鋏，歌曰：長鋏歸來乎！出無車。左右皆笑之，以告。孟嘗君曰：為之駕，比門下之車客。於是乘其車，揭其劍，過其友曰：孟嘗君客我。後有頃，復彈其劍鋏，歌曰：長鋏歸來乎！無以為家。左右皆惡之，以為貪而不知足。孟嘗君問：馮公有親乎？對曰：有老母。孟嘗君使人給其食用，無使乏。於是馮煖不復歌。後孟嘗君出記（疏也），問門下諸客：誰習計會，能為文收責於薛者乎？馮煖署曰：能。孟嘗君怪之，曰：此誰也？左右曰：乃歌夫長鋏歸來者也。孟嘗君笑曰：客果有能也，吾負之，未嘗見也。請而見之，謝曰：文倦於事（謂國事），憒於憂（以憂思昏亂），而性懧（弱也）愚，沉於國家之事，開罪於先生。先生不羞，乃有意欲為收責於薛乎？馮煖曰：願之。於是約車治裝，載券契而行，辭曰：責收畢，以何市而反？孟嘗君曰：視吾家所寡有者。

按此詳其問荅宕逸令讀者能頓叛市字尤妙

按史記馮煖曰不足者雖責而守之十年息愈多急即以逃亡自捐之若急終無以償上則為君好利不愛士民下則有離上抵負之名非所以厲士民彰君聲也焚無用虛債之券捐不可得之虛計令[illegible]民親君而彰君之善聲也

而之薛使吏召諸民當償者悉來合券券徧合起（合）
（候命）乃來矯命以責賜諸民因燒其券民稱萬歲（祝孟嘗也）
長驅到齊晨而求見孟嘗君怪其疾也衣冠而見之
曰責畢收乎來何疾也曰收畢矣以何市而反（孟嘗問也）
馮煖曰君云視吾家所寡有者臣竊計君宮中積珍
寶狗馬實外廄美人充下陳（猶列）君家所寡有者以義
耳竊以為君市義孟嘗君曰市義奈何曰今君有區
區之薛不拊愛子其民（拊循也）因而賈利之臣竊矯
君命以責賜諸民因燒其券民稱萬歲乃臣所以為
君市義也孟嘗君不說曰諾先生休矣後期年齊王

戰國策

按此了前市義案本末最詳

按此史記言馮煖西說秦而此言說梁予謂當時雖秦[illegible]敵是以畏之列未詳說孟嘗虛上位者從故相為上將軍而虛相位以待孟嘗云

謂孟嘗君曰寡人不敢以先王之臣為臣孟嘗君就
國於薛未至百里民扶老攜幼迎君道中終日孟嘗
君顧謂馮煖先生所為文市義者乃今日見之馮煖
曰狡兔有三窟僅得免其死耳今有一窟未得高枕
而臥也請為君復鑿二窟孟嘗君予車五十乘金五
百斤西遊於梁謂梁王（昭）曰齊放其大臣孟嘗君（此追書）
（書云）於諸侯諸侯先迎之者富而兵強於是梁王虛上
位以故相為上將軍遣使者黃金千斤車百乘往聘
孟嘗君馮煖先驅誡孟嘗君曰千金重幣也百乘顯
使也齊其聞之矣梁使三反孟嘗君固辭不往也齊

又洪先曰田文食客三千而卒以馮煖一人獲其益士誠不易哉

按此又了前三窟案

王聞之君臣恐懼遣太傅齎黃金千斤文車二駟服
劍一（王所自佩）封書一謝孟嘗君曰寡人不祥被於宗廟
之祟沉於諂諛之臣開罪於君寡人不足為也願君
顧先王之宗廟姑反國統萬人乎馮煖誡孟嘗君曰
願請先王之祭器立宗廟於薛廟成還報孟嘗君曰
三窟已就君姑高枕為樂矣孟嘗君為相數十年無
纖介（通芥）之禍者馮煖之計也

吳師道曰魏子予粟馮公焚券孟嘗卒蒙其力百乘
之家不畜聚斂之臣豈迂也哉

戰國策

黃震曰孟嘗好客僅得一馮煖平原好客僅得一
毛遂而二君者其始皆不能知之尚何以
好士為哉

蘇秦說齊閔王 齊策

臣聞用兵而喜先天下者憂，約結而喜主怨者孤。夫後起者藉也，而遠怨者時也。是以聖人從事，必藉於權而務興於時。夫藉權者萬物之率也，而時勢者百事之長也。故無權藉，倍時勢，而能事成者寡矣。今雖干將、莫邪，非得人力，則不能割劌矣。堅箭利金，不得弦機之利，則不能遠殺矣。矢非不銛，而劍非不利也，何則？權藉不在焉。何以知其然也？昔趙氏襲衛，車舍人不休傅，衛國城割平，衛八門土而二門墮矣，此亡國之形也。衛君跣行，告遡於魏。魏王身被甲底劍，挑趙索戰。邯鄲之中騖，河山之間亂。衛得是藉也，亦收餘甲而北面，殘剛平，墮中牟之郭。衛非強於趙也，譬之衛矢而魏弦機也，藉力魏而有河東之地。趙氏懼，楚人救趙而伐魏，戰於州西，出梁門，軍舍林中，馬飲於大河。趙得是藉也，亦襲魏之河北，燒棘溝，隊黃城。故剛平之殘也，中牟之墮也，黃城之隊也，棘溝之燒也，此皆非趙、魏之欲也。然二國勸行之者，何也？衛明於時權之藉也。今世之為國者不然矣。兵弱而好敵強，國罷而好眾怨，事敗而好鞠之，兵弱而憎下人，地狹而好敵大，事敗而好長詐。行此六者而求霸，則遠矣。

臣聞善為國者，順民之意，而料兵之能，然後從於天下。故約不為人主怨，伐不為人挫強。如此，則兵不費，權不輕，地可廣，欲可成也。昔者，齊之與韓、魏伐秦、楚也，戰非甚疾也，分地又非多韓、魏也，然而天下獨歸咎於齊者，何也？以其為韓、魏主怨也。且天下徧用兵矣，齊、燕戰，而趙氏兼中山，秦、楚戰韓、魏不休，而宋、越專用其兵。此十國者，皆以相敵為意，而獨舉心於齊者，何也？約而好主怨，伐而好挫強也。且夫彊大之禍，常以王人為意也；夫弱小之殃，常以謀人為利也。是以大國危，小國滅也。大國之計，莫若後起而重伐不義。夫後起之藉與多而兵勁，則是以眾強敵罷寡也，兵必立也。事不塞天下之心，則利必附矣。大國行此，則名號不攘而至，霸王不為而立矣。小國之情，莫如謹靜而寡信諸侯。謹靜，則四鄰不反；寡信諸侯，則天下不賣。外不賣，內不反，則稽積朽腐而不用，幣帛矯蠹而不服矣。小國道此，則不祠而福矣，不貸而見足矣。故曰：祖仁者王，立義者霸，用兵窮者亡。何以知其然也？昔吳王夫差以強大為天下先，襲郢而棲越，身從諸侯之君，而卒身死國亡，為天下戮者，何也？此夫差平居而謀王，強大而喜先天校今天下之相與，與猶待也，言與之相持亦不肯下。在所畜耳。寄怨而誅不直，使人誅之而已不主怨，即所謂董伐不义也。微用兵而寄於義者，隱其用兵之真情而寄寓於义以為名也。

鮑曰：衆事宜多矣，疑交割者宜相憎，俱強者宜不相下，今皆不然，以其同是逆相故也。

下之禍也。昔者萊莒好謀，陳蔡好詐，莒恃越而滅，蔡恃晉而亡，此皆內長詐、外信諸侯之殃也。由此觀之，則強弱大小之禍可見於前事矣。語曰：騏驥之衰也，駑馬先之；孟賁之倦也，女子勝之。夫駑馬女子，筋力骨勁非賢於騏驥孟賁也，何則？後起之藉也。今天下之相與也不並滅，有能案兵而後起，寄怨而誅不直，微用兵而寄於義，則霸天下可跼足而須也。明於諸侯之故，察於地形之理者，不約親，不相質而固，不趨而疾，衆事而不反，交割而不相憎，俱強而加以親。何則？形同憂而兵趨利也。何以知其然也？昔者燕齊戰於桓之曲，燕不勝，十萬之衆盡。胡人襲燕樓煩數縣，取其牛馬。夫胡之與齊非素親也，而用兵又非約質而謀燕也，然而甚於相趨者，何也？形同憂而兵趨利也。由此觀之，約於同形則利長，後起則諸侯可趨役也。故明主察相，誠欲以霸王為志，則戰攻非所先。戰者，國之殘也，而都縣之費也。殘費已先，而能從諸侯者寡矣。彼戰之為殘也，士聞戰則輸私財而富軍市，輸飲食而待死士，令折轅而炊之，殺牛而觴士，則是路君之道也。中人禱祝，君翳釀，通都小縣置社，有市之邑莫不止事而奉王，則此虛中之計

張之象曰：敘事碎而扁，仿西京以下不能湊泊矣。

活名言國中所有悉出於路也。虛中言財外輸則國中虛也。中人禱祝，國中之人為行者祈也。翳釀，[illegible]

罷社亦所以祈祀，正事正財賦，謂備之事也。

王鏊曰：十年之田不足以償一戰之費，又況師之所止則棘生焉，大軍之後必有凶年乎？世多有窮兵黷武而曰請得為君之士戰將焉戰而[illegible]之者，何心哉？

[illegible]百萬兵於曲[illegible]宮如父子異宮之[illegible]私心之[illegible]陳[illegible]之言行師十萬，日費千金，百姓之勞苦，諸痛心。至上倦於教，士斷於兵，則必亡之形。

[illegible]智伯以誅其亡。

也。夫戰之明日，尸死扶傷，雖有功也，軍出費，中哭泣，則傷主心矣。死者破家而葬，夷傷者空財而共藥，完者內酺而華樂，故其費與死傷者鈞。故民之所費也，十年之田而不償也。軍之所出，矛戟折，鐶鉉絕，傷弩，破車，罷馬，亡矢之大半。甲兵之具，官之所私出也，士大夫之所匿，廝養士之所竊，十年之田而不償也。天下有此再費者，而能從諸侯者寡矣。攻城之費，百姓理襜蔽，舉衝櫓，家雜總，身窟穴，中罷於刀金，而士困於土功，將不釋甲，期數而能拔城者為亟耳。上倦於教，士斷於兵，故三下城而能勝敵者寡矣。故曰：彼戰攻者非所先也。何以知其然也？昔智伯瑤攻范中行氏，殺其君，滅其國，又西圍晉陽，吞併二國而憂一主，此用兵之盛也。然而智伯卒身死國亡，為天下笑者，何謂也？兵先戰攻而滅二子之患也。昔者中山悉起而迎燕趙，南戰於長子，敗趙氏；北戰於中山，克燕軍，殺其將。夫中山，千乘之國也，而攻萬乘之國二，再戰比勝，此用兵之上節也。然而國遂亡，君臣於齊者，何也？不嗇於攻戰之患也。由此觀之，則戰攻之敗，可見於前事矣。今世之所謂善用兵者，終戰比勝，而守不

吳師道曰：此文甚佳，首以用兵後起、約結遠怨二端為言，而以權藉時勢貶之。今雖千將以下上求霸則遠矣。言先天下之禍求福之[illegible]也。臣聞善為國以下止好杜強也，言遠怨之[illegible]生怨之禍也。且夫以下至強弱大小之禍可見於前事[illegible]以

見前事為一節今世所謂善用兵以下至篇終為一節三節皆推言用兵不為天下先之意而不主恐之意在其中錯綜起應變化不窮只伸以知其勝也二語六用而不竟其後

的難中人爭欲貫之知惡之然人如的者人所惡也

從常也兵常用強必弱不事者不從事於此也五兵謂刀劍矛戟矢也

可拔天下稱為善一國得而保之則非國之利也臣
聞戰大勝者其士多死而兵益弱守而不可拔者其
百姓罷而城郭露夫士死於外民殘於內而城郭露
於境則非王之樂也今夫鵠的非咎罪於人也便弓
引弩而射之中者則善不中則媿少長貴賤則同心
於貫之者何也惡其示人以難也今窮戰比勝而守
必不拔則是非徒示人以難也又且害人者也然則
天下仇之必矣夫罷士露國而多與天下為仇則明
君不居也秦用強兵而弱之則察相不事彼明君察
相者則五兵不動而諸侯從辭讓而重賂至矣故明

戰國策　五卷　四十九

曠謂也日雖稍遠其利不窮

唐順之曰一段從議自恣先少拘攣道促之態非師言不用師旅北敗也闔閭將孫武也

名配二句言功德之崇雖名利右兵猶不足稱也

王元之曰勞天下而自逸亂天下而自安此非仁義之言

君之攻戰也甲兵不出於軍而敵國勝衝櫓不施而
邊城降士民不知而王業至矣彼明君之從事也用
財少曠日遠而利長者故曰兵後起則諸侯可趨役
也臣之所聞攻戰之道非師者雖有百萬之軍北之
堂上雖有闔閭吳起之將禽之戶內千丈之城拔之
尊俎之間百尺之衝折之衽席之上故鐘鼓竽瑟之
音不絕於前地可廣而欲可成和樂倡優侏儒之笑
不乏諸侯可同日而致也故名配天地不為尊利制
海內不為厚故夫善為王業者在勞天下而自逸亂
天下而自安諸侯無成謀則其國無宿憂也何以知

田藝蘅曰此老子之策

堞城上女墻也競即堞字堞中為戰具謂城內為守備

其然也佚治在我勞亂在天下則王之道也銳兵
則拒之患至則趨之使諸侯無成謀則其國無宿憂
矣何以知其然也昔者魏王擁土千里帶甲三十六
萬朝天子以西謀秦秦王恐之寢不安席食不甘味
令於境內盡堞中為戰具競為守備為死士置將以
待魏氏衛鞅謀於秦王曰夫魏氏其功大而令行於
天下有十二諸侯而朝天子其與必衆故以一秦而
敵大魏恐不如王何不使臣見魏王則臣請必北魏
矣秦王許諾衛鞅見魏王曰大王之功大矣令行於
天下矣今大王之所從十二諸侯非宋衛也則鄒魯

戰國策　五卷　五十

李廷機曰所謂有王人之意者

唐順之曰是策不從揣摩捭闔中來直論天下形勢用兵虛實情以戰後事為意縱佚驕為不說於道奇士也

過信其必往服齊也

陳蔡邾固大王之所以鞭箠使也不足以王天下大
王不若北取燕東伐齊則趙必從矣西取秦南伐楚
則韓必從矣大王有伐齊楚心而從天下之志則王
業成矣大王不如先行王服王者服飾然後圖齊楚魏王
說於商鞅之言也故身廣公宮制丹衣柱以丹飾柱建
九斿音游旟旒從七星之旟鳥隼曰旟此天子之位也而魏
王處之於是齊楚怒諸侯奔齊齊人伐魏殺其太子
覆其十萬之軍魏王大恐跣行按兵於國而東次於
齊然後天下乃舍之當是時秦王拱手而受西河之
外而不以德魏王故衛鞅之始與秦王計也謀約不

（曰此段總括有精）

下席言於尊俎之間謀成於堂上而魏將已禽於齊矣楯櫓未施而西河之外已入於秦矣此臣之所謂比之堂上禽將户内拔城於尊俎之間折衝席上者也。

葉雲礽評　兵不先天下而後起約不主怨而遠怨此權藉時勢必不可失作一篇起篇中六大段皆申此意首段劍矢諭起見衛得權藉而趙魏兵先天下也二段以不主怨挫強起十國徧用兵而天下獨咎齊者齊約而好主怨也三段以強大弱小起引吳以微大國引萊莒陳蔡以微小國而以騏驥孟賁結之　總見禍生於先天下而藉利於後起也四段言後起之利形同憂而兵趨利胡後起而得藉也五段詳言戰攻之費引智伯中行事見戰攻非所先也六段言戰勝堅守明君察相不事而唯後起則諸侯趨後引衛鞅閒魏事見魏先天下而秦後起是佚佁在秦不費戰攻卒獲西河之地也篇中呼應處多用何也何則字引事處多用何以知其然也結處多用由此觀之

（燕將攻下聊城聊人或說之燕將又懼誅因保守聊城不敢歸齊田單攻聊城歲餘士卒多死而聊城不下仲連乃為書約之矢以射城中遺燕將）[illegible]

魯仲連遺燕將書　齊

吾聞之智者不倍時而棄利勇士不怯死以滅名忠臣不先身而後君今公行一朝之忿不顧燕王之無臣非忠也殺身亡聊城而威不信於齊非勇也功廢名滅後世無稱焉非智也故智者不再計勇士不怯死今死生榮辱尊卑貴賤此其一時也願公詳計而無與俗同且楚攻南陽魏攻平陸而齊無南面之心（言齊無南面攻楚魏之心）以為亡南陽之害不若得濟北之利（濟北）故定計而堅守之（即聊城地）今秦人下兵魏不敢東面橫秦之勢合（此時秦與齊和）楚國之形危且棄南陽斷右壤（平陸）存濟北（謂棄絕楚魏之所攻而不救志在攻聊城定濟北也）計必為之今楚魏交退燕救不至齊無天下之規（言天下無謀齊者）與聊城共據期年之敝即臣見公之不能得也齊必決之於聊城公無再計彼燕國大亂君臣過計上下迷惑栗腹以十萬之眾五折於外萬乘之國被圍於趙壤削主困為天下戮笑公聞之乎今燕王方寒心獨立大臣不足恃國敝禍多民無所歸心今公又以敝聊之民距全齊之兵朞年不解是墨翟之守也（如墨翟守宋卻楚軍）食人炊骨士無反北之心是孫臏吳起之兵也（如孫吳能得士卒士卒無二心）已見於天下矣故為公計不如罷兵休士

迂景明曰此下云云皆誘惑燕將之詞非事實也

俞思孝曰降燕之說特令迎東游於齊心耳恐其不知所処而把管燕曹三字反前忠勇智三字而引管仲曹沫因敗為功之事以諷之

茅鹿門曰此末一段議論甚奸且有姑

戰國策

何洛文曰此業恥轟且奇妙言

黃□曰此以管子曹子感動燕將何等激切

正义曰齊桓公最初待周襄王賜文武胙彤弓矢大輅故為五伯首

張洲曰此書連說燕將捐燕如齊以成功立名故歷舉以名字激之有來由□□國學展習

全車甲歸報燕王燕王必喜士民見公如見父母交游攘臂而議於世功業可明矣上輔孤主以制群臣下養百姓以資說士矯國革俗於天下（謂令燕矯正國事）更革（韓洛）功名可立也亡意亦捐燕棄世東游於齊乎（謂若以無還燕意則捐燕而東游於齊乎）請裂地定封富比陶衛（魏冉封陶商鞅封衛）世世稱寡與齊久存又一計也二者顯名厚實也願公熟計而審處一也且吾聞效小節者不能行大威惡小恥者不能立榮名昔管仲射桓公中鉤篡也遺公子糾而不能死怯也束縛桎梏辱身也此三行者鄉里不通也世主不臣也使管仲終窮抑幽囚而不出慙恥而不見窮年沒壽則亦名不免為辱人賤行矣臧獲且羞與之同名矣（荊淮海岱之間罵奴曰臧罵婢曰獲）況世俗乎故管子不恥身在縲紲之中而恥天下之不治不恥不死公子糾而恥威之不信於諸侯故兼三行之過而為五霸首名高天下光照鄰國曹子（曹沫）為魯將三戰三北而亡地五百里鄉使曹子計不反顧議不旋踵刎頸而死則亦名不免為敗軍禽將矣曹子棄三北之恥而退與魯君計桓公朝天下會諸侯曹子以一劍之任劫桓公於壇坫之上顏色不變辭氣不悖三戰之所亡一朝而復之天下震動諸侯驚駭威

此結二子不顧大節小辱小節故燕將之棄封立功名耳故復將一智字以終篇首

言天紫敵此名乃敵

加吳越若此二士者非不能行小節死小恥也以為殺身亡軀絕世滅後功名不立非智也故去感忿之怨立終身之名棄忿悁之節定累世之功是以業與三王爭流而名與天壤相弊也願公擇一而行之（燕將得書泣三日猶豫不決欲歸燕恐誅欲降齊恐已降而後見辱喟然嘆曰與人刃我寧自刃乃自殺聊城亂田單遂屠聊城）

黃震曰射書聊城使其將自殺而城見屠此不過為田單謀耳縱當時無仲連書聊城無救勢亦必亡亦非甚有功於田單也射書何為哉使連能說單無屠聊而射書於城約其將善降或說燕無殺其將而使其將歸燕以救聊城之命皆可也連釋此不為射書何為哉彼不預吾事而預之是為出位惟不以爵賞自累而輕世肆志為故浮優游天下如飛鳥翔空然直以為天下士未也

按說苑作安陵纏。藝文類聚同。縵字有訛。彼此滑音。於楚共王。今次之宣王。非也。

余嘗曰：真足名言。

楚詞集註：雲夢澤名。方八九百里。跨江南北。岸要在江北。今沙監利景陵等縣乃古雲夢也。蓋華容在江南。今公安石首建寧等縣。

鐫平湖韓會元精選評註古史戰國策六卷

校閱

精選　蔡玫

溫陵　後學　林世選　詮次

江乙說安陵君　楚

江乙說於安陵君曰：君無咫尺之功，骨肉之親，處尊位，受厚祿，一國之衆見君莫不斂衽而拜，撫委而服，何以也？（皆卑下意）曰：王過舉以色。（言謬以色見舉）不然，無以至此。江乙曰：以財交者，財盡而交絕；以色交者，華落而愛渝。（變）是以嬖色不敝席（謂席不及敝而愛弛），寵臣不避軒（避，退；軒，車）。今君擅（平）楚國之勢，而無以自結於王，竊為君危之。安陵君曰：然則奈何？願君必請從死，以身為殉，如是必長得重於楚國。曰：謹受令。三年而弗言。江乙復見曰：臣所為君道，至今未效。君不用臣之計，臣請不敢復見矣。安陵君曰：不敢忘先生之言，未得間也。於是楚王游於雲夢，結駟千乘（結連四馬曰駟），旌旗蔽天，野火之起也若雲蜺（虹），兕虎嗥之聲若雷霆，有狂兕䍧車依輪而至，王親引弓而射，一發而殪。王抽旃旄而抑兕首，仰天而笑曰：樂矣，今日之游也！寡人萬歲千秋之後，誰與共此樂矣？安陵君泣數行下而進曰：臣入則編席，出則陪乘，大王萬歲千秋之後，願得以身試黃泉，蓐螻蟻（蓐，陳；蓐，薦也。願為蓐以辟三物），又何如得此樂而樂之？王大說，乃封壇為安陵君。君子聞之曰：江乙可謂善謀，安陵君可謂知時矣。

□□□曰：敘小人側媚，逢君之態，描摹殆盡。

任□□曰：既敘諂諛，又以君子聞之教訓以贊之，此左氏法也。

楊慎曰此至霸王之資也言其国之強惟楚与秦為万大故以事秦激怒之

孫鑛曰當荊山事之國惟齐楚之強可与秦抗衡而齐不近秦惟楚則近秦秦故言其後不当事秦欲同而勢不兩立此其異也

蘇秦以合從說楚

蘇秦為趙合從說楚威王曰楚天下之強國也大王天下之賢王也楚地西有黔中巫郡東有夏州海陽南有洞庭蒼梧北有汾陘之塞郇陽地方五千里帶甲百万車千乘騎万匹粟支十年此霸王之資也夫以楚之強大王之賢天下莫能當也今乃欲西面而事秦則諸侯莫不西面而朝於章臺之下矣秦之所害於天下莫如楚楚強則秦弱楚弱則秦強此其勢不兩立故為大王計莫如從親以孤秦大王不從親秦必起兩軍一軍出武関一軍下黔中若此則鄢郢

楊慎曰大王不從親以下言不從之患大王誠听臣至此外廄言從合則楚全之意

王雅橫曰從橫之士處說世主率以声色玩好為言惑之奇有富貴

楊慎曰秦氏以彼而下宋成則秦帝之意

動矣臣聞之治之其未乱為之其未有也患至而後憂之則無及已故願大王之早計之大王誠能听臣臣請令山東之國奉四時之獻以承大王之明制委社稷宗廟委置其宗廟社稷以託於楚練士厉兵在大王之所用之大王誠能聽臣之愚計則韓魏齐燕趙衛之妙音美人必充後宮矣趙代良馬橐佗必實於外廄故從合則楚王橫成則秦帝今釋霸王之業而有事人之名竊為大王不取也夫秦虎狼之國也有吞天下之心秦天下之仇讐也橫人皆欲割諸侯之地以事秦此所謂養仇而奉讐者也夫為人臣而割其主之地

□曰前所云但帝秦而已猶未切實至此以割地切之則引言尤著

按相去遠矣有億兆之數為句只是相去甚遠言節所謂相去万万也

帰有光曰蘇秦說六国合從皆安之從之耳惟楚王為少知国計

以外交強虎狼之秦以侵天下卒有秦患不顧其禍夫外挾強秦之威以內劫其主以求割地大逆不忠無過此者故從親則諸侯割地以事楚橫合則楚割地以事秦此兩策者相去遠矣有億兆之數兩者大王何居焉故敝邑趙王使臣效愚計奉明約在大王命之楚王曰寡人之國西與秦接境秦有举巴蜀并漢中之心秦虎狼之国不可親也而韓魏迫於秦患不可與深謀與深謀恐反人以入于秦故謀未發而國已危矣寡人自料以楚當秦未見勝焉內與羣臣謀不足恃也寡人卧不安席食不甘味心搖搖如懸

按詩以心如搖旌作懸旌而補成二字自不如詩之簡深而有奇味

旌而無所終薄迫今君欲一天下安諸侯存危國寡人謹奉社稷以從

鮑彪曰五國之聽蘇秦也華面而已非能深元縱橫之利害也惟威王雖有仇秦之心心之熟矣甚乎諸國之不可合從稱從爾而已

陳瀇曰史記蘇秦下復有一蘇秦文氣似遒

許慶元曰二者危亡之明驗非儀之私言

張儀以連橫說楚

張儀為秦破從連橫說楚王曰秦地半天下兵敵四國（四方之國）被山帶河虎賁之士百餘萬（若虎賁獸言其猛也）車千乘騎萬匹粟如丘山法令既明士卒安難樂死主嚴以明將智以武雖無出兵甲席捲常山之險（取之如捲席之易無遺也恒山為之元氏此作常劉向避文帝諱也）折天下之脊天下後服者先亡且夫為從者無以異於驅羊而攻猛虎也夫虎之與羊不格明矣（格猶敵）今大王不與猛虎而與群羊竊以為大王之計過矣凡天下強國非秦而楚非楚而秦兩國敵侔交爭其勢不兩利大王不與秦秦下甲兵據宜陽韓之上地不通（上地之地）下河東取成皋韓必入臣于秦韓入臣魏則從風而動秦攻楚之西韓魏攻其北社稷豈得無危哉且夫約從者聚群弱而攻至強也夫以弱攻強不料敵而輕戰國貧而數舉兵此危亡之術也臣聞之兵不如者勿與挑戰粟不如者勿與持久（持相持也）夫從人者飾辯虛辭高主之節行言其利而不言其害卒有楚禍（秦伐楚之禍）無及為已（作秦禍意同）是故願大王之熟計之也秦西有巴蜀方船積粟起於汶山循江而下至郢三千餘里舫船載卒（舫平音併也）一舫載五千人與三月之糧下水而浮一日行三百餘里里數雖多不費汗馬之勞不至十日而距扞關（楚記晉伐楚楚為扞關以距之巴郡魚復有扞水關）扞關驚則從竟陵以東盡城守矣黔中巫郡非王之有已秦舉甲出之武關南面而攻則北地絕秦兵之攻楚也危難在三月之內而楚恃諸侯之救在半歲之外此其勢不相及也夫恃弱國之救而忘強秦之禍此臣所以為大王之患也且大王嘗與吳人五戰三勝而亡之陳卒盡矣（陳古陣字）有偏守新城而居民苦矣臣聞之攻大者易危而民敝者怨於上夫守易危之功而逆強秦之心臣竊為大王危之且夫秦之所以不出甲於函谷關十五年以攻諸侯者陰謀有吞天下之心也楚嘗與秦構難戰於漢中楚人不勝通侯執珪死者七十餘人遂亡漢中楚王大怒興師襲秦與秦戰於藍田又卻此所謂兩虎相搏者也夫秦楚相敝而韓魏以全制其後計無過於此者矣是故願大王熟計之也秦下兵攻衛陽晉必關扃天下之匈大王悉起兵以攻宋不至數月而宋可舉舉宋而東指則泗上十二諸侯盡王之有已凡天下所信約從親堅者蘇秦封為武安君而相燕即陰與燕王謀破齊共分其地乃佯有罪出奔入齊齊王因受而相之居

所刺未死齊王使人求賊不得蘇秦且死乃謂齊王曰臣即死車裂臣以徇於市曰蘇秦為燕作亂於齊如此則臣之賊必得矣於是如其言而殺蘇秦者果自出齊王因而誅之此乃蘇秦設計以取賊故車裂耳今儀言如此乃借事為說破從親也

二年而覺齊王大怒車裂蘇秦於市。夫以一詐偽反
覆之蘇秦而欲經營天下合一諸侯其不可成也亦
明矣今秦之與楚也接境壤界固形親之國也其勢當親
大王誠能聽臣臣請秦太子入質於楚楚太子入質
於秦請以秦女為大王箕帚之妾說諸侯皆曰事秦獨楚云云以楚最強故耳
効萬家之都以為湯沐之邑長為昆弟之國終
身無相攻擊臣以謂計無便於此者故敝邑秦王使
使臣獻書大王之從車下風須以決事楚王曰楚
僻陋託於東海之上寡人年幼不習國家之長計今
上客幸教以明制秦之制詔寡人聞之敬以國從乃遣使
車百乘獻雞駭之犀夜光之璧於秦王

戰國策 抱朴子道天犀中有一白理如綖置米其上以飼雞見之驚故名駭雞犀

戰國策 六卷 七

莊辛幸臣論 楚

莊辛謂楚襄王曰君王左州侯右夏侯輦從鄢陵君與壽陵君專淫逸侈靡不顧國政郢都必危矣臣請辟於趙淹留以觀之去五月秦果舉鄢郢巫上蔡陳之地襄王流揜於城陽於是使人發騶徵莊辛於趙曰寡人不能用先生之言今事至於此為之奈何莊辛對曰
臣聞鄙語曰見兔而顧犬未為晚也亡羊而補牢牢閑
未為遲也臣聞昔湯武以百里昌桀紂以天下
亡今楚國雖小絕長續短猶以數千里豈特百里哉
王獨不見夫蜻蛉乎蜻蛉虫名一名桑根六足四翼飛翔乎天
地之間俛啄蚉虻而食之仰承甘露而飲之自以為
無患與人無爭也不知夫五尺童子方將調飴膠絲
飴米糵所煎調以餌之又施膠於絲以擊之加己乎四仞之上而下為螻
蟻食也夫蜻蛉其小者也黃雀因是以俯噣啄白粒
仰棲茂樹鼓翅奮翼自以為無患與人無爭也不知
夫公子王孫左挾彈右攝丸將加己乎十仞之上
以其類為招招的也以其類為的晝游乎茂樹夕調乎酸
醎倏忽之間墜於公子之手夫黃雀其小者也
黃鵠水鳥因是以游乎江海淹乎大沼俯噣鱔鯉仰囓
蔆衡水草奮其六翮而凌清風飄搖乎高翔自以為无
患與人無爭也不知夫射者方且脩其碆盧碆可為鏃盧黑弓
治其繒繳繒弋射矢將加己乎百仞之上被礛

戰國策 六卷 八

鍾惺曰：其說從小而至大，從物而至人，從外而及內，層累而不聚，婉而不絕，故去舜斤乃嘆說之法

按：昭十一年，楚子誘蔡侯般殺之於申，經傳不言子發，蓋使子發召之也

鮑彪曰：此策天下之善規也。襄王雖失之東隅而收之桑榆，故比於後年，保兄事御奏方元奪，於不寧有力焉

磻(音盤)以石著繳也。引微繳，折清風而抎矣(抎，同下也)。故

晝游乎江河，夕調乎鼎鼐。夫黃鵠其小者也，蔡靈侯

之事因是以。南游乎高陂，北陵乎巫山，飲茹溪之流，

食湘波之魚，左抱幼妾，右擁嬖女，與之馳騁乎高蔡

之中，而不以國家為事。不知夫子發方受命乎靈王，

繫己以朱絲而見之也。蔡靈侯之事其小者也，君王

之事因是以。左州侯，右夏侯，輦從鄢陵君與壽陵君，

飯封祿之粟(所封之祿)，而載方府之金(方，四方；金，其所貢也)，

與之馳騁乎雲夢之中，而不以天下國家為事。而不

知夫穰侯方受命乎秦王，填黽塞之內(填兵黽塞之內也)，而投己

乎黽塞之外。襄王聞之，顏色變作，身體戰慄。於是乃

以執珪而授之為陽陵君，與淮北之地也。

六卷　莊辛諫楚襄王　九

大事記云：頃襄既失郢都，復召莊辛，聞其言至於色

變体慄，此其所以能稍復故地也。復取江

南十五邑在頃襄二十三年，新序又載楚

襄用莊辛計奪淮北之地十二諸侯。蓋襄

亂之後，補敗扶傾之計，皆出於辛，特不能

大有所為耳。劉辰翁極詆辛小人，謂何策

之有，皆失言

或以合從說楚王 批

或謂楚王曰：臣聞從者欲合天下以朝大王，臣願大

王聽之也。夫因詘為信(詘即屈，信即伸意)，舊患有成(舊於患難，以能有成)，勇

者義之。攝禍為福，裁少為多，智者官之(義之制其宜，官之主其事)。

夫報報之反(言反覆相尋)，墨墨之化(言變化無形)，唯大君能

之(言其轉旋變化之妙，非智勇者所可及也)。又禍與福相貫(通)，生與亡為

鄰。不偏於死(偏，尤專也；死謂患難)，不偏於生(專於衛生，重于天下者)，不

足以載大名。無所寇艾，不足以橫世(不寇虐斬艾，不足以橫行于世)。

夫秦捐德絕命之日久矣(言秦棄君人之德，絕上天之命，非一日矣)，而天

下不知。今夫橫人嚂口(嚂，聲)利機(利機，橫人所言利害之機)，上干主

心，下牟百姓(牟，取)，公舉而私取利(舉謂)，是以國權輕於

鴻毛，而積禍重於丘山。

六卷　或以合從說楚王　十

張之象曰：此主從而詘橫者之說，寄喻以莊子

按：懷尤反也。言禍福相反不一，墨墨同化，尤治也。言治之其未著

張洲曰：楚自懷王入秦不返，國日削弱，端上為憲

為秦吞噬，以禍福死生之說恐動之，

蓋亦善說者，惜乎無以報懷王之讎告之

者

鄧山曰：好取古雅謙論用字用句，皆有紀律，乃知

文不在多，熟之可祛煩冗

孫月峯曰此后世設問之祖

何孟春曰數千數百數十數人皆有分旒而関鎖亢隹

董份曰總收二句下去把鳥魚為喻意外生意筆力雄傑

董份曰瑰意琦行正解遺行之誣要知臣之所為正解不知之說

宋玉對楚王問

楚襄王問宋玉曰先生其有遺行與何士民衆庶不譽之甚也宋玉對曰唯然有之願大王寬其罪使得畢其辭客有歌於郢中者其始曰下里巴人國中屬而和者數千人其為陽阿薤露國中屬而和者數百人其為陽春白雪國中屬而和者不過數十人引商刻羽雜以流徵國中屬而和者不過數人而已是其曲彌高其和彌寡故鳥有鳳而魚有鯤鳳凰上擊九千里絶雲霓負蒼天足亂浮雲翺翔乎杳冥之上夫藩籬之鷃豈能與之料天地之高哉鯤魚朝發崑崙之墟暴鬐於碣石暮宿於孟諸夫尺澤之鯢豈能與之量江海之大哉故非獨鳥有鳳而魚有鯤也士亦有之夫聖人瑰意琦行超然獨處世俗之民又安知臣之所為哉

唐順之曰古人觀理每於活處看故詩曰鳶飛魚躍夫子曰逝者如斯夫明道不除窗前草欲觀其意思與自家一般皆是於活處看如此篇鳳凰上擊九千里一段都是把景物寫自家生意揔是活動

穆文熙曰識淺之人聞言即以為知而不思再求如春申者甚多汗明堯舜之論可謂明切然終无補於春申簡核之望為贅絹矣

張洲曰既以舜視汗明不思謀置之左右乃着客籍五日一見不知堯當時所以待舜果如此乎此汗明所以術有鹽車之嘆也

鮑彪曰世之懷才抱德之士陸沉於時若此驥不少而伯樂之不世有長鳴之無其時可不為之大哀耶故招延不可不博試用不可不詳也

汗明見春申君

汗明見春申君候問（問一作問）三月而後得見談卒春申君大說之汗明欲復談春申君曰僕已知先生先生大息矣（息休小休）汗明憱焉（憱不安貌蹴踖之貌非憱）曰明願有問君而恐固（固陋也）不審君之聖孰與堯也春申君曰先生過矣臣何足以當堯汗明曰然則君料臣孰與舜春申君曰先生即舜也汗明曰不然臣請為君終言之君之賢實不如堯臣之能不及舜夫以賢舜事聖堯三年而後乃相知也今君一旦而知臣是君聖於堯而臣賢於舜也春申君曰善召門吏為汗先生著客籍（著其名字於賓客之籍）五日一見汗明曰君亦聞驥乎夫驥之齒至矣（至言可服乘之時）服鹽車而上太行蹄申膝折尾湛胕潰（湛沈同汗多故然胕當作決與膚同亦汗出於膚如潰）（中猶展皆用力故然）漉汁灑地（汁與汗對汁言其重者）白汗交流（白汗不緣暑而汗也）中阪遷延（阪坡也遷延不進貌）負棘而不能上（負所載也棘言步蹇）伯樂遭之下車攀而哭之解紵衣以冪之（冪覆也）驥於是俛而噴仰而鳴聲達於天若出金石聲者（聲字衍）何也彼見伯樂之知己也今僕之不肖阨於州部（部統也州部界也）堀穴窮巷（窮以巷為堀穴）沉洿鄙俗之日久矣（洿濁溽也）君獨無意湔拔僕（湔浣也拔去惡也）也使得為君高鳴屈於梁乎（高鳴屈於梁嘗於梁者明）

蘇秦說趙肅侯

天下之卿相人臣乃至布衣之士莫不高賢大王之行義皆願奉教陳忠于前之日久矣雖然奉陽君妬大王不得任事是以外賓客游談之士無敢盡忠于前者今奉陽君捐館舍大王乃今然後得與士民相親臣故敢進其愚忠為大王計莫若安民無事請無庸有為也安民之本在於擇交擇交而得則民安擇交不得則民終身不得安請言外患齊秦為兩敵而民不得安倚秦攻齊而民不得安倚齊攻秦而民不得安故夫謀人之主伐人之國常苦出辭斷絕人之交願大王慎無出於口也請屏左右曰言所以異陰陽而已矣大王誠能聽臣燕必致氈裘狗馬之地齊必致海隅魚鹽之地楚必致橘柚雲夢之地韓魏皆可使致封地湯沐之邑貴戚父兄皆可以受封侯夫割地効實五霸之所以覆軍禽將而求也封侯貴戚湯武之所以放殺而爭也今大王垂拱而兩有之是臣之所以為大王願也大王與秦則秦必弱韓魏與齊則齊必弱楚魏魏弱則割河外韓弱則効宜陽宜陽効則上郡絕河外割則道不通楚弱則無援此三策者不可不熟計也夫秦下軹道則南陽動劫韓包周則趙自銷鑠據衛取淇則齊必入朝秦欲已得行於山東則必舉甲而向趙秦甲涉河踰漳據番吾則兵必戰於邯鄲之下矣此臣之所以為大王患也當今之時山東之建國莫如趙強趙地方二千里帶甲數十萬車千乘騎萬匹粟支十年西有常山南有河漳東有清河北有燕國燕固弱國不足畏也且秦之所畏害於天下者莫如趙然而秦不敢舉兵甲而伐趙者何也畏韓魏之議其後也然則韓魏趙之南蔽也秦之攻韓魏也則不然無有名山大川之限稍稍蠶食之傅之國都而止矣韓魏不能支秦必入臣於秦秦無韓魏之隔禍必中於趙矣此臣之所以為大王患也臣聞堯無三夫之分舜無咫尺之地以有天下禹無百人之聚以王諸侯湯武之卒不過三千人車不過三百乘而為天子誠得其道也是故明主外料其敵國之強弱內度其士卒之眾寡賢與不肖不待兩軍相當而勝敗存亡之機固已見於胸中矣豈揜於眾人之言而以冥冥決事哉臣竊以天下地圖案之諸侯之地五倍於秦料諸侯之卒十倍於秦六國并力為一西面而攻秦秦破必矣今西面而事之見臣於秦夫破人之與破於人也臣人之與臣於人

也豈可同日而言之哉夫橫人者皆欲割諸侯之地以與秦成與秦成則高臺榭（臺有木曰榭）美宮室聽竽瑟琴瑟之音察五味之和前有軒轅後有長庭美人巧笑卒有秦患（卒同猝）而不與其憂是故橫人日夜務以秦權恐喝諸侯以求割地願大王之熟計之也臣聞明主絕疑去讒屏流言之迹塞朋黨之門故尊主廣地強兵之計臣得陳忠於前矣故竊為大王計莫如一韓魏齊楚燕趙六國從親以儐畔秦令天下之將相相與會於洹水之上通質刑白馬以盟之約曰秦攻楚齊魏各出銳師以佐之韓絕食道趙涉河漳燕守常山之北秦攻韓魏則楚絕其後齊出銳師以佐之趙涉河漳燕守雲中秦攻齊則楚絕其後韓守成皋魏塞午道趙涉河漳博關燕出銳師以佐之秦攻燕則趙守常山楚軍武關齊涉渤海韓魏出銳師以佐之秦攻趙則韓軍宜陽楚軍武關魏軍河外齊涉渤海燕出銳師以佐之諸侯有先背約者五國共伐之六國從親以儐秦秦必不敢出兵於函谷關以害山東矣如是則霸業成矣趙王曰寡人年少蒞國之日淺未嘗得聞社稷之長計今上客有意存天下安諸侯寡人敬以國從乃封蘇秦為武安君

陸穩曰經理天下如指諸掌此秦兵不敢出也

蘇秦說趙肅侯　六五

張儀以連衡說趙

張儀為秦連衡說趙王曰敝邑秦王（惠）使臣敢獻書於大王御史大王收率天下以儐秦秦兵不敢出函谷關十五年矣大王之威行於天下山東敝邑恐懼懾服繕甲厲兵飾車騎習馳射力田積粟守四封之內愁居懾處不敢動搖唯大王有意督過之也（督視責也）今秦以大王之力西舉巴蜀并漢中東收兩周而西遷九鼎守白馬之津秦雖僻遠然而心忿悁（悁亦忿）含怒之日久矣今寡君有敝甲鈍兵軍於澠池願渡河踰漳據番吾迎戰邯鄲之下願以甲子之日合戰以正殷紂之事敬使臣先以聞於左右凡大王之所信以為從者恃蘇秦之計熒惑諸侯（熒火光也猶眩）以是為非以非為是欲反覆齊國而不能自令車裂於齊之市夫天下之不可一亦明矣今楚與秦為昆弟之國而韓魏稱為東藩齊獻魚鹽之地此斷趙之右臂也夫斷右臂而求與人鬬失其黨而孤居求欲無危豈可得哉今秦發三將軍一軍塞午道告齊使興師渡清河軍於邯鄲之東一軍軍於成皋驅韓魏（驅同）而軍於河外一軍軍於澠池約曰四國為一以攻趙破趙而四分其地是故不敢匿意隱情先以聞

六卷　張儀以連衡說趙　六十六

鮑以和為之

田汝成曰当以澠池與秦會之事同看別事体相接

于左右臣竊為大王計莫如與秦遇於澠池面相見而身相結也臣請案兵無攻願大王之定計趙王曰先王之時奉陽君相專權擅勢蔽晦先王獨制官事寡人宮居屬於師傅不得與國謀先王棄群臣寡人年少奉祠祭之日淺私心固竊疑焉以為一從不事秦非國之長利也乃且願變心易慮剖地謝前過以事秦方將約車趨行而適聞使者奉明詔於是乃以車二百乘入朝澠池割河間以事秦

鮑彪曰約從以離秦者趙也使秦得諸侯力足以制趙不告趙也告之者是力不足也此時諸侯惑於横人之說皆辭屈貌從心不與也使季子可作則三國横約可立解而坐破也武靈此時血氣未定而蘇氏兄弟適不在趙故儀得以售其恐喝之說加之數年如胡服之時其必有以折儀也燕昭未弁蘇代重燕而從約復舉豈非天下之心之势哉

李廷机曰文最岩節温淡深林此

張伍登曰武灵胡服之意与岩高滚然之意同

鮑彪曰闢地開边非有國先务不得已而有採却之事炭兵而已兵炭而士用命與不胡服豈先成功如其不然雖易服奚古何益於敗哉孟子曰行一不义而得天下不為也武灵之志欲得中山胡地而已乃棄周而夷其丘使不經於世大小之差也且其所欲反古之說皆鈎金与羽之類古所謂以办言乱旧政者也何足取哉

鮑彪曰舜有苗謂舜不用兵而舜下羽欲以服人亦異于俗焉之袒裸亦非中国之礼也

田汝成曰舜羽非為服苗格冰因舜羽舞後心数道至禹當其時耳袒入裸國事類不經此必先着

趙武靈王欲胡服騎射　趙

武靈王平晝閒居肥義相趙侍坐曰王慮世事之變權甲兵之用念簡襄之迹計胡狄之利乎王曰嗣立不忘先德君之道也錯質務明主之長臣之論也是以賢君靜而有道民便事之教動而有明古先世之功為人臣者窮有弟長辭讓之節通有補民益主之業此兩者君臣之分也今吾欲繼襄王之跡啟胡翟之鄉而卒世不見也（言卒世无能察此）敵弱者（言我為胡服敵人必因弱）用力少而功多可以毋盡百姓之勞而序往古（指簡襄）之勳夫有高世之功者負遺俗之累（不与俗同為俗所遺也）有獨智之慮者任驁民之怨（驁民傲慢之民）今吾將胡服騎射以教百姓而世必議寡人奈何肥義曰臣聞疑事無功疑行無名王既定負遺俗之慮（自定於心不為俗移）殆無顧天下之議矣夫論至德者不和於俗成大功者不謀於眾昔者舜舞有苗禹袒裸國非以養欲而樂志也務以論德而約功也愚者闇成事智者睹未形則王何疑焉王曰吾不疑胡服也吾恐天下笑我也狂夫之樂智者哀焉愚者所笑賢者察焉世有順我者胡服之功未可知也雖驅世以笑我胡地中山吾必有之王遂胡服使王孫緤告公子成曰寡人胡服將以

[illegible]或[illegible]此治文則佳

東海曰中國行至義行也似同此 大司徒[illegible] 許氏元云叔之言典而詳 由執衡之連用八也字戰國文字至此一變

江遹曰武靈之論極其雄快辯其[illegible]信非其學[illegible]文與[illegible]語之奪人

朝也亦欲叔服之家聽於親國聽於君古今之公行
也子不反親臣不逆主先王之通誼也今寡人作教
易服而叔不服吾恐天下議之也夫制國有常利民
為本從政有經令行為上明德先論於賤而行政先
信於貴（尊貴者先信之所謂法行自近始也）今胡服之意非以養欲而
樂志也事有所止（猶至）而功有所出（成也）事成功立然後
善也今寡人恐叔之逆從政之經以輔叔之議（論此與之）
（所以輔之）且寡人聞之事利國者行無邪因貴戚者名不
累故願慕公叔之義以成胡服之功使緤謁之叔請
服焉公子成再拜稽首曰臣固聞王之胡服也臣不

佞寢疾未能趨走以滋進也王命之臣敢竭其愚忠
臣聞中國者蓋聰明叡智之所居也萬物財用之所
聚也賢聖之所教也仁義之所施也詩書礼樂之所
用也異敏技能之所試也遠方之所觀赴也蠻夷之
所義行也（以中國為有義有行）今王舍此而襲遠方之服變古
之教易古之道逆人之心而畔學者離中國故臣願
王圖之也使者以報王曰吾固聞叔之疾也即之公
叔成家自請之曰夫服者所以便用也礼者所以便
事也聖人觀鄉而順宜因事而制礼所以利其民而
厚其國也夫翦髮文身錯臂左衽（錯臂亦文身謂以丹青錯畫其臂也）

董份曰儒者一師宜俗之同也中國同礼宜教之合也大礼異而教離則禮不足侍而治乎[illegible]常法也

茅坤曰予揣武靈王之胡服其所明[illegible]在族[illegible]者[illegible]將以攻伐中山却林胡樓煩也觀其異日胡服而北畧胡地欲從雲中九原直襲秦不[illegible]而詐為使者入秦欲以為秦所察卒不然武靈王因而招胡地遠近引而之國于以長驅秦中未可知也

[illegible]曰無舟楫將何以守者云云言也武服以[illegible]正言戰國先秦文字[illegible]

[illegible]曰騎射之服[illegible]此武靈王變胡服本意

甌越之民也黑齒雕題（黑齒以草染齒用白作黑　雕題謂刻肩肌以丹青湼之）
鯷冠秫縫（鯷大鮎以其皮為冠　秫綦鍼也言女工之拙）大吳（作犬戎）之國也
故礼服莫同其便一也鄉異而用變事異而礼易是
以聖人果可以利其國不一其用（果可）以便其事不
同其礼儒者一師而俗異中國同礼而教離況於山
谷之便乎故去就之變智者不能一遠近之服賢聖
不能同窮鄉多異曲學多辯不知而不疑異於己而
不非者公於求善也今叔之所言者俗也吾所言者
所以制俗也吾國東有河薄洛之水（薄洛津名）與齊中山
同之無舟楫之用自常山以至代上黨東有燕東胡

之境而西有樓煩秦韓之邊今無騎射之備故寡人
無舟楫之用夾水居之民將何以守河薄洛之水變
服騎射以備燕三胡秦韓之邊（三胡林胡樓煩東胡）且昔者簡
主不塞晉陽以及上黨（不塞者志在遠略也）而襄王并戎取代
以攘諸胡此愚智所明也先時中山負齊之疆兵侵
掠吾地係累吾民引水圍鄗微社稷之神靈則鄗幾
於不守也先王醜之而怨未能報也今騎射之服近
可以備上黨之形遠可以報中山之怨而叔也順中
國之俗以逆簡襄之意惡變服之名而忘鄗事之醜
非寡人之所望也公子成再拜稽首曰臣愚不達於

王世貞曰趙武灵胡服而强秦孝文变胡服而弱虽夫宰为此不为过也君子谓武灵之不善求傲冰立之祸天宝是报之以卑伦夫

穆文熙曰援古引証滚滚若流皆是以触人之见而饰己之非此其亦亦雄矣哉

董份曰邹鲁缨服儒衣也何以谓之奇服所云二奇字皆奇邪之奇言服奇志淫则邹鲁皆儒服不奇者且无一奇邪之行哉盖当时邹鲁之服与儒而断断衰乱奇行实多故也

戰国策人

钱福曰商君传与此文多同大商君传文法而简此文错以他语奇而肆可以参观

王之義。敢道世俗之間，臣之罪也。今王將繼簡襄之意，以順先王之志，臣敢不聽命乎。再拜稽首。乃賜胡服。明日服而朝。於是始出胡服令也。趙文、趙造、趙俊、周袑（音紹）皆諫止王毋胡服，如故法便。王曰：古今不同俗，何古之法？帝王不相襲，何禮之循？虙戲、神農教而不誅，黃帝、堯、舜誅而不怒。及至三王，隨時制法，因事制禮。法度制令，各順其宜；衣冠器械，各便其用。故禮世不必一道（礼世謂施礼於世），而便國不必法古。聖人之興也，不相襲而王；夏殷之衰也，不易禮而滅。然則反古未可非，而循禮未足多也。且服奇者志淫，則是鄒魯無奇行也（鄒魯好長纓，是奇服也，而有孔門顏冉之屬，豈無奇行哉）；俗辟者民易，則是吳越無秀士也（方俗辟陋如吳越，宜人皆既易，詎無秀士，而乃有季札、大夫種之屬哉）。且聖人利身之謂服，便事之謂禮。夫進退之節，衣服之制者，所以齊常民，非所以論賢者也。故齊民與俗流，賢者與變俱。故諺曰：以書為御者，不盡馬之情；以古制今者，不達事之變。循法之功，不足以高世；法古之學，不足以制今。子其勿反也。遂胡服騎射。

王維楨曰此一段叙事如身于其时者安得不动人

按觸聾史記作觸龍說苑魯哀公問孔子夏桀之臣有左師觸龍者諂諛不正人名或有同者此当從聾以别之

歸有光曰先以食息起居相劳以和其心气此最善説者

戰國策

董份曰不以父子不足以發問開端最妙

虞順之曰觸龍説宗母與太子亦寓此意

吳秀曰觸聾諒救從容納説而取成功與夫伏陳諫於庭死爭於堂上者

左師公託長安君為質

趙太后（惠文王后威后）新用事，秦急攻之。趙氏求救於齊，齊曰：必以長安君（孝成王母弟）為質，兵乃出。太后不肯，大臣強諫。太后明謂左右：有復言令長安君為質者，老婦必唾其面。左師觸聾（官名）願見太后，太后盛氣而揖之。入而徐趨，至而自謝曰：老臣病足，曾不能疾走，不得見久矣。竊自恕（以病亦知太后不罪），而恐太后玉體之有所郄也（郄卻同，亦恐后不去前，蓋自恕以及人也），故願望見太后。太后曰：老婦恃輦而行。曰：日食飲得無衰乎？曰：恃鬻（鬻同粥）耳。曰：老臣今者殊不欲食，乃自強步，日三四里，少益耆食，和於身。曰：老婦不能。太后之色少解。左師公曰：老臣賤息舒祺（息子也，舒祺名也），最少，不肖，而臣衰，竊愛憐之，願令補黑衣之數（黑衣戎服），以衛王宮（故云衛王宮），沒死以聞（沒沉溺，無見之辭）。太后曰：敬諾。年幾何矣？對曰：十五歲矣。雖少，願及未填溝壑而託之。太后曰：丈夫亦愛憐其少子乎？對曰：甚於婦人。太后曰：婦人異甚（異於丈夫而有甚焉）。對曰：老臣竊以為媼（女老之稱）之愛燕后（太后女）賢於長安君。曰：君過矣，不若長安君之甚。左師公曰：父母之愛子，則為之計深遠。媼之送燕后也，持其踵，為之泣，念悲其遠也（念悲），亦哀之矣。已行，非弗思也，祭祀必祝之，祝曰：必勿使反。豈非計

□□□□必死者功少而功倍矣

許應元曰是子孫易微納自許左師觸詟因其明而道之故其言也如響應張良招四皓亦然

按從太后不肯以少子質齊因陳摯愛少子之說而許長安君因紙䌸愛燕后之說而許然則而出之書諫足占三后之至明

久長有子孫相繼為王也哉。太后曰。然。左師公曰。今三世以前至於趙之為趙。趙王之子孫侯者。其繼有在者乎。曰。無有。曰。微獨趙。諸侯有在者乎。曰。老婦不聞也。此其近者禍及身。遠者及其子孫。豈人主之子侯。則必不善哉。位尊而無功。奉厚而無勞。而挾重器多也。今媼尊長安之位。而封以膏腴之地。多予之重器。而不及今令有功於國。一旦山陵崩。長安君何以自託於趙。老臣以媼為長安君計短也。故以為其愛不若燕后。太后曰。諾。恣君之所使之。於是為長安君約車百乘。質於齊。齊兵乃出。子義聞之曰。人主之子也。骨肉之親也。猶不能恃無功之尊。無勞之奉。以守金玉之重也。而況人臣乎。

戰國策 楊慎曰既載左師之言而又載子義之論亦一例且應前位尊无功三句

六卷 左師公託長安君為質 廿三

黃震曰。人常以所愛奪於所尤愛。長安君。太后所愛也。使長安君世世稱寡后之所尤愛也。况以存亡之故惕之乎。是太后之從左師觸讋言者得其机故也。不則拂之。愛者佛心而後之。恣君之所使者。又何心哉。豪故曰以其所愛奪於其所尤愛也。

王維楨曰以買馬起議論與孟子為巨室治玉之意同

孫鑛曰把買建信君與遺紀姬而語之方好說出國家與魏牟之論若出一口所謂文理人心之所同者與然此論尤覺秦五可羨

客諫趙王親建信君

客見趙王曰。臣聞王之使人買馬也。有之乎。王曰。有之。何故至今不遣。王曰。未得買馬之工也。對曰。王何不遣建信君乎。王曰。建信君有國事。又不知相馬。曰。王何不遣紀姬乎。王曰。紀姬。婦人也。不知相馬。對曰。買馬而善。何補於國。買馬而惡。何危於國。然而王之買馬也。必將待工。今治天下舉錯非也。皆非用舍國家為虛戾。而社稷不血食。然而王不待工。而與建信君。何也。趙王未之應也。客曰。燕郭之法。有所謂桑雍者。王知之乎。王曰。未之聞也。所謂桑雍者。便辟左右之人。及夫人優愛孺子也。此皆能乘王之醉昏。而求所欲於王者也。是能得之乎內。則大臣為之枉法於外矣。故日月暉於外。其賊在於內。謹備其所憎。而禍在於所愛。

鍾惺曰同桑中有毀自肯流于外此外環視知人之滑離矣

戰國策 鍾惺曰此言最透甚田叔衛曰乘醉而求欲得內而枉外古今皆大敗也為中途而泣優孟半夜而錦溺愛之弊蓋如此

六卷 客諫趙王 廿四

讀文侯之言非其亦真似者與其假者鄴令以不事左右而先黜向令豹不清度以自明光失忠良為天下笑豹安去魏豹之功哉豹之名也哉

三以字正所以為參驗需未用最字類字代似字晚脫換骨

穆文熙曰市中有虎乃事之所無理者也而三言乃成之況疏之疑似者乎此其伯有異非吹之喻矣

李光縉曰甚哉魏惠王之蔽也知三言之足以成市虎而李謀甚六于內于所主而不去勝其暗蔽耶

魏文侯諭西門豹 魏

西門豹為鄴令。而辭乎魏文侯。文侯曰。子往矣。必就子之功。而成子之名。西門豹曰。敢問就功成名亦有術乎。文侯曰。有之矣。鄉邑老者而先受坐之士。先者 先坐 子入而問其賢良之士。而師事之。求其好掩人之美而揚人之醜者。而參驗之。夫物多相類而非也。幽莠之幼也似禾。莠似禾之草 幽言其色 驪牛之黃也似虎。驪黑 黃色 白骨疑象。武夫類玉。石似玉 此皆似之而非者也

茅坤曰此文大類檀弓簡而悉

龐葱與太子章 魏

龐葱與太子質於邯鄲。魏子 太子 謂魏王曰。今一人言市有虎。王信之乎。王曰。否。二人言市有虎。王信之乎。王曰。寡人疑之矣。三人言市有虎。王信之乎。王曰。寡人信之矣。龐葱曰。夫市之無虎明矣。然而三人言而成虎。今邯鄲去大梁也遠於市。而議臣者過於三人矣。願王察之也。王曰。寡人自為知。言不信人 於是辭行。而讒言先至。後太子罷質。果不得見。

葉迦曰聚語之如此千里細玩之却人句法字琢一毫增減不得

絕鵬曰與周公之后也其教常存焉故齊仲孫湫曰尤東周禮韓起亦曰周禮盡在魯矣仲尼氏作縉紳先生萃焉特為中國禮義之邦也嘗君云所稱說則周禮之澤深矣至於魏一時遂鑑万世魯君豈非英君哉

何焯曰不求奇而自奇絕倒一世

倪元璐曰此文章前止數柱欵語後宜鋪張武丑坐來及更端亦可只八字轉換得好其公論可以為式

劉守益曰諫文宜競議論雄偉不發典雅句著意无一字泛設

魯共公酒味色論 魏

梁王魏嬰觴諸侯於范臺。酒酣。請魯君舉觴。魯君共公 魯君興。避席擇言曰。擇善而言 昔者帝女蓋堯女 令儀狄作酒而美。味甘 進之禹。禹飲而甘之。遂疏儀狄。絕旨酒。曰。後世必有以酒亡其國者。齊桓公夜半不嗛。言不快 易牙乃煎熬燔炙。有汁而乾曰煎 乾煎曰熬 近火曰燔 和調五味而進之。桓公食之而飽。至旦不覺。寤也 曰。後世必有以味亡其國者。晉文公得南之威。美女名 三日不聽朝。遂推南之威而遠之。曰。後世必有以色亡其國者。楚王莊王 登強臺而望崩山。左江而右湖。以臨彷徨。集韻彷徨 徬徉 徙倚也 其樂忘死。遂盟強臺而弗登。曰。後世必有以高臺陂池亡其國者。今主君之尊。儀狄之酒也。主君之味。易牙之調也。左白台而右閭須。皆美人 南威之美也。前夾林而後蘭臺。強臺之樂也。有一於此。足以亡其國。今主君兼此四者。可無戒與。梁王稱善相屬

胡時化曰此四戒寧獨為君者當知即士庶亦宜加慎為戒之戒之保身保家之本也

許應元曰說魏之當強使人動色

按疎字一作卜言若非單行訓人民車馬衆所夜行不休之理著下文況以異於三軍之衆從上下為是

按誘音血誘也一作林字不同林音縲恐也

散卒三千非衆卒之卒

按此意与說趙同

按蒼頭蓋以青巾包頭其類如今之比勇力可以擊敵者也廝徒謂炊烹供養雜役

割地効質上㕥也割則秦必以効之誠實

楊曰數語雖是詞亦是實事

蘇秦以合從說魏王

蘇子為趙合從說魏王曰大王之地南有鴻溝陳汝南許鄢昆陽邵陵舞陽新郪東有淮潁沂黃煮棗無疎西有長城之界北有河外卷衍燕酸棗地方千里名雖小然而廬田廡舍曾無所芻牧牛馬之地人民之衆車馬之多日夜行不休已無以異於三軍之衆臣竊料之大王之國不下於楚然橫人謀(誘)王外交強虎狼之秦以侵天下卒有國患不被其禍(謂橫人)夫挾強秦之勢以內劫其主罪無過此者且魏天下之強國也大王天下之賢王也今乃有意西面而事

秦稱東藩築帝宮(為秦築宮備其巡幸)受冠帶祠春秋(助秦祭)祭臣竊為大王媿之臣聞越王勾踐以散卒三千禽夫差於干遂武王卒三千人革車三百乘斬紂於牧之野豈其士卒衆哉誠能振其威也今竊聞大王之卒武力二十餘萬蒼頭二十萬奮擊二十萬廝徒十萬車六百乘騎五千匹此其過越王勾踐武王遠矣今乃劫於辟臣之說而欲臣事秦夫事秦必割地效質故兵未用而國已虧矣凡群臣之言事秦者皆姦臣非忠臣也夫為人臣割其主之地以外交偷取一旦之功而不顧其後破公家而成私門外挾強秦之

按周廟金人緘口而銘其背曰焰焰不滅炎炎若何涓涓不壅終為江河緜緜不絕或成網羅毫末不札將尋斧柯蘇秦說蓋本此

勢而內劫其主以求割地願大王之孰察之也周書曰緜緜不絕蔓蔓若何毫毛不拔將成斧柯前慮不定後有大患將奈之何大王誠能聽臣六國從親專心并力則必無強秦之患故敝邑趙王(肅侯)使使臣獻愚計奉明約在大王詔之魏王曰寡人不肖未嘗得聞明教今主君以趙王之詔詔之敬以國從

楊愼曰說魏襄王其意大概與說韓王之詞同蓋韓魏一休也其要亦在乎事秦之割地以効實故兵未用而國已虧與不戰而地已削之語並同中間明衛人及群臣皆不忠

而公私內外之害明白

無忌諫安釐王書

魏將與秦攻韓無忌謂魏王曰秦與戎翟同俗有虎狼之心不顧親戚兄弟若禽獸耳故太后毋也而以憂死穰侯舅也功莫大焉而竟逐之兩弟無罪而再奪之國此其為親戚兄弟若此而又況於仇讎之敵國也今大王與秦伐韓而益近秦臣甚惑之而王弗識也則不明矣群臣知之而莫以諫則不忠矣今夫韓氏以一女子承一弱主內有大亂外安能支強秦魏之兵王以為不破乎韓亡秦有鄭地與大梁鄰王以為安乎欲得故地而今負強秦之禍也王以為利乎秦非無事之國也韓亡之後必且便事便事必就易與利就易與利必不伐楚與趙矣是何也夫越山踰絕韓之上黨而攻強趙則是復閼與之事也秦必不為若道河內倍鄴朝歌絕漳滏之水而以與趙兵決勝於邯鄲之郊是受智伯之禍也秦又不敢伐楚道涉山谷行三十里而攻危隘之塞所行者甚遠而所攻者甚難秦又弗為也若道河外背大梁而右上蔡召陵以與楚兵決於陳郊秦又不敢也故曰秦必不伐楚與趙矣又不攻衛與齊矣韓亡之後兵出之日非魏無攻矣秦故有懷地刑丘之城垝津而以

呂祖謙曰信陵君之言深切綜練識天下之大勢使魏能用且拒外楚趙力戰韓則韓不至失上黨趙不至敗長平六國不至為秦所吞矣謀既不用又以驕矜晉鄙流落于外六國盡亡魏然有用術能收合諸侯折強秦之鋒若用之于上黨長平未敗之前天下雌雄之勢未可量也

陸深曰此言不伐趙

陸深曰此言不伐[illegible]

臨河內河內之共汲莫不危矣秦有鄭地得垣雍決熒澤而水大梁大梁必亡矣王之使者大過矣乃惡安陵氏於秦秦之欲誅之久矣聽使者之惡也隨安陵氏而欲亡之秦繞舞陽之北以東臨許則南國必危矣南國雖無危則魏國豈得安哉且夫憎韓不受安陵氏可也夫不患秦之不愛南國非也異日者秦乃在河西晉國之去梁也千里有餘有河山以闌之有周韓而間之從林鄉軍以至於今秦十攻魏五入國中邊城盡拔河外河內大縣數百名都數十晉國之去大梁也尚千里而禍若是矣又況於使秦無韓而有鄭地無河山以闌之無周韓以間之去大梁百里禍必百此矣異日者從之不成也楚魏疑而韓不可得而約也今韓受兵三年矣秦撓之以講韓知亡猶弗聽投質於趙而請為天下鴈行頓刃以臣之愚觀之則楚趙必與之攻矣此何也則皆知秦欲之無窮也非盡亡天下之兵而臣海內之民必不休矣是故臣願以從事乎王王速受楚趙之約而挾韓之質以存韓為務因求故地於韓韓必効之如此則士民不勞而故地得其功多於與秦共伐韓夫存韓安魏而利天下此亦王之大時已通韓之上黨於共寧使

[illegible]知曰[illegible]下自指[illegible]之後以前代魏

歸有光曰歷言諸國之危以擬當時諸侯坐待其斃

吳過知曰異日以下論韓未亡而魏且困於秦矣如此

吳過知曰異日以下互說韓亡則魏受秦之禍必烈

吳過知曰臣願以下極說約楚趙以存韓則魏以利

道己通出入賦之是魏重質韓以其上黨也今有其賦足以富國韓必德魏愛魏重魏畏魏韓必不敢反魏是韓則魏之縣也魏得韓以為縣衛大梁河外必安矣今不存韓二周安陵必危楚趙大破衛齊甚畏天下西鄉而馳秦入朝而為臣不久矣

先代未□專為韓而已哉韓不失上黨則三晉之勢從……也
許應元曰德魏愛魏重魏畏魏必不敢反魏便有絶況相背之勢而語句甚奇

葉雲仍評秦之貪戾無信親戚不顧而況敵國若與共伐韓則韓必亡而魏獨安且利乎孟池勢相絕秦必不伐楚趙又不攻衛齊就易與利非魏无攻已秦兵四出河内共汲必危大梁安陵必亡慕秦與魏遠且七攻魏亡大縣名都況無山河之蘭周韓之間衛可獨道哉惟合從一策可以支之且日楚趙二而韓不可得故從不成今三國識秦欲盡臣天下鳶行集兵魏乘之而從通韓上黨則可以縣韓而得故地且無隣強秦之禍不然恐天下西向朝秦之日不久也

鄒嶧山評 按史書真西山氏承入文章正宗且曰此書於秦之情狀與當時形勢利害如指諸掌然欲知形勢利害必先考証六國都邑方隅地壤相接之處遠近迂曲可為攻守之計者如在目前然後措置可施否則茫然莫究終無益於成敗之數矣善乎鮑氏之言曰言秦事者衆矣無白於此者也

唐雎說信陵君 魏策

信陵君殺晉鄙救邯鄲破秦人存趙國趙王孝成自郊迎唐雎謂信陵君曰臣聞之曰事有不可知者有不可不知者有不可忘者有不可不忘者信陵君曰何謂也對曰人之憎我也不可不知也吾憎人也不可得而知也人不知人之有德於我也不可忘也吾有德於人也不可不忘也今君殺晉鄙救邯鄲破秦人存趙國此大德也今趙王自郊迎卒然見趙王臣願君之忘之也信陵君曰無忌謹受教

鮑彪曰唐雎於十一年求救年已九十餘至是又十年其陳義益高所謂耄則稱道不亂者與賢矣唐雎一云唐且

楊□□曰子獨取信陵之客一人為公子有功於趙而客說公子曰願君忘之信陵門下当以唐雎為上客
王鏊曰千古名言□書紳
按史記云物有不可忘或有不可不忘夫人有德於公子公子不可忘也公子有德於人願公子忘之也語尤簡括
楊慎曰能受盡言亦公子美處

按龍陽君當是王之臣，詳有言美人者族句可見其親，臣則臣亦通稱，今代婦人奏疏亦稱臣

田汝成曰：以幸臣而慎美人之進，豈同類即可殺一嘆

戰國策 六卷 魏 龍陽君得魚固寵

嚴氏奏白以下足以論閹雅

羅大經曰：按策所載魏事乃終於論近習以固寵，此識明者特其

龍陽君得魚固寵 魏

魏王與龍陽君共舩而釣。龍陽君得十餘魚而涕下。王曰：有所不安乎？如是，何不相告也？對曰：臣無不安。王曰：然則何為涕出？曰：臣為臣之所得魚也。王曰：何謂也？對曰：臣之始得魚也，臣甚喜，後得又益大，今臣直欲棄前之所得矣。今以臣之凶惡，而得為王拂枕席。今臣爵至人君，走人於庭（在庭則人為之趨走），避人於塗（在塗則行者避之）。四海之內，美人亦甚多矣，聞臣之得幸於王也，必褰裳而趨大王（褰，揭），臣亦猶曩臣之前所得魚也，臣亦將棄矣，臣安能無涕出乎？魏王曰：誤！有是心也，何不相告也？於是布令於四境之內曰：有敢言美人者族（族，夷及其族）。由是觀之，近習之人，其摯諂也固矣（摯，猶進），其自纂繫也完矣（纂，猶嚴也，言自結於王）。今由千里之外，欲進美人，所效者庸必得幸乎？假之得幸，庸必為我用乎？而近習之人相與怨，我見有禍，未見有福，見有怨，未見有德，非用智之術也。

許應元曰：安釐之世，國危孔棘矣，猶溺于嬖寵以自酖也，能無亡乎？

按安陵蓋魏之庶孽，封於安陵者

唐順之曰：秦欲詐先信之，因得安陵，豈復以五百償之哉，安陵之不與是也

田汝成曰：唐雎安陵時尚任將一百四十餘年矣

吳師道曰：觀安陵君為謝秦之言，則六國自守其封者

戰國策 六卷 唐雎不辱使命 衛四

鮑彪曰：事與荊軻刺秦同，曹沫以至荊軻皆不聞道誼者，雖若可也，為其沫而發不專志於刺也

張洲曰：唐雎能挾匕首虎狼之威而與之爭，卒全安陵，爭其氣於荊軻等遠矣

田汝成曰：以秦王之威，安肯使長跪而謝，殆游士之寓言

唐雎不辱使命 魏

秦王（始皇）使人謂安陵君曰：寡人欲以五百里之地易安陵，安陵君其許寡人。安陵君曰：大王加惠，以大易小，甚善；雖然，受地於先王，願終守之，弗敢易。秦王不說。安陵君因使唐雎使於秦。秦王謂唐雎曰：寡人以五百里之地易安陵，安陵君不聽寡人，何也？唐雎對曰：安陵君受地於先王而守之，雖千里不敢易也，豈直五百里哉？秦王怫然怒，謂唐雎曰：公亦嘗聞天子之怒乎？唐雎對曰：臣未嘗聞也。秦王曰：天子之怒，伏屍百萬，流血千里。唐雎曰：大王嘗聞布衣之怒乎？秦王曰：布衣之怒，亦免冠徒跣，以頭搶地耳（搶，突）。唐雎曰：此庸夫之怒也，非士之怒也。夫專諸之刺王僚也（僚，吳王），彗星襲月（下，昭二十七年）；聶政之刺韓傀也（傀，韓相），白虹貫日；要離之刺慶忌也（要離，吳人，吳王闔閭欲殺王子慶忌，要離詐以罪亡，令吳王焚其妻子，走見慶忌，以劍刺之），倉鷹擊於殿上。此三子者，皆布衣之士也，懷怒未發，休祲降於天（休，吉；祲，妖氣），與臣而將四矣。若士必怒，伏屍二人，流血五步，天下縞素，今日是也。挺劍而起。秦王色撓（撓，屈），長跪而謝之曰：先生坐，何至於此！寡人諭矣（諭，曉也）。夫韓魏滅亡，而安陵以五十里之地存者，徒以有先生也。

張洲曰蘇秦合從毋論列國必先稱其國之險固富饒亦卷當時諸侯以千里而畏人惜其不明道而終以溫摩行之
谿子以下皆勁弩名棠谿以下皆劍鍔名
吾坤曰用四有字三皆字一无下字见韓卒之强
鞮鍪皆首鎧也鉄幕以鉄為臂脛之衣革抉以革為射韝㕁芮謂盾系之紛緩也
董份曰以韓卒四句斷前高事起結
戰國策
西漢末供用此法
按從來事秦之下交臂之下有稱東藩築帝宮受冠帶祠春秋十二字史記無
余有丁曰韓惰可謂激怒蘇明允六國論本此
按說秦云鷄口雖小乃進食牛後雖大乃出糞盖深以事秦為之[illegible]引延篤云寧為雞口不為牛後口雞中主後牛子也沈括辨口作戶後作從說亦未延篤之說今兩存之

一　蘇秦說韓昭侯韓

韓北有鞏洛成皋之固西有宜陽商坂之塞東有宛穰洧水南有陘山地方九百餘里帶甲數十万天下之強弓勁弩皆自韓出谿子少府時力距來皆射六百步之外韓卒超足而射百發不暇止遠者達胸近者掩心韓卒之劍戟皆出於冥山棠谿墨陽合伯鄧師宛馮龍淵太阿皆陸斷牛馬水截鵠鴈當敵則斬堅甲盾鞮鍪鐵幕革抉㕁芮無不畢具以韓卒之勇被堅甲蹠勁弩帶利劍一人當百不足言也夫以韓之勁與大王之賢乃西面事秦交臂而服羞社稷而為天下笑無大於此者矣是故願大王孰計之大王事秦秦必求宜陽成皋今茲效之明年又復求割地與則無地以給之不與則棄前功而更受禍且大王之地有盡而秦之求無已以有盡之地而逆無已之求此所謂市怨結禍者也不戰而地已削矣臣聞鄙諺曰寧為鷄口毋為牛後今西面交臂而臣事秦何異於牛後乎夫以大王之賢挾強韓之兵而有牛後之名臣竊為大王羞之於是韓王按劍太息曰寡人不能事秦敬奉社稷以從

顧愿成評此說詞甚醜到始言韓勢之盛中言割地之害末後以牛後激之宜昭侯為之按劍

鄒[illegible]曰說韓襄王大抵言韓之弱不足抗秦之強大欲為秦必先為[illegible]楚則利其地此轉禍為福也
唐順之曰合從者必首稱其國之善連橫者必首稱其國之惡其用心亦各可見其說亦出於兵志蓋地狹民貧則宜守固地廣人富則宜謀人各因所趨以為說
索隱曰馬前足探向前後足抉於後映謂抉地言馬走之疾也一蹄間一擲蓋過二尋也八尺曰尋
戰國策
按戰一作墜鈞戰字无活字更[illegible]
歸有光曰從横人之說其言又然可怪是故惡夫佞者當其從也[illegible]金錢以入秦也謂舍人曰為秦謝蘇君蘇君之時儀何敢言且蘇君在儀寧渠[illegible]斷言[illegible]其死而[illegible]之也小人哉儀矣
又曰韓近秦[illegible]

一　張儀以連衡說韓韓

張儀為秦連衡說韓王曰韓地險惡山居五穀所生非麥而豆民之所食大抵豆飯藿羹一歲不收民不饜糟糠地方不滿九百里無二歲之所食料大王之卒悉之不過三十萬而廝徒負養負擔以給公家者在其中矣為除守徼亭障塞見卒不過二十萬而已秦帶甲百餘萬車千乘騎萬匹虎贄之士跿跔跳科頭[illegible]貫頤奮戟者貫被徹者之頤而猶奮戟以戰至不可勝計也秦馬之良戎兵之衆探前蹶跳後蹄間三尋者不可勝數也山東之卒被甲冒胄以會戰秦人捐甲徒裎以趨敵左挈人頭右挾生虜夫秦卒之與山東之卒也猶孟賁之與怯夫也以重力相壓猶烏獲之與嬰兒也夫戰孟賁烏獲之士以攻不服之弱國無以異於墮千鈞之重集於鳥卵之上必無幸矣幸不破碎無是理也諸侯不料兵之弱食之寡而聽從人之甘言好辭比周以相飾也皆言曰聽吾計則可以強霸天下夫不顧社稷之長利而聽須臾之說詿誤人主者無過於此者矣大王不事秦秦下甲據宜陽斷絕韓之上地上黨之地東取成皋宜陽則鴻臺之宮桑林之苑非王之有已夫塞成皋絕上地則王之國分矣先事秦則安矣不

張洲曰此篇原是說秦尤長于韓此畧說秦有假於韓亦見捭闔手段

事秦則危矣夫造禍而求福計淺而怨深逆秦而順趙雖欲無亡不可得也故為大王計莫如事秦秦之所欲莫如弱楚而能弱楚者莫如韓非以韓能強於楚也其地勢然也今王西面而事秦以攻楚敝邑秦王必喜惠文夫攻楚而私其地轉禍而說秦計無便於此者也是故秦王使使臣獻書大王御史須以決事

韓王曰客幸而教之請比郡縣築帝宮祠春秋稱東藩效宜陽

鮑彪曰横人之詞其所謂厓竭者韓之兵信弱食信寡矣獨不曰合從則能以弱為強以寡為衆乎惜乎世主不察此也

曰汝成曰割地以求安國未安而地已先失智者不為也爭一邑而殺人邑未得全而枉死者衆矣仁者又不為故其上莫如脩政刑以自強次莫如合從以自固遠禍求福計無有便於此者

戰國策 六卷 張儀說韓 廿七

蘇轍曰燕至戰國六以耕戰自守安樂無事未嘗被兵文公二十八年蘇秦入燕始以從橫之事說之自是兵交中國無復寧歲六世而亡

楊慎曰自至天府也誇言地實兵甲富饒也次言燕不被兵者以趙蔽其南也秦不能踰趙而攻燕而趙則敵之意謂左趙以敵之則燕被秦兵矣只是鄰亡齒寒之喻但辭氣激切諫動主聽耳

蘇秦始以合從說燕

蘇秦將為從北說燕文侯曰燕東有朝鮮遼東北有林胡樓煩西有雲中九原南有呼沱易水地方二千里帶甲數十萬車七百乘騎六千匹粟支十年南有碣石鴈門之饒北有棗粟之利民雖不田作棗粟之實足食於民矣此所謂天府也夫安樂無事不見覆軍殺將之憂無過燕矣大王知其所以然乎夫燕之所以不犯寇被兵者以趙之為蔽於其南也秦趙五戰秦再勝而趙三勝秦趙相斃而王以全燕制其後此燕之所以不犯難也且夫秦之攻燕也踰雲中九原過代上谷彌亘地踵道從言數千里雖得燕城秦計固不能守也秦之不能害燕亦明矣今趙之攻燕也發號出令不至十日而數十萬之衆軍於東垣城矣度呼沱涉易水不至四五日而距國都矣故曰秦之攻燕也戰於千里之外趙之攻燕也戰於百里之內夫不憂百里之患而重千里之外計無過於此者是故願大王與趙從親天下為一則國必無患矣燕王曰寡人國小西迫強秦南近齊趙齊趙強國今主君幸教詔之合從以安燕敬以國從於是資蘇秦車馬金帛以至趙

馮覲曰趙為之蔽此燕之所以無秦患然亦特為趙說也

田汝成曰東垣是長垣之地

李覲之曰利害迭出

茅坤曰燕所畏者趙故說之從親以擯秦

戰國策 六卷 蘇秦說燕 廿八

郭隗說燕昭王

燕昭王收破燕後即位，卑身厚幣以招賢者，欲將報讎。故往見郭隗先生曰：齊因孤國之亂而襲破燕，孤極知燕小力少，不足以報。然得賢士與共國，以雪先王之恥，孤之願也。敢問以國報讎者奈何？郭隗先生對曰：帝者與師處，王者與友處，霸者與臣處，亡國與役處。詘指而事之，北面而受學，則百己者至。先趨而後息，先問而後嘿，則什己者至。人趨己趨，則若己者至。馮几據杖，眄視指使，則廝役之人至。若恣睢奮擊，呴籍叱咄，則徒隸之人至矣。此古服道致士之法也。王誠博選國中之賢者而朝其門下，天下聞王朝其賢臣，天下之士必趨於燕矣。昭王曰：寡人將誰朝而可？郭隗先生曰：臣聞古之君人有以千金求千里馬者，三年不能得。涓人言於君曰：請求之。君遣之，三月得千里馬，馬已死，買其首五百金，反以報君。君大怒曰：所求者生馬，安事死馬而捐五百金？涓人對曰：死馬且買之五百金，況生馬乎？天下必以王為能市馬，馬今至矣。於是不能期年，千里之馬至者三。今王誠欲致士，先從隗始；隗且見事，況賢於隗者乎？豈遠千里哉？於是昭王為隗築

陳深曰：隗之所陳說，莫非古昔帝王好德之良法，然區區欲報怨之為，亦不類三代之事

[illegible]曰：四句名言

按：詘指一作屈己折節也

一本人趨下有己趨二字，更明白

楊慎曰：士可求也，不可致也。[illegible]

戰國策　六卷　郭隗說燕昭王　卌九

宮而師之。樂毅自魏往，鄒衍自齊往，劇辛自趙往，士爭湊燕。燕王弔死問生，與百姓同其甘苦。二十八年，國殷富，士卒樂佚輕戰。於是遂以樂毅為上將軍，與秦、楚、三晉合謀以伐齊，齊兵敗，閔王出走于外。燕兵獨追北，入至臨淄，盡取齊寶，燒其宮室宗廟。齊城之不下者，唯獨莒、即墨。

楊慎曰：燕昭、郭隗皆三代人也，欲為國雪恥，君臣問答，專欲得賢士而事之，此無競惟人之誼也，欲無興得乎？

百里[illegible]下齊七十餘城，如數之足云

許孟元曰：齊伐燕取之，今燕伐齊，乃報復之私，非弔伐之師[illegible]不見[illegible]

戰國策　六卷　郭隗說燕昭王　四十

樂毅報燕惠王書 燕

臣不佞，不能奉承王命，以順左右之心，恐傷先王之明，有害足下之義，故遁逃走趙。今足下使人數之以罪，臣恐侍御者不察先王之所以畜幸臣之理，而又不白臣之所以事先王之心，故敢以書對。臣聞賢聖之君，不以祿私其親，功多者授之；不以官隨其愛，能當者處之。故察能而授官者，成功之君也；論行而結交者，立名之士也。臣竊觀先王之舉也，見有高世主之心，故假節於魏，以身得察於燕。先王過舉，廁之賓客之中，立之群臣之上，不謀父兄，以為亞卿。臣竊不自知，自以為奉令承教，可幸無罪，故受令而不辭。先王命之曰：我有積怨深怒於齊，不量輕弱，而欲以齊為事。臣曰：夫齊，霸國之餘業，而最勝之遺事也。閑於兵甲，習於戰攻。王若欲伐之，則必與天下圖之。與天下圖之，莫徑於結趙。且又淮北、宋地，楚、魏之所欲也。趙若許而約四國攻之，齊可大破也。先王以為然，乃具符節，南使臣於趙。顧反命，起兵擊齊，以天之道，先王之靈，河北之地，隨先王而舉之濟上。濟上之軍，受命擊齊，大敗齊人。輕卒銳兵，長驅至國。齊王逃而走莒，僅以身免。珠玉財寶，車甲珍器，盡收入燕。齊器設於寧臺，大呂陳於元英，故鼎反乎磨室，薊丘之植，植於汶篁，自五霸以來，功未有及先王者也。先王以為愜於志，故裂地而封之，使得比小國諸侯。臣竊不自知，自以為奉令承教，可幸無罪，是以受命而不辭。臣聞賢聖之君，功立而不廢，故著於春秋；蚤知之士，名成而不毀，故稱於後世。若先王之報怨雪恥，夷萬乘之彊國，收八百歲之蓄積，及至棄群臣之日，餘教未衰，執政任事之臣，修法令，慎庶孽，施及乎萌隸，皆可以教後世。臣聞之，善作者不必善成，善始者不必善終。昔伍子胥說聽於闔閭，而吳王遠迹至郢；夫差弗是也，賜之鴟夷而浮之江。吳王不寤先論之可以立功，故沉子胥而不悔；子胥不蚤見主之不同量，是以至於入江而不化。夫免身立功，以明先王之迹者，臣之上計也；離毀辱之誹謗，墮先王之名者，臣之所大恐也。臨不測之罪，以幸為利者，義之所不敢出也。臣聞古之君子，交絕不出惡聲；忠臣去國，不絜其名。臣雖不佞，數奉教於君子矣。恐侍御者之親左右之說，不察疏遠之行，故敢以書聞。唯君留意焉。

鮑彪曰書詞條達明麗再三讀使天下之高文也

王按曰燕王以不用樂閒致使入趙其過本自不容掩此書首尾眾見自罪然其大意重在責閒自責者特為責閒發端耳何以使閒終不怨也

汪道昆曰只把微出明怨一意來雖故尊到底樂閒亦自不能置其失厚之罪雖然至末必及厚也一段專責閒之去燕

楊慎曰文章固佳然意宗旨飾[illegible]燕王遺樂閒書本是怨閒責閒然詞氣委婉讀者不[illegible]其有怨意以其文之故和

燕王喜遺樂閒書 燕

燕王喜使栗腹以百金為趙孝成王壽酒三日反報曰趙民其壯者皆死於長平其孤未壯可伐也王乃召昌國君樂閒而問曰何如對曰趙四達之國也其民皆習於兵不可與戰王曰吾以倍攻之可乎曰不可曰以三可乎曰不可王大怒左右皆以為趙可伐遽起六十萬以攻趙令栗腹以四十萬攻鄗使慶秦以二十萬攻代趙使廉頗以八萬遇栗腹於鄗使樂乘以五萬遇慶秦於代燕人大敗樂閒入趙燕王以書且謝焉曰

寡人不佞不能奉順君意故君捐國而去則寡人之不肖明矣敢端其願（端猶專也願欲復用之）而君不肯聽故使使者陳愚意君試論之語曰仁不輕絕（句去）智不輕怨（辭婉）君之於先生也世之所明知也寡人望有非則君揜蓋之有非而蔽覆之（王自斷望也）不虞君之明罪之也望有過則君教誨之不虞君之明棄之也且寡人之罪國人莫不知天下莫不聞君微出明怨（言閒無出之趙以明有怨於寡人亦知之）（婉曲）以棄寡人寡人必有罪矣雖然恐君之未盡厚也諺曰厚者不毀人以自益仁者不危人以要名故掩人之邪者厚人之行也救人之過者仁者之道也世有揜寡人之邪救寡人之過非君孰望之今君厚受位於先王以成尊輕棄寡人以快心則揜邪救過難得於君矣且世有薄而故厚施（世雖薄豕豕反厚施之）行有失而故惠用（有過失當棄反顧用之）今使寡人任負不肖之罪而君

汪道昆曰寡人雖不肖以下一邊自辭一邊責閒洗發明辨以備問口

非然也是抑末必然之辭

[illegible]

論不脩心言凡有脩者先必有失而善論者不然也

鮑彪曰燕王其言之過在於復諫伐趙其於閒未見其有可怨之[illegible]

有失厚之累於為君擇之也[illegible]之有封疆家之有垣墻所以合好揜惡也室不能相和出語隣家未為通計也怨惡不見而明棄之未為盡厚也寡人雖不肖乎不如殷紂之亂也君雖不得意乎未如商家箕子之累也然則不內蓋寡人而明怨于外恐其適足以傷於高而薄於行也非然也苟可以明君之義成君之高雖任惡名不難受也本欲以為明寡人之薄而君不得厚揚寡人之辱而君不得榮此一舉而兩失也義者不虧人以自益況傷人以自損乎君無以寡人不肖累往事之美昔者柳下惠吏於魯三黜而不去或謂之曰可以去柳下惠曰苟與人之異惡往而不黜乎猶且黜乎寧於故國爾（評自新）柳下惠不以三黜自累故前業不忘不以去為心故遠近無議今寡人之罪國人未知而議寡人者徧天下語曰論不脩心議不累物仁不輕絕智不簡功簡棄大功者輟也輕絕厚利者怨也輟而棄之怨而累之宜在遠者（遠疎）之不望之於君今以寡人無罪君豈怨之乎（且作以不善之心）願君捐怨追惟先王復以教寡人意（度）君曰余且慝心以成而過不顧先王以明而惡使進不脩功退不改過君之所揣也唯君圖之此寡人之愚意也敬以書謁之

梯械天地既扎關也雲梯之屬

鮑彪曰翟之說美矣出此時諸侯並吞弱大非不直遽其力不足耳豈為若說止哉若墨守之與輸般服焉假設以消兵則有之矣彼楚國作止是而未有竊疾者也

鮒魚之小者爾雅云翼與鮒鰭迎合作鯽

墨子說止楚王攻宋 宋

公輸般為楚設機將以攻宋墨子聞之百舍一百里一舍重繭累胝如反往見公輸般謂之曰吾自宋聞子吾欲藉子殺王公輸般曰吾義固不殺王墨子曰聞公為雲梯將以攻宋宋何罪之有義不殺王而攻國是不殺少而殺衆敢問攻宋何義也公輸般服焉請見之王墨子見楚王曰今有人於此舍其文軒鄰有敝輿而欲竊之舍其錦繡鄰有短褐而欲竊之舍其粱肉鄰有糟糠而欲竊之此為何若人也王曰必為有竊疾竊疾病矣墨子曰荊之地方五千里宋方五百里此猶文軒之與敝輿也荊有雲夢犀兕麋鹿盈之江漢魚鱉黿鼉為天下饒宋所謂無雉兔鮒魚者也此猶粱肉之與糟糠也荊有長松文梓楩柟豫章宋無長木此猶錦繡之與短褐也臣以王吏之攻宋為與此同類也王曰善哉請無攻宋

許應元曰中山以壺飧得士趙盾以壺飧免難士固不在乎見養厚者也

沈下齋曰嗚呼則足者之報乎羔亦此意也民心至愚可以誠或難則敵之哉

中山君以壺飧得士 中山

中山君饗士大夫都都試也言尸司馬子期中山人在焉羊羹不遍司馬子期怒而走於楚說楚王伐中山中山君亡有二人挈戈而隨其後者中山君顧謂二人子奚為者也二人對曰臣有父嘗餓且死君下壺飧臣父臣父且死曰中山有事汝必死之故來死君也中山君喟然而仰嘆曰與不期衆少其於當厄言施與當在厄時怨不期深淺其於傷心傷人之心雖淺怨也吾以一杯羊羹亡國以一壺飧得二死士

穆文熙曰失羊羹於子期是謂傷心下壺飧於二人之父是謂當厄子期羊斟之徒二人則桑下餓人耳此可為用恩怨者之戒

三皇五帝

史記

古史海樓 七之八終

共四卷止

鼎鐫平湖韓會元精選評釋古史史記七卷

會元　雲陽　施鳳來　校閱

會元　求仲　韓敬　精選

會魁　成我　秉大受　參攷

溫陵　後學　林世選　詮次

書林　望雲　鄭以厚　繡梓

史記

吳瑩曰此為贊之首古質無雅文倫意多而斷制不苟

俞思謙曰其文不雅馴次後擇其言尤雅者

按此論本紀所以首黃帝之意蓋尚書獨載堯以來而史記始黃帝史記之所識者五帝德帝系姓也乃儒者或不傳之書也迂以所涉歷驗之風教而近是參之春秋國語而所表見為不虛是以尚書屢缺而其軼亦見於他說如五帝德帝系姓若不可不言而傳之也要在夫好學者博聞深思精擇而成此之耳故以黃帝為本紀首例類頊高辛附其中矣

五帝本紀贊

太史公曰學者多稱五帝尚矣。尚上也言久遠也 然尚書獨載堯以來。而百家言黃帝。其文不雅馴。馴訓也謂百家之言非典雅之訓 薦紳先生難言之。孔子所傳宰予問五帝德及帝繫姓。儒者或不傳。漢儒以二書非聖人之言故多不傳李也 余嘗西至空峒山名北過涿鹿涿鹿山側有涿鹿城東漸於海。南浮江淮矣。至長老皆各往往稱黃帝堯舜之處。風教固殊焉。已上四節著其事 總之不離古文者近是。古文即帝德帝系二書也近是聖人之說 余觀春秋國語。其發明五帝德帝繫姓章矣。著也 顧弟弗深考。其所表見皆不虛。不為虛妄 書缺有間矣。其軼迺時時見於他說。言古典殘缺有年然帝皇遺事散軼乃時旁見他說 非好學深思。心知其意。以上四節 固難為淺見寡聞道也。余并論次。擇其言尤雅者。故著為本紀書首。太史公據古文諸子百家論次擇其典雅者故著為本紀在史記篇書之首

按此篇與李斯傳詞不同

李達抗曰堯禹惟不自適所以能長享天下二世專用天下適己乃愈善難哉不之求矣逆旅監門臣虜相不可得求斯和下害卿

如海自此二世亡靡之節

數句關鎖

楊慎曰賦堯禹為不肖人不亡何待

二世責李斯

右丞相去疾、姓馮左丞相斯請止阿房宮作者。減省四邊戍轉。二世曰。吾聞之韓子曰。堯之有天下。堂高三尺。采椽不斲。采今之櫟木茅茨不翦。雖逆旅之宿不勤於此矣。冬日鹿裘。夏日葛衣。粢糲之食。藜藿之羹。飯土塯。飯器啜土鉶。飲器以瓦為之雖監門之養不觳音学於此矣。禹鑿龍門。通大夏。疏九河。曲九防。決渟水。致之海。而股無胈。脛無毛。手足胼胝。耳目黎黑。遂以死於外。葬於會稽。臣虜之勞不烈於此矣。然則夫所謂貴於有天下者。豈欲苦形勞神。身處逆旅之宿。口食監門之養。手持臣虜之作哉。此不肖人之所勉也。非賢者之所務也。彼賢人之有天下也。專用天下適己而已矣。此所以貴於有天下也。夫所謂賢人者。必能安天下而治萬民。今身且不能利。將惡能治天下哉。故吾願恣志廣欲。長享天下而無害。為之柰何。

楊慎曰督責之術莫高乎申韓故篇中亟引之為証皆以故字轉之文字活潑

董份曰是非顛倒若斯此書何待高之指鹿而後亡秦也

何喬新曰李斯之文為絕品上乘之文其在先秦另稱第一也惜乎李斯以至姦之文懷不仁之術而技諸不令朝如置烟霄紛絕亂時耳故曰人以文為表文以人為重言不文行不遠文不人亦不可行

王鏊曰文字變化殊不可言

楊慎曰罰之加焉必也六字而三助語文益矯健謂古文字少虛字可乎

李斯對二世書

夫賢主者。必且能全道而行督責之術者也。督責之則臣不敢不竭能以徇其主矣。此臣主之分定。上下之義明。則天下賢不肖莫敢不盡力竭任以徇其君矣。是故主獨制於天下而無所制也。能窮樂之極矣。賢明之主也。可不察焉。故申子曰。有天下而不恣睢。命之曰以天下為桎梏者。無他焉。不能督責。而顧以其身勞於天下之民。若堯禹然。故謂之桎梏也。夫不能脩申韓之明術。行督責之道。專以天下自適也。而徒務苦形勞神。以身徇百姓。則是黔首之役。非畜天下者也。何足貴哉。夫以人徇己。則己貴而人賤。以己徇人。則己賤而人貴。故徇人者賤。而人所徇者貴。自古及今。未有不然者也。夫古之所謂尊賢者。為其貴也。而其所為惡不肖者。為其賤也。而堯禹以身徇天下者也。因隨而尊之。則亦失所為尊賢之心矣。夫可謂大繆矣。謂之為桎梏。不亦宜乎。不能督責之過也。故韓子曰。慈母有敗子。而嚴家無格虜者。何也。則能罰之加焉必也。故商君之法。刑棄灰於道者。夫棄灰薄罪也。而被刑重罰也。彼惟明主為能深督輕罪。夫罪輕且督深。而況有重罪乎。故民不敢犯也。是故韓

楊慎曰鑠斷作鑠鑠鎔之金也似于下文隨手刑蒙方可解

董份曰妙在轉解

又曰用是故二字復轉一喻渾若天成

子曰布帛尋常庸人不釋（八尺曰尋倍尋曰常釋也取之不釋以其罪輕也）鑠金百鎰盜跖不搏者（搏取也為其財多而罪重）非庸人之心重尋常之利深而盜跖之欲淺也又不以盜跖之行為輕百鎰之重也搏必隨手刑則盜跖不搏百鎰而罰不必行也則庸人不釋尋常是故城高五丈而樓季（魏文侯弟）不輕犯也泰山之高百仞而跛牂牧其上（牡曰牂）夫樓季也而難五丈之限豈跛牂也而易百仞之高哉峭塹之勢異也明主聖王之所以能久處尊位長執重勢而獨擅天下之利者非有異道也能獨斷而審督責必深罰故天下不敢犯也今不務所以不犯

王樵中曰收上慈母敗子之喻得回顧法使不散漫

康海曰本言于明主即是正論

楊慎曰三者正相反欲肆志廣欲而督責以鎮臣下此非湯桑弘羊所以相須也斯欲合而一之耶然非其志也

李廷机曰督責以馭臣下非王道也李斯引以為言何其謬耶

而事慈母之所以敗子也則亦不察於聖人之論矣夫不能行聖人之術則舍為天下役何事哉可不哀耶（令猶廢也止也）且夫節儉仁義之人立於朝則荒肆之樂輟矣諫說論理之臣間於側則流漫之志詘矣烈士死節之行顯於世則淫康之虞廢矣故明主能外此三者而獨操主術以制聽從之臣而脩其明法故身尊而勢重也凡賢主者必將能拂世摩俗而廢其所惡立其所欲故生則有尊重之勢死則有賢明之謚也是以明君獨斷故權不在臣也然後能滅仁義之塗掩馳說之口困烈士之行塞聰揜明內獨視聽故

吳濬曰又收上申韓數段

董份曰升斗始終不離申韓是李斯所藉以為吳慶

只用一句收煞有力

外不可傾以仁義烈士之行而內不可奪以諫說忿爭之辯故能犖然獨行恣睢之心而莫之敢逆若此然後可謂能明申韓之術而脩商君之法法脩術明而天下亂者未之聞也故曰王道約而易操也

鄭樵曰余觀李斯始拒沙丘之謀中諫二世之侈其初心豈至此哉勢至于無之如何始混俗以免禍耳使二世覺悟寧非優旃之漆城陰哉然文字絕妙

過秦論上（依太史公刪定）

凌稚隆曰：秦始終興亡之故，盡在此篇。

呂延濟曰：秦至孝公益強盛，故先述之。

鄒守益曰：立論雄偉，措詞馬勁，西漢文章此其傑出者。

楊慎曰：句法長短錯綜，音節響亮。

宗臣曰：余觀賈誼所稱，致天下之士及尊賢重士之語，其人不可以蘇秦杜赫之儔目之，其不知於敗義孚荊公之言曰：雞鳴狗盜之雄，耳安所稱得士者哉。

胡時化曰：六國之士以下三段，是一套事，為之謀，通其意，制其兵，詞意相應。

余有丁曰：戰國僚屬相參。

路日升曰：歷叙孝公以來，威播四海之勢，淵渟動人。

秦孝公據殽（山名）函（關名）之固，擁雍州之地，君臣固守，以窺周室，有席卷天下，包舉宇內，囊括四海之意（括，結也；囊，盛也；盛而結之，欲盡取之也），并吞八荒之心（秦人并吞之始）。當是時，商君佐之，內立法度，務耕織，脩守戰之備，外連衡而鬬諸侯。於是秦人拱手而取西河之外。孝公既沒，惠王、武王蒙故業，因遺冊，南兼漢中，西舉巴蜀，東割膏腴之地，收要害之郡。諸侯恐懼，會盟（合從）而謀弱秦，不愛珍器重寶肥美之地，以致天下之士，合從締交，相與為一。當是時，齊有孟嘗（田文），趙有平原（趙勝），楚有春申（黃歇），魏有信陵（無忌）。此四君者，皆明智而忠信，寬厚而愛人，尊賢重士，約從離衡，并韓、魏、燕、楚、齊、趙、宋、衛、中山之衆。於是六國之士，有甯越、徐尚、蘇秦、杜赫之屬為之謀，齊明、周最、陳軫、昭滑、樓緩、翟景、蘇厲、樂毅之徒通其意，吳起、孫臏、帶佗、兒（音倪）良、王廖、田忌、廉頗、趙奢之朋制其兵。嘗以什倍之地，百萬之衆，叩關而攻秦。秦人開關延敵，九國（九國謂六國之外有宋、衛、中山）之師，逡巡遁逃而不敢進。秦無亡矢遺鏃之費，而天下諸侯已困矣。於是從散約解，爭割地而賂秦。秦有餘力而制其敝，追亡逐北，伏尸百萬，流血漂鹵（櫓也，即書血流漂杵），因利乘便，宰割天

按秦昭襄五十二年滅西周，莊襄元年滅東周，則吞二周非始皇事矣。

林希元曰：以愚黔首，貫到上廢先王之道，以弱天下之民，貫到上墮名城殺豪俊，以為固，貫到上斬華為城，而誰何，貫到上秦王之心，此古人文法。

史記：今人非但不能道，亦卻道不到。

索隱曰：誰何，或為誰呵，漢舊儀宿衛郎官分五夜誰呵，呵行者誰也。

林希元曰：此言陳涉起事下，歷言其人，正所以誅秦也。

凌稚隆曰：仲尼墨翟此言，詎未聞道屢。

又曰：自篇首至此，皆叙歷代之興亡，且未著議論。

下，分裂山河，彊國請服，弱國入朝。延及孝文王、莊襄王，享國日淺，國家無事。及至秦王（始皇），奮六世（孝公、惠文王、武王、昭王、孝文王、莊襄王）之餘烈，振長策而御宇內，吞二周（東周、西周）而亡諸侯，履至尊而制六合，執棰拊以鞭笞天下，威振四海。南取百粵之地，以為桂林、象郡，百粵（粵有百邑）之君俛首繫頸，委命下吏（任性命於獄吏）。乃使蒙恬北築長城而守藩籬，卻匈奴七百餘里，胡人不敢南下而牧馬，士不敢彎弓而報怨。於是廢先王之道，焚百家之言，以愚黔首；墮名城（毀壞堅城，恐人以害己），殺豪俊，收天下之兵，聚之咸陽，銷鋒鑄鐻（鐘鎛），以為金人十二，以弱黔首之民。然後斬華（斷華山）為城，因河為津，據億丈之城，臨不測之谿以為固。良將勁弩，守要害之處，信臣精卒，陳利兵而誰何（誰，詰問）。天下已定，秦王之心，自以為關中之固，金城（言其堅也）千里，子孫帝王萬世之業也。秦王既沒，餘威震於殊俗。陳涉，甕牖繩樞（以甕為牖，以繩係戶樞）之子，甿（田民）隸之人，而遷徙之徒，才能不及中人，非有仲尼、墨翟之賢，陶朱、猗頓之富，躡足行伍之間，而倔起什伯之中，率罷散之卒，將數百之衆，轉而攻秦。斬木為兵，揭竿為旗，天下雲集而響（再拈一句）應，贏糧而景從，山東豪俊遂並起而亡秦族矣。且夫天下非小

吳摯甫曰乃要語難在此一節

曲文仲曰以此九國長短相蕪文勢也狀六个也字相次而下可觀古人文法

林希元曰攻守並天下六字事作成先王之道以下事一篇精神命脈全在此二句

李金曰文字有終字不忘未竟而結何見者而謂論仁義不施而攻守之勢異此類是也

殽也。雍州之地。崤函之固自若也。陳涉之位。非尊於齊楚燕趙韓魏宋衛中山之君。鉏耰棘矜（鉏柄及棘作矛槿）。非銛於鉤戟長鎩也（鎩利也鉤戟長鎩皆兵器）。適戍之衆。非抗於九國之師。深謀遠慮。行軍用兵之道。非及鄉時之士也。然而成敗異變。功業相反也。試使山東之國與陳涉度長絜大。比權量力。則不可同年而語矣。然秦以區區之地。千乘之權。招八州而朝同列。百有餘年矣。然後以六合爲家。崤函爲宫。一夫作難而七廟隳。身死人手。爲天下笑者。何也。仁義不施。而攻守之勢異也。

真德秀曰賈生論秦之所以成敗。蓋千有餘言。而卒斷之以一言。曰仁義不施。而攻守之勢異也。文字甚妙。但所謂攻守勢異。非至當之論也。蓋當時儒者以攻尚譎詐。而守尚仁義。雖以誼之傑然。猶不免。況他乎哉。

宗臣曰列項羽於本紀何也懷王被弒而項羽主命從其實而紀之也太史列紀以為帝紀年亦明天命之有所歸意心

按吾聞周生至近古未嘗有俱揚詞及羽背關懷楚至豈不謬哉俱抑詞

劉辰翁曰一傳伯力已極此從重瞳著墨開首宗伏何流春曰舜重瞳子羽亦重瞳子而重瞳子不必皆仁何賤長頸鳥喙禹亦長頸鳥喙而長頸鳥喙未必皆不仁也彼皮相者其足與論士乎

此二字相應三十五年正見其易

俱附從

劉辰翁曰過矣謬哉相與應

司馬貞曰項羽崛起爭雄一朝假號而終竟未踐帝位而身首別離斯亦不可稱本紀宜降為世家

項羽本紀贊

太史公曰。吾聞之周生曰（周時賢人）。舜目蓋重瞳子（兩眸子）。又聞項羽亦重瞳子。羽豈其苗裔邪。何其興之暴也。夫秦失其政。陳涉首難。豪傑蠭起。相與並爭。不可勝數。然羽非有尺寸。乘勢起隴畝之中。三年。遂將五諸侯滅秦（五諸侯謂齊趙韓魏燕）。分裂天下。而封王侯。政由羽出。號爲霸王。位雖不終。近古以來未嘗有也。及羽背關懷楚（背關謂背約不王高祖于關中懷楚謂思東歸而都彭城）。放逐義帝而自立。怨王侯叛己。難矣。自矜功伐。奮其私智而不師古。謂霸王之業。欲以力征經營天下。五年卒亡其國。身死東城。尚不覺寤。而不自責。過矣。乃引天亡我。非用兵之罪也。豈不謬哉。

王世貞贊曰力拔山氣蓋世喑烏發萬馬靡目重瞳劍如虹挺一奮僇守通八千人飛渡江無中原灰秦宮裂九宇爵群雄於乎新安之坑僅可半白起之役軹道之誅未足酬六王之一王既負約而弒義高又負約而攻王而俱絕命於大江之滸此固天巧之黜會而區區腐儒者猶曰楚懷群策而自屈其力噫嘻

李惟脩曰此贊末有朝以十月車服黃屋左纛不成語疑有缺文于長陵漢繼周黜秦抑項猶自有說故曰得天統矣朝以十月顧寧人不滿為公刪之原二代異尚因乎時也以先救敝之言蓋忠厚以濟救之則薄矣循以文較之又薄矣豈有尚文救厚之理太史公好為奇說故云

高帝本紀贊

太史公曰夏之政忠忠之敝小人以野（忠質厚也野少禮節也）故殷人承之以敬敬之敝小人以鬼（多威儀如事鬼神）故周人承之以文文之敝小人以僿（僿音先志反此語本出禮表記作其民）故救僿莫若以忠（復始也）三王之道若循環終而復始周秦之間可謂文敝矣秦政不改反酷刑法豈不謬乎故漢興承敝易變使人不倦得天統矣

真西山曰太史公論七國事以一言斷之曰以諸侯太盛而錯為之不以漸也則其初封建之過制後之當抑損而為之不善皆見于一言之中非後世史筆可及林大欽曰當時吳王濞南越驕悍削亦反不削亦反未可盡錯之尤特為之不以漸耳諸侯以弱卒以安七字俱見有漸意

景帝本紀贊

太史公曰漢興孝文施大德天下懷安至孝景不復憂異姓而晁錯刻削諸侯遂使七國俱起合從而西鄉以諸侯太盛而錯為之不以漸也及主父偃言之而諸侯以弱卒以安（主父偃上言令天子下推恩之令令諸侯各得分邑其子弟於是遂弱以安也）安危之機豈不以謀哉

柯維騏曰真西山嘗錄此贊于文章正宗以為司馬遷之筆且謂詞簡意盡非他史所及或者紀缺而贊猶存耳

何孟春曰周為王久矣秦公捍禦有功不王於周矣公以兵送平王乃封為諸侯賜之岐以西之地襄公以為主少皞之神作西畤祠白帝

茅坤曰予嘗覽太史公所撰次五帝三王紀甚先秦續秦而秦紀獨詳頗疑之及讀六國表乃知史概周室為秦所滅而秦記獨得不廢故太史本之非徒表六國而於秦之本末尤詳悉可誦焉

六國表

太史公讀秦紀（秦國史記）至犬戎敗幽王周東徙洛邑秦襄王始封為諸侯作西畤用事上帝僭端見矣禮曰天子祭天地諸侯祭其境內名山大川今秦雜戎翟之俗先暴戾後仁義位在藩臣而臚（音旅祭名）於郊祀君子懼焉及文公踰隴攘夷狄尊陳寶（文公獲石於陳倉祠之其神夜光有声若雄雞曰陳寶）營岐雍之間而穆公脩政東竟至河則與齊桓晉文中國侯伯侔矣是後陪臣執政大夫世祿六卿擅晉權征伐會盟威重於諸侯及田常殺簡公而亂齊國諸侯晏然弗討海內爭於戰攻矣三國終

凌稚隆曰此段言六國賓秦卒秦之盛而卒并六國非以其形勢便利若天所助而然

王維楨曰表著秦兼并以六國之強又秦為之端也

之卒分晉田和亦滅齊而有之六國之盛自此始務在彊兵并敵謀詐用而從衡短長之說起矯稱蠭出誓盟不信雖置質剖符猶不能約束也秦始小國僻遠諸夏賓之比於戎翟至獻公之後常雄諸侯論秦之德義不如魯衛之暴戾者量秦之兵不如三晉之彊也然卒并天下非必險固便形勢利也蓋若天所助焉或曰東方物所始生西方物之成孰夫作事者必於東南收功實者常於西北故禹興於西羌（禹生於石紐西夷人也）湯起於亳周之王也以豐鎬伐殷秦之帝用雍州興漢之興自蜀漢秦既得意燒天下詩書諸侯

楊愼曰六国只爲秦所并故以讀史記発端述秦之興至有天下一由於畏故及言非必形勢便利若天所助焉故曰云云形勢便利之證也史言諸侯史記焚滅唯秦紀從存雖畧而有可采者何必上古以終讀秦紀起下文夫後王之語及秦取天下至終篇則曲言又繳一篇之旨漢之多出占其口取天下多暴然世異變後其笑之諮也曰世變成功大繳前

讀本紀六国盛衰出変而其卒并天下也以不察終始者又謂秦記可采何必上古之意也曰與壞之端則合秦与六国而爲法云

史記尤甚，為其有所刺譏也。詩書所以復見者，多藏人家，而史記獨藏周室，以故滅。惜哉，惜哉！獨有秦記，又不載日月，其文略不具。然戰國之權變亦有可頗采者，何必上古。秦取天下多暴，然世異變，成功大。（言人君制法當隨時代之異而變易其政則其成功大君居今行古猶膠柱而調瑟也）傳曰「法後王」，何也？以其近已而俗變相類，議卑而易行也。學者牽於所聞，見秦在帝位日淺，不察其終始，因舉而笑之，不敢道，此與以耳食無異。悲夫！（言俗學淺識舉而笑之猶耳食不能知味）余於是因秦紀，踵春秋之後，起周元王，表六國時事，訖二世，凡二百七十年，著諸所聞興壞之端。（與今六泰）後有君子，以覽觀焉。

陳仁子曰：

六国之興滅亦天運耳故地无常利推移
之者天也粤自皇帝邑于涿鹿以來顓帝
邑于龍城舜耕于歷山箕子建国朝鮮王
氣在東千五百年乃轉而帰于西土西土
者自文武都豊鎬以來秦攄咸陽漢卜長
安王氣在西漢中葉以後新莽而下極于
隋唐河朔冨盛王氣在河朔又九百年乃
轉而南夏若南夏者襄漢以南建于湖廣
江湖以南斥于閩海安史之乱皆禍所不
及由足南東十一路泰然安堵歷五季以
至宋民物豊阜皆右所號荒凉之地也山
南自北王氣各有依在而司馬遷謂起事
專在東南成功專在
西北非的論矣

董份曰讀秦楚之際表而海内土崩瓦解沸之始未且具其可見以寔而文忌也而彼其人皆駢翔其間一切撥亂反之正若轉圜然豈神武而至哉于

楊愼曰月前先書斯之亟以陳項劉二人之興

董份曰關鍵全在自生民以下二句後明分論耳

董份曰月表之文其識見尚古可誦

楊愼曰自昔虞夏之後至若斯之難言虞夏湯武秦之以甚難

董份曰前言商周以德秦用力皆歷十餘世積累而後一統可謂甚難漢始五年而成帝業乃後甚易焉蓋由秦毛尺土之封故使姦雄得據大位而為大聖故嗚呼其跡殊耳非天豈能使讀者自得之所以深妙

楊愼曰自秦稱帝至末言漢興之易

秦楚之際月表

太史公讀秦楚之際，曰：初作難，發於陳涉；虐戾滅秦，自項氏；撥亂誅暴，平定海內，卒踐帝祚，成於漢家。五年之間，號令三嬗。（嬗古禪字謂陳涉項氏漢高）自生民以來，未始有受命若斯之亟也。昔虞夏之興，積善累功數十年，德洽百姓，攝行政事，考之於天，（驗其人於天意）然後在位。湯武之王，乃由契后稷脩仁行義十餘世，不期而會孟津八百諸侯，猶以為未可，其後乃放弒。秦起襄公，章於文繆，獻孝之後，稍以蠶食六國，百有餘載，至始皇乃能并冠帶之倫。以德若彼，（指虞夏湯武）用力如此，（指秦）蓋一統若斯之難也。秦既稱帝，患兵革不休，以有諸侯也，於是無尺土之封，墮壞名城，銷鋒鏑，鉏豪傑，維（計）萬世之安。然王跡之興，起於閭巷，合從討伐，軼於三代，鄉秦之禁，適足以資賢者為驅除難耳。（謂秦時之禁兵及不封樹）故發憤其所為天下雄，（諸侯適足以資後之賢者驅除患難耳賢即高帝也）安在無土不王？（白虎通曰聖人無土不王使舜不遭堯當如夫子老於闕里也）此乃傳之所謂大聖乎？（高祖起布衣卒傳天位實所謂大聖）豈非天哉！豈非天哉！非大聖孰能當此受命而帝者乎？（應前若斯之亟句）

凌約言曰：此表字不滿五百，態度無限，委蛇如黃河水，百折百廻，此干寶晉紀論之祖。

高祖功臣年表

太史公曰：古者人臣功有五品，以德立宗廟定社稷曰勳，以言曰勞，用力曰功，明其等曰伐，積日曰閱。封爵之誓曰：「使河如帶，泰山若厲，國以永寧，爰及苗裔。」始未嘗不欲固其根本，而枝葉稍陵夷衰微也。余讀高祖侯功臣，察其首封，所以失之者，曰：異哉所聞！書曰「協和萬國」，遷于夏商，或數千歲。蓋周封八百，幽厲之後，見於春秋。尚書有唐虞之侯伯，歷三代千有餘載，自全以蕃衛天子，豈非篤於仁義，奉上法哉？漢興，功臣受封者百有餘人。外戚及王子凡一百四十三人。天下初定，故大城名都散亡，戶口可得而數者十二三，是以大侯不過萬家，小者五六百戶。後數世，民咸歸鄉里，戶益息，蕭、曹、絳、灌之屬或至四萬，小侯自倍，富厚如之。培其初封時戶數也。子孫驕溢，忘其先，淫嬖。至太初百年之間，見侯五，謂平陽侯曹宗、曲周侯酈終根、陽河……餘皆坐法隕命亡國，耗矣。罔亦少密焉，然皆身無兢兢於當世之禁云。居今之世，志古之道，所以自鏡也，言居今之代，志識古之道，得以自鏡當代之存亡也。未必盡同。帝王者各殊禮而異務，要以成功為統紀，豈可緄乎？觀所以得尊寵及所以廢辱，亦當世得失之林也，

言觀今人臣所以得尊寵者必由忠厚，所以被廢辱者亦由驕溢，是言見在興廢亦當代得失之林也。何必舊聞？於是謹其終始，表見其文，頗有所不盡本末，著其明，疑者闕之。後有君子，欲推而列之，得以覽焉。

楊慎曰：始未嘗不欲固其根本，承上文封爵誓之意，而枝葉稍陵夷衰微也，起下文子孫驕溢亡國之意。曰察其首封，曰所以失之，申固根本及枝葉陵夷之語。異哉所聞，舉古概今，以貫一篇之語脉。豈非篤於仁義，奉上法，句與下文身無兢兢於當世之禁句相對。上篤仁義則無罔少密之苛，下篤仁義而奉上法則能兢兢當世之禁而不坐亡國矣。故曰居今志古，所以自鏡也。今古二字該貫全篇語脉。末云得尊寵及廢辱及得失之林，俱終上二意，闔健開合極密。

禮書上（上中下三篇 刪其繁蕪分）

太史公曰：洋洋美德乎！宰制萬物，役使群衆，豈人力也哉（言天地宰制万物役使群品順四時而動成有成功豈藉人力營為哉見美善盛大衆多之德）。余至大行禮官（大行秦官主禮儀），觀三代損益，迺知緣人情而制禮，依人性而作儀，其所由來尚矣。人道經緯萬端，規矩無所不貫，誘進以仁義，束縛以刑罰，故德厚者位尊，祿重者寵榮，所以總一海內而整齊萬民也。人體安駕乘，為之金輿錯衡以繁其飾（周禮王之五路有金路以金飾諸末為文錯衡也）；目好五色，為之黼黻文章以表其能；耳樂鍾磬，為之調諧八音以蕩其心；口甘五味，為之庶羞酸鹹以致其美（周禮曰羞用百有二十品）；情好珍善，為之琢磨圭璧以通其意。故大路越席（大路祀天車也越席結括草以為席），皮弁布裳（以鹿子皮為弁布素為裳），朱絃洞越（朱絃朱絲絃越瑟底孔也），大羹玄酒（大羹肉汁不調以一宗也玄酒水也），所以防其淫侈，救其彫敝（彫謂彫飾也言彫飾是奢侈之弊也）。是以君臣朝廷尊卑貴賤之序，下及黎庶車輿衣服宮室飲食嫁娶喪祭之分，事有宜適，物有節文。仲尼曰：禘自既灌而往者，吾不欲觀之矣（孔安国曰禘祫之礼為序昭穆也既灌之後列尊卑序昭穆而魯逆祀躋僖公亂昭穆故不欲觀之）。周衰，禮廢樂壞，大小相踰，管仲之家兼備三歸。循法守正者見侮於世，奢溢僭差者謂之顯榮。自子夏

十六

門人之高弟也，猶云出見紛華盛麗而說，入聞夫子之道而樂，二者心戰，未能自決，而況中庸以下，漸漬於失教，被服於成俗乎？孔子曰必也正名，於衛所居不合。仲尼沒後，受業之徒沈湮而不舉，或適齊、楚，或入河海，豈不痛哉！

趙恒曰：此論制礼之義而嘆古礼之不可復見於今也。大意三代制作皆依人性情，仁義與刑罰並用，所以使賢否貴賤不相踰越也。体安駕乘，目好五色，耳樂鍾磬，口甘五味，情好珍善，此人之性情也。雖為之金輿錯衡云云，然大路越席皮弁布裳云云，所以防淫侈而救彫敝之意為重也。是以上自朝廷，下至黎庶，事有適宜，物有節文，上下貴賤不可相踰。此礼之所以為美德也。自周衰礼廢，大小相踰，仲尼既沒，弟子散分，古礼始無所考，於是失而為秦為漢，所以可痛也。孔子曰必也正名，於衛豈不痛哉。此段意重嘆古礼之不復見於今世者，以夫子沒而微言絕也。

十七

茅坤曰礼由人起以下采荀卿之言而成文於漢制礼儀不相及矣
騎曰作曰四人字相应五欲字相应礼义二字又合下意
李廷机曰礼者养也一句竣上养字来後凡用五六个养字一脉说下
李光缙曰人生一句乃是分循礼大根即如前面欲字乃記此篇與上篇正名字血脉相联
李廷机曰天子如此則非天子者可知所謂礼也
張之象曰此段見礼制之不可已也議論甚高且四用孰知字四用乎字皆文法亦奇

禮書中

禮由人起。人生有欲，欲而不得則不能無忿，忿而無度量則爭，爭則亂。先王惡其亂，故制禮義以養人之欲，給人之求，使欲不窮於物，物不屈於欲，二者相待而長，是禮之所起也。故禮者養也。稻粱五味，所以養口也；椒蘭芬茝，所以養鼻也；鍾鼓管弦，所以養耳也；刻鏤文章，所以養目也；疏房床笫几席，所以養體也。（疏謂窗也。笫謂簀也。）故禮者養也。君子既得其養，又好其辨也。所謂辨者，貴賤有等，長少有差，貧富輕重皆有稱也。故天子大路越席，所以養體也；（謂蒲草為席，既絜且柔，絜可以祀神，柔可以養体也。）側載臭茝，所以養鼻也；（臭茝，香草也。言天子之側常置芳香於左右。）前有錯衡，所以養目也；和鸞之聲，（衡，和在軾前，鸞在衡。和、鸞皆鈴也。）步中武象，驟中韶護，所以養耳也；（則馬動，馬動則鸞鳴，鸞鳴則和應。武，武王樂；象，武舞也；韶，舜樂；護，湯樂也。步循緩則車和鸞之音中於武象，驟車則中於韶護也。）龍旂九斿，所以養信也；（交龍為旂。）寢兕持虎，鮫韅彌龍，所以養威也。（寢兕以兕牛皮為席，持虎以猛獸皮文飾倚較及伏軾，故云持虎。鮫韅者以鮫魚皮飾韅。韅，馬腹帶也。彌龍，金飾衡軛為龍。此皆王者服御崇飾以示威，故云所以養威。）故大路之馬，必信至教順，然後乘之，所以養安也。孰知夫士出死要節之所以養生也，（言人誰知夫忠士推誠守死要立名節，乃是養生安身之本。故下云人苟生之為見，若者必死，是解上意。言人苟以貪生之為見，不能見危致命者，必則戮及身。下文）

張之象曰此四科皆是儒者有礼故兩得之
又曰此四科是墨者無礼故兩失之
騎曰井曰看他收束儒墨兩家文字甚贍且調儒者兩得墨者兩失為宗旨黃老而后六經也耶
楊慎曰自此以下至利甲不用是論王公由礼之益亦終是出礼入刑之意
楊慎曰楚人已下言由其道則行不由其道則廢故以證上三不足
騎曰井曰由其道則行六句以申上意

孰知夫輕費用之所以養財也，孰知夫恭敬辭讓之所以養安也，孰知夫禮義文理之所以養情也。人苟生之為見，若者必死；苟利之為見，若者必害；怠惰之為安，若者必危；情勝之為安，若者必滅。（荀子以情為性。）故聖人一之於禮義，則兩得之矣；一之於情性，則兩失之矣。（故云情勝。）故儒者將使人兩得之者也，墨者將使人兩失之者也。（墨者不尚禮義而任儉嗇，無仁恩，故使人兩失之。）是儒墨之分。治辨之極也，（極音上。）彊固之本也，威行之道也，功名之總也。（自此以下皆是儒分也。正義曰固，堅也。言國以禮義，四方欽仰，無有攻伐，故為強而且堅固之本。正義曰以禮義率天下，天下咸遵之，故為威行之道。天下伏而歸功也。）王公由之，所以一天下，臣諸侯也；弗由之，所以捐社稷也。故堅革利兵不足以為勝，高城深池不足以為固，嚴令繁刑不足以為威。由其道則行，不由其道則廢。楚人鮫革犀兕，所以為甲，堅如金石；宛之鉅鐵施，（宛城之鉅剛鐵。）鑽如蜂蠆，（鑽謂矛刃及矢鏃也。）輕利剽遫，卒如熛風。（熛風，疾風也。遫音速，疾也。）然而兵殆於垂沙，唐昧死焉；（垂沙，地名。唐昧，楚將名。）莊蹻起，楚分而為四參。（莊蹻，楚將。言楚後亂，分為四也。參，驗也。）是豈無堅革利兵哉？其所以統之者非其道故也。（言驗是楚豈無堅甲利兵哉。）汝潁以為險，江漢以為池，阻之以鄧林，（楚北）緣之以方城。然而秦師至鄢郢，若振槁，（乾葉。）是豈無

又曰此段懍然令頗有不足為威

楊慎曰秦人鮫革犀兕以下至此非其道故也言不由其道則廢

李光縉曰前面皆三段議論此下一[illegible]

此又[illegible]

楊慎曰古者之兵[illegible]至此由其道故也言由其道則行

又曰按故由其道則行二句總結上文以[illegible]刑二句

李光縉曰殺一人刑二人而天下治[illegible]

楊慎曰治字正典[illegible]

固塞險阻哉？其所以統之者非其道故也。紂剖比干，囚箕子，爲炮格，刑殺無辜，時臣下懍然，莫必其命。（無詔）然而周師至，而令不行乎下，不能用其民。（人必保其性命）是豈令不嚴，刑不峻哉？其所由之者非其道故也。古者之兵，戈矛弓矢而已，然而敵國不待試而詘，城郭不集，溝池不掘，固塞不樹，機變不張，然而國晏然不畏外而固者，無他故焉，明道而均分之，（[illegible]之分使）時使而誠愛之，則下應之如景響。（應之如影響）有不由命者，然後俟之以刑，則民知罪矣。故刑一人而天下服。罪人不尤其上，知罪之在已也。是故刑罰省而威行如流，無他故焉，由其道故也。故由其道則行，不由其道則廢。古者帝堯之治天下也，蓋殺一人刑二人而天下治。傳曰「威厲而不試，刑措而不用」。天地者，生之本也；先祖者，類之本也；（類，種類也）君師者，治之本也。無天地惡生？無先祖惡出？無君師惡治？三者偏亡，則無安人。（偏亡其一也）故禮，上事天，下事地，尊先祖而隆君師，是禮之三本也。

正義曰自天地以下八事大禮之備情文俱盡故用為下為順用為上則明也

[illegible]曰太史公曰以下亦是太史公取荀卿禮論之意言禮之損益以結禮書之論

茅坤曰太史公以文參類千古中而太史公所作文整、昳當獨簡品出

太史公六[illegible]本波百出采荀卿[illegible]禮書[illegible]

楊慎曰按弱荀作溺荀作以其故能使堅白者[illegible]作者喪以其高能使暴慢者墜

正義曰詐謂[illegible]同異擅作典制暴戾恣睢自高也

禮書下

凡禮始乎脫，（疏略）成乎文，（文飾）終乎稅。（音悅，和悅人情）故至備，情文俱盡；其次，情文代勝；（或文勝情，或情勝文）其下，復情以歸太一。（其下情文俱失，歸心渾沌，天地之初，復禮之本，是歸太一）天地以合，日月以明，四時以序，星辰以行，江河以流，萬物以昌，好惡以節，喜怒以當。以爲下則順，以爲上則明。太史公曰：至矣哉！立隆以爲極，而天下莫之能益損也。本末相順，（皆隆殺歸太一是本末相順）終始相應，（禮始於脫，終於稅，亦始終相應）至文有以辨，（禮之至文能辨尊卑上下）至察有以說。（禮之至察有以明隆殺損益委曲情文，足以悅人心）天下從之者治，不從者亂；從之者安，不從者危。小人不能則也。（則，法也。小人不能法禮）禮之貌誠深矣，堅白同異之察入焉而弱。（弱，荀卿子作溺。禮之貌信深厚，雖有堅白同異之辨明察，入於禮則自弱也）其貌誠大矣，擅作典制褊陋之說入焉而嗤。（一本作望。言禮之貌信廣大，雖有擅作典制褊陋之說，入禮則自慚，望知其大小）其貌誠高矣，暴慢恣睢輕俗以爲高之屬入焉而墜。（恣睢，猶毀訾也。言毀訾禮者自取墜滅）故繩誠設，則不可欺以曲直；衡誠縣，（衡，秤衡也。縣，稱錘）則不可欺以輕重；規矩誠錯，則不可欺以方員；君子審禮，則不可欺以詐偽。故繩者，直之至也；衡者，平之至也；規矩者，方員之至也；禮者，人道之極也。然而不法禮者不足禮，謂之無方之民；（方，猶道也）法禮足

丘濬曰：天高地下，日月明應前天地，以合二句，而四時星辰在天地之內矣。廣大無窮應江河二句，聖人應好惡二句，五極應江降以為極。典禮著人道之極，句相換。

張之象曰：君子上致其隆，下守宮庭也，正見君子惟以隆殺為方。

又曰：言步驟一不出於隆殺之間。

楊慎曰：求於君子而又聖人，慮上加好之焉，聖矣，二句。

許應元曰：厚大高明，又總天地日月江河萬物，皆禮之隆道之極，故曰立隆以為極，而莫之能損益也。

禮謂之有方之士。禮之中能思索，（索，求。）謂之能慮；（中又能思索求其禮，謂之能慮。）能慮勿易，（易，輕易。）謂之能固。（又能堅固其禮。）能慮能固，加好之焉，聖矣。（能慮能固其禮，更加好之，乃聖人矣。言人得禮之以其禮。）天者，高之極也；地者，下之極也；日月者，明之極也；無窮者，廣大之極也；聖人者，道之極也。以財物為用，以貴賤為文，以多少為異，以隆殺為要。文貌繁，情欲省，禮之隆也；文貌省，情欲繁，禮之殺也；文貌情欲相為內外表裏，並行而雜，禮之中流也。（言文飾情用，表裏合於儀，是得禮情之中，流行不息。）君子上致其隆，下盡其殺，而中處其中。步驟馳騁廣騖不外，（三皇步，五帝驟，三王馳，五伯騁。）是以君子之性守宮庭也。（君子心常守禮，若常守宮庭也。）人域是域，士君子也。（人之域限，即為士君子。）外是，民也。（外是人域之外，即為庶民也。）於是中焉，房皇周浹，（房，當作旁。）曲直得其次序，聖人也。（徘徊周匝，言徘徊周匝，委曲得禮之序，動不失中，則是聖人之行也。）故厚者，禮之積也；大者，禮之廣也；（禮之所歸，積德厚大也。）高者，禮之隆也；明者，禮之盡也。（君子守其禮德，厚大積廣，至於高明，則是禮之終竟也。）

焦竑曰：觀禮樂二書，是謂秦禮樂猶有存者，是時獻之。……甚漢之禮樂皆缺，於故也。二書敘前漢一代禮樂沿革，武帝制度音容付之有司，以七遺過褚氏，亦補以他書，將何發明哉，可刪無疑。

歸有光曰：治定五句是一篇主意。

董份曰：節樂者，有節即非淫以自然也，故曰以損減為樂，而可樂指者作樂。

之又此亦史公有傳授之言。

唐順之曰：此亦大道理。

楊慎曰：退正樂以誘世，謂退而正樂以誘人于正，即所謂惟頌得所，則詩三百云云也。

樂書

太史公曰：余每讀虞書，至於君臣相敕，維是幾安，而股肱不良，萬事墮壞，未嘗不流涕也。成王作頌，推己懲艾，（艾音刈。）悲彼家難，（家難謂文王囚，武王伐紂。）可不謂戰戰恐懼，善守善終哉？（言文王作頌，悲文王戰戰恐懼，善守善終也。）君子不為約則修德，滿則棄禮，佚能思初，安能惟始，沐浴膏澤而歌詠勤苦，非大德誰能如斯！傳曰「治定功成，禮樂乃興」。海內人道益深，其德益至，所樂者益異。滿而不損則溢，盈而不持則傾。凡作樂者，所以節樂。（言樂不可至淫也。）君子以謙退為禮，以損減為樂，樂其如此也。以為州異國殊，情習不同，故博采風俗，協比聲律，以補短移化，助流政教。天子躬於明堂臨觀，而萬民咸蕩滌邪穢，斟酌飽滿，以飾厥性。故云雅頌之音理而民正，嘄噭之聲興而士奮，鄭衛之曲動而心淫。及其調和諧合，鳥獸盡感，而況懷五常，含好惡，自然之勢也？治道虧缺而鄭音興起，封君世辟，（世辟亦君也。）名顯鄰州，爭以相高。自仲尼不能與齊優遂容於魯，（言不能容於魯而去。或作遂。）雖退正樂以誘世，作五章以剌時，（家語云：孔子喟然歎曰：季桓子作歌，引詩曰：彼婦之口，可以出走；彼婦之謁，可以死敗。優哉游哉，聊以卒歲。是五章之刺。）猶莫之化。陵遲以至六國，流沔沈佚，遂往不返，卒於喪王維楨曰：李斯既導秦始皇焚詩書，此又以放棄詩書為懼乎？抑其所指詩書乃刻石刑名之類也。
余有丁曰：乾積細小是始，凡惡必始于微也。
[illegible]曰：讀虞書而[illegible]流淨若傷古樂之不可復見也。所謂[illegible]音不以來者[illegible]不聞也。其[illegible]所感者深矣。孔子在齊聞韶[illegible]以[illegible]者[illegible]君臣相[illegible]安而[illegible]事[illegible]成王作[illegible]一
[illegible]記戲，恐懼[illegible]
[illegible]脾[illegible]
[illegible]
[illegible]曰升曰上以[illegible]宗社[illegible]
[illegible]曰以上[illegible]
[illegible]其[illegible]耳
楊慎曰：以下言[illegible]有宮商[illegible]居臣之[illegible]
李光縉曰：此樂之[illegible]入[illegible]正[illegible]以[illegible]意[illegible]王使人數句申結之
[illegible]曰：禮樂一[illegible]

身滅宗并國於秦。秦二世尤以為娛。丞相李斯進諫
曰：放棄詩書，極意聲色，祖伊所以懼也；（紂相祖伊諫紂。）輕
積細過，恣心長夜，紂所以亡也。趙高曰：五帝三王樂
各殊名，示不相襲。上自朝廷，下至人民，得以接歡喜，
合殷勤，非此和說不通，解澤不流，（言非此樂和適，悅樂之不通，散恩亦）
澤之事不流。各一世之化，度時之樂，何
（化也。諫二世，故名之次也。）必華山之騄耳而後行遠乎？二世然之。
太史公曰：夫上古明王舉樂者，非以娛心自樂，快意
恣欲，將欲為治也。正教者皆始於音，音正而行正。故
音樂者，所以動盪血脈，流通精神而和正心也。故宮
動脾而和正聖，商動肺而和正義，角動肝而和正仁，
徵動心而和正禮，羽動腎而和正智。故樂所以內和
正心而外異貴賤也；上以事宗廟，下以變化黎庶也。
琴長八尺一寸，正度也。絃大者為宮，而居中央，君也。
商張右傍，其餘大小相次，不失其次序，則君臣之位
正矣。故聞宮音，使人溫舒而廣大；聞商音，使人方正
而好義；聞角音，使人惻隱而愛人；聞徵音，使人樂善
而好施；聞羽音，使人整齊而好禮。夫禮由外入，樂自
內出。故君子不可須臾離禮，須臾離禮則暴慢之行
窮外；不可須臾離樂，須臾離樂則姦邪之行窮內。故

樂記之旨

駱月升曰：結更有味

樂音者，君子之所養義也。夫古者天子諸侯聽鍾磬
未嘗離於庭，卿大夫聽琴瑟之音未嘗離於前，所以
養行義而防淫佚也。夫淫佚生於無禮，故聖王使人
耳聞雅頌之音，目視威儀之禮，足行恭敬之容，口言
仁義之道。故君子終日言而邪辟無由入也。
董份曰：按樂書自凡音之起至篇末子貢問樂，皆
樂記全文，其間次第顛倒，係褚少孫升降
之也。原樂記前所誦已，故不錄

律書

王者制事立法，物度軌則，壹稟於六律，六律為萬事根本焉。（夫推曆生律，則器規圖方，權重衡平，準繩嘉量，探賾索隱，鉤深致遠，莫不用焉，是萬事根本）其於兵械尤所重，（易稱師出以律，是於兵械尤重。械謂弓矢殳矛戈戟）故云「望敵知吉凶，（凡兩軍相敵，上皆有雲氣及日暈。天官書云：暈等，力鈞；厚長大，有勝；薄短小，無勝。故望雲氣知勝負強弱）聞聲效勝負」，（周禮太師執同律以聽軍聲，而詔其吉凶）百王不易之道也。

武王伐紂，吹律聽聲，推孟春以至於季冬，殺氣相并，而音尚宮。（兵書云：夫戰，太師吹律，合則軍和，士卒同心）同聲相從，物之自然，何足怪哉？兵者，聖人所以討彊暴，平亂世，夷險阻，救危殆。自含血戴角之獸見犯則校，而況於人懷好惡喜怒之氣？喜則愛心生，怒則毒螫加，情性之理也。昔黃帝有涿鹿之戰，以定火災；（神農氏子孫暴虐，故黃帝伐之）顓頊有共工之陳，以平水害；（共工主水官，少昊氏衰，秉政作虐，故顓頊伐之）成湯有南巢之伐，以殄夏亂。遞興遞廢，勝者用事，所受於天也。自是之後，名士迭興，晉用咎犯，而齊用王子，（子成父）吳用孫武，申明軍約，賞罰必信，卒覇諸侯，兼列邦土，（一作土）雖不及三代之誥誓，然身寵君尊，當世顯揚，可不謂榮焉？豈與世儒闇於大較，（大法）不權輕重，猥云德化，不當用兵，大至窘辱失守，小乃侵犯削弱，遂執不移等哉！故教笞不可廢於家，刑罰不可

□傷史之爲此書，其知不言律而言兵，不言兵之用而言兵之偃，及言偃兵于武之武尤加詳焉，可謂知制律之所而達制律之意矣。李廷機曰：六律於兵械尤所使見用，兵者必知兵即为至楽矣。此以下言兵之應律。

凌稚隆曰：考要云音尚宮出周禮太師執同律以聽軍聲之說，嘉宮爲中央土，主長生，又載四行故火律合宮音，故軍士和也；商屬西方金，主斷，故兵上強也；角爲東方木，主仁，故軍士懮也；徵爲南方火，主躁怒，故將急數怒也；羽爲北方水，主柔弱，主闇，故兵弱少威。

王維楨曰：自豈與至等哉爲一句。李九緒曰：以黃寵興榮與窘辱失守侵犯削弱相反使

史記　七卷　律書　廿六

捐於國，誅伐不可偃於天下，用之有巧拙，行之有逆順耳。夏桀、殷紂手搏豺狼，足追四馬，勇非微也；百戰克勝，諸侯懾服，權非輕也。秦二世宿軍無用之地，連兵於邊陲，力非弱也；結怨匈奴，絓禍於越，勢非寡也。及其威盡勢極，閭巷之人為敵國，咎生窮武之不知足，甘得之心不息也。高祖有天下，三邊外畔；大國之王雖稱蕃輔，臣節未盡。會高祖厭苦軍事，亦有蕭、張之謀，故偃武一休息，羈縻不備。歷至孝文即位，將軍陳武等議曰：「南越、朝鮮自全秦時內屬為臣子，後且擁兵阻阸，選蠕觀望。高祖時天下新定，人民小安，未可復興兵。今陛下仁惠撫百姓，恩澤加海內，宜及士民樂用，征討逆黨，以一封疆。」孝文曰：「朕能任衣冠，念不到此。會呂氏之亂，功臣宗室共不羞恥，誤居正位，常戰戰慄慄，恐事之不終。且兵凶器，雖克所願，動亦耗病，謂百姓遠方何？又先帝知勞民不可煩，故不以為意。朕豈自謂能？今匈奴內侵，軍吏無功，邊民父子荷兵日久，朕常為動心傷痛，無日忘之。今未能銷距，願且堅邊設候，結和通使，休寧北陲，為功多矣。且無議軍。」故百姓無內外之繇，得息肩於田畝，天下殷富，粟至十餘錢，鳴雞吠狗，煙火萬里，可謂和樂者乎！

見武可用而不可窮，巧而順則爲王伯，拙而逆則爲桀紂與秦。桀而高曰：夏桀至息也，言窮兵之害，以其用之拙而行之逆也。駱日升曰：勇權力勢四句喚起窮武不知足一句，五個也字叠下。凌約言曰：自高祖至未言偃兵之効，而以和樂結之，其意深遠矣。玄其子曰：按蠕音軟，選蠕謂動身欲有進取之狀。

柯維騏曰：此律書也，何以兼言兵？數周兵先同律以聽軍聲，詔吉凶，兵之用本律尚矣。史遷雜兼言兵於此。宋在律，宋儒陳永加謂知制律之意，蓋指其言兵也。蔡西山謂自太史公之後即兆識其意，宋子亦謂太史公之法可推，蓋指其言律也，其非兵書與精先生所補明矣。李廷机曰：以不用兵爲至樂，區前兵律於兵械爲尤重二句，且並出太平氣象。

史記　七卷　律書　廿七

楊慎曰按管子云日掌德月掌刑星掌和

徐廣曰適音謫災變咎徵也

李奇曰適見災于天刘向以為日月蝕及星逆行非太平之常自周衰以來人事亂故天文應之遂變耳

余有丁曰按三五即太史公所謂五家三代也索隱道以五紀群上家此後以三辰五星為說踈誤殊甚

天官書

日變脩德，月變省刑，星變結和。凡天變過度，迺占國君彊大有德者昌，弱小飾詐者亡。太上脩德，其次脩政，其次脩救，其次脩禳，正下無之。夫常星之變希見，而三光之占亟用。日月暈適，雲風，此天之客氣，（暈，旁氣也。適，日之將食，先有黑氣之變。）其發見亦有大運。然其與政事俯仰，最近天人之符。此五者，天之感動。為天數者，必通三五。（三辰五星。）終始古今，深觀時變，察其精粗，則天官備矣。

許應元曰此書直書其事而其失自見有隱諷意無厭詞讀之乃見太史手筆

楊慎曰有起二節一正一反此一篇之綱領也其應皆在後

丘濬曰書中命字符瑞字德字一篇眼目

封禪書

自古受命帝王，曷嘗不封禪？蓋有無其應而用事者矣，未有睹符瑞見而不臻乎泰山者也。雖受命而功不至，至梁父矣而德不洽，洽矣而日有不暇給，是以即事用希。傳曰：「三年不為禮，禮必廢；三年不為樂，樂必壞。」每世之隆，則封禪答焉，及衰而息。厥曠遠者千有餘載，近者數百載，故其儀闕然堙滅，其詳不可得而記聞云。

茅坤曰將言武帝之耗財必先言其富盛以為起端

楊慎曰漢興之初作業劇而財匱案至石萬錢至武帝時人給家足府庫太倉充溢貫朽陳腐蓄積至是盛矣漢初天子不能具鈞駟而將相或乘牛車至是阡陌之間馬成群矣人重犯法而行義所謂富而好禮也然民驕溢至於兼并武斷下至公卿爭於奢侈僭上亡度于極盛之際已兆衰耗之端矣

王維楨曰按此甚言漢之盛也是而武帝自為之虛耗奇哉也

又曰此下四節言外事四夷而勞民費財給足之民從此耗物盛而衰之驗也

楊慎曰江淮之間蕭然煩費言巴蜀之民罷焉言燕齊之間靡然發動曰天下苦其勞皆相類為文其法不整而整

許應元曰百姓巧法則室于重犯法矣財賂衰耗則必於食貨財矣無恥則

平準書

漢興七十餘年之間，國家無事，非遇水旱之災，民則人給家足，都鄙廩庾皆滿，而府庫餘貨財。京師之錢累巨萬，（即今萬萬。）貫朽而不可校。太倉之粟陳陳相因，充溢露積於外，至腐敗不可食。衆庶街巷有馬，阡陌之間成群，而乘字牝者儐而不得聚會。（擯斥不得出而會同。）守閭閻者食粱肉，為吏者長子孫，（數轉至子孫長大而不轉職任也。）居官者以為姓號。（倉氏、庾氏是也。）故人人自愛而重犯法，先行義而後絀恥辱焉。當此之時，網疏而民富，役財驕溢，或至兼并豪黨之徒，以武斷於鄉曲。（豪富無官位，以威勢主斷曲直。）宗室有士公卿大夫以下，爭于奢侈，室廬輿服僭于上，無限度。物盛而衰，固其變也。

自是之後，嚴助、朱買臣等招來東甌，事兩越，江淮之間蕭然煩費矣。唐蒙、司馬相如開路西南夷，鑿山通道千餘里，以廣巴蜀，巴蜀之民罷焉。彭吳賈滅朝鮮，置滄海之郡，（彭吳，姓名。）則燕齊之間靡然發動。及王恢設謀馬邑，匈奴絕和親，侵擾北邊，兵連而不解，天下苦其勞，而干戈日滋。行者齎，居者送，中外騷擾而相奉，百姓抏弊以巧法，（抏音玩，耗也。言百姓貧弊，故行巧詆之法。）財賂衰耗而不贍。入物者補官，出貨者除罪，選舉陵遲，廉恥相冒，

矣

楊慎曰平準書先敘漢事而貨殖乃述自古以來而終篇歸于武帝敘事之變体也

駱日升曰此數語一篇命意要收而物盛則衰一語又為此數語之要

俞思學曰叙秦皇生事耗財故生之急而財愈不足於用正所以寓譏于武帝乃作書本意

茅坤曰不及本朝而以秦為言其旨深矣

武力進用法嚴令具興利之臣自此始也（謂桑弘羊孔僅之徒）

太史公曰農工商交易之路通而龜貝金錢刀布之

幣興焉（錢本名泉言貨之流如泉也故周禮有泉府之官布者言貨流布如泉故周有三夫之布刀者錢也食貨志有契刀錯刀契刀直五百錯刀以黃金直五千以其形如刀故曰刀以其利於人也）又古貨貝寶龜（食貨志有十朋五貝皆用為貨）所從來久遠自高辛之前尚

矣靡得而記云故書道唐虞之際詩述殷周之世安

寧則長庠序先本絀末以禮義防于利事變多故而

亦反是是以物盛則衰時極而轉（時一作衰）一質一文終

始之變也禹貢九州各因其土地所宜人民所多少

而納職焉湯武承獘易變使民不勌各兢兢所以為

治而稍陵遲衰微齊桓公用管仲之謀通輕重之權（管子有輕重之法）

徼山海之業以朝諸侯用區區之齊顯成

霸名魏用李克盡地力為彊君自是之後天下爭於

戰國貴詐力而賤仁義先富有而後推讓故庶人之

富者或累巨萬而貧者或不厭糟糠有國彊者或并

群小以臣諸侯而弱國或絕祀而滅世以至於秦卒

并海內虞夏之幣金為三品（即黃金也白銀也赤銅也見食貨志）或黃或白或赤或錢或布或刀（布於民間刀者以其利於民也）或龜貝及至秦中一國之幣為二等黃金以鎰

名（三十兩曰鎰）為上幣銅錢識曰半兩重如其文為下幣

史記　七卷　平準書　三十

而珠玉龜貝銀錫之屬為器飾寶藏不為幣然各隨

時而輕重無常於是外攘夷狄內興功業海內之士

力耕不足糧饟女子紡績不足衣服古者嘗竭天下

之資財以奉其上猶自以為不足也無異故云事勢

之流相激使然曷足怪焉

楊慎曰如以富者不佐縣官而告緡以民好法而用酷吏皆事勢相激使然也既曰無異又曰曷足怪焉不平之音見于言外可謂曲而有体矣

趙恒曰農工商交易之路通云云幣興帝王之時

與後世一也然在帝王用之則為禮義防

于利後世用之則為先詐力而後仁義所

謂不奪不厭者此也本書正斷自漢初故

論贊上自高辛下至秦而又足以虞夏之

幣金為三品云云皆所以足本書之所未

晶也於是外攘夷狄內興功業云云則為

當代而言而直付之於盛衰始終之變以

與上文物盛則衰云云句相應其詞若有

憾然

史記　七卷　平準書　廿

劉[illegible]曰馬遷之記諸國也其偏次之体与本紀不殊蓋欲抑彼諸侯異乎天子故假以他稱名為世家耳

吳太伯世家贊

太史公曰孔子言太伯可謂至德矣三以天下讓民無得而稱焉余讀春秋古文乃知中國之虞與荊蠻句吳兄弟也延陵季子之仁心慕義無窮見微而知清濁嗚呼又何其閎覽博物君子也

齊太公世家贊

太史公曰吾適齊自泰山屬之瑯邪北被于海膏壤二千里其民闊達多匿知其天性也以太公之聖建國本桓公之威脩善政以為諸侯會盟稱霸不亦宜乎洋洋哉固大國之風也

不才丁曰覩必詞當不兆林之恒人惟失其姓名耳
駱日升曰好字與後樂字相應前後三個發字照顧得好
鶀音其小鳥也[illegible]龍野鳥名又小凫有青首者
楊慎曰以喻下六泰[illegible]等十二國故云六双
[illegible]曰[illegible]而先[illegible]以樂[illegible]以比以之也
[illegible]其二段閑丶
史評兩六國若不知有秦肯意思何等含蓄
[illegible]
弓讀大鳥之有力[illegible]以比齊也碆[illegible]
射者環遶蓋[illegible]翅飛走之路因以長城為防也
[illegible]午道当在齊西界一從一橫為午道
楊慎曰謀臣智士[illegible]以口舌中者之[illegible]楚人好

楚人弓繳對

楚人有好以弱弓微繳加歸鴈之上者頃襄王聞召而問之對曰小臣之好射鶀鴈羅鸗小矢之發也何足為大王道也且稱楚之大因大王之賢所弋非直此也昔者三王以弋道德五霸以弋戰國故秦魏燕趙者鶀鴈也齊魯韓衛者青首也騶費郯邳者羅鸗也外其餘則不足射者見鳥六雙以王何取王何不以聖人為弓以勇士為繳時張而射之此六雙者可得而囊載也其樂非特朝夕之樂也其獲非特鳧鴈之實也王朝張弓而射魏之大梁之南加其右臂而徑屬之於韓則中國之路絕而上蔡之郡壞矣還射圉之東解魏左肘而外擊定陶則魏之東外棄而大宋方與二郡者舉矣且魏斷二臂顛越矣膠擊郯國大梁可得而有也王請繳蘭臺飲馬西河定魏大梁此一發之樂也若王之於弋誠好而不厭則出寶弓碆（以石傅弋繳曰碆）新繳射噣鳥於東海還蓋長城以為防朝射東莒（小吳之後）夕發浿丘（丘名）夜加即墨顧據午道則長城之東收而泰山之北舉矣西結境於趙而北達於燕三國（燕齊趙）布翅翱翔從不待約而可成也北遊目於燕之遼東而南登望於越之會稽此再發之

引秦人之論也

余有丁曰篇中曰可浮而有曰可一旦而入曰可得而伏有曰可得而一文勢前伏錯綜為諸國者正所以堆秦也

鄭思孝曰至此徒言秦而五國在所不以當時所忌惟秦耳襄王能不懼而興哉

索隱曰韓魏出秦之前故曰膺擊

樂也若夫泗上十二諸侯左縈而右拂之可一旦而盡也今秦破韓以為長憂得列城而不敢守也伐魏而無功擊趙顧反病則秦魏之勇力屈矣楚之故地漢中析酈可得而復有也王出寶弓潛新繳涉鄳塞而待秦之倦也山東河內可得而一也勞民休衆南面稱王矣故曰秦為大鳥負海內而處東面而立左臂據趙之西南右臂傅楚鄢郢膺擊韓魏垂頭中國（猶仰頭言據山東也）處既形便勢有地利奮翼鼓翅方三千里則秦未可得獨招而夜射也（欲以激怒襄王故對以此言）襄王因召與語復以（懷王客死於秦讎之於）見襄王遣使諸侯復為從欲以伐秦

七卷　楚人弓繳對　卅六

楚世家贊

太史公曰楚靈王方會諸侯於申誅齊慶封作章華臺求周九鼎之時志小天下及餓死于申亥之家為天下笑操行之不得悲夫勢之於人也可不慎與棄疾以亂立嬖淫秦女（納太子之婦）甚乎哉幾再亡國

卲寶曰贊意言恃勢而亡也觀勢之於人也可不慎與句可知意謂楚國天下莫強焉楚靈以驕棄疾以淫皆以操行不得幾再亡國也

越句踐世家贊

范蠡事越王句踐（索隱劉論曰蠡南陽人列仙傳云蠡徐人吳越春秋云蠡字少伯乃楚宛三戶人也）既苦身戮力與句踐深謀二十餘年竟滅吳報會稽之恥北渡兵於淮以臨齊晉號令中國以尊周室句踐以霸而范蠡稱上將軍還反國范蠡以為大名之下難以久居且句踐為人可與同患難與處安為書辭句踐曰臣聞主憂臣勞主辱臣死昔者君王辱於會稽所以不死為此事也今既以雪恥臣請從會稽之誅句踐曰孤將與子分國而有之不然將加誅于子范蠡曰君行令臣行意乃裝其輕寶珠玉

七卷　越句踐世家　卅七

自與其私徒屬乘舟浮海以行終不反於是句踐表會稽山以為范蠡奉邑范蠡浮海出齊變姓名自謂鴟夷子皮耕于海畔（范蠡自謂也蓋以吳王殺子胥而盛以鴟夷今蠡自以有罪故為號也鴟夷革囊也或曰生牛皮也）苦身戮力父子治產居無幾何致產數千萬齊人聞其賢以為相范蠡喟然歎曰居家則致千金居官則至卿相此布衣之極也久受尊名不祥乃歸相印盡散其財以分與知友鄉黨而懷其重寶閒行以去止于陶（今定陶）以為此天下之中交易有無之路通為生可以致富矣於是自謂陶朱公復約要父子耕畜廢居候時轉物逐什一之利居無何

[illegible]之上向[illegible]不以[illegible]遂[illegible]見[illegible]退[illegible]林[illegible]士[illegible]春秋戰國[illegible]五百年以功名始終者[illegible]一人耳范蠡[illegible]子[illegible]而去之[illegible]千金[illegible]可[illegible]五湖[illegible]何良俊曰范蠡列在貨殖[illegible]若伯越[illegible]與[illegible]世家[illegible]中[illegible]中子[illegible]事[illegible]其[illegible]此皆太史公作史法也

貲累巨萬天下稱陶朱公朱公居陶生少子少子及
壯而朱公中男殺人囚於楚朱公曰殺人而死職也
然吾聞千金之子不死於市告其少子往視之乃裝
黃金千溢置褐器中載以一牛車且遣其少子朱公
長男固請欲行朱公不聽長男曰家有長子曰家督
今弟有罪大人不遣乃遣少弟是吾不肖欲自殺其
母為言曰今遣少子未必能生中子也而先空亡長
男柰何朱公不得已而遣長子為一封書遺故所善
莊生曰至則進千金于莊生所聽其所為慎無與爭
事長男既行亦自私齎數百金至楚莊生家負郭披

越句踐世家　七卷　冊八

[illegible]曰以端本之[illegible]以[illegible]朱公之智而好[illegible]物[illegible]往之[illegible]天下也

楊慎曰以[illegible]生本意[illegible]不宿云云皆言有如病不宿而死誡後人[illegible]朱公勿[illegible]也

[illegible]曰天莊生非素[illegible]朱公者哉一旦以千金故羞為兒子所賣竟納其少子於死地語曰大德不[illegible]小[illegible]莊生[illegible]

藜藿到門居甚貧然長男發書進千金如其父言莊
生曰可疾去矣慎毋留即弟出勿問所以然長男既
去不過莊生而私留以其私齎獻遺楚國貴人用事
者莊生雖居窮閻然以廉直聞於國自楚王以下皆
師尊之及朱公進金非有意受也欲以成事後復歸
之以為信耳故金至謂其婦曰此朱公之金有如病
不宿誡後復歸勿動而朱公長男不知其意以為殊
無短長也莊生間時入見楚王言某星宿某此則害
於楚楚王素信莊生曰今為柰何莊生曰獨以德為
可以除之楚王曰生休矣寡人將行之王乃使使封

[illegible]居安閑然必無直閣於國者吾不信也

五嶺曰此見朱公長男之金[illegible]莊生[illegible]殺弟之[illegible]果如朱公上文所料云

郁[illegible]子曰濟陰之賈人渡河而亡其舟[illegible]上號焉[illegible]

封三錢之府（錢者金幣之名所以貿買物通財用也　三錢三等之錢或赤或白或黃黃為上幣銅錢為下幣）楚貴人驚告朱公長男曰王且赦曰何以也
曰每王且赦常封三錢之府昨暮王使使封之（或曰王且赦常封三錢之府者錢幣至重慮人或逆知有赦盜竊之所以封錢府備盜竊也漢靈帝時河內張成能候風角知將有赦教子殺人捕得七日赦出此其類也）朱公長男以為赦弟固
當出也重千金虛棄莊生無所為也乃復見莊生莊
生驚曰若不去邪長男曰固未也初為事弟弟今議
自赦故辭生去莊生知其意欲復得其金曰若自入
室取金長男即自入室取金持去獨自歡幸莊生羞
為兒子所賣乃入見楚王曰臣前言某星事王言欲

越句踐世家　七卷　冊九

史記[illegible]

[illegible]之賈人[illegible]曰[illegible]

以脩德報之今臣出道路皆言陶之富人朱公之子
殺人囚楚其家多持金錢賂王左右故王非能恤楚
國而赦乃以朱公子故也楚王大怒曰寡人雖不德
耳柰何以朱公之子故而施惠乎令論殺朱公子明
日遂下赦令朱公長男竟持其弟喪歸至其母及邑
人盡哀之唯朱公獨笑曰吾固知必殺其弟也彼非
不愛其弟固有所不能忍者也是少與我俱見苦為
生難故重棄財至如少弟者生而見我富乘堅驅良
逐狡兔（狡一作卯）豈知財所從來故輕去之非所惜吝前
日所為欲遣少子固為其能棄財故也而長者不能

駱曰非曰入深谷駢羽而能得材者澤木者也罷叅叅攫喻殺而能制之者擇行者也是以陶朱公居皆千金而顯名天下傳于後世

許應元曰大禹勞心焦思句踐亦焦思范蠡亦苦身戮力皆見本紀世家中故於語如此

故卒以殺其弟事之理也無足悲者吾日夜固以望其喪之來也故范蠡三徙成名於天下非苟去而已所止必成名卒老死于陶故世傳曰陶朱公

太史公曰禹之功大矣漸九川徐廣曰漸者亦引進通導之意定九州至于今諸夏艾安及苗裔勾踐苦身焦思終滅彊吳北觀兵中國以尊周室號稱霸王主一作勾踐可不謂賢哉蓋有禹之遺烈焉范蠡三遷皆有榮名名垂後世臣主若此欲毋顯得乎

楊維禎曰按禹本紀言禹傷父鯀功之不成受誅乃若心焦思此言勾踐云云故言有禹之遺烈也范蠡亦然有是君有是臣故曰臣主若此欲毋顯得乎此越勾踐世家之所以詳附范蠡者也

趙恒曰范蠡事越王勾踐既苦身戮力云云浮海出齊苦身戮力云云止于陶復約要父子云云三遷皆為苦身戮力與上言勾踐苦身焦思相照此越世家大意也故贊語亦云

駱曰非曰言甫瑕以權利合而死於權利固其所也若荀息身死而不能奚齊乃其亦危故變所從來亦多故矣是以君子深為戒而不為彼也

楊慎曰此贊不惟當甫瑕之罪然天下事莫往如此

陵信陵君魏王若用秦有如此浮壞非決於浮水灌大梁大梁必亡及秦之破梁引河溝灌之竟不出信陵所料

鄭世家贊

太史公曰語有之以權利合者權利盡而交疎甫瑕是也甫瑕雖以劫殺鄭子內厲公厲公終背而殺之厲公亡在櫟使人誘劫鄭大夫甫瑕要以求入瑕殺鄭子迎厲公厲公謂甫瑕曰子之事君有二心矣遂誅之此與晉之里克何異守節如荀息身死而不能存奚齊變所從來亦多故矣

魏世家贊

太史公曰吾適故大梁之墟墟中人曰秦之破梁引河溝而灌大梁三月城壞王請降遂滅魏說者皆曰魏以不用信陵君故國削弱至於亡余以為不然天方令秦平海內其業未成魏雖得阿衡之佐曷益乎

史記　七卷　鄭世家　四十一

太史公論楚亡而歸之於天子謂論成敗者當以人事為正

柯維騏曰漢書以楚元王傳與荊燕吳並列而以趙王傳若元王高祖同……

楚元王世家贊

太史公曰國之將興必有禎祥君子用而小人退國之將亡賢人隱亂臣貴使楚王戊毋刑申公遵其言漢書申公名培趙任防與先生趙堯傳曰趙人防與公也○索隱曰此及漢書雖不見趙不用防與公蓋當時猶知事迹或別有所見故太史公明引以結其贊豈有篡弒之謀為天下僇哉賢人乎賢人乎非質有其內惡能用之哉甚矣安危在出令存亡在所任誠哉是言也

陳仁子曰[illegible]周太史卜完封河兆之否是謂觀國之光利用賓于王此其代陳有國乎不在此而在異國乎非此其身也在其子孫若在異國必姜姓四岳之後物莫能兩大陳衰此其昌乎

按二君即悼公簡公[illegible]而成子又弒簡公故云田氏比犯二君也

[illegible]曰[illegible]見其為人適魯觀其廟堂云云祗回留之不能去[illegible]天下君王云云[illegible]可謂至聖矣[illegible]以身而世家而孔子以道而世家孔子之道六藝之所折衷也太史公世家孔子亦知所推尊矣然其詞云然似未能盡作者之[illegible]

太史公之言也王守仁曰天下君王以下數語是太史公列孔子於世家本意

田敬仲完世家贊

太史公曰蓋孔子晚而喜易易之為術幽明遠矣非通人達才孰能注意焉故周太史之卦田敬仲完占至十世之後及完奔齊懿仲卜之亦云（完奔齊齊懿仲欲妻完卜之曰是謂鳳皇于蜚和鳴鏘鏘有嬀之後將育于姜五世其昌並于正卿八世之後莫之與京卒妻完）田乞及常所以比犯二君專齊國之政非必事勢之漸然也蓋若遵厭兆祥云

孔子世家贊

太史公曰詩有之高山仰止景行行止雖不能至然心鄉往之余讀孔子書想見其為人適魯觀仲尼廟堂車服禮器諸生以時習禮其家余祗回留之不能去云（祗敬也言祗敬遲回不能去之）天下君王至于賢人眾矣當世則榮沒則已焉孔子布衣傳十餘世學者宗之自天子王侯中國言六藝者折衷於夫子（折衷折斷其物而取中也）可謂至聖矣

陳仁子曰居今日而贊孔氏夫何言哉以六家並論之史遷似亦溺于流俗者而能尊孔子於世家置老子於列傳其見不亦卓乎先黃老後六經意者因之論特以時好觀史遷之史耳

[illegible]論外戚序敘事蓋力簡健

又曰此三代所由興衰

余有丁曰塗山末喜有娀妲己姜原太任皆用以字妲己句用易一變字褒姒句又加淫於二字此文法參錯處

黃[illegible]曰夫婦之際一句領易詩書春秋陰陽之變[illegible]可不慎[illegible]戒之也

[illegible]曰以言君樂調而四時和陰陽變而萬物生陰陽[illegible]夫婦也夫婦道和而能化生萬物萬物人為之本故云萬物之統也

陳仁子曰敘述歷代有功有戒正論也而遷[illegible]婦之命[illegible]出於大而非人乎

外戚世家贊

自古受命帝王及繼體守文之君非獨內德茂也蓋亦有外戚之助焉夏之興也以塗山（禹娶塗山氏之女[illegible]而生子啓）而桀之放也以末喜（桀伐有施有施人以末喜女焉）殷之興也以有娀（有娀国女簡狄吞燕卵而生契）紂之殺也嬖妲己（紂伐有蘇有蘇氏以妲己女焉）周之興也以姜原及大任（帝嚳元妃有邰氏之女曰姜原履大人迹生后稷大任文王之母也）而幽王之禽也淫於褒姒（褒姒褒人育之即龍漦之子王伐有褒有褒以女焉）故易基乾坤詩始關雎書美釐降春秋譏不親迎（公羊紀季繻來逆女傳曰外逆女不書此何以書譏何譏爾譏始不親迎也）夫婦之際人道之大倫也禮之用唯婚姻為兢兢夫樂調而四時和陰陽之變萬物之統也可不慎與人能弘道無如命何甚哉妃匹之愛君不能得之於臣父不能得之於子（謂夫婦親愛之情雖君父不能奪之）況卑下乎既驩合矣或不能成子姓能成子姓矣或不能要其終豈非命也哉孔子罕稱命蓋難言之也非通幽明之變惡能識乎性命哉

褚先生曰（乃[illegible]大史之目而自題位號也）浴不必江海要之去垢馬不必騏驥要之善走士不必賢世要之知道女不必貴種要之貞好傳曰女無美惡入室見妒士無賢不肖入朝見嫉美女者惡女之仇豈不然哉

楊慎曰贊休稱然秦比閎夭散宜生蓋以其謀謂不知太史公斷蕭何諸將喘喘語正在此事不然何不曰與太公比同功

許應元曰論者嘗以曹相國惟所從得其人故成功擅其名惟所為當其時欲天下稱其美

劉辰翁曰參本攻城野戰材也及為相國能從用蓋公語漢承秦法初息休在亡秦之後文景之間以漢之所以為漢也

王鏊曰擬太史公論赤松者以黃石為鬼神也與呂黎稱子以帆遊神仙何異高帝山蘇氏曰黃石公右之隱居子也豈可誣子幾之微矣

陳仁子曰贊始以天析見漢之開創也不偶然以貌論見高帝之用人也不鋒

史記　七卷

蕭相國世家贊

太史公曰蕭相國何於秦時為刀筆吏（刀所以削書，古者用簡牘，故吏皆以刀筆隨），錄錄未有奇節。及漢興，依日月之末光，何謹守管籥，因民之疾奉法，順流與之更始。淮陰、黥布等皆以誅滅，而何之勳爛焉。位冠群臣，聲施後世，與閎夭、散宜生等爭烈矣。

曹相國世家贊

太史公曰曹相國參攻城野戰之功所以能多若此者，以與淮陰侯俱。及信已滅，而列侯成功，唯獨參擅其名。參為漢相國，清靜極言合道。然百姓離秦之酷後，參與休息無為，故天下俱稱其美矣。

留侯世家贊

太史公曰學者多言無鬼神，然言有物（物謂精怪及藥物）。至如留侯所見老父予書，亦可怪矣（老父即圯上老人也，後化為黃石公）。高祖離困者數矣，而留侯常有功力焉，豈可謂非天乎？上曰：「夫運籌帷幄之中，決勝千里之外，吾不如子房。」予以為其人計魁梧奇偉（魁梧，丘墟壯大之意），至見其圖，狀貌如婦人好女。蓋孔子曰：「以貌取人，失之子羽。」（家語云：子羽有君子之容，而行不勝其貌；蓋其狀貌甚惡也）留侯亦云。

王維楨曰王諸呂始乃偽听卒謀誅呂后

王鏊曰好黃老之術乃陳平智謀之本而智謀兩字斷盡陳平一生

老之術而何

曰置朴人也一句從高祖稱勳重字上文來後而足已不本意已含蓄在此

史記　七卷

余有丁曰按亞夫下獄其說景帝之失太史以守節不遜責之過矣覓細柳營又爭太子漢庭王信徐盧封殆不比乃父之椎魯也

陳丞相世家贊

太史公曰陳丞相平少時，好黃帝、老子之術。方其割肉俎上之時，其意固已遠矣。傾側擾攘楚魏之間，卒歸高帝。常出奇計，救紛糾之難，振國家之患。及呂后時，事多故矣，然平竟自脫，定宗廟，以榮名終，稱賢相，豈不善始善終哉！非智謀孰能當此者乎？

絳侯周勃世家贊

太史公曰絳侯周勃始為布衣時，鄙朴人也，才能不過凡庸。及從高祖定天下，在將相位，諸呂欲作亂，勃匡國家難，復之乎正。雖伊尹、周公，何以加哉！亞夫之用兵，持威重，執堅刃，穰苴曷有加焉！足己而不學（以己之智謀足而不師古人），守節不遜（謂爭栗太子、不封王信徐盧等，不遜謂尚幣取箸不對制是也），終以窮困。悲夫！

汪道昆曰始為布衣鄙朴人也才能不過凡庸是勃亦不李也匡國家難復之于正雖伊周何以加焉是勃亦守節也亞夫不學守節肖乃父矣然卒窮困餓死景帝忌刻少恩可知蓋深惜之也故云悲夫

同秦兩漢元聲七卷終

鼎鐫平湖韓會元精選評釋古史史記八卷

會元 虞陽 施鳳來 校閱

會元 求仲 韓敬 精選

會魁 成我 葉大受 參攷

潟陵 後學 林世選 詮次

書林 望雲 鄭以厚 繡梓

伯夷列傳

夫學者載籍極博，猶考信於六藝。詩書雖缺，然虞夏之文可知也。堯將遜位，讓於虞舜，舜禹之間，岳牧咸薦，乃試之於位，典職數十年，功用既興，然後授政。示天下重器，王者大統，傳天下若斯之難也。而說者曰堯讓天下於許由，許由不受，恥之逃隱。及夏之時，有卞隨、務光者。此何以稱焉？太史公曰：余登箕山，其上蓋有許由冢云。孔子序列古之仁聖賢人，如吳太伯、伯夷之倫詳矣。余以所聞由、光義至高，其文辭不少概見，何哉？孔子曰：伯夷、叔齊不念舊惡，怨是用希。求仁得仁，又何怨乎？余悲伯夷之意，睹軼詩可異焉。

其傳曰：伯夷、叔齊，孤竹君之二子也。父欲立叔齊，及父卒，叔齊讓伯夷。伯夷曰：父命也。遂逃去。叔齊亦不肯立而逃之。國人立其中子。於是伯夷、叔齊聞西伯昌善養老，盍往歸焉。及至，西伯卒，武王載木主，號為文王，東伐紂。伯夷、叔齊叩馬而諫曰：父死不葬，爰及干戈，可謂孝乎？以臣弒君，可謂仁乎？左右欲兵之。太公曰：此義人也。扶而去之。武王已平殷亂，天下宗周，而伯夷、叔齊恥之，義不食周粟，隱於首陽山，采薇而食之。及餓且死，作歌。其辭曰：登彼西山兮，采其薇矣。以暴易暴兮，不知其非矣。神農、虞、夏忽焉沒兮，我安適歸矣？于嗟徂兮，命之衰矣！遂餓死於首陽山。由此觀之，怨耶非耶？或曰：天道無親，常與善人。若伯夷、叔齊，可謂善人者非耶？積仁絜行如此而餓死！且七十子之徒，仲尼獨薦顏淵為好學。然回也屢空，糟糠不厭，而卒蚤夭。天之報施善人，其何如哉？盜蹠日殺不辜，肝人之肉，暴戾恣睢，聚黨數千人，橫行天下，竟以壽終。是遵何德哉？此其尤大彰明較著者也。若至近世，操行不軌，專犯忌諱，而終身逸樂，富厚累世不絕。或擇地而蹈之

[illegible]若伯夷……書有所感而然之以各从其志則正人君子之心于長益已知之矣

王鏊曰程子言天道甚大安可以一人之故妄意窺測如曰顔何為而夭跖何為而壽此皆指一人計較天理非知天也

[illegible]曰論歸於正雖引經傳軼若出[illegible]已而波瀾[illegible]莫測其端

董份曰太史公[illegible]伯夷叔齊不能無[illegible]

[illegible]

出言行不由徑非公正不發憤而遇禍災者不可勝數也（太史公寫言）余甚惑焉儻所謂天道是邪非邪子曰道不同不相為謀亦各從其志也故曰富貴如可求雖執鞭之士吾亦為之如不可求從吾所好（此是各從其志）歲寒然後知松柏之後凋舉世混濁清士乃見（言善無報而名卒不可滅）豈以其重若彼其輕若此哉（謂伯夷讓德之重若彼采薇餓死之輕若此）君子疾沒世而名不稱焉賈子曰（賈誼也引此終上文各從其志意）貪夫徇財烈士徇名夸者死權（言貪權勢以矜誇者至死不休）衆庶馮生同明相照同類相求雲從龍風從虎聖人作而萬物覩（太史公引此等相感者欲見述作之意合萬物有睹也）伯夷叔齊雖賢得夫子而名益彰顔淵雖篤學附驥尾而行益顯（蒼蠅附驥尾而致千里以喻顔回因孔子而名彰以見天之報施善人以其名也）巖穴之士趣舍有時若此類名堙滅而不稱悲夫閭巷之人欲砥行立名者非附青雲之士（青雲士謂聖賢立言傳世非謂登仕路也）惡能施於後世哉

李廷機曰余讀楊升菴評曰春秋首隱公史記世家首太伯列傳首伯夷貴讓也未嘗不嘆其研精史學後讀太史公自序乃知升菴之論本此又讀朱子門孔子稱伯夷求仁得仁又何怨此傳滿身是怨矣余按此傳始斷不免于怨至得孔子而名益彰不如由之不以概見則向之西山餓殍軼詩寫怨者皆付之水清風釋矣又何怨哉太史公縱横敍處□大絃謂東坡赤壁賦步驟然傳信然

史記　八卷　伯夷列傳　三

[illegible]

管晏列傳

管仲夷吾者潁上人也（潁水名夷吾姓名後管嚴之子敬仲也）少時常與鮑叔牙游鮑叔知其賢管仲貧困常欺鮑叔（呂氏春秋管仲與鮑叔同賈南陽分財利管仲多自取鮑叔知其貧不以為貪）鮑叔終善遇之不以為言已而鮑叔事齊公子小白管仲事公子糾及小白立為桓公公子糾死管仲囚焉鮑叔遂進管仲管仲既用任政於齊齊桓公以霸九合諸侯一匡天下管仲之謀也（此第一段）管仲曰吾始困時嘗與鮑叔賈（音古）分財利多自與鮑叔不以我為貪知我貧也吾嘗為鮑叔謀事而更窮困鮑叔不以我為愚知時有利不利也吾嘗三仕三見逐於君鮑叔不以我為不肖知我不遭時也吾嘗三戰三走鮑叔不以我為怯知我有老母也公子糾敗召忽死之吾幽囚受辱鮑叔不以我為無恥知我不羞小節而恥功名不顯於天下也生我者父母知我者鮑子也鮑叔既進管仲以身下之子孫世祿於齊有封邑者十餘世常為名大夫天下不多管仲之賢而多鮑叔能知人也（此第二段）管仲既任政相齊以區區之齊在海濱（齊國在東海濱）通貨積財富國強兵與俗同好惡故其稱曰（是夷吾著書稱管仲者其書有此言）倉廩實而知禮節衣食足而知榮辱上服度

史記　八卷　管晏列傳　四

[illegible]

則六親固（上服御物有制，則六親堅固）四維不張國乃滅亡（四維，禮義廉恥）下令如流水之原令順民心（言為政令卑下鮮少而百姓易作行）故論卑而易行俗之所欲因而予之俗之所否因而去之其為政也善因禍而為福轉敗而為功貴輕重（輕重謂恥辱也）愼權衡（權衡謂得失也。有恥辱甚貴重之，有得失甚戒慎）桓公實怒少姬南襲蔡管仲因而伐楚責包茅不入貢於周室桓公實北征山戎而管仲因而令燕修召公之政於柯之會桓公欲背曹沫之約管仲因而信之諸侯由是歸齊故曰知與之為取政之寶也管仲富擬於公室有三歸反坫齊人不以為侈管仲卒齊國遵其政常強於諸侯後百餘年而有晏子焉

八卷　管晏列傳　九

晏平仲嬰者萊之夷維人也（萊今東萊地）事齊靈公莊公景公以節儉力行重於齊既相齊食不重肉妾不衣帛其在朝君語及之即危言語不及之即危行國有道即順命無道即衡命（衡秤也，謂國無道則制秤量之可行即行）以此三世顯名於諸侯越石父賢在縲紲中（縲黑索，紲繫也）晏子出遭之塗解左驂贖之載歸弗謝入閨久之越石父請絕晏子戄然攝衣冠謝曰嬰雖不仁免子於厄何子求絕之速也石父曰不然吾聞君子詘於不知己而信於知己者（申於知己，謂以彼知我而我志獲申）方吾在縲紲中彼不

[illegible]

知我也夫子既已感寤而贖我是知己知己而無禮固不如在縲紲之中晏子於是延入為上客晏子為齊相出其御之妻從門閒而闚其夫其夫為相御擁大蓋策駟馬意氣揚揚甚自得也既而歸其妻請去夫問其故妻曰晏子長不滿六尺身相齊國名顯諸侯今者妾觀其出志念深矣常有以自下者今子長八尺乃為人僕御然子之意自以為足妾是以求去也其後夫自抑損晏子怪而問之御以實對晏子薦以為大夫

太史公曰吾讀管氏牧民山高乘馬輕重九府（皆管氏所著書篇名）及晏子春秋詳哉其言之也既見其著書欲觀其行事故次其傳至其書世多有之是以不論論其軼事管仲世所謂賢臣然孔子小之豈以為周道衰微桓公既賢而不勉之至王乃稱霸哉語曰將順其美匡救其惡故上下能相親也（言管仲相齊，順百姓之美，匡救國家之惡，令君臣百姓相親者，是管仲之能也）豈管仲之謂乎方晏子伏莊公尸哭之成禮然後去（左傳崔杼弒莊公，晏嬰入，枕尸股而哭之，成禮而出）豈所謂見義不為無勇者邪至其諫說犯君之顏此所謂進思盡忠退思補過者哉假令晏子而在余雖為之執鞭所忻慕焉

八卷　管晏列傳　十

老莊申韓列傳贊

孔子適周將問禮於老子老子曰子所言者其人與骨皆已朽矣獨其言在耳且君子得其時則駕不得其時則蓬累而行（蓬蓋累隨言浮明君則駕車服冕不遭時則自覆蓋相攜隨而去也）吾聞之良賈深藏若虛君子盛德容貌若愚去子之驕氣與多欲態色與淫志是皆無益於子之身吾所以告子若是而已孔子去謂弟子曰鳥吾知其能飛魚吾知其能游獸吾知其能走走者可以為罔游者可以為綸飛者可以為矰至於龍吾不能知其乘風雲而上天吾今日見老子其猶龍耶老子脩道德其學以自隱無名為務居周久之見周之衰迺遂去至關關令尹喜曰子將隱矣強為我著書於是老子迺著書上下篇言道德之意五千餘言而去莫知其所終

莊子者蒙人也（蒙縣屬梁國莊周之本邑）名周周嘗為蒙漆園吏與梁惠王齊宣王同時其學無所不闚然其要本歸於老子之言故其著書十餘萬言大抵率寓言也（寓寄其辭於人故莊子有寓言篇）作漁父盜跖胠篋（皆莊子書篇名）以詆訿孔子之徒（謂詆訐毀孔子也）以明老子之術畏累虛亢桑子之屬（亢桑子本作庚桑楚老子弟子北居畏累之山）皆空語無事實然善屬書離辭（猶分析其辭）指事類情用剽剝儒墨（剽剝猶攻擊也）雖當世宿學不能自解免也其言洸洋自恣以適己故自王公大人不能器之楚威王聞莊周賢使使厚幣迎之許以為相莊周笑謂楚使者曰千金重利卿相尊位也子獨不見郊祭之犧牛乎養食之數歲衣以文繡以入太廟當是之時雖欲為孤豚豈可得乎（孤豚小豬也）子亟去無汙我我寧遊戲汙瀆之中自快（汙瀆小渠也）無為有國者所羈終身不仕以快吾志焉

韓非者韓之諸公子也喜刑名法術之學而其歸本於黃老非為人口吃不能道說而善著書與李斯俱事荀卿斯自以為不如非非見韓之削弱數以書諫韓王韓王不能用於是韓非疾治國不務脩明其法制執勢以御其臣下富國彊兵而以求人任賢反舉浮淫之蠹而加之於功實之上以為儒者用文亂法而俠者以武犯禁寬則寵名譽之人急則用介冑之士（介甲也冑兜鍪也）今者所養非所用所用非所養悲廉直不容於邪枉之臣觀往者得失之變故作孤憤五蠹內外儲說林說難十餘萬言然韓非知說之難為說難書甚具終死於秦不能自脫說難曰

凡說之難非吾知之有以說之難也又非吾辯之難能明吾意之難也又非吾敢橫失能盡之難也

[illegible]知[illegible]為主先以二非字反說引起用名高厚利衍三節結以身危作眼衍六節以故曰帶下亦結不知為一段又用以不可不知為二段又知飾所說至所以親近不疑為一段而以知字起句又知盡之難至此說之成為一段亦以知字起句末三引一節作結中云處知則難又不可不察句亦知難而後不輕說以一節之大旨也凡求入世於曲盡人情防極深深辟

[illegible]詞極古雅自然[illegible]秦文字分率以此[illegible]陶淵明云[illegible]哉韓非[illegible]說惟備哉

司馬光曰探人心伺顏色而求合則卵使說摘無所不至適足取死拔難篇蓋非最得意之文最失意之過

余有丁曰此即所謂交淺而言深者又曰彼謂所說者其心有所為至微也而明言假物以洽其私

凡說之難在知所說之心（所言無橫與失然乃說情與雖是難尚非難也）可以吾說當之（所說之心人主之心也須審明人主之意必以說合其情故云吾說當之也）所說出為名高者也而說之以厚利則見下節而遇卑賤必棄遠矣（謂所說之主中心本欲立高名而說臣乃陳厚利是見下節也為名高如稽古義皇祖述堯舜）所說出於厚利者也而說之以名高則見無心而遠事情必不收矣（如秦孝公志於強國而商鞅說以帝王故怒而不用）所說實為厚利而顯為名高者也而說之以名高則陽收其身而實疏之若說之以厚利則陰用其言而顯棄其身（若下文鄭武公欲伐胡而戮關其思是也）此之不可不知也夫事以密成語以泄敗未必其身泄之也而語及其

所匿之事如是者身危貴人有過端而說者明言善議以推其惡者則身危周澤未渥也而語極知說行而有功則德亡說不行而有敗則見疑如是者身危（謂人臣事君恩意未深而輒評時政說行有功則其德見忘說不行而有敗則見疑而身危）夫貴人得計而欲自以為功說者與知焉則身危彼顯有所出事迺自以為也（自以為功）故說者與知焉則身危強之以其所必不為止之以其所不能已者身危故曰與之論大人則以為間己與之論細人則以為鬻權（說彼大人之短以為譏己之事情而刺譏間己若行彼細微之人言堪大用則疑其挾詐而賣我之權）論其所愛則以為借資論其所憎則以為嘗己徑省其

楊慎曰此說之難不可不知句應上文語脈甚文法

鍾惺曰非同議論此情狀稱若見

姿稚隆曰秦王欲[illegible]非而李斯姚賈害之皆非之說其有傷于同計同行者乎

李廷機曰文勢閒[illegible]不窮亦[illegible]之流也

王維楨曰伊尹百里一節議論未純

[illegible]曰非曰以下凡三引証無不言中故可為論事者法

許楚元曰抱宋人關其思二事而斷之曰非知之難也處知則難矣又打關紐

辭則不知而屈之（人主意在文華而說者徑省畧則以說者為無知而見屈辱）泛濫博文則多而久之（人主嫌其迂延久而無當）順事陳意則曰怯懦而不盡慮事廣肆則曰草野而倨侮此說之難不可不知也凡說之務在知飾所說之所敬而滅其所醜（當知人主之所敬而時以文飾之人主有醜愧之事又當滅其事端而不言）彼自知其計則無以其失窮之自勇其斷則毋以其敵怒之（無以己意攻之使說敵於上而致譴怒也）自多其力則無以其難概之（概格也）規異事與同計譽異人與同行者則以飾之無傷也有與同失者則明飾其無失也（言人主規事者人與同計同行說者不得傷其人又若人主與同失者而說者可明飾其無失也）大忠無所拂辭悟言無所

擊排（皆能順以揆君心）乃後申其辯知焉此所以親近而不疑知盡之難也（此句屬下文謂人臣知盡事上之道難也）曠日彌久而周澤既渥（臣道久合於君君之渥澤周洽於臣即魚水相須鹽梅相和之意也）深計而不疑交爭而不罪乃明計利害以致其功直指是非以飾其身以此相持此說之成也伊尹為庖百里奚為虜此皆所由干其上也故此二子者皆聖人也猶不能無役身而涉世如此其汙也則非能仕之所設也宋有富人天雨牆壞其子曰不築且有盜其鄰人之父亦云暮而果大亡其財其家甚知其子而疑鄰人之父昔者鄭武公欲伐胡迺以其子妻之因問群臣

何[illegible]人非不知周其臣之謀也而關其思以戮非戮其謀也以其告計也其子非不愛也而胡以滅其所以為親愛皆非也以市利也嗚呼以鄭武公之兵而有是也惜哉

邵寶曰矯駕[illegible]在彌子瑕无足論者吾夫人則有母病難君車不可濟而駕也聞母病而夫視非其也矯君車罪則數倍以救休人焉得為孝乎抑事君之是為不忠定可為也孰不可為也

曰吾欲用兵誰可伐者關其思曰胡可伐迺戮關其思曰胡兄弟之國也子言伐之何也胡君聞之以鄭為親己而不備鄭鄭人襲胡取之此二說者其知皆當矣然而甚者為戮薄者見疑非知之難也處知則難矣昔者彌子瑕見愛於衛君衛國之法竊駕君車者罪至刖既而彌子瑕之母病人聞往夜告之彌子矯駕君車而出君聞之而賢之曰孝哉為母之故而犯刖罪與君遊果園彌子食桃而甘不盡而奉君君曰愛我哉忘其口而啗寡人及彌子色衰而愛弛得罪於君君曰是嘗矯駕吾車又嘗食我以其餘桃故彌

董份曰非卒死于秦由不能察愛憎而深言之也哀哉

楊慎曰引喻結出說難正意

幾矣罪凡於善諫說者

余有丁曰此贊各論其人之事而總之以一言文字之妙謂申韓原于道德之意東坡先生之論尚矣

陳仁子曰論申韓之慘而歸之老子近之神遊矣而世

子之行未變於初也前見賢而後獲罪者愛憎之至變也故有愛於主則知當而加親見憎於主則罪當而加疏故諫說之士不可不察愛憎之主而後說之矣夫龍之為蟲也可擾狎而騎也然其喉下有逆鱗徑尺人有嬰之則必殺人人主亦有逆鱗說之者能無嬰人主之逆鱗則幾矣

太史公曰老子所貴道虛無因應變化於無為故著書辭稱微妙難識莊子散道德放論要亦歸之自然申子卑卑之意自勉勵施之於名實韓子引繩墨切事情明是非其極慘礉少恩[illegible]皆原於道德之

老子之曰先黃老何耶

意而老子深遠矣

余有丁曰太史公論各論其人所著之書也老子所貴道德云云難識蓋道德微妙故其書言道德之意亦微妙難識也虛無為本因應為用無為而無不為變化於無為乃合大道混混冥冥光耀天下復反無名其實易行其辭難知故謂微妙也莊子散道德放論至於五千餘言汪汪自肆與微妙異矣然要亦歸之自然自然者老子之言天法道道法自然也此老子所以循為道家也

孫子吳起列傳贊

茅坤曰按穰苴之斬莊賈孫子之斬二姬蓋號令嚴整將素卑賤者身將不知兵者可……太史公訊亲齊救韓而龐涓明矣然不能早救患於被刑吳起說武侯以形勢不如德然行之於楚以刻暴少恩……嗚呼不仁即言用兵亦烏有自全者哉

太史公曰世俗所稱師旅皆道孫子十三篇吳起兵法世多有故弗論論其行事所施設者語曰能行之者未必能言能言之者未必能行孫子籌策龐涓明矣然不能蚤救患於被刑無籌策吳起說武侯以形勢不如德然行之於楚以刻暴少恩亡其軀無德悲夫

馮夢禎曰孫子能策龐涓於後而不能策龐涓於前吳起能以形勢不如德說武侯而以相楚無德亡其軀此皆能言而不能行者也

伍子胥列傳贊

蕭恒曰用孔殺人而豪者勿仇故曰八不辜……子胥父兄……而非其罪故曰怨毒言然子胥若從奢死乃不……而非义也故以……而以能隱忍以成伏仇之志為烈丈夫也白公勝所……乃所右乞之計……自立為王及……也則其功謀亦不足道矣

太史公曰怨毒之於人甚矣哉王者尚不能行之於臣下況同列乎向令伍子胥從奢俱死何異螻蟻棄小義雪大耻名垂於後世悲夫方子胥窘於江上道乞食志豈嘗須臾忘郢耶故隱忍就功名非烈丈夫孰能致此哉白公如不自立為君者其功謀亦不可勝道者哉

穆文熙曰此贊深得子胥不死之意彼小丈夫死溝瀆者真不足道

商君列傳　節云趙良說商君

[illegible]

商君相秦十年宗室貴戚多怨望者趙良見商君商君曰鞅之得見也從孟蘭皋言彼此人得見趙良今鞅請得交可乎趙良曰僕弗敢願也商君曰子不說吾治秦與子觀我治秦也孰與五羖大夫賢趙良曰千羊之皮不如一狐之腋千人之諾諾不如一士之諤諤僕請終日正言而無誅可乎商君曰語有之矣貌言華也至言實也苦言藥也甘言疾也夫子果肯終日正言鞅之藥也又何辭焉趙良曰夫五羖大夫荊之鄙人也聞秦繆公之賢而願望見行而無資自粥於秦客被

[illegible]

褐食牛期年繆公知之舉之牛口之下而加之百姓之上秦國莫敢望焉相秦六七年而東伐鄭三置晉國之君一救荊國之禍發教封內而巴人致貢施德諸侯而八戎來服由余聞之款關請見五羖大夫之相秦也勞不坐乘暑不張蓋行於國中不從車乘不操干戈功名藏於府庫德行施於後世五羖大夫死秦國男女流涕童子不歌謠舂者不相杵相助也歌以助此五羖大夫之德也今君之見秦王也因嬖人景監以為主非所以為名也相秦不以百姓為事而大築冀闕非所以為功也刑黥太子之師傅殘傷民以

穰侯列傳贊

太史公曰穰侯昭王親舅也而秦所以東益地弱諸侯嘗稱帝於天下天下皆西鄉稽首者穰侯之功也及其貴極富溢一夫開說身折勢奪而以憂死況於羈旅之臣乎

趙恒曰此以貴極富溢為戒也言親而有功且不免於譴死況羈旅之臣乎子兼曰人主之子也猶不能恃無功之尊無勞之寵以守金玉之重也而況於余乎文字一唱二嘆應相類

陳仁子曰苟為人所鬩而欲奪其位國戚羈旅一也何必范雎之于魏冉乎

白起王翦列傳贊

太史公曰鄙語云尺有所短寸有所長白起料敵合變出奇無窮聲振天下然不能救患於應侯王翦為秦將夷六國當是時翦為宿將始皇師之然不能輔秦建德固其根本偷合取容以至圽身及孫王離為項羽所虜不亦宜乎彼各有所短也

駱日升曰白起之自殺王離之降虜皆可為善戰者之戒二人合傳結意相合太史公正是此意故以不亦宜乎揔束

黃淳耀曰按王翦為始皇伐楚而請美田宅既行使使請美田宅者五輩後有功蕭何田宅自汙者其計無乃出於此歟

東海曰王翦諸人之轄然蓋由德之參会古今之極変也太史公譏其不何伏以常事論主輔秦建德而偷合取容嗚呼是何異責狂虎狼之不仁哉

三騶傳

太史公曰余讀孟子書至梁惠王問何以利吾國未嘗不廢書而歎也曰嗟乎利誠亂之始也夫子罕言利者常防其原也故曰放於利而行多怨自天子至於庶人好利之弊何以異哉

孟軻鄒人也受業子思之門人（人字疑衍）道既通游事齊宣王宣王不能用適梁梁惠王不果所言則見以為迂遠而闊於事情當是之時秦用商君富國彊兵楚魏用吳起戰勝弱敵齊威王宣王用孫子田忌之徒而諸侯東面朝齊天下方務於合從連衡以攻伐為賢而孟軻乃述唐虞三代之德是以所如者不合退而與萬章之徒序詩書述仲尼之意作孟子七篇其後有騶子之屬齊有三騶子其前騶忌以鼓琴干威王因及國政封為成侯而受相印先孟子其次騶衍後孟子騶衍睹有國者益淫侈不能尚德若大雅整之於身施及黎庶矣乃深觀陰陽消息而作怪迂之變終始大聖之篇十餘萬言（蕭浪家）其語閎大不經必先驗小物推而大之至於無垠先序今以上至黃帝學者所共術大並世盛衰（言其大体隨代盛衰觀時而說事）因載其禨祥度制推而遠之至天地未生窈冥不可考而原也

真德秀曰孟荀傳乃叙諸子而兼乎孟荀傳之变体也

楊慎曰孟子專與治世傳書法界同以先叙孟子而以騶衍形之則孔孟之不合於時者其道從可知矣又李孔孟伯夷皆有感附世荀合者則騶子之見存孔子諸侯者其道又從可知矣其曰騶子倘有牛鼎之意乎語不[illegible]而意焉亦最文子之妙者此法容請子得之

茅坤曰太史公傳諸子多章以不得於諸子所自為之說故也

凌稚隆曰此以上孟子本傳以下附見

余有丁曰此下三段以先字推字作眼目文法錯綜变化

先列中國名山大川通谷禽獸水土所殖物類所珍
因而推之及海外人之所不能睹稱引天地剖判以
來五德轉移治各有宜而符應若茲以為儒者所謂
中國者於天下乃八十一分居其一分耳中國名曰
赤縣神州赤縣神州內自有九州禹之序九州是也
不得為州數中國外如赤縣神州者九乃所謂九州
也於是有裨海環之人民禽獸莫能相通者如一區
中者乃為一州如此者九乃有大瀛海環其外天地
之際焉其術皆此類也然要其歸必止乎仁義節儉
君臣上下六親之施始也濫耳王公大人初見其術
懼然顧化其後不能行之是以騶子重於齊適梁惠
王郊迎執賓主之禮適趙平原君側行襒席如燕昭
王擁彗先驅請列弟子之座而受業築碣石宮身親
往師之作主運騶子書有主運篇其游諸侯見尊禮如此豈
與仲尼菜色陳蔡孟軻困於齊梁同乎哉故武王以
仁義伐紂而王伯夷餓不食周粟衛靈公問陳而孔
子不荅梁惠王謀欲攻趙孟軻稱太王去邠此豈有
意阿世俗苟合而已哉持方枘欲內圜鑿其能入乎
或曰伊尹負鼎而勉湯以王百里奚飯牛車下而繆
公用霸作先合然後引之大道騶衍其言雖不軌儻
亦有牛鼎之意乎自騶衍與齊之稷下先生如淳于
髡慎到環淵接子田駢騶奭之徒各著書言治亂之
事以干世主豈可勝道哉

裨海小海也九州之外更有大瀛海故知此裨海乃小海也

董份曰言騶衍之術其歸節儉仁義倫理本有準則特其始為濫耳濫耳言其說怪迂不經

濫猶泛耳故王公大人初聞之而其實不可行也 李廷机曰謂之術使予西河之德不同是以所知皆合

孟嘗君列傳贊

太史公曰吾嘗過薛其俗閭里率多暴桀子弟與鄒
魯殊問其故曰孟嘗君招致天下任俠姦人入薛中
蓋六萬餘家矣世之傳孟嘗君好客自喜名不虛矣

平原君虞卿列傳贊

太史公曰平原君翩翩濁世之佳公子也然未睹大
體鄙語曰利令智昏平原君貪馮亭邪說使趙陷長
平兵四十餘萬眾邯鄲幾亡譙周曰長平之陷乃趙王信間易將之咎何怨
平原受馮亭 虞卿料事揣情為趙畫策何其工也及不忍
魏齊卒困於大梁庸夫且知其不可況賢人乎然虞
卿非窮愁亦不能著書以自見於後世云

信陵君列傳贊

太史公曰吾過大梁之墟求問其所謂夷門夷門者
城之東門也天下諸公子亦有喜士者矣然信陵君
之接巖穴隱者不恥下交有以也名冠諸侯不虛耳
高祖每過之而令民奉祀不絕也

趙恒曰過大梁而求問夷門者慕其人也言公子
接巖穴隱者如毛薛諸人皆隱而賢者也
不恥下交豈無謂哉豈與諸公子喜事而
無所擇者比也此所以名冠諸侯至漢猶
追聞其賢而令人奉祀不絕也

[illegible] 趙恒曰知死必勇 [illegible] 史記 八卷

春申君列傳 贊

太史公曰吾適楚觀春申君故城宮室盛矣哉初春申君之說秦昭王及出身遣太子歸何其智之明也後制於李園旄矣語曰當斷不斷反受其亂春申君失朱英之謂耶

范雎蔡澤列傳 贊

太史公曰韓子稱長袖善舞多錢善賈信哉是言也范雎蔡澤世所謂一切辯士然游說諸侯至白首無所遇者非計策之拙所謂說力少也及二人羇旅入秦繼踵取卿相垂功於天下者固彊弱之勢異也然士亦有偶合賢者多如此二子不得盡意豈可勝道哉然二子不困戹惡能激乎（雎折脅摺齒於齊澤被逐棄於趙）

廉頗藺相如列傳

太史公曰知死必勇非死者難也處死者難方藺相如引璧睨柱及叱秦王左右勢不過誅然士或怯懦而不敢發相如一奮其氣威信敵國退而讓頗名重太山其處智勇可謂兼之矣

[illegible] 史記 八卷

鄒陽傳 御中上客

鄒陽者齊人也遊於梁上書而介於羊勝公孫詭之間（上書自達於二人之間）勝等嫉之惡於梁孝王孝王怒下之吏將欲殺之鄒陽以讒見禽恐死而負累乃從獄中上書曰臣聞忠無不報信不見疑臣常以為然徒虛語耳昔者荊軻慕燕丹之義白虹貫日太子畏之（白虹兵象日為臣荊軻將刺秦王精誠格天白虹為之貫日猶疑畏荊軻之不欲）衛先生為秦畫長平之事太白蝕昴而昭王疑之（白起為秦伐趙破長平軍欲遂滅趙遣衛先生說昭王益兵糧乃為應侯所害事用不成其精誠上達于天故太白為之蝕昴）夫精變天地而信不喻兩主豈不哀哉今臣盡忠竭誠畢議願知左右不明（不敢斥王）卒從吏訊為世所疑是使荊軻衛先生復起而燕秦不悟也願大王孰察之昔卞和獻寶楚王刖之李斯竭忠胡亥極刑是以箕子佯狂接輿避世恐遭此患也願大王孰察卞和李斯之意而後楚王胡亥之聽無使臣為箕子接輿所笑臣聞比干剖心子胥鴟夷（夫差以皮作鴟鳥形名鴟夷以裹子胥尸投之于江）臣始不信乃今知之願大王孰察少加憐焉諺曰白頭如新（人初相識至白頭猶如新）傾蓋如故（傾蓋謂道行相遇停車對語而即如舊交）何則知與不知也故樊於期逃秦之燕藉荊軻首以奉丹之事王奢去齊之魏臨城自剄以卻齊而存魏

按此下不按二句一篇主意昔者荊軻一段是一頭昔卞和獻寶以下分作十段看臣聞盛飾入朝至末結篇是一尾一篇內每段以終上十段一援引一結束即以是以字故字接之斷而不斷一氣呵成

奢亡入魏其後齊伐魏奢登城謂齊將曰今君之來不過以奢之故夫義不苟生以為魏累遂自剄夫
王奢樊於期非新於齊秦而故於燕魏也所以去二
國死兩君者行合於志慕義無窮也是以蘇秦不信
于天下而為燕尾生白圭戰亡六城為魏取中山何
則誠有以相知也蘇秦相燕燕人惡之於王王按劍
而怒食以駃騠白圭顯於中山中山人惡之魏文侯
文侯投之以夜光之璧何則兩主二臣剖心析肝相
信豈移於浮辭哉故女無美惡入宮見妬士無賢不
肖入朝見嫉昔者司馬喜臏脚於宋卒相中山范睢
摺脅折齒於魏卒為應侯此二人者皆信必然之畫

史記 八 鄒陽傳 廿三

莊子云申徒狄諫而不用負石自投於河

捐朋黨之私挾孤獨之位故不能自免於嫉妬之人
也是以申徒狄自沈於河徐衍負石入海不容於世
義不苟取比周於朝以移主上之心故百里奚乞食
於路繆公委之以政甯戚飯牛車下而桓公任之以
國此二人者豈借宦於朝假譽於左右然後二主用
之哉感於心合於行親於膠漆昆弟不能離豈惑於
衆口哉故偏聽生奸獨任成亂昔者魯聽季孫之說
而逐孔子宋信子冉之計而囚墨翟夫以孔墨之辯
不能自免於讒諛而二國以危何則衆口鑠金積毀
銷骨也是以戎人由余而霸中國齊用越人蒙而彊

鑠銷也衆口所惡雖金亦為之消滅讒人積久讒毀則父兄自相殊戮骨肉為之消滅也

某抑曰宣是以字以接不得上文大意是說桑刑事而為善意則相承

按伐蒲之役寺人披斬文公之衣袪後文公反國披請見文公辭焉披以之遂見免呂郤之難而霸伯

威宣此二國豈拘於俗牽於世繫阿偏之辭哉公聽
並觀垂名當世故意合則胡越為昆弟由余越人蒙
是矣不合則骨肉出逐不收朱象管蔡是矣今人主
誠能用齊秦之義後宋魯之聽則五伯不足稱三王
易為比也是以聖王覺寤捐子之之心而能不說於
田常之賢封比干之後脩孕婦之墓故功業復就於
天下何則欲善無厭也夫晉文公親其讎彊霸諸侯
齊桓公用其仇而一匡天下何則慈仁慇懃誠加於
心不可以虛辭借也至夫秦用商鞅之法東弱韓魏
兵彊天下而卒車裂之越用大夫種之謀禽勁吳霸

史記 八 鄒陽傳 廿四

索隱曰孫叔敖三得相而不喜知其才之自得也三去相不悔知非己之罪也

按於陵子仲楚王聘以為相仲遂夫妻相與逃為人灌園

中國而卒誅其身是以孫叔敖三去相而不悔於陵
子仲辭三公為人灌園今人主誠能去驕傲之心懷
可報之意披心腹見情素墮肝膽施德厚終與之窮
達無愛於士則桀之狗可使吠堯而蹠之客可使刺
由況因萬乘之權假聖王之資乎然則荊軻之湛七
族要離之燒妻子荊軻為燕刺秦王不成而死其七族坐之沈沒闔閭欲殺慶忌要離詐以罪亡令吳王燔其妻子要離走見慶忌以劍刺之豈足道哉臣聞明月之
珠夜光之璧以闇投人於道路人無不按劍相眄者
何則無因而至前也蟠木根柢輪囷離詭而為萬乘
器者何則以左右為之先容也故無因至前雖出隋

黄震曰聖人有深謀善計而即行之不为卑詞所牽制所謂不牽於卑詞之語也並言至王所以招俊也

烏集二字用術奇漢書音義曰太公[illegible]成王功若烏鳥之暴集也

此末一段言已終不肯䀌志以求合以結之

侯之珠夜光之璧猶結怨而不見德故有人先談則以枯木朽株樹功而不忘今夫天下布衣窮居之士身在貧賤雖包堯舜之術挾伊管之辨懷龍逢比干之意欲盡忠當世之君而素無根柢之容雖竭精思欲開忠信輔人主之治則人主必有按劍相眄之迹是使布衣之士不得為枯木朽株之資也是以聖王制世御俗獨化於陶鈞之上而不牽於卑乱之語不奪於衆多之口故秦皇帝任中庶子蒙嘉之言以信荆軻之説而匕首竊發周文王獵涇渭載呂尚而帰以王天下故秦信左右而亡周用烏集而王何則以其能越拘攣之語馳域外之議獨覌於昭曠之道也今人主沉於諂諛之辭牽於帷裳之制使不羈之士與牛驥同阜此鮑焦所以憤於世而不留富貴之楽也(莊子云鮑焦飾行非世抱木而死)臣聞盛飾入朝者不以私汚義砥礪名號者不以利傷行故里名勝母而曾子不入邑號朝歌而墨子迴車今欲使天下寥廓之士攝於威重之權主於位勢之貴回面汚行以事諂諛之人而求親近於左右則士伏死堀穴巖藪之中耳安肯有盡忠信而趨闕下者哉

吳師道曰史遷論仲連謂指意不合大義固未當勉以为孔子所謂逸民也雖貧賤肆志然其游談於諸侯亦非史也予謂仲連事奇可傳而不与其心帝秦一節尤信天下國之士皆以勢為強弱而連獨以義為重輕此其所以異耳

凌稚隆曰處女脫兎語出孫子九地篇與太史公所謂先見弱于敵而後戰同意

魯仲連鄒陽列傳贊

太史公曰魯連其指意雖不合大義然余多其在布衣之位蕩然肆志不詘於諸侯談説於當世折卿相之權鄒陽辭雖不遜然其比物連類有足悲者亦可謂抗直不撓矣吾是以附之列傳焉

趙恒曰雖不合大義而蕩然肆志曰鄒詞雖不遜而抗直不撓皆所謂奇偉倜儻者讀二人文詞氣象相似故同傳而論所謂神交千百載之上不以世拘也屈原賈生傳亦然

田單列傳贊

太史公曰兵以正合以奇勝(魏武帝曰先出合戰為正後出為奇也正者當敵奇兵擊不備)善之者出奇無窮(兵不厭詐故云善之出奇無窮)奇正還相生如環之無端(言用兵之術或用奇計使前敵不可測量如尋環中不知端際也)夫始如處女適人開戶(適音敵索隱曰言兵始如處女之軟弱則敵人輕侮開戶不為備正義曰敵人謂燕軍也言燕軍被田单反間易將及被卒燒壟墓而令齊卒甚怒是敵人為单開門戶也)後如脫兎適不敢距其田單之謂耶(甲克捷之後卷而趋有如兎之得脫而疾走敵不敢距者若脫兎忽過而敵忘其所距也)

姚[illegible]曰以諫命行
茅坤曰太史公學博而好同網羅迭文章恰今古當武帝好文之世才士輩集著作皆可觀覽而太史公特總其大成所以尤不可及即屈原一傳見之矣
王慎中曰太史公先叙屈原以讒見疏於懷王作離騷而發明其所以作之之意後叙其勸懷王殺張儀不忘諫懷王毋入秦不從而又發明其嗟之宗同以及人君知人之難大指欲其見放作漁父天問諸賦而卒之以自投汨羅此又自為於屈原行事次第之實而文亦婉婉有餘味
楊慎曰太史公作屈原傳其文便似離騷其論作騷一節婉雅悽愴真得騷之趣者
余有丁曰謂好色云者以離騷有求妃娶女然竟特假借以思君耳非如國風之思也然太史公亦假借言之
楊慎曰漢武帝使淮南王安作[illegible]

屈原傳

屈原者名平楚之同姓也王逸云楚王始都是生子瑕受屈為卿因以為氏為楚懷王左徒今左右拾遺之類博聞彊志明於治亂嫻音閑於辭令入則與王圖議國事以出號令出則接遇賓客應對諸侯王甚任之上官大夫王逸云上官靳尚與之同列爭寵而心害其能懷王使屈原造為憲令屈平屬草藁未定上官大夫見而欲奪之屈平不與因讒之曰王使屈平為令衆莫不知每一令出平伐其功曰以為非我莫能為也王怒而疏屈平屈平疾王聽之不聰也讒諂之蔽明也邪曲之害公也方正之不容也故憂愁幽思而作離騷離騷者猶離憂也夫天者人之始也父母者人之本也人窮則反本故勞苦倦極未嘗不呼天也疾痛慘怛未嘗不呼父母也屈平正道直行竭忠盡智以事其君讒人間之可謂窮矣信而見疑忠而被謗能無怨乎屈平之作離騷蓋自怨生也國風好色而不淫小雅怨誹而不亂若離騷者可謂兼之矣上稱帝嚳下道齊桓中述湯武以刺世事明道德之廣崇治亂之條貫靡不畢見其文約其辭微其志絜其行廉其稱文小而其指極大舉類邇而見義遠其志絜故其稱物芳其行廉故死而不容

[illegible]用此語[illegible]有[illegible]矣班[illegible]離騷經王逸[illegible]
董份曰懷王不用屈原之言死于秦楚人咎子蘭勸懷王入秦子蘭反用之而斥屈原正所以忌嫉人之性者
唐順之曰此推原本意怨又特到
茅坤曰叙事太史中間推以論斷此傳體之變蓋以屈原為太史公所重故論以嘆之
楊慎曰作人君無愚智賢不肖以下太史公傷懷王之不信賢任良而不[illegible]國之論也

自疏濯淖汙泥之中蟬蛻於濁穢以浮游塵埃之外不獲世之滋垢皭然泥而不滓者也推此志也雖與日月爭光可也

時秦昭王與楚婚欲與懷王會懷王欲行屈平曰秦虎狼之國不可信不如無行懷王稚子子蘭勸王行柰何絕秦歡懷王卒行入武關秦伏兵絕其後因留懷王以求割地懷王怒不聽亡走趙趙不內復之秦竟死於秦而歸葬長子頃襄王立以其弟子蘭為令尹楚人既咎子蘭以勸懷王入秦而不反也屈平既嫉之雖放流睠顧楚國繫心懷王不忘欲反冀幸君之一悟俗之一改也其存君興國而欲反覆之一篇之中三致意焉然終無可柰何故不可以反卒以此見懷王之終不悟也人君無愚智賢不肖莫不欲求忠以自為舉賢以自佐然亡國破家相隨屬而聖君治國累世而不見者其所謂忠者不忠而所謂賢者不賢也懷王以不知忠臣之分故內惑於鄭袖外欺於張儀疏屈平而信上官大夫令尹子蘭兵挫地削亡其六郡身客死於秦為天下笑此不知人之禍也易曰井泄即渫不食為我心惻可以汲王明並受其福王之不明豈足福哉令尹子蘭聞之大怒卒使上

朱熹曰漁父蓋亦當時隱遁之士或曰亦原之設詞耳 李淳杭曰隨流揚波者不至於與濁亦不必汲汲餔糟啜醨者不至於與醉亦不必獨醒所謂與世推移者 又曰昔人論醉醒之說渴飲難醉也難余謂醉醒一也醒不殊世墨醉非醉世味非吾醒者不善醉哉 駱日升曰太史公述用此平既疏平既嫉之一句甚爲有致其不過為投汨羅死地耳 揚慎曰此傳以屈凡四轉而語奇崛 李光縉曰太史公以屈賈同傳蓋悲志潔之士遇命之不長哉嗟乎之士也以不阿屈原而讒譏之以誼之夭二子之存亡所係何如哉

官大夫短屈原於頃襄王。頃襄王怒而遷之。離騷序曰遷於江南 屈原至於江濱。被髮行吟澤畔。顏色憔悴。形容枯槁。以下漁父篇中語 漁父見而問之曰。子非三閭大夫與。何故而至此。屈原曰。舉世混濁而我獨清。眾人皆醉而我獨醒。是以見放。漁父曰。夫聖人者。不凝滯於物。而能與世推移。舉世混濁。何不隨其流而揚其波。眾人皆醉。何不餔其糟而啜其醨。何故懷瑾握瑜瑾瑜皆美玉也而自令見放為。屈原曰。吾聞之。新沐者必彈冠。新浴者必振衣。人又誰能以身之察察。受物之汶汶者乎。汶汶猶昏暗不明也 寧赴常流而葬乎江魚腹中耳。又安能以皓皓之白。而蒙世之溫蠖乎。溫蠖猶惛憒也 乃作懷沙之賦。賦詞不載 於是懷石。遂自投汨音覓羅以死。

屈原賈誼列傳贊

太史公曰。余讀離騷天問招魂哀郢。悲其志。適長沙。觀屈原所自沉淵。未嘗不垂涕。想見其為人。及見賈生弔之。又怪屈原以彼其材。游諸侯。何國不容。而自令若是。讀服鳥賦。賈誼所作 同死生。輕去就。又爽然自失矣。

史記 八卷 屈原傳 廿八

索隱曰韓系家嚴遂字仲子 索隱曰聶政殺俠累在列侯三年列侯生文侯文侯生哀侯凡更三代哀侯六年為韓嚴所殺今言仲子事哀侯恐非其實且太史公聞疑傳疑信傳信事有的據欲使兩存故表傳各異也 按戰國策韓傀相韓嚴遂重於君二人相害也嚴遂正議直指舉韓傀之過韓傀以之叱於朝嚴遂拔劍趨之以救解於是嚴遂懼誅亡去游求人可以報韓傀者 余有丁曰事乃成於嚴遂而韓哀侯乃始被殺故太史

刺客傳 聶政 荊軻 傳

聶政者。軹深井里人也。殺人避仇。與母姊如齊。以屠為事。久之濮陽嚴仲子事韓哀侯。嚴遂字仲子 與韓相俠累有郤。嚴仲子恐誅。亡去。游求人可以報俠累者。國策作韓傀 俠累韓相名傀 至齊。齊人或言聶政勇敢士也。避仇隱於屠者之間。嚴仲子至門請。數反。然後具酒自暢。戰國策作觴 聶政母前。酒酣。嚴仲子奉黃金百鎰。前為聶政母壽。聶政驚怪其厚。固謝嚴仲子。嚴仲子固進。而聶政謝曰。臣幸有老母。家貧。客游以為狗屠。可以旦夕得甘毳音脆以養親。親供養備。不敢當仲子之賜。嚴仲子辟人。

史記 八卷 刺客聶政傳 廿九

公削一節中前後俱 且政一 刺客之流然知愛親敬姊故太史公次此第首以母姊二字作骨始辭仲子者以老母在也繼從仲子者以老母亡也終皮面抉目者恐及姊也通篇只以母姊纏綿著其孝友未歸仲子知人極得要領非太史公筆力政之心孰能表暴至此 駱日升曰此數言戰國策一字文字也不知當時刪者有解作此語否

因為聶政言曰。臣有仇。而行游諸侯眾矣。然至齊。竊聞足下義甚高。故進百金者。將用為夫人麤糲之費。麤糲米也 得以交足下之驩。豈敢以有求望邪。聶政曰。臣所以降志辱身居市井屠者。徒幸以養老母。老母在。政身未敢以許人也。禮記父母存不許友以死 嚴仲子固讓。聶政竟不肯受也。然嚴仲子卒備賓主之禮而去。久之。聶政母死。既已葬。除服。聶政曰。嗟乎。政乃市井之人。鼓刀以屠。而嚴仲子乃諸侯之卿相也。不遠千里。枉車騎而交臣。臣之所以報者。至淺鮮矣。未有大功可以稱者。而嚴仲子奉百金為親壽。我雖不受。然是者

董份曰刺客傳如聶政侍行杖劍至韓即一言可見其氣如荆卿歌易水之上諸事不同如此時慷士生色

余有丁曰直入上階刺事成雖亡其身勇亦奇矣

董仁子曰太史公傳刺客不游不錯朱之而千年表耶書首盛叙韓相俠累此得春秋筆法

歸有光曰而莫知迎思致極工

劉袁翁門闌人有刺韓相四句語其纏綿呼嘆未為用漢仲子知吾弟一同論

徒深知政也夫賢者以感忿睚眦之意而親信窮僻之人而政獨安得默然而已乎且前日要政政以老母老母今以天年終政將為知己者用乃遂西至濮陽見嚴仲子曰前日所以不許仲子者徒以親在今不幸而母以天年終仲子所欲報仇者為誰請得從事焉嚴仲子具告曰臣之仇韓相俠累又韓君之季父也宗族盛多居處兵衛甚設臣欲使人刺之衆終莫能就今足下幸而不棄請益其車騎壯士可為足下輔翼者聶政曰韓之與衛相去中間不甚遠今殺人之相相又國君之親此其勢不可以多人多人不能無生得失（戰國策作生情）生得失則語泄語泄是韓舉國而與仲子為讎豈不殆哉遂謝車騎人徒聶政乃辭獨行杖劍至韓韓相俠累方坐府上持兵戟而衛侍者甚衆聶政直入上階刺殺俠累左右大亂聶政大呼所擊殺者數十人因自皮面抉眼（皮面以刀剺面皮令人不識抉眼出其眼精戰國策作抉）自屠出腸遂以死韓取聶政屍暴於市購問莫知誰子於是韓購縣之有能言殺相俠累者予千金久之莫知也政姊榮聞人有刺殺韓相不賊不得國不知其名姓暴其屍而縣之千金乃於邑曰其是吾弟與嗟乎嚴仲子知吾弟立起如

李廷機曰政姊榮春秋間刺客常事然以謂烈若姊則尤奇故敘次此事令人撫劍千載下猶若歔欷者

余有丁曰自鄉使而下四句一氣不可以謂政知其姊又終以未必以身許仲子也

孫月峯曰大妙有餘音嫋嫋之志

許應元曰太史公敘荆軻傳慨然如在目前

韓之市而死者果政也伏屍哭極哀曰是軹深井里所謂聶政者也市行者諸衆人皆曰此人暴虐吾相國王縣購其名姓千金夫人不聞與何敢來識之也榮應之曰聞之然政所以蒙汙辱自棄於市販之間者為老母幸無恙妾未嫁也親既以天年下世妾已嫁夫嚴仲子乃察舉吾弟困汙之中而交之澤厚矣可柰何士固為知己者死今乃以妾尚在之故重自刑以絕從（重猶復也從音蹤古字少假借故無足旁）妾其柰何畏歿身之誅終滅賢弟之名大驚韓市人乃大呼天者三卒於邑悲哀而死政之旁晉楚齊衛聞之皆曰非獨政能也乃其姊亦烈女也鄉使政誠知其姊無濡忍之志不重暴骸之難（重猶惜也言不惜暴骸之為難 濡潤也人性溫潤則去含忍故云濡忍若辭躁則必輕死也重難並如字）必絕險千里以列其名姊弟俱僇於韓市者亦未必敢以身許嚴仲子也嚴仲子亦可謂知人能得士矣其後二百餘年秦有荆軻之事

荆軻者衛人也其先乃齊人徙於衛衛人謂之慶卿而之燕燕人謂之荆卿荆卿好讀書擊劍以術說衛元君衛元君不用嘗遊過榆次（縣名屬并州）與蓋聶論劍蓋聶怒而目之荆軻出人或言復召荆軻蓋聶曰曩者吾與論劍有不稱者吾目之試往是宜去不敢

李廷機曰余生平酷好荊軻傳非特慕其所爲其詞亦奇予長善於模寫也清音窮靜展卷讀之擊節歎息竟悲風從窗隙入豈燕歌故有此和漸離矐目報丹亦不覺此筑者

茅坤曰無故之樂亦故之悲悲亦限深情令人斷腸

王世貞曰太史公称其為人智深而勇沉有味乎其言之也比智不深則非智勇不沉則非勇深所以藏智而出之決不測沉所以養勇而發之便必發

李光縉曰田光荊軻樊於期高漸離皆激烈士何其巧相值也全以問答代叙事

駱日升曰欲陳田光可謀荊卿可使故先叙丹與鞠武問答以起之

玄真子曰凡人寒甚則石戰恐甚亦以喻恐寒言心戰

留使使往之主人。荊軻則已駕而去榆次矣。使者還報。蓋聶曰。固去也。吾曩者目攝之。（攝猶視也）荊軻遊於邯鄲。魯句踐與荊軻博。爭道。魯句踐怒而叱之。荊軻嘿而逃去。遂不復會。荊軻既至燕。愛燕之狗屠及善擊筑者高漸離。（筑似琴有絃用竹擊之取以為名）荊軻嗜酒。日與狗屠及高漸離飲於燕市。酒酣以往。高漸離擊筑。荊軻和而歌於市中。相樂也。已而相泣。旁若無人者。荊軻雖游於酒人乎。（飲酒之人）然其為人沈深好書。其所游諸侯。盡與其賢豪長者相結。其之燕。燕之處士田光先生亦善待之。知其非庸人也。

其後秦日出兵山東以伐齊楚三晉。稍蠶食諸侯。且至於燕。燕君臣皆恐禍之至。太子丹患之。問其傅鞠武。武對曰。秦地徧天下。威脅韓魏趙氏。北有甘泉谷口之固。南有涇渭之沃。擅巴漢之饒。右隴蜀之山。左關殽之險。民衆而士厲。兵革有餘。意有所出。則長城之南。易水以北。（謂燕國也）未有所定也。柰何以見陵之怨。欲批其逆鱗哉。（批謂觸擊之也）丹曰。然則何由。對曰。請入圖之。居有間。秦將樊於期得罪於秦王。亡之燕。太子受而舍之。鞠武諫曰。不可。夫以秦王之暴而積怒於燕。足為寒心。又況聞樊將軍之所在乎。是謂委肉當餓

穆文熙曰鞠武之為太子慮可謂至矣丹欲報秦而有批其逆鱗之諫丹舍於期而有委肉當虎之蹊鴻毛鵰鷙之喻其如丹之積怨深怒何哉丹以怨秦之心聽否鞠武何能為謀甘余謂為存田光私致不滿也

董份曰鞠武可謂知利害而丹不納宜遠

閔如霖曰人皆謂鞠武知利害而丹不從所以速禍愚謂燕秦之仇既深秦之兵又已平五國丹即服從不免也所恨者荊卿之謀不除而秦王之不為王僚慶忌子未可以此而非丹也

馬鱗曰列士傳云燕丹使田光往候荊軻值其醉嘯其年中判齊見白出曰入耳之言必大事也則往見光

虎之蹊也。禍必不振矣。（不可救）雖有管晏。不能為之謀也。願太子疾遣樊將軍入匈奴以滅口。請西約三晉。南連齊楚。北購於單于。（購合也）其後迺可圖也。太子曰。太傅之計。曠日彌久。心惛然。恐不能須臾。且非獨於此也。夫樊將軍窮困於天下。歸身於丹。丹終不以迫於彊秦而棄所哀憐之交。置之匈奴。是固丹命卒之時也。願太傅更慮之。鞠武曰。夫行危欲求安。造禍而求福。計淺而怨深。連結一人之後交。不顧國家之大害。此謂資怨而助禍矣。夫以鴻毛燎於爐炭之上。必無事矣。且以鵰鷙之秦。行怨暴之怒。豈足道哉。燕有

田光先生。其為人智深而勇沈。可與謀。太子曰。願因太傅而得交於田先生。可乎。鞠武曰。敬諾。田先生坐定。左右無人。太子避席而請曰。燕秦不兩立。願先生留意也。田光曰。臣聞騏驥盛壯之時。一日而馳千里。至其衰老。駑馬先之。今太子聞光盛壯之時。不知臣精已消亡矣。雖然。光不敢以圖國事。所善荊卿可使也。（到此引入荊卿）太子曰。願因先生得結交於荊卿。可乎。田光曰。敬諾。即起。趨出。太子送至門。戒曰。丹所報先生所言者。國之大事也。願先生勿泄也。田光俛而笑曰。諾。僂行見荊卿。曰。光與子相善。燕國莫不知。今太

按七国秦則已楚引黃三晉[illegible]皆以大夫篡奪為政圖吕公[illegible]遂遠矣[illegible]欲祀虎秦不[illegible]武而交田光卒使荊卿為燕[illegible]吕公之[illegible]下[illegible]莫[illegible]者從哉[illegible]矣揭[illegible]荊軻坐定與上田光坐定[illegible]塵

安[illegible]曰收叙語[illegible]見叙事

子聞光壯盛之時不知吾形已不逮也幸而教之曰燕秦不兩立願先生留意也光竊不自外言足下於太子也願足下過太子於宮荊軻曰謹奉教田光曰吾聞之長者為行不使人疑之今太子告光曰所言者國之大事也願先生勿泄是太子疑光也夫為行而使人疑之非節俠也欲自殺以激荊卿曰願足下急過太子言光已死明不言也因遂自刎而死。荊軻坐定太子避席頓首曰田先生不知丹之不肖使得至前敢有所道此天所以哀燕而不棄其孤也今秦有貪利之心而欲不可足也非盡天下之地臣

寡[illegible]曰燕太子之計拙矣而謀荊軻荊[illegible]一言為太子謀固知軻非国士也預秦舞陽一哭荊有士[illegible]輕生之風耳

余有丁曰荊軻不逮聶政遠甚聶政之許仲子也以有[illegible]荊則[illegible]車騎[illegible]

海內之王者其意不猒燕小弱數困於兵今計舉國不足以當秦諸侯服秦莫敢合從丹之私計愚以為誠得天下之勇士使於秦闚以重利（誘以利）秦王貪其勢必得所願矣誠得劫秦王使悉反諸侯侵地若曹沫之與齊桓公則大善矣即不可因而刺殺之彼秦大將擅兵於外而內有亂則君臣相疑以其間諸侯得合從其破秦必矣此丹之上願而不知所委命惟荊卿留意焉久之荊軻乃許諾於是尊荊卿為上卿舍上舍太子日造門下供太牢具異物間進車騎美女恣荊軻所欲以順適其意。

董份曰叙匕首繼之亦惜荊卿之塵死也

樊於期既自剄太子聞之馳往伏屍而哭極哀既已不可奈何乃遂盛樊於期首函封之於是太子豫求天下之利匕首得趙人徐夫人（人姓徐名夫人）匕首取之百金使工以藥焠之（以藥染劍鍔）以試人血濡縷人無不立死者（以匕首試人血以沾濡絲縷便立死）乃裝為遣荊卿燕國有勇士秦舞陽年十三殺人人不敢忤視（不敢逆視）乃令秦舞陽為副荊軻有所待欲與俱其人居遠未來頃之未發太子遲之疑其改悔乃復請曰日已盡矣荊卿豈有意哉丹請得先遣秦舞陽荊軻怒叱太子曰僕所以留者待吾客與俱今太子遲之請辭決矣遂發太子及

[illegible]

[illegible]千里之外[illegible]先[illegible]以[illegible]陽為[illegible]陳[illegible]之[illegible]行秋[illegible]劍[illegible]之為[illegible]也

李廷机曰何[illegible]為何等事[illegible]千載猶令人悲慟

[illegible]曰余讀荊軻傳殊不見奇[illegible]至此方知其有[illegible]之志耳

賓客知其事者皆白衣冠以送之至易水之上既祖取道高漸離擊筑荊軻和而歌為變徵之聲士皆垂淚涕泣又前而歌曰風蕭蕭兮易水寒壯士一去兮不復還復為羽聲忼慨士皆瞋目髮盡上指冠於是荊軻就車而去終已不顧。遂至秦持千金之資幣物厚遺秦王寵臣中庶子蒙嘉嘉為先言於秦王秦王大喜乃朝服設九賓（設文物大[illegible]）（儐即謂九賓不得以周礼九賓儀為釋）以見燕使者咸陽宮荊軻奉樊於期頭函而秦舞陽奉地圖匣以次進至陛秦舞陽色變振恐群臣怪之荊軻顧笑舞陽前謝曰北蕃蠻夷

余有丁曰：一時倉卒之變，描寫殆盡。

吳國倫曰：方其逼尽匕首之時，正可以行其步中劫之事，而乃欲為把袖揕胸之謀，何其迂遠也。況秦王之衆，從方軻之一敵，而肯以身徇之？又何可以約契要之？軻之愚若此，宜其不成功也。

陳仁子曰：方曹沬之劫桓公，桓公欲背之，天以仲諫而止，大者之所以欲以信於天下故也。若秦之狼詐，其平居尚不能守誓約，而況激之以怒，怒雖生劫之，彼其得解而誅軻，撿燕必矣。軻之愚如此，與丹同殆宜也。

楊慎曰：不見秦舞陽下落，亦太史公疎略處。

王世貞曰：荊軻之[illegible]

之鄙人，未嘗見天子，故振慴。願大王少假借之，使得畢使於前。秦王謂軻曰：取舞陽所持地圖。軻既取圖奏之，秦王發圖，圖窮而匕首見。因左手把秦王之袖，而右手持匕首揕之。未至身，秦王驚，自引而起，袖絕。拔劍，劍長，操其室（室謂鞘也）。時惶急，劍堅，故不可立拔。荊軻逐秦王，秦王環柱而走。群臣皆愕，卒起不意，盡失其度。而秦法，群臣侍殿上者不得持尺寸之兵；諸郎中執兵皆陳殿下（諸郎中若今宿衛之官），非有詔召不得上。方急時，不及召下兵，以故荊軻乃逐秦王。而卒惶急，無以擊軻，而以手共搏之。是時侍醫夏無且以其所奉藥囊提荊軻也。秦王方環柱走，卒惶急，不知所為，左右乃曰：王負劍！負劍（古者帶劍上長，拔之不出室，欲王推之於背，令前短易拔，故云），遂拔以擊荊軻，斷其左股。荊軻廢，乃引其匕首以擿秦王，不中，中桐柱。秦王復擊軻，軻被八創。軻自知事不就，倚柱而笑，箕踞以罵曰：事所以不成者，以欲生劫之，必得約契以報太子也。於是左右既前殺軻，秦王不怡者良久。已而論功，賞群臣及當坐者各有差，而賜夏無且黃金二百鎰，曰：無且愛我，乃以藥囊提荊軻也。於是秦王大怒，益發兵詣趙，詔王翦軍以伐燕。十月而拔薊城。燕王乃斬太子丹，欲獻之秦。

[illegible]也。雖然燕王不[illegible]田也。

余有丁曰：未復附高漸離一著，以為曲終之奏。

駱日升曰：荊軻傳有高漸離，即政傳有姊，皆天下絕奇也。

俞思孝曰：[illegible]約謂[illegible]保[illegible]人所共約束。

唐順之曰：傳內[illegible]高漸離[illegible]

楊慎曰：以光[illegible]八人[illegible]絡不可欽一。

王元之曰：以句踐之言結傳，未見軻之術未盡，不然當面劫之時，不能為毀政之事，及遶柱之際，又不能一決，何其疎也。

王安石曰：曹沬將而亡人之城，又劫天下盟主，信仲[illegible]

復進兵攻之，卒滅燕，虜燕王喜。其明年，秦并天下，逐太子丹、荊軻之客，皆亡。高漸離變名姓為人庸保，匿作於宋子（宋子，縣名。庸，作也。酒家言可保信也）。久之，作苦，聞其家堂上客擊筑，傍偟不能去，每出言曰：彼有善有不善。從者以告其主（主家之主），曰：彼庸乃知音，竊言是非。家丈人召使前擊筑，一坐稱善，賜酒。而高漸離念久隱畏約無窮時（約謂貧賤儉約，既為庸保，常畏人，故云畏約），乃退，出其裝匣中筑與其善衣，更容貌而前。舉坐客皆驚，下與抗禮，以為上客。使擊筑而歌，客無不流涕而去者。宋子傳客之（以客之禮傳之），聞於秦始皇。秦始皇召見，人有識者，乃曰：高漸離也。秦皇帝惜其善擊筑，重赦之，乃矐其目（音海。以馬屎燻之，令其失明）。使擊筑，未嘗不稱善。稍益近之，高漸離乃以鉛置筑中（以鉛為挺著筑中，令重，以擊人），復進得近，舉筑朴秦皇帝，不中（朴，擊也）。於是遂誅高漸離，終身不復近諸侯之人。魯句踐已聞荊軻之刺秦王，私曰：嗟乎，惜哉其不講於刺劍之術也！甚矣吾不知人也！曩者吾叱之，彼乃以我為非人也。

太史公曰：世言荊軻，其稱太子丹之命，天雨粟，馬生角也（燕丹求歸，秦王曰：烏頭白，馬生角，乃許耳。丹仰天歎，烏頭即白，馬亦生角。俗傳有此說），太過。又言荊軻傷秦王，皆非也。始公孫季功、董生與夏無國士[illegible]用此策也耶讓誠國士也曾不能逝累三晉殺智伯之亡一死區區尚足被哉其亦不足其[illegible]著也豈致售乎要仲子荊軻發乎燕太子丹此兩人者皆隱間約之時自謂其身不安頓知亦曰有待乃徙挾道德以待世者何如哉

且游具知其事為余道之如是自曹沫至荊軻五人此其義或成或不成然其立意較然（較明也）不欺其志名垂後世豈妄也哉

駱日升曰太史謂五人介然不欺其志愚謂唯豫讓為君報仇之志為可悲餘皆非人情也荊軻所交田光高離漸之流多炕慨輕生至今讀易水之歌令人悲婉軻視諸子材氣殆優焉雖然果何哉其所謂志而足稱過哉

[illegible]

李斯諫逐客書

臣聞吏議逐客竊以為過矣昔者繆公求士西取由余於戎東得百里奚於宛迎蹇叔於宋求丕豹公孫支於晉（求一作來 言繆公能招來之）此五子者不產於秦而繆公用之并國二十遂霸西戎孝公用商鞅之法移風易俗民以殷盛國以富彊百姓樂用諸侯親服獲楚魏之師舉地千里至今治彊惠王用張儀之計拔三川之地西并巴蜀北收上郡南取漢中包九夷制鄢郢東舉成皋之險割膏腴之壤遂散六國之從使之西面事秦功施到今昭王得范雎廢穰侯（太后弟）逐華陽（昭王弟）彊公室杜私門蠶食諸侯使秦成帝業此四君者皆以客之功由此觀之客何負於秦哉向使四君卻客而不內疏士而不用是使國無富利之實而秦無彊大之名也今陛下致崑山之玉有隨和之寶垂明月之珠（光明如月）服太阿之劍（佩服）乘纖離之馬（良馬）建翠鳳之旗（以翠羽為鳳形而飾旗）樹靈鼉之鼓（以大魚皮冒鼓）此數寶者秦不生一焉而陛下說之何也必秦國之所生然後可則是夜光之璧不飾朝廷犀象之器不為玩好而趙國之女不充後宮駿馬駃騠不實外廄江南金錫不為用西蜀丹青不為采所以飾後宮充下陳

意說耳目者必出於秦然後可則是宛珠之簪以之飾傳璣之珥（以傳璣綴珥環）阿縞之衣（齊東阿之縞帛為衣）錦繡之飾（錦綉為緣飾）不進於前而隨俗雅化（而能隨俗变化）佳冶窈窕趙女不立於側也夫擊甕叩缶彈箏搏髀而歌呼嗚嗚快耳目者真秦之聲也鄭衛桑間（亡國之音）韶虞（舜樂）舞象（周樂）者異國之樂也今棄擊甕叩缶而就鄭衛退彈箏而取韶虞若是者何也快意當前適觀而已矣今取人則不然不問可否不論曲直非秦者去為客者逐然則是所重者在乎色樂珠玉而所輕者在乎人民也此非所以跨海內制諸侯之術也臣聞地廣

李斯諫逐客書　四十

者粟多國大者人衆兵彊則士勇是以泰山不讓土壤故能成其大河海不擇細流故能就其深王者不卻衆庶故能明其德是以地無四方人無異國四時充美鬼神降福此五帝三王之所以無敵也今乃棄黔首以資敵國卻賓客以業諸侯（與諸侯立功業）使天下之士退而不敢西向裹足不入秦此所謂藉寇兵而齎盜糧者也夫物不產於秦可寶者多士不產於秦而願忠者衆今逐客以資敵國損民以益讎內自虛而外樹怨於諸侯求國無危不可得也（秦皇乃除逐客之令復李斯官卒用其計）

李斯列傳贊

太史公曰李斯以閭閻歷諸侯入事秦因以瑕釁以輔始皇（瑕釁謂因諸侯有瑕釁則忍心而剪除也）卒成帝業斯為三公可謂尊用矣斯知六藝之歸不務明政以補主上之缺持爵祿之重阿順苟合嚴威酷刑聽高邪說廢適立庶諸侯已畔斯乃欲諫爭不亦末乎人皆以斯極忠而被五刑死察其本乃與俗議之異不然斯之功且與周召列矣

王鏊曰責斯極當

茅坤曰太史公　論斯之罪案也笔法嚴整可式

史記　八　李斯列傳贊　四一

蒙恬列傳賛

太史公曰吾適北邊自直道歸行觀蒙恬所為秦築長城亭障塹山堙谷通直道固輕百姓力矣夫秦之初滅諸侯天下之心未定痍傷者未瘳而恬為名將不以此時強諫振百姓之急養老存孤務脩衆庶之和而阿意興功此其兄弟遇誅不亦宜乎何乃罪地脈哉

趙恒曰以城塹萬餘里絕地脈以促秦亡為已罪而不知輕百姓力為罪觀恬地脈之說亦知秦祚之當不永矣

王維禎曰太史公薄耳餘至曰始相太信而卒相賊亡蓋譏為耳餘惜恨故直以利字責之固兩人而終之句亦含蓄高云云誠深卹之也

索隱曰顧問謂不待回顧通問也

楊慎曰太伯延陵始終以信不爽元所利也此乃太史公一篇主意

張耳陳餘列傳贊

太史公曰張耳陳餘世傳所稱賢者其賓客廝役莫非天下俊傑所居國無不取卿相者然張耳陳餘始居約時相然信以死豈顧問哉及據國爭權卒相滅亡何鄉者相慕用之誠後相倍之戾也豈非以利哉名譽雖高賓客雖盛所繇殆與太伯延陵季子異矣

董份曰晢狀賤也攻敵戰血而行謂喋血乘勝功名聞天下而身又不死以其留身有所欲有為也

魏豹彭越列傳贊

太史公曰魏豹彭越雖故賤然已席卷千里南面稱孤喋血乘勝日有聞矣懷畔逆之意及敗不死而虜囚身被刑戮何哉中材已上且羞其行況王者乎彼

茅坤曰太史公以刑不死欲以自比故于此言而致意云

無異故智略絕人獨患無身耳得攝尺寸之柄其雲蒸龍變欲有所會其度以故幽囚而不辭云

布六人也姓英氏秦時為布衣少年有客相之曰當刑而王及壯坐法黥布欣然笑曰人相我當刑而王幾是乎人聞者共俳笑之

何孟春曰身被刑法故斷其興之暴亦以其自得王且其僇也太史公於黥布稍抑揚其詞而布之人品自見

黥布列傳贊

太史公曰英布其先豈春秋所見楚滅英六皐陶之後哉身被刑法何其拔興之暴也項氏之所坑殺人以千萬數而布常為首虐功冠諸侯用此得王亦不免於身為世大僇禍之興自愛姬殖妒媢生患竟以滅國初布幸姬疾請就醫醫家與中大夫賁赫對門姬數如醫家賁赫以為侍中廼厚餽遺從姬飲醫家姬侍王從容語譽赫長者也王怒曰安從知之具說狀王疑其與亂赫恐稱病王怒欲捕之赫乘傳詣長安布使人追不及赫至上變布反有端上繫赫使人微驗布布遂族赫家發兵反

李廷機曰下兩个設字甚張皇

按秦王離圍張耳鉅鹿陳餘軍鉅鹿北自度兵少不敢前耳使張黶陳澤讓餘餘以五千兵使二人先嘗秦軍至皆沒後張耳疑餘殺之遂解餘將印收其兵

李東陽曰讀此篇便了韓信心說項羽日書后於淮陰侯韓信朱子蓋洞見其心曲矣

閔如霖曰雄辯曲折文之奇者

蒯通說韓信

足下自以為善漢王欲建萬世之業臣竊以為誤矣始常山王成安君為布衣時相與為刎頸之交後爭張黶陳澤之事二人相怨常山王背項王奉項嬰頭而竄逃於漢漢王借兵而東下殺成安君泜水之南頭足異處卒為天下笑此二人相與天下至驩也然而卒相禽者何也患生於多欲而人心難測也今足下欲行忠信以交於漢王必不能固於二君之相與也而事多大於張黶陳澤故臣以為足下必漢王之不危已亦誤矣大夫種范蠡存亡越伯句踐立功成

茅坤曰武涉之說為楚也而蒯通之說何為哉其言甚辯說念信所之而欲分天下海內矣石之間何日而已乎大略范之士後以口舌縱橫當世亦非深識者也

劉辰翁曰偏以震主功蓋越抗衡至楚人不信哉語真令信神悚心動

俞思孝曰按說者謂役相之會間不審徵不用微[illegible]

名而身死亡野獸已盡而獵狗烹夫以交友言之則不如張耳之與成安君者也以忠信言之則不過大夫種范蠡之於句踐也此二人者足以觀矣願足下深慮之且臣聞勇略震主者身危而功蓋天下者不賞今足下戴震主之威挾不賞之功歸楚楚人不信歸漢漢人震恐足下將持是安歸乎夫勢在人臣之位而有震主之威名高天下竊為足下危之韓信謝曰先生且休矣吾將念之後數日蒯通復說曰隨廝養之役者失萬乘之權守儋石之祿者闕卿相之位故知者決之斷也疑者事之害也審豪氂之小計

方今漢王[illegible]且授首而況信哉通之說惟一時之利害不昭其亡之大閒若以信之謝通似矣徒惜其有吾將念之言然豫甚罪日反漢之端耳

駱日升曰反辰取辟之最人所難言此文在漢初第一

茅坤曰太史公作贊獨以[illegible]語發括之[illegible]在傳外直補所不足[illegible]

[illegible]子也[illegible]數[illegible]也

又曰論奇[illegible]且不消几語

天下之大數智誠知之決弗敢行者百事之禍也故曰猛虎之猶豫不若蜂蠆之致螫騏驥之跼躅不如駑馬之安步孟賁之狐疑不如庸夫之必至也雖有舜禹之智吟而不言不如瘖聾之指麾也此言貴能行之夫功者難成而易敗時者難得而易失也時乎時乎不再來願足下詳察之信猶豫不忍倍漢遂謝蒯徹

淮陰侯列傳贊

太史公曰吾如淮陰淮陰人為余言韓信雖為布衣時其志與衆異其母死貧無以葬然乃行營高敞地令其旁可置萬家余視其母冢良然假令韓信學道謙讓不伐己功不矜其能則庶幾哉於漢家勲可以比周召太公之徒後世血食矣不務出此而天下已集乃謀畔逆夷滅宗族不亦宜乎

許應元曰子房進[illegible]圯上韓信受辱於胯下後一為帝者師[illegible]南面而王蓋惟能下人故能上人也然子房猶號知道楊誠齋詩云少年胯下安無忤老父圯邊愕不平人物若非觀戯暴淮陰何必咸文成信乎先民有言保初節保晩節難也淮陰可見矣

信乃諸將[illegible]王擊[illegible]兵[illegible]不同[illegible]陽[illegible]恐誅亡去匈奴

受稚隆曰漢之興也吳[illegible]淮南武安[illegible]其皆身致賓客即陳豨已如此矣當時[illegible]世主[illegible]之間[illegible]春之[illegible]故少寬之使得出於此耶

按郭人謂韓信令[illegible]陳豨[illegible]也

韓王信盧綰陳豨贊

太史公曰韓王信盧綰非素積德累善之世徼一時權變以詐力成功遭漢初定故得裂地南面稱孤内見疑彊大外倚蠻貊以為援是以日疏自危事窮智困卒赴匈奴豈不哀哉陳豨梁人其少時數稱慕魏公子及將軍守邊招致賓客而下士名聲過實周昌疑之疵瑕頗起懼禍及身邪人進說遂陷無道於戯悲夫夫計之生孰成敗於人也深矣

李廷機曰韓信盧綰陳豨此三人者原無畔逆之意其二人以彊大見疑其一人以賓客太盛見疑俱為無道失計所致也故結以計之生孰成敗於人也深矣

茅坤曰史不乃[illegible]通立傳乃論著其[illegible]

劉辰翁曰安期生神仙家多傳之大抵英雄不得志而自放志耳豈必羽化飛升哉

楊慎曰謂五百人皆至長死不若于[illegible]者乃莫[illegible]謀以存其國何哉從東坡題田橫墓詩意也

田儋列傳贊

太史公曰甚矣蒯通之謀亂齊驕淮陰其卒亡此兩人田橫韓信蒯通者善為長短說言欲令此事長則長說之欲令此事短則短說之故戰國策亦名曰長短書是也論戰國之權變為八十一首漢書所云號曰雋永一作永書名也通善齊人安期生安期生嘗干項羽項羽不能用其策已而項羽欲封此兩人兩人終不肯受亡去田橫之高節賓客慕義而從橫死豈非至賢余因而列焉無不善畫者莫能圖何哉索隱曰言天下非無善畫之人而不知畫田橫及其黨慕義死節之事何益哉嘆畫人不知畫此也

過洛陽脫輓輅衣
辛衆說高帝都關
中究万世之安是
矣逆覩夷情建從
強漢亦其智哉猶
恐和親之端爲万
世罪耳
林希元曰老子云
德編者大直若屈
大巧若拙叔孫先
仕秦既而降從遊
太史公曰大直云
也後漢史或曰有
隱若字跡不見之
辟而欲有爲於其
間故亦聊作傳以
援太史公語爲贊
云

董份曰此贊然其
前既已亦然序
淘笑知又称欒布
不自其死爲烈士
彼以爲得處死也
陳仁錫曰一則不
輕死一則不顧死
要皆其有見於又
者而迁見謂賤妾
感慨自殺非為勇
也討論死狀之者
乃借以自述其臆
忍辱以成史書
之意

史記　八卷　劉敬叔孫通列傳　四六

劉敬叔孫通列傳贊

太史公曰語曰千金之裘非一狐之腋也臺榭之榱非一木之枝也三代之際非一士之智也信哉夫高祖起微細定海內謀計用兵可謂盡之矣然而劉敬脫輓輅一說建萬世之安智豈可專邪叔孫通希世度務制禮進退與時變化卒為漢家儒宗大直若詘道固委蛇蓋謂是乎

張之象曰按叔孫通先仕秦既而降漢故太史公曰大直若詘道固委蛇彼其採秦儀雜古禮希世取容安在其宗漢儒乎

季布欒布列傳贊

太史公曰以項羽之氣而季布以勇顯於楚身屨一作履典軍搴旗者數矣可謂壯士然被刑戮為人奴而不死何其下也彼必自負其材故受辱而不羞欲有所用其未足也故終為漢名將賢者誠重其死夫婢妾賤人感慨而自殺者非能勇也其計畫無復之耳欒布哭彭越趣湯如歸者彼誠知所處不自重其死雖往古烈士何以加哉

茅坤曰太史公極苦心處都是描寫自家一片胸臆

余有丁曰不急匡
救二句最中錯病
蓋之譏錯實召之

史記　八卷　袁盎鼂錯列傳贊　四七

袁盎鼂錯列傳贊

太史公曰袁盎雖不好學亦善傅會仁心為質引義慷慨遭孝文初立資適逢世資才也適值其時世得騁其才時以變易謂景帝立及吳楚一說說雖行哉然復不遂好聲矜賢竟以名敗鼂錯為家令時數言事不用後擅權多所變更諸侯發難不急匡救欲報私讎反以亡軀語曰變古亂常不死則亡豈錯等謂邪

張釋之馮唐列傳贊

太史公曰張季之言長者守法不阿意馮公之論將率有味哉有味哉語曰不知其人視其友二君之所稱誦可著廊廟書曰不偏不黨王道蕩蕩不黨不偏王道便便辯一作張季馮公近之矣

萬石張叔列傳贊

太史公曰仲尼有言曰君子欲訥於言而敏於行其萬石建陵張叔之謂耶是以其教不肅而成不嚴而治塞侯微巧不疑孝景子所臨官恐人知其為吏而跡不好立名称上為長者是微巧也而周文處讇得幸出入外內也故班固曰周文之處讇者謂為郎中令限重臥内之謂也君子譏之為其近於佞也然斯可謂篤行君子矣

周仁之冶汙君子譏之是也

楊慎曰剛直使酒四字足槩夫生平

張之象曰兩人俱失勢困石中意氣忼慨故易相結耳

茅坤曰模寫兩人相結而相死處悲情嗚咽

凌約言曰敍魏其與田蚡傾陷構釁歷歷如目覩指數繳折亢快

[illegible]

魏其武安侯列傳

灌夫為人剛直使酒（夫父張孟嘗為潁陰侯嬰舍人得幸進爵至二千石故蒙灌氏姓為灌孟）不好面諛。貴戚諸有勢在己之右，不欲加禮，必陵之。諸士在己之左，愈貧賤，尤益敬，與鈞。稠人廣衆薦寵下輩。士亦以此多之。夫不喜文學，好任俠，已然諾。諸所與交通，無非豪傑大猾。家累數千萬，食客日數十百人。陂池田園，宗族賓客為權利，橫於潁川。潁川兒乃歌之曰：潁水清，灌氏寧；潁水濁，灌氏族。灌夫家居雖富，然失勢，卿相侍中賓客益衰。及魏其侯失勢，亦欲倚灌夫引繩批根生平慕之後棄之者（謂人生平）（蚡嬰夫後見其失勢而頗弛慢之如此者共排退之不復與交譬如相為挽繩而根括之）灌夫亦倚魏其而通列侯宗室為名高。兩人相為引重，其遊如父子然，相得驩甚，無厭，恨相知晚也。

元光四年春，丞相蚡取燕王女為夫人（劉澤子康王嘉之女），有太后詔，召列侯宗室皆往賀。魏其侯過灌夫，欲與俱。夫謝曰：夫數以酒失得過丞相，丞相今者又與夫有郤。魏其曰：事已解。彊與俱。飲酒酣，武安起為壽，坐皆避席伏。已魏其侯為壽，獨故人避席耳，餘半膝席（下席）。而膝半在席上（蓋以膝跪席上也）。灌夫不悅，起行酒，至武安，武安膝席曰：不能滿觴。夫怒，因嘻笑曰：將軍貴人也，屬之（強也）。

[illegible]訶先術而不疑者

王世貞曰觀此可想時亦重李廣

子丸我曰魏其欲死灌夫旋詬其非[illegible]後果同死[illegible]

陳仁錫曰魏其與灌夫不欲獨生為后同罪張本

歸有光曰魏其侯言丞相短不及灌夫事何耶豈魏其長者不忍斥此君子所以進退困於小人也

（作畢尽也）時武安不肯。行酒次至臨汝侯（灌嬰孫名賢），臨汝侯方與程不識耳語，又不避席。夫無所發怒，乃罵臨汝侯曰：生平毀程不識不直一錢，今日長者為壽，乃效女兒呫囁耳語（呫囁附耳小語聲也）。武安謂灌夫曰：程李俱東西宮衛尉，今衆辱程將軍，仲孺獨不為李將軍地乎（無地自安處也）。灌夫曰：今日斬頭陷胸，何知程不識。坐乃起更衣，稍稍去。魏其侯去，麾灌夫出。武安遂怒曰：此吾驕灌夫罪。乃令騎縛夫置傳舍，召長史曰：今日召宗室，有詔。劾灌夫罵坐不敬，繫居室（守宮也）。遂按其前事，遣吏分曹逐捕諸灌氏支屬，皆得棄市罪。魏其侯大媿，為資使賓客請，莫能解。夫繫，遂不得告言武安侯陰事。

魏其之東朝（朝太后），盛推灌夫之善，言其醉飽得過，乃丞相以他事誣罪之。又因言丞相短。武安曰：天下幸而安樂無事，蚡得為肺腑，所好音樂狗馬田宅，蚡所愛倡優巧匠之屬，不如魏其灌夫日夜招聚天下豪傑壯士與論議，腹誹而心謗，不仰視天而俯畫地，辟倪兩宮間（倪邪視也），幸天下有變，而欲有大功。臣乃不知魏其等所為。於是上問朝臣：兩人孰是？御史大夫韓安國曰：魏其言灌夫父死事，身荷戟馳入不測之吳軍，身被數十創，名冠三軍，此天下壯士，非有大惡，

青陽曰此正所持兩端者

荊岩曰此句疏具見

穎齋切曰此必太行將呈急不及録之尚書而後下耳武安輒以此案論罪夫

邵芝南曰自占杯卮以危衬中傷人少久蜚語

湯睿林曰田蚡灌夫不足論竇嬰本以即行自喜以功名自任而其処成哭之際如此可嘆也

爭杯酒。不足引他過以誅也。魏其言是也。丞相亦言灌夫通姦猾。侵細民。家累巨萬。橫恣潁川。凌轢宗室。侵犯骨肉。此所謂枝大於本。脛大於股。不折必披。丞相言亦是。惟明主裁之。主爵都尉汲黯是魏其。內史鄭當時亦是魏其。後不敢堅對。餘皆莫敢對。孝景時魏其常受遺詔。曰事有不便。以便宜論上。及繫灌夫罪至族。事日急。諸公莫敢復明言於上。魏其乃使昆弟子上書言之。幸得復召見。書奏上。而案尚書大行無遺詔。詔書獨藏魏其家。家丞封。以家丞印封。乃劾魏其矯先帝詔。罪當棄市。五年十月。悉論灌夫及家屬。魏其良久乃聞。聞即恚病痱。音肥。風病也。不食欲死。或聞上無意殺魏其。魏其復食治病。議定不死矣。乃有蜚語為惡言聞上。蜚語。作飛。誹謗之語。故以十二月晦論棄市渭城。其春武安侯病。專呼服謝罪。言服罪。使巫視鬼者視之。見魏其灌夫共守。欲殺之。竟死。

太史公曰。魏其武安皆以外戚重。灌夫用一時決策。而名顯。魏其之舉以吳楚。武安之貴在日月之際。然魏其誠不知時變。灌夫無術而不遜。兩人相翼。乃成禍亂。武安負貴而好權。杯酒責望。陷彼兩賢。嗚呼哀哉。遷怒及人。命亦不延。眾庶不載。竟被惡言。嗚呼哀哉。禍所從來矣。

陳仁子曰。贊意哀魏其之冤而深誅武安之罪也。言魏其之舉以吳楚之功。灌夫因一時入吳軍。決策而名顯。魏其以不知時變。灌夫以無孝不遜。其罪非可以殺身滅族論也。蚡何人哉。生貴好權。以杯酒陷人於大禍。今固不恣而得免於滅族之誅者。幸耳。揭所從來言禍由太后也。再言嗚呼者。深恨之也。

趙恒曰引傳又諺皆為李將軍悛悛不能道詞而發李忠氣本傳所云其所見納言為待見不下無双固不云利口絡也皆二字不輕下德其身正云云謂不言也下李不言之誘相

李將軍列傳贊

太史公曰。傳曰其身正。不令而行。其身不正。雖令不從。其李將軍之謂也。余睹李將軍。悛悛。悛悛。漢書作恂恂。如鄙人。口不能辭。及死之日。天下知與不知。皆為盡哀。彼其忠實心。誠信於士大夫也。諺曰。桃李不言。下自成蹊。桃李本不能言。但以華實感物。故人不期而往。其下自成蹊徑也。以喻廣雖不能道辭。能有所感。而忠心信物故也。此言雖小。可以喻大也。

陳仁子曰。廣之數奇。而忠信見于身後。夫何憾者。

王元之曰此贊總叙總斷再別傳不同

王義白言濞之王吳由父代王被省封郃陽侯

楊恒曰吳之禍惡已又一以富強太盛一以太子爭枝一以親越非謂誅錯發難也錯以為國忘身益難猥說不遂如使法古封建地不過百里云云自無此禍而袁盎錯何至以欲首受其咎哉此論重於吳事非重盎錯論也

余有丁曰太史公引此二句意態甚遠

一說不參為句言世之言匈奴者皆患其徼一時權幸但務諂進其說以自便其偏指不參詳終始利害也

路日升曰奉充以刺武帝不得擇賢將相而務諂納小人好說多伐匈奴敗壞脊民太史公引禹成其太平以攻當代之非

凌稚隆曰此贊亦用韻語

餘善閩越王郢弟漢立為東越王按繇王閩越王孫也

吳王濞列傳贊

太史公曰吳王之王由父省也（省減也謂父仲從代王省封郃陽侯也）能薄賦歛使其衆以擅山海利逆亂之萌自其子興爭技發難（謂與太子爭博）卒亡其本親越謀宗竟以夷隕晁錯為國遠慮禍反近身袁盎權說初寵後辱故古者諸侯地不過百里山海不以封毋親夷狄以疏其屬蓋謂吳邪毋為權首反受其咎豈盎錯邪

匈奴列傳贊

太史公曰孔子著春秋隱桓之間則章至定哀之際則微（孔子仕定哀故著春秋辭切論當世而微）為其切當世之文而罔（罔無也無實而褒之）襃忌諱之辭也世俗之言匈奴者患其徼一時之權而務讇納其說以便偏指不參彼己將率席中國廣大氣奮人主因以決策是以建功不深堯雖賢興事業不成得禹而九州寧且欲興聖統惟在擇任將相哉

東越列傳贊

太史公曰越雖蠻夷其先豈嘗有大功德於民哉何其久也歷數代常為君王句踐一稱伯然餘善至大逆滅國遷衆其先苗裔繇王居股等猶尚封為萬戶侯由此知越世世為公侯矣蓋禹之餘烈也

茅坤云文翁遺相如受七經

王元之曰非其好三字為一傳之綱領

余有丁曰按相如志在詞賦故通詞賦之數因事見其有志哉

劉辰翁曰本是一段小說子長以奇著之如聞如見乃并與其精神意氣隱微曲折盡就之

至伊蔽而老可見

葛洪司長卿賦詩人務與而厭其討人之作不去加也長卿不偶人間而其神化所至即千載之下猶為賦而希覽焉

路日升曰按古樂府有長歌行短歌行曲引也此言鼓一再行謂一兩曲

詩曰鳳兮鳳兮歸故鄉遨遊四海求其凰有一艷女在此堂室邇人遐毒我腸何由交接為鴛鴦

司馬相如列傳

司馬相如者蜀郡成都人也字長卿少時好讀書學擊劍故其親名之曰犬子（愛而字之）相如既學慕藺相如之為人更名相如以貲為郎事孝景帝為武騎常侍非其好也會景帝不好辭賦是時梁孝王來朝從游說之士齊人鄒陽淮陰枚乘吳莊忌夫子之徒（名忌夫子）相如見而說之因病免客游梁梁孝王令與諸生同舍相如得與諸生游士居數歲乃著子虛之賦會梁孝王卒相如歸而家貧無以自業素與臨邛令王吉相善吉曰長卿久宦遊不遂而來過我於是相如往舍都亭（臨邛之亭）臨邛令繆為恭敬日往朝相如相如初尚見之後稱病使從者謝吉吉愈益謹肅臨邛中多富人而卓王孫家僮八百人程鄭亦數百人二人乃相謂曰令有貴客為具召之并召令令既至卓氏客以百數至日中謁司馬長卿長卿謝病不能往臨邛令不敢嘗食自往迎相如相如不得已彊往一坐盡傾酒酣臨邛令前奏琴曰竊聞長卿好之願以自娛相如辭謝為鼓一再行是時卓王孫有女文君新寡好音故相如繆與令相重而以琴心挑之（以琴中音相挑動之）相如之臨邛從車騎雍容閒雅甚都（都猶姣也）及飲卓氏弄

余有丁曰按謂相如傳自作者必不肯著文君事識之

王元之曰若果相如自撰肯備述節事如此

茅坤曰此時邛令獨不表為相如閑說王孫耶

楊慎曰他人不下手處亦史公便宜手

余有丁曰文君以相如為無藉王果為生計其心也特欲耻王孫激之便遂所耳

許應元曰既云讀子虛賦善之矣又云未足觀豈所謂游止之事耶今文選中以子虛上林為二而以別帝先是

琴文君竊從户窺之心悅而好之恐不得當也既罷相如乃使人重賜文君侍者通殷勤文君夜亡奔相如相如乃與馳歸家居徒四壁立（徒空也家空無資儲但有四壁而已）卓王孫大怒曰女至不材我不忍殺不分一錢也人或謂王孫王孫終不聽文君久之不樂曰長卿第俱如臨邛從昆弟假貸猶足為生何至自苦如此相如與俱之臨邛盡賣其車騎買一酒舍酤酒而令文君當鑪（鑪酒肆也以土為墮邊高似鑪）相如身自著犢鼻褌（今三尺布作形如犢鼻矣稱此者言其無恥也）與保庸雜作（保庸謂庸作也）滌器於市中（每食器也）卓王孫聞而恥之為杜門不出昆弟諸公（父行）更謂王孫曰有一男兩女所不足者非財也今文君已失身於司馬長卿長卿故倦游（厭游宦也）雖貧其人材足依也且又令客獨柰何相辱如此卓王孫不得已分予文君僮百人錢百萬及其嫁時衣被財物文君乃與相如歸成都買田宅為富人居久之蜀人楊得意為狗監侍上（主獵犬）上讀子虛賦而善之曰朕獨不得與此人同時哉得意曰臣邑人司馬相如自言為此賦上驚乃召問相如相如曰有是然此乃諸侯之事未足觀也請為天子游獵賦賦成奏之上許令尚書給筆札相如以子虛虛言也為楚稱（稱楚）烏有先

李廷机曰此太史公擬子虛賦之大旨為訓注之法

張之象曰按邛者今為邛都縣筰者今為定筰縣皆屬越嶲郡

茅坤曰至是相如貴矣果符遂題橋之志

余有丁曰相如始以淫行不齒于世人既而以賦得幸天子未去有所建明立於此亦善以自見

張揖云大人喻天子向秀云聖人在位謂之大人張揖云司馬相如作大人賦

生者烏有此事也為齊難（楚）無是公者無是人也明天子之義（中以為折之談）故空藉此三人為辭以推天子諸侯之苑囿其卒章歸之於節儉因以諷諫奏之天子天子大悅

是時邛筰之君長聞南夷與漢通得賞賜多多欲願為內臣妾請吏比南夷（謂置漢吏與南夷為比例）天子問相如相如曰邛筰冉駹者近蜀道亦易通秦時嘗通為郡縣至漢興而罷今誠復通為置郡縣愈於南夷天子以為然乃拜相如為中郎將建節往使副使王然于壺充國呂越人馳而乘之傳因巴蜀吏幣物以賂西夷至蜀蜀太守以下郊迎縣令負弩矢先驅蜀人以為寵於是卓王孫臨邛諸公皆因門下獻牛酒以交驩卓王孫喟然而嘆（應前王孫大怒）自以得使女尚司馬長卿晚而厚分與其女財與男等同司馬長卿便略定西夷邛筰冉駹斯榆之君皆請為內臣（斯榆國也）除邊關益斥（廣也）西至沫若水（沫水出蜀廣平徼外與青衣合若水出旄牛徼外至僰道入江）南至牂柯為徼（徼塞也以木為蠻夷界）通零關道（零關縣有）橋孫水（為孫水作橋）以通邛都還報天子天子大悅

天子既美子虛之事相如見上好僊道因曰上林之事未足美也尚有奇者臣嘗為大人賦未就請具而

何孟春曰言大人賦又言大人頌蓋此賦專頌大人也

奏之。相如以為列僊之傳居山澤間（言居山澤間），形容甚臞（臞瘦也），此非帝王之僊意也。乃遂就大人賦。相如既奏大人之頌，天子大悅，飄飄有凌雲之氣，似遊天地之閒意。相如既病免，家居茂陵。天子曰：司馬相如病甚，可往從悉取其書；若不然，後失之矣。使所忠往（所忠，姓名），而相如已死，家無書。問其妻，對曰：長卿固未嘗有書也。時時著書，人又取去，即空居。長卿未死時，為一卷書，曰有使者來求書，奏之。無他書。其遺札書言封禪事，奏所忠。忠奏其書，天子異之。

太史公曰：春秋推見至隱（推見事至於隱諱，謂若晉文召天子，經言狩河陽之類），易本隱之以顯（易本隱微妙，出為人事乃顯著也。林曰：春秋以人事通天道，是推見至隱也；易以天道接人事，是隱以之明顯也），大雅言王公大人而德逮黎庶（先言王公大人之德，乃後及黎庶也），小雅譏小己之得失，其流及上（小雅譏己得失，以及之於上）。所以言雖外殊，其合德一也。相如雖多虛詞濫說，然其要歸引之節儉，此與詩之諷諫何異。楊雄以為靡麗之賦，勸百風一，猶馳騁鄭衛之聲，曲終而奏雅，不已虧乎？余采其語可論者著于篇。

楊慎曰：司馬長卿去戰國之世未遠，故其談端說鋒與策士相似，然不可謂之非正也。孔子論五諫曰吾從其諷，故戰國諷諫之妙，惟相如得

余有丁曰太史公句法遒勁，意恣態溢，真千萬世文字之祖

淮南衡山王列傳贊

太史公曰：詩之所謂戎狄是膺，荊舒是懲，信哉是言也。淮南、衡山親為骨肉，疆土千里，列為諸侯，不務遵蕃臣職以承輔天子，而專挾邪僻之計，謀為畔逆，乃父子再亡國，各不終其身，為天下笑。此非獨王過也，亦其俗薄，臣下漸靡使然也。夫荊楚僄勇輕悍，好作乱，乃自古記之矣。

王元之曰：引詩戎狄是膺，荊舒是懲，是懲淮南衡山之封國太大而親，戎狄以致乱，結之以荊楚僄勇云云，正與上引詩之意相應。

汲鄭列傳贊

太史公曰：夫以汲、鄭之賢，有勢則賓客十倍，無勢則否，況衆人乎！下邽（縣名，一作邦）翟公有言，始翟公為廷尉，賓客闐門；及廢，門外可設雀羅。翟公復為廷尉，賓客欲往，翟公乃大署其門曰：一死一生，乃知交情。一貧一富，乃知交態。一貴一賤，交情乃見。汲、鄭亦云，悲夫！

循吏列傳贊

太史公曰：法令所以導民也，刑罰所以禁姦也。文武不備，良民懼然是脩者，官未曾乱也。奉職循理，亦可以為治，何必威嚴哉。

儒林傳序

太史公曰余讀功令（謂學者課功著之於令，即今之學令是也）至於廣厲學官之路未嘗不廢書而歎也曰嗟乎夫周室衰而關雎作幽厲微而禮樂壞諸侯恣行政由彊國故孔子閔王路廢而邪道興於是論次詩書脩起禮樂適齊聞韶三月不知肉味自衛反魯然後樂正雅頌各得其所世以混濁莫能用是以仲尼干七十餘君無所遇曰苟有用我者期月而已矣西狩獲麟曰吾道窮矣故因史記作春秋以當王法其辭微而指博後世學者多錄焉自孔子卒後七十子之徒散游諸侯

大者為師傅卿相小者友教士大夫或隱而不見故子路居衛子張居陳澹臺子羽居楚子夏居西河子貢終於齊如田子方段干木吳起禽滑釐之屬皆受業於子夏之倫為王者師是時獨魏文侯好學後陵遲以至于始皇天下並爭於戰國儒術既絀焉然齊魯之間學者獨不廢也於威宣之際孟子荀卿之列咸遵夫子之業而潤色之以學顯於當世及至秦之季世焚詩書坑術士六藝從此缺焉陳涉之王也而魯諸儒持孔氏之禮器往歸陳王於是孔甲為陳涉博士（孔子八世孫）卒與涉俱死陳涉起匹夫驅瓦合適戍

旬月以王楚不滿半歲竟滅亡其事至微淺然而縉紳先生之徒負孔子禮器往委質為臣者何也以秦焚其業積怨而發憤于陳王也及高皇帝誅項籍舉兵圍魯魯中諸儒尚講誦習禮樂絃歌之音不絕豈非聖人之遺化好禮樂之國哉故孔子在陳曰歸與歸與吾黨之小子狂簡斐然成章不知所以裁之夫齊魯之間（閒義）於文學自古以来其天性也故漢興然後諸儒始得脩其經藝講習大射鄉飲之禮叔孫通作漢禮儀因為太常諸生弟子共定者咸為選首於是喟然歎興於學然尚有干戈平定四海亦未暇

遑庠序之事也孝惠呂后時公卿皆武力有功之臣孝文時頗徵用然孝文帝本好刑名之言及至孝景不任儒者而竇太后又好黃老之術故諸博士具官待問未有進者及今上即位趙綰王臧之屬明儒學而上亦鄉之於是招方正賢良文學之士自是之後言詩於魯則申培公於齊則轅固生於燕則韓太傅言尚書自濟南伏生言禮自魯高堂生言易自菑川田生言春秋於齊魯自胡毋生於趙自董仲舒及竇太后崩武安侯田蚡為丞相絀黃老刑名百家之言延文學儒者數百人而公孫弘以春秋白衣為天子

三公封以平津侯天下之學士靡然鄉風矣

趙恒曰序論大意孔子閔王路廢而邪道興於是論次詩書修明禮樂作春秋皆先王之道也孔子卒後七十子之徒云云為王者師孔子之教也並爭於戰國焚坑於秦項聲魯之士而僅存黃老刑名於漢得齊魯而後傳至公孫弘以春秋白衣云云而後天下斈士靡然鄉風為斈官則悼道之興廢而請于朝著為功令而後天下吏士多文學公孫弘齊人也謂齊魯之間於文斈自古以來其天性豈虛哉

酷吏列傳　敘　贊

孔子曰道之以政齊之以刑民免而無耻首之以德齊之以禮有耻且格老氏稱上德不德是以有德下德不失德是以無德法令滋章盜賊多有太史公曰信哉是言也法令者治之具而非制治清濁之源也昔天下之網嘗密矣然姦偽萌起其極也上下相遁（遁避也吏避於君民避於吏）至於不振當是之時吏治若救火揚沸非武健嚴酷惡能勝其任而愉快乎言道德者溺其職矣故曰聽訟吾猶人也必也使無訟乎（老子言）下士聞道大笑之非虛言也漢興破觚而為圜斲雕而為朴網漏於吞舟之魚而吏治烝烝不至於姦黎民艾安由是觀之在彼不在此（在道德不在嚴酷也）

太史公曰自郅都杜周十人者此皆以酷烈為聲然郅都伉直引是非爭天下大體張湯以知陰陽（謂知向背）人主與俱上下時數辨當否國家賴其便趙禹時據法守正杜周從諛以少言為重自張湯死後網密多詆嚴官事寖以秏廢九卿碌碌奉其官救過不贍何暇論繩墨之外乎然此十人中其廉者足以為儀表其污者足以為戒方略教導禁姦止邪一切亦皆彬彬質有其文武焉雖慘酷斯稱其位矣

荀悅曰立氣勢作威福結私交以立彊於世謂之游俠　駱日升曰史遷稱狂孟堅所謂退處士而進奸雄者　董份曰其稱徐行君子蓋不苟合則亦非退處士也蓋故為抑揚抵觸而作耳　劉辰翁曰韓非子列游俠群制人心術使天下不得騁而欲取俠客之人如其說雖出於憤至緩急者人之所時有也從內論太史其意本不取季次不習等者言其有何功業而志之不張卻借他說游俠之所為有過之者而不見於傳時法又而意深也　何良俊曰此正是太史公憤激著書處須其言以術取卿相輔翼世主功名俱著者為死可言而俠有取於布衣之俠又以虞舜伊尹傅說等為說懸梁為尚者從成發百里桎梏飯牛以至孔子畏匡之事以[illegible]及急人所所存世有如此者不有俠士出而濟之使拘學抱咫尺之文者卑[illegible]

游俠列傳叙

韓子曰儒以文亂法而俠以武犯禁二者皆譏而學士多稱於世云至如以術取宰相卿大夫輔翼其世主功名俱著於春秋（春秋謂史也）固無可言者及若季次原憲閭巷人也讀書懷獨行君子之德義不苟合當世當世亦笑之故季次原憲終身空室蓬戶褐衣疏食不厭死而已四百餘年而弟子志之不倦今游俠其行雖不軌於正義然其言必信其行必果已諾必誠不愛其軀赴士之阨困既已存亡死生矣（亡者存之死者生之）而不矜其能羞伐其德蓋亦有足多者焉且緩急人之所時有也太史公曰（四字疑衍）昔者虞舜窘於井廩伊尹負於鼎俎傅說匿於傅險呂尚困於棘津夷吾桎梏百里飯牛仲尼畏匡菜色陳蔡此皆學士所謂有道仁人也猶然遭此菑況以中材而涉亂世之末流乎其遇害何可勝道哉鄙人有言曰何知仁義已饗其利者為有德（饗音享）故伯夷醜周餓死首陽山而文武不以其故貶王跖蹻暴戾其徒誦義無窮由此觀之竊鉤者誅竊國者侯侯之門仁義存非虛言也今拘學或抱咫尺之義久孤於世豈若卑論儕俗與世沈浮而取榮名哉而布衣之徒設取予然諾千

史記　游俠列傳　六二

李詳執曰引鄙語不知仁義已享其利者為有德美言世之所謂有德者未必真有德也故竊鉤者非誅之是矣而竊國者天下之大非也則置為誅首矣而為諸侯夫為諸侯則天下之為仁義者爭歸之不復計其昔日之大非矣此不曰侯之門仁義存耶故曰已享其利者為有德者則世之所引者未真賢耶所非者果真非耶此正如莊子之傚說傳達莊憤意戲以訝其輕慣不平之氣而世之不知者蔽以為太史公之莊語也豈所謂夢人前說夢者耶　陳恩曰延陵孟嘗春其不名者必其益於者也或曰豈礼也太史公作傳游俠鄙余曰太史公既重游俠必援名人以著之若延陵孟嘗等也至子其既公貨殖亦獨不入游俠乎　鄙白升曰言人以貌狀為貌則貌有時衰落矣唯由榮名為飾表則其譽無窮此太史公於游俠而深歎美之也亦感激之意也

里誦義為死不顧世此亦有所長非苟而已也故士窮窘而得委命此豈非人之所謂賢豪間者耶誠使鄉曲之俠與季次原憲比權量力效（效一作功）功於當世不同日而論矣要以功見言信俠客之義又曷可少哉古布衣之俠靡得而聞已近世延陵孟嘗春申平原信陵之徒皆因王者親屬藉於有土卿相之富厚招天下賢者顯名諸侯不可謂不賢者矣比（比一作如）如順風而呼聲非加疾其勢激也至如閭巷之俠脩行砥名聲施於天下莫不稱賢是為難耳然儒墨皆排擯不載自秦以前匹夫之俠湮滅不見余甚恨之以

史記　游俠列傳

余所聞漢興有朱家田仲王公劇孟郭解之徒雖時扞當世之文罔然其私義廉絜退讓有足稱者名不虛立士不虛附至如朋黨宗彊比周設財役貧豪暴侵凌孤弱恣欲自快游俠亦醜之余悲世俗不察其意而猥以朱家郭解等令與豪暴之徒同類而共笑之也

太史公曰吾視郭解狀貌不及中人言語不足採者然天下無賢與不肖知與不知皆慕其聲言俠者皆引以為名諺曰人貌榮名豈有既乎於戲惜哉

王鏊曰此傳議論正而氣勢淵遠

滑稽列傳　敍　淳于髡　贊

索隱曰滑謂乱也稽同也以言辨捷之人言非若是說是若非能乱同異也楚詞云將突梯滑稽如脂如韋崔浩云滑音骨稽流酒器也轉注吐酒終日不已言出口成章詞不窮竭若滑稽之吐酒故楊雄酒賦云鴟夷滑稽腹大如壺盡日盛酒人復藉沽是也又姚察云滑稽猶俳諧也滑讀如字稽音計也以言諧語滑利其知計疾出故云滑稽也

孔子曰。六藝於治一也。言六藝之文雖異礼節樂和導民立政天下平定其歸一揆至於談言微中亦可以解其紛乱故治一也禮以節人。樂以發和。書以道事。詩以達意。易以神化。春秋以道義。太史公曰。天道恢恢。豈不大哉。談言微中。亦可以解紛。二句一篇要領此句亦滑稽

淳于髡者。齊之贅壻也。贅壻女之夫也比於子如人疣贅是餘剩物也長不滿七尺。滑稽多辯。數使諸侯。未嘗屈辱。齊威王之時喜隱。好隱語好為淫樂長夜之飲。沈湎不治。委政卿大夫。百官荒亂。諸侯並侵。國且危亡。在於旦暮。左右莫敢諫。淳于髡說之以隱曰。國中有大鳥。止王之庭。三年不蜚。又不鳴。王知此鳥何也。王曰。此鳥不飛則已。一飛沖天。不鳴則已。一鳴驚人。於是乃朝諸縣令長七十二人。賞一人即墨大夫誅一人阿大夫奮兵而出。諸侯振驚。皆還齊侵地。威行三十六年。語在田完世家中。威王八年。楚大發兵加齊。齊使淳于髡之趙請救兵。齎金百斤。車馬十駟。淳于髡仰天大笑。冠纓索絕。

史記　八卷　滑稽列傳　六十四

楊慎曰滑稽者辯注之器若漏巵之類以比人之言語辯給應對不竭也

劉辰翁曰滑稽者至鄙莊列亦有從六藝旌語說來此即太史公之滑稽也

凌稚隆曰談言微中二句總為滑稽要領此太史公思游俠者而不得見故第及於此即不大何於便給者而有取也

楊慎曰言隱者曰猶其明乎智也故其入也速于游說不然者不足稱也

李光縉曰此傳亦如上不東方朔語同得之而淫者其趣頓進言一也夢世威得之而朝令長明賞罰以警侵地則非所為說力拙也亦兩主之智略者耳

黃震曰古人有諫淳于髡之語以諷戒者以譎諫耳

索盡絶也

王曰。先生少之乎。髡曰。何敢。王曰。笑豈有說乎。髡曰。今者臣從東方來。見道傍有禳田者。為田祈福操一豚蹄。酒一盂。而祝曰。甌窶滿篝。甌窶猶杯樓也言豐年收獲易可滿篝籠也汙邪滿車。汙邪下地田也即下田之中有薪可滿車五穀蕃熟。穰穰滿家。臣見其所持者狹。而所欲者奢。故笑之。於是齊威王乃益齎黃金千溢。白璧十雙。車馬百駟。髡辭而行。至趙。趙王與之精兵十萬。革車千乘。楚聞之。夜引兵而去。威王大說。置酒後宮。召髡賜之酒。問曰。先生能飲幾何而醉。對曰。臣飲一斗亦醉。一石亦醉。威王曰。先生飲一斗而醉。惡能飲一石哉。其說可得聞乎。髡曰。賜酒大王之前。執法在傍。御史在後。髡恐懼俯伏而飲。不過一斗徑醉矣。若親有嚴客。髡帣韝鞠䐰。帣音眷收衣袖也韝臂捍也鞠䐰謂曲而小跪也侍酒於前。時賜餘瀝。奉觴上壽。數起。飲不過二斗徑醉矣。若朋友交遊。久不相見。卒然相覩。歡然道故。私情相語。飲可五六斗徑醉矣。若乃州閭之會。男女雜坐。行酒稽留。六博投壺。相引為曹。握手無罰。目眙不禁。眙直視也前有墮珥。後有遺簪。髡竊樂此。飲可八斗而醉二參。上云五六斗徑醉矣此為樂甚飲可八斗而未徑醉故云竊樂二參言有十二參醉也日暮酒闌。合尊促坐。男女同席。履舄交錯。杯盤狼藉。堂上燭滅。

史記　八卷　滑稽列傳　六十五

林希元曰此傳作三段看初以大鳥喻而以朝諸縣令數語結之中以穰田喻而以益黃金數句結之終以飲酒喻而以罷長夜之飲句結之總是談言微中可以解紛意思

余有丁曰數者亦甚得情

王元之曰男女雜坐非我於功矣而何調之有以余功之其有滋意以多方之無常知飲酒之非我視變識妄而卑生之常然火薬矣是以託于放蕩之言而陳席下主箴夜之飲蓋未有窺此趣者

髡而送客羅襦襟解微聞薌澤當此之時髡心最歡能飲一石故曰酒極則亂樂極則悲萬事盡然言不可極極之而衰以諷諫焉齊王曰善乃罷長夜之飲以髡為諸侯主客

太史公曰淳于髡仰天大笑齊威王橫行優孟搖頭而歌負薪者以封優旃臨檻疾呼陛楯得以半更豈不亦偉哉

（[illegible]薌即香澤蘭也賈誼新書云容澤然若子悅澤而衣[illegible]發香氣之歌即更以新者代之云[illegible]戰舉並以卷其可以證矣又曰見樂極則飲過則必傷故悲以為戒也許應元曰太史公於滑稽語亦滑稽稱文公路樊宗師文亦奇樊宗師實祖此也）

史記八卷　滑稽列傳

日者列傳

司馬季主

太史公曰自古受命而王王者之興何嘗不以卜筮決於天命哉其於周尤甚及秦可見代王之入任於卜者太卜之起由漢興而有（歸有光曰以下闕佚）

司馬季主者楚人也卜於長安東市宋忠賈誼同日拜謁曰吾望先生之狀聽先生之辭小子竊觀於世未嘗見也今何居之卑何行之汙季主捧腹大笑曰觀大夫類有道術者今何言之陋也何辭之野也今夫子所賢者何也所高者誰也今何以卑汙長者二君曰尊官厚祿世之所高也賢才處之今所處非其地故謂之卑言不信行不驗取不當故謂之汙夫卜筮者世俗之所賤簡也世皆言曰夫卜者多言誇嚴以得人情（自矜誇而莊嚴以得人情）虛高人祿命以說人志擅言禍災以傷人心矯言鬼神以盡人財厚求拜謝以私於已此吾之所恥故謂之卑汙也司馬季主曰公且安坐公見夫被髮童子乎日月照之則行不照則止問之日月疵瑕吉凶則不能理由是觀之能知別賢與不肖者寡矣賢之行也直道以正諫三諫不聽則退其譽人也不望其報惡人也不顧其怨以便國家利衆為務故官非其任不處也祿非其功不受也見

（駱日升曰告六一公語好此傳每欲作文必先讀是篇一遍　按周禮有太卜之官此云起漢興而有者謂漢自文帝卜大橫之后卜官更其盛也　駱日升曰按季主楚人而太史公不序其系楚相司馬季主期子友後姓也見列仙傳　閔如霖曰此借日者以譏尊官厚祿而不忠不才妨賢[illegible]位上而高[illegible]署冠[illegible]尊耳豈[illegible]　如日者之隱居卜筮不求榮寵而有[illegible]　[illegible]　許應元曰自此以下[illegible]）

史記八卷　日者列傳　六七

楊慎曰共譏皆有意

余有丁曰自今公所謂賢者至公等是也極狀其卑汚繫應上文

[illegible]曰語雖涉謾然曲盡官情矣

凌稚隆曰士之不才如季主所譏者信有之然非二人在挑與治天下邪但宋主賢朝不才乎用耳今篇作之尊用日者可乎

董份曰有人為先容者進之有財為首者禮之則不肖將與賢者並列非即鴟梟與鳳凰並翔乎且賢者退而不肖者進非即芳蘭棄野而蒿蕭成林乎引喻切當並臣相照

人不正雖貴不敬也見人有汚雖尊不下也得不為喜去不為恨非其罪也雖累辱而不媿也今公所謂賢者皆可為羞矣卑疵而前孅趨而言（孅音纖 孅趨猶足恭也）相引以勢相導以利比周賓正（客旅謂之賓 求長官謂之正）以求尊譽以受公奉事私利枉主法獵農民以官為威以法為机求利逆暴譬無異於操白刃刧人者也初試官時倍力為巧詐飾虛功執空文以枉主上用居上為右試官不讓賢陳功見偽增實以無為有以少為多以求便勢尊位食飲驅馳從姬歌兒不顧於親犯法害民虛公家此夫為盜不操矛弧者也攻而不用弦刃者也欺父母未有罪而弑君未伐者也何以為高賢才乎盜賊發不能禁夷貊不服不能攝姦邪起不能塞官耗亂不能治四時不和不能調歲穀不孰不能適（音釋 猶洞也）才賢不為是不忠也才不賢而託官位利上奉妨賢者處是竊位也有人者進有財者禮是偽也子獨不見鴟梟之與鳳皇翔乎蘭芷芎藭棄於廣野蒿蕭成林使君子退而不顯眾公等是也述而不作君子義也今夫卜者必法天地象四時順於仁義分策定卦旋式正棊（式即栻也旋轉也栻之形上圓象天下方法地用之則轉天綱加地之辰故云旋式棊者筮[illegible]）然後言天地之利害事

史記　八卷　日者列傳　六七

按太史公此篇傳序所謂王者之興決於天命代王之與決於卜者皆本於此

[illegible]

然不自知其為莊忽本天地所不足自為解脫計殊無謂

引老莊亦有味

楊慎曰天地日月之說似太譎然是議不去

之成敗昔先王之定國家必先龜策日月而後乃敢代正時日乃後入家產子必先占吉凶後乃有之（之不祥則或不敢卜 吉而後有故云有之）自伏羲作八卦周文王演三百八十四爻而天下治越王句踐放文王八卦以破敵國霸天下由是言之卜筮有何負哉且夫卜筮者埽除設坐正其冠帶然後乃言事此有禮也言而鬼神或以饗忠臣以事其上孝子以養其親慈父以畜其子此有德者也而以義置數十百錢病者或以愈且死或以生患或以免事或以成嫁子娶婦或以養生此之為德豈直數十百錢哉此夫老子所謂上德不德是以有德今夫卜筮者利大而謝少老子之云豈異於是乎莊子曰君子內無饑寒之患外無劫奪之憂居上而敬居下不為害君子之道也今夫卜筮者之為業也積之無委聚藏之不用府庫徙之不用輜車負裝之不重止而用之無盡索之時持不盡索之物遊於無窮之世雖莊氏之行未能增於是也子何故而云不可卜哉天不足西北星辰西北移地不足東南以海為池日中必移月滿必虧先王之道乍存乍亡公責卜者言必信不亦惑乎公見夫談士辯人慮事定計必是人也然不能以一言說人主意故

史記　八卷　日者列傳　六八

言以稱先王，語以道上古；慮事定計，飾先王之成功，語其敗害，以恐喜人主之志，以求其欲。多言誇嚴，莫大於此矣。然欲強國成功，盡忠於上，非此不立。今夫卜者，導惑教愚也。夫愚惑之人，豈能以一言而知之哉！言不厭多。故騏驥不與罷驢為駟，而鳳皇不與燕雀為群，而賢者亦不與不肖者同列。故君子處卑隱以辟眾，自匿以辟倫，微見德順以除群害，以明天性，助上養下，多其功利，不求尊譽。公之等喁喁者也，何知長者之道乎！"

李廷機曰：日者傳乃司馬季主也，太史公論自明。不曰司馬季主列傳而曰日者列傳者，季主特以日者傳也，亦猶傳郭解不曰郭解而曰游俠，傳荊軻等不曰荊軻而曰遊俠也。

（眉批）[illegible]曰切中談士之病[illegible]以為自飾其功其言又為[illegible]
（眉批）[illegible]曰道或教愚四字似古語有味[illegible]正在此字[illegible]非太史公作[illegible]先生所能[illegible]為太史公作

貨殖傳

老子曰："至治之極，鄰國相望，雞狗之聲相聞，民各甘其食，美其服，安其俗，樂其業，至老死不相往來。"必用此為務，輓近世塗民耳目，則幾無行矣。太史公曰：夫神農以前，吾不知已。至若詩書所述虞夏以來，耳目欲極聲色之好，口欲窮芻豢之味，身安逸樂，而心誇矜勢能之榮。使俗之漸民久矣，雖戶說以眇論，終不能化。故善者因之，其次利道之，其次教誨之，其次整齊之，最下者與之爭。夫山西饒材、竹、穀、纑（纑山中紵可以為布）、旄、玉石；山東多魚、鹽、漆、絲、聲色；江南出柟、梓、薑、桂、金、錫、連（連鉛之未鍊者）、丹沙、犀、瑇瑁、珠璣、齒革；龍門、碣石（龍門碣石各二山）北多馬、牛、羊、旃裘、筋角；銅、鐵則千里往往山出棊置（言出銅鐵之山方千里如圍棋之置）：此其大較也。皆中國人民所喜好，謠俗被服飲食奉生送死之具也。故待農而食之，虞而出之，工而成之，商而通之。此寧有政教發徵期會哉？人各任其能，竭其力，以得所欲。故物賤之徵貴，貴之徵賤，各勸其業，樂其事，若水之趨下，日夜無休時，不召而自來，不求而民出之。豈非道之所符，而自然之驗邪？周書曰："農不出則乏其食，工不出則乏其事，商不出則三寶絕，虞不出則財匱少。"財匱少而

（眉批）楊慎曰將信已說而先引老子破之以為必不然[illegible]史遷文手也[illegible]

以下連用數箇焉字

董份曰遷自傷極刑家貧不足自贖故憤而作貨殖傳首叙作傳之意即津於富國富家浮執失執之言似不勝無聊哀苦者然其縱橫自肆莫知其端與游俠傳叙並稱千古之絕

雅大綜曰景公十[illegible]不及利齊商子一瓢乃同爲稷孔

孟吾敬深切著明而後世利欲之私至於包括天地數遷日月太史公曰天下穰穰皆為利往天下熙熙皆為利來吁可哀也哉李廷机曰千乘數句漢武府庫鹽之責及侯王而以此失侯者頗多故太史公感憤而發如寓言滑稽之類以抗侮一世耳

山澤不辟矣此四者民所衣食之原也原大則饒原小則鮮上則富國下則富家貧富之道莫之奪予而巧者有餘拙者不足故太公望封於營丘地潟鹵（鹹地）人民寡於是太公勸其女功極技巧通魚鹽則人物歸之繦至而輻湊故齊冠帶衣履天下海岱之間斂袂而往朝焉其後齊中衰管子脩之設輕重九府（輕重謂錢也九府皆掌財幣之官）則桓公以霸九合諸侯一匡天下而管氏亦有三歸位在陪臣富於列國之君是以齊富彊至於威宣也故曰倉廩實而知禮節衣食足而知榮辱禮生於有而廢於無故君子富好行其德小人富以適其力淵深而魚生之山深而獸往之人富而仁義附焉富者得埶益彰失埶則客無所之以而不樂夷狄益甚諺曰千金之子不死於市此非空言也故曰天下熙熙皆為利來天下壤壤皆為利往夫千乘之王萬家之侯百室之君尚有患貧而況匹夫編戶之民乎

騶日升曰前叙平準而先提金錢之數以為綱此欵叙貨殖而先提四方土產之宜以為綱承以人民之所喜好奉用而庶民之所勸業樂事貨殖之所由生

李廷机曰此篇好惡所論業勢利而於[illegible]戰又曰即百起便有法度

王[illegible]偉曰此文出入變化不可捉摸而中藏軌法因森然也

這之二字又如大聚南暑

李廷机曰數處形容無不的當

正義曰水耨言風草下種苗生大而草生小以水灌之則草死而苗無損也耨除草也

鍾[illegible]曰說盡世人欲富之情然世人亦嘗而不自知誦此可以自知矣

騶日升曰論世俗功利之心可謂情狀如見

張之象曰雖人說居廊廟之富與岩穴之巻皆有所見迫于人不可復辭可以徐思而不可以倖倖至廉吏久久便富而又有理夫為廉者必貧書生常語也此謂廉能自保則壁頭士是安富也此富又精廉者利不苟求無惡於人而求利自集耳稀亦不可得

貨殖列傳

潁川南陽夏人之居也夏人政尚忠朴猶有先王之遺風潁川敦愿秦末世遷不軌之民於南陽南陽西通武關鄖（音云）關東南受江漢淮宛亦一都會也俗雜好事業多賈其任俠交通潁川故至今謂之夏人夫天下物所鮮所多人民謠俗山東食海鹽山西食鹽鹵嶺南沙北固往往出鹽大體如此矣總之楚越之地地廣人希飯稻羹魚或火耕而水耨果隋（音裸）蠃蛤不待賈而足地勢饒食無饑饉之患以故呰窳（上音子下音庾弱病也）偷生無積聚而多貧是故江淮以南無凍餓之人亦無千金之家沂泗水以北宜五穀桑麻六畜地小人眾數被水旱之害民好畜藏故秦夏梁魯好農而重民三河宛陳亦然加以商賈齊趙設智巧仰機利燕代田畜而事蠶由此觀之賢人深謀於廊廟論議朝廷守信死節隱居岩穴之士設為名高者安歸乎歸於富厚也是以廉吏久久便富廉賈歸富（利而不貪者歸之倍貨也）富者人之情性所不學而俱欲者也故壯士在軍攻城先登陷陣卻敵斬將搴旗前蒙矢石不避湯火之難者為重賞使也其在閭巷少年攻剽椎埋劫人作姦掘冢鑄幣任俠并兼借交報仇篡逐幽隱不

董份曰文辭妙處無涯涘以指斥乎吐使當世不能辭充切中情事妙不可言
余有丁曰司馬氏極知猥鄙不各情實故屢屢發之以為未足也直歷季世閒死生利害棼棼不厭而中各有精意隱語
穆文熙曰評所敘卻似游俠人讀之不甚乃見高才牢騷崇此利者哉
楊慎曰索謂索財也
余有丁曰引諺證有分曉

避法禁走死地如騖者其實皆為財用耳今夫趙女鄭姬設形容揳鳴琴揄長袂躡利屣目挑心招出不遠千里不擇老少者奔富厚也游閑公子飾冠劍連車騎亦為富貴容也弋射漁獵犯晨夜冒霜雪馳坑谷不避猛獸之害為得味也博戲馳逐鬬雞走狗作色相矜必爭勝者重失負也醫方諸食技術之人焦神極能為重糈也吏士舞文弄法刻章偽書不避刀鋸之誅者沒於賂遺也農工商賈畜長固求富益貨也此有知盡能索耳終不餘力而讓財矣諺曰百里不販樵千里不販糴居之一歲種之以穀十

穆文熙曰樹德乃太史公本意其稱論皆財者為世俗言非其志也
陳仁錫曰叙比封侯之資而比封侯之家自求栗求竹以至精藻之數可謂貨矣而莫不各飾以文所謂質而不俚也
此言山澤水陸之所出
駱日升曰以下連用許多千字而句法參差長短相間
正義曰千石魚陂言來魚一歲收千石
皮日休曰……

歲樹之以木百歲來之以德德者人物之謂也今有無秩祿之奉爵邑之入而樂與之比者命曰素封封言不仕之人自有園田收養之給其利比於封君故曰素封封者食租稅歲率戶二百音律千戶之君則二十萬戶率二百故千戶二十萬朝覲聘享出其中庶民農工商賈率亦歲萬息二千戶百萬之家則二十萬率二千故百萬之家亦二十萬而更傜租賦出其中衣食之欲恣所好美矣故曰陸地牧馬二百蹄五十頭牛蹄角千百六十頭也馬貴而牛賤以此為數千足羊澤中千足彘二百五十頭水居千石魚陂以斤兩為計山居千章之材章方也安邑千樹棗燕秦千樹栗蜀漢江陵千樹橘淮北常山以南河

……言天下國土所出名國以下言每國之所出
楊慎曰進即傳淮文選之謂
……老七句可與……行相參
此太史公自道之意正激發語……
……之所以來……之訴而世之……
……短者則之錯之紛紛之……
……日升曰傳伯夷……列傳之始傳……列傳之末至……孟子一傳則……功利之敝以……
……為利敝亂之源也……豈其退處士崇功利哉

濟之閒千樹萩陳夏千畝漆齊魯千畝桑麻渭川千畝竹及名國萬家之城帶郭千畝畝鍾之田若千畝卮茜音倩一名紅藍可染繒赤黃也千畦薑韭此其人皆與千戶侯等然是富給之資也不窺市井不行異邑坐而待收身有處士之義而取給焉若至家貧親老妻子軟弱歲時無以祭祀進醵飲食被服不足以自通如此不慙恥則無所比矣是以無財作力少有鬬智既有財則鬬智巧而求勝既饒爭時既饒足錢財則乃逐時爭利也此其大經也今治生不待危身取給則賢人勉焉是故本富為上末富次之姦富最下無巖處奇士之行而長貧賤好語仁義亦足羞也

董份曰此傳字字句句皆精妙與他傳更較神采蓋他傳多錄本文而此傳皆其所特撰是以妙絕可見太史公之材獨冠今古

茅坤曰起語就見孚有源委

李廷機曰太史公因先黄老見此數句又見尊六經本意

鄒守益曰起以周公孔子及易春秋詩書禮樂之意便寓自任之意後設問只提孔子之春秋且是有意

董份曰此借孔子以自况太史公未嘗不識儒者

李光縉曰此數語不無慎激然亦句法自是奇特

何孟春曰此段字句參伍行長短交互順起伏須性如驚濤怒濤讀者見其精神不見其重疊此章法句法也

李廷機曰論六經亦有見

茅坤曰到此又歸重春秋上

按春秋一萬八千字故曰文成數萬

太史公自序

太史公曰先人有言自周公卒五百歲而有孔子孔子卒後至於今五百歲有能紹明世正易傳繼春秋本詩書禮樂之際意在斯乎意在斯乎小子何敢讓焉上大夫壺遂曰昔孔子何為而作春秋哉太史公曰余聞董生曰周道衰廢孔子為魯司寇諸侯害之大夫壅之孔子知言之不用道之不行也是非二百四十二年之中以為天下儀表貶天子退諸侯討大夫以達王事而已矣子曰我欲載之空言不如見之於行事之深切著明也夫春秋上明三王之道下辯人事之紀別嫌疑明是非定猶豫善善惡惡賢賢賤不肖存亡國繼絕世補敝起廢王道之大者也易著天地陰陽四時五行故長於變禮經紀人倫故長於行書記先王之事故長於政詩記山川谿谷禽獸草木牝牡雌雄故長於風樂樂所以立故長於和春秋辯是非故長於治人是故禮以節人樂以發和書以道事詩以達意易以道化春秋以道義撥亂世反之正莫近於春秋春秋文成數萬其指數千萬物之散聚皆在春秋春秋之中弒君三十六亡國五十二諸侯奔走不得保其社稷者不可勝數察其所以皆失

以下甚言春秋不可不知

何維聯曰此著春秋大綱又出於董生無疑

楊慎曰添死罪之名四字句法便奇

正義曰其心實善為之不知其義理則陷于罪若知避有不知討賊而不得辭其罪也

茅坤曰即春秋又推出礼義二字以建

延下文有見

王慎中曰礼義之大宗一句叔括删述文獻兼推入礼法四句叙

[illegible]

李廷機曰又叙歷舉以起下意

不通也

楊慎曰發周室來微刺孔之句也

貶天子[illegible]

其本已失故易曰失之豪釐差以千里故曰臣弒君子弒父非一旦一夕之故也其漸久矣故有國者不可以不知春秋前有讒而弗見後有賊而不知為人臣者不可以不知春秋守經事而不知其宜遭變事而不知其權為人君父而不通於春秋之義者必蒙首惡之名為人臣子而不通於春秋之義者必陷篡弒之誅死罪之名其實皆以為善為之不知其義被之空言而不敢辭夫不通禮義之旨至於君不君臣不臣父不父子不子夫君不君則犯臣不臣則誅父不父則無道子不子則不孝此四行者天下之大過也以天下之大過予之則受而弗敢辭故春秋者禮義之大宗也夫禮禁未然之前法施已然之後法之所為用者易見而禮之所為禁者難知壺遂曰孔子之時上無明君下不得任用故作春秋垂空文以斷禮義當一王之法今夫子上遇明天子下得守職萬事既具咸各序其宜夫子所論欲以何明太史公曰唯唯否否不然余聞之先人曰伏羲至純厚作易八卦堯舜之盛尚書載之禮樂作焉湯武之隆詩人歌之春秋采善貶惡推三代之德褒周室非獨刺譏而已也漢興以來至明天子獲符瑞

[illegible]曰漢[illegible]以下語甚峻

景坤曰三句文法三疊膾炙人口。人曰先人所言承上先人有言句，及余聞之先人句，文有關鍵。

何焯曰借述而不作之言照映孔子自明

李廷机曰此下止是太史公作自序本息

封禪。改正朔。易服色。受命於穆清。澤流罔極。海外殊俗。重譯款塞。款，叩也。叩塞門來服從也 請來獻見者。不可勝道。臣下百官。力誦聖德。猶不能宣盡其意。且士賢能而不用。有國者之恥。主上明聖而德不布聞。有司之過也。且余嘗掌其官。廢明聖盛德不載。滅功臣世家賢大夫之業不述。墮先人所言。罪莫大焉。余所謂述故事。整齊其世傳。非所謂作也。而君比之於春秋。謬矣。於是論次其文。七年。太初元年至天漢三年，乃七年 而太史公遭李陵之禍。幽於縲紲。乃喟然而嘆曰。是余之罪也夫。是余之罪也夫。身毀不用矣。退而深惟曰。夫詩書隱約者。

[illegible]氏春秋[illegible]時作也而云[illegible][illegible]者也[illegible]云因秦世之文人往往取其意不泥其詞如此若宋元[illegible][illegible]秦矣王維楨曰[illegible]祥至漢武皆見故[illegible]陶唐以來至於麟止舍之自任亦非矣

欲遂其志之思也。昔西伯拘羑里。演周易。孔子戹陳蔡。作春秋。屈原放逐。著離騷。左丘失明。厥有國語。孫子臏腳。而論兵法。不韋遷蜀。世傳呂覽。韓非囚秦。說難孤憤。詩三百篇。大抵賢聖發憤之所為作也。此人皆意有所鬱結。不得通其道也。故述往事。思來者。於是卒述陶唐以來。至於麟止。張晏曰武帝獲麟，遷以為述事之端，上紀黃帝，下至麟止，猶春秋止於獲麟也 自黃帝始。

卻守益曰。遷之才發於史記。而大意盡見於自序之中。學者讀之。可以見其貫穿之識矣。

楊慎曰[illegible][illegible]人讀[illegible]為之[illegible]可以想見其抑鬱無聊之況

劉勰曰七國獻書詭麗輻輳漢來筆札辭氣紛紜觀司馬遷之報任安東方朔之難公孫楊雄之酬會宗子雲之答劉歆志氣槃桓各含殊采並杼軸乎尺素抑揚乎寸心

報任少卿書

按遷既被刑之後。為中書令。尊寵任職。故人任安為益州刺史。乃與遷書。責以進賢之義。遷以此書報之云

太史公牛馬走。太史公，遷父談也。走，猶僕也。言己為太史公掌牛馬之僕，自謙之詞 司馬遷。再拜言少卿足下。少卿，安字 曩者辱賜書。教以慎於接物。推賢進士為務。意氣懃懃懇懇。若望僕不相師。望，怨也 而用流俗人之言。僕非敢如此也。僕雖罷駑。亦嘗側聞長者之遺風矣。顧自以為身殘處穢。殘，謂被刑；穢，謂惡名 動而見尤。欲益反損。是以獨抑鬱而誰與語。諺曰。誰為為之。孰令聽之。師古曰言無知己者，設欲脩名節立言行，誰可為作之，又令誰

[illegible]曰反覆[illegible]首尾相[illegible][illegible]餘不盡除 孫[illegible]曰子長之被刑[illegible]是又不能[illegible]死書中[illegible]古人自解[illegible]一言之失[illegible]之臣[illegible]也

聽之。蓋鍾子期死。伯牙終身不復鼓琴。伯牙善鼓琴，意在泰山，鍾子期曰善哉巍巍若泰山；而志在流水，子期曰善哉湯湯乎若流水。子期死，伯牙破琴絕絃，終身不復鼓琴，以為世無賞音者 何則。士為知己者用。女為說己者容。若僕大質已虧缺矣。雖材懷隨和。隨侯珠，和氏璧 行若由夷。許由，伯夷 終不可以為榮。適足以見笑而自點耳。點，辱也 書辭宜答。會東從上來。解所以不致書之意 又迫賤事。家之私事 相見日淺。卒卒無須臾之間。卒卒，促遽貌 得竭志意。今少卿抱不測之罪。安為戾太子事囚獄 涉旬月。迫季冬。將刑 僕又薄從上雍。薄，迫 恐卒然不可為諱。死也 是僕終已不得舒憤懣以曉左右。則長逝者魂魄私恨無窮。長逝，死也。言不答書而少卿死，私心之恨無窮 請

孫月峰曰按修身至君子之林矣言士所以自立以起下意

又曰按故禍莫憯於欲利至著天下[illegible]言已不能自立[illegible]不足[illegible]推賢進士之意

[illegible]曰此書以一辱字為眼目[illegible]之法[illegible]以一鳴字為眼目

王世貞曰氣勢而語雄[illegible]在山之執詞[illegible]然正氣[illegible]在高[illegible]市中慷慨悲歌[illegible]無人

略[illegible]曰按僕賴先人至尚何言哉言已不能自效[illegible]言不足存[illegible]意文字[illegible]奇健可喜[illegible]中許多[illegible]寫若流

李廷機曰[illegible]傾倒詞[illegible]精[illegible]煩[illegible]文家[illegible]此亦[illegible]之勁

略陳固陋。闕然久不報，幸勿為過。僕聞之：修身者，智之符也；愛施者，仁之端也；取予者，義之表也；恥辱者，勇之決也；立名者，行之極也。士有此五者，然後可以託於世，而列於君子之林矣。故禍莫憯於欲利，悲莫痛於傷心，行莫醜於辱先，詬莫大於宮刑。刑餘之人，無所比數，非一世也，所從來遠矣。昔衛靈公與雍渠同載，孔子適陳；家語：衛靈公與夫人同車出，令宦者雍渠參乘，使孔子為次乘，孔子恥之，去衛過曹。言適陳，未詳。商鞅因景監見，趙良寒心；見商君傳。同子參乘，趙談與遷父同名，故諱曰同子。武帝朝，東宮趙談參乘，袁絲伏車前曰：臣聞天子所與共六尺輿者，皆天下豪英，今漢雖乏人，陛下獨奈何與刀鋸餘人同載！於是上笑下談。爰絲變色，爰一作袁。自古而恥之。夫中材之人，事有關於宦豎，莫不傷氣，而況於慷慨之士乎！如今朝廷雖乏人，奈何令刀鋸之餘，薦天下之豪俊哉！僕賴先人緒業，得待罪輦轂下，二十餘年矣。所以自惟：上之，不能納忠效信，有奇策材力之譽，自結明主；次之，又不能拾遺補闕，招賢進能，顯巖穴之士；外之，不能備行伍，攻城野戰，有斬將搴旗之功；取。下之，不能積日累勞，取尊官厚祿，以為宗族交游光寵。四者無一遂，苟合取容，無所短長之效，可見於此矣。鄉者，僕亦嘗廁下大夫之列，大史令。陪奉外廷末議，不以此時引綱維，盡思慮，今已

史記　八卷　報任少卿書　七十九

孫月峰曰按且事本末[illegible]然者[illegible]

[illegible]

斷形為掃除之隸，在闒茸之中，乃欲仰首伸眉，論列是非，不亦輕朝廷、羞當世之士邪？嗟乎！嗟乎！如僕尚何言哉！尚何言哉！且事本末未易明也。僕少負不羈之才，長無鄉曲之譽，主上幸以先人之故，使得奏薄技，出入周衛之中。周衛，言宿衛周密也。僕以為戴盆何以望天，故絕賓客之知，忘室家之業，日夜思竭其不肖之才力，務一心營職，以求親媚於主上，而事乃有大謬不然者。夫僕與李陵俱居門下，同為侍中。素非能相善也，趣。趣舍異路，未嘗銜盃酒，接殷勤之餘歡。然僕觀其為人，自守奇士，事親孝，與士信，臨財廉，取與義，分別有讓，恭儉下人，常思奮不顧身，以徇國家之急。其素所蓄積也，僕以為有國士之風。夫人臣出萬死不顧一生之計，赴公家之難，斯已奇矣。今舉事一不當，而全軀保妻子之臣，隨而媒孽其短，僕誠私心痛之。且李陵提步卒不滿五千，深踐戎馬之地，足歷王庭，垂餌虎口，橫挑彊胡，仰億萬之師，胡地高，故曰仰。與單于連戰十有餘日，所殺過當。言陵軍少，所殺匈奴多，故曰過當。虜救死扶傷不給，旃裘之君長咸震怖，乃悉徵其左右賢王，舉引弓之人，一國共攻而圍之。轉鬭千里，矢盡道窮，救兵不至，士卒死傷如積。然陵一呼勞軍，士無不起，躬自流涕

史記　八卷　報任少卿書　八十

沫血飲泣，更張空拳，冒白刃，北嚮爭死敵者。陵未沒時，使有來報，漢公卿王侯皆奉觴上壽。後數日，陵敗書聞，主上為之食不甘味，聽朝不怡。大臣憂懼，不知所出。僕竊不自料其卑賤，見主上慘愴怛悼，誠欲效其款款之愚，以為李陵素與士大夫絕甘分少，能得人死力，雖古之名將不能過也。身雖陷敗，彼觀其意，且欲得其當而報漢。事已無可奈何，其所摧敗，功亦足以暴於天下矣。謂陵摧破匈奴之兵。僕懷欲陳之，而未有路，適會召問，即以此指推言陵之功，欲以廣主上之意，塞睚眦之辭。未能盡明，明主不曉，以為僕沮貳師，而為李陵游說，遂下於理。拳拳之忠，終不能自列。因為誣上，卒從吏議。家貧，貨賂不足以自贖，交遊莫救，視左右親近不為一言。身非木石，獨與法吏為伍，深幽囹圄之中，誰可告愬者！此真少卿所親見，僕行事豈不然乎？李陵既生降，隤其家聲，而僕又佴之蠶室，佴，次也。蠶室，行腐刑之室。重為天下觀笑。悲夫！悲夫！事未易一二為俗人言也。僕之先非有剖符丹書之功，文史星曆近乎卜祝之間，固主上所戲弄，倡優畜之，流俗之所輕也。假令僕伏法受誅，若九牛亡一毛，與螻蟻何以異？而世俗又不能與死節者次比，特以為智窮罪

極，不能自免，卒就死耳。何也？素所自樹立使然也。人固有一死，或重於泰山，或輕於鴻毛，用之所趨異也。太上不辱先，其次不辱身，其次不辱理色，其次不辱辭令，其次詘體受辱，其次易服受辱，謂著赭衣。其次關木索、被箠楚受辱，其次剔毛髮、嬰金鐵受辱，剔毛髮，鉗也。其次毀肌膚、斷肢體受辱，謂肉刑也。最下腐刑極矣！宮刑曰腐刑。傳曰「刑不上大夫」。此言士節不可不勉勵也。猛虎在深山，百獸震恐，及在檻穽之中，搖尾而求食，積威約之漸也。言其威約人所制，故漸積至此也。故士有畫地為牢，勢不可入；削木為吏，議不可對，定計於鮮也。未遇刑自殺為鮮明。今交手足，受木索，暴肌膚，受榜箠，幽於圜牆之中，圜牆，獄也。當此之時，見獄吏則頭搶地，視徒隸則心惕息。何者？積威約之勢也。及已至是，言不辱者，所謂強顏耳，曷足貴乎！且西伯，伯也，拘於羑里；李斯，相也，具於五刑；淮陰，王也，受械於陳；彭越、張敖，南面稱孤，繫獄抵罪；張敖，趙王張耳子，因貫高等謀反，捕王繫獄。絳侯誅諸呂，權傾五伯，囚於請室；請室，請罪之室。魏其，大將也，衣赭衣，關三木；三木，在項及手足也。魏其侯坐灌夫罵丞相田蚡不敬論棄市。季布為朱家鉗奴；灌夫受辱於居室。以灌夫坐罵不敬，係于居室。田蚡怒灌夫。此人皆身至王侯將相，聲聞鄰國，及罪至罔加，不能引決自裁

在塵埃之中，古今一體，安在其不辱也？由此言之，勇怯，勢也；彊弱，形也。審矣，何足怪乎？夫人不能早自裁繩墨之外，以稍陵遲，至於鞭箠之間，乃欲引節，斯不亦遠乎！古人所以重施刑於大夫者，殆為此也。夫人情莫不貪生惡死，念父母，顧妻子，至激於義理者不然，乃有所不得已也。今僕不幸，早失父母，無兄弟之親，獨身孤立，少卿視僕於妻子何如哉？且勇者不必死節，怯夫慕義，何處不勉焉！僕雖怯懦欲苟活，亦頗識去就之分矣，何至自沉溺縲紲之辱哉！且夫臧獲婢妾猶能引決，況僕之不得已乎？所以隱忍苟活，幽於

糞土之中而不辭者，恨私心有所不盡，鄙陋沒世，而文采不表於後也。古者富貴而名磨滅，不可勝紀，唯倜儻非常之人稱焉。蓋文王拘而演周易；仲尼厄而作春秋；屈原放逐，乃賦離騷；左丘失明，厥有國語；孫子臏腳，兵法修列；不韋遷蜀，世傳呂覽；韓非囚秦，說難、孤憤；詩三百篇，大抵聖賢發憤之所為作也。此人皆意有所鬱結，不得通其道，故述往事，思來者。乃如左丘無目，孫子斷足，終不可用，退而論書策，以舒其憤，思垂空文以自見。僕竊不遜，近自託於無能之辭，網羅天下放失舊聞，考之行事，綜其終始，稽其成敗興壞之紀，上計軒轅，下至於茲，為十表，本紀十二，書八章，世家三十，列傳七十，凡百三十篇。亦欲以究天人之際，通古今之變，成一家之言。草創未就，會遭此禍，惜其不成，是以就極刑而無慍色。僕誠已著此書，藏之名山，傳之其人，通邑大都，則僕償前辱之責，雖萬被戮，豈有悔哉！然此可為智者道，難為俗人言也。且負下未易居，下流多謗議。僕以口語遇遭此禍，重為鄉黨所戮笑，以污辱先人，亦何面目復上父母之丘墓乎？雖累百世，垢彌甚耳！是以腸一日而九迴，居則忽忽若有所亡，出則

不知其所往。每念斯恥，汗未嘗不發背沾衣也。身直為閨閤之臣，寧得自引深藏於巖穴邪？故且從俗浮沉，與時俯仰，以通其狂惑。今少卿乃教以推賢進士，無乃與僕私心剌謬乎？今雖欲自雕琢，曼辭以自飾，無益於俗不信，祇取辱耳。要之死日然後是非乃定。書不能悉意，略陳固陋。謹再拜。

新刊地理五經圖解

題（漢）青烏著
（明）陳正言解　方明偉校　譚澤輯

《新刊地理五經圖解》六卷，題（漢）青烏著，（明）陳正言解，方明偉校，譚澤輯。據國立國會圖書館藏明萬曆二年（一五七四）刊本影印。

地理五經 上

新刊地理五經圖解序

余自志學時已究心於地理之說知其勢廣形繁龍變穴易山脊萬形水流千態垣局不同朝迎有異古人言之皆有妙理歎慨其忽於儒者滯於拘者晦於昧者鑿於妄者經用不明民用大惑是以近世之人惟藉私臆小晉寸想尺度務求美觀以為得地至於龍穴形勢之故非惟弗之知而亦弗之聞也孟軻氏曰離婁之明公輸子之巧不以規矩不能成方圓師曠之聰不以六律不能正五音堯舜之道不以仁政不能平治天下余亦曰金精之斂擔夫之勤不以龍經不能俯察地理余友石門陳君幼同文會坎坷於俊乂之途砥礪乎堪輿之學謂求之人人而罔獲者當於造化焉膺心也嘉靖丙寅以乃翁貢發京師益堅厥志遠近搜尋歷祖父其於邑郡

省藩之地皇都帝闕之垣無不研求攷驗乃
輿慎齋方君雲峯譚君酌取古書之足以証
其是非而明切者謂青烏葬經得其槩撼疑
二經盡其剖解而圖之梭編成帙謀梓以行
名曰地理五經圖解出以示余余觀是書之
中陰陽之所以融結人事之所以葬理龍之
大小變換穴之真假巧拙垣局朝迎備具詳
析因喜二儒之書得陳君之註而始明吾人
之心得二儒之書而始快合諸丘氏真方圓
之矩規音樂之律呂也書此以弁諸首使人
知所趨趋焉則龍穴既得而作法之剖微可
以加於此矣否則根本之不立何取於空言
之喋喋哉時
萬曆甲戌菊月吉旦野航劉希舜書

新刊地理五經圖解卷之一

葬經　　漢　青烏　著

石門陳正言解
明新安　慎齋方明偉校
雲峯譚　澤編
丹山姚世臣刋

盤古渾淪炁萌太朴分陰分陽為清為濁生老病死誰實主之
無其始也無有議焉不能無也吉凶形焉曷如其無何惡其有
藏於杳冥實關休咎　以言諭人似若非是其於末也一無外
此其若可忽何假於予辭之庬矣理無越斯
此原風水有關於休咎而不能已於其言也盤古迄世風炁

渾淪謂之太朴自天地未分之前元炁渾而為一天地既分
之後則有陰有陽而一炁之清濁形焉故曰炁萌太朴然一
炁之清濁既形則陰炁之精下凝而為山陵川澤陽炁之精
上騰而為風雲日星上下之炁感而孕質焉人之生老病死
皆陰陽之二炁以主之也但其太朴之世人文未著巢居穴
處死而弃之未有創始而為居処葬埋之牵者故於斯道無
所議焉及其人文既開則此道所不能无者而吉凶禍福之
議所由形矣彼不得其理而蔽於有形者莫不以為曷如其
無之為便若通其故而能察於無形者又何惡乎其有之雖
明況夫陰陽之理雖曰藏於杳冥而無迹实則關於休咎而
有徵又為可有而不可無者何可利其無而惡其有哉今欲

著為言詞而以禍福諭之人人似為惑世誣民之事而非君子之道焉及其終也則顧效驗顯然而非可以忽畧者知其可忽而能已於其言則不假於予辭之贅疣矣柰何居處葬埋之理实無越於陰陽之炁如此而可以無言乎哉

山川融結峙流不絶双眸若無焉乎其別

此言山川之聚散要目力之明以區別之也融結者山川之融吉結聚处也峙立流行也山脉祖於崑崙發出枝派逶迤而行遇水而止故其山川之融結者雖然止聚於此而其流峙者尤不絶也但當竭其目力之明別其枝幹之体隨其炁脉之止聚处而取用之若無眼力之明識則未有不至於取其流行而舍其止聚者矣

福厚之地雍容不迫四合周顧辨其主客

此言福厚之規模也若是福力渾洪之地則自然廣大寬舒有雍容之体無逼迫之形也又且前後左右之山周流拱顧但當分其主客趋迎之勢而扞之則福應無疑矣主者龍穴客者朝山也

山欲其迎水欲其澄

此言山水之所喜者如此迎者拱揖而有情也澄者澄渟而不動也

山來水回逼貴豐財山囚水流虜王滅侯山頓水曲子孫千億山走水直從人寄食

此言山水之吉凶也若見衆山來拱而諸水回環者逼旁則主貴而豐厚則主財也若見兩山囚逼而一水直流者主王為所虜侯為所滅也山或頓起水或屈曲則主卿人而子孫有千億之衆也山或走竄水或直流則主家破人離從人而寄乎衣食也

水過西東財宝無窮三横四直官職彌崇九曲委蛇準擬沙堤重重交鎖極品官資

此言水法之吉也横水抱穴不問東西來去皆主富貴故曰財宝無窮若穴前見有兩三重水横過三四派水直朝則官職彌崇之兆而貴炁莫擬也或是委蛇屈折九曲出入明堂者主有宰相沙堤之貴更得水口重重交鎖則主官資極品而富貴兩全也

炁乘風散脉遇水止藏隱蜿蜒富貴之地　不蓄之穴是謂腐骨不及之穴生人絶滅騰漏之穴翻棺敗槨背囚之穴寒泉滴瀝其為可畏可不慎哉

此言穴法之吉凶也蓋扦穴以炁脉為主因龍求脉因脉求炁有水以止之無風以散之見其藏事隱焉而有蜿蜒之体跂者乃富貴之吉地也若穴無水止則生炁走透不畜於此奚之適足以腐壞尸骨而已若炁止於上而穴於下則生炁不及於此謂之泥水絶穴葬之則主絶滅也騰漏者謂其四山空缺使[illegible]之浮炁乘風而騰於上支之泥炁乘風而漏於下葬之則有翻棺敗槨之患也背囚者衆山皆背乎我而且高壓囚逼則必為陰慘冷主有寒泉滴瀝之患也凡此四者

皆為可畏之穴可不慎乎此哉
百年幻化離形歸真精神入門骨骸反根　吉炁感應鬼福及人東山吐燄西山起雲穴吉而溫富貴綿延其或反是子孫狐貧

此原葬法之蔭注也蓋人生百年歸於幻化々々之道離其形体歸乎本真魂升于天魄降于地此葬埋之義所由起而擇地以藏之者甚理為不謬也若葬得其法而能乘乎地中之生炁則亡者神魂得安自然以一炁之故感發乎生人而生人必以昌盛應之矣人以亡靈之炁感而昌盛則昌盛之福非人之自福鬼福之所及也蓋父祖子孫本一炁之相關者故有如是之感應也觀其東山吐焰西山起雲此感彼應而人鬼之迹可知矣故穴得其吉而棺為之溫和則子孫受蔭而富貴為之不替其或反是而穴不得吉則主子孫狐而且貧矣此自然之應也

童斷與石過獨逼反能生新凶能消已福

此言山有七者之不可葬也不生草木曰童々則炁不發生矣崩陷穿鑿曰斷々則生炁不續矣石骨嵬峩曰石々則帯殺剛硬矣橫山竟去曰過々則大勢不聚矣山無攙從曰獨獨則孤露無情矣四山迫近曰逼々則局不寬而與形傾勢側曰反々則堂不受炁矣葬此七者能生未見之新凶能消既受之已福不可不慎之也

貴炁相資本原不脫前後區衛有主有客水行不流外狹內闊大地平陽沓茫莫測沼沚池湖真龍憩息　情當內求慎勿外覓形勢彎趋享用五福

此言尋地之大槩也蓋龍之行度各起祖宗而見父母胎息孕育然後成形要得貴炁相資使其本原之不脫為妙又要前後區衛周密主客登對分明方為的當至於穴前之水須要屈曲而行不可直流而去內須開濶而見其堂局之寬平外須抱塞而見其水口之窄狹此言山谷之地也若是平陽之地炁脈沉隱沓茫莫測但得沼沚池湖瀦積於前關截其脈則真龍憩息於此而結穴必貴矣然平陽山谷之穴高低大小之体雖曰不同而吉凶向背之情則一而已欲觀其情皆於穴內求之不可自外而覓也蓋化工雖隨物而付形山川則徙步而易狀苟於穴外求之則咫尺之趋轉而山川之美惡頓異矣烏足以定其穴內之吉凶哉但於穴內而見其形勢之彎趋則是山水有情而享用五者之福必矣五福者壽富康寧攸好德考終命也

勢止形昂前澗後岡位至侯王形上勢縮前案回曲金穀璧玉山隨水著迢々來路挹而注之穴須回顧天光下臨百川同歸真龍所泊熟办玄微

此言高壠之結作也勢來而止形止而昂前有隔截之水後有樂托之山若此者可以致貴而位至侯王也形止者龍炁到頭而止聚融結也勢縮者龍之將住而縮爪藏牙也又得前案之回抱彎曲則可致富而金穀璧玉之廣積也夫山谷

之地主夫富貴之應如此而其作用之法果何如以尽之哉盖其龍之来也則有分水以導之故山随水著迢迢而来也龍之止也則有合水以界之故水来拱挹而注之於前穴當顧其邑注之處以為向不可失此挹注之処而見其湍激反背也然吉地之融結豈惟向定於挹注者所當用心哉尤有入手之玄微所當熟办也盖有真龍必有真穴穴穴之結則必有陰陽緩急順逆生死之故其理極玄微也如遇天光下臨百川同帰之处則為真龍所泊法當緩步重登回心詳審于其似有似無或隱或显之間熟办其玄微極至之理以定夫迎接放送正折饒減之功焉斯可也

雞鳴犬吠鬧市烟村隂隂隱隱孰探其原若乃断而復續去而復留奇形異相千金難求　折藕貫珠真机落莫臨穴坦然誠难捫摸障空補缺天造地設留与至人先哲难説

此言平支之結作也雞鳴犬吠鬧市烟村者言其平陽之龍落在人烟辏集之所也其体段如蓋中之酥雲中之雁灰中線草裡蛇其迹隱隂难办非察脉之善者不能探其發跡之原也人見其形影不露隱拙难明莫不以為気弱难裁殊不知其気雖隱伏而殺没気全吉莫能擬若乃見其土脉帯連既断而復續水城屈曲既去而復留則山水眷恋有情必結奇形異相雖拼千金难以求取也此等之地延為我之所取而人何以尽弃之耶盖其折藕貫珠之勢真机落莫于平陽又且落穴之際坦然無迹是以难於捫摸而為人之所弃也

毒得此等之龍而障空補缺又有天造地設之妙則為極貴之地必為天之所秘待有至人然後付之雖是先賢亦為難説而豈常人所能測度哉

草木鬱茂吉気相随

此言吉気之應驗也盖草木得気而生若非気盛之所則草木衰枯而不鬱茂矣今言草木鬱茂則是吉気相随之所而可以居葬矣覌脉察気者於此亦宜詳之

内外表裏或然或為

此言風水有天人之異制也内身裡者龍身穴也外身表者水身砂也龍穴砂水固有天生自然之妙而不假於人為者亦有人事裁成之制而非出於天然者蔡氏曰自有宇宙即有山川数不加多用不加少必天生自然而後定則天地之造化亦有限矣故知融結之在夫者常少而裁成之在人者常多也

三岡全気八方會勢前遮後擁諸祥畢至

此言入局之所喜也三岡者本身龍虎之明阜也八方者四正四維之方位也三岡之気全而不缺八方之勢会而不離則必前有遮後有擁而千祥万瑞畢至於此矣

地貴平夷土貴有支穴取安止水取迢遞

此言四者之所貴也平夷者脉落平陽也有支者脉勢歛擻也安止者穴法之融和也迢遞者水城之屈曲也

向定陰陽切莫乖戾差之毫釐謬以千里

此言定向之精詳也蔡氏曰陽山取陰為对陰山取陽為对此主客相对有陰陽也陰陽之向定莫差則富貴之應驗有準若差誤毫厘之間則禍福千里之遠而吉地不成矣

擇術尽善封都立縣一或非宜法主貧賤

此言擇地之占凶也術者択地之法術也尽善上文所言是皆

公侯之地龍馬騰起面对玉圭小而首鋭更過本方不孝而至宰相之地繡繖伊邇大水洋朝無上之貴外臺之地捍門高峙屯踏排近周圍数里筆大横椽是名判死此昂彼低識难推擬官貴之地文筆揷耳魚袋双聯庚金之位

此言官貴之所由分也土星頭高頭低若為龍馬山火星小而首鋭者為玉圭山火土二星皆主乎南謂之本方主有公侯之職不孝而至也綉繖之山伊近乎穴又得大水洋朝乃為無上之貴而宰相可至也水口之傍兩山对立而高峙謂之捍門山更得屯軍踏節之山排近于左右周圍乎数里之遠主出將帥外臺之職也穴前倒筆之砂如横椽之大名曰判死筆主出掌刑獄之官此皆之砂直硬可畏須是穴法真正昂然独尊使倒筆之砂低伏脚下不能為穴之害方主前應不然則為暗刀砂矣主凶凡遇此砂則誠难于推擬也水火二星夾于穴之左右謂之文筆揷耳主有官貴之應金星小巧名曰魚袋以其形如朝官所佩之魚袋故取以名之若得此形双聯則庚金之位可致也

南火東木北水卻從地有佳炁随土而起山有吉炁因方所主

此言炁以得地為吉也在于南方火炁為旺在于東方木炁為旺在于北方水炁為旺若在西方金炁為旺蓋地有佳炁之炁則必随土而起所以有金木水火土之五星也山有休吉之炁皆是因方所主所以有南火東木北水西金之旺相也若或金南火北土東木西則為休囚之炁主凶卻伎二字未詳宜作西金二字恐傳寫之誤也

文筆之地筆尖而細諸副不随虛馳材藝大富之地圓峯金櫃宝貝登来如川之至貧賤之地乱如散蟻迯人大观如示諸指

此言富貴貧賤之域也蓋主乎官貴者文筆之地也文筆以尖而細者為直若有文筆而無誥軸屏帳掛榜浪袍之類以副之則為文筆孤单雖有文章俊傑之士亦不貴顯不过虛馳材藝而已若是大富之地則有圓峯金櫃之山出見又得諸宝雜貝之形允登而来如川流之至也若是貧賤之地則見其山形散乱或直或横走東走西渾如散蟻之不聚也凡此富貴貧賤之域若遇達人之大观則吉凶禍福區別無差如示諸指之不难也

幽陰之宮神灵所主葬不斬草名曰盜葬

此言葬必奠告于神祇也葬人之穴謂之幽陰之宮幽陰之宮必有神灵主之葬當奉其斬草之制奠告神明謂之大葬若不斬草而致告於神明則為盜葬触怒神灵亦主不吉或有变應怪見之証也

葬近祖墳殃及兒孫一墳榮盛十墳孤貧

此言葬近祖坟之獘也蓋葬近于祖坟之傍則奪祖坟之氣
而新坟一支之子孫崇盛矣祖坟之氣既為所奪則舊坟上
支之子孫必然退敗而孤貧也

穴吉葬凶與棄屍同

此言葬凶之獘也葬凶之目有七或不得其穴情或不得其朝向或不得其浅深或不得其葬法或不得其良期或不得其損益或不得其尅制七者有一焉皆為葬之凶也既是葬凶必無吉福葬無吉福之蔭則与弃尸者無異矣

陰陽符合天地交通內氣萌生外氣成形內外相乘風水自成
察以眼界會以性情若能悟此天下橫行

此千篇終而教人以察地之要也蓋風水之玅法不過陰陽之配合而已山靜屬陰坤地之象也水動屬陽乾天之象也若得山水之和會則陰陽符合而天地交通矣豈非天然之吉壤乎若論穴中之配合則氣藏土內謂之內氣水流土外謂之外氣若得內氣之萌生則有分有合而外氣自然成形矣善葬者審其山水交會之処內乘生氣于地中外接堂氣于地外則內外相乘而風水自成矣然察地之法有相皃有性情觀相皃者得其偽觀性情者得其真既能察以眼界而觀其相皃之妍媸又能会以性情而觀其情意之向背則大觀之下地無遁情雖縱橫馳騁于天下可矣豈有畏縮而歛手于人乎

新刊地理五經圖解卷之一終

新刊地理五經圖解卷之二

唐國師救貧楊筠松著
石門陳正言解

撼龍經

明新安 愼斋方明偉校
雲峯譚 澤編
金山方文亮刊

貪狼星第一

貪狼頓起笋生峯若是斜枝便不同斜枝到頂為破面尖而有
脚號乘龍脚下橫拖為帶劍文武功名從此辨

此別貪狼有正反二体也貪狼屬木尖為正体有脚是帶曜劍為貴曜再看所函之砂如何以辨文武官班之位

橫者是穢側是峯此是貪狼出陣龍側面成峯身直去不是為
朝便不住莫來此處認高峯這是玄武在其中亦有高山是玄
武玄武落処四獸聚々処方為龍聚峰四獸不顧尺成空々亡
龙上莫尋穴縱然有穴易歇滅或為関峡似龙形正身前在峽
中行時師多向峽中覓不識真龙斷續情

此言貪狼之行体也関峡之山雖似龙形必非貪狼正脉行度自然不貴時師不識真龙斷續之処必有此龙來作関峡乃於此処求之以為真穴何其愚哉

貪狼自有十二樣尖圓平直小為上歌斜反石倒破空禍福輕
事自不同 歌反似斜々似反斜似乘龙反似直臭即似巨倒

似空々似有岩即似石問君來此如何覌見道貪狼總一般歌
是崩崖破是折斜是邊有邊不同尖是面尖身直去空是岩穴
多玲瓏倒是飛峯偏不正七者未是貪狼龙　平地卓然頓起
笋此是尖貪本來性圓要歌及四面同平若卧蚕在高嶺直如
決脊引繩來小似筆頭抽高塔五者方爲貪正形吉凶禍福要詳明
此辨貪狼之吉凶也歌者四面不均故曰崩崖破者露人中
水抝故曰折斜者边旁边峻故不同也尖者頂伸而脚飛故
曰面尖身直去也空者有虛岩故曰玲瓏石者露石岩嵯也
或有石笋峯者不以此論倒者背斜而直故曰飛峯此七者
非貪狼龙也下五者乃是貪狼正形卧蚕之在高嶺是横張
木星之体也决脊刑栿也引繩墨線也

入卷二　二

少淮要起廬貞位生出貪狼由此勢若見火星動焰時看他蹤
跡落何処此龙不是尋常貴生出貪狼別有奇　火星若起廬
貞位落処須尋一百里中有貪狼小小峯有時回顧火星宮世
人只道貪狼好不識廬貞是祖宗貪狼若非廬作祖爲官也不
到三公
此言貪狼貴以廉貞爲祖也廉貞位外也地卦以震爲廉貞
又外爲大火之次也有時回顧火星宮者言貪狼行去既遠
間或再起廬貞而顧祖也
高山頂上平如掌中分細脉如蛇樣貴龙多是穿心出富龙只
從傍生上　高山如幙後面遮帳裡微々似帶斜帶舞下來如
鼠尾此是貪狼上嶺蛇帶舞下來鷩伸頸此是貪狼下嶺蛇上

舊解生朱紫客下嶺須爲富家
此言貪狼之出帳而两办其富貴之殊也
大山特起小爲貴小山忽起大爲勢高低大小斷續行此是貪
狼真骨氣　大抵九星有種類生子生孫巧相似相似方知骨
氣真剝換不真皆不是一博一換大生小從大博小最奇異博
換退卸見真龙小峯依舊貪狼起
此言龙之博換貴乎不失祖宗骨氣也
剝換如人換好裳如蟬退殼蚕退脏或從大山落低小或從高
峯落平陽　退卸博換成幾段十條九條乱了乱中有一條却
是真若是真時斷了斷
此言龙以博換退卸爲真也退卸愈多則愈巧而殺氣全脱

入卷二　三

乱山回抱在面前不許一條出外边只有真龙坐火内乱山在
外却爲纏　此龙多從腰裡落回轉餘枝作城郭々々弯環生
捍門々外羅星當腰看
此言纏護之山也水口一峯卓立者爲華表兩峯對峙者爲
捍門火内者以廉貞與羅星言之始終皆是火也
羅星要在羅城外此乃火星常作對火星龙始有羅星若是羅
星不居内々々名爲抱养歸又爲患眼堕胎山罗星若生罗城
口々々皆爲玉笋班默罗城恰似城墻势龙在城中聚真氣罗
星若在城閥間時師喚作水口山欲識罗星真妙訣一边枕水
一边田々中有骨脉相連或爲頑石焦土堅此是罗星有餘氣
卓立爲星在水边　貪巨罗星方身尖輔弼武曲圓匾眠禄存

無真多破碎破軍尖破最爲害只有尖圓方扁星此是羅星得正形忽然四面皆是水兩山環合鬱然背羅星亦自有種類浪說羅星在水邊

此論羅星也羅星者羅城之外把截水口也

貪狼總圖

巨門星第二

巨門尊星性端莊纔離祖宗即高昂星峯自與衆星別不尖不圓其体方高處定爲頓笏樣但是無脚上兩傍如此星峯止一二方峯之下如駆羊方岡或如四角帳帳出帶如飛揚揚要得穿帳去帳中兩角随身報枝葉不多關峽少却有護衛随身防帶旌帶節来擁護旌節之峯多是双更有刀劍同護送刀劍送後前圍岡離宗斷處多失脉抛梭馬跡蛛系長梭中自有系不斷蜂腰过處多趨蹌自是此星此尊貴護送此星来就体安建擴斷过處時兩傍是有衣冠吏衣冠之衣似圓峯兩边有脚衛真龍若是独行無護衛定作神壇佛道宮平行穿珠行数遭忽然又作方峯把方峯直去如橋杠背長脑類平尖合平

貪狼如一字生在山嶺如卧蚕武曲横從身中出貪狼直去如僧衆夾輔護龍次第轉真龍在內左右函

此言巨門之体峻也巨門属土其体則方杠即橋也

此龍住處無高瓏間生窩穴隱深渾　独在山峽中間去穴落高岡似草庵四圍若高来朝護前案朝迎亦高聳却作高穴似人形梭劍端嚴似真武

此言巨門之結聚也

此龍若行三十里内起方峯止三四峯峯端正方身長不肯欹斜失尊体峯上忽然生摺痕此身應貞何以異凡起星峯不許斜更孅生脚照他家

此言巨門行度不失尊体也生脚照他則爲奴矣

端峯若生四花穴穴穴端嚴要君別真龍直去向前行四向誤成龍虎穴此是武曲鉗峽来間氣来此偶生穴此龍誤了幾多人定来此處說真形要識四花穿心过但看護衛不曾停

此言四花假穴乃是武曲間氣而護衛必不停也

尊星自有尊星体方正爲屏將相位巨門行龍少鬼劫蓋緣兩位多羅列小公分處夾龍行不肯单行走空缺小公分处乱生枝枝葉雖多夾水随護龍亦自有背面背後如壁面平夷夷便是貼龍体龍过之時形怪異不起尖圓即馬旗攢劍幡花帰此地護衛纏遶如打圍重重包裹外山帰致令巨門少關峽護送無容左右離明堂斷定無斜瀉横案重重拜舞伏

此言巨門無鬼劫關峽而堂案自平伏也小公即仰華山也

平貪稜巨圓武曲尖圓方整不触斜三星尖圓方整処向此办
别無猜疑識龙頂識办疑処識得真龙是圣師
此言貪巨武三星亦有疑似之當办也平貪節寄蔵巨節蛛

巨門總圖

八卷二　一六

禄存星第三

禄存上形如頓鼓下形有脚如爪獸ㄟㄟ前頭有好峯此是禄
存带禄処大如螃蟹小蜘蛛此是禄存帶殺処殺中若有横慶
倒此是權星先出武大龙大峡百卜程宝殿龙楼去无数忽逢
此等入長垣万伋打圍君莫顧痴師偷眼傍脾睨者黙然佯
不覩若然尖脚乱如芽喚作蚩尤旗本邪小圓帶禄圖本身將
相公侯出方虎　入抵星辰嫌破碎不抱本身當作惟無関无
峽端正龙只悪龙神多破敗惟形異穴出兇家殺戮平民終大
壊草頭作乱因此小赤族誅夷償命債作乱誅夷必有緣禄在
龙上有枝槍　方虎周宣王將名将方叔召虎也
此言禄存之各体而及破敗之凶也禄存属土不失方位禄
存陵峩斜而有脚蚩尤天上旗星名㭊槍出火脚飛揚也

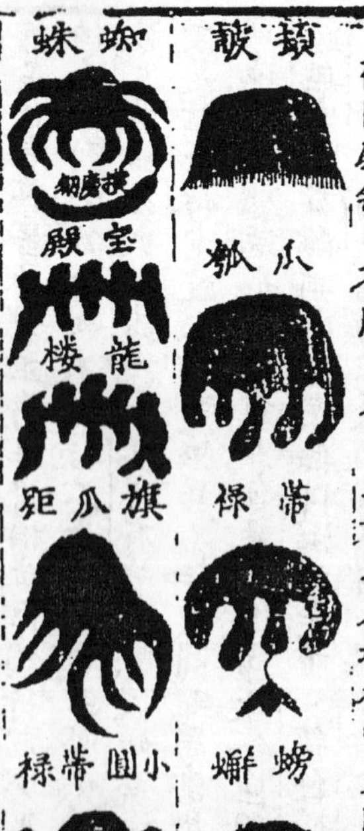

頓鼓微方似武曲ㄟㄟ端正下無足有足周圓真禄存圓净方
為武曲尊
此言禄存武曲之分别也
龙家最要仔細办疑似乱真分背面背似而非豈有真此是禄

八卷二　一七

存尖移轉门処是面凸是背作穴分金过如線　九看星辰看
轉移ㄟㄟ須數母顧児枝分派别有真種忽作瓜蔓死東西
此言以背面而办真種也母顧児者形相似也
十里半程无岡嶺平陽砂磧烟塵迷到処君須看水勢ㄟㄟ莫
問江與溪只要两源相夾出交鎖外結重ㄟ圖禄存好処落平
慢大作方州小鎮縣坪中時復乱石生或起横山或棱面　此
処或如輔弼形輔弼无枝禄生辨禄存帝車第三星也主為文
逆主兵
此言禄存之在平陽者形与輔弼別也帝車斗也
九星行龙皆要禄最要夾貪并巨局或從武曲左右起此等貴
龙看不足若逢此星遠尋穴莫向高小尋促局若遇九星相夾

行只分有足并無足 燕雲下嶺出九関中帶禄存一吉山高
出峽裡多尖秀也有圓禄生降穎君看山須分種類亂指橫山
作正班禄破二星形無数也有正形落低处也有低形上垅頭
雜亂分形君莫誤形在高嶺爲高形山頂上生禄存星形似平
陽山阜五頂矮脚手亦横平頂上生形頂必正平地生形脚乱
行請君看我細排列禍福皆從龙上生

此言九星中皆有禄存而办其高低之此勢也燕雲二山皆
在高地峯高揷天州府亦在川源上湊頂分枝曰手則破星
体山下生枝曰足排列下文九個禄存是也

第一禄存如頭鼓脚手對對隨身去平行有脚如劍鋒旋脚幢
帨排次序此等星辰出大江中有小貪并小巨輔弼侍從左右
生隔岸山河遠相顧 此是龙神作州縣雄抛十州并一路忽
然諸山作垣局更求吉水爲門户若得吉水爲門户万水千山
不須做

第一禄存如覆釜脚尖茅戟周回布有脚方爲真禄存无脚名
爲禄推巨 此星定是有威權白手成家稱巨富

第三禄存霍瓜布兩短中長龍出露露定爲低小形隱隱前
行忽蹲踞有穴必生龍虎巧醜陋穴形龍不住
第四禄存肋扇具脚手又似扛絲勢
第五禄存如懸鵝破碎肋痕搯無数此龍便是手行星星手生
枝自頂分撓棹回来斬関做高山大峽闢三門

第六禄存落平陽勢如巨浪攘膝張他星亦有落平者此星平
地亦飛揚脚擺時復生巨石石色只是黒并黄兩傍請看隨龍
峽長短大小宜消詳護龍轉時看他落落处當隨水斟酌右轉
皆右不參差左轉皆左無駁雜朝迎指正真穴形左右高低君
莫錯禄存孔形如披髮鬣曰衆多勢如抹
第七禄存如長蛇左右無護無關遮此龍是作貴龍徒枕在水
邊自横斜

禄存平結圖

第八祿存在高頂如戴兜鍪有領漸低漸小去作穴是作窩
鉗極端正此星既為八貴龍捉穴真時最昌盛
第九祿存如落花片片段段水夾砂不作蛟潭為鬼穴定作罗
星水口遮

兜鍪落花圖

此排九個祿存禍福也第七第九皆無收拾只作閑關而已
天下山山有祿存或凶或吉要君分莫遍祿存全不善大為將
相公僕門要知五岳真龍落半是祿破相參錯大行頂上馬耳
峰祿存身上貪狼龍太山頂上有日觀下有月觀高一半此是
祿存上有貪如此星峯孰能判海中洲渚亦有山君如論脈應
言難不知地脉連中国遠出山形在海間東出青齐為東岳过
尺平陽大江塹地絡連延隨勢生澗水止龍君莫錯我觀祿存
滿天下九等分星無識者君如識得祿存星珍宝連城貴無價
此言山山有祿存而祿存貴能識也

文曲星第四

文曲正形蛇行儀若作浴邪如撒網此星柔順最高情形神恰
似生鱔樣 問君如何生此山定出廉貞絕体上 問君如何尋
絶体本宮山上敗絕氣問君如何尋本宮宝殿之下初出龍認

得星峯初出面看是何星細推辯
此言文曲之本并其所出之地也文曲屬水其体長曲廉為
火星敗絕在水故以文曲為本宮敗絕之氣也廉貞之平者
多結宝殿々々之下必有文曲出脉然後起峯方成龍也龍
認此峯出面是何星辰須細辨也
九星皆挾文曲行若無文曲星無変々星便看何星多々者為
主分惡善 文曲星柔最易見每遇旺方生夾面々々成峯身
直行直去多如綠雜線
此言九星皆有文曲而文曲乃成峯於夾面也旺方者金水
相逢之処也夾面者金星夾角而見也綠雜線小中有大也
此星山骨少星峯若有星峯輔弼同平地蛾眉却為吉半嶺蛾
眉最得力若有此星連禮生女作宮嬪后妃職男家因婦得官
班又得資財并美色 九起星峯必有情自然連接左右生若
是無峯如鱔樣死龍散漫空縱横縱饒住処有穴形社坛神廟
血食[illegible]星若是作墳并建宅女挿花枝逐客行男人破家因酒色
女人內乱公訟與更出癆瘵鬼療病又令冷退絕人丁
此言文曲貴得星峯必無星峯者不可以居葬也文曲起
峯便与輔弼同体多結蛾眉文星之類故曰平地蛾眉云云
困龍坪下數十里忽然卓立星峯起左右前後忽逢迎貪巨武
輔取次生只得一峯龍便活蛾眉也變輔弼形 平行維云変
輔弼只是低平少威力若得尊星起一峯便使柔星為長雄男
人端貌取科第女人主家權勝剏

此原蛾眉已交輔弼而輔弼又不如尊星之可貴也尊星者
貪巨武是也
大率尋龍少全格雖出星峯多交易輔星似弼巨似文長短高
低細辨識莫道凶龍不可栽也有凶龍起家因慕緣未識間星
龍貪中有廉文有弼武有破軍間斷生祿存或有巨武力十里
之中卓一峯小者成大弱成雄此是龍家間星法大頓小伏為
真踪一山便斷為一代看在何代生間龍便向此星定富貴困
弱生旺隨星峯困弱之龍無氣力死鱓烟包入砂磧十里百里
無從山独自单行少收拾君如識得間星龍到処鄉村可尋覓
龍非久遠得全氣易盛易衰非人也
此承上文而言間星之當識也識得間星之龍則于死絕処
可察生成之氣脈又於旺相中可審休廢之踪由輔星似弼
輔則差高巨星似文巨則差矮故曰長短高低細辨識也

文曲總覽之圖

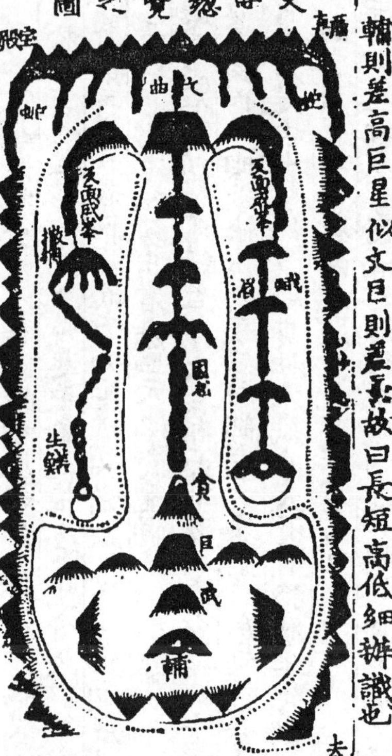

廉貞星第五

廉貞如何號獨火此星得形最高大高山項上石嵯峨傘褶紐
頭裂絲破只緣尖焰聳天庭其性炎炎號火星　起作龍樓并
宝殿貪巨武輔由此生
此原廉貞所以得独火之名而表其為諸星之祖也廉貞屬
火其体尖斜
古人深識廉貞体喚作紅旗并曜氣此星威烈屬陽精高焰赤
黑峯頭起高尖是楼平是殿請君来此細推辨乱星頂上乱石
間此処名為聚講山聚講既成即分去分宗拜祖迢迢路尋宗
尋嫡更尋兒龍来此処最堪疑却来此処横生帳形如帳幙開
張様一重入帳一重出四重五重如巨浪帳中有線穿心行帳
不穿心来入相帳幙多時貴亦多一重只是富豪様兩帳兩幙
是真龍帳裡貴人最為上帳中隱隱仙帶飛帶舞低垂主興旺
天関地軸兩邊迎異石龜蛇过処生高山頂上有池水兩邊夾
楼真龍行間君高処何生水此是真龍楼上氣楼殿之上水泉
生水还落処兩邊迎真龍却在泉中过也有单池在傍抱单池
終不及兩池池若傾崩反生禍池平兩水夾又清此処名為天
漢星天潢天潢入閣道此星入相居天庭更有御龍在高頂水
貼龍身入深井更無水出可追尋或有蒙泉小如鏡看他辞楼
并下殿出帳聳起生何形廉星生処別立形此是分枝擘脉証
祖宗分処分兄弟来此分金貪識其性分貪之処莫令差差謬一
毫千里迥若峯貪狼從此出鐘釜枕梭巨輔弼方峯是為武曲
程最要来辨嫡庶行嫡庶不尖出帳形便是龍家五吉星

此原其起祖行龍之始末也帳下聳起之山謂之應星亡低爲入帳星高爲出帳以其身帳相應非如分孽之雜形又別於廉貞也蓋樓殿之下必起平貪之帳亡下生貪故曰分貪貪前再生巨武輔弼而去必要辨其嫡庶之行乃知嫡庶之貴賤正出者嫡傍出者庶也天池衛龍解見衛龍篇

廉貞惡石衆所畏不識真陽火裡精此龍多向南方落北上衆山驚錯愕低頭歛袵出朝來莫向他方妄參錯　凡是星峯皆有石若是土山走無力廉貞独火氣冲天石骨棱層平処覔

此言廉貞之位在南方廉貞之体在石骨也

廉貞不生吉星峯定隔江河作應龍朝迎必應數百里遠望鼓角声鼕〻

此言廉真不変者當爲遠應也

凡見廉貞高聳石便上頂頭看遠跡細認真龍此処生華盖穿心正龍出此龍最貴难尋覔五吉要聳華盖出此等真龍不易逢華盖三峯品字立両肩分作両護龍此是兄弟同祖宗兄弟便爲護龍去前迎後送生雌椎雌若爲龍椎作應雄若爲龍雌听命問君如何辨雌椎高低肥瘠便不同低肥爲雌椎高瘠爲来此処識踪跡真龍身上有三峯時作星峯拜祖宗但看護送似龍盤又有迎龍如虎踞隨龍山水皆朝揖狐疑来処失踪跡水口重〻生異石定有羅星當水立罗星外面有山関上生下生細尋覔盖缘罗星有真假真假天然有人力罗星傍水便生罗星端正最高職

此言真龍之結聚及羅星之真假也拜祖宗者落穴必顧宗也失踪跡者以隨龍之山水皆来朝揖踪跡繁多不能辨識也羅星属火方圓尖横俱吉上生下生言水之上下也

廉貞總圖

廉貞多生顧祖龍祖龍遠遠是朝峯更有鬼脚回顧入護送重生〻数重送龍之山短在後抱山不抱左右手纏龍過龍度

前三重五重福綿延纏多不許外山走那更長遠作水口護送托就若十全富貴双全真罕有尋龍千万看纏山一重纏是一重關〻門若有十重鎖定有王侯居此間

此言真龍之回迎而及護送抱纏之山也圖見後武曲條

廉貞已具貪狼内更述此篇爲詳載有人曉得紀旗星遠有威權近凶悖權星斬斫得自由不統兵權不肯休若遇廉貞不起石脚下也須生石壁石壁是背面是平平処尋龍出踪跡貪巨武輔弼尾行出身生処是何星博龍換骨若九段此是公侯將相庭　紀旗氣焰威灵在愚妄時師駭妖悖權星威福得自尊縱陜文皆亦威武廉貞一変貪巨武文武全〻登宰輔廉貞不

[illegible]乱倫弑君父

貪狼爲富廉貞貴於傳換也廉貞作祖傳換九星而行故曰會
巨武輔弼星行又曰九陵不變其形醜惡崔巍故主壞乱人
倫而有弑君弑父之禍也

武曲星第六

武曲星峯覆鐘釜鐘釜之形有何故鐘高釜矮事不同高即爲
武矮爲輔二者雖然皆吉星大小不容有差互武曲端嚴富貴
牢輔弼隨龍皁薄取　真龍若行五大程臨落之時傳補星知
梭如卯如亥月三三兩兩牽連從前關後峽相引從峽若多時
饒盛勇傳到輔星三四重仔細來此認龍踪貪巨若無輔弼落
高嶺知何住得龍雖然輔弼是入穴作穴隨形又不同穴隨星
峯作鉗乳形神大小隨龍踪

此辨武曲與輔弼之別而言輔弼爲入穴之星也武曲屬金
其体微方右圓峯伸脚如箕杓者武曲之不正也

圓峯忽然長拖脚恐是鬼龍如覆杓覆箕仰掌是鬼龍莫來此
処失真踪請君細認前頭穴莫使來前失後踪　問君何以知
我落看他尾後圓峯作問君知我如何行尾星擺動不曾停前
官後鬼須細辨鬼尅我身皆後面官星尅我在前朝此是龍家
官鬼現真龍落處陰陽乱五行官鬼無相戰水龍傳到穴龍出
鬼在後頭官出面坎山來龍作午丁却把地羅差使轉此是陰
陽雜五行不是龍家官鬼辨龍家不要論五行且從龍上看分
爭争龍奪脉是鬼氣鬼氣不歸龍尚行　大抵正龍無鬼山有
鬼不出半里背嶺龍出穴必有鬼退跳翻身穴後環鬼山若長

奪我氣鬼短貼身如抱攔問君如何謂之鬼正山背後撑背
分枝擘脉不回頭奪我正身少全氣真龍穴後如有鬼山短枝
多爲雉尾此是真龍穴後星々夜亦有尖圓体正龍穴後若有
鬼隻隻回頭來護衛若不回頭衛本身此是空亡卧地問君
何者是空亡穴後捲空仰瓦勢便從鬼上細尋覓鬼山星峯少
收拾真龍身上護衛多山々有情來供拱衛龍貼体不敢離中
有泉池暗流入要識真龍鬼山短緣有隨龍在後跟既有纏龍
貼護來不許鬼山空散漫鬼山面去投江河此龍氣纏散乱多
如戈如矛乱走去包裹無由柰尔何龍若無纏又無送縱有真
龍不堪用護纏多愛到穴前三重五重福綿延一重護衛一代
貴護衛十重牢栅地兩重亦是與專城一重只出簿尉　鬼

山亦自有真形々随三吉同弼類九星皆有鬼形樣不類本身
不入相貪狼鬼星必尖々武曲鬼星枝葉少多作圓峯覆杓形
撑住在後最爲妙巨門墜珠玉枕貪作天梯背後生一層一
級漸低小雖然有脚無横行巨門多爲小横嶺托後如屏玉几
正弼尾作鬼如帷屏或從龍虎後横生々々尽都抱穴後金斗
玉印盤龍形補星多爲鎗節鬼三對平如篤王字三對兩對相
派行曲轉護身皆有意廉文破禄本是鬼不必問他穴後尾
破禄廉文多作関近関々潤爲散関関門是局有大小破禄二
星多外関禄是無禄作神坛破星不破爲近関善論大地論關
局関局大小水々小　鬼山穴向横山作正龍多是平地落平
地勢如蜈蚣行脚長便如撓掉形停横向前穴即近撥棹向

龍來停饒棹向頭忽峯起定有真龍居此地只看護托回轉時朝揖在前拜真氣大抵九星皆有鬼相類相如各有四四九三十六鬼形識鬼便是識龍精

此於武曲之不正者而詳其官鬼與關局也真龍落處總有官鬼官鬼以龍我身而得名者與相戰之理也故曰真龍落處陰陽乱又曰龍家不要論五行正龍落穴多是橈棹護衛而來以其從後而衛於前故亦曰鬼也

問君如何謂之官朝山背後逆拖山此是朝山有餘氣與我穴後鬼一般官星在前鬼在後官要回頭鬼要龍官不回頭鬼不龍只是虛拋無落首　龍虎背後有衣裾此是官欄拜舞袖雖然有袖穴不見官不離鄉任何受

此言官鬼與曜氣之應見也

正結回沱圖

真氣聚處看明堂明堂裡面要平陽明堂裡面停瀦水第一貴平是為貴又裂傾摧撞射身急瀉山崩騰非吉地明堂裡面八公位公位真在明堂裡請君未斷左右山先向明堂觀水勢明堂

亦有如鍋底攢聚金船龍虎裡直聚天心曲御階馬蹄直子有曲勢明堂要似還來水溫歸左位長公超溫歸右畔小公吳君在中心諸位貴大抵明堂横為貴其次之玄門鎖是蕩蕩直去不回頭雖似御階非吉地明堂要如衣領積左紐右積方為貴或是田塍與山脚如此關闌方可喜忽然前面无關鎖也劫風吹非吉利請君來此細消詳便識前官并後鬼　左脇生來搢笏樣右脇生來魚袋形方長為象短為木小巧是金肥是銀看此樣形尋局勢中間乳穴是為真　賜帶鬼形如爪瓠二條連移左轉去回頭貼身侍從官前案横交金盤玉盤賜祖金盤將左右在人心眼上重數如多賜亦多一重未是金犀磨二重是犀三金帶横轉穴前官轉大子孫三代垂魚袋右上三點虎身外三代子孫賜金帶三重横盤龍外尋四重即是賜金玉重數如多福最深此是龍家賜帶鬼真將龍向左邊臨　玉几方屏武巨形身後是几几外屏几屏須要問先後未有屏先几後生几屏如在後頭托此是公侯將相庭

此論明堂與官鬼也鬼固在後亦有自後而包向前者亦曰官星如賜帶鬼是也長短指搢笏言肥小指魚袋言

領襟賜帶圖

搢笏魚袋圖

賜帶瓜瓠圖

身後
几几
外屏

破軍星第七

破軍星峯如走旗前頭高卓尾後低兩傍失險落坑陷壁立反裂形傾欹

此言破軍之形体也破軍属金其体則圓

不知此星出六府上有三台遠為祖然後生出六曜星貪巨禄文廉武輔三台星辰號泰階六星兩兩魚眼挨双尖双圓如貪

卷三 二十

武都在絕頂双安排双尖定出貪狼去双圓生出武曲來上台中台下台出行到六府文昌臺文昌六星如偃月穿星六星似環玦平頂上頭在六星六處微堆作凹凸凹中微起似六星生出九星若排列

三台变换圖

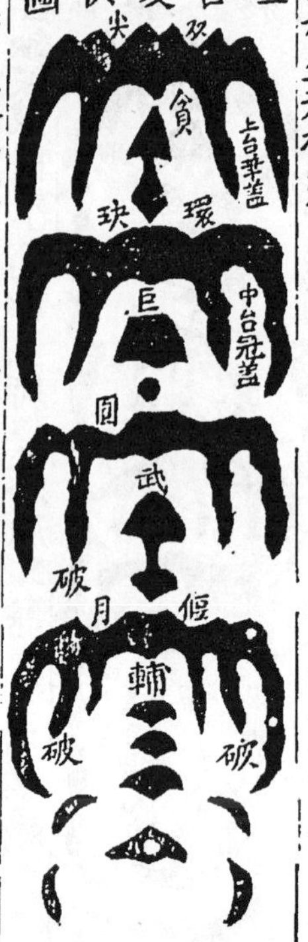

此言破軍受变於台星而生出乎九星也盖支体雖是破軍而峦頭必有所属以台星為首而破軍承之故曰上有三台

遠為祖乃受变於台星也三台者上台華盖中台冠盖下台宝盖也六曜星即三台頂起之六星也六府即是六曜文昌乃是左輔行到左輔則可作穴由三台而生出貪巨武至於輔弼故曰双尖定出貪狼去双圓生出武曲來上台中台下台出行到六府文昌臺

破軍皆受九星变逐位生峯形象現山形在地星在天星氣下感禍福驗尊星頓起真形了枝枼皆是破禄占尊星雖 亦有三吉三吉之餘有輔弼不知三吉不常生百處觀來無一 寶盖緣不識破軍星只説走旗拖尾出走旗拖尾是真形若出尊星形变生與君細論破軍体逐一隨星種類名 貪狼破軍如頓旗一層一級名天梯頂尖出前有岩穴伸頂猶如雞作啼頂頭有帶

卷三 二十一

下岩去引到平處如蛛絲欲断不断馬跡过東西隱顯梭中絲三吉之星總如此此処名為吉破地过坪过水皆如是定有泉塘兩夾隨貪下破軍巨門去去為垣局不須疑 巨門破軍裂卜字頂上微圓敦夾取勢如啄木上高枝直上高崖石嘴露此星出龍生爪足爪甲嶮岩若雞距此龍富貴生王侯五换六移出寧輔 禄存破軍在平頂兩脇蛇行肋微露前如大樹倒平陽生條生枝枼無數枼中生出嫩枝條又作高峯下坪去當知為穴亦不遠讓送不來作神穴 武曲破軍破圓櫃身形臃腫崩形勢前頭走出鶖伸頸嶺上下來如豕鼻一高一下脚不尖作穴乳頭生富貴 廉貞破軍高崔嵬水流關峡声如雷 輔星破軍如幞頭兩傍有脚如抛毬 弼星破軍如㽞雞行到平

中一特卓三三兩兩平中行直出身来横布脚爲神爲廟惡當
貴只看纏護爲斟酌纏多便是富貴龍纏少只爲鍾鼓閣
盖鍾樓鼓閣本爲郡邑鄉村之外應雖無纏護不爲嫌也

五換六移圖

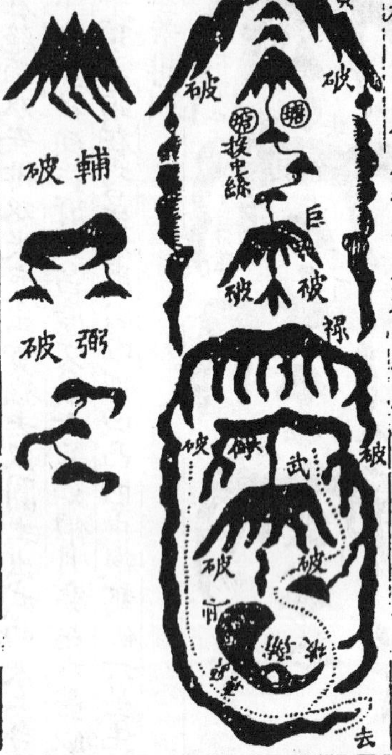

此申破軍受変於九星而條陳其槩也咏水鳥名掛足雞距
皆開三股五換者自巨而至武也五星已換并其作穴之處
爲六移蓋其穴必有脈而非直結於武曲或变左輔或右弼
爲六移也祿存一換即爲武曲故曰又作高峯下坪去當知
爲穴亦不遠雖是武曲作穴亦要護纏故曰護送不来作神
宇廉貞只爲龍祖山水峻急水流関峽之処声響如雷輔弼
爲三吉之餘多行平地凡此行龍出局皆要纏護爲美否則
只爲鐘樓鼓閣之應而已矣
九星皆有破祿文三吉之形輔弼尊平行穿珠巨門祿關棹尖
拖是破軍吉星之下無不吉凶星之下凶所存况是凶龍不爲
求只是閑行引过身縱饒有穴必是假假穴如何保久在鑾曲

人卷二　十二

歸只來尋龍脉来此峡内空低蹲便指纏護爲積氣或有遠秀
山他村便說朝山朝水好下了凶事自入門假只緣不識五龍
出前面必出星辰尊等星沾了死龍穿換了破軍廉祿文破軍
忽然横開帳幔裡戈旗出生旺此龍去作將軍形前遇溪流爲
申杖破祿形象最爲多枝曼臨延氣少和不爲尖刀即劍戟不
作蛇形即櫛梳三逢六秀方位上上與六氣横天河六氣変而
生六秀凶星到此亦消磨凶星消磨生吉氣定有星辰巨浪波
此是神仙絶妙法不比尋常拾地羅　與君畧舉大形勢舉目
一望皆山河天下江山幾萬里我見破軍到處是祿存文[redacted]輔
弼星低小山形總相類只有高山形象殊畧舉大綱与君議崑
崙山脚出閬顛隻臭即是破軍山連綿走入瀚海北風俗強悍

人卷二　廿三

人粗頑生児三歲李騎射胃鋌剛方是此間山来隴右尖如削
尽是貪峯更高卓此処如何不出文只爲峯多反成濁高山大
隴千峯多不如平原一雖卓行行退卸大散関百二山河在彼
間大纏大護到函谷水出黄河如玦環低平漸漸出熊耳万里
平陽漸如砥大梁形勢亦無山到彼尋龍何處看識得星峯無
處門个處尋龍最是難君無江流与淮水洸洸茫茫不見山河
流沖決山断絶又無石骨又無脈君君到彼說星峯一句不答
三寸舌黄河在北大江南兩水夾行勢不絶行到青齊忽起峯
兗州東岳挿天雄分枝劈脈鍾灵氣聖賢多在魯邦中自古英
雄出西北西北龍神少人識紫微垣局太微宮天市天苑大行
東南龍高枝过葱嶺黒鈌二山雪峯盛分出秦川及漢川五嶽

水星入枝連山行有断脉不断直到江陰大海邊海門旺氣連
閩越两边水夾相交纏此是海門南繖絡貫財文武相交錯何
處是貪何處文何處辨認武曲尊龍望氣先尋脉雲霧多生
在龍脊春夏之交身二分夜望雲霓生處覓雲霓先生絕高頂
此是龍楼宝殿定大脊微微雲自生霧氣如多亦難証先尋霧
氣截正龍却望枝龍觀遠應此是神仙尋地法百里羅城不為
迴知此然後論九星要識九星觀正形因就正龍行脚処認取
破禄中間行迢天下山山有破禄破禄交横有地輔水口也有
存無禄只為関破軍不破只為關闌關之山作水口必有羅星
在水間大河之中有砥柱四川之口生灩澦大姑小姑彭蠡前
來石金山作門户更有焦山羅刹石雖是羅星門不固此是大

尋羅星法識者便知愚者悟且如論及破軍星多是引龍兼作
護大龍須要大破軍小龍乱抉禄破文廉自多是作龍祖輔弼
随龍富貴分廉貞若高龍不出只是為應接為門户君看此州
縣関何處不生水口山水口關闌皆破禄無脚入牙如疊高或
為横山如卧虎或作重重如瓜鉩為鎖龍門透大河便是宮時
関水処大行处出河中府河北河南関西所入河北来曲射東
西山在水如眠龍馬耳山枕大江口絕無脚手為神廟灵壁山
來截淮河更無一脚如横过海門二山鎖两浙西山相合如環
玦文廣生脚鎖縮流横在水中為两截大関大鎖数十重定有
羅星横截氣截在江河不許流関内不知多少地小羅小鎖及
小関一州一縣須有關十關十鎖百十里定有王侯居此門鎖

遊羅星小関鎖挑水如戈石横卧但看無脚是關闌重数多少
分将佐君如能識水口山便識天地并禄破
此言破禄文廉必得尊星方能成地乃為天下一大形势而
詳其為然也破禄文廉雖是四凶或為関峽或為關棹或為
引從或為水口或為纏護或為羅星不可無也時師不識乃
於过処而作斬関假穴却指纏護之山以為稍護盖緣不識
正龍之行度有尊星変換之脉乃於峽内低蹲之处而尋此
假穴也平行穿珠之星圖畫而言者是巨門斜反而凶者是
禄存破軍亦有開帳之時頂頭破碎如笑子之乱投者即是
帳内攢起戈旗而出在於西方乃為生旺輔逢六秀方佐消
尽為星生出三吉活了死龍之骨到局必然將軍等形而成

富貴也尖刀劍戟是破軍蛇行擲梭是禄存尋常格地羅只
求六秀之方便以為吉不問星之美惡身此為不同也平处
禄存如擲梭文曲起峯変輔弼故曰相類輔弼力輕不能尊
主富貴随龍而定故曰随龍富貴分天戈星名在斗杓前一
星而光明者是也

破帳換星圖

左輔星第八

星輔正形如幞頭前高後低大小毬伸舒腰長如杖鼓後大前小駝峯仵下有兩脚平行去武在武曲左右遊此龍如何近武曲自是分宗為伯叔分宗已作兩貴龍此身他星事不同武曲兩傍必生輔不似他星變形去左輔自有左輔形方峯之下如卓斧此是武曲輔星形若是真輔不如此真龍自作貴龍身幞頭横脚高低去高頂高峯圓落有低處低落肩頂圓忽然堆起如羅印又如梨栗堆簇繁　頂上纍纍山結頂斷定前頭深入垣

此叙左輔之形而斷其有入垣之格也左輔屬金其体則圓者頭高頭低而方圓並處者爲武曲輔星方而高者為武圓而低者為輔蓋武輔皆金輔常傍武而生故曰或在武曲左

右遊武曲兩傍必生輔自是分宗為伯叔也若是真輔則似幞頭横脚高低而去肩頂皆圓前高後低者如大小拋毬伸舒腰長者如杖鼓後大前小者如駝峯若是堆或則如羅印梨栗堆簇之繁也或見此星纍纍結於頂上則斷定前頭入垣之際必得左輔之星侍衛左右而垣局極深邃也

要知此星名侍衛入到垣中最為貴東華西華門水横水外四圍列峯住此是垣前執法星却分左右為兵衛（此言太微垣也）方正之垣號太微垣有四門號天市紫微垣外前後門華蓋三台前後衛中有过水名御溝抱城屈曲中間流紫微垣内星辰是天市太微少全局朝迎未必皆真形朝海拱辰勢如簇千山万水皆入朝入到懐中九回曲（此言紫微垣也）入垣輔弼形微細隱隱微微在

平地左衛右衛星傍羅輔在垣中為近侍　右弼一星本無形是以名為隱曜星隨龍博換隱跡去脉跡便是隱曜行只緣飛宮有九曜因此強名右弼星

此承言輔為垣中侍衛星而及右弼之隱跡也弼在过峡出局処平如展席脉行之脊便是隱曜隱曜常隨八星而出皆附体也只緣飛宮有九曜之名故於此処強名右弼以配之耳蓋楊公之取於九星者於五星而紀其变体也於九变而名之以九星者以天星而断其凶吉也山形出於地而星則在天星炁下感則禍福驗也过峡処亦有左輔星見其來氣如鯉魚露脊是也朝迎未必皆真形者謂其侍衛朝迎於左右者非必皆是輔星真形亦有帶禄帶破而来者但只親拱

之多其勢如簇乃其体也

天下尋輔知幾処河北河南只三四更有終南太華龍出沒為垣尽如此南来莫錯認南岳雖有弼星垣氣弱却有回龍附大江水口三峯卓如削比龍燕雲多輔星又隨塞垣入沙漠兩京嵩山最難尋已被前人曾妄作東西垣局並長江中有黄河入水長後山屏帳如負扆下瞰秦淮枕水鄉輔弼隱曜入大梁却是英雄古戦場大河九曲之中有輔弼九曲分入首[illegible]無人識得左輔星識得之時莫開口

此章天下輔弼入垣之処而言甚為難知難陳也

如何識得左輔星必竟生峯無雜形天門上頭生宝殿宝殿引出龍樓横樓中千万尋池水水是真龍樓上氣而池必出龍脊

踪跡中崩便非大地地中若是帳裡星只分行迹身無形有蹤
便是真左輔無迹便是隱唯行縱跡不大也節節巨浪重重不
誰說巨浪是帳帳有杠杠曲生峯巧如玦杠湛便是華蓋橫曲
處生峯不作証証出貪巨祿文廉武破周而復始定脚天戈直
指破軍將此是天門龍出處若出天門是正龍不出天門形不
只一形不具便減力次第排求君莫誤自貪至破為次第顛倒
亂行多失序一博一換尋斷處斷處兩傍生旌旗旋繞行行蓋
天旗旗似破軍武斜去看他橫帶如巨浪浪滚一峯名出帳帳
中过去中央行不出中央不入相星行備具入垣時恰恰齊奇
合天象即垣星也代到京師驗前說帝垣果有星羅列南北縱橫來
西是東華水遶西華岡水從關口後來説九曲九回朝帝闕前

人卷二

星辰右在南上周召到此觀天象上了南岡望北岡聖人卜宅
分陰陽北岡峙立天門上分作長垣在兩傍垣上兩边分九個
兩切夾帝中央坐要識垣中有帝星皇都坐定甚分明君如要
識左輔宿凡入皇城辨垣局重重圍遶八九重九重之外猶重
復重山復嶺看輔星高山頂上幞頭橫低處恰如千官八戴弁
橫班如覆笠仔細觀來真不同應是為垣皆侍輔為上相鄰
次相破祿外衛廉次將文曲分明是后宮武曲貪狼帝星祿廉
有巨門最尊貴喚作極星事非詐三垣各有垣内星凡是星峯
皆内向　垣星本不許人知若不明言恐世迷只到京城君便
識重重外衛内垣低此龍不許時人識留與皇家鎮家國請
認蹤尋剥龍剥尽粗龍尋細迹

此備具入垣之星而書其真列之之迹也杠擁以墩也
橫生峯如杠玦正如紫微垣中之華蓋故曰杠是便是華蓋
橫天門乾亥之地也天戈解見前天象即是以星三垣皆有
帝星而紫微垣則独有極星也東華逶迤西華乃太微垣之
水也周召卜宅於洛是合天肆垣與太微垣異但其上南岡
以望北岡爲觀天象之成法故曰前星僕者在南上周召到
此觀天象非謂其到太微宮而觀乎太微之天象也分九個
者分九者之星辰如左輔為上相鄰次相破祿外衛廉次將
之分別也左輔之在垣局遠立高山之上近処平地之中故
觀於重山復嶺而幞頭高低視於垣牒平原而戴弁橫班仔
細觀之高低雖則不同緣其貴龍成局則皆羅列而盤踞也
京師指長安而言楊公後唐時人當時都於長安也

人卷二

左輔總圖

要識真龍真輔相只看高低幞頭樣若是輔星自作祖行行不
失真形象　君還三吉共作龍隨龍變形却不同貪狼尖尖亦
字立武巨曲方三個峯三峯節節隨身轉中有一峯是正面兩

傍夾者是輔星大小尖圓要君辨此龍初發在高山高処生峯
亦生蕀有鎗須明似幞頭滚滚低来似覩毬平行鯉鯽露背首
有脚横排如覆笠若是降樓々下殺節節如樓下剥换負下承
接如拋毬尖処帶出如龜浮此是下嶺方如此上嶺逆行排覆
舟尖圓皆是品字立世人誤作三台求禄存剥换蜈蚣節微微
短脚身邊也文曲梭中帶線行曲屈飛梭巧藏跡廉下变為梳
齒形梳齒中央引龍出武曲幞頭無改换行當平中断復断破
軍之下夾兩槍若作天戈如走電乱行失序出頭来又似虎狼
行帶箭纏多便断作占龍看是無纏為道院

此申言幞頭真輔之形而詳其所出之異也品字與三台不同三台各立而品字並聯也樓殿之結有九星之各殊故樓下剥换各随其星而变易若有纏護皆為吉龍否則只為道院之地而已

品台剥輔圖

右弼星第九

弼星本来無正形形随八曜高低生要識弼星正形処八星断處隱藏行

此言弼星無正形而指諸星断処為正形也蓋弼星屬水不起峯頭隱隱在过峡処或随高山平地而有窩凹毡褥処皆是也

隱藏是致名隱曜此是弼星最要妙拋梭馬跡線如絲蜘蛛过
水上灘魚鷺蛇入草失行跡断脉断跡尋来無右弼之星形本
昧每每随龍作过脉脉是尊名右弼星左右随龍身上行

此指弼星之在过脉者於弼星而曰拋梭馬跡線如絲似與文曲梭中帶線行混而無別矣緣其文曲之形差大而单走故曰帶線行弼星差小而散行故曰線如絲觀下文地上朱絃琴背覓與此脗合雖然有跡又若無跡故曰失跡

龍行之特有輔弼変换随龍看踪跡君如識得右弼星每到垣
中多失跡剥龍失脉失跡時地上朱絃琴背覓若識弼星隱曜
宮處處覩来皆是吉此時多吉少傍凶蓋弼藏形本無實藏形
之時神殺藏都在地中暗来脉此是平陽千百根不然被處却
是弼 坪中还有水流坡高水一寸即是阿只為時師眼力淺
到彼茫然無奈何便云無処尋踪跡直到有山方認得如此之
人豈可言有穴在坪元自失只来山上覓龍虎又要圓頭始云
吉不知山窮落坪去穴在坪中貴無敵痴師誤了幾多人又道
埋藏畏早遲不知穴在水中者如此難憑怕泉涤只緣水濺在
中間水退即同乾地力且如兩淮平似掌也有州軍落窠瀝也
有英雄在彼中豈無坟墓與宮室只将水注與水流兩水夾流
是龍脊

此指弼星之在平地與山脚者弼本藏形乃地中暗来之脉神殺不露故為吉也平地山脚体無不同但平行者有千百程之遠而山脚則出身之近耳故曰此是平陽千百程不然彼處却是弼彼處指結穴之處而言之也弼落平慢高水一寸即是穴時師不知畏其卑濕陋之甚也

非惟輔弼在其中八曜入坪皆有踪前篇有時說平地平裡貪狼皆一同、時師識尽真龍脉乃知富貴與豐隆

此承言八曜皆有落坪之踪而識之者可富貴也盖坪是弼之本形而貪狼等八曜之在坪中者又各有踪跡之可辨也

九星变穴第十

貪下作穴是乳頭巨門作穴窩中求武曲作穴釵鉗覓祿廉梳齒犁鏵頭文曲穴来坪裡作高處亦是掌心落破軍作穴如戈矛兩傍左右手皆收定有兩山来護轉不然一水過横流輔星正穴燕窠仰落在高山桂灯樣者是低平似雞窠被有圓頭亦四象此是博換尋星穴尋穴隨龍細辨別龍若真時穴始真龍不真時少真穴 尋龍雖易栽穴難只為時人昧博山博龍換骨星变易識得疑龍穴不難古人望龍知正穴盖將失龍尋換骨識得龍家換骨星富貴令人無欲嵗

此言九星变穴而望龍可以識穴也失龍者断處也欲尋換骨須於斷處詳之盖斷處多時星必变也諸穴圖見变星篇

定穴左仙七星經第十一

七星王極居天中三合輔弼布九宮起自藏龍天宝殿太陰太陽分西東左順右逆分兩路却身二氣相流通

此統言出穴之体段也七星者貪巨武祿文廉破也主極者垣中之極星也紫微乃天之中故曰居天中盖極星惟紫微垣有之極得巨星尤為貴也極星既主於中而三台輔弼維布於九宮以藩屏之也然此諸星皆起自藏龍宝殿而来分於東者為太陽分於西者為太陰東為順行西為逆轉陰陽交度二氣流通関鎖門户也蓋龍之氣脉全在水口水口関闌則氣脉全也

中有北辰為至尊出沒常為天地根成龍若遇此星照貴顕富隆輩後昆或身天星相應接不然鎮鎖三城門大山大水為州縣小山小水為人村

此承言水口中之北辰也水口上有羅印或律枝高大之山謂之北辰北辰者以其紐會一源之山水如天之有北辰故曰出沒常為天地根此星若居紫微垣外則身天星應接福力無比不然則鎮鎖城門而已城門而曰三者以在三合之外也盖一合貼身二合龍虎三合垣局使非垣局之外則羅星破局而主盲瞎墮胎非吉兆也故曰若是羅星不居方

尋龍不辨七星形吉凶禍福何由明 或在平陽顕復隱或為丘山勢崢嶸或然恠石叠千仞或然毛髮奇復清有雄有雌主夫婦有父有母應所作

此言七星有低聳醜好雄雌父母之當辨也高強而聳者為雄低弱而肥者為雌雄為父雌為母也

藏牙縮爪龍欲住分牙布爪龍欲行天弧天角龍欲度蜂腰鶴
膝龍已成

此言龍之行止過度也蓋龍之行也則神煞伸舒而分牙布爪及其住也則神煞收斂而縮爪藏牙若其過度則左有天弧右有天角夾照而行正龍中出或如蜂腰之中斷或如鶴膝之中高則脫煞束氣而龍已成矣

千形萬狀無停留五岳四瀆經九州星峯上與天星照問君何處覔踪由 埜山鑿土不識訣傷龍敗氣焉知休直山奚之犯天折曲山藏之犯咽喉左回右抱如瓜鈎兒山瘦直如戈矛但知前後立主客不知背戾如仇讐

此牟山形上應天星而言截鑿之謬也天星如紫微帝之垣

八卷二　廿四

星也星行皆有止聚之處若不識訣而截鑿之則傷龍敗氣直山則犯夭折曲山則犯咽喉但知取左右爪鈎為抱瘦直戈矛為兒觀前顧後立其主客不知傷龍敗氣而背戾已如仇讐矣

尋龍且用依經訣好把星峯細分別龍行上應三吉星兒孫世代産賢哲 次觀發出有尊卑初龍小巧真龍拙一起一伏各差殊變換之中分骨節有乳有節足安坟氣候潜藏尋取穴吉星之下節目奇凶星之下節目劣崩洪節目最為強氣脉相連無斷絶

此言依訣辨星而及其節目之結聚也七星之中三吉為貴若龍行得失圓方之吉体則應貪巨武之吉星乃主兒孫世代賢哲也止龍之行也以正從而辨尊卑以起伏而分骨節一骨一節雖則不停而有乳有節則可安穴但見氣候潜藏則有穴矣結頂為節分枝為目平陽寬濶之峽為崩洪節目節目雖然有結氣脉則相連而去無斷絶之勢也

龍行自有星峯應雌山低弱雄山勝行龍雖貴骨節奇入穴須教骨節称不欲山曲如反弓不欲山直如伸頸吉星吉兮凶星凶不由人使由天定 時師未識七星形為作歌兮切須听

此言應龍之吉凶而警時人之當辨也應龍者帳下再起星峯相應如貪狼之下復起貪狼得雌山則低弱得雄山則為勝也星應之前行龍則貴骨節之奇巧入穴則貴骨節之相称相称者祖孫相應貪出貪結巨出巨結也山雖曲怕如反

八卷二　廿五

弓山雖直怕如伸頸吉凶皆由天定而非人使也

七星結作總圖

貪狼一木勢尖強兒孫秀麗足文章或然丫角野丫起明經魁選細推詳七星八星森落去龍圖季上留文章左穿右情則進準行龍旗節如旗鎗其間定有仙靈應或然世代出侯王若作

天馬騰躍起富須萬斛仍千倉若作牙笏攢地面文武官頭居
岩廊不惟富貴馳声耆更蕪福禄寿而昌
此言貪狼之應驗也丫角両峯野丫三峯笋攢地生於平也

巨門一土少人知端正秀麗如蛾眉有時覆月出天外有時隱
隱生平夷誕生英傑事明主忠良正直如卓笋懸鐘頓鼓高起
起富貴兼全声聞馳牛奔象舞勢勇猛㧞鉞閫外無復疑忽然
臺疊陵空碧小更良兮骨更奇斯地勿論富與貴神仙出世同
安期肥峯遥長子孫秀勢若短劣多盜斷
此言巨門之應驗也
一八二
廿六
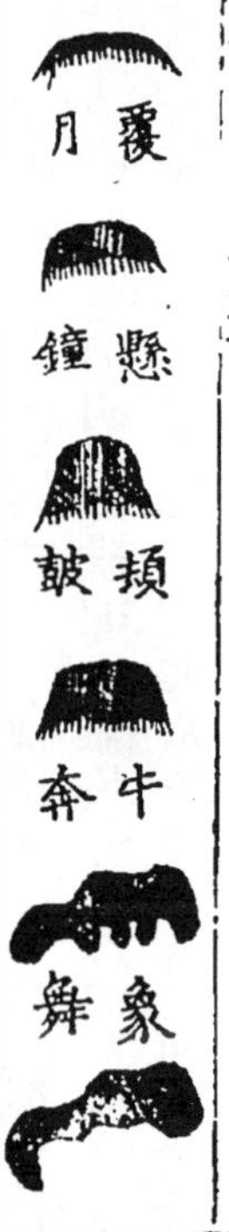

武曲之星號一金卓立笏高千尋定主兵權富韜略登壇既
拜夷狄欽稜層高聳立屏帳文章秀發稱儒林簇簇棱臺高且
壯危巖古怪當天心此地葬之多猶豫世代榮貴輝古今更似
方冠清且巧三五相連羅碧岑子孫聰明復秀麗芝蘭庭砌何
森森
此言武曲之應驗也武圓而微方輔圓而低小巨則方而微
圓三者雖同而實異也

禄存二土君切忌醜惡傾欹不綿媚高峯孤起如撚拳低山卑
溼如牛鼻或若棺材隨水流或若死尸卧平地自然斷缺不足
看疾病顛狂遭剿戮兒孫懶惰走他州淫慾奸偷總連累
文曲一水何孤单生枝生脚如蚰蜒乱花垃攏不接續三三五
五飛翩翩也似驚蛇初出草也如鵞頸挽流泉坑溪反背無收
拾縱然收拾还挛拳此地葬之主遊蕩男不忠兮女不賢
此言禄存文曲之應驗也牛鼻言其常溼不乾如牛鼻也挛
拳言其塊然不轉如挛拳也
一八卷二
卅七

廉貞独火大凶災粗大醜惡空崔嵬生枝發足挑符起稍尾分
張両畔開形如搩甲勢分列貧不清兮似血盃毛髮焦枯氣脉
散水流湍急声如雷瘟瘽死盡兼官禍敗國亡家真可嗟
破軍二金招凶惡山猛險陽各差錯峯峦突兀亂石岡不然坡
碎灣墓鑿也作竹篙馬鞭勢也作兵戈与繩索左峭右嶮峯頭
看入穴葫芦塊然落明堂傾陷水瀉瀉龍虎二山伸両脚若犯
此星甚乖張當代兒孫見銷鑠
此言廉貞破軍之應驗也伸両脚龍虎直也

輔弼常隨七星轉多在明堂左右現有時脫体醮清波形狀或作闌圈面或見亀蛇或見魚印山連棱如絲線山厚山肥人多豐山瘦山走人奸賤乍教閉密不通風莫令大開水流濺

此言輔弼之應驗也常隨七星而轉輔起左右兩肩弼作隨従毡褥或在峽中引脉而行或在堂前侍衛而立或作闌闔以衛冈或為禽曜以閉垣此輔弼不離於七星乃因人而成事者也輔弼常是合体而行故闌圈亀蛇印絲皆相連也雖作關闌防護之山亦要肥厚閉密為言

〈卷三　三八

三蓋吉星纔龍入磊落巉岩形案岌或作高峯勢插天或在明堂皆頓集或在水口相牽連或在輔弼山頭立或然隱隱在溪坑胎息成龍勢藏蛰大成州郡產英豪小作鄉村并鎮邑宦知世代祿綿綿文翰武畧精傳習

此言三蓋之吉也三蓋者華蓋冠蓋宝蓋也業出及高貌輔弼山左右二位也三蓋隱隱落於溪坑則龍之落平者胎息不露如蛰龍之藏密也

七星变化無窮極体樣相同人未識四維八千十二文慱換化身中百億　本自一源分派殊不得明師还大謬但將分受細推尋何用勞心更勞力凶禍之星凶禍生福德之星招福德造化元來指掌間此是神仙真法則

此言七星变体難識而教人以超易之法也蓋星辰之变化本無定形体樣之相同又難辨識二十四宮之間慱換体樣極難楷自殊不知千形萬狀本自一祖而分若得明師只於分受之星細辨其体到局再尋此星作穴則祖孫相似即真穴也吉凶之吾盡別於此其他閑行引過之龍与夫防護閑鎖之山皆我服從任其縱橫不必辯也神仙尋地之法不如指掌之易易哉

雌雄詩断第十二

〈卷二　卅九

雌雄慶會值千金形穴分明似掌心更得朝巒并秀水為官世代衆人欽　言山水之雌雄與山丘聚衆水悠揚曰慶會

尋地先須尋祖宗更於山上認雌雄雌雄若也無人會何必區區覔後龍　此言龍之雌雄高強而瘠曰雄低弱而肥曰雌

牛住欄中且要知雌雄交會最為奇明堂寬大容千馬富貴兒孫着錦衣

雌雄不會不勞看任你時師選好山下了令人家退落朝城不對盡虛閑

雌雄交會用比和莫遣強姦損害多此訣時師能曉會仙人緘口待如何

此上言穴案之雌雄牛穴欄堂局也

另迎穴道後迎龍穴前流水對雌雄陰陽逆順能分別兒孫世
代入朝中　此言左右兩水之雌雄陽左為順陰右為逆也
遊龍向內家豪富若然向外受孤遺穴前妙用雌雄法時師那
辯此真機　此言左右兩山之雌雄也
穴如仰掌對天心四畔滔滔何處尋忽若天生龍一對誰知此
地值千金　此言背結之雌雄仰掌喻散天心言凸也
來龍形勢似雄雞鼓翼還須向月西穀將山高家大富號声光
向五更啼　此言穴向之雌雄五更卯也日出之時金雞亦矣
城門入國認山踪千個時師無一通來龍宛轉朝公祖仙人口
訣李難逢　此言龍穴之雌雄龍雄而穴雌雌轉而向雄也
一個山頭下十坟一坟富貴九坟貧共山共穴共流水真機那
許俗人論　此言穴內之雌雄其形隱約乃真机也

卷二　四十

共山共穴共來岡磊磊堙來似種畺後李誰人能辯認只將十
道對天堂　此言穴堂之雌雄穴生十道串對天堂也

新刊地理五經圖解卷之二終

新刊地理五經圖解卷之三

疑龍經上卷　唐國師救貧楊筠松著

石門陳正言解

明新安　慎齋方明偉校

雲峯譚　澤編

雙潭方明敷刊

疑龍何處最難疑　尋得星峯却是枝關峽從行并護托蓋〻
鎗旗左右隨幹上星峯全不作　星峯龍法盡虛詞
此言枝有星峯幹無星峯而疑以星峯尋龍之法為虛詞也
論龍之法須起高山為祖降勢行度正过峽者曰幹〻上分
擘者曰枝幹之有枝或為關峽或為從行所以庇龍脈也護

卷三　一

者護在傍托者托在後所以應形穴也關峽從行護托之山
皆是鎗旗寺星相隨而來幹龍居中連接不斷全無一頓落星
峯故疑古人星峯尋龍之說為虛詞也
與君少釋狐疑处幹上尋龍真可拟幹龍長遠去無窮行到中
間陽炁聚面前山水又可愛背後護龍皆反背　君如到此問
疑龍　此是歇龍迎送隊譬如賫糧適千里豈無頓宿分內外
此言幹龍中聚之意而擬之以歇龍也歇龍者龍雖未止而
中有暫歇之形也以其歇龍有迎有送故面前山水可愛以
其幹尤遠去無窮故背後護龍反背狐行多聽視其心疑故
於人之有疑者亦曰狐疑取象於狐而云然也遠去則無頓
落迎送乃有星峯知此則有峯無峯之疑泥可釋矣

枝龍護從幹龍中聚圖

龍行長遠去踪ヒ定有參隨部位長凡有好山爲幹去枝龍尽处有旗鎗旗鎗也是星峯作圓凈尖方高更卓就中尋穴ヒ即是幹去未休枝早落　枝龍身上亦可裁半是盧花半是開若是盧花無朝應若是結穴護纏回護纏尚要觀重數一叠回來龍身顧莫便將爲真實看恐是護龍兼交互三重五重抱回來

此就枝龍身上做

此申言枝上有峯而峯間有穴也

幹龍尤自隨水出護送迢ヒ不回揖正龍身上不生峯有峯皆是枝葉送君如見此幹龍身的自幹龍窮处覓君如尋得幹龍窮二水相交穴受風ヒ吹水劫却非穴君尋到処是疑龍　請君看水交纏処水外有小來會聚翻身顧毋顧祖宗此是回龍轉身処宛轉回龍似掛鈎未作穴時先作朝ヒ山皆是宗与祖不拘千里遠迢ヒ穴前諸官皆拜揖千源万派皆朝集此是尋龍六法門兩水夾來皆轉揖

此言幹之尽処無穴則必朝轉結回龍穴也

枝龍小結幹龍回結圖

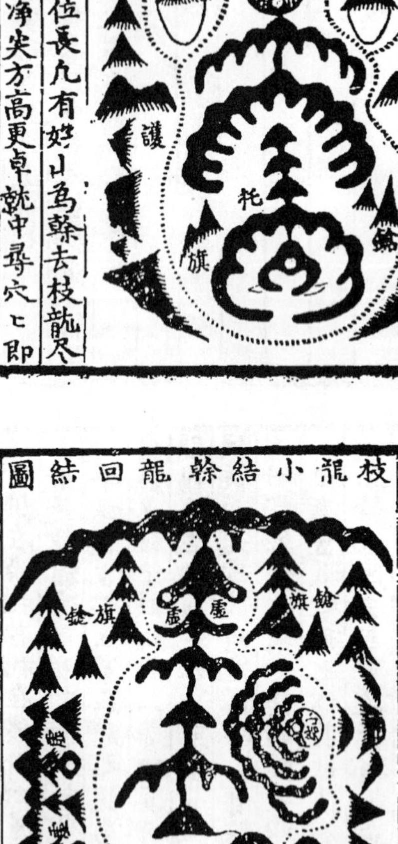

尋龍何処使人疑尋得星峯却是枝ヒ葉乱來無正穴真龍到処又疑非只緣不識兩邊護却愛飛峯倒脚隨飛峯斜落是龍脚ヒ上生峯一邊卓真龍平処無星峯兩邊生峯至雖捉背斜面直號飛峯此是真龍夾從龍一節生峯一節摔兩節雖長號寬峽ヒ長遠出真龍前背後星峯又可憐到此孤疑不能釋請向正龍尋兩邊　兩邊起峯爲護從正龍低平最貴重星峯兩邊轉前揖轉在穴前爲我用問君州縣正身龍大浪橫江那有峯起峯皆是兩邊脚去爲小穴爲村落如此尋穴看兩邊兩邊生脚未嘗偏正身迭却中央去祿破文廉多作關ヒ門是局有大小破祿二星外爲關祿存無祿作神壇破軍不破爲近關要看大地尋關局關局大小水口小

此言枝為幹之纏護而教以尋幹之法也枝乘乱来無正穴者去為小穴為村落耳真龍到処又疑非者以其無星峯而孤疑也禄存貴于帶禄破軍則以不破為美也

真龍夾從之圖

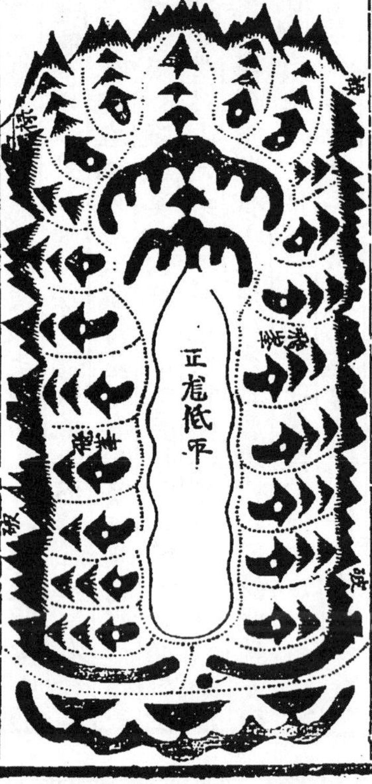

大凡尋龍要尋幹莫道無星又無換君如不識枝幹龍每見幹龍多誑譲不知幹長纏亦長外州外縣山為伴尋龍千里非迢遞其次五百三百里先就輿圖観水源両水夾来皆有氣水源自是有長短長作州軍短作縣枝上節々是鄉村幹上時々断復断分枝擘脉散乱去幹中有枝々有幹 凡是枝龍長百里百里周回作一縣百里各有小餘龍両水夾来尋曲岸曲岸有水抱龍頭抱処好尋氣無散到此先看水口小水口交牙内局寛便就寛容平処覔左右周回無空闕断然有穴在此処更看朝水与朝山

此言尋龍當尋幹因明枝幹相互而教以尋枝之法也誑譲者無頓落之星峯不見其精俊也

枝龍幹互結圖

朝山與龍一般遠共祖同孫来作伴客山千里来作朝々在面前為近案如是朝迎真有情将相公侯立可断 尋得真龍不識穴不識穴時揔空説識龍識穴始為真下著真龍官不絶真龍藏伴穴雖尋惟有朝山識伴心朝若高時高処下朝若低時低処針 朝山亦自有真假君是真時特来也若是假時山不来徒愛尖圓巧如吞君有真朝来入懐不必尖圓如龍馬但要低昂起伏来不要尖傾直去者直去名為墜朝山雖見尖圓也是閑譬如貴人背面立与我情意不相関 亦有横列為朝者若是横朝似衙喏前山横过脚分枝々上作朝首先下首下作峯或尖圓隻々来朝列我前大作排班小衙列如魚駢頭蚕比肩朝餘却去作水口与我後纏両相凑交牙護断水不流不放一山一水走

此言朝山貴于有情必言用以定穴而詳其真假与横列之

朝山真假横列圖

到此尋穴定明堂明堂横直細推詳明堂已向前篇說更就此篇重分別　横城寬抱有垣星更以三垣論交結交結多時垣氣深交結少時垣氣泄長垣便是横朝班局心便是明堂山鈎鈐垂脚向垣口北面重重尊聖類大祗山形雖在地上有精光屬星火体魄在地光在天識得星光真精藝明堂惜水如惜血堂裡避風如避賊莫令穴缺被風吹莫使溜身遭水劫問君如何辨明堂外山抱衆內平陽也有護関亦如此君若到此細推詳時師每到護関裡山水周回秀且麗磅礴四顧說明堂妄指横山作真也不知関峽自周回只是護関堂泄氣泄氣之法妙何覌左右雖回外无関此是正龍護関峽莫將堂局此中看身君細論明堂樣明堂須要之玄放明堂遠曲如遶繞遶过穴前須內向內向之水抱身横对面抱來弓帯樣

此論明堂也明堂有二說遠穴水者為横堂之玄水者為直

堂三垣來水為上垣明堂為中垣水口為下垣上中有星宿垣星鈎鈐垂脚向垣口者下垣禽曜之星捍枝関鎖水口也以其情皆向穴如臣之面君故曰北面重重尊聖類明堂之形亦有合天垣者如横城水遶太微勢直朝入身紫垣氣之類故曰地有精光屬星次正龍过脉有扛回抱周容但外無水関截則氣終泄故只可為護関峽而不可以為明堂也

上山下來下山上中有吉穴随形向形若真時穴始真形若不真是虚誑虛誑之山看兩邊兩邊虛穴亦如然外纏不轉內托返此是貴龍形氣散

此論形穴也只要兩邊纏轉為真反此者雖是貴龍而形氣則散矣

明堂横直形穴真假圖

龍虎背後有衣裾此是官　欄拜舞袖雖然有袖穴不見官不離鄉任何受

此論曜氣也龍虎背後卻餘氣曰衣裙如官襴拜舞之袖主
貴時師不識此理每以離鄉目之誤矣
貴龍行処有毡褥毡褥之龍富貴局問君毡褥如何分龍下有
坪如鱉裙譬如貴人有拜席又如僧道還具伸　真龍到處有
裀褥便是枝龍山富足　此是神仙識貴龍莫道肥龍多息肉
瘠龍雖是孤寒山也有瘠龍出高官肥龍雖作貴龍体也有肥
龍反凌替問君肥瘠如何分莫把雌雄要輕議大戴亦嘗有此
言谿谷為牝低伏蹲岡陵為牡巡雄峙不知肥瘠有殊分漢儒
以山論夫婦夫山高峻婦低去此是儒家論尊卑便是龍家雌
雄語大抵肥龍多瘠護瘠龍也要肥龍衛瘠者也有裀褥形千
里侯邦居此地

此論官砂也。有餘氣曰裀褥謂之本身帶官主出官便是
枝龍亦主富足雖是瘠龍也能至貴肥满瘠瘦以山之体而
而言高峻曰雄低伏曰雌以山之尊卑而論是去不同肥瘠
二体要之雌雄之龍皆有

官曜肥瘠雌雄圖

試將禹迹來問君輿圖之上要細論尋龍論脈不論勢地勢如
何卻屬坤若以山川分兩界黃河川江兩源派其中有枝濟與
桓淮漢湘水亦長源幹中有枝枝有幹長者入海短入垣　吾
以幹龍論大盡太行碣石至海壖又不言山入常嶺又分汝潁
河流吞南幹分枝入海內河北河東皆不背恁嶺連綿入桂連
又入衡陽到江邊其間屈曲分劈去不知多少枝離繁又分一
派入東海又登碣石會為垣一枝分送入海門幹龍尽在江陰
故君以幹龍為至貴東南沿海天中尊如何垣星不在彼多在
枝龍身上分到彼枝幹又難辨枝上多為州與縣京都多是在
中原海內山窮風蕩散君如要識枝幹龍更看疑龍中下卷
此詳天下一大形勢以明枝幹之結聚蓋枝之結聚処多而

幹之穷尽処多不結也帝舜牽禹治水禹疏九河導九山澤
九陂度九州普天之下皆禹之迹故曰禹迹按輿圖中国有
兩処大水曰黃河曰川江鴨綠江與黃河夾北条幹龍尽於
遼海黃河與川江夾中条幹龍尽於東海川江與南海夾南
条幹龍尽於東南海此則自其水源之極遠者而言之耳
北条幹龍起自崑崙入匈奴以東為陰山又東南自代北雲
朔分而南趋為北岳以至大行是為河北之脊壺口雷首析
城王屋皆其群峯分而東趋者行幽燕之北為五関之險以
至平灤而為碣石其水源則汾晉諸水而入河涿易滹漳恒
衛之水東入海濟水出絳州垣曲縣王屋山東南至孟州溫
縣入河復出河之南溢為滎又東北至青州博興縣入海

中條幹龍起自西傾行隴右过鳳翔爲長安一枝出藍田爲嵩山經河南爲太山又一枝自嶓冢西行渭州漢水之間出武關由裕过唐抵信陽行淮之南趍廬行淮水之東爲揚尽於通其水源則淮水經桐柏山至淮安入海漢水出嶓冢山至漢陽縣入江

南條幹龍起自岷山逶行而出自西而南至雲南之境又東趍夜郎踰桂嶺至零陵爲九疑山入桂連过大庾嶺出南雄由汀從邵武抵信走徽東行爲天目山一枝爲錢塘一枝爲建康尽江陰一枝自灵山逆奔尽鄱湖其水源則湘水出永州零陵縣至洞庭入江

朱子曰天下之山祖於崑崙分派三幹以入中國其河北諸

山則自北衆幷嵐憲諸州乘高而來山脊以西之水流入龍門西河脊東之水則東流而爲桑乾由幽冀以入于海其西一枝爲壺口泰嶽次一枝包汾晋之源南出以爲析城王屋而又西析以爲雷首又次一枝爲恒山而又西析以爲大行大行山一千里其山甚高上黨在山脊河東河北諸州在山枝其最長一枝爲燕山尽於平灤碣石大河以南諸山則自中之山皆自蜀漢而來一枝至長安而尽関中一枝生下函谷以至嵩少東尽太山 一枝自嶓冢漢水之北生下尽於揚州江南諸山皆祖於岷江出岷山岷山夾江兩岸而行那邊一枝去爲江北許多去処這邊一枝分散爲湖南閩廣尽於兩浙建康其一枝爲衡山而尽於洞庭九江之西其一枝度

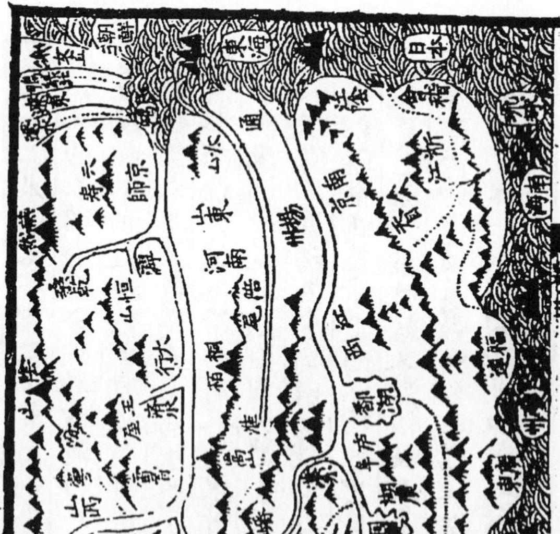

桂嶺則包湘源而北經袁筠之地以尽于廬阜其一枝自南而東則包彭蠡之源度歙黄山以尽于建康又自天目山分一枝尽于浙江西之山皆自五嶺贛上來自南而北閩廣之山自北而南一枝則又包浙江之源北首以尽會稽南尾以尽閩粤其所歴九州則北條出河北入雲中过鴈門代郡復回南至太原帝丘循大行恒山派九河東北渡遼海以入于海爲冀燕之分中條出河南自秦隴三輔入豊沛派伊洛東而淮泗以入于海爲雍豫徐青之分南條出江南自陜右分出西鄙廻巴蜀踰荆衡入黔中東而匡阜南極嶺海東北渡閩粤跨三吴自浙右以入于海爲梁荆揚之分九江即是洞庭以沅漸元辰叙酉澧資湘九水合聚而得名也

疑龍經中卷

雖然已識枝中幹長作京都短作縣枝中有幹〻有枝心裡能明口能辨只恐尋龍到此窮兩水夾來風〻吹散也有方州并大邑直到水窮山絶岸也有城隍一都會深在山源限僻畔　今日君尋到此窮砂礫坦然纏護寬若尋無穴左無形無穴無形却尋轉〻轉分枝上覓穴惟見縱横枝葉乱也識轉換也識纏也識護托也識断此是狐疑雖捉穴〻有假穴無正案到此之時心生疑歆得高明能剖判為君决破此疑心　枝幹乱時分背面

此申言幹之不結者或結於山源枝葉之上而枝葉之乱者當分背面也

假如両水夾龍來便看外纏那邊回纏山纏水回抱処背抵纏山纏水限護纏亦自有大小大〻隨龍長短來龍長纏護亦長遠龍短纏護亦近挨　大抵纏山必曲轉莫把明堂向外裁曲轉之形必是面只恐朝山塞不開

此以纏護之山分背面也若要纏山之面則必明堂向外而朝山窒塞不開矣

尋得纏護分明了更看落頭尋要妙纏山纏水如衣屏向前寬濶看多少纏水纏山似案山只為明堂狹不寬山回水曲雖似面浪打風吹崖壁寒　請君來此看背面水割石岸龍背轉若是面時寬且平若是背時多陡岸面時平坦中立穴局内必定朝水繞索紆環抱入懐来不似背邊風蕩散

此以落頭之山分背面也纏山在後而穴當向前若以纏山為案則必明堂不寬穴立崖壁而浪打風吹矣

君如識得背面時枝幹尋龍無可疑寬平大曲処尋穴此為大地断無疑

此結上両句謂其分背面而穴寬平則為大地無疑矣寬平者落頭寬平也大曲者纏護大曲也

分背面圖

詳看朝迎在何処中有横过水城聚背後纏水与山同相合前朝水相隨後纏抱来結水口前頭生脚来相湊両山両水作一関更看羅星識先後羅星亦自有首尾首逆上流尾抱水　如此尋穴与尋龍不落空亡与失踪秤停上下左右手的有真龍在此中

此以背面而定其横結之穴也塞水口曰罗星頭高圓在上尾低長在下曰首逆上流尾拖水先後者関与罗辨也関在羅内為先罗在関外為後如此者吉失序者减力

忽然数山背逼水〻夾数山来相從君如到看護送山上坡下坡爭一同無疑上坡是真穴此処恐是双雌雄　雖作両穴分貴賤分高分低更分中

此以背面而定其双結之穴也結双穴曰双雌雄貴賤之説
高低之分以其龍身堂氣而辨之也

横結双結之圖

乃有真形無朝水只看朝山為近侍朝水案外暗循環此穴亦
非中下地 只要案山逆水轉不要順流随水勢順流随水案
無为此処名為破城裡者是逆水作案山関得内垣無走氣
此言逆水之案也
也有真形無朝山只有諸水聚其間汪汪万頃明堂旺内局周
曲如抱環鉤鈴鎖閉不漏泄内氣無容外氣残外陽朝海拱衣
入内氣端然龍虎安
此言逆水之堂也逆水之堂不可穴無餘氣使其来水冲射
穴脚故穴之去水必遠穴去水遠則内堂之水必是長流出
外須要内局周曲回環鉤鈴鎖閉使水曲折而出則可否則
水之為外気者既然當面傾流則穴中之生氣而為内氣者
必漏泄而不蓄聚矣

逆案逆堂圖

枝幹之龍識背面位極人臣世襲官鍾鼎已餘分背面七得寛
平背崖岸賜假如両水夾龍来屈曲翻身時大轉一回頓伏一
翻身一回轉換一回断両邊皆有小水朝両邊皆有水打岸而
過皆有穴形真而邊皆有山水案両邊朝迎皆可捌両邊星辰
皆入選両邊纏護一般来両邊下手皆回轉此山背面未易分
心下狐疑又難判 不辨両邊皆在大大小豈容無貴賤只緣
花穴使君疑更看護身脚各辦菓来此処誠真龍両邊夾来龍
必轉
此詳辰翻曲之背面雖分須於砂脚之護身龍身之轉而辨
之也蓋真結於面花結於背而穴必有背眩花穴雖則可疑
而護身之砂必不交司真龍雖則難辨而轉身之際必有龍
夾也屈曲翻身雖如尽藤翻覆結聚而大勢之背面自別也
逆轉之龍有界山界山拖脚背後環識得背面更識界識界之
外更識山官界已向前篇説更詳此篇重分別 大凡幹龍行
尽処外山隔水来相顧幹龍若是有界山回轉向前寛処安兄
山大凶水大轉必有王侯居此間

此以龍頭之逆轉而定其回結之穴也逆轉之龍固有鬼山
若在平陽則無鬼也見斷例粹書

高平回結圖式

也有幹龍來兩水更不回頭直為地只是兩護必不同定有護
關交結秘　幹龍行尽若無鬼須看衆水聚何処衆水聚処是
須左右山如犬牙交結則明堂有關户爲當聚誠為可貴不
此以砂脚之纏護而定其直結之穴也兩水送龍直來結地
明堂左右交牙鎖真爲如此明堂方是真鎖結交牙誠可貴
然則是朝從之山縦有花結亦無大福力也
問君疑龍何処離兩水之中必有山兩山之中必有水山水相
夾是机原假如十条山同聚必有十水帰一処其間一水是出
門九山同來作門户　東上看西〻山好西上看東〻山妙南
岡望見北〻山〻奇水秀疑似間北上望見南山水矗〻尖奇
秀目麗君如遇見此処時兩水夾來何処是与君更為何分別
先分貴賤星羅列更須恭究龍短長又看頓伏星善良尊星不
肯為朝見從龍幹來樹棹藏貴龍重〻出入帳賤龍無帳空雄

十山九水雖同聚貴龍居中必異常
此承上文而峯直龍之結局必言向中又有貴賤之當别也
東西山好纏護起峯火耳也南北山好主峯秀麗也送山低
小正龍高大名出帳若送山頓起正龍低平名入帳挠棹者
枝脚也
問君如何分貴賤真龍不肯為朝見凡有星峯去作朝此龍背
福潜消譬如吏兵与臣僕終朝跪起侵前伏那有精神自立
身時師只説同関局撇朝山護送豈無穴輕重多与貴龍別龍
無貴賤只論長纏龍遠出前更強君若論長不論貴纏龍有穴
不為良只恐尋龍易厭斁雖有眼力無脚力　若不窮源論祖
宗也尋頓伏識真踪古人尋龍尋頓伏盖縁頓伏生尖曲〻轉
之餘必生枝〻上必為小関局譬如人行適千里豈無觧歎弁
頓宿頓宿之所雖未住亦有從行弁部曲頓伏移換身退却却
看山面何方下移換切須尋向山〻向却有迎送还迎送相從
識龍而龍身背上是纏山纏山轉来抱龍体此中尋穴又何難
此中言貴賤之分而教人以尋龍之法也貴龍行度起峯不
顧他山反此者如吏卒臣僕事於貴人不尊貴也時師只説
同乎貴人之関局而豈知精神之不同如此哉凡龍行度一
起一伏得其環抱為貴若只論長則無收拾凡山之頓跌曲
轉生枝者乃小関局龍行未止亦有腰結如人遠行歇息頓
宿処也此書首尾皆重幹龍而此云然者以收拾之有無為
重輕也身其幹長而無收拾孰若枝短而有包藏此龍[illegible]

送雖然有穴而輕重多与貴龍別也

直結貴賤小関圖

古人建都与建邑先尋頓伏識龍面升厭望楚与陝巘此是尋頓与山而降觀于桑与降原此是尋伏下平田度其夕陽揆以日南北東西向無失乃陟南岡景与京此是望穴識龍形迹彼百泉覌水去涉彼溥原覌水聚或陟南岡与下原是尋頓伏非爲然古人卜宅貴詳審経旨分明与後傳

此歷夆古之建都邑者以明尋龍之法也蓋枝幹之体雖異而龍之行度則同故尋龍之法無間於古今也詩云定之方中作于楚宮揆之以日作于楚室非彼虛矣以望楚矣景山与京降覌于桑卜云其吉終焉允臧定北方之宿以星昏而正中夏正十月也於是時可以營制宮室謂之營室星景測景以正方面也京高丘也揆之以日謂樹八尺之臬度其出入之影以定東西又參日中之影以正南北此衞文公爲狄

所滅徙居楚丘国人悦而頌之也又云既溥既長既景廼岡相其陰陽覌其流泉度其隰原徹田爲粮度其夕陽豳居允荒此公劉居豳之詩也溥長言其茂東懇闢土地既廣而且長也景考日景以正四方也岡登高以望也荒大也

疑龍經下卷

龍已識真無可疑尚有疑穴費心思大抵真龍正落穴先爲虛穴貼身随　穴有乳頭有鉗口更有平坡無左右亦有高夆下帶垂更有昂頭居垅首也曾見穴在平陽四畔周圍無高岡也曾見穴臨水際俗人見穴無包藏也曾見穴如仄掌却分仰掌無兩樣也曾見穴直如鎗兩水射脇自難當更有兩山合一処兩水三山同一塲

此言結穴之体段也乳長下動処若貫頂不結名竹篙溜乳短小者名紫炁穴又有藏頭紫炁穴凡有龍虎者結鉗口若有項或有乳可下頂乳俱無者則非平坡即平地氣散宜以聚氣下穴高山垂帶有二説帶落緩者宜大息処下脉附本身如柳絲如櫂笏者即脉穴垅首者夆頂也氣急宜小緩処下水際者近水也掌穴有仄有竪有覆有仰必得口訣可下直如鎗即倒地木火星形動処可下兩山一処者双脉合氣也三山一塲者三脉合氣也

乳頭

鉗口

平坡

垂帶

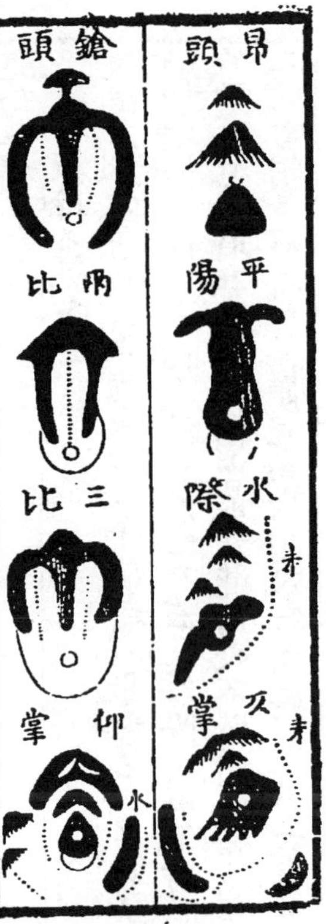

君如識穴不識怪只要左右包者強此与俗人無以異多是裂
在虛花裡　虛花左右似有情仔細辨來非正形虛花作穴更
是巧仔細觀來無甚好怪形異穴人厭看如何子孫世入官只
恐怪形人不識ㄴ得栽穴却無誰
此言識穴當識怪也虛花者来龍無棹过峽無扛或怯弱肥
鲍或鬼劫牽飛落処精神顕露似乎有情亦為可穴但是點
檢真形則必見其為正龍之纏護虽然於交互之処而作小
可之穴ㄴ外左右之山与前案水口等山必有面外背内之
形虽則暫為假飾而真態自不可掩也怪形者龍勢起伏蹤
迹悠長有従有送有来有止至入首時得乳鉗平坡等形或
清或濁或飽或饑邊長邊短邊濶邊狹邊高邊低邊傾邊突
或多石或出泉左右無包臨泥入水或在高山之上或居石
壁之隈或在平田之中有堆石叢土以聚其氣或居江海之
遠有異石奇峯以照其局堂局寛窄不等水城橫直無拘古
怪醜陋而难識其要只在观勢察氣随星辨穴則無誤也下
文与変星篇内皆所以辨乎此也。

麈穴怪穴圖

識龍自合當識穴〃在変星篇内說恐君疑穴不敢栽好向後
龍尋〃〃別龍上生峯是根核前頭形穴昇降開根核右真穴不
假盖從種類去出来若不随星識根種多随虛穴纍山隈請君
熟認変星穴為鉗為乳為分別高低中地穴〃随崖肯妥為鉗
乳穴〃若不随龍〃上星巉然是假不是真請君更將旧议覆狼
星乳頭巨鉗局　外縣蒙岡多平陽也有城邑在高岡淮甸州
縣在水尾峽〃小穎是城隍隨他地勢看高下不可執一拘牽
也千万随山尋穴時此說断能辨真偽冀川壺口落低下盖縁
輔弼為垣馬太原落処尖似鎗盖縁廉破龍最長建康落在垣
平地盖縁輔弼星為体太原乎坦古戰場熊耳為龍星可詳長
安帝垣星外峙巨武出龍生出勢京師落在垣局中狼星夾出
巨門龍人付走入河中府入首連生六七巨入首雖然只是山
落処却在四環開此方窩鉗無以異只有大小識形雖我观星
辰在龍上須定前頭穴形貎為鉗為乳或為坡或㕍或夷或為
掌歷觀形穴無不然大小随形無兩樣此是流星定穴法不肯
向人謾空説　更有二十八舍間星穴栽之最為上
此卷識穴在於識星因本外縣京国之結聚者以明之而附

以二十八舍之說也貪結垂乳巨結鉗口武結釵鉗祿結梳
齒廉結犁頭文結掌心破結戈矛輔弼結燕窠ム星結ム穴
正如ム樹開ム花故觀龍可以識穴而星穴不應者假也二
十八舍星宿演禽論形也奎至參為虎凡是虎類虎星融角
至箕為龍凡是龍類龍星結斗至壁是玄武凡是水旋玄武
內結井至軫是朱鳥凡是禽形朱鳥宮結若如此局定而取
多致不合姑志以俟明問
大凡識星方識龍〻神落穴有真踪真踪入穴有形勢形勢真
時尋穴易若不識形穴雖尋左右高低如何針且如龍形有錢
祿近水近山　隨物象如蛇　如虎各有穴形若真時穴可想龍有
耳角与腹腸鼻額如何却福昌虎有鼻唇并眼耳肩背如何却

卷十　廿二

出貴　看他形象宛在中最是朝山識正龍高低只以朝山定
莫言三穴有仙踪
此承上文而原識穴在於識形穴之高低又當以朝山定也
三穴天地人三才之穴也星即二十八舍之星也
千里来龍只一穴正者為優傍者劣枝上有穴雖有形不若幹
龍為至精
此言枝幹之輕重也
龍從左来穴居右只為回来方入手龍從右来穴居左只為藏
形如轉磨　高山万仞或低藏看他左右及外陽左右低時在
低処左右高時在高岡　朝山最是龍出穴不必須他金尺重
正穴當朝必有將有將便宜為對向穴在南時北上尋穴在北

時南上望朝迎矗〻　両邊遮向内有如雞見蛇對面正来不傾
亦繞方移歩便歆針只將對將尋真穴將若真時穴最佳
此言取穴之法以龍脉護衛朝迎而酌其左右高下偏正也蓋穴
本難成以龍脉左右下之以護衛朝迎定之一歩移易不得
方為的當若移一歩亦以端正則不真也將者案也真龜〻重
叠貌雞見蛇回顧也

左龍
右穴

右龍
左穴

乳頭之穴怕風缺風缺入来人絕滅必須低下避風吹莫道低

卷十　廿三

時驚禍絕　鉗穴如釵掛壁隈惟嫌頂上有水来釵頭不圖多
破碎水傾穴内定生灾　仰掌要在掌心裡左右挟排恐是非
窠形須是曲如窩左右不容少偏頗偏頗不可名窠穴陷歹
傾摧禍來何　尖鎗之穴要外裹外裹不牢反生禍外山抱裹
穴如鎗左右包来尖不妨山来雄勇勢难竭是致尖形也作穴
只要前山曲抱轉針着正形官不絕　穴法至多难具陳識得
龍真穴始真〻形定是有真案三百餘形穴〻新大凡尋穴非
一樣降勢隨形合星象譬如銅人針灸穴〻〻宛然方始當忽
然針灸失真穴一指隔差運命丧　大凡立穴在人心〻眼如
同巧処尋重〻包裹蓮花瓣正穴却在蓮花心
此峯諸穴之宜忌因言穴法雖具在人之心巧而尋至當之

穴也凡立穴 処俱怕風吹水破非独鉗乳跌也掌窠二穴若
不中正揍髙処使脱生煞鎗ヽ者俗云鎗頭休下亂尾不扦
殊不知截中之妙不則坐文罪为鎗頭穴皆有用工鑿去鎗
頭ヽ水焼之攺凶为吉或脱煞下粘有此三法随節気为居
勢下之公有三百六十形穴另見別本合星象即二十八舍
之説也

真形定是有真穴只为形多難具説 朝迎護從亦有穴形穴
雖成有優劣朝迎若是有穴時不問真龍断不疑朝山逆轉官
星上小作星形分別枝雖然有穴非大器随形斟酌事随宜
大凡有形必有案大形大穴如何断譬如至尊坐明堂列班排
衙不撩乱

卷三　一廿四

此申言穴法難具乃奉形穴之小者与大者而別言之也

真假
官曜
護從
穴圖

出人矬小与氣寛皆是明堂与案山明堂寛闊氣寛大案山逼
迫人兇頑案来降我人慈善我去伏案貴入賎龍形若有雲雷
案人善享年亦長遠虎蛇浴週蛤与狸雖出威權势易衰眾峯
此言以为例請君由此細尋推 周家農務起后稷享国享年
延八百泰ヽ関内恃威權吞戚諸侯二世絶此言雖大可喻小

嵩嶽降神出申伯大抵人是山川異天降聖賢为時生祖宗必
定有山宅占得山川萬古昌
此言山川蔭注各随其形因言蔭注之久近聖賢之時生皆
是山川之灵者以蔭之也詩云嵩髙維嶽駿極于天維嶽降
神生甫及申維申及甫維国之翰四国于蕃四方于宣甫甫
侯也即周穆王時作呂刑者或曰宣王時人而作呂刑者之
子孫也申ヒ伯也皆姜姓之国朱子曰申伯之先神農之後
为唐虞四岳總領方岳諸侯而奉岳神之祭能修其職岳神
享之故甫侯因申伯之出封作此詩推本申伯之所以生以
为崧岳降神而为之也

誠言裁穴出機巧穴法分毫争微妙假穴斬関莫道真正穴正
形都蹉了 京国冊徒之後山常有寃屈在其間曲阿之中有
正穴却被劉喬斬一関斬関之穴始於此只得一代生龍顔後
来子孫即凋喪蓋为正穴晷之雖孔恭以为不鑿壊可以数世
王無雖我因覆此旧坟隴乃知垣局多回環

卷三　一廿五

此言穴有斬関为假穴乃奉劉喬之事以實之喬刘裕父也
今人栽穴多論向更不觀星後龍上觀星裁穴始为真不識星
辰是虚詐
此言裁穴當論星辰而不當論朝向也蓋穴生於星裁穴而
不以星則不足以明其真假朝應乎穴定穴而不以朝則不
足以酌其高低是二者均用也今人裁穴ヽヽ只論向更不觀
星於後龍之上凡貪巨等星之所結者皆眥於不審則是失

其本来而穴之真假且不能辨矣尚安事乎朝應之高低哉
故曰觀星裁穴始為真不識星辰是虚誑
君知天地人三刼〻去不回無美利天刼便是龍身去地刼乃是穴前背人刼却是向中求向上飛来必回視有人識得三般刼子〻孫〻皆富貴　天刼雖去却回来回朝面前闌穴水地刼雖長有水横初下有災後又利人刼遠朝雖空濶却要有情無別意三刼如能辨得時便識漏胎并泄氣龍有漏胎泄氣者皆從三刼推奥秘　問君天刼如何説天刼又去作他穴已去又復分脚轉闌在面前看優劣水去五六里迂回悠〻揚〻去轉来水要迂回山要轉便知天刼不為灾地刼穴下來有背玄武扛尸正謂此退田筆動土牛走其實玄武長而已雖長山水若横闌地刼翻然增福祉人刼當從向上求面前空濶要遠朝便〻直来或横抱信知人刼不為妖龍髓經中究至理漏胎泄氣謂此爾

此三復三刼之義也龍分去長者為天刼看回轉抱穴或繞水口反吉玄武拖長者為地刼要有山水横闌初災後利面前空濶者為人刼要有遠朝或直或横皆言

天地人刼圖

变星篇

疑龍盡説總無疑真龍藏倖更宜知識得真龍藏倖處豈逃真假幹華枝

此言变星之當識也藏倖者真龍之变換也以其变換藏悶莫測其行故曰藏倖識得真龍之藏倖則枝幹之真假豈能逃於洞察之下哉

貪狼一变巨門星〻方磊落如屛形頓笏頓鍾如頓鼓輔弼隨行变禄存禄存帯禄為異穴異穴生成鶴爪形鶴爪之形兩邊短一距天然樣正身此是禄存帯禄去長肱之穴為正形翅頂或成衣冠吏短〻低生左右臂左臂短如挿笏形右臂短如佩魚勢時師到此多狐疑却嫌龍虎不纏衛也有龍虎兩頭尖左紐右紐休要嫌也有龍虎生石嘴時師到此何曾喜也有穴在大石間也有穴在深潭裡也有左長右枝短也有左短右枝長也有主山似牛乾也有前案如拖鎗世俗庸師多不取那知異穴生賢良有如貪狼变文曲撒網之形非禄〻撒網之形似牛皮不着緋衣多食禄有如貪变破軍相天梯隱〻如旗樣旗小若作蓋天旗〻下能生公与相有如破軍变貪狼貪狼入穴如拖鎗拖鎗之穴人嫌醜只緣纏護兩山長貪变廉貞擁齒樣長枝有穴無人葬人言龍虎不歸随那知葬了生公相变作輔星廉棄仰落在高山掛灯樣变作破軍如戈矛兩傍左右手皆收定有諸山作纏護不然秀水之玄流　貪狼不变生乳頭巨門不变窩中求武曲不变釵鉗覔禄廉不变犁鏵頭文曲不变掌

心作破軍不变弋与矛輔弼不变岳崇作变月不变宜精求

此言变星不变之當求皆前篇之怪穴也

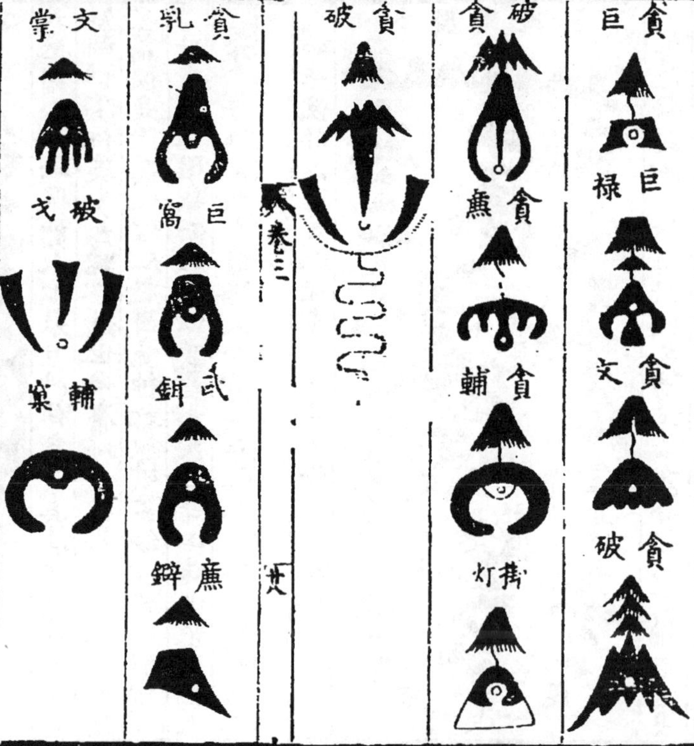

亦有異穴如闘斧不拘左右生龍虎横龍却向直中扦直山却向横中取　大抵怪形并異穴諸星退卸無他説主客只求三吉山三吉生枝轉羅列或是真龍生閒氣重岡叠嶺驅羊势一斷二斷ㄟ了斷鶴膝蜂腰真吉地

此足異穴怪形而中言怪異之所取也以怪異之形穴偶於

退卸頓伏不過只是龍巧而穴拙耳或取其三吉或取其間氣則除異乃为常也三吉貪巨武也真龍間氣即明星法也

三吉退御圖

間氣頓伏圖

吉地應有游流來有案直須生本餘ㄟㄟ生过我前来諸山藉此為護捍ㄟ門之外有羅星便作公侯小水断　案如覆釜更貶盃兩ㄟ三ㄟ對面来似鼓似鐘兼似笏當知台輔抱長才亦有行龍蕩山奠ㄟ回頭顧此間横过向前為水ㄟ不許諸山更出関ㄟ外若有羅星見定出安邦事不难

此言案山以此為貴也蓋就身生案与直朝横朝皆吉

流案直朝圖

流卸手圖

案山如筆插天青當面推来乃是真　及而成峯自直去与我無情似有情時師見此多求穴下了郡知誤殺人

此言案山之真假也

朝山真假之圖

大抵諸山來此聚諸水流來ㄴ此住定有真跡此删作只恐不知龍住處住處多爲醜怪形世俗庸師心裡惧　君能批此变星篇便是陰陽地理仙底事龍神都照破盖緣心鏡已昭圖

叶言怪穴雖截而教人以变星爲捉也諸山諸水聚处為大聚大势既身則奇形怪穴而愈真正但入穴醜悪庸師見之即怕使非以变星之法求之未有不惛而棄之也

大聚寃变圖

九星每变必断故曰断処多時星必变每断必有輔弼之星故曰輔弼爲随行之星也

地理五經 下

新刊地理五經圖解卷之四

疑龍十問　唐國師救貧楊筠松著

石門陳正言解

明新安　慎齋方明偉校

雲峯譚　澤編

霖舟方建極刊

一問抱養僧道無関於已子如何

問君葬者乘生氣骨骸受氣蔭遺体　此說尚有一可疑抱養之兒非已子僧道嗣續是外来如何却也能承継

此皆古人受氣蔭遺之語而疑抱養僧道之不當併也

与君詳論古人言皆此大畧非徒然骨骸受氣蔭遺体此理昭然不容議　却將僧道与抱养辨論如何同已子此說誠然是可疑固宜窮理細尋推人家生出英賢子是鍾山川之秀氣山川灵氣降為神ヒ随主者冢生人此山此穴誰為主即随香火降人身古人嘗有招魂葬昭君夫人可為標招魂葬了祀事歷四百年間漢家旺何拘骸骨蔭親生只要承継於祭享亦有四五百年柤棺柳骨骸化為土子孫千百尚荣華人指此山誰是主此山此穴有主者神灵只向此冢住山川秀氣来為嗣豈應其冢無富貴山川日夜在朝迎生出為人亦如是乃知抱养与親生同受生灵無以異古人接花接果養与此相参非与是後母却蔭前母兒前母却蔭後母子只緣受恩与受养不同所生并同氣以此言之在継承只要香火無衰替乃知招魂与抱子僧道相承皆類此

此言古語是皆大畧而於理不悖乃詳同受山川之灵而致疑於花果之相接必即異母之蔭注以明抱継之一机也蓋抱养与親生雖則不同而承祀之典則一神灵只随香火而降則蔭注亦随香火而来豈有抱养与親生之間哉觀其異母之蔭注而承継之机可識矣

二問公位之分如何

問君如何分公位父母生時無少異間或生時有愛憎死後何曾別榮悴譬如一木同根生一枝枯悴一枝榮ヒ者芳穠日夜長悴者日就枯槁形此後遂有公位謬分長分中分少位　愛憎之說起於心榮枯之說帰於地心有愛憎死却無地有肥磽此近似東根肥即東枝榮西根磽即西枝悴要知此說未為當似是而非當究理

此言公位之說起於榮悴必辨其由於地之肥磽而非出於親之憎愛也

左長前中右少位此說當初是誰起請君来此細排詳因別長男中少位　震為長男居左方坎為中男坐来岡艮為少男坐東北乾為長男居坎傍坤為地母西南位長女東南中午地兌為少女在西方此是乾坤男女位若以此法論陰陽男居左傍女西廂中子従只能中女向自有次第堪推詳奚自蕭梁争公位却以王墓埋震地震為長子起春官遂起争端謀王器公位之說起於斯断以長震中居離少居兌位四同長五与二位分毫

兼六房少男無分別七房長位同共說八房五位共消詳九房三男排優劣此是河圖分九宫上元一四七相同中元二五八同位下元三六九連宫後來執此爲定訣只執河圖分次第試以此法論與衰往往無差如卜筮乃知公位本河圖此說援經依拠是前篇運棄明堂水屡試無差本緣此

此別長男中少位也謂以八卦之陰陽定之則男常居左女當居右中子後龍中女在向依卦推詳爰自蕭梁王穉之術起而右長前中右少之公位驗矣河圖有九宫公位有九數故曰公位本河圖非謂其方位之相同也其实公位之數不泥於九自九而上至於一二三十位五七十位者皆依上中下三元周而復始數之則十在上元十一在中十二在下十三又上十四又中十五又下各相從也撼龍經云明堂裡面分公位公位真在明堂裡請君未斷左右山先向明堂觀水勢明堂要似運棄水盪歸左位長公起盪歸右畔小公只看在中心諸位貴

八卦公位圖

三元公位圖

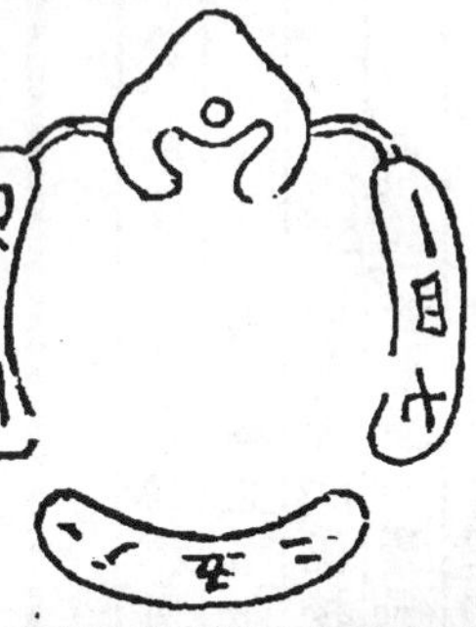

三問地有盛衰如何

問君公位雖能別或盛或衰是何說也有先盛後來衰也有衰尽復萌蘖此理如何合辨明士師謬以水宫折

此承言公位之盛衰有間而以水宫折者謬也

不知年久世代深豈有長盛無休歇山川之炁雖盤固氣盛氣衰有時節　代代長盛者無他後來接續得吉多衰者後來無救助年深氣歇漸消磨

此言龍勢有休歇之時而公位之盛衰全在新坟之得失也假如一坟有數位地之左右或有肥磽則位之長少必有榮悴至於世遠年深龍勢休歇則必彼此俱淪先盛者至此亦因謝矣如是接續得吉之多則盛者長盛而不歇救助能擇其吉則衰者萌蘖而不磨矣公位盛衰之間屬豈不在於新坟之得失哉

凡言公位勿固執先看其人數代祖新舊數坟皆是真新者必爲舊者助如是之家世世昌福祿未艾不可量是真不必問大小積小成大最爲妙是者一坟非者多縱有大地力分了譬如杯水救薪火水少火多難救禍是多非少反成吉譬如衆水成江河豈獻一穴分公位要取衆坟來合謀大地難得小易求積累不已成山近衆坟合力却成大人說小地生公侯那堪大地有數穴世世公侯不休歇　凡觀巨室著姓家必有大地福無涯子孫百世雖分散內有救地多榮華一穴大地蔭十世小地十坟亦如是驥騄千里但一日駑駘十駕亦追至圖大不得且

恐吹此事忠言為智者録

此承上文盛衰之故言當積累以泰其長盛也觀巨室著姓必有大地尤有𣴎地方多榮華則其積小之功不可無也

四問陽宅大小善惡如何

問君陽宅要安居此與安坟事一如人家無坟有善宅〻亦陰地力無殊　大凡陽宅怕穴小穴小只宜安坟妙小穴若為輪奐居氣脉傷残但鑿了况是子孫必衆多漸次分別少比和一穴裂而為四五正偏前後豈無訛大凡陽宅要穴大寬濶連綿又平快前朝横正面前寬可為市井於内外如此方為陽宅居窄小難容君莫愛

此言陽宅受蔭同於陰宅必害不宜小而宜大也輪奐觧也

問君陰陽有兩宅古人此事要分別吕才詳論有成書論已分明無別說　要知居址又要是水抱山朝必有氣忽然徒瀉朝對傾破碎欹斜非吉地下手回環朝揖正坐主端嚴無反柄縱饒不大也安和往得百年家業盛

此揭陰陽二宅之別而言陽宅之善惡也

五問主客同情如何

問君主客皆端正兩畔尖圓巧相映主是三山品字安客亦三山形一般客山上見主山好主山上見客山端此処如何辨賓主只將水抱便為真水城反背処為客多少時師誤殺人　凡覩疑穴看堂局堂局真時抱身曲忽然平过忽如何即以從纏分部屬纏送護托辨假真朝山無從托龍身斬小直來身少曲

真龍曲屈不朝人

此言主客同情者只取水城之抱又原水城之平过者則以纏從之有無身体之曲直別之也

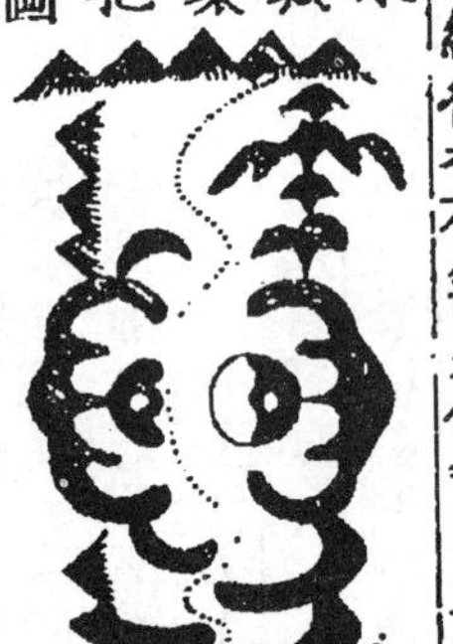

水城環抱圖

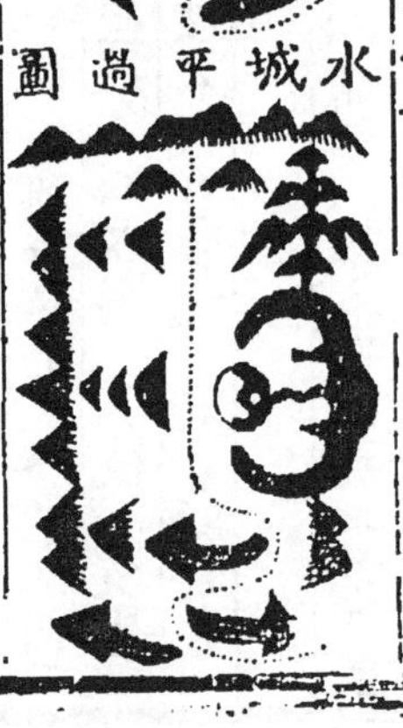

水城平過圖

六問形穴真假如何

問君龍固有枝幹識得枝中幹分乱胡為幹上忽生枝〻上連生數穴隨　此是枝龍問旺氣譬如瓜蔓始生枝分枝〻上連生子大小之形必用似或如人形必数穴禽獸之形必同列九為形穴必兩三盖緣氣類總如一是致流形去結實連生種類配偶匹蛇形必定有雌雄虎形相背無单隻

此設問而言形穴之相随者必種類之相匹也

大山峽裡莫尋蛇恐是高山脚溜斜若是真蛇有鼠蛤如無鼠蛤是虚花或是蜈蚣出面來亦有蜒蚰為案砂大山勇猛莫言虎恐是朝迎為主住重峯拜舞似虎行若是真虎羅網屏更有狗誰獅子案如無此案是朝迎　凡辨真假易分判若是假穴無真案若是真形案必真人形人物兩相親獸形降伏如貪饕禽形必有條為繫龍形雲雷象近水月形星案前陳起凡是真形有真案試以類求當識笑

此言形案不應非真穴而形之真者案必應也

七問形象由成如何

問君爲地必有形不知形自何由生前篇言穴必有穗是此穗類必同行飛禽走獸各有氣蟲魚水族均性情舟車器服乃人造日月雲雷是天精　不知山石無心物如何降勢却成形

此言地必有形々必有類不知山石無心如何結此形類也

與君決破此疑經天地氤氳万物生方其混沌雖未判乃象難然已禀成聲如胎卵身濕化已有飛走動植形　陰陽融結爲山水品物流形隨寓生堅形也自隱在石暫形時復寓於水

此詳形類之所由生也

山川在下星在上同此一氣無兩様自然形氣融結成在地有形天有象凡有形者因氣凝氣結成形巧如匠此是形氣自然生所當察形仰觀象形象相感一理通請以四法觀星宮三垣當法衆星拱四獸分圍到処同雖然濶狹大小異还是四圍無欠風　奎星至參元是虎角宿至箕本是龍斗星至壁玄武象井星至軫朱鳥宮凡是龍類龍星結凡是虎類虎星融凡是水族玄武内凡是禽形朱鳥宮今具星象先到左却以形穴比類從

此合形象于一氣而以地形方之天象也三垣者紫微太微天市也二垣皆有帝座故衆星拱之四獸者青龍白虎朱鳥玄武也以四獸分布於四方爲分闘到處同者穴々皆然也三垣有山拱穴四獸分布四圍皆見取象於天濶狹大小異者天濶大而穴狹小也奎尾以下是演禽論形也

卷四　七

雖然亦是奉大果妙處在人心很工勿以此法爲拘贅但觀星象無不同　世間有物天有象君如不識是凡庸

此言以象論形者不可拘而可識也盖地形天象雖同一理苟欲一一比合必有泥而不通者故曰勿以此法爲拘贅

八問枝幹盛衰如何

問君前經論貴賤上是侯藩次州縣幹龍多是居王侯枝作幹龍亦蕃衍　此說分明尚有疑試举一說爲君辨前言盛衰同有爲枝々又生數條枝節々爲龍自有穴已作未作氣自隨胡爲上作下必歇亦有下作上必衰綫毓氣脉相連接自有氣脉非相依知何盛衰尚関属爲君決此一狐疑

此言枝不奪幹而以盛衰之関属者爲疑也前言盛衰同有爲即是枝作幹龍亦蕃衍之意

蓋緣枝龍氣脉短又出小枝無轉換隨龍附氣々不長大勢上連枝々幹々頭未作枝先與枝上未作幹先茶枝上先作幹後作幹長枝短力難争　恰似一瓶生數嘴々小口大争水利不從口出嘴長流口若尽傾嘴無水又如大樹生小枝小枝易瘦大枝肥大枝既奪全氣去小枝不代自衰羸　更看新作与旧作年深年浅自可知

此詳幹之奪枝必即二事以喻之而教人以覩驗之法也盖枝幹之出無常形固有枝在下而幹在上者則上作而下必歇亦有枝在上而幹在下者則下作而上必衰本文云枝上又生數條枝又云盖緣枝龍氣脉短又出小枝無轉換則幹

卷四　八

之奔枝者皆自其枝幹之小者而言也若枝幹之大者則龍勢各長相去各遠上下並行而不相害也

九問穴有花假如何

問君前論穴難尋惟有朝山識倖心高低既以朝爲定真穴自可髙低針　只緣前後有花假ㄑ穴在後亦堪下花穴多生連案前朝山在彼亦如然若將前相爲証驗前後花假更不偏到此令人心目乱更有一説身重宣

此言以朝山定穴者則有前花後假之能惑人也

假穴断然生在後龍虎雖登崖必謂穴中看見龍虎回外面些撿山覷走花穴如何生在前盖緣連臂使其然連臂爲案横生穴案外有脚鋪裀毡其間豈無似穴者但見外朝尖匃圓痴師誤認此花穴不知真穴秘中垣　前花後假人少識此法原来秘仙籍景純維曉不著書今日明言不容惜

此言花假之辨於今日也

花穴最是使人迷後龍端妙朝又奇如何使人不恋愛只有一破餘皆非案山必然是褁裡花穴無容有面勢朝山只有頂尖圓定有脚手覷形類若登正穴試一觀呼吸四圍拱不至　又有花穴無人知龍虎外抱左右随盖緣正穴多隠秘或作釵鉗或乳垂龍虎数重多外抱龍上看虎左右帰虎上看龍左右抱或逆龍虎上針之不知正穴尚在内凡是乳穴曲即非曲是包褁非正穴請君以此决狐疑

此言前花惑人之非而及花結之在左右者

十問九星傳換如何

問君尋龍怕失踪三吉自有三吉峯（尖圓方也）前去定作貪巨星小峯回顧大星宗及至剥入輔弼去循作小峯顧祖宗　如何变星剥換了却與前説事不同

此言小峯剥換顧祖而疑大星之異情也

盖緣幹龍行千里一剥一換一峯起由貪入巨入禄文次第変入廉武裡破軍尽変入輔弼每星十二大盤ㄑ出蛇行鵞項鶴爪分跌落低平駿馬奔如此行来又数程傳換変易又前行前行直到落垣裡四外有山関水至低平尚有輔弼形此星入垣尋至止　幹龍行不問祖宗枝上顧祖却不同幹上傳換節節去枝已落穴必顧宗

此峯九星傳換之度数而言枝幹不同于顧祖也

幹龍一変必亦九多者或至十二重一星十二節始変周而復始換頭面貪小筆頭平卧蚕如此周遭換尽貪換貪若尽即入巨亦如貪狼節数去多至十二少九変却変禄星分莖去（形如鼓頭）禄爲節数如貪巨換了文廉却至武傳换若周即輔星輔星三四弼起程　弼星入首必平擾輔星入首多曲形此是変星変尽処変尽垣城四外迎

一此言変星節数而詳変尽之形体与規模也
凡覩一星便覩変識得変星知近遠、従貪起至破軍換尽龍
楼生宝殿雖然高聳却不同还是星峯高出而一博一換形不
同豈可尽言顧祖宗君如識得変星法千里百里尋来龍誰
人識得大龍脊上正好時無脚力累貴不惜力不労其家世代
腰金公
此言尋龍之有益於後人也龍有九星而言貪起至破軍者
除輔弼為入垣之星也龍楼宝殿雖以高聳而得名却不独
同於高聳还要尖峯出面各合星辰為是楼高而尖殿高而
平也一博一換形不同即上言幹龍行不間祖宗非如枝上
落穴必顧宗故曰豈可尽言顧祖宗也

太 卷四 十一

行龍博換落穴面星圖

凡看変星先看断七処多時星必変如此断絶屈曲行高入青
冥飛鶴形鵲形漸低必断絶断絶後起是変星 却従変星辨
貪巨武是廉文武禄存或是破軍与輔弼只以変星逆求程識
得変星節数法不必論程窮脚力只従変尽至弼星豈愁不識
侍垣城
此教人以看変之法也自貪巨尋至輔弼為順求程自龍而
至穴也自弼輔尋至巨貪為逆求程自穴而至龍也
衛龍篇
輔弼入垣星既曉纏送護托皆明了如何尚有侍衛星此星能
明最精妙 左侍右衛形如何此星生処若無多除却天池流
来輔高山頂上長清波天池之水満則溢侍衛之水随龍入深

八 卷四 十二

入坎井不聞声恰似尾閭沒無迹道是天池又却非二山相合
使人疑不知龍自中央过両邊侍衛貼身随 要知前侍并後
衛只有一泉貼身体正龍高起侍衛低前池未満後池継看来
彷彿似天池只有流泉弯処低或是田源水入坎或是乾窠如
環随両池相遂前後衛両池相夾左右司此是貴龍親侍衛高
処是首低是尾只觀水流与不流水若深潜是衛氣
此詳言侍衛之体也龍身頂上有泉池曰天池左右山上有
両池曰侍衛左有池名左侍右有池名右衛前有池名前侍
後有池名後衛水流無声極妙前侍後衛却在低処低処亦
有左右相夾者有天池侍衛者穴従中結有前侍後衛者穴
向此遶横結所以收其衛氣也

天池侍衛圖

前侍後衛圖

龍身看有此真形一百里外垣墻生分垣遠去似不顧垣窮尽処面前橫　垣中横水從中过遶纏如帶五里復垣前外列如打圍垣氣足時無缺破垣前水直入垣来曲轉東西垣亦開刼有隨龍小溪澗弯匕抱体常低回　横城水遶大微勢直朝入身紫垣氣百源来聚天市垣匕水曲抱是天園更有天苑内無澗刼有大水環三遶

此言侍衛成垣歷夆垣中之水而実以垣内之星也所謂垣星者中外之星常明者百有二十可名者三百二十為星二千五百微星万千五百二十分布四方居遍天体為垣局者有曰紫微垣太微垣天市垣匕之中皆有帝座凡建節之地山川形勢須是合其垣局方堪建立廖公云帝都必要合星垣紫微在中天其次太微并天市皆有帝座位是也外有少微垣為士大夫權天帝文章之府大苑天園為天子养猷及植栗黍之所雖亦有垣而無帝座正位地形縱合亦非統一寰宇享有久遠之都只宜郡邑藩鎮之用而已盖天子之京畿為万方之樞會地理之大莫先於此故必下鍾正龍之旺氣上合天星之垣局然後可以建立焉

中元紫微垣天星之圖

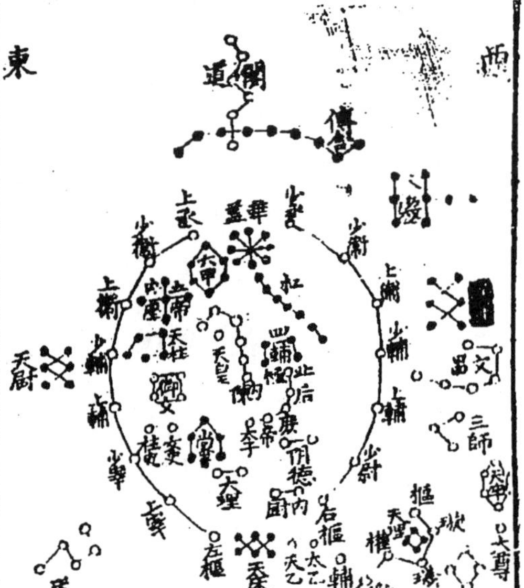

按天文志中天北　極紫微星垣天皇之宸極太乙之常居也北極五星正臨亥地為天帝之至尊所以南面而治者也三光迭運極星不移孔子所謂北辰居其所而衆星拱之是也後有四輔四星居壬勾陳六星居坎天杠七星居戌華盖九星居坎閣道六星居壬咸池五星居丑八穀八星居辛天將軍四星居寅内階六星居酉司命六貴人在庚三師三星在申又有天理四星居丁五諸侯居巽内厨二星居巳四貴人四星臨[redacted]帝座一星居巳大理二星居巽天槍二星居巽女床三星居辰天棓五星居乙天厨六星居甲柱史女史二星居卯而有左衛七相右衛七將以藩屏帝室森皆六符以輔治北斗七政以翼垣此紫微垣星局之懸象於天者也

步天歌云中元北極紫微宫北極五星在其中大帝之座第二珠第三之星庶子居第一號曰爲太子四爲后宫五天樞左右四星是四輔天乙太乙當門路左樞右樞夾南門兩面營衛一十五上宰少尉兩相對少宰上輔次少輔上衛少衛次上丞後門東邊大贊府門西喚作一少丞以次却向門前數陰德門裡兩黄聚尚書以次其位五女史柱史各一户御女四星五天柱大理兩星陰德邊勾陳尾指北極巔勾陳六星六甲前天皇獨在勾陳裡五帝内座後門是華蓋并杠十六星杠作柄象華蓋形蓋上連七九個星名曰傳舍如連丁垣外左右各六珠右是内階[illegible]天厨階前八星名八穀厨下五個天棓宿天床六星左樞右内厨二星右樞對文昌斗上

半月形稀疎分明六個星文昌之下曰三師太尊只向三師明天牢六星大尊邊太陽之守四勢前一個宰相太陽側近有三公相西偏即是天戈一星圓天理四星斗裡暗輔星近看閣陽炎北斗之宿七星明第一主宰名樞精第二第三璇璣是四曰權星第五衡開陽搖光六七名搖光左三天槍明

又有紫微垣地形之圖八式歌云紫微西藩星有七東藩星八出華蓋杠星在後門天床前而陳中央一水直朝八極城九迴屈万山簇擁尽朝迎拱極不虛稱臧龍結云紫微垣外前後門華蓋三台前後衛中有过水名御溝抱城屈曲中間流又云前朝射入紫微垣朝海拱辰勢如簇千山万水俱朝入剑懷中九迴曲

紫微垣地形之圖

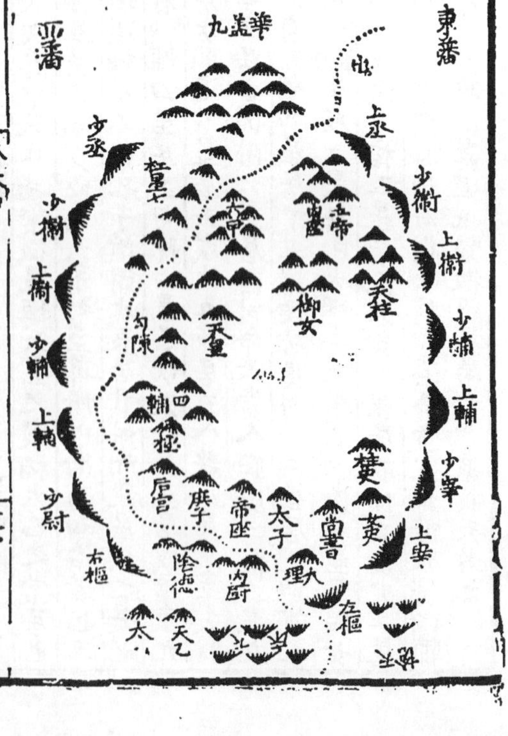

上元太微垣天星之圖

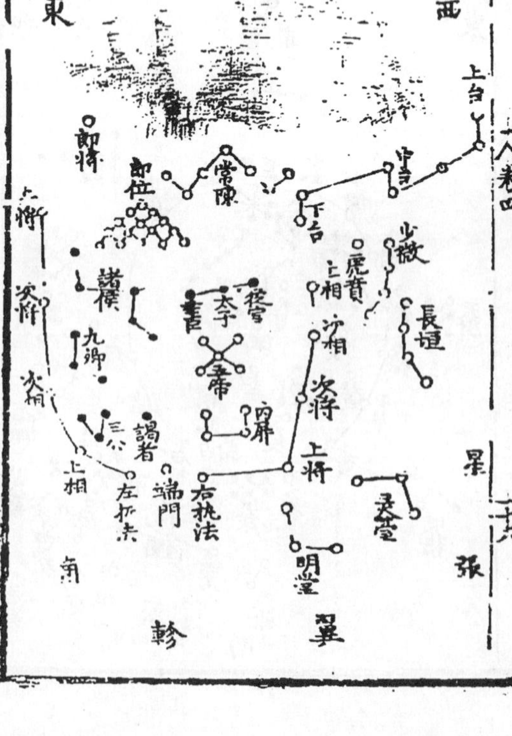

者衛宮太微垣三光之庭天帝受釐告功之室也上有五帝内座正居丙地太乙五尚書正居巽地内有郎官郎位三公謁者九卿五侯以輔導帝極前有明堂三星居午靈臺三星居丁常陳為耳目之官西將東相各四星為藩垣東華西華為門掖〻左右二星為執法後有太陽守太陰守各二星為衛前有張翼軫三宿為侍此太微垣星局之懸象於天者也步天歌云上元天庭太微宮昭〻列象在蒼穹端門只是門之中左右執法門西東門左皂衣一謁者以次則是烏三公三里九卿公背立五黑諸侯卿後行四個門星主後屏五帝内座於中正幸臣太子并從官烏列帝後從東定郎將虎賁居左右常陳郎位居其後常陳七星勿相誤郎位陳來一十五兩面宮垣十星布左右執法是其數 垣外明堂布政宮三個靈臺候雲雨

太微垣地形之圖

入式歌云太微垣局最方正左右執法並西藩上將次將夾次相上相連東藩上相及次相次將與上將兩藩九門分十星壹水遶城橫周垣〻星西藩五曰右執法曰上將曰次將曰次相曰上相東藩五曰左執法曰上相曰次相曰次將曰上將左右執法二星間為太微端門左執法之東為左掖門右執法之西為右掖門其東藩上相之北為東太陽門次相之北為中華東門次將之北為東太陰門其西藩次相之北為西太陰門次將之北為中華西門上將之北為西太陽門太微為天子之門為五帝之座為十二諸侯之府撼龍經云東華西華門水橫水外四圍列峯佳此是垣前執法星却分左右為兵衛又云方正之垣號太微橫城水遶太微勢

下元天市垣星之圖

右象府天市垣天帝泉貨之府司也中有帝座正臨艮地有秤斗斛車府庫市楼市肆以实其中貫索宗人左右侍衛臣衛列国分野二十二星以列四方貴人一星旁照䆠地為捍衛府庫之官司命一星正臨丁位為五福壽命之司此天市垣星局之懸象于天者也　歩天歌云下元一宮名天市兩扇垣墻二十二當門六個黑市楼門左兩星是車肆兩個宗正四宗人宗星一双亦依次帛度兩星屠肆前侯星还在帝王邉帝座一星常光明四個微茫宦者星以次兩星名列肆斗斛帝前依其次斗是五星斛是四垣北九珠貫索星索口横者七公成天紀恰似七公形数着分明多兩星紀北三星名女床北坐还依織女旁

天市垣地形之圖

入式歌云天市垣星二十二名参国與地国地中間有四門東西南北分衆水分流衆此聚大河在中注帝座居北市楼南垣局總為三周垣二十二星其南曰南海曰宋曰韓曰楚曰梁其西曰巴曰蜀曰秦曰周曰鄭曰晋曰河間曰河中其東曰燕曰東海曰徐曰吳越曰齊其北曰中山曰九河曰趙曰魏天市主權衡主聚衆帝座一星在垣北市楼六星在垣南又云外有天苑星十六天園十三宿天苑大水環三遶曲抱是天園天苑十六星在昴畢南為天子恭獸之所天園十三星在苑南為天子樹菓菜之所又云天市少微少全局惟有紫垣是天下山川合者稀过眼復昏迷垣中多是太陽落五吉相参錯四凶布列在兩傍濟濟儼朝王

天苑垣地形之圖

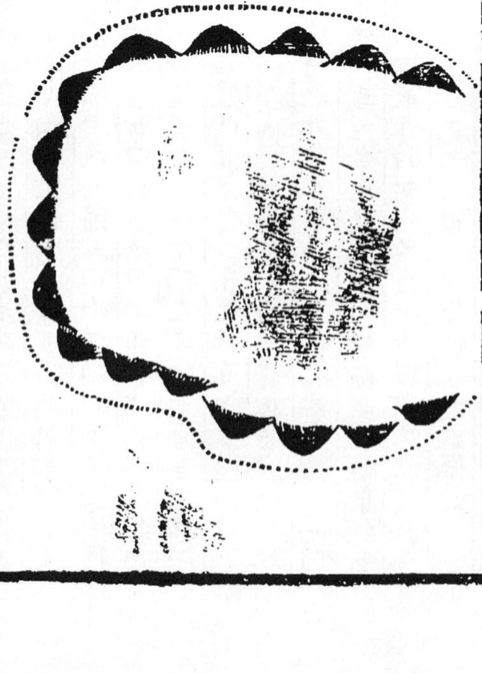

平陽宛然是紫氣河中河曲皆天市關中只是天苑星伊洛亦合是天肆京師華蓋是前星東京三水本中庭嵩山最高爲天市天市碣石轉抱紫大行之東有天市馬耳峯上有侍衛長江環外有三结三结垣前水中列中垣已是帝王州只是垣城氣多泄海門環合似天市天目天池生侍衛万里飛騰垣外挹海外諸峯補垣氣盛衰長短固有時亦是山川積氣爲眾峯諸峯與君說更有難言誰得知　上相次相既列上〻將次將必屯而上衛次衛必居中既論衛龍合天象山川之氣上爲星〻衣列次應出形仰觀星象俯察理衛龍内竪隨龍行只是貼身不関峽以此可見天地情畧言侍衛貼龍体詳别流星入無底衛山環合夾龍身此是垣関常緊閉

此論已驗之垣局而秘其未形必合天地于一而申言侍衛之情也盖其所舉之垣局皆是已经建立京畿盛衰長短因時辨驗未有不由山川之積氣而爲者其有未立之垣塲天人所禁公既不言誰得知之故曰更有難言誰得知関峽之山多出本身衛龍只是遠隨拱夾不關峽也其於垣局已成則衛山環合周密而垣関常緊閉矣流星即流神指水而言入無底深意即深入坎井不聞声合似尾閭洩無逈之象也

屠龍不如工抵䂓〻多龍少卻成疵大言無當下士笑或笑或取吾何辞

此喻成垣大地難得而害論大地者毋辞人之笑取也盖大地如屠龍小地如抵䂓抵䂓皆人所常爲屠龍者人所罕見此論大地皆當爲識者所取而下士所笑也吾求吾安而已

或笑或取又何辞焉

断制梓言

凡欲尋地何處先尋龍第一非虛傳第二更要看水〻水口関関氣脉全　大山峽裡関最緊須是两邊脚相連関閑有情方是好若是虛交亦徒然凡入鄉村尋水上两岸有山皆内向或隻山如上水魚或塞江流如巨帳更有罗星存水涯巨石覆鐘屏帳樣山形出富是富人山形出貴是貴相武勇之形出将軍平小之形一代旺請君從此泝源流定有朝揖龍頭上認取真龍便好求吾君詳說非虛誑

此教人先本而後末因末以求本也盖龍爲本也砂水末也先尋龍而及於水口則先本而後末矣因水口而認取龍穴非因末以求本乎虛交反氣向外也見其水口有情乃從而逆尋之則必有朝揖龍頭之山尺可以認取真龍之穴也

水口龍穴之圖

凡入鄉村看山住龍勢回環常在做中有林木是人莫要休穴顛倒顛住〻正穴當是前人心眼未曾工不是在傍即端

下不是低了便傷龍多年下了不曾發禄人下処非正穴此穴
晋身後人緣〻分木周分隔絶此務名為活地神鼠抱金鐵穴
能蠲他年緣分有分時下着穴心須大發
此教人以舊坟之當用心也虚做者人見山勢之回環虚鑿
而不得其穴也不能蠲謂不得用也
凡欲求地觀大勢百里周回做一穴其次二三十里間十里五
里又其次大勢落頭作一穴其外有情無空缺看他山外抱數
重〻數多時最妙絶此說在人心目明心目不明皆誑說　源
源水朝有情來朝到面前不散開只此名為真朝水朝水要從
生旺來流於囚謝景純訣流破生旺皆絶滅若是真龍正穴時
朝入自然皆吉地秪恐龍虚穴假時錯合天星也無力問君如

卷四　十三

何識大勢五十里間常熱視若是横朝非直朝横如盤帶隨身
衛横朝直朝皆是垣不識大勢休勞說
此言求地當觀大勢因言水之直横皆能成垣而為大勢也
景純流於囚謝之語本以形勢言非以方位言此援入於流
断章取義云爾當自識之
前說大地如屠龍不如抵豨易為〻此是抵豨來徇俗庶免人
訕如捕風凡言大地多大話下士聞之心已怕中士聞之心始
疑上士聞之心歆為　何不觀之富貴家子孫累世享榮華盡
緣祖龍勢力遠子孫食禄名世家小地雖然亦小發未及二世
亦歇滅到此方知小易衰大地富貴世不絶
此辨大勢為智者之所欲必即大〻福力之各異以明其為
當歡也抵豨者局小易明故可徇俗屠龍者人以迂玄目之
古今皆然也
若觀富貴家祖坟格〻格下在君心看格多時心易曉見多勝
耳千回聞若不看格信人說俗師不曉能惑人求之久而不可
得以致心荒乱作坟　勸君且去看旧跡勝讀千卷撼龍文景
純教人覆旧穴此說昭〻能破昏
此承上文而言旧格之當看也
大凡修造與葬埋須要星辰年月催地吉葬凶禍先發名曰棄
施福不來　此是前賢暈純說景純雖說無年月後來年月數
十家一半有頭無尾結大抵此文無十全大半都是俗人傳不
是青囊起鬼卦便是三元遁甲鈐騰雲曜氣身禄馬通天竅身

卷四　廿

六壬局裝成圖局號飛天名出何方玄馬禄云是祖師口訣傳
金盤圖是左仙録雷霆九劫號昇玄神鑑黄羅并武曲催官使
者大單于鼓角喧傳為第一統例一百二十家九十六家年月
要問之一〻真通曉飛步星辰說玄妙試令選擇作宅坟福未
到時禍先到　不知年月有玄微些要妙少人知年月乃為
造命法裝成好命添人為若人生時得好命一生享福無富盛
不独己身富貴高十世雲仍做官定我因曆筭攷諸天玄象幽
微萬〻千絲到曉時次錯没只有限乌方占全太陰因占有缺
缺不比太陽常麗天請君專川太陽照三合對宮福禄堅更尋
財曜在何処福力却与太陽無公水二星并紫氣太陰同用尤
玄天符水有十二惟只妙逆伏禍炎〻

此論年月星辰之重必詳俗傳之非并其選擇之要也天符十一曜七政并四餘也見天符選擇正訣

凡是溫泉莫尋地真陽溫厚化爲水滔滔汩汩日夜流且是水口無關閉

此言有溫泉者無穴有溫泉処必無水口之關閉也

凡是凹風莫言穴穴裡真陽風吹散亦有凹風穴必低低下避風穴疑絕

此言凹處無穴而低下能避凹破者則可用也

穴無龍虎是單山不須疑惑是孤𩨾四圍有障却爲吉水口相交如抱環

此言無龍虎者之可用也蓋本身雖無龍虎得外山之羅障與水口之關闌則其氣聚廣衍而地反大矣何孤𩨾之有哉

凡看來龍多在水春夏水高龍穴起回環有水穴即高此處尋龍却無鬼

此言平陽之地也春夏水高龍穴起者龍穴本高因水而見耳非因有水而即起也平陽之龍多是盤泊而來者故無撑穴之鬼也

凡入鄉村先問水四水發源在何始發源浮処有高山其山隨水出何処背面兩水去何交交処断然龍在彼却於背面尋龍身兩水交流処回視　回視來龍聳起高山隨水曲抱彎彎明堂寬濶四獸護有穴分明在此間　回視來龍却回轉却有他山來作護便是纏護看他情回轉抱來龍必住

此教人以尋龍之要訣也蓋尋龍以起祖與到頭二処分合之水爲據當自起祖大水合処觀之自有背面分処有面便是穴自有明堂寬濶四獸拱護若此処無面則山必回轉穴在裡面寬平之処却有外山包轉來作纏護裡面落頭之山亦必有面有堂自可見也圖見中卷直結回結兩條

龍住之處有朝迎朝迎最識穴中情衆山抱処是真穴穴有高低來易明穴若在低高下了穴在承漿却下腦穴若來高裁處低當針百會却針臍高低若是差栽却恰似育髮針腦脚穴隔分寸尚無功況是高低針不着不特針穴醫無功人命須臾更喪却　余嘗論穴在前篇說処針裁無不全今因論穴又有說要知裁穴無爲然裁穴要如取水火遠近高低皆不可取火若要得中正火却炎炎水傾墜鑑取陰月中精鑑必凹深取月明其光圓聚方諸上一點精光似　以太近光時水不滴大遠光時亦不溫只要當中取正光頃刻之間水盈溢陽燧取火亦後然日光聚近即生烟莫令太近并太遠只要當中火即燃若曾親自取水穴便識高低皆不可　日月在天幾万里陽燧方諸毫髮細聚光回射當凹中水火即從生聚起要識裁穴亦如斯矣聚前朝山水氣來山既聚衆氣來下了須臾百祥至取水取火須自爲方識陰陽論氣聚

此言朝可証穴而譬其高低之不可亦即取水火之事而喻其穴聚前朝之氣也

新刊地理五經圖解卷之四終

新刊地理五經圖解卷之五

胎腹經　唐　贛州山陰楊筠松著
虔州虔化曾文辿問
新安石門陳正言正

陰陽合德章第一

天地交通陰陽化育物稟賦形猶胎猶腹
曾問天地陰陽化育胎腹造化莫測楊曰陰陽氣交而化育萬物故生氣之聚窩鉗乳突稟造化於其間而成地亦猶胎腹稟造化於其間而成人若漏腹寡胎者則無用也
惟地之靈惟人之生富貴貧賤關感杳冥
曾問地之靈人之生富貴貧賤所關感者其理莫曉楊曰東山吐焰西山起雲鐘應於東栗芽於室皆氣之盛而致然也人受體於父母父母本體得全氣而安則子孫亦安否則必主子孫凌替氣類相感禍福隨應

生氣凝聚山龍會合穴占其的群靈拱護
曾問山龍會者何也楊曰生氣聚處必有真砂龍虎抱衛四合周顧主客相迎以父母之本骸占處其的宜群神之所拱而護之所以有富貴之應也蓋富貴吉地必有神靈拱護因人之功行福德而與之也
禍應之地卒然禍至節龍帶殺變福為鬼
曾問禍應之地為官為富忽二三十年後一二代後出屠盜僧道隸卒技藝賭博或雖富貴而終不綿遠致離鄉敗絕何也楊曰此節龍帶殺而然也其龍之來雖有聚峙五七節二三節皆是木火等星脫卸神殺未盡及其到頭一節形如頓鼓下無水腳以化其毒則為碩金穴葬其粘一發如雷為官為富可謂善矣至二三十年後一二代後出子孫不肖蓋後面二三節龍帶殺鬼劫等病或聳湧如茅葉零乱如破傘則出夜行人或如葫蘆出賣藥鉢盂出僧道旛帶出聖姑排弄出卜命之士他皆可以類推誥軸倉庫寶蓋旌節者必應富貴夫水行益前山行益後不可不察也凡地若得到頭一節無疑也便作穴再尋別穴繼之勿以二三節為疑而廢也
生氣初蟄如聽如蒙或奮以池或發以鐘
曾問生氣行乎地中無往不復或鐘磬而貴或池蓄而富其故何也楊曰聲色氣味皆有所感召蓋生氣行乎地中有好有惡氣之伏者因聲而振或聞鳴鐘或聞震雷必能奮發氣之瘖者遇氣則變或犯銅臭或觸穢惡皆致傷絕氣之衰者因味而壞或以姜桂酸鹹之味置墓中則致絕嗣古人以鼓

城山而茶争發催春而花争開此以聲音感召地氣而然凡此數等皆有至理存焉若金星帶火無水以制定瘟火必池蓄水或開水穴乃能致富
生氣致穴好圓惡方規則融和矩則敗傷
曾問氣之流行好圓規惡方矩之義如何楊曰山欹曲水欹圓則二氣融和於中而生氣則必既圓則外之生氣亦圓雌雄交度蝦鬚明白見此証佐氣全無疑曾問寶祖地預卜於地必傷開土之人後驗果然何以知之楊曰其地雄猛一

氣由脉行脉因土寓或破或傷須硬失氣

曾問造穴見五色土一葬而後反後世退敗惟但出土色頑硬或砂或石何也楊曰此後龍被傷斷來脉而然既傷斷來脉生氣不至土無養蔭其色必黑枯故平地之脉氣行地面微微隱隱如草中蛇灰中線泥中鱔水中絲微茫露出脊背若於地面略斷數尺生氣破傷散於飄風其土歷歲久皆化為石或為雜砂雖得真龍正穴亦不可葬昔王右葬墓皆犯斷脉故後世子孫敗死不可不知若湾中之塸湾中之堂傷掘壞雖有客土填補其氣已損終不為福惟石山帶土者雖鑿斷亦無慮謂之開鑿城門反為出貴之應

石邊脉落庶子受蔭長房受夷中亦不振

八卷五　　四

曾問或長房發福而少子凌替或有嫡枝貧賤而庶子起家何也楊曰此落脉受蔭不匀而致然也若脉從右落而倚乎右必庶子起家不能大貴惟請峯而已若脉從左落而倚乎左則嫡長起家亦不大貴若從中落或蓋或粘多發中子或三位均平出大富貴也又有砂法論公位者左長前中右少銷其端巧破碎取舍歌曰東宮支氣過西宮長子長孫須夭辞西宮大射過東宮退敗少房無復救又曰龍頭破碎禍長子長子多官事虎頭破碎惆少男少男必犯官水衝龍頭長男破破了無結果水射虎頭少房災後没錢財

主龍降鍾章第二

主龍降勢有子有女有貴有賤與衰定數

曲回轉而成盤龍之勢如矩四方其氣怒而未舒及其開發怒氣一泄必中傷人是以開土之人必折臂之應凡盤倒龍勢圓規回轉則生發曲方矩硬折則怒氣發所以傷人也

生氣鍾孕靈異百变玉石袍魚五行可見

曾問古人定淺深各有成数預卜其下金魚蛇袍龜鱉玉石空青色土之類何知其必然也楊曰此以氣色論也其說秘密非初季所能曉大抵水变為金其氣蝹蟥其色濡濡則孕金魚金变為水其氣蜿蜒其色洸洸則孕蛇袍若金禅未变得土滋養其氣員員其色翕翕則孕龜鱉他皆可以理推若一節变者則在一尋之下二節变者則在二尋之下淺深之應以此取驗可謂精矣凡玉石龜魚蛇袍空青主富貴枯骨

八卷五　　三

棺木蟻穴猿猴虫鼠糞土主貧賤濇泉雖貴而三日後不乾者亦不吉

氣由土行貴乎堅全一有器物非天之天

曾問凡打地下有古器者果應富貴否楊曰生氣流行必由真土真土之美貴乎堅全忌乎傷殘若下有古器陶器印篆符章者乃昔人穿鑿所藏非本然之天天然之物也烏得為吉應哉若前章所論玉石空青龜魚蛇袍生物此為地氣鍾孕吉應可知不可傷損存之元穴五行之氣行乎地中貴乎堅實潤而不澤乾而不栗備具五色為尚金氣凝則白木氣凝則青水氣凝則黑火氣凝則赤土氣凝則黃蓋地初發結以黃為本五氣雜亦盡善盡美

曾問貴賤富貧壽夭之地何以識之興盛衰替代數遠近何以辨之楊曰此從後龍砂別之也凡大貴之地後龍或陽心結陰心結所帶子衣皆貴且上必起龍樓鳳閣磬摩御屏華架簾幞寶冠華蓋展誥倉庫之類砂之貴者貴人旗鼓刀劍戈戟排衙声喏樓臺更點之類砂之賤者破衣破傘崖岩崩濁盖後一節帶貴者則一代主貴二節帶貴者則二代主貴前砂吉凶以方銷取某年富貴某年貧賤某生人富貴某生人貧賤皆可預卜也

曾問其止其行行止欲明生死順逆主客相迎

曾問龍之止住如何知得楊曰龍若止時有明堂入穴先看左右臂龍若住時便分枝枝上生枝更見兄龍若住時手足

卷五　一三

乱恰似舡泊岸龍若住時有包藏山水自相當龍若住時我便知脚手落遲〻

曾問龍之生死如何識得楊曰生者精神活動死者歌斜頑硬又有邊死邊生右邊死則少房受禍左邊死則長房受禍其餘發福

曾問龍之順逆如何識得楊曰順逆者陰陽也逆者陰順者陰逆龍逆葬順龍順葬順者枕龍頭逆者枕龍耳逆龍順栽凶禍必來順龍逆栽後必有災順逆二路如盲如聾

龍行脫殺先看過峽有朱衣吏真龍斷也

曾問尋龍之法必有要旨何者為先楊曰先看脫煞度關過峽一節有陽心峽陰心峽如一頭一伏則陽峽乃俯也低平歇頓氣脉伸長則陰峽乃仰也且如陰峽難送頫多應樂令

明水遶無風則為貴地陽峽過此諸般貴格定主將相甚荣不可備盡又如陰峽過脉有倉庫旂鼓應樂縣令鎡基陽峽過脉有此乃知府以上地步凡是真龍過峽度關尊如貴人在位必有朱衣之吏左右侍衛擁護正脉乃為上吉

觀龍識鬼識鬼知詭知詭知真知真福至

曾問龍之真詭如何知識楊曰詭龍端巧多是鬼龍識鬼便是識詭看龍之法若見串頂墜脚綳面反翅破頭偃腹瘦胎陷胷突臍傾肩斜臂兎唇雉尾凹背直胖皆非真龍也若見仰掌雞窠勾夾旋螺四旁擁護水遶山回水關山山關水則是真龍也龍法大略說了又有狗蔽蛇蟠掃蕩掃火等穴不知者以為旋螺則誤也

卷五　六

下帷設帳龍樓寶屋聚嶂再論心為貴為福

曾問望龍知勢何以知之楊曰山之正行而反倒者凹中結聚山之反行而正倒者掌起結聚山之俯者上聚山之仰者下聚山之中生而左右俱生者三台結聚山之左死右生者右聚山之右死左生者左聚並要先看其頭聚嶂或下帷帳如龍樓寶屋如樓臺鼓角如三台華盖如列戟排笋起祖立宗或合九星正形或合五星正形於衆山之中自起一正星其真龍必穿帳而出或辭樓下殿結或陽心結或陰心結或分枝擘脉結或問蹤藏蹤結皆自可見

祖宗同体血脉流行如絲脫殼如蚕退脏

曾問尋龍先尋祖宗如何楊曰祖宗者聚嶂其頭也子孫者

生氣穴場也看祖宗出頭之處則可知十條穴場之貴賤
也且如祖宗是龍樓寶殿血脉流行作狀元榜眼之地祖宗
是雲橋星帳血脉流行作神仙富貴之地大要只看子孫不
離祖宗骨性乃佳如蛇之脫殼如蠶之退脏其精神氣脉皆
其祖宗乃是血脉流行之為吉也
紅紫亂朱疑似必辨或吉或凶於此可見
曾問磚角一也或富或貴乳膀一也或貴或賤芦鞭一也或
正或邪其故何也楊曰磚角者吉穴也有似犁觜者必凶乳
膀者佳城也有似馬眼者必敗芦鞭者勝地也有似鵞頸者
必淫又有衙刀似殺刀衙杖似柂杖蛇與鱔同類犬與兎同
形不能辨者正所謂枇杷葉作牛耳朶官曜星指竹筍頭之

類是也
形勢相倚章第三
龍降有勢穴結有形形勢相倚氣之生也
曾問龍穴形勢既得便可為生氣全否楊曰龍有貴賤穴有
真假龍之貴者樓臺殿閣騰雲寶蓋飛鵞蘸蟆龍之賤者
破衣破傘死蛇死鱔穴之真者雌雄交度堂氣不泄穴之假
者左右不交氣無止聚郭氏云千尺為勢百尺為形勢來形
止是謂全氣全氣之地當葬其止
為龍為穴各有五行陰則宜陽陽則宜陰
曾問看龍識真何以識之楊曰看真龍必須看真水看真水
必須看真砂真龍者生氣聚處有凸見也真水者繳抱[illegible]

是也真砂者蟠其抱聚是也觀龍之五行而傳變所若
龍當下陽穴陽龍當下陰穴也
陰心陽心真龍出面結胎漏息穿落傳變
曾問龍有陰心陽心其故何也楊曰此有二說其言陰心者
五星陰靜者也陽心者九星陽動者也凡龍之來必先動而
後靜其出面合得五星正形及其結胎漏息之處必然穿落
傳變陰陽配合天一生水必得地四之金以配之地二生火
必得天三生木以配之惟有中央之土自備陰陽自生配偶
自能結地不可不知
龍之行度有動有靜生死存焉智者能明
曾問龍之動靜生死造化難明楊曰尋龍之法要知動靜生
死為先動者一起一伏相牽相連有轉摺氣勢有左右迎送
靜者不起不伏竹筒鰍鱔無轉摺氣勢無左右迎送動者為
生一節生有二十年福二節生有四十年福靜者為死一節
死有二十年禍三節俱死者不可葬也若見純死三五里頓
然有一二歩生氣亦可以二十年財祿純生者挨靜而下純
死者倚動而扦純生不葬純死不扦動靜生死禍福了然

到頭十二天心壅凸端圓肥滿婦人懷孕
曾問古人論龍其例雖多欲求其要只有幾般楊曰到頭一
節不過一十有二止聚之處必壅凸端圓肥滿如婦人之成
娠乃氣脉呈見也故到頭龍法曰順含曰大交陽曰小交陽
曰翁雌雄曰粧節曰脫殺曰頓住曰勒住曰盤倒曰逆跳曰

雄擔曰頓鼓皆要天心壅凸乃可　圖說皆見地理統宗
寧傷其穴莫傷其龍傷穴致敗傷龍致凶
曾問古人有傷龍傷穴之忌如何楊曰脉原其来如水之注穴乘其止如水之聚若於未聚之處順葬其衝而過則曰傷龍骨殖必乾壞而微赤主枉死少年為大凶也傷穴者氣務之地當撞而倚當毬而挨則曰傷穴々々之地多主冷退家道漸不振矣故曰寧可傷穴莫可傷龍傷穴雖貧傷龍最凶
室女貪花懷妊死主人孤獨歎貧窮
真氣流行章第四
上尋蝌眼下尋合襟水隨氣至見天地心
曾問尋龍之法其例維何楊曰真龍到坟必有夾頭真水兩邊而下不問乾流濕流似有似無邊強邊弱上必有蝌眼下必有合襟蓋其融結之地必有合襟之水隨真氣到坟邊陰龍腮則為可取大要須自外攔入上寬而下欽不可自内發出上通而下交無情
三叉眉目為水之貴去不流泥三門五戶
曾問水之貴者何局為最楊曰三叉証佐眉目分明交流三摺則為門戶關閉中有吉穴生氣存焉葬後子孫昌盛富貴綿遠若見直流斜穿皆非吉也
脫元刎蚌去若捲簾木城作酸漏道何堪
曾問若水不吉立見敗亡或以卦取或以形言何說為當楊曰此必以形局論不可以卦取也若直出者為脫元又曰捲簾又為木城作酸若斜出者為刎蚌若作馬蹄轉者為火城奔動出局散漫為遇空亡凡漏道見此皆非吉也大抵觀水之法不問陰潮陽潮皆要迎接上坟乃可若見脫元刎蚌等水定不吉任從吉剋裝排奚益
息流不泄蓮葉不傾不遇空亡即鎮丁文
曾問先輩多以水論公位如何楊曰予不欲明此一節恐啟兄弟爭端致有不葬其親者為後大害夫息道宜滲不宜泄正如蓮葉中水溢歸左則長位發福溢歸右則少位發福溢歸中則中位發福大抵來者要入口出者要迎受有丁鎖則為不遇空亡之地之氣數亦能養蔭且後久遠不可不審
左水先發右水不到必見少房連年災耗
曾問或有少位病敗長位發福者何也楊曰此穴前之水有到與不到之分也若見左水先到而又過坟必主長位富盛若見右水後發又不到坟必主少位病敗必然之應也所以水衝射左禍患在長水衝射右禍患在少
煞前官後一葬維凶煞移官前未久即通
曾問葬後即凶病敗離鄉至二三十年後方漸歸家富盛或有一葬即發不過二三十年漸見廢絕何也楊曰此夾室輔門之應也若夾室捲濾到輔門始見回摺之玄委曲謂之煞前官後必先主其凶後應其吉若夾室三摺自成門戶到輔門脫元空亡謂之官前煞後必先應其吉而後應其凶也
水声潺々有吉有凶有喜有悲禍福攸出

曾問鄭尚書墓穴前水声潺潺之穴道當出爲官不絕徐守之墓亦水臨穴前卒致屠戮何也楊曰此水声者有喜有悲所以分也鄭尚書墓穴雖近水其水潺潺之声咨嗟笑如奏樂之声所以吉也徐守之墓水亦臨穴其水潺潺若悲若泣所以卒受屠戮又如蘇秦議之塚初未過府一日裝水碓數十即時過府蓋水碓潺萬人嘈嘈之声所應之也

逆順饒減章第七

上觀来龍下察去水於中立穴順逆聯合

曾問袁祖祖地盤結三形裁作八穴其七穴皆立正向惟一穴斜互獨發福何也楊曰此逆龍之法裁之也蓋七穴龍皆逆上故立正向順裁起祖一穴乃是順到穴作逆裁以迎接

八卷云 十一

朝水故惟此一穴能發福也

龍行水逆牛過水順一逆一順觀山之準

曾問古人以龍喻山又以牛喻山二者何是楊曰此以逆順論也山者水之宗水者山之用龍爲水族多逆水而行是以山必逆行迎水而後結地此以逆言之也至其山行結地其撓橅必向前如人騎牛手足必向前行此以順言之也一順一逆觀山之旨備矣

立向正偏有饒有減砂水不到穴宜扦轉

曾問元相祖地應接端的而下向之乃向其偏何也楊曰此以饒減之法裁之也其龍五六節來横嶂起祖立宗斜抽㻋曜撑出水口至本身復起金形三起三伏而方到頭上正而下亦正其穴正穿帳而下左水先到而右水丁鎖穴既正若歆立正向但見右水横截而左水永不到堂則長房發矣其穴正要迎就左水則三位方均平不偏大抵立穴之法在乎饒減其要只在左右砂水各送上墳前乃爲吉也

氣隨樂行依樂取穴或饒或減截長補短

曾問蔣資政祖地明堂三十萬畝而風城特緊重重拱鎖以後山觀之立穴不對来龍而以第四節爲正其故何也楊曰亦以饒減之法裁之也其後龍自巒頭聚精皆自斜来立穴却正而左畔頗長故減左饒右全取樂星而以第四節爲正大凡脉氣皆隨樂護而行樂在此則氣亦由此而止此穴是截長補短之法既穿其樂其氣自聚非不取其来龍也

八卷五 十二

立穴大要先避三路砂則蟻風水則爲水

曾問先輩立穴預知其地多風多蟻多水何以測之楊曰此以逆順砂水及樂星論也古語云切忌人從橋上過莫與橋流水不流橋上過者謂砂上下可立穴水不流者謂砂到而水不到恐於砂上尋穴不免有風水蟻蟲之患又山順来者穴必逆扦之山逆到者穴必順裁之若山順来立穴又順則生蟻蟲若於氣散之處立穴亦生蟻蟲若山逆来立穴又逆必濕壞脫氣若更倚挨太甚或在真水上立穴亦主濕脫立穴之處若無樂星以蔽之則地風搖撼龍向耳角逃矣言龍耳者以樂星爲十道故可以蔽風若樂星不在十道之中則爲龍角不能蔽穴中之風也皆不可立穴

四靈明暗章第六

官鬼禽曜砂法四靈全備為上龍穴乃成

曾問官鬼禽曜為砂之四靈然則果皆備乎楊曰觀砂之法只此四者而已此四者有明有暗明者為曜暗者為官明者為禽暗者為鬼尖者為曜圓者為官立者為禽撑者為鬼不可不察大抵地無官則不貴無鬼則不富無禽則不榮無曜則不久四靈之的應也四靈全備是為四美交併

禽曜在下是曰地軸禽曜在上是曰天關

曾問地有禽曜如何楊曰夫禽曜二星在水上為天關在水下為地軸有天關地軸之應真佳城也然又隨其祖龍之形貪尖巨方武圓輔匾也

官鬼相帶名曰福星吉鬼明見實為禍精

曾問主山餘氣曰鬼朝山餘氣曰官後鬼前官為福為禍其故何也楊曰禽曜宜見不宜隱官鬼宜隱不宜見見官見則訟生鬼見則盜興大抵鬼山不可大長長則竊氣官山不宜太長長則照穴皆非吉也

曜遠煞近先貧後富曜近煞遠不久即貴

曾問官曜既主富貴有先貧後富有先富後貧何也楊曰圓者官也尖者曜也暗者官也明者曜也圓者為官亦為煞然宜藏而不宜見曜宜見而不宜隱子孫皆隨其砂而應若見拖撒之砂必主傷胎亦此類也

真穴進退章第七

真龍既降真水夾絕天心壅凸必有真穴

曾問既得真龍之旨欲求其穴何以取之楊曰汝何不詳前章備述見有真龍真水之處便有真穴融結於其間夫真龍結真穴則自項至面上必有夾頭真水自兩邊而發至于絕處隱隱隆隆微露壅突見出名字情狀乃為真穴的定之所更有何疑

真氣既絕必有蝦眼中立真穴的不可轉

曾問古人立穴尺寸不可轉移何也楊曰千里論龍一息取穴如砂裡揀金塵中揀粟豈易言哉蓋真龍既降自有夾頭真水兩邊而下界斷氣脉見出蝦眼眼眼者圓而似金也此為氣之止聚乃真穴也真水到証佐明然後認其名字經於名字上以繩取耳角而定穿錢十字工夫分寸不易

蓋粘倚撞立穴之奧心傳十六隨氣而造

曾問立穴有旨乎楊曰蓋粘倚撞立穴之象也凡山之俯者必須高而尖圓上聚而下散當作蓋穴山之仰者必須低而平闊下聚而上散當作粘穴山之不俯不仰者必須不尖而不平當作倚撞二穴此外又有一十六傳曰架毬折插斬截勾墜揩屏轉拋脉息窟突皆隨其氣而造或作三才穴必以架毬窟突脉息取之或作三台穴必以斬截折插拋屏法取之或作曲池穴必以轉揩勾墜法取之皆可以理而推也

七簡葬星三吉四吉三凶四凶是為仙術

曾問昨為一冢扞墳不周年而瘟火發其故何也楊曰子術
未精也凡山正穴會明裁富貴此中來七箇建星三箇吉會
者神仙術既而又曰四箇吉星三箇凶會者是仙踪大三箇
吉者左宮重是太陽右宮輕是太陰并金水穴七箇之中三
吉而已圖說皆見世天机

穴而形正曰十有二十二之變不外乎五

曾問穴有形乎其穴何似楊曰凡十有二曰節包受氣既飽
下微露一嘴曰氣在山如灘水之轉在地如片雲之行曰梗
偏而緩全而利曰乳受氣正出左右開胛曰葱尾其脉斜入
利生火尾曰塊疽其氣深藏微露小面曰摺疊脉如水流
轉摺不定曰磚角截取其長順加一分曰硬面〻〻煞重不肯
正落曰葛苞出身是土體為天財橫面曰魚胞見其垂〻之
處不可傷破曰垂珠如草頭朝露是也葛苞磚角塊疽〻〻
穴是也乳影垂珠節包金穴是也摺疊水穴是也魚胞與
梗木穴是也葱尾火穴是也皆不外乎五行之體

穴之大形三十有六五星運行如車如軸

曾問穴之形體其數有幾楊曰穴似深閨之女貴賤由夫龍
貴則穴貴龍賤則穴賤欲詳其形則三十有六焉曰太陰太
陽掃火掃蕩三台二傳天財板殺四木四土四金左宮右宮
旺龍饒龍單提轉皮團鳳覆釜麒麟鳳凰華光玉堂狂魚
貼脊鬼氣仙池側乳鼠肉仰掌紅旗龜背螯微露珠七星
虎口等穴兩机而變隨宜而用六要合得五星正形木秀金

圓土方水曲火尖之旨而已

呑吐浮沉章第八

呑吐浮沉葬法之妙或淺或深隨急隨緩

曾問於葬之法亦有旨乎楊曰葬法之妙觀乎呑吐浮沉大
有旨趣大凡脉之緩者必吐脉之急者必呑氣之緩者必浮
氣之急者必沉若見翼之斂而面正者其氣必強来急而沉
則當深接之所謂呑也若見翼之舒而面仰者其氣必弱来
緩而浮則當淺接之所謂吐也

收砂收水葬法之主或左或右隨砂水住

曾問葬之收砂收水其旨維何楊曰收砂收水之法大有神
机不問坐向是與不是不問朝山正與不正只管穴前攔收
兩路真砂為的若見左砂抱右則以棺脚收拾右砂右水不
走若是右砂抱左則以棺脚收拾左砂左水不走大柢取先
到堂者收拾經云到頭莛取三龍水便是富豪家地此訣神妙
萬古不易之理千金不傳之秘毋泄〻〻

立穴進退有文有武高低上下尺寸中矩

曾問古人立穴有進一級出文有退一級出武其故何哉楊
曰此以節脉驗其進退而立穴也上仰而下俯下仰而上俯
必結蓋粘之穴若進之則見外陽文秀故應出文若退之只
見中朝一節故應出武若更低則為喑啞是為逢頭非吉也
泰金云穴如建陣之兵進退在將誠然乎哉

立看居右右看居左兩脇開寬知其穴可

曾問觀穴之法其旨維何楊曰大要取兩腋開寬左看則[illegible]
居右右看則穴居左是為四會之處若上險而下逼左牽而
右引不可立穴須要西望則東高東望則西高南視則北
隆北眺則南仰是為四會之穴其吉莫加焉

真砂交結章第九

立穴之要須看真砂真砂既應穴正無差

曾問既得真龍正穴之妙其砂之旨可得聞乎楊曰龍穴
砂水地理家之四科也蓋真砂者正穴左右界割真氣之[illegible]
也或似有似無或邊強邊弱皆當審其情意到穴交與不
交如何須要上寬而下欲攔得真水歸身不可自內發出上
逼而下交無情此貼身之砂故曰真砂非如龍虎自項而分

〈卷五　十七〉

但取其衛穴蔽風而已凡為假也

砂分兩路水對三义自外攔入方是真砂

曾問觀砂水之法其要願聞楊曰有真砂必有三义之水[illegible]
三义之水必有真砂蓋其砂自外攔入其水上坟界割坟中
之生氣如無前砂外攔真水不界則生氣散矣不可針[illegible]
砂水交結為上砂有邊強邊弱者妙在饒減之法

擎拳平過或見插落不問三樂惟宜照穴

曾問觀砂之法其例凡何楊曰貼身真砂其例有三一曰擎
拳二曰平過三曰插落者龍虎之砂則有三樂上樂如楯庫
中樂如瓜瓠下樂如茅葉鶯頭並宜照穴乃佳凡隨氣之
砂無缺陷在乎寬無一可也亦要就龍虎之砂趕上坟大會[illegible]

馬蹄狗菽蛇盤壁立落陷皆不吉也

內看領績外看十道若不帶殺必作貴造

曾問砂之取用維何楊曰內須看貼身之砂如衣領而有襀
關得蔭坟水方為吉也外須看十道有貴相無缺陷尖凹
架殺為吉若有尖薄之嘴隨水而下在外牽引不來拱坟
反射砂騰則為大凶

右砂過坟小子必豈左砂不過立見長凶

曾問或有少子富盛而長房敗絕何也楊曰此砂過水不過
水過砂不過之病也若左砂過者必要右水過之右砂過者
必要左水過之乃應三子均平若左砂過而右水不過右砂
過而左水不過必主偏發大抵只下砂送上坟一步乃佳

〈卷五　十八〉

朝應真偽章第十

朝山帶石是為瞽目壅腫墮胎斜反孽壁

曾問地有上吉位至一品或出患眼或出跛足或婦姓不育
何也楊曰此朝山帶殺雖貴而多病若朝山有黑石則為
瞽目有白石則興官動盛有紅赤石則為動火若帶石擁塞
則為墮胎其側且斜者則為跛足若流泉崩破則為漏胎若
腳下帶殺則為枉死經云遠山不可露頭近山不可露腳假
使葬得吉福多出疾病公訟為應凶也

照穴之要在乎避殺幽深喑啞又深壓主

曾問蔭坟之砂或有高而福者或有高而禍者或有低而
吉者或有低而凶者何也楊曰大抵蔭坟之砂不可太高高

則壓主左壓則損長右壓則損少前壓則損中謂之四壓穴
主出有聾暗啞之人若立穴頗高以爲四應見外陽秀氣則
出子孫聰明才智其或太高見外山尖脚謂之迎殺劫穴亦
爲凶也此高不可過頭低不可陷落胷腹只要登對爲尚
富砂致富貴砂致貴瘟訟奸淫皆由砂致
曾問富貴瘟訟奸淫之砂求指其要楊曰富砂者銀瓶盞注
櫃庫堆禾秤斗橫才覆船覆釜之類貴砂者樓臺更點華
表捍門衙刀節金橋銀寨屯軍旌節之類瘟砂者牛皮戲鳥
薮煙包倒杵破傘破衣之類淫砂者鵞頭鴨頸鋸齒磨石裹
籬披藕之類不可備述大抵砂之貴賤亦隨後龍而辨如旗
形一也龍貴則爲衙旗龍賤則爲賊旗爲敗軍之旗如刀

形一也龍貴則爲衙刀龍賤則爲殺刀
堂前無砂何以關氣或如帶劍亦不爲貴
曾問堂前之砂何爲帶劍楊曰堂前之砂取其關氣若如帶
劍則硬直而不關抱矣雖有何益
明堂布致全看四角東宮不缺西宮如月
曾問明堂狹者不可謀富險者不可謀貴其義如何楊曰
明堂者王者受朝賀之堂乃夾室之儀覵險而狹窄而傾
直而瀉焉能致富貴哉形有如鍋底如金盤如斗口如荷
葉如仰掌如胎孕如葫芦如九曲如鋪氈如展席者爲上若
捲簾刎蚌崩破牽泄者爲凶逆大要明堂全看四角東宮
不缺西宮如月爲盡美也

西水歸西東水歸東交流三揖富貴重也
曾問東水反東西水反西如何楊曰所謂東西非正言東西
乃左右之謂也左水復歸左右水復歸右乃交流三揖之玄
竅邃也之玄竅者爲內夾室之玄邃者爲外輔門左水復流
歸輔門左去右水復流歸輔門右去此明堂看水之法開折
自成門户也若左右各反側爲捲簾空亡豈得謂之吉哉
生氣卦例章第十一
生氣散聚乘風界水陰陽此裁八卦何取
曾問地理卦例之分何者爲最楊曰陰陽之理本乎生氣
之流行乘風則散界水則止葬法之妙在乎原其所起乘其
所止而已八卦顛論錯布愚弄世俗於理何取庸術有用九

星起卦例步量尺寸四正包本主墓庫排二十四宮裝定禍
福此不足信乃中夏詭撰名曰紫微宗庙之書俾流外國
使之用之剿絶根源蕩除種類謂之滅蠻經乃不可不察
六替何爲六相何言禍福孰司三奇肇出
曾問六相六替之法曾氏言之數矣先生不取何也楊曰觀
龍既到點穴已定在乎砂水有情看見弯環橫逆則爲三奇
之水雖不合卦亦能爲福若是無情之水卦例雖合難免生
夾即知言自例者非地理之要論也
天道尚左地道尚右返吟伏吟尊卑可取
曾問男女返伏之説於理何如楊曰男位乎左女位乎右尊
卑有序自天地以來已不可紊矣必曰吟之有返伏哉

吉葬凶與棄尸同凶不在日法當問龍
曾問穴吉葬凶是卜擇日辰不吉耶楊曰非爲卜日也蓋葬非一事就其大者言之其病有三一則登堂不折二則高下失氣三則偏脫泥水傷龍傷穴吾曰卜擇此末事耳

附録曾楊問荅

楊公曰大槩陰陽至理妙在山水玄微真龍落時有送有迎真穴結處有勢有氣勢若止則後直前平氣若聚則後分前合脉若來看浮沉証佐水若合看斗口明堂縱有氣脉微茫便有陰陽造化朱雀以形求而莫教尖射玄武以氣受而不得尖危龍虎切忌凹風土牛更怕牽跌

曾問何者爲陰何者爲陽楊曰陰陽兩字乃地理之權衡形氣之造化形以氣聚氣以形行形氣既分逆化可考陽動陰靜陰伏陽升陽氣形圓陰氣形尖陽氣形凹陰氣形凸陰变陽是窩嵌鉗陽变陰是肥突滿乳陽龍來則陰受穴陰龍來則陽受穴來者是上蓋來受者是下仰受陰陽形氣造化之理如此

曾問何者爲生何者爲死楊曰地理之法先要認得生死千里來龍收到頭五尺八手看他出面微茫生者精神轉摺活動死者欹斜頑硬沉靜生者血脉凝賦死者枯槁徑直生者魚鰕出死者魚鰕没生者陰陽必变死者陰陽不变至若邊死邊生禍在公旁又有兩翼一翼長一翼短匕者爲死長者爲生所以葬法棄死邊就生邊不離分寸者盖本此訣也

曾問棄死就生之法如何楊曰乗其所來葬其所聚其法看來勢開井放棺以棺頭栽剪挨生倿氣就其生而棄其死其氣之聚皆聚於生須要認得生死分明方可放棺又有一説純生者若不变換亦不可葬故純生者挨靜而下純死者倚動而扦動者氣脉相逆靜者氣脉凝結生死動靜之訣既明則禍福了然

曾問後倚前親之法如何楊曰後倚前親葬中大綱領也後要証得來脉應樂毋脫前要証得合水小明堂毋偏大抵只是頭枕分金脚踏界水天心十道銜柴之中各取一半是也

曾問何者爲強何者爲弱楊曰強者急弱者緩飽滿者爲強飢嫩者爲弱以強爲死以弱爲生所以強來弱住陰來陽受急來緩下逆來順扦其理只怕反闘則骨殖焦黑枉死少年大凶

曾問轉跌逆順之理如何楊曰轉者逆跌者順跌歸左葬歸左跌歸右葬歸右是以逆取順匕取逆兩路如盲如聾須看來惣逆順逆龍順葬順龍逆葬下穴不裝諸封例登山不用使羅經決無疑也假使逆龍逆葬凶禍貧賤順龍順栽凶禍必來當順以逆男孤當逆以順女寡明此理以卜葬萬無一失

釋曰脉轉者穴必正葬是爲逆中取順脉跌者葬左必迎右葬右必迎左是爲順中取逆

曾問何爲大八字何爲小八字楊曰龍分兩片穴對三义此謂上下大小八字也大八字者上分大八字曰龍也胎也小八字者下分小八字曰穴也息也以上大八字分金以下小八字分界水胎息脉真氣全方爲的當白鶴仙師有大口勾收小口裁之訣盖亦大小八字之分也

曾問何為淋頭何為割脚楊曰上面真水自盖頭分淋作八字兩邉下来割從名字脚根轉聚在斗口内者方為生氣凝聚不散又上面亦有真水自盖頭分淋作八字兩邉下来止不肯割脚為死無氣切不可葬所以淋頭不割脚為假割脚不淋頭為真穴法玄玄之妙在此

曾問何為眠乾何為坐湿楊曰眠乾者眠山也坐濕者坐水也且如金星開口葬水穴本然之理如不開口蠢頑藏毒葬則氣冲腦散禍患立作只得打破頑毒開金星葬水穴斜斜放棺避殺去毒方是道理此眠乾坐湿法度

曾問何為水裡眠何為水裡坐楊曰陰陽真氣聚處必有動靜蹤跡形影可據若見突中生小小窩坡如毬唇者此是陰變為陽之義謂之水裡眠窩中生小小凸突如毬簷者此是陽變為陰之義謂之水裡坐

曾問淺深之法如何楊曰其法看分合為証以分處量至合處各取一半不問高山平地奇形怪穴必有真氣絶處便是合處可量一定不易之数

曾問無合者淺深之法以何為據楊曰有来必有合無合者是氣不聚縱使局勢好亦假物也葬則泥水滿槨人丁敗絶又有一法看其翼之長短以定之更無翼可定又無分合可據必原是打破本来面目臨時隨賔主高低取大會分晓登對裁度

曾問緩急饒減之法如何楊曰芍藥花開菩薩面緩也棕櫚葉散夜叉頭急也先看到頭入手本體急則葬法當饒左饒右氣從耳入拄筆脱葬緩則葬法凑檐培土深護全其本氣方可當急而緩則富貴難取當緩而急則瘟瘽定發切須詳審看左右真砂先到後到三分挑搭收歸以盡饒減之法方為的當

附録曾楊三十六問荅

曾公文遄自從楊公授術之後雖得龍穴之傳不敢為人扦葬心中彷彿惟恐不獲全授玄秘乃執金幣往於金精山中拜而告曰陰陽之説如何楊曰太極生兩儀兩儀生四象四象生八卦氣行於天則太陽太陰少陽少陰質具於地則太剛太柔少剛少柔是謂陰陽之二氣也

曾問陰陽之氣何以知之楊曰陰氣静而陽氣動静則結成山嶽動則融成江河是乃先天一點之氣也斯氣也行乎地中有升降浮沉之别

曾問升降浮沉何以見之楊曰陽氣之行升則浮於山頂或浮於左右脊鬐降則沉於山足或沉於泥水之中如陽氣浮於山頂則陰氣在下陽氣沉於山足則陰氣在上是謂陰陽升降

曾問陰陽之氣交媾生育何以認之楊曰要識尖圓乃有依據

曾問尖圓之説如何楊曰陰媾陽則尖在上圓在下陽媾陰則圓在上尖在下以此識其交媾之妙也

曾問有氣然後有脉有脉然後有氣如何楊曰氣乃脉

體脉乃氣之質脉顕而氣隱也

曾問生死之說何以察之楊曰細軟活動如度水之蛇則謂之生勢如拋鎗刺竹又如死鰍死鱓粗硬尖窜則謂之死

曾問強弱之說何以識之楊曰脉来強急勢如紉脊又如高山流水則謂之強更有两邊龍虎一邊先到者為強細小斷續勢如仰掌入手開口欲来不来則謂之弱又有两邊龍虎一邊後到者為弱也

曾問順逆之說何以別之楊曰氣脉正来不偏者為順氣脉来順處轉走為逆也

曾問轉跌之義如何楊曰脉来逆擺動處謂之轉也脉来左右斜流而出謂之跌也

卷五 三十五

曾問走閃之義如何楊曰脉来正落忽沉忽浮似有似無謂之走也正身来脉斜歸左右出脚結穴謂之閃也

曾問急緩之義如何楊曰急者強也緩者弱也更有一派脉之中倘有急緩假如脉上半截急来臨入穴處軟壓再起一節堄亦為緩也

曾問硬軟之義如何楊曰脉来如直木腫面不開口者為硬脉動如生蛇更有斷續渾如滴水者為軟也

曾問何為大小八字楊曰星辰結穴項上發脉分水為大八字入手名字分水為小八字小八字之中多有異名一名上分二名上圓三名毬簷四名孩兒頭五名淋頭六名羅紋七名上陰有此其玄休輕泄也

曾問何謂之合楊曰合水之中亦有異名一名下合二名下尖三名劉脚四名小明堂五名魚腮六名合衿七名下陽此皆秘訣又名蝦鬚者亦此也

曾問或有圓無尖或有尖無圓如何楊曰有圓無尖謂之氣散有尖無圓謂之脉散

曾問明肩暗翼如何楊曰兩邊肩膀生微茫砂輕薄貼身如蟬翼名曰暗翼又名証佐抱明堂左右龍虎易見者為明肩也

曾問何謂之陰〻陽受陽来陰受楊曰脉来有脊入穴處有窩謂之陰来陽受脉来微平入穴之處突起謂之陽来陰受

八卷五 三十六

曾問多見有来無合而成地如何楊曰有来者生無合者下面無窩必有〻如禾鍬口钱鑿口鵝鉗口之類是也

曾問平地之脉雖有毬簷者何以別之楊曰平地之脉如草中之蛇灰中之線只看分水聚氣分聚之中便是穴

曾問更有臨田失影者何以別之楊曰臨田休問大小八字只看上面来勢分曉下面証佐或唇或口謂之真穴也

曾問浮沉聚散四字如何楊曰浮者鉗包珠乳露而不隱為浮沉者上不来落不落仰掌平坡隱而不露為沉聚者高結之穴如囊乳脉之盡處交合氣不散行平受之穴如掌心窩中水聚交流不動鎖斷其氣便不散行故謂之聚散者入穴不合蕩面斜裙故謂之散也

曾問何謂關門壁上窺燈影楊曰龍聚之處仰身看上面
脉分必生翅翼如燈穿壁上輕薄如動者自有高低所謂
壁上窺燈影也
曾問何謂石居水底生紋浪楊曰有石氣之穴要看左右紋
帶相護畧有微微冇不拘不合亦是真穴窩中突者四畔有
陰流水界斷不須疑氣不來亦是真穴也
曾問何謂火向灰中自見紅楊曰高山脉落平田田脉背
火嘴尖角名出喝龍要看火嘴盡處開鉗口謂之暗火開紅
為火向灰中自見紅也若火嘴不開鉗口是為死火帶煞切
不可葬
曾問空手把鋤頭步行騎水牛人從橋上過橋流水不流何
也楊曰倒杖要穿二水會處穿龍貫虎所謂空手把鋤頭也
入首星辰微落而再起結穴節包水分兩邊直流至地下所
謂步行騎水牛也入手小八字形如斗口內有十字關井放棺
只存十字之上所謂人從橋上過也斗口穴內脉雖行而水交
閉故脉止於此所謂橋流水不流也
曾問何脉葬吞何脉葬吐楊曰但遇開口有窩有有要湊入
貼脊而下謂之吞也脉如覆掌或如劍脊要離毬簷二三尺
下穴謂之吐也
曾問何者謂窓外月明窓內白楊曰臨田結穴者有上來有
下出如脫前面田墘兜轉如帶彎如月拱分在本身合出於
外所謂窓外月明窓內白也

卷五　三十七

曾問何者謂水邊花發水中紅楊曰高山龍落平地是[illegible]
起下無合聚遇池水湖邊名曰天關龍池開穴用深要與之[illegible]
湖水相登氣方育聚蓋穴無合聚所謂孤陰不成借此太
陽之影合成陰陽而結地池湖之中四季有水吉若乾無水
不吉
曾問何謂之雪裡飄梅楊曰凡平陽墩子無大勢龍虎最
怕向北不禁風寒謂之雪裡飄梅若前有近案遮蔽或得四
平墩子穿心照穴便為雪裡梅花亦吉
曾問何謂之浪花滾月楊曰高山行龍偃仰落在平地歲
久月深人開成田要看兩畔田坎一層低一層如急浪下灘細
尋前面水勢回環兩畔田如月角兜轉便是結穴所謂浪
花滾處尋真月也
曾問何謂饒減龍虎楊曰饒讓減除也假如脉從左出而
枕手左謂之饒虎減龍脉從右出而枕手右謂之饒龍減虎
曾問何謂眠乾坐濕楊曰此是葬法上面要乘得圓暈水不
淋面謂之眠乾下面對小明堂二水會處謂之坐濕也
曾問既知造化玄微願聞葬法如何楊曰葬者非難亦非易
知順逆二路葬者易也不知順逆二路葬者難也其中亦有
捷法只看上圓下尖以此從他斜及枕之萬無一失
曾問橫斜直撞金斗口如何楊曰入手尖圓如斗之口隨他
斜及必須正枕斗口不偏不脫是為正撞斗口也
曾問天心十道止御紫如何楊曰左右要穿兩肩後面有

卷五　三十八

紫玺前面有朝對下穴枕棺在十道之中不透風路其氣斯聚是為十道鉀栄也

楊曰此三十六問一一講明方知陰陽非俗可曉昔日六公献上大唐文禁瓊林庫中非至人不可傳也

八卷之五 三十九

新刊地理五經圖解卷之五終

地理五經

下

新刊地理五經圖解卷之六

青囊經

赤松子述
黃石公傳
陳希夷文
陳石門正
釋
刊

堪輿篇卷之七

舊說赤松子經九章上三章言天道六氣動靜之運中三章言人事一氣變化之机下三章言地理二氣陰陽之用至傳郭氏亡其上中六章下三章行於世今按漢史日者傳有堪輿家法蓋古史之名也豈卜兆之官歟古人作堪輿篇郭氏作氣感篇丘公作理原篇今從古文篇之七者乃上中下九章之次耳

經曰天尊地卑陽奇陰偶

天積氣也地積形也天包地外地處天中天以氣而依地之形地以形而附天之氣當天地之始初混沌未分惟一氣耳一氣運行不息自然有清濁之分清者上而為天濁者下而為地是故清者居上為尊濁者居下為卑北辰為天之中崑崙為地之中天有四極南極北辰交相樞紐也地有八柱名山巨川孔穴相通也天體圓圓者徑一而圍三故其數奇易名曰陽地體方方者徑一而圍四故其數偶易名曰陰以形體言則曰天地以性情言則曰天地以性情言則曰奇偶以氣質言則曰陰陽以變化言則曰鬼神以呼吸言則曰神氣以屈伸言則曰魂魄此對待之言也

一六共宗二七同道三八為朋四九為友五十同途闔闢奇偶

此河圖之象數也易曰天一地二天三地四天五地六天七地八天九地十天數五地數五五位相得而各有合天數二十有五地數三十凡天地之數五十有五所以成變化而行鬼神也此伏羲時河中龍馬負圖之數起於一而終於十以五生數統五成數而各處其方一三五七九奇數也陽以奇而象天故曰天數二四六八十偶數也陰以偶而象地故曰地數伏羲因象數之奇偶而畫卦以權天地之道奇偶數分陰陽氣合故一六共宗生水而居北二七同道生火而居南三八為朋生木而居東四九為友生金而居西五十同途生土而居中是五行生成之始也曰共宗等者會合之義也假借以為言耳

五兆生成流行終始

五兆者五行之始氣也蓋自陰陽氣分天地奠位五行生成鬼神變化其形其質自有始終非有安排措置而然非有先後次第而安乃天地自然之机至人推象數以明著乎其理因以理數之次第言之耳

八體橫布子母分施

此八卦之象數也考之易繫伏羲立卦之始本諸河圖象數

蓋以奇偶衆除陰陽對待上下反覆是故一與六二與七三與八四與九五與十者上下對待也一與二三與四五與六七與八九與十者反覆對待也於是交互變化精數立象焉三才而成卦以爻畫於三爲法以一二三四五陽之用事故奇多而偶少六七八九十陰之用事故偶多而奇少乾畫起於天一中於天三成於天五坤畫起於地六中於地八成於地十此畫乾坤爲象之始其初來也盖一三五陽之本數二四陽之合數六八十陰之本數七九陰之合數謂乘其本數除其合數而乾坤之卦成矣坎離之卦則以中爻爲乾坤之本體猶太極之中爲本體也故以天一爲陽之本數以地二爲初爻地四爲三爻而成坎以地八爲陰之本數以天七爲初爻天九爲三爻而成離此其中乘也天一太陽也故爲震之初爻地六太陰也故爲巽之初爻天五少陽也故爲艮之三爻地十少陰也故爲兌之三爻於是震巽艮兌有朕兆矣再有天一爲數之始地十爲數之終陽爲首陰爲足無変通者也以地二畫於震之中天三畫於巽之中地四畫於艮之中天五畫於兌之中地六畫於震之三天七畫於巽之三地八畫於艮之初天九畫於兌之初此上下反覆三乘一除之道也是故乾坤坎離尊居四正以其無変通之道也故爲易之體震巽艮兌分居四維以其有変通之道也故爲易之用所謂乾坤縱而六子横也伏羲畫卦之意正亦如此是故取象會意以乾陽稱父坤陰稱母父母翕然後生三男三女震分乾之初爻故爲乾之長男巽分坤之初爻故爲坤之長女坎分乾之中爻故爲乾之中男離分坤之中爻故爲坤之中女艮分乾之三爻故爲乾之少男兌分坤之三爻故爲坤之少女此畫卦取則之義謂之八體者以畫卦取象之理言非以入用者言也

天地定位山澤通氣雷風相薄水火不相射

乾以三陽成卦也天者陽氣之精聚處乎上者也故取象於天坤以三陰成卦也地者陰氣之凝結處乎下者也故取象於地以天高地下不可易也故曰定位艮以一陽二陰陽上而陰下陽微而陰盛也故取象於山兌以一陰二陽陰上而陽下陰微而陽盛也故取象於澤以山行生氣澤止生氣故曰通氣震以一陽在下二陰在上陰吸陽也故取象於雷巽以一陰在下二陽在上陽呼陰也故取象於風以柔得剛而爲雷以陰得陽而爲風故曰相薄坎以陽内而陰外内昏而外虚也故取象於水離以陰内而陽外内暗而外明也故取象於火以水生於有火生於無水者火之化火者水之氣故曰不相射伏羲仰觀俯察遠求近取畫卦定方以乾上坤下法天地離東坎西象月日山起西北澤鍾東南雷震於東北風發於西南此天地鬼神變化之情狀也

中五立極臨制四方背一面九三七居傍二八四六縱横紀經此落書九疇之數也大禹之際神龜負文其背載九履一左三右七 一四爲肩六八爲足終于一終于九故一九三七皆

上下之氣感而孕育
若此者皆陰陽合聚之所爲所謂氣之圓於形者也
故天依乎地地附乎天
此陰陽合聚之大者明者也
天体圓數奇而象陽地体方數偶而象陰奇偶數分陰陽氣合
五氣生成
此言奇偶所以立名立象造化所以一生一成之机也
故一六爲水居北二七爲火居南三八爲木居東四九爲金居
西五十爲土居中
天一爲壬地六爲癸藏氣也地二爲丁天七爲丙長氣也天
三爲甲地八爲乙生氣也地四爲辛天九爲庚收氣也天五

爲戊地十爲己成氣也
五氣既立陽交陰合而定八卦之象　解見經註
乾坤定上下之位爲衆卦之父母坎離列左右之門爲日月之
門戶艮震兌巽牝牡交媾各居其隅以爲衰蕃盛昌陰陽之氣
冲和生成之机而周流無間矣
天上地下乾父坤母二者處前故乾居南下者處後故坤居
北乾變而震坎艮坤變而巽離兌爲衆卦之始陽谷出日陰
谷納日冬至日出辰入申夏至日出寅入戌離陽外而陰內
陽中有陰猶日中之有陽烏也坎陰水而陽內陰中含陽猶
月中之有玉兔也謂之門者言其出沒之處也艮震陽卦爲
壯巽兌陰卦爲牝言大陰大陽少陰少陽四者交會致用也

數術得合乎四正而爲乾坤坎離之卦二四六八偶數得
位乎四隅而爲震兌巽艮之卦罡八法陽收陰納下際文因
象合意以入格用是故皇極建中背一面九向明而治左日
右月去紫趨陽導風雷以動滯列生澤而生成所以闢陽闔
陰法乎奇偶也
陽以相陰陰以含陽陽生於陰柔成於剛陰德弘濟陽德順昌
無極之前陰含陽也有象之後陽相陰也陰以弘而濟陽以
順而昌縱橫流通生成不息者也
是故陽本陰陰育陽天依形地附氣此之謂化始
一氣之先静而未動静極復動動極復静一動一静互爲其
根陽變陰合五氣兆生一氣之變化耳天陽也必得陰而後

生地陰也必資陽而後成天運行而無息地中處而不移六
氣資萃之耳故地形有深而天氣無涯化之始理之原也
傳曰始肇氣分輕者爲天重者爲地
混沌未分之時湛然虛空水火二者而已太始之初肇分陰
陽水之滓脚便成地火之清明便成天此天地之成躰也
陰氣之精下凝而爲山陵川澤
水之滓脚滚動高下有堅有軟者山陵川澤皆其形也此重
濁中之尤重濁者也
陽氣之精上騰而爲風雲日星
火氣流行剛勁旋轉至極高最上之處則至清至明有數有
色若風雲日星皆其形也此輕清之中尤輕清者也

橐所以呼翕所以吸陽闢陰闔一生一成二氣流行變化曰
然之道也
一氣之先陰含陽也一氣之後陽相陰也
上言靜而未動下言動極復靜也
陽非陰不能生陰非陽不能成是故陽資陰者也陰育陽者也
陽不能特生必待陰而後立陰不能特成必待陽而後見故
陽以陰為基陰以陽為唱陽施其始而享其終陰效其法而
終其勞者也
陽卦多陰陰卦多陽陰卦主成陽卦主生
震坎艮為陽陽爻一而陰爻二乃陽為體而陰為用也巽離
兌為陰陰爻一而陽二乃陰為體而陽為用也陰所以成物
陽所以生物故震坎艮非巽離兌不成巽離兌非震坎艮不
生一生一成互為妙用也
釋曰此是以卦象之陰陽也
成數雖陰固亦生於陽也此洛書之數所以陽四正而陰四隅
也
一二三四五五行之生數乾陽之用事也六七八九十五行
之成數坤陰之用事也故六生於一七生於二八生於三九
生於四十生於五闔闢之道也故一九三七居乎四正而乾
坤坎離當之二四六八居乎四隅而震艮巽兌當之此一九
三七以為體二四六八以為用也
釋曰此是以象數之陰陽也

[illegible]天重卦以乾坤老而居無用之位坎離交極居中正之宮
震兌始交艮巽六雜而致用之卦定陰陽之道得矣
周文王演重爻始有後天卦位三陽為乾陽至三而為老三
陰為坤陰至三而為老故乾純陽無陰坤純陰無陽陽窮於
九陰盡於十至此則生成之道盡矣故乾以老極居西北坤
以老極居西南以西南西北為陰刑之地故曰無用之位也
坎陽在中離陰在中交之極也以其陰陽化成無生生之氣
故坎代坤居北離代乾居南北為一宮陽之始也南為九宮
陽之終也此大中至正之位復始施生之宮故曰中正之宮
震以一陽居下兌以一陰居上陰陽始交之卦日月陰陽之
體而日月之交合每歲凡十二辰次焉震兌之交合以理推
者也日月之交合以象推者也此震兌所以居日月出入之
位故震秉化生之權而居正東陽之長氣也兌秉收成之柄
而居正西陰之收氣也此震兌所以秉生成之机也艮以一
陽居上巽以一陰居下陰陽不雜之卦艮以二陰在下一陽
在上地氣上浮而天氣下濟者也故為陽生甲拆之氣居東
北而為立春之朔氣也巽以二陽在上一陰在下天氣下濟
而地氣將斂者也故為陽長化育之氣居東南而為立夏之
朔氣也居東北者陽之藏氣也居東南者陰之長氣也此艮
巽所以秉化成之机也此文王後天方位入用之學蓋本諸
洛書九疇之數也夫河圖者天數也洛書者地數也法以河
圖推天氣洛書理地氣聖人明體致用之學也易有太極是

生兩儀兩儀生四象四象生八卦八卦成大易則太極以静
而立居兩儀四象八卦六十四変通皆陰數也陰有変通之
机而陽無変通之迹此則以数言之而貴陰賤陽者以此
也

故曰帝出乎震齊乎巽相見乎離致役乎坤說言乎兌戰乎乾
勞乎坎成言乎艮

天地之机陽為德陰為刑德主生刑主殺是故陽居春夏
以生育長養為事陰居秋冬以收斂殺藏為政陽以闢而
出陰以闔而入者也天地之運自子至卯為陰中之陽自
卯至午為陽中之陰自午至酉為陽中之陰自酉至子為陰
中之陽天地之大德曰生帝者生氣之主宰也震為東方勾
芒甲拆之氣故曰出巽東南也長養变化之氣也故曰齊離
正南也氣之敷榮者也故曰相見坤西南也氣之始殺者也
故曰致役兌正西也氣之歸藏者也故曰說乾西北也氣之
肅殺者也故曰戰坎正北也氣之剥復者也故曰勞艮東北
也氣之化成者也故曰成此生成之卦所以致用而綱紀之卦
所以入用也

釋曰先天卦位以陽生於子而成於巳陰生於午而成於亥為生成之卦後天卦位以坎離震兌分隸四時為綱紀之卦

乾坤坎離陽也震艮巽兌陰也

此以洛書九疇象數推之乾坤坎離居一九三七之位為奇
故曰陽震艮巽兌居二四六八之位為偶故曰陰蓋言数之
陰陽非卦象之陰陽也

卷六 九

甲乙壬癸隸于陽而陽中四支繫焉丙丁庚辛隸于陰而陰中
四支繫焉

此言納配干支之法所以入用之道也乾陽體也居於九宮
卦陽而數奇甲得天一之陽天干陽首乾稱父故納干配於
甲坤陰體也居於一宮卦陰而數奇乙得地八之陰天干陰
首坤稱母故納干配於乙此乾坤父母納干於東以東者物
生之地也故乾坤兼其權焉艮陽稚也居於六宮卦陽而数
偶丙得天七之陽艮為少男故納干配於丙此坤卦之一變
也兌陰稚也居於四宮卦陰而数偶丁得地二之陰兌為少
女故納干配於丁此乾卦之一變也故少男少女納干於南
以南者物化之地也故艮兌司其化焉震陽卦也居於八宮
卦陽而数偶庚得天九之陽震為長男故納干配於庚此乾
卦之再変也巽陰卦也居於二宮卦陰而数偶辛得地四之
陰巽為長女故納干配於辛此坤卦之再變也故長男長女
納干於西以西者成物之地也故震巽專其令焉離陰用也
居於三宮卦陰而数奇壬得天一之陽離為中女故納干配
於壬此坤卦之四變也坎陽用也居於七宮卦陽而数奇癸
得地六之陰坎為中男故納干配於癸此乾卦之四變也故
中男中女納干於北以北者物藏之地也故坎離握其机焉
戊巳得天五地十之數為天地之沖氣故中居皇極無可配
納化成於四氣之季而致養於坤坤真土也火金之變也故
附麗焉至君地支十有二辰則四行分隸而附麗於四正焉

卷六 十

言坎以水體甲子辰水之垣也故納坎從水離以火體寅午
戌火之垣也故納離從火兌以金體巳酉丑金之垣也故納
兌從金震以木體亥卯未木之垣也故納震從木此陽支從
陽干陰支從陰干也於是五氣生成八卦翕合聖人者因其
至理而消息之以為妙用此天陽地陰一闔一闢造化無始
生成無方其机微矣舊說驗太陰以為消息月太陰也麗日
而明以不明之體言之則全陰而象坤晦朔之會也初三日
月之朏昏見庚陽明始建震●之象也故納庚於震八日月
上弦昏見丁兌◯之象也故納丁於兌十五日三陽全備圓
照東甲乾◯之象也故納甲於乾既盈復生魄十八日晨見
於辛巽◯之象也故納辛於巽二十三日月下弦平明見丙

艮●之象也故納象於丙艮三十日東北喪其明與日復會
於辰坎之所而後於乙坤●之象也故納乙於坤坎以象月
陰中含陽故分坤之癸離以象日陽中含陰故分乾之壬此
以天象卦爻取義言之非實論也

乾亢而坤極也

乾上而坤下其始氣也氣合而生六子々々幹蠱而父毋功
成老退乾以陽爻之亢故順退西北坤以陰合之極故逆居
西南是為不用之位也

乾得天數一三五之陽為純陽之卦三陽備象六龍乘天其
德也剛大中正其體也亢極無為居不用之位得亢龍之悔
其卦陽其數奇其質金其音商其宿奎壁其位西北隸天心
之星得六白之治應時為十月立冬之朔氣陽明燥金五氣
行地之未地分并州衛邠之野在星隸天璣納干配甲

甲為陽干木之剛也得天三之陽居正東之位其氣陽其數
奇其質木其音羽其宿尾心應時為二月驚蟄之朔氣厥陰
風木一氣行地之未地分豫州宋衛之野在星隸天璣配卦
納乾九乾甲行龍布氣主大不祥若宅神棲則亡

坤得地數六八十之陰為純陰之卦三陰孕質六極成形其
德也柔順利貞其體也元極無為得西南之明利牝馬之貞
其卦陰其數偶其質土其音宮其宿井參其位西南隸天芮
之星得二黑之治應時為七月立秋之朔氣太陰濕土四氣
行地之始地分益州寵魏之野在星隸玄戈納干配乙

乙為陰干木之柔也得地八之陰居正東之位其氣陰其數
偶其質木其音徵其宿氐亢應時為三月清明之朔氣少陰
君火二氣行地之始地分兗州鄭衛之野在星隸玄戈納卦
配坤九坤乙行龍布氣主大不祥若龍欺鬼司則吉

坎止而離燥也

坎以象月陰之象也水質陽而氣陰坎內陽而外陰其質柔
其性凝有止之象離以象日陽之象也火質陰而氣陽離內
陰而外陽其氣剛其性烈有燥之象故坎代坤母居北離代
乾父居南

坎得九二天三之陽而為中男陽內而陰外其德也剛中而
應其躰也闔下而亨為交極之卦乘中正之權其卦陽其數

奇其質水其音羽其宿危虛其位正北隷天蓬之星得一白之治神后司權之府應時為十一月冬至之中氣為玄枵之次十二月日月交會之辰太陽寒水六氣行地之中地分青州齊勝之野在星隷搖光納干配癸

癸為陰干水之柔也得地六之陰居正北之位其氣陰其數奇其質水其音宮其宿牛女應時為十二月小寒之朔氣太陽寒水六氣行地方木地分楊州吳越之野在星隷搖光納卦配坎凡坎癸行龍布氣旁權官祿饒益財帛少忠貞多矯詐子息寡氣運促

中位西南蔡府主治之所二黑照臨之宮卦配坎之初六其氣陽其數奇其質金其音羽其宿參嘴其將傳送應時為七

月處暑之中氣為實沈之次四月日月交會之辰太陰濕土四氣行地之中地分益州唐晉之野在星隷搖光凡行龍布氣局完穴吉僅可免禍求福則難

辰位次東天罡主治之所北帝大殺之司卦配坎之六二其氣陽其數奇其質土其音羽其宿亢角其將天罡應時為三月穀雨之中氣為壽星之次八月日月交會之辰少陰君火二氣行地之中地分兗州鄭衛之野在星隷搖光凡行龍布氣主大不祥縱局完穴吉葬者晚宜定主敗滅

離得六二地八之陰而為中女陰內而陽外其德也柔順而剛其躰也炎上而燥為六爻極之卦秉中正之權其卦陰其數偶其質火其音徵其宿張星其位正南隷天英之星得九紫之治勝光主治之司應時為五月夏至之中氣為鶉火之次六月日月交會之辰少陽相火三氣行地之中地分三河梁周之野在星隷天權納干配壬

壬為陽干水之剛也得天一之陽居正北之位其氣陽其數偶其質水其音徵其宿室危應時為十一月大雪之朔氣太陽寒水六氣行地之始地分青州齊魏之野在星隷天權納卦配離凡離壬行龍布氣主饒財進祿多女少男善浮華朴直後嗣微氣運促

寅位東北車騎主治之所八白照臨之宮卦配離之初九其氣陽其數偶其質木其音羽其宿箕尾其將功曹應時為正

月雨水之中氣為析木之次十月日月交會之辰厥陰風木氣行地之中地分幽州燕代之野在星隷天權凡行龍布氣局完穴吉僅可免禍求福實難

戌位次西河魁主治之所北帝黑殺之司卦配離之九三其氣陽其數偶其質土其音羽其宿婁奎其將河魁應時為九月霜降之中氣為降婁之次二月日月交會之辰陽明燥金五氣行地之中地分徐州鄒魯之野在星隷天權凡行龍布氣主大不祥縱局完穴吉葬者時宜亦主絕滅

甲壬陽而孤乙癸陰而虛也

乾坤亢而六爻坎離交而已極俱非有生意者乾三陽也以甲爻而配乾之本躰分上下二爻納于甲于是二陽也二陽為亢故為陽之孤氣坤三陰也以中爻為坤之本躰分上下二

爻納于乙干是二陰也二陰為極故為陰之虛氣離陰卦而
陽爻陰内而陽外也以中爻為離之本躰分上下二爻納于
壬干是二陽也二陽為老亦為陽之孤氣坎陽卦而陰爻
陽内而陰外也以中爻爲坎之本躰分上下二爻納于癸干
是二陰也二陰為極亦為陰之虛氣

震以發之巽以順之兌以説之艮以成之

震為乾之初氣乾之長子也秉陽德而居乎正東巽為坤之
初氣坤之長女也秉陰德而居東南兌為坤之末氣坤之少
女也秉陰德而居乎正西艮為乾之末氣乾之少子也秉陽
德而居乎東北曰發曰順曰説曰成以四德之功用言也震
得初九天一之陽而為長男一陰居上一陽居下其德也剛

健中正其躰也宣播華品為始交之卦秉化育之權其卦陽
其數奇其質木其音角其宿房氐其位正東隸天衝之星得
三碧之治太衝司權之府應時為二月春分之中氣為大火
之次九月日月交會之辰厥陰風木一氣行地之末地分豫
州宋衛之野在星隸天衝納干配庚

庚為陽干金之剛也得天九之陽居正西之位其氣陽其數
奇其質金其音宮其宿畢昂應時為八月白露之朔氣太陰
濕土四氣行地之末地分冀州趙孟之野在星隸天衝納卦
配震凡震庚行龍布氣主武勇權謀益庄田饒財祿多忠烈
之風少邪佞之習

亥位西北紫微照臨之地天皇主治之司卦配震之初九其
氣陰其數奇其質水其音商其宿壁室其將登明應時為十
月小雪之中氣為娵訾之次正月日月交會之辰陽明燥金
五氣行地之末地分幷州衛博之野在星隸天衝凡行龍布
氣主大富貴入品秀異忠烈自善剛毅勇決

未位次男天常主治之地五府分治之司卦配震之六三其
氣陰其數奇其質土其音宮其宿鬼井其將小吉應時為六
月大暑之中氣為鶉首之次五月日月交會之辰少陽相火
三氣行地之末地分雍州韓魏之野在星隸天衝凡行龍布
氣主有小財左道常貴僧佛道老有邪僻之資少忠良之
氣

巽得初六地六之陰而為長女二陽居上一陰居下其德長

養變化其体内外不侵為不雜之卦致大用之權其卦陰其
數偶其質木其音羽其宿角軫其位東南隸天輔之星得四
綠之治應時為四月立夏之朔氣少陰君火二氣行地之末
地分荊州楚滕之野在星隸天璇納干配辛

辛為陰干金之柔也得天四之陰居正西之位其氣陰其數
偶其質金其音羽其宿胃婁應時為九月寒露之朔氣陽
明燥金五氣行地之始地分徐州邾魯之野在星隸天璇納
卦配巽凡巽辛行龍布氣主大榮貴文科爵祿聰明賢智
饒財帛旺人丁

兌得六三地十之陰而為少女一陰居上二陽居下其德也
柔順弘濟其躰也收藏歸斂為始交之卦秉化成之權其

卦逢其數偶其質金其音商其宿昴胃其位正西隸天柱之星得七赤之治從魁主治之司應時為八月秋分之中氣為大梁之次三月日月交會之辰太陰溼土四氣行地之末地分冀州趙孟之野在星隸闓陽納干配丁

丁為陰干火之柔也得地二之陰居正南之位其氣陰其數偶其質火其音商其宿星柳應時為六月小暑之朔氣少陽相火三氣行地之末地分雍州韓秦之野在星隸闓陽納卦配兊凡兊丁行龍布氣主清貴名勳富足文章有高上之風無驕惰之習

巳位東南天彗臨照之地帝座南面之庭卦配兊之初九其氣陰其數偶其質火其音角其宿軫翼其將太乙應時為四

月小滿之中氣為鶉尾之次七月日月交會之辰少陰君火二氣行地之末地分荊州楚滕之野在星隸闓陽凡行龍布氣主小富貴旺人丁淫慾驕奢孤寡退落

丑位次北羽林騎官主治之地天帝六神分治之司卦配兊之六三其氣陰其數偶其質土其音宮其宿牛斗其將大吉應時為十二月大寒之中氣為星紀之次十一月日月交會之辰太陽寒水六氣行地之末地分揚州吳越之野在星隸闓陽凡行龍布氣主小衣祿左道榮貴老釋僧尼有孤淫之風無忠勇之氣

艮得九三天五之陽而為少男一陽居上二陽居下其德動止有常其體陰陽不交為不雜之卦致大用之權其卦陽其數奇其質土其音角其宿斗箕其位東北隸天任之星得八白之治應時為正月立春之朔氣厥陰風木一氣行地之始地分幽州燕代之野在星隸天樞納干配丙

丙為陽干火之剛也得天七之陽居正南之位其氣陽其數奇其質火其音徵其宿翼張應時為五月芒種之朔氣少陽相火三氣行地之始地分梁州三河之野在星隸天樞納卦配艮凡艮丙行龍布氣主出富貴祿壽忠良文雅功名美貌十全大吉

丙庚陽而旺丁辛陰而相也

震兊陰陽始交艮巽陰陽不雜所以為化生之地震陽卦而陰爻陽下而陰上也艮陽卦而陰爻陽上而陰下也以中爻

為本卦之體分上下二爻納於庚丙一陰一陽交合之象故為陽之旺氣兊陰卦而陽爻陽上而陽下也巽陰卦而陽爻陰下而陽上也以中爻為本卦之體分上下二爻納於丁辛一陰一陽交合之象故為陰之相氣

故立天之道曰陰與陽立地之道曰柔與剛

日月天之陰陽水火地之陰陽星辰天之剛柔土石地之剛柔若錯綜用之則天有地地有天山太陰太陽太剛太柔少陰少陽少剛少柔互藏其宅也

明天之道運動吉凶故曰化始

天地之道有陰陽剛柔天地之氣有孤虛旺相乘其旺相者吉乘其孤虛者凶明此者其造端乎

釋曰明天道之陰陽則可以運地氣之吉凶也
此篇言天理地形者見發明聖人因之致於入用之位化育萬物皆神器也

叢辰篇卷之八

撰史記日者傳有叢辰家法蓋古史氏之名也豈藏辰合朔之官歟古文作叢辰篇郭氏作神器丘公作三元論今從古文篇之八者乃上中下九章之次耳

經曰理寓於氣氣囿於形

一分而二有清有濁有明有暗清而明者為陽主乎動濁而暗者為陰主乎靜一動一靜互為其根而太極之本躰則未嘗有間謂之寓者言太極寄体於陰陽也二氣變化一生一成始有五行五行之質洪纖高下各具陰陽謂之囿者言陰陽著迹於五行也

日月星宿剛氣上騰

日陽中之陰人君之象也其德至剛其躰至徤其行天所以分晝夜別寒暑一日一周天而在天為不及一度一歲之積始與天會故日有三道中道者黃道也北至東井去極近南至牽牛去極遠東至角西至婁去極中通中道南道北道為三道也蓋極南至於牽牛則為冬至晝四十刻夜六十刻極北至於東井則為夏至晝六十刻夜四十刻南北極中則為春秋分晝夜各五十刻凡行天之分正月雨水中氣後四日躔亥娵訾之次其應甲丙庚壬二月春分中氣後六日躔戌降婁之次其應艮巽坤乾三月穀雨中氣後八日躔酉大梁之次其應癸乙丁辛四月小滿中氣後八日躔申實沈之次其應甲丙庚壬五月夏至中氣後八日躔未鶉首之次其應艮巽坤乾六月大暑中氣後七日躔午鶉火之次其應癸乙丁辛七月處暑中氣後八日躔巳鶉尾之次其應甲丙庚壬八月秋分中氣後十日躔辰壽星之次其應艮巽坤乾九月霜降中氣後十二日躔卯大火之次其應癸乙丁辛十月小雪中氣後十一日躔寅析木之次其應甲丙庚壬十一月冬至中氣後八日躔丑星紀之次其應艮巽坤乾十二月大寒中氣後四日躔子玄枵之次其應癸乙丁辛其日所躔之分其光所照之方大可扦之三合四正用之亦可叨光是名山家帝駕所在處謂之歲空凡五星諸殺皆可制伏遇房虛昴星四躔為太陽升殿用之尤吉若值日蝕天變者忌不可用

月陰中之陽后妃之象也其德至柔其躰至順其行天所以佐理太陽驗夜景以為消息月本無光麗日而有明以不明之躰言之則純陰而象坤晦朔之會也越三日不及日三十七度強而哉生明始資日之明而有光因謂之朏謂陽初下也昏見于庚震三之象也越八日不及日九十八度強而資於日之半明因謂之上弦謂太陽將半也昏見於丁兌三之象也越十五日不及日一百八十二度半強與日對望是資日之全明而大盈因謂之望言純陽備具也昏見于甲乾三之

象也又三日不及日二百一十九度強而哉生魄與日之望偏而陰魄始生因謂之魄陰復下萌晨見於辛巽☴之象也又五日不及日二百八十一度強而半晦半資日之光因謂之下弦謂陰生至半也晨見于丙艮☶之象也又六日去日之四百九十分則不及盡三百六十五度四分度之一而與日復會去辰次之所日之全明不能相資復晦而不明謂之晦盡而沒於也坤☷之象也其行天之度一日之行得三百五十二度八百二十八分六厘在日不及十二度十九分度之七在天為不及十三度十九分度之七積二十九日九百四十分日之四百九十九而與日合會于辰次之所是歲十二會得全日三百五十四日九百四十分日之三百四十八分而與天會是為一歲也故月有九行々々者黑道二立冬冬至出黃道北赤道二立夏夏至出黃道南白道二立秋秋分出黃道西青道二立春春分出黃道東并黃道為九行也故立春春分行青道分度在甲立秋秋分行白道分度在庚立冬冬至行黑道分度在壬立夏夏至行赤道分度在丙遇心危畢張四壥乃太陰升殿入廟之時大可折立凡天曜地煞盡可制伏若值月蝕天变者為凶星陽中之陰周天垣極之經歲次熒惑太白辰星鎮星凡有名者皆是星也

宿陰中之陽

周天列宿之經二十有八角亢氐房心尾箕斗牛女虛危室壁奎婁胃昴畢觜參井鬼柳星張翼軫周回宿三百六十五度四分度之一麗天而左旋者也謂之宿者日月交會之辰々有十二寅為析木箕尾之位也卯為大火房氐之位也辰為壽星亢角之位也巳為鶉尾軫翼之位也午為鶉火張星之位也未為鶉首鬼井之位也申為實沈參觜之位也酉為大梁畢昴之位也戌為降婁奎婁之位也亥為娵訾壁　之位也子為玄枵虛危之位也丑為星紀斗牛之位也星與辰一也據人所見而言謂之星據日月所會而言謂之辰每辰之度三十有奇十有二辰之度總三百六十五而零其四分度之一此陽剛之精上徹而著象見形者也

山河草木柔氣下凝

山陰中之陽崑崙為西極天下諸山之祖分列三幹其北條自河朔入雲中過鴈門代郡南踰太原帝丘太行恒山至于碣石中條出河南至秦隴三輔八豐沛泒伊洛東而誰泗以八于海南條自陝右迴巴蜀出荊湘東而廬阜南極嶺海東度閩越以入于海皆元氣之剛勁者也河陽中之陰天地之間水分四道河出積石江出岷山弱水出陰山黑水出三危皆元氣之柔弱者也草陽中之陰也木陰中之陽也此陰柔之精下凝而孕質成形者也

資陽以唱用陰以成

天地之大者莫如陰陽々々能唱物陰能成物故陽為体陰為用陽以剛而發散陰以柔而會聚每流行於四時也

陽德有象陰氣有位天干地支立卦配氣

陽為德卦屬乎陽立卦各取其義故乾坤艮巽坎離震兑皆有象也陰為氣干支屬乎陰配卦各從其方故甲乙壬癸丙丁庚辛未巳丑寅申辰戌皆有位也立卦配氣則二十有四之位成而陰陽之氣流行於其間矣

地有四勢

寅申巳亥四方之勢也後天方位坎離震兑秉權代用運動五氣有初有中有末故寅申巳亥為五行生生之初氣生氣之始巳含養胎之氣故曰四勢之所始也謂之勢者即東木西金南火北水之勢寅為東木之始其胎已生于亥巳為南火之始其胎已生于寅申為西金之始其胎已生于巳亥為北水之始其胎已生于申法以水土之氣凝而為地上而為天西南者致養之地坤者地之体也故水土俱生于申水從一數而運行至亥為木生之初故木資水而生于亥木從三數而運行至寅為火生之初故火待木而生於寅火從二數而運行至巳為金生之初故金資火而生於巳金從四數而運行至申為水生之初故水資金而生於申言有者明地勢之体也此原始反終之道也

氣從八方

氣者天地之元氣郭氏所為生氣也或陰或陽或剛或柔生成變化有融有結周流往来屈伸上下莫非此氣也八方者後天方位以乾坤艮巽寄居四大坎離震兑正居四中配陰隸

陽元氣之孤虛旺相由是而推為五氣流通之迹言從者謂天氣之用原其自来也此流行變通之道也

是故順五兆

兆之為言朕也謂五行之始氣河圖生成自一至十之數也一生一成順而無逆生數之在内者陽居下佐而陰居上右也成數之在外者陰居下左而陽居上右也故木東金西火南水北土數居中運行不息自元而亨亨而利利而貞貞而又復元無有間斷聖人推之以入用因以消息造化亦順其性之自然耳故火土宜南水宜北金宜西水宜東艮有定分今之正五行也

用八卦

乾坤元極坎離交極震兑始交艮巽不雜此造化之机天地之消息聖人推而用之以乾兑為金坤艮為土震巽為木離火坎水分隸支榦制為神器手以相視局法察理性情亦推諸理而已矣今之小五行也

排六甲

天干始於甲而終於癸河圖生成之數也地支起於子而終於亥洛書奇偶之數也陽自復始六變而乾陽備陰自姤始六變而坤陰全二六之數而十二辰也甲丙戊庚壬陽干也子寅辰午申戌陽支也乙丁巳辛癸陰干也丑卯巳未酉亥陰支也法以陽干配陽支陰干配陰支猶木之有枝榦也自甲子為首以六甲五子次第推排而尽於癸亥仍以干支參

數合戌其數甲己子午九乙庚丑未八丙辛寅申七丁壬卯酉六戊癸辰戌五巳亥原屬四然後以五數除之五者天地生生之尽数也其餘數以天地之生數冠之一水二火三木四金五土遇其有声者納之以五行之音是為六甲納音聖人推以入用分金六十位布于二十四宫以正五行為各宫之主以納音五行為緯内有戌巳為亀甲空亡甲乙為補接之空以是消息陰陽定命審音立葬乗氣今之老五行也

布八門

易者一体二用四象八卦以八者一陰一陽四闢四闔之成數而奇偶升降之变至此始備法以太陽少陰太陰少陽太剛少柔太柔少剛互為始末蓋天有八門而八風宣焉地有八方而八節行焉聖人以洛書土五致養西南寄居坤母之宫分配八門而氣運有孤虚旺相扵是以休生傷杜景死驚開命名扵八仍以天上九星加扵各門之上六甲為直符六儀為直使三奇五行隨門消息以察其氣運之休咎以為入用之器夫天地之間一歲有一歲之氣運一月有一月之氣運一日有一日之氣運一時有一時之氣運法以天開扵子故冬至為歲朔氣夏至為歲中氣以天運自此而始為歲星一周也人生扵寅故立春為一年之初氣大寒為一年之末氣以人事自此而始為歲數一週也伏羲命大撓作甲子以冬至夜半起甲子周匝行之五歲之月而六甲備矣至十歲之月而再周六十歲而十二還焉至黄帝作遁甲以天氣始

扵子地氣始扵丙冬至陽氣初闢天道東行夏至陰氣初闢天道西行是故一順一逆而順中有逆逆中有順其妙用始與天地參焉法以冬至為天一造端黄鍾之律行氣扵地復卦一陽肇扵黄泉故以陽遁起扵冬至之日夜半甲子順飛起遁于坎而六戊為直使甲戌到坤六巳為直使甲申到震六庚為直使甲午到巽六辛為直使甲辰到中六壬為直使寄体扵坤甲寅到乾六癸為直使扵是逆布六乙到離六丙到艮六丁到兑以為三奇星是為一局二局則甲子起坤三局則甲子起震四局則甲子起巽五局則甲子起中寄坤六局則甲子起乾七局則甲子起兑八局則甲子起艮九局則甲子起離以次順行周而復始以為陽遁夏至為地二秉甲蕤賓之律行氣扵地姤卦一陰生于下泉故以陰遁起于夏至之日夜半甲子逆飛起遁于離而六戊為直使甲戌到艮六巳為直使甲申到兑六庚為直使甲午到乾六辛為直使甲辰到中六任為直使寄于坤宫甲寅到巽六癸為直使扵是順布六乙到坎六丙到坤六丁到震以為三奇星是為九局八局則甲子起艮七局則甲子起兑六局則甲子起乾五局則甲子起中寄坤四局則甲子起巽三局則甲子起震二局則甲子起坤一局則甲子起坎以次逆行周而復始以為陰遁其直符直使三奇飛宫雖殊而其所以致用一也若推其應時則五日為一候分上中下三局甲巳子午卯酉為上局甲巳寅申巳亥為中局甲巳辰戌丑未為下局其間所避則

三刑四墓二吟五烋而用其乘生旺者其年遁之例則子午年為一例乾為開門兌為休門震為生門巽為景門艮為驚門離為傷門坎為死門坤為杜門丑未年為一例則震生巽休乾景兌開艮驚離傷坎杜坤死寅申年為一例則坎開坤景震景巽生乾杜兌死艮傷離休卯酉年為一例則離開艮景兌傷乾死巽驚震杜坤休坎生辰戌年為一例則坎傷坤生震死巽杜乾休兌景艮開離驚巳亥年為一例則離驚艮開兌生乾死巽杜震傷坤景坎傷月例即與年同不問三奇六儀只有吉門生旺者大吉其日遁則以陽遁比局推排自甲子起休一三日一局丁卯起休二順行六甲周而復始值休開生景四門得生旺三奇到為吉其杜驚死傷四門縱得生旺好奇亦為虛器是乃天地自然之消息大可以上下六沉決勝殊域小可以遁形飛殃合朔藏辰此為冠擇之首

推五運

此十干行天之運也五行之在十干有本初之氣有更隔之氣本初者正氣也更隔者邪氣也正氣有定位邪氣無定方正氣衰則邪氣盛邪氣弱則正氣強古人於此深致意焉法以甲巳化土一六共宗乙庚化金二七同道丙辛化水三八為朋丁壬化木四九為友戊癸化火五十同途此五運化氣皆為天地更隔之氣不得中正者也陽干五運化氣太過陰年五運化氣不及過與不及悉能為殃是故六甲之歲敦阜之紀歲土太過濕土盛行其邪干水羽音為孤六乙歲之從革之紀歲金不及炎火盛行其邪干金商音為虛六丙之歲漫衍之紀歲水太過寒氣盛行其邪干火徵音為孤六丁之歲委果之紀歲木不及燥金盛行其邪干木角音為虛六戊之歲赫曦之紀歲火太過炎暑盛行其邪干金商音為孤六巳之歲卑監之紀歲土不及風氣盛行其邪干土宮音為虛六庚之歲堅成之紀歲金太過燥金盛行其邪干木角音為孤六辛之歲涸流之紀歲水不及濕土盛行其邪干水羽音為虛六壬之歲伏明之紀歲火不及寒水盛行其邪干火徵音為虛若前邪所干之干遇其山音所值者不宜扞立是名天運空亡犯之大凶法用天地更隔之氣為例故用洪範大五行推之

定六氣

此十二支行地之氣也金水木土皆以形化惟火以氣化故木分則小金分則輕水分則竭土分則弱獨火愈分愈盛況火又為天地之氣故金水木土各一而火獨二也按京房天原王策以太陽化寒水陽明化燥金少陽化相火太陰化濕土少陰化君火厥陰化風木為三陰三陽運化之氣以支辰推之則子午之歲少陰君火司天陽明在泉丑未之歲太陰濕土司天太陽在泉寅申之歲少陽相火司天厥陰在泉卯酉之歲陽明燥金司天少陰在泉辰戌之歲太陽寒水司天太陰在泉巳亥之歲厥陰風木司天少陽在泉以氣數推之則自大寒日至春分日又八十七刻半厥陰風木主之謂之

變化原始紀

變化者天地之常道始終者天地之至機聖人因變化之妙用原始終之至理蓋人之生也稟二五之氣以生及其亡也離二五之氣以死葬者反氣納骨即原始反終之道也

此之謂化成

二文五兆八卦六甲八門五運六氣地紀人道之談者皆所以成化成也

傳曰氣者理之用也即理以推氣因氣以明理

太極本於無極動靜判而陰陽此理之著見而施化致用也

理非氣不見氣非形不行

理本無体因氣而見氣本無用因形而行

聖人畫卦以明理

乾坤繼而六子攢也

變卦以推氣

天地之間陰陽五根消長有數冬至為氣元天開於子以復之一陽潛生于下故十一月為復一陽下生遁二陰十二月為臨二陽上生否三陰正月為泰三陽下生觀四陰二月為壯四陽上生剝五陰二月為夬五陽下生坤六陰四月為乾六陽上生復一陽五月為姤一陰下生臨二陽六月為遁二陰上生泰三陽七月為否三陰下生壯四陽八月為觀四陰上生夬五陽九月為剝五陰下生乾六陽十月為坤六陰上生姤一陰此一歲之月卦也

生氣春分日至小滿日又八十七刻半少陰君火主之謂之舒氣小滿日至大暑日又八十七刻半少陽相火主之謂之長氣大暑日至秋分日又八十七刻半太陰濕土主之謂之化氣秋分日至小雪日又八十七刻半陽明燥金主之謂之收氣小雪日至大寒日又八十七刻半太陽寒水主之謂之藏氣法以一氣運于甲子二氣運于甲戌三氣運于甲申四氣運于甲午五氣運于甲辰六氣運于甲寅隨地而右轉一元甲子二元丙子三元戊子四元庚子五元壬子隨天而左旋以元起運因運行氣氣有消長運有逆順用以消息天地察理陰陽在心通造化之妙與天地周流而無間也

明地紀

崑崙為西極之祖北辰為帝居之分野分派八幹而形布於天地之間其艮發者派江以南其巽發者派中州河濟之間其乾發者派河以北其震發者派中庭以西其乾發者為上下羅刹其坤發者　其坎發者蝓葱嶺其離發者　畫盡瀛此山派之源也夫自天造地設岡阜支壠布滿華夷元氣實為之也

立人道

天地設造化著吉凶善惡之形鬼神炳靈符祭感衰災祥之應故凡人之生日用起居大小變化風土人物立言書紀莫非氣之運用其鬼神精狀棲於桴鼓影響聖人因乎造化之跡裁成輔相以為人利亦不外乎此理也

和氣以協律

天地之音有清有濁五行之声有正有偏聖人制律以平其声審其和故黄鍾九寸之律始暢其性情矣子月黄鍾奇律一陽丑月大吕偶律二陽寅月太簇奇律三陽卯月夾鍾偶律四陽辰月姑洗奇律五陽巳月仲吕偶律六陽午月蕤賓奇律一陰未月林鍾偶律二陰申月夷則奇律三陰酉月南吕偶律四陰戌月無射奇律五陰亥月應鍾偶律六陰此天地之正音所以導和氣四盎風正天時通大造也

制律以察時

黄鍾動而時春設灰起而陽至聖人觀造化以察轉變者也

因時以成其地利

在天為時在地為方天有時地有氣時當其生則氣應其位而吉時當其殺則氣應其位而凶地氣之吉凶係天時之生殺故天有時以生有時以殺物有時以生有時已死水有時以凝有時以澤聖人因天時以成地利輔相之至道也

是故用天之道因地之利以立人紀而功用無間矣

易兼三才之道者也聖人設卦以尽精偽

乾生于子坤生于午坎終于寅離終于申

此伏羲先天卦象自大極而二儀〻〻而四象〻〻而八卦〻〻而十六〻〻而三十二〻〻而六十四加倍而成象者也易曰天地定位山澤通氣雷風相薄水火不相射數往者順知來者逆此之謂也其法以乾南坤北離東坎西震東北兌東南艮西北巽西南分其定位每一位以本体之卦畫〻〻每八体焉然後[illegible]分其逆順以先天卦次乾一兌二離三震四巽五坎六艮七坤八每用一卦重加於各位之上其自乾起者則左旋而順行其自巽起者則右轉而逆布然後六十四卦有定位矣乾生于子復之一陽也坤生于午姤之一陰也坎尽卯中離尽酉中陽極而陰生陰極而陽生也地法用以消息陰陽定卦八用蓋本諸此

用卦爻以明天時生成起滅之機因卦理以推天時孤虚旺相之氣

天地之机一開一闔天地之氣一呼一吸以其變化言之則曰生成起滅以其運行言之則曰孤虚旺相一寒一暑互為往来一陰一陽迭為消長聖人皆因卦爻而以卦理明之也

歲有四時春夏秋冬

以歲一週曰歲首於子而終于亥五行之氣流行四時每行有七十二日故五行之氣得三百六十日以分隷四時也按月令孟春之月其數三孟夏之月其數二以木火者生物之數也孟秋之月其數九孟冬之月其數六以金水者成物之數也春秋者天數之一生一成夏冬者地數之一生一成則春夏所以生物秋冬所以成物所為精氣為物遊魂為變故不言次而以對待言之也

時有三月而仲為正

四時各有孟仲季之月而仲月為正若以中星之占候言之

也故春有三月而仲春為正者以仲春昏中則星鳥見於南星火在東星虛在北星昴在西而又正當震宮令木之旺其正氣為燠變氣為韶夏亦仲夏為正者以仲夏昏中則星火見於南星虛在東星昴在北星鳥在西而又正當離宮令火之旺其正氣為暑變氣為陰秋有三月而仲秋為正者以仲秋昏中則星虛見於南星昴在東星鳥在北星火在西而又正當兌宮令金之旺其正氣為涼變氣為占冬亦仲冬為正者以仲冬昏中則星昴見於南星鳥在東星火在北星虛在西而又正當坎宮令水之旺其正氣為寒變氣為易故也

四時有十二月

正月建寅日在室壁昏參中旦尾中其辰娵訾其律太簇其卦泰立春為朔氣雨水為中氣二月建卯日在奎婁昏弧中旦建中其辰降婁其律夾鍾其卦大壯驚蟄為朔氣春分為中氣三月建辰日在胃昴昏星中旦牽牛中其辰大梁其律姑洗其卦夬清明為朔氣谷雨為中氣四月建巳日在畢參昏翼中旦婺女中其辰實沈其律仲呂其卦乾立夏為朔氣小滿為中氣五月建午日在井鬼昏亢中旦危中其辰鶉首其律蕤賓其卦姤芒種為朔氣夏至為中氣六月建未日在柳張昏火中旦奎中其辰鶉火其律林鍾其卦遁小暑為朔氣大暑為中氣七月建申日在翼軫昏建中旦畢中其辰鶉尾其律夷則其卦否立秋為朔氣處暑為中氣八月建酉日在角亢昏牛中旦觜中其辰壽星其律南呂其卦觀白露為朔

氣秋分為中氣九月建戌日在氐心昏虛中旦柳中其辰大火其律無射其卦剝寒露為朔氣霜降為中氣十月建亥日在尾箕昏危中旦七星中其辰析木其律應鍾其卦坤立冬為朔氣小雪為中氣十一月建子日在斗牛昏壁中旦軫中其辰星紀其律黃鍾其卦復大雪為朔氣冬至為中氣十二月建丑日在女虛昏婁中旦氐中其辰玄枵其律大呂其卦臨小寒為朔氣大寒為中氣

月有三十日

月本無光麗日而有明自晦而暗至三日而朏庚八日而上弦十五日而望十八日而生魄二十三日而下弦至三十日復暗而不明是謂晦日謂之月者以月之明晦為期也

三五為一氣氣分為三候

一月之氣有朔有中朔者氣之節度中者日行之節度也故三十日分為二氣者此也五者天數之中故五日為一候三者少陽之數故一氣分三候

以二十四氣隸七十二候運行天氣

冬至卦在坎夏至卦在離春分卦在震秋分卦在兌此四正之卦每爻主一氣為每時之卦又配成三卦而十二月之正卦備每爻卜一候為論一月五卦一卦主六日七十八分日之七歲有十二月三百六十五日四分日之一六十卦為一周也聖人仰觀俯察遠求近取以四卦之爻計二十有四而成二十四氣以十二卦之爻計七十有二而成七十二候周以

推氣見候是故冬至之後則蚯蚓結麋角解水泉動小寒則
鴈北鄉鵲始巢雉雊大寒則雞乳征鳥厲疾水澤腹堅立春
則東風解凍蟄虫始振魚陟負冰雨水則獺祭魚候鴈北草
不萌動驚蟄則桃始華鶬鶊鳴鷹化為鳩春分則玄鳥至雷
乃發声始電清明則桐始華田鼠化為鴽虹始見穀雨則萍
始生鳴鳩拂其羽戴勝降于桑立夏則螻蟈鳴蚯蚓出王瓜
生小滿則苦菜秀靡草死麥秋至芒種則螳螂生鵙始鳴反
舌無声夏至則鹿角解蜩始鳴半夏生小暑則溫風至蟋蟀
居壁鷹始摯大暑則腐草為螢土潤溽暑大雨時行立秋則
涼風至白露降寒蟬鳴處暑則鷹乃祭鳥天地始肅禾乃登
白露則鴻鴈來玄鳥歸羣鳥養羞秋分則雷始收声蟄虫

天　卷六　三五

坏户水始涸寒露則鴻鴈來賓雀入大水為蛤菊有黃華霜
降則豺乃祭獸草木黃落蟄虫咸俯立冬則水始冰地始凍
雉入大水為蜃小雪則虹藏不見天氣上升地氣下降閉塞
而成冬大雪則鶡鴠不鳴虎始交荔挺出皆聖人占候之道
謂之候者因其物化而察其時變之理也

日有十干辰有十二支

十干者甲木乙草天三地八之數也丙火丁灰天七地二之
數也戊土己砂天五地十之數也庚金辛錫天九地四之數
也壬水癸泉天一地六之數也十二支者亥子水寅卯木巳
午火申酉金辰戌丑未土也

日有十二時

其名即十二辰也以時候占之半夜子雞鳴丑平旦寅日出
卯食時辰禺中巳日中午日側未日斜申日入酉黃昏戌人
靜亥自子至巳為陽自午至亥為陰以人呼吸定之陽時左
盛右衰陰時右盛左衰此乃占候之說者也

十二時有百刻

晝夜十二時均分百刻一時有八大刻二小刻〻〻六唯弍刻
一故共為百刻也上半時之大刻四始曰初初次初一次初
二次初三最後小刻為初四下半時之大刻亦四始曰正初
次正一次正二次正三最後小刻為正四用時之法每取其
正如癸為子下四刻艮為丑下四刻之類以其得干之正氣
非日二十四時也天之晝夜以日之出入為分人之晝夜以

人　卷六　三六

天之明昏為節天無晝夜以地居天中日行地上日則當天
而大明為晝日行地下則日入地而月星皆見為夜故以日
未出前二刻半為明日既沒後二刻半為昏蓋天之高下各
以其方而明昏之際為日出入之度人本不知有晝夜因天有明
昏之時故人有作息之節此人以天之明昏為節也

以百刻而分之短極不下四十之長極不過六十長短之中各得
五十

百刻者自子至亥之常數以明昏分之則有晝刻夜刻之分
也短極者大雪以後之晝刻芒種以後之夜刻也長短者冬
至以前之夜刻夏至以前之晝刻也長短中者春秋分之晝
夜刻也

測以定分至

自春分以至夏至之日道去北極近南極遠晝六十刻夜四十刻自夏至以至秋分之日道去南北極中晝夜各五十刻

自秋分以至冬至道去北極遠南極近晝四十刻夜六十刻

自冬至以至春分道去南北極中晝夜各五十刻也

別時數

冬至日出辰初初刻入申正四刻十五分夏至日出寅正四刻十五分入戌初初刻春分秋分日出卯正初刻入酉正初刻立冬立春日出卯正三刻三十三分入酉初一刻四十八分立夏立秋日出卯初一刻四十分入酉正三刻三十分小寒大雪日出卯正四刻十五分入酉初初刻三十分清明白露日出卯初三刻三分入酉正一刻十七分大寒小雪日出卯正四刻十二分入酉初一刻谷雨處暑日出卯初二刻五十分入酉正二刻三十分雨水霜降日出卯正二刻三十分入酉初二刻五十八分驚蟄寒露日出卯正一刻七十分入酉初三刻三分小滿大暑日出卯初一刻五十分入酉正四刻二十分芒種小暑日出卯初初刻三十八分入酉正四刻五十分大約九日增減一刻出沒之候可憑此以推之也

惟孤虛

夏至日出甲近寅入辛近戌故陰虛而陽孤冬至日出乙近辰入庚近申故陽虛而陰孤也

明吉凶

分至既定晷刻即分時刻既別孤虛可推而吉凶可判矣

百刻為日日三十為月月十二為歲歲分二十四氣氣分七十二候

此天道之定數也

是故聖人因八卦以推天時用地支以配天干制為羅鏡別理地宜以立人極

八卦為象數之始天干所以附八卦地支所以配天干也聖人因卦以推時用支以步定其方位之次制為羅鏡之器以消息天地孤虛之氣　法以天數二十有五扐一以為體而二十四氣備地數三十去六以為用而二十四位全五行生成二氣對待北一南二東三西四中五冲氣尊居中處聖人明河圖五行生成之氣推洛書九宮推移之數以水北火南木東金西土中生成化育有定席矣夫天一生水坎者水之正也故坎居正北癸得地六之陰水之柔也故癸次于坎水盛必有止惟土能止丑者土之柔也故丑次于癸土非厚不能載艮為山土之剛也以艮居東北代震而施化故艮次于丑水土合必化生將以生木也寅者木之初氣也故寅次于艮甲得天三之陽木之剛也故甲次于寅震者木之旺也故震居正東乙得地八之陰木之柔也故乙次于震震非土無以盛辰者土之正氣也故辰次于乙乙木者陽之稚也木非土不能生故巽為旺木而次于辰旺極必資生所以生火也巳者火之初氣也故巳次于巽丙得天七之陽火之剛也故

丙次于巳離者火之旺也故離位正南丁得地二之陰火之柔也故丁次于離火旺必有生將以生王也未者王之柔也故未次于丁坤為真土得地十之陰土之剛也故坤次于未而居乎西南土旺必生金申者金之初氣也故申次于坤庚得天九之陽金之剛也故庚次于申兊者金之旺也故兊居正西辛得地四之陰金之柔也故辛次于兊金非土無以成戌者王之正也故戌次于辛辛金者陰之稚也金非盛不能化故乾為旺金而次于戌旺極而化成所以生水也亥者水之初氣也故亥次于乾壬得天一之陽水之剛也故壬次于亥於是二十四位有定方矣戊己得天地之中天五地十之氣故中虛以為金母金伏天干之戊土制于地支之午火藏于地支之子水故分金以戊子戊午居子午之中也其子午正中既定則天地之正氣從可知矣其分金之法則以甲丙戊庚壬分隸于子寅辰午申戌之宮乙丁己辛癸分隸于丑卯巳未酉亥之位倍而重之為一百二十其隸五行生旺休囚則同一致其歸藏大卦所用除却坎離震兊為本卦之用其戊己為本月之卦以次行之則甲子配頤丙子中孚戊子得復庚子得屯壬子得謙此子癸宮之分金卦也乙丑睽丁丑升己丑臨辛丑小過癸丑蒙此丑壬宮之分金卦也甲寅益丙寅漸戊寅泰庚寅需壬寅隨此寅甲宮之分金卦也乙卯晉丁卯解己卯大壯辛卯豫癸卯訟此卯乙宮之分金卦也甲辰蠱丙辰革戊辰夬庚辰旅壬辰師此辰巽宮之分金卦也乙巳比丁巳小畜己巳乾辛巳大有癸巳家人此巳丙宮之分金卦也甲午井丙午咸戊午姤庚午鼎壬午豐此午丁宮之分金卦也乙未渙丁未履己未遁辛未恒癸未節此未坤宮之分金卦也甲申同人丙申損戊申否庚申巽壬申萃此申庚宮之分金卦也乙酉大畜丁酉賁己酉觀辛酉歸妹癸酉無妄此酉辛宮之分金卦也甲戌明夷丙戌困戊戌剥庚戌艮壬戌既濟此戌乾宮之分金卦也乙亥噬嗑丁亥大過己亥坤辛亥未濟癸亥蹇此亥壬宮之金卦於是一氣甲子二氣甲戌三氣甲申四氣甲午五氣甲辰六氣甲寅隨地而右轉一元甲子二元丙子三元戊子四元庚子五元壬子隨天而左旋聖人所以别理地宜以立人極實在於此至其所以為用者則又不過四正八國之氣四正者坎離震兊乾坤艮巽甲庚丙壬乙辛丁癸寅申巳亥辰戌丑未八國者乾甲丁坤乙壬艮丙辛巽庚癸坎申辰離寅戌震亥未兊巳丑是也凡此皆制器之道也

欽天授時

書曰堯命羲和欽若昊天曆象日月星辰敬授人時

歸奇作閏

易曰大衍之數五十其用四十有九虛一以象太極分而為二以象兩儀掛一以象三才揲之為四以象四時歸奇於扐以象閏月五歲再閏故再扐而後掛然則閏法與大衍實相參焉按曆法一歲十二月月有三十日三百六十日為一歲之常數也但日與天

會而多五日九百四十分日之二百三十五者為氣盈盖自今年冬至數至明年冬至則、百六十五日二百三十五分（象數以九百四十分為一度曆數以百分為一度）以期法計之則多五日零二百三十五分故日與天會常在期月之後也月與日會而少五日九百四十分日之五百九十一者為朔虛盖自正月之朔日數至臘月之晦日則三百四十五日零二百四十八分以期法計之則少五日零五百九十二分故月與日會必在期月之晦也合氣盈朔虛而閏生焉閏者一歲之樞紐所以歸奇也斗之所建者為中氣日月所在斗指兩辰之間無中氣則為閏故一歲閏率則十日九百四十分日之八百二十七盖以二百三十五分與月之五百九十二分合而得之也三歲一閏則三十二日九百四十分日之六百單一分欲知置閏在何月觀今年冬至後之餘日則可知矣五歲再閏則五十四日九百四十分日之三百七十五分十有九歲七閏則共戍二百有六日九百四十分日之六百七十二分以月除之合計七箇月日數欠者其小尽也然後氣朔分齊為一章也二十七章為一會三會為一統三統為一元故三年而不置閏則差一箇月春之一月入于夏而時漸不定矣子之一月入于丑而歲漸不成矣是故圣人制法歸奇為閏者所以体天道定四時正人事耳

使人作訛成易不失其候析因夷隩各適其宜所以為民者甚至是故象數運乎天而參賛在聖人

尭命羲和定曆授時使民知時変察候應而知順天体物之

道者東作南訛西成冬易者所以順生長收藏之序也春析夏因秋夷冬隩者所以順寒暑凉燠之氣也其順天時適物理大畧此見天地以生物為心聖人體天地之心以為心也

易曰法象莫大乎天地变通莫大乎四時

此理氣之着見與理氣之流行也

天地之所以位萬物之所以育皆原於此故曰此之謂化成

此聖人體道之功用大化之所以成也

此篇言天運地氣因時变化故聖人體道致用以知天時盡人事皆此神器也

天官篇卷之九

按史記有天官書所以述天度星宿之說官者主宰之稱言天精之司下土者也又按史記日者傳有太乙家則太乙者星史也古文作天官篇郭氏作神兵契丘公作天元金符今從古文篇之九者乃上中下九章之次耳

經曰天有五星地有五行

太極動靜而陰陽陰陽変合而五行五行一陰陽也陰陽一太極也五行之氣其清陽之精上騰於天為辰星熒惑歲星太白鎮星之星有光明氣象化而為鬼神情狀發散萬殊其濁陰之精下凝於地為水火木金土有形體氣質流而為声色臭味幻化萬有故在天者以五星萃精在地者以五行孕形屈伸往来流通不息具有至理存焉

天分星宿地列山川氣行於地形麗於天

夫秉陽主於星宿地宿秉陰發於山川故陽氣施生臨照下
土陰氣化成配合九天此上下交感之道也
因形察氣以立人紀
聖人因其形之貴賤以察氣之純疵可以立人紀也
紫微天極太乙之御君臨四正南面而治天市東宮太微南垣
少微西掖旁照四極
君紫微天市太微少微星垣皆天帝之離宮而為向明致治
之司也　解見統龍經
四七為經五德為緯運幹坤輿垂光乾紀
少陽為星少陰為辰經星為陽中之陰緯星為陰中之陽經
星則二十八宿以及四垣八極者皆是也緯星日月五星而
已大抵五星皆地上木火土金水之精氣上結而成却受日
之光而為曜經星乃陽氣之凝結者故閃爍開闔其光不定
緯星乃陰氣之凝結者縱有芒角本体之光亦自不動謂之
經者以其不動也盖地以純陰凝聚于中天以浮陽轉旋于
外經星不動純繫于天與浮陽運旋而不窮者也緯星雖順
天左旋所繫辰象隨天稍遲則反從而右耳間有遲速不齊
者七政之性殊也此經緯所以著象之名也
七政樞機流通終始
北斗七星斗為帝車運乎中央臨制四方分陰陽建四時均
五行移節度定諸紀皆係于斗天官書曰杓携龍角衡殷南
斗魁枕參首日昏見者杓〻自華以西南夜半見者衡〻殷
中州河濟之間平旦見者魁〻海岱以東北則杓衡魁三星
互為樞機明矣故自正月建寅為始周而至丑十二月建而
終所以建正天時別理地分者也
地德上載天光下臨
八卦干支者地之德也四垣七政者天之光也故吉氣行地
如震艮之有天市辛兌之有少微巽丙之有太微壬亥之有
紫微此皆上載下臨之妙造也
陰用陽朝陽用陰應
震艮兌巽乾坤坎離天之陽也庚丙丁辛甲乙癸壬地之陰
也天陽則以地陰應之地陰則以天陽朝之此以卦氣之陰
陽言之也
陰陽相見福禄永貞
震艮乾坎為陽巽兌坤離為陰故震艮乾坎之山須巽兌坤
離之山水朝應巽兌坤離之山須震艮乾坎之山水朝應此
以八卦之陰陽言之也
陰陽相乘禍咎踵門
乾坤坎離居陽位而為陽震艮兌巽居陰位而為陰〻陽相
乘則禍咎踵門此以象數之陰陽言之也
天之所臨地之所盛氣感而應鬼福及人
臨者天星盛者地氣星氣翕和為吉宅也氣感者陽氣之靈
鬼福者陰靈之通故郭氏以鍾鳴之理明天地自然之[illegible]
故無彼此無內外無生死此皆不期然而然者也

悉以天有象地有形上下相須而成一體此之謂化机
象者星宿也著明乎上形者山川也孕育乎下
傳曰形而上者謂之道形而下者謂之氣
乾坤形而上者以理言之也陰陽形而下者以氣言之也
是故天依形地附氣其形有涯其氣無涯形靜而有常位氣動而無常所形可見氣難知
天之形狀圓如彈丸日月運轉未嘗少息其南北兩端後高前下乃為樞軸之處其所以運轉也亦無形質可以提摸但以勁風之旋當晝則自左旋而向右向夕則自前降而歸於當夜則自右轉而復左將旦則自後進而趨前旋轉無窮升降不息是為天體而實非有體也地則氣之查滓聚成形質者以其束於勁氣旋轉之內得以兀然浮立於中故氣之闕於形而為山川壤地者靜而有定位焉氣之聚於精而為日月星辰者動而無常所焉此地形可見而天氣難知也
古之聖人仰以觀象於天俯以觀法於地
此言畫卦之因也
因象以辨方
於純陽而體天南為陽位故陽在上而居前坤純陰而體地北為陰位故陰在下而居後大明生於東故離火居之而陽中含陰小明生於西故坎水居之而陰中含陽山起於西北故艮居之澤鍾於東南故兌居之雷震於東北故震居之風發於西南故巽居之此聖人因象以辨方伏羲先天之卦也

因方以正位
水火木金土五行之氣行於四時所以成變化而行鬼神也故木春而東火夏而南金秋而西水冬而北土中而四季此天地生成之定位也聖人因以坎離震兌居四方之正者蓋以水陰盛故居下火陽盛故居上木陽稚故居左金陰稚故居右土沖氣故居中而北一南二東三西四中五天地之生數定矣復以天地之成數推之則水六居坎而生乾金之九居兌而生坤土火七居離而生巽木木之八居震而生艮土於是八卦之方有定位矣此聖人因方正位之前文王後天之卦也
因位以乘氣
天地之道有盈虛消長之理天地之時有生長歸藏之氣天地之中有孤虛旺相之方聖人推之制器入用所以消息而乘其生氣其用亦大矣
因氣以相形
地者精形也元氣之所為山川形狀大小隱顯變化出沒形氣各殊聖人因其氣之孤虛旺相而驗其積氣之形以上感下應之机其道如此也
探鬼神之机
鬼者陰之性情神者陽之性情天地之中屈伸往來變化始終莫非陰陽合散之所為者是故紀形孕質出入幽明皆二氣之功用情性之著見者也聖人探其机於聚

顯幽微之際所以致其用者其机亦微矣哉
操禍福之柄
陽為德而陰為刑德主生而刑主殺聖人察其應時以
為吉凶悔吝之府而生殺予奪之柄操之在我其用亦
神矣哉
察識山川以立人紀
其山川者所以孚形行氣也然所謂鬼神之机禍福之
柄者也聖人制器入用以察理而致其知為實與人道所
關是非小弱所可比也
夫天體至圓周圍三百六十五度四分度之一星麗乎天而
左旋者也

〈卷六〉 四十七

周天之體以象數言之則九百四十分為一度總計三十
四萬三千三百三十五分用準天度三百六十五度四分度
之一二氣之精上騰而象著於天者自人言之則謂之星
自日月會言之則謂之宿皆隨之而左旋者也
列宿之經二十有八角亢氐房心尾箕天東之青龍
角二星十二度太亢四星九度太氐四星十六度少房四星
五度太心三星六度尾九星十八度箕四星九度半此七宿
三十星七十八度為東方蒼龍七宿其形象龍故曰蒼龍
自軫十八度至亢二度為辰亢二度至氐七度為乙氐七度
至房太度為卯房太度至尾十度為甲尾十度至箕七度
為寅箕七度至斗十二度為艮此蒼龍七宿為東方生治
之官為東方天禽地獸實東方分星之主宰也
斗牛女虛危室壁天北之玄武
斗六星二十二度太牛六星七度女四星十一度虛二星九
度少危三星十六度室二星十八度少壁二星九度太此
七宿二十五星九十四度為北方玄武七宿形象蛇龜故曰
玄武自斗十二度至牛五度為丑牛五度至虛二度為癸虛
二度至危八度為子危八度至室十度為壬室十度至壁
四度為亥壁四度至奎十度為乾此玄武七宿為北方主
治之官為北方天禽地獸實北方分星之主宰也
奎婁胃昴畢觜參天西之白虎
奎十六星十八度婁三星十二度太胃三星十五度少昴

〈卷六〉 四十八

七星十一度畢八星十六度半觜三星半度參十星九度
半此七宿五十星八十三度半為西方白虎七宿其形象
虎故曰白虎自奎十度至婁七度為戌婁七度至胃十度
為辛胃十度至昴九度為酉昴九度至畢十四度為庚
畢十四度至井二度為申此白虎七宿為西方主治之
官為西方天禽地獸實西方分星之主宰也
井鬼柳星張翼軫天南之朱雀
井八星三十度少鬼五星二度半柳八星十三度半星七星
六度太張六星十七度太翼二十二星二十度少軫四星十
八度太此七宿六十一星一百零九度太為南方朱雀七
宿其形象鳥故曰朱雀自井二度至七井十八度為坤

井十八度至鬼二度二爲未鬼一度至星二度爲丁星二度至張十度爲午張十一度至翼八度爲丙翼八度至軫三度爲巳軫三度至軫十八度爲巽此朱雀七宿爲南方主治之官爲南方天禽地獸實南方分星之主宰也

每宿占度不齊分野亦異附天而行是謂天經

二十八宿之經者有盈有縮布滿於三百六十五度四分度之一本皆不移附天而行是謂天之常經也其星土之分則角亢爲鄭星曰壽星宮曰天秤時曰辰州曰兖氐房心爲宋星曰大火宮曰天蝎時曰卯州曰豫尾箕爲燕星曰析木宮曰人馬時曰寅州曰幽斗牛爲吳星曰星紀宮曰磨蝎時曰丑州曰揚女爲越虛危爲齊星曰玄枵宮曰寶瓶時曰子州曰青室壁爲衛星曰娵訾宮曰雙魚時曰亥州曰并奎婁爲魯星曰降婁宮曰白羊時曰戌州曰徐胃昴爲趙星曰大梁宮曰金牛時曰酉州曰冀畢觜參爲魏星曰實沈宮曰陰陽時曰申州曰益井鬼爲秦星曰鶉首宮曰巨蟹時曰未州曰雍柳星張爲周星曰鶉火宮曰獅子時曰午州曰梁翼軫爲楚星曰鶉尾宮曰雙女時曰巳州曰荆其二十八宿次舍星纏地野則角亢氐應今西凉路故東郡入角一度東平任城山陰入角六度泰山入角十二度濟北陳留入亢五度濟陰入氐一度東平入氐七度房心應今東淮南故潁川入房一度汝南入房二度沛郡入房四度梁國入房五度楚國入心一度魯國入心三度楚國入心四度尾箕應今河北東京西及河南化外州故上谷入尾一度漁陽入尾三度右北平入尾七度西河上郡北地遼西東入尾十度涿郡入尾十六度渤海入箕一度樂浪入箕三度元菟入箕六度廣陽入箕九度凉州入箕十度斗牛女應今二廣江南閩中兩浙故九江入斗一度廬江入斗六度豫章入斗十度會稽入斗十一度丹陽入斗十六度臨淮入牛四度廣陵入牛七度泗水入女一度陸安入女六度虛危應今京東河北東路故齊國入虛六度北海入虛九度濟南入危一度樂安入危四度東萊入危九度平原入危十二度淄川入危十四度室壁應今河南北京東西路故安定入室一度隴西入室四度天水入室八度酒泉入室十一度張掖入室十二度成都入壁一度金城入壁四度武威入壁六度敦煌入壁八度奎婁胃應今淮南東路故東海入奎一度瑯琊入奎六度高密入婁一度陽城入婁九度膠東入胃一度昴畢應今河北東西及河東路故魏郡入昴一度鉅鹿入昴三度常山入昴五度廣平入昴七度中山入昴八度清河入昴九度信都入畢三度安平入畢四度趙郡入畢八度河間入畢十度真定入畢十三度觜參應今永興河東河北西路故廣漢入觜一度越巂入觜一度蜀郡入參一度犍爲入參三度祥牁入參五度益州入參七度巴郡入參八度漢中入參九度井鬼應今永興四川路故雲中入井一度定襄入井八

度鴈門入井十六度代郡入井二十八度太原入井二十九度上黨入鬼二度柳星張三河今西京北路故弘農入柳一度河南入星三度河東入張一度河西入張九度翼軫應今湖廣荆南夔州路故南陽入翼六度南郡入翼十度零陵入翼十一度江夏入翼十二度桂陽入軫六度武陵入軫十度長沙入軫十六度已上分星乃陳卓畿內甸新語次也

經星之中又有帝垣一曰紫微在壬亥之間北辰居焉二曰天市在艮震之上三曰太微占丙巽之位四曰少微臨辛兌之方皆曰天帝之行宮也星之所臨其氣實吉

此經星中之至尊為五福之主宰氣圍於地者為至吉之域中外之星常明者百有二十

此四垣八極之星常見不隱之星數也

其可名者三百二十為星三千五百

此周天度甘石經天官天文志中有名有象之星數也

微星之數万有一千五百二十

周天之星除有名之外餘星隱昧者此數也

天無體

天本無體以日月星辰為之象耳天以子午卯酉定南北東西之正位丑寅則東北辰巳則東南未申則西南戌亥則西北天傾西北半覆地上半統地下其居地上可常見者一百八十二度半強其居地下不可見者亦一百八十

二度半強故北極出地上三十六南極入地下亦三十六度而嵩高正當天之中央天頂至地一万八千三百九十四里有奇天經之數一十二万二千七百八十八里有奇周天之數五十一万三千六百七十八里有奇南北極持其兩端天與日月星辰斜而回轉左旋此皆天之理然也

以二十八宿為經

二十八宿見前謂之經者以其縱於天也

以日月木火土金水為緯

日月有常道五星散行不一皆隨天而左旋者也其行有遲有速有伏有逆蓋日月陰陽之精氣而五星又日月之餘氣也日為陽精而其質本乎陰故其左行雖緩亦不純繫乎天如經星之不動也月為陰精而其質資乎陽故其前後進退與日同為土為地數所以根本乎四行其行最緩火者陰質之萃其氣比日為微故其遲倍於日惟木凡一歲盛衰故為歲曆之辰謂之緯者以其横於天也此經緯之星所以成天之體也

五行在天成象在天成形

五行之氣上而為天之星曰辰星熒惑歲星太白鎮星之精也下而為地之形曰潤下炎上曲直從革稼穡之質也

木為歲星其德配仁其方配東其時配春超舍為盈退舍為縮出入當其軌則國有慶不由其次必有天殃

木者東方之正氣秉天三之陽得地八之陰其卦震巽

其時甲乙其性曲直其味作酸其質陽其氣陰也其行天
所以導和生氣十二年一周天木星所在國不可伐而可以
伐人超舍爲盈退舍爲縮出入不當其次必有天變時災
當其執則禎祥具應龍見郊原木辰不撫則木氣弱而
金賊乘之故刑罰濫而兵革興矣其行地爲寅卯甲乙巽
生亥而墓未其氣之所鍾乙卯辛卯甲寅戊寅爲上丙子
巳午次之癸未巳未又次之角音得之爲旺徵音得之爲
相宫音得之爲孤羽音得之爲虚其行天之分星光所照
之方或三合四正得之大可扞立不問曜地殺皆可制伏
遇角斗奎井爲入廟箕壁參軫爲得勢值遲留者吉
之逆者凶也

火爲熒惑其德配禮其方配南其時配夏火行一舍二舍爲不
祥出入當其道國必有慶失次爲旱飢
火者南方之正氣秉天七之陽得地二之陰其卦爲離其
時丙丁其性炎上其味作苦其質陰其氣陽也其行天所
以佐理化氣二年一周天火行一舍二舍爲不祥東行疾則
兵聚於東方西行疾則兵聚於西方行南主火行北主旱
火辰不撫則火氣弱而水賊乘之由是淫雨降而泉潦興
矣其行地爲巳午丙丁生寅而墓戌其氣之所鍾戊午丁
巳乙巳爲上戊巳辰戌丑未次之甲戌巳未又次之徵音得
之爲旺宫商得之爲相商音得之爲孤角音得之爲虚
其行天之分星光所照之方或三合四正得之大可扞立

遇尾室觜翼爲入廟角斗奎井爲得勢凡曜地殺皆可
制伏值遲留者吉伏逆者凶也
土爲鎮星其德配信其位居中其時寄旺其行順軌國有慶失
度爲國戚
土者中央之正氣秉天五之陽得地十之陰其卦艮坤其時
戊己其性厚載其味作甘其質陽其氣陰也其行天所以
升降日月鎮安四氣五十九歲一周天土星失次而上一舍
二舍爲水災失次而下一舍二舍爲國戚土辰不撫則土氣
弱而木賊乘之於是草木鮮落人民逃徙其行地爲坤艮
辰戌丑未生申而墓辰其氣之所鍾戊子己丑戊申己
未爲上庚辛申酉次之戊辰丙辰戊戌丙戌又次之宫音
得之爲旺商音得之爲相羽音得之爲孤徵音得之爲虚
其行天之分星光所照之方及三合四正之位大可扞立凡
天曜地殺皆可制伏遇氐女胃柳爲入廟尾室觜翼爲
得勢值遲留者吉伏逆者凶也
金爲太白其德配義其方配西其時配秋其行順軌爲國慶
失度有夭殃
金者西方之正氣秉天九之陽得地四之陰其卦乾兌其
時庚辛其性從革其味作辛其質陰其氣陽也其行天
所以輔導太陰出没一歲一周天凡金星與月同南北之行
爲盈與月分南北之行爲縮出早爲月蝕出晚爲天妖其
時主兵金辰不撫則金氣弱而火賊乘之於是蟲殃寒

歲不節其行地為庚辛申酉乾生巳而墓丑其氣之所
鍾癸酉辛酉壬申庚申為上壬癸亥子次之乙丑乙未又
之次之商音得之為旺羽音得之為相角音得之為孤宮
音得之為虛其行天也分星光所照之方及三合四正之
位大可扞卒凡天曜地殺惡可制伏遇亢牛婁鬼為入廟
氐女胃柳為得勢值邊番者吉伏逆者凶也
水為辰星其德配智其方配北其時配冬其行順軌則歲
豐失舍則兵興
水者北方之氣稟天一之陽得地六之陰其卦為坎其時
壬癸其性潤下其味作鹹其質陽其氣陰也其行天所
以輔相太陽出沒一歲一周天出早為日蝕出晚為慧孛四
時不出則天下大飢出於房駟則地震出於星紀則大水
水辰不撫則水氣弱而土賊乘之由是愆陽多而旱災至
矣其行地為子亥壬癸生申而墓辰其氣之所鍾丙子壬
子癸亥辛亥為上甲乙寅卯次之壬辰癸巳又次之羽音
得之為旺角音得之為相徵音得之為孤商音得之為虛
其行天之分星光所照之方及三合四正之位大可扞卒不
問天曜地殺惡可制伏遇箕壁參軫為入廟亢牛婁鬼
為得勢值邊番者吉伏逆者凶也
五星順軌春無愆陽夏無伏陰秋無淒風冬無苦雨厲疾
不降民無夭札
此天地之正氣流行故四時之令皆得其正而禎祥見矣

失度則反常為殃天地變君臣異日月薄蝕人民災殃
上言天地正氣流行得其正令五性各和故天地交君臣
合日月明人民育一或反此則陰陽不交天地失職上下無
常君臣異道精魂反游日月失度寒燠失節人民災殃
皆妖氣之所為也
聚西奎則天下文明聚東井則四海會同聚四金則為
兵興
奎乃文章之府故五星交聚則主天下文明東井為渾
合故曰會同也四金者亢牛婁鬼也為天中之刑主有征
伐之象故主兵戈
其氣行於地得位則吉失次為殃
五星之氣行於地中有孤虛旺相之位若水以北西為旺
相南東為孤虛火以南東為旺相西季為孤虛木以東北
為旺相季南為孤虛金以西南為旺相東北為孤虛土以
季南為旺相北西為孤虛得其位者為吉失其位者為
凶也
七政所以建天時正地分主風土驗稟質
北斗七星為天政之首解見正經
是故天樞主吳　斛
北斗第一星也其治江南淮以西南其性貪狼風柔音悍
天璇主楚
北斗第二星也其治大江西南其性巨門其風弱其音

濟
天璣主齊
北斗第三星也其治淮南海岱以北其性祿存風靡音
姑
天權主秦
北斗第四星也治齊陰中州河濟之間其性文曲風沸
音鵠
天衡主燕
北斗第五星也其治河濟以北其性廉貞其風勇其
音屬
闓陽主趙
北斗第六星也其治關河以北其性武曲其風朴其音
飛
搖光主楚　杓
北斗第七星也其治海岱西北其性破軍其風矯
其音隨
玄戈主代
北斗第八星也其治北庭以西其性站其風直其
音正
招搖主周
北斗第九星也其治中華梁晉之間其性符離風
平音和

星之所臨氣之所鍾上感下應化機周流品彙万有調
和二儀此天覆地載之機也
是故傳說爲列星申呂爲嵩嶽
在天爲星辰在地爲河嶽幽爲鬼神明爲人物此鬼
神变化陰陽屈伸往来之情状也
天降精地孕質生神靈萃忠良必矣
此天地感應自然之理也所謂至田産至芝園生芝造
化設施影響無違天地貞實無妄之至理也
聖人洞明乎天道涣發乎地機
若象數理氣之類是也
推生死
人稟陽以生即陰以死原其始之所以生者如此則知反
其終之所以死者不外是也
立葬法
生者氣之聚凝結者爲神死者氣之散存留者爲骨
葬山乘氣使二五之氣温其骨而藏其神其感其應化
生而不息也
因位以察氣乘氣以立穴
因其位之所主察其氣之所臨收藏以乘其生氣也
收裁天經相理地穴
天星之經有逆有順收裁之法悉宜精審地氣之宜有
衰有盛水土宜西北山高東南水流金宜西南山高泉

此水流本宜東北山高西南水流火宜東南山高西北
水流妙在消息所以相避者用此道也

內秘五行

此穴卦内秘之法以太極為大易之統陰陽為八卦之樞天陽地陰天剛地柔分為四象太陽少陽太陰少陰太剛少剛太柔少柔列為八極天元運山六十四卦以乾坤坎離分衛四仲以六十卦周流三百六十五度四分度之一以成一歲之功紀以章會統元而曆四千六百一十七歲以成一元之易者此六十卦之用也地元歸藏六十四卦以坎離震兌分冬夏春秋以六十卦定十二月分為七十二候以一水二火三木四金五土六水七火八木九金分隸八方以推歲朔之會者此六十卦之用也人元周易以爻象陰陽自下變上起世應五行以推驗山川吉凶此六十四卦之用也葬經之所以用卦不外乎此以連山觀天象盈縮以歸藏推氣候孤虛以周易乘地氣吉凶用氣以應曜用陽以相陰用虛以制殺用相以迎生使五運不僭六氣無偏三奇當遂四象順度龜甲逢生空亡逢死几几有氣六六無侵其氣感時應機動神隨生生不息之機無有端倪矣謂之秘者言自密其機也

外藏八風

風者八方之氣陰陵於陽之所為也乾為不周坎為廣莫坤為涼風離為景風此皆氣之逆者其著於物也有殺而無生艮為條風震為明庶巽為清明兌為閶闔此皆氣之順者其觸於物也有生而無殺故此八風有皆天地之動氣有凶有吉謂之藏者言欲得其正也

推天地之精乘陰陽之會

此言穴氣啓閉之法造化之情性也其法妙參五運默致六氣上考大星下推地曜使五氣流通八卦交構復始流生臨遁秉收經緯縱橫翕歛翼衛七政降精四垣孕質實奪化工二氣之至机操人主八方之威柄此葬法之秘聖而不可知之神也

收生氣乘陰死骨

人之生也稟二五之精以為性而乾之陽為神稟二五之氣以為形而坤之陰為骨胞胎孕養生氣凝結神從所感而生及其元氣盡真陽竭神無所主而死死者氣脫而骨留精去而神在葬山乘氣使二五之氣温其骨而養其神此感應之至机自然而然者也

枯骨得氣遺體受榮

父母子孫同氣彼安則此安彼危則此危故神靈安而子孫盛若培壅其根餘而枝葉自茂此理之必然也

非參天地生成之机周流變通無生死者乎謂之化机宜哉聖人明體致用所以生成萬物變通而間妙契幽明洞淵終始實化工相變之所以成也

此篇言天垂象定吉凶聖人因天象惟變化所以奉若天
道制為神器以為人利者也

新刊地理五經圖解卷之六終

青囊經序

道之大原出於天天之至理見於易易者聖人將以大有為
也故於天地而消息焉消息天地者非易而何夫天者理也
朕兆於一氣之先易者氣也著象於二儀之後一為体二為
用三為造化造化不離乎五行五行散殊於萬物萬物之
中人為最靈所謂出乎天而天出於聖人者也聖人者窮萬
物之理盡天地之性窮理盡性以至於命体天用地以合於道
是故仰以觀於天文俯以察於地理近取諸身遠取諸物擬
議以成其變化制器以濟其利用所以範圍天地曲成萬
物通乎晝夜至於乾坤同其德天地同其心日月同其明陰
陽同其運行鬼神同其變化其机其器亦神矣乎甚與家

法肇自玄女其亦体易而言者也玄女以伏羲氏之道為神
農氏之師經濟傳世有義無文歷五帝三代以至秦漢赤
松子始演義成經黃石公復釋文為傳旨以三代直道之
民不假乎書而後世有所不逮歟況當坑焚之後煨燼之
餘是宜經運闢明者也夫何一泯於子房而再論於郭氏曾
莫可旁求者豈天珍地寶顯晦不常歟抑人心不古私意
所蔽示人不廣歟然天運與行自有時也丘李傳袁師傳心
得奇計神藝鳴於當時柰天不奇吝上有呵禁使凡卷之
書復晦其六者豈丘公故置為亡不欲盡泄歟厥後諸氏爭
自名家名存實亡吾不知其為是非也大德好生發育不息
天珍地寶不可久秘一日一璠林逞姦玉函再裂江表文林劃

然除蓄地中秀氣頓尔生成實千載之奇机百代之偉器也
若樽少無俗韻長有清標性天湛一竅之明心地曠萬門之
廣華山高處長伴烟霞大地中間實為鼎盛家家花鳥與
物皆春故国江山從渠易主顧宅心之訓不可敷陳而褒首
之文豈容掩匿敢刊尺牘用呑文函雖章句訓詁未竭於玄机
而文義恢弘用昭於白日固灼續之不愧期蟫蠹之不忘且夫
唐堯命官二羲二和允為首領殷箕敍範五行五福實為始
終盖欲俾經教開明永綿慶祀光嶽孕秀生濟昌時家愉
一晛齊登乎仁壽之域国泰民安比隆乎唐虞之世青囊為
有用之器而玄天拱不言之功吾將奉元酒於東濵聆大音於
西域引北帝以構其榮枯召南華以論其清濁玄天且默吾

一八卷六序　　　　　　　　　　　　　　三

文何言南華逸民陳樽序

寶顏堂訂正丙丁龜鑑

（宋）柴　望　輯
（明）顧雲鵬　李肇亨　校

《寶顏堂訂正丙丁龜鑑》四卷，（宋）柴望輯，（明）顧雲鵬、李肇亨校。據國立國會圖書館藏明刊本影印。

丙丁龜鑑　完

丙丁龜鑑

進丙丁龜鑑表

臣望伏以正次王王次春頒萬民之治義史載事事載道有前代之元龜匪明氣數之興亡曷示始終之勸戒言非所當罪不容誅臣實懼實惶頓首伏念臣賦性至愚讀書甚少自憐孤苦獲際休明念先世之孝廉本故家之祟義嫠不卹緯憂在宗周吾欲使君上爲堯舜況災見夏行之朔而運當晉厄之年是殆水陰幾勝火德

信知有數決匪偶然苟曰無之胡爲至此痛思夫今日莫返頹波尚論乎古人具垂成鑑秦漢之君以下千有餘年方册之政可尋十常九失棲燈勘義滴露研硃姑援實以斷時宜敢飾說以欺天聽矧君子雖進而小人之根本痛絶天理雖明而人欲之蠹未盡消中國或侵於外夷大綱未聯於小紀四方蹙蹙而靡騁萬民嗸嗸而不安輔成有賴於大臣所重尤關於太子茲

蓋伏望皇帝陛下體純乾之一法震主之宜闡大學之明謹中庸之獨必安國本以安社稷必正君心以正朝廷當自九重首圖勵精之治毋使億兆翫聞更化之言臣忍死籲天措身無地令來古往治日少而亂日多主聖臣賢前車覆而後車戒臣無任瞻天望聖激切屏營之至謹具表奉詣天庭上進以聞臣實惶實懼頓首頓首謹言

淳祐六年正月望日衢州孝廉七世孫中書省奏名臣柴望上表。

寳顏堂訂正丙丁龜鑑卷之一

宋　三衢柴　望輯
明　檇李　顧雲鵬　李瑋亨　校

秦

昭襄王姓嬴氏

五十二年丙午　五十三年丁未

五十二年　楚考烈王八年　趙孝成王十一年　燕孝王三年　魏安釐王十二年　韓桓惠王十八年　齊王建十年　凡七國

周之民東亡秦取其寳器遷西周公於𢖍狐之聚　楚人遷魯於莒而取其地　秦丞相范雎免　燕客蔡澤爲秦丞相

五十三年　楚九年　燕王熹元年　魏二十三年　趙十二年　韓十九年　齊十一年

秦伐魏取吳城　韓王入朝於秦　魏舉國聽令於秦

臣望謹按秦昭王五十二年丙午爲周亡之年入以爲周之厄歲也昔武王定鼎於郟鄏卜世三十卜年七百則周之亡當在威烈王即位之六年今卒過其歷百六十有七年爲八百六十七年蓋文武成康積德之効也人主苟能修德又非數之所能囿者觀於周歷蓋可見矣

西漢

高祖皇帝姓劉氏

十二年丙午

十二年冬十月帝與布兵遇於蘄西望其陳如項籍軍惡之遥謂布曰何苦而反布曰欲爲帝耳上怒遂大戰布敗走江南長沙王臣使人誘與走越殺之上還長安疾甚愈欲易太子張良諫不聽孫叔通諫曰晉獻公以驪姬故廢太子國亂數十年秦以不蚤定扶蘇自使滅祀此陛下所親見今必欲廢嫡而立少臣願先伏誅以頸血汚地帝曰公罷矣吾直戲耳通曰太子天下之本本一摇天下振動奈何以天下爲戲乎上陽許而猶欲易之後置酒太子侍留侯所招四人者從年皆八十餘鬚眉皓白衣冠甚偉上怪問之四人前對各言姓名上乃大驚曰吾求公數歲公避逃我今何自從吾兒游乎四人曰陛下輕士善駡臣等義不辱故恐而亡匿今聞太子爲人仁孝恭敬愛士天下莫不延頸願爲

太子死者故臣等來耳上曰煩公幸卒調護太子四人者出上召戚夫人指視之曰我欲易之彼四人者輔之羽翼已成難動矣戚夫人泣下上起罷酒遂不易太子立兄子濞爲吳王帝曰若狀有反相獨悔業已拜因召至撫其背曰漢後五十年東南有難豈若耶天下一家謹勿反濞曰不敢太尉周勃誅陳豨定代地燕王綰謀

反春二月遣樊噲以相國將兵討之人或言樊噲黨於呂氏即一日上晏駕欲以兵誅趙王如意之屬帝大怒用陳平謀召周勃受詔牀下曰陳平馳傳載勃代噲將至軍中即斬噲頭二人計曰噲帝之故人也斬之恐後悔詔噲檻車傳詣長安上擊布時爲流矢所中行道疾甚夏四月呂后迎良醫入見曰疾可治上嫚罵之曰吾以布衣提三尺劒取天下此非天命乎命乃在天雖扁鵲何益罷之后問陛下百歲後蕭相國死誰令代之曰曹參其次曰王陵然少戇陳平可以助之平知有餘然難獨任周勃重厚少文然安劉氏者必勃也復問其次上曰此後亦非乃所知也呂后與審食其謀盡族諸將不發喪鄜商謂食其曰誠如此天下危矣今陳平灌嬰守滎陽樊噲周勃定燕代聞此必連兵還鄉大臣內畔諸將外反亡可蹻足待也乃發喪太子盈即位尊皇后曰皇太后盈即惠帝

孝惠皇帝

元年丁未

元年冬十二月太后令永巷囚戚夫人髡鉗衣赭衣令舂召趙王如意三反相周昌曰高帝屬臣趙王聞太后欲誅之臣不敢遣王亦病不能奉詔太后怒召昌至復召趙王來帝自迎入宮挾與起居飲食太后欲殺之不得閒帝晨出射趙王少不能早起太后使人持鴆飲之遂斷戚夫人手足去眼煇耳飲瘖藥使居厠中命曰人彘召帝觀之帝驚大哭因病歲餘不能起使人請太后曰此非人所爲臣爲太后子終不能治天下遂日飲爲淫樂不聽政春正月始城長安西北方

臣望謹按高帝伐黥布呂后殺戚夫人竊以爲人主心術不可不謹也孟軻曰君之視臣

如犬馬則臣視君如寇讐漢高帝以功臣與
及天下初定首戮韓信醢彭越信越固有罪
亦帝待人少恩有以致之布見信越誅夷豈
能無反而帝以伐布遺害夫君臣相戕豈世
道之福哉後之論帝者謂因僞遊雲夢而叛
者四起信乎爲人主者尤不可不以誠心待
臣下也夫帝於君臣之間固少恩也而帝於
父子之間亦豈有眞心者溺於戚氏之愛遂
欲變置太子終使呂后不勝其忿遂有人彘
之慘帝不知念惠帝之爲其子后亦豈念趙
王如意之爲帝子信乎人主一心行於天下
行於宮庭其亦一本之以誠也至誠一念達
乎蠻貊而況於家庭乎泥於臣下乎故觀高
惠之丙午丁未則知其厄於理而非厄於數
也

孝武皇帝

建元六年丙午　元光元年丁未

建元六年春二月遼東高廟災四月高園便殿
火帝素服五日五月太皇太后崩六月丞相昌
免以田蚡爲丞相蚡受四方賂遺每奏事坐語
移日所言皆聽權移人主嘗薦人至二千石帝
曰君除吏已盡未吾亦欲除吏後稍退八月有
星孛於東方長竟天閩越王郢擊南越南越王
胡使人上書告天子天子多其義大爲發兵遣
王恢出豫章韓安國出會稽擊閩越淮南王安
上書諫曰方外之地剪髮文身之民不可以冠
帶之國法度理也自三代之盛胡越不受正朔
非强弗能服威弗能制以爲不居之地不牧之
民不足以煩中國也今自相攻擊而陛下發兵
救之是反以中國而勞夷狄也臣竊恐將吏以
十萬之師爲一使之任也是時漢兵出未踰嶺
閩越王郢弟餘善殺王王恢以便宜按兵告安

國而使使奉頭馳奏詔罷兵汲黯爲主爵都尉
東越相攻上使黯往視之至吳而還報曰越人
相攻固其俗然不足以辱天子之使河內失火
延燒千餘家上使黯往視之還報曰家人失火
比屋延燒不足憂也臣過河南貧民傷水旱萬
餘家或父子相食臣謹以便宜持節發河南倉
粟以賑貧民黯性倨少禮面折不能容人之過
時天子方招文學儒者黯曰陛下內多欲而外

施仁義奈何欲効唐虞之治乎匈奴來請和親
天子下其議王恢曰匈奴和親即復倍約不如
勿許興兵擊之御史大夫韓安國曰匈奴難得
而制今行數千里與之爭利人馬罷乏虜已全
制其弊此危道也不如和親議者多附安國於
是許之元光元年十一月初令郡國舉孝廉各
一人（從董仲舒之言）衛尉李廣爲驍騎將軍屯雲中中
封程不識爲車騎將軍屯鴈門帝因此開邊繼

召王恢說誘匈奴之策兵連禍結海內虛耗
臣望謹按漢開邊自此始是漢建元元光丙
午丁未之一厄也自古有中國必有夷狄孟
軻氏謂無敵國外患者國常亡漢武帝聽王
恢開邊之議必欲掃穴犁庭使夷狄絕無噍
類連年出師海內虛耗士馬物故而後悔帝
亦好大喜功之心誤之也審如是則夷狄亂
華將遂縱之而莫遏歟（中國猶元氣也夷狄猶客氣也）元氣

既壯而後外邪客氣不能入誠使主德清明
朝綱振舉百官得其人萬事得其序億兆萬
姓樂其生則夷狄雖頑自將稽首闕庭下矣
書曰無怠無荒四夷來王鎮服外夷之道無
以易此

孝昭皇帝

元鳳六年丙午　元平元年丁未

元鳳六年春正月築遼東玄菟城烏桓犯塞遣

范明友將兵擊之十一月以楊敞爲丞相元平
元年春有流星大如月衆星皆隨西行四月帝
崩無嗣武帝子廣陵王失道光承皇后詔迎立
昌邑王賀（賀昌邑哀王髆之子）素狂縱動作無節武帝之
喪遊獵不止中尉王吉諫曰大王不好書術而
樂逸游眑數以耎脆之玉體犯勤勞之煩毒非
所以尊壽命進仁義之隆也夫廣廈之下細旃
之上明師居前勸誦在後上論唐虞之際下及

殷周之盛攷仁聖之風習治國之道大王（誠留意）
如此則心有堯舜之志體有喬松之壽福祿臻
而社稷安矣王乃下令曰中尉甚忠數輔吾過
使賜牛肉酒脯而放縱自若郎中令龔遂忠厚
剛毅有大節內諫諍王外責傅相引經義陳禍
福至於涕泣蹇蹇不已王嘗與騶奴宰人游戲
無度遂入見王涕泣曰大王知膠西之所以亡
乎王曰不知也曰臣聞膠西王有諛臣侯得王
所爲僻於桀紂而得以爲堯舜王悅其諛常與
寢處唯得所言以至於是今大王親近群小漸
漬邪惡存亡之機不可不謹臣請選郎通經有
行義者與王起居坐則誦詩書立則習禮容宜
有益王許之遂乃選郎中十人侍王數日皆逐
去王嘗見大白犬頸以下似人冠方山冠以問
遂遂曰此天戒言在側者盡冠狗也去之則存
不去則亡矣又見大熊左右莫見以問遂遂曰

山野之獸來入宮室宮室將空危亡象也王仰
天嘆曰不祥何爲數來遂叩頭曰臣不敢隱忠
數言危亡之戒願內自揆度王終不改及徵書
至夜漏未盡一刻以火發書日中發以晡時至
定陶行百三十五里從者馬死相望（於道）王淫戲
無度大將軍光憂懣以問大司農故吏田延年
延年曰將軍爲國柱石審此人不可何不建白
太后更選賢而立之光乃陰與張安世圖計王

出游光祿大夫夏侯勝當乘輿前諫曰天久陰
不雨臣下有謀上者欲何之光責安世以爲泄
語安世實不言乃召問勝勝對言在洪範傳曰
皇之不極厥罰常陰時則臣下有伐上者惡察
察言故云臣下有謀光安世大驚以此益重經
術之士光安世既定議乃使延年報丞相楊敞
敞驚不知所言汗出洽背徒唯唯而已光即與
羣臣俱見白太后具陳昌邑王不可承祖宗太

后乃幸未央宮承明殿召昌邑王伏前聽詔尚
書令讀奏王離席以太牢祠昌邑哀王園廟稱
嗣子皇帝受璽以來二十七日凡一千一百二
十七事荒淫迷惑失帝王禮誼亂漢制度臣敞
等數進諫不聽日益甚恐危社稷謹與博士議
皆曰不可以承天序奉祖宗廟子萬姓當廢王
光令王起拜受詔脫其璽組扶王下殿送昌邑
邸秋七月迎武帝曾孫病已初衛太子之子史

皇孫生子病已號皇曾孫皇曾孫生數月遭巫
蠱事太子男女妻妾皆遇害獨皇曾孫在亦收
繫獄丙吉受詔治巫蠱獄心知太子無事重哀
皇曾孫無辜令乳養武帝疾望氣者言長安獄
中有天子氣帝詔繫獄者皆殺之內謁者令郭
穰夜到郡邸獄吉閉門不納曰他人無辜死者
猶不可況皇曾孫乎穰還奏帝寤曰天使之也
因赦天下郡邸獄繫者獨賴吉得生曾孫高材

好學具知閭里姦邪吏治得失及昌邑王廢霍
光與張安世諸大臣議所立未定丙吉奏記光
曰方今社稷宗廟群生之命在將軍之一舉諸
侯宗室在列位者未有所聞於民間也而武帝
曾孫名病已者至今十八九矣通經術有美材
行安而節和願將軍定大策杜延年亦知曾孫
德美勸光安世立焉光與丞相敞上奏曰武帝
曾孫病已年十八師受詩論語孝經躬行節儉

慈仁愛人可以嗣孝昭皇帝後皇太后詔曰可迎曾孫即皇帝位即宣帝侍御史嚴延年劾奏大將軍光擅廢立人主無人臣禮不道奏雖寢然朝廷肅然敬憚之丞相敞卒以蔡義爲丞相義年八十餘貌若老嫗議者謂光置丞相用可制者冬十一月立皇后許氏許氏帝側微時所娶議立皇后時背心光少女成君至定乃立許氏歲餘光始封后父許廣漢爲昌成侯遂召霍

氏擅權許氏服毒之禍本二句文耕

許后服毒事係宣帝本始三年霍光夫人顯欲貴其少女成君會許后當娠病顯謂女醫淳于衍曰皇后當娩曰可因投毒藥去之成君即爲皇后矣皇后娩身後飲附子遂煩懣崩皆因霍氏恃權立功至於擅權故事係於此

臣望謹按元平元年霍光廢立之事非丙午丁未之一厄歟大臣任社稷之寄扶顛持危受命托孤此足以見大節今光捨廣陵王而立昌邑又廢昌邑而立宣帝廢置人主若玩嬰兒於掌股間如百金之家欲易一子且不可而況萬乘之君乎孟軻曰有伊尹之志則可無伊尹之志則篡也若光者雖未至於篡其心已不容誅矣

孝成皇帝

永始二年丙午　永始三年丁未

永始二年春正月大司馬車騎將軍王音卒二月星隕如雨星隕繹繹未至地滅是月晦日食涼州刺史

谷永上書言元年九月龍見日食今年二月星隕日食六月之間大異四發三代之末未嘗有也臣聞三代所以隕[illegible]者皆由婦人與群惡沉湎於酒秦所以亡者養生泰奢送死泰厚也二者陛下兼而有之臣請略陳其効建始河平之際許班之貴薰灼四方女寵至極不可尚矣今之後起十倍於前廢先帝法度聽用其言官秩不當縱釋王誅驕其親屬假之威權縱橫亂政

刺舉之吏莫敢奉憲又以掖庭獄大爲亂阱榜
棰瘠於炮烙絕滅人命主爲趙李報德復怨反
除白罪多繫無辜生入死出者不可勝數是以
日食再見以昭其辜王者必先自絕然後天絕
之陛下棄萬乘之至貴樂家人之賤事厭高美
之尊號好匹夫之卑字崇聚僄輕無義小人以
爲私客數離深宮之固挺身相隨烏集吏民之
家亂服共坐流湎媟嫚典門戶奉宿衛之臣執

干戈而守空宮公卿百僚不知陛下所在積數
年矣王者以民爲基民以財爲本財竭則下叛
下叛則上亡是以明王愛養基本不敢窮極今
陛下輕奪民財不愛民力去高敞初陵改作昌
陵靡敝天下五年不成而後反故百姓愁恨饑
饉仍臻上下俱匱無以相救漢興九世繼體之
主七皆承天順道遵先祖法度至於陛下獨違
道縱欲輕身妄行無繼嗣之福有危亡之憂爲

人後嗣守人功業如此豈不負哉方今社稷宗
廟禍福安危之機在於陛下陛下誠肯昭然遠
悟專心反道舊愆畢改新德既章則大異庶幾
可銷天命庶幾可復社稷宗廟庶幾可保唯陛
下留心反覆熟省上大怒三月以王商爲大司
馬大將軍上嘗與侍中張放等宴飲禁中皆引
滿舉白談笑大噱時乘輿幄坐屏風畫紂醉踞
妲己作長夜之樂侍中班伯久疾新起上顧指

畫而問曰紂爲無道至於是乎對曰書云乃用
婦人之言何有踞肆於朝所謂衆惡歸之不如
是之甚者也上曰苟不若此此圖何戒對曰沉
湎於酒微子所以告去也式號式呼大雅所以
流連也詩書淫亂之戒其原皆在於酒上乃喟
然嘆曰吾久不見班生今日復聞讜言故御史
奏放罪惡出爲北地都尉冬十一月策免丞相
宣及御史大夫　方進復以方進爲丞相孔光

爲御史大夫
永始三年正月晦日食冬罷甘泉泰畤用匡衡之議
其日大風壞甘泉竹宮折拔時中木十圍以上
百餘劉向曰皆有神祇誠未易動上悔之令詔
有司復甘泉泰畤汾陰后土如故及雍五畤陳
寶祠皆復之上頗好鬼神方術谷永上書說上
上善其言南昌尉梅福上書曰方今君命犯而
主威奪外戚之權日以益隆陛下不見其形願
察其影建始以來日食地震以率言之三倍春
秋水災無與比數陰盛陽微金鐵爲飛此何景
也上不納

臣望謹按五帝三皇之盛必有敢諫之鼓誹
謗之木盤盂之銘勸戒之器所以防淫邪而
納諸正道帝不鑒此倘機務之暇親近儒生
使圖籍日陳於前亦庶乎習聞正言習行正
行何致画醉踞妲己圖與侍中日夜宴飲爲

樂哉夫入無法家拂士者國常亡班救其失
而放獨逢其惡此孟軻曰長君之惡其罪小
逢君之惡其罪大

實顏堂訂正丙丁龜鑑卷之一

寶顏堂訂正丙丁龜鑑卷之二

宋　三衢柴　望輯

明　後學　陳上選
　　　　　金壽明　校

東漢

光武皇帝

建武廿二年丙午　建武廿三年丁未

建武二十二年春閏正月五月乙未晦日有食之九月戊辰地震裂十月朱浮免杜林爲大司空青州蝗匈奴單于畏漢乘其敝乃遣使詣漁陽求和親帝遣李茂報命詔罷邊郡亭候招降烏桓西域諸國侍子久留敦煌皆愁思亡歸莎車王賢知都護不至擊破鄯善攻殺龜兹王（前書音丘慈今龜音丘勿反兹音沮惟反蓋急言耳韋懐説）鄯善王安上書願復遣子入侍更請都護都護不出誠迫於匈奴帝報曰今使者大兵未能得出如諸國力不從

心東西南北自在也於是鄯善車師復附匈奴

建武二十三年南郡蠻叛遣武威將軍劉尚討破之武陵蠻叛尚戰没

臣望謹按班固論曰孝武圖制匈奴患其兼從西國結黨南羌乃表河朔列四郡開玉門通西域以斷匈奴右臂則知西域之通中國久矣孝武三十年兵革幕南無王庭獨西域不遣一鏃至是思漢威德願請都護帝謝而絶之夷狄帝王所不臣意帝其見於此未幾匈奴相繼遣使求漢和親帝遂詔邊郡罷亭候招降烏桓諸酋夫今日之受是則前日之不受非也前日之不受是則今日之受非也均之爲降附一受一却帝何所見哉自此遂有戊申勾引南匈奴之事交通北虜卒爲漢家大患沉幾先物深略緯文者如是耶故臣觀建武之丙午丁未亦中興之厄歲也

孝殤皇帝

延平元年丙午

延平元年正月改元（和帝之子生甫百日太后立之臨朝聽政）以張禹爲太傅徐防爲太尉參録尚書事夏河東垣山崩以尹勤爲司空雨水太后詔減太官導官尚方内署諸服御珍膳靡麗難成之物自非供陵廟米不得導擇朝夕一肉飯而已郡國所貢皆減過半斥賣上林鷹犬離宮别館儲峙米糒薪炭悉令

省之又詔免遣掖庭宮人及宗室沒入官者皆爲庶民八月帝疾（異文稱）太后迎清河王子祜（章帝之孫）入即帝位九月隕石於陳留冬大水雨雹罷魚龍曼延戲詔舉隱逸選博士（行樂準上疏之言）

孝安皇帝

永初元年丁未

永初元年春三月日食六月罷西域都護及伊吾盧柳屯田（西域阻遠屯田費無已故罷之）諸羌復叛（降羌布在郡縣既罷都護諸羌散潰大爲寇掠）九月以寇賊雨水策免太尉防司空勤詔減黃門鼓吹及廐馬半食冬詔鄧騭及校尉任尚屯漢陽以備羌地震大水大風雨雹

臣望謹按永初大尉徐防以災異寇賊（策免）三公以災異免自防始自是災異以策免三公遂爲漢家故事嗟夫夏商之興以罪己而興夏商之亡以罪人而亡災變之生固燮理陰

陽者之過獨不曰人主一身爲陰陽之樞紐乎人主心術或有過差九重淵邃不可得而知也而每驗之於天君心有差殊則天象有變與人主之心天也敬其心所以敬天也敬天所以自敬也天之與君脉絡無間如此其可咎人哉

孝桓皇帝

延熹九年丙午　永康元年丁未

延熹九年正月辛卯朔日食詔舉至孝太常趙
典所舉至孝荀爽對策曰昔聖人建天地之中
而謂之禮禮者所以興福祥之本止禍亂之源
也臣聞後宮采女六千侍使復在其外空賦不
辜之民以供無用之女百姓窮困於外陰陽隔
塞於內故感動和氣災異屢臻臣愚以爲諸未
幸御者一皆遣出使成配合此誠國家之大福
也詔拜郎中三月京師有火光轉行人相驚譟

南匈奴及烏桓鮮卑并寇邊初帝爲蠡吾侯受
業於甘陵周福及卽位擢福爲尚書時同郡河
南尹房植有名當朝鄉人爲之謠曰天下規矩
房伯武因師獲印周仲進二家賓客互相譏揣
遂各立朋徒漸成尤隙由是甘陵有南北部黨
人之議自此始矣太學諸生三萬餘人郭泰賈
彪與李膺陳蕃王暢更相褒重學中語曰天下
模楷李元禮不畏強禦陳仲舉天下俊秀王叔

茂中外承風競以臧否相尚公卿以下皆畏其貶
議屣履到門宛有富賈張汎恃後宮中官用勢
縱橫岑晊勸成瑨收捕汎等既而遇赦瑨竟誅
之後乃奏聞小黃門晉陽趙津貪暴放恣太原
太守劉瓆亦於赦後殺之於是矦覽使汎妻上
書訟寃帝大怒詔下獄山陽太守翟超以張儉
爲督郵矦覽殘暴百姓儉舉奏覽籍沒資財徐
璜兄子宣求汝南太守李暠女不得至暠家載

載其女歸射殺之東海相黃浮收宣家屬棄于
市宦官訴寃帝大怒超浮並坐髡鉗陳蕃上疏
曰陛下宜割塞近習與政之源引納尚書朝省
之士簡練清高斥黜佞邪則天和於上地洽於
下矣帝不納宦官由此疾蕃奏議輒以中詔譴
却襄楷上疏曰皇天不言以文象設教見太微
天庭五帝之坐而金火罰星揚光其中於占天子
凶又俱入房心法無繼嗣前年冬竹柏傷臣聞

師曰栢傷竹枯不出三年天子當之今春夏霜
雹大雨雷電臣作威作福刑罰急刻之所感也
劉瓆成瑨志除姦邪而遠加考逮三公乞哀而
嚴被譴責漢興以來未有拒諫誅賢用刑太深
如今者也帝不省復上書曰黃門常侍天刑之
人係嗣未兆豈不爲此又聞宮中立黃老祠陛
下嗜慾不去殺罰過理柰何欲如黃老乎尚書
奏楷誣上論刑河內張成善風角推占當赦教

子殺人李膺捕殺之宦官教成弟子牢修上書
告膺等爲部黨誹訕朝廷帝怒下郡國逮捕黨
人遂下李膺等北寺獄辭連太僕杜密及陳寔
范滂之徒二百餘人或逃遁皆懸金募之使者
者四出蕃復上書極諫帝諱策免之
永康元年夏五月地裂是月晦日食竇武上疏
曰近者姦臣牢脩造設黨議遂收司隸校尉李膺
等逮考連及數百人曠年拘錄事無效驗膺等

誠陛下稷卨伊呂之佐而虛爲姦臣賊子所誣
枉惟陛下留神澄省帝意稍解使中常侍王甫
就獄訊黨人范滂等皆三木囊頭（三木謂項手足皆有械更以物蒙其頭）以次辨詰曰卿等更相拔舉迭爲脣齒
其意如何滂曰仲尼之言見善如不及見惡如
探湯滂欲使善善同其淸惡惡同其汚謂王政
之所願聞不悟更以爲黨古之修善自求多福
今之修善身陷大戮身死之日願埋滂於首陽

山側上不負皇天下不愧夷齊甫愍然爲之改
容乃得並解桎梏李膺等又多引宦官子弟宦
官懼請帝以天時宜赦六月赦天下改元黨人
二百餘人皆歸田里書名三府禁錮終身十二
月帝病（文稱異）太后臨朝（竇后初立御見甚稀采女田聖有寵后素忌帝梓宮尚在前殿遂殺田聖竇武立章帝元孫是爲靈帝）
臣望謹按是漢延熹永康丙午丁未之一厄
也帝是時信宦官之讒悉指名賢爲黨人范

滂而下二百餘人皆歸田里禁錮終身漢之名賢一網而盡詩曰人之云亡邦國殄瘁黨禍旣起名賢頓壞漢之亡基於此矣是知人才以直氣伸世道之不幸也上之人不察其心而醜其直於是乎刑誅及之孟軻氏曰不信仁賢則國空虛范滂李膺等之厄於宦官厄於刑憲非諸賢之厄而漢祚之厄也歟

魏王文帝 姓曹氏

黃初七年丙午 蜀建興四年 吳黃武五年

黃初七年春正月魏殺其執法鮑勛免將軍曹洪官初魏王丕之爲太子也郭夫人弟有罪西部都尉鮑勛治之請不能得及卽位勛數直諫丕益忿之及伐吳還屯陳留界勛爲治書執法太守孫邕過勛時營壘未成但立標埒邕邪行不從正道營令史欲推之勛解止不舉丕聞之詔曰勛指鹿作馬收付廷尉法議正刑五歲三官駁依律罰金丕大怒曰勛無活分而汝等欲縱之收三官以下付刺姦當令十鼠同穴鍾繇華歆陳羣辛毗高柔等並表勛父信有功於太祖求免勛罪帝不許柔固執不奉詔丕怒甚召柔詣臺遣使誅勛然後遣還寺驃騎將軍曹洪富而吝丕在東宮嘗從貸絹不稱意至是以舍客犯法下獄當死羣臣救莫能得卞太后責帝曰梁沛之間非子廉無有今日又謂郭后曰洪今

日死吾明日勅帝廢汝於是郭后泣請乃得免官削爵土夏五月魏主丕卒初郭后無子魏王丕使母養平原王叡以叡母被誅故未建爲嗣叡事后甚謹后亦愛之丕與叡獵見子母鹿旣射其母命叡射其子叡泣曰陛下已殺其母不忍復殺其子丕釋弓矢爲之惻然及是疾篤乃立爲太子召中軍大將軍曹眞鎭軍陳羣撫軍司馬懿並受遺詔輔政太子叡卽位吳王權聞

魏襲八月自將攻江夏太守文聘堅守魏朝議欲發兵救之魏主叡曰權習水戰今敢陸攻者冀掩不備也已與文聘相拒攻守勢倍終不敢久未幾果退

魏主明帝

太和元年丁未　蜀建興五年　吳黃武六年

太和元年二月魏主大營宮室百姓多貧困司徒王朗上疏諫曰昔大禹欲拯天下之大患故先卑其宮室儉其衣食句踐欲廣其禦兒之疆偶舉切古越地越語云句踐之地北至禦兒亦約其身以及家儉其家以施國漢之文景欲恢弘祖業故割意於百金之臺昭儉於弋綈之服霍去病中才之將猶以匈奴未滅不治第宅明䘏遠者略近事外者簡內也今建始之前足用列朝會崇華之後足用序內官華林天淵足用展遊宴若且先成象魏修城池其餘一切須豐年專以勤耕農爲務

習戎備爲事則民充兵彊而寇戎賓服矣三月丞相亮率諸軍北屯漢中以圖中原臨發上疏曰先帝創業未半而中道崩殂今天下三分益州疲敝此誠危急存亡之秋也然侍衛之臣不懈於內忠志之士忘身于外者蓋追先帝之殊遇欲報之於陛下也誠宜開張聖聽以光先帝遺德恢弘志士之氣不宜妄自菲薄引喻失義以塞忠諫之路也宮中府中俱爲一體陟罰臧否不宜異同若有作姦犯科及爲忠善者宜付有司論其刑賞以昭陛下平明之理不宜偏私使內外異法也侍中侍郎郭攸之費禕董允等此皆良實志慮忠純是以先帝簡拔以遺陛下愚以爲宮中之事事無大小悉以咨之然後施行必能裨補闕漏有所廣益將軍向寵性行淑均曉暢軍事試用於昔日先帝稱之曰能是以衆議舉寵爲督愚以爲營中之事悉以咨之必能

行陳和睦優劣得所也親賢臣遠小人此先漢所以興隆也親小人遠賢臣此後漢所以傾頽也先帝在時每與臣論此事未嘗不嘆息痛恨於桓靈也侍中尚書長史叅軍此悉端良死節之臣願陛下親之信之則漢室之隆可計日而待也今當遠離臨表涕零不知所言十二月魏立貴嬪毛氏爲后初魏王叡爲平原王納虞氏爲妃至是不得爲后卞太后慰勉之虞氏曰曹氏自好立賤

未有能以義舉者然后職內事君聽外政其道相由而成苟不能以善始未有能令終者也殆必由此亡國矣虞氏遂絀還鄴宮魏議復肉刑鍾繇上書遂不果行

臣望謹按魏丙午丁未亦數之一厄也帝方以司馬懿受詔托孤及代魏之天下者司馬懿之子孫也魏曹操以姦謀潛移漢鼎司馬懿踵操故智陰謀魏祚世運之變遷固如是哉是以有國有家者每欲戒堅冰於履霜必智超物表識照幾先者可以察之不然將失人矣

實頫堂訂正丙丁龜鑑卷之二終

寶顏堂訂正丙丁龜鑑卷之三

宋　三衢柴　望輯

明　檇李　沈振鷺
王錫祚校

西晉

世祖武帝 姓司馬氏

太康七年丙午　太康八年丁未

太康七年正月甲寅朔日食司徒魏舒罷舒稱疾遜位五月鮮卑慕容廆寇遼東七月朱提山崩犍為地震八月京兆地震郡國大水十二月河陰雨赤雪二頃

太康八年正月戊申朔日食太廟殿陷四月齊國大水隕霜傷麥六月魯國大風拔木壞廬舍七月前殿地陷深數丈中有破船十二月郡國五地震

臣望謹按晉太康初平吳天下一統至是丙午丁未謂之歲厄不可然臣觀是歲災異獨甚前代何歟蓋太子立國之本帝以不辨菽麥孱儲副之寄女色戕性之斧帝以元年吳平二年選吳伎妾五千人入宮惟天生聰明時乂表正萬邦不辨菽麥以之立身且不可況可使之君天下吳患已平晉憂方大而帝遊宴無度後宮至以竹葉揷戶鹽汁洒地導引帝車此何為者夫天心仁愛人君故必先出災異以譴告之譴告不從然後絕之今災異甚矣而帝不悟昏德淫行傳笑外國至是鮮卑慕容廆每歲入寇亂華之階實啓於此孟軻曰國必自伐然後人伐之家必自毀然後人毀之信哉

東晉

孝穆皇帝

永和二年丙午　永和三年丁未

永和二年前涼張駿太元元年 後趙石虎建武十二年 前燕慕容皝十年 後蜀李勢嘉寧元年

春二月以光祿大夫蔡謨領司徒三月以顧和爲尚書令和有母喪固辭不起殷浩爲揚州刺史夏四月朔日食趙攻涼州謝艾涼主簿將兵破之時李氏據蜀稱漢安西將軍桓溫將伐漢將佐皆以爲不可袁喬曰夫經畧大事固非常情所及溫從之十一月帥益州刺史周撫南郡太守譙王無忌伐漢溫等深入人以爲憂惟劉惔以爲必克問其故惔曰以博知之但恐得蜀之後溫終專制朝廷耳

永和三年前涼張駿太元二年 後趙石虎建武十三年 前燕慕容皝十一年 後蜀李勢嘉寧二年是年漢亡

春三月桓溫敗漢兵於笮橋長驅至成都縱火燒其城門漢人惶懼無復鬭志勢漢李勢輿櫬面縛詣軍門降送至建康詔封勢歸義侯〇夏趙築華林苑趙王石虎發男女十六萬人車十萬乘運土築華林苑及長墻於鄴北

臣望謹按晉永和桓溫伐蜀晉自南渡立國江左以蜀爲首以荆襄爲脊以淮爲尾晉既失蜀將何以圖中原歟桓溫以永和二年伐蜀三年平蜀而還亦可謂晉世盛事也臣固以平蜀之年亦爲晉之厄歲何歟兵者柄也人主大柄之所在也帝以溫英畧過人授之安西將軍都督荆司雍益梁寧六州軍事荆州刺史上流之勢溫既專制之而朝廷之尊反拱手於溫克蜀之後溫遂專制朝廷自穆帝既往越及四葉皆俛首下心聽命於溫寧康元年溫以大司馬來朝詔謝安王坦之迎於新亭都下人情洶洶溫意欲誅王謝因移晉祚尚賴天意不從溫以疾死不爾殆哉故晉永和丙午丁未不可謂非厄運之一厄也是知富貴威福人主之操柄不容輕授非人

誠有見於此

孝安皇帝

義熙二年丙午　義熙三年丁未

義熙二年 魏拓跋天賜三年 後燕慕容熙光始六年 後秦姚興弘始八年 南涼禿髮傉檀洪昌五年 北涼沮渠蒙遜永安六年

秋八月劉裕遣將軍毛修之討譙縱九月譙縱稱藩於後秦姚興拜縱爲相國冬十月論建議功封賞劉裕等各有差 劉裕豫章郡公劉毅南平郡公何無忌安城郡公自餘封賞有差　十二月丙午月掩心在危

義熙三年 魏拓跋天賜四年 燕王高雲正始元年 後秦姚興弘始九年 南涼禿髮傉檀洪昌六年 北涼沮渠蒙遜永安七年 夏主赫連勃勃龍升元年 是歲慕容氏亡舊大國二南涼北涼南燕西涼小國四新小國二凡八僭國　閏二月劉裕殺東陽太守殷仲文及桓冲孫胤夷其族 何無忌言於裕桓仲文乃腹心之疾北虜不足憂也裕因言仲文桓胤有謀皆族誅之　六月赫連勃勃自謂夏后氏苗裔稱大夏天王置百官秋七月朔日食

臣望謹按義熙元年帝至建康以劉裕都督中軍事義熙丙午丁未皆裕都督日也裕至是已蓄不臣之志矣卒之代晉之天下者裕也謂是非厄歲不可是以有天下者貴於知人善任使云

南宋

孝明皇帝 姓劉氏

泰始二年丙午 北朝魏顯祖獻文天安元年

泰始三年丁未 北朝魏顯祖獻文皇興元年

泰始二年正月乙未晉安王子勛稱帝於尋陽年號義嘉二徐司豫青冀湘廣梁益州皆應之甲午內外戒嚴遣建安王休仁都督諸軍南討車駕親御六師頓中興堂六月大破賊子勛等並賜死宋主既誅子勛殺其兄之子安陸王子綏等十三人 松滋勳上故殺之世祖二十八子於是盡矣　宋主立其子昱爲太子先宋主無子嘗以宮人陳氏賜嬖

人李道兒已復迎還生昱又密取諸王姬有孕
者納之宮中生男則殺其母而使寵姬母之徐
州刺史薛安都與益梁兖豫汝南六州刺史乞
降益蕭惠開梁柳元怙兖畢衆敬豫殷孚汝南常珍奇上以南已平欲示
威淮北乃命鎮軍將軍張永中領軍沈攸之將
甲士五萬迎薛安都蔡興宗曰安都歸順此誠
非虛正須單使尺書今以重兵迎之勢必疑懼
或能招引北虜爲患方深宋主不從謂蕭道成
曰吾今因此北討卿意以爲何如對曰安都狡
猾有餘以兵逼之非國之利亦不聽安都果懼
而叛汝南太守常珍奇亦以懸瓠降魏皆請兵
自救魏遣尉元出東道救彭城張永沈攸之進
兵逼彭城元使安都守彭城自將兵擊永絕其
糧道
泰始三年正月張永等棄城夜遁尉元邀其前
安都乘其後大破永等於呂梁之東枕尸六十

餘里上以敗書示興宗曰我媿卿甚由是失淮北
四州豫州淮西地冬十月宋以千金贖義陽王
昶于魏十二月常珍奇復歸宋珍奇雖降魏實懷二心劉勔以書招之復歸宋
臣望謹按裴子野論曰昔齊威矜於葵丘而
九國叛曹公不禮張松而天下分一失毫釐
其差遠矣太宗之初威令所被不滿百里卒
有離心士無固色而能開誠心布款實莫不
感恩服德致命效死故西摧北蕩宇內褰開
既而六軍獻捷方隅束手天子欲賈其餘威
師出無名長淮以北倏忽爲戎惜乎若以向
之虛懷不驕不伐則三叛奚爲而起哉高祖
蟣蝨生介冑經啓疆埸後之子孫日蹙百里
播獲肯堂豈云易哉

梁

高祖武皇帝 姓蕭氏

普通七年丙午 北朝魏明帝孝昌二年

大通元年丁未 北朝魏明帝孝昌三年

普通七年冬十一月梁主乘淮堰水盛遣豫州刺史夏侯亶等侵魏魏揚州刺史李憲以壽陽降梁陳慶之入據其城凡降城五十二獲男女七萬五千以壽陽爲豫州改合肥爲南豫州以夏侯亶爲二州刺史 胡寅曰梁武三築淮堰至是十年死者蓋數十萬人然後能取壽陽所得纔七萬五千口勞費以三四人而易一人其愚拙亦甚哉

大通元年春三月梁主捨身於同泰寺冬十月梁將陳慶之攻魏渦陽克之 慶之俘斬略盡尸咽渦水 十一月梁以蕭淵藻爲北討都督鎮渦陽

臣望謹按梁之亡形始此佛西方之法也以中國之君而習西方之法是中國不自中國也侯景之禍是以終見餓死臺城爲天下笑惜哉夫西方之地可以西方之法治之中國君臣父子禮樂刑政人主日理萬機之不暇

而梁帝以奉佛法廢國事幾何而不殞其身哉

陳

後主姓陳氏

至德四年丙午 隋開皇六年後梁主琮廣運元年

禎明元年丁未 隋開皇七年是年梁亡

至德四年十月陳以江總爲尚書令 時上荒淫於酒色與總等文士十餘人張孔二貴妃共坐曰狎客日夜賦詩飲酒不恤政事不虞外難并至係至德二年事今以總見爲尚書令故附此

禎明元年五月日食秋隋滅梁以其主蕭琮爲莒公北朝隋主議伐陳之計隋主問取陳策於高熲對曰江北地寒田收差晚江南水田早熟量彼收穫之際徵召士馬聲言掩襲彼必屯兵守禦之廢其農時彼既聚兵我便解甲再三若此彼以爲常後更集兵彼必不信猶豫之頃我乃濟師登陸而戰兵氣益倍又江南土薄舍多

茅竹所有儲積皆非地窖（居効反地藏也）密遣行人因風縱火待彼修立復更燒之不出數年自可財力俱盡隋主用其策陳人始困於是楊素賀若弼及光州刺史高勱虢州刺史崔仲方等爭獻平江南之策陳後受蕭巖等降隋主益怒謂高熲曰我爲民父母豈可限一衣帶水不拯之乎（拯舊說無反語音蒸之上聲救也）命大作戰船人請密之隋主曰吾將顯行天誅何密之有使投其柹於江（柹山責反又桑谷反木名）曰若彼懼而能改吾復何求楊素在永

安造大艦名曰五牙上起樓五層高百餘尺左右前後置六拍竿並高五十尺容戰士八百人次曰黃龍置兵百人自餘平乘舴艋等（舴陟格反艋音猛小舟也）各有等差時江南妖異特衆臨平湖草久塞忽然自開帝惡之乃自賣於佛寺爲奴以厭之（厭一陟反厭鎮也）吳興章華好學善屬文朝臣以華素無閥閱競排詆之（詆丁禮反毁訾也）除大市令華鬱鬱不得志上書極諫畧曰昔高祖南平百越北誅逆虜世祖東定吳會西破王琳高宗克復淮南辟地千里三祖之功勤亦至矣陛下即位于今五年不思先帝之艱難不知天命之可畏溺於嬖寵惑於酒色祠七廟而不出拜三妃而臨軒老臣宿將棄之草莽諂佞讒邪升之朝廷今疆埸日蹙（疆紀良反界也埸盈羊反畔也）隋軍壓境陛下如不改弦易張臣見麋鹿復遊於姑蘇矣帝大怒即日

斬之

臣望謹按禎明三年隋遂滅陳則至德丙午禎明丁未豈非陳之厄歲乎雖然陳以是年爲厄歲隋以是年爲興運乃知隋不能亡陳陳實自亡也向若陳主因章華之諫而反身修德雖有百隋無奈陳何數雖逢厄安能厄之

寶顏堂訂正丙丁龜鑑卷之三

寶顏堂訂正丙丁龜鑑卷之四

宋　三衢柴　望輯

明　檇李　金壽明　顧雲鵠　校

唐

太宗皇帝　姓李氏

貞觀二十年丙午　貞觀二十一年丁未

貞觀二十年三月乙巳上至自高麗（帝往高麗是時還京師）閏月癸巳朔日食秋八月上自詣靈州招撫遣李世勣至鬱督軍山咄摩支（降江夏王道宗兵）渡磧延陀拒戰道宗破之駕至浮陽回紇等十一姓各遣使歸命乞置官司上納之置六都督七州以撫之（上爲詩曰雪恥酬百王除兇報千古勒石於靈州）九月辛亥靈州地震十月眎蕭瑀爲商州刺史

貞觀二十一年詔以來年仲春有事於泰山以牛進達李世勣爲行軍大總管伐高麗時上將復伐高麗朝議以爲高麗依山爲城攻之不可猝拔前大駕親征國人不得耕種大半乏食今若遣偏師更迭擾其疆場使彼疲於奔命釋耒入堡數年之間千里蕭條則人心自離鴨綠之北可不戰而取矣上從之遣牛進達李世勣水陸並進以討之夏作翠微宮（修終南山太和廢宮爲翠微宮以上得風疾苦於盛暑）立李素爲燕然都護統瀚海（等六府督）皐蘭等七州七月作玉華宮立皇子明爲曹王（曹王明母楊氏巢剌王之妃也有寵於上）發江南人造大船（欲復征高麗也）

臣望謹按五帝三皇以仁義之兵行於天下也太宗因蓋蘇文弒君之事故舉高麗問罪之師宜矣誅其賊弔其人置君而去之可也伐之不克不勝其忿益欲發兵擾之使不得耕種是以暴禁暴也吁輪臺之詔武帝晚年而有此悔鴨綠之師太宗晚年而有此失遂使平日躬行仁義之功反貽萬世不克終之

謂詩曰靡不有初鮮克有終戒哉

中宗皇帝

神龍二年丙午　景龍元年丁未

神龍二年閏正月太平安樂公主恃寵賣官鬻獄勢傾朝野或自爲制勑掩其文令上署之上竟不視也各開府置官屬二月置十道巡察使三月大置員外官二千餘人宦官超遷七品以上員外官者又將千人魏元忠自端州還爲相

不復強諫惟與時俯仰中外失望袁楚客致書元忠以爲主上新服厥命惟新厥德令不早建太子擇師傅而輔之一失也公主開府置僚屬二失也崇尚緇衣使遊走權門借勢納賂三失也俳優小人盜竊品秩四失也有司選進賢才皆以貨取勢求五失也寵進宦官殆滿千人爲長亂之階六失也王公貴戚賞賜無度競爲奢靡七失也廣置員外官傷財害民八失也先朝宮女得自便居外出入無禁交通請謁九失也左道之人熒惑主聽盜竊祿位十失也凡此十失君侯不正誰正之哉元忠得書愧謝而已夏四月處士韋月將上書告武三思潛通宮掖必爲逆亂上大怒命斬之黃門侍郎宋璟奏上少解命杖而流之嶺南過秋分一日平曉廣州都督周仁軌斬之五月葬則天皇后（后神龍元年十一月壬寅崩）武三思使鄭愔告敬暉等與王同皎通謀貶

暉崖州桓彥範瀧州張柬之新州袁恕己竇州崔玄暐白州司馬員外長任削其勳封七月立衛王重俊爲皇太子時武三思陰令人疏皇后穢行牓於天津橋上請加廢黜上大怒命李承嘉窮覈其事承嘉奏言敬暉等所爲請族誅之上可其奏大理寺丞李朝隱奏稱暉等未經推鞫不可遽就誅夷乃長流敬暉於瓊州彥範於瀼州柬之於瀧州恕己於環州玄暐於古州崔

湜說三思遣使矯制殺之三思問誰可者湜遂
以大理正周利用先爲五王所惡貶官乃薦之
三思使攝侍御史奉使嶺外比至東之玄暐已
死遇彥範於貴州令左右縛之曳於竹槎之上
肉盡至骨然後杖殺得暉咼而殺之恕已素服
黃金利用逼之使飲野葛汁盡數升不死不勝
毒憤掊地爪甲殆盡仍捶殺之利用還擢拜御
史中丞三思既殺五王權傾人主常言我不知
代間（循言世間避太宗諱）何者謂之善人何者謂之惡人
但於我善者則爲善人於我惡者則爲惡人耳
時宗楚客宗晉卿紀處訥甘元柬皆爲三思羽
翼周利用冉祖雍李俊宋之遜姚紹之皆爲三
思耳目時人謂之五狗
景龍元年春二月復崇恩廟（武氏廟以祈雨應復）六月朔
日食皇后以太子重俊非其所生惡之武三思
尤忌太子安樂公主又言於上請廢太子太子
積不能平秋七月辛丑太子與左羽林大將軍
李多祚等矯制發羽林千騎殺武三思武崇訓
於其第引兵自肅章門斬關而入上據檻曰汝
輩皆朕宿衛之士何爲從多祚反於是千騎斬
多祚太子走爲左右所殺
臣望謹按唐之大有功者無如五王其大可
罪者亦無如五王張柬之袁恕已等諸王第
知撥亂反正廢武后復唐天下而不知以大
義處非常之變者不能首爲唐室討罪人是
也且武以太宗才人蠱惑嗣帝一罪也戕殺
主母皇后二罪也黜中宗幽而奪之三罪也
殺帝之子三四罪也自立爲帝五罪也廢唐
宗廟六罪也誅鋤宗室殆盡七罪也穢德彰
聞八罪也尊用酷吏[illegible]荼痡四海九罪也夫以
故時宮嬪已髡首[illegible]乃移其鐘簴改其國
姓致干天位負九[illegible]則於高祖太宗豈有

婦禮於中宗豈有毋道兵旣入宮當即奉太子復位即以武氏至唐太廟數其九罪稱高祖太宗之命廢爲庶人而賜之死中宗不得辭焉又取武姓王侯嘗用事肆虐於唐之人者盡戮之然後足以慰在天之靈雪臣民之憤而天地之常經立矣今乃膠常守故不能討治使得傳位又受顯冊仍皇帝之號以此見五王雖能反正明辟非因武氏之疾勢有

可乘亦不敢動是平日雖有戡亂之心意氣忠果而謀慮淺近使禍本不除諸武遺恨焰然復燬卒之身受其禍夫五王固無善始要終之慮中宗亦豈有見遠識微之明五王不慮三思之能反噬中宗獨不思三思爲后黨已與五王不共戴天之讎帝不早殺三思三思卒殺五王既殺五王又謀廢太子向非太子以矯制盡誅武氏則唐未必爲唐也首尾二三十年間君臣虧義父子寡恩貽笑後世有天下者可不鑒哉

代宗皇帝

大曆元年丙午　大曆二年丁未

大曆元年正月以戶部尚書劉晏第五琦理天下財賦元載專權恐奏事者攻訐其私乃請百官凡論事先白長官長官白宰相然後奏聞仍以上旨諭百官曰比日諸司奏事所言多讒毀

故委長官宰相先定其可否刑部尚書顏真卿上疏以爲郎官御史陛下之耳目今使論事者先白宰相是自掩其耳目也陛下患羣臣之爲讒何不察其言之虛實若所言果虛宜誅之果實宜賞之不務爲此而使天下謂陛下厭聽覽之煩托此爲辭以塞諫諍之路臣竊爲陛下惜之太宗朝人有急奏者皆令門司與仗家引奏（仗家儀衛者）無得闌礙所以防壅蔽也天寶以後李

林甫爲相深疾言者上意不下逮下情不上達蒙蔽喑嗚卒成幸蜀之禍夷陵至於今日其所從來者漸矣夫人主大開不諱之門羣臣猶莫敢盡言況令宰相大臣裁而抑之則陛下所聞見者不過三數人耳天下之士從此箝口結舌陛下儻不早悟漸成孤立後雖悔之亦無及矣載聞而恨之奏眞卿誹謗貶峽州別駕秋八月以魚朝恩判國子監事中書舍人常衮言成均

之任當用名儒不宜以宦者領之不聽命宰相百官送上朝恩執易升高座講鼎折足以譏宰相王縉怒元載怡然朝恩曰怒者常情笑者不可測也十二月周智光還華州益驕橫召之不至聚亡命數萬縱其剽掠擅留漕米二萬斛藩鎭貢獻往往殺其使者而奪之陝州監軍張志斌入奏事智光館之志斌責其部下不肅智光怒斬之詔加智光僕射遣中使持告身授之智

光嫚罵曰智光有大功於天下國家不與平章事而與僕射且同華地狹不足展才因歷數大臣過失而曰此去長安百八十里智光夜眠不敢舒足恐踏破長安城郭子儀屢請討之不許大曆二年正月詔郭子儀討周智光斬之二月郭子儀入朝（上禮重子儀常謂之大臣而不名）魚朝恩奏以先所賜莊爲章敬寺以資章敬太后冥福衛州進士高郢（以井反）上書略曰先太后聖德不必以一

寺增輝國家永圖無寧以百姓爲本捨人就寺何福之爲又曰古之明王積善以致福不費財以求福修德以消禍不勞民以禳禍今興造急促晝夜不息力不逮者隨以榜笞愁痛之聲盈於道路以此望福臣恐不然始上好祠祀未甚重佛元載王縉杜鴻漸爲相三人皆好佛縉尤甚不葷血與鴻漸造寺無窮上嘗問以佛言報應果爲有無載等奏以國家運祚靈長非

宿植福業何以致之福業已定雖時有小災終不能爲害所以安史悖逆方熾而皆有子禍僕固懷恩稱兵內侮出門病死回紇吐蕃大舉深入不戰而退此皆非人力所及豈得言無報應也上由是深信之中外臣民承流相化皆廢人事而奉佛政刑日紊矣

臣望謹按姦臣元載等用事不使人言上達主聽又反勸人主奉佛其卿指言其利害高郢歷陳其禍福覩帝之可與有爲而帝終不悟夫人主深居九重苟非有假人言則利害是非邪正治亂孰得而知之有虞之朝治號太和以明目達聰所致夫子不語怪力亂神今元載乃蠱人主之心術塗人主之耳目欲以夷狄之敎亂中國綱常之理可謂姦臣之尤者臣故曰亂臣之篡國其禍顯而易知姦臣之喪國其禍隱而難明

四卷終

天文略

（宋）鄭　樵　撰

《天文略》二卷，（宋）鄭樵撰。據國立國會圖書館藏明刊本影印。

天文略第一

天文序

堯命羲和揭星鳥星火星虛星昴之象以示人使人知二至二分以行四時不幸而占候之説起持吉凶以惑人紛紛然務爲妖妄是以刑網禁之臣謹按占候之學起於春秋戰國其時所謂精於其道者梓慎裨竈之徒耳後世之言天者不能及也魯昭公十七年冬有星孛于大辰西及漢裨竈言於子産曰宋衛陳鄭將同日火若我用瓘斝玉瓚鄭必不火子産弗與明年五月壬午四國皆火裨竈曰不用吾言鄭又將火鄭人請用之子産復弗與子太叔咎之曰寶以保民子何愛也子産曰天道遠人道邇竈焉知天道是亦多言矣豈不或信卒弗與亦不復火昭公二十四年五月乙未朔日有食之梓慎曰將水昭子曰旱也日過分而陽猶不克克必甚能無旱乎是秋大旱如昭子之言夫災旱易推之數也慎竈至精之術也而或中或否後世之愚瞽若之何而談吉凶知昭子之言則知陰陽消長之道可以理推不可以象求也知子産之言則知言而中者亦不可聽況於不中者乎臣之所作天文書正欲學者識垂象以授民時之意而杜絶其妖妄之源焉聊舉二條以爲證臣舊作圖譜志謂天下之大學術者十有六皆在圖譜無圖有書不可用者天文是其一也而歷世天文志徒有其書無載象之義故學者但識星名不可以仰觀雖有其書不如無也隋有丹元子者隱者之流也不知名氏作步天歌見者可以觀象焉王希明纂漢晉志以釋之唐書誤以爲王希明也天文藉圖不藉書然書經百傳不復訛謬縱有訛謬易爲考正圖一再傳便成顛錯一錯愈錯不復稽尋所以信圖難得故學者不復識星臣向嘗盡求其書不得其象又盡求其圖不得其信一日得步天歌而誦之時素秋無月清天如水長誦一句凝目一星不三數夜一天星斗盡在胸中矣此本只傳靈臺不傳人間術家秘之名曰鬼料竅世有數本不勝其訛今則取之仰觀以從稽定然步天歌之言不過漢晉諸志之言也漢晉志不可以得天文者謂所載者名數災祥叢雜難舉故也步天歌句中有圖言下見象或約或豐無餘無失又不言休祥是深知天者今之所作以是爲本舊於歌前亦有星形然流傳易訛所當削去惟於歌之後採諸家之書以備其書云

東方

角兩星南北正直著中有平道上天田總是黑星兩
相連別有一烏名進賢平道右畔獨淵然最上三星
周鼎形角下天門左平星雙雙横於庫樓上庫樓十
星屈曲明樓中五柱十五星三三相著如鼎形其中
四星別名衡南門樓外兩星横

角二星十二度爲主造化萬物布君之威信謂之
天闕其間天門也其内天庭也故黄道經其中七
曜之所行也其星明則太平芒動則國不寧日食
右角國不寧月食左角天下道斷金火犯有戰敵
金守之大將持政左角爲天田爲理主刑其南爲
太陽道五星犯之爲旱右角爲將主兵其北爲太
陰道五星犯之爲水蓋天之三門猶房之四表也
左右角間二星曰平道爲天子八達之衢明正則
吉動揺則法駕有虞天田主天子畿内封疆金守
之主兵火守之主旱水守之主潦平道西一星曰
進賢在太微宮東明則賢者在位暗則在野又曰
主卿相舉逸才周鼎三星在攝提西國之神器也
不見或移徙則運祚不寧天門二黑星在平星北
角之南主天之門爲朝聘待客之所明則四方歸
化不見則兵革起邪佞生平星一星在庫樓北平
天下之法獄廷尉之象也庫樓十星其六大星爲
庫南四星爲樓在角南一曰天庫兵車之府也旁
十五星三三而聚者柱也中央四小星衡也主陳
兵其占曰庫中星不見兵四合無星則下臣謀上
明而動揺則兵出四方盡不見則國無君庫樓東
北二星曰陽門主守隘塞也南門二星在庫樓南
天之外門也主守兵明則遠方入貢暗則夷狄畔
客星守之主兵至

亢四星恰如彎弓狀大角一星直上明折威七子亢
下横大角左右攝提星三三相似如鼎形折威下左
頓頑星兩箇斜安黄色精頓頑下二星號陽門色若頓
頑直下蹄

亢四星九度日月之中道主天子内朝天下之禮
法也又曰總攝天下奏事聽訟理獄錄功者也亦
爲疏廟主疾疫其星明大四海歸王輔臣納忠人
無疾疫移動多病不見則天下鼎沸而旱澇作弑
大角一星在攝提間天王坐也又爲天子梁棟金
守之則兵起日月食主凶亢南七黑星曰折威主
斬殺金火守之夷狄犯邊將有棄市者攝提六星

直斗杓之南主建時節伺禨祥攝提爲盾以夾擁
帝坐也主九卿明大三公恣横客星入之聖人受
制一曰大臣之象頓頑二星在折威東南主考囚
察情僞也陽門在庫樓東北主邊塞險阻之地客
星出陽門夷狄犯邊

氐四星似斗側量米天乳氐上黑一星世人不識稱
無名一箇招摇梗河上梗河横列三星狀帝席三黑
河之西亢池六星近攝提氐下衆星騎官出騎官之
衆二十七三三相連十欠一陣車氐下騎官次騎官
下三車騎位天輻兩星立陣傍將軍陣裏振威霜

氐十六度下二尺爲五星日月中道爲天子之路
寢明則大臣妃后奉君不失節如不見或移動則
臣將謀内禍亂生矣日月食主内亂木犯之立后
妃火犯臣僣上金犯拜將水犯百官憂客星犯娙
禮不整彗孛犯暴兵起月暈人不安一曰氐爲后
妃之府休解之房前二星適也後二星妾也將有
徭役之事氐先動星明大則民無勞天乳在氐北
主甘露明則潤澤甘露降招摇一星在梗河北次
北斗柄端主胡兵芒角變色揺動則兵革大起梗
河二星在大角北天子以備不虞其色變動有兵

喪帝席三星在大角西北天子宴樂獻壽之所其
星不見大人失位亢池六黑星爲汎舟楫主迎送
移徙則凶騎官二十七星在氐南天子騎士之象
星衆則安不見兵起車騎三黑星在氐南騎官之
上都車馬之將也金火犯爲災動揺車騎行天輻
兩黄星在房西主鑾駕客星來守之則輦轂有憂
也騎陣將軍一星在騎官東南主騎將也揺動則
騎將出

房四星直下主明堂鍵閉一黄斜向上鈎鈐兩箇近
其傍罰有三星植鍵上兩咸夾罰似房狀房下一星
號爲日從官兩箇日下出

房六度爲明堂天子布政之宫也亦四輔也下第
四星上將也次次將也次次相也上星上相也南
二星君位北二星夫人位又爲四表中間爲天衢
之大道亦謂之天闕黄道之所經也南間曰陽環
亦曰陽道其南曰太陽北間曰陰間亦曰陰道其
北曰太陰七曜由乎天衢則天下平和由陽道則
主旱喪由陰道則主水兵房星亦曰天駟爲天馬
主車駕南星曰左驂次左服次右服次右驂亦曰
天廐又主開閉爲蓄藏之所由也房星明則王者

明駿星大則兵起星離則人流日月食主昬亂權
臣横彗孛犯之兵起下二星爲陰五星犯之爲水
上二星爲陽五星犯之爲旱房北二小星曰鉤鈐
房之鈐鍵天之管籥主閉藏鍵天心也王者孝則
鉤鈐明近房天下同心遠則天下不和王者絶後
房鉤鈐間有星及疎坼則地動河清東咸西咸各
四星在房心北日月五星之道也爲房之戸所以
防淫泆也明則吉暗則凶日月五星犯守之有陰
謀火守之兵起罰三星在東咸正西南北而列主
受金贖罪正而直列則法令太平曲而斜列則刑

罰不中日一星在房中道前太陽之精主明德含
火犯守之有憂從官二星在積卒西北
心三星中央色最深下有積卒共十二三三相聚心
下是
心六度一名大火天王位也中星曰明堂爲大辰
天子之正位也前星爲太子不明則太子不得位
後星爲庶子明則庶子繼心上四尺爲日月五星
之中道中心明則化成道昌直則地動移徙不見
國亡又曰心變黑色大人有憂直則王失勢動則
國有憂離則民流金火犯血光不止土木犯吉日

月食吉月暈兵起火來守之國無主客星及孛犯
天下兵荒積卒十二星在房心西南五營軍士也
微而小則吉明大動搖兵大起一星亡兵出二星
亡兵半出三星亡兵出盡他星守之兵大起近臣
誅
尾九星如鉤蒼龍尾下頭五點號龜星尾上天江四
横是尾衆一箇名傳説傳説東畔一魚子龜西一室
是神宮所以列在后妃中
尾十九度后妃之府後宮之場也北之一丈爲天
之中道上第一星后也次三星夫人次則嬪妾第

三星傍一星名曰神宮解衣之内室尾亦爲九子
星色欲均明大小相承則后妃無妬忌後宮有敘
多子孫星微細暗后有憂疾疎遠則后失勢動移
則君臣不和天下亂就聚則大水木犯之及月暈
則后妃死火犯宮中内亂土犯吉水犯宮中有事
客星犯大臣誅日月食主饑一曰金火守之後宮
兵起龜五星在尾南漢中主占定吉凶明則君臣
和不明則爲乖戾亡則赤地千里火守之兵起在
外守之則兵罷天江四星在尾之北主太陰不欲
明明而動水暴出參差則馬貴其星不具則津河

闕道不通熒惑守之有立主客星入河津絶傳說
一星在尾後河中主後宮女巫祝祀神靈祈禱子
孕故曰主王后之内祭祀以求子孫詩云克禋克
祀以弗無子此之象也其星明大王者多子孫小
而暗後宮少子動揺則後宮不安星揺則天子無
嗣魚一星在尾後河中主陰事知雲雨之期也大
明則陰陽和風雨時暗則魚多亡動揺則大水暴
出出漢中則大魚多死火守在南則旱在北則水
起

臣謹按傳說一星惟主後宮女巫禱祠求子之事
謂之傳說者古有傅母有保母傅而說者謂傅母
喜之也今之婦人求子皆祀婆神此傳說之義也
偶爾之傳說與此同者諸子百家更不詳審其義
則曰傳說騎箕尾而去殊不知箕尾專主后宮之
事故有傳說之佐焉

箕四星形狀如簸箕箕下三星名木杵箕前一黑是
糠皮

箕十一度亦謂之天津後宮妃后之位上六尺爲
天之中道箕一曰天鷄主八風凡日月宿在箕東
壁翼軫者風起又主口舌主客蠻夷胡貊故蠻夷
將動先表箕焉星大明直則五穀熟君無說開踈
暗則無君世亂五穀貴蠻夷不伏内外有差就聚
細微天下憂動則蠻夷有使來離徙則人流若移
入河國災人相食月暈金火犯之兵起流星犯大
臣叛日宿其野風起杵三星在箕南主杵舂之用
也縱爲豐横爲飢移徙人失業不見人相食客星
入杵臼天下有急變糠一星在箕口前杵臼西北
明則爲豐暗則爲飢不見人相食

北方

斗六星其狀似北斗魁上建星三相對天弁建上三
三九斗下圓安十四星雖然名鼈貫索形天鷄建背
雙黑星天籥柄前八黄精狗國四方鷄下生天淵十
星鼈東邊更有兩狗斗魁前農家丈人狗下眠天淵
十黄狗色玄

斗二十五度天廟也亦曰天機五星貫中日月五
道爲丞相大宰之位酌量政事之宜襃進賢良稟
授爵祿又主兵南二星魁天梁也中央二星天相
也北二星天府庭也亦爲壽命之期將有天子之
事占於南斗星盛明君臣一心天下和平爵祿行
芒角動揺天子愁兵起移徙其臣逐日月五星逆

入斗天下流蕩孛犯之兵起星小暗則廢宰相及死鼈十四星在南斗南鼈爲水蟲爲太陰有星守之白衣會主有大水火守之旱建六星在斗背亦曰天旗臨於黄道天之都關也建斗之間七曜之道建爲謀事爲天皷爲天馬南二星天庫也中央二星市也鈇鑕也上二星旗跗也建動摇則人勞月暈之蛟龍見牛馬疫月食五星犯守大臣相譖臣謀主亦爲關梁不通有大水天弁九星在建星北入河中市官之長也主列肆闤闠若市籍之事以知市珍也星明則吉彗星犯守之糴貴兵起天鷄二星在狗國北主候時也金火守入兵大起天籥八星在斗南斗杓西主鑰籥關閉明吉暗凶狗國四星在建東北主鮮卑烏丸沃沮明則邊寇作金火犯守外夷有變太白逆守之其國亂客星守犯之有大盜其王且來天淵十星在鼈東南一曰天海主溉灌火守之大旱水守之大水一曰主海中魚鼈狗二黑星在斗魁前主吠守禦姦回也不居常處爲大災農丈人一星在南斗西南老農主稼穡也其占與糠略同

牛六星近在河岸頭頭上雖然有兩角腹下從來欠一脚牛下九黑是天田田下三三九坎連牛上直建三河鼓鼓上三星號織女左旗右旗各九星河鼓兩畔右邊明更有四黄名天桴河鼓直下如連珠羅堰三烏牛東居漸臺四星似口形輦道東足連五丁輦道漸臺在何許欲得見時近織女

牛七度天之關梁日月五星之中道主犧牲其北二星一曰即路一曰聚火又曰上一星主道路次二星主關梁次三星主南越斗氏曰上二星主道路次二星主關梁次二星主南夷中一星主牛移動則牛多死明大則王道昌其星曲則糴貴又曰星明大則關梁通牛貴怒則馬貴不明失常穀不登細則牛賤中星移上下牛多死小星亡則牛多疫月暈損犢金火犯之兵災水土犯之吉天田九星牽牛南太微東主天子畿内之田其占與角之天田同九坎九黑星在天田東主溝渠所以導達泉源流瀉盈溢明盛則有水災夷狄侵邊不明則吉河鼓三星在牽牛北天鼓也主軍鼓及鈇鉞一曰三武主天子三將軍中央大星爲大將軍左星爲左將軍右星爲右將軍左星南星也所以備關梁設險阻而拒難也明大光潤將軍吉動摇差度

亂兵起直則將有功曲則將失律左旗右旗各九星在河鼓左右皆天之旗鼓也旗星明潤將軍吉動搖兵起怒則馬貴旗端四星南北列曰天桴鼓桴也星不明漏刻失時動搖軍鼓用桴鼓相直亦然織女三星在河北天紀東端天女也主果蓏絲綿珍寶也王者至孝神祇咸喜則織女星俱明天下和平大星怒角布帛貴又曰三星俱明女功善暗而微天下女功廢不見兵起東足四星曰漸臺臨水之臺也主刻漏律吕之事西足五星曰輦道天子嬉遊之道金火守之御路兵起羅堰三星在牽牛東主隄塘壅蓄水潦灌溉田苗大而明大水泛溢

臣謹按張衡云牽牛織女七月七日相見者即此也古雅云河鼓謂之牽牛又歌曰東飛百勞西飛燕黄姑織女時相見黄姑即河鼓也音訛耳

女四星如箕主嫁娶十二諸國在下陳先從越國向東論東西兩周次二秦雍州南下雙鴈門代國向西一晉伸韓魏各一晉北輪楚之一國魏西屯楚城南畔獨燕軍燕西一郡是齊隣齊北兩邑平原君欲知鄭在越下存十六黄星細區分五箇離珠女上星敗瓜珠上瓠瓜生兩箇各五瓠瓜明天津九箇彈弓形兩星入牛河中横四箇奚仲天津上七箇仲側扶筐星

女十一度下九尺爲日月中道天之少府也謂之須女者須賤妾之稱婦職之卑者也主婦女之位其星如婦功之式主布帛裁製嫁娶星明天下豐女功昌小暗則國藏虚移動則婦女受殃産死者多后妃廢日月食國憂木犯立后火犯女喪金犯災土孛犯損蠶月暈婦人災又曰水守之萬物不成火守之布帛貴人多死土守之有女喪金守之兵起十二國有十六星齊一星在九坎之東齊北二星曰趙趙北一星曰鄭鄭北一星曰越越東二星曰周周東南北列二星曰秦秦南二星曰代代西一星曰晉晉北一星曰韓韓北一星曰魏魏西一星曰楚楚南一星曰燕其星有變各以其國離珠五星在須女北須女之藏府也爲女子之星非其故後宫亂客星犯之後宫凶瓠瓜五星在離珠北主陰謀主後宫主果食明則歲熟微則后失勢瓜果不登客星守之魚鹽貴旁五星曰敗瓜主種植與瓠瓜略同天津九星在虚危北横漢中津梁

所度明而動則兵起如流沙死人如亂麻參差不齊馬貴一星不備關梁不通三星不備覆陷天下星亡水災河溢水賊稱王奚仲四星在天津北古車正也金火守之兵車必起扶筐七黑星主蠶事見吉不見則凶

臣謹按天之所覆者廣而華夏所占者牛女下十二國耳牛女在東南故釋氏謂華夏爲南贍部洲其二十八宿所管者多十二國之分野隨其所隸耳

虛上下各一如連珠命祿危非虛上星虛危之下哭泣星哭泣雙雙下壘城天壘團圓十三星敗臼四星城下横臼西三箇離瑜明

虛九度少彊冢宰之官也主邑居廟堂祭祀之事又主風雲死喪下九尺爲天之中道明靜則天下安動搖則有死喪哭泣日月食兵起流星犯賊亂宗廟五星犯有災虛北二星曰司命主舉過行罰滅不祥又北二星曰司祿主爵祿增年延德故在六宗之祀司危二星在司祿之北主矯枉失司非二星在司危之北主察愆過凡此四司皆黑星明大爲災居常則平虛南二星曰哭主號哭也哭東二星曰泣主死明則國多哭泣金火守之亦然泣南十三星曰天壘城如貫索形主北夷丁零匈奴敗臼四星在虛危南知凶災他星守之饑兵起秦代東三星南北列曰離瑜離袿衣也瑜玉飾皆婦人之服也星微則後宮儉約明大則婦人奢

危三星不直舊先知危上五黑號人星人畔三四杵臼形人上七烏號車府府上天鈎九黃晶鈎上五鵶字造父危下四星號墳墓墓下四星斜虛梁十箇天錢梁下黃墓傍兩星能蓋屋身著黑衣危下宿

危十六度主天府曰天市主架屋井氏云爲天市廟堂下九尺爲天之中道主架屋受藏風雨墓墳祠祀如動則天下大動土功張衡云虛危等爲死喪哭泣之事亦爲邑居廟堂祠祀之事冢宰之官動則死喪哭泣火守則天子將兵金守則饑饉兵起虛危動則有土功火守則兵起水守則下謀上一云危動而不明土功兵革起月暈日月五星犯即有災車府東南五黑星曰人星有如人象主靜衆庶柔遠能邇一曰卧星主防淫不見則人有詐行詔書明則人安暗凶内杵三星在人星傍主軍糧正直下臼吉不相當糧絕不直民饑内臼四星

在人星東南主春曰覆則大饑仰則大豐隋志云客星入杵臼兵起天下聚米天津東南七星曰車府東近河邊抵司非主官車之府金火守之兵車大動天鉤九星如鉤狀在造父西河中主乘䡵服飾法式直則地將動明則服飾正也傳舍南河中五星曰造父御官也一曰司馬或曰伯樂星亡馬大貴明則吉墳墓四星在危下如墓形主喪葬之事明則多死亡虛梁四星在蓋屋南主園陵寢廟非人所處故曰虛梁金火守入犯兵災大起天錢十星在北落西北主錢帛所聚星明則府藏盈不爾虛耗金火守之兵盜起蓋屋二星在危南主天子所居室亦爲宮室之官金守之國兵起彗孛尤甚也

室兩星上有離宮出遶室三雙有六星下頭六箇雷
電形壘壁陣次十二星十二兩頭大似升陣下分布
羽林軍四十五卒三爲群壁西四星多難論子細歷
歷看區分三粒黃金名鈇鉞一顆真珠北落門門東
八魁九箇子門西一宿天綱是雷傍兩黑土公吏騰
蛇室上二十二

室十七度亦謂之營室甘氏云爲太廟天子之宮也石氏謂之玄宮一曰清廟又爲軍糧之府及土功事星明國昌小不明祠祀鬼神不享國多疾疫動則有土功兵出野離宮六星兩兩居之分布室壁之間天子之別宮也主隱藏休息之所金火守入則兵起室南六星曰雷電主興雷動蟄明或動則震雷作壁陣十二星在羽林北橫列營室之南羽林之垣壘也星衆而明則安寧希而動則兵革起不見天下亂五星入天軍皆爲兵起金火水尤甚羽林四十五星三三而聚散在營室之南天軍也主軍騎又主翼王也星衆而明則安寧希而動則兵革起不見天下亂金火水守入兵起斧鉞三星亦曰斧鑕在八魁西北主誅夷不明則斧鑕不用移動則兵起有星入之皆爲大臣誅北落師門一星在羽林西南天之蕃落也亦曰天軍蕃之候門長安北門曰北落門以象此也主非常以候兵明大則軍安微弱則兵起金火守之有兵災一曰有星守之虜入塞北落東南九黑星曰八魁主張捕禽獸之官也客星入之多盜賊兵起金火入亦然北落西南一星曰天綱主武帳天子游獵之所會金火守兵起室西南二星曰土功吏主土功之

官也動搖則有修築之事隋志土功吏主司過度
騰蛇二十二星在營室北若盤蛇之狀居於河濵
謂之天蛇星主水蟲微則國安明則不寧移南大
旱移北大水客星守之水雨爲災水物不收
壁兩星下頭是霹靂霹靂五星横著行雲雨次之口
四方壁上天廐十圓黄鈇鑕五星羽林傍
壁九度下九尺爲天之中道主文章天下圖書之
秘府也亦主土功明則圖書集道術行小人退君
子進星失色大小不同天子重武臣賤文士圖書
隱覩黨回邪用星動則有土功離徙就聚爲田宅
事日月食損賢臣五星孛犯兵起土功西南五星
曰霹靂主興雷奮擊明而動用事不明凶霹靂南
四星曰雲雨明則多雨水火守之大旱天廐十星
在東壁北蓋天馬之廐今之驛亭也不見則天下
道斷鈇鑕五星在天倉西南刈具也主斬芻飼牛
馬明則牛馬肥微暗則牛馬饑餓并死喪也
西方
奎腰細頭尖似破鞋一十六星遶鞋生外屏七烏奎
下横屏下七星天溷明司空左畔土之精奎上一宿
軍南門河中六箇閣道形附路一星道傍明五箇吐
花王良星良星近上一策名
奎十六度天之武庫也石氏謂之天豕亦曰封豕
主兵九尺下爲天之中道又主溝瀆西南大星所
謂天豕目亦曰大將明則天下安動則兵亂客星
守入兵起金火守有水災隋志云若帝淫泆政不
平則奎有角角動則有兵不出年中或有溝瀆之
事又曰奎中星明水大出日月食五星犯皆有凶
奎南七星曰外屏以蔽天溷也占與天囷同天溷
七星在外屏南天之廁也不見則人不安移徙亦
然天溷南一星曰土司空主水土之事大而黄明
天下安若客星入之多土功天下大疫軍南門一
星在天將軍西南主誰何出入動摇則軍行不見
則兵亂閣道六星在王良前飛道也從紫宫至河
神所乘也一曰主道里張衡云天子遊别宫之道
一曰王良旗一曰紫宫旗亦所以爲旌表而不欲
其動摇一星不具則輦道不通動摇則宫掖之内
兵起附路一星在閣道南傍别道也備閣道之敗
傷而乘之也一曰太僕主禦風雨亦遊從之義也
一曰占與閣道同王良五星在奎北居河中天子
奉車御官也其四星曰天駟旁一星曰王良亦曰

天馬其星動為策馬故曰王良策馬車騎滿野亦
曰王梁梁為天橋主禦風雨水道故或占津梁其
星移主有兵亦曰馬病客星守之橋不通金火守
之皆為兵憂前一星曰策王良之御策也主天子
僕御在王良旁若移在馬後是謂策馬
婁三星不匀近一頭左更右更烏夾婁天倉六箇婁
下頭天庾四星倉東脚婁上十一將軍侯
婁十二度下九尺為日月中道亦為天獄主苑牧
犧牲供給郊祀亦為興兵聚衆動搖則聚衆星直
則有執主之命者就聚國不安金火守之則宮苑
之内兵起日月食宮内亂金木火土犯凶水犯吉
孛犯起兵月暈兩軍各退左更五星在婁東山虞
也主知山澤林藪之事亦主仁智右更五星在婁
西牧師也主官養牧牛馬亦主禮義金火守之山
澤有兵其占兩更同兩更者秦爵名天倉六星在
婁南倉穀所藏也星黃而大歲熟東南四星曰天
庾積廚粟之所也天將軍十一星在婁北主武兵
中央大星天之大將也外小星吏士也大將星搖
兵起大將出小星不具兵起
胃三星鼎足河之次天廪胃下斜四星天囷十三如
乙形河中八星名太陵陵北九箇天船名陵中積尸
一箇星積水船中一黑精
胃十五度天之儲藏五穀之倉也又名大梁明則
四時和平天下晏然倉廪實不明則上下失位星
小則少穀輸運又云動則有輸運事就聚則穀貴
人流暗則凶荒五星犯日月食孛侵並有災天廪
四星在昴南一曰天廥張衡云主積畜黍稷以供
享祀春秋所謂御廪也天囷十三星在胃南倉廪
之屬主給御糧也明而黃則歲豐微變常色則不
吉金火守之卽災起太陵八星在胃北主陵墓明
而大或中星多則天下多死喪或兵起天船九星
在太陵之北居河中一曰舟星主渡亦主水旱不
在河中津河不通水泛溢中四星欲其均明卽天
下安不則兵若喪移徙亦然客彗出入為大水有
兵太陵中一星曰積尸明則死人如山張衡云一
名積廪積尸明而大或其傍星多則天下多死喪
或兵起若不見而暗皆吉火守則天下大哭泣天
船中一星曰積水主候水災
昴七星一聚實不少阿西月東各一星月下五黃天
陰名陰下六烏芻藁營南十六天苑形河裏六星

名卷舌中黑點天讒星礪石吉傍斜四丁
昴十一度下爲日月中道天之耳目也主西方主
獄事又爲旄頭胡星也又主喪丼氏云主口舌奏
對若明大則君無佞臣天下安和暗小則佞者被
誅搖動君信讒殺忠良張衡云昴明則獄訟平暗
則刑罰濫六星與大星等大水有白衣會七星黃
兵大起動搖有大臣下獄大而盡動若跳躍者胡
兵大起一星不見皆憂兵之象也天阿一星在胃
東月一星在昴東皆黑星並主女人災福又曰天
阿主察山林妖變天陰五星在畢柄西主從天子

弋獵之臣預陰謀也不明則禁言漏泄天苑十六
星在昴畢南如環狀天子之苑囿養禽獸之所也
主馬牛羊明則牛馬羊盈希則死芻藁六星在苑
西以供牛馬之食也一曰天積天子之藏府也星
盛則歲豐穰希則貨財散張衡云不見則牛暴死
火守之則火災起卷舌六星在昴北天讒之外主
口語以知讒佞張衡云主樞機曲而靜則賢人用
直而動則讒人得志卷舌移出漢則天下多妄言
旁星繁則死人如丘山天讒一星在卷舌中主醫
巫占與從官同礪石四星在五車北主磨礪鋒刃

明則兵起如常則吉金火及客星守之兵動
畢恰似瓜叉八星出附耳畢股一星光天街兩星畢
背傍天節耳下八烏幢畢上横列六諸王王下四皂
天高星節下國圓九州城畢口斜對五車口車有三
柱任縱横車中五箇天潢精潢畔咸池三黑星天關
一星車脚邊參旗九箇參車間旗下直建九斿連斿
下十三烏天園九斿天園參脚邊
畢十七度主邊兵主弋獵其大星曰天高一曰邊
將主四夷之尉也星明大則遠夷來貢天下安失
色則邊兵亂一星亡爲兵喪動搖邊城兵起有讒

臣離徙天下獄亂就聚法令酷丼氏云畢主街巷
陰雨天之雨師也故明而移動則霖潦及街巷壅
塞明而定則天下安張衡云畢爲天馬一曰日月
食邊兵凶將衰木犯有軍功昴畢間二星曰天街
三光之道也主伺候關梁張衡云主國界也街南
爲華夏街北爲夷狄金火守之胡夷兵起明王道
正暗兵起附耳一星在畢下天高東南隅主聽得
失伺愆邪察不祥星盛則中國微有盜賊邊候警
外國反鬬兵連年合移動則佞讒行兵大起邊尤
甚入畢兵起天節八星在畢南主使臣之所持也

宣威德於四方明吉闇凶諸王六星在五車南天漢之中主宗社蕃屛王室也明則諸侯奉上天下安不見宗社傾危四方兵起天高四星在參旗西北近畢此臺榭之高主遠望氣象不見則官失其守陰陽不和五車五星三柱九星共十四星在畢東北五車主天子五兵張衡云天子兵車舍也西北曰天庫主太白秦也次東北星曰天獄主辰星燕趙也次東南星曰天倉主歲星衛魯也中央星曰司空主鎭星楚也次西南星曰卿主熒惑魏也五星有變各以其所主而占之三柱一曰三泉郎天

淵一曰休休郎天一曰旗旗郎天五星均明柱皆具郎人倉廩實不具其國絶食兵且起五車三柱有變各以其國占之三柱出外兵出柱入兵入柱出一月米貴三倍期一年出兩月米貴六倍期二年出三月米貴十倍期三年柱出不與天倉相近米穀運出千里柱倒立尤甚火入守天下旱金入守兵起水入月暈不爾則有赦天潢五星在五車中主河梁津渡之處也不見則河梁不通咸池三星在五車中天潢南魚囿也金火犯之則有大災隋志云月五星入天潢兵起道不通天下亂易政咸池

明有龍墮死虎狼害人兵起天關一星在五車南畢西北亦曰天門日月五星所行之道也主邊塞事主關閉芒角有兵五星守之貴人多死移徙若與五車合大將軍披甲參旗九星在參西五車之間天旗也明而希則邊寇不動不然反是隋志參旗一曰天旗一曰天弓主司弓弩之張候變禦難玉井西南九星曰九斿天子之旗也主邊軍進退金火守之兵亂起天苑之南十三星曰天園植果菜之所也曲而鉤則果菜熟不然則否觜三星相近作參槊觜上坐旗直指天尊卑之位九

相連司怪曲立坐旗邊四鴉大近井鉞前觜一度在參之右角如鼎足形主天之關明大則天下安五穀熟移動則君臣失位天下旱隋志云觜觿爲三軍之候行軍之藏府主葆旅收斂萬物明則軍儲盈將得勢動而明盜賊群行葆旅起動移將有逐者張衡云葆旅野生之可食者金火來守國易政兵起災生日食臣不忠月食君害臣五星犯災生孛客星犯兵起坐旗九星在司怪西北主別君臣尊卑之位明則國有禮暗則反是司怪四星在井鉞前候天地日月星辰禽獸蟲蛇草木

之變與天高占同

參總有十星觜相侵兩肩釁足三爲心伐有三星足

裏深玉井四星右足陰屏星兩扇井南襟軍井四星

屏上吟左足下四天厠臨厠下一物天屎沉

參十度上爲日月五星中道甘氏曰參爲忠良孝

謹之子明大則臣忠子孝安吉移動殺忠臣一曰

參伐一曰大辰一曰天市一曰鈇鉞主斬刈又爲

天獄主殺伐又主權衡所以平理也又主邊城爲

九譯故不欲其動也參白獸之體其中三星橫列

三將也東北曰左肩主左將西北曰右肩主右將

東南曰左足主後將軍西南曰右足主偏將軍故

黄帝占參應七將中央三小星曰伐天之都尉也

主胡鮮卑戎狄之國故不欲明又曰七將皆明天

下兵精也王道缺則芒角張伐星明與參等大臣

謀亂兵起參星失色軍散敗參芒角動揺邊候有

急天下兵起又曰有斬伐之事參左足入玉井中

兵大起秦地大水若有喪山石爲怪參足若出

玉井則虎狼暴害人差戾王臣貳金火來守則國

易政兵起災生日月食則田荒米貴五星犯災甚

玉井四星在參西右足下水象也屏二星在玉井

南屏爲屏風客星入之四足蟲大疾人亦多死不

見則國内寢疾玉井東下四星曰軍井行軍之井

也軍井未達將不言渴名取此也又曰主軍營之

事天厠四星在屏東溷也主天下疾病黄吉青赤

白皆凶不見與屏同天屎一星在厠南色黄則吉

他色皆凶

南方

井八星橫列河中淨一星名鉞井邊安兩河各三南

北正天樽三星井上頭樽上橫列五諸侯侯上北河

西積水欲覔積薪東畔是鉞下四星名水府水位東

邊四星序四瀆橫列南河裏南河下頭是軍市軍市

團圓十三星中有一箇野雞精孫子丈人市下列各

立兩星從東說闕丘二箇南河東丘下一狼光蒙茸

左畔九箇彎弧弓一矢擬射頑狼胷有箇老人南極

中春秋出入壽無窮

井三十四度甘氏云井八星在河中主泉水日月

五星貫之爲中道石氏謂之東井亦曰天井主諸

侯帝戚三公之位故明大則封侯建國揺動失色

則誅侯戚廢戮三公帝師受殃矣張衡云天之南

門也黄道所經爲天之亭候主水衡事法令所取

平也王者用法平則井明而端列鉞一星附井之前主伺奢淫而斬之故不欲其明大與井齊或搖動則天子用鉞於大臣月宿井有風雨之應又曰井爲天子府暗芒弁日月食五星逆犯大臣謀亂兵起中有六星不欲大明明即水災南北兩河各三星分夾東井一曰天高天之闕門主關梁南河曰南戍一曰南宫一曰陽門一曰越門一曰權星主火北河曰北戍一曰北宫一曰陰門一曰胡門一曰衡星主水兩戍之間三光之常道也河戍動搖中國兵起張衡云河南星不具則南道不通北

亦如之動搖及火守中國兵起天樽三星在五諸侯南主盛饘粥以給酒食之正也張衡云以給貧餒明則豐暗則荒或言暗吉五諸侯五星在東井東北近北河主刺舉戒不虞又曰治陰陽察得失亦曰主帝心一曰帝師二曰帝友三曰三公四曰博士五曰太史又曰五曰大夫此五者常爲帝定疑議星明大潤澤則天下大治芒角則禍在中張衡又曰五諸侯治陰陽察得失明而潤大小齊等則國之福又曰赤則豐暗則荒積水一星在北河北所以供酒用也不見爲災又曰主候水災積薪

一星在積水東以備庖廚之用明則人主康火守之火旱水府四星在東井西南水官也占與水位同水位四星在東井東主水衡又主瀉溢流也故巫咸氏贊曰水位四星瀉溢流移動近北河則國没爲江河若水火及客星守犯之百川盈溢四瀆四星在東井南軒轅東以江河淮濟之積精也明大則水泛溢軍市十三星如錢狀在參東南天軍貨易之市客星及金火守之軍大飢野雞一星在軍市中主變怪也以芒角動搖爲兵災移出則諸侯兵起軍市西南二星曰丈人丈人東二星曰子

子東二星曰孫丈人主壽考之臣不見人臣不得通子與孫皆侍丈人之側相扶而居不見爲災守常無咎闕丘三星在南河東主象魏天子之雙闕諸侯之兩觀也金火守之兵戰闕下狼一星在天市東南爲野將主殺掠色有常不欲變動角而變色動搖盜賊作胡兵起人相食躁則人主不静不居其宫馳騁天下張衡云居非其處則人相食色黄白而明吉黑凶赤芒角兵起金火守之亦然弧矢九星在狼東南天弓也以備盜賊常向狼弧矢動搖不如常者多盜賊明則兵大起狼弧張害及

胡天下乖亂又曰天弓張天下盡兵主與臣相謀
張衛云引蒲則天下兵起老人一星在弧南一曰
南極常以秋分之旦見于丙春分之夕没于丁常
以秋分候之南郊明大則人主有壽天下安寧不
見則人主憂
鬼四星冊方似木櫃中央白者積尸氣鬼上四星是
爟位天狗七星鬼下是外厨六間柳星次天社六箇
弧東倚社東一星是天紀
輿鬼二度爲日月五星之中道主死亡疾病張衛
云主祠祀天目也又主視明察姦謀東北星主積
馬東南星主積兵西南星主積布帛西北星主積
金玉隨其變占之中央一星名積尸亦曰積尸氣
者但見氣而已主死喪祠祀一曰鈇鑕主誅斬鬼
星明大則穀成不明人散動而光上賦歛重傜役
多星徙人愁政令急鬼質欲其忽忽不明則安明
則兵起大臣謀主下流亡丼氏云積尸摇動失色
則疾病鬼哭人荒軒轅西四星曰爟亦曰烽爟主
烽火備警急占以不明安静明大甚則邊亭警急
摇動芒角亦然又曰明吉暗凶天狗七星在鬼西
南狼之北横河中以守賊也移徙則兵起金火犯
之人相食外厨六星在柳南天子之外厨也占與
天厨同弧南六星爲天社在老人東南似柳直明
則吉隋志云共工之子勾龍能平水土故祀以配
社其精爲星外厨之南一星曰天紀主知禽獸齒
歲金火守之禽獸多死
柳八星曲頭垂似柳近上三星號爲酒享宴大酺五
星守
柳十四度上爲天之中道丼氏云主飲食倉庫酒
醋之位明大則人豐酒食摇動則大人酒死失色
則天下不安飢饉流於道路不過三年必應張衛
云柳爲朱雀之嗉天之厨宰也主尚食和滋味隋
志云又主雷雨一曰天相一曰天庫一曰注又主
木功星明大臣重慎國安厨食具注舉首王命興
輔佐出星直天下謀伐其主就聚兵鬭國門酒旗
三星在軒轅右角之南酒官之旗也主享宴飲食
五星守酒旗天下大酺有酒肉財物之賜及爵宗
室
星七星如鈎柳下生星上十七軒轅形軒轅東頭四
内平平下三箇名天相相下稷星横五靈
七星七度丼氏云主后妃御女之位亦爲賢士若

失色芒動則后妃死賢士誅明大則道化成國盛張衡云七星爲朱鳥之頸一名天都主衣裳文繡隋志云主急兵守盜賊故欲明則王道昌暗則賢良不處天下空天子疾動則兵起離則易政日食兵飢婦人災木犯人安火犯旱金土水犯俱災月暈孛犯兵起軒轅十七星在七星北黃帝之神黃龍之體也后妃之主士女職也一曰東陵一曰權星主雷雨之神南大星女主也次北一星夫人也屏也上將也次北一星妃也次將也其次諸星皆次妃之屬也女主南小星女御也左一星少民少后宗也右一星大民太后宗也欲其色黃小而明也張衡云軒轅如龍之體主雷雨之神後宮之象焉陰陽交合盛爲雷激爲電和爲雨怒爲風亂爲霧凝爲霜散爲露聚爲雲立爲虹蜺離爲背僪分爲抱珥此十四變皆軒轅主之其星欲小而黃明則吉移徙則國人流迸東西角張而振后敗水火金守之女主惡也漢注曰軒轅爲權太微爲衡月五星守犯者如衡占內平四星在中台南爟之北平罪之官也明則刑罰平暗則否酒旗南三星曰天相丞相之象也其占與相星略同稷五星在七星之南主農正也取乎百穀之長以爲其號明大則歲大豐不明則儉不見則人相食

張六星似軫在星旁張下只是有天廟十四之星卌四方長垣少微雖向上星數歌在太微傍天尊一星直上黃

張十七度甘氏云主天廟明堂御史之位上爲天之中道若明大則國盛彊失色宗廟不安明堂宮廢隋志云主珍寶宗廟所用及衣服又主天厨飲食賞賚之事星明則王者行五禮得天之中動則賞賚離徙天下有逆人就聚有兵金火守之有兵起或云主貢物色細無光王者少子孫日食虧條禮也月食大滂魚行人道火孛犯兵起水土犯國不寧張南十四星曰天廟天子祖廟也客星守之祠官有憂其占與虛梁同長垣四星在少微南主界域及胡夷火守之胡人入中國太白入之九卿謀反少微四星在太微西南北列士大夫之位也一名處士亦天子副主或曰博士官一曰主衛掖門南第一星爲處士第二星爲議士第三星爲博士第四星爲大夫明大而黃則賢士舉月五星犯守之處士女主憂宰相易

翼二十二星大難識上五下五橫著行中心六箇恰
如張更有六星在何許三三相連張畔附必若不能
分處所更請向前看野取五箇黑星翼下頭欲知名
字是東甌

翼十九度甘氏云主太微三公化道文籍失色則
民流日月交食五星並逆芒動則化道不行文籍
壞滅動移則三公廢明大則化成隋志云翼爲天
之樂府主俳倡戲樂又主夷狄遠客負海之賓明
大則禮樂興四夷來賓動則蠻夷使來離徙則天
子舉兵或云明則禮樂興暗則政教失日食臣僭
月食婦人憂五星孛流客犯大凶東甌五星在翼
之南蠻夷星也張衡云主東越穿胷南越三夷金
火守之其地有兵芒角動移兵內叛

軫四星似張翼相近中央一箇長沙子左轄右轄附
兩星軍門兩黃近翼是門下四箇土司空門東七烏
青丘子青丘之下名器府器府之星三十二以上便
爲太微宮黃道向上看取是

軫十七度甘氏云軫七星主將軍樂府歌讙之事
五星犯之失位亡國女子主政人失業賊黨掠人
禍生於百日內若明大則天下昌萬民康四海歸
王張衡云軫爲冢宰輔臣也主車騎明大則車騎
用一云明大則車騎動隋志云主載任有軍出入
皆占於軫又主死喪明則車駕備動則車騎用離
徙天子憂兢聚兵大起轄兩星附軫兩傍主王侯
左轄爲王者同姓右轄爲異姓星明兵大起遠軫
凶軫轄舉南蠻侵張衡云轄不見國有大憂長沙
一星在軫之中主壽命也長沙明則人壽長子孫
盛軍門二黃星在青丘西天子六軍之門也主營
候豹尾威旗占以移其處爲道不通土司空四黃
星在軍門南主土功巫咸氏云金火犯之天下男
不得耕女不得織隋志云一曰司徒主界域青丘
七黑星在軫東南主東方三韓之國占與東甌同
軫南三十二星曰器府主樂器之府也明則樂器
調理暗則有咎

天文略第二

太微宮

上元太微宮昭昭列象布蒼穹端門只是門之中左右執法門西東門左皂衣一謁者以次卽是烏三公三黑九卿公背傍五黑諸侯卿後行四箇門西主軒屏五帝内坐於中正奉屈太子并從官烏列帝後從東定郎將虎賁居左右常陳郎位居其後常陳七星不相誤郎位陳東一十五兩面宮垣十星布左右執法是其數宮外明堂布政宮三箇靈臺候雲雨少微四星西南隅長垣雙雙微西居北門西外接三台與垣相對無兵災

太微垣十星在翼軫北張衡云天子之宮庭五帝之坐十二諸侯府也其外蕃九卿也一曰軒轅爲權太微爲衡衡主平也隋志云又爲天庭理法平辭監升授德列宿受符諸神考節舒情稽疑也南蕃中二星間曰端門東曰左執法廷尉之象也西曰右執法御史大夫之象也執法所以舉刺凶奸者也左執法之東左掖門也右執法之西右掖門也東蕃四星南第一曰上相其北東太陽門也第二星曰次相其北中華東門也第三星曰次將其北東太陰門也第四星曰上將所謂四輔也西蕃四星南第一星曰上將其北西太陽門也第二星曰次將其北中華西門也第三星曰次相其北西太陰門也第四星曰上相亦四輔也東西蕃有芒及動搖者諸侯謀天子也執法移則刑罰尤急月五星入太微軌道吉其所犯中坐成刑謁者一星在太微内左執法東北主贊賓客也不見外國不賓服謁者東北三星曰三公内坐朝會之所居也張衡云以輔弼帝者其名與夾斗三公同三公北三星曰九卿内坐主治萬事與天紀同占九卿西五星曰内五諸侯内侍天子不之國也辟雍之禮得則太微諸侯明屏四星在端門内帝座南近右執法屏所以擁蔽帝庭也執法主刺舉星大明潤則君臣有禮黄帝内坐一星在太微中含樞紐之神也天子動得天度止得地意從容中道則太微五帝之坐明以光黄帝坐不明人主當求賢士以輔治不然則奪勢又曰太微五帝坐小弱青黑天子國亡四帝内坐四星夾黄帝坐東方星蒼帝靈威仰之神也南方星赤帝赤熛怒之神也西方星白帝白招矩之神也北方星黑帝叶光紀之神也

張衡云五帝同明而光則天下歸心不然則失位
金火水入太微若順入軌道伺其出之所守之分
則爲天子所誅也帝坐東北一星曰幸臣主親愛
臣明則幸臣用事微細吉太子一星在幸臣西五
帝坐北儲貳之星明而潤則太子賢不然則否金
火守入太子不廢則爲篡逆之事從官一星在太
子西北主從官不見則帝不安如常則吉郎將一
星在郎位東北所以爲武備張衡云今左右中郎
將是也大明芒角將怒不可當也虎賁一星在太
微西蕃之外上相之西下台之南靜室旄頭之騎

官也張衡云主侍從之武臣也與車騎同占常陳
七星如畢狀在郎位北天子宿衛虎賁之士以設
彊毅也星搖動天子自出明則武兵用微則武兵
弱郎位十五星又云二十四星在帝坐東北一曰
依烏郎位也周官之元士漢官之光祿中散騎諫
議議郎三署郎中是其職也張衡又云今之尚書
郎也欲其大小相均光潤有常吉脩志郎位主守
衛也其星明大臣有刼主又曰客犯上其星不具
后死幸臣誅客星入之大臣爲亂明堂三星在太
微西南角外天子布政之宮也明吉暗凶明堂西

三星曰靈臺主觀雲物察符瑞候災變也占與司
怪同少微長垣二坐星已釋在張星之次矣三台
六星兩兩而居起文昌列招搖太微一曰天柱三
公之位也在天曰三台主開德宣符也西近文昌
二星曰上台爲司命主壽次二星對軒轅曰中台
爲司中主宗室東二星抵太微曰下台爲司祿主
兵所以昭德塞違也又曰三台爲天階太一躡以
上下一曰泰階上階上星爲天子下星爲女主
中階上星爲諸侯三公下星爲卿大夫下階上星
爲士下星爲庶人所以和陰陽而理萬物也其星

有變各以所主占之君臣和集如其常度張衡云
色齊明而行列相類則君臣和法令平不齊爲乖
度金火守入兵起孛彗尤甚也

北極紫微宮

中元北極紫微宮北極五星在其中大帝之坐第二
珠第三之星庶子居第一號曰爲太子四爲后宮五
天樞（一云第三明者帝之居第四名曰四庶子最小第五天之樞）左右四星是四
輔天一太一當門路左樞右樞夾南門兩面營衛一
十五上宰少尉兩相對少宰上輔次少輔上衛少衛
次上丞後門東邊大贊府門西喚作一少丞以次郤

向前門數陰德門裏兩黃聚尚書以次其位五女史柱史各一戶御女四星五天柱大理兩星陰德邊勾陳尾指北極顛勾陳六星六甲前天皇獨在勾陳裏五帝內坐後門是華蓋并杠十六星杠作柄象蓋傘形蓋上連連九箇星名曰傳舍如連丁垣外左右各六珠右是內階左天厨階前八星名八穀厨下五箇天棓宿天牀六星左樞在內厨兩星右樞對文昌斗上半月形希疎分明六箇星文昌之下曰三公太尊只向三公明天牢六星太尊邊太陽之守四勢前一箇宰相太陽側更有三公相西偏即是玄戈一星圓天理四星斗裏暗輔星近著開陽淡（一本云文昌之下三師名天牢六星四勢前更有三公相西偏即是太陽一星天理四星斗裏暗輔星近著開陽淡）北斗之宿七星明第一主帝名樞精第二第三璇璣星第四名權第五衡闓陽搖光六七名

北極五星在紫微宮中一名天極一名北辰其紐星天之樞也天運無窮三光迭耀而極星不移故曰居其所而衆星拱之第一星主月太子也第二星主日帝王也亦爲太一之坐謂最赤明者也第三星主五星庶子也北極五星最爲尊也中星不明主不用事右星不明太子憂也其第四星爲后宮第五星爲天樞張衡云二星並爲後宮北極五星明大則吉變動則憂抱極樞四星曰四輔所以輔佐北極而出度授政也張衡云抱極之細星也爲輔臣之位主贊萬機小而明吉大明及芒角臣逼君暗則官不理天一一星在紫宮門右星之南天帝之神也主戰鬬知人吉凶者也太一一星在天一南相近亦天帝神也主使十六神知風雨水旱兵革飢饉疾疫災害所生之國也張衡云天一逼閶闔外其占明而有光則陰陽和合萬物成人民吉不然反是太一占與天一略同紫宮垣十五

星其西藩七東藩八在北斗之北一曰紫微大帝之坐也天子之常居也主命主度也一曰長垣一曰天營一曰旗星爲藩衛備藩臣也宮闕兵起旗星直天子出自將宮中兵張衡云紫微垣十五星東藩八西藩七其東藩近閶闔門第一星爲左樞第二星爲上宰第三星爲少宰第四星爲上輔第五星爲少輔第六星爲上衛第七星爲少衛第八星爲少丞其西藩近閶闔門第一星爲右樞第二星爲少尉第三星爲上輔第四星爲少輔第五星爲上衛第六星爲少衛第七星爲上丞皆以明大

有常則吉若盛明則內輔盛也宮垣直而明天子將兵開則兵起西藩正南開如門象名閶闔門有流星自門而出四野者當有中使銜命視其所適分野而論之也陰德二星在紫微宮內尚書之西主施德者其占以不明為宜明則新君踐極隋志曰尚書西二星曰陰德陽德主周急振撫又分為二坐星矣門內東南維五星曰尚書主納言夙夜咨謀龍作納言此之象也張衡曰八坐大臣之象其占與四輔不殊極東一星曰柱下史主左右記君之過星明則史直辭不明反是柱史北一星曰女史婦人之微者主傳漏故漢有侍史張衡云婦官也主記宮內之事其占與柱史同御女第四星在紫微宮內勾陳之北八十一御妻之象也其占明則多內寵不明則否晉志謂之女御宮天柱五星在紫微宮門內華蓋杠左傍近東垣北隅法五行主晦朔晝夜之職明正則吉人安陰陽調不然則司歷過隋志云建政教立圖法之府也常以朔望日垂禁令於天柱以示百司周禮以正歲之月示法象魏此之謂也大理二星在紫微門內次近陰德決獄之官星明則刑憲平不明則冤酷滋勾陳六星在紫微宮華蓋之下隋志云後宮也大帝之正妃也大帝之帝居也張衡云大帝所居之宮也亦將軍之象也星明則吉暗則人主惡之勾陳口一星曰天皇亦曰大帝其神曰耀魄寶主御群靈秉萬機神圖也其星隱而不見見則為災六甲六星在紫微宮內華蓋杠左傍分掌陰陽紀時節明則陰陽和不明則寒暑易節五帝內坐五星在華蓋下勾陳上斧扆之象所以備扆居者明正則吉變動則災凶隋志云客星犯紫宮中坐大臣犯主華蓋七星其杠九星合十六星在勾陳上正當大帝所以覆蔽大帝之坐也明正則吉傾動則凶傳舍九星在華蓋上近河賓客之館主胡人入中國客星守之備姦使亦曰胡兵起內階六星在文昌北天皇之陛也明吉傾動凶紫微東垣北維外六星曰天厨天子百官之厨也見吉不見凶八穀八星在紫微西藩之外五車之北其八星一主稻二主黍三主大麥四主小麥五主大豆六主小豆七主粟八主麻子明則八穀皆成暗則不熟一星不見則一穀不登八星不見則國人餓口天棓五星在女牀東北天子先驅所以禦難也不明則國

兵起一曰主爭訟明大凶小吉天牀六星當閶闔門外主天子寢舍解息燕休之處星正大吉君有慶傾則人主不安一云在宮門外聽政之象也爲寢舍也暗凶内厨兩星在紫垣外西南角主六宮之内飲食府也一云主后夫人與太子宴飲居常無咎有犯守凶文昌六星在北斗魁前天之六府也主集計天道一曰上將大將軍建威武二曰次將尚書正左右三曰貴相太常理文緒四曰司祿司中司隷賞功進爵五曰司命司怪太史主滅咎六曰司寇大理佐理實所謂一者起北斗魁前近

内階者也明潤大小齊天瑞臻張衡云其占黄潤光明萬人安大小均天瑞降青黑細微多所害搖動移徙大臣憂金火守入兵興孛彗犯國亂一曰文昌動則三公受誅后崩災福與三公同三公三星在北斗柄東又三公星在北斗魁西並爲太尉司空司徒之象主燮理陰陽弼君機務其星移徙不吉居常安金火守之三公有凶隋志曰杓南三星及魁第一星皆曰三公宣德化調七政和陰陽之官也太尊一星在中台之北貴戚也巫咸云聖公之象居常爲定不見則凶金犯守爲灾貴賤將

敗者也天牢六星在北斗魁下貴人之牢也主愆過禁暴淫與貫索同占太陽守一星在相西大將大臣之象也主戒不虞設武備也非其常兵起明吉暗凶移徙大臣誅勢四星在太陽守西北刑餘人而用事者也不明吉明即閹官擅權相一星在北斗南隋志曰相者總領百官而掌邦教以佐帝王安邦國集衆事也明吉玄戈一星在招搖北亦曰天戈也芒角大而動則四夷兵起其占與梗河相類北斗魁中四黒星爲貴人之牢曰天理明及搖動與有星者爲貴人下獄北斗七星輔一星在

太微北七政之樞機陰陽之元本也故運乎天中而臨制四方以建四時而均五行也魁四星爲璇璣杓三星爲玉衡又曰斗爲人君之象號令之主又爲帝車取乎運動之義也又魁第一星曰天樞二曰璇三曰璣四曰權五曰玉衡六曰開陽七曰搖光一至四爲魁五至七爲杓樞爲天璇爲地璣爲人權爲時玉衡爲音開陽爲律搖光爲星石氏云第一曰正星主陽德天子之象也二曰法星主陰刑女主之位也三曰令星主禍害也四曰伐星主天理伐無道五曰殺星主中央助四旁殺有罪

六曰危星主天倉五穀七曰部星亦曰應星主兵又云一主天二主地三主火四主水五主土六主木七主金又曰一主秦二主楚三主梁四主吳五主趙六主燕七主齊輔星附乎開陽所以佐斗成功也又曰主危正矯不平又曰丞相之象也七政星明則國昌不明國殃斗旁欲多星則安斗中少星則人恐上天下多訟德者無星二十日有輔星明而斗不明臣彊主弱斗明輔不明主彊臣弱也杓南三星及魁第一星皆曰三公宣德化調七政和陰陽之官也張衡云若天子不恭宗廟不敬鬼神則魁第一星不明或變色若廣營宮室妄鑿山陵則第二星不明或變色若不愛百姓驟興征役則第三星不明或變色若發號施令不順四時不明天道則第四星不明或變色若廢正樂務淫聲則第五星不明或變色若不勸農桑不務稼穡峻法濫刑退賢傷政則第六星不明或變色若不撫四方不安夷夏則第七星不明或變色凡日月暈連環及斗月暈及搖動兵起其傍及中小星多則天下不安人多怨一云小星多則天下安不然則國人散五曜及客星守入皆凶孛彗尤甚也

天市垣

下元一宮名天市兩扇垣墻二十二當門六角黑市樓門左兩星是車肆兩箇宗正四宗人宗星一雙亦依次帛度兩星屠肆前候星還在帝坐邊帝坐一星常光明四箇微茫宦者星以次兩星名列肆斗斛帝前依其次斗是五星斛是四垣北九箇貫索星索口横者七公成天紀恰似七公形數著分明多兩星紀北三星名女牀此坐還依織女傍三元之象無相侵二十八宿隨其陰水火木土并與金以次別有五行分

天市垣二十二星在房心東北主權衡主聚衆一曰天旗庭主斬戮之事也市中星衆潤澤則歲實星稀則歲虚熒惑守之戮不忠之臣又曰若怒角守之者臣殺主彗星出爲徙市易都客星入之兵大起出之有貴喪張衡曰天市明則市吏急商人無利忽忽暗則反是市樓六星在市中臨箕星之上主司闤闠明則吉暗則市吏不理也隋志市樓者市府也主市價律度其陽爲金錢其陰爲珠玉變見各以所主占之車肆二星在天市垣南門之内主車駕不明則國車盡行隋志主衆貨之區宗

正二星在帝坐東南宗大夫也彗星守之若失色
宗正有事客星守動則天子親屬有變又曰客星
守之貴人死又曰宗正明則宗室有秩暗則國家
凶宗人四星在宗正東主錄親疏享祀如綺文而
明主族人有序宗星二星在宗人東北候星之東
宗室之象帝輔血脉之臣也客星守之宗人不和
帛度一星在宗星東北主度量明則尺量平商人
不欺暗則否屠肆三星在帛度東北主烹宰明大
則肆中多宰殺候一星在帝坐東北主伺陰陽也
明大輔臣彊四夷開候細微則國安亡則主失位

移則主不安居常則吉帝坐一星在天市中候星
西天庭也光而潤則天子吉威令行微小凶大人
當之或云暗則大人不正張衡云帝坐者帝王之
坐帝坐有五一坐在紫微宫一坐在大角一坐在
心中一坐在天市垣一坐在太微宫咸云帝坐一
曰神農所居不見則大人當其咎宦者四星在帝
坐西南帝傍之閹人也星微則吉明則凶非其常
宦者有憂其占與勢星同列肆二星在斛西北主
寶玉之貨移徙則列肆不安火守入兵大起斗五
星在宦者西南主平量覆則歲熟仰則大飢明暗

與帛度同斛四星在市樓北亦曰天斛主量者也
占與斗同貫索九星在七公前一曰連索一曰連
營一曰天牢主法律禁暴彊也牢口一星爲門欲
其開也九星皆明天下獄煩七星見小赦五星見
大赦動則斧鑕用中空則更元漢志云十五星張
衡云貫索開有赦不見即刑獄簡若閉口及星入
牢中有繫死者常以午子夜候之一星不見則有
小喜二星不見賜祿三星不見人主德令行且赦
若客出視其小大大有大赦小有小赦或云貫索
爲賤人之牢一星芒有喜事二星芒賜爵祿三星

芒有赦門閉牢中多死水犯災火犯米貴七公七
星在招揺東天之相也三公之象張衡云七公横
列貫索之口主執法列善惡之官也星齊正則國
法平差戾則獄多冤酷或云星入河米貴火犯之
兵起天紀九星在貫索東九卿也爲九河主萬事
之紀理寃訟也明則天下多辭訟亡則政理壞國
紀亂散絶則地震山崩女牀三星在天紀之北爲
後宫御女主女事明則宫人恣意常則無咎

魏石申以赤點紀星共一百三十八座計八百
十星商巫咸以黄點紀星共四十四座計一百

四十四星齊丼德以黑點紀星共一百一十八座計五百一十一星三家都紀三百座計一千四百六十五星此舊書所紀傳寫之訛數目參差無所考正

天漢起沒

臣謹按天漢舊有圖無歌故爲之補

天河亦一名天漢起自東方箕尾閒遂乃分爲南北道南經傅說入魚淵開籥戴弁鳴河鼓北經龜宿貫箕邊次絡斗魁冒左旗又合南道天津湄二道相合西南行分夾瓠瓜絡人星杵畔造父騰蛇精王良附路閣道平登此大陵泛天船直到卷舌又南征五車駕向北河南東井水位入吾軫水位過了東南游經次南河向闕丘天狗天紀與天稷七星南畔天河沒

天漢起東方經箕尾之間謂之天河亦謂之漢津乃分爲二道其南經傅說魚天籥天弁河鼓其北經龜貫箕下次絡南斗魁左旗至天津下而合南道乃西南行又分夾瓠瓜絡人星杵造父騰蛇王良附路閣道北端太陵天船卷舌而南行絡五車經北河之南入東井水位而東南行絡南河闕丘天狗天紀天稷在七星南而沒張衡云津漢者金之氣也其占曰水漢中星多則水少則旱

十二次度數

十二次班固取三統歷十二次配十二野其言最詳又有費直說周易蔡邕月令章句所言頗有先後魏太史令陳卓更言郡國所入宿度今附而次之

自軫十二度至氐四度爲壽星於辰在辰鄭之分野屬兗州 費直周易分野壽星起軫七度 蔡邕月令章句壽星起軫六度

自氐五度至尾九度爲大火於辰在卯宋之分野屬豫州 費直起氐十一度 蔡邕起亢八度

自尾十度至南斗十一度爲析木於辰在寅燕之分野屬幽州 費直起尾九度 蔡邕起尾四度

自南斗十二度至須女七度爲星紀於辰在丑吳越之分野屬揚州 費直起斗十度 蔡邕起斗六度

自須女八度至危十五度爲玄枵於辰在子齊之分野屬青州 費直起女六度 蔡邕起女二度

自危十六度至奎四度爲娵訾於辰在亥衛之分野屬并州 費直起危十四度 蔡邕起危十度

自奎五度至胃六度爲降婁於辰在戌魯之分野屬徐州 費直起奎二度 蔡邕起奎八度

自胃七度至畢十一度爲大梁於辰在酉趙之分野

屬冀州費直起觜十度蔡邕起胃一度

自畢十二度至東井十五度爲實沈於辰在申魏之分野屬益州費直起畢九度蔡邕起畢六度

自東井十六度至柳八度爲鶉首於辰在未秦之分野屬雍州費直起井十二度蔡邕起井十度

自柳九度至張十六度爲鶉火於辰在午周之分野屬三河費直起柳五度蔡邕起柳三度

自張十七度至軫十一度爲鶉尾於辰在巳楚之分野屬荆州費直起張十三度蔡邕起張十二度

州郡躔次

陳卓范蠡鬼谷先生張良諸葛亮譙周京房張衡並云角亢氐鄭兖州

東郡入角一度

東平任城山陰入角六度

濟北陳留入亢五度　濟陰入氐一度

東平入氐七度　泰山入角十二度

房心宋豫州

潁川入房一度　汝南入房二度

沛郡入房四度　梁國入房五度

淮陽入心一度　魯國入心三度

楚國入房四度

尾箕燕幽州

涼州入箕中十度　上谷入尾一度

漁陽入尾三度　右北平入尾七度

西河上郡北地遼西東入尾十度

涿郡入尾十六度　渤海入箕一度

樂浪入箕三度　玄菟入箕六度

廣陽入箕九度

斗牽牛須女吳越揚州

九江入斗一度　廬江入斗六度

豫章入斗十度　丹陽入斗十六度

會稽入牛一度　臨淮入牛四度

廣陵入牛八度　泗水入女一度

六安入女六度

虛危齊青州

齊國入虛六度　北海入虛九度

濟南入危一度　樂安入危四度

東萊入危九度　平原入危十一度

菑川入危十四度

營室東壁衛并州

定安入營室一度　天水入營室八度
隴西入營室四度　酒泉入營室十一度
張掖入營室十二度　武都入東壁一度
金城入東壁四度　武威入東壁六度
敦煌入東壁八度

奎婁胃魯徐州

東海入奎一度　琅琊入奎六度
高密入婁一度　城陽入婁九度
膠東入胃一度

昴畢趙冀州

魏郡入昴一度　鉅鹿入昴三度
常山入昴五度　廣平入昴七度
中山入昴八度　清河入昴九度
信都入畢三度　趙郡入畢八度
安平入畢四度　河間入畢十度
真定入畢十三度

觜參魏益州

廣漢入觜一度　越巂入觜三度
蜀郡入參一度　犍爲入參三度
牂牁入參五度　巴蜀入參八度

漢中入參九度　益州入參七度

東井輿鬼秦雍州

雲中入東井一度　定襄入東井八度
鴈門入東井十六度
代郡入東井二十八度
太原入東井二十九度
上黨入輿鬼二度

柳七星張周三輔

弘農入柳一度　河南入七星三度
河東入張一度　河内入張九度

翼軫楚荊州

南陽入翼六度　南郡入翼十度
江夏入翼十二度　零陵入軫十一度
桂陽入軫六度　武陵入軫十度
長沙入軫十六度

七曜

日循黄道東行一日一夜行一度三百六十五日有奇而周天行東陸謂之春行南陸謂之夏行西陸謂之秋行北陸謂之冬行以成陰陽寒暑之節是故傳云日爲太陽之精主生養恩德人君之象也人君有

瑕必露其慝以告示焉故日月行有道之國則光明人君吉昌百姓安寧日變色有暈軍破無暈喪侯王其君無德其臣亂國則日赤無光日失色所臨之國不昌日晝昏行人無影到暮不止上刑急下人不聊生不出一年有大水日晝昏烏鳥群鳴國失政日中烏見主不明為政亂國有白衣會將軍出旌旗舉日中有黑子有黑氣黑雲乍三乍五臣廢其主日食陰侵陽臣掩君之象有亡國有死君有大水日食見星有殺君天下分裂王者脩德以禳之

月者太陰之精也其形圓其質清日光照之則見其明日光所不照則謂之魄故月望之日日月相望人居其間盡覩其明故形圓也二弦之日日照其側人觀其傍故半魄也晦朔之日日照其表人在其裏故不見也其行有遲疾其極遲則日行十二度彊極疾則日行十四度半彊遲則漸疾疾極漸遲二十七日半彊而遲疾一終矣又月行之道斜帶黃道十三日有奇在黃道表又十三日有奇在黃道裏表裏極遠者去黃道六度二十七日有奇陰陽一終張衡云對日之衝其大如日日光不照謂之闇虛闇虛逢月則月食值星則星亡今歷家月望行黃道則值闇虛矣值闇虛有表裏深淺故食有南北多少月為太陰之精以之配日女主之象也以之比德刑罰之義列之朝廷諸侯大臣之類故君明則月行依度臣執權則月行失道大臣用事兵刑失理則月行乍南乍北女主外戚擅權則或進或退月變色將有殃月晝明姦邪並作君臣爭明女主失行陰國兵彊中國飢天下謀僭數月重見國以亂亡

臣謹按丹元子二十八宿及三元之歌所以為美者以其句中有圖言下見象而不談災祥至五行有五篇吟則反是且五星為緯而行無定體可以算數推難以圖象求今五行吟既無圖象之理而極論災祥未必丹元子之作也其言濫誕在所不取

歲星曰東方春木於人五常仁也五事貌也仁虧貌失逆春令傷木氣則罰見歲星歲星盈縮以其舍命國其所居久其國有德厚五穀豐昌不可伐其對為衝歲乃有殃歲星安靜中度吉盈縮失次其國有變不可舉事用兵又曰人主出象也色欲明光潤澤德合同又曰進退如度姦邪息變色亂行主無福又主福主大司農主齊吳主司天下諸侯人君之過主歲

五穀赤而角其國昌赤黃而沉其野大穰張衡云歲
星者東方之精蒼帝之子一名攝提一名重華一名
應星一名紀星晉灼曰太歲在四仲則歲行三宿太
歲在四孟四季則歲行二宿二八十六三四十二而
行二十八宿十二歲而周天熒惑曰南方夏火禮也
視也禮虧視失逆夏令傷火氣罰見熒惑熒惑法使
行無常出則有兵入則兵散各以其舍命國爲亂爲
賊爲疾爲喪爲飢爲兵所居國受殃環繞鉤已芒角
動搖變色乍前乍後乍左乍右其殃愈甚其南丈夫
北女子喪周旋止息乃爲死喪寇亂其野亡地其失

行而速兵聚其下順之戰勝又曰熒惑主大鴻臚主
死喪主司空又爲司馬主楚吳越以南又司天下群
臣之過司驕奢亡亂妖孽主歲成敗又曰熒惑不動
兵不戰有誅將其出色赤怒逆行成鉤已戰凶有圍
軍鉤已有芒角如鋒刃人主無出宮下有伏兵芒大
則人民怒君子遑遑小人浪浪不有亂臣則有大喪
人欺吏吏欺王又爲理外則理兵內則理政爲天子
之理也故曰雖有明天子必視熒惑所在其入守犯
太微軒轅營室房心主命惡之張衡云熒惑爲執法
之星其精爲風伯之師或童兒歌謡嬉戲晉灼曰熒

惑常以十月入朝太微受制而出行列宿司無道
出入無常也二歲而周天
填星曰中央季夏土信也思心也仁義禮智以信爲
主貌言視聽以心爲政故四星皆失填乃爲之動動
而盈侯王不寧縮有軍不復所居之宿國吉得地及
女子有福不可伐去之失地若有女憂居宿久國福
厚易則薄失次而上二三宿曰盈有主命不成不乃
大水失次而下曰縮后戚其歲不復不乃天裂若地
動一曰填爲黃帝之德女主之象主德厚安危存亡
之機司天下女主之過又曰天子之星也天子失信

則填星大動張衡云填星者黃帝之子女主之象也
一名地候晉灼曰常以甲辰之始建斗之歲填行一
宿二十八歲而周天
太白曰西方秋金義也言也義虧言失逆秋令傷金
氣罰見太白太白進退以候兵高卑遲速靜躁見伏
用兵皆象之吉其出西方失行夷狄敗出東方失行
中國敗未盡期曰過參天病其對國若經天天下革
人更王是謂亂紀人民流亡晝與日爭明彊國弱小
國彊女主昌又曰太白主大臣其號上公也大司馬
位謹候此張衡云太白者白帝之子一名火政一名

官星一名明堂一名文表一名太皞一名終星一名
天相一名天浩一名序星一名梁星一名威星一名
大囂一名大爽晉灼曰常以正月甲寅與熒惑晨出
東方二百四十日而入入四十日又出西方二百四
十日而入入三十五日而復出東方出以寅戌入以
丑未一歲而周天

辰星曰北方冬水智也聽也智虧聽失逆冬令傷水
氣罰見辰星辰星見則主刑主廷尉主燕趙又為燕
趙代以比宰相之象亦為殺伐之氣戰鬬之象又曰
軍於野辰星為偏將軍之象無軍為刑事和陰陽應
効不効其時不和出失其時寒暑失其節邦當大飢
當出不出是謂擊卒兵大起在於房心間地動亦曰
辰星出入躁疾常主夷狄又曰蠻夷之星也亦主刑
法之得失色黃而小地大動光明與月相逮其國大
水張衡云辰星一名勾星一名爨星一名伺晨晉灼
曰常以二月春分見奎婁五月夏至見東井八月秋
分見角亢十一月冬至見牵牛出以辰戌入以丑未
二旬而入晨候之東方夕候之西方一歲而周天

天文略第二

學曆小辯

（明）魏文魁 撰

《學曆小辯》一卷，（明）魏文魁撰。據國立國會圖書館藏明崇禎間刊本影印。

學曆小辯

學曆小辯

咨禮部文

爲恭

進曆元以正曆數等事。准

禮部咨。准通政司咨。據保定府滿城縣玉山布衣魏文魁爲前事具疏。令伊男魏象乾賫捧曆元一部到司。看得魏文魁雖云考正曆法。然未經試驗。不敢輕進

御覽。合咨考驗等因到部。相應轉咨。查照考驗等因。准此。看得滿城縣耆儒魏文魁。知其名二十餘年矣。頗聞邢觀察律曆考多出其手。近刻曆測曆元二書。則功力識見

加勝於前。蓋苦心力學之士。無論一時草澤。即百年來治曆名家。翹然自負。藉甚有聲者。所不逮也。但事干

進奏。欽臺詳未經考驗。不敢輕進。良爲有見。而本儒身在原籍。無憑咨核。姑就近刻二書。及送到交食一單。略舉一二。令再爲商求。務期畫一。徵前驗後。確與天合。因而推步成曆。不惟生平績學可以自見。本部亦得取資藉力以襄

大典矣。百年絕緒。非不欲速其成。潛隱碩儒。非不樂與其善。但與其奉

旨之後考究異同致稽
題覆不若討定于前應時報
命之爲愈也辭句頗繁粘連别幅爲此合咨
貴部希爲查照轉達施行須至咨者
崇禎四年六月初一日
計開

一議交食據单開崇禎四年四月十五日夜望月食今考驗食分則爲密合加時後天一刻亦爲親近獨二年五月朔日食監推三分二十四秒

學曆小辨　二

初虧巳正三刻回回科推五分五十二秒初虧午初三刻臨期實候得食止二分初虧巳正四刻與本部所據新法密合此改修之議所從起也今曆測稱三分九秒初虧巳初三刻則食多一分時先五刻曆元稱日食一分二十一秒初虧午初初刻則食少一分加時密合而兩書自相違異食差將及二分加時不啻五刻此宜再加研察并將兩術算草備細開報以憑查核務須追合天行方可議定成法以垂永久至今年十月朔監推日食二分六十四秒初虧未初一刻本局新法推食二分有奇初虧午正一刻而单開食止九十七秒初虧未初二刻則食少一分有奇加時後天五刻此法異同不須諍論宜待臨時候驗疎密自見耳

一議冬至據曆測不用授時曆加減歲實亦不用大統定用歲實而用金重修大明曆小餘二十四刻三十六分則各年冬至宜遞加二十四刻三十六分方合古來成法今查曆元稱崇禎元

學曆小辨　三

年戊辰測巳巳歲天正冬至得癸未日午正二刻崇禎三年庚午測辛未歲天正冬至得甲午日子正初刻兩年之間實差四十九刻平分之得二十四刻五十分亦爲密近但天啓七年丁卯測戊辰歲天正冬至得戊寅日卯初二刻而前推巳巳歲天正冬至得午正二刻則差二十九刻與小餘不合者四刻六十四分兩測兩推必居一誤矣所宜再加研究以求必合者也

右二則略舉目前易見之事欲須審定畫一但

山居既無儀器，推測得此，已屬苦心。今欲必求確合，當于候臺測驗。本部新局亦粗備一二，可以審詳。或本儒年至，末得輒便前來，亦可令嗣子門生，測量分數，細加較算，縱未能即合天行，于自立之法，自譭之言，不宜參商矛盾，以啓駁正之端。若臨期果有疑義，不妨實告本部，共圖剖析。事關

國典，不至如往代曆師，珍其敝帚也。再查二書中，復有當極論者，今略舉數事如左，討好學深思者，必能豁然領悟，不至厭其繁細也。此事豈不繁不細可鹵莽而得者哉？

其一，歲實自漢以來，代有減差，至授時減爲二十四分二十五秒，依郭法百年消一。今當爲二十一分有奇，而曆元用楊級趙知微之三十六秒。翻復驟加，與郭法懸殊矣。今詳郭法寖次減率，考古驗今，實非妄作，決宜遵用。而曆元所用，又似實測得之，是以確然自信，仍非臆說。二義參差，將何決定？根尋究竟，則皆是也，又皆非也。其

學曆小辨　四

中義據，巧曆茫然，所宜極論者一。

其一，句股弧矢，曆學之斧斤繩尺也。每測皆尋弧背，每算皆求弦矢。而今曆測中，猶用圍三徑一。開方求矢之法，此之半徑則六十度八十七分五十秒之通弦耳。此而可用，則六十度八十七分五十秒之弧，與其通弦等乎？半之，則三十度四十三分七十五秒之弧，又與其正弦等乎？是術一誤，何所不悞？所宜極論者二。

其一，冬夏二至，不爲盈縮之定限。今考日躔春分迄夏至，夏至迄秋分，此兩限中，日時刻不等。又立春迄立夏，立秋迄立冬，此兩限中，日時刻亦不等。此皆測量易見，推算易明之事。則太陽盈縮之實限，宜在夏冬二至之後，而各有時日刻分，代有長消加減，所宜極論者三。

其一，舊曆言太陰最高得疾，最低得遲，且以圭表測而得之，非也。太陰遲疾，是入轉內事；表測高下，是入交內事。若云交即是轉，緣何交終轉終兩率互異？既是二法，豈容混推？以交道之高下

學曆小辨　五

爲轉率之遲疾也。交轉既是二行。而月行轉周之上。又復左旋。所以最高向西行則極遲。最低向東行。乃極疾。正與舊法相反。五星高下遲疾亦皆准此。所宜極論者四

其一。日食法謂在正午則無時差。非也。時差言距非距赤道之午中。乃距黄道限東西各九十度之正中也。而黄道限之正中。在午中前後有差至二十餘度者。若依正午加減。烏能必合。所宜極論者五

其一。交食限定爲陰曆距交八度。陽曆距交六度亦非也。本局考定陰曆當十七度。陽曆當八度。月食則定限南北各十二度。所宜極論者六

其一。曆測云宋文帝元嘉六年十一月己丑朔日食不盡如鈎。晝星見。今以郭氏授時曆推之。止食六分九十六秒。郭曆舛矣。不知所謂舛者何也。若郭曆果推得不盡如鈎。晝星見。則眞舛耳。今云六分九十六秒。乃是密合。非舛也。夫月食天下皆同。日食九服各異。前史類能言之。南宋都于金陵。郭曆造于燕中。相去三千里。北極出地差八度。日食分數宜有異同矣。其云不盡如鈎。當在九分左右。而極差八度。時在十一月。則食差當得二分弱。郭曆推得七分弱。非密合而何。本局今定日食分數。首言交。次言地。次言時。一不可闕。所宜極論者七

右七則。因本書所有。略引其端。事頗賾隱。更僕未罄。此外有當論定者。不止百數。必欲集成大業。因當一一講究。勒爲全書。令傳習者洞曉其法。可以隨試輒效。後來者通知其意。可以因時改革。或復墨守其說。則各就本法。自成一家之言。以待天驗。以質公評。斯亦前朝之恒事。無足爲嫌者也。

貴局二議七論其中有是非一字謹領教略

荅一二　　滿城玉山布衣魏文魁

一議交食據崇禎四年四月十五日月食批以第二男
魏星乾第二孫魏理漕倈漏測驗　本縣縣尹葛允升
縣學生員張爾翥同測驗　蠡縣人甲午舉人賈訥巳
未進士王行健測驗三處測得食既生光刻分批以法
推得分秒以著曆元乞
貴局大方家更正荅云獨崇禎二年五月乙酉朔日食
曆測稱三分九秒初虧巳初三刻是刊書者誤也批之

原稿所存日食一分三十九秒復圓午初三刻將日食
分秒作成定用倍而減之初虧自見臨時測驗數處報
來及禮部有聞各著曆元乞
貴局更正
一議冬至據曆測不用加減歲實亦不用大統歲實而
用金重修大明曆歲實非余用也原是授時曆大統曆
四餘用也
貴局不查疑余用之余之所用歲實者不假思索皆從
天得曆元著明千載合天不謬眞而不僞諒之諒之荅

單中又云或本儒未得輒便前來斯言過也批清隱
未上曆元未進
○○不知下落何處未奉
旨議並無召命私自來
京惹人哂耻而來何爲耶
其一歲實自漢以來代有減差至授時曆減爲二十四
刻二十五分是郭守敬自言自大明壬寅歲距至元辛
巳歲八百一十九年以積年而一積月得歲實非減而
得之也守敬只有這一長處其月策轉終交終交泛等

並皆仍其舊有消長各一決不可用曆元不從用場
數也卻微之三十六秒曆元妙而神術人何得知耶邪
微法者古驗今與是變作決不可遵用如是遵用
貴局遵用在批不然何謂也守敬云自大明壬寅歲來
壬寅歲天正冬至乙酉日夜半後三十二刻祖沖之立
表所測守敬用百年消長推之得甲午日八十刻失一
日二十四刻守敬云天道有失行是天失行邪是人之
法失行邪而百年消長遵是乎非乎批用衆君子所測
今年崇禎四年辛未歲天正冬至丙午日夜半後五十

分為應上距大明壬寅歲一千一百六十九年乘歲實
三百六十五日二十四刻二十七分得中積減氣應以
甲子去之餘以減甲子得乙酉申正二十九刻大正冬至
與天合又以授時至元辛巳三百五十年乘歲實得中
積減氣應以甲子去之餘以減甲子得己未日夜半後
六刻冬至與天合

其一句股弧矢歷學之斧斤繩尺也猶用徑一圍三是
術一誤何所不誤

貴局貴誤者不貴其源淸而貴流濁余曆測曆元所著

學曆小辯　十

句股弧矢三乘之術以誤三百五十餘年誤起於元翰
林學士知制誥同修國史欒城李冶其後太史令郭守
敬遵而用之旣然圍三徑一之誤必也用太一之文三
而一二二三之數也弧矢割圓三乘之誤

貴局定有良見著為書何如使題收入曆元以傳後世

其一冬夏二至不為盈縮之定限殊不知冬至盈初夏
至縮初春分前二日四十刻秋分後二日四十刻盈縮
遞換即為末限二日四十刻者自平立定三差而來曰
極差

其一太陰而用圭表所測是眞遲疾者何云非非也夫
測太陽二至前後數年年年有之矣若測太陰高低數
刻有年有月非測太陽之比也非是年是月不得測驗
四年半測高四年半測低九年一率遲疾一更自劉洪
粗知而不知平立有差今以尖圓法得平立定三差盈
縮遲疾咸備在曆元卷之三天啓癸亥歲日低月高之
會測法細錄報

貴局查之

其一日食法謂在正午則無時差是也非非也所謂時

學曆小辯　十一

差者言旦夕也不言距度也食在夕者酉初一刻時差
多定朔小餘必是七十二刻時差六刻有奇日食在晨
刻者卯正三刻定朔小餘必是二十八刻時差六刻有
奇日食在午正初刻者定朔小餘必是五十刻不知時
差自何而來在曆元卷之二交食元中講之甚明

貴局非也是孰非邪以定朔小餘五十刻問司曆氏時
差幾何渠止會推數不明曆理待報自知也

其一日食限定為陰曆距交八度陽曆距交六度亦是
也非非也陰陽過此限不食且如宋仁宗天聖二年甲

子歲五月丁亥朔曆官報當午日食五分有奇候之不
食以諸曆推筭皆食五分有奇授時曆推之亦然郭守
敬云天道失行以(魁)之術推之是日得陰曆八度三分
果然不食嗟嗟歷代無一人知曆數湮没至今不亦傷
乎今
貴局定陰曆當十七度陽曆當八度月食則定限南北
各十二度此夷外之曆學非中國之有也(魁)不可得而
知之也何謂也言陰曆定限八度陽曆定限六度者是
距交前後二度相並也自陰陽八度六度之前後漸漸

學曆小辯　十二

而寬寬至六度弱漸漸而窄窄至距交陰八陽六二度
相並乃會食之所也弧矢三乘尖圓之法正謂此云
其一曆測云劉宋文帝元嘉六年巳巳歲十一月巳丑
朔日食不盡如鉤晝星見河北地盡晴黒如夜秦中地
震
貴局言南宋都金陵三千里郭曆造於燕去河北止千
里非三千里不可辯論何謂也
貴局報今年四月十五日夜望月食朝鮮虧時與山西
太原府同則可知矣夫北極出地南北異東西同求日
出日入則可而南北日出入異異者北極出地高下之
故也東西雖同者謂日出卯日入酉也若交食時刻相
同則不然夫交会者或當交或交之前後移刻則交過
之而日躔月離去交遠矣如陝西臨洮蘭州河州等處
西去上谷纔五千餘里日在酉時帶食此處在天復圓
朝鮮王京東去上谷五千餘里上谷西距太原又四百
餘里北極出地雖同是言日之出入與交邪于假如西
域巳時即中國未時也如是日月有食定巳時邪定未
時邪欲修曆數必也數理明達方任其事余觀

學曆小辯　十三

貴局多曆理明達者乎諺云水深丈探人深語激是也
是也

與王廷評答客難

昨傳來魏處士答問語已悉當須更一辨正否古云有爭氣者勿與言也又曰不直則道不見酌於言不言之間採該局所論次者略節數語闢其未悟望致之若更有辨論能依名理雖十往返可也

一崇禎二年五月朔日食據云刻書者誤也然原稿未誤者云食一分三十九秒亦恐未確蓋日食之難苦于陽精晃耀每先食而後見月食之難苦于游氛紛侵每先見而後食故日食一分以下非人目所能見毫芒類能

言之是日果食一分三十九秒則所見者極微矣而通都共覩實不止一分三十九秒也今年十月朔密室所候將及二分而外間所見止一分以上此足下所目擊非其明效耶

一歲實小餘三十六分據云此趙知微重修大明曆四餘所用授時大統皆仍之處士亦仍之則三十六分特用之四餘不用之氣朔耶豈四餘氣朔當有兩歲實耶不知五星之歲實又與氣朔四餘同耶異耶處士自云所用歲實不假思索皆從天得此疑實測所定果亦近之

[illegible]何不必費思索并定一五星四餘盡一不爽之歲實[illegible]猶仍金元諸人之舊也咨单中言或本儒年至未得報便前來者謂其高年儻未得來當遣子弟代之此正欲其來不得已命其子弟耳若曰拒之使不來曷不并拒其子弟耶文理自明再繹之

一歲實加減小餘自漢四分曆定爲二十五分乾象曆減爲二四六一八〇南宋大明曆又減爲二四二八一四宋統天曆元授時曆又減爲二四二五其間七十餘家互有加損總計之則自漢至今皆以漸減也彼皆實測

實算以爲當然烏得謂元以後遂不應復減耶郭云百年減一分三百五十年來應減三分五十秒當爲二十一分五十秒而該局所考正今之定用歲實乃是二十〇分四十八秒六十〇微即又不及百年而減一分明理著數亦猶行古之道也此則不知者聞之將大笑且駭以爲該局所推冬至時刻必且先天若干亦先大統若干而又不然如今歲推壬申年天正冬至大統得在十一月三十日巳亥寅正一刻而局推在本年月日辰初一刻一十八分乃後于大統一十二刻[illegible]數其

前代測驗確與天合並無爭奕也爲何故平歲實非不
年冬至可定眞冬至時刻非歲實所推也此說甚長更
備之於左姑就所明通之處士亦知冬至時刻終古無定
率乎果有定率則處士所定二十七分歲歲加增足矣
何爲每測必差卽曆元所測定二三年間便成參錯此
其間得無謬之儀表未精測候未確不知果精果確乃
實見其無定率矣蓋正歲年與步月離相似冬至無定
率與定朔定望無定率一也朔望無定率宜以平朔望
加減之冬至無定率宜以平年加減之若郭太史所增

減之歲實者平年也故新法之平冬至或在大統前或
在後其定冬至恒在大統後也此法一經道破達者自
能豁然但欲窮究其理非虛心定意經歷歲時難可遽
通耳

下句股三乘術非誤也特徑一圍三不合耳旣稱作者宜
自爲清源以傳後世柰何沿前人之濁流耶弧與弦終
古無相等之率無論古率徽率密率太一率卽多分之
至萬萬億猶是弦也否則周外之切線也且弧弦之術
舉手卽須每推一法當數四用之卽依古率推演已覺
大繁況徽密以上乎必若此者曆將卒世而不就矣談
局旣已言之安得無見又安得無書第所傳之書有論
說有立成有通率都爲一十六卷八十餘萬言以入曆
元得無本末不相稱耶此書爲用甚大故名大測自當
孤行于世待知者用之譬如崇臺九成延袤百丈而不
濟者或未可寄人廡下也老而好學誠往昔之美譚然
求人之術乃當以排抵爲羔鴈耶

下言法冬夏二至爲盈縮之定限今云否者古名曆家精
詳測候見春分至立夏行四十五度有奇立秋至秋分

亦行四十五度有奇其度分等而中間所歷時日不等
又時日多寡世世不等因知日行最高度上古在夏至
前今世在夏至後六度則夏至後六日乃眞盈縮之限
此卽眞冬至所自出矣第其說頗與且賾非好學深思
未易與之言也

下論太陰遲疾用圭表得之夫太陽用二至前後表景推
算在一二日內或亦近之若遠則所得者定非眞率何
況太陰但太陰之遲疾不在去地高庳去地高庳者交
道也九年再測者亦非測太陰測月　也月交東騖月

亦西馳兩道遲行是生月孛孛者悖也月轉至是則遠天行故最遲也九年以内孛實行天一周四年半在高四年半在庳其測高測庳之月日太陰必與孛同度既得同度必是最遲豈因圭表所測去地高下爲其遲疾非且孛則九年而一周月則二十七日有奇而一轉若謂悉交轉之義精探遲順之理深明乎自之率確審經緯之度即月月自有其遲疾日日可得其高下何必九年哉必九年乃得者則歲星須十二年填星須二十九年歲差須二萬五千餘年誰能待之

一日食距午時差舊法以爲論時則定朔小餘五十刻是也本局以爲論度則黄道九十度限是也時與度有時而合有時而離有食在午中或近午左右而推算時刻乃不合天者其度限去午左右稍遠故也如今年十月朔日食午正而監推乃在未初回回曆在未正亦一證已

一日食距交限定爲陰曆八度陽曆六度舊法也該局定爲陰曆十七度陽曆八度而云不然何不考今年十月朔日食甚距交幾度耶按是日食甚在未初一刻内五十一分本月十五日夜望月食甚在辰初一刻内一十三分兩食中積爲十四日七十三刻月食甚時過正交入陰曆一度依法推得日食甚時月未至中交十四度強而食及二分則初入食限豈非十七度乎何得定爲陰曆八度耶至宋仁宗天聖二年甲子歲五月丁亥朔曆官推當食不食司天奏日食不應中書奉表稱賀乃諸曆推算皆云當食以授時推之亦然夫于法則實當食而於時則實不食苟如宋臣之稱賀是罔上也如元人言日度失行是誣天也此事遂爲千古不决之疑今

當何以解之按西曆日食有變差一法是日在陰曆距交十度強于法當食而獨此日此地之南北差變爲東西差故論天行則地心與日月兩心俱參直實不失食而從人目所見則日月相距近變爲遠實不得食顧獨汴京爲然若從汴以東數千里漸見食至東北一萬數千里則全見食也此術於日食法中最爲深賾推曆之難全在此等其説甚長已著該局所譔交食曆中未經

進呈不敢輕出然論曆至此果所謂得未曾有也古來當食而不食者或推入限不真或夜食而誤爲晝夕皆不足

差獨是年于法不誤當而實不見食乃是百中一二變差
法亦曆中玄指藉此一駁得爲闡明正如洪鐘在懸非
因扣擊何從發其音聲哉處士一言謂之有功曆學可
矣若陰曆八度三分巳入限大半無緣得不食也
一據答未後一條語意難明如云河北千里朝鮮虧時等
不知何物若本部原咨則有二說一謂南北里差元史
稱四海測驗二十七所大都北極出地四十度太強揚
州三十三度今測得金陵三十二度半較差八度少如
唐書每度三百五十里則二千九百餘里謬也如逆法

每度二百五十里則二千餘里爲其南北徑線加行路
紆曲豈非三千里乎有里差則有食分差安可謂日食
時南北之分秒等耶試問之南來人今年十月朔曾見
日食與否當自知之一謂東西里差盡大地人皆以日
出處爲東日入處爲西皆以日出時爲卯日入時爲酉
有定東西無定卯酉也南北里差論北極出地若干里
而高下差一度東西里差論亦致出入亦若干里而遲
速差一度不易之定論驗諸交食最易見矣今反抹去
此差而欲議交食乎按漢章帝元和三年三月二日日

食史官不見遼東以聞五年八月朔日食史官不見張
掖以聞豈非食在早獨見于遼東食在晚獨見于張掖
耶據稱西域之巳時即中國之未時則日月有食西域
之見時爲巳中國之見時爲未極易曉何者地有兩時
天無二食也推之西域以西中國以東何獨不然安得
謂南北異東西同哉今年四月望月食蜀中移文言曆
事本部回咨稱順天府初虧丑初一刻成都府則子正
一刻近該省回文云果在子正是可據爲明證若來說
中言陝西臨洮等處見日在酉時帶食而上谷乃見在

天復圓則必無之理亦宜再查原稿似倒說矣且不論
倒否但云一見帶食一見復圓即是東西異見也欲明
南北異東西同而所引西域加時及帶食復圓二事又
皆東西各異得無以子之矛陷子之盾乎欲修曆數必
也數理明達方任其事是也然論理論數各一是
非誰使正之此則古來有法追天而巳明年三月九月
俱有月食試各預推分秒時刻公諸耳目至期驗定疎
密自見也儻不可待則太陰去離經星經緯度分五星
躔度去離經星及凌犯時刻經緯度分皆日日可推夜

夜可驗亦各先推後驗公諸耳目孰妙不妙孰神不神孰明不明孰達不達如出手見指立表見景將誰欺乎卽亦何煩諍論何勞翰墨哉

附載前論中二法

論食限一法　崇禎四年十月朔日食甚在未初一刻内五十一分本月十五日夜望月食甚在辰初三刻内一十三分兩食中積爲十四日七十二刻分秒不論月食甚時過正交入陰曆一度論時則過交在食甚前七刻半也以減中積得十四日六十五刻半爲月從日食時行至

正交之積時在大統法半交周爲十三日六十一刻今月食在後當作逆行從正交至日食甚爲過中交一日四刻半或言食甚在中交前一日四刻半又月行一日距交十三度二十分今一日四刻半則日食甚時月未至中交一十四度强爲已入食限三度弱故食止二分也

論變差一法

宋仁宗天聖二年甲子五月朔曆官于汴京推得午時日食五分至期不食今考此地此月日在午正前十刻卽巳初二刻合朔非午時也于[illegible]二十三度月未至中交十度半入陰曆黃道緯距度五十三分五十[illegible]分者日月兩心相距之數也減二徑折半三十分得二十三分是爲日月兩周切近之距數其在本地太陽出地平高五十二度四十分太陰南北差三十四分因入陰曆去減二十三分得十一分爲月應食日之數故諸家成法皆推爲當食然是三分之一非五分也

再考合朔在午前十刻而太陰距黃道象限三十三度用法求三差得南北一差大半變爲東西差欲明此理此數爲書萬言未能備述該局議交食曆指三十卷具載其術其南北差止一十七分而兩周相距二十三分不能相及遂不復見食矣又東西差

十七分變爲四刻則視朔亦移前四刻巳初二刻爲天元合朔今云視朔者人所見合朔也爲辰正二刻也此在汴京則然若去汴以東七八千里則見食三分又北七八千里亦見食更東北行萬里則見全食

右法獨在黃道中限乃無變差雖食午正而在中限左右則亦有之故曰東西時差不以午正爲限以黃道九十度之正中爲限也變則時時不同或多變爲少或少變爲多或有變爲無或無變爲有其多變爲少必變爲多者人但以爲推步未工竟不知本工者安在也無變

禮部尚書兼翰林院學士協理詹事府事督修曆法

徐　爲欽奉

明旨修改曆法謹開列事宜請乞

○裁事准

禮部咨准都察院咨據巡按四川監察御史馬如蛟呈奉本院勘劄先該本部咨題前事內開博訪得資縣儒學生員冷守中執有成書言論娓娓謹令抄錄原書先行呈覽如果堪用行文起取等因到院移咨過部轉咨查覽等因准此看得曆法一家本于周禮

馮相氏會天位辨四時之叙于他學無與也從古用大衍用樂律牽合傅會盡屬贅疣今用皇極經世亦猶二家之意也此則無關工拙可置勿論惟是曆之始事先定氣朔曆之終事必驗交食今崇禎四年辛未歲前冬至大統曆推在庚午十一月十八日亥正一刻本部從前推步臨期測驗定在十九日丑初一刻五分四十一秒則于大統曆已是先天一十二刻有奇而于來衞所推在酉初四刻又先于大統一十六刻則比于本部新法共先二十八刻有奇燕越之

爲有。人多不覺然古史所載亦有食而失推者。職此之故。星曆家雖蒙失占之罰。亦竟不知其所繇矣。惟有變爲無。則推步在先。至期弗驗。不得不傳耳。故三代以來。一切交食。皆宜論定。爲古今交食考。以俟虛心學習者考焉。今諸大論大表。未能得竣。無暇及此。當以異日。

索不備遠矣然而此事與曆難宜逝駒莫挽彼此是
非孰從定之亦姑永論獨辛未年日月交食此可據
推尤難掩覆合離疏密毫髮畢呈此不必以口舌爭
也考是年四月十五日戊午夜望月食欽天監推到
食限一十四分九十九秒初虧于正東爲丑初三刻
食既爲丑正三刻食甚爲寅初二刻生光爲寅正一
刻復光于正西爲卯初初刻本部新法所推則食限
二十六分六十秒其在順天府則初虧在丑初一刻
内第二十五分三十秒食既在丑正一刻内第五十

學曆小辯　二十六

一分二十三秒食甚在寅初一刻内第六分四十三
秒生光在寅初四刻内第五十九分零二秒復圓在
卯初初刻内第二分二十三秒又依各省直道里約
畧推得先後時刻不暇徧舉今止論四川成都府則
初虧在子正初刻九十一分一十三秒食既在丑初
一刻二十六分六十七秒食甚在丑正初刻七十零
分六十三秒生光在寅初初刻二十六分四十零秒
復圓在寅正初刻五十分七十三秒盖順天府復圓
之時月輪准在地平上未入四川復圓之時月輪尚

在地平上一十五度有奇來銜云加時在晝則此推
左之甚而明白易見本部原疏皆云莫難于造曆莫
易于辨曆盖爲此也今時日既在指顧亊理又若列
眉合無聽令本生同該地方陰陽人等至期詣公府
一同候驗如果加時在晝即其法夐絶千古本部當
旴衡俟之如或在夜則尚宜虛心習學以成先志盖
三百年來此道寥寥苟有志焉樂與其進也再照月
食分數寰宇皆同不比日食多寡隨處各異特緣地
有經度東西易地則先後時刻亦隨處不一如前所

學曆小辯　二十七

推蜀省時刻乃依廣輿圖計里畫方之法揣摩推算
未委果否相合如必欲得真數又須以本地交食之
數驗之至期得本地方官令本生同陰陽人等測定
初虧真正時刻分秒備細具申轉咨前來使本部得
藉手以告成事是所甚願也爲此合咨
貴部煩爲查照轉咨施行
崇禎三年十一月

禮部為欽奉
明旨修改曆法謹開列事宜請乞
○裁事祠祭清吏司案呈奉本部送八月十六日准都察
院咨七月二十八日據四川廵按監察御史劉光沛
呈稱本年五月初五日據四川布政司經歷司呈奉
本司劄付本年三月二十日蒙職案驗前事奉本院
勘劄准禮部咨祠祭清吏司案呈奉本部送准禮部
尚書兼翰林院學士協理詹事府事督修曆法徐
咨稱內准禮部咨准本院咨據廵按四川監察御史
學曆小辯　二十八
馬　呈奉本院勘劄先該本部咨題前事內開博訪
得資縣生員冷守中執有成書言論娓娓謹令抄錄
原書先行呈覽如果堪用行文起取等因到院移咨
過部轉咨查覽等因仰司呈堂查照劄案內事理轉
行資縣與令生員冷守中到司至期地方官督令本
生公同陰陽人等叅驗交食真正時刻分秒備錄具
報以憑轉報施行蒙此同日又蒙本院案驗為月食
事奉本院勘劄准禮部咨祠祭清吏司案呈奉本部
送禮科抄出禮部尚書兼翰林院學士協理詹事府

事督修曆法徐　題奉
○旨覽奏月食方隅時刻互有同異便着監督官測候及
各省直奏報叅驗自見所陳四事務講求詳確以資修
改該部知道欽此仰司呈堂查照劄案內備奉
旨內事理即便轉行合屬府州縣至期叅驗備錄時刻
的確開報以憑轉報回銷施行蒙此俱經通行合屬
遵照行令成都府轉行資縣申送生員冷守中到司
諭令本生先將月食分秒開報至期互相叅驗據本
生具呈手本開報崇禎四年四月十五日交十六日
學曆小辯　二十九
月食寅正二刻初虧卯初二刻食甚卯正二刻復圓
月食一十三分二十八秒至崇禎四年四月十五日
戊午夜該本司署印分守川西道叅政賀自鏡會同
按察司署印軍驛屯鹽茶水道布政司叅政曾棟都
司軍政掌印都指揮僉事高銘僉書林天庚團練叅
將王國臣督率合屬文武官吏師生陰陽醫學僧綱
道紀人等前詣都司陳設自十五日戊午夜候至巳
未子時據成都府陰陽官生鄭艮等報初虧子正初
刻三更三點正東食旣丑初三刻四更三點食甚丑

正初刻四更四點生光寅初三刻五更二點復圓寅
正二刻五更五點正西呈報在卷查得生員冷守中
預報初虧時刻恭驗交食差錯二時曆法未精不必
言矣即陰陽官所報時刻更點亦未必一一接捘也
第據衆目所共見者初虧在東南食甚在正南月光
盡掩無餘良久光始東生復圓則在西南月將西沈
天色欲曙日尚未出也想治曆家始能推算分刻的
確非草澤所能測度也除冷守中遵奉部文諭令虛
心再加習學外等因緣繇前來合行呈報爲此具繇

呈乞照驗請禮部原奉勘合字號併賜註銷施行等
因到院據此擬合就行爲此合咨貴部煩爲註銷施
行咨部送司准此相應轉咨系呈到部擬合就行爲
此合咨前去煩爲查照知會施行須至咨者

崇禎四年八月二十八日

欽天監在局學習官生周胤賈良棟劉有慶賈良琦朱
國壽潘國祥朱光顯朱光大朱光燦等議
訪舉庠生鄔明著參訂

客有傳魏處士歲餘氣至攻專排本局新法吾輩以爲議
論異同豈無一二可相印正者宜並存之可也既而詳
覈其說不過冬至交食兩事則前學曆小辯論之悉矣
彼于辯中肯義茫然不解遂不能節節置對但爲模稜
籠統之說曰某法合天某法不合天某法先天某法後
天至天之所以先與後法之所以合與不合隻字不及

也儻默然無說彼便詫爲已勝不將使實理爲強詞所
晦耶共議條答應之或曰是者心戶如鐵石無隙可通
豈箴砭所能至乎余輩曰不然向者巳巳之歲部議兼
用西法余輩亦心疑之迨成書數百萬言讀之井井各
有條理然猶疑信半也久之與測日食者一月食者再
見其方位時刻分秒無不脗合乃始中心折服至遡來
奉
命習學日與西先生探討不直講之以書且試以器不直承
之以耳且習以手語語皆眞詮事事有實證即使盡起

古之作者共聚一堂度無以難也然後相說以解相勸
以努力譬如行路者既得津梁從之求進而已若夫入
其門何繇能信其室中之藏吾輩非昔日之魏子耶請
以所聞於先生者疏參諸開說一二聊當耳提處士學
久功深儻得幡然覺悟即吾輩之朝斯夕斯上可不負
簡書者此非其一班乎即不其然而以公諸人人使夫有志
斯道者共論定之政如引流飲渴酌者必蒙其潤豈必
魏子衆以爲然因共劄記凡得若干則如左
治曆者先立曆元定四應分各策皆平行數耳欲求定

學曆小辯　三十二

數必因積測用法算立術以加減其平行乃與密合於
天行焉有不合者更測更算必合乃已此非一人一世
之功也今處士自云一測即得甚易已甚者知處士之
曆先有法而後測乎抑先測而後有法乎若先法後測
是爲合以驗天非順天以求合矣若先測後法恐管闚
蠡勺數十年未或闚其藩籬也試爲之當即知之畦步
未涉者烏能知泰山之顛非一蹴可至耶古來造曆者
七十餘家立法者十有三家是皆覺有乖違隨即因而
改憲其所更定撰次無不釋回增美多于前功且皆出

有奇抱兼饒學力故能爲時主所信用後世所傳稱緫
未聞其專詡已長恣彈先賢以創始難工詎不忘其
所自耳今處士所用立成悉皆古來舊法何嘗自設一
術自布一籌而乃排斥名賢遽謂前無作者此蓋未能
盡羿之道遂關射羿之弓又何怪同時嫌忌如西國先
生者見詆以戴法與乎法興實不勝祖冲之故有當時
之譏今試根極理要推尋事驗孰藏孰祖尚未知所定
抑何言之易耶法與所說持之有故不遇正術固自斐
然恐亦未便可輕也

學曆小辯　三十三

一盈縮遲疾加減等三差表爲算交食之根本舊傳立成
表悉不合天今細查曆元曆測所載太陽盈縮三差從
冬至起至第六限已差三十二刻而測冬至之差不與
焉其各限所差又復多寡不一是皆因仍舊法以爲已
有不一改正則每日所推太陽細行悉無合者至交食
加時所差更多矣曷不反覆紬繹從實際探討以求爲
一之是而紛紛尚口當復何益
一測景以求冬至從來作者用爲造曆權輿然三景所得
實與天行不合近羅先生撰揆日訂訛一卷論之晰矣

億前後二景不甚相遠即所差無幾聊可用之其他正法甚多未易殫述總之不論何法惟揆日景不得爲求冬至之法蓋定冬至必爲最長之景而最長之景每歲無定率也是故從古曆家每論求冬至刻分以取歲實俱言難定即處士曆元中所測二三年已成叅錯小辯中既詳言之識尋古今揆日測景書策所記今以法算𣪍之有得有失亦一二可考大明曆合者一郭太史授時曆卽觀察律曆考各有合者惟處士所測遂無一合殆是任意揣摩非繇實測或因村落草刱圭表未精故

學曆小辯　三十四

也試以句股割圓二術函相籌算是非立見矣又漫言某先某後惟已爲獨得豈好高使氣者能使日再中乎一處士言日食分數止論京師不論各省直異哉自黃帝以來至于今四千餘年矣正閏殊統南北東西殊地而皆有曆將悉從燕冀受術乎將各就其國都立術乎抑一方所立可槩普天之下乎史書所載有食在晨見於東食在夕見於西者有南北所見多寡不同者不數考諸方之異同何繇得此方之必合也嗚呼九州萬國周環大地一一知其入限有無食分多寡加時早晚先言

後驗者今亦未入則目之爲小技掏虛局見寶爲家珍且復論而不推推而不效則以爲大經大法此可謂明于大小之辯者乎若處士者亦幸而生當今之世近

○人之居故得憑藉金元舊法自爲滿足耳試令生洪武之時將用何術從留都推算又或居滇粵之地將用何術從本鄉測候也古云南北不同分東西不同時又云月食天下皆同日食九服各異是皆曆書之言處士自云何處搜尋不到乃獨遺此數語耶律曆考徧表稍繁搜括亦備竟未見刱一新法說一大義造一用器有可爲

學曆小辯　三十五

華故判新之功者是故不知者河漢其言以爲自成一家其知者以爲皆古人之糟粕也而欲守此以裁成

人典用物方來吾見其窮已

崇禎四年十月朔日食先報後驗通都共見乃處士先推九十七秒後來直云不食何也是日百司奏鼓兆人屬目果不食言食曆官安所逃罪

○明在上誰爲捍護而獲免耶若夫宮室測量蓄因陽精炫耀非人目可當初虧時率多未見或用水盤照則兒十閃爍又苦動搖故善巧者設爲此法用素板作圖界

晝分秒以亦日光則虧復初終分數多寡灼然不爽所取於密室者兔光自閒隙分明即晉井茂林日中見星之義僧察中或爲幽房通隙以受照影亦此理也于時寓目者有周農部名天祚李儀部名長德及王光祿應遴陳中翰應登本監在局學習官生僉共賞歎以爲依法測之所見同禮部及觀象臺官生以水盤照之所見所未見此外都近來觀者不易殫數又同日於本臺見亦同何獨處士一人未見厥所以然者似因原推本無定據中心惶惶幸其不食年高目眩臨時未獲諦見

而旁人見者懼于逢怒諛言迎合遂信以爲真強詞附會耳然而遽形筆劄指通國所見者悉云非是斯謬甚矣凡處士之護前自用強人從己皆此類也自欺欺人竟誰屬乎

一萬曆四十年壬子五月朔日食處士稱測候不食是也弟未知本時候得耶抑先時推得耶若本時候得則人人能言之又何足論若先時推得曷不明言其所以然也依本局新法是日定朔爲算外酉初二刻于時太陽躔實沉宫九度〇八分未至地平十九度有奇日入戌初一十九分距定朔得一小時四十九分而太陰赤緯至地平十九度此實食也論視食尚有高庳差約一度于時太陰日行十二度約二小時行一度今差一度變爲二小時以加定朔并得戌初初刻三十〇分則太陽已入地故不可得見也又此時太陰在陰曆離黃道四十分而實沉宫當正午故在順天府即日未入亦不能仙掩若西國則羅先生親候得午正刻食甚六分有奇蓋東西不同時此其一徵已

一黃赤二道廣狹不同距升降不同分舊傳距度等表率

多舛謬處士以爲無庸改乎奈何因仍用之夫造表之法無論術不能強立義不能妄言即黃赤道以一弧求一矢如處士所抄集古術必用四十餘法而得一率則造一小表亦將期首終歲其難甚矣若局中新法一弧一矢特用乘法一次便能得之終歲之功一日可了此其繁簡巧拙相去幾何如處士是已非人必欲舍而從彼則局中所撰新法立成其種以百計一種之率大者以萬計儻用其舊術當聚數十人推算二三百年乃可竣事將何以應

詔稱任使乎

一問處士以占候自命。未知果否。果爾則七政之學尤宜虛心究之何者日月五星經緯度數及其伏見舍衝會合犯凌犯與人物爲徵應實占候家之準的若言會而實未會言合而實未合。則一切吉凶禍福孰從論之設過夫曉達象緯者。又孰肯信之今者徐蔡其語言文字。恐分宮賦度或未能盡合天行也何者。元監正未能爲五星郎郭太史亦然今所傳九曜法猶是古來相仍舊書兩家特傳錄其書耳處士之書亦復如是觀其所爭四餘歲實尚作小餘二四三六則是五百年前之術也。而欲以推今之星躔經緯其能合乎今本局所造皆崇禎元年之數歷茲六載已有微差特未及歲歲更定耳而漫錄五百年前之術用強求勝吾弗知之矣如必自以爲是請先指一星推定某日某刻與某星會于某宮某宿若干度分內外去離若干。及分至則與衆共驗之不亦可乎果其屢試不差乃可[illegible]言[illegible]更據理論之。禨祥者周禮保章氏之職也其言不[illegible]于今則爲天文科所傳之書絕不雅馴仍無義據蓋遼金以來星命卜

學曆小辯　三十八

所云[illegible]妄作耶此術法所正禁違識者　稱也無已則有二焉其一言推人生命知其禀受剛柔善惡可用以矯偏克已其一推歲月時令知其水旱豐凶可用以豫備修救此于身脩國治不爲無補儒者亦或用心焉顧非精研熟究分秒不失未免喜畏殺雜凶吉倒置矣即使悉無差舛其所詮說尚多有不驗者焉是以智者諱言之

一言東西差變爲南北差學曆小辯中無是語也第云南北一差大半變爲東西差耳此理精微蓋必千百年積候千萬里互證方能推究若驟語之雖聰明絕世未易驟曉其然不然也敢以過望于處士乎脫欲知之則宜用渾儀等器耳提面命以彼積學當能了然若以黃道九十度爲時差中限理亦如是但恐滿志盛氣已所未知便是必無之理則所謂山中人不信有魚大如木耳老而好學如燈燭之光吾輩甚爲處士望之其如不就何已則不就又欲使人舍而[illegible]去聽[illegible]入冥冥誰能聽之哉

一言日食距交限學曆小辯中用崇禎四年十月兩食之數剖晰極明處士何惜一覽邪尚執陽六陰八之舊法以

學曆小辯　三十九

爲必然不易也夫陰曆十七度陽曆八度不自西法始
大統曆亦然處士所抄纂者皆大統法也而于日食第
三推亦未之見尤異矣今採錄如左
大統曆推日食在正交中交限度法曰視其推得交定
度全分如在七度以下或三百四十二度以上者皆爲
食在正交
依此則正交前七度正交後二十二度爲食限何者置
三百四十二度以減全周三百六十四度餘二十二度
則將滿全周二十二度入食限也

學曆小辯　四十

又曰如在一百七十五度以上或二百零二度以下皆
爲食在中交
以上兩數相減得二十七度即中交前後兩食限并也
又置一百七十五度以減半周一百八十二度餘七度
與正交等又置半周一百八十二度[illegible]減二百〇二度
餘二十〇度則中交前後兩食限爲七爲二十也
古稱議禮之家有如聚訟惟曆亦然惟曆家是非特
爲易辨何者訟必決于證佐他證佐未足可信也曆以
七政爲證佐無不可信者矣今欲追天以求決定乎小
辨固云日日可推夜夜可驗但恐處士於恒星五星之
學未能深入不應傲之以其所不知獨交食法其所優
言而來年甲戌歲適有三食處士亦推得復圓時刻特
未詳耳儻必以己法爲是請與本局各細推諸草密封
送
禮部
禮科以待臨期測候蹤寄自辨矣他諸論撰亦各悉心
努力作爲成書傳之其人自多識者何煩口說也嗚呼
茫茫區宇才不絕世人人各有耳目豈其一手可能掩

學曆小辯　四十一

蔽人人各有心思豈其一怒可能降伏耶

石品

（明）郁濬 撰

《石品》二卷，（明）郁濬撰。據國立國會圖書館藏明萬曆四十五年（一六一七）刊本影印。

石品

完

石品序

嘗讀名山記載古人所紀褱中名山峰巒洞壑奇矯岩崿畢備然按圖卧遊可耳其於几案間

石品序　一

物而繪諸圖者如東坡供佛印元章宛轉玩弄為刺史奪而登車者畢收焉而又遺其大夫物貴大者不得取小〻者不得取

大而石則不然岩嶤之勢拳握之奇並為雲根氣核可以獻嶙峋而娱襟抱猶之一滴具香海之味萬里縮盈尺之圖品可弗

石品序　二

備乎吾友開之爱搜秘編掇萃次第是稱栩始紀厥本事附以咏吟幽恠神奇無所不有是石公之淩烟而丰室之山陰道也

長夏一展清風颯颯生兩腋間矣余曰思宣和主殚天下之力劉山蔽江以累艮嶽不幾年而樵牧游於其巔牛奇章為相獨

石品序　三

於石不廉譲李文饒創平泉之莊至遺戒曰失一石非吾子孫今且與所爱俱烏有矣是品也斵之以紫毫葺之以汗竹不呼

役而精靈軀不洗剔而神骨献若大若小犁然画圖儼如理屐一過非不貧之家缘而世々湯沐之盥固僕也耶因題以慱同好者一粲

萬曆丁巳七月既望

友人何萬化宗元甫書

石品上卷

五色石　昆吾石　毋化石

女化石　支禺石　精衛石

支磯石　澣沙石　琅玕石

瑪瑙石　天柱石　天牙石

華岳石　丈人石　參里石

擣衣石　欀杵石　明月石

落星石　片雲石　行雨石

遠雲石　涵暉石　涵碧石

雲母石　露盤石　仙都石

玉户石　鳴絃石　鼓吹石

蒼劒石　峨嵋石　點蒼石

仙舘石　玉女石　花姑石

桃花石　松風石　彈碁石

石品 上 目 二

試劍石 紫霄石 棲霞石
大盤石 達磨石 菩薩石
羅漢石 金剛石 羅剎石
百衲石 香爐石 秀碧石
秀華石 瀟洒石 美人石
紅絲石 藍田石 滴翠石
藏珠石 玉帳石 磨鏡石
畫眉石 垂手石 點頭石
樗蒲石 棋子石 彈琴石
吹笙石 芙蓉石 芭蕉石
紫帽石 青泥石 文章石
有道石 賢士石 校書石
五車石 硯山石 移剌石
蘭亭石 釣臺石 江祖石

石品 上 目 三

千人石 醉酒石 醒酒石
陽起石 天墨石 金印石
御題石 金帶石 金牙石
一品石 三品石 令史石
排衙石 陰陽石 鼓鏡石
朋松石 雙峭石 大理石
隅凡石 射的石 麥積石
望夫石 思婦石 傷心石
漬骨石 穿心石 押頭石
招手石 棶菱石 枇杷石
花乳石 花戌石 崑山石
產玉石 黃金石 引金石
松化石 舴艋石 卷篷石
鬱林石 扶寧石 盧溪石

上卷目錄

石品

雲間郁濬開之甫紫芝軒輯

五色石

女媧氏鍊五色之石、以補天闕。列子 明湯賓尹詩、煉石而補天、至今天一色。所以女媧氏、萬古稱奇特。

昆吾石

西海瀛洲有昆吾石、冶其石成鉄、作劒光明四照、洞如水精、割玉如切泥。十洲記

母化石

禹產崑山啓生於石、王韶之云、啓生、母化爲石。異苑

女化石

宿縣貞女峽水際石、如女子、相傳秦世有數女取螺峽口、遇風雨晝昏、而一女化石。藝文類聚 陳江總賦、倦辛苦於嶺表、遂沉淪於海外、迹飄飆於轉蓬、情

繚繞於懸旆。明錢福詩：亭亭不語立江濱，萬里無家石作隣。雲鬟不梳千載髻，蛾眉長瑣萬年春。霜為鉛粉憑風傳，霞作胭脂仗日匀。莫道眼前無寶鏡，一輪明月照夫人。

支鼎石

辰州東有石高數十丈，古語云夸父與日爭，至此煑食，乃支鼎石也。爾雅

石品上卷　二

精衛石

炎帝之女名曰女娃，往遊東海，溺而不返，化為精衛，常取西山之木石以填東海。山海經　唐岑參詩：負劒出北門，乘桴適東溟。一鳥海上飛，云是帝女靈。玉顏溺水死，精衛空為名。怨積徒有志，力微竟不成。西山木石盡，巨壑何時平。

支機石

海上人乘槎至天漢，得一石歸，問嚴君平，云是織女支機石。歸真真記　虞茂詩：隔河圖列宿，清漢象昭回。支機就鯨石，拂鏡取池灰。船疑海槎渡，珠似客星來。所恨雙娥斂，逢秋遂不開。類苑

浣沙石

勾踐索美女獻吳王，得羅山賣薪女西施，先教習於土城山，山旁石云是西施浣沙石。會稽記　唐李白

石品上卷　三

詩：西施越谿女，明艷光雲海。未入吳王宮殿時，浣紗古石今猶在。桃李新開映古查，菖蒲猶短出平沙。昔時紅粉照流水，今日青苔覆落花。唐樓穎詩：西施昔日浣紗津，石上青苔思殺人。一去姑蘇不復返，岸傍桃李為誰春。

琅玕石

衡州山多琅玕石。唐劉禹錫詩：傳聞祝融峰上有

神禹銘古石、琅玕姿。秘文龍虎形。楊升菴集

瑪瑙石

黃龍山瑪瑙石、白蒙亨使坵虜虜主遺一石、大如桃、上有鵁鶄如豆棲栢枝上。廣客談

天柱石

仙都天柱石、純潔光潤如琢、高插雲漢、可五千尺。其旁數石、如海舟檣、如太常旗、皆千尺。崑崙一曰

天柱、一曰玄圃、一曰積石、一曰瑤房、一曰閬風、一曰華蓋、皆仙人所居。葛仙公傳 郭璞贊、嶸然中峙、號曰天柱。

天牙石

山有天谷天隳石有天牙、言其嶢峼而高也。張儀傳

華岳石

華岳掌石、如人肉色、每太陽對照則見之、日暮則漸隱不見。眉公珍珠船

丈人石

泰山五大夫松下有丈人石。歸真變瓊 唐李德裕詩、雞鳴日觀望、遠與扶桑對。滄海似鎔金。衆山如點黛。遙知碧峰首。猶立煙嵐內。此石依五松。蒼蒼幾千載。明陶望齡詩、石羊已可呼。石田當可稼。吾從石丈人。操簍復扶耜。

参里石

東莞有参里石、曾参純孝所居。廣州記

擣衣石

歸鄉屈原宅有女須廟、擣衣石猶存。荊州記 周庾信詩、擣衣明月下、靜夜秋風飄。錦石平砧面、蓮房接杵腰。急節迎秋韵、新聲入手調。寒衣須及早。將寄霍嫖姚。

機杵石

責溪仙岩，有機杵石，仙女在此織機。白玉蟾詩：織就霓裳御泠風，玉梭隨手化成龍，天孫歸去星河畔，滿洞白雲機杵空。洪洲稗史

明月石

明月山在醴陵縣上，有白石，狀如明月，照農夜耕。後有勅鑿下，見在本州明月池上。珍珠船

落星石

九江大湖中周一里，竦百丈，云禹治水至此，刻石紀功。一統志　唐李白詩：藍岑竦天壁，突兀如鯨額。奔蹙橫澄潭，勢吞落星石。沙帶秋月明，水搖寒山碧。明李崆峒詩：千江勢欲倒，蠡門支孤嶼，輝輝雲崖映。洶洶湍瀨注，霜水落丈餘，石角露齟齬。探奇犯嶮涉，㝉旋挐賢侶，褰裳入松寺，倚竹望風渚。崩奔亂帆下，𩗗波鳥舉。秋空澹明，澄浮山互吞吐。靈根合道蘊，曠蕩豁偏阻。貞非亞砥柱，險可憑灩澦。不聞永嘉勝，祇因謝公許。

片雲石

員嶠山有雲石，廣五百里，駮駱如錦，扣之片片翳然雲出。緯真瓊笈　明湯賓尹詩：朝與朝雲游，暮與暮雲宿。君情無朝暮，所契皆雲族。睡菴集

行雨石

梁庾信行雨石銘：石名行雨，地異陽臺。春人無數，神女羞來。翠幔朝開，新妝旦起。樹入床前，山來鏡裏。草色衫同，花紅面似。開年寒盡，正月春遊。天絲劚藕，蝶粉多塵。橫藤礙路，弱柳繫人。誰論洛水，一箇河神。

遠雲石

伐石吏得小山一株，嵯峰並秀，若夏雲突兀，因名遠雲，詩以紀之：坤靈凝秀幾千春，一日佳名號遠雲。淡僻性便雖老在，自挑沙礫看奇文。稗史

涵暉石

英州南枕真水石壁，唐元傑刻涵暉二字于上。稗史

涵碧石

婺州有涵碧池，唐于興宗因勝鑿池，面瀑布泉，有二石魚，置沼面魚之前，石高二尺許，嶮岩異狀，凹音與然如掌。羅江東避地著書，常以為硯。稗史

雲母石

增城有雲母石，日出照之晃曜。廣州記

露盤石

少室前一石柱，象承露盤，有石脂滴滴流下，服之一合，天地同壽。嵩高記

仙都石

陶弘景云：山石奇處，乃欲界之仙都。碎事 梁孝元帝銘：太華削成，本擅奇聲。峰如雲委，嶺若蓮生。雲際紫蓋，霞通赤城。金壇是籙，玉記題名。鳳依桐樹，鶴聽琴聲。殿接南箕，橋連北斗。秋河從帶，春禽啣綬。朱鳥安窓，青龍作牖。

玉户石

瀘州北有雙石，若門之狀，曰玉户石。郡國志

鳴絃石

在英州虞舜南巡，鼓琴石上，今名清和臺。海錄碎事

鼓吹石

江寧南慈母山，石臨江，生簫管竹，伶倫採竹嶰谷後，惟此篠見珍，名鼓吹石。丹陽記 漢王褒賦：原簫幹之所生，出江南之丘墟，洞條暢以罕節，標敷紛以

扶踈

蒼劒石

石出越府林君叔大蓄奇石脩勁秀特柳道銘誰
為龜趺興雲吐霧誰為底柱截波東注誰戮防風
骨骸撐拄有植之脩非冀非敔不鈌而廉不窽而
窾如英璠璵如玉樞具既庭既直亦峻亦武字之
蒼劒以配寶璐使鎮郊廷百神爾主明德惟馨式

穀是與

峨嵋石

一石絕似太華正峰曰小峨嵋東坡嘗以名廬山
恐不若此石之逼真也范石湖詩三峨參差大峨
高奔崖側勢倚半霄龍蹲虎卧起且伏旁睨沫水
沱江潮禹從岷嶓過其下眞山著籍稱雄豪告成
歸來兩階舞泗濱錫貢備九韶攬觀此石三歎息
彷彿蜀鎮俱岧嶤惜哉拊擊墮簨虡輦送淮海還
山椒降商訖周謹呵護磬氏無敢加鐫雕劉項蝸
爭闘靈璧血標川谷流腥臊水官恐此被染浣氈
包席裹吳中逃市門大隱閱千祀苔衣塵網纏狐
標尤物顯晦定有數昨日惠顧不待招我昔西遊
蹈禹蹟署宿光相披重貂十年景落卧遊夢摩娑
壁畫雙髩凋天憐愛山欲成癖特設奇供慰寂寥

恍然坐我寶巖上疑有太古雪未消嵌根礐積巧
入杪峯頂箕踞貴不驕爐烟雲浮布銀界隙日虹
貫凝金橋其時歲杪卧衰疾健起放杖驚兒曹龍
鍾遶圜喜折屐龜手拂拭寒侵袍太湖未暇商甲
乙羅浮天竺均鴻毛小哉之名神所畀永與野老
歸漁樵作詩紀我得石友且以迸賞茲丘遺

點蒼石

大理點蒼山石，青黑堅潤，高不盈尺，峰巒重疊，山尖陂陀，又多白者，如白雲籠罩。潘象安詩：片石蒼山色，復如山勢奇。雖然在屋裏，自有白雲知。王元美詩：一夜點蒼山，入君讀書舍，芊眠白雲色，而覩在其下。

仙館石

晉初有人墮嵩高山一穴中，尋見二人石上圍棊，旁有一杯白飲，墮者告以饑渴，棊者曰：飲之。飲後力益十倍，出歸洛下，問張華，曰：此仙館大夫所飲玉漿也。世記

王女石

平鄉西津里，山名王女，天氣當雨，水輙湧出，石開而有五色，玄黃，謂之王女披衣。王孚安城記

花姑石

在宣城麻姑脩道之處。海錄碎事

桃花石

出中州鍾山，色似桃花，光潤體重，久服肥人。圖會

松風石

扶餘國有松風石，方一丈，瑩徹如玉，中有古松偃蓋，颯颯生凉。杜陽編

彈棊石

唐常建詩：五度谿上花，生根依兩岍，二月尋片雲，顧宿秦人家，上見懸崖崩，下見白水湍，仙人彈棊處，石上青蘿盤，無處求玉童，翳翳惟林峦，前溪遇新月，聊取玉琴彈。唐詩紀

試劍石

閶閭試劍石，裂上有劍池，古詩云：劍池無底浸雲根，兩崖天劈蒼淵下，澄。然不獨虎丘有之，武夷山

六曲邊有控鶴先生試劒石武昌郭外西山蘇子瞻建九曲亭旁孫權宮有試劒石山西有楊六郎試劒石眉公筆記 桂林伏波山馬伏波亦有試劒石緯真記 輿雲閒簳山駱駝墩亦有干將試劒石三才圖會

紫霄石

何紫霄華十人避秦隱王笥山一日紫霄遠遊九人仙去留玉册霞衣在飛仙石上以遺之後紫霄

歸為地仙緯真璅笈

栖霞石

至正間錢惟善遊江左獲一石峰巒秀潤上有古篆栖霞二字因倣東坡雪浪齋故事顏其室曰栖霞山房勒銘曰九華烟霞五老氷雪縹緲飛來幻形嵲巇光呑玄圃氣掩赤城遙鎮丘壑式耀軒楹既來偲靈亦集真侶絳綵朝餐紫英夕茹山人久覜居士長生俯仰一室逍遙太清

大盤石

廬山峰頭有大盤石不減虎丘廬山記 唐王維詩可憐盤石臨泉水復有垂楊拂酒杯若道春風不解意何因吹送落花來孟浩然詩垂釣坐盤石水清心亦閒

達磨石

嵩高山達磨洞洞下有菴上列達磨面壁之菴六大字中有達磨石像隱隱天成嵩山記

菩薩石

峨嵋山有菩薩石如水晶日光射之有五色如佛頂圓光

羅漢石

袁中郎見一石中酷似初祖像有一大儒欲闢異

端刮去其影旋刮旋現乃止之中郎詩云禪月羅漢天下絶螺煙滲石光不滅面紋漆黑眼生稜衲衣袖展秋雲潔幅巾談道老先生以刀割影影愈徹如蚤餂木偶成文鏡花豈必生枝節中山廢囿石如鐵白浪纏身捲飛雪移向山中作一盆飄然乘風葦可折

金剛石

貞觀中有婆羅門僧言得佛齒所擊前無堅物觀者如市時傅奕云聞金剛石至堅惟羚羊角破之僧緘縢甚嚴奕出角叩之應手而碎 國史纂異

羅刹石

錢塘江東南有羅刹石横絶江濤險如羅刹唐羅隱詩羅刹江邊地欲浮 緯真輿記

百衲石

如鷄卵而雜色零石綴附名百衲用以鎮紙 太平清話

香爐石

廬山香爐峰其石孤特秀起遊氣籠其上則氤氳若烟宋支曇諦香爐吐雲以像烟梁江淹詩絳氣下縈薄白雲上杳冥中坐瞰蜿虹俛伏視流星日落長沙渚層陰萬里生藉蘭素多意臨風默含情

秀碧石

張雲莊一石峰巒隱隱色澤蒼翠名秀碧石詩曰有客至自玄冥國袖攜一峯元氣濕知我雅有山林思和雲持贈曾莫惜嶙峋玉立三寸強意氣巋然壓秋色初疑女媧醉墮甃刼火不燒年萬億又疑雪湖遺寶劒水齧惟餘半尖碧苔根剥盡出本真頓覺嵐光異疇昔虛堂晝永爐煙微目擊道存真莫逆若令解語儘可師政使不高何損德聖門

顏子具體微。齊國晏嬰纔六尺。物形固有大小。殊遲觀原無高下。隔塞裳欲涉還㢈廚。一笑詩成山鬼泣。

秀華石

張夢卿有奇石一拳。名曰秀華。王秋澗詩以紀之。道人解種僊顏玉。分供晴窓思渺然。夢去恍為天姥客。潤餘猶帶蔚林煙。夏雲翠聳形模怪。海日紅蒸腹背鮮。我自愛觀無巨細。一拳嵩華墮吾前。

石品上卷　十八

瀟洒石

王梅溪一石。嵌空玲瓏。下有懸崖飛瀑之勢。公有瀟洒齋。因鐫二字於石。詩曰。山從何來石無根。水從何有山無源。忽然幻出如自然。群峯崒嵂聲潺湲。石工貌愚性機巧。兩手頃刻成陶甄。坐移野景到城郭。解使平地生林泉。香爐瀑布名天下。鴈蕩龍湫更瀟洒。名山不見典刑存。得趣何須論真假。君不見晉公元勳無盛德。綠野堂前羅澗石。又不見行行正直韓退之。汲井埋盆成小池。二公胸中有佳致。澗石盆池聊自戲。世間萬事皆戲耳。何止慈山與慈水。

美人石

陳徐陵美人石銘。高堂凝雨。洛浦無洲。何處相望。山邊一樓。峰因五婦。石是三侯。險逾地肺。危隣天柱。禁苑斜通。春人恒聚。樹裏聞歌。枝中見舞。恰對粧臺。諸窓并開。遥看已識。試喚便迴。豈如織女。非秋不來。

石品上卷　十九

紅絲石

唐彥猷以青州紅絲石為甲。或云亦不見佳。惟堪作骰盆。今觀雪菴所藏。乃知前人不妄許。東坡志林

藍田石

後漢馬融樗蒲賦矢則藍田之石卞和所工唐李頎詩藍田美石清如砥白黑相分十二子聯翩百中皆造微魏文手巾不足比

滴翠石

在九華翠色欲滴故名滴翠梁南鄉侯推詩依峰形似鏡構嶺勢如蓮映林同綠柳臨池亂百川碧

石品上卷　八　二十

苔終不落丹字本難傳有邁東明上來遊皆羽仙

藏珠石

沱江南小山下有石如流星往来光燦傳云珠藏于此無價寶也 錄異記

玉帳石

梁庾肩吾玉帳石銘玉帳寥廓昆山抵鵲摠葉成帳連枝起幕玉蓋難徙金花不落隱士彈琴仙人

看博巖留故鼎灶聚新荊煮石初爛燒丹欲成桑田變盡滄海頻傾長聞鳳笛永聽簫聲

磨鏡石

軒轅氏鑄鏡湖邊有軒轅磨鏡石石上常潔不生蔓草 會稽記

畫眉石

廣東始興小溪中產石甚黑婦人取以畫眉名畫

石品上卷　八　二一

眉石

垂手石

樊山西菩薩泉所出石如人垂手 東坡樊山記

點頭石

天竺道生在虎丘聚石為徒講涅槃經曰如吾所說契佛心否群石點頭有一石曰生公教我為人去只恐為人不到頭 竹素園遊記 雲居膺云學佛邊事

是錯用心。假饒解千經萬論、講得天花落、石點頭。亦不干自己事。碎事

欏蒲石

湘水清徹、見底有石子、如欏蒲矢、五色鮮明。湘中記

棋子石

鄂州沿江而西、水中産黑白石、如自然棋子。山下一老嫗家鬻者爲佳、相傳嫗施粥、天報之也。稗史

彈琴石

蕭思話從宋太祖登鍾山北嶺、石上彈琴、賜銀酒鍾、謂曰、相賞有松石間之高意也。沈約書

吹笙石

周靈王太子晉、坐石上、吹笙作鳳鳴、浮丘公接上嵩高山。仙傳

芙蓉石

衡山一峯、芙蓉峯最聳、泉石飛派、如一幅畫、分映青林、直注山下。荆州記　又芙蓉渚石、如初生芙蓉、色皆水紅。遊名山志

芭蕉石

張佾兩有小芭蕉白石、名曰蕉池積雪。眉公太平清話

紫帽石

紫帽山、泉州案山也、常有紫雲覆其頂石。碎事

青泥石

王烈入太行、忽聞東圵雷聲、破數百丈、石中有青泥流出、烈取摶之、氣味如粳米飯。仙傳

文章石

九域圖、貴州有文章嶺、以山石文麗故名。碎事

有道石

李德裕平泉庄、每獲一奇石、鐫有道二字。稗史

賢士石

有田家毋於墓前石人下以肉祭之云此石人能愈疾禱之輒愈因號石賢士封氏見聞記

校書石

汴都南有周公墓墓前一石人能為怪人遇之多稱魯校書洞微志

五車石

馬伯弟登泰山見二石一是漢武帝時石用五車載不能上因置山下為屋號五車石漢官儀注

硯山石

元章一硯山石纔尺餘前聳三十六峰如指大左右則引兩坡而中鑿為硯元章歸丹陽與蘇學士相易甘露寺左基為宅後號海岳菴是也稗史

移刻石

臨潼驪山温湯見石刻一詞曰三郎年少客風流夢繡嶺盤珽環漸浴酒發春海棠睡煖笑波生媚荔子漿寒況此際曲江人不見偃月事無端羯鼓三聲打開蜀道霓裳一曲舞破潼關馬嵬西去路愁來無會處但淚滿關山空有香囊遺恨錦襪傳看玉笛聲沉樓頭月下金釵信杳天上人間幾度秋風渭水落葉長安再過之石又移別刻矣升菴集

蘭亭石

政和間洛陽役夫作枕小石有刻畫乃右軍蘭亭敘殘缺之餘有五十一字太平清話

釣臺石

大業間初造釣臺運石船丁澈於役時有大石十餘如牛山頂飛下直入船內船無傷大業拾遺

江祖石

石臨江青谿唐李白詩我携一樽酒獨上江祖石自從天地開更長幾千尺舉杯向天笑天迴日西照永願坐此石長垂嚴陵釣

千人石

生公講臺平石盤陀可設千坐李陽氷分刻四字而失其一王珣虎丘記山大勢四面岡嶺南為山徑兩面壁立交林上合谿路下通升降窈窕亦不

卒至陳顧野王序班草班荆坐盤石之上濯纓濯足就滄浪之水路若絶而復通石將頽而更綴

醉酒石

舜祠東有大石廣三丈許有鑿不醉無歸四字或曰非令鑿去之珍珠船

醒酒石

李德裕平泉别墅有醒酒石醉臥其上間即清爽旁刻云韞玉抱清輝閒庭日瀟灑磈然天地間自是孤生者長慶癸卯二月庚戌稗史

陽起石

色白肌理瑩若琅玕在齊州城西山煖氣蒸故名

天璽石

天后在家有白燕啣石大如指墮績筐中石自開中有文曰母天后地復合后藏之名天璽西京雜記

金印石

常山張顥有鳥如山鵲飛化為石破得一金印文曰忠孝侯印顥聞上藏之秘府後官至太尉搜神記

御題石

徽宗朝有靈璧石小峰高六尺玲瓏秀潤卧沙水道轉摺胡桃紋皆具山峰頂有白石正員瑩然如玉御題刻旁山高月小水落石出稗史

金帶石

政和間靈璧貢一石，上曰神物也，宜表異之，灑宸翰云慶雲萬態奇峰，以金帶掛置苑中。揮麈錄

金牙石

葛洪治風，有大小金牙石，酒浸飲之，蜀江岸石間出，內有金色，岈㟞入水。圖會

一品石

牛僧孺好石，石有一品者。稗史

三品石

建康有三石，岩洞稚怪，色澤蒼翠，遍產竹木石罅中，有六朝唐宋名公刻字，謂之品石。蓬軒別記

令史石

湘源長灘旁石有像人形者，土人名為令史。南康記

排衙石

京口蘇仲容學士有石如蹲獅羅列，宋太守掾知勝題曰蘇氏排衙，又一石丈餘，題曰棟隆笋。稗史

陰陽石

宜都石穴二石相去丈許，一為陽石，一為陰石，水旱為災，鞭陽則雨，鞭陰則晴。荊州圖副

鼓鏡石

丹州東西池，巉岩百丈，下有石鏡，石鼓勒銘云，石

鼓響，兵雲屯，石鏡明，面南尊。紹興中，曹布子者，扣鼓聲應，臨鏡則明，衆遂相率羅拜為主，不二年戕于虜，石銘為祟也。類聚

朋松石

惟朋松石，介於孤峰絕嶺。褚伯玉言 載碎事

雙崤石

函谷關有雙崤石，唐李嶠詩函谷雙崤石，伊川二

陝東、仙舟、杳將、隔芳、笋𩐉云同、

大理石

雲南大理石色白而紋、山峰雲壑人物、羅列如畫、琢為屏風榻几、近世所貴、歐陽永叔賦雲月石屏詩 稗史

隔凡石

大滌山與華陽林屋邃路暗通、夾道中間一石、若柱倒懸、名隔凡石、緯真瑣笈

射的石

永興東南有山、遠望的的如射侯、謂之射的、南石室、謂射室、土人常以此占米貴賤、諺曰射的明斛一百、射的玄斛一千、又射的石水、深數丈、其清見底、臨溪有石的形甚員、視之如鏡、仙人嘗射於此、使白鶴取箭、洽聞記

麥積石

麥積地跨清渭、崛起一石、高萬尋、望之團團如民間積麥狀、因名、稗史

望夫石

望夫山、在太平府、有人往楚、累歲不還、其妻登山望之、化為石、緯真與記 明湯賓尹詩、妾身甘化石、石意更堅貞、待得夫歸日、還應石化人、 有情妾化身

無情石、不語君若有情時、認取舊時婦、 江中水日流、江上石常在、石應有泐時、妾心終不改、 望夫夫不歸、夫歸悔何及、寄語閨中人、相教慎離別 泐音力

思婦石

宜都女觀山、昔有思婦登山、絕望懷思而死、葬於頂石、因以名山、荆南圖副

傷心石

武都山精化爲女子，蜀王納爲妃，無幾物故，王哀
之，葬武都山，以石鏡表其門。唐杜甫詩：獨有傷心
石，埋輪月宇間。成都記

漬骨石

鄜州市有石，色青質藍，中有人骨一具，趺坐若生
成者，土人相傳杜少陵骨。喬中山秘書　漬音自

穿心石

襄江中生穿心石，青黑而中有小竅，土人春時競
向水中摸之，以卜子息。襄陽記

押頭石

辰韓國兒生，以石押其頭，令扁，辰韓人多扁頭。魏志

招手石

金地嶺有定光招手石。明湯賓尹詩：曲磴幾迴盤
峰高倍儼然，逼天猶避石，墮地只聞泉，篆蘚蘙重
籬，圜城泄縷烟。我來應有約，招手白雲邊。踵菴集

採菱石

葉石林廢圃有舊石，刻曰採菱渡，又刻王摩詰詩
於下云：採菱渡頭風急，策杖林中日斜。杏樹壇邊
漁父，桃花源裏人家。此輞川舊物也。太平清話

枇杷石

錢塘千頃院一石，僅數尺，四面險怪，洞穴委曲，鏬

間植一枇杷，根幹盤曲，嘗有露珠凝滴。元居中詩
人久衆所憎，物久衆所惜，爲負磊落姿，不隨寒暑
易。政和間貢內府。稗史

花乳石

體堅，色黃，用以琢器，石末可治刃傷。出陝州。圖會

花戍石

在長沙，色如花。杜甫詩：午辭空靈岑，夕得花石戍。

崑山石

一名玉峰跨崑山縣北城其石玉色空嵌玲瓏堪供書几金魚缸中 稗史

產玉石

陽公雍伯種石子一斗有玉產石中北平徐氏女人多求不許公往求之徐笑以為狂戲云得白璧一雙當為婚公至所種石中得五雙以聘徐遂妻之後共仙去 搜神記

黃金石

永康王曠井上一洗石時見赤氣有胡人重價求市未及度錢子婦夜見二黃鳥鬬石上急往掩取變成黃金胡人得破之空有二鳥窠處 異苑

引金石

有人得青石大如甎背有鼻穿鐵索長數丈循環

無相接處海商以數十千緡易之云此吸金石垂海中經夕引出上必有金 珍珠船

松化石

金華永康山有枯松半墮水中化為石枝幹及皮與松無異未化者樹石相兼 錄異記 唐馬自然居延真觀一夕大雨颶風松忽化石大者運為坐具小如拳者堪置几案 稗史

艅艎石

白鵲山河中有一石艅艎 臨海記

卷笭石

太湖峠嶺山石如卷笭禹時所用牽山笭也 升菴集

鬱林石

吳人陸績為鬱林太守罷歸無裝舟輕不可越海取石為重歸置門首人稱其廉號鬱林石 類苑

扶寧石

陳張正見賦扶寧之石峰高一萬嶒峙三百登而眺之千里無極俯而臨之萬仞難測映白鶴而同高混青天而共色

盧溪石

袁州石出溪水盧肇隱居溪側堂前立大石高二丈餘三峰九竅甚奇巧謂盧溪石 白醉瑣言

石品二卷 三六

澧川石

澧川石磊塊而生大者尺許青白間色率多嶮怪類鳫蕩諸奇峰 洽聞記

下瀨石

唐孟浩然詩瀨石三百里沿洄千嶂間沸聲常浩浩洊勢亦潺潺跳沫魚龍沸垂藤猿狖攀榜人苦奔峭而戒忘險艱放溜情深愜登艫目自閑瞑帆何處宿遥指落星還 瀨音敢

卞山石

湖州卞山勢最嶒峭產石嵌異布滿山間唐葉少蘊蓋堂以就其景號石林居士有名人題詠顔魯公而下悉署焉 吳遊集

湖口石

湖口石峰巒岩壑類諸物狀匾薄如板石理如刷

石品上卷 三七

絲扣之泠然土人李正臣嘗畜之為東坡賞云百金歸買小玲瓏 星槎勝覽

浯溪石

永州浯溪有黑石以溪水滌之則浯溪之景全現於中移別所則黯然失色移原處景又如舊 稗史

靈壁石

靈壁鳳皇山石或成物狀或成峰巒或成雲氣日

月佛像、或狀四時之景、四面全者、最不易得、又一
種、高僅尺許、石理蹸跛、有胡桃紋而色少黑、陂陀
㩻腳、如大山勢、臥沙不起峰者、所謂狀如眠牛是
也、此為上品、能收香、置齋閣中、香雲經日不散、明
王世貞詩、有石高僅尺、宛爾巫山同、許借從吾弟
移來仗小童、雨垂青欲滴、雲過碧爭雄。安得壺公
引、輕身住此中。莫雲卿詩、誰向靈巖斷片雲、移來
林際隔氤氳、不須更問商山曲、紫氣先從袖裏分。

永寧石

錢遂叔有一永寧石、潔白如紙、平於板面、上有山
一座、凡數十峰、名江山平遠。

監洗石

言偃、吳人、為武城宰、今吳郡有言偃冢、吳地記云、
宅旁有監洗石、周迴四丈、為梁太守蕭正德將去、

莫知所在、妮古錄

太湖石

唐香山白居易記、牛奇章司徒、保釐河雒、治家無
珍產、奉身無長物、惟東城置一第、東郭營一墅、精
葺宇居、常寡徒遊、息之時、與石為伍、石有族聚、
太湖為甲、羅浮天竺之徒次焉、今公之所嗜者甲
也、先是公之僚吏、多鎮守江湖、知公之心、惟石是

好、乃鉤深致遠、獻瑰納奇、四五年間、纍纍而至、公
于此物、獨不廉讓、東第南野、列而致之、有盤拘秀
出。如靈丘鮮雲者、有端儼挺立。如真官神人者、有
縝密削成、如珪瓚者。有廉稜銳劌、如劍戟者、又有
如虬如鳳、若跧若動、若翔若踴。如鬼如獸、若行若
驟。將攫將鬬、風烈雨晦之夕、洞穴開嵦、若欲雲歕
雷。嶷嶷然有可望而畏之者。烟霽景麗之旦、巖崿

霮䨴若拂嵐撲黛靄靄然有可狎而翫之者昏曉
之交不可名狀石有大小其數四等以甲乙丙丁
品之每品有上中下各刻于石陰曰牛氏石　又
詩煙翠三秋色波濤萬古痕削成青玉片截斷碧
雲根風氣通巖穴苔文護洞門三峯具體小應是
華山孫　又和思黯相公以李蘇州所寄太湖石
奇狀絶倫因題錯落復崔嵬蒼然玉一堆峯駢僊

石品上卷　八　四十

掌出罅拆劒門開峭頂高危矣根盤下壯哉精神
欺竹樹氣色厭亭臺隱起𡾊嶙狀凝成瑟瑟胚廉
稜露鋒刄清越叩璁瑰岌嶪形將動巍峩勢欲摧
奇應漸鬼怪靈合蓄雲雷黛潤霑新雨斑明點古
苔未曾棲鳥雀不肯染塵埃尖削琅玕筍窪剜瑪
瑙罍海神移碣石畫幛簇天台在世為尤物如人
負逸才渡江一葦載入洛五丁推出處雖無意升

沉亦有媒拔從水府底置向相庭隈對稱吟詩句
看宜把酒杯終隨金礪用不學玉山頹蹤傳心徧
愛園公眼屢迴共嗟無此分虚管太湖來　又楊
六尚書留太湖石在洛下借置庭中寄贈借君片
石意何如置向亭中慰索居每就玉山傾一酌興
來如對醉尚書　子華氏詩洞庭山下湖波碧碧中
萬古生幽石鐵索千尋取得來奇形怪狀誰能識

石品二卷　八　四一

初疑朝家正人位又如戰士如狙擊又如防風死
後骨又如於菟活時額又如戍人風又如害瘦栢
雨過上渟泓風來中有隙想得沈潛水府時興雲
出雨蟠蛟螭今來砥硉林亭上長愁忽然生白浪
用時應不稱媧皇將去也堪隨博望噫嘻爾石好
憑依幸有方池并釣磯小山叢桂且為伴鍾阜白
雲長自歸何必豪家甲第裏玉闌干畔争光輝一

朝荆棘忽流落，何異綺羅雲雨飛。

武康石

湖州武康山石，色潤青黑，側多緻紋，宜於叠山。金白嶼詩：叠石是何年，誰移造化權。九疑生足底，三峽在樽前。彷彿高於岍，分明別是天。但教能壁立，一任小如拳。

常山石

常山石洪石出水底，每一石聯十數尖峰，高下峭拔，岩竇中出石笋，有欹斜互柱之勢。江湖紀聞

林慮石

相州林慮石堅潤有聲，倒生向下，垂如鍾乳，石色甚碧，供座上，有千巖萬壑峰巒迤邐，洞穴宛轉相通，中虛可施香爐，若煙雲出沒岩岫間。談林

菱谿石

菱谿旁一奇石，偃然僵臥，每歲寒霜水落，石出。宋歐陽脩詩：新霜夜落秋水淺，有石露出寒溪垠。苔昏土蝕禽鳥啄，出沒溪水秋復春。溪邊老翁生長見，疑我視視何殷勤。愛之遠徙回幽谷，曳以三犢載兩輪。行穿城中罷市看，但驚可怪誰復珍。荒烟野草埋沒久，洗以石竇清冷泉。朱闌綠竹相掩映，選至佳處當南軒。南軒旁列千萬峯，曾未有此奇嶙峋。乃知奇物世所少，萬金爭買傳幾人。山河百戰變陵谷，何為落彼荒溪濆。山經地誌不可究，遂令異說爭紛紜。皆因女媧初鍛鍊，融結一氣凝精神。仰看蒼蒼補其缺，染此紺碧瑩且溫。或疑古者燧人氏，鑽以出火為炮燔。苟非神聖親手迹，不爾孔竅誰雕劖。又云漢使把漢節，西北萬里窮昆侖。行經于闐得寶玉，流入中國隨河源。沙磨水激自

穿穴所以鐫鑿無瑕痕。嗟余有口莫能辨。歎息但以兩手捫盧仝韓愈不在世。彈壓百怪無雄文。爭奇鬬異合取勝。遂至荒誕無根原。天高地厚靡不有。醜好萬狀奚足論。惟當掃雪卧其側。日與嘉客陳清尊。

英川石

英川含光真陽二處石產溪中。有淺綠白色者。峰巒稜角面面光潤而可鑒物琢之成器。水東日記

仇池石

王晉卿有二石。其一白色。一綠色。絕壁峭峙狝嶮雲高望之形若覆壺。不啻仇池石也。大為東坡賞鑒。東坡因憶在潁州日夢人請往一官府。榜曰仇池。覺而誦杜子美萬古仇池穴。潛通小有天之句。乃詩遺晉卿索之。夢時良是覺時非。汲水埋盆固

自癡。但見玉峯橫太白。便從鳥道絕峨眉。秋風與作烟雲意。曉日令涵草木姿。一點空明在何處。老人真欲住仇池。　晉卿復以詩乞歸。不得。海石來珠宮。秀色如蛾綠。坡陀尺寸間。宛轉陵巒足。連揖三華頂。空洞三茅腹。初疑仇池化。又恐瀛洲蹙。慇懃南使餽。餉淮東牧。得之喜無寐。與汝交不瀆。盛以高麗盆。藉以文登玉。幽光先五夜。冷氣壓三伏。老人生如寄。茅舍久未卜。一夫幸可致。千里常相逐。風流貴公子。竄謫武當谷。見山應已饜。何事奪所欲。欲留嗟趙弱。寧許負秦曲。傳觀慎勿許。間道歸更速。　秦淮海次晉卿韻。天鏡海濱石。鬱若龜毛綠。信為小仇池。氣象宛然足。連巖下空洞。嵓漲彭亨腹。雙峰照清漣。春眉鏡中蹙。疑經女媧鍊。或入金華牧。罏薰充雲氣。研滴當川瀆。尤物足移

人不必珠與玉道傍初無異漢將疑虎伏支機亦何擾但出君平卜奇僵入華林傾都自追逐我願作陳那令吼震山谷一拳既在夢二駒空所欲大士捨寶陀仙人遺句曲惟詩落人間如傳賓郵速

雪浪石

東坡雪浪齋一石如蜀孫位孫知微所畫石間湍激奔流盡水之變以曲陽白石為大盆盛之銘曰

画水之變蜀兩孫與不傳者歸九原異哉㠑石雪浪翻石中乃有此理存玉井芙容丈八盆伏流飛雪漱其根又詩太行西來萬馬屯勢與岱嶽爭雄尊飛狐上黨天下脊半掩落日先黃昏削成山東二百郡氣壓岱北三家邨千峯石卷矗牙帳崩崖鑿斷開土門揭来城下作飛石一礮驚落天驕魂承平百年烽燧冷此物僵臥枯榆根画師爭摹雪浪勢天工不見雷斧痕離堆四面遶江水坐無蜀士誰與論老翁兒戲作飛雨把酒坐看珠跳盆此身自幻孰非夢古園山水聊心存

西陵石

江革官尚書將還舟歉不得安臥於西陵岸取石數片實之其清貧如此碑事

蘇山石

永州蘇山仙人蘇躭昇處多奇石鋸開有桃有塔有觀音彌勒寒山拾得諸像有天下蘇山四字稗史

鎮臺石

吳思菴從棘寺廨宇溝中見一棄石高四尺許文如濯錦峰巒巖竇無所不奇因為拂拭寘之臺端紀之以詩草沒苔侵幾歲寒年来移得近臺端兩峯角立錦紋緻一竅中通玉竇寬不用品題標甲

乙。秖須謁拜具衣冠。公餘坐對心無轉。留鎮清臺
久遠看。

河陽石

叅軍周幹臣一石，携自河陽，名鳳秀丹山，後為王
共谿所得。王詩云：宣和寶石真淵藪，萬狀卿雲照
靈囿。當時幾鑿太湖空，巖得網船枯九有。丹山鳳
秀擻所譜。嫋嫋金書瘦於柳。周郎携自河陽城，夜

堅雖然縱豪取，一峯突兀玉孱顏。曾在紅雲顧盼
間。光榮後悴物常理，我今感汝為長嘆。挈來伴余
茅屋低，憔悴秋娘歸故里。清燈搖搖光滿几，罏烟
作雲研涵水。老虬蟠屈似求伸。隱隱猶餘鱗甲起。
此時對君心境閑，人為物遷今亶然。掩書瞑坐清
思遠，夢逸華陽松桂寒。我思象江老守尤酷嗜。不
惜千金輦至來長安。家無婦兒居無廬，六石相伍

歡有餘。義山賞識豈徒爾。好尚意與先賢俱。一杯
下咽歌者誰。

越江石

至正貢宣城在越江之濵，得一石，嵌竇峭崿，軒若
舞袖，矗若拱璧，湧若波濤，㶑若雲詭，㸌然若芝亭，
然若盖。玄膚白理，縱橫包絡，若龜兆，若蚕絲。而曳
雲點雪之文，若星斗錯落下上。作歌曰：女媧手鍊

五色石，乖龍角鬪人不識。泗濵風卷入韶英，九奏
功成萬夫力。清標一染越江塵，歲月蹉跎竟誰拭。
秋莖露冷蝕生銅，天柱雲妝倚蒼壁。何人為爾出
妖孏，萬里逐得相追隨。無諸試劍漫芳前，螺女學
舞空差池。嵌嵒泄雨下墨黑，霹靂忽起孫蟠螭。夜
深星斗散如雪，曉日未挂扶桑枝。世間頑礦滔滔
是，草根零落何須記。乭鑠不混璚瑶珍，宗廟別有

璠璵琵使君知已為作歌。雕鶚橫飛見高志。青天五嶺秀芙蓉。且向三山看空翠。

懷安石

延祐間張雲莊于懷安山中得二石如版文理林薄根葉欝然有丹點朱痕隱見其上遂名其一曰林稍遺照一曰木末餘霞系之以歌懷安山高去天尺巖巒尋常煙霧黑豊隆力盡扶不開。中有神

君瀉秋色老寬走避營丘潛闌仝愁絕郭熙泣。物生應亦憤太專故奪英華發之筆塗雲為葉虹為柯所托雖殊生意一。高者如巨人傲鬼不可即。低者如始孩頭角已岐嶷繁如秦擁百萬兵。竦似周釐十二國何年龍虎遺大還數。點和烟空碧碧嘗許真宰元無心以此推窮知未必無乃群木陰射透。三生石老畊曾食明月火光鏡能褫太陽魄。莫靈兩曜彼尚侵野外蒼枯誰復惜。不然那得面目真。自本而稍一無忒。怪禽欲止還周章。獰獸驚看為辟易。天生神物豈偶然。出示終當需有識。我來適值春色闌紅雨滿空塵不濕緣道方謳吟。披荒見奇蹟笑携元氣歸。袖裏東海窄。呼童汲流瀹老手自磨拭黃雲卷盡桂露丹。斜日欲沉霞散赤麗水休汰金。荊山莫搜璧。政爾苦索居。邂逅得莫逆。

明牕撫玩清晝閑却顧龍沙永為客。緬思穹壤間。二氣互消息萬象從發生。不作宋緒刻。如何此段奇直欲毫髮析。無聲詩句雜可續照坐白紅映瑤壁。雲毋祇足裕眼遮錦帳何曾奇禍隔梅花卷月坐臥俱。未許閑愁闖我室第恐夜半六丁排闥入。

怪石供

玻璃國產五色石以玻璃盆貯之光彩絢爛東坡

常以供佛印名怪石供凡二百五十枚二盆
山玄膚　王芝朵　斷雲角
朱孟辨于聚寶山中得三石曰山玄膚曰王芝朵曰斷雲角宋景濂為之詞曰山玄膚割紫綖星貫魄石抱腴蒼水使者佩失璐山鬼環守目睢盱內藏一升白龍酥餐之凌霞躡雙凫奮迅八極遊青都山玄膚王為徒王芝朵自天墮暈翠霞裁猗儺

蝦以九陽真須火有聲泓噌王之瑳不學三秀而脆夥韓終欲攙意仍巨青烏傳信以需我王芝朵青婧婧斷雲角兕斧琢秀稜稜叉斮斮霓旌難攀泝寥廓手折祥氤勵一握尚帶蛟龍氣旁魄神毋變幻資橐籥上衝斗牛香如濯斷雲角鎮書幄
東坡咏王芝朵空堂明月清且新幽人睡息來初匀了然非夢亦非覺有人夜呼祈孔賓披衣相從到何許朱欄碧井開瓊户忽驚石上堆龍蛇玉芝紫筍生無數鏘然敲折青珊瑚味如蜜藕和雞蘇主人相顧一撫掌滿堂坐客皆盧胡亦知洞府嘲輕脫終勝稽康羨王烈神山一合五百年風吹石髓堅如鐵

小盤石

大和九年夏有山客贈余盤石轉寘於履道里第

時屬炎暑坐臥其上愛而鐫之云耳客從山來遺我盤石圓平膩滑廣袤六尺質凝雲白文析烟碧莓苔有斑麋鹿無跡置之竹下風掃露滴坐待禪僧眠留醉客清冷可愛支體甚適便是白家夏天床席　白樂天記

唐亭石

唐元結唐亭銘云浯溪之口有異石焉高六十餘

大周廻四十餘歩面在江口東望峿臺北臨大淵南枕浯溪唐亭當亭石上異木夾戶疎竹傍簷瀛洲言無由此可信若在亭上目所厭者遠山清川耳所厭者水聲松吹霜所厭者零日方暑厭者清風於戲厭不厭也厭猶愛也命曰唐亭旌獨有也銘曰功名之位貴得茅土林野之客所耽水石年將五十始有吾亭愜心自適與世忘情亭傍石上篆刻此銘

淩水石

出常山谷中以石為末夏月置水中能為氷 眉公銷夏

魚龍石

隴西魚龍窟石有魚龍蜿蜒形勢鱗鬣爪牙悉具唐杜甫詩水落魚龍夜山空鳥鼠秋 夷堅志

龍精石

丁謂有小山高十数寸蒼翠嵌空盛夏常設盆水置小山其中一日張宴有客掬水洒之須臾雲霧自竅中出有光如電細視之蜿蜒小龍如線掛雲霧中已而散繹蜿蜒亦莫知所之衆客驚異謂曰此龍精石也龍交海上流精于石 南墅閒居録

龍岡石

句曲龍岡石頂有龍潭周十三丈聞人聲水便沸動無聲則不動 山譙之丹陽記

龍化石

七星岩後有龍隱洞水深莫測仰視其上有龍迹夭矯長数丈鱗鬣宛然云龍脫去迹化為石也 銷夏

龍食石

貞觀中文水縣雲中落一石時有西域僧曰是龍食二龍相爭故落下耳 法苑珠林

虎遊石

曲江靈鷲山多虎晋時天竺僧居石上虎遂逝 稗史

虎牙石

荆門二石相對如虎牙其文黃赤又如虎形 荆南圖副

鰲背石

張紀室一石色黑而古儼如一鰲高青丘詩云火星墮水清若吼祖龍夜叱神羊走誰將五色補天餘屹障狂瀾歲將久空憐山頭精衛鳥身墮風波銜不了媧皇去後幾桑田鰲背靈峯一拳小

馬嶺石

蘇耽棲游得仙後有見耽乘白馬還山 湘中記

馬肝石

郅支國有馬肝石以水銀養玉函中金泥封其上碎和丹中服一丸彌年不饑渴拭髮白變為黑元鼎中入貢上賜群臣於甘泉殿髮皆變黑時有曰不用作方伯願拭馬肝石 洞冥記

馬齒石

將樂帆山石白如雪可供清几銘曰磊磊馬齒質栗而澤浴水呈文太素為色宜映雪齋侶彼和璧

馬磯石

唐李白詩側疊萬古石橫為白馬磯

牛鼻石

南海始昌一石望之如牛向江名曰牛鼻 廣州記

蛇化石

進士李眺一書鎮小石有蛇集于上化入石中 異錄

犬吠石

婺源溪側有大黃石色極瑩徹犬競吠之村人推水中犬又俯水而吠愈急碎之不吠 稽神錄

盤龍石

武昌記有龍盤石上積日方去名盤龍石

控鯉石

涇縣琴高山仙人登石控鯉故名

待鳳石

宋張雲莊一石一峰橫出若待物來棲者爲田師孟柱孝先所賞鑒名待鳳賦曰岐山鳳去天爲老

閒殺蒼梧與瑤草空餘陳迹十丈臺只辨煙霞待凡鳥朝陽一鳴三千年天地此心何日了幾回月下琴罷彈彷彿玉音來縹緲雲間九芭望不見凡上一峯空自好青天倘與達寸誠白日終當見孤矯古來奇士志頗同抱玉丘樊不為少子陵坐釣桐江春正則行吟楚澤曉白石窮冬半夜歌太華希夷五雲逸兵曹命名寓世咸汙吏有詩成腹稾斯名但恐還徒然極喜二豪俱悄悄簾影風微篆煙裊

鎮蛟石

許真君以神劒斬蛟贛江有鎮蛟石締真瓊笈

潛蛟石

溫將軍有潛蛟石峰巒峻拔崎嶮峆岈王秋澗詩溫郎少年滋潤秀好古探奇出余右和門相訪得

怪供鬼刻神劖未嘗有我欣植杖三摩娑秋水潛蛟見蟠紐何年囚鎖出禹穴不礫齒牙鶴水毋潑然見睹殊不惜灣僻憐余象江守深藏夜從空有飛當畫兒童負之走千金求買何所得一旦攜歸定非偶清泉漸稜膚玉汝汔立花間冠吾圃蒼鮮照水勢若動口鼻呀呷欲鼉吼常疑尤物即神物隱伏地中諒難久宣和族衆失所在却恐雷霆下

来取一春病酒日欲眠忽得此峯如至友娉婷翠射喜欲舞復訝舞仙来勸酒君不見九成論樂一夔足萬石不須訝五柳人生意氣貴相傾走筆酬詩當璃玖趙孟頫銘片石何狀天然自若鱗鱗蒼竇背潛蛟鰐一氣渾淪略無岩壑太湖凝精示我以樸我思古人眞風邈邈

舞蛟石

樵李范長康家有一石蹲踞峯崒壁立千雲名舞蛟明何三畏詩選得山頭石嶙峋秀可餐如飛絶壑裡聳立層霄端直欲騰空起常將帶浪看見時應下拜誰不具衣冠 宛委齊集

白鹿石

晉咸和中脅淮縣令張魴有德惠白鹿群游岡石因名 始興記

武封胥郁立蘇嶺祠有二石鹿分神道

號為鹿門 襄陽耆舊傳

青牛石

道士洪志業乘青牛於石上飛昇 類聚

白雉石

武陵絶壑之半一石雉尾長二丈伸足翔翼若虛中翻飛頭綴著石 荆州記

金蚕石

丹陽王文秉得一石如拳破之中有如蠐螬蚕者不識棄去後有人云人欲求富莫如浮石中金蚕則寶貨自致問其狀卽前蠐螬 稽神錄

金鵞石

臨海記郡東南有白石金鵞所築下有谿谷金光煥然

金鷄石

雩都有金鷄石、奮翼長鳴、見人輒止、南康記

鸂鶒石

太山黃叔豹、在永州署旁、除治積壤、得真山凡八峰、洞洞相通、翠色瑩潤、諸峰側遍刻唐人字、一石橫尺餘、聯綴石上、有金星水禽之形、引泉出水、石浮水面、亦有唐人刻字、名鸂鶒石、稗史

鵶卯石

桃林休牛山、有石五色、狀如鵶卯、名帝臺之棊、稗史

鷄卯石

崔元亮在洛、得一石如鷄卯、少頃劃然而破、有鳥如巧婦飛去、酉陽雜俎　巧婦鳥名

辟蠅石

滇南寶井中一石、中有玉蒼蠅二頭、羽鬣皆活、置几上、能辟蠅、一中官以三百金得之、眉公筆記

魚子石

隴州有魚石子、置書籍中、能辟蠹、珍珠船

鴉鳴松石

宋吳沖卿學士、一石屏、古木忩差、兩鴉飛鳴、儼然圖畫、名鴉鳴松石、歐陽脩賦、晨光入林衆鳥驚、腷膊群飛鴉亂鳴、穿林四散投空去、黃口巢中饑待哺、雌者下啄雄高盤、雄雌相呼飛復還、空林無人鳥聲樂、古木參天枝屈蟠、下有怪石橫樹間、煙埋草沒苔蘚斑、借問此景誰圖寫、乃是吳家石屏者、號工刳山取山骨、朝鑱暮斲非一日、萬象皆從石中出、吾嗟人愚不見天地造化之初難、乃云萬物生自然、豈知鐫鑱刻畫巧與妍、千狀萬態不可殫、神愁鬼哭晝夜不得閒、不然安得巧工妙手憊精竭思不可到、若無若有縹緲生雲烟、鬼神功成天

地惜藏在虢山深處石惟人有心無不獲天地雖神藏不得又疑鬼神好勝惜吾儕極欲奇怪窮吾才乃傳張生自西來吳家學士見且咍醉點紫毫淋墨煤君才自與鬼神鬭嗟我老矣安能陪　梅宛陵歌吳夫子佩銀龜乘天馬素怪奇忽得虢畧一片石其中白色圓如規又有樹與烏畫手雖玅何能爲吳乃持問歐陽公比公曩獲尤可疑疑不爲辨賦以詩詩辭粲粲明星垂復遣賫來爲我和坐上巨公旁睨之范侯實有楊雄學咸云此理難究推我歸滁慮反復思義雖不經聊解頤月與太陽合朔時陽烏飛上桂樹枝枝上作巢生群兒人不知天公天公欲俾世間見影著石面如粘黐烏既不得去月亦不可追留爲千古作好玩慎勿傾樸同王碑　東坡詞何人遺公石屏風上有水墨

希微綴不畫長林與巨植獨畫峩眉山西嶺上萬歲不長之孤松崖崩澗絶可望不可到孤烟落日相溟濛舍風偃蹇得真態刻畫始信天有工我恐畢宏韋偃死葬虢山下骨可朽爛心難窮神機巧思無所發化爲煙霏淪石中古來畫師非俗士摹寫物像畧與詩人同願公作詩慰不遇無使二子含憤泣幽宫

連理文石

魏明帝時泰山下出連理文石高十二丈狀如栢樹文色彪發自上及下皆合而中開廣五尺稗史明王世貞詩壓畫千峰聳碧空佳名誰並玉玲瓏梵音閣下眠三日要看繚天吐白虹

驪山甃石

潼關縣南百武即溫泉也呼爲官池謂非貴人不

得浴此池、四周甃石、魚龍花鳥、如玉環狀、中一小石、有七竅曰噇泉眼、泉自花口湧噴、相傳起於始皇、脩於漢武、官池左有混池、以浴小民、又有石、名玉女洗頭石、沐髮者多去瘡虱、驪山記

夬聻碑石

夬聻字碑、在浯溪旁、舊有神怪、熙寧中、永州判官柳應辰、維舟岩下、僧告其故、夜半、怪果登舟、應辰呵叱、怪伸手、應辰書夬字揮之、詰朝、則夬字已綴崖上、知為石怪、既而應辰舟行、地僧追告溪山震響、乃書聻字鎮之、怪泯、今刻石在焉、太平清話

靈岩硯石

硯石山頂三池、曰月池、曰翫華、曰硯池、其山石可為硯、闔閭養西施於此、有館娃宮西施石、圖經

琵琶峰石

琵琶峰石、與蜀江相對、形似琵琶、北鄉婦女多曉音律、眉公書蕉

醉道士石

楊康公有一石、狀如道士而醉酒者、東坡詩云、楚山固多猿、青者黠而壽、化為狂道士、山谷恣騰蹂、誤入華陽洞、竊飲茅君酒、君命囚巖間、巖石為械杻、松根絡其足、藤蔓縛其肘、蒼苔眯其目、叢棘哽其口、三年化為石、堅瘦敵瓊玖、無復號雲聲、空餘舞林手、樵牧見之笑、抱賣易升斗、楊公海中仙、世俗那得友、海邊逢姑射、一笑微俛首、胡不載之歸用此頑且醜、求詩紀其異、本末得細剖、吾言豈妄云、得之亡是叟。秦淮海詩、黄冠初飲何人酒、徑醉頹然不知久、風吹化石楚山阿、藤蔓纏身薜封口、常隨白雀亦飛去、但有衣冠同不朽、異物終為

賢俊得野老田夫豈宜有華陰楊公香案吏一見遂作忘年友日暮西垣視草歸往往對之傾數斗大夢之閒無定論啓毋望之夫所誘穀城或與子房期西域更為陳那吼我疑黄冠友見玩若此堅頑定醒否何當一笑凌蒼霞顧謝主人聊舉手

朱買臣石

即穹窿山古赤松子採赤石脂處山上有盤石朱買臣讀書於此因名 吳地記

陸平原石

雲間北有機山以郡人陸機居此故名山下有石名平原石以機為平原內史故也 雲間志

孔明羊石

北固山鞠場有狠石蘇文忠公謂寺中有石如羊相傳諸葛孔明坐石上與孫仲謀論曹公兵事 輿記

孫登窟石

孫登居北山中好讀易彈琴頹然自得以石窟為宇編草自覆 孫登別傳

吳干將石

干山在雲間北吳干將鑄劍於此故名 圖會

武公岡石

西安武氏夫婦各擇棲煉婦居西昌武姥山夫居此為武公同日賓仙有北斗七星岡峭徑紆折高下千岩萬巘或峻矗入雲如筆豎笋攢或壁嶂排嶺如植碑倚屏或倒崖作磬折狀或傑竦如弁冕執圭為敬者又如龍翥軒舉如虎豹躩且踞如飛走羆物靡所殫述 西安郡志

奎章閣石

奎章閣有奇石名世石上鐫奎章玄玉四字虞青

城詩、禹貢收浮磬。堯階呈膏雲。自天承雨露。拔地起絪縕。擊拊磬音合。衡從玉兆分。巨鰲三島力。咸鳳九苞文。辨位資乾坎。爲山塡幅員。固知興寶藏。不假運神斤。書帙侵春潤。香爐借宿薰。煙光晴冉冉。波影晝沄沄。融結緜元化。登崇荷聖君。瑞于龜出洛。重若鼎來汾。柱立尊皇極。磐安廣帝勛。詎云陳秘玩。因願獻前聞。

五星聚石

在太湖中、重岡複嶺、奇特玲瓏、宛若五星聚奎、圖會

雲錦淙石

嵩山雲錦淙、激溜衝攢、傾石叢倚、嗚湍疊瀨、噴若雷風、輝分麗煥、煥若雲錦、唐盧鴻詞、水攢衝兮石叢聳。煥雲錦兮噴洶湧。苔駮犖兮草蒙緣。芳幂幂兮瀨濺濺、石攢叢兮雲錦淙。波連珠兮文沓絳。有潔冥者媚幽幽。漱靈液兮樂天休。實獲我心兮夫何求。唐詩記

仙人樓石

零陽有半石岡。岡上有石、名仙人樓 地理記

潁上井石

潁上井中有光、得一石、鐵皮錮束之、啓視、乃右軍黃庭、頗異恒刻、今藏潁上庫中、妮古錄

子陵灘石

子陵灘有佳石、可作硯、林徃三槐講師水中抱一石、沉綠色也、質更朴、題云、鎮之以無名之璞、妮古錄

王喬洞石

新安西王喬洞石木葉之形交錯、文理具在、若雕刻者、不特一石為然、洞上二木、亦皆化石、而一木復產枝葉、偃曝談餘

洪陽洞石

洪陽洞有十六石室，乃晋葛洪、婁陽二仙所隱。洞有石臼、石鍾、鼓、磬、石仙人、帳、石羅漢，相儀狀如生。一道人結菴于上，欲盡游其室，賫粮秉燭，繞三四，聞水聲如雷，洞上有撑篙揺櫓聲，駭懼而返。稗史

善奉洞石

善奉者，相傳舜讓天下與善奉，不受，逃之洞中。後

為祝英臺故宅，與梁山伯同事筆硯，有讀書臺石。循石磴而上，至乹洞，右崖刻曰仙李岩。前一石蹲踞，為洞主峰。左白象，右青獅，相向而立。象垂，獅昂。以炬爥照之，中有玉柱，高可丈餘，大六圍，下圓上銳，光潔如玉。唐張承吉詩「玉柱閟靈根」是也。石之白而方者，高下井井，儼如經畫，曰仙人田。洞北有丹灶，灶後倚壁一石，石上特伸一手，巨而且長，色

白如粉，指甲宛然，曰米堆、鹽堆，以形名石也。南有仙床，倚壁如僧之禪床。石色青紅黄白相錯，又有石皆碧色，如肝肺倒垂者，四五百計，聯屬不絶。圖會

張公洞石

在宜興，漢張道陵脩仙洞中。内有一臺，可坐數百人，俯瞰冥杳，足不能措。臺南石刻張公洞福地五字。道書謂七十二福地，此其五十八也。臺下怪石

紛錯，欹者，倚者，銳而出者，卻而後者，顛而欲仆者，拔而起者，横理者，端莊而拱者，偃者，臾者，將斷而復續者。與石乳皆蒼緑一色，傅染，又有如笋之植，如鳳之騫，如禽之怒而走，饑而噬者。元延祐四年會仙亭記

齊雲岩石

一名白岳，過桃花澗峭壁，横截飛巘，嵌空。二石龍循洞遊，鬣脊有飛泉洒濺如珠，曰珍珠。石崖西石

壁如虎跡者曰黑虎石。後高峰千仞，白雲封之，曰齊雲岩石。曰香爐峰石。踰浮雲嶺，層巒刺天，曰紫王屏石。如虹卧泉，曰鵲橋峰石。巨壁崛起，橫列如障，曰紫霄石。馴伏昂首，似欲長鳴而起者，曰橐駝石。架駝梁而翠岫如螺髻者，曰三姑石。蒼顏黛色，如矯首欲語者，曰五老石。白岳山記

拂水岩石

虞仲隱此，名虞山。西北拂水岩，崖石陡峻，水奔注如虹，淩風飛濺，最為奇勝。西有三沓石，為昭真太子讀書處。越絕書

透月巖石

鮮伯之有奇石，銳上而豐下，百竅洞達。大者為巖，小者為竇，聳者為岑，絡者為脉，内外瑩潔，渾然天成。如筆峯半圭，高揀雲表，名透月巖。王秋澗詩：偶到君家思黯然，一峯奇石墮吾前。千金欲買初無價，百穴潛通小有天。花露透香滋碧潤，月娥含影愛幽妍。從今紫翠芙蓉夢，不到齊州落照邊。

玉女房石

灌江西玉女房下三石人，立於白沙堰上，刻石乞江神曰：淺無至足，深無沒腰。又教民檢江立堰之法，曰深陶灘淺則堰。益州記

玉女潭石

潭在義興半山中，渟膏湛碧，瑩潔如玉，三面石壁下插，石梁上直，緣石旋轉，天矯如虬蟠，如鼉奮飛流噴薄，濺沫成輪，聲盍震蕩。又群石撤舞，駢植聯延如睥睨，曰芙容城。石之又奇者，曰天成碑，曰雨霤，曰小蒼屏，曰青岩，曰三珠，曰二姑，曰雙仙，皆以形類名。而石色晶瑩，日射灼爍如金，又名金晶。皆

下垂峆岈岝崿。不可名狀。三才圖會

尋陽姑石

尋陽有姑石、桓玄登至中嶺、便聞長嘯聲、甚清徹、至峰、見一人箕踞石上、異苑

天目子石

天目旁崑山石、皆有之、蓋崑山、天目龍之子也、筆記

敬亭山石

石埠連峰如屏、蒼翠鬱然、晉謝玄暉守宣州、時常登遊、唐李白詩、衆鳥高飛盡、孤雲獨去閒、相看兩不厭、只有敬亭山、

天池山石

絕嶺而上、山半有池、因名天池、晉太康中、常產千葉蓮花、有龜巢石秀屏、宋紹興張漢卿居此、號隱山、圖會

金牛峽石

秦惠王謀伐蜀、患山隘險、乃作五石牛、置金於牛尾下、詭言能糞金、欲以遺蜀王、王貪之、令五丁力士開道引牛、秦因使張儀司馬錯引兵滅蜀、宋胡曾詩、山嶺千層擁蜀門、成都別是一乾坤、五丁不鑿金牛路、秦惠何由得并吞。蜀王本紀

碧遠峰石

金華先生有奇石、携自蜀中、山形聯翩、名曰碧遠、錫山陳公以詩覓之、金華遂撤所嗜贈焉、王梅溪詩、二公心古貌清癯。趣在林泉世味疎。寸碧未從錦江遠。九疑分向錫山居。山中丘壑奴金谷。筆下波瀾佃石渠。我有千峯巖厓蕩。一拳天柱插空虛、

疊嶂樓石

寧國陵陽山第一峰、其石重疊如嶂、晉謝玄暉之

高齋詩云結構何迢遞曠望極高深窓中列遠岫庭際俯遥林唐李白詩誰念北樓上臨風懷謝公。

五侯嶺石

分宜有五侯嶺石峰巒峭立若劃裂推倒勢魯子明有石癖漁舟載歸列置所居筆叢

八陣圖石

夔州西市俯臨江岸有諸葛亮八陣圖象張翼舒鷙形鸛勢象石分布已數百年洶瀧推激依然如故嘉話錄唐杜甫詩功蓋三分國名成八陣圖江流石不轉遺恨失吞吳。宋蘇軾曰諸葛亮造八陣圖于魚復平沙之上壘石為八行相去二丈桓溫見之曰此常山蛇勢也文武皆莫識吾嘗過之自山上俯視百餘丈凡八行為六十四蕝蕝正圜不見凹凸處如日中蓋影熟視皆卯石漫漫不可辨甚可怪也東坡志林

壺中九華

東坡見一石於湖口李正臣家名壺中九華謂其具九華之體而然也稗史詩云前溪電轉失雲峯夢裏猶驚翠掃空五嶺莫愁千嶂外九華今在一壺中天池水落層層見玉女窓明處處通念我仇池太古絶百金歸買碧玲瓏。八年後過湖口石已失去復解以詩云江邊陣馬走千峯問訊方知冀北空尤物已隨清夢斷真形猶在畫圖中歸來晚歲同元亮却掃何人伴敬通賴有銅盆脩石供仇池玉色自玲瓏。越明年東坡下世矣黄庭堅經過湖口讀前詩志感和云有人夜來持山去頓覺浮嵐暖翠空試問安排華屋處何如零亂落雲中能為趙璧人安在已入南柯夢不通賴有霜鐘難

簾卷挂帆来聽響玲瓏

小有洞天

東坡有石題小有洞天引数竅正對岩岫焚香於中則烟雲四出 稗史

小岱嶽石

真人張秋泉所藏硯山曰小岱嶽趙孟頫詩泰山亦一拳石多勢雄齊魯青巍峩此石却是小岱嶽峯巒無数生陂陀千巖萬壑来几上中有絕澗橫天河骨格粤從元氣判自然凝結非鐫磨人閒奇物不易得一見大呼爭摩娑米公生平好奇者一書深刻無差訛旁有小研天所造仰受筆墨如圓荷我欲為君書道德但願此石不用鵝巧偷豪奪古来有問君此意當如何

小九華石

唐刺史齊映居此因名齊山有仙人跡石跡巨而且長紋畫顯然捫蘿而上群石森立数等九華故名小九華上有石鼓洞洞旁二石一如肺肝懸壁擊之鏗然可諧絃管一擊之名槁木又有華盖洞石崎如門其中豁然上員如盖石形九旋由大而漸入於小如螺尾今華盖殿即此製也 齊山志

小釣臺石

沈石田有元時一石上鐫小釣臺三字鮮于伯機詩拾得嚴陵小釣臺自然漢水洗塵埃撐空陡起雙峯上映水嵌岈萬壑開舉足猶能應玄象持竿直欲藉蒼苔憑誰說與衛公子準備新詩快寫来

楊廉夫詩星灘分得小雙臺不染東華半點埃爽氣時從仙掌出青天忽見岳蓮開雲根遠帶桐江水夜雨新生海眼苔九朶峯前成小隱不隨雙

窪寄詩來。

茂名石屏

茂名有黄尖嶺，相傳潘仙居此煉丹，丹墮石中，融結成彩。朱子淵為桂帥，得二石屏，老幹扶踈，上挾雲氣，下臨廣漢，海涵萬象，無所不有。子淵記

元章相石

元章相石法有四，曰秀，曰瘦，曰皺，曰透，大都盡石之美矣。仍跡平生所珍奇石，有雲岫萬里江山重巒積雪、小出秀、桂岩諸品。稗史 公有詩云，研山不復見，哦詩徒嘆息，惟有玉蟾蜍，向余頻淚滴。蓋蘇學士以地易去，故致思焉。

寶晉齋研山

南唐李後主所寶，後為道祖易去，中美有詩云，研山不易見，移得小翠峯，色潤裀書几，隱約煙朦朧。巉巖自有六，獨立高崧龍。安知無雲霞，造化與天通。立壁照春野，當有萬丈松。崎嶇浮波瀾，偃仰蟠蛟龍。蕭蕭生風雨，儼若山林中。塵夢忽不到，觸目萬慮空。公家富奇石，不許常人同。研山出層碧，崢嶸實天公。淋漓上山泉，滴瀝助毫端。攜成驚世文。生意皆逢原。江南秋色起，風遠洞庭寬。徃徃入佳趣，揮洒吐玅言。顧公珍此石，美與衆物肩，何必嵩少隱，所藏為地仙。

陽氷窪樽石

唐李陽氷退居縉雲，創亭室以宴居。鑿石為窪樽，湘山野錄 元結窪尊詩，巉巉小山石，數峰對窪亭。窪石堪為樽，狀類不可名。巡迴數尺間，如見小蓬瀛。樽中酒初漲，始有島嶼生。豈無日觀峰，直下臨滄溟。愛之不覺醉，醉臥還自醒。醒醉在樽畔，始為吾性

情若以形勝論，坐隅臨郡城。平湖近階砌，遠山復青青。異木幾十株，枝條冒簷楹。盤根滿石上，皆作龍蛇形。酒堂貯醲醑，户牖皆罌缾。此樽可常滿，誰是陶淵明。顏真卿聯句詩、李公登飲處，因石為窪樽。真卿人事歲年改，峴山今古存。劉全白 蓁蕪掩前跡，苔蘚餘舊痕。裴循 叔子尚遺德，山公此迴軒。張薦 維舟陪高興，感昔情彌敦。道士吳筠 藹藹賢哲事，依依離別言。強象山 嶇嶔横道周，迢遞連山根。范縉 餘烈暧林野，衆芳揖蘭蓀。王沈 德輝映岩足，勝賞延高原。魏理 遠水明匹練，因晴見吳門。王甫 侯 陪遊追盛美，揆德欣討論。顏峴 器有成形用，功資造化元。左輔元 流霞方淡淡，别鶴遽翩翩。劉茂 舊規傾逸賞，新興麗初暾。顏渾 醉後接離倒，歸時騶騎喧。楊元 德 遲廻向遺迹，離别益傷魂。韋介 覽事古興屬，送人歸思繁。皎然 懷賢久徂謝，贈

遠空攀援。崔引 八座欽懿躅，高名播乾坤。史仲宣 松深引閑步，葛弱供險捫。陸羽 花氣酒中馥，雲華衣上屯。陸士修 白日半巖岫，清權器 森沈列胡樹，牢落望郊園。裴幼清 旌麾間翠幄，簫鼓来朱轓。柳淡 閑路風滿丘樊。釋塵 萍連浦中嶼，竹遶山下村。顏須 簫雲影清心澄水源。顏顓 景落全谿暗，煙凝半嶺昏。顏須 去日往如瀆，换年涼代温。顏須 登臨繼風騷，義激舊府恩。李萼

芙容硃砂石

在宣歙，名黄山。黄帝與浮丘容成於此山上昇。石色丹碧，峭拔攢蹙，若植戟，若側弁，若列戈矛，若芙容菡萏之初開，雲烟晴雨，晨夕萬狀，而衆岫疊嶺效奇獻秀者，有芙容硃砂二峰石為最。圖會

金星翡翠石

于闐國有石，一品班斕，白脉點點，光燦，謂之金星

石。一品深碧光潤，謂之翡翠石。稗史

跳魚伏虎石

羅浮山璀石洞中，有跳魚伏虎二石，奇勝也。南越志

江山曉思石

高昌李正臣有石屏，方廣僅尺，其文如董北苑、僧巨然，破墨用筆，題曰，江山曉思，柯九思記鐫其背。石色澄碧，今在雨花庵中。妮古錄

石品中卷

端石　巖石　墨石　照石
米石　乘石　登石　階石
飛石　舞石　立石　拜石
呼石　歌石　鳴石　響石
泣石　哀石　寒石　熱石
燋石　冷石　凍石　寢石
瞌石　夢石　醒石　半石
孤石　片石　獨石　雙石
三石　五石　碎石　狹石
消石　長石　危石　嶢石
疎石　倒石　奇石　怪石
巨石　細石　方石　員石
浮石　鎮石　堅石　攢石

聚石 拂石 亂石 觸石
投石 碣石 積石 紐石
纜石 羅石 綢石 移石
驅石 鞭石 斫石 斬石
隕石 崩石 嘉石 肺石
燕石 荊石 穹石 運石
天石 界石 月石 華石

文石 雲石 仙石 靈石
祥石 瑞石 金石 銀石
銅石 虞石 韶石 花石
荔石 松石 杏石 竹石
蘭石 薑石 萊石 艾石
蓬石 吹石 帶石 射石
畫石 旋石 博石 樂石

舊石 歛石 寶石 玉石
晶石 錦石 綺石 瓊石
瑆石 綠石 丹石 赤石
碧石 赬石 黃石 玄石
青石 黳石 白石 素石
介石 澗石 枕石 漱石
磻石 釣石 峽石 連石

鏁石 斗石 衡石 平石
腊石 膏石 沙石 滑石
梯石 磁石 礜石 石人
石婦 石身 石心 石膽
石髓 石乳 石頭 石髮
石言 石文 石櫛 石袂
石衣 石帶 石華 石氂

石品之目　四

石黛　石綠　石玉　石影
石像　石岡　石城　石堡
石闕　石橋　石門　石佛
石塔　石堂　石樓　石宮
石室　石龕　石屋　石户
石扉　石壁　石柱　石窗
石溝　石梁　石渠　石阜
石閭　石囷　石林　石徑
石谷　石田　石岍　石折
石洞　石嶼　石蕢　石穴
石井　石闞　石竇　石孔
石灘　石磴　石砌　石磯
石泉　石溜　石瀨　石池
石潭　石湖　石幽　石苔

石品之目　五

石蘿　石棨　石英　石牀
石榻　石函　石笥　石匱
石書　石硯　石鉢　石屏
石鏡　石鐘　石磬　石鐸
石鼓　石磨　石斛　石稜
石角　石尾　石弩　石扇
石傘　石帆　石燭　石火
石蘭　石筍　石梅　石栢
石桃　石藤　石果　石樹
石根　石蹲　石龍　石虎
石犀　石鯨　石駝　石馬
石牛　石羊　石猴　石鸞
石鳳　石鷹　石鵲　石燕
石鴈　石雉　石雞　石魚

石蟹　石龜　石蛇
宣和石譜　喬中山藏石
龐端甫藏石　趙子昂藏石
蘄公子藏石　范石湖藏石
楊瑀太史藏石　宋化卿藏石
吴伯度藏石　莫廷韓藏石
項氏藏石　陳張正見石賦

陰　鏗石詩　崔仲方石詩
虞　茂石詩　宋鮑　照石詩
唐李　嶠石詩　蘇味道石詩
盧朗溪石詩　明王世貞石詩
袁宏道石詩　陳繼儒石說
吴從先石分

下卷目錄

石品

雲間郁濬開之甫紫芝軒輯

端石

端州石出斧柯山，有岩石、小湖石、後瀝石、蚌坑石四品。岩有龍岩、中岩、下岩及半邊山岩，蚌坑即在下岩之下。唐初取硯在龍岩，然不及下岩。下岩北壁石在水底，石色乾則灰青紫色，濕則深紫，眼正員，有瞳子暈數十重，綠碧黑白相間，如畫青綠處，亦如翡翠色。下岩穴石色微帶黃，眼有瞳子暈七八重，青黃黑白綠相間，不及北壁，令俱塞矣。惟取半邊山諸岩石，岩曰大秋風、小秋風，曰歎頭，曰獅子，曰桃紅，曰首頭，曰新坑，曰黃岩，亦類下岩，但眼暈只三四重，色亦青碧，惟重疊暈稍駁雜耳。下岩石謂之鴝鵒眼，龍岩下穴謂之鸜鵒眼，龍岩中

穴謂鷄翁猫兒眼半邊山謂之雀兒眼鸜鵒眼以
此別之、小湖石在端州西四十里石紫稍燥類
雀兒眼無瞳子、後瀝石在端州北十里石色赤
紫性軟細潤間有眼者止一兩暈而已又有一種
員如爪瓠暈眼甚佳得之極鮮大抵下岩價二十
倍于上岩上岩下穴價十倍於半邊山諸穴半邊
穴價十倍於小湖小湖價十倍於蚌坑蚌坑價十
倍於後瀝後瀝絶品亦不過數十倍 端州志 唐杜甫
端硯詩巨璞禹鑿餘長𢑥得石硯其滑乃波濤其
光或雷電聯坳各盡墨多水遞隱現揮洒容數人
十手可對面致于丹青地知汝随顧眄 唐李咸
端硯詩媧天補剰石昆劒切来泥着指痕猶濕經
旬水未低呵雲潤柱礎筆彩飲虹霓鴝眼工諳謬
羊肝士乍刲連漸光比鏡囚墨膩於磬捧受同交

印矜持過秉珪宜從方袋挈枉把短行批淺水金
爲斗泓澄王作堤 明楊慎端硯詩瑞石出端溪
靈陶琢已齊緇磷開混沌清越奪琳珪龍尾仙翁
棹羊肝彥士刲浴毫輕似染囚墨膩於鑿胐月沉
泓北沉雲度邑西影寒歸黑帝光鑑比玄妻羨䂄
圓如璧紋廻曲似堤藏春蛤琲瓓敲日響玻璃呵
潤能欺礎涵星詎照虀未央無古瓦函谷失澄泥
兒愛蓬蓬洗奴頑竹節攜研山銘可紀壺嶺價應
低叱筆獎含蚌祛塵匣斷犀譜邪憂呂望慱厚景
宣尼綺思生松黛詑音辯彩霓寸田豊杞𥝱勺水
躍鯨鯢藻翰歌麒趾勲華借兕蹄誓將翔藻鳳幸
弗厭家鷄巳嬌新當荷推池草正萋王蟾徵舊夢
金馬擬新題 楊升菴集 朆音衣 胐音斐
邑音節 琲瓓音倍累 䂄音羅

嶶石

婺源石產水中，皆可為硯，石理有金星，磨之，索索有茫，如刷絲羅紋棗心，或如瓜子，兩兩相對，出龍尾溪，名龍尾石，堅勁發墨，又祁門文溪所產，色青紫，石理溫潤發墨，又歙縣小溝石，亦青潤有紋，石理頗堅，不甚發墨，然俱尚也。洪洲稗史

墨石

彰德南郭村井產墨石，可以書，晉陸雲與兄書云，三臺上曹公藏墨石數十萬斤，云燒此消，復可用，然彼中人不知，兄頗見之否，今送二螺，又宜陽有墨石山，汧陽有墨石洞，贛州興國上洛山產墨石，商州黃水北有墨石，繢彩奮發，黝焉若墨，水經注 按古者漆書之後，皆用石墨，漢以後松烟桐煤既盛，故石墨遂湮，并所出產，亦罕知之。稗史

照石

方丈山有照石，去石十里，視人物之影，如鏡焉，碎石皆能照人，而質方一丈，止重一兩。締真瑣皮

釆石

天子升釆石山，取釆石，鑄器於黑水之上。穆天子傳 太平府有釆石山，唐李白崔宗之乘月自釆石至金陵，著宮錦袍，坐舟中，詩云，飄飄江風起，蕭颯海樹秋，登艫美清夜，挂席移輕舟，月隨碧山轉，水合清天流，杳如星河上，但覺雲林幽，明湯賓尹詩，絕巘橫天柱，危岩出石樓，不堪李供奉，獨眺大江流。

乘石

周公踐東宮，履乘石，祀明堂，假為天子七年，乘石，王所登上車之石也。尸子 唐王起洗乘石賦，承玉趾以增麗，拂袞衣而更妍。

登石

登州臨海有沙門鼉磯諸島產石，梃特巉巖，金紋班彩滉瀁波濤中。熙寧間，李天章為登守，吳子野得十二石以歸，眞歲寒堂前，東坡謂世之好石者多矣，未有取北海而眞南海者也。太藪外記

階石

階州白石性軟，土人就穴中鐫鏤，見風即勁，裝製硯屏，甚瑩潔。凡內府遺技，金龍玉簡於名山福地多用此石以硃書之。歲時廣記

飛石

太元末，有數少年在衡山岩石上執筆作書，湘東姚祖謂是行侶休息者，往視之，少年帶石飛去。異苑

舞石

貴溪許先之得一石，高闊三尺，宛如酒家壁所畫仙醉後奮袖坐舞之狀，宿直者常遇一偉丈夫舞躍不已，燭火追視，即此石也。鄴中記　唐杜甫詩：舞石旋應將乳子，行雲莫自濕仙衣。

立石

孝昭帝時，萊蕪山洶洶有數千人聲，視之有大石自立，高丈，大三十八圍，入地五尺，三石為足。漢書

拜石

米元章性嗜石，輒具公服拜之，不呼石兄則呼石

丈。見上官每以石出納袖中，言者以為罪，罷去。周少隱感而賦云：與錢作兄真可憐，與石作兄無乃賢。望塵下拜良可笑，望石下拜不同調。明王世貞詩：戍削風稜無媚姿，主人瞻拜具冠衣。乍可醻林將壓載，那容漢女作支磯。

呼石

夔州灩澦堆峽左岩石上題聖泉二字，初無泉，過

過者擘石大呼，則水自石下大注，雪天如湯，夏天如氷，凡呼者，必曰，龍王萬姓渴矣，水於是出，藝文類聚

歌石

吳寧縣有歌山，昔人乘船下過，見一女子浴汲，登石上，負水行歌，姿態甚妍，莫知所由，東陽記

鳴石

永正鄉有鳴石二，聲聞數十里，今無聲，臨海記

石品 下卷 八

響石

南岳岣嶁峰，有響石，呼之則應，如人聲，浴聞記

泣石

羊公與鄒潤甫登峴山，石上垂泣曰，有宇宙便有此山，由來賢達登此望遠者多矣，皆湮沒不可得知，念此令人悲傷，襄陽耆舊記

哀石

隴西隴山，山東人升此而顧瞻者，莫不悲哀，秦州記

寒石

唐杜甫詩，逕危抱寒石，指落層氷間

熱石

景雲觀有石大如柱，人坐之，踊之，逡巡如火燒，應心煩熱，錄異記

燋石

岱輿山員淵冬水涸，中有黃煙出數丈，煙色萬變，

石品 下卷 九

掘入數尺，得燋石如炭，滅有碎火，緯真要笈

冷石

唐杜甫詩，[illegible]坐穩冷石，醉眠醒。

凍石

青田大鶴洞，天葉法善天師所居，出凍石，可鐫圖印，緯真要笈

寢石

楚熊渠子夜行、見寢石、以為伏虎、彎弓射之、沒金飲羽、下視、知其石也、復射之、矢摧無迹。韓詩外傳

睡石

陳希夷隱武當、有五老人來聽講易、謂希夷曰、我輩日月池中龍也、此非君所棲、令其閉目、凌空馳風、及張目、已睡華山石上。續真瑣笈

夢石

有熊山野好訪異物、常夢一人自云姓石、願相依附、後得一石、人尺餘、眉目皆具、眉公太平清話 雲間孫雪居好石、有米癖、凡蓄石名家、靡不臨繪、萬曆己亥秋夕、忽夢黃冠者、延坐揖遜、別去、遣人追送三石、一白色如玉、長二尺、高一尺、一深碧色、如胡桃紋、長二尺、一如將樂石、中涵碧色、兩旁沿如紅柚、喜而受之、既覺、瘞諸紙林、有麟銘曰、夢非夢、石幻而為夢耶。石非石、夢化而為石耶。夢耶。石耶。其在膏肓耶。素園石譜

醒石

晉陶淵明居栗里、有大石、淵明常醉眠其上、名醒石、明陸深銘、昔以醒酒、今以醒心、難如蜀道、勝比山陰、莫雲卿詩、沉酣寄情真、片石亦名醉、谿風吹不醒、山月照清寐、惟應劉公榮、箕踞日相對。

半石

有破石山、半為石帆、此為半石。名山志 宋宗炳半石詩、清晨涉阻崖、氣老洞瀟洒、嶰谷崩地幽、窮石凌天委、長松列竦蘭、萬樹巉巖詭、上施神農蘿、下凝堯時髓。

孤石

朱超詩、侵霞去日近、鎮水激流分。對影疑雙闕、孤生若斷雲。逍風靜華浪騰。炯瑰薄嶾雖言近七嶺獨立不成群。　釋惠標詩、中原一孤石。地理不知年。根含彭澤浪、頂入香爐烟。崖成二鳥翼。峰作一芙蓮。何時發東武、今來鎮蠡川。　高麗定法師詩、迥石直生空。平湖四望通。岩根恒洒浪、樹杪鎮揺風。偃流還清影。侵霞更上紅。獨抜群峰外。孤秀白雲中。　晉謝靈運賦、漾百里之清潭、見千仞之孤石。　唐杜甫詩、孤石隠如馬。高蘿垂飲猿。　明湯賓尹詩、寒江憐獨客、荒嶼耐迴環。自在雲間月。孤高水上山。漁舟御岸泊、帯户背風關。別夢如相慰。骯無損去顔。　又拳拳如許、扼中流落落顛崖絶九州。一柱乾坤憑指掌。兩丸日月信沉浮。脚根牢定誰相似。面目崚嶒可自由。永夜潮鳴孤嘯發天風。披我最高頭。

片石

唐李白詩、片石寒青錦。疎楊掛緑絲。又江左一片石、青天掃畫屏。題詩留萬古。緑字錦苔生。

獨石

南河丹溪有石、高三丈許、状如卧獣。人呼之應笑亦應之、塊然獨處、名獨石。洽聞記

雙石

唐李白詩、日觀東北傾。兩岸夾雙石。海水落眼前。天光遥空碧。　白居易詩、蒼然兩片石、厥状怪且醜。俗用無所堪。時人嫌不取。結從胚渾始、得自洞庭口。萬古遺水濱。一朝入我手。擔舁來郡内、洗刷去涯垢。孔黒烟痕深、罅青苔色厚。老蛟蟠作足、古劍插為首。忽疑天上落、不似人間有。一可支吾琴、一

可貯吾酒。峭絶高數尺，坳泓容一斗。五弦倚其左，一枯置其右。窪樽酌未空，玉山頽已久。人皆有所好，物各求其偶。漸空少年場，不容垂白叟。迴頭問雙石，能伴老夫否。石雖不能言，許我為三友。

三石

慶州三石似人，中為君，左曰夫人，右曰女郎。稗史

五石

安期鍊五石，丹砂、雄黃、白礬、曾青、磁石。海錄碎事

碎石

唐岑參詩：輪臺九月風夜吼，一川碎石大如斗。

狹石

周庾信詩：狹石分花徑。陳沈炯賦：渡狹石之欹危。

消石

出益州山谷，霜而成堅，名消石。三才圖會

長石

文如馬齒，方潤玉色，生長子山，陶隱居呼理石。稗史

危石

岑德潤詩：當階聳危石，殊狀實難名。帶山疑似獸，侵波或類鯨。雲峰臨棟起，蓮影入簷生。楚人終不識，徒自蘊連城。王維詩：泉聲咽危石，日色冷青松。

嶢石

梁時魏降人王足陳計，乞偃淮水以灌壽陽。帝發淮戶丁及戰士十萬築之，南起浮山，北抵嶢石。南史

竦石

前人詩：修路軫孤轡，竦石頓飛轅。

倒石

崆峒山香爐臺，望石倒挿，上巨下銳。廬山記 唐杜甫詩：鈇籬將棘拒，倒石賴藤纏。

奇石

鎮江兵火後尾礫中獲一奇石有掀舞勢色紺而澤上刻有唐上元甲子歲潁川陳良恭叨尹延陵獲此石置西齋之前銘曰嵯嵯峨峨蒼翠其多是稟混元非因琢磨又有刻云皇宋治平丙午仲夏晦日令掌文記於壞垣得之立此後為都統王侯勝移置居園 夷堅志

怪石

滎陽鄭璠守象江得怪石六其一聳而上銳其一如人圖肺胃肝腎次第懸絡者其一空中而隱外若瘰癭疝病者其一色紺而理平漫彈之好聲璠為守三年還長安無家召婦兒寄人舍下計葦六石費俸錢六十萬璠嗜好極類前輩人 李義山記 梁蕭子範建安怪石賦對巘雙分千霄帶雲怪石隨波而隱見枯槎横出而不群 唐杜甫詩紛披長松倒揭嶭怪石走 宋黄魯直父亞夫怪石詩山鬼水怪着薜荔天祿辟邪眠莓苔鈎簾坐對心語口曾見漢唐池館來張君碧詩寒姿數片奇突兀曾作秋山秋水骨先生應是厭風雷著向池邊塞龍竄我來池上傾酒尊半酣書破青烟痕參差翠縷擺不落筆頭驚怪粘秋雲我聞吴中項容水墨有

高價邀得將來倚松下鋪却雙層直道難掉頭空歸不成畫 明張伯起詩怪石嶙峋虎豹蹲虬枯蒼翠蔭空村亦知匠石不相顧閲歷歲華多蘚痕

巨石

梁吴筠詩巨石亂天崖雜樹鬱參差 唐王維詩擲山移巨石咒嶺出飛泉

細石

唐杜甫詩、凍泉依細石、晴雪落長松。東坡遊赤壁云、岸多細石、溫瑩如玉、深淺紅黃之色、如人手指螺紋。既數遊、得二百七十枚、大如棗栗、小如芡實。又得一古銅盆、盛之注水、燦然。有一枚如虎豹首、有口鼻眼處、以為群石之長。東坡志林

方石

西陵有方山、其嶺四方、崖石如素、天清朗有黃影、似人像。宜都記

員石

趙嘉卧褥七年、自慮奄忽、遺勅兒子、可立一員石於墓前、刻之曰、漢有逸民、姓趙名嘉、有志無時、命也奈何。其後疾瘳。三輔決錄

浮石

交州有石在海中、峙數十丈、浮於水。交州記 浮石洞

有異獸、狀如猴、四耳、虎身、牛尾、音如犬吠、其名曰彘。今人所為彘、蓋豕也。太平清話

鎮石

秦王俊甍、府僚佐請立碑、上曰、欲求名、一卷史足矣、何用碑。若子孫不能保家、徒與人作鎮石。海錄碎事

堅石

呂氏春秋曰、石可破、不可奪其堅。

攢石

唐杜審言詩、攢石當軒倚、懸泉度牖飛。

聚石

漢未央庭中設角抵戲、享外國、三百里內聞角聲。聚石成山、倏忽變化、無所不為。漢武故事

拂石

陳徐陵天台山館碑、天衣拂石、幾萬歲而應平。唐

李白詩、辭君向天姥、拂石卧秋霜。

亂石

唐杜審言詩、漲海積稽天、群山高業地、榾傳稱亂石、圖典失其事。懸危悉可驚、大小都不類。乍將雲島極、還與星河次。上聳忽如飛、下臨仍欲墜。朝暾赩丹紫、夜魄炯青翠。穹崇霧雨蓄、幽隱靈仙閟。萬尋掛鶴巢、千丈垂猿臂。昔去景風涉、今來姑洗至。觀此得詠歌、長時想精異。

觸石

晉陸雲賦、靖屏翳之洪隧、戢太山之觸石。宋傅亮賦、候宵畢於天隅、發含雲於觸石。

投石

王翦擊荊、兵數挑戰、終不出、久之、翦使人問軍中戲乎、對曰、方投石超距、翦曰、士卒可用矣 史記

碣石

夾右碣石、在冀州西河。梁沈約賦、送歸鴻於碣石。又詩、碣石送迢遞、潮登界禮朝日、溟漲無端倪、山島玄崇崒。驥老心未窮、酬恩豈終畢。

積石

漢揚雄雍州箴、黑水西河、橫截崑崙。邪指閶闔、畫為雍垠。上侵積石、下礙龍門。

紐石

石泉縣石鼓山有紐石、朝暮二時、有五色霞氣 稗史

纜石

廬山上霄峰、去地七千仞、禹治水時、泊船鑿石為竅、以繫纜焉、磨崖為碑、有蝌蚪文、隱隱可見 玉堂閑話

羅石

宋謝靈運嶺表賦、羅石基布。

網石

和州臨江、一寺前有漁子網獲一石如拳、僧寘殿中一年、石長四十斤、酉陽雜俎 嘉靖初、漁人于茗溪中、網浮一石大如鵞子、內鏗然有聲、碎之有銅牌一方、上刻宣聖二字、太平清話

移石

弘治乙卯、吳縣西有蝦蟆山、忽然移走、民謡云、石移出狀元、丙辰王鏊果應其兆、稗史

驅石

慈溪三板津梁下、有石數丈、昂首如獸、隨潮隱見、舟行為厲、寧郡龍丞為文投水驅之、明旦水際居人語曰、夜聞群鬼號泣江干、視之而石自驅、萬曆辛卯

鞭石

始皇作石橋、過海看日出處、有神驅石下海、不速、輒鞭至流血、今陽城山色俱赤、異苑

斫石

林邑國王死、奴文篡立、文常放牛山澗、浮二鯉化為鉄、因以鑄劒、劒成、向石言曰、若斫石破、我當王、斫如斷蒭、珍珠船

斬石

漢劉子光西征、渴甚無水、山南見一石人、問曰、何處有水、石人不言、乃拔劒斬頭、須臾窮山水出、

隕石

穀梁傳春秋戊申、隕石于宋、唐杜甫詩、丹砂同隕石、翠羽共沉舟。

崩石

唐杜甫詩、崩石欹山樹、清漣曳水衣。

嘉石

周官曰、大司寇以嘉石平罷民、有罪者坐諸嘉石、罷音皮

肺石

以肺石達窮民、凡窮獨老幼、無由上達者、立肺石、

燕石

宋之愚人、得燕石於梧臺、歸而藏之以為寶、周客往觀、主人齋七日、端冕玄服、發寶革匱十重、緹巾十襲、客見而掩口笑曰、此燕石也、不異瓦甓、稗史

荊石

下和得玉獻于楚王、使玉人相之曰石也、刖其左足、和抱璞哭于荊山三日、泣盡繼之以血、韓子　刖音月

穹石

唐李白詩、飛珠散輕霞、流沫沸穹石、

運石

晉庾信義谷銘、豈如運石、丹泉纔通、

天石

宋鮑照詩、青冥搖烟樹、穹跨負天石、唐杜甫詩、落落出岫雲、渾渾倚天石、

界石

宜都建平二郡界、有倚石、如二人攘袂相對、俗謂二郡督郵爭界於此、幽明録

月石

張景山在虢州治橋、見一石中有月形、色紫月白、月中樹森森、其文黑而枝葉老勁、歐陽脩詩、月從海底來、行上天東南、月當天中時、下照千丈潭、潭心無風月不動、倒影射入紫巖巔、月光水潔石瑩淨、感此陰魄來中潛、自從月入此石中、天有二曜分為三、清光萬古不磨滅、天地至寶難藏緘、天公呼雷公、夜持巨斧隳嶄巖、墮此一片落千仞、皎然

玉鏡在玉奩蝦蟇白兎走天上空留桂影猶杉杉
景山得之惜不得贈我意與千金無自云每到月
滿時石在暗室光出檐大哉天地間萬怪難悉談
嗟余不量度每事思窮探欲將兩耳目所及而與
造化爭毫纖煌煌三辰行日月尤尊嚴若令下與
物為比擾擾萬類將誰贍不然此石竟何物有口
欲說嗟如鉗吾奇蘇子胸羅列萬象中包含不惟

胸寬胆亦大屢出言語驚愚凡自吾得此石未見
蘇子心懷慚不經老匠先指訣有手誰敢施鐫鑱
呼工画石特奇似幸子留意其無譏 蘇滄浪詩
日月行上天下照萬物根向之生榮背則死故為
萬物生死門東西兩交爭晝夜不蹔停胡為虢山
石留此皎月痕常存桂樹扶疎陰有若圖画成永
叔得之不能曉作歌使我窮其源且疑月入此石

中分此兩曜三處明或云蟾蜍好溪山逃遁出月
不可闇浮波穴石恣所樂嫦娥孤坐初不覺玉杵
夜無聲無物來搗藥嫦娥驚推輪下天自尋捉遂
地撇江踏山嶽二物驚奔不復見留此玉輪之跡
在青壁風雨不可剝此說亦詭異余知未精確物
有無情自相感不間幽微與高邈老蚌吸月月降
胎水犀望星星入角彤霞爍石變靈砂白虹貫巖

生美璞此乃西山石久為月照著歲久光不滅遂
有團團月寒輝籠籠出輕霧坐對不復嗟殘缺蝦
蟇從汝惡嘴吻可能食此清光沒玉川子若在見
必喜不輟此雖在石中時有靈光發土怪山鬼不
敢近照之僵仆肝腦裂有如君上明下燭萬類無
遁形光艷百世無虧盈 梅宛陵詩虢州紫石如
紫泥中有瑩白象明月黑文天畫不可窮桂樹婆

娑生意發。其形方廣盈尺間。造化施工常不沒。虢
州得之自山窖。持作名卿研旁物。又詩。鑿山侵
古雲。破石見寒樹。分明秋月影。向此石上布。中央
隱孤璧。紫錦藉圓素。山祗與地靈。暗巧不欲露。乃
值人所獲。裁為文室具。猶立筆研間。莫使塵埃度。

華石

石文似雲者。元好問詩。剝裂雯華清。月秋

石品下卷　八　二八　一百九七

文石

晉明帝採文石於穀城。魏志 犀有通。珠有光。石有暈。
皆文也。

雲石

神女智瓊帶八婢。服綾羅綺繡。狀若飛仙。自言年
十七。下嫁濟北弦超。嘉平。贈詩曰。飄颻浮勃述。敖
曹雲石滋。神女豈虛降。應運來相之。吳兗

仙石

陽嶼仙壇有竹葳甤。風來動音。自成宮商。傳云有
卻粒者。於此羽化。因名仙石。仙傳

靈石

陸機賦。發使靈石。擢性洪流。唐田遊岩詩。信彼稱
靈石。居然狎道棲。徘徊承翠巘。紱駮帶深谿。夕陰
起層岫。清景半虹蜺。風來應嘯阮。波動可琴嵇。僕

石品下卷　八　二九　一百九六

也願陽客。望彼空思齊。倘見山人至。簪蒿且杖藜。

祥石

唐駱賓王詩。綺琴朝化洽。祥石夜論空。

瑞石

武林紫陽山有瑞石。仙人丁野鶴脩道於上。今遺
蛻存焉。仙傳

金石

嵩山金碧潭，水潔石鮮，光涵金碧。唐盧鴻詞：水碧色兮石金光，灩熠熠兮濴湟湟。

銀石

岱輿山獸名嗽月，形似豹，飲金泉之液，食銀石之髓。獸夜噴白氣，其光如月，照數十里。緯真瑣紋

銅石

梁江淹遊黃蘗山詩：金峰各虧日，銅石共臨天。

虞石

周庾信步虛詞：洞靈尊上德，虞石會明真。要妙思玄絕，虛無養谷神。

韶石

在韶州，舜登石上奏韶樂，因名。海錄碎事

花石

岳州慈利縣武口寨出石，石上有花，如堆心牡丹，枝葉繚繞。一統志

荔石

稗竹木不數寸，而具摩空盪雲之勢，碎石似指，拔起峭厲，此盆景之致也。林崇而沼深，岡嶺迤邐，植之美，莫宜粵之荔石，大小窪隆，靡不合宜，而特富乳節，又無善於此石者。明陶望齡銘：蒼梧之雲，墮而為石，縣水所靡，或汙而泐。水非石鑽，古語則然。以鍥以剜，乃合於天。嚳而栗者，有似荔邪，如鼠斯乳，如猴斯珠，喻嶺而東，厥塗孔艱。想見顏肩，汗漬石斑，弗而始章，詎識牛米，閒庭奠居，一而侈矣。嵩木乃筱，老竹如髮，曲沼文瀾，鯤鮞出没，渭川鄧埜，千霄陰柯，微風蕩林，洞庭始波，居士見嬉，小中現太，我聞鍼鋒，運持世界。歐菴集

松石

唐儲光羲詩、盤石青岩下。松生盤石中。冬春無異色。朝暮有清風。五臘何人采。西山舊兩童。明蒞惟一詩、偃蓋蒼雲滿。沉精積水長。居然成氣族。端欲補浮陽。入宋疑星隕。過梁訝隺翔。徂徠舊神物。飛向紫薇宫。

杏石

董奉居廬山、為人治病、不取錢物、使病愈者種杏

五株於石上、仙傳

竹石

唐杜甫詩、清谿先有蛟龍窟。竹石如山不敢安。

蘭石

黄河水中産石、青黄温潤、紋采如蘭、鎮紙經宿、紙輒濕、失地忽破、中有小魚寸許跳出、至寶也、洽聞記

疊石

齊州歷城東石間、石狀如薑、有五色、圖會

萊石

赤山崖峻壁石上、多生仙萊、類苑

艾石

安南國有艾山、峭石環立、相傳上有仙艾、故名、異苑

蓬石

大蓬山、小蓬山、在蓬州良山縣、狀如蓬、輿志

吹石

瀛洲有獸名嗅石、狀如麒麟、知有金玉、吹石則開、金沙寶璞、燦然畢具、縹真瓊笈

帶石

廬山記有白雲冠帶峰、山石呼為山帶、

射石

交州一山神功刻鏤、若射棚、去石堂口百步、夜常

聞射聲名射石。交州記

畫石

董偃常卧延清之室，以畫石為牀，其文如錦，石體甚輕，出郅支國。拾遺記

旌石

葭萌漢樂鄉石羊塡，有旌表二字，年號無。碑事

愽石

衛叔卿、洪厓、巢父、許由、大低公、飛黃子、王子晉、薛容，愽戲華山石上。緯真覆笈

樂石

嶧山碑云：刻此樂石。人多不曉，顔師古云：以泗濱浮磬作碑也。見聞記 樂音學

舊石

梁武帝詩：新枝拂舊石，殘花落故池。唐孟浩然詩：既禮新松塔，還尋舊石筵。

劒石

劒石出黟淡溪，青黑光潤，扣之有聲，作硯發墨宜筆，可琢香爐諸器，東坡所云鳳尾硯也。樵談

寶石

明帝青龍三年，張掖郡金山玄川溢湧寶石。魏志

玉石

岱輿西有玉山，其石五色而輕，或似豨鳥之狀，光澤可愛。緯真覆笈 後漢班叔皮賦：曜金璆以為闕，次玉石而為堂。

晶石

隣水縣高崖峭壁皆白色，宋真宗讀圖經，聞此山靈應，又三面皆白，御筆改為晶石。稗史

錦石

王元寶以錦石為柱。類苑

陳徐陵銘神人開錦石之山。小國獻栴檀之柱。唐杜甫詩秋花錦石誰復數。明潘恩詩錦石別雲屏。青冥互盤薄。烟霞蒼翠屯。璀璨芙容萼。漫展五芝圖。徙倚三花落。

綺石

石子出六合溪中、錦色爛熳、圖畫天然、象形命名、如所云赤雲駕龍、東山旭日、面壁初祖、秋水田波、雲峰古刹、峨眉積雪、王禹丹砂、殆有不可勝紀者矣。素園石譜

瓔石

晉張華仙詩雲娥薦瓔石。神妃侍衣裳。

琏石

羅浮有臺、皆琏石、綵綺錯爛、如霞錦、常有五百花首真人遊會。仙傳

綵石

周王褒雲壇銘、綵石三轉、燒丹七飛。

丹石

宜都丹山有石、時出赤氣、籠蓋林嶺、如丹色。宜都記

赤石

岣嶁山尖禹碑、字青石赤、上有鴻荒漾余乃樟六字。升菴集 赤城山有赤石、羅列里餘、遙望如赤城。神史

碧石

梁江淹賦赤瓔以照燎為光、碧石以葳蕤為色。

賴石

謝莊賦圮山兮黛植、南谿兮賴石。賴岍兮若虹、黛樹兮如畫、暮雲兮十里、朝霞兮千尺。步東池兮夜未央、卧西窻兮月向山。

黃石

有老人出一編語張良曰讀此為王者師十二年後見濟北穀城山下黃石即我也良後果得黃石寶而祠之史記

玄石

玄石圖云牛繼馬後宣帝惡之酒鴆其將牛金而恭王妃夏侯氏竟通小卒生元帝卒應其兆晉書

青石

東方有宮門有銀榜以青石碧鏤題曰天地長男之宮神異經 舜封象永州府南有地隆然而起狀若鵰吻石色皆青緯真輿記

鸞石

雷州每大雷雨多于田野得鸞石謂雷公墨珍珠船

白石

終南圭峰西太白山金星之精化為白石狀如美王時有紫氣覆之類苑 白石生恒煑白石為粮就白石山居號白石先生征傳 道士爾朱自言受記於師汝從後遇白石浮當仙去後在涪州見一白石浮於水果飛昇東坡志林

素石

晉成綏詩素石何磷磷水禽何翩翩唐王縉詩素石復臨水弄波情未極日下川上寒浮雲淡無色

介石

梁元帝祭顏子文乍分介石時知落鱗藝文類聚 明林直齋有一石作八分書鐫之底云此石出自句曲外史高可徑寸廣不盈握以其峰巒起伏巖壑晦明窈窕窊隆盤屈秀徹東山之麓白雲靉靆渾淪無鑿凝結是天有君子含德之容當留几席謂之介友云玄孫林有麟復為之銘曰奇雲潤壁是石

非石畜自我祖寶茲世澤。素園石譜

澗石

唐張泌詩溪風送雨過秋寺澗石驚瀧落夜潭

枕石

晉太守楊宣畫隱士宋纖枕石象於閣上出入頌之曰為枕何石為漱何流身不可見名不可求。晉書

漱石

唐李白詩月啣樓間峯泉漱階下石。

礌石

霜降太陰雲出上如羊下如礌石。類聚 唐杜甫詩江心蟠石生桃竹。

釣石

寶雞縣東南有太公釣石上有兩膝所着之跡宋蘇軾詩夜入蟠溪如入峽照人炬火落驚猿山頭孤月耿猶在石上寒波曉更喧。又聞道磻溪石。猶存渭水頭蒼崖如有跡大釣本無鈎。

峽石

唐李白詩峽石入水花碧流日更長思君無歲月。西笑阻河梁。

連石

日頓于連石是謂下春淮南子

鏁石

唐杜甫詩鏁石藤稍元自落倚天松骨見來枯。

斗石

漢興元中平川聳起一山四面懸絕平如斗其上薜蘿松檜景象大奇唐公昉飲李八百仙酒全家拔隨連地上昇學士王仁裕題曰霞衣欲舉醉陶陶不覺全家住絳霄拔宅只知雞犬在上天誰信

路岐遙。三清遠廓抛塵世。八景雲烟事異朝。為有故林蒼栢健。露華浮葉鎻金飈。王堂閒話

衡石

後漢馮衍賦。棄衡石而意量兮。隨風波而飛揚。

平石

姑蘇志云。研山有平石。支遁道林嘗隱此山。又號支研。孟浩然詩。平石藉琴硯。落泉洒衣巾。

脂石

高奴縣有石。出脂膩。浮水上。如漆。採以膏車及燃燈極明。酉陽雜俎

膏石

蒼梧彰平有膏石。望之皎若霜雪。廣州記

沙石

黄帝時。蚩尤兄弟八十一人。獸身人語。銅頭鉄額。食沙石子。造兵仗刀㦸大弩。龍魚河圖 岑參詩。沙石亂飄揚。夜静天蕭條。

滑石

天台山賦。踐莓苔之滑石。

梯石

唐杜甫詩。棧雲闌干峻。梯石結構牢。

磁石

正白山有磁石。下有銅。地鏡圖 郭璞賛。磁石吸鉄。琥珀取芥。氣有潛通。数亦冥會。物之相感。出乎意外

礜石

魏武北征。升一墓眺望。百草不生。問王粲曰。此人在世服生礜石。死而石勢蒸出。草卉燋滅。鑿之果得礜石滿茔。異苑 鸛巢有石。亦名礜石。大如鷄卵。色灰白。巢中畜置鰍鱔。以此石養之。稗史 礜音皓

石人

建昌田中有自然石人、有倒卧者、有特立者、側有石井、深而無水、旁有横道、亦皆是石人 錄異記

石婦

永康縣旁一石、狀如婦人、名石婦、又名新婦岩、稗史

石身

齊景公因天不雨、卜祟在高山、欲祠山靈、晏子曰、

夫靈山以石為身、以草木為毛髮、天久不雨、髮焦身熱、獨不欲雨乎、祠之何益、晏子

石心

波斯人至閩、發一墓、肌肉潰盡、惟心堅如石、鋸開覩之、有佳山水、青碧如畫、旁一女子、靚粧凭欄凝睇、云我五百年矣、蓋此女有山水癖、朝夕玩望、吞吐青氣、融結至此、潜溪集

石膽

蒲州虞鄉東亭谷窟有塊如鷄卵者、皆縱横叠文、其色青、見風則緑、破之中又青色、圖會

石髓

西王母謂武帝、次藥有班龍黑胎、閬風石髓、天帝之所服、非下仙之所逮也、類聚 王烈入山得石髓、懷之以餉稽叔夜、恥復識之、東坡志林 唐杜審言詩、玉泉

移酒味、石髓換粳香、

石乳

包山林屋洞天中、窈幽黑、徐武功裂炬而入、行至一處、明亮平敞、四壁上下皆金色石乳、刻金庭玉柱四字、非人間書、終南山一洞、深數里、乳泉滴瀝、成飛仙狀、有數十眉目、衣服精巧、酉陽雜俎

石頭

有三脊茅、生石頭西岍、江夏王義恭、累表勸封禪、沈約書

唐李白詩、忽憶繡衣人、乘船往石頭、

石髮

石髮水衣也、青綠色、皆生於石、風土記

石言

魯昭公八年、石言于晉、魏榆晉侯問于師曠曰、石何故言、對曰、石不能言、或憑焉、不然民聽濫也、左傳

晉愍帝建興五年、石言於平陽、文獻通考

石文

昌松有瑞石、自然成文、凡千一十字、録異記　周庾信詩、石文如碎錦、梁元帝詩、石文如濯錦、

石櫛

臨海縣東有平石、越王渡溪、墮櫛石上、十洲記

石袂

唐李白詩、扶桑兮掛石袂、

石衣

梁簡文帝詩、石衣隨溜捲、

石帶

踈勒王獻大秦赤石帶一條、魏畧

石華

宋謝靈運詩、揭帆採石華、挂席入海月、

石甕

汝陽王璡、取雲夢石甕、泛春渠以畜酒、作金銀龜魚浮沉其中、為酌酒具、自稱釀王、兼麴部尚書、初潭

石黛

唐張謂詩、殘妝添石黛、艷舞落金鈿、

石綠

生益州山谷有銅處、色青白者、盡用之、大而綠色、

有青白花文州人琢為帶環首飾 圖會

石玉

相如見美女子載燭行壇陰從其所出入處石中有玉夫 圖 坤境 孝經援神契曰石潤苞玉

石影

唐杜甫詩石影啣珠閣泉聲帶玉琴。

石像

吳郡石像銘曰七盤負鼓先奏盛唐之歌百味椒漿屢上東皇之曲于時微風送棹淑景浮波雲舒蓋而未移浪開華而不噴 類聚 成都浣花溪有浣花夫人石像三月三日為夫人生辰傾城出遊按夫人姓任崔旰之妾募兵擊賊封夫人 升菴集

石岡

京口城北石岡二丈許有人鼻形岡西頭有口在上而鼻在下方員數尺狀如燋土因名下鼻 劉楨 記 陳蕃墓上有龍形而通身純青數出岡頂名青龍岡 南康記

石城

南康歸義山有石城高數丈遠望嵯峨靈闕騰空出大梨任人飲飽持以歸家食者異疾 南康記 晉庾闡賦西阻石城則舟車之所混并

石堡

唐李白詩橫行青海夜帶刀西屠石堡取紫袍。

石關

唐孟浩然詩龍象經行處山腰度石關。

石橋

始皇海中作石橋海神為之豎柱始皇求見海神神荅曰我形醜莫圖我形當與帝會許之從石塘

入海三十里相見左右潜以脚畫其狀神怒帝負約速去帝轉馬還前脚猶立後脚隨崩僅得登岸畫者溺焉衆山之石皆住今猶岌岌東趨 三齊畧記

石門

廬山石門一大谷中有脩林萬頃偉木千尋日月之光罕照焉 廬山記 石門山岩間有門形瀑布飛瀉丹翠交曜 名山志 宋謝靈運詩朝搴苑中蘭畏彼霜下歇暝還雲際宿弄此石上月

石佛

新昌南明山絶頂有石棋枰巖畔石佛長十丈莊嚴色相盡以層樓明何三畏詩峻嶒青嶂起南明絶壁千霄勢欲傾上有神仙奇蹟在還留一片石棋枰十道靈光百尺佛金身屹立烟霞擁高閣飛楹紫蓋龍結成天際璇珠宮登臨直陟千尋首表

經丘原問何有古柏蒼松怪石多幽人逸士堪為耦 郡縣志 陶望齡詩松間二石佛傳是千年像日月苔蘚滋看看佛身長 歇庵集

石塔

東坡對石塔云經過草草恨不一見塔云遮着是塼浮圖坡云有縫塔塔云若無縫何以容世間螻蟻 塼音專 東坡志林

石堂

徐有功穿墓得一石堂大如倉中空外堅四門八牖占者曰天以旌善人也後果寵及子孫 稗史

石樓

羅浮山一石樓去山頂纔十之一其石平敞極目 羅浮山記 宋王叔之詩奄藹靈岳開景神封綿界盤趾中天舉峰孤樓側挺增岫廻重風雲秀體卉木媥

窌。袁彦伯跳仰望石樓、㵎然在雲中、

石宮

唐元結詩石宮春雲白。白雲宜蒼苔。拂雲踐石徑、俗士誰能来。石宮夏水寒。寒水宜高林。遠風吹蘿蔓、野客熈清陰。石宮秋氣清。清氣宜山谷。落葉逐霜風、幽人愛松竹。石宮冬日煖。煖日宜溫泉。晨光静水霧、逸者猶安眠。

石室

東荒山大石室東王公居之、長一丈、頭髪皓白、鳥面人形而虎尾、常與玉女更投壺 神異經 馬明生隨神女入石室、金牀玉几、彈琴有一絃、五音並奏 馬明生別傳 春秋樊重母畏雷、為石室避之、悉以文石為堦砌、今猶存 荆州記 少室山大岩中石室、有自然經書、自然飲食 嵩高山記 始興機山有石室數十所、經過聞金石絲竹聲 荆州記 華山明星峰道者有石室、老君棊、正在其前、三十二子、鉄所鑄也、子重五斤 非老君不能措手 玄古錄

石龕

唐杜甫詩驅車石龕下、仲冬見虹蜺、

石屋

常熟虞山有石屋、太公避紂、居東海之濱是也、楊

脩郎中詩紀其事 稗史

石户

魏隷高士傳、石户之農與舜為友、以天下讓之不受 陳徐陵詩雲生封石户

石扉

唐李白吟洞天石扉、訇然中開、青冥浩蕩不見底、日月照耀金銀臺、

石壁

廣州大溪山一洞，歲端午日則開，入者以手模石壁，若鐫刻然，相與刷印，薄暮而出，洞亦隨閉，視所印紙，或呪語，或藥方，亦有不成字，一無所得者。呪藥用無不驗。稗史

周王褒詩：夏水懸臺際。秋泉帶雨餘。石生銘：字長。山久谷神虚。

石柱

雲都君山有玉臺，周遭白石柱，俱天然覆如屋形，四面多松杉，景色明朗，時聞鼓吹聲。南康記

石窗

四明山上，有石窗四穴，通日月星辰之光，故曰四明。劉綱與妻樊夫人同此得道。續真輿記

石溝

南岳曲水壇，水行石上，成溝，三月三日，人来道遥。

石梁

宋景公登石梁，張弓而射，矢踰孟霜之山，集彭城之東，其餘力逸勁，飲羽於石。關子

陳徐陵詩：架嶺承金闕。飛橋對石梁。竹密山齋冷。荷開水殿香。山花臨舞席。水影照歌牀。梁元帝碑：西望石梁，見指實之可捨。元陳德永云：石梁外小寺，梁拔起地上百餘丈，穹窿懸跨，隔林竹望之，如白虹下飲，背有石類菖蒲狀，岌岌欲墮，怪藤數十聯絡之，隱然如脉筋露出人勝理，內有大石側剖，高出梁背，空中深窈，可容千人，日氣從梁口入，潛泉偃行，罅間滴滴，如甕盎中響，地上皆碧滑，陰冷切人，不可久居，稍出至梁下，低回仰視，有小紅樹長尺許，倒粘絕壁上，意甚閒遠，悠然不去者久之。明何三畏詩：絕澗層巒上。憑空駕石梁。急湍奔百尺。飛沫濺千童、鉢

洗翻經處。心清說法場。不知身世幻。盡日且徜徉。

石渠

魏劉楨詩、清川過石渠、流波為魚防。

石阜

董闕于行石阜深峭百仞、問其鄉左右曰、人常有入此乎、曰無有、嬰兒狂聾人入此乎、曰無有、牛馬犬入此乎、曰無、安于嘆曰、吾能治矣、民莫敢犯、猶

是也。韓宣子

石閭

泰山下趾南方有石閭、仙人居此、名仙人閭。

石囷

南陽劉道人游衡山、行數十里、有絕谷、不得前、遥望見三石囷、二囷閉、一囷開。湘中記

石林

謝惠連詩、石林豈為艱。齊孔稚圭詩、石險天貌分。林交日容缺。陰澗落春融。寒岩留夏雪。

石徑

宋鮑照詩、鳫行緣石徑。魚貫度飛梁。唐李白詩、石徑入丹壑。松門閉青苔。

石谷

桀為長夜宮於深谷中、男女雜處、十旬不出、一夕

大風揚沙、忽填此谷。博物志

石田

冷水岩内石橋甚華、橋左有仙田數十畝、過田路窄且濕、石罅尺餘、傴僂而進、旋復高曠、俱仙境。類聚

石峅

梁劉孝威詩、石峅生寒蘚。齊劉逖詩、紫苔生石峅。

石圻

宋鮑照詩焦烟起石圻

石洞

金州道左石洞行十里有仙人像門半掩扉又石龍旱必祈請及出洞門必書字記雨之多少異苑鉅野金鄉山北有石洞口清凉深十餘丈內鑿石作四小閣閣外一堂陛高三尺堂外兩門門外兩大閣石道長三十丈濶十有六尺世傳秦始皇避暑宮也周公錯夏

石嶼

梁劉孝標詩雲錦曜石嶼

石篔

石篔山緣崖而上百丈裏悉青苔無別草木遊名山志

石穴

酉陽山石穴中有書千卷世謂酉陽逸典荊州記

石井

羅霄山有石井天旱祠之以木投井中即雨井溢木出雨止安成記

石闕

老子廟前有兩石闕高丈許下三重石壙闕邊各有子闕賴鄉記

石竇

陳陰鏗詩石竇引環流

石孔

嵩高山大岩石孔方員一丈西入太室孔中自然明燭如日月中有仙人云月光童子常在天台往來山中人非有道不得望見仙經

石灘

唐王繼詩清淺白石灘綠蒲向堪把家住水東西

浣紗明月下。

石磴

鴈蕩羅漢洞門一罅而入躡石磴數百級最上有方池通明處俯視五老玉女諸峰又在下界。稗史

石砌

梁簡文帝銘石砌危横崖階斜竪。

石礫

唐張旭詩隱隱飛橋隔野烟石礫西畔問漁船桃花盡日無流水洞在青谿何處邊。

石泉

民陽石泉口方數丈中有五色花魚。荆南圖制

石溜

齊王融詩雲崖似留月蘿徑若披雲潺湲石溜瀉懸巒山雨閘梁王筠詩石溜正潨潺。

石瀨

唐崔顥詩松風引天影石瀨清霞文杜甫詩石瀨月消消。

石池

華山高岩四合重嶺秀起上有石池。華山記

石潭

唐孟浩然詩石潭窺洞徹沙岸歷行徐。

石湖

北方荒外有石湖其水氷。神異經 明李贄詩皎空中石結茅俯青谿魚游新月下人在小橋西入室呼尊酒逢春信馬蹄因依如可就笻竹正堪携。焚書

石幽

王臺卿詩石幽卿細草林末度横柯。

石苔

隋王無功詩石苔應可踐叢枝幸易攀清溪歸路直乘月醉歌還梁鮑至詩石淺可容苔唐杜審言詩攀崖踐苔易迷路出花難

石蘿

唐李白詩石蘿引古蔓岸笋開新籜

石粲

齊甯戚扣牛角歌曰滄浪之水白石粲中有鯉魚長尺半類聚

石英

魏明帝鑿太行之石英魏志

石牀

高平文竹山上有石牀四面緑竹扶疎常隨風委拂此牀湘中記

石榻

魏脩陽公止華陰石室中有石榻常臥其上石盡倘穿列仙傳

石函

魏末有從烏山下掘井三丈得一石函函中一龜大如馬蹄函旁水流如湖俄有一船得一杉木板刻曰吴赤烏二年八月十日子義之船酉陽雜俎

石筒

渝子至平固山扣石忽開有室額曰輸寥之舘披一石筒得祕書十二卷遂著天人經四十八篇稗史

石匱

石匱在永嘉黄帝緘玉版篆冊之地秦望山有石匱内有金簡玉字禹得之知百川之理會稽記

石書

梁庾肩吾古跡啓石書有暗厨畫猶飛

石硯

夫子牀前有石硯一枚作甚古朴盖孔子生平時石也（從征記）

石鉢

大月氏國起浮圖第二層上作金絡絡鉢鍊縣鉢鉢是石也其色青（支僧載外國事）

石屏

零陽白鶴山石出水中光彩絢異煙雲雪月龍鳳波瀾渾然天成（零陵志）宋曾鞏詩石屏不見刀斧痕石下初誰得行徑千騎来時停管絃月明更覺山中静自東坡山谷既勒銘於硯又勒於屏山谷有烏石屏銘（稗史）

石鏡

鑑亭湖邊有石形員若鏡明可鑑人名石鏡（幽明錄）

石鍾

黎州聖鍾山石能作鍾聲乾寧中刺史張車安請僧講蓮花經一遍鍾頻鳴如人擊銅聲（黎州圖經）

石磬

禹貢泗濵浮磬八音之一石浮水上出徐州泗水

石鐸

會稽山有禹時驅山石鐸（升菴集）一名定石盖以亭

石鼓

寧都溪西一山有石鼓壁立赫然似朝霞初暉吴郡臨江半岍一石鼓搥之無聲漢張華以蜀桐刻魚扣之則鳴聲聞数里（異録記）晋庾闡詩命駕觀竒逸徑鶩造靈山朝濟清溪岸夕憇五龍泉鳴石含潛響雷駭震九天妙化非不有莫知神自然翔霄拂翠嶺緣澗漱巖間手濯春泉潔目翫陽葩鮮

石磨
梅溪山根一石高百餘丈西面斗絕仰之在雲外上有盤石如車輪磨聲如律令駛則年豐遲則歲歉候之無差續齊諧記

石斛
融州泉岩相次九磴每磴下承一石浴斛有携一婢下浴風雨忽至其婢震死碎斛別起一斛酉陽雜俎

石稜
唐岑參詩雲開露崖嶠百里見石稜杜甫詩滿藏石稜生

石角
唐杜甫詩連山抱西南石角皆北向

石尾
梁元帝南岳九貞館銘曰暉石在東眺靈壽之峰月陰玉牀西瞻華蓋之嶺

石弩
武王克商肅慎氏貢楛矢石弩魏文帝詩幽巽百石弩發機若雷電

石扇
唐李白詩洞門閉石扇地底興靈雷

石傘

顧況石傘峰銘石傘山東山峙日宮石傘山西山峙月宮

石帆
荊州有破石溪形半似帆故以其半為帆石宋鮑照石帆銘應龍剖流息石橫波下濴地軸上猶星羅牽湘引漢欱蠡吞池西歷岷嶓北寫淮河渺淼泓藹積廣連深淪天測際亘海窮陰雲旌未起風

柯不吟。崩濤山逐。鬱浪雷沉。穆戎遂留。昭御不還。
徒悲猿鶴。空駕滄煙。獨音蜀　欿音昌　彝音耼

石燭

石燭。一名水肥。一名石液。今延安石油也。又名石烟。唐人延州詩云。石烟多於洛陽塵。稗史

石火

梁陸倕賦。感風燭與石火。嗟民生其如寄。唐李白詩。石火無留光。

石蘭

晉李顒詩。弭棹石蘭渚。

石笋

成都西門外。南北隻蹲。唐杜甫詩。君不見益州城西門陌上石笋雙高蹲。古老相傳是海眼。苔蘚蝕盡波濤痕。升菴集　桂林千峰。旁無延緣。平地特立。狀如笋。韓退之詩。水作青羅帶。山如碧玉篸。柳子厚詩。靈山發地峭。堅林定四野。黃山谷詩。桂嶺環城如鴈蕩。地平蒼玉忽嵯峨。宋范成大云。當為天下第一。緯真輿記

石梅

石生海中。一藂數枝。横斜瘦硬。宛若枯梅。東壁志

石柏

海上石栢。根株盤錯。枝葉如畫。色紫根白。皆石也。陰雨葉有水珠。朱子淵詩。海物難窮造化奇。後凋惟有歲寒知。誰將倚月黃金斧。琢就淩雲紫玉芝。直幹詎容塵點涴。靈根偏與石相宜。天然不假裁培力。肯逐春風盛與衰。虞衡志

石桃

南康王山石桃。傳古有寒桃生嶺巔。變成石。南康記

石藤

梁范雲詩、石藤多卷節、唐岑參詩、石上生孤藤、弱蔓依石長、不逢高枝引、未得凌空上、何處堪托身。為君長萬文。

石果

隱山有石果狀如荔枝胡桃飣盤中、一如鮮者、稗史

石樹

唐杜甫詩、峽東滄江起、岩排石樹員。

石根

唐杜甫詩、石根青楓林、猿鳥聚儔侶、宋陸游詩、松肪釀酒石根醉、槲葉作衣雲外行、指點人間一長嘆、秋風又到洛陽城。

石蹲

梁簡文帝詩、石蹲還似獸

石龍

滄江中有天闕如龍、故名龍石、春三月沒在水、稗史

石虎

趙建武中、濟南平陸城北石虎一夕移城東南有狼狐千餘跡、隨之跡皆成蹊、洽聞記

石犀

蜀守李冰作五石犀以厭水精、因名石犀里、蜀王本紀

唐岑參石犀詩、江水初蕩潏、蜀人幾為魚、向無爾石犀。安得有邑居。

石鯨

漢上林苑昆明池有石如鯨、雷雨輒吼、鬣尾皆動、相傳有靈、西京雜記 陳周弘正詩、石鯨何壯麗、獨在天池陰、鬐鰭類橫海、半出似浮深、吞舫本無日、吐浪亦難尋、聖帝游靈沼、能懷躍藻心、唐杜甫詩、石鯨

鱗甲動秋風鰭音其

石駝

西域前衷國山上有石駝腹下出水以葫蘆盛飲之人體香淨成仙異苑

石馬

魏時張掖郡攡石負圖有石馬七其一仙人騎之其一羈絆之其五有形而不善成有玉匣盖上有

玉字玉玦二玉璜一又有麒麟在東鳳皇在南白虎在西犧牛在北馬自中布列南方有字曰大討曹金但取之𣥺司馬氏革運之徵魏志元末蘇州𢀵善公主墓上二石馬夜飲於河天曙為負芻者叱之遂昂首而止已移二里損其頷稗史

石牛

鬱林郡北山有石牛歲旱百姓殺牛祈雨以牛血和泥泥石牛背天雨洪注洗牛背泥雨止廣州記石季龍末洛陽城西石牛忽鳴聲聞数十里文獻通考

石羊

金華臥羊山有石羊蹲伏傳云仙人黄初平叱石為羊成数萬頭綿真輿記

石猴

紫金堆在瀘州北路旁大石如猴郡國志

石鸞

洪井西有鸞石洪崖乘鸞所憩之處豫章記

石鳳

鄮縣北一墓甚崇偉有石鳳将九子武昌城北有石高数丈吳黄龍元年鳳凰集其上名石鳳武昌記

石鷹

湖潭江畔有大石頽鷹喙插水翼如墜而将斂其

勢甚雄，忽一州倉失米，被誣頗衆，召道士考召，知
為石鷹啣去，掘之，果得米數十餘石。夷堅志

石鵲

宋穆陵宮一石中有靈鵲，天將曉，即聞噪聲。夷堅志

石燕

溧水芝山有石燕洞，南寧有石燕山，汀州有石燕
岩，零陵有石燕，天雨則飛，晴則還化為石。一統志

石鴈

覆笥山上大湖周数里，有石鴈浮在水中，每至秋
天飛鳴如候。南康記

石雉

秦穆公時陳倉人掘地得物，若羊非羊，若猪非猪，
持獻穆公，逢二童曰：此名媪，在地食死人脑，欲殺
之，以栢插其首。媪曰：二童名陳寶，得雄者王，得雌
者霸。陳倉人捨媪逐童，童化為雉，飛平林，獵得雌
又化為石，雄飛南集，今南陽雉縣也，又立陳寶祠，
每祠有赤光十餘丈，從雉縣来，聲如雄雉。異苑

石鷄

陳蒼山有石鷄，晨鳴山頭，聲聞数十里。類苑 晋時宜
陽女子彭娥負器出汲溪，遇賊，逐入山，山遂崩，賊
顕壓山外，娥隱不復出，所捨汲器化石，形似鷄。荊史

石魚

唐元結記：漶泉南上有獨石在水中，狀如游魚，魚
凹處脩之，可以貯酒，水崖四匝多欹石，相連石上
堪坐，水能浮小舫載酒，又能繞石魚洄流，乃命湖
石魚湖，鐫銘湖上，顯示来者，又作詩以歌之。歌
曰：吾愛石魚湖，石魚在湖裏，魚背有酒樽，繞魚是
湖水，兒童作小舫，載酒勝一杯，座中令酒舫，空去

復滿柴湖。岈多欹石。石下流寒泉。醉中一盥漱。快意無比焉。金玉吾不須。軒冕吾不愛。且欲坐河畔。石魚長相對。

石魚湖上醉歌。漫叟以公田米釀酒。因休暇則載酒於湖上。時取一醉。歡醉中據湖岈。引臂向魚取酒。使舫載之。徧飲坐者。意疑倚巴丘。酌於君山之上。諸子環洞庭而坐。酒舫泛泛然觸波濤而往來者。乃作歌以長之。

石魚湖似洞庭。夏水欲滿君山青。山為樽。水為沼。酒徒歴歴坐洲島。長風連日作大浪。不能廢人運酒艍。我持長瓢坐巴丘。飲四坐以散愁。盥音澣 艍音魚

石蟹

嶺南海毋海潮風飄出。云多年海蟹化為石者。圖會

石龜

有石龜立巢縣門。巫言龜眼出血。當陷為湖。一人以猪血戲抹龜眼。巫見驚走。果陷。今為巢湖。締真輿記

石蛇

南海水旁盤屈如蛇。無首尾。內空。圖會

宣和石譜

宣和間治華陽苑。景有大石百餘。立左右。名曰神運。曰昭功。曰敷慶。惟萬壽峯獨居道中。廣百圍。高六仞。暢鬱盤固。蓋以石亭。高五十丈。御製紀文。親洒宸翰。碑高三丈。其餘衆石。或儼然而立。或奮然而起。或翼然超群。或聳然危立。或傴僂而趨。或奔走而鬭。其他軒榭各有巨石。皆御筆賜號於其首。神運峯前群石金飾其字。餘皆青黛。曰

朝昇龍 坐龍 朝日 御日 吐月 吐霏 望雲
銳雲 卿雲 瓚雲 蟬雲 棲霞 栖烟
捫虹 衝斗 雷門 風門 日觀 月窟

綸玉　琢玉　稜玉　疊玉　登封　橋首
蓬瀛　壽星　萬壽老松　須彌老人　其在
渚、曰翔龍　在津涘、曰舞仙　在洲中、曰玉麒麐
其冠於壽山　曰南屏小峰　附於池上、曰伏犀
瑞鷺　堆青　凝碧　疊翠　曳烟　叢秀
獨秀　蹲螭　坐獅　巢鳳　跱龍　金鰲
玉龍　玉龜　玉秀　玉竇　溜玉　噴玉

怒猊　儀鳳　烏龍　列於沃泉上曰留玉
宿霞　藏烟谷　滴翠岩　搏雲屏　積雪嶺
其色黃而仆於亭際、曰抱犢　天門　又有二大
石、配神運而異其居、有亭庇之、其在環春堂曰玉
京獨秀　太平岩　在萼綠堂、曰慶雲萬態奇峰、
其餘不可殫記、大雪新霽、四望林谿、如在玉山瑶
苑中、蜀僧房秀著

喬中山藏石
石屛一、其上橫岫、如黛林木蓊然、如元暉着色畫
龎端甫藏石
向薌林靈璧卧石、上有刻字、并小詩、皆向薌林伯
芳書、又一靈璧立石、
趙子昂藏石
靈璧石香山一座、下有雲根二字、葉森曾見、公一

靈璧石、其大如拳、峰巒皆五列、公名之五老峰、手
抓之拂之亦有聲、又一靈璧石筆格、狀如攢雲螭
虎、
蘄公子藏石
錦川石、長五丈餘、蓋宣和後宰門所謂艮嶽前河
梁也、石色紫碧相間、皆成文理、近世罕得、
范石湖藏石

范石湖有小峨眉靈壁石也、烟江疊嶂太湖石也、
天柱峰英石也、皆林下閒玩、

楊璃太史藏石

一奇石子、色青而大如鵞卵、形差匾、上有斑塵觀
音像、天然如畫、或加磨洗、精神愈見、

宋化卿藏石

宋化卿一靈壁石、秀而多峯巒、其上有白石、如小
棋子甚員、背鐫云、山高月小、并雲烟過眼錄

吳伯度藏石

吳伯度有靈壁石、高七尺、濶五尺、上鐫云、五色水。
浮崑崙。潭在頂。出黑雲。掛龍怪。爍電痕。極變化。闔
道門。元符元年二月丙申、米芾題、又篆泗濱浮磬
四字、

莫廷韓藏石

莫廷韓有米海岳石、遠望之、其色玄、近視之、其色
澄碧、高約七八寸、長徑尺、多峰巒洞壑、叩之聲清
越、雖天燥蒼潤欲滴、下刻雲卿二字、明陸深銘、萬
仞巍巍。一簣攸始。咫尺之間乃有千里、叢桂招隱
淮南邀矣、漱石枕流子荊可起。卓犖靜壽為仁不
已。我銘斯徵。茲道甚邇。孫克弘銘、叢桂蒼蒼芙容
嶷嶷。咫尺千峰。神遊萬里。雲卿自銘、匪雕匪琢。廼
合冥樸、為氤為氳、與道合真。是分是循。抑亦觀物
理而圖新者與。

項氏藏石

檇李項氏靈壁石一座、長二尺許、色青潤、聲亦泠
然、背有黃沙文一帶、峰巒皆雋、下金填刻字云、宣
和元年三月朔日、御製御書、其下押一字、并妮古錄

石品下卷

石品 詩紀

雲間郁濬開之甫紫芝軒輯

陳張正見石賦

連山蕺嶭，巨石嶔崎，上興雲而蔚薈，下激水而推移。舒丹霞於九折，混白露於三危，鎮方城於濮水，固天關於湯池，開五岳之靈圖，集九老之仙都，鞱神功於射的，產利劒於昆吾，魚躍湘江之水，鳫浮

平固之湖，隨山鵲之金印，碎驪龍之寶珠，奄靄披衣，氤氳翠微，精衛取而填海，天孫用以支機，隨西王而不落，傍東武而俱飛。

陰　鏗石詩

天漢支機罷，仙嶺博綦餘。零陵舊是燕，昆池本學魚。雲移連勢出，苔駮錦文疎。還當穀城下，別自解兵書。

崔仲方石詩

玉繩隨月落，金碑映日鮮。入江疑濯錦，出峽似開蓮。文馬河西瑞，兵符濟北篇。會逐靈槎上，還歸天漢邊。

虞　茂石詩

石門欝遐阻，燕碣遠參差。獨標千丈峻，共起百重危。鏡峰含月魄，髯嶺逼雲枝。徒然抱貞介，填海共誰知。

宋鮑　照石詩

江南多煖谷，雜樹茂寒峰。朱華抱白雪，陽條熙朔風。蚌節流綺藻，輝石亂烟虹。泄雲去無極，馳波往不窮。嘯歌清漏畢，徘徊朝景終。浮生會當幾，歡酌每盈衷。

唐李　嶠石詩

宗子維城固將軍飲羽威巖花鑑裡發雲葉錦中飛八宋星初隕過湘鷺早歸倘因持補極寧復羨支磯。

蘇味道石詩

濟北甄神貺河西濯錦文聲應天池雨影觸岱宗雲燕歸猶可候羊起自成群何當握靈髓高枕絕囂氛。

盧朗溪石詩

窮戚歌中意正長宜都誰為辨陰陽將軍抉矢混疑虎道士喝聲都化羊秀孕片雲迷宇宙力攻璞王獻后王穀城如有精靈在莫為今無漢子房。

明王世貞石詩

茲山饒奇石混沌常所鑿墜如渴猿飲森若鸑鷟搏龍睛過猶閃睨坐埅還卻萬竅吸籟號一柱危崖閣玲瓏敧秋漲突兀生搖落赤鯉舷際鶩白鳥波面掠揮手攬青蒼為余佐杯酌。

袁宏道石詩

溪上望穿石欹懸如甕子石底望溪山山山如鏡裏平平翠疊中一峯夭矯起淡與期相值幽艷忽無比鬼斧鑿天真刻意出新詭一處幻玲瓏千崖燦花蘂虛空不受雲飛仙無停趾唯有地籟風絡

古來遊止時時隨落花飄渡秦人水

陳繼儒石說

雲間孫雪居守漢陽山民斫石內坎有白龜在焉獻而放之於江大石未破不解何緣中有此龜天寶中李應物開砥柱石中得古鐵鑄鐘有平陸字因改為平陸縣見天寶傳信錄夏侯孜開貞陵於堅石中得金釵半股其長如掌餘尚嵌石中見唐

史闕二事於白龜相類而終不能曉因偶檢東觀餘論濤陽役兵鑿一石石中又有小石若碑版視之乃王逸少書頭眩方可異也黃長睿謂埋沒既久土或變石故是刻入於石中了不足怪余思之亦有理正如琥珀內蟻虫水晶內桃花片耳然王文秉石破而得金蠶杜綰石墜而得活魚又若自然一種化機也

吳從先石分 有序

延陵吳從先曰昔張正見有石賦蘇子瞻作怪石供米元章具袍笏拜石丈三先生可謂不負于石者也余亦嗜焉每山行見異秀者輒停車坐卧其上其瓌瓏多意致堪携袖者則蓄之癖不減三先生然觀易之艮曰艮為山為小石陰精輔陽故山含石是以陰陽論石者讀物理論則曰石者氣之核也礫小石也磊衆石也碭文石也琅玕珠石也碔砆玉石也是以精粗品石者女媧補天軒轅神農赫胥之時為鈇鉞穛天子取釆石鑄鼉孔明魚復藏兵白石生煮為糧昆吾石可以劒芙蓉石可以花宮亭石可以鏡是又以服食使石者石亦何負於人也哉至于尭尭獨上學學停雲稜孤峰于數片捍衆級而為濤或咲飛天下或衍綿水中或

手姿一掌或艷情盈尺或當七盤之舞或靚肓蓮之香或小山成硯或西天戊佛至于禹貢所載奇產異用曷足盡也余抱一經如耕石田即聲色可以娛心悅目者落落不相入獨攖其情於天倫之外不以我就石則以石投我於是列分以當知已石有離合合之則雙美離之則兩傷故奇形異色必根于山而後現危立于道吼奔于前崔嵬于顛

逝如雲張如帆浪如雪彩如霞是其所借資以取
勝者余顧以数椽遲之
世之屏者凡者充以雲毋固已然屏主于立立則
氣不上透凡主于盛盛則鋒不傍露余弟以之為
榻日卧烟雲中意所謂一立一簃者耶
應石妙于截肪雖精欲吐而色常闇黯余謂混沌
之氣不瀲揚則不開時以名花拂剎之淪香渙韻

標勝取妍見者神往
昆山之英神太洩則眩機太巧則鑿不以古色畨
映之則神不全必寘名畫間令蒼然之氣鬱然之
精縹縹緲緲時溢于倏巖洞穴始活
明窓淨几古人取勝竟不知光芒唐突搖曳眩瞀
非所以養目與神也當以數片太湖石危峙對坐
清香芬拂幽韻離奇晷景通神草談笞語以與狎

而樂與適樂也何如
池沼中皆以芰荷杞菊增妍不知水以石而洌石
者水之毋也巨石投之將恐膠宜用浮石風合而
成霞風分而成雷不浮不沉其世法乎
后夔曰戛石拊石百獸率舞蓋石聲辨辨則角角
然不亂群不亂群則諧諧則能友友則廣廣則淏
涵當取泗水之石而球之澄神遠俗砥躬礪行以
之治心也可

世之用端也小矣端之理文可以硯然硯而端之
氣索也若余則取徑丈者為几何處非用武之地
何時非戰勝之場雖方城漢水未有踰於此者
休牛之下五色而文狀如鶉卵可以棊
陵零有石其形似鸞風雨將至則飛可以候風雨
文石如丸獮成子遇異人得而吞之聰悟絕倫後

病而吐吐以授五鹿充宗充宗遂明學今尚在浮沉間余願湛盧去楚寤而得之庶幾苦心此則俟之天者

石品詩紀